Nietzsche-Lexikon

# Nietzsche-Lexikon

Herausgegeben von Christian Niemeyer

2. Auflage

Die Deutsche Nationalbibliothek verzeichnet diese Publikation
in der Deutschen Nationalbibliografie;
detaillierte bibliografische Daten sind im Internet über
http://dnb.d-nb.de abrufbar.



2., durchgesehene und erweiterte Auflage 2011

1. Auflage 2009
Die Herausgabe des Werkes wurde durch die Vereinsmitglieder
der WBG ermöglicht.
Redaktion: Claus Rosenkranz, Bremen
Satz: Janß GmbH, Pfungstadt
Gedruckt auf säurefreiem und alterungsbeständigem Papier
Printed in Germany

**Besuchen Sie uns im Internet: www.wbg-wissenverbindet.de**

ISBN 978-3-534-24028-9

Elektronisch sind folgende Ausgaben erhältlich:
eBook (PDF): 978-3-534-71716-3
eBook (epub): 978-3-534-71718-7

# Inhalt

# Vorwort

„Jeder tiefe Geist braucht eine Maske:
mehr noch,
um jeden tiefen Geist wächst fortwährend eine Maske,
Dank der beständig falschen, nämlich FLACHEN Auslegung
jedes Wortes, jedes Schrittes, jedes Lebens-Zeichens,
das er giebt."
(*Friedrich Nietzsche, 1886, JGB 40*)

Über Nietzsche ist schon viel geschrieben worden, ein Lexikon aber war noch nicht dabei. Dies muss überraschen angesichts der vielen – um das Motto gleich aufzunehmen – „Masken" Nietzsches, aber auch der zahlreichen „Masken", die um Nietzsche in gut 125 Jahren Rezeptionsgeschichte gewachsen sind und in welcher nicht eben selten und bis in die Gegenwart hinein (vgl. zuletzt Losurdo 2009) die von Nietzsche verachteten „schlechtesten Leser" das große Wort führ(t)en: „die, welche wie plündernde Soldaten verfahren: sie nehmen sich Einiges, was sie brauchen können, heraus, beschmutzen und verwirren das Uebrige und lästern auf das Ganze." (*VM* 137) Ein Nietzsche-Lexikon könnte hier vielleicht Abhilfe schaffen und die Tugend des guten, des genauen Lesens lehren. Nietzsche jedenfalls, zu Lebzeiten, deutlicher: zur Zeit seines bewusst erlebten Lebens, verkannt, übersehen und missachtet wie wohl kein anderer Philosoph der Geistesgeschichte, sehnte einen solchen Leser herbei. Beredt ist in diesem Zusammenhang sein Brief aus Sils-Maria an Meta von Salis vom 14. September 1887. Nietzsche schreibt hier, unter Anspielung auf seine soeben fertiggestellte, als Kommentar (zu früheren Werken) angelegte *Genealogie der Moral*: „Nichts ist übrigens degoutanter, als sich selbst commentieren zu müssen; aber bei der vollkommenen Aussichtslosigkeit dafür, dass irgend jemand Anders mir dies Geschäft hätte abnehmen können, habe ich die Zähne zusammengebissen und gute Miene, hoffentlich auch ‚gutes Spiel' gemacht." Vier Wochen später (am 10. Oktober 1887) klärt Nietzsche in einem Brief an seine Mutter in Naumburg über die Gründe für die Notwendigkeit eines solchen Kommentars auf: „Ich fand hier beieinander, was in den deutschen Zeitschriften Alles über mein letztes Buch (*Jenseits von Gut und Böse*; d. Verf.) gedruckt worden ist: ein haarsträubendes Kunterbunt von Unklarheit und Abneigung. Bald ist mein Buch ‚höherer Blödsinn', bald ist es ‚diabolisch berechnend', bald verdiene ich, dafür aufs Schaffott zu kommen (wenigstens nach der Art der früheren Zeiten, sich gegen unangenehme Freigeister zu wehren) bald werde ich als ‚Philosoph der junkerlichen Aristokratie' verherrlicht, bald als zweiter Edmund von Hagen verhöhnt, bald als Faust des neunzehnten Jahrhunderts bemitleidet, bald als ‚Dynamit' und Unmensch vorsichtig bei Seite gethan." Aus heutiger Perspektive hätte Nietzsche vielleicht noch hinzugesetzt: „Und danach habe ich Karriere gemacht als Leitfigur der Stürmer und Dränger der 1890er Jahre, als Philosoph des Kapitalismus, als Kriegsphilosoph, schließlich gar als Vordenker Hitlers und dann noch als Vater der Postmoderne", kurz: Die Attributionswut bezogen auf Nietzsche ist wirklich beachtlich und ärgerlich, zumal für den Leser, der nach orientierungsleitenden Gesichtspunkten sucht, nach textnah an der Primärliteratur orientierter Darstellung unter Nachweis der relevanten Sekundärliteratur und der über Nietzsche in Kenntnis des Richtigen und Triftigen urteilen will.

Damit ist zugleich das Profil des vorliegenden Nietzsche-Lexikons umrissen: Es will Aufklärung geben über die wichtigsten der Nietzsche betreffenden Sachverhalte in Gestalt von *Überblicksartikeln* (Beispiel: „Postmoderne") sowie unter den Rubriken *Werke, Sachen* (Beispiel: „Kultur"), *Schlagworte* (Beispiel: „gefährlich leben!"), *Personen/Quelle* (Beispiel: „Emerson, Ralph Waldo"), *Personen/Zeitgenossen* (Beispiel: „Rée, Paul"), *Personen/Wirkung* (Beispiel: „Foucault, Michel") sowie *Orte* (Beispiel: „Turin"). Insgesamt versteht sich das Nietzsche-Lexikon als Resümee des aktuellen Standes der internationalen Nietzscheforschung, die sich von ihrem Beginn an, einerseits in Abwehr jener ‚plündernden Soldaten' unter den Nietzsche-Lesern, andererseits in Reaktion auf eine geradezu katastrophale, von Fälschungen und Verfälschungen durchsetzte Editionsgeschichte, um die Bereitstellung seriöser Textgrundlagen und weiterer Hilfsmittel bemüht hat. Exemplarisch hingewiesen sei hier nur auf den Ertrag seit dem ‚Nietzschejahr' 2000, also die seitdem erschienenen Nachberichtsbände der Kritischen Gesamtausgabe von Nietzsches Werken (KGW) und Briefen (KGB); die im August 2001 gestartete Abteilung IX der KGW; die 2002 in Buchform vorgelegte und seitdem im Internet fortgesetzte *Weimarer Nietzsche-Bibliographie* (WNB) sowie auf ein 2006 mit einem Nachtragsband komplettiertes Schrifttumsverzeichnis für die Jahre 1867–1945 (Krummel I–IV), das zumal für die Wirkungs- und Rezeptionsforschung unverzichtbar ist. Auch Nachschlagewerke aus neuerer Zeit sind in Betracht zu ziehen, etwa das *Nietzsche-Handbuch* (Ottmann 2000), das *Nietzsche-Zeitgenossenlexikon* (Reich 2004), ein Handbuch zu Wagner und Nietzsche (Sorgner/Birx/Knoeppfler 2008) sowie das seit 2004 erscheinende, auf mehrere Bände geplante *Nietzsche-Wörterbuch* (NWB). All dies – natürlich auch das Zitate-Lexikon von Prossliner (1999), das Gesamtregister der KSA oder das *Nietzsche-Register* der KTA – waren wichtige Hilfsmittel bei der Erstellung der Liste der Lemmata und der Auswahl von Autorinnen und Autoren. Dabei stand von Anfang an fest, dass kein Forschungszugang zu Nietzsche privilegiert, aber auch keiner – etwa, wie es häufig geschieht, der psychologische und biographieorientierte – diskriminiert werden durfte. Und: Eingeladen werden sollten die Besten – ob jung oder alt, ob etabliert oder nicht, ob Philosoph, Theologin, Jurist, Medizinerin, Germanist, Romanistin, Soziologe, Psychologin, Erziehungswissenschaftlerin, Chemiker etc. pp. –, also die jeweils führenden Experten für die einzelnen Themengebiete, die natürlich nicht alle zu bekommen waren, nicht konnten, nicht wollten, dennoch: Im Ergebnis haben sehr viele Kolleginnen und Kollegen trotz der rigiden Auflagen, welche die Gattung ‚Lexikon' insbesondere im Blick auf formale Vereinheitlichung verlangt, dem Projekt ihre Unterstützung nicht verweigert. Ihnen sei hier gedankt für ihre Mühe, ihre Geduld, letztlich auch ihr Vertrauen, denn die Verantwortung für das Ganze, für Annahme oder Ablehnung, auch für Schlussredaktion und Fahnenkorrektur, oblag dem Herausgeber, mit der Folge, dass mitunter auch Ärger und Enttäuschung – auf Seiten der Autoren, nicht, so steht zu hoffen, auf Seiten der Leser – riskiert werden musste. Das Ergebnis – 421 Lemmata, bearbeitet von 142 Autorinnen und Autoren aus 21 Ländern – kann auf den folgenden Seiten besichtigt werden. Wenn der Leser dabei Neues an Nietzsche entdeckt oder gar einen neuen Nietzsche, muss dies nicht unbedingt gegen dieses Lexikon sprechen.

Dem Herausgeber bleibt abschließend der Dank an Corinna, Laura und Leonard für die Kraft, die sie gespendet haben; an Frank und seinen Freund „Dr. Tim Kröger" für dies und das; an Dipl.-Päd. Marek Naumann, Dipl.-Päd. Michael Rautenberg und Petra Franke für ihre fortdauernde und ideenreiche Mitarbeit; an stud. phil. Thomas Mühlberg für Literaturbeschaffung und -korrektur; an Dipl.-Soz. Daniel Grummt für seine zwischenzeitliche Hilfe bei Korrekturarbeiten; an Katrin Wisniewski vom Institut für Fachkommunikation und Mehrsprachigkeit der TU Dresden für Übersetzungsarbeiten aus dem Italienischen; an cand. phil. Friederike Künstner für Übersetzungsarbeiten aus dem Englischen und ihre engagierte Mithilfe bei der End- und Fahnenkorrektur; an die Fakultät Erziehungswissenschaften der TU Dresden für die kurzfristige Bereitstellung von Mitteln zur Finanzierung der zuletzt genannten Position; an meinen Freiburger Kollegen Andreas Urs Sommer für ebenso fachlichen wie freundschaftlichen Rat; an den Lektor Claus Rosenkranz M. A. für seine sorgsame Endkorrektur; an Dr. Bernd Villhauer von der WBG, der einige Übersetzungen aus dem Englischen übernahm und dem der Herausgeber in besonderer Weise verpflichtet ist für sein Lektorat und das Vertrauen, das er diesem Projekt von Beginn an entgegenbrachte und das er immer wieder neu – auch angesichts der mit Nonchalance ertragenen Umfangsüberschreitung – unter Beweis stellte. Verantwortung allerdings (auch für übersehene Fehler) sei mit diesen Danksagungen nicht delegiert. Und wenn dem Leser etwas fehlt (oder als falsch auffällt), besteht hoffentlich die Chance, in einer zweiten Auflage für Abhilfe zu sorgen.

Dresden, im Januar 2009 Christian Niemeyer

# Vorwort zur 2. Auflage

Dass nach vergleichsweise kurzer Zeit eine zweite, erweiterte Auflage des Nietzsche-Lexikon erscheinen kann und nach einer Übersetzung ins Spanische nun auch eine ins Portugiesische ins Haus steht, war nicht unbedingt abzusehen angesichts des Umstands, dass sich die Gattung des Nachschlagewerkes in Zeiten des Internet angeblich im Abschwung befindet. Vielleicht ist es aber doch eher umgekehrt: Das Internet trägt bei zum Wunsch nach kompakter, zwischen zwei Buchdeckeln zu beheimatender verlässlicher Information. Mit Letzterer jedenfalls möchte auch diese zweite Auflage aufwarten, auf etwas mehr Seiten, die der Verlag dankenswerterweise spendierte, was natürlich einen wahren Fan noch nicht zufriedenstellen kann, sei's drum: Basierend auf den Impulsen neu hinzugekommener Autoren und mit Dank des Herausgebers an diese sowie jene, die bereit waren, weitere Lemmata zu übernehmen, präsentiert sich das Nietzsche-Lexikon nun mit neuen Beiträgen, als da sind (in alphabetischer Ordnung): „Adler, Alfred"; „Autorschaft"; „Bildung"; „Brieffälschungen"; „Broch, Hermann"; „*DD: Dionysos-Dithyramben*"; „Einsamkeit"; „Erkenntnis"; „Freundschaft"; „Hilfe"; „Hof, höfisch"; „Hofmannsthal, Hugo von"; „Kafka, Franz"; „Katharsis"; „Keller, Gottfried"; „Koegel, Fritz"; „Krug, Gustav"; „Müller, Heiner"; „Mut"; „Nietzsche, Friedrich (Wilhelm)"; „Pinder, Wilhelm"; „Politik"; „Schreiben"; „Selbstüberwindung"; „Traum"; „Troubadour"; „Werkfälschungen". Da zwei Einträge („Horneffer, Ernst"; „Petersen, Peter") sich zwischenzeitlich (und mit Einverständnis der betreffenden Autoren) als minder wichtig erwiesen haben, bietet das neue Nietzsche-Lexikon in der Summe Platz für 446 (statt bisher 421) Lemmata, verfasst von nun 145 (statt bisher 142) Autorinnen und Autoren. Was dem Herausgeber bleibt, ist der Dank an seinen Züricher Kollegen Wolfram Groddeck für die Geduld, mit der er ertragen hat, dass dessen beide Lemmata infolge einer gewissen Technikfeindlichkeit des Herausgebers verloren gingen und folglich nicht schon in der ersten Auflage erscheinen konnten. Last but not least bleibt mir die traurige Pflicht, Hans-Martin Gerlachs zu gedenken, der während der Drucklegung der zweiten Auflage verstarb und dem zumal die deutschsprachige Nietzscheforschung (nach 1989) wichtige Anregungen zu verdanken hat.

Dresden/Berlin, im Februar 2011 Christian Niemeyer

# Siglen, Abkürzungen und Zitation

## I. Siglen der zitierten Nietzsche-Ausgaben

**BAB** Friedrich Nietzsche: Historisch-kritische Gesamtausgabe. Briefe. 4 Bände. München 1938 ff.

**BAW** Friedrich Nietzsche: Frühe Schriften. Bd. 1–5. Hrsg. v. H. J. Mette. München 1994 (Reprint).

**GA** Fr. Nietzsche. Werke. 19 Bände u. ein Registerband. Leipzig 1894 ff.

**GBr** Friedrich Nietzsches Gesammelte Briefe. 5 Bände. Hrsg. v. E. Förster-Nietzsche. 2. Aufl. Leipzig 1909.

**KA** Nietzsches Werke. Klassiker-Ausgabe in 9 Bänden. Leipzig 1919 ff.

**KGB** Friedrich Nietzsche: Kritische Gesamtausgabe. Briefwechsel. Hrsg. v. G. Colli u. M. Montinari. Berlin, New York 1975 ff.

**KGW** Friedrich Nietzsche: Kritische Gesamtausgabe. Werke. Hrsg. v. G. Colli u. M. Montinari. Berlin, New York 1975 ff.

**KSA** Friedrich Nietzsche: Sämtliche Werke. Kritische Studienausgabe in 15 Bänden. Hrsg. v. G. Colli u. M. Montinari. München 1988.

**KSB** Friedrich Nietzsche: Sämtliche Briefe. Kritische Studienausgabe in 8 Bänden. Hrsg. v. G. Colli u. M. Montinari. München 1986.

**KTA** Friedrich Nietzsche. 11 Bände (= Kröners Taschenausgabe). Hrsg. v. A. Baeumler. Leipzig 1930 ff.

**SA** Werke in drei Bänden. Hrsg. v. K. Schlechta. München 1954 ff.

**TA** Sämtliche Werke in 10 Einzelbänden (= Taschen-Ausgabe). Leipzig 1906 ff.

## II. Siglen der zitierten Werke Nietzsches

### a) Von Nietzsche selbst veröffentlichte oder zum Druck vorbereitete Schriften:

**SGT** *Sokrates und die griechische Tragoedie*
**GT** *Die Geburt der Tragödie*
**NJ** *Ein Neujahrswort*
**MD** *Mahnruf an die Deutschen*
**UB** *Unzeitgemässe Betrachtungen* (I–IV)
- **DS** *David Strauss, der Bekenner und der Schriftsteller*
- **HL** *Vom Nutzen und Nachtheil der Historie für das Leben*
- **SE** *Schopenhauer als Erzieher*
- **WB** *Richard Wagner in Bayreuth*

**MA (I)** *Menschliches, Allzumenschliches*
**MA II** *Menschliches, Allzumenschliches II*
- **VM** *Vermischte Meinungen und Sprüche*
- **WS** *Der Wanderer und sein Schatten*

**M** *Morgenröthe*
**IM** *Idyllen aus Messina*
**FW** *Die fröhliche Wissenschaft*

**Za** *Also sprach Zarathustra*
  **Za I** *Erster Band*
  **Za II** *Zweiter Band*
  **Za III** *Dritter Band*
  **Za IV** *Vierter Band*
**JGB** *Jenseits von Gut und Böse*
**GM** *Zur Genealogie der Moral*
**WA** *Der Fall Wagner*
**GD** *Götzen-Dämmerung*
**AC** *Der Antichrist*
**EH** *Ecce homo*
**NW** *Nietzsche contra Wagner*
**DD** *Dionysos-Dithyramben*

### b) Nachlassschriften und -fragmente:

**[1]WM** *Der Wille zur Macht* (1901)
**[2]WM** *Der Wille zur Macht* (1906)
**GMD** *Das griechische Musikdrama*
**ST** *Socrates und die Tragoedie*
**DW** *Die dionysische Weltanschauung*
**GG** *Die Geburt des tragischen Gedankens*
**BA** *Über die Zukunft unserer Bildungsanstalten*
**CV** *Fünf Vorreden zu fünf ungeschriebenen Büchern*
**PHG** *Die Philosophie im tragischen Zeitalter der Griechen*
**WL** *Über Wahrheit und Lüge im aussermoralischen Sinne*
**NF** *Nachgelassene Fragmente*

## III. Weitere Abkürzungen

**N.** Friedrich Nietzsche
**EFN** Elisabeth Förster-Nietzsche
**NB** Nietzsches persönliche Bibliothek. Hrsg. v. G. Campioni, P. D'Iorio, M. C. Fornari, F. Fronterotta u. A. Orsucci unt. Mitarb. v. R. Müller-Buck. Berlin, New York 2003.
**NWB** Nietzsche-Wörterbuch. Bd. 1. Hrsg. von der Nietzsche Research Group (Nijmegen) unter Leitung von P. van Tongeren, G. Schank u. H. Siemens. Berlin, New York 2004.
**WNB** Weimarer Nietzsche-Bibliographie. Bde. 1–5. Stiftung Weimarer Klassik, Herzogin Anna Amalia Bibliothek. Bearb. v. S. Jung, F. Simon-Ritz, C. Wahle, E. v. Wilamowitz-Moellendorff u. W. Wojtecki. Stuttgart, Weimar 2000 ff.
**Krummel I–IV** Krummel, R. F. unter Mitw. v. E. S. Krummel: Nietzsche und der deutsche Geist. Bd. I (Krummel I). Bd. II (Krummel II). 2., verb. u. erg. Aufl. Berlin, New York 1998. Bd. III (Krummel III). Berlin, New York 1998. Bd. IV (Krummel IV). Berlin, New York 2006.

## IV. Zitationsregeln

N. wird nach Text, Wortlaut und Orthographie der KSA – bei Briefen nach der KSB – zitiert. Aus Gründen der besseren Lesbarkeit wird dort gesperrt Gesetztes hier in Kapitälchen wiedergegeben. Nur für die Jugendschriften und die Philologica wird die KGW und, wo nötig, die BAW und die MusA (Musarion-Ausgabe) verwendet.

Um den Gebrauchswert des Lexikons auch für die Nutzer anderer (auch ausländischer) Werk- und Einzeleditionen zu gewährleisten, wird N. nach der angeführten, in der N.-Forschung gängigen Sigle zitiert; wenn N., wie beispielsweise in *MA I*, *VM*, *WS*, *M*, *FW* oder *JGB*, Aphorismen durchnummeriert hat, wird ein Zitatnachweis mit nachfolgender Aphorismen-Nummer gegeben (nur bei mehr als dreiseitigen Aphorismen wird auch die Fundstelle mit Seitenzahl nach der KSA nachgewiesen).

N.s Nachlass wird, gleichfalls im Interesse der Erhöhung des Gebrauchswerts des Lexikons für die Nutzer anderer (Nachlass-) Editionen, aber auch wegen dadurch gebotener Information über den Zeitraum, dem das Zitat entstammt, nach einem entsprechend angepassten, vereinfachten Verfahren zitiert. Beispiel: Die erste Zeile von KSA 11: 359 wird zitiert nach dem Schema: NF 1884–85, 31[1]; die Angabe der Seitenzahl nach der KSA erfolgt nur bei Fundstellen mit mehr als drei Seiten.

N.s Briefe (aber auch Briefe an ihn) werden mit Datum und Nachnamen des Empfängers (oder Absenders) belegt. Beispiel: An Heinze, 16.10.1863; die Angabe der Seitenzahl nach der KSB erfolgt nur bei Briefen von mehr als drei Seiten Länge.

**Aberration** | N. bezeichnet mit A, das sich vom Lateinischen „aberrare" („abirren, sich verirren") herleitet, Verirrungen und Abweichungen, vor allem solche auf geistigen und kulturellen Gebieten. Im Umfeld seiner ‚Bildungsvorträge' (→*BA*) kritisiert N. die gründerzeitliche Bildungs- und Kulturpolitik als „ernste A" (NF 1870–71/72, 8[87]), da sich in ihr der Staat mit einem abgeschwächten Kulturverständnis verbünde, woraus unter anderem eine Abschwächung der Altertumswissenschaften resultiere. Unter kulturhistorischen Gesichtspunkten versteht N. die „geistige Cultur Griechenlands" und die griechische polis-Gesellschaft klassischer Zeit insgesamt als eine A der aristokratischen und agonalen Grundverfasstheit und der politischen Triebe des archaischen Griechenland (NF 1875, 5[179]).

*Roberto Sanchinio Martinez, Berlin*

**Abgrund** | Als Schlüsselbild der religiösen Tradition wird der A bei Pascal, Haller („der aufgesperrte Schlund allgemeinen Nichts" aus *Unvollk. Ode über die Ewigkeit*) sowie in der deutschen Romantik (z. B. in →Jean Pauls gegen Fichte gerichteter *Rede des todten Christus*) zum Albtraum und Sinnbild einer gott- und grundlosen Welt. Der A des ewigen Nichts, in den alles Lebende versinken müsste, kommt auch bei Kant und Schopenhauer vor. N. knüpft vor allem an diese Tradition an, aber besonders im Frühwerk findet sich auch das griechische Bild des →Chaos als Schlund und Urgrund allen Seins. In diesem Sinne spricht N. mit Bezug auf Parmenides vom „A des wahren Seins" oder vom „A der Dinge" (NF 1870–71, 7[153]; *PHG*, KSA 1: 842). Literarische Vorbilder für den A waren die inneren und äußeren Abgründe in Byrons *Manfred*; das „Heiligthum des A.s" in Hölderlins *Empedokles* (III. Fassung, V. 235–242); und Fausts Niedergang zu den Müttern: Um „die Tragödie bei ihren Müttern aufzufinden", sollte man – mit Kant – „keinen A der Betrachtung" scheuen (NF 1870–71, 5[2]; vgl. ebd., 7[47]). Das griechische Bild des Chaos als alles gebärender Mutterschoß und offener, alles verschlingender A begleitet in den *Selbstgesprächen* M. Aurels (vorhanden in →N.s Bibliothek) die stoische Betrachtung der Flüchtigkeit des Daseins (IV, 3 und IV, 50), die N. umwerten möchte. Mit derselben Bedeutung kehrt das Bild in den *Gedanken* →Pascals wieder. Aber nach Pascal kann „der unendliche A", der uns umgibt, nur durch einen unendlichen Gegenstand, d. h. Gott, ausgefüllt werden. N. betrachtet die Entstehung dieser „FURCHTBAREN" Kluft zwischen Gott und dem Menschen, in die sich endlich Gott „hineinwerfen" musste, als Grundzug der jüdisch-christlichen Religion (NF 1881, 15[66]). Diese Kluft habe Jesus umsonst geleugnet (*AC* 41). Der Tod Gottes bringt den A als Grund- und Bodenlosigkeit allen Daseins mit sich: So ist das Bild des über dem A gespannten Seiles und des unsicheren Gleichgewichts darauf ein Sinnbild der Existenz ohne metaphysische Gewissheiten (*FW V* 347). Deswegen ist der Mensch „ein Seil über einem Abgrunde" (*Za I, Vorrede* 4). In *Za* und in mehreren Gedichten ist die Liebe zum A, als Ausdruck des Muts, häufig mit dem Bild des →Adlers verbunden. Der A mit seinem Zerberus droht den höheren Menschen zu verschlingen, der nicht genügend Mut hat, die Vorstellung vom Übermenschen und von der ewigen Wiederkunft zu ertragen (*Za III, Vom Gesicht und Räthsel* 1; *Za IV, Vom höheren Menschen* 2). Nur „wer mit Adlers-Krallen den A FASST: Der hat Muth" (*Za IV, Vom höheren Menschen* 4). Die →ewige Wiederkunft ist nämlich Zarathustras „abgründlicher" Gedanke (*Za III, Der Genesende* 1). In einem Brief an Overbeck erscheint der A als N.s doppelte „Chance" im Zusammenhang mit Oedipus und der Sphinx (7.5.1885). Der A ist nämlich auch das Spiegelbild der eigenen →Tiefe: „Und wenn du lange in einen A blickst, blickt der A auch in dich hinein" (*JGB* 146). Zum Thema auch: v. Rahden (2000).

*Vivetta Vivarelli, Pisa*

**Abkürzung** | A ist in dreifacher Hinsicht ein Schlüsselbegriff für die Konsequenzen, die N. aus seiner Sprachkritik sowohl für die Darstellung seiner Philosophie im Allgemeinen wie für seine autobiographische Selbstdarstellung im Besonderen zieht.

1. Der Begriff ‚A‘ erschließt sich in seiner Tragweite als physiologisch (→Physiologie) bedingter Mechanismus des menschlichen →Gedächtnisses, durch den Wahrnehmungen, Empfindungen und Gedanken in Form sprachlicher →Zeichen begrifflich überhaupt erst fassbar werden (vgl. Thüring 2001: 304–307): „Erfahrung ist nur möglich mit Hülfe von Gedächtniß: Gedächtniß ist nur möglich vermöge einer Abkürzung eines geistigen Vorgangs zum Zeichen." (NF 1885, 34[249]) Aus dieser Erkenntniskritik zieht N. den weitreichenden Schluss, dass die Sprache auf die Rhetorik in ihrer enthymemischen, den Beweisgang dynamisch abkürzenden Logik zurückgeführt werden muss und nicht umgekehrt.

2. Dieser Schluss bleibt nicht ohne Konsequenzen für N.s Geschichtsbegriff im Allgemeinen (vgl. Stingelin 1993, 1994b); denn immerhin ist der Gegenstand, den die →Genealogie einer historischen Kritik unterzieht, doch geradezu die Form der Abkürzung eines Zeichenprozesses, als den sich „die ganze Geschichte" der Interpretationen „eines ‚Dings‘, eines Organs, eines Brauchs" (*GM II* 12) jeweils erweist. Diesen diagnostischen Befund wendet N. in der Folge performativ an, indem er die Historie als pointierende Perspektivierung selbst aktiv verkürzend betreibt: „Die Philosophie, so wie ich sie allein noch gelten lasse, als die allgemeinste Form der Historie, als Versuch, das Heraklitische Werden irgendwie zu beschreiben und in Zeichen abzukürzen" (NF 1885, 36[27]).

3. Für seine autobiographische Selbstdarstellung im Besonderen ist deshalb der antike Cynismus vorbildlich geworden, wählte dieser doch den „kurzen Weg" (vgl. Niehues-Pröbsting 1980), ein philosophisches System auf drei biographische Anekdoten (vgl. Niehues-Pröbsting 1983) seines Urhebers zurückzuführen, um es einer Nagelprobe zu unterziehen. Diese von N. schon 1874 in *PHG* (KSA 1: 803) reflektierte Darstellungsstrategie wählt er 14 Jahre später auch für *EH*, wozu er ausdrücklich bemerkt: „Ich habe jetzt mit einem Cynismus, der welthistorisch werden wird, mich selbst erzählt" (An Brandes, 20.11.1888). Zum Thema auch: NWB 1: 14 ff.

*Martin Stingelin, Dortmund*

***AC: Der Antichrist*** | Das 1888 entstandene, 1895 in verstümmelter Form und erstmals 1956 (in SA III) in authentischer Fassung aus dem Nachlass publizierte Spätwerk *AC* bringt N.s Kritik am →Christentum und an der von ihm geprägten Weltsicht in äußerster Pointierung auf den Punkt und stand immer wieder im Zentrum des Interesses der N.-Forschung (vgl. u. a. Salaquarda 1973b; Shapiro 1988; Willers 1988; Stegmaier 1992; Cancik 1993; Sommer 1999, 2000a, 2003b). *AC* besteht aus einem Vorwort und 62 Abschnitten. Montinari fügte dem Text noch das im *EH*-Manuskriptbestand überlieferte „Gesetz wider das Christenthum" hinzu, das (zunächst) wohl nicht zur Veröffentlichung bestimmt war. Das ursprüngliche Konzept, aus dem *AC* hervorging, sah eine auf vier Bücher angelegte *Umwerthung aller Werthe* vor und löste Mitte 1888 das Projekt eines Buches unter dem Titel *Der Wille zur Macht* ab. Mit der *Umwerthung* hoffte N. eine weltgeschichtliche Umkehr von größter politisch-gesellschaftlicher Tragweite mittels einer Entmachtung herkömmlicher Moral(en) bewirken zu können. Nach Abschluss des ersten Buches dieser *Umwerthung* unter dem Titel *Der Antichrist* stellte N. eine Fortführung des *Umwerthungs*-Unternehmens zugunsten anderer Werke hintan. Seit Ende November 1888 betrachtete er *AC* als die ganze *Umwerthung*, die weiterer Teile nicht mehr bedürfe. Den Untertitel, in Entwürfen zunächst „Versuch einer Kritik des Christenthums" – so noch in den verfälschten Editionen von 1895 an –, änderte N. in „Fluch auf das Christenthum"; den Hinweis auf die ursprünglich weiter als Untertitel geführte „Umwerthung aller Werthe" strich N. schließlich ebenfalls.

Angelegt ist *AC* als eine zusammenhängende Abhandlung, die in mehreren Anläufen aufzuzeigen trachtet, dass das Christentum ein allen natürlichen Lebensregungen feindliches Produkt der Verneinung und Verjenseitigung sei. Zwar weist das Vorwort den gewöhnlichen Leser zunächst ab – „Dies Buch gehört den Wenigsten" (*AC Vorwort*). Schenkt man N.s brieflichen Äußerungen Glauben, handelt es sich aber um ein Werk, das für ein Massenpublikum geschrieben wurde. Die Abschnitte 1 bis 7 erläutern die Wertungsgrundsätze der Kritik, die aus der „Wir"-Perspektive von „Hyperboreern" vorgebracht wird. Diesen Hyperboreern gilt alles als gut, „was das Gefühl der Macht, den Willen zur Macht, die Macht selbst im Menschen erhöht". Hingegen sei schlecht, was aus Schwäche stamme (*AC* 2). *AC* 2 enthält einen eigentlichen antichristlichen Katechismus, der den Leser mit apodiktischen (Vor-)Urteilen konfrontiert, die in ihrer Brutalität verstören: „Die Schwachen und Missrathnen sollen zu Grunde gehen: erster Satz UNSRER Menschenliebe." Dieses Verfahren der Härte, das N. in *GM III* 27 bereits angekündigt hatte und das in *AC* 2 so dogmatisch klingt, lässt sich nur dann mit dem Lob auf die Skepsis als Verzicht auf Überzeugungen vereinbaren, das schließlich in *AC* 54 angestimmt wird, wenn man die resoluten Wertsetzungen nicht als letzte Festschreibung von Überzeugungen, sondern als Mittel zur Destabilisierung der bekämpften christlich-moralischen Gegenüberzeugungen deutet. In der Sache erfährt in *AC* 2 das Mitleiden des Christentums als Mit-Leiden mit den Schwachen scharfe Kritik, während die →Züchtung eines höheren Typus Mensch propagiert wird (*AC* 3). Das Christentum habe gegen diesen um herkömmliche Moralen unbekümmerten Starken einen „Todkrieg" angezettelt (*AC* 5). In der Moderne hätten *décadence*-Werte überhandgenommen. Dafür wird das Christentum zur Rechenschaft gezogen. In der vorgeblichen Tugend des Mitleidens wird für N. exemplarisch augenfällig, dass das Christentum eigentlich zum Nichts überreden wolle, →Nihilismus sei.

In den Abschnitten 8 bis 14 wird die abendländische Philosophie als ein Unternehmen an den Pranger gestellt, das bis in die Wurzeln theologisch kontaminiert sei. An der durch den Protestantismus bestimmten deutschen Philosophie, namentlich bei Kant, zeige sich dies besonders deutlich. Der Philosoph sei fast überall „die Weiterentwicklung des priesterlichen Typus" (*AC* 12). Demgegenüber soll die neue, von dem „Wir" proklamierte Philosophie skeptisch, wissenschaftlich-methodisch und bescheiden sein. Diese Bescheidenheit münzt sich drastisch in anthropologischer Hinsicht aus, denn der Mensch sei doch nichts weiter als die krankhafteste, allerdings auch interessanteste Art Tier. Eine dualistische Anthropologie und damit die Vorstellung eines vom Körper unabhängigen Geistes kommen für den antichristlichen Agitator als ernsthafte Option nicht mehr in Betracht.

In Abschnitt 15 wird der Übergang zu einer eingehenderen Analyse des Christentums vollzogen. Ihm wird völlige Wirklichkeitsfremdheit attestiert. Im impliziten Anschluss an →Wellhausen (1884; 1887) artikulieren die Abschnitte 16 bis 19 eine „Kritik des CHRISTLICHEN GOTTESBEGRIFFS" (*AC* 16). Gott sei von einem die Fülle des Lebens „im Guten wie im Schlimmen" verkörpernden Volksgott zu einem Gott bloß des Guten herabgewürdigt worden, wie anhand der jüdisch-christlichen Geschichte dargelegt wird. So erscheint Gott schließlich im Christentum als „WIDERSPRUCH DES LEBENS" (*AC* 18). Bedenklich sei, dass die „starken Rassen" (*AC* 19) Nordeuropas diesem Gott nichts Stärkeres entgegenzusetzen vermocht hätten.

Die Methode des direkten Vergleichs wird in den Abschnitten 20 bis 23 erprobt, und zwar anhand der beiden „décadence-Religionen" Christentum und →Buddhismus. In dessen Darstellung ist N. u. a. Oldenberg (1881) verpflichtet. Positives Licht fällt dabei nur auf den Buddhismus, denn dieser sei am Kampf gegen das Leiden interessiert und gebe sich nicht mit imaginären Dingen wie Sünde ab. Zwang unterlasse er ebenso wie Gebet und Askese. Als Erzeugnis höherer Stände bleibe dem Buddhismus das Ressentiment gleichermaßen fremd wie der Kampf gegen Andersdenkende. Demgegenüber wolle das Christentum Barbaren bezwingen und mache sie zum Zwecke der Zähmung krank.

Abschnitt 24 setzt ein mit der Rekapitulation der Entstehungs-, Verlaufs- und Wirkungsgeschichte des Christentums, die – abgesehen von gelegentlichen Einschüben – erst mit Abschnitt 61 endet. Eingangs wird die Entstehungsgeschichte des Christentums aus dem →Judentum erzählt. Dessen eigene Entwicklung wird als fortlaufende Entnatürlichung natürlicher Werte, als Etablierung einer „ressentiment-Moral" (*AC* 24) gegen eine ursprünglich vorherrschende „vornehme Moral" dargestellt. Hier werden – ohne direkte Kenntlichmachung – die Erkenntnisse aus Wellhausen (1883) in N.s eigene Moralentstehungstheorie nach Vorgabe von *GM* eingepasst. Eine anarchistische Fortsetzung des Judentums stellt dann das Christentum dar. Dabei fällt der „psychologische Typus des Erlösers" aus dem Dekadenzschema ganz heraus (*AC 28* bis 35): Bei →Renan (1863; 1867), von dem sich N. polemisch absetzt (nicht ohne von ihm zu zehren), war Jesus noch ein „Charmeur", ein „Held", ein „Genie", ein eschatologisch orientierter Agitator mit widersprüchlichen Charakterzügen. *AC* profiliert ihn dagegen als zum Heroismus unfähigen „Idioten" – im Gegensatz zu EFNs Befürchtung eine Vokabel im impliziten Anschluss an Dostojewskis gleichnamigen Roman –, der aus übergroßer Leidensfähigkeit alle Distanz aufgibt und als großer „Symbolist" ganz in der Liebe aufgeht. Auf diese Weise wird dem Christentum konsequent die Grundlage seiner Selbstlegitimation entzogen, ohne dass N. sich doch, wie manche seiner christlichen Interpreten es ihm gerne nachweisen wollten, mit Jesus identifiziert hätte.

Von den frühen Christen sei Jesu Exempel völlig missverstanden worden. Namentlich →Paulus wird als „Genie im Hass" (*AC* 42) gegeißelt (vgl. Salaquarda 1996; Havemann 2002). Weltgeschichtlich wirksam geworden sei die christlich-paulinische Moral-Fälschung – deren Spur auch in den synoptischen Evangelien nicht fehlt – mit Opfertheorie und Unsterblichkeitsversprechen (*AC* 37 bis 46). Konsequenterweise gebe sich das Christentum der Wissenschaft gegenüber radikal ablehnend (*AC* 47 bis 49). Eine „→Psychologie des Glaubens" wird in den Abschnitten 50 bis 55 skizziert. Ihr zufolge sind Überzeugungen Gefängnisse. Dagegen könne man sich einzig mit Skepsis und Philologie wappnen. Zum Christentum als Gegenentwurf sowie als Beispiel eines sozial heilsamen Gebrauchs „heiliger Lüge" bieten die Abschnitte 56 und 57 einen Einblick in das Gesetzbuch des Manu. N. folgt hier einer dubiosen Ausgabe des indischen Textes, verantwortet von Jacolliot (1876) (vgl. Etter 1987: 345 ff.; →Hinduismus). Die Manu-Kastenordnung heißt *AC* ausdrücklich gut (im Unterschied zu diesbezüglichen Nachlassaufzeichnungen N.s). Schließlich habe das Christentum, so die Abschnitte 58 bis 61, das Römische Reich unterwandert, das kulturelle Erbe der Antike vernichtet, sei dem Islam hoffnungslos unterlegen und habe in Gestalt der Reformation verheißungsvolle antichristliche Tendenzen der →Renaissance ausgerottet. Der letzte Abschnitt von *AC* fasst die Vorwürfe in Form einer Urteilsverkündung noch einmal zusammen. Endlich gibt das angehängte „Gesetz wider das Christenthum" einzelne christliche Repräsentanten und Repräsentationen der Verdammung preis.

Der „Siebente Satz" des „Gesetz[es] wider das Christenthum" lautet: „Der Rest folgt daraus". Auf ähnliche Weise sollte wohl aus der exemplarisch vorgeführten Kritik am Christentum in *AC* beim Leser die Umwertung aller Werte ‚folgen', sich nämlich lebenspraktisch vollziehen. *AC* lässt zwar Argumentationen in den Hintergrund treten, handhabt aber verschiedene Techniken der Entlarvung (psychologisch, „physiologisch", philologisch, historisch) virtuos und bringt durchaus neue Gesichtspunkte zum Tragen. Bedeutsam ist insbesondere, dass in *AC* N.s vorgebliche ‚Hauptlehren' keine (Ewige Wiederkunft) oder nur noch am Rande (Übermensch) eine Rolle spielen bzw. problematisiert werden (Wille zur Macht, der dem Typus des Erlösers fehlt). Jenseits aller Verschärfung in Ton und Botschaft finden sich in N.s Spätwerk wichtige Anzeichen einer philosophischen Blickverschiebung – zum Beispiel da, wo er einer neuen Form der Skepsis das Wort redet (*AC* 54). Diese sich andeutende, durch N.s Zusammenbruch nicht mehr ausdifferenzierte philosophische Blickverschiebung ist in der Rezeptionsgeschichte von *AC* gerne übersehen worden. Man meinte gelegentlich, die Lautstärke von *AC* durch noch schrillere Positionskundgaben übertönen zu müssen (vgl. zum Vorhergehenden auch Cancik/Cancik-Lindemaier 1988; Ahlsdorf 1997; Sommer 2001; 2004; Willers 2003a).

*Andreas Urs Sommer, Freiburg i. Br.*

**Adler** | Der A ist ein Begleiter Zarathustras. Er ist „das stolzeste Thier unter der Sonne" (*Za I, Zarathustra's Vorrede* 10) und hat solaren Charakter, weil er auf das Licht der Sonne „mit der Morgenröthe" wartet (*FW* 342). Nach dem griechisch-römischen Glauben konnte der A in die Sonne schauen, ohne zu blinzeln – und ist insoweit als antipodisch zu lesen zum blinzelnden ‚letzten Menschen', „der Alles klein macht." (*Za I, Zarathustra's Vorrede* 5) Der A ist ein „Beobachter der Zeit" (NF 1880, 6[31]) mit „reinen" und scharfen Augen für die Ferne (*FW, „Scherz, List und Rache"* 40; NF 1883, 13[1]: 422). „Auf dem Baume Zukunft" (*Za II, Vom Gesindel*) und über Abgründe (*Za II, Von den berühmten Weisen*) baut er sein Nest. Der dionysische Dichter blickt in seine Abgründe (*Za IV, Das Lied der Schwermuth* 3). Der Genius ist auf Grund seiner Freiheit mit dem A vergleichbar (*M* 538), genauso wie der Schaffende (*Za II, Auf den glückseligen Inseln*). Der A mit der um seinen Hals geringelten Schlange (*Za I, Zarathustra's Vorrede* 10) gilt als Symbol der Wiederkehr des Gleichen, weil er in weiten Kreisen durch die Luft zieht. Der A war, wie der Blitz, ein Attribut des Zeus. In *Za* ist der Blitz ein Symbol für den kommenden →Übermenschen. Der König der Vögel ist der Begleiter des Götterkönigs. Zeus und Jupiter halten ein A-Zepter oder tragen den A in ihren Händen. Im Römischen Reich war er Wappentier und Symbol der Macht, Herrschaft und Stärke. In der christlichen Tradition gilt der A als Symbol des Evangelisten Johannes und der Auferstehung Christi (NF 1881, 12[72]). N. war sowohl die christliche als auch die römische Bedeutung bekannt. Aus diesem Grund zielte er auf Wiedergeburt des heidnischen Symbols. Sein A ist ein Raubvogel für die „Lämmer" und für „kleine weiße Schafe" (NF 1883, 9[24]). Der A hasst die Lämmer-Herden und ihre Dummheit (NF 1884, 28[14]). Er raubt den „Hirten" zwei Lämmer, um sie Zarathustra zu geben (*Za III, Der Genesende* 2). Er ist heißhungrig und „[g]ram allen Lamms-Seelen" (*Za IV, Das Lied der Schwermuth* 3). Zum Thema auch: Paulys Realenzyklopädie, Bd. I (1903): 371–375; Thatcher (1977); Grimal (1979); Biedermann (1989: 15 ff.); Chapeaurouge (1991: 78 ff.).

*Laura Laiseca, Bahía Blanca*

**Adler, Alfred** | A, * 7. 2. 1870 Penzing (b. Wien), † 28. 5. 1937 Aberdeen, Begründer der tiefenpsychologischen Individualpsychologie, wird stets im Zusammenhang mit N. genannt. Er galt schon zu seinen Lebzeiten als Verkünder des „Willens zur Macht" und N. als sein Vorläufer. A habe „eine seiner Philosophie kongruente Psychologie geschaffen" (Freschl 1914: 111). N. gehörte für A zeitgemäß zu einem „Jugenderlebnis", verbunden mit sozialdemokratisch orientierten Studentenverbänden und mit seinem Freund Franz Blei. Er wurde mit N. erneut konfrontiert im Kreis um Sigmund →Freud, beim Philosophen Hans Vaihinger (1911) und im Umfeld der Expressionisten (vgl. Bruder-Bezzel 2004). A hatte 1912, also nach seinem Bruch mit Freud (1911), vorübergehend N.s →Willen zur Macht als „Grundkraft" oder „Urtrieb" (A 1912: 62, 92) übernommen, nannte N. (mit →Dostojewski) einen Kenner und Kritiker der Macht (A 1918: 290) und „eine ragende Säule" im intuitiven Erfassen (A 1913: 123). Allerdings war As „Machtstreben" immer schon als kompensatorisches angelegt: Das Gefühl von Minderwertigkeit oder Ohnmacht und Schwäche muss überwunden, kompensiert werden im Streben nach Höherentwicklung, Überlegenheit, Geltung, Macht. Das ist nicht N.s Machtbegriff, aber im Ansatz der Kompensation steckt auch die schöpferische und aggressive →Selbstüberwindung, das über sich Hinaus-Wachsen, was zumindest Anleihen bei N. sind. Auch As Postulierung eines Aggressionstriebs, sein Begriff von Irrtum und „Fiktion" als „Wille zum Schein" und seine Konzepte der Zielgerichtetheit und „schöpferischen Kraft" zeigen Affinitäten zum Denken von N., auch wenn wir andere Einflüsse, so Kant, Marx, Darwin und Freud ebenso einbeziehen müssen. Nach dem I. Weltkrieg, als A das „Gemeinschaftsgefühl" eingeführt hatte und dem Streben nach Macht entgegensetzte, kam N. kaum mehr vor, ab 1928 wies er jegliche Nähe zu N., besonders zu seinem Machtbegriff, zum →Übermenschen und zu seinem Frauenbild schroff zurück. Ebenso polemisierte er gegen die nietzscheanische Charakterologie von Klages (A 1930: 167). Das Gemeinschaftsgefühl wurde zur Gegenkraft gegen das Machtstreben, welches das soziale Zusammenleben zerstört und in oben und unten teilt. As Analyse der Machtdynamik wurde zu einer Verurteilung von Macht im Namen der eingeforderten Gleichwertigkeit, und damit mit N. unvereinbar (vgl. Schmidt 2008; Bruder-Bezzel 2010).

*Almut Bruder-Bezzel, Berlin*

**Adorno, Theodor W(iesengrund)** | A, *11.9.1903 Frankfurt/M., †6.8.1969 Visp (Kt. Wallis), Philosoph, Soziologe, Musiktheoretiker, Komponist, bezog sich seit Ende der 1920er Jahre auf N. als eine zentrale Bezugsfigur in musikphilosophischen, musiksoziologischen und ästhetischen Fragen. In As Hauptwerken, besonders in den *Minima Moralia* (1951), der *Negativen Dialektik* (1966) und der *Ästhetischen Theorie* (1970), gehört N. zu den meistgenannten und zu den am häufigsten zustimmend zitierten Autoren. Kaum ein Denker hat As Reflexionsstil so sehr geprägt wie N. Der Aphoristiker und Essayist A verdankt dem Stilisten und Rhetoriker N. die Vorliebe zur pointierten Formulierung bis hin zur polemischen Überspitzung. In der von M. Horkheimer und A gemeinsam verfassten *Dialektik der Aufklärung* (1947) ist N. der am häufigsten genannte und für die Konzeption wichtigste philosophische Bezugsautor. Bereits er habe die Ambivalenz der →Aufklärung, die Kostenseite des Fortschritts, erkannt und ausgesprochen. Der Kultur-, Moral-, Ressentiment- und Metaphysikkritiker A orientiert sich in zentralen Passagen seines Werks am Denken N.s. Vor allem *M* bleibt für A ein bewundertes Modell kritischen Philosophierens. As Ideologiekritik versteht sich als radikale, durch Hegel und Marx hindurchgegangene Fortsetzung der Kritik N.s an Bildungsphilisterei, Pseudokultur und selbstzufriedener bürgerlicher Gesellschaft. Auf den Versuch der Nationalsozialisten, N. als philosophischen Vorläufer für ihre Politik in Anspruch zu nehmen, ging A nur selten und widerwillig ein. In der Emigration gehörte er zu den wenigen, die sich N.s Projekt einer grundlegenden Kritik der Moderne auch dann noch verpflichtet fühlten, als dieser zu einer der Legitimationsfiguren der Diktatur in Deutschland umgepolt wurde. Mit N. meinte A, dass ein verändertes Selbst- und Naturverhältnis der Menschen und eine zweite Aufklärung an der Zeit seien. Auch gegen Heidegger nahm er N. in Anspruch: „Das System ist der Geist gewordene Bauch, Wut die Signatur eines jeglichen Idealismus […]. N.s Befreiendes, wahrhaft eine Kehre des abendländischen Geistes, die Spätere bloß usurpierten, war, dass er derlei Mysterien aussprach." (A 1966a: 32; vgl. *JGB* 260) Zum Thema auch: Habermas (1985); Rath (1987); Schweppenhäuser (2001); Mayor (2004); Nelson (2008); Rath (2008a).

*Norbert Rath, Münster*

**Affekt** | N. interessierte als Teil seines Bemühens um die →Psychologie die „‚→Seele als Gesellschaftsbau der Triebe und Ae'" (*JGB* 12), Letztere verstanden als „Construktion des Intellekts, eine Erdichtung von Ursachen, die es nicht giebt", um „körperliche Gemeingefühle" auszudeuten (NF 1883–84, 24[20]). „Gesetzt aber, Jemand nimmt gar die Ae Hass, Neid, Habsucht, →Herrschsucht als lebenbedingende Ae", so ist diese Seefahrt in eine „tiefere Welt der Einsicht" schwindelerregend, aber unabdingbar auf dem „Weg zu den Grundproblemen" (*JGB* 23). „[D]ie Moralen sind auch nur eine Zeichensprache der Ae" (*JGB* 187). Aus Trieb- und A-Unterdrückung folgt, wie in →Freuds Theorie, lebensfeindliche →Askese und Neurose. N. kategorisiert ja-sagende Ae wie Liebe, Stolz, Ehrfurcht, Triumph, Wollust, Wille zur Macht, Rache (NF 1888, 14[11]) versus depressive Ae wie Mitleiden und Schrecken, die in der antiken →Tragödie „wie durch ein Purgativ" abgeführt wurden (ebd., 15[10]). Die stoische „Gleichgültigkeit und Bildsäulenkälte gegen die hitzige Narrheit der Ae", →Spinozas „so naiv befürwortete Zerstörung der Ae durch Analysis und Vivisektion derselben", die „Herabstimmung der Ae auf ein unschädliches Mittelmaass", →Goethes „muthwillige Hingebung an die Ae" (*JGB* 198) helfen dem Individuum nicht bei seiner Aufgabe der Sublimierung und Ökonomisierung. „Hat man seinen Geist verwendet, um über die Maasslosigkeit der Ae Herr zu werden, so geschieht es vielleicht mit dem leidigen Erfolge, dass man [...] fürderhin im Denken und Erkennenwollen ausschweift." (*VM* 275) Da Erkenntnis eine Passion, ein A im Dienste der Potenzierung des Lebens ist, gibt es keine affektlose Wahrheit. „[D]ie Ae [...] aushängen [...] hiesse das nicht den Intellekt CASTRIREN? ..." (*GM III* 12) Zum Thema auch: Gasser (1997); Kiss (2003).

*Pia Daniela Schmücker, Ulm*

**Agon** | Der griech. A ist ein Spiel von Kraft, Geschick, Kunst mit vielen Regeln, Richtern und Öffentlichkeit, Preisen und Ruhm (Siegerstatuen, Preislieder). Es gibt gymnische (Lauf, Wurf, Sprung. Faustkampf), hippische (Wagenrennen), musische (A der Rhapsoden, Chöre, Dichter) und viele andere Ae (Tanzen, Küssen, Trinken). Die vier bedeutendsten panhellenischen sind die olympischen, nemeischen, isthmischen und pythischen Ae. Seit dem Beginn der griechischen Kultur sind Ae bezeugt (Homer, Ilias B. 23: Leichenspiele). Sie gelten, seit E. Curtius, N., J. Burckhardt („der agonale Mensch") als Besonderheit der hellenischen Kultur, als ein Grund (oder eine Form) für ihre Dynamik, Kreativität, ihren Individualismus: „Immer der Beste sein" (Homer, Ilias 6,208); es gibt eine gute Gottheit des Streites (Eris; Hesiod, Werke 11 ff.). – N. hat sich spätestens seit etwa 1866 mit dem A beschäftigt, zunächst in strikt philologischer, literargeschichtlicher und -theoretischer Absicht. Im Juli 1867 spricht er im Leipziger Philologenverein über *Der Sängerkrieg auf Euböa* (BAW 3: 230–244). Der Titel assoziiert aber schon Wagners *Tannhäuser und der Sängerkrieg auf der Wartburg* [1842/45; Stoff und Titel aus L. Bechstein (1801–60)]. Das Thema ist ein Text des 2. Jh.s über einen A (*certamen*) zwischen Homer und Hesiod auf Euböa, seine Historizität und seine Quellen – N. vermutet Alkidamas (5. Jh. v. Chr.), wohl zu Recht, wie neuere Papyri nahelegen. N. hat den Text erklärt und kompetent ediert. In seinen Vorlesungen hat er das Thema A nicht aufgenommen.

Der literargeschichtliche Ansatz wird schon in der „Vorrede" zu *Homers Wettkampf* (1872; KSA 1: 783–792) durch Annahmen über Entstehung und Notwendigkeit des A im Gefüge der hellenischen Kultur überboten und verdrängt. N. deutet den A als Mittel zur Zähmung und Schwächung einer wilden, grausamen, inhumanen Anlage, das jedoch diese Anlage nicht auslöscht [„agonale →Erziehung" (*CV* 5, KSA 1: 789)]. In →Heraklits Lehre vom →„Krieg des Entgegengesetzten", dem „Streit" als Prinzip des →Werdens sieht er das agonale Prinzip „in's Allgemeine übertragen", „unter der Form der Polarität" (*PHG* 5, KSA 1: 835). Dieses kulturpsychologische und kosmologische Modell zieht sich bis in die spätesten Texte. Der „agonale Instinkt" des archaischen Griechentums, seine „ungeheure Spannung", sein →„Wille zur Macht" ist, neben dem →„Dionysischen", das wichtigste Charakteristikum von N.s Antike (*GD, Was ich den Alten* ... 3–4). Zum Thema auch: Curtius (1856); Vogt (1962); Weiler (1974).

*Hubert Cancik, Tübingen/Berlin*

**Altertum (Antike)** | 1. Das A N.s, die klassische Antike, ist (a) die Kultur der Hellenen und Römer (etwa 800 v.–800 n. Chr.) und (b) eine Norm, ein Kanon, ein Modell, das Beispiel derer, die „vor uns" (*ante nos*) gegangen sind, der „Alten" (*antiqui*), hinter denen wir Nachgeborenen (*epigoni, posteri*) in die Zukunft gehen. Das antike Griechenland und Italien sind kleinteilige Länder mit vielen Völkern, Sprachen, Kulten, ohne ein starkes ‚natürliches' Zentrum, wie sie sich in den Stromkulturen (Mesopotamien, Niltal) ausgebildet haben. Daraus ergab sich, so N., der Zwang, exzellente →Kultur zu entwickeln, um durch Feste, Literatur, →Erziehung, →Kunst eine gewisse panhellenische Einheit und die Legitimation zur Herrschaft über Unfreie und Barbaren zu schaffen („Kulturstaat"). Das römische Imperium setzt dagegen auf Zentralität und Militär, Kultur ist ihm, so N., nur Dekoration. Das römische Reich erfasst Nordafrika und die westlichen Teile des Alexanderreiches. So wird das Mittelmeer zum Binnensee des Imperiums. Die Spaltung des Reiches in den griechischen Ost- und den lateinischen Westteil (395 n. Chr.) und die arabische Expansion nach Syrien und Ägypten (640 n. Chr.) sowie Nordafrika und Spanien (711) zerstören den relativ einheitlichen circummediterranen Kulturraum und führen um 800 zum Ende des As.

Das griechische A beginnt als spätaltorientalische Randkultur und wird zum Zentrum der Méditerranée. In →Mythos und Geschichtsschreibung haben die Griechen und Römer an diese Abhängigkeit erinnert; Europa kommt aus Tyros (Phönizien), die Römer aus Troia in (Klein-) Asien. Die Griechen sind eine Lernkultur. Sie übernehmen alles von den Barbaren – und machen es besser. Antike Kultur ist politisch und öffentlich. Der öffentliche Raum ist groß und differenziert (Markt, Theater, Gymnasium, Kultanlagen). Das klassische A ist eine späte und komplexe Kultur. Die kulturellen Segmente – Rechtswesen, Kunst, Religion, Philosophie, Bildungswesen, Wissenschaft, Weisheit – sind ausdifferenziert; sie werden auch theoretisch begründet und in ihrer Geschichtlichkeit bedacht (Philosophie-, Religions-, Kulturgeschichtsschreibung). →Religion steht in einer vielfältigen, aber losen Verbindung zu Kultur und →Wissenschaft. Die Tempel haben geringe ökonomische Macht und keine festen ‚Gemeinden'; die Kultfunktionäre (‚Priester') bilden – im Unterschied zu Judäern und Christianern – keinen überregional organisierten ‚Klerus', keine →‚Kirche'. N. reflektiert in seinen Schriften und Vorlesungen, auf seine Weise und nach dem Forschungsstand des 19. Jh.s, die genannten Charakteristika.

2. A ist in N.s Œuvre von den frühen Schultexten (*Caesar in Brittanien*, 1859) bis zu den letzten Versen (*DD*, 1888) präsent, in den verschiedenen Schaffensphasen unterschiedlich dicht oder wichtig.

a) Folgende Phasen lassen sich unterscheiden: (1) Schulzeit (1854–64) und Studium (1864–69); Mitschriften der Vorlesungen von O. Jahn und →Ritschl sind teilweise erhalten; erste Veröffentlichungen im *Rheinischen Museum* (1867–69); (2) Lehrer am Pädagogium (1869–76) und Professor an der Universität →Basel (1869–79); fachwissenschaftliche Vorlesungen zur Geschichte der griechischen Literatur, Philosophie, Religion; allgemeinbildende Vorträge, etwa →*BA* u. a.; Monographie (philologisch, philosophisch, kulturkritisch): →*GT*; (3) kritische Phase und Spätwerk (1879–89); antike Themen aus der unvollendeten *UB Wir Philologen*, übernommen in *MA*; Wiedergeburts-, Wiederkunftslehre; kritische Revision von *GT* (1886); *GD, Was ich den Alten verdanke*; *AC*: antikes Judentum und Christentum im Gegensatz zum Hellenismus (*Wir Hyperboräer*); *DD*.

b) N.s A ist ein Konstrukt in der Tradition des deutschen Philhellenismus (Winckelmann, →Hölderlin, W. von Humboldt), ein Sehnsuchtsraum und Glücksbild, eine Utopie von Freiheit und Schönheit, heiter und tief. N. hat diese Tradition kritisiert, das verklärte Altertum als Illusion und Weltflucht entlarvt, er hat sie aber modifiziert und neu begründet. An Rom sieht N. nur das Imperiale (Caesar) und den Stil (Sallust, Horaz), nicht die erstaunliche und wirkmächtige Welterfassung im Recht. In Hellas sucht er die vorklassische Literatur (Homer, Hesiod, Simonides), die vorplatonischen Philosophen (Parmenides, Heraklit), die früheste Tragödie, die aristokratische Kultur in den kleinen Stadtstaaten vor den Zentralisierungstendenzen, die durch den Druck des persischen Großreiches ausgelöst wurden. So konstruiert N. ein „älteres A", die sog. „archaische Epoche". Sie erst bietet das Gegenbild zu →Dekadenz und Moderne, →Demokratie und →Sozialismus. Die Werte, die traditionellerweise der Antike zugeschrieben werden, hat N. durchaus akzeptiert: Diesseitigkeit, Helle, Einfachheit, Bestimmtheit, Schlichtheit, rein und leuchtend, Geschmeidigkeit, Nüchternheit. Diese sind den Hellenen allerdings nicht angeborene, natürliche Eigenschaften, sondern „erworben", immer wieder errungen, in großer Spannung behauptet gegen die Anlage zum Symbolischen und Pompösen,

Dunklen und Wilden, dem Bösen und Tierischen: Dies ist alles ‚vorgriechisch', ‚asiatisch', ‚barbarisch' (*VM* 219–222). N. überträgt die von J. Bernays (1857; 1880) rekonstruierte Katharsislehre des Aristoteles auf Religion und Gesellschaft. Er begründet so die exzessiven griechischen Rituale (Mänadismus) und monströsen Mythen (Zerreißung des →Dionysos) als Ventil und Kanalisation eines ‚ursprünglichen Zustandes', dessen ‚wilde' (böse, grausame) Züge nicht beseitigt werden dürfen. Die philhellenische Position wird verschärft und verzerrt durch die Rezeption der neuen Arier-Wissenschaft (Sprachwissenschaft/Indologie) und einen geistesaristokratischen →Antisemitismus und Antichristianismus. N. verwahrt sich gegen deren vulgäre Spielarten, konstruiert aber die mythische Antithese von Prometheus' Frevel gegen Evas Sünde (*GT* 9), exzerpiert sich den Exkurs des Tacitus *Über Ursprung und Sitten der Judäer*, findet hier das ‚Gegensatz-Prinzip', das in *AC* für eine anthropologische und universalgeschichtliche Polemik gegen antike und moderne Judäer und Christianer genutzt ist.

c) Das ‚klassische' A ist eine frühmoderne, komplexe, widersprüchliche Kultur, auf die sich Befürworter und Gegner eines idealen (Niethammer) oder realen (Marx), eines ethischen oder emanzipatorischen Humanismus beziehen können. Die Versuche zu Freiheit, Gleichheit, Demokratie, wie sie in Athen gewagt wurden (6.–4. Jh. v. Chr.), lassen sich leicht als Ideologie (‚athenischer Imperialismus') und Fehlschlag entlarven oder durch antike Alternativen relativieren. Das demokratische Athen wurde von Sparta besiegt; die auf große Ungleichheit gebaute römische Adelsrepublik war militärisch und politisch überlegen; viele Philosophen priesen die Monarchie. Die Sklaverei wurde nicht abgeschafft, auch nicht bei Judäern und Christianern; die Frauen erhielten nirgends weder aktives noch passives Wahlrecht. ‚Die Antike' war weltzugewandt, biophil, mit Neugier und Lust auf Empirie. Aber sie erfand auch das Jenseits (griech. *ep-ékeina*), den Schnitt (*chorismós*) zwischen Welt und Ideenhimmel. ‚Die Antike' ist leibfreundlich, sinnlich, erotisch; die Plastik ist ihre spezifische Kunst: die Gestalt der „reinen Person", ohne Abzeichen und Uniform. Aber die Römer sind, so will es das Klischee, nüchtern, trocken, prüde und eher kunstfern, unmythisch. Die Götter der Antike sind menschenförmig und zahlreich. Aber die Philosophen denken den einen Gott, das „Ein und Alles" (*hen kai pan*), den Geist, der die Welt bewegt und lenkt. Das römische Recht ist eine kulturelle Revolution: keine Gottesurteile, Zurückdrängung entwürdigender und grausamer Strafen; Begründung des Rechts in den Prinzipien →Gerechtigkeit, Billigkeit, Rechtssicherheit, Natur und Vernunft (Cicero, *Über Gesetze*). Aber es bleibt die Klassenjustiz, die Folter, die Strafe der Kreuzigung und *ad bestias*. So konnte N. sein A als Argument gegen den traditionellen Humanismus vortragen. Das A lehre ja, dass Sklaventum „zum Wesen einer Kultur" gehöre: „Das Elend der mühsam lebenden Menschen muß noch gesteigert werden", nicht etwa abgeschafft; die Rede von Menschenwürde und Grundrechten sei Illusion, Lüge; die Aufklärung „ungermanisch", der →Krieg notwendig, der Mensch der Jetztzeit verzärtelt (*CV* 3, KSA 1: 767 ff.).

3. N.s Entwurf einer archaischen, aristokratischen, →agonalen, mythisierten, dionysischen Antike wurde mit enthusiastischer Zustimmung vor allem außerhalb der Altertumswissenschaften aufgenommen (L. Gurlitt, O. Spengler), mit Ablehnung (Ritschl, H. Usener, H. Diels) und gelegentlich mit Spott (U. von Wilamowitz-Moellendorff). Von einigen Kritikern wurde er als dankbarer Anlass benutzt, um antike und humanistische Traditionen aus dem Diskurs über die Legitimität der Neuzeit, über Geschichtstheorien und Religionskritik, über die Grundlagen von Ethik und Menschenrechten auszublenden (M. Buber, G. Scholem, T. Bomann, J. Taubes) (Cancik 1999; 2000: 107 ff.). Die Schüler von →Rohde, dem Freund aus der Studienzeit und anerkannten Graecisten, besorgten die Publikation von N.s Philologica (W. Nestle, E. Holzer). Klassische Philologen waren auch maßgeblich an der großen ‚Historisch-kritischen Gesamtausgabe' beteiligt (W. F. Otto; H. J. Mette). Eine mehr oder weniger verdeckte Auseinandersetzung der Altertumswissenschaften mit N.s Antike ist noch nicht hinreichend erforscht (K. Reinhardt; W. F. Otto; W. Jaeger; der sog. „Dritte Humanismus"). Zum Thema auch: v. Wi-

lamowitz-Moellendorff (1872); Aschheim (1992); Cancik (1995a,b; 1999); Cancik/Cancik-Lindemaier (1999; 2001).

*Hubert Cancik, Tübingen/Berlin*

**Altphilologie (Philologie)** | 1. Das klassische →Altertum zeichnet sich aus durch eine intensive Reflexion auf Sprache, Denken, Texte, artifizielle Gebilde (Plastik, Musik, Mythen, Drama) und auf die Bedingungen, Entstehung, Entwicklung von Kultur, Recht und Religion. Diese Reflexion zeigt sich bereits innerhalb der Mythen (Musen, Orpheus, Marsyas) und der archaischen Dichtung: Nestor, Odysseus, Demodokos als Redner, Erzähler, Sänger bei Homer, vgl. die Erkenntnis der Fiktionalität im Musenproöm von Hesiods Theogonie („Lügen, dem Wahren ähnlich"). Diese Beobachtungen und Erkenntnisse werden systematisiert, begrifflich erfasst und benannt; ein tief greifender und umfassender Prozess der Verwissenschaftlichung und Historisierung der eigenen Kultur schafft Grammatik und Sprachphilosophie, Rhetorik und Poetik, Logik, Rhythmik und Harmonik, die Geschichte von Literatur und Kunst, die historisch-kritische Methode, die Technik von Edition und Kommentar, die Philologie. Durch diese Entwicklung wird das antike Bildungswesen, das mittels ‚kanonischer' Literatur zum guten Sprechen, öffentlichen Reden, Verstehen und Verfassen guter Texte auch in Recht, Verwaltung und Wissenschaft anleitet, gestärkt, philosophisch und wissenschaftlich begründet. Damit ist jene Doppelfunktion der *studia humaniora* und der klassischen Philologie als Wissenschaft und als Bildung gegeben, die auch N. geprägt hat.

2. a) Eine zehnjährige Gymnasialbildung in →Naumburg und →Pforta (1854–64), ein intensives Studium der A in Bonn und Leipzig bei hervorragenden Lehrern (O. Jahn, →Ritschl), der Beruf als Lehrer am Pädagogium und als Dozent an der Universität →Basel haben N. vertraut gemacht mit der klassischen Antike, mit den elitären Ansprüchen des humanistischen Gymnasiums seiner Zeit und mit den Methoden der Philologie; die Nomenklatur Alt-/Neuphilologie ist N. noch fremd, er sagt: „Wir Philologen". Gegen Ende seines Studiums kennt N. auch die abgelegenen und schwierigen Texte (alexandrinische Grammatik, byzantinische Lexika, die Quellen des Diogenes Laertios). Die Instrumente und Methoden der A handhabt er professionell: Handschriftenkunde, Quellenkritik, Editionstechnik, historisch-kritische Analyse. Über diese eher textbezogenen Kenntnisse hinaus verfügt N., wie seine Vorlesungen zeigen, über allgemeine Kenntnisse in den mehr sachbezogenen Gebieten der Altertumswissenschaft, die sich im Laufe des 19. Jh.s als eigenständige (Hilfs-)Disziplinen konstituiert hatten (Alte Geschichte, Epigraphik, Numismatik, Archäologie). Die neue Sprachwissenschaft (‚Indogermanistik') allerdings lehnt N. für die Ausbildung der A-en ab (NF 1875, 3[27]). Die Altertumswissenschaft des 19. Jh.s hatte sich, wie schon aus der Aufzählung ihrer Teilgebiete hervorgeht, zu einer historischen Kulturwissenschaft entwickelt, war zeitweilig die Leitwissenschaft des Jahrhunderts und das Paradigma für andere ‚National-Philologien/Altertumswissenschaften' (vgl. germanische Altertumskunde).

b) Philologische Aufsätze, die N. selbst publiziert hat (KGW II/1), betreffen folgende Gebiete: Textgeschichte und Kompositionsprinzipien der Spruchsammlung des Theognis (1867); altgriechische Lyrik (*Das Danaelied des Simonides*, 1868); die Quellen für eine Geschichte der griechischen Philosophie, besonders Diogenes Laertios (1868, 1869, 1870); der Traktat über Homer und Hesiod, ihr Geschlecht und ihren Wettkampf (1870; 1871: Ausgabe des griechischen Textes mit kritischem Apparat; 1873); hinzu kommen acht kurze Rezensionen und die Antrittsvorlesung in Basel (1869). Die umfangreichen Materialsammlungen N.s, die Mit- und Nachschriften seiner Studentenzeit sowie die Aufzeichnungen für seine Vorlesungen vom Sommer 1869 bis zu seiner vorzeitigen Pensionierung (14.7.1879) sind postum veröffentlicht (HKG; KGW II/ 2 bis II/5). Die Vorlesungen behandeln konventionelle Themen: einleitende Überblicke; die frühe griechische Philosophie; die attische Tragödie; Geschichte der griechischen Literatur, auch

Grammatik, Metrik, Rhetorik, Philosophie- und Religionsgeschichte, aber nicht Kunst, Recht, Mythos, Komödie. Für ein Publikum außerhalb der Zunft sind die Vorträge *BA* (1872) geschrieben, *DW* (1870), *CV* 3 (1872) u. a. sowie die von der Wissenschaft abgelehnte, vom Wagner-Kreis und dem gebildeten Publikum wohlwollend rezipierte Abhandlung *GT* (1872).

3. N.s philologische Arbeit beginnt nicht bei den großen Schulautoren und kanonisierten Klassikern, sondern mit schwierigen und eher peripheren Gattungen und Autoren: mit Gnomik, Lexikographie, kompilierten Philosophiegeschichten, lyrischen Fragmenten, kaiserzeitlicher Homerlegende. N. sucht in seinen Texten nicht die ‚weichen' Themen – aristokratisches Selbstwertgefühl, Knabenliebe, Anekdotenklatsch –, sondern Handschriften-Stemmata, Textkritik, Redaktionsgeschichte, Quellenkritik, Tendenzkritik. Er beschreibt das Konstruktionsprinzip der Spruchsammlung, das „Stichwortgewebe", und findet in der prägnanten epigrammatischen Form der theognideischen Sprüche die Vorschule seiner Aphoristik. N. hat die Impulse zur Erforschung der frühgriechischen (‚archaischen') Epoche zumal der vorsokratischen Philosophen verstärkt, das →agonale Element dieser Kultur betont, ihre widersprüchliche Komplexität; er hat eine breite Diskussion über die Anfänge der Tragödie, die Bedeutung des →Mythos und die Funktion des →„Dionysischen" in der griechischen – und modernen – Gesellschaft ausgelöst.

N. meinte, das (ältere, ‚archaische') Altertum sei ein Mittel, die moderne →Kultur zu verstehen, zu richten, zu überwinden (NF 1875, 6[2]); mit der Philologie sei es nicht etwa, wie man glaube, zu Ende: „[S]ie hat noch nicht angefangen." (ebd., 3[70]) Damit versucht der radikale, rebellische Kritiker von Altertum und humanistischer Bildung die Tradition, aus der er stammt, zu legitimieren (vgl. *GD, Was ich…*). Allerdings beweist auch N.s eigenes Œuvre, dass mit diesen Erwartungen sowohl das Paradigma ‚Antike' wie die Klassische Philologie überfordert sind (s. Cancik/Cancik-Lindemaier 1999; Porter 2000; v. Reibnitz 1992). Zum Thema auch: Oehler (1904); Howald (1920); Stroux (1925); v. Wilamowitz-Moellendorff (1927); Schlechta (1948).

*Hubert Cancik, Tübingen/Berlin*

**Amor fati** | Die Faszination N.s für die Idee des Fatum zeigt sich in seinen Jugendschriften, z. B. in seinen von →Emerson beeinflussten Aufsätzen *Fatum und Geschichte* und *Willensfreiheit und Fatum*, doch erscheint die Lehre des a f erst in der *FW*. In dieser Schrift wird sie als das große Ziel vorgestellt, nach dem N. selber strebt: „Ich will immer mehr lernen, das Nothwendige an den Dingen als das Schöne sehen: – so werde ich Einer von Denen sein, welche die Dinge schön machen. A f: das sei von nun an meine Liebe! Ich will keinen Krieg gegen das Hässliche führen. Ich will nicht anklagen, ich will nicht einmal die Ankläger anklagen. WEGSEHEN sei meine einzige Verneinung! Und, Alles in Allem und Grossen: ich will irgendwann einmal nur noch ein Ja-sagender sein!" (*FW* 276, vgl. NF 1881, 15[20] u. 16[22])

A f wird in *Za* nie ausdrücklich erwähnt, aber der Geist dieser Lehre durchdringt das Buch und bildet den Kern sowohl der entscheidenden Rede vom „es war"/„so wollte ich es" (*Za II, Von der Erlösung*) als auch der fortlaufenden Anstrengung Zarathustras, dem neinsagenden „kleinen Menschen" gleichfalls „ja" zu sagen (*Za III, Der Genesende*). Auch lässt sich die ausgereifte Lehre Zarathustras von der →ewigen Wiederkunft als der ausführlichste Ausdruck der Liebe zum Schicksal verstehen (*Za III, Vom Gesicht und Räthsel* u. *Der Genesende*; *Za IV, Das Nachtwandler-Lied*). In den nach *Za* verfassten Schriften spielt die Lehre des a f eine untergeordnete Rolle, kommt aber in den letzten Werken N.s von 1888 wieder zum Vorschein, wo er sie als seine „Formel für die Grösse am Menschen" darstellt, nach der „man Nichts anders haben will, vorwärts nicht, rückwärts nicht, in alle Ewigkeit nicht" (*EH, Warum ich so klug bin* 10), um sie schließlich als seine „innerste Natur" anzuführen, die ihn lehrt, dass „alles Nothwendige, aus der Höhe gesehn und im Sinne einer GROSSEN Ökonomie, auch das Nützliche an sich [ist], – man soll es nicht nur tragen, man soll es LIEBEN …" (*NW*, Epilog 1; vgl. NF 1888, 16[32])

Die Bedeutung von N.s „Fatalismus" ist letzten Endes davon abhängig, wie man den Begriff der Notwendigkeit sowie ihren Geltungsbereich versteht. Die N.'sche Notwendigkeit ist weder mit traditionellen religiösen Begriffen der göttlichen Prädestination noch mit dem modernen wissenschaftlichen Kausaldeterminismus zu verwechseln. N.s Begriff gleicht eher gewissen vorchristlichen „heidnischen" Vorstellungen vom Fatum, z. B. dem altgriechischen Begriff *moira* („Anteil") oder dem stoischen Begriff *heimarmenē* (ähnlich der angeführten Idee N.s, dass „alles Nothwendige […] auch das Nützliche an sich" sei), allerdings ohne Kalkül auf Göttlichkeit, Rationalität oder Vorsehung. Im Denken N.s bedeutet die Notwendigkeit zunächst die „innere" Notwendigkeit (NF 1884, 25[158] u. 27[67]). N. versteht unter Fatum einzigartige Fähigkeiten (oder Einschränkungen), die dem Individuum von einer blinden, verschwenderischen und nichtteleologischen Natur aufgedrängt worden sind. Des Menschen Natur ist folglich von „Zufall" (*Za II, Von der Erlösung*) bestimmt, keine schlechte Botschaft, wie Zarathustra findet: „Wahrlich, ein Segnen ist es und kein Lästern, wenn ich lehre: ‚über allen Dingen steht der →Himmel Zufall, der Himmel Unschuld, der Himmel Ohngefähr, der Himmel Übermuth.'" (*Za III, Vor Sonnen-Aufgang*)

Nach N. ist die Zeitmodalität der Notwendigkeit das, was gewesen ist; dies allerdings ist, im Rückblick betrachtet, oft Zufall, Schicksal, jedenfalls nichts von uns Gewähltes; wir werden oft genug an ihm leiden und sind ohnmächtig ihm gegenüber. Deshalb ist Anlass gegeben zum →Ressentiment und zum Geist der →Rache – das, was Zarathustra „des Willens Widerwille gegen die Zeit und ihr ‚Es war'" nennt (*Za II, Von der Erlösung*). N.s Lehre von der a f ermutigt uns, von hier aus betrachtet, die innere Notwendigkeit unseres Selbst zu behaupten, die Zarathustra als eine Art von unwälzbarem Stein oder Granit charakterisiert (ebd.; vgl. auch *JGB* 231). Dagegen steht, dass das Fatum des Individuums mit dem Ganzen der Welt untrennbar verbunden scheint: Wenn man „jemals Ja zu einer Lust" sagt, sagt man „Ja auch zu ALLEM Wehe" (*Za IV, Das Nachtwandler-Lied* 10). Anscheinend erweitert diese Einsicht den Geltungsbereich der Notwendigkeit vom Einzelnen zum Allgemeinen, N.s spätere Umformulierungen von a f spiegeln dieses weitergehendere Verständnis (*EH, Warum ich so klug bin* 10 u. *NW, Epilog* 1; vgl. *GD, Moral* … 6). Damit stellt sich die Frage: Wenn das Notwendige als schön betrachtet werden soll, aber *alles* endgültig notwendig ist, wie ist N.s Ruf nach Selbst- oder größerer politischer →Züchtung zu verstehen? Die radikalste Auffassung von a f lässt scheinbar keinen Spielraum für normative Einschätzungen zu, auch keine eigentliche Offenheit für neuartige Leistungen. Die Lösung dieses Rätsels könnte in einer unveröffentlichten Bemerkung zu *Zarathustra* zu finden sein: „Höchster Fatalismus doch identisch mit dem ZUFALLE und dem SCHÖPFERISCHEN." (NF 1884, 27[71]; vgl. *Za II, Auf den glückseligen Inseln* u. *Za II, Von der Erlösung*) Aber selbst wenn Zufall und Notwendigkeit endgültig zwei Seiten derselben Medaille wären, bleibt unklar, wie sie mit Kreativität oder Freiheit sinnvoll identifiziert werden können. Zum Thema auch: Deleuze (1962); Rosset (1983); Rorty (1989); Leiter (2001); Solomon (2002); Owen/Ridley (2003); Groff (2003; 2004).

*Peter S. Groff, Lewisburg*

**Andreas-Salomé, Lou, s. Salomé, Lou von**

**Anthropologie** | N.s Philosophie wurde immer wieder als A verstanden (vgl. z. B. Heimsoeth 1941, Gerhardt 1983/1996), was nicht zuletzt daran liegt, dass die drei bekanntesten Autoren der Philosophischen A (Scheler 1928, Plessner 1928, Gehlen 1940) sich ausdrücklich zu N. in Beziehung gesetzt haben (vgl. Schloßberger 1998). Allerdings spricht N. nur an einer Stelle seines Werkes expressis verbis von A: „Alle Naturwissenschaft ist nur ein Versuch, den

→Menschen, das Anthropologische zu verstehen: noch richtiger, auf den ungeheuersten Umwegen immer auf den Menschen zurückzukommen. Das Aufschwellen des Menschen zum Makrokosmos, um am Ende zu sagen ‚du bist am Ende, was du bist'." (NF 1872–73, 19[91]) Den Leser, der mit der Geschichte des Begriffs A vertraut ist, mag dies kaum überraschen. A war am Ende des 19. Jh.s vor allem der Name jener Disziplin, die sich mit den physischen Merkmalen des Menschen beschäftigte. In diesem Sinne heißt es bei N.: „Die Anthropologen unter den Criminalisten sagen uns, dass der typische Verbrecher hässlich ist: monstrum in fronte, monstrum in animo. Aber der Verbrecher ist ein décadent. War Sokrates ein typischer Verbrecher? – Zum Mindesten widerspräche dem jenes berühmte Physiognomen-Urtheil nicht, das den Freunden des Sokrates so anstössig klang. Ein Ausländer, der sich auf Gesichter verstand, sagte, als er durch Athen kam, dem Sokrates in's Gesicht, er SEI ein monstrum – er berge alle schlimmen Laster und Begierden in sich. Und Sokrates antwortete bloss: ‚Sie kennen mich, mein Herr!' –" (*GD, Das Problem...* 3) Hier ist von A als einer bloß physischen Merkmalen nachgehenden Disziplin die Rede, die Ende des 19. Jh.s z. B. bei C. Lombroso populär war, der einen Zusammenhang von Körperbau und Neigung zum Verbrechen behauptete (Lombroso 1876).

Bezeichnet man jedoch als A diejenige Wissenschaft, die der oben genannten Frage nach der Natur des Menschen im Allgemeinen nachgeht, dann zeigen sich am Fall N.s exemplarisch die Grenzen eines rein begriffsgeschichtlichen Vorgehens. Versteht man nämlich unter A eine philosophische Lehre von der Natur des Menschen, so entsteht, wie die einschlägigen begriffsgeschichtlichen Arbeiten O. Marquards (z. B. 1973) nahelegen, der Eindruck, in der zweiten Hälfte des 19. Jh.s hätte es gar keine philosophisch bedeutsamen Beiträge zur A gegeben. Marquards Untersuchungen zeigen, dass nach dem Ende der Hegel'schen Philosophie bis zur Formierung des dann explizit als Philosophische A bezeichneten Ansatzes von Scheler, Plessner und Gehlen der Begriff A von der Philosophie gemieden wird: Nicht ohne Grund, denn der um 1850 immer stärker werdende Materialismus und die mit Darwins *Abstammung der Arten* (1859) sich durchsetzende neue Vorstellung der Evolution aller Lebwesen einschließlich des Menschen führten zu einer Verunsicherung darüber, was denn nun eigentlich die Natur des Menschen sei. So wurde der Begriff einige Jahrzehnte vornehmlich für rein physiologische Probleme reserviert, was erklären könnte, weshalb ihn N. so selten verwendet, obgleich er der wohl bedeutendste Autor ist, der die Fragen einer philosophischen A unmittelbar nach Darwin neu stellt.

N.s Beitrag zu einer philosophischen A ist nicht frei von Spannungen: Auf der einen Seite sieht er in jeder Rede von *dem* Menschen eine bloß auf dem kontingenten Standpunkt von Ort, Zeit, Herkunft und Kultur basierende Perspektive. In diesem Sinne sagt N. in der eingangs zitierten Passage mit Mephistopheles: „Du bist am Ende, was Du bist" (Faust, Zeile 1806–1809; vgl. auch NF 1870–71, 5[39]: „‚Der Mensch begreift nie, wie anthropomorphisch er ist', sagt Goethe."). Auf der anderen Seite stellt N. die Frage nach der Natur des Menschen auf eine Weise, die die These, alle Erkenntnis sei bloß anthropomorph, transzendiert. N.s A ist eine historische A, insofern N. ein festes Wesen des Menschen ablehnt: Der Mensch ist ihm „das NOCH NICHT FESTGESTELLTE THIER" (*JGB* 62; vgl. auch NF 1884, 25[428]; NF 1885–86, 2[13]). Indem N. den Menschen als Lebewesen begreift, gründet seine Auffassung des Menschen in einer Theorie des →Lebens. Gegen den Lebensbegriff einer darwinistischen Biologie (→Darwinismus) macht N. geltend, dass Leben mehr sei als bloße „Selbsterhaltung" (*JGB* 13). Dass Leben prinzipiell über sich hinaus will, d. h. nach Mehr-Leben strebt, gilt auch für den Menschen – aber nicht für die →Menschheit als Gattung, sondern nur für das Individuum: „Nein, das Ziel der Menschheit kann nicht am Ende liegen, sondern nur in ihren höchsten Exemplaren" (*HL* 9, KSA 1: 317; vgl. auch NF 1888, 14[133] sowie: Schloßberger 1998). N.s A ist insofern normativ, als sie an der Idee individueller Selbstverwirklichung orientiert ist: „Du sollst der werden, der du bist." (*FW* 270) Indem N. den Mensch als Lebewesen versteht, bricht er mit dem cartesianischen Dualismus und orientiert sich am „Leitfaden des →Leibes“ (NF 1884, 26[374]) als „Regulativ der FORSCHUNG“ (ebd., 26[432]; vgl. auch NF 1885, 36[35]; Schipperges 1975). Zum Thema auch: Schacht (2005).

*Matthias Schloßberger, Potsdam*

**Anti-Antisemitismus** | Die Haltung des späten N. zum weltanschaulich organisierten →Antisemitismus seiner Zeit war nicht ambivalent, sondern von ausgesprochener Eindeutigkeit: N. verachtete – anders als der ‚frühe‘ N. – den Antisemitismus ebenso, wie er die Juden seiner Zeit hochschätzte (→Philosemitismus) und Antisemiten wie →Renan (NF 1884, 26[446]; *AC* 31), →Dühring (*GM III* 14), →Fritsch, den Hofprediger A. Stoecker (NF 1888, 14[45]) oder seinen Schwager →Förster hasste. Das ändert jedoch nichts an dem Umstand, dass sich N. in seiner Kritik des →Christentums selbst massiv antisemitischer Stereotype (→judain) bediente.

N.s Ablehnung von Antisemiten und organisiertem Antisemitismus hier und sein persönlicher Antisemitismus dort haben eine gemeinsame Wurzel: seine vor allem in *GM* entfaltete Theorie des →Ressentiments; also der Neid- und Hassgefühle all jener, die die Größe, die Schönheit, den Mut und die Zähigkeit anderer nicht neidlos ertragen können. Das Ressentiment aber gehe ursprünglich auf „die Juden“, dies „priesterliche Volk des Ressentiment par excellence“ (*GM I* 16), zurück, ein Volk, das „gegen die aristokratische Wertgleichung [...] mit einer furchteinflössenden Folgerichtigkeit die Umkehrung gewagt und mit den Zähnen des abgründlichsten Hasses (des Hasses der Ohnmacht) festgehalten“ habe: „[D]ie Elenden sind allein die Guten [...]“ (*GM I* 7). Entsprechend gelten N. Antisemiten als Personen, „welche heute ihre Augen christlich-arisch-biedermännisch verdrehn“ (*GM III* 26), als „moralische Onanisten“ und „HENKER“, die „den Willen der Schwächsten zur Macht“ repräsentieren (*GM III* 14). Antisemiten sind demnach „alles Menschen des Ressentiment, diese physiologisch Verunglückten und Wurmstichigen, [...] unerschöpflich, unersättlich in Ausbrüchen gegen die Glücklichen.“ (ebd.) Als „verlogenes Gesindel“ (NF 1885, 34[237]) verstecken sie ihren „Neid gegen die Geschäfts-Klugheit der Juden unter Moralitätsformeln“. Der von den Antisemiten geführte Kampf gegen die Juden war somit immer „ein Zeichen der schlechteren, neidischeren und feigeren Natur gewesen“ (NF 1880, 6[214]). Antisemiten sind schließlich konstitutionell verlogen (NF 1887, 10[62]). „Auf die Gefahr hin, den Herren Antisemiten einen ‚gut(be)messenen‘ Tritt zu versetzen, bekenne ich, daß die Kunst zu lügen, das ‚unbewußte‘ Ausstrecken langer, allzulanger Finger, das VERSCHLUCKEN fremden Eigenthums mir an jedem Antisemiten bisher handgreiflicher erschienen als an irgend welchem Juden. Ein Antisemit stiehlt immer, lügt immer – er kann gar nicht anders ... [...] Man sollte die Antisemiten beklagen, man sollte für sie sammeln.“ (NF 1888, 23[9])

N. dachte, ohne ein weltanschaulicher Rassist oder gar Antisemit zu sein, gleichwohl in Kategorien der Rasse und forderte – um „FREIERE Menschen, als wir sind, in die Welt zu setzen“ – ein Nachdenken „über die Erblichkeit der Eigenschaften“ (NF 1876, 17[28]). Den Rassismus als diskriminierende Weltanschauung lehnte er dennoch so massiv ab, dass er Antisemiten jede persönliche Individualität absprach: „Wer das fremde Blut haßt oder verachtet, ist noch kein Individuum, sondern eine Art menschliches Protoplasma.“ (NF 1881, 11[296]) Trotz seiner angeblichen Hochschätzung der →„blonden Bestie“ war N. im Gegensatz zum organisierten Antisemitismus davon überzeugt, dass „der ARISCHE EINFLUSS [...] alle Welt verdorben“ habe (NF 1888, 15[45]).

Endlich präsentierte N. für das, was auch er für das Problem der Juden in Europa hielt (*M* 205), eine wenn schon nicht exterminatorische, so doch vorsichtig rassenpolitische Lösung, nämlich die assimilatorische Einzüchtung der Juden in eine europäische Mischrasse, die sie doch selbst wünschen: „[S]ogar mit einiger Zudringlichkeit, in Europa, von Europa ein- und aufgesaugt zu werden, sie dürsten darnach, endlich irgendwo fest, erlaubt, geachtet zu sein und dem Nomadenleben, dem ‚ewigen Juden' ein Ziel zu setzen –; und man sollte diesen Zug und Drang [...] wohl beachten und ihm entgegenkommen: wozu es vielleicht nützlich und billig wäre, die antisemitischen Schreihälse des Landes zu verweisen." (*JGB* 251) Zum Thema auch: Cancik (1997); Yovel (1997).

*Micha Brumlik, Frankfurt/M.*

**Antichrist** | Nach biblischem Zeugnis ist derjenige der A, der „den Vater und den Sohn leugnet" (1. Joh 2,22) und nicht bekennt, dass „Jesus Christus in das Fleisch gekommen" sei (1. Joh 4,3; 2. Joh 7). Der A als eschatologische Figur stellt sich gegen Christus, aber auch an die Stelle Christi – das Präfix „anti" hat beide Bedeutungen. N. benutzt im Titel seines Spätwerks *AC* den Ausdruck A im Singular und mit bestimmtem Artikel: Die ganze Umwertungsrhetorik will die weltgeschichtliche Umwälzung herausstellen, die sich N. zufolge mit seinem Denken und Schreiben vollzieht. N.s A ist nicht bloß derjenige, der die (überkommene) Moral leugnet – so will Schopenhauer den Ausdruck A verstanden wissen (Salaquarda 1973b) –; er ist auch nicht bloß *ein* Gegner der Christen (*antichristianos*), wie es derer viele Gegner gibt (A mit Plural und ohne bestimmten Artikel). Mit Recht weist Souladié (2008) darauf hin, dass für N.s Verwendung des Ausdrucks A der Einfluss Dostojewskis ebenfalls in Rechnung zu stellen ist. In Dostojewskis *Possédés* hatte Chatov die katholische Kirche selbst mit dem A identifiziert – eine Stelle, die N. exzerpiert hat (NF 1888, 11[345]). Bei der Lektüre von *AC* fällt auf, dass sich in diesem Text weder das darin sprechende Ich noch die hyperboreischen Wir als *der* A zu erkennen geben: Nicht eine Person, sondern ein Buch, eben *AC*, scheint jene singuläre antichristliche Umwertung zu vollziehen, die der Menschheit neue Horizonte eröffnet, indem sie sie von allem Christlichen befreit. Bei N.s Adaption der A-Figur liegt keine „pathologische Übertragung" vor, wie Giorgio Colli behauptet (KSA 6: 452 – zur Selbstidentifikation N.s mit dem A vgl. aber schon den Brief an M. von Meysenbug, 3./4.4.1883), sondern das Kalkül, dass die Buchreligion Christentum nur durch ein Buch überwunden werden kann. N.s A ist keine Person – auch nicht der in *AC* bekanntlich in der „Psychologie des Erlösers" traktierte Jesus von Nazareth (vgl. Skowron 2007b: 431) –, sondern ein Buch, ein singuläres Buch mit bestimmtem Artikel.

*Andreas Urs Sommer, Freiburg i. Br.*

**Antisemitismus** | Der Streit um N.s (angeblichen?) A ist legendär und nicht eben selten grundsätzlicher Natur (in dem Sinne, dass die Entscheidung pro N. von einer befriedigenden Antwort auf diese Frage abhängig gemacht wird). Der einen Position zufolge, die im Dritten Reich von nationalsozialistischen N.-Verehrern und nach 1945 nicht zuletzt von jüdischen N.-Skeptikern wie etwa Aschheim (1997) verfochten wurde, war N. ein „geistiger Wegbereiter des Holocaust" (Mittmann 2006: Rückumschlag). Die Mehrheit in der (neueren) N.-Forschung hingegen, beginnend mit Kaufmann ([4]1974: 48 ff.), sieht N., selbst dort, wo sie ihm, wie bei Taureck, feindlich gegenübersteht, als „Feind des A" (1989: 23). Für diese Zurechnung spricht N.s Haltung zu A-Protagonisten wie →Lagarde oder →Fritsch. Hinzuzurechnen ist N.s Stolz auf den Tadel seines (antisemitischen) Schwagers →Förster, es handele sich bei ihm, N., um einen „unverbesserliche[n] Europäer und Anti-Antisemit[en]" (N. an E. Förster, 7.2.1886), ganz zu schweigen von N.s brieflichem Spott diesem gegenüber, wonach der Umstand, dass man in Leipzig „dem Knoblauch den Krieg erklärt" habe, „die einzige Form von A" sei, „welche Eurem kosmopolitischen Nashorn gut riecht" (An B. und E. Förster, gegen Ende 1885). Gängig sind zu dieser Zeit auch Komplimente N.s wie jenes in Richtung der englischen Schopenhauer-Übersetzerin H. Zimmern („Natürlich Jüdin!"): „[E]s ist toll, wie sehr diese Rasse jetzt die ‚Geistigkeit' in Europa in den Händen hat" (An Köselitz, 20.7.1886). Gut zweieinhalb Jahre später versah N. einen seiner berühmt-berüchtigten ‚Wahnsinnszettel' mit der Nachricht: „Ich lasse eben alle Antisemiten erschiessen ..." (An Overbeck, 4.1.1889). In diesen Zusammenhang gehört schließlich der Umstand, dass die Adepten →Dührings, jenes von N. als „schäumende[r] Narr" (*Za III, Vom Vorübergehen*) verächtlich gemachten militanten Antisemiten, solange vor N. als eine Art „Literaturjuden" warnten, bis die Reichsschrifttumskammer 1939 eine entsprechende Veröffentlichung „als schädlich und unerwünscht" (Mittmann 2006: 82 f.) verbot. Dieser Vorgang scheint den Schluss zu erlauben, N.s A sei ein Konstrukt, im Gegensatz zu N.s →Anti-Antisemitismus sowie →Philosemitismus.

Tatsächlich wurde N.s Anti-A und der gegen dieses Attribut sich richtende (‚alt-völkische') Widerstand à la Dühring (und Fritsch) im Nationalsozialismus systematisch in Vergessenheit gebracht (vgl. Niemeyer 2003), zugunsten eines im Wesentlichen auf Konstruktion, Fälschung und Zitatmontage beruhenden N.-Bildes, das nicht zuletzt auf den Brieffälschungen und Werkfälschungen der Schwester – von N. im Zorn als „antisemitische Gans" (An M. v. Meysenbug, Anfang Mai 1884) beschimpft – basierte (Niemeyer 2009). Dessen ungeachtet bleibt zu konzedieren, dass von einem A des frühen N. gesprochen werden muss, der jedoch, insoweit er sich auf den damals übermächtigen Einfluss Wagners zurückführen lässt, als rhetorischer bezeichnet werden darf (Niemeyer 1997). Diese Phase endete, als der mittlere und späte N. unter dem Einfluss anderer zum Anti-A konvertierte, ohne damit allerdings seine vereinzelten, schon in Briefen aus der Studienzeit nachweisbaren (vgl. Ahlsdorf 1997: 9; Mittmann 2001: 16 ff.) anti-jüdischen Ressentiments – etwa im Blick auf die durch →Treitschke ins Zentrum gerückte „schauerliche und verächtliche Häßlichkeit neu einwandernder polnischer und russischer, ungarischer und galizischer Juden" (NF 1885, 41[13]) – gänzlich ablegen zu können.

*Christian Niemeyer, Dresden*

**Aphorismus** | In seiner mittleren Schaffensphase hat N. den größten Teil der von ihm selbst zur Veröffentlichung bestimmten Werke in Form von A abgefasst: *MA, VM, WS, M, FW.* In ihnen treffen verschiedene Perspektiven aufeinander: Sie begrenzen und relativieren sich wechselseitig. Als dieses feinsinnige Spiel mit Denkperspektiven schafft N. seinen, nur ihm eigenen A-Stil. Der A ist eine Kurzprosa, die sich von der längeren Form des Essays ebenso unterscheidet wie von der Darstellung in Form eines philosophischen Systems, von dem sich N. vehement abgrenzt (vgl. *GD, Sprüche* … 26). Mit der Gattung des A stellt sich N. auch formal gegen die dogmatische Verabsolutierung philosophischer Konzepte – zugunsten einer experimentellen Art zu philosophieren, die es versteht, Perspektiven nur anzudeuten und sie überraschend zu wechseln. „In Aphorismenbüchern gleich den meinigen stehen zwischen und hinter kurzen A lauter verbotene lange Dinge und Gedanken-Ketten; und Manches darunter, das für Oedipus und seine Sphinx fragwürdig genug sein mag. Abhandlungen schreibe ich nicht: die sind für Esel und Zeitschriften-Leser" (NF 1885, 37[5]). Die Verdichtung von Gedanken-Ketten zu ausgewählten, nur andeutenden Perspektiven in einem A stellt an den Leser besondere Anforderungen, ihn zu entziffern und ihm durch eigene Schöpfung von Gedankenzusammenhängen zur Evidenz zu verhelfen. Denken in der verkürzten und verkürzenden Form des A ist durch Missverständnisse gefährdet und gefährlich, ja, zuweilen unverdaulich für einen eiligen Leser, der klare Gedankenzusammenhänge gerne diskursiv dargestellt haben möchte. Gleichwohl sind bei N. die Gattungsbegriffe A und Sentenz durchweg positiv konnotiert: „Der A, die Sentenz, in denen ich als der Erste unter Deutschen Meister bin, sind die Formen der ‚Ewigkeit'; mein Ehrgeiz ist, in zehn Sätzen zu sagen, was jeder Andre in einem Buche sagt, – was jeder Andre in einem Buche NICHT sagt" (*GD, Streifzüge* … 51).

Eine einfach zitierbare Aussage ist in N.s Denken in Form von A nicht zu erwarten. Was in diesen lautstark auftritt, ist Vordergrund oder Maske, der alsbald mit einer anderen Denkperspektive widersprochen wird. N.s A, so erläutert Stegmaier, ist „die esoterischste Form seines Philosophierens, die am meisten vom Leser verlangt. […] N.s A lehrt nichts, er gibt nur zu denken. Er ist so kurz, gedrängt und pointenreich, dass er vom Leser eine eigene ‚Kunst der Auslegung' (*GM, Vorrede* 8) verlangt. Er ist so perspektivenreich, dass er nach allen Seiten Durchblicke auf andere Aphorismen eröffnet und zur Vernetzung mit ihnen auffordert" (1995: 230). Nachgelassene Notizen, Notate, von den Herausgebern „nachgelassene Fragmente" genannt, sind Überlegungen, die N. für sich selbst zu Papier gebracht hat (vgl. Stegmaier 2005a: 351). Sie sind nicht Fragmente eines so nicht vorhandenen Ganzen. Sie unterscheiden sich von den durch N. zur Veröffentlichung bestimmten A insbesondere durch die Abwesenheit der raffinierten Komposition, der Verknüpfung esoterischer mit exoterischen Momenten der Darstellung (vgl. Strobel 1998: 46–57). Lichtenberg, der Vater der deutschen Aphoristik, wird von N. hochgeschätzt (*WS* 109; vgl. Stingelin 1996), ebenso die französischen Moralisten Pascal, Chamfort, Larochefoucauld (vgl. Strobel 1998: 14).

*Eva Strobel, Tübingen*

**apollinisch/dionysisch** | Gegen 1870 entdeckt N. – angeregt durch Denker der →Romantik (F. Schlegel, Schelling, Hölderlin, Novalis) und die agonale Sichtung des Griechentums des →J. Burckhardt – dieses für seine Philosophie trotz aller Wandlungen durchgängig fundamentale Gegensatzpaar (im Folgenden: apo. u. dio.). Er entscheidet sich, deutlich schopenhauerischen Vorgaben folgend, in denen Wille und Vorstellung, Traum und unbedingter Wille, originäres Sein und derivates Bewusstsein aufeinander bezogen werden, für die Existenz und Welt erhellende →„Artistenmetaphysik", deren Künstlichkeit und Exklusivität für ihn außer Frage stehen, deren Widersprüchlichkeit von Einsicht und Form er freilich zunächst nur ahnt. Das dio.-schöpferische, das Leben steigernde, verschlingend-erzeugende, alle Gestaltungen überschreitende Moment wird nach und nach in der Lehre vom →Übermenschen und vom →Willen zur Macht ins Zentrum rücken. Der apo. Bezugspunkt bleibt gegenwärtig. In *GT* 5 wird dieser ästhetische Konstruktivismus, der nicht mit ästhetizistischer Beliebigkeit verwechselt werden darf, systematisch entfaltet.

Mit dem Götternamen des →Dionysos verweist N. auf die unbesiegbare, im sokratisch-rationalistischen Denken vergessene archaische Dimension aller Kultur, auf das zerrissen-leidende, auf Entäußerung, auf apo. Gestaltung als (Selbst-)Erlösung dringende Ur-Eine. Im Lyriker vereinen sich dio. Erfahrung und apo. Wille zur Gestalt. Das Apo. und Dio. sind ab origine aufeinander verwiesen und im interimistischen, Leben und Tod umfassenden Wohlklang schmerzlich versöhnt. Nur die lyrisch-musikalische →Kunst vermag die Weltwerdung, die (apo.) geschichtliche Vereinzelung und (dio.) Überschreitung des Einzelnen ahnend zu wiederholen. Die apo. Explikation des dio. Grundes vollzieht sich zunächst in der aus mystischer Identifikation geborenen bildlos-begriffslosen, rauschhaft-einschmelzenden Musik und dann in apo. Traumbildern, die sich in lyrischen Gestaltungen ausformen und in der griechischen Tragödie und in dramatischen Dithyramben ihren höchsten Ausdruck finden. Der dio. Weltgrund drängt in apo. Bilder und Gleichniswelten, die ihm scheinhaft Versöhnung verheißen. N. skizziert genetische Modi apo. Gestaltung. In der Bestimmtheit des Begriffs (→Sokrates, Dialektik) ist das Apo. überschritten. Die Kultur verliert ihren tragisch-heiteren Glanz. Sie flüchtet in rationale Dürftigkeit. Schon in *GT* fasst N. das Dio. als Transzendierung jedweder Bestimmtheit. Die spätere Philosophie der dio., neue Horizonte entwerfenden Vernunft (Kaulbach 1980: 296) und einer sich wagenden, das Schicksal liebenden Existenz ist in den genetisch-kunstphilosophischen Spekulationen präfiguriert.

Apollo und Dionysos schaffen als Bruderbund die musikalische Tragödie (Aischylos, →Wagner); sie bewahrt uns als apo. Täuschung vor der auflösenden Macht der dio. Musik, in der sich der Seinsgrund elementar entäußert. Leben und tragische Einsicht bleiben versöhnt. Zum Thema auch: Vogel (1966); Baeumer (1977); Otto ([6]1996).

*Erwin Hufnagel, Mainz*

**Arbeit** | N. beschreibt Formen der A so deutlich, dass sie sozialen Rängen und Funktionen zugeordnet werden können. Es gibt wesensverschiedene A für sich und A für andere. Letztere A ist Mühe, aufgenötigte Schmach und ohne Sinn. N. sieht keinen Unterschied zur Sklaven-A, die jedoch zum Erhalt von Kultur notwendig ist. Niedere A findet „Lobredner": Sie sprechen vom „Segen der A", von der „Würde der A" (*GT* 18, KSA 1: 117; *M* 173) und nennen „nutzbare" A diejenige, die den Menschen zur Maschine macht. Die A bekam „das gute Gewissen auf ihre Seite" (*FW* 329) und formt eine arbeitsteilige Gesellschaft, welche allerdings die Chance birgt, einen höheren Typus Mensch auszugliedern. Dessen Lebensstil und Auffassungen züchten das Gegenteil von niederer A: →Spiel, bewusst ertragene Langeweile, Müßiggang und Muße in antikem Sinne: „Ja! Otium! Das ist der Müssiggang solcher, die noch alle Kraft bei sich haben." (NF 1881, 11[219]) Die „Klasse der müssigen Olympier" ist das Muster an menschlicher Emanzipation (NF 1876, 19[27]). Den Arbeitern bleibt nur die Offenheit, mit der sie sich „ALS STAND fürderhin für eine Menschen-Unmöglichkeit … erklären" (*M* 206).

Diese Charakterisierungen sind noch N.s libertärer Aufklärungsphase zuzuschreiben, schon in *Za* ändert er den Ton: „Euch rathe ich nicht zur A, sondern zum Kampfe." (*Za I, Vom Krieg …*) N. hat Vorstellungen, wie die Arbeitermasse zum höheren Menschen hinzuführen wäre: „Arbeiter sollten wie SOLDATEN empfinden lernen. Ein Honorar, ein Gehalt, aber keine Bezahlung!" (NF 1887, 9[34]) Nach ihrem Eintritt in das bürgerliche Leben hätte sich die höhere Kaste ihrer anzunehmen, die einfacher lebt als sie, aber die Macht über sie behält (NF 1883, 9[47]) und die den Aufstieg der Arbeiter zum „Individuum" weder behindert noch fürchtet (*M* 173). N. rechtfertigt die Behandlung von A und Arbeiterstand fern aller ökonomisch-politischen Verheißungen seiner Zeit: „Ich interessiere mich NICHT […] für die Arbeiter-Frage, weil der Arbeiter selber nur ein Zwischenakt ist." (NF 1884, 26[352]) Zum Thema auch: Djurić (1989: 168 ff.); Gerhardt (1983/1996: 132 ff.); Solms-Laubach (2007).

*Josef Schmid, Bamberg*

**Ariadne** | ‚A', d. i. ist die ‚überaus Reine', so die wörtliche Bedeutung ihres Namens. Man hat sie „eine menschliche Aphrodite" (Otto [6]1996: 167) genannt. Sie „scheint zu jenen Gestalten uralten, vorhellenischen Götterglaubens zu gehören, die, nach der auf Kreta herrschenden Überlieferung, von dort ausgezogen sind, um dem Menschengeschlecht in der Runde ihre Segnungen zu bringen." (v. Salis 1930: 40 f.) A selber ist konstitutiv ein →dionysisches Wesen. Wie alle Frauen um →Dionysos war auch sie eine der Mänaden, bei denen sich Zornes- und Liebeswut paart. Wie es beispielsweise am Schluss der *Klage der A* heißt: „Oh komm zurück, / mein unbekannter Gott! mein SCHMERZ! mein letztes Glück! …" (*DD*)

Am Beginn eines sich über zwei Jahrzehnte hinziehenden A-Komplexes bei N. steht – im Konzept seines Empedokles-Dramas von Anfang der 1870er Jahre – die Frage: „Flieht Dionysos vor A?" Beide gehören zusammen: „‚Oh A, du selbst bist das Labyrinth: man kommt nicht aus dir wieder heraus'" (NF 1887, 10[95]). Sie kennt die Gründungsgeheimnisse und Gefahren des Labyrinths. Der ‚Faden' der A kann gewissermaßen als ein Sinnbild für ‚analytisches' Denken verstanden werden. Er bringt uns nirgendwo anders hin, als immer wieder dorthin zurück, wo wir schon waren. „Dieser Faden", so wird Theseus bei A. Gide beruhigt, „verknüpft dich mit der Vergangenheit. Kehre zu ihr zurück! Kehre zu dir zurück!" (1997: 284) As Faden hilft also gar nicht etwa ‚durch' das Labyrinth ‚hindurch', gesetzt den Fall, es gäbe überhaupt ein ‚hindurch'. Das A-Problem fasst sich für N. zusammen in der verzweifelt-ahnungsvollen Vermutung aus *EH*: „Wer weiss ausser mir, was A ist!" (*Za* 8) Wohlgemerkt: Es wäre hierbei gleich anfangs davor zu warnen, sich den Fragehorizont N.s privatbiographisch zu verstellen, kurz: „N.s Ausruf ‚Was ist A!' umzudeuten in die Frage ‚Wer war A?' und darauf zu antworten ‚Cosima' [→C. Wagner] ist ein geschmackloser Scherz." (Hildebrandt 1936:

250) Für N. ist A interessant nicht so sehr wegen jenes Fadens, sondern weil sie labyrinthisch kompetent ist und weil sie selbst ein Labyrinth ist, in dem man sich verlieren kann. A bleibt die ‚Herrin des Labyrinths' (K. Kerényi). A fasziniert N. gerade durch die „Lockung des Labyrinths", die „Anziehung des Unbekannten", die „Verführung d(s)eines Mutes." (Gide 1997: 284)

Nachdem beide, A und Dädalos, dem heimatlichen Labyrinth entronnen sind, wird aus dem sizilianischen Exil des Baumeisters (das im Übrigen mit seinem gewaltsamen Tod enden wird) von einer aufschlussreichen letzten Begegnung berichtet, bei der As labyrinthische Konfession deutlich wird: „Ertragen muß man können, glaube ich, vielleicht versuchen, dem Zauber zu entrinnen, der sich im Labyrinth unendlich mir erfüllen sollt'. – Wie war das süß, sich schwingend, wiegend, singend, ganz ergeben in dieser Welt, in unserm Labyrinth zu leben!" (Günther-Gournia 1976: 20) Hier erinnert sich A also noch einer anderen Funktion des Labyrinths: als Ort des →Tanzes. Der hier zelebrierte kultische Tanz aber, so wissen wir seit W. F. Otto, ist ein Symbol der „Rechtfertigung des Seins der Welt, von allen Theodizeen die allein unwiderlegliche und ewige. Er [der Tanz] lehrt nicht, er diskutiert nicht – er schreitet nur, und mit diesem Schreiten bringt er ans Licht, was im Grunde aller Dinge ist: nicht Wille und Macht, nicht Angst und Sorge, und was man alles der Existenz aufbürden will, sondern ... am unmittelbarsten aber die Wahrheit des Lebendigen." (1963: 217) In den Bewegungen des Tanzes erst entwickeln wir eidetisch eine verschlungene, dann bald als ‚labyrinthisch' zu beschreibende Gestaltform. Der Tanz ist so ein ‚Bauplan' im Werden oder, wenn man so will, die Erzeugungs-‚Logik' des Labyrinths.

*Steffen Dietzsch, Berlin*

**Aristokratie (Adel)** | Die A – gemäß der griechischen Übersetzung die Herrschaft der Vornehmsten (→vornehm) – bildet ein wesentliches Element von N.s Wertekanon. Ausgehend von seinem Grundgedanken einer unaufhebbaren Differenz der Individuen sind nach N. angemessene →Rangordnungen notwendig, um den unterschiedlichen Entfaltungsmöglichkeiten der Individuen Gerechtigkeit widerfahren zu lassen. Dieser in den Schriften durchgängige Einsatz für die A richtet sich gegen die Idee einer nivellierenden Gleichheit und beschreibt einen zentralen Aspekt von N.s Alternativkonzept zur Moderne.

In seinem Werk finden sich unterschiedliche Ausformungen der Vorstellung von A, die zumeist auf die Sphäre der Kultur, vereinzelt aber auch auf das Individuum (vgl. NF 1885, 40[42]) oder den Leib (vgl. NF 1885–86, 2[76]) bezogen bleiben. Das zentrale Vorbild in der Geschichte und Paradigma für Aufstieg, Blüte und Verfall ist die A der →Antike: Entstanden durch „ungebrochene Willenskräfte" von „Raubmenschen", kann durch das →„Pathos der Distanz" in der A eine „Erhöhung des Typus →‚Mensch'" (*JGB* 257) gelingen. Aus dem Gefühl der Vornehmheit vermag dieser höhere Mensch, von sich aus rangordnende →Werte zu setzen (*GM I* 2). Da sich die A als höchsten, sinnstiftenden Zweck fühlt, rechtfertigt sie auch „das Opfer einer Unzahl Menschen" (*JGB* 258). Der Niedergang der A droht hingegen, wenn gegen die „aristokratische Werthgleichung [... eine] Umkehrung gewagt" wird und dadurch der „Sklavenaufstand in der Moral" (*GM I* 7) ausgelöst wird. Neben der griechischen A thematisiert N. auch den Aufstieg und Niedergang der A in Venedig und Frankreich sowie des Adels in Deutschland (vgl. *GM I* 16; NF 1885, 34[104]).

In der Moderne diagnostiziert N. einen kulturellen Verfall durch das egalitaristische Streben nach Unterdrückung aller Vornehmheit. Gegen diese Tendenz wird eine Renaissance der aristokratischen Werte und die Errichtung einer „Neuen A" (NF 1886–87, 5[61]), einer „geistigleiblichen A" (*MA* 243) gefordert. Um dieses Ziel zu erreichen, werden seit *MA* auch wiederholt Gedanken zur →Züchtung eines „neuen Adels" vorgestellt (NF 1884, 26[320]). N. nimmt hier neolamarckistische Vorstellungen einer Verleiblichung und Vererbbarkeit (→Vererbung) von Erfahrung und Gewöhnung auf. Im Zentrum stehen aber in allen Schaffensphasen die geistig-leibliche Ausbildung durch Erzieher sowie die Züchtung des „höheren Selbst" durch sich selbst (*FW* 335; *Za III, Von alten* … 12).

Zur Definition des rangordnenden Elements in der neuen A finden sich unterschiedliche Vorschläge. Während einerseits der blind-überwältigende Machtwille als Maßstab der Auslese gesehen wird (vgl. *JGB* 257), so wird andererseits der interpretierend-synthetisierende Machtwille als Auswahlkriterium bestimmt (vgl. NF 1885, 37[4]). Auf Letzteres deutet die Vorstellung einer „Rangordnung, WIE tief Menschen leiden können" (*JGB* 270), da das Leiden zum umfassendsten Wissen führen soll. Ausdrücklich wird auch in *Za* der „neue Adel" als „allem Gewalt-Herrischen Widersacher" definiert (*Za III, Von alten* … 11).

In der Rezeptionsgeschichte hat N.s Einsatz für die A starke Kontroversen ausgelöst. Die erste Rezeptionsphase wird durch G. →Brandes' N.-Essay *Eine Abhandlung über aristokratischen Radikalismus* eingeleitet, dessen Titel N. ausdrücklich positiv würdigt. Während Brandes an N.s Ideal einer Auslese durch →Erziehung und seine Vision einer künftigen Kultur „freier Geister" weitgehend anknüpft, kommt es in der Folgezeit auch zu rassistisch-biologistischen Interpretationen, deren Tiefpunkt die Vereinnahmung N.s durch den →Nationalsozialismus bildet. Ob N. prinzipiell als Protofaschist (Taureck 1989) bestimmt werden kann, wird weiterhin kontrovers diskutiert (Düsing 2006: 337 f.; Ansell-Pearson 1994: 44 f.; Golomb/Wistrich 2002). Untersuchungen der Begriffe Rasse und →Züchtung bei N. (Schank 2000: 28 f. u. 335 f.) zeigen aber, dass die Erhöhung des Menschen bei N. nicht durch biologische Programme (Sloterdijk 1999), sondern durch die geistig-leibliche Erziehung angestrebt wird (Müller-Lauter 1971; Hoyer 2002a; Niemeyer 2004d). Auch Ottmann hebt hervor, dass N. statt einer Geburts-A eine „A der Moral" ($^{2}$1999: 271) unabhängig von der Herkunft anstrebt. Eine moderne Erneuerung der A als Regierungsform scheitert nach Ansell-Pearson (1994: 34) und Detwiler (1990: 169) an der fehlenden Legitimation und an inneren Widersprüchen von N.s Konzeption. Aktuell bleibt N.s Thematisierung der A hinsichtlich der Diskussionen über die Rolle der Eliten in demokratisch-pluralistischen Gesellschaften (Maurer 1990; Menke 1993; Zachriat 2001).

*Wolf Zachriat, Berlin*

**Artistenmetaphysik** | A ist Kategorie der Selbstkritik an *GT*: 1871 sieht sich N. Schopenhauer verpflichtet, reklamiert für die „sonderbare →Metaphysik der →Kunst" den Anspruch auf „Grundbesitz" (An E. Rohde, 4.8.1871), den er im Vorwort an →Wagner damit begründet, Kunst sei für ihn höchste Aufgabe und eigentliche metaphysische Tätigkeit. Den Weg von Schopenhauers Willensmetaphysik zur A sieht N. für sich als bleibende Leistung (Thorgeirsdottir 1996: 51). 1886 ist *GT* fragwürdig, unmöglich: zu viel A und →Romantik stehen im Hintergrund; A ist nur noch als Opposition zu →Schopenhauer gerechtfertigt, gegen dessen einseitig-rezeptive, nicht auf den Künstler, nur auf das Kunstwerk gehende Betrachtung (NF 1885–86, 2[110]). Wenn artistische Weltanschauung, dann eine „antimetaphysische" (ebd., 2[186]). In *GT* erkennt N. nun zu viel „Artisten-Heimlichkeiten" (*GT, Versuch* … 2) und metaphysische Rückversicherungen: einen „Künstler-Gott" (*GT, Versuch*… 5), der, gleich dem heraklitischen Gott, Welten lustvoll-spielerisch aufbaut und zerstört. Gleichwohl sieht N. in der A, die Welt und Dasein einzig als ästhetisches Phänomen zu rechtfertigendes behauptet, *in nuce* seine spätere Position: Welterklärung jenseits moralischer, teleologischer, christlicher Begründungen. Der späteren Radikalität von Moral- und Christentumskritik steht die A entgegen, weil ihr ein Ja-Sagen, das dem Leben Genüge tut, fehlt, die Verbindung Kunst-Leben noch ohne Priorität des →Lebens gesehen wird. Letzteres unter der Optik der Kunst zu sehen und *vice versa* reicht nicht, wenn diese nicht als Stimulans des Lebens (Reschke 2000a: 157) verstanden wird. N. sucht die A mit physiologischer →Ästhetik zu überwinden, die auf eine Philosophie am Leitfaden des →Leibes und den Macht-Willen der Kunst vertraut als Konsequenz umwertender Antimetaphysik, die Ausdruck letztmalig metaphysischer Möglichkeit ist und zugleich Selbstüberschreiten abendländischer →Metaphysik durch Rücksetzung menschlichen Lebens in seine Geschichtlichkeit (Volkmann-Schluck 1991: 19, 30, 260). Sie ist nicht mehr Sinngebungsinstanz; Kunst in ihrer physiologischen Auslegung dagegen bewahrt vor menschlicher Selbstaufgabe (Gerhardt 1992: 87) ohne Trost göttlicher oder moralischer Begründung, sondern kraft ihres lebensphilosophischen Potentials, den Menschen in seiner Selbstverantwortlichkeit zu bestimmen und ihn der Sinnlosigkeit des →Daseins nicht nur zu überlassen, sondern ihn durch artistische Weltsicht (Pfotenhauer 1985a: 233) zur tragischen Kultur zu befähigen, zu entlasten vom Druck des Daseins und des Ekels an ihm. In *GT* besitzt Künstlerisches noch gleichsam etwas Metaphysisches, wenn es als Urvermögen gesehen wird (Danto 1965/1998: 62), das dem „Ur-Einen" (*GT* 1, KSA 1: 30) korrespondiert und ihm als Sphäre der Auflösung des *principium individuationis* eine primär dionysisch-rauschhafte Dimension zugesprochen wird, die sich erst im weiteren Schritt den apollinischen Traumzuständen anverwandelt, um als jener Schutzmechanismus zu fungieren, der dem Menschen trügerische, aber zu lebende Daseins-Illusionen bereitstellt (→apollinisch/dionysisch). Eine ästhetische Metaphysik, auf die Ermächtigung des menschlichen Individuums zielend, die, ontologisch und anthropologisch aufgerüstet, auf das Individuum hochgerechnet (Langbehn 2005: 193 ff.), zugleich Grundlage ist, mit A Metaphysik in sich aufzuheben und widersprüchlich festzuhalten. Den Widerspruch löst die radikale Absage an das ‚Ur-Eine' und die Inthronisierung dionysischer Ästhetik, die von N. physiologisch konstituiert wird.

*Renate Reschke, Berlin*

**Askese** | A (griech. ἀσκησις, zu ἀσκεω, *üben*) bedeutete ursprünglich „Übung" und meinte die übende Vorbereitung des Athleten auf Kampfspiele, verbunden mit Enthaltsamkeit, woraus sich eine religiös motivierte Lebensweise entwickelte, die auf Nahrung, Sex, Kleidung, Besitz, Schlaf und Selbstbestimmung weitgehend verzichtet. Bereits in *MA* dreht N. ein bekanntes Sprichwort um: „Der Asket macht aus der Tugend eine Noth." (76) In *GM* nennt N. Asketen ironisch die „sportsmen der ‚Heiligkeit'" und bezeichnet die A als ein rigoroses „training" (*III* 17). Asketen sind für ihn Weltablehnungsspezialisten, die eher noch „das Nichts wollen, als nicht wollen." (*GM III* 1) Des Weiteren kritisiert er das asketische Ideal scharf: Mit den drei Prunkworten Armut, Demut, Keuschheit würden Asketen an sich herumexperimentieren, wie es keinem Tier erlaubt sei, frei nach dem Motto: „[W]as liegt uns noch am ‚Heil' der Seele!" (*GM III* 9) Das →Leben des Asketen wende sich gegen sich selbst und verneine sich selbst (→Nihilismus), weil es das Leben wie einen Irrweg behandele, den man rückwärts gehen müsse, bis dorthin, wo er anfängt (*GM III* 10). Tatsächlich aber sei A ein Selbstwiderspruch, „Leben gegen Leben" (*GM III* 13), weil hier das →Ressentiment eines ungesättigten Machtwillens herrsche, das Herr werden möchte über das Leben selbst. Von einem anderen Stern aus gesehen, müsste die Erde erscheinen wie „der eigentlich asketische Stern, ein Winkel missvergnügter, hochmüthiger und widriger Geschöpfe, die einen tiefen Verdruss an sich, an der Erde, an allem Leben gar nicht loswürden und sich selber so wehe thäten als möglich, aus Vergnügen am Wehetun: – wahrscheinlich ihrem einzigen Vergnügen." (*GM III* 11) Das asketische Ideal entspringe „dem Schutz- und Heils-Instinkte eines degenerierenden Lebens, welches [...] mit allen Mitteln [...] um sein Dasein kämpft." (*GM III* 13) Gegenwirkend zu dieser Tugend der Sklavenmoral (→Moral), die pervers sei, insofern →Schwäche als „gut" gelte, rät Zarathustra, der Erde treu zu bleiben und denen nicht zu trauen, „welche euch von überirdischen Hoffnungen reden" – um gleich darauf über die Seele zu spotten, die einst verächtlich auf den →Leib blickte: „[S]ie wollte ihn mager, grässlich und verhungert. So dachte sie ihm und der Erde zu entschlüpfen." (*Za I, Zarathustra's Vorrede* 3) Damit ist klar: Die „Verächter des Leibes“ sind „keine Brücken zum →Übermenschen“ (*Za I, Von den Verächtern …*), im Gegensatz zum lebens- und weltbejahenden →„Kind“ (*Za I, Von den drei …*), das A weder kennt noch benötigt. Zum Thema auch: Sloterdijk (1993); Becke (2002); Michaels (2004).

*Andreas Becke, Hannover*

**Ästhetik** | N. misstraut allen Systematikern (NF 1887–88, KSA 13, 11[410]), auch den Ästhetikern, die auf logische Einsicht in die →Kunst aus sind und nicht auf „unmittelbare Sicherheit der Anschauung“ (*GT* 1, KSA 1: 25). Ä ist veraltet: „[E]in guter Theil von Gelehrsamkeit und Geschichte (Aesthetik namentlich) ist […] zum Trödel geworden“ (NF 1875, 11[25]). Am Ende des 19. Jh.s gründet man keine Theorien mehr im Sinne →Kants oder →Hegels (NF 1885–86, 2[195]), keine Äen mit idealistischer „Phraseologie“ (*GT* 16, KSA 1: 104) und klassizistischer Griechen- und Kunstverklärung (Winckelmann), um das Wesen des Ästhetischen zu bestimmen. Die Denkbarkeit der Freiheit beruht nicht mehr auf transzendentaler Ä (Kant), Subjekt-Objekt-Dialektik in der Geschichte (Hegel) oder dem Schweigen der Begierden „unter der Gewalt der aesthetischen Contemplation“ (NF 1886–87, 7[4]) (Schopenhauer): N. entwickelt keine Ä als stringente Theorie; er sieht ihren Wert in der Reflexion des Schaffenden in allem Existierenden und darin dessen Rechtfertigung, die ihr Fundament in existentieller Sinnlichkeit allen Seins besitzt. So ist Ä auf Künstlerisches bezogen, dieses jedoch als etwas verstanden, das allem Dasein zukommt (Young 1992: 148 ff.): keine Kunst-Ä, eher eine Seins- und Werte-Ä. In *GT* figuriert die Opposition der Kunsttriebe →apollinisch/dionysisch nicht nur die interne Balance der Kunst (Musik, Lyrik, Tragödie): Sie ist kulturell-existentiell besetzt. N. gibt mit ihr, im Anschluss an die Frühromantik, den Auftakt, Ä zu formulieren – jenseits ihrer instrumentalisierten Inanspruchnahme zur Begründung einer seit Platon vorausgesetzten Einheit mit ethischen Postulaten; gegen die „Zwangsverschwisterung“ von Ä und →Moral setzt er auf die Eigenständigkeit von Ä mit der – später selbstkritisch relativierten – →Artistenmetaphysik, nach der alles →Dasein nur ästhetisch zu rechtfertigen sei (*GT* 5). Umgekehrt müsse alle Moral auf Ä reduziert werden (NF 1881 11[79]). Moderne Ä ist, im Gegensatz zu akademischer Ä, nicht fertig, ist work in progress (NF 1869, 1[8]), ihr Blick auf Kunstschaffen und Kunstwirkung gleichermaßen gerichtet, hebt sie das splitting in zwei Äen (NF 1876, 17[81]) auf (Reschke 2000b: 234 ff.). N. hat bereits in den 1870er Jahren ein Auge auf psychologische und physiologische Ä: „Aesthetik hat nur Sinn als Naturwissenschaft: wie das Apollinische und das Dionysische“ (NF 1871–72, 16[6]). Sein „REALISMUS in aestheticis“ (NF 1888, 14[50]) lässt immer stärker die physiologische Dimension zum konstitutiven Moment von Ä werden. Gegen die Naivität bisheriger Ä, die im Falle Kants (*JGB* 33; *GM III* 6) mit dem ästhetischen Unwort des ‚Interessenlosen‘ hinsichtlich von Anschauung und Wohlgefallen operiert, heißt es: Ä beruhe auf biologischen Voraussetzungen (*NW, Epilog* 2), sei unlöslich an sie gebunden; ästhetische Werte sind in den späten Aufzeichnungen biologische Werte: Außer Zweifel gegen Kant steht, „dass die aesthetischen Wohlgefühle biologische Wohlgefühle sind“ (NF 1888, 16[75]). Ä der späten 1880er Jahre ist „angewandte →Physiologie“, überflüssig, ihre Erkenntnisse in ästhetische Formeln zu kleiden (*NW, Wo ich Einwände mache*) (Pfotenhauer 1985a: 219 ff.). Dies nicht verstanden zu haben, ist Vorwurf an die Wagner-Kritik. Der Musiker ist physiologisch zu würdigen, ihn gilt es in die Kultur der Moderne zu stellen als ihren Cagliostro: Physiologie als Kulturphänomen, Ä als Zeit-, Kunst-, Wissenschafts-, Geschichtskritik, unter dem Zentralmoment von Kulturkritik zu einem widersprüchlichen Ganzen versammelt, dem N. in der Ä des →Dionysos den adäquatesten Ausdruck verleiht, weil in ihr sich Künstlerisches in der Einheit von Schaffen und Wirkung mit der Apotheose eines Sinnlichen verbindet, dem Physiologisches und Psychologisches gleichermaßen inhärent sind (Agell 2006: 180 ff.): im ausdrücklichen Abstand zur „Hündin Sinnlichkeit" (*Za I, Von der Keuschheit*), deren Begierden N. unter die Kategorie roher Kultur stellt. So ist auch Schönheit kein Thema der Ä mehr, jedenfalls nicht in klassisch-klassizistischer Bestimmung. Ihr Begriff gehört zur idealisierenden Verlogenheit: Wie die Theorie seit Aristoteles nichts von Kunst verstünde (NF 1875, KSA 8, 5[13]), so auch nichts von Schönheit. Diese ist für N. keine ästhetische Zentralkategorie, wie es seit Baumgarten aufklärerisch-klassisch der Fall war, sondern „Fangnetz", „aesthetische[r] Vorwand" (*GT* 19, KSA 1: 127), moderne Kunst und ihre kulturellen Wirkungen nicht verstehen zu müssen. „Aesthetiker höchsten Ranges" dagegen (zu denen sich N. zählt) wollen „auch die Verbrechen und das Laster und die Qualen und die Irrthümer nicht MISSEN" (NF 1881, 12[58]). Schön und hässlich sind physiologisch-biologisch bestimmt; was klassischer Ä Ideal war, im Schönen Ethik und Ä als Verbund humanen Kapitals zu sehen, lehnt N. ab mit dem Hinweis auf *Aisthesis*, die definitorisch auf Sinnlichkeit, Wahrnehmung, Körperlichkeit konzentriert. Im Kontext des →‚Willens zur Macht' sind schön und hässlich lebenssteigernde resp. lebensfeindliche Werte, „ERHALTUNGS-WERTHE" (NF 1887, 10[167]): Ä wird zur kulturellen →Anthropologie resp. diese an ihrer ästhetischen Dimension kenntlich.

*Renate Reschke, Berlin*

**Atheismus** | N.s →Philosophie kann als kritische Reaktion auf das →Christentum gedeutet werden. Schon seine „erste philosophische Schreibübung" im Alter von 13 Jahren (→Frühe Schriften) habe – so N. im Juli 1887 (*GM, Vorrede* 3) – dem Problem des →Bösen und seiner Verbindung zu Gott gegolten. Das eigentliche Wirken als Philosoph begann im Alter von 21 Jahren mit der Entdeckung des Atheisten →Schopenhauer: „Der A war das, was mich zu Schopenhauer führte." (*EH, UB* 2) Bereits N.s erstes Werk, *GT*, bemüht sich um eine alternative Weltsicht, eine eher tragische Weltanschauung im Vergleich zu der des Christen. Während seiner mittleren Periode nennt N. sich selbst einen →„freien Geist", lobt →Voltaire und ruft – etwa in *FW 125* – den Tod Gottes aus (→„Gott ist tot"). In *Za III, Von der verkleinernden Tugend* 3 betont er, dass Zarathustra gottloser sei als irgendein anderer Mensch. Danach radikalisiert N. seine Kritik sogar noch weiter, macht sie eindeutiger. *GM* enthält eine sehr scharfe Kritik des Christentums und der →Priester und lässt inhaltlich bereits vieles aus *AC* erahnen. Das wichtigste philosophische und literarische Projekt seiner letzten aktiven Lebensjahre war die →Umwertung aller Werte, die, wie er deutlich macht, eine essentielle Neubeurteilung aller christlichen →Werte bedeutet. Nicht umsonst endet N.s Autobiographie mit den Worten: „Hat man mich verstanden? – →DIONYSOS GEGEN DEN GEKREUZIGTEN ..." (*EH, Warum ich ein* ... 9) Dabei ist es wichtig zu sehen, dass die (späte) Kritik N.s am Christentum weniger auf der Verneinung von Gottes Existenz basiert oder auf der Ablehnung der Werte der Kirche (unter Verweis auf deren Verfälschung), sondern auf der Infragestellung und Ablehnung der Werte, die mit Gott und dem Christentum in Verbindung gebracht werden. N. geht hierin deutlich weiter als die meisten anderen Befürworter der Säkularisierung. „– Das ist es nicht, was UNS abscheidet, dass wir keinen Gott wiederfinden, weder in der Geschichte, noch in der Natur, noch hinter der Natur, – sondern dass wir, was als Gott verehrt wurde, nicht als ‚göttlich', sondern als erbarmungswürdig, als absurd, als schädlich empfinden, nicht nur als Irrthum, sondern als VERBRECHEN AM LEBEN ... Wir leugnen Gott als Gott ... Wenn man uns diesen Gott der Christen BEWIESE, wir würden ihn noch weniger zu glauben wissen." (*AC* 47) Zum Thema auch: Salaquarda (1996a).

*Thomas H. Brobjer, Uppsala* (Übers.: F. Künstner)

**Aufklärung** | N. hat sich von einem Kritiker der (wissensbasierten) A – resultierend aus der am Beispiel →Wagner geschulten Perspektive der Verherrlichung von Kunst und Intuition zu einem Aufklärer entwickelt, mehr als dies und konkreter: Er hat sich von einem Verächter der (französischen) A (und Revolution) unter den Vorzeichen der gleichfalls von Wagner entlehnten (völkischen) Kritik an „einer gänzlich ungermanischen, ÄCHT ROMANISCH flachen Philosophie“ (NF 1871, 10[1], 346) zu einem engagierten Verfechter und Erneuerer derselben (als „neue A“) gewandelt. Dieser Paradigmenwechsel ist bemerkenswert und will auf seine Gründe hin genau bedacht sein.

Noch in seiner Antrittsvorlesung vom Mai 1869 redete N. einer Art Dialektik der A das Wort, etwa am Beispiel des „modernen Menschen“, der wegen des wissenschaftlichen Fortschritts im Begriff stünde, „in glücklicher Bewunderung vor sich selbst“ niederzufallen, wenngleich er auf das über seinem Haupt schwebende „Schwert des Barbarenthums“ (BAW 5: 286 f.) hingewiesen werden müsse. In Begriffen des (späteren) ‚Erstlings‘ *GT* gesprochen: Auf der dunklen Seite des „über dem Eingangsthor der Wissenschaft“ (15, KSA 1: 99) prangenden mutigen Bekenntnisses des →Sokrates, zu wissen, „NICHTS ZU WISSEN“, sei die Verurteilung von (bestehender) Kunst wie Ethik zu notieren unter dem Vorhalt „Mangel der Einsicht“ bzw. „Macht des Wahns“ (13, KSA 1: 89). Sokrates geriet in dieser Lesart zum Vorläufer des Strebens nach verwissenschaftlichter →Kultur, →Kunst und →Moral und mithin zum Urheber einer Epoche wie jener N.s, die die bloße →Vernunft zur Herrschaft zu bringen suche, keine →Mythen mehr kenne und sich insgesamt als misslungenes Unterfangen lesen lasse, das →Dasein „als begreiflich und damit als gerechtfertigt erscheinen zu machen“ (15, KSA 1: 99). Vergleichbar kritisch sah N. den durch diese Entwicklung geförderten und geforderten Menschentyp, den „sokratischen“ oder „theoretischen“ Menschen, der „an eine Correktur der Welt durch das Wissen, an ein durch →Wissenschaft geleitetes Leben“ (17, KSA 1: 115) glaube und den „Gebildete[n] allein in der Form des →Gelehrten“ (18, KSA 1: 116) gelten lasse. Denn was daraus dann beispielsweise resultiere, so N.s Bedenken, sei eine Dichtkunst, die „aus gelehrten Imitationen“ (ebd.) schöpfe, sowie, zur Seite der Rezeption hin: eine Kunstnutzung, die nach „DEKORATION DES LEBENS“ (*HL* 10, KSA 1: 333) begehre und den „‚Kritiker‘ ohne Lust und Kraft“ (*GT* 18, KSA 1: 120) bevorzuge, kurz: den Epigonen. Vor diesem Hintergrund scheint der fast im Stil J. H. Pestalozzis daherkommende pathetische (gegenaufklärerische) Bannspruch folgerichtig, der da lautet: „Ueberstolzer Europäer des neunzehnten Jahrhunderts, du rasest! Dein Wissen vollendet nicht die Natur, sondern tödtet nur deine eigene. Miss nur einmal deine Höhe als Wissender an deiner Tiefe als Könnender.“ (*HL* 9, KSA 1: 313) Korsettiert wird das Ganze durch den in *WL* angestimmten Lobgesang auf den „intuitiven Menschen“, der, anders als jener „sokratische“, „theoretische“ oder – hier nun – „vernünftige Mensch“ „nur das zum Schein und zur Schönheit verstellte Leben als real nimmt“ und den N. schon im vorsokratischen Griechenland siegreich sah, mit der Folge, dass sich „eine Kultur gestalten, und die Herrschaft der Kunst über das Leben sich gründen“ (2, KSA 1: 889) konnte. Diesen Sieg auch für die Gegenwart vorzubereiten, war folglich das allererste Anliegen des →frühen N. Hilfreich schien ihm dabei der Slogan „vivo, ergo cogito“, den er an die Stelle der von Descartes herrührenden (Früh-)A („cogito, ergo sum“; *HL* 10, KSA 1: 329) treten lassen wollte, weil ansonsten die von N. als krankmachend dechiffrierte Übermacht historischer Bildung nicht zu überwinden sei.

Im Rücken dessen entwickelte sich, als Folge einer von N. schon in *Willensfreiheit und Fatum* (1862; →Frühe Schriften) geübten Kritik an der „feigen Furchtsamkeit“ zumal des Christenmenschen, „dem Geschick mit Entschiedenheit entgegenzutreten“ (BAW 2: 60), eine grundlegende Erörterung der damit benannten und seit →Kant (1784) geradezu klassischen Hemmnisse der (deutschen) A (nämlich Faulheit und Feigheit), die, durch „GEISTIGE A“, auch noch gefördert würden: Die geistige A sei „ein unfehlbares Mittel, um die Menschen unsicher, willens-schwächer, anschluß- und stützebedürftiger zu machen.“ (NF 1885, 36[48]) Thematisch relevant ist derlei schon mit dem Auftakt von *SE* und dem (witzigen) Beiseitesetzen von „öffentlichen Meinungen“ (als „privaten Faulheiten“) sowie der Verdammnis von „öffentlich meinende[n] Scheinmenschen“ (*SE* 1, KSA 1: 338), die, wie am Typus des →Bildungsphilisters zu besichtigen ist, „um sich herum lauter gleiche Bedürfnisse und ähnliche Ansichten" (*DS* 2, KSA 1: 166) wahrnehmen würden (denen sie denn auch sogleich Folge leisteten). Für N. jedenfalls steht bald – etwa in Aufzeichnungen zur Vorbereitung von *M* (→Venedig) – fest: „Die Verkümmerung vieler Menschen hat darin ihren Grund, daß sie immer an ihre Existenz in den Köpfen der Anderen denken, das heißt sie nehmen ihre Wirkungen ernst und nicht das, was wirkt: sich selber." (NF 1880, 3[160]) Der Imperativ „[S]ei du selbst!" aus *SE* (1, KSA 1: 338) steht hier erneut im Raum, diesmal im Nachgang zum die Besonderheit des →mittleren N. kennzeichnenden Bekenntnis zu →Voltaire („einem der grössten Befreier des Geistes") auf dem Vorblatt zur Erstausgabe von *MA* sowie im Nachgang zu dem nun geltenden Programmsatz: „Der wissenschaftliche Mensch ist die Weiterentwicklung des künstlerischen." (*MA* 222) Beides ärgerte Wagner: dieser Programmsatz, aber auch jene – ihn (gleichfalls) ins Abseits drängende – „persönliche Huldigung" N.s an die Adresse Voltaires. Denn immerhin hatte er in seinen für Ludwig II. verfassten *Tagebuchaufzeichnungen* vom September 1865 die These verfochten (und N. dürfte schon in →Tribschen darum gewusst haben), die im 18. Jh. anhebende „Neugeburt des deutschen Geistes" (→deutsch) sei seinerzeit durch den Umstand konterkariert worden, dass „Friedrich mit Voltaire französisch philosophirte" (Wittelsbacher … IV: 9) – eine Art Todsünde, die N. nun, Wagners Befürchtung zufolge, in etwas anderem Maßstab zu wiederholen im Begriff stand (vgl. Naegele 1995: 139 f.; Niemeyer 1998a: 206).

Der Höhepunkt des nun greifenden, teils euphorischen Verständnisses von A mit der Setzung von „Vernunft" und „Erfahrung" als Götter, „die in UNS sind" (*M* 35), ist mit *Za* erreicht. Dazwischen liegt die Forderung, ungeachtet (oder gerade wegen) der „FEINDSCHAFT DER DEUTSCHEN GEGEN DIE A" diese selbst – unter den Vorzeichen von „Historie", „Verständniss des Ursprungs", „Mitempfindung für das Vergangene", „Leidenschaft des Gefühls und der Erkenntnis" – „weiterzuführen" (*M* 197). Dazwischen liegt aber auch der Spott – er wird erst als solcher erkennbar vor dem Hintergrund von N.s (späterem) Lobspruch auf die in die „UNTERWELT des Ideals" hineinleuchtende „Fackel" Voltaires (*EH, MA* 1) – auf die (alte) A in Gestalt der Mär vom „tollen Menschen, der am hellen Vormittage eine Laterne anzündete, auf den Markt lief und unaufhörlich schrie: ‚Ich suche Gott! Ich suche Gott!'" (*FW* 125) Nun freilich, infolge der in *Za* ausführlich vorgetragenen Lehre vom Tod Gottes und der ihr zugehörenden Lehre vom →Übermenschen, tritt an den Menschen unabweisbar die Nötigung (der neuen A) heran, sich selbst im Falschen als wahr zu setzen nach dem Motto: „Der aber hat sich selbst entdeckt, welcher spricht: Das ist MEIN Gutes und Böses." (*Za III, Vom Geist der Schwere* 2) Derlei wird zwar nicht mit der Vokabel „A" belegt. Auffällig ist allerdings, dass N. im Zuge der Planungen zum Nachfolgetitel *JGB* die Überschrift „neue A" in diversen Zusammenhängen (NF 1884, 25[296]; 26[293]; 26[298]; 27[79]; NF 1885–86, 1[94]) erprobt und es gar zur „**Aufgabe der A**" erklärt, „den Fürsten und Staatsmännern ihr ganzes Gebaren zur ABSICHTLICHEN LÜGE zu machen, sie um das gute Gewissen zu bringen, und die **unbewußte Tartüfferie aus dem Leibe des europäischen Menschen wieder herauszubringen**." (NF 1884, 25[294]) Die „neue A" wird des Weiteren aufgeboten gegen „die Kirchen und Priester", „die Gutmüthigen Mitleidigen" und „die Gebildeten und den Luxus" (25[296]), und zwar „in Betreff ‚Wahrheit und Lüge' am Lebendigen", „in Betreff ‚Gut und Böse'" und „in Betreff der gestaltenden umbildenden Kräfte", und dies in der Absicht, das – vor allem von →Rousseau zu verantwortende – Dilemma der „alten" A, die „Gleichmachung Aller", zu vermeiden und ersatzweise „den herrschenden Naturen den Weg [zu] zeigen" (27[80]). Insoweit kann man die neue A N.s als „eine A mit neuen politischen Tönen" (Ottmann 1985: 26) lesen, wichtiger aber wohl noch: Man hat sie als eine psychologisch gerichtete A zu verstehen (vgl. auch Gödde 1993: 153 f.), wie vor allem N.s →Psychologie zeigt, die im Kern darauf zielt, der „vielen eitlen und schwärmerischen Deutungen und Nebensinne Herr [zu] werden, welche bisher über jenen ewigen Grundtext homo natura gekritzelt und gemalt wurden" (*JGB* 230) und für die insoweit der Programmsatz gilt: „Wir haben umgelernt [...]. Wir leiten den Menschen nicht mehr vom ‚Geist', von der ‚Gottheit' ab, wir haben ihn unter die Thiere zurückgestellt." (*AC* 14) Die Befreiungstat der A des 18. Jh.s, die den Menschen als geistigen Gottersatz zum Durchbruch hatten bringen wollen, die also „den Gott im Menschen", den „freien Gott", verteidigt hatte, „nachdem sie ihn sonst hat fahren lassen" (NF 1880, 6[189]), sah der →späte N. mithin als unzureichend an. Erst infolge jener in *AC* geforderten Zurückstellung des sich als „freien Gott" zelebrierenden Menschen der (alten) A in das Reich des Leibhaften (→Leib) hoffte N. offenbar jenen Zusammenhängen auf die Spur zu kommen, um die der Mensch als →Übermensch wissen musste, wenn er nicht einer Selbsttäuschung hinsichtlich der eigentlichen Motive seines Handelns unterliegen will. Zum Thema auch: Campioni (2000b); Benne (2004b); Broese (2004); Meyer (2004b); Vivarelli (2004); Wohlfart (2004); Gerlach (2007).

*Christian Niemeyer, Dresden*

**Autorschaft** | Wer schon als Vierzehnjähriger eine ‚Autobiographie' verfasst (→Frühe Schriften) – und dabei retrospektiv drei Phasen in der Entstehung seiner ‚Jugendgedichte' unterscheidet –, ist sich offenbar des Umstands bewusst, dass A (seit dem Ende des 18. Jh.s) ‚Werkherrschaft' bedeutet (vgl. Bosse 1981). Das Spannungsfeld, auf dem N. diesen Umstand reflektiert, wird durch einen wirkungsmächtigen →Aphorismus abgesteckt, der sich zwischen den Polen der Anonymität und selbstherrlicher Verfügungsgewalt bewegt (vgl. Stingelin 2002): „Dass der Name des Autors auf dem Buche steht, ist zwar jetzt Sitte und fast Pflicht; doch ist es eine Hauptursache davon, dass Bücher so wenig wirken. Sind sie nämlich gut, so sind sie mehr werth als die Personen, als deren Quintessenzen; sobald aber der Autor sich durch den Titel zu erkennen giebt, wird die Quintessenz wieder von Seiten des Lesers mit dem Persönlichen, ja Persönlichsten diluirt, und somit der Zweck des Buches vereitelt. Es ist der Ehrgeiz des Intellectes, nicht mehr individuell zu erscheinen" (*VM* 156). Der entschiedene Gestaltungswille, dem Werk als Autor einen erkennbaren Umriss zu geben, kommt in der Zehnzahl der Gebote zum Ausdruck, der N. das Corpus seiner eigenen Werke nachzubilden suchte (vgl. Groddeck 1984; im Anschluss daran Scheier 1990) und – 1. *GT*; 2. *UB*; 3. *MA*; 4. *M*; 5. *FW*; 6. *Za*; 7. *JGB*; 8. *GM*; 9. *GD*; 10. *WA* – in alle Zukunft verstanden wissen wollte (vgl. die Kapitelabfolge zu den einzelnen Werken in *EH*). Dem stand das wechselhafte Glück mit den →Verlegern und das Bewusstsein um die zahlreichen Bedingtheiten des eigenen →Schreibens entgegen. Der Problematisierung dessen widmet sich eine Reihe kulturwissenschaftlich einflussreicher, programmatischer Texte im ausdrücklichen Anschluss an N., allen voran Barthes (1968), Foucault (1969), Derrida (1980) und Kittler (1980).

*Martin Stingelin, Dortmund*

***BA: Über die Zukunft unserer Bildungsanstalten*** | N.s *BA* gehört zum Nachlass und ist, streng genommen, mit einem Publikationsverbot des Autors belegt: Der Text basiert zwar auf öffentlichen Vorträgen, die N. im Januar, Februar und März 1872 in Basel gehalten hat. Auch war er zur raschen Publikation bestimmt, von der N. dann aber sukzessive Abstand nahm, am Ende mit dem – nicht unzutreffenden – Argument, dass die Vorträge „nicht genug in die Tiefe" (N. an M. v. Meysenbug, 7.11.1872) gingen und der Leser einen „trocknen Hals [...] und zuletzt nichts zu trinken" (N. an M. v. Meysenbug, 20.12.1872) bekäme. N. hat in der Folge nur ganz selten auf diese Vorträge Bezug genommen oder die in ihnen vertretenen Positionen wieder (zustimmend) aufgegriffen (so wie in *GD, Was den...* 5). Über die Gründe hierfür instruiert ansatzweise N.s – →C. Wagner Weihnachten 1872 vermachtes – Kompendium von Vorreden zu ungeschriebenen Büchern (→*CV*). Denn hier findet sich eine unter der Überschrift *Gedanken über die Zukunft unserer Bildungsanstalten*, die zumeist nur Petitessen bietet oder Banalitäten – Aspekte, die deutlich machen, dass N. die Lust am Stoff verloren hat.

Wenn dem Text *BA* in der N.-Rezeption gleichwohl ein gewisser Rang zugewiesen wurde, mehr als dies: wenn er zumal in der deutschsprachigen pädagogischen Rezeption als maßlos überschätzt gelten muss (vgl. Niemeyer 2002a: 161 ff.; 2005a), dann nicht zuletzt infolge der Theoriepolitik und Editionstätigkeit von N.s Schwester: Sie nämlich lobte *BA* im zweiten Band ihrer N.-Biographie als „herrliche[s] Werk“ (EFN 1897: 123) und war stolz darauf, den ersten dieser Vorträge erstmals 1893 – also, anders als in der Pädagogik immer wieder, zuletzt von Oelkers (2005: 91), behauptet: durchaus noch zu N.s „Lebzeiten“ – zugänglich gemacht zu haben (vgl. Patzer 1990: 487). Hier, wie auch in der Folge, getrieben wohl von dem Anliegen, dem Publikum einen ihr politisch sympathischen N. darbieten zu können, ignorierte sie durch ihre Editionstätigkeit – mit Vorbildwirkung für andere N.-Herausgeber unter Einschluss selbst von Löwith (1959: 33 ff.) – N.s Publikationsverzicht, vor allem aber die dafür maßgeblichen und eigentlichen Gründe, nämlich eine von ihm inzwischen kritisch gesehene →Lagarde-Affinität und →Wagner-Abhängigkeit der Vorträge (vgl. Sommer 1998; Niemeyer 1999a).

Tatsächlich muss das, was N. in *BA* unter der Überschrift anpreist, es handele sich hierbei um *sein* „Wappenschild“ (Einleitung, KSA 1: 647), dem Wagnerexperten merkwürdig vertraut vorkommen. Dies gilt schon für die zentrale These, dass weder die (im zeitgenössischen Diskurs verbreitet geforderte) „ERWEITERUNG“ (unter Einbezug immer weiterer Kreise) noch die „VERMINDERUNG“ der Bildung (im Sinne ihrer Unterordnung unter Staatszwecke) wünschenswert seien, sondern etwas Drittes Not tue: ihre „KONCENTRATION“ auf wenige bei gleichzeitiger Rückbesinnung auf die Idee ihrer „SELBSTGENÜGSAMKEIT“ (ebd.). Denn immerhin hatte schon Wagner in *Deutsche Kunst und Deutsche Politik* betont, „die materielle Nützlichkeit der Volksbildung“ (1867: 97) sei zwar im Staatsinteresse, nicht aber in dem einer zu sich gekommenen Kulturauslegung des deutschen Volkes, wie sie Wagner dann 1870 in *Beethoven* als Reaktion auf den siegreichen Frankreichfeldzug anmahnen sollte. Hieran anknüpfend brachte N. im zweiten der Vorträge u. a. das Folgende zu Gehör: „Was [...] sich jetzt mit besonderem Dünkel ‚deutsche →Kultur‘ nennt, ist ein kosmopolitisches Aggregat, das sich zum deutschen Geiste verhält, wie der Journalist zu Schiller, wie Meyerbeer zu Beethoven: hier übt den stärksten Einfluß die [...] ungermanische Civilisation der Franzosen [...]. Mit dieser angeblich deutschen, im Grunde unoriginalen Kultur darf der Deutsche sich nirgends Siege versprechen“ (KSA 1: 690). N. bedient sich hier eines ihm von Wagner her vertrauten antisemitischen Geheimcodes (‚Journalist‘; ‚Meyerbeer‘) und bleibt die Konsequenz nicht schuldig: „Um so fester halten wir [lisez: Wagner und ich; d. Verf.] an DEM deutschen Geiste fest, der sich in der deutschen Reformation und in der deutschen Musik offenbart hat und der in der ungeheuren Tapferkeit und Strenge der deutschen Philosophie und in der neuerdings erprobten Treue des deutschen Soldaten jene nachhaltige [...] Kraft bewiesen hat, von der wir jetzt auch einen Sieg über die modische Pseudokultur der ‚Jetztzeit‘ erwarten dürfen.“ (ebd.: 691) Man will allein im Blick auf diese Sätze gern glauben, dass sich das hiermit umrissene Bildungs- und Kulturprogramm im Nationalsozialismus breiter Zustimmung erfreute, zumal N. den Plan für das gleichsam praktische Procedere nicht schuldig blieb: „Eine wahre Erneuerung und Reinigung des Gymnasiums wird nur aus einer tiefen und gewaltigen Erneuerung und Reinigung des deutschen Geistes hervorgehn.“ (ebd.) Soviel also zur (mehr als fragwürdigen) Hauptsache an N.s Vorträgen (vgl. auch Sauerland 2000).

Ergänzend bleibt nachzutragen, dass N. in *BA*, „in eine farce eingekleidet, deren Erfindung recht gering ist“ (N. an M. v. Meysenbug, 7.11.1872), eigene „Gymnasialerfahrungen“ (Vortrag II, KSA 1: 675) bzw. universitäre Bildungserfahrungen reflektiert und dabei, etwa mittels der Vokabel „vampyrartig“ (Vortrag I, KSA 1: 670) – so der durch einen Brief N.s an Deussen (Zweite Oktoberhälfte 1868) gestützte Schluss –, gegen →Ritschl angeht. Auch N. selbst hat einen Auftritt, unter der Maske des (jungen) Menschen, der einer „führenden Hand“ bedürftig sei, „weil er plötzlich und fast instinktiv sich von der Zweideutigkeit des Daseins überzeugt hat und den festen Boden der bisher gehegten überkommenen Meinungen verliert" (Vortrag V, KSA 1: 742) – und der in dieser seiner Not alleingelassen werde. Denn was diesem widerfahre, so N. weiter, als rede er von sich selbst und seinem eigenen Bildungswerdegang, sei in der Regel nichts weniger, als dass man „jenen naturgemäßen philosophischen Trieb durch die sogenannte ‚historische Bildung' zu paralysieren" (ebd.: 741) sich bemühe, womit die Philosophie zur „Abzweigung der Philologie" werde und die Universität ihren „Bildungswerth" verlöre (ebd.: 742), zumal es an ihr auch am „künstlerischen Denken, Lernen, Streben Vergleichen" mangele (ebd.: 743). Fast ist man hier versucht, N.s *BA* in Grenzen positiv zu lesen: als Zeugnis für eine Epoche, die eine immer stärkere Spezialisierung der Wissensformen kannte und in der folglich der Bildungswert von Philosophie und Kultur und mithin der Status der Allgemeinbildung verloren zu gehen drohte zugunsten einer – zunehmend Nützlichkeitserwägungen unterworfenen – berufsbezogenen Bildung und mit der (von N. gezogenen) Konsequenz, dass von „Bildungsanstalten" dort nicht zu reden sei, wo „Amt" oder „Brodgewinn" (Vortrag IV, KSA 1: 715) angestrebt werde.

Aber man darf nicht übersehen, dass es N. um mehr ging: um die bildungspolitische Forderung, „an der aristokratischen Natur des Geistes" festzuhalten und eine „Ordnung im Reiche des Intellekts" zu verteidigen, deren Umsturz durch Volksbildungsbestrebungen bevorstehe, genauer: durch jene, die nun einmal „zum Dienen, zum Gehorchen" geboren seien und deren „kriechende oder stelzfüßige oder flügellahme Gedanken" bestätigen würden, „aus welchem Thone die Natur sie formte". Als sei dies noch nicht genug an Provokation, fügte N. dem noch die Schlussfolgerung an: „Also, nicht Bildung der Masse kann unser Ziel sein: sondern Bildung der einzelnen ausgelesenen, für große und bleibende Werke ausgerüsteten Menschen" (Vortrag III, KSA 1: 698). Damit hatte er sich seinen – zumal in der westdeutschen Nachkriegspädagogik immer wieder aufs Neue skandalisierten (vgl. Niemeyer 2002a: 237 ff.) – Ruf als ‚elitärer Bildungsphilosoph' wahrhaft redlich erarbeitet.

Tatsächlich gibt es – wenn man allein von *BA* ausgeht und dabei den Kontext unbeachtet lässt – kein Zurück vor dem Schluss, N. habe als demokratiefeindlicher und deutschtümelnder und im Übrigen auch als langweiliger Autor seine Zeit gehabt und komme (anders als etwa mit seinen Einlassungen zum Begriff →Erziehung) für die Zwecke der (Gegenwarts-)Pädagogik nicht in Betracht. Wenn man allerdings von einer solchen Lesart N.s Abstand nimmt, bleibt zu beachten, dass in N.s *BA* in der Hauptsache Wagner redet, dessen kultur- und bildungspolitisches Programm sehr viel eher mit jenem Lagardes als mit jenem N.s übereinstimmte. Diese in der (deutschsprachigen) pädagogischen Rezeption N.s bis auf den heutigen Tag zumeist übersehenen oder gar ignorierten Zusammenhänge sowie N.s abschätzige Urteile über *BA* und deren Veröffentlichungswert müssen beachtet werden, wenn man nicht Legendenbildungen Vorschub leisten will.

*Christian Niemeyer, Dresden*

**Baeumler, Alfred Albin** | B, *19.11.1887 Neustadt a. T. †19.3.1968 Eningen unter Achalm, Philosoph und wirkmächtiger Pädagoge im ‚Dritten Reich', „einer der wirklichen Präfaschisten" (Gadamer 1999: 16), N.-Herausgeber, verbucht schon früh die Lektüre N.s als „innere Sonne" (Tagebücher, 15.3.1908), um in der Folge Partei zu ergreifen gegen die →Basler Tradition und für das verklärende N.-Bild des →Weimarer N.-Archivs. In der *Bachofen-Einleitung* (B 1926) und, pointiert, im Basler Vortrag *Bachofen und N* (B 1929) stellt B Bachofen gegen N. und nimmt mit der einseitigen Betonung des Agonalen im „frühen heroischen Hellas" (ebd.: 32) und der „tigerartigen Vernichtungslust" (ebd.: 38) der „heroischen Griechen" (ebd.: 36) bei N. bereits 1929 vorweg, was 1931 in dem von →Heidegger anfangs sehr geschätzten (Piecha 1998: 177) Reclam-Büchlein *N. der Philosoph und Politiker* (B 1931a) politisch zugespitzt wird und was →T. Mann als „Hitler-Prophetie" (Piecha 1998: 172) und „Politisierung N.s" durch „B, de[n] N.-Verhunzer" (1933/34: 699) lesen wird. 1929 spielt B den N. der „Psychologie der Ekstase" (ebd.: 34) und den „schwelgenden Mystiker" und musikalischen „dionysischen Schwärmer" dem „männlichen Kämpfer" (ebd.: 35) gegenüber aus, der „zum Angriff gegen die moderne Christlichkeit vorgehen musste" (ebd.: 13). 1931 ist es der „Germanismus" (B 1931a: 17, 148) N.s als „Schüler Heraklits" (ebd.: 25) und dessen „Siegfriedangriff auf die Urbanität des Westens" aus dem „Geist des Großen Krieges" (ebd.: 182 f.) und eines „heroischen Realismus" (ebd.: 15), mit dem der mystische Gedanke in der →„ewigen Wiederkehr des Gleichen" als „ohne Belang" (ebd.: 80) für Ns Denken wegdefiniert und der →„Wille zur Macht" als die „Einheit und Konsequenz des Nietzscheschen Denkens" (ebd.: 73) behauptet wird. J. Hofmiller hat dies sofort als Deutung mit „systemkonstruierenden Tendenzen" (1931a: 760) zurückgewiesen und einen „fascistischen N." (1931b: 128) konstatiert; ähnlich sah dies K. Löwith (1935/1978: 213 f.) und, in Frankreich, →G. Bataille, der eine N. „am lichten Tag" entmannende – „émacsulant au grand jour" – Interpretation und politisch-gewaltsame „Indienstnahme N.s" (1937: 159, 161) kritisierte.

Dass B gegen besseres Wissen politisch Position bezogen hatte, zeigt die in B (1931b) enthaltene Bemerkung zum „Rohstadium", „über das der ‚Wille zur Macht' bekanntlich nicht hinausgelangt ist"; den „chaotischen Zustand" der für die Kompilation von →*Der Wille zur Macht* benutzten Handschriften N.s belegt B mit der „[e]rstmalige[n] Veröffentlichung" von zwei Seiten aus einem einschlägigen Manuskriptheft N.s als „Original(Folio)" (ebd.: 40/2,3). In dieser Zeit hat B engeren Kontakt zum zur „Konservativen Revolution" (Mohler 1989: 479) gehörenden männerbündlerisch-soldatischen geistigen Milieu um →E. Jünger (Fröschle/Kuzias 2008) und gibt, in persönlicher Nähe zu EFN, die KTA heraus. Außerdem findet B über A. Rosenberg Zugang zu höchsten NS-Kreisen. Nach einer durch B erfolgten Einladung Hitlers zu einer Rede in Dresden, die nicht stattfand, wird B im Frühjahr 1931 ins „Braune Haus" eingeladen und dediziert Hitler sein „eben erschienenes Büchlein" (Piecha 1998: 171). 1933 wird B von der TU Dresden, an der er seit 1929 als o. Professor lehrt, auf den neu errichteten Lehrstuhl für politische Pädagogik nach Berlin und als Direktor des zu gründenden „Instituts für politische Pädagogik" berufen (Tilitzki 2002: 605 ff.). Die mit dieser politischen Berufung verbundene Belastung veranlasst B am 22. Mai 1933, EFNs Wunsch, die Briefe N.s herauszugeben, abzulehnen (N-Archiv Weimar, 72/152 d). Sein erstes öffentliches Auftreten in Berlin ist seine „Antrittsvorlesung" (B 1933; Piecha 1998: Bild Bs, 183) am Tage der „Bücherverbrennung", nachdem er bereits Anregungen für die 12 Thesen des Plakates „Wider den Undeutschen Geist" (Strätz 1968: 354) geleistet hatte, deren Duktus dann unter Bs Federführung in die „Schwarzen Listen" zur politischen Zensierung von Büchern einfließt (BArch: R 561/45). In dieser Zensurfunktion wird er 1934 im „Amt Rosenberg" (Bollmus 2006) zum Leiter des „Amtes Wissenschaft", bis 1939 Reichshauptamtsleiter; ab 1940 versucht er als „Dienstleiter" bei den Planungen der am Chiemsee entstehenden „Hohen Schule" der NSDAP jenen „fascistischen N." gegen parteiinternen Widerstand ideologisch in den NS einzubinden (Montinari 1979; Zapata Galindo 1995: 84 ff.; Piecha 1998; Niemeyer 2002a: 174 ff.; Barbera 2007). In der Rezeptionsgeschichte N.s stellt Bs „Büchlein" nicht nur eine „Banalisierung" von N.s Denken dar (Riedel 1997: 106), sondern den Kristallisationskern, um den herum alle „Verzerrungen" und „abscheulichen Verunstaltungen, die der Nationalsozialismus" N. zugefügt hat (Adorno/Gadamer/Horkheimer 1950: 112), ihre jeweilige politische Form erhalten haben.

*Detlev Piecha, Hagen*

**Basel** | N. kam am 19. April 1869 in B an und lebte dort – mit Unterbrechungen – bis zur Auflösung seines Haushalts am 10. Mai 1879. Aufgrund der Empfehlung seines Leipziger Lehrers →Ritschl war er zum Professor der klassischen Philologie an die Universität B berufen worden, hatte aber gleichzeitig an den oberen Klassen des „Pädagogiums" (Gymnasium) sechs Wochenstunden Latein und Griechisch zu unterrichten. Anfang 1876 musste N. aus gesundheitlichen Gründen den Unterricht am Pädagogium aufgeben, 1879 auch seine Professur niederlegen. Er erhielt eine großzügige Rente und brach endgültig seine Zelte in B ab. In B begegnete N. seinem Lebensfreund →Overbeck sowie seinem väterlichen Lehrer und Freund →Burckhardt. Die Nähe Bs zu →Tribschen ermöglichte N. bis zur Abreise der Wagners nach →Bayreuth im April 1872 fast zwei Dutzend Besuche. In B gab N. seine preußische Staatsangehörigkeit auf (ohne jedoch die schweizerische anzunehmen), hier entstanden seine ersten Werke: *GT, DS, HL, SE, WB, MA*. Da N. unter dem Klima Bs litt, floh er die Stadt zunehmend und bezeichnete nach acht Jahren Lehrtätigkeit die allzu frühe Professur „nachgerade als das Hauptunglück meines Lebens" (An E. Nietzsche, 2.6.1877), was ihn später aber nicht hinderte, Bs verklärend zu gedenken. Zum Thema auch: Hofmiller (1931b); His (1941); Gutzwiller (1951); Janz (1979a: 181–207; 1994); Hoffmann (1994); Bollinger/Trenkle (2000).

*David Marc Hoffmann, Basel*

**Basler Tradition/Weimarer Tradition (BT/WT)** | Der Gegensatz zwischen diesen beiden Traditionen der N.-Forschung geht zurück auf die Opposition von F. →Overbecks und C. A. Bernoullis N.-Verständnis zu demjenigen des →N.-Archivs und seiner Leiterin →EFN. Die von ihr zu verantwortende WT bedeutet v. a. heroische und mystifizierende Interpretation von Leben und Werk N.s (→N.-Kult), Auswahl, Unterdrückung, thematische Anordnung und Fälschungen bei Nachlass-, Werk- und Briefausgaben – insbesondere →*Der Wille zur Macht* betreffend – sowie autokratische Verwaltung der Archivalien. Unterstützt wurde N.s Schwester von H. →Köselitz und N.s Vettern R. und M. Oehler. Mit EFNs Tod (1935) brach die eigentliche WT ab und wurde durch die wissenschaftliche Arbeit an der Hist.-krit. Ausgabe von H. J. Mette abgelöst. Gestützt wurde die WT durch N.-Forscher und Gelehrte, die EFN huldigten, ihr zur Ehrendoktorwürde verhalfen und sie gar für den Literaturnobelpreis vorschlugen. Die BT geht auf Overbecks Entscheid zurück, seine N.-Briefe dem Weimarer Archiv vorzuenthalten und der Basler Universitätsbibliothek zu übergeben. Mit dieser Sammlung und weiteren Dokumenten (Briefwechsel mit →Rohde, →Köselitz u. a.) begründete er eine Art Gegenarchiv. Nach Overbecks Tod traten I. Overbeck, C. A. Bernoulli und E. Diederichs als Vertreter der BT auf, namentlich mit Bernoullis zweibändigem Werk *Franz Overbeck und Friedrich Nietzsche. Eine Freundschaft* (1908a,b), das eine Kampfansage an Weimar war und den Gegensatz zwischen BT und WT öffentlich machte. Overbecks Sammlung wurde später um wertvolle Nietzscheana aus den Nachlässen von J. →Burckhardt, M. v. →Salis, G. Naumann u. a ergänzt. Im Sinne einer transparenten, nicht mythologischen N.-Forschung können der BT auch E. und A. Horneffer, Ch. Andler, E. F. Podach, K. Schlechta, C. P. Janz und M. Montinari zugerechnet werden. Zum Thema auch: Andler (1920: 257 f.); Podach (1935); Hoffmann (1991; 1993a); Bollinger/Trenkle (2000).

*David Marc Hoffmann, Basel*

**Bataille, Georges** | B, *10.9.1897 Billom, †9.7.1962 Orléans, Philosoph und Literat, gehört einer der schillerndsten Episoden der französischen N.-Rezeption an. Sie ist ein Bindeglied zwischen französischer Vorkriegs- und Nachkriegsrezeption und markiert den Beginn des ‚französischen N.' (Hamacher 1986). Bs N.-Rezeption changiert zwischen Interpretation und Identifikation, Adaption und Inkarnation, Lesbarkeit und Unlesbarkeit (Ebeling 1999): Einerseits war es B, der den als faschistisch verfemten Philosophen lange vor dem ‚französischen N.' schon in den 1930er und 40er Jahren klarsichtig gegen Vereinnahmungen von rechts wie von links verteidigte. Andererseits fiel diese N.-Lektüre im Fahrwasser des Surrealismus derart subjektiv und radikal aus, dass N. durch B auch wieder unlesbar gemacht wurde: B schrieb nicht über N., sondern aus ihm heraus; er identifizierte sich derart rückhaltlos, dass sein experimentelles Schreiben jeden Subjektbegriff auflöste. Dabei haben allein die ästhetischen Formen dieser Auflösung von Subjekt und Werk ein Inventar an philosophischen Formensprachen hervorgebracht (wie z. B. Wiederholung, Maskierung, Parodie), das die ästhetische Theoriebildung nach 1945 prägte (Warin 1994). B las N. zum ersten Mal 1922/23 und identifizierte sich vollkommen mit dessen Schreiben (B 1976: 562, 640). Der „Einbruch N.s in die Texte Bs" (Le Rider 1997: 99) setzt jedoch erst 1936 mit dem Projekt *Acéphale* ein. Wie auch die „nietzscheanische Soziologie" (ebd.: 86, 95) des folgenden *Collège de Sociologie* (Hollier 1979) versuchten diese Projekte im Namen N.s eine Rückeroberung des Heiligen mit den Mitteln der Wissenschaft. 1944 publizierte B sein einziges N. gewidmetes Buch, *Sur N.* (B 2005). Im selben Jahr gab B zu N.s 100. Geburtstag ein *N.-Memorandum* heraus, das sich als *Wiedergutmachung an N.* versteht (B 1999). In Anlehnung an N. entwickelt B eine Philosophie der Souveränität, die N. ihm durch seinen Schritt in den Wahnsinn vorgelebt habe – jene „erste souveräne Entscheidung" einer azephalischen, kopflosen Philosophie. *Knut Ebeling, Berlin*

**Baudelaire, Charles** | B, *9.4.1821 Paris, †31.8.1867 ebd., Dichter und Schriftsteller, provozierte N. in zwei Etappen zur Auseinandersetzung: während der Frankreich-Aufenthalte in →Nizza im Frühjahr 1885 und im Frühjahr 1888. Zunächst (1885) liest N., angeregt durch einen Essay P. Bourgets, Bs berühmte Gedichtsammlung *Les Fleurs du Mal* (1857). Das lassen Anstreichungen an einigen Gedichten und mehr noch am Vorwort von T. Gautier erkennen, in dem dieser B als einen christlichen Mystiker darstellt. N.s Lektüre steht im Übrigen ganz im Zeichen →R. Wagners: „B, eine Art R⟨ichard⟩ W⟨agner⟩ ohne Musik" (NF 1885, 34[166]), heißt es in der ersten ausführlichen Notiz zu B, von dessen Wagner-Begeisterung N. zu dieser Zeit noch nichts weiß. B gehört für N. „zu jenen kaum glaublichen Amphibien, welche ebensosehr deutsch als pariserisch sind" (ebd., 38[5]) und in ihrer Kunst jene die einzelnen Künste überschreitende „Europäer-Seele" ahnen lassen, die N. zufolge auch Delacroix in der Malerei und Wagner in der Musik kennzeichnet. Das B-Bild ist 1885 in seiner Bindung an Wagner ambivalent, doch insgesamt positiv.

Die nochmalige intensive Beschäftigung N.s mit B beruht auf dem Kauf der ersten Nachlassausgabe von Schriften Bs: *Œuvres posthumes et correspondances inédites*, Paris 1887. N. macht sich daraus ausführliche Exzerpte (NF 1887–88, 11[160–225 und 231–234]). B ist ihm nun nicht mehr der Dichter der mit Wagner assoziierbaren französischen Spätromantik, sondern der Vertreter einer pessimistisch „nervös-katholisch-erotische[n] Litteratur" Frankreichs (ebd., 11[159]), die ihm Argumente für seine →Psychologie, die Geschichte des europäischen →Nihilismus und die geplante →Umwertung aller Werte liefert. Herausragendes Zeugnis dieser zweiten Rezeptionsphase ist ein Brief N.s an →Köselitz vom 26.2.1888. In ihm konstatiert er voller Befriedigung, dass seine intuitive Assoziation von Wagner und B richtig und biographisch zutreffend war. Die Antwort auf die Frage, „wer war bisher am besten vorbereitet für Wagner? wer war am naturgemäßesten und innerlichsten wagnerisch, trotz und ohne Wagner?" laute deshalb zu Recht: „jener bizarre Dreiviertels-Narr B, der Dichter der Fleurs du Mal". Denn „B ist libertin, mystisch, ‚satanisch', aber vor allem Wagnerisch". B wird durch die Nähe zu Wagner zunehmend zu einer Figur der Dekadenz (→Décadence), was jedoch nicht ausschließt, dass sich N. beiden noch immer unterschwellig seelenverwandt fühlt und in seiner Bewertung Bs ambivalent bleibt. Zum Thema auch: Pestalozzi (1978).

*Sebastian Neumeister, Berlin*

**Bayreuth** | B, auch zu verstehen als Metapher für das kulturpolitische Projekt →Wagners, vor allem aber natürlich kreisfreie Stadt in Oberfranken/Bayern und Sitz eines auf dem „grünen Hügel" von O. Brückwald nach Entwürfen von Wagner erbauten Festspielhauses. Das Fest der Grundsteinlegung vom 18. bis 23.5.1872 erlebte N. gemeinsam mit →Rohde und →v. Gersdorff (vgl. Borchmeyer/Salaquarda 1994b: 1231). Aus finanziellen Gründen verzögerte sich der Bau, erst am 13. August 1876 konnte das Festspielhaus mit Wagners *Rheingold* eröffnet werden. Anlässlich der Eröffnung verfasste N. die ‚Festspielschrift' (→*WB*). N. hatte ursprünglich geplant, die Basler Professur zugunsten einer Tätigkeit für Wagners B-Projekt niederzulegen (N. an C. v. Bülow, 19.6.1870), doch wurde er darin weder von ihr noch von Wagner bestärkt. Die brieflichen Äußerungen N.s zeigen eine stark schwankende und insgesamt äußerst ambivalente Einstellung zu B. Zwar waren die Festtage anlässlich der Grundsteinlegung „eine der größten Glückserfahrungen seines Lebens" (Borchmeyer 2002: 453), doch steht B bald auch für N.s angespannte gesundheitliche und v. a. nervliche Situation: „An B wage ich gar nicht mehr zu denken, denn sonst ist es mit aller Nervenerholung zu Ende" (An v. Gersdorff, 18.1.1874).

Nach dem Bruch mit Wagner – unabweisbar nach Erscheinen von →*MA* – meinte N.: „In Betreff W(agners) hatte ich eben das Höhere, sein Ideal geschaut – DAMIT kam ich nach B – DAHER meine Enttäuschung." (An M. Maier, 6.8.1878)

*Christoph Landerer, Salzburg*

**Begierde** | In N.s Werk findet der Begriff eine ambivalente, weil zugleich pejorative und anerkennende Verwendung: Er wird mit Rohheit bzw. Dummheit (*SE* 5, KSA 1: 377 f.) ebenso wie mit dem Drang zur Selbsterkenntnis assoziiert (*SE* 6, KSA 1: 385), er meint die „Lust des Fragens" (*FW* 2) nicht weniger als die Sehnsucht nach dem →Jenseits (NF 1880, 7[80]), er wird für geschlechtliche genauso wie für geistige Phänomene verwendet (*M* 160; 450), er dient zur Kritik interesseloser Philosophen (NF 1871, 9[42]) und zugleich dem Bedürfnis nach →Kultur (*SE* 6, KSA 1: 386), er kann den Herdeninstinkt des Menschen denunzieren (NF 1886, 7[6]) und seine Machtansammlung auszeichnen (NF 1881, 13[8]), er wird zur Voraussetzung für Künstler und Genies erklärt (*MA* 231; 487) und fungiert als Agens im logischen Sokratismus (*GT* 13). Eine Ambivalenz, die noch dadurch verkompliziert wird, dass N. die B an keiner Stelle definiert und es auch unterlässt, sie von nahestehenden Begriffen wie →Trieb, →Lust, →Leidenschaft, Eifer, Gier oder →Macht abzugrenzen.

Gleichwohl stellt eben diese Unschärfe ein Positivum dar, durch das N. nicht nur eine ‚Mobilmachung' der Begriffe erreicht, sondern auch einen Darstellungsmodus für seine „Philosophie des →Werdens" (Jaspers) findet: Die B nämlich „drängt zum Werden, zur Wollust des Werdenmachens [...]. Das Werden, von innen her empfunden und ausgelegt, wäre das fortwährende →Schaffen eines Unbefriedigten, Überreichen, Unendlich-Gespannten und – Gedrängten [...]" (NF 1885, 2[110]). Für die N.-Leser Klossowski (1969) oder Lyotard (1973) hieß dies, nicht Zustände, sondern Intensitäten, nicht Positionen, sondern Kombinationen zu privilegieren. „Die →Natur", schreibt N., „ergiebt sich als eine Menge von Relationen von Kräften", denn „sie ist essentiell Relations-Welt" (NF 1884, 26[38]; NF 1888, 14[93]). So wird die B zu einem Moment der Deontologisierung des Wissens (vgl. Deleuze 1962), die bei N. schließlich in der „Weltconception" eines →„Willens zur Macht" gipfelt: Es „bleiben keine Dinge übrig, sondern dynamische Quanta, in einem Spannungsverhältniß zu allen anderen dynamischen Quanten" (NF 1888, 11[72]; 14[79]). Blanchot (1969a: 61 f.) zufolge geht es dabei um eine „Leidenschaft der Differenz", die weder hegelianisch „als negatives Element" noch hermeneutisch „als Sprache des Bewußtseins" begriffen werden kann, da sie sich beständig „selbst affirmiert"; oder: „Man liebt zuletzt seine B, und nicht das Begehrte" (*JGB* 175; vgl. Windgätter 2006) – eine Devise, die N.

über den Poststrukturalismus hinaus auch für solche Theorien des ‚Dazwischen' interessant gemacht hat, die heute von Inskriptionen, Ereignissen oder Medien handeln.

*Christof Windgätter, Berlin*

**Bejahung** | N. veröffentlicht seinen Gedanken der B erstmals in *FW* 341 als „das grösste Schwergewicht" in der Gestalt der Frage, die hier ein →Dämon stellt: „Dieses Leben, wie du es jetzt lebst und gelebt hast, [...] willst du diess noch einmal und noch unzählige Male?" Ein Ja zu einer möglichen Wiederkehr ist ein äußeres Indiz für eine innere Haltung, für ein Ja zum →Leben, das sich als ein Individuelles nicht wiederholt. Bei der hier evozierten →„ewigen Wiederkehr des Gleichen" geht es nicht um die Wiederholung von Fakten oder Ereignissen, sondern um die Wiederkehr von möglichen B-en. Der Bejahende schafft sich seine bejahbare Welt (*JGB* 56). N. sucht ein echtes Jasagen, wie es nur ein →Kind könne (*Za I, Von den drei ...*), ein Ja zu dem, was ist und was wird, und ein Ja zu dieser Bejahung selbst. Die falschen Ja-Sager hingegen parodiert N. in der Figur des →Esels, der homophon ständig „I-A" sagt (*Za IV, Die Erweckung* 2). Ein Ja-Sagen zu allem und jedem sieht N. verkörpert in der Gestalt des →Kamels, das alles unbefragt auf sich nimmt. Dieser „tragsame Geist" ist die erste Stufe von „drei Verwandlungen", die N. als erste Rede Zarathustras (*ZA I, Von den drei ...*) an den Anfang seines Werkes stellt. Dieser Selbsterniedrigung und übergroßen Ehrfurcht folgt, als nächste Stufe der Verwandlungen, der →Löwe, der sich freikämpft. Er sagt Nein und zerstört und schafft sich so die Freiheit zu neuem →Schaffen. Sein „heiliges Nein" schafft den Raum für seine eigenen, neuen →Werte. Die dritte Stufe der Verwandlungen hat eine subtilere Art von Freiheit, die sich nicht abgrenzen und freikämpfen muss, sie ist ein Ja zum Spiel des Schaffens: „Unschuld ist das Kind und Vergessen, ein Neubeginnen, ein Spiel, ein aus sich rollendes Rad, eine erste Bewegung, ein heiliges Ja-sagen" (ebd.).

Ein echtes Ja ist durch das Nein hindurchgegangen und hat es überwunden. Der Gegensatz zwischen Affirmation und Negation wird überwunden, nachdem die Chancen des Verneinens, Neinsagens und Neintuns als Befreiung genutzt wurden. N.s Philosophie der B ist sein Jenseits von →Nihilismus und blinder Affirmation, sein Jenseits von Ja und Nein. B ist keine Setzung eines →Subjekts (wie in der Philosophie des Idealismus), sondern die Offenheit und Öffnung eines Individuums für die Gunst eines geglückten Moments, für eine gelingende Zeit und deren Gestaltung. Darin gleicht etwas über B Gesagtes dem ästhetischen Urteil in →Kants *Kritik der Urteilskraft*. N. erläutert sein Ideal des auswählenden Ja-Sagens am Beispiel der Wohlgeratenheit: „Ihm schmeckt nur, was ihm zuträglich ist; sein Gefallen, seine Lust hört auf, wo das Maass des Zuträglichen überschritten ist. Er erräth Heilmittel gegen Schädigungen, er nützt schlimme Zufälle zu seinem Vortheil aus; was ihn nicht umbringt, macht ihn stärker. Er sammelt instinktiv aus Allem, was er sieht, hört, erlebt, SEINE Summe: er ist ein auswählendes Princip, er lässt Viel durch fallen. Er ist immer in SEINER Gesellschaft, ob er mit Büchern, Menschen oder Landschaften verkehrt: er ehrt, indem er WÄHLT, indem er ZULÄSST, indem er VERTRAUT Er reagirt auf alle Art Reize langsam, mit jener Langsamkeit, die eine lange Vorsicht und ein gewollter Stolz ihm angezüchtet haben, – er prüft den Reiz, der herankommt, er ist fern davon ihm entgegenzugehn." (*EH, Warum ich so weise bin* 2) Das auswählende Jasagen ist nicht nur theoretisch, sondern auch Ausdruck einer ethischen Entscheidung und einer Lebensweise. Der B geht es nicht um die Rechtfertigung von Geschehnissen, sondern um eine Verwandlung des Menschen hin zu höheren Interpretations-Perspektiven: Etwas wird so gedeutet, dass es bejaht werden kann. Die höchste Form der B ist der →*amor fati* (*FW* 276). Die existentielle B des Lebens bringt ein neues Ethos hervor, das die herkömmliche →Moral überwindet. In seinem Gedanken der B erblickt N. eine mögliche Überwindung des europäischen Nihilismus. Zum Thema auch: Strobel (2000; 2007); NWB 1: 254 ff.

*Eva Strobel, Tübingen*

**Benjamin, Walter** | B, *15.7.1892 in Berlin, †26.9.1940 in Port Bou/Spanien, Philosoph und Schriftsteller, las Werke von N. bereits als Schüler (die erste Erwähnung findet sich in Briefen 1910) und beschäftigte sich mehrfach mit dessen Leben und Werk (vgl. Pfotenhauer 1985b). Zwar hat B außer einem Zeitungsartikel (B 1932) keine größere Arbeit über N. verfasst, er orientierte sich aber zeitlebens an dessen Schreibweise und Ideen. Er streute viele aphoristische Formulierungen in seine Texte ein oder setzte Bücher wie die *Einbahnstraße* (1928) und das unabgeschlossen gebliebene *Passagen-Werk* (1928–1940) aus Aphorismen zusammen (vgl. Schöttker 1999). Die für B wichtigste Idee N.s war die der →ewigen Wiederkehr, die er – auf der Grundlage von Exzerpten aus Löwith (1935) – zum Fundament einer Kritik der Moderne machen wollte. So charakterisiert er im ersten Exposé zum Passagen-Werk das „Neue" des kapitalistischen Warenversprechens als „Schein des immer wieder Gleichen" (B 1935: 55). Die Idee wird im zweite Exposé (1939) und in den Thesen *Über den Begriff der Geschichte* (1940) auf den Fortschrittsbegriff übertragen und Grundlage einer Kritik der bürgerlichen wie der marxistischen Geschichtsphilosophie (vgl. Schöttker 2005). Zum Thema auch: Reschke (1992/99).

*Detlev Schöttker, Berlin/Dresden*

**Benn, Gottfried** | B, *2.5.1886 Mansfeld (Kr. Westpriegnitz), †7.7.1956 Berlin, Arzt und Schriftsteller, zog in seinem Vortrag *N. – nach 50 Jahren* in viel zitierten Worten die Summe seiner lebenslangen Beschäftigung mit N.: „Eigentlich hat alles, was meine Generation diskutierte, innerlich sich auseinandersetzte, man kann sagen: erlitt, man kann auch sagen: breittrat – alles das hatte sich bereits bei Nietzsche ausgesprochen, alles Weitere war Exegese [...]. Ich könnte hinzufügen, für meine Generation war er das Erdbeben der Epoche und seit Luther das größte deutsche Sprachgenie." (1950: 199) N.-Zitate und – Motive durchziehen sowohl die poetischen Werke Bs wie auch seine essayistischen Schriften. *GT* bleibt dabei das zentrale Werk. Die →Artistenmetaphysik ist das Herzstück von Bs N.-Rezeption – die durchaus funktionale Rolle, welche die Kunst im Denken N.s spielt, blendet B dabei aus. Anders als N. beharrt B, nach seinem kurzen Engagement für den Faschismus, auf der absoluten Separation von Geist und Leben. Das hält ihn nicht von der lyrischen Feier N.s in den Gedichten *Dennoch die Schwerter halten* (1933), *Sils-Maria* (1933) und *Turin* (1936) ab, in denen er N. zum exemplarisch Leidenden der Geistesgeschichte exponiert. Für das Prosawerk nach 1945 ist N.s antisystematischer Ansatz wichtig. Gerade der Verzicht auf jegliche Systematik – hier nähert sich der späte B der neueren N.-Forschung an – ist für ihn faszinierend. Bs N.-Rezeption zählt zweifellos zu den bedeutendsten der deutschen Literatur des 20. Jh.s. Zum Thema auch: Hillebrand (1966); Meyer (1993: 376–413); Keith (2000); Körber (2006: 76–84); Decker (2007); Neymeyr (2008).

*Thomas Körber, Osnabrück*

**Bergson, Henri** | B, *18.10.1859 Paris, †4.1.1941 ebd., Philosoph und Literaturnobelpreisträger (1927), wie N. Lebensphilosoph im Wortsinn, insofern er in der Kritik am →Darwinismus jedes Leben denkt (nicht nur das menschliche wie →Dilthey). Auch wenn in *L'èvolution creatrice* (1907: 267) der Begriff ‚surhomme' fällt, ist Bs Werk ganz unabhängig von N. Beide sind vielmehr ‚Zeitgenossen' im strengen Sinn: Sie sehen dieselben Probleme und kommen zu kongenialen, gleichwohl divergenten Lösungen. B entfaltet aus der Kritik der „klassischen" Philosophie eine nicht-cartesianische und nicht-identitätslogische Philosophie, die das →Werden an die Stelle des statisch vorgestellten ‚Seins' und dessen ‚Repräsentation' setzt. Gegen Darwin wird das →Leben zudem als unvorhersehbare (‚kreative') Entwicklung konzipiert. Bs Lebensbegriff (*élan vital*) als Pendant zum →‚Wille zur Macht' (François 2008) meint entsprechend die Tendenz des Lebens zu „Aktualisierung" (statt Anpassung und Erhaltung). Gegenüber N. betont B die singuläre Kreativität menschlichen Lebens als „Freiheit". Bs spätere Philosophie ist wie die von N. als „Philosophie der Differenz" verstehbar (Deleuze 1962; 1966), während beide für die zeitgenössische Philosophie ‚Pragmatisten' (Berthelot 1913; Durkheim 1913/14; Scheler 1926) oder ‚Irrationalisten' (Rickert 1920; vorsichtiger: Scheler 1913) waren. Zum Thema auch: Delhomme (1960); Montebello (2003).

*Heike Delitz, Dresden*

**Bewusstsein** | N. hat einen Bs-begriff entwickelt, den er auch dann zugrunde legt, wenn er nicht unmittelbar vom B spricht. Dabei ist jedoch zu bedenken, dass es nach N. in einem ontologischen Sinn „weder ‚Geist', noch →Vernunft, noch →Denken, noch B, [...] noch →Wahrheit" „giebt" (NF 1888, 14[122]). Auch „→Thatsachen giebt es nicht, nur →Interpretationen" (NF 1886–87, 7[60]). In *FW V* findet sich jedoch eine Zusammenfassung seiner Gedanken zum „Problem des Bs (richtiger: des Sich-Bewusst-Werdens)", das „erst dann" vor uns hintrete, „wenn wir zu begreifen anfangen, inwiefern wir seiner entrathen könnten" (354). Es stehe zwar „nicht in unserem Belieben, unser Ausdrucksmittel zu verändern" und damit auf die Rede vom B zu verzichten, aber es sei doch „möglich, zu begreifen", inwiefern diese Rede „bloße Semiotik" sei. „Die Forderung einer ADÄQUATEN", Seiendem entsprechenden „AUSDRUCKSWEISE" sei „UNSINNIG", denn es liege „im Wesen einer →Sprache", eine „bloße Relation" zwischen sprachlichen Ausdrücken darzustellen. Insofern ist dann auch der Begriff „Wahrheit", verstanden als Beziehung auf außersprachliche Gegenstände, „WIDERSINNIG" (NF 1888, 14[122]). Die innersprachlichen Relationen konstituierten überhaupt erst „Wesen", und das sprachliche Hervorheben bewusster Perzeptionen aus dem Kontinuum unbewusster werde lediglich funktional bestimmt, d. h. es komme nur darauf an, *wozu* die Hervorhebung diene. Wir bedienen uns an Stelle von Dingen der →Zeichen. Die Möglichkeit, das Telos des sprachlichen Bestimmens in der eigenen Macht zu behalten, macht das freie, seine eigene Besonderheit ertragende B überhaupt erst notwendig, so dass es „nur im Verhältniss zur MITTHEILUNGS-FÄHIGKEIT" des einzelnen Menschen zu sehen sei. Die „Feinheit und Stärke des Bs" stehe „immer im Verhältniss zur MITTHEILUNGS-FÄHIGKEIT" und diese „wiederum im Verhältniss zur MITTHEILUNGS-BEDÜRFTIGKEIT". Wo „die Noth die Menschen" gezwungen habe, „sich mitzutheilen" und „sich gegenseitig rasch und fein zu verstehen", da habe „ein Ueberschuss dieser Kraft und Kunst der Mittheilung" sich gleich einem „Vermögen" „allmählich aufgehäuft", das nun auf einen „Erben" warte, der es über die Notwendigkeit hinaus „verschwenderisch ausgiebt" (*FW V* 354). Aber auch das ist nach N. nur eine Hypothese innerhalb des Bs und damit innerhalb unserer sprachlichen Unterscheidungen. Im Interesse der Mitteilung machen wir solche Unterscheidungen im Zusammenhang unserer Handlungen, und von daher sind sie „im Grunde allesammt auf eine unvergleichliche Weise persönlich, einzig, unbegrenzt-individuell". Sobald wir sie „in's B" und damit in die Mitteilungsfähigkeit übersetzen, „SCHEINEN" sie es aber nicht mehr zu sein (ebd.). „Ehemals" hätte „auch das WORT schon als Erkenntniß eines Dings" gegolten, und „noch jetzt" seien „die grammatischen Funktionen die bestgeglaubten Dinge" (NF 1885, 40[27]). Die einzelnen Wörter können verschieden verstanden werden, aber die grammatischen Formen ihrer Verknüpfung müssen in allem Verständnis dieselben bleiben.

Wenn N. das B als etwas denkt, das sich im interpersonalen „Verkehr [...] in Hinsicht auf Verkehrs-Interessen" zusammen mit der Sprache entwickelt hat, ist damit auch schon etwas über die Gegenstände des Bs gesagt. Was als Außenwelt gedacht ist, ist in Wahrheit ein Produkt der uns jeweils möglichen und befriedigenden Verdeutlichungen unserer Erfahrungen, mit denen wir uns im Verkehr miteinander auf eine unseren jeweiligen Bedürfnissen entsprechende Weise verständigt haben. Es sei „wesentlich, daß man sich über die Rolle des ‚Bs' nicht vergreift". Das B sei nur ein „MITTEL DER MITTHEILBARKEIT", nicht „die Leitung, sondern ein ORGAN DER LEITUNG" (NF 1887–88, 11[145]). So wie die Wörter (und damit eigentlich auch die Dinge) als Produkte eines interpretierenden „Ansehens-als" gedacht sind, so bilden sie auch die Ansätze für die weitere, ihre Beziehung auf Gegenstände wieder aufhebende Uminterpretation des jeweiligen Weltbildes.

N.s Satz, die Welt sei uns „noch einmal ‚unendlich' geworden: insofern wir die Möglichkeit nicht abweisen können, dass sie UNENDLICHE INTERPRETATIONEN IN SICH SCHLIESST" (*FW V* 374), steht in einer systematischen Verbindung mit seinem Bs-begriff. Das Bewusste ist als solches schon das Ergebnis von Interpretationen, im Unterschied zum →Unbewussten, dessen bewusstmachende Interpretation noch aussteht. Das Denken folgt im Grunde einer unbewussten großen Vernunft des →Leibes (vgl. *Za I, Von den Verächtern des Leibes*) und ist bedingt durch die nicht ablegbare Voraussetzung, dass wir – was immer wir sagen und damit für andere darstellen wollen – auf unsere Sprache angewiesen sind: „[W]IR HÖREN AUF ZU DENKEN, WENN WIR ES NICHT IN DEM SPRACHLICHEN ZWANGE THUN WOLLEN" (NF 1886–87, 5[22]).

N.s Kritik des Bs warnt vor der „Unbescheidenheit, von unsrer Ecke aus zu dekretiren, dass man nur von dieser Ecke aus Perspektiven haben DÜRFE" (*FW V* 374). Aber auch diese Kritik hat nur hypothetischen Charakter. Sie stellt einen Versuch dar, der darauf angewiesen ist, von anderen als eine befriedigende Theorie über etwas, z. B. das B, akzeptiert zu werden. Auch die Wahrheit einer Bs-theorie hängt davon ab, wie sie in ihrer Explikation als Referenz auf einen Gegenstand „B" zu Ende gebracht worden ist, und auch das B ist nichts anderes als der Gegenstand, der sich in einer Explikation des Begriffs bzw. des Namens „B" ergibt. N.s Theorie des Bs verweist ebenso wie seine Erörterung anderer Grundbegriffe auf die Zirkelstruktur aller gegenständlichen Erkenntnisse. Sie ist wesentlich selbstbezüglich. Wenn gesagt wird, dass auch dies wiederum „nur Interpretation" sei – und man wird nach N. „eifrig genug sein, dies einzuwenden" –, so sei das „um so besser" (*JGB* 22), weil es, auch in der Rede über B, die jeweilige begriffliche Bestimmung gegenüber anderen Bestimmungen offen lässt. „Im" B ist jeweils das, was gegenüber anderen noch weiter erklärt werden kann, und eine Erklärung erweist sich dadurch als hinreichend, dass „jetzt" keine weitere Erklärung erforderlich ist, so dass Mitteilungsbedürftigkeit und Mitteilungsfähigkeit zusammenfallen. Zum Thema auch: Simon (1984); Schlimgen (1999; 2000); NWB 1: 334 ff.

*Josef Simon, Bonn*

**Bibel** | Mit biblizistisch geprägtem Christentum früh vertraut, machte N. schon bei seinen Pfortenser Lehrern mit der historisch-kritischen B-exegese Bekanntschaft (Figl 2007; Pernet 1989: 78; Deussen 1922: 70). Während aus N.s theologischer Studienzeit wenig über eine Beschäftigung mit dem Alten Testament bekannt ist, betreffen Lektüren aus den 1870er Jahren die von N. später herausgearbeiteten Differenzen zwischen Altem und Neuem Testament, etwa die im Alten Testament virulente, an die Tragödie erinnernde „Kraft des elementaren Erschütterns" (NF 1878, 30[133]). Gelegentlich nimmt N. das Alte Testament gegen „das unerhörte philologische Possenspiel" der „Philologie des Christenthums" in Schutz (*M* 84). Nicht einmal vor der Fälschung des B-textes hätten die Christen zurückgeschreckt. Mitte der 1880er Jahre nehmen travestierte Anspielungen auf das Alte Testament überhand: Nicht nur die Proklamation der „neuen" und die Zerschlagung der „alten →Tafeln" ist der mosaischen Gesetzgebung nachempfunden (*Za III, Von alten …*), sondern prophetisches und verkündigendes Reden wird zur bestimmenden literarischen Form von *Za* (vgl. Richards 1990; Haynoun 1997; Salaquarda 2000b). Dennoch sollte man die satirische Brechung solcher B-adaptionen nicht außer Acht lassen. *JGB* stellt das Alte Testament als einheitliches, in sich geschlossenes Werk dar und setzt es schroff gegen das Neue Testament ab (52). N. kehrt hier die christliche Überordnung des Neuen über das Alte Testament um. →Wellhausens *Prolegomena zur Geschichte Israels* (1883) und *Skizzen und Vorarbeiten* (1884; 1887) veränderten 1887/88 N.s Sicht: Ein in die Schriften des Alten Testaments selbst hineingelesener Verfallsprozess löste die plakativ verstandene Entgegensetzung von Altem und Neuem Testament ab. Wellhausen zufolge geriet das späte Judentum in Widerspruch zu seinen ursprünglichen kriegerischen Werten und schrieb so seine eigene Frühgeschichte nach „priesterlichen“ Kriterien neu, um dadurch seine Selbsterhaltung zu sichern. N. baut diese „Denaturalisations“-These in seine eigene, antichristliche Geschichtsschreibung ein und konstruiert daraus eine bruchlose Kontinuität zwischen →Judentum und →Christentum. *AC* verarbeitet die umfangreichen Wellhausen-Exzerpte, um damit in radikaler Vereinfachung die antichristliche Geschichtskonstruktion zu stützen (Sommer 2000a; Ahlsdorf 1997; Orsucci 1996).

Was über N.s Bekanntschaft mit dem Alten Testament gesagt wurde, gilt – in noch stärkerem Maße – von seiner Bekanntschaft mit dem Neuen Testament: „Lesen und Schreiben lernte er zuerst anhand der Lutherbibel.“ (Salaquarda 2000a: 382) Gleichwohl findet schon beim jungen N. eine Abkehr vom überlieferten Christentum statt. Bei dieser Entwicklung dürfte die Lektüre von D. F. Strauss' *Leben Jesu* wesentlich gewesen sein (vgl. z. B. Düsing 2006; Pernet 1989). Der Lektüre des Neuen Testaments hat sich N. auch später wiederholt gewidmet, so etwa 1876/77 in Sorrent (KSA 15: 71). Aus seiner vehementen, immoralistischen Kritik an den neutestamentlichen Schriften und ihren Zurechtmachungen der Wirklichkeit machte der späte N. keinen Hehl (z. B. *AC* 44–46). Neben Strauss, →Schopenhauer und →Overbeck hat namentlich →Renan N.s kritische Sicht auf das Neue Testament mitbestimmt. In der Auseinandersetzung mit der jüdisch-christlichen Religions- und Moralgeschichte avanciert Renan in den späten 1880er Jahren zu einer Hauptreferenz, wiewohl N.s Bewertungen häufig gegensätzlich ausfielen. Angefangen bei der Entwicklung des Gottesbegriffes über die Jesusfigur bis hin zur Soziopsycho(patho)logie des frühen Christentums als Bewegung Zu-kurz-Gekommener findet N. bei Renan vielfache Anregungen. Die „→Psychologie des Erlösers“ führt vor, wie N. seine Quelle umgestaltet. Die polemische Absetzung von Renan entbindet N. in *AC* davon, seinen eigenen Ansatz methodisch zu begründen; er stempelt →Jesus zum Fall für den Nervenarzt und enteschatologisiert seinen →„Typus“ konsequent. N.s „Erlöser-Typus“ profitiert konzeptionell auch von den radikal orientiert-werdenden B-adaptionen Tolstois und →Dostojewskis, freilich nicht im Interesse, neue Identifikationsmöglichkeiten mit Jesus zu bieten. Bemerkenswert ist überdies N.s schon früh sichtbare Präferenz für das Johannesevangelium, das, wie es im Nachlass heißt, „aus dem Boden des Dionysischen geboren“ sei (NF 1870–71, 7[13]). Diese Präferenz ist noch zu greifen in der Darstellung des Pilatus (*AC* 46), von dem sich N. ja auch den Titel von *EH* leiht (vgl. Sommer 2004).

Demgegenüber wird →Paulus im Spätwerk zur eigentlichen Feindfigur stilisiert. Die Lehre von Vergeltung und Gericht, bei den unmittelbaren Jesus-Jüngern noch unausgegoren und in der Fassungslosigkeit über den Tod des Meisters erstickt, wird dem späten N. zufolge systematisch ausgebaut vom „Genie im Hass“, dem selbsternannten Apostel Paulus. Das von Paulus angewandte Verfahren sieht nach N. denkbar einfach aus: Es habe „das Schwergewicht jenes ganzen →Daseins HINTER dies Dasein“ verlegt, „in die Lüge vom ‚wiederauferstandenen‘ Jesus“ (*AC* 42; vgl. Havemann 2002). Das Paulus-Bild, wie N. es 1888 scharf zeichnet, ist nicht mehr an Lüdemanns *Anthropologie des Apostels Paulus* orientiert, die er 1880 verwertet hat (Salaquarda 1996), sondern vielmehr an Renan, Overbeck und insbesondere →Lagarde (Sommer 2000a: 395–402; 1998). Resümierend ist festzuhalten, dass N. biblische Texte, Figuren, Motive und Redeformen – insbesondere in *Za* (vgl. Salaquarda 2000b) – stets für eigene Zwecke, für seine eigene philosophische Verkündigung instrumentalisiert hat, nicht ohne sie zugleich skeptisch zu relativieren oder gar zu parodieren. Zum Thema auch: Shapiro (1982); Eldad (1985); Willers (1988).

*Andreas Urs Sommer, Freiburg i. Br.*

**Bibliothek (N.s)** | Ungefähr 1400 Bände aus N.s B sind heute erhalten. Sie wurden nach seinem Zusammenbruch von seiner Mutter →Franziska N. und seiner Schwester →EFN von verschiedenen Aufbewahrungsorten (→Basel, →Sils-Maria, →Turin, Genua) aus zuerst in

Naumburg, seit 1896 im Weimarer →N.-Archiv zusammengetragen. Nach dessen Auflösung kamen sie 1950 zusammen mit der →Bibliothek des ehemaligen N.-Archivs ins Weimarer Goethe- und Schiller-Archiv (GSA), 1955 dann in die heutige Herzogin Anna Amalia Bibliothek Weimar (HAAB). N.s Handexemplare der Drucke seiner eigenen Werke sind heute in den Bestand der B des ehemaligen N.-Archivs eingeordnet. 133 Bücher und Druckschriften, die ebenfalls N.s B zuzuzählen sind, befinden sich heute im GSA, darunter fast alle Musikalien aus N.s Besitz.

N.s B hat nicht den Charakter einer systematisch zusammengetragenen Gelehrtenbibliothek. Sie hat niemals vollständig zusammengestanden, weil N. als viel reisender Mensch Bücher an verschiedenen Orten aufbewahrte. Viele seiner Bücher gerieten schon zu seinen Lebzeiten durch Verkauf oder Verschenkung aus seinem Besitz. So sind darin nur wenige schöngeistige Werke enthalten. Bücher aus N.s. Jugendzeit sowie Teile der Basler B N.s mit Spuren seiner philologischen Arbeit sind durch EFN 1881 vor dem Verkauf gerettet worden. Die Literatur zum klassischen Altertum bildet den größten Teilbereich innerhalb seiner erhaltenen Bücher, gefolgt von den Büchern zur neueren Philosophie. Auch andere Gebiete wie Religion, Erziehung, Psychologie, Naturwissenschaften, Geschichte und Erdkunde, Völkerkunde, Rechtswissenschaft, Ästhetik, Kunst- und Kulturgeschichte sowie Literatur und Literaturgeschichte sind vertreten. EFN erkannte früh die Bedeutung der B, weshalb sie 1896 deren Katalogisierung durch →Steiner veranlasste (handschriftlicher Katalog in Sachgruppen, Lesespurenhinweise, im GSA). Im Rahmen der Arbeiten für die BAW wurden im Jahre 1932 von H. J. Mette und M. Oehler systematisch ordnende Arbeiten an der B durchgeführt, diese Aufstellung ist heute noch weitgehend beibehalten. Diese Arbeiten waren Grundlage für die Publikation von M. Oehler (1942). Ein neuer gedruckter Katalog wurde von einer Pisaner Arbeitsgruppe vorgelegt (NB), der die Lesespuren N.s sehr viel genauer als der Oehler'sche Katalog nachweist, und zwar vom unaufgeschnittenen Buch über gelegentliche An- oder Unterstreichungen, Eselsohren, Schülerzeichnungen, einzelne Marginalien bis hin zu intensiven Anstreichungen, Randbemerkungen, Übersetzungen und Konspekten. In einigen Büchern finden sich Widmungen von Zeitgenossen an N. Zum Thema auch: D'Iorio (2003).

*Erdmann von Wilamowitz-Moellendorff, Weimar*

**Bibliothek des ehemaligen N.-Archivs in Weimar** | Zu den N.-Sammlungen in der Herzogin Anna Amalia Bibliothek Weimar (HAAB) gehören seit 1955 auch die ca. 6000 Bände der hier in Rede stehenden B (Signaturen: C 776 – C 5141, verzeichnet im Online-Katalog der HAAB). Sie ist im Wesentlichen eine Sammlung von Literatur über N. sowie von den meisten Drucken seiner Werke sowie deren Übersetzungen aus den Jahren von 1867 bis 1945/46. Außerdem sind Teile der Privatbibliothek von →EFN mit zahlreichen Widmungsexemplaren von Zeitgenossen hierin enthalten. Auch einige philosophische und kulturelle Zeitschriften, auf die das N.-Archiv abonniert war, sind vorhanden. Für die Forschung besonders interessant ist die Bestandsgruppe, in der die für die Editionsarbeiten des N.-Archivs relevanten Drucke, also die Erstdrucke von N.s Werken, weitere Drucke, die zu seinen Lebzeiten erschienen, einige von N.s Handexemplaren mit handschriftlichen Spuren von seinen Umarbeitungen oder Umarbeitungsansätzen und Druckfahnen mit N.s Korrekturen enthalten sind. Die Erstdrucke, Handexemplare und Korrekturbögen liegen auch auf Mikrofilm vor. Dazu kommen noch die Drucke und einige Aushängebögen der Gesamtausgabe der Werke N.s mit den Spuren der Arbeit der verschiedenen Herausgeber, deren Schaffen die N.-Philologie, vor allem aus Gründen des Umganges mit N.s nachgelassenen Fragmenten, bis heute in Atem hält (→*Der Wille zur Macht*).

*Erdmann von Wilamowitz-Moellendorff, Weimar*

**Bibliotheken, N. als Nutzer von ...** | B waren für N. neben immer angestrebtem eigenen Bücherbesitz unverzichtbar: „[M]ICH brächte man nicht mit zehn Pferden dahin, wo [...] nicht einmal eine gute Bibliothek zu finden ist" (An E. Förster, 3.11.1886). N.s Werk durchziehen intensive Auseinandersetzungen mit dem Denken Anderer, seine Lektüren fließen oft unmittelbar darin ein. Deshalb bemüht sich die N.-Forschung um das Konstrukt der idealen Bibliothek, um die Summe dessen, was N. an Büchern besessen oder ausgeliehen und gelesen hat. In N.s Kindheit waren die B seines Vaters im Röckener Pfarrhaus und seines Großvaters im Pfarrhaus Pobles Orte früher Leseerfahrungen. In der Bibliothek seines Onkels E. Schenk in Jena entdeckte er z. B. 1859 Novalis für sich (SA III: 69). Bezeugt ist die Nutzung der B des →Naumburger Domgymnasiums und →Schulpfortas, der Universitäts-B in Bonn, Leipzig und →Basel sowie öffentlicher städtischer B in Leipzig, Genua und →Turin. Hinzu kommt die gelegentliche Nutzung weiterer B wie der Biblioteca Marciana in Venedig und Bücherleihen aus Privat-B wie denen von →Ritschl, →Wagner und →Overbeck. Auf seinen Reisen nach →Sils-Maria begleitete ihn immer ein Bücherkorb als Bibliotheksersatz, der „Klumpfuß" von „104 Kilo Bücher" (An Franziska N., 4.10.1884). Zum Thema auch: Hofmann (1940); M. Oehler (1942); Crescenzi (1994); Brobjer (1999b).

*Erdmann von Wilamowitz-Moellendorff, Weimar*

**Bildung** | „Oh wer erzählt uns die ganze Geschichte der Narcotica! – Es ist beinahe die Geschichte der ‚B', der sogenannten höheren B!" (*FW* 86). Und so ambivalent, wie Narkotika – zu denen N. auch „Haschisch-Rauchen und Betel-Kauen" (ebd.) sowie „Branntwein und Christenthum" (*FW* 147, vgl. *GD, Was den* ... 2) zählte – als Suchtmittel oder Heilmittel sein können, so deutet auch das Wörtchen „beinahe" eine das Werk umspannende Ambivalenz in N.s Bestimmung dieses deutschsprachigen Begriffs und Programms seit Humboldt an. Im Frühwerk, vor allem in der thematisch einschlägigen, aber mitunter überschätzten Schrift →*BA*, den →*UB* sowie dem entsprechenden Nachlass findet man etwa zwei Drittel der zahlreichen Wendungen und eine erste Hauptbedeutung. Hier geht es N. vornehmlich um die für seine Zeit typische kulturkritische Sichtung der aus dem Neuhumanismus hervorgegangenen Bs-Praxis, der er seine positive Bewertung des vorsokratischen Griechentums als pädagogisches Bs-Ideal entgegenhält. Das andere, kaum weniger bedeutsame Drittel erstreckt sich auf das mittlere und späte Werk und versteht B, in einer zweiten Hauptbedeutung und aus heutiger pädagogischer Perspektive eher unspezifisch, in dem vor Humboldt verbreiteten organischen und physiologischen Sinne als Entstehung, Schaffung und Formung (vgl. NF 1887, 9[144]). Darüber hinaus ist N.s auch nicht explizites Bs-Denken – u. a. über die Interpretation →Heideggers (vgl. Casale 2010) – ein maßgeblicher Anreger für die Bs-Philosophie seit dem 20. Jh. geworden, speziell für die Diskussion um Subjektivität und Desubjektivierung (vgl. Foucault 1974; 2001b), oder die Antithetik von Selbstverwirklichung und Selbstlosigkeit (vgl. Ballauf 1966; 2004).

Durchgängig stehen sich gegenläufige, d. h. negative und positive Beschreibungen und Bewertungen von B als individuellem und kulturellem Prozess und Resultat gegenüber. N. verwendet den Begriff, nicht frei von autobiographisch rekonstruierbaren Erfahrungen (vgl. *BA*, Vortrag II, KSA 1: 675), kritisch und zumeist in Anführungszeichen für die faktischen, gängigen und aktuellen deformierten Erscheinungsweisen geistiger, moralischer und physischer „B", und er bemisst diese an ihren weitestgehend verlorenen, eigentlichen, echten und wahren Idealformen, den ästhetischen, sprachlichen und philosophischen Errungenschaften der Vorsokratik. Seine Kritik richtet sich gegen die vom →Staat und dessen Institutionen betriebene maßlose Verallgemeinerung von B, die nur Mittelmäßigkeit erzeugt: „Je mehr es solche courante Menschen gäbe, um so glücklicher sei ein Volk: und gerade das müsse die Absicht der modernen Bildungsinstitute sein [...]" (*BA*, Vortrag I, KSA 1: 667); seine Kritik richtet sich zudem gegen die von der Wissenschaft beförderte Spezialisierung und deren Kehrseite einseitiger

Unbildung: „Die Arbeitstheilung in der Wissenschaft strebt praktisch nach dem gleichen Ziele, nach dem hier und da die Religionen mit Bewußtsein streben: nach einer Verringerung der B, ja nach einer Vernichtung derselben" (ebd.: 670); und sie richtet sich gegen den im 19. Jh. aufgekommenen dogmatischen Historizismus, der die Geschichte ihres „Nutzens für das →Leben" (so das Thema in →*HL*) beraubt hat. Am Maßstab der „Welt des Hellenischen" als „eigentliche[r] „Bildungsheimat" (ebd.: 671) offenbare sich die „vollkommne Nichtswürdigkeit unsrer deutschen B" (*EH, Warum ich so klug bin* 1). Und nur in der historischen und systematischen und vor allem anstrengenden Wiederbelebung des produktiven Streits (→Agon) zwischen antiker und gegenwärtiger, europäischer christlicher →Kultur – „Nur im Wetteifer lernt man das Gute kennen." (NF 1876–77, 23[132]) – liege die Voraussetzung für wahre B und den wahrhaft Gebildeten.

Einige von deren Kennzeichen sind eine ausgeprägte Sprachkritik, ein „Respekt vor der Sprache" (*BA*, Vortrag II, KSA 1: 688) und deren „richtige[r] Gangart" (ebd. 685) sowie damit verbunden eine Skepsis gegenüber dem „Begriffshimmel" bzw. „Begriffsgott" (*WL 1*, KSA 1: 882) der Erkenntnis bzw. →Wahrheit und gegenüber „unmittelbare[n] Gewissheiten" (*JGB* 16) und dem „Aberglauben der Logiker" (*JGB* 17).

Ein anderes Motiv ist – in deutlicher Anspielung an →Platons Höhlengleichnis und dessen zentralen Gedanken der Periagoge – die „grosse Loslösung", etwa von jeglicher Bindung an Pflichten, als Voraussetzung für die „Selbstbestimmung, Selbst-Werthsetzung" (*MA I*, Vorrede 3) der →„freien Geister" (*MA I*, Vorrede 2). Zu wahrer B gehört außerdem Religionskritik, denn „Noch nie hat eine Religion, weder mittelbar, noch unmittelbar, weder als Dogma, noch als Gleichniss, eine Wahrheit enthalten" (*MA* 110, vgl. *MA* 20).

Ziel aller B, die „man nur Dem, der Hunger darnach hat" (*M* 195), geben soll, ist, so die These zumal im Frühwerk, der Genius: „Aufgabe der B: den Genius zu vollenden, seine Bahnen zu ebnen, sein Wirken möglich zu machen durch Ehrfurcht, ihn ausfindig zu machen" (NF 1871–72, 18[3]). In *Za* wandelt sich dieser Begriff, über die Zwischenstufe der „freien Geister" (vgl. *MA*), zum →Übermenschen: „Ich lehre euch den Übermenschen. [...] Der Übermensch ist der Sinn der Erde. Euer Wille sage: der Übermensch sei der Sinn der Erde!" (*Za I, Zarathustra's Vorrede* 3) N. deutet nur an, dass die gegenwärtige Heimat, das „Land der B", nur um den Preis des „Grauens" verlassen werden kann und lässt damit offen, ob der Übermensch zukünftig selbst diese B noch zu überfliegen, zu überwinden in der Lage ist: „Zu weit hinein flog ich in die Zukunft: ein Grauen überfiel mich.//Und als ich um mich sah, siehe! da war die Zeit mein einziger Zeitgenosse.//Da floh ich rückwärts, heimwärts – und immer eilender: so kam ich zu euch, ihr Gegenwärtigen, und in's Land der B" (*Za II, Vom Lande der Bildung*). Zum Thema auch: Hoyer (2002a); Dörpinghaus/Poenitsch/Wigger (2009); van Tongeren (2009).

*Andreas Poenitsch, Freiburg i. Br.*

**Bildungsphilister** | Durch N. wurde der Begriff B – der bis auf wenige Ausnahmen nur in →*DS* verwendet wird (NWB 1: 382 ff.) – „berühmt" (Schmid 2000: 79), und zwar im Nachgang zu seinem selbstgefälligen Urteil: „[D]as Wort B ist von meiner Schrift [*DS*; d. Verf.] her in der Sprache übrig geblieben" (*EH, UB* 2). Tatsächlich hat N. den Begriff nicht geprägt (Gründer 1971: 938; Meyer 1963), nahm dies allerdings für sich in Anspruch (*Ma II, Vorrede* 1). Zumal Interpreten im pädagogischen Umfeld ist der B „die zentrale Kategorie [von N.s; d. Verf.] Kultur- und Bildungskritik" (Gründer 1971: 937), und zwar als „Prototyp des gebildeten Pöbels" (Reschke 1992b: 66). N. meinte, den B vom Philister der klassischen Tradition seit →Goethe und seiner „romantischen Wortprägung" (Meyer 1963: 180) abgrenzen zu müssen und bestimmte ihn, exemplarisch bezogen auf den „Philisterhäuptling" (*DS* 6, KSA 1: 190) D. F. Strauss, folgendermaßen: „Das Wort Philister ist bekanntlich dem Studentenleben entnommen und bezeichnet [...] den Gegensatz [...] des ächten Kulturmenschen. Der B aber [...] unterscheidet sich von der allgemeinen Idee der Gattung ‚Philister' durch Einen Aberglauben: er wähnt selber [...] Kulturmensch zu sein" (*DS* 2, KSA 1: 165). Dies erinnert an Schopenhauer, der den Philister als Menschen *„ohne geistige Bedürfnisse"* charakterisierte, der „[k]ein[en] Drang nach Erkenntniß und Einsicht, um ihrer selbst Willen [... und] auch keine[n] nach eigentlich ästhetischen Genüssen" (Schopenhauer 1851a: 340) habe (vgl. Meyer 1963: 200). Zum Thema auch: Waibel (2004); NWB 1: 382 ff. *Michael Rautenberg, Dresden*

**Bloch, Ernst** | B, *8.7.1885 Ludwigshafen, †4.8.1977 Tübingen, marxistischer Philosoph, der in seinem Gedankengut eine zentrale Stelle dem Konzept des „Noch-Nicht-Gewordenen" einräumt, liest N. als einen Philosophen, der die Kraft der dionysischen Möglichkeiten gesehen, aber falsch und zirkulär analysiert habe (vgl. B 1962: 358–366). Für B stellt das Universum eine noch-nicht-gewordene und festgestellte und daher auch sich stetig ändernde objektive Totalität dar, die in gewisse, nicht teleologisch fixierte Richtungen tendiere. Insofern versucht B, den deterministischen und statischen Auslegungen des Vulgärmarxismus ein „offenes System" der Geschichtsanalyse und -entwicklung entgegenzusetzen. Die Welt ist für B ein System der Tendenz und Latenz, in dem es objektive Tatsachen und Entwicklungen gibt, die aber nur durch politisierte Momente der Hoffnung und des „aufrechten Gangs" realisiert werden können. Diese Momente basieren auf zwei Arten der Hoffnung. Die eine gründet auf einem subjektiven, ständig vorhandenen, wenn auch unbewussten Kalkül auf eine bessere Welt, das anscheinend negativen und missverstandenen, sogar verstellten Ausdruck finden kann, aber immerhin doch „Grundrisse einer besseren Welt" (B 1959) darstellt. Die zweite, objektive Hoffnung kalkuliert auf einen geschichtlichen Zeitpunkt, an dem die gesellschaftlichen und wirtschaftlichen Realitäten einen Umbruch nicht nur ermöglichen, sondern geradezu verlangen. Wenn diese beiden Momente der Hoffnung dialektisch zusammenfließen, kann es zu einer Umwälzung der gesellschaftlichen Verhältnisse kommen. B sieht in N.s Idee des →Menschen – als das „NOCH NICHT FESTGESTELLTE THIER" (*JGB* 62) – einen wichtigen Antrieb zur Wahrnehmung menschlicher Möglichkeiten. Des Weiteren betont er das Dionysische als erotische und vorantreibende Hoffnung, als Wille zur Menschenwerdung, die aber nur als kollektive Aufgabe erfüllt werden könne. Wie von Hansen (1998: 96) dargestellt, ist →Dionysos für B von daher „auf die Fahnen der Revolution gesetzt" (B 1962: 366). *Peter Thompson, Sheffield*

**blond; die blonde Bestie** | N. verwendet das Adjektiv b kaum. Indem er aber die Phrase „die b Bestie" geprägt hat, ist das Wort und sein Inhalt maßgeblich und häufig mit fatalen Wirkungen in die N.-Interpretation eingeflossen. B wird nur vom späten N. (während und nach *Za*) gebraucht; insgesamt und in allen seinen Formen und Kombinationen finden sich 14 Belege (vgl. auch NWB 1: 405 ff.), jedoch in drei wesentlich verschiedenen Bedeutungen. In *Za IV, Unter Töchtern der Wüste* 2 (auch in *DD*) wird das Wort verwendet, um einen →Löwen zu beschreiben; in den von N. veröffentlichten Texten *GM* und *GD* dient der Ausdruck „b Bestie" zur Charakterisierung einer angeblich historisch überlieferten ben Rasse („zum Beispiel die vornehmen Germanen"; *GD, Die ‚Verbesserer' der Menschheit* 2); und im Nachlass charakterisiert N. auf diese Weise zeitgemäß zurückgebildete, moderne Deutsche und Europäer („eine zu be, zu stupide Sinnlichkeit"; NF 1887, 10[36]; vgl. auch 9[12]) sowie „die ben Heiligen, den Typus Parsifal" (NF 1888, 15[15]; vgl. auch 4[63]). Von den vorgenannten Äußerungen waren es vor allem jene in *GM* und *GD*, die auf allgemeines Interesse stießen und nicht eben selten falsch interpretiert wurden, um N. zu einem Befürworter des →deutschen Nationalismus und der Mythologie von der „arischen Rasse" zu machen. „Auf dem Grunde aller dieser vornehmen Rassen ist das

Raubthier, die prachtvolle nach Beute und Sieg lüstern schweifende BLONDE BESTIE nicht zu verkennen; es bedarf für diesen verborgenen Grund von Zeit zu Zeit der Entladung, das Thier muss wieder heraus, muss wieder in die Wildniss zurück: – römischer, arabischer, germanischer, japanesischer Adel, homerische Helden, skandinavische Wikinger – in diesem Bedürfniss sind sie sich alle gleich." (*GM I* 11) In *GD* bezieht sich N. erneut auf diesen Ausdruck, nun im Hinblick auf seine Absicht, die Menschen zu zähmen. „Nicht anders steht es mit dem gezähmten Menschen, den der →Priester ‚verbessert' hat. Im frühen Mittelalter, wo in der That die Kirche vor Allem eine Menagerie war, machte man allerwärts auf die schönsten Exemplare der ‚ben Bestie' Jagd" (*GD, Die ‚Verbesserer'*... 2). N.s Sicht ist nicht mit dem damaligen deutschen Rassismus in Einklang zu bringen, den er oft abgelehnt und dem er seine Verachtung gezeigt hat. Brennecke (1976) argumentierte, dass der Ausdruck eine Übersetzung des Löwen „flava bestia" sei; N. habe versucht, das be Biest u. a. mit arabischer und japanischer Noblesse anschaulich zu machen. Eine genauere Untersuchung von N.s Äußerungen zeigt, dass die Betonung nicht auf „b", sondern auf der „Bestie" liegt, dem Raubtier, und zwar dahingehend, dass der moderne und zivilisierte Mensch nur seine Herdenseite entwickelt hat und lernen muss, das Raubtier in sich zu bejahen. Es scheint sehr wahrscheinlich, dass N. durch das Lesen anthropologischer Literatur (→Anthropologie), besonders durch O. Casparis *Urgeschichte der Menschheit* (1877), ein Buch seiner Sammlung, zu einer solchen Sichtweise inspiriert worden ist. Zum Thema auch: Ottmann ($^{2}$1999: 253 ff.); Schank (2004).

*Thomas H. Brobjer, Uppsala* (Übers.: F. Künstner)

**Bonhoeffer, Dietrich** | B, *4.2.1906 Breslau, † (hingerichtet) 9.4.1945 Konzentrationslager Flossenbürg, ev. Theologe, seit 1939 in der politischen Widerstandsbewegung, ist in seiner Bezugnahme auf N. vor allem zu kennzeichnen mittels des beiden gemeinsamen Motivs der „Treue zur Erde"; als weiterer Berührungspunkt ist das Thema der Religionskritik zu nennen. Die Nähe zu N. ist besonders in Bs letzten Schriften evident. So wird beispielweise in den *Vorträgen in Barcelona* das Wesen des Christseins auf den Begriff des →Übermenschen bezogen, der neue Werte setzt, und dementsprechend die christliche Einstellung zur →Ethik durch das Motiv der in *JGB* auftretenden „neuen →Tafeln" bestimmt. In *Akt und Sein* stellt das „→Kind" das Bild der „Bestimmtheit des Seins in Christus durch die Zukunft" dar und weist auf die letzte der drei Verwandlungen in *Za I* hin. Zwar wird weder in *Schöpfung und Fall* noch im Vortrag *Dein Reich komme* N. explizit genannt, trotzdem ist er in beiden stark präsent, v. a. im Bezug auf die Kritik an den „Hinterweltlern" in *Za I* (*Von den Hinterweltlern*). In der mittleren Periode des Kirchenkampfes und von Finkenwalde an tritt die Beschäftigung mit N. zurück. In den Schriften dieser Zeit dominiert die kirchliche und pastorale Sorge auf Kosten eines systematischen und spekulativen Interesses, welches in den akademischen Jahren die Auseinandersetzung mit N. angeregt hat. Anders ist die Situation in der *Ethik*, wo sich das praktische Anliegen mit dem theoretischen Anspruch verbindet. In ihr tritt die N.-Rezeption wieder stark in den Vordergrund und gewinnt weiter an Originalität: Hinter dem Primat der Diesseitigkeit, dem Plädoyer für den faktischen Menschen und der Aufwertung des „Natürlichen" steht die Auseinandersetzung mit N. Auch hinter der Polemik gegen den „Plebejismus", mit der B in seinen Rundbriefen der Widerstandszeit und in seinen literarischen Experimenten in der Haft den im Nationalsozialismus zu beobachtenden Verlust der aristokratischen Erhabenheit und des bürgerlichen Freiheitsbegriffs kritisiert, steht N.s Herrenmoral. Bemerkenswert ist N.s Präsenz in den theologischen Gedanken vom Frühling und Sommer 1944, welche sich auf den Sinn des Christentums in einer nicht-religiösen Welt konzentrieren. Auch wenn N. hier nur dreimal explizit zitiert wird, ist klar, dass die Überlegungen Bs die Religionskritik N.s mitführen. Zusammenfassend kann festgehalten werden, dass einer der bedeutendsten theologischen

Denker des 20. Jh.s durch N. inspiriert wurde und eine wertvolle Interpretationshilfe und ein bedeutsames Korrektiv für dessen Denken zu sein vermag. B rezipiert N.s Lehre von der Treue zur Erde innerhalb eines christlichen Logos und nimmt dabei die Herausforderung einer radikalen Metaphysikkritik an, ohne in Mystizismus und Irrationalismus zu verfallen. Vielmehr steht sein Logos unter dem Primat des Ethischen und des Geschichtlichen, welcher von der selbstverantworteten Entscheidung untrennbar ist. Zum Thema auch: Hamilton/Altizer (1966); Köster (1981/82; 1990); Capozza (2003).

*Nicoletta Capozza, Verona*

**böse, das Böse** | Das B, als sittlich verwerfliches Handeln im Gegensatz zum →Guten stehend, zumal in Gestalt des christlichen Erbsündedogmas schlecht beleumundet und aus dieser Perspektive in der Pädagogik und Theologie des 19. Jh.s i.d.R. im Gegenzug zu →Rousseau nicht als Folge problematischer Vergesellschaftung gelesen, sondern als Zeichen für die fortdauernde Macht des →Teufels, die (etwa qua Moralerziehung) entschlossen zu bekämpfen sei (vgl. Niemeyer 2003b: 204–249), hat in N. einen offenbar eigenwilligen, wenn nicht gar als fragwürdig einzuschätzenden Advokaten gefunden. Dessen Intervention sorgt im Ergebnis dafür, dass das B „nicht länger ein Problem der Theologie und der →Metaphysik [ist]", sondern „zu einem Problem der →Anthropologie [wird]." (Wulf 1999: 355) Eigenwillig an dieser Intervention ist beispielsweise N.s – auf die Hölle als Hort des →Teufels und Verbannungsort Don Juans bezogener – (witziger) Ratschlag: „Hat man bemerkt, daß im →Himmel alle interessanten Menschen fehlen? ... Nur ein Wink für die Weiblein, wo sie ihr Heil am besten finden ..." (NF 1887–88, 11[153]). Eigenwillig ist auch N.s Spott auf die „Moral-Tarantel" (*M*, Vorrede 3) Rousseau: „[D]er Mensch ist LEIDER nicht mehr b genug" (NF 1887, 9[146]), ein Argument, das nur Sinn macht unter der seit *MA* (etwa: „Gute Handlungen sind sublimirte b" [107]) feststehenden und auch von Zarathustra (etwa: „Aus deinen Giften brautest du dir deinen Balsam"; *Za I, Von den Freuden- und Leidenschaften*) variierten These: „Alle guten Dinge waren ehemals schlimme Dinge." (*GM III* 9) In der Summe geht es N. um Rehabilitation des Bn – hier: „Hass, Neid, Habsucht, →Herrschsucht" – unter der Rubrik „lebensbedingende →Affekte" (*JGB* 23), man kann auch sagen: als „des Menschen beste Kraft", mit der Pointe: „Das Böseste ist nöthig zu des →Übermenschen Bestem." (*Za IV, Vom höheren Menschen* 5)

Spätestens diese Pointe erschien vielen Interpreten fragwürdig. Th. Mann beispielsweise meinte nach 1945 einwenden zu müssen: „Wie zeitgebunden, wie theoretisch auch, wie unerfahren mutet uns N.'s Romantisierung des Bn heute an! Wir haben es in seiner ganzen Miserabilität kennengelernt und sind nicht mehr Ästheten genug, uns vor dem Bekenntnis zum Guten zu fürchten." (1947a: 710) Dieser Einspruch ist als einer aus dem Geist des Faschismusdesasters – und insoweit einer von Mann noch nicht durchschauten Nazifizierung N.s im →Nationalsozialismus – nachvollziehbar, verfehlt aber den Kern von N.s zentraler Botschaft betreffs des Bn (vgl. auch Niemeyer 1998a: 302 ff.): N. ging es nicht um die – wie schon ein zeitgenössischer Rezensent von *JGB* sehr zu N.s Ärger gemeint hatte – „Abschaffung aller anständigen Gefühle", sondern um eine psychologisch interessierte und historische informierte (neue) →Aufklärung, welche die Zeit „der →Renaissance als die letzte GROSSE Zeit" sehen lehrt, insofern die Tugenden damals jedenfalls nicht (wie N. seinen Zeitgenossen zu bedenken gab) „bedingt" gewesen seien, „HERAUSGEFORDERT durch unsre →SCHWÄCHE" (*GD, Streifzüge...* 37). N. ging es nicht um die Wiederbegründung der Renaissance, sondern um eine Tugendlehre, die sich den Geboten der Zeit zu entziehen weiß und zu deren allerersten Aufgaben die Kritik von →Erziehung vom Typ →„Geist der Schwere" gehört, eine Erziehung, die Moral mittels „schwere[r] Worte und Werthe" wie „‚gut' und ‚b'" lehren will und nur erreicht, dass die Kinder auf diese Weise nicht lernen, „sich selber zu lieben." (*Za III, Vom Geist der Schwere* 2) Die Folgerung wird in *GD* vorgetragen: „Die Moral, insofern sie VERURTHEILT, an sich, NICHT aus Hinsichten, Rücksichten, Absichten des Lebens, ist ein spezifischer Irrthum [...], die unsäglich viel Schaden gestiftet hat! ... Wir Anderen, wir Immoralisten, haben umgekehrt unser Herz weit gemacht für alle Art Verstehn, Begreifen, GUTHEISSEN" (*Moral als Widernatur* 6). Die Umwertung der Vokabel b gehört dem so zu verstehenden →Immoralismus N.s zu und soll wieder Platz schaffen für die Einsicht, dass „in allen ursprünglichen Zuständen der Menschheit [...] ‚b' so viel [bedeutet] wie ‚individuell', ‚frei', ‚willkürlich', ‚ungewohnt', ‚unvorhergesehen', ‚unberechenbar'." (*M* 9) Hinter der insoweit nur als →Metapher zu lesenden Kategorie des Bn verbirgt sich mithin das Problem des →Schaffens des →Neuen und die Frage, ob die Toleranz gegenüber Abweichendem und der Mut, „die Gesundheit einer Gesellschaft und der Einzelnen darnach zu bemessen, wie viel Parasiten sie ertragen kann" (*M* 202), nicht eine wichtige Maxime für die Gewährleistung von Fortschritt und Regeneration (von Gesellschaften) abgibt.

Diese Thematik greift N. in *FW* erneut auf, diesmal in Gestalt eines groß angelegten Plädoyers für „DIE AUSNAHME UND DIE GEFAHR", zu dessen Pointe die These gehört, dass im ‚bn' Menschen lediglich das fragliche Ergebnis des Übereinkommens der definitionsstarken Mehrheit – der „Gläubigen des grossen Gesammtglaubens" (76) – denen gegenüber zu besichtigen sei, die Neues und jedenfalls Anderes wollen. Deswegen auch gesellt N. seiner Kritik an der „WIDERNATÜRLICHE[N] Castration eines Gottes zu einem Gotte bloss des Guten" (*AC* 16; vgl. NF 1888, 17[4]) die These bei, dass ersatzweise vielleicht die Begründung eines ‚bn' Gottes Not tue, denn: „Man hat den bn Gott so nöthig wie den guten: man verdankt ja die eigne Existenz nicht gerade der Toleranz, der Menschenfreundlichkeit ..." (*AC* 16). Diese Thematik hatte N. schon in *FW* angemahnt, hier noch in Gestalt seiner Überlegung: „Erwägt man, wie auf jeden Einzelnen eine philosophische Gesammt-Rechtfertigung seiner Art, zu leben und zu denken, wirkt, [...] – so ruft man zuletzt verlangend aus: oh dass doch viele solche neuen Sonnen noch geschaffen würden! Auch der B, auch der Unglückliche, auch der Ausnahme-Mensch soll seine Philosophie, sein gutes Recht, seinen Sonnenschein haben!" (289) Deutlich wird durch diese Variante: N. ging es nicht um einen neuen Gott (diesmal: der oder des Bn) im wortwörtlichen Sinn, sondern um ein Forschungsprogramm zur Erkundung der Besonderheit des vermeintlich Bn. Und in der Summe darf man zumal mit Seitenblick auf N.s →Psychologie konstatieren, dass N. diesem Ziel, dessen Aktualität wohl außer Frage steht, bedeutend vorgearbeitet hat.

*Christian Niemeyer, Dresden*

**Bourget, Paul** | B, *2.9.1852 Amiens, †25.12.1935 Paris, Romanautor und Kritiker, zeigt sich in seinem ersten Werk auf den Spuren Stendhals und Taines als analytischer und diagnostischer „Psychologe" der vielen Anzeichen für →Nihilismus und →décadence in den kulturellen Haltungen seiner Zeit. Als *enfant du siècle* erliegt er der Anziehungskraft der décadence (*Essais* und *Nouveaux Essais de psychologie contemporaine*, 1883 und 1885; die Romane *Irreparable*, 1884; *Cruelle énigme*, 1885; *Un Crime d'Amour*, 1886; *André Cornelis*, 1887). Mit *Le Disciple* (1889) weicht der „Psychologe", der „ne s'inquiète guère du bien ou du mal", der Figur des Arztes, welcher in der Absolutheit der katholischen Moral und Tradition das Heilmittel für die „soziale Krankheit" gefunden hat. Dem analytischen Roman folgt der apologetische (*L'Étape*, 1902; *Un divorce*, 1904; *L'Émigré*, 1907). Nach der Lektüre der *Essais* im Winter 1883 wertet N. den Begriff „Psychologe" auf: Die →Psychologie als „Herrin der Wissenschaften" (*JGB* 23) scheint ihm eine Praxis der Erkenntnis, in bester französischer Tradition, unvereinbar mit dem deutschen Geist und in der Lage, sich der verbreiteten und fatalen europäischen „Krankheit des Willens" entgegenzustellen. N. betrachtet B als den „LEBENDSTEN Schüler von Stendhal" (N. an R. v. Schirnhofer, 11.3.1885), fühlt sich ihm näher als allen übrigen zeitgenössischen Franzosen (NF 1888–89, 25[9]) und macht ihn zur Leitfigur bei der Erkundung der vielfältigen *âme mo-*

derne im Zeitalter des Todes aller Götter. B liefert N. zahlreiche Anhaltspunkte zur Analyse der Krise des Sozialen und der →Werte, zur Beurteilung der Autoren, die diese am direktesten repräsentieren (→Baudelaire, →Renan, Flaubert, Taine, die Brüder Goncourt) und zur Einschätzung der vielfältigen kulturellen Tendenzen als Symptome des allgemeineren Gesundheitszustands einer ganzen Kultur (Nihilismus, Kosmopolitismus, Dilettantismus, Neobuddhismus, Wissenschafts- und Kunstreligion usw.). Im Besonderen übernimmt N. in *WA* 7 den Aufsatz zu Baudelaire aus den *Essais* als Modell für seine radikale physiologische und psychologische Kritik der dècadence, deren Stil mit Bs eigenen Worten beschrieben wird (vgl. KSA 14: 405). Zum Thema auch: Gerratana (1986); Volpi (2005); Campioni (2007; 2008; 2009).

*Giuliano Campioni, Pisa* (Übers.: K. Wisniewski)

**Brandes, Georg** | B, *4.2.1842 Kopenhagen, †19.2.1927 ebd., Kritiker, 1877–83 in Berlin, wo er Anfang 1883 mit →P. Rée und →L. v. Salomé mehrmals zusammentraf und schon damals durch sie auf N. aufmerksam wurde, dem er Jahre später, am 26.11.1887, zum ersten Mal schrieb. Insgesamt wurden 21 Briefe ausgetauscht. Zwischen dem 10.4. und dem 8.5.1888 hielt B als Privatdozent an der Universität Kopenhagen sehr zur Freude N.s – der seinem Durchbruch entgegenfieberte – fünf Vorlesungen über N.s →Philosophie (Berichte im Tageblatt *Politiken*). Eine Veröffentlichung war ursprünglich nicht geplant; eine erheblich veränderte Druckfassung erschien im August 1889 in der dänischen Zeitschrift *Tilskueren* unter dem Titel *Aristokratisk Radikalisme* und am 30.11.1889 in Bs Buch *Essays. Fremmede Personligheder* (1889); eine dt. Übersetzung von Marholm erschien (wegen O. Hansson verspätet) im April 1890 in *Deutsche Rundschau*, eine weitere Übersetzung in Bs *Menschen und Werke* (1894), um eine ‚Nachschrift' erweitert, einschl. Auszügen aus zwölf Briefen von N. an B. Zum Thema auch: Uecker (1982); Egebak (1985); Lang (1985); Fambrini (1997); Dahl (2000); Fambrini (2004).

*Per Dahl, Aarhus*

**Brieffälschungen** | N. war ein fleißiger Briefschreiber, die Kenntnis dieser Briefe ist wichtig für eine angemessene Interpretation von N.s Werken. Allerdings gingen zahlreiche Briefe von, an und über N. verloren, und/oder (dies gilt für die Briefe von L. v. Salomé) sie wurden von seiner Schwester (→EFN) und/oder von (anderen) Briefempfängern (etwa →C. Wagner) vernichtet. Auch sind viele Briefe N.s, die über Jahrzehnte hinweg in diversen (Teil-)Editionen (auch des Auslandes) kursierten, Fälschungen. Zwar scheint dieses Problem seit Erscheinen der KGB (1975 ff.) ausgestanden. Allerdings ist bei Nutzung einer anderen als dieser Edition die Gefahr, B aufzusitzen, nicht gebannt. Ein Beispiel: Yovel (1997: 130) brachte in der Absicht, N.s →Anti-Antisemitismus zu beglaubigen, einen angeblichen Brief N.s an seine Schwester vom 26. 12. 1887 in Erinnerung, der in Wahrheit von EFN gefälscht wurde. Auch Holub (2002: 224) erkannte diese Fälschung nicht – besonders gravierend, weil er, ähnlich wie Losurdo (2009), EFN vom Fälschungsverdacht zu entlasten suchte. Nicht absehen kann man in diesem Zusammenhang auch vom umgekehrten Fall: Santaniello (1997: 49), EFN vehement anklagend, fiel gleichwohl im Blick auf Brief Nr. 377 (GBr V/2: 557 f.) auf eine ihrer Fälschungen herein (diese und andere B präsentieren die 1993 begonnenen und 2004 abgeschlossenen Nachberichtsbände der KGB unter der Rubrik „Urabschriften"). Insoweit besteht Grund genug, sich diesem Problem etwas genauer zuzuwenden (vgl. auch Niemeyer 2009; 2011: 46–64).

Vorauszuschicken ist dabei, dass schon Bernoulli (1910) im Nachgang zu ersten Andeutungen von E. Horneffer (1907: 44 f.) sowie eigenen einschlägigen Überlegungen (vgl. Bernoulli 1908b: 489 ff.), die auf der Kenntnis der →Koegel-Exzerpte basierten, gravierende Einwände gegen GBr V erhoben hatte. Zu erwähnen ist auch →Schlechta, der im Rahmen seiner Tätigkeit im →N.-Archiv noch zu Lebzeiten EFNs – sehr zu deren Ärger – einen tiefer gehenden Verdacht in Sachen von B hegte, den er erstmals 1938 in seinem zusammen mit Hoppe formulierten Vorwort für die BAB andeutete (zit. n. SA III: 1409). Im Ergebnis dessen berichtete er 1956 im philologischen Nachbericht zur SA, 32 Briefe N.s aus der insgesamt 505 Briefe umfassenden GBr V seien in Wahrheit Texte, „welche von der Hand der Schwester stammen oder auf deren Redaktion zurückgehen" (SA III: 1410), in der Umkehrung und auf der Basis einer 1972 vorgelegten erneuten Nachprüfung gesprochen: „Unter den publizierten Stücken [der Nr. 192–505; d. Verf.] sind ganze 60 richtig wiedergegeben" (Janz 1972: 69).

Dabei ist zu beachten, dass B nicht allein auf das Konto von N.s Schwester gehen. Zu denken ist auch an →Köselitz, also den Experten für die nur schwer lesbare (späte) Handschrift N.s. Ihn lockte EFN im Zuge der von ihr im N.-Archiv in Weimar etablierten überaus fragwürdigen Tradition der N.-Forschung (→Basler Tradition/Weimarer Tradition) im Herbst 1899 nach Weimar mit dem Versprechen, sie werde abfällige Äußerungen N.s in Briefen an Dritte über ihn unterdrücken und keine Einwände erheben, wenn er mit den ihn störenden Äußerungen N.s ebenso verfahre (Janz 1972: 36 ff.). Dass EFN Wort hielt, zeigt exemplarisch Brief Nr. 407 ihrer 1909 vorgelegten Edition GBr V: Umsonst sucht der Leser hier nach N.s Bemerkung, Köselitz sei „ein Tölpel und zum Verkehre ungeschickt" (an E. Nietzsche, 7. 5. 1885). Als eine Art Gegenleistung zeigte sich Köselitz bereit, aus Briefen N.s an ihn zu streichen, was der Schwester aus privaten oder politischen Gründen unpassend schien oder im Blick auf von ihr andernorts vorgenommene Fälschungen verräterisch war. Im Ergebnis dessen war Köselitz ab 1900 im N.-Archiv als (neuer) Mitherausgeber tätig und machte sich in der Folge als „willenloses Werkzeug" (Hoffmann 1991: 45) solange mitschuldig an EFNs Fälschungen, bis es ihm zuviel wurde: Im Juni 1909 schied er aus dem N.-Archiv aus. Bis zu seinem Tod (1918) äußerte er sich nie wieder öffentlich zu N., leider auch nicht zu dem Verrat, den er an N. begannen hat durch Teilhabe an dem von EFN zu verantwortenden Fälschungskomplott, etwa den 1900 erschienenen, von Köselitz/Seidl herausgegebenen Band I der GBr betreffend. So wird man Köselitz' Erläuterung (im Vorwort), das Vorhandensein von nur noch drei Briefen N.s an seinen Arzt Dr. Eiser erkläre sich mit der Brachialmethode von Eisers Schlosser, der die „N.'s Briefe enthaltende Schublade" mit einem „glühenden Eisen" öffnen wollte (GBr I: V), wohl als dreiste Lüge bezeichnen dürfen. Hierzu passt, dass Köselitz die auf diesen Briefwechsel verweisenden Passagen aus Briefen N.s an ihn bei Gelegenheit des Erscheinens von GBr IV unterschlug, mehr als dies: Dass der Leser des Briefes Nr. 131 dieser Edition umsonst nach jener Passage sucht, in welcher Klage darüber geführt wird, dass Wagner mit N.s „Ärzten" (gemeint ist Dr. Eiser) Briefe gewechselt habe, „um seine Überzeugung auszudrücken, meine veränderte Denkweise [beginnend mit *MA*; d. Verf.] sei die Folge unnatürlicher Ausschweifungen, mit Hindeutungen auf Päderastie" (An Köselitz, 21. 4. 1883).

Ähnlich wie Köselitz im Fall Eiser argumentierte EFN in der im April 1909 verfassten Einleitung zu GBr V, (angeblich) enthaltend *Friedrich Nietzsche's Briefe an Mutter und Schwester*: Das Fehlen von Originalbriefen Ns. aus dem Zeitraum 1886–88 (ein Umstand, der schlicht damit zu tun hat, dass N. ihr zu dieser Zeit kaum noch schrieb) erklärte sie mit einem während ihres Besuches in Deutschland 1891/92 verübten Einbruchsdiebstahl in ihrem Haus in Paraguay, dem die Verantwortung dafür zukäme, dass oftmals nicht nach dem Original gedruckt werden konnte, sondern nur nach (genauen) Abschriften, die „von den entwendeten und verschenkten Briefen zum größten Theil [...] vorhanden [waren]" (GBr V/1: X). Dass man diesem Hinweis nicht glauben kann, zeigt ein Brief EFNs an Koegel vom Februar 1894, in welchem gleichfalls von diesem angeblichen Einbruch, aber nur von zwei oder drei minder wichtigen gestohlenen Briefen N.s die Rede ist, an deren Inhalt sie sich im Übrigen nicht genau erinnern könne (vgl. Janz 1972: 68 f.). Daraus folgt: Erst später, im Zuge der Kompilation von GBr V, muss EFN die Idee gekommen sein, dass sie den Gedanken der „Abschriften" stark machen müsse, weil sich auf diese Weise verbergen ließ, dass sie die ganz wenigen Originalbriefe N.s an sie aus dieser

Zeit in der Regel als für sie beleidigend vernichtet oder manipuliert hatte und an diese Stelle jene auf angeblichen Abschriften zurückgehende Fälschungen treten ließ.

Deren Prinzip war vergleichsweise simpel: Am Anfang stand die Suche nach Textpassagen aus anderen, echten Briefen N.s mitsamt des Versuchs, die Erzählweise ihres Bruders so gut es geht zu imitieren. Ein Beispiel ist der Brief N.s an M. v. Meysenbug von Anfang Mai 1884, den EFN verschwinden ließ wegen N.s mehrfacher Invektiven gegen sie als einer „rachsüchtigen antisemitischen Gans". Anderes freilich an diesem Brief – etwa, dass ihn der Gedanke schrecke, „was für Unberechtigte und gänzlich Ungeeignete sich einmal auf meine Autorität berufen werden" – gefiel EFN, die sich hier als ‚Geeignete' und ‚Berechtigte' angesprochen fühlte, so gut, dass sie es als Teil von Brief Nr. 379 (GBr V/2: 559 ff.), den ihr N. angeblich Mitte Juni 1884 geschrieben habe (vgl. SA III: 1420 f.), präsentierte.

Der Probelauf in Sachen von B wie diesen erfolgte in der Regel in ihrer 1895, 1897 und 1904 in drei Bänden erschienenen N.-Biographie: Hier zitierte EFN extensiv aus bis dato noch nicht publizierten (angeblichen) Briefen N.s (an sie und ihre Mutter), die sie 1909 in Band V der GBr übernahm, womit diese B gleichsam ihren Rang als Dokumente gewannen und als solche in der N.-Rezeption auf teils prekäre Art folgenreich wurden. Dies soll im Folgenden an einigen wenigen Beispielen gezeigt werden, eingedenk des Umstandes, dass B EFNs auch in anderen Artikeln dieses Lexikon interessieren. Dies gilt etwa für die von ihr zu verantwortende Lesart N.s als neuer →Gobineau sowie ihre Aufwertung von N.s angeblichem ‚Prosa-Hauptwerk' (→*Der Wille zur Macht*). Hinzuweisen ist auch auf ihre Machenschaften in Sachen der Unterschlagung der Briefe N.s an Theodor →Fritsch oder den Umstand, dass sie mittels aufwändiger B das Erscheinen von N.s →*EH* fast zwanzig Jahre lang zu verzögern verstand und schließlich (1908) nur eine verstümmelte Variante präsentieren ließ (vgl. Niemeyer 2009: 340 ff.).

Der letztgenannte Umstand könnte auch die systematischen Kürzungen in der den Briefwechsels N.s mit Overbeck enthaltenen Edition von Oehler/Bernoulli (1916) erklären. Denn unterdrückt wurden hier ausgerechnet jene Passagen, in denen sich der (auch gegen Mutter wie Schwester) kritische Geist N.s aus *EH* bezeugt. Einige Beispiele: Die interessierte Öffentlichkeit erfuhr erst via Podach (1963: 184 ff.) von N.s Bemerkung: „Ich mag meine Mutter nicht, und die Stimme meiner Schwester zu hören macht mir Mißvergnügen; ich bin IMMER krank geworden, wenn ich mit ihnen zusammen war" (An Overbeck, 6. 3. 1883). Auch wusste erst der Leser des Jahres 1963, dass N. darüber beklagt hatte, seines Verlegers (gleichfalls antisemitischer) Redakteur mache ihm den Streich, ihn „in Einem Athem mit dem greulichen Anarchisten und Giftmaule Eugen Dühring zusammen zu loben" (An Overbeck, Anfang Dezember 1885). Des Weiteren wurde erst 1963 bekannt, dass N. Avenarius' *Kunstwart* als „Schund- und Schandblatt" (An Overbeck, 18. 4. 1888) abgekanzelt hatte, im Wesentlichen wohl wegen der von dem Antisemiten F. Sandvoß – teils unter Rückgriff auf den antisemitischen Goetheforscher V. Hehn – betriebenen und auch von Avenarius unterstützten deutschtümelnden Kampagne gegen N.s Spätidol →Heine und pro Goethe (vgl. Müller-Buck 1986: 267 ff.). Und schließlich noch unterdrückte Oehler, dass N. Overbeck hatte wissen lassen, seine in Paraguay reüssierende Schwester habe ihm zu seinem 44. Geburtstag „mit äußerstem Hohne" geschrieben, er „wolle wohl auch anfangen, ‚berühmt' zu werden", was in der Tat eine „süße Sache" sei, zumal angesichts des „Gesindel[s]", das er sich ausgesucht hätte, nämlich, so N., die Worte seiner Schwester referierend: „Juden, die an allen Töpfen geleckt hätten wie Georg →Brandes" (An Overbeck, Weihnachten 1888).

Von all dem also erfuhr der Leser 1916 nichts – und dies war, aus EFNs Optik betrachtet, auch gut so. Denn immerhin hatte sie sich 1909, im Zuge der Präsentation von GBr V, in Sachen des letztgenannten Briefes festgelegt, sprich: dem Publikum mithilfe des Abdrucks eines von ihr gefälschten Briefes ihres Bruders (datiert auf den 17. 9. 1888) sowie durch Umdatierung von N.s Antwortbrief auf Ihren spöttischen Geburtstagsbrief (vom 6. 9. 1888) suggeriert, N.s Erregung und sein Entschluss, nun endlich wirklich von ihr „Abschied zu nehmen" (An E. Förster, Mitte November 1888), habe einem anderen, leider verloren gegangenen Brief aus ihrer Feder gegolten und sei insgesamt nicht grundsätzlicher Natur, sondern eher Indiz für seine Sorge in Sachen der „Wirkung des ‚Antichrist'" (GBr V/2: 805) auf ihr immerhin doch recht christliches Gemüt (vgl. auch Müller-Buck 1998: 329). Und was N.s von EFN nicht publizierte Invektive gegen den *Kunstwart* angeht, so muss man berücksichtigen, dass aus ihrer Sicht eine gewisse Zurückhaltung auch deswegen ratsam war, weil Avenarius, wie er im Mai 1889 in eben diesem Periodikum angedeutet hatte (vgl. Krummel I: 158), über einen kompromittierenden Brief aus N.s Wahnsinnszeit verfügte, vor allem aber wohl: weil der *Kunstwart* sich zwischenzeitlich zu einem der „der wichtigsten Organe völkischer Kulturkritik" (Hein 1996: 620) mit deutlicher Präferenz für den N.-Antipoden →Lagarde entwickelt hatte und EFN nicht gewillt war, sich das Rest-Wohlwollen dieses für ihr Anliegen nicht ganz unwichtigen Publikationsortes durch die Preisgabe jener beiden Anti-*Kunstwart*-Invektiven N.s gänzlich zu verbauen. Dieser Hintergrund dürfte wohl auch erklären, dass Köselitz 1908 als Herausgeber von GBr IV N.s Brief an ihn vom 13. 2. 1888 ausgerechnet um jene Passage kürzte, in der N. ihn vor der kleinen und „absolut bis jetzt LEEREN Zeitschrift des Avenarius" gewarnt hatte.

Anzumerken bleibt noch, dass EFN in A. →Baeumler einen kongenialen Partner fand mit der Folge, dass auch dessen (Brief-)Edition (Baeumler 1932) unzuverlässig ist (vgl. Hoffmann 1991: 109). So scheute sich Baeumler nicht, von der Schwester erfundene Briefe erneut abzudrucken, darunter Nr. 479 (GBr V/2: 752 ff.), den N. am 26. Dezember 1887 von Nizza aus an sie geschrieben und nach Paraguay geschickt haben soll und an dem Baeumler offenbar deswegen gelegen war, weil er völkischen N.-Skeptikern unter Bezug auf dieses (gefälschte) Briefzeugnis meinte versichern zu können, N. sei Anti-Antisemit geworden, weil „ein Antisemit ihm das hilfreiche ‚Lama' [nahm]" (1932: 409).

Unter den im Vorhergehenden markierten, auf grundlegende Weise erst durch die →Colli/Montinari-Ausgabe behobenen Defizit leiden bis auf den heutigen Tage all jene, denen an einer sachgerechten Erörterung insbesondere des Themenbereichs ‚N. und der →Nationalsozialismus' gelegen ist und die sich dabei mit jenen herumstreiten müssen, die um den Sachverhalt der im Vorhergehenden dargestellten umfänglichen B nicht wissen (wollen).

*Christian Niemeyer, Dresden*

**Broch, Hermann** | B, * 1. 11. 1886 Wien, † 30. 5. 1951 New Haven/Connecticut, österreichischer Schriftsteller und Essayist mit jüdischen Wurzeln (Emigration 1938), ist ein markantes Beispiel für eine intensive Auseinandersetzung mit den Denkfiguren N.s und ihre gleichzeitige literarische Verwertung. Für B war N. ein „Moralist", der die Konsequenzen einer „Dämonie" – die dann entstehe, wenn „das Vorgestrige mit modernen Mitteln vertreten" werde – „gehasst" und dennoch „apokalyptisch gewollt" habe, weil er sich selber in der „dämonischen Rolle" gefiel (B 1974 ff.: Bd. 13/3: 214). B lobte N.s „gesunde Skepsis", seinen Scharfsinn und die treffsichere Menschenkenntnis, wandte aber ein, N. habe, nachdem er „an der metaphysischen Grenze Halt" machte, sich „zurück ins Dogmatische, Provisorische" gewendet (B 1974 ff.: Bd. 10/2: 225). Bs Ablehnung von N.s Kant-Kritik (*Ethik*, 1914) korreliert dabei mit seiner Vorrangstellung des Ethischen vor dem Ästhetischen. Zentral blieb für ihn der →Nihilismus-Begriff N.s, den er in das Konzept bzw. die Zeitdiagnose des „Zerfalls der Werte" überleitete und in der Romantrilogie *Die Schlafwandler* (1930–32) in essayistisch-poetischer Form thematisierte. Über formell-stilistische, aber auch thematische Übereinstimmungen zwischen *Za* und Bs letztem Roman *Der Tod des Vergil* (1945) hinaus (vgl. Bier 1974: 169) teilt B mit N. schließlich auch das Streben nach einer Erkenntnis jenseits von Kunst und Sprache, die in einer Welt der zerfallenden und umzuwertenden Werte neue Alternativen bietet. Zum Thema auch: Kiss (1980); Meyer (1993: 431 ff.).

*László V. Szabó, Veszprém*

**Buber, Martin** | B, *8.2.1878 Wien, †13.6.1965 Jerusalem, jüd. Religionsphilosoph, Hauptvertreter des Kulturzionismus, sah in N., wie viele seiner Generation, einen zentralen Fluchtpunkt kulturellen Unbehagens. Als Siebzehnjähriger übersetzt B *Za* ins Polnische und nennt sich einen Schüler N.s. In N.s Todesjahr veröffentlicht B eine hymnische Eloge des heroischen, sich selbst schaffenden Menschen (B 1900/01). Seine Dissertation *Zur Geschichte des Individuationsproblems* (1904) formuliert das Thema seiner vordialogischen Philosophie, die Spannung zwischen Individuation und ersehnter Einheit; verstanden als dionysische Alleinheitslehre (im Geiste der *Neuen Gemeinschaft*), als erlebendes Gerichtetsein auf einen pantheistisch gelesenen Gott (*Daniel*, 1907) oder als mystisch-ekstatische Erfahrung (*Ekstatische Konfessionen*, 1909). Mit der Erfahrung des Weltkriegs tritt das Problem des Dialogischen in den Vordergrund (*Ich und Du*, 1923), wobei für B.s existentielles Philosophieren der lebensphilosophische Impuls N.s bestimmend war.

*Hanna Delf von Wolzogen, Potsdam*

**Buddhismus** | Von den bekannten Sekundärquellen für N.s Kenntnisse über den B sind vor allem →Schopenhauer, Koeppen (1857–59), Müller (1869), Wackernagel (1876) und Oldenberg (1881) zu nennen, von den bekannten Primärtexten das aus dem Pali-Kanon stammende *Sutta nipata* (Coomaraswamy, 1874). N. kannte zudem Pyrrho, mit dem auch in Griechenland die „Stufe des B erreicht" gewesen sei (NF 1888, 14[87]). N.s Kenntnisse des B beziehen sich, seinen Quellen zufolge, in erster Linie auf den älteren und dem historischen Buddha näher stehenden Theravada- (bzw. Hinayana-)B, weniger auf den späteren Mahayana- oder gar Zen-B. Dennoch sehen einige N.-Forscher gerade in diesen späteren Formen die eher positiven Bezugspunkte N.s zum B, da sich in ihnen auch der B weiterentwickelt und über seine ältere Gestalt hinausgegangen ist (vgl. Nishitani 1990, Ôkôchi 1995, Parkes 2000, Bazzano 2006). Ob N. dadurch von seiner generellen Einschätzung des B als einer nihilistischen Religion abgekommen wäre, bleibt jedoch fraglich, wenn man den Maßstab solcher Beurteilung in N.s Gedanken der →ewigen Wiederkunft des Gleichen als der „höchste[n] Formel der Bejahung, die überhaupt erreicht werden kann" (*EH, Za* 1), sieht. Selbst „die extremste Form des →Nihilismus", die N. die „Europäische Form des B" nennt (NF 1886–87, 5[71], S. 213), ist zweideutig und kann ein Zeichen der Schwäche oder der gesteigerten Macht des Geistes sein.

In *GT* unterschied N. zwischen einer alexandrinisch-sokratischen, einer hellenisch-künstlerischen und einer buddhistisch-tragischen Kultur, entschied sich für die zweite und richtete seine Kritik vor allem gegen die erste mit ihrem optimistischen Glauben an die Ergründbarkeit und Selbstkorrigierbarkeit des →Daseins (*GT 18*, KSA 1: 116; *GT 15*, KSA 1: 99). Dagegen offenbart die buddhistisch-tragische Erkenntnis eine abgründliche →Wahrheit, „die, um nur ertragen zu werden, als Schutz und Heilmittel die →Kunst braucht." (*GT 15*, KSA 1: 101) Ist schon *GT* diesem Zwiespalt zwischen Kunst und Wahrheit gewidmet (NF 1888, 16[40]), so wird Buddha, „der Lehrer der Religion der Selbsterlösung", nach N.s Ernüchterung über die Möglichkeit einer Wiedergeburt der Tragödie aus dem Geiste der wagnerischen Musik in *M* geradezu zum Vorbild für Europa. Denn in Indien habe sich schon vor einigen Jahrtausenden eine Entwicklung vollzogen, von der Europa immer noch sehr ferne sei: sowohl die Götter als auch die Priester, die Moral und die Bräuche, auf denen die Macht der Priester beruhe, abzuschaffen. Buddha erscheint hier gemeinsam mit dem „Tod Gottes" im Zeichen des Sieges (*M* 96).

Positiv fällt auch der Vergleich des B mit dem →Christentum in *AC* aus. Der B komme nicht nur ohne den Begriff „Gott" aus und stehe „JENSEITS von Gut und Böse", er sei auch „hundert Mal realistischer als das Christenthum" und die „einzige eigentlich POSITIVISTISCHE Religion, die uns die Geschichte zeig[e], auch noch in seiner Erkenntnisstheorie" (*AC* 20). Während das Christentum zunächst vor allem in den unteren sozialen Schichten Verbreitung fand, wo meistens auch Ressentimentgefühle gegen die Herrschenden vorhanden sind, stehen im B „die höheren und selbst gelehrten Stände" im Vordergrund. Der Spruch aus dem *Dhammapada* (I, 5): „Nicht durch Feindschaft kommt Feindschaft zu Ende, durch Freundschaft kommt Feindschaft zu Ende", also die Freiheit vom →Ressentiment, steht für N. am Anfang der Lehre Buddhas. Buddha sei ein tiefer Physiologe und seine Lehre eher eine Hygiene als eine „Religion" im Sinne des Christentums (*EH, Warum ich so weise bin* 6), deren Anweisungen in vielen Punkten eine auffällige Ähnlichkeit mit N.s eigener Diätetik aufweisen und so zugleich ihre praktische Bedeutsamkeit beweisen (vgl. *EH, Warum ich so klug bin* 1, 2). Der B verheiße nicht bloß Frieden und Glück auf Erden, sondern erreiche dieses Ziel auch (*AC* 42). Zum Thema auch: Mistry (1981); Parkes (1991); Morrison (1997); Brobjer (2004a); NWB 1: 419 ff.; Skowron (2006); Kienzle (2008: 130 ff.).

*Michael Skowron, Daegu*

**Burckhardt, Jacob (Christoph)** | B, *25.5.1818 Basel, †8.8.1897 ebd., Historiker, zählte für N. unter seinen Zeitgenossen zu den wenigen intellektuellen Autoritäten. Kurz nach dem Antritt seiner Basler Professur informierte N. →Rohde bereits über seinen näheren Umgang mit dem „geistvollen Sonderling" B und attestiert angesichts der gemeinsamen Präferenz für →Schopenhauer eine „wunderbare Congruenz" der „aesthetischen Paradoxien" (29.5.1869). Trotz gelegentlicher Begegnungen und anfänglicher wechselseitiger Sympathiebekundungen ist der später von N.s Schwester (→EFN) kultivierte Mythos einer „Männerfreundschaft" zwischen beiden Denkern unhaltbar. Vor allem der sporadische Briefwechsel bezeugt dies: In seinen selbstbewusst werbenden, dabei verehrungs- und erwartungsvoll gehaltenen Sendungen an B ist sich N stets der Zumutung bewusst, die in der Übersendung seiner Bücher an den ungleich älteren Historiker liegt. B begegnet diesen durchaus anerkennend und mit teilweise bemerkenswerten Rechtfertigungen der eigenen Arbeits- und Lebensweise, stets aber auch mit skeptischer Distanz, ironischer Selbstverkleinerung, schließlich mit Unverständnis und Schweigen. Der letzte Brief N. an B (1.1.1889) führt zur Reise →Overbecks nach →Turin und der Rückführung des umnachteten N. Gerade dieses Schriftstück ist kein typischer „Wahnsinnszettel", sondern eine in Teilen bemerkenswert ironische Rekapitulation des im Briefverkehr habituell gewordenen Rollenspiels.

Entscheidender als dies ist die Duplizität ihrer Projekte in der Basler Zeit: Bs Kolleg *Ueber das Studium der Geschichte* – das später unter dem Titel *Weltgeschichtliche Betrachtungen* berühmt wird – nimmt N. nicht nur zur Kenntnis, als geschichtstheoretische Selbstreflexion eines erwiesenen Historikers bildet es den Hintergrund für →*HL*. Für N.s hier artikulierten Anspruch, Historiographie über die Modi des Kritischen, Antiquarischen und Monumentalischen hinaus als →Kunst zu betreiben, dürfte B das Vorbild abgegeben haben. N. teilte dessen Geschichtsauffassung, sofern diese als synchron-synoptische Darstellung angelegt war und die Zusammenhänge zwischen politischer, religiöser und ästhetischer Sphäre (den „weltgeschichtlichen Potenzen") zu einem Gewebe sich wechselseitig bedingender Elemente verband. Philosophisch emanzipiert er sich jedoch von Bs an geistesgeschichtlicher Kontinuität orientierter Sinnpflege durch die Praxis eines zunehmend an Diskontinuitäten orientierten genealogischen Zugriffs, der nun auch die Grundlagen des Denkens radikal historisiert – Philosophie wird so zur „Form der Historie, als Versuch das Heraklitische →Werden irgendwie zu beschreiben und in →Zeichen abzukürzen" (NF 1885, 36[27]).

Zudem fallen die Anfänge von Bs umfassendem Vorhaben einer griechischen Kulturgeschichte mit N.s Versuchen einer dionysischen (→apollinisch/dionysisch) Neuperspektivierung des Griechentums zusammen. Beiden Konzeptionen des Griechentums gemein ist die Privilegierung der Archaik gegenüber einer in ihrer „plastischen Kraft" vollständig von dieser abhängigen Klassik. Denn in der kleinräumigen, polyzentrischen Welt der griechischen Frühzeit wurden jene politischen, rituellen und ästhetischen Lebensformen experimentell mit hoher Konsequenz durchgespielt, die das vermeintliche Wunder der griechischen Klassik überhaupt erst ermöglichen. Zwei Momente sind für das Verständnis der Archaik konstitutiv: Die →agonale Gespanntheit, die die Hellenen im Allgemeinen verbindet und im Einzelnen trennt und deren psychische Korrelate hohen Leidensdrucks und gesteigerter Sensibilität (der „griechische →Pessimismus"). Und die im Kolonisationsprozess unter Beweis gestellte Fähigkeit, zu lernen, sich Fremdes anzuverwandeln und eben damit neue kulturelle Möglichkeiten zu eröffnen.

Noch in N.s Spätwerk gilt B hinsichtlich der Griechen als „der tiefste Kenner ihrer Kultur, der heute lebt" (*GD, Was ich den Alten verdanke* 4). Zum Thema auch: v. Martin (1940); Gossmann (2000); Müller (2005).

*Enrico Müller, Greifswald*

**Byron, George Gordon Lord** | B, *22.1.1788 London, †19.4.1824 Missolunghi (Griechenland), romantischer engl. Dichter, Prototyp des prometheischen und satanischen Rebellen wie auch der Figur des *Dandy*, war für N. seit seiner Jugend wichtig („mein englischer Lieblingsdichter"; N. an Fr. u. E. N., Dezember 1862). In *EH* gesteht er diese frühe und tiefe Seelenverwandtschaft, vor allem gebunden an die „Abgründe" des *Manfred* (1817), dem er 1872, gegen Schumann, eine recht glücklose und durch H. v. Bülow heftig kritisierte Komposition für Klavier widmet. Für N. (wie für Taine) steht *Manfred* höher als *Faust* (*EH, Warum ich so klug bin* 4). Der frühe N. schätzt den titanischen Charakter von Bs Schaffen; in seiner den dramatischen Werken des englischen Dichters gewidmeten Arbeit von 1861 verwendet er in Bezug auf *Manfred* dreimal den Begriff →Übermensch. Als reifer Mann distanziert sich N. von dem →Rousseau nahestehenden romantischen →Pessimismus Bs und zeigt, indem er sich auf das Urteil Stendhals und Taines beruft, die monströse Hypertrophie des Ichs auf. B gehört für N. nun zu denen, die unbewusst für andere die Aufgabe der →Umwertung aller Werte vorbereitet haben: Der Dualismus und die innere Spannung kennzeichnen ihn als Pessimist und Romantiker. Deshalb ist er höchster Repräsentant des Übermenschen und seiner Leiden. In einem Fragment aus dem Jahr 1881, kurz vor der Entstehung des *Za*, äußert N.: „Ich will das Ganze als eine Art Manfred und ganz persönlich schreiben." (NF 1881, 12[70]) Die symbolische Landschaft aus Gipfeln und Abgründen und die Sprache des *Manfred* stehen sicher in einigen Elementen dem *Za* nahe, in dem sich implizite und bedeutsame Zitate Bs finden. Letztendlich wertet N., wie Stendhal, B wieder auf, dessen Erfahrungen in Venedig und dessen Annäherung an den Süden ihm einen Weg zur Befreiung von seinem düsteren Pessimismus aufgezeigt haben, hin zur *l'insouciance* und zur „Leichtigkeit". *Beppo* (1818), besonders aber *Don Juan* (1819–24) sind für N. „eine entscheidende Wende": Die Satire, die Beherrschung mehrerer Stile in neuer Form, das Lachenlernen befreien vom unhaltbaren Chaos der romantischen Widersprüchlichkeit. Zum Thema auch: Thatcher (1974); Soderholm (1993); Campioni (1998a; 2009).

*Giuliano Campioni, Pisa* (Übers.: K. Wisniewski)

**Camus, Albert** | C, *7.11.1913 Mondovi (Algerien), †4.1.1960 Villeblevin, Schriftsteller und Philosoph, Literaturnobelpreisträger (1957), las N. als Verbündeten schlechthin. Diese in der Jugend geschlossene und bis zum Tode erhaltene Allianz drückt sich nicht nur in der Behandlung von benachbarten Themen aus, sondern auch in der Bewunderung des französischen Künstler-Philosophen für den deutschen Philosophen-Künstler sowie im Ton der Kommentare, die er diesem widmet. Beide sind Bewunderer der griechischen (mediterranen) Kultur und wünschen sich die Reaktualisierung bestimmter ihrer Bestandteile und Mythen (→Philhellenismus). In *Der Mythus von Sisyphos* (1942) wird das Thema des Absurden analysiert; es beruht, vom Menschen her gesehen, auf einem unlösbaren Widerspruch: Die Welt ist vielfältig und undurchsichtig, und der menschliche Geist strebt nach Einheit und Transparenz – womit die Frage gestellt ist, ob man das Absurde nicht überwinden kann, wenn man es radikalisiert. Was N. damals mit dem →Nihilismus versucht hat, probiert C mit dem Absurden aus: Es fällt zwar nicht mit dem Nihilismus zusammen – dieser hat historisch weiter reichende Wurzeln –, aber es gehört zu ihm. In *Der Mensch in der Revolte* (1951) – im Grunde genommen seit *Briefe an einen deutschen Freund* (1945) – bleibt C zwar ein N.aner, aber ein linker: Die „Philosophie der Präferenz", die in der Revolte den Anspruch auf Gerechtigkeit entdeckt, korrigiert die „Philosophie der Evidenz", die aus der Erfahrung des Absurden entsteht. C bespricht vor allem den →Willen zur Macht und kritisiert die Gedanken N.s über Zähmung und →Züchtung sowie sein absolutes Ja zur Welt, das zum →*amor fati* leitet. C bleibt N.aner, weil N. der einzige große Philosoph sei, der die Welt annimmt, ohne sie durch ein →Jenseits oder durch den Glauben an eine zukünftige perfekte Gesellschaft zu rechtfertigen. C glaubt ebensowenig wie N., dass die Realität sich dem Ideal asymptotisch nähert (Kant) oder dass sie es verwirklicht (Hegel und Marx). Die Arbeit der Revolte, genau wie die des Sisyphos, muß immer wieder aufgenommen werden. In *Discours de Suède* (1958) verstummt die Kritik, der Künstler N. wird mehrmals zitiert. Zum Thema auch: Rosenthal (1977); Pieper (1991); Weyembergh (1993).

*Maurice Weyembergh, Brüssel*

**Chaos** | C ist *per se* schöpferisch und weltbezogen: „Der Gesammtcharakter der Welt ist [...] in alle Ewigkeit C" (*FW* 109). Es gehört zum Wesen des →Daseins: „C SIVE NATURA" (NF 1881, 11[197]). Ordnung ist Ausnahme, das dialektisch Andere. C zu organisieren ist Kulturleistung der →Griechen: N. ist antikes C-Denken (Hesiod, Anaxagoras) vertraut. Kultur als dünnes Apfelhäutchen über glühendem C (NF 1883, 9[48]): Es zu beherrschen oder sich ihm zu ergeben, ist Differenz antiker und moderner →Kultur. Die Schwäche Letzterer liegt im Widerwillen des Intellekts gegen C (ebd., 24[18]); er kann es nicht mehr ordnen, weil er selbst nicht mehr C genug in sich hat (NF 1880, 3[154]). C wird „Sensationen-C" (NF 1887, 9[106]), es kann nur noch darum gehen, ihm die für praktische Bedürfnisse nötigen Regeln und Formen aufzuerlegen (NF 1888, 14[152]). N. lädt C kulturkritisch auf, denunziert die Moderne: →Masse als neuer Gott ist verantwortlich für das „atomistische C" (*SE* 4, KSA 1: 367) der Gesellschaft (Reschke 1992b: 47 ff). Sie ist ohne jenes C, das nötig ist, einen tanzenden Stern zu gebären (*Za I, Zarathustra's Vorrede* 5). C in sich zu bewahren, um den „Kommenden" Stoff zu geben, sich zu formen (NF 1882–83, 4[76]), strukturiert die Kritik ästhetisch. Große Menschen, Schaffende (Meyer 1993: 34 ff.), sind Gegenbild; Künstler sind Herren über C: „Über das C Herr werden das man ist; sein C zwingen, Form zu werden" (NF 1888, 14[61]). Wagner als modernes Exempel, Goethe als „interessanteste[s] C" (NF 1887, 9[119]). Davor war →Heraklits Gott, der spielerisch die Welt zerstört und ihr wieder Form gibt, für N. in Tradition zur Frühromantik (Baeumer 1977: 123 ff.), ein ästhetisches Gleichnis: dionysisch, modern. Zum Thema auch: NWB 1: 449 ff.

*Renate Reschke, Berlin*

**Chemie** | Obwohl der C keine zentrale Rolle in N.s Denken zukommt, hat er sich immer wieder für sie interessiert. In einem Brief an →Rohde schreibt N., er habe ihm – wäre der Ruf nach →Basel nicht dazwischengekommen – vorschlagen wollen, die Philologie aufzugeben und gemeinsam C zu studieren (16.1.1869). 1873 entlieh er mehrere Bücher über C und andere Naturwissenschaften (Schlechta/Anders 1962: 161). Das Wort selbst taucht in →*MA* 1 und in einem (sehr viel späteren) Nachlassfragment auf, in welchem N. den Physikern vorwirft, das

Unveränderliche aus dem Bereich der →Metaphysik übernommen zu haben (NF 1888, 14[187]). Wichtig sind für N. nicht die Details, sondern die theoretischen Grundlagen der C (Mittasch 1944: 35), wobei es ihm um eine Kritik der Atomistik und zum Teil auch um seine „Lehre" vom →Willen zur Macht geht. Nach N.s Verständnis zeigt die C, dass es nichts Unveränderliches gibt, und sie kann somit als Beweismittel für das ewige Werden auf kleinster Ebene dienen. Im Sinne der antiken Philosophie steht die C für die Philosophie →Heraklits und richtet sich gegen das dem Denken Demokrits entlehnte Atom des modernen, mechanistischen Weltbilds.

Die Verbindung zwischen N.s Verständnis der C und der antiken Philosophie zeigt sich mehrfach. Zunächst fand N.s naturwissenschaftliche Lektüre 1873 statt (→Naturwissenschaften), während er *PHG* schrieb und seine in den Jahren 1872, 1873, und 1876 gehaltenen Vorlesungen zur vorplatonischen Philosophie vorbereitete. Unter den aus der Basler Bibliothek entliehenen Büchern war H. Kopps *Geschichte der C* (1844); N. zitierte in einem Nachlassfragment bestimmte Seitenzahlen aus Kopps Buch neben den Namen verschiedener Vorsokratiker wie Heraklit und Empedokles (NF 1873, 26[1]). Die antike Philosophie kommt auch in der einzigen Textstelle aus den veröffentlichten Werken vor, in der N. das Wort „C" unter der Überschrift Chemie der Begriffe und Empfindungen verwendet (*MA* 1). N. setzt hier jene C mit einer historischen, alle Gegensätze leugnenden →Philosophie gleich. Schon die Leugnung der Gegensätze verweist auf die Philosophie Heraklits; Heller (1973) sowie Glatzeder (2000) haben gezeigt, dass N.s C (der Begriffe und Empfindungen) nichts anderes ist als eine Wiederbelebung des heraklitischen Werdens-Gedankens, der dem Unveränderlichen völlig abschwört. Zum Thema auch: Large (2004); NWB 1: 469 ff.

*Matthew Meyer, Boston*

**Christentum** | Für N., der als einer der prononciertesten Kritiker des Cs in der abendländischen Geistesgeschichte gilt, war das C seit Kindertagen ein bestimmendes Thema. Als Pastorensohn im religiösen Umfeld aufgewachsen und geradezu von religiöser Inbrunst erfüllt, ist N. schon zu Gymnasialzeiten einem historisch-kritischen Umgang mit der religiösen Überlieferung begegnet, der ihn zwar zunächst nicht davon abhielt, auch Theologie zu studieren, dann aber doch bewog – auch unter dem Eindruck der Lektüre von D. F. Strauss' *Leben Jesu* (vgl. Pernet 1989) –, sich ausschließlich der Philologie zu widmen. Der historisch-kritische Blick auf das C ist für die erste Phase von N.s philosophischem Schaffen durchaus charakteristisch. N. traut es dem historisch-philologischen Zugriff zu, das C als lebensbestimmende Macht zu vernichten, ja, es schon weitgehend vernichtet zu haben. Entsprechend sieht er sich im Frühwerk noch nicht veranlasst, als Cs-kritiker Farbe zu bekennen. Über *GT* schreibt er rückblickend, er habe darin dem C gegenüber „behutsame[s] und feindselige[s] Schweigen" gewahrt (*GT, Versuch einer …* 5). Der Glaube an die mythen- und damit religionszerstörende Wirkung der historischen Kritik ist bei N. in den 1870er Jahren noch so ausgeprägt, dass er mitunter geneigt ist, das Un- und Überhistorische und damit →Religion gegen die historische Kritik in Schutz zu nehmen. Das schließt freilich keine Parteinahme für das C ein, das als endgültig abgetan gilt: „Was man am C lernen kann, dass es unter der Wirkung einer historisirenden Behandlung blasirt und unnatürlich geworden ist, bis endlich eine vollkommen historische, das heisst gerechte Behandlung es in reines Wissen um das C auflöst und dadurch vernichtet, das kann man an allem, was Leben hat, studiren: dass es aufhört zu leben, wenn es zu Ende secirt ist und schmerzlich krankhaft lebt, wenn man anfängt an ihm die historischen Secirübungen zu machen." (*HL* 7, KSA 1: 297) Auch die Äußerungen im Nachlass dieser Zeit wirken gelassen der Religion gegenüber, als deren prototypische Ausprägung das C gilt: Der sterbenden Religion soll durchaus noch Ehrerbietung entgegengebracht werden: „Mildern und beruhigen ist alles, nur gegen die schlechten gedankenlosen Köche, zumal wenn es Gelehrte sind, muss protestirt werden. – Das C ist ganz der kritischen Historie preiszugeben." (NF 1872, 29[203]) Es stellte keine wirkliche Gefahr für die eigenen kulturreformatorischen Pläne dar, wie sie N. zunächst im Dunstkreis →Wagners, bald aber auch in ganz eigener Regie auf der Suche nach einem neuen Überhistorischen ins Auge fasste (vgl. noch *VM* 97). Daher kann er mit kühlem Historikerblick beispielsweise beobachten, dass das C nichts anderes als ein Konglomerat verschiedenster antiker Relikte sei, was ihm wiederum bei der Ausbreitung und Inkulturation wesentlich geholfen habe (*M* 70).

Im Laufe seiner philosophischen Arbeit verflüchtigt sich das Vertrauen auf die Zersetzungskraft der Historie allmählich. Mehr und mehr erscheint das C als Inbegriff der Lebensfeindlichkeit und der diese Lebensfeindlichkeit einerseits kaschierenden, andererseits befördernden →Moral. C wird nicht länger zur Hauptsache als eine Ansammlung von Mythen und Dogmen verstanden, die für moderne Menschen jegliche Attraktivität verloren haben, sondern als ein feinmaschiges Netz von Haltungen und Überzeugungen, das noch lange nach dem Glaubwürdigkeitsverlust von Mythen und Dogmen in Gestalt von →Werten fortfährt, die Menschen in ihrem Fühlen, Denken und Handeln zu bestimmen und damit das →Leben zugunsten einer anderen, jenseitigen Welt schlecht zu machen. Es kommen nach N.s Analysen in den 1880er Jahren mit dem C Werte obenauf, die die von Natur →Schwachen und Zu-kurz-Gekommenen begünstigen und diesen schließlich erlauben, die von Natur Stärkeren zu überwältigen und dem moralischen Diktat gefügig zu machen. Im Spätwerk beschreibt N. die christliche →Kirche dementsprechend als eine Anstalt, die es auf die Domestizierung der Bestie Mensch abgesehen hat: „Sie wird geschwächt, sie wird weniger schädlich gemacht, sie wird durch den depressiven Affekt der Furcht, durch Schmerz, durch Wunden, durch Hunger zur KRANKHAFTEN Bestie." (*GD, Die „Verbesserer"*... 2) N.s Sicht auf das C als lebensfeindliche Macht ist auch beeinflusst von →Schopenhauer, der in ihm eine zutiefst asketische Bewegung sah, die sich freilich im Laufe der Zeit um ihren willensverneinenden Glutkern gebracht hat.

Wie stark die Imprägnierung durch das C noch ist, während die Menschen sich doch längst von dessen Glaubenssätzen und -praktiken distanziert zu haben wähnen, zeigt sich etwa an der berühmten Geschichte vom „tollen Menschen" in *FW* 125, der den Leuten auf dem Markt verkündet, dass Gott tot sei und „wir" ihn getötet hätten. Für seinen Auftritt erntet er nur Gelächter und Betretenheit, denn die da standen, glaubten schon vorher nicht mehr an Gott (→„Gott ist tot"). Dass die Tötung Gottes für ihr Leben einschneidende Folgen haben, nämlich den Verlust jeglicher heteronomer Orientierung bedeuten würde, vermag der tolle Mensch ihnen nicht zu vermitteln; moralisch bleiben sie Christen ohne Gottesglauben. Damit wird für N. ein Problem sichtbar, das sich nicht durch einen historisch-kritischen Zugriff allein aus der Welt schaffen lässt. Das moralgenealogische Verfahren (→Genealogie) – psychologisch und sprachkritisch alimentiert – entwickelt N. nicht zuletzt als Antwort auf dieses Problem: Es zeigt das Gewordensein und damit die Kontingenz aller moralischen Überzeugungen. So werden auch die lebenspraktischen Alternativen zur herrschenden, christlich imprägnierten Moral sichtbar, nämlich eine Herrenmoral, die den natürlich Starken gegen die Sklavenmoral der Christen und der →Priester zu ihrem Recht verhilft. Freilich bleibt N. bei diesen biologistisch klingenden Verlautbarungen sehr im Ungefähren.

In den letzten Schaffensjahren intensiviert sich die Auseinandersetzung mit dem C zusehends; sie wird aggressiver und schriller: C gilt jetzt als reinste Form des →Ressentiments. Nun hat die offene Polemik das Wort – freilich nach wie vor ausgerüstet mit einem nicht unbedeutenden Arsenal an historisch-philologischer Gelehrsamkeit, sekundiert von psychiatrischer und physiologischer Literatur, mit deren Hilfe N. die Diagnose, wonach das C eine weltgeschichtlich katastrophale Verfallserscheinung sei, naturwissenschaftlich unterfüttern zu können meint. Sein eigenes Programm stellt er gegen das C unter den Titel einer →„Umwerthung aller Werthe", als deren schriftstellerischer Vollzug schließlich *AC* gilt. Diese Schrift selbst, keine Person, wird als die eschatologische Schlussfigur einer abendländischen Epoche verstanden, die endgültig – mit der Beseitigung der christlichen Moral – abgelöst werde. Trotz des vorherrschenden Fortissimo in der späten Abrechnung mit dem C sind doch auch leisere Töne nicht zu überhören. Namentlich die „PSYCHOLOGIE DES ERLÖSERS" (*AC* 28 ff.), die →Jesus aus der jüdisch-christlichen Verfallsgeschichte herausnimmt, hat zu mannigfaltigen Spekulationen Anlass gegeben, ob sich N. vielleicht doch am Ende seines Denkens auf die Seite eines lauteren jesuanischen Urchristentums gegen die korrumpierte Kirche schlage. Eine genauere Analyse der einschlägigen Textabschnitte und ihrer Kontexte – nämlich der jüdisch-christlichen Verfallskontinuität, die N. u. a. nach →Wellhausen und →Dostojewski modelliert, sowie der Hypostasierung des Apostels →Paulus zum „Genie im Hass" (*AC* 42) – macht freilich rasch klar, dass von einer Identifizierung N.s mit dem als pathologischer Fall des Nicht-widerstehen-Könnens gezeichneten Jesus nicht die Rede sein kann. Jesus ist nur eine Spielfigur im antichristlichen Kampf, eingesetzt in der Absicht, die Gegner sogar ihrer selbstbehaupteten Wurzeln zu berauben. Dieser antichristliche Kampf geht aufs Ganze – wobei nicht recht deutlich wird, was N. außer Selbstgesetzgebung als Alternative im Angebot hat. Zum Thema auch: Benz (1956); Figl (1984); O'Flaherty/Sellner/Helm (1985); Willers (1988; 2003a); Sommer (1997; 2000a); Striet (1998); Salaquarda (2000a; 2003); Havemann (2002); Köster (2003); Mourkojannis/Schmidt-Grépály (2004); NWB 1: 483 ff.

*Andreas Urs Sommer, Freiburg i. Br.*

**Colli/Montinari-Ausgabe** | Seit der Gründung des →N.-Archivs 1894 war die Editionslage von N.s Werk, Nachlass und Korrespondenz prekär: Die Ausgaben waren unvollständig, z. T. heimlich gekürzt, im Nachlass thematisch geordnet und enthielten das angebliche ‚Prosa-Hauptwerk' →*Der Wille zur Macht* in fragwürdiger Textkompilation. Erst die historisch-kritische Ausgabe der Werke (BAW) und Briefe (BAB) von H. J. Mette versprach Besserung, wurde aber durch den Krieg unterbrochen. K. →Schlechtas Nachkriegsedition *Werke in drei Bänden* (SA) beruhte in der Nachlassedition nicht auf Manuskripten (→E. F. Podach). So sahen sich G. Colli und M. Montinari, die N. ins Italienische übersetzen wollten, veranlasst, zuerst eine zuverlässige deutsche Ausgabe herzustellen. Sie erscheint seit 1967 getrennt für Werke (KGW, KSA) und Briefe (KGB, KSB) und sollte vor allem den Nachlass vollständig und streng chronologisch abdrucken und damit auch *WM* als Fälschung entlarven. Zum Thema auch: Colli/Montinari (1967); Montinari (1982); Campioni (1989); Montinari (1991); Kohlenbach/Groddeck (1995); Meyer (2000); Morillas (2006); Pestalozzi (2007).

*David Marc Hoffmann, Basel*

**Cultur, s. Kultur**

***CV: Fünf Vorreden zu fünf ungeschriebenen Büchern*** | *CV*, per Widmung „Frau →Cosima Wagner in herzlicher Verehrung" 1872 als Weihnachtsgeschenk zugeeignet, greift zum Teil auf bestehende Ausarbeitungen zurück. *Über das Pathos der Wahrheit* (*CV* 1) geht von dem gewagten Gedanken aus, dass innerhalb der Geschichte „die großen Momente eine Kette bilden" und damit die „Menschheit durch Jahrtausende hin verbinden." Das entschiedene Wahrheitspathos des unzeitgemäßen →Heraklit wird exemplarisch als ein solches Erkenntnismoment demonstriert, während es letztlich der →Kunst vorbehalten bleibt, über die notwendige und existentielle Grenze alles Wissbaren im Dienst des Lebens hinweg zu täuschen. In den *Gedanken über die Zukunft unserer Bildungsanstalten* (*CV* 2) nimmt N. Bezug auf seine titelgleichen öffentlichen Vorträge von Anfang 1872 (*BA*) und formuliert seinen Bildungsbegriff noch vom – genuin sokratischen – „Wissen des Nichtwissens" aus, der sich gleichermaßen nach den Seiten einseitigen Spezialistentums und enzyklopädischer Vielwisserei hin abgrenzt. *Der griechische Staat* (*CV* 3) ist eine – ideologisch beklemmende und für die Rezeption N.s fatale – Interpretation der *Politeia* Platons, in der die „Geheimlehre vom Zusammenhang zwischen Staat und Genius" freigelegt werden soll. Darin bilden →Krieg und Sklaverei (→Sklave) die vermeintlich notwendigen Grundpfeiler einer auf →Züchtung des Genies abzielenden Kastenordnung. In *Das Verhältnis der Schopenhauerschen Philosophie zu einer deutschen Cultur* (*CV* 4) klingt das Thema von *SE* an. →Schopenhauer wird hier exemplarisch als selbständiger Philosophentypus in einer unselbständigen Zeit skizziert, die ihrerseits von philisterhaft-gelehrter Gemütlichkeit (→Bildungsphilister) und den Relativierungen des historischen Bewusstseins gekennzeichnet ist. Die disparate Sammlung endet mit dem anspruchsvollsten Text derselben, *Homers Wettkampf* (*CV* 5), in dem N. den Gedanken der Agonalität (→Agon) als Movens der griechischen Kultur entfaltet. Nicht Homer, sondern Hesiod, dessen Lehre von den zwei Eriden das zwischen Zerstörung und Kultivierung oszillierende Potential des Wettkampfs bereits vorwegnimmt, bildet hierfür die Textgrundlage und Orientierung. Zum Thema auch: Cancik (1995a: 35 ff.); Ruehl (2004); Müller (2005: 74 ff.).

*Enrico Müller, Greifswald*

**Dämon** | N.s Gebrauch des Wortes D und seiner Derivative (vgl. NWB 1: 522 ff.) ist meist griechisch und nicht christlich geprägt. Neben dem sokratischen Daimonion finden wir das D-ische als eine Metapher der Macht jenseits von Gut und Böse, oft als das Instinktive, Leben und Kunst zugrunde Liegende, fein nuanciert in den einzelnen Werkphasen. Daneben fungiert der D als Allegorie oder Protagonist kleiner Geschichten, die einen Gedanken verdeutlichen (z. B. *M* 379), so wie in *GT* das Gespräch von König Midas mit dem Silen die tragische Weltanschauung (3, KSA 1: 34). →Sokrates wirkt auf die Kultur wie ein D, eine bestimmende Macht; er ist die Kraft in Euripides – die „Gottheit, die aus ihm redete" (*GT* 12, KSA 1: 83; *ST* 1, 603), wie der dionysische Geist ein „D" ist (*GT* 21, KSA 1: 132).

Es ist eine Haltung, eine Einstellung zur Welt, wie der „kalte D der Erkenntnis" in *HL* 6 (KSA 1: 286; und in der frühen Wahrheitskritik, vgl. *CV* 1, KSA 1: 755). Ist in *WB* das „Widerstreben" ein „gewaltige[r] D" (8, KSA 1: 472), wird in *MA* (nebst distanzierten Erörterungen seines religiösen Sinnes) das Wort „D" für das Leitprinzip eines Charakters verwendet (264), was in *M* mit dem „Abgründigen" verbunden ist, sei es als Prinzip der tragischen Weltsicht, sei es als der Grund eines Strebens, das sich auf Dauer nicht befriedigen lässt (262; 516). Sophokles' Bezeichnung des →Eros als „‚wüthenden D'" lehnt N. ab (*FW* 14; vgl. NF 9, 14[24]), den Lästerer zum Liebling des „Gottes" erklärend.

Zuletzt vereinigt der D, der uns den Gedanken der →ewigen Wiederkunft als „[D]AS GRÖSSTE SCHWERGEWICHT" präsentiert (*FW* 341), alle Züge des D-ischen bei N.: Metapher, Allegorie, „Einflüsterer" und Leitprinzip, Abgründigkeit für den Widerstrebenden und Göttlichkeit für den Bejahenden.

*Hans Gerald Hödl, Wien*

**Darwinismus** | Ging man in der N.-Forschung anfänglich davon aus, N. sei im Grunde ein entschiedener Darwinist gewesen (Tille 1895; Riehl 1897; Vaihinger $^{2}$1902; Lessing 1906; Simmel 1907), so nimmt man in jüngeren Arbeiten eher N.s erklärten Anti-D ernst (Abel $^{2}$1998; Grau 1984; Löw 1984a; Morrison 1997; Ottmann $^{2}$1999), obwohl es den Anschein hat, dass das Pendel wieder nach der anderen Seite ausschlägt (Stegmaier 1987; Dennett 1995; Richardson 2004; Düsing 2006). Vielleicht ist es daher an der Zeit einzusehen, dass N. weder nur das eine noch nur das andere war, sondern beides und noch etwas mehr (Skowron 2008), eine Position, die sich im Übrigen gut mit N.s Protest gegen den Glauben verträgt, dass die →Wahrheit etwas sei, „was Einer hätte und ein Andrer nicht hätte" (*AC* 53). Zu beachten ist des Weiteren, dass ‚Anti-' nicht nur Entgegensetzung, sondern auch vorangehende Gleichstellung und schließliche Überwindung, also ‚Selbstüberwindung' bedeutet.

Schon in den frühen Vorlesungen über die vorplatonischen Philosophen hebt N. den „grossartigen[n] Gedanke[n]" des Empedokles hervor, „daß unter zahlreichen Mißformen u. Unmöglichkeiten des Lebens auch einige zweckmäßige u. zum Leben mögliche Formen entstehen". Dadurch werde die Zweckmäßigkeit des Bestehenden auf den Bestand des Zweckmäßigen zurückgeführt. Diesen Gedanken hätten die materialistischen Systeme nie wieder aufgegeben und eine „Spezialanwendung" desselben sei die Darwin'sche Theorie (KGW II/4: 324; vgl. BAW 4: 53 f.; BAW 3: 372). Noch 1884 stellt N. fest, dass der Gedanke, „daß das Lebensfähige allein ÜBRIG GEBLIEBEN ist, [...] eine Conception ERSTEN RANGES" sei (NF 1884, 26[69]). Der andere vorsokratische Philosoph, der mit seiner Philosophie des Werdens, des Kampfes der Gegensätze und des Zufalls in der Notwendigkeit als Vorläufer sowohl von Darwins evolutionistischer Denkweise und des Kampfes ums Dasein als auch von N.s historischem Philosophieren und des Kampfes um →Macht anzusehen ist, ist →Heraklit (vgl. NF 1885, 34[73]).

Eine Nachlassaufzeichnung von 1872/73, in der N. die „schreckliche Consequenz des D" erwähnt, den er „übrigens für wahr halte" (19 [132]), findet ihren Widerhall in der zweiten *UB*, in der er die „Lehren vom souverainen Werden, von der Flüssigkeit aller Begriffe, Typen und Arten, von dem Mangel aller cardinalen Verschiedenheit zwischen Mensch und Thier [...] für wahr, aber für tödtlich" hält und daher lieber nicht unter das Volk „geschleudert" sehen möchte (*HL* 9, KSA 1, S. 319). Erst mit *MA* beginnt N. ein „historisches Philosophieren", das die moralischen, religiösen, ästhetischen, kulturellen, gesellschaftlichen und persönlichen Begriffe und Empfindungen sozusagen „chemisch" in ihre elementaren Bestandteile auflöst, ihren Ursprüngen und Herkünften nachgeht (*MA* 1) und eine „ENTSTEHUNGSGESCHICHTE DES DENKENS" zu geben sucht (*MA* 16). In dem Kapitel Anzeichen höherer und niederer Kultur in *MA* 224 entwickelt N. in Analogie zur künstlichen ‚Inokulation' eine weitere Spezialanwendung der Entstehung des Zweckmäßigen. Da es sich um →Kultur handelt, spricht N. von *Veredelung*, und zwar in den drei Spielarten der Veredelung von Völkern, in der →Erziehung des Einzelnen und im Bereich des Staates. Der leitende Gedankengang ist der einer *Veredelung durch Entartung*, d. h. einer zeitweiligen Schwächung, deren Überwindung aber zu einer Weiterentwicklung und Stärkung führt. Moore sieht in diesem Konzept nicht nur eine Antizipation von N.s späterem Begriff der „großen Gesundheit" und sogar des →Willens zur Macht, sondern auch eine große Ähnlichkeit zu Darwins Idee der Evolution durch Variation: „In reality, N.'s claim that the ‚variation' (*Abartung*) or ‚degeneration' (*Entartung*) of an individual or organ is responsible for evolution is not all that far removed from the Darwinian idea that evolution takes place through random, but ultimately advantageous and inherited mutations." Der Wille zur Macht ist für Moore ein „Synonym" für „große Gesundheit" oder nur ein anderer Terminus für aufsteigendes →Leben, für Evolution (2002a: 122). Der kleinen Gesundheit könnte im Willen zur Macht die festgestellte Wahrheit, der Krankheit die →Kunst als offene Möglichkeit und Stimulans des Lebens entsprechen, wobei auch Kunst und Wahrheit selbst wiederum durch polar aufeinander bezogene Kräfte, die „sich gegenseitig zu immer neuen kräftigeren Geburten" reizen (*GT* 1, KSA 1: 25), strukturiert sind.

Außer der ‚Veredelung durch Entartung' kennt N. auch die Veredelung durch Synthese bereits unabhängig voneinander entwickelter Kräfte oder Eigenarten, wie sie z. B. in Zarathustras Rede *Von der Erlösung* ausgeführt wird, sowie die bereits erwähnte Veredelung durch ‚Selbstüberwindung', die ebenfalls in *Za II* in der entsprechend betitelten Rede behandelt wird und wofür die Selbstüberwindung des Menschen zum →Übermenschen das herausragende Beispiel der Vorrede ist. Parallelen zur ‚Veredelung durch Synthese' finden sich auch im D, nicht nur auf der mikroevolutionären Ebene in der immer wieder neuen Rekombination von Genen durch sexuelle Reproduktion, sondern auch auf der makroevolutionären Ebene in den großen Schwellenereignissen der Geschichte der Evolution. Entscheidende „watershed events" der Evolution wie die Entstehung von Eukaryoten, Segmentierung, Multizellularität, Replikation, sexuelle Reproduktion, Kolonienbildung und menschliche Gesellschaften mit Sprache haben eine auffallende Gemeinsamkeit: „[T]hey often involve the coming together of previously independent units in a larger grouping at a higher level, with concomitant loss of independence at the lower level." (Dawkins 2004: 610)

An der Frage, ob es auch im D so etwas wie ‚Selbstüberwindung' gibt, könnte sich dagegen entscheiden, ob auch der Übermensch darwinistisch verstanden werden muss oder ob dies nur, wie N. meinte, eine Verdächtigung von „gelehrte[m] Hornvieh" ist (*EH*, *Warum ich so gute Bücher schreibe* 1). Klingt nicht sogar Zarathustras Wort aus der Vorrede: „Ihr habt den Weg vom Wurme zum Menschen gemacht, und Vieles ist in euch noch Wurm. Einst wart ihr Affen, und auch jetzt noch ist der Mensch mehr Affe, als irgend ein Affe." (*Za I, Vorrede* 3, KSA 4: 15), wie eine populäre Formulierung der Deszendenztheorie? Der Weg zum Übermenschen ist jedoch nur die eine der beiden zusammengehörigen Möglichkeiten der Entwicklung des Menschen. Die andere ergibt sich aus der Formulierung: „Der Gegensatz des ÜBERMENSCHEN ist der LETZTE MENSCH: ich schuf ihn zugleich mit jenem." (NF 1882–83, 4[171]) Ist demnach die Möglichkeit des Übermenschen untrennbar mit der zum letzten Menschen verbunden, so lässt sich auch der D vom Anti-D für N. spätestens seit *Za* nicht mehr trennen. Die Quintessenz des letzteren findet sich in *GD* in dem *Anti-Darwin* betitelten Aphorismus 14 der *Streifzüge eines Unzeitgemässen* mit seinem Kernsatz, dass „die Schwachen [...] immer wieder über die Starken Herr" werden. Dieser Satz ist zugleich ein gutes Beispiel dafür, wie N. – bisher so gut wie unbemerkt und ungehört – auch in diesem Aphorismus mit dem „Hammer" der Lehre von der →ewigen Wiederkunft des Gleichen philosophiert, insofern er mit dem „immer wieder" ein Kreisgeschehen in das Verhältnis der Starken oder Übermenschen einerseits, der Schwachen oder letzten Menschen andererseits, einführt. Der ‚abgründliche' Wiederkunfts-Gedanke, der Zarathustra zu Beginn seines Untergehens unter die Menschen in der *Vorrede* noch nicht als solcher zur Verfügung steht und zu dessen Lehrer er erst vom Ende des dritten Teiles an werden muss, nachdem er ihn heraufbeschworen hat, besagt nämlich nicht nur, dass der (kleine) Mensch ewig wiederkehrt (*Za III, Der Genesende*, KSA 4: 274), sondern enthält auch einen Ausgleich dafür: „Nicht nur der Mensch AUCH DER ÜBERMENSCH KEHRT EWIG WIEDER!" (NF 1884, 27 [23]) Das lineare Zeit- und Evolutionsdenken wird vom Kreisparadigma abgelöst und überholt und bringt jeden Versuch, N. eine sozialdarwinistische Moral oder auch deren Gegenteil zuzuschreiben, zum Scheitern. Moralische Sollensaussagen in dem einen oder anderen Sinne, sei es, dass die Starken über die Schwachen Herr werden sollen oder umgekehrt, werden durch das Kreisparadigma überflüssig und →Moral erweist sich nur als eine Ausdeutung gewisser wiederkehrender Phänomene, als „eine MISSDEUTUNG." (*GD, Die „Verbesserer"...* 1) Es wird also ein moralisches Prinzip aus dem gemacht, was sowieso geschieht, aber auch anders bzw. umgekehrt geschieht (vgl. *JGB* 9).

In *GM III* diagnostiziert N. in Analogie zur „großen Gesundheit" dementsprechend auch eine ‚große Krankheit' des Menschen und findet im asketischen Ideal jenen den Willen zur Macht ergänzenden „Willen zum Nichts". Ist bei der „großen Gesundheit" die ‚Entartung' oder Krankheit ein Mittel zur größeren Gesundheit, so ist bei der ‚großen Krankheit' die zeitweilig verordnete Gesundheit nur ein Mittel, um die Krankheit aufrechtzuerhalten, was insbesondere durch die „Erregung des stärksten, lebensbejahendsten Triebes, wenn auch in der vorsichtigsten Dosirung, – des WILLENS ZUR MACHT" geschieht (*GM III* 18). Die Welt ist „DER WILLE ZUR MACHT – UND NICHTS AUSSERDEM" (NF 1885, 38[12]), aber dieses Nichts, das der Wille auch wollen kann, ist nur ein kleines ‚nichts', denn „lieber will noch der Mensch DAS NICHTS wollen, als NICHT wollen." (*GM III* 28)

Wo es Gegensätze gibt, da gibt es auch →Agon, Streit und Kampf, der für N. aber i.d.R. nicht ums Dasein geführt wird, sondern um Macht und deren Erweiterung. Schon von Darwin selbst wurde der „Kampf ums Dasein" in einem metaphorischen Sinn verstanden und spielt im heutigen Neo-D eine ganz untergeordnete Rolle (vgl. Lewens 2007: 59 f.) Gegen Malthus, aus dessen Knappheitstheorie Darwin auf den notwendigen Kampf ums Dasein geschlossen hatte, wird heute nicht nur eingewandt, dass seine und ähnliche Voraussagen von Hungersnöten trotz gestiegener Bevölkerungszahlen nicht eingetroffen sind, sondern auch, dass sowohl technische Verbesserungen als auch die damit zusammenhängende Innovationskraft von Ideen im Allgemeinen die Malthus'sche Logik zum Scheitern bringen. Ohne Darwin oder N. zu erwähnen, resümiert Pinker die entsprechenden Überlegungen in Worten, die ganz wie N.s Schlussfolgerung klingen, Darwin habe den Geist vergessen: „[O]ur understanding of human's relation to the material world has to acknowledge not just our bodies and our resources but also our minds." (2002: 239)

Der Anti-D ist also ebenso wie der letzte Mensch und der Wille zum Nichts aus seiner Komplementarität zum D bzw. zum Übermenschen und Willen zur Macht zu verstehen. „[D]aß Alles bis zu uns herab VERFALL ist, ist ebenso beweisbar", wie die umgekehrte Behauptung von Teleologen und Darwinisten, dass immer höhere Formen des Lebens entstehen: „Der Mensch und gerade der Weiseste als die HÖCHSTE VERIRRUNG der NATUR und Selbstwiderspruch [...]: bis hieher SINKT die Natur." (NF 1882–83, 4[177]) Der Anti-D ist eine „Anti-Lehre" in dem Sinne, dass er keine selbständige Lehre, sondern ein Mittel oder eine Funktion in der →Umwertung aller Werte ist, sofern unsere Interpretation der Geschichte als Fortschritt oder Verfall von unseren Wertschätzungen abhängt. Dies lässt jedoch auch die „Lehre", der die Anti-Lehre gegenübergestellt ist, nicht unberührt, sondern zieht sie mit in die Bewegung der Umwertung, ihr ebenfalls den Status der „Lehre" nehmend und auch ihr den einer →„Interpretation" oder Hypothese verleihend.

*Michael Skowron, Daegu*

**Dasein** | Der →frühe N. fragt mit →Schopenhauer, wie das D zu rechtfertigen sei. Er versteht es also im Zusammenhang mit dem Problem des →Pessimismus, weicht aber schon in *GT* von Schopenhauer ab, indem er in der Tragödie ein Mittel, das D zu rechtfertigen (*GT* 5, KSA 1: 47), sieht – und eben dadurch zeigt, dass ihm das D rechtfertigungsbedürftig, ein Problem ist.

In *FW* hält N. an der Bedeutung der →Kunst fest, aber sie rechtfertige nicht mehr das D: „Als ästhetisches Phänomen ist uns das D immer noch ERTRÄGLICH" (*FW* 107). In den späteren Schriften wird N. die Auffassung, das D sei ein Problem, als ein Symptom des →Nihilismus ansehen. Die Suche nach einer Rechtfertigung sei damit an sich pathologisch: Das →Leben solle gelebt und nicht beurteilt werden. Den Predigern des Todes „begegnet ein Kranker oder ein Greis oder ein Leichnam; und gleich sagen sie: ‚das Leben ist widerlegt!' / Aber nur sie sind widerlegt, und ihr Auge, welches nur das Eine Gesicht sieht am D." (*Za I, Von den Predigern ...*)

Abgesehen von der metaphysischen Erklärung des Ds in der Frühphase bleibt N.s Analyse bis in das Spätwerk ziemlich konstant. Nur wird das Problematische im Leben, der Schmerz, die Sinnlosigkeit, nicht als Argument gegen das D gedeutet, sondern als eine Herausforderung, den Schmerz zu überwinden und die Sinnlosigkeit durch einen neuen Sinn zu ersetzen. Seine Art von →Philosophie bestehe im „Aufsuchen alles Fremden und Fragwürdigen im D" (*EH, Vorwort* 3).

Das D wird auch mit Darwin (→Darwinismus) und dem Kampf ums D assoziiert – eine, so N., verfehlte Vorstellung, die sich aus „der Herkunft der meisten Naturforscher" erklärt: „[S]ie gehören in dieser Hinsicht zum ‚Volk', ihre Vorfahren waren arme und geringe Leute, welche die Schwierigkeit, sich durchzubringen, allzu sehr aus der Nähe kannten." (*FW* 349) Der Normalzustand in der Natur sei nicht Not, sondern Überfluss: „Wo gekämpft wird, kämpft man um →MACHT ..." (*GD, Streifzüge ...* 14).

*Tobias Dahlkvist, Uppsala*

***DD: Dionysos-Dithyramben*** | Dieser späte Gedichtzyklus – das letzte Werk N.s in Reinschrift – ist als Einlösung der folgenden Bemerkung aus dem 1886er Vorwort zur Neuausgabe von *GT* zu verstehen: „Sie hätte singen sollen, diese ‚neue Seele' – und nicht reden! Wie schade, dass ich, was ich damals zu sagen hatte, es nicht als Dichter zu sagen wagte: ich hätte es vielleicht gekonnt!" (*GT, Versuch einer Selbstkritik* 3). Der Titel lässt sich als eine selbstbezügliche Verdoppelung begreifen; denn „Dithyrambos" ist ein Beiname des Gottes →Dionysos, und das so bezeichnete Preislied des Dionysos ist mit dem Gott identisch: Dionysos erscheint nicht nur im Dithyrambus, er ist der Dithyrambus selbst (Baeumer 1973: 310 f.). Der Gedichtzyklus, dessen Überschrift also die Wiederholungen des Gottes in der Mehrzahl seiner selbst bezeichnet, bringt den Gedanken der →ewigen Wiederkunft in sprachlich-rhythmischer Form zur Darstellung – ohne dass das Wort „Wiederkunft" je genannt wird.

Die neun freirhythmischen Gedichte des Zyklus enthalten eine Fülle von versteckten Anspielungen (auch auf das eigene Werk) und sind mittels Wort- und Zahlenspielen virtuos komponiert. Ihre Anordnung in der letztgültigen Reinschrift zeigt die Folge: 1. *Nur Narr! Nur Dichter!* 2. *Unter Töchtern der Wüste* 3. *Letzter Wille* 4. *Zwischen Raubvögeln* 5. *Das Feuerzeichen* 6. *Die Sonne sinkt* 7. *Klage der Ariadne* 8. *Ruhm und Ewigkeit* sowie 9. *Von der Armuth des Reichsten.* Dem ersten Dithyrambus *Nur Narr! Nur Dichter!*, der die „Wahrheit" als dem Dichter unerreichbar darstellt, ist der letzte Dithyrambus gegenübergestellt, wo im letzten Vers „meine Wahrheit" den tautologischen Satz ausspricht: „Ich bin deine Wahrheit ...". Die einzelnen Dithyramben lassen sich den tragenden Themen aus dem Werk N.s, der sich als „der letzte Jünger und Eingeweihte des Gottes Dionysos" (*JGB* 295) verstand, zuordnen und bringen sie zur symbolischen, lyrisch-pathetischen oder parodierenden Darstellung. So kann der 1. Dithyrambus als Selbstdarstellung des dionysischen Künstlers und Dichters, der 2. als rhapsodische Inszenierung des nihilistischen Freigeists gedeutet werden. Der 3. Dithyrambus ist als verrätseltes Sinnbild tragischer Erkenntnis lesbar, während der 4. das Drama einer tödlichen Selbsterkenntnis zur Darstellung bringt. *Das Feuerzeichen*, der 5. Dithyrambus, nimmt das Motiv des früheren Gedichts *Ecce homo* (*FW, „Scherz, List und Rache"* 62) auf und steht als symbolisch verdichtetes „Zeichen" in der Mitte des Zyklus. In der Chiffre der „siebenten Einsamkeit" verweist er auf den folgenden 6. Dithyrambus – auf das einzige im eigentlichen Sinne lyrische Gedicht im Zyklus. Der 7. Dithyrambus, *Klage der Ariadne*, kann als mythologisierende Auseinandersetzung mit →Wagner gelesen werden und zugleich als Anspielung auf das *Lamento d'Arianna* (1608) von Claudio Monteverdi: er stellt sich als komprimierte Oper oder gar Operette dar, in der als Deus ex Machina „Dionysos" selbst „sichtbar" wird (Groddeck 1991b: 179 f.). Der 8. und 9. Dithyrambus sind poetisch verdichtete Reformulierungen des letzten Kapitels von *Za III* und der Vorrede zu *Za I.* Die schwer zu deutenden und in der Rezeption ganz unterschiedlich interpretierten Gedichte sind in der literarischen Wertung stets kontrovers beurteilt und nicht immer in ihrem Eigenwert als manieristische Kunstwerke mit bewusst offener philosophischer Bedeutung begriffen worden.

Nachzutragen bleibt, dass die Dithyramben 3 bis 6 sowie 8 und 9 im Sommer 1888 bei erneuter Beschäftigung N.s mit seinen vier Jahre zuvor geschriebenen Aufzeichnungen zu *Za* entstanden sind und in einer Reinschrift mit dem Titel *Die ersten 6 Lieder Zarathustras* gesammelt wurden (Groddeck 1991a: 99–115). Die Dithyramben 1, 2 und 7 entstammen, mit gelegentlich verändertem Wortlaut, dem von N. selbst nicht veröffentlichten *Za IV* und wurden unter der erst ganz zuletzt gefundenen Überschrift *DD* vereinigt. Zum Thema auch: Reinhardt (1935); Volkmann-Schluck (1958); Podach (1961; 1963); Baeumer (1973); Weigand (1973); Grundlehner (1986); Gabriel (1992); Greaney (2001).

*Wolfram Groddeck, Zürich*

**Décadence** | Der Terminus D gehört seit seiner Lektüre der *Essais de psychologie contemporaine* (1883) des französischen Kulturkritikers und Romanciers P. Bourget zu den Grundbegriffen N.s vom Winter 1883/84 an. Er wird ihm zumal zum Schlüssel für das Verständnis der Widersprüchlichkeit der Person und →Ästhetik →Wagners – wie auch seiner eigenen ambivalenten Einstellung zu ihm. D bedeutet begriffsgeschichtlich ursprünglich nichts anderes als Kulturverfall (dessen – mit diesem Begriff stets verbundenes – Paradigma der Untergang Roms gewesen ist). Doch seit →Baudelaire und Th. Gautier hat der Terminus in Frankreich eine positive Umwertung erfahren, die sich auch auf Bourgets „Théorie de la décadence" ausgewirkt hat. Für ihn bleibt dieser Begriff gleichwohl ambivalent. Auch N. bewertet das Phänomen der D kritisch, ohne doch hinter die ästhetische Position zurückzufallen, die seit Baudelaire (auf den er offensichtlich durch den ihm gewidmeten Essay Bourgets aufmerksam wurde) erreicht worden ist.

Bei N. verschränkt sich in einer oft irritierenden Dialektik die traditionell negative Sicht der D mit ihrer positiven Umwertung. Sie ist also ein polarisierender Begriff, der jede eindeutige Wertung ausschließt. Das gilt gerade für Wagner als den D-Künstler schlechthin. Seine widersprüchliche Wertung bei N. resultiert nicht zuletzt aus jener Dialektik des D-Begriffs. „Jede Zeit hat in ihrem Maass von Kraft ein Maass auch dafür, welche →Tugenden ihr erlaubt, welche ihr verboten sind", heißt es im Epilog zu *WA*. „Entweder hat sie die Tugenden des AUFSTEIGENDEN →Lebens: dann widerstrebt sie aus unterstem Grunde den Tugenden des niedergehenden Lebens. Oder sie ist selbst ein niedergehendes Leben, – dann bedarf sie auch der Niedergangs-Tugenden, dann hasst sie Alles, was aus der Fülle, was aus dem Überreichthum an Kräften allein sich rechtfertigt. Die Aesthetik ist unablöslich an diese biologischen Voraussetzungen gebunden: es giebt eine décadence-Aesthetik, es giebt eine KLASSISCHE Aesthetik, – ein ‚Schönes an sich' ist ein Hirngespinst, wie der ganze →Idealismus." (ebd.) N. historisiert und relativiert die ästhetischen Normen vom Standpunkt der →„Physiologie" aus, die für ihn Grundlage der →Moral wie der Ästhetik ist. Die klassische Ästhetik ist ihm durch die antike →Kunst verbürgt, die D-Ästhetik verkörpert sich für ihn in der modernen Kunst, deren Paradigma das Werk Wagners ist. „Durch Wagner redet die →Modernität ihre INTIMSTE Sprache" (*WA*, Vorwort). Der Begriff des Klassischen schließt beim späten N. das Wissen vom →Dionysischen und – im Hinblick auf die Bändigung der orgiastischen Erregung – vom →Willen zur Macht ein.

Die D ist für N. ein notwendiges Durchgangsstadium im Entwicklungsprozess des Lebens. In einem Brief an C. Fuchs beschreibt er, unmittelbar von Bourgets Baudelaire-Essay inspiriert, am Beispiel Wagners den Stil der D als Auflösung der formalen Einheit durch die Dominanz der Einzelreize, durch das Prinzip der Dekomposition: „Der Theil wird Herr über das Ganze, die Phrase über die Melodie, der Augenblick über die Zeit" (vermutlich Mitte April 1886). Ähnlich der Brief an Fuchs vom 26. August 1888, in dem als typisches D-Phänomen beschrieben wird, dass sich bei Wagner angeblich „das Leben aus dem Ganzen ZURÜCKGEZOGEN hat und im Kleinsten LUXURIRT". Der Maßstab der klassischen Ästhetik – Vorrang des Ganzen vor dem Teil – ist also in N.s Kritik der D unverkennbar. Doch dann betont er in seinem (ersten) Brief an Fuchs (vom April 1886): „Das aber ist décadence, ein Wort, das, wie sich unter uns von selbst versteht, nicht verwerfen, sondern nur bezeichnen will." Und er fügt hinzu: „[E]s giebt auch an der décadence eine Unsumme des Anziehendsten, Werthvollsten, Neuesten, Verehrungswürdigsten, – unsre moderne Musik zum Beispiel". Bezeichnen statt verwerfen: Der Wertbegriff der D wird hier, so scheint es, zum wertneutralen Stilbegriff. Daran hat N. sich freilich in der Regel nicht gehalten. So gut wie immer schwingt in seiner Beschreibung der D-Merkmale eine Wertung mit. Je nachdem, welchen Aspekt N. ins Auge fasst, ob er die D an der Gegenwart misst, in der er sie für eine notwendige Phase hält, an der ‚klassischen' Vergangenheit, von der aus betrachtet sie ‚Verfall' ist, oder an der Zukunft, in der sie durch das wieder aufsteigende Leben aufgehoben wird, je nachdem wechseln die Wertungsvorzeichen – wie gerade das Beispiel der Wagner-Kritik zeigt.

Eines steht für N. fest: Auch wer die D überwinden will, muss sie an sich selbst erfahren haben, muss sich ihr stellen und sie bis auf den Grund durchschauen. Eben dazu – und eben deshalb zu ihrer Überwindung – war Wagner N. zufolge nicht imstande, denn ihm fehlte es an der Wahrhaftigkeit sich selbst gegenüber. N.s eigenes Ideal der dionysischen Kunst als einer Kunst des aufsteigenden Lebens entspricht demgegenüber der Selbsterfahrung des Décadent, bleibt dialektisch auf sie bezogen. (Diese Dialektik von D und dionysischer Welt hat die alte Polarität des Apollinischen und Dionysischen beim späten N. abgelöst.) „Ich bin so gut wie Wagner das Kind dieser Zeit, will sagen ein DÉCADENT: nur daß ich das begriff, nur dass ich mich dagegen wehrte", heißt es im Vorwort zu *WA*. In einer Aufzeichnung vom Frühjahr 1888 redet N. von den „décadents mit schlechtem Gewissen", den „WIDERSPÄNSTIGEN décadents" – im Gegensatz zu denen, die, wie Wagner, in ihr vermeintlich aufgehen (NF 1888, 15[88]). Und in *EH* lesen wir: „Abgerechnet nämlich, dass ich ein décadent bin, bin ich auch dessen Gegensatz." (*Warum ich so weise bin* 2) Auch N. gesellt sich also zu dem von →Th. Mann beschriebenen, „über ganz Europa verbreiteten Geschlecht von Schriftstellern [...], die aus der décadence kommend, zu Chronisten und Analytikern der décadence bestellt, gleichzeitig den emanzipatorischen Willen zur Absage an sie [...] im Herzen tragen und mit der Überwindung von Décadence und →Nihilismus wenigstens *experimentieren*." (1918: 201) Ein solches ‚Experiment' mit der Überwindung der D aber scheint, folgt man Manns Sicht, auch N.s Philosophie des Dionysischen und des Willens zur Macht darzustellen. Zum Thema auch: Rasch (1986); Borchmeyer (1989); Horn (2000).

*Dieter Borchmeyer, Heidelberg*

**Degeneration** | Dieser physiologische Begriff markierte im 19. Jh. die Kehrseite des evolutionären Fortschritts. Der Diskurs um dieses Problem wurde von Féré (1888), aber auch von Galton, Pearson und anderen Anthropometristen, Psychiatern, Anthropologen und Juristen um 1880 entwickelt (vgl. Jahn 1990: 229). Unter dem Bild der D versuchten sie die Diskrepanz zwischen dem Reichtum der englischen Nation und des Empires auf der einen Seite und der fortdauernden Armut der städtischen Massen andererseits zu erklären. Fragen über die Stadt, den Körper und D wurden heftig debattiert. In diesen Zusammenhängen ist auch N.s Verwendung des Wortes D zu sehen. Evolutionäre Wissenschaftler, Kriminalanthropologen und Psychiater setzten sich mit dem scheinbaren Paradox auseinander, dass die →Zivilisation, die Wissenschaft und der ökonomische Fortschritt nicht nur keine Verteidigung gegen, sondern geradezu ein Katalysator der individuellen und gesellschaftlichen Pathologie sein konnten. In der Diskussion um die Zunahme von Kriminalität und Wahnsinn wurden oft Begriffe und Bilder aus der Lehre Darwins verwendet. Eines der beliebtesten dieser Bilder war der zum Affen degenerierte Mensch (vgl. ebd.). Schon Lankester hatte in seinem Buch *D. A Chapter in Darwinism* (1880) am Fortschrittskonzept mancher Darwinisten Zweifel geäußert. Indem sie in der gegenwärtigen →Kultur überall Zeichen des biologischen Verfalls zu erblicken glaubten, kehrten die Verfechter der D-Hypothese den latenten Fortschrittsglauben der Darwinisten jedoch einfach um. Zum Thema auch: Vermeil (1948); Koppen (1973); Bauer (1978); Lampl (1986); Pick (1989); Forth (1993); Horn (2000).

*Anette Horn, Witwatersrand*

**Deleuze, Gilles** | D, *18.1.1925 Paris, †4.11.1995 ebd., wurde wegen seines Werkes *N. und die Philosophie* (1962) lange Zeit die Wiederentdeckung N.s in der französischen Philosophie der Nachkriegszeit zugeschrieben. D zeigt N. hier als einen rigorosen und systematischen Denker, der auf Grundlage des vielschichtigen Phänomens des →Willens zur Macht eine „Philosophie der (menschlichen) Natur" konstruierte. N.s historische →Philosophie wird als eine Art Interpretation beschrieben, welche die Entdeckung der Kräfte, die die Natur eines bestimmten Objektes oder Ereignisses bestimmen, einschließt: aktive oder reaktive, positive oder negative. Diese Philosophie ist pluralistisch, da die Vorstellung von einer Kraft das Verhältnis zu anderen

Kräften, von denen sie in Qualität oder Quantität verschieden ist, impliziert. Der Wille zur Macht ist demnach das unterscheidende und genealogische Element (→Genealogie), welches die quantitativen und qualitativen Unterschiede zwischen zwei (oder mehr) beliebigen Kräften im gegenseitigen Verhältnis produziert. Auf dieser Basis rekonstruiert D die verbliebenen Gedanken N.s zu einer kritischen Philosophie, die den Charakter der Kritik →Kants umformt; sie bleibt entschieden anti-dialektisch, während sie nichtsdestotrotz eine Darstellung der Mechanismen bietet, durch welche sich die menschliche Natur im Laufe der Zeit gewandelt hat; und sie lehrt, dass Gegensätze bzw. Abweichungen und (ihre) Entstehung bestätigt werden müssen. N.s Idee der →ewigen Wiederkunft ist Ausdruck des differentiellen und ethischen Prinzips als Kern seines metaphysischen Systems: Es sind nicht die eigene Persönlichkeit oder das Individuelle, die ewig wiederkehren, sondern die Verschiedenheit und Vielfältigkeit. Eine höhere Daseinsform kann erreicht werden, indem diese Tatsache freudig bejaht wird.

*Paul Patton, Sydney* (Übers.: F. Künstner)

**Demokratie** | N.s Philosophie der Politik, und also auch seine Kritik der D, entfaltet sich in den 1880er Jahren (siehe besonders *JGB* u. *GM*). Die D lehnt er ab: Die Verwirklichung demokratischer Werte führe zu einer Verflachung des Menschentypus. Diese Kritik ist zu verstehen im Zusammenhang mit seinen Vorstellungen einer aristokratischen Gesellschaftsform und einer Wenigenherrschaft, die dagegen eine Erhöhung des „Typus Mensch" bewirken sollten. Mit seiner Entlarvungspsychologie (→Psychologie) enthüllt er, hauptsächlich seit *JGB*, die Entstehung der demokratischen Werte. Seine Grundfrage lautet: Was ist der demokratische Mensch? Er geht von einer Wechselwirkung aus: Die D fördert die menschliche Schwäche und stammt aus ihr. Verfassungsrechtliche Probleme sind nicht seine Angelegenheit. Nur in seiner Übergangsphase mit aufklärerischer Grundtendenz (1876–1880/82) spricht N. der D einen Wert zu, sowohl in Bezug auf die Vergangenheit als auch auf die Zukunft. Der Staat werde mittels der D entmythologisiert. Die Demokratisierung Europas sei „unaufhaltsam" (*WS* 275). Sie werde das Ende der Staatlichkeit bewirken. Auch „die Entfesselung der Privatperson" betrachtet er als eine „Consequenz des demokratischen Staatsbegriffes" (*MA* 472). Es geht ihm dabei um die Selbsterziehung einzelner starker Menschen, die von einem aristokratischen Individualismus geprägt und zum Gebieten geeignet wären.

N. ist ein entschiedener Gegner der politischen Moderne (→Modernität). Die demokratischen Wertvorstellungen sowie die politischen Tendenzen, die sie vertreten und propagieren, führt er alle auf die Französische Revolution und deren Losung: „Freiheit, Gleichheit, Brüderlichkeit" zurück. Sein Urteil ist hierzu jeweils ein ablehnendes: Die Freiheit sieht er als Befreiung von einer aristokratischen Gesellschaft, also von den Edlen und Mächtigen; die →Gleichheit als Nivellierung und Verflachung, zugleich als eine aus dem →Ressentiment hervorgehende Aggression gegen die Starken (→stark, Stärke) und Vornehmen (→vornehm); die Brüderlichkeit als christliche →Liebe und auch als →Mitleid (siehe den Einfluss →Schopenhauers). Speziell in der „Gleichheit" erkennt N. eine große Gefahr für die →Menschheit. Sie ist nach ihm die „‚moderne Idee' par excellence" (*GD, Steifzüge* … 48). So bekämpft er denn auch besonders den Egalitarismus, die Gleichmacherei, das jedem höheren Menschentypus abträgliche Nivellieren und Uniformieren.

Drei Perspektiven stellt N. im Denken und Handeln des demokratischen Menschen heraus. Er nennt in einer metaphorischen Sprache das „Heerdenthier" (→Herde, Hirte) und den →„Sklaven" und fügt auch noch Verfall und Krankheit hinzu. Davon findet er eine Mischung in den einzelnen demokratischen Tendenzen vor. Dieselben Perspektiven gelten ihm für die christlichen Werte. Den →Sozialismus betrachtet er als politisches →Christentum. Seine Christentumspolemik ist somit auch gerichtet gegen die geistige Substanz einer politischen Bewegung, die er verwirft. Das „Heerdenthier" braucht Gleichheit; jegliche Sonderansprüche sind ihm verhasst; es zeichnet sich aus durch →Mittelmäßigkeit, Gefügsamkeit, Anpassung, Gehorsam (*JGB* 201 u. 202). Die „Sklaven" sind die Erniedrigten, Unterdrückten, Gepeinigten, Beherrschten – die „Abhängigen jeden Grades" (*JGB* 260): Was sie auszeichnet ist Aggression, speziell bedingt durch Ressentiment sowie Verlangen nach Freiheit. Schließlich die Krankheit (→Gesundheit/Krankheit): Hier gibt es die Schlechtweggekommenen, die Missratenen, die aus Schwäche Leidenden (kein Leiden aus tragischer Größe), die dem Verfall und der Entartung Ausgelieferten, was auf die nihilistischen Züge hinweist, die N. der D zuschreibt. Zum Thema auch: Marti (1990); Nolte (1990); Bünger (1997); Kiss (1997); Ottmann ($^2$1999); NWB 1: 568 ff.; Goedert (2002).

*Georges Goedert, Luxemburg*

**Demut** | In N.s Haltung zur D manifestiert sich eine schwer zu vermittelnde Widersprüchlichkeit. Einerseits formuliert er eine vernichtende Kritik an diesem zentralen christlichen Wert, der in der Selbstbeschreibung Jesus' verankert ist: „Lernet von mir, denn ich bin sanftmütig und demütig von Herzen" (Mt 11, 29). Andererseits erinnert sein Motiv der (Selbst-)Überwindung der überkommenen →Moral und des →Nihilismus an ein in der Mystik tradiertes Ds-verständnis (vgl. Schoeller 1998; 1999). Zunächst zu N.s expliziter Ds-kritik: Obwohl diese seit dem Hellenismus Tradition hat (vgl. Schütz 1971), zeichnet sich N.s Kritik durch ihre Radikalität aus (vgl. Cathrein 1920: 9; Selung 1926: 6; v. Hauff 1939: 119; Schaffner 1959: 28). In *MA* ist D entweder das Spiel eines eitlen und ungenügsamen Gemüts, das sich selbst herausfordert durch innere Kriegsführung (*MA* 137), oder es handelt sich um einen Verstellungsakt („Kapuze der Entsagung!", „Miene der D!"; *VM* 98). Charakteristisch ist eine Kritikart, in der D so konsequent gedeutet wird, dass sie als Absurdität erscheint (*M* 417) bzw. das →Christentum, aus dem sie erwächst, seine Vorrangstellung verliert: „Der Fromme fühlt sich dem Unfrommen überlegen: an christliche D will ich glauben, wenn ich sehe daß der Fromme sich vor dem Unfrommen erniedrigt." (NF 1876, 19[48]) Diese Form einer immanenten Kritik wird zunehmend abgelöst durch einen historisch wertenden Blick, der D als christliche Umwertung von Feigheit interpretiert (*M* 38). Das „Niedrigkeitsgefühl" – als anderes Wort für D – wird im Christentum gut genannt (NF 1880, 7[3]), denn die „Sklaven haben die D [...] in's Christentum gebracht." (NF 1881, 11[92]) Die historisierende Kritik schlägt in späteren Aufzeichnungen in unverhohlenen Ärger über die D und verwandte Tugenden um: „Die Wurzel alles Üblen: daß sklavische Moral gesiegt hat, der Sieg der D" (NF 1884, 25[348]; vgl. auch *AC* 8; NF 1888, 14[65]).

Gegenläufig zu dieser zunehmend erbitterten Kritik finden sich Stellen, in denen D mit einer anderen Konnotation erscheint. So wird Zarathustra mit den Worten angesprochen: „Was liegt an dir? Du bist mir noch nicht demüthig genug. Die D hat das härteste Fell" (*Za II, Die stillste Stunde*). Und im dazugehörigen Nachlass lesen wir: „Am Fusse wohne ich meiner Höhe und niemals noch sah ich meine Gipfel: unüberredbar ist meine D." (NF 1883, 13[1], 421) Auch an anderen Stellen rekurriert N. auf die D als Ideal, das nichts mit Schwäche oder Verstellung zu tun hat (vgl. etwa *GM III* 8; NF 1887–88, 11[275]) und für eine Haltung steht, die der Selbstüberwindung zu entsprechen scheint, die mit Zarathustras Lehre einhergeht.

*Donata Schoeller-Reisch, Zürich*

**Denken** | N.s These, dass das „D [...] ein Interpretiren nach einem Schema [ist], welches wir nicht abwerfen können" (NF 1885, 5[22]), beruht auf der Prämisse, dass D ein Schematisieren im Medium sprachlich veränderlicher und vergänglicher →Zeichen sei (Borsche 1988: 168), mit der Folge der Bevorzugung des →Aphorismus als der letztlich einzig angemessenen „Form des Ds in unabgeschlossenen Horizonten" (Picht 1988: 56). Das D betrachtet nach N. das, was es ergründen will, im Horizont des jeweiligen Sprachgebrauchs, ohne sich dieser Abhängigkeit bzw. Perspektivität bewusst zu sein; es verfällt der Illusion, als ein dauerhaftes Ordnungsgefüge zu nehmen, was lediglich sprachliche Benennung ist: Wir, so N., können gar nicht denken, inwiefern etwas wirklich ist (NF 1885, 2[93]), deutlicher: Man findet „in den Dingen nichts wieder als was man nicht selbst hineingesteckt hat" (ebd., 2[174]). Mittels Begriffen fixiert das D, „wo sich in Wahrheit halt-loses Geschehen vollzieht", ohne zur „Wahrheit des wirklich Vorhandenen" (Müller-Lauter 1971: 20) vordringen zu können. Obwohl es diese Wahrheit zu erkunden sich anschickt, vermag das D nicht darin einzudringen, da seine Begriffe in einer völlig anderen Sphäre existieren: der →Sprache. Da keine Sprache „Sachen" ausdrückt, wie auch Herder betont, und kein „wesentlicher Zusammenhang" zwischen der Sprache und „der Sache selbst" besteht, erfasst das D nicht die Sachen selbst, sondern „Merkmale" von Sachen, die „mit Worten bezeichnet" werden. (Herder 1960: 173 f.) Eine solch sprachliche Bezeichnung stellt für N. eine Wertsetzung dar, die das D hervorbringt (Picht 1988: 71), wenn es mittels eines sprachlichen Bezeichnungssystems eine jeweilige Perspektive entwirft, in der die Dinge ihre Wertschätzung erfahren. Wenn N. „die eigentümliche Arbeit aller großen Denker" darin erblickt, „Gesetzgeber für Maass, Münze und Gewicht der Dinge zu sein" (*SE* 3, KSA 1: 360), so zielt diese Beschreibung auf das Erschaffen von Wertschätzungen durch den ‚Sprachschöpfer'. Im Wissen darum, dass die Benennung der Dinge mögliche Welten und Bewusstseinsräume erschließt und die „Bezeichnung der Dinge durch das Wort" festlegt, was „überhaupt als potentieller Besitz in den (allgemeinen) Blick kommen soll" (Schlimgen 1999: 141), gibt der „Sprachbildner [...] den Dingen [nicht; d. Verf.] nur Bezeichnungen" (*MA* 11); vielmehr ist die „Entstehung der ‚Dinge' [...] ganz und gar das Werk der [...] Denkenden, [...] Erfindenden" (NF 1885–86, 2[152]). Der Sprachbildner, der um die „Bedeutung der Sprache für die Entwickelung der →Cultur" weiß, die er darin erblickt, „eine eigene Welt neben die andere" zu stellen, ohne dem Wahn zu verfallen, „in der Sprache die Erkenntniss der Welt zu haben" (*MA* 11), wird von N. später mit den „EIGENTLICHEN PHILOSOPHEN" gleichgesetzt, die N. auch deswegen als „BEFEHLENDE UND GESETZGEBER" sieht, weil ihr ‚Erkennen' ein →„SCHAFFEN" des →Wertes von Dingen ist (*JGB* 211). Dabei geht es immer auch um eine sowohl schöpferische als auch zerstörende Tat. Da →„Werthschätzungen" etwas „GESCHAFFENES" sind, muss der „Schöpfer" in erster Linie „ein Vernichter sein"; „um dem neu-Geschaffenen Platz zu machen", muss das „Geschaffene [...] vernichtet werden." (NF 1882–83, 5[1]234.) Das Maß und den Wert der Dinge legen die jeweiligen Wertschätzungen fest, durch die der Mensch „Werte [...] in die Dinge" legt. Die →Umwertung der Werte vollzieht sich im „Wandel der Werthe" (*Za I, Von tausend ...*), die der Sprachschöpfer herbeiführt. Der →Perspektivismus der Wertschätzungen, die N. auch mit Weltbildern vergleicht (NF 1870, 6[12]), ist für das D allerdings unhintergehbar.

*Mirko Wischke, Halle-Wittenberg*

**Derrida, Jacques** | D, *15.7.1930 El-Biar b. Algier, †8.10.2004 Paris, Sprach- und Kulturphilosoph, führender Vertreter des Strukturalismus, wird vor allem mit der durch ihn popularisierten Methode der „Dekonstruktion" in Verbindung gebracht, die zum Ziel hat, widersprüchliche Textstellen gegen die Intention eines Autors zu wenden, vornehmlich durch Zitation und Iteration. In dieser Hinsicht ist N. für D ein Vorläufer (Behler 1988), da er bereits seine eigenen Begriffe durch Infragestellung und Metaphorisierung dezidiert zerstreut habe. Mit dem hierfür maßgeblichen Vortrag *Sporen* (1972) stellt sich D gegen die durch Deleuze u. a. herbeigeführte „N.-Renaissance", die durch die KSA (→Colli/Montinari-Ausgabe) befördert wurde. Außerdem verstand sich D im Nachgang zu →Heideggers 1961 veröffentlichten Vorlesungen über N., worin dieser als „Metaphysiker" rekonstruiert wird. An einem durch Montinari eher zufällig aufgenommenen, mutmaßlichen Zitat über das Vergessen eines Regenschirms (NF 1881, 12[62]) zeigt D (2003) auf, wie hierzu gegenläufige Deutungen von N.s Werk möglich sind. D macht dabei einen antimetaphysischen N. stark, so auch, als 1981 in Paris D (1984) in einem Streitgespräch mit Gadamer über die Deutung des →Willens zur Macht die Hermeneutik der zwanghaften Homogenisierung verdächtigt (Günzel 1997). Ein Parallelprojekt sind die Arbeiten P. de Mans (1988), der in *Allegorien des Lesens* von 1979 vor allem auf die rhetorischen Figuren N.s abhebt. Aus demselben Jahr stammt Ds dritter maßgeblicher N.-Text *Otobiographie*, gehalten auf einem Kolloquium in Montreal, worin D (2000) dem Spiel N.s mit der eigenen Person in *EH* nachgeht.

*Stephan Günzel, Potsdam*

**Deussen, Paul** | D, *7.1.1845 Oberdreis (Westfalen), †6.7.1919 Kiel, Schul- und Studienfreund N.s, gleichfalls Pastorensohn, mit dem N. den freundschaftlichen Kontakt zwar ein Leben lang aufrechterhielt, aber nicht ohne Spannungen, Unterbrechungen und Phasen der Entfremdung; studierte in Bonn, Tübingen und Berlin Theologie, Philosophie, Philologie und Sanskrit und wurde 1869 in Marburg promoviert. Der Philosophie →Schopenhauers, für die ihn N. begeistert hatte, blieb er zeitlebens treu. So gab D seit 1911 Schopenhauers Werke heraus und gründete im selben Jahr die Schopenhauer-Gesellschaft. Er habilitierte sich 1881 in Berlin (*Das System des Vedânta*, 1883), wurde dort a. o. Professor und erhielt zum WS 1889/90 einen Ruf nach Kiel als o. Professor für Philosophie. In *GM* (*III* 17, KSA 5: 381) spricht N. „von dem ersten wirklichen Kenner der indischen Philosophie in Europa, meinem Freunde Paul D." Das kritische Fazit der Philosophie N.s zieht D ausgehend vom Schopenhauer'schen Standpunkt: „[D]er →Wille zur Macht ist nicht eine individuelle, sondern eine überindividuelle Bejahung, d. h., er ist Verneinung." Auch stellt er gegen N.s (vermeintliches) „Ideal der Genialität" die „Selbstverleugnung, das ist Moralität" (1901: 106 f.). Privatim bekundete D um die nämliche Zeit Neid und gänzliches Unverständnis in Gestalt der von Gadamer (1999: 16) kolportierten Frage: „Hast Du schon gehört, die haben in N. einen großen Mann entdeckt. Ist das nicht wirklich zum Lachen?" Zum Thema auch: KGB I 4: 699 f.; Feldhoff (2008).

*Wolfert von Rahden, Berlin*

**deutsch, das Deutsche, die Deutschen** | Der →frühe N. benutzt die Vokabel d, erkennbar unter dem Einfluss →Wagners und (mithin) im Interesse der Restitution d-er (Leit-) →Kultur, gerne, zustimmend und in politischer Absicht, etwa in →*GT*, wo er schon im Vorwort von einem in dieser Schrift verhandelten „ernsthaft d-en Problem" redet, auch von „d-en Hoffnungen" (*Vorwort an Richard Wagner*), um im weiteren Fortgang vom „d-en Geist" und „Genius", gar vom „d-en Ritter" (24, KSA 1: 154) zu schwärmen und „die Wiedergeburt des d-en Mythos" (23, KSA 1: 147) in Aussicht zu stellen, bewerkstelligt durch den „d-en Jüngling", der „die Unerschrockenheit des Blicks und den heroischen Zug ins Ungeheure haben [wird], um allen jenen schwächlichen Bequemlichkeitsdoktrinen des liberalen Optimismus in jeder Form den Rücken zu kehren und im Ganzen und Vollen ‚resolut zu leben'" (NF 1871, 11[1], 356). Ein neuer Ton deutet sich 1874 mit →*SE* an: N. äußert hier erstmals sein – wie er sich später mit Stolz erinnern wird – „Misstrauen gegen den d-en Charakter" (*EH, WA* 4), zwar nur in aller Vorsicht, aber gleichwohl zum Ärger von →C. Wagner (An N., 26.10.1874), auch zum Ärger der Wagnerianerin E. Guerrieri-Gonzaga (An N., 7.12.1874), die ganz offenbar den wunden Punkt in N.s damals anhebenden grundlegenden Zweifeln angesprochen hatte, wie seine Antwort zeigt: „[O]b ich ein Feind des nationalen Gefühls bin oder ob ich das de Reich verunglimpfe, oder ob nicht viel mehr – – doch nein, in solchen Dingen sollten Sie mich rechtfertigen, nicht ich mich." (An E. Guerrieri-Gonzaga, 2.1.1875)

Vier Jahre später ist N. so weit: Er offeriert unter der Überschrift „Gut deutsch sein heisst sich entdeutschen" – eine Anspielung auf Wagners Text *Was ist deutsch?* (1878) – den

Schlusssatz: „Die WENDUNG ZUM UNDEUTSCHEN ist desshalb immer das Kennzeichen der Tüchtigen unseres Volkes gewesen“ (*VM* 323), mit welchem sich Wagner unter der Hand als in diesem Sinne ‚untüchtig‘ verabschiedet wissen darf. Zeitgleich meint N. in Deutschland den „Geist der Kleinheit und Knechtschaft [...] nebst einer gedankenarmen Unverschämtheit gegen alle selbständigen Menschen und Völker“ (NF 1880, 7[279]) identifizieren zu können, um im Ergebnis schließlich Jahre später den Antisemiten →Fritsch brieflich zu ermuntern, er möge eine „Liste d-er Gelehrter, Künstler, Dichter, Schriftsteller, Schauspieler und Virtuosen jüdischer Abkunft oder HERkunft“ erstellen, dies jedenfalls wäre „ein wertvoller Beitrag zur Geschichte der D-EN CULTUR“ (An Fritsch, 23.3.1887). Im Ergebnis von Überlegungen wie diesen steht für N. die „VERÖDUNG des d-en Geistes“ als Folge „einer allzuausschliesslichen Ernährung mit Zeitungen, Politik, Bier und Wagnerischer Musik“ (*GM III* 26) außer Frage, ebenso wie ein Satz vom Typ: „‚Deutschland, Deutschland über Alles‘, ich fürchte, das war das Ende der d-en Philosophie ...“ (*GD, Was den Deutschen...* 1). Am Deutlichsten ist N. in dieser Frage in *EH*, ein Werk, „ANTIDEUTSCH bis zur Vernichtung“ (N. an Strindberg, 8.12.1888), das →EFN vor allem aus diesem Grund unter Pathologieverdacht rückte. Was sie empörte, waren Sätze wie: „D denken, d fühlen – ich kann Alles, aber DAS geht über meine Kräfte ...“ (*EH, Warum ich so gute ...* 2), oder: „Ich halte diese Rasse nicht aus, mit der man immer in schlechter Gesellschaft ist, die keine Finger für nuances hat – wehe mir! ich bin eine nuance –, die keinen esprit in den Füssen hat und nicht einmal gehen kann ...“ (*EH, WA* 4). Für N. jedenfalls steht fest: „Wenn ich mir eine Art Mensch ausdenke, die allen meinen Instinkten zuwiderläuft, so wird immer ein Deutscher daraus“ (ebd.), ein Satz übrigens, der auch in der wenig charmanten – deswegen von N. auch nicht zum Druck freigegebenen – Variante vorgetragen wird: „[M]eine Mutter [...] ist jedenfalls etwas sehr Deutsches.“ (KSA 14: 472) Vergleichbar erschütternd ist N.s Ausruf angesichts der Sozialisation der Deutschen hin zu einem ‚Volk von Denkern‘: „Ah, die Vernunft, der Ernst, die Herrschaft über die Affekte, diese ganz düstere Sache, welche Nachdenken heisst, alle diese Vorrechte und Prunkstücke der Menschen: wie theuer haben sie sich bezahlt gemacht! wie viel Blut und Grausen ist auf dem Grunde aller ‚guten Dinge‘!“ (*GM II* 3) Fast ist man hier versucht, gegen →Elias, dem der „gelegentliche Deutschenhaß“ N.s nicht unbekannt war, ihn allerdings als eine „Art von Selbsthaß“ (Elias 1989: 154) ad acta legend, einzuwenden, N. hätte den Deutschen die Fortschreibung ihrer eigenen Geschichte mit ‚viel Blut und Grausen‘ bis in den Holocaust hinein problemlos zugetraut. Auf diese Seite N.s haben die seriösen Interpreten auch immer wieder hingewiesen (vgl. etwa Kaufmann [4]1974: 337 ff.), wenngleich sich zumal in der Phase des →Nationalsozialismus jene durchsetzten, denen an der von EFN durch ihre Werkfälschungen und durch ihre Edition von →*Der Wille zur Macht* protegierten ‚Deutschsprechung‘ N.s gelegen war (vgl. Niemeyer 2002a: 174 ff.).

*Christian Niemeyer, Dresden*

**Dilthey, Wilhelm** | D, *19.11.1833 Biebrich, †1.10.1911 Seis am Schlern (Südtirol), Philosoph und Geisteswissenschaftler, teilt mit N. das fundamentale Anliegen einer lebensphilosophischen Selbstbesinnung. Neben vielen Parallelen, an erster Stelle der Primat des →Erlebnisses in ihrem Denken, gibt es zwei wesentliche Unterschiede. Während N. das Lebendige und Individuelle des Erlebnisses gegen den „GENIUS DER GATTUNG“ (*FW V* 354), d. h. die oberflächliche Allgemeinheit des Bewusstseins – die rationelle Sprache des Begriffs und die grobe Moralität der Herde – auffährt, kritisiert D mit dem neuen Ausgangspunkt des lebendigen Ganzen des Erlebnisses vor allem den traditionellen Primat der „blossen Vorstellung“ in unserer Erfahrung der Welt (D 1883: XVIII). D hat nicht nur, wie N., das →Schopenhauer'sche Konzept des Willens, sondern auch sein „Die Welt ist meine Vorstellung“ unter Kritik gestellt. Erlebnis, Produkt von Denken, Wollen und Fühlen, schließt für ihn die unmittelbare

Einheit von Selbst und Welt ein. Er hat damit dem phänomenologischen Welt-Entwurf eines →Heidegger den Weg geebnet. Andererseits ist N.s Selbstbesinnung in einem existentiellen und geschichtsphilosophischen Sinne radikaler als diejenige Ds, die im Zeichen einer Kritik der historischen Vernunft steht, also des Versuchs, einen ganz eigenen erkenntnistheoretischen Grund für die Geisteswissenschaften auszuarbeiten, welche die Aufgabe der Sinngebung und Orientierung im Leben von der →Metaphysik und der →Religion übernehmen sollen. N. zufolge muss dieses Unternehmen eine Illusion bleiben: Wissenschaft kann →Werte wohl vernichten, aber „sie selbst ist niemals wertheschaffend." (*GM III* 25) Sowohl Natur- wie Geisteswissenschaften stünden insoweit vor der Alternative, entweder zum Werkzeug der globalisierenden Ökonomie zu verkommen oder sich in einen Prozess des gegenwirkenden Experimentierens einzuschalten, etwa in Richtung von N.s Entwurf des →Übermenschen. Von D weiß man, dass er N.s Arbeiten zumindest in den 1880er Jahren sehr genau verfolgte. In einem nachgelassenen Fragment nennt er ihn einmal den „tiefsten Philosophen der Gegenwart" (D o. J.: 229). Demgegenüber finden sich auch Typisierungen wie „exzentrischer Gefühls- und Phantasiemensch", der „ganz unbegründbare psychologische Hypothesen" vorträgt und in peinlicher Weise nur in sich selbst brüte (ebd.: 199). Dagegen fehlt der Name Ds in N.s Werk. Er hat ihn nie gelesen, höchstens von ihm und seinem Projekt gehört. Zum Thema auch: Misch (1952); Pfotenhauer (1980); Stegmaier (1992a); De Mul (2000); Visser (2005).

*Gerard Visser, Leiden*

**Dionysos** | Die vieldeutige Symbolgestalt des D wurde für N. um 1870 zu einer zentralen Chiffre seiner Selbstdeutung und ästhetisch-kulturphilosophischen Orientierungen (→apollinisch/dionysisch). Eigene Ahnungen bestätigende Anregungen fand er in Müllers *Geschichte der griechischen Literatur* (1841), in welcher der D-Kult als Ursprung des griechischen Dramas gedeutet wurde. Diesen philologischen Ansatz vertiefte N. zu einer tragisch gestimmten Kulturphilosophie und →Metaphysik. Am Ende steht die sich selbst vollendende und erlösende Identifikation mit D, die als existentielles Geschehen letztlich inkommunikabel bleibt. D wird zum Synonym für die lustvoll-tragische Distanzierung von allem Gewordenen und geschichtlich Gestalteten. D bedeutet das universale, Natur und Menschengeschichte umfassende Leben in seiner unendlichen Schaffensmacht und außermoralischen →Grausamkeit. D soll als Gott der Mehrdeutigkeit und (Selbst-)Überschreitung den christlich-eindeutigen Liebesgott der Güte und Gerechtigkeit zerstören. Zum Thema auch: Vogel (1966); Baeumer (1977); Otto ($^6$1996); Figal (2008).

*Erwin Hufnagel, Mainz*

**Dostojewski, Fedor M.** | D, *30.10.1821 Moskau, †28.1.1881 St. Petersburg, Dichter, wurde von N. im Winter 1887 entdeckt; N. verglich dies mit der früheren Entdeckung →Schopenhauers (1865) und Stendhals (1879) und spürte gleichfalls eine sofortige Affinität: „Der Instinkt der Verwandschaft sprach sofort" (An Overbeck 23.2.1887; an Köselitz, 7.3.1887). In französischer Übersetzung las er *L'Esprit souterrain*, dann weitere Erzählungen und Romane. In *WA* schreibt er von den Evangelien, sie führten uns die gleichen physiologischen Typen vor, die man in Ds Romanen findet (*Epilog*). In *GD* rühmt er Ds psychologischen Scharfsinn, indem er behauptet, D sei der einzige Psychologe (→Psychologie), von dem er etwas zu lernen hätte, ein tiefer Mensch (*Streifzüge eines* … 45). Betrachtungen über den Erlöser-Typus veranlassen ihn zu Spekulationen über die Welt der Evangelien, „eine Welt, wie aus einem russischen Romane, in der sich Auswurf der Gesellschaft, Nervenleiden und ‚kindliches' Idiotenthum ein Stelldichein zu geben scheinen" (*AC* 31; Ds *Der Idiot*). Im Nachlass vom Frühjahr 1887 bis Frühjahr 1888 sowie in den Briefen beziehen sich N.s D-Kommentare auf die Stärke des →Verbrecher-Typs; D und Tolstoi als Pessimisten bzw. décadents; →Nihilismus und Selbstmord nach dem

Tode Gottes (→„Gott ist tot"); Ds außerordentlichen psychologischen Spürsinn; Christus als Idioten-Typus im Kontrast zu →Renans Jesusbild. Wie üblich bei N. äußert sich das Affinitätsgefühl auch darin, dass er Ds Einsamkeit, Überwindungen (Haft in Sibirien, Krankheit, Armut usw.) und Außenseitertum feiert. Zum Thema auch: Miller (1973); Del Caro (1988).

*Adrian Del Caro, Edmonton*

***DS: David Strauss der Bekenner und der Schriftsteller*** | *DS*, mit dem N. →Wagner ursprünglich zu dessen 60. Geburtstag (am 22. Mai 1873) überraschen wollte, erschien im August 1873 als *UB I* und bringt im zweiten Teil (ab Abschnitt 3) eine am damaligen Erfolgsschriftsteller, ev. Theologen und ‚Linkshegelianer' D. F. Strauss (1808–1874) festgemachte Polemik. Noch 1865 hatte N. einen Streit mit seiner Mutter (→N., Franziska) riskiert wegen des damals von ihm durchaus geschätzten Strauss-Buches *Das Leben Jesu* (1835/36) (vgl. KGB I/4: 356). Nun jedoch geht N. an gegen das Strauss-Projekt „einer optimistischen Weltfrömmigkeit, die ohne die religiösen Zumutungen des Christentums wie ‚Auferstehung' und ‚Jenseits' auskommt." (Lauster 2004: 306) Substantiell ist an *DS* eigentlich nur Abschnitt 7 interessant. N. macht hier, in Anknüpfung an Hobbes und Darwin, darauf aufmerksam, dass sich „aus dem bellum omnium contra omnes und dem Vorrechte der Stärkeren Moralvorschriften für das Leben" entwickeln ließen, und er deutet an, dass „die Phänomene menschlicher Güte" (KSA 1: 194 f.) jedenfalls nicht, wie Strauss annehme, durch einen Imperativ in Geltung gesetzt werden könnten. In Anlehnung an Johnson (2001: 72 ff.) gesprochen: N. wurde sich in seiner Auseinandersetzung mit dem Darwinisten Strauss klar über die Problematik der Moralbegründung in einer Epoche des Siegeszugs naturalistischer Erklärungen für das Verhalten von Menschen und legte damit die Basis für seinen späteren, idealistischen Darwinismus in Gestalt des →Übermenschen, aber auch für seinen Anti-Darwinismus aus *GD*, resultierend aus der dort mitgeteilten Beobachtung, dass der Kampf ums Dasein in der Regel „zu Ungunsten der Starken" (*GD, Streifzüge* ... 7) ausgehe und vom „survival of the fittest" mithin nicht zu sprechen sei (→Darwinismus).

Im ersten Teil von *DS* lautet die Eingangsthese, dass ein „grosser Sieg" (gemeint ist jener im deutsch-französischen Krieg von 1870/71) dann eine „grosse Gefahr" sei, wenn ihm unbesehen die öffentliche Meinung folge, „dass auch die deutsche →Kultur in jenem Kampfe gesiegt habe", ad personam Strauss resp. am Beispiel von dessen damaligem Bestseller *Der alte und der neue Glaube. Ein Bekenntnis* (1872) gesprochen: Wenn die Öffentlichkeit willig einem Schriftsteller wie diesem folge, der keine andere Meinung kenne als „jene öffentliche" und der deshalb wetteifernd beflissen sei, „den →Krieg zu preisen und den mächtigen Phänomenen seiner Einwirkung auf Sittlichkeit, Kultur und Kunst jubilierend nachzugehen" (KSA 1: 159); der „um sich herum lauter gleiche Bedürfnisse und ähnliche Ansichten wahr[nimmt]" (2, KSA 1: 166); der – und darin erweise sich Strauss als →‚Bildungsphilister' – dem Wahn unterliege, „dass seine ‚Bildung' gerade der satte Ausdruck der rechten deutschen Kultur sei" (ebd.: 165); und der eben deswegen „unseren Sieg in eine völlige Niederlage zu verwandeln [im Stande ist]: in die Niederlage, ja Exstirpation des deutschen Geistes zugunsten des ‚deutschen Reiches'" (1, KSA 1: 159 f.)

Statt nun aber – wie man nach diesem Auftakt hätte erwarten können – vehement einzutreten für eine Intellektualität, welche den Krieg *nicht* preist, bringt N. in der Hauptsache eine erneuerte Variante dessen zu Gehör, was er in *GT* in die Formel gegossen hat, dass „erst ein mit Mythen umstellter Horizont [...] eine ganze Culturbewegung zur Einheit ab[schliesst]." (23, KSA 1: 145) N. nämlich schreibt, mit (fatalen) Folgen für das N.-Bild im Rahmen der Kunsterziehungsbewegung sowie (Stichwort: ‚entartete Kunst') in der Zeit des Dritten Reichs (vgl. Niemeyer 2002a: 159 ff.): „Kultur ist vor allem Einheit des künstlerischen Stiles in allen Lebensäusserungen eines Volkes." (*DS* 1, KSA 1: 163) Die Differenzen zur 1872er Formel (aus *GT*) sind minimal: Statt Einheitsstiftung qua Rückbesinnung redet N. nun der Einheitsstiftung im Sinne eines künftigen, spezifisch deutschen Kulturschaffens das Wort. Neu ist die Identifikation des Gegners dieses oder jenes Projekts: eben der ‚Bildungsphilister' à la Strauss, dem N. zum zentralen Vorwurf macht, „dem chaotischen Durcheinander aller Stile" Vorschub geleistet zu haben, folgernd: „Mit dieser Art von ‚Kultur' […] kann man keine Feinde bezwingen, am wenigsten solche, die, wie die Franzosen, eine wirkliche, productive Kultur […] haben, und denen wir bisher Alles, meistens noch ohne Geschick, nachgemacht haben." (*DS* 1, KSA 1: 163) Dies erinnert an den Auftrag, den N. mit *GT* im Nachgang zu Wagners *Beethoven* (1870) einzulösen sich bemüht hatte (→*GT*) – mit einer Ausnahme vielleicht: N. gesteht den von Wagner als epigonal bestimmten Franzosen zu, wenigstens dem Ansatz nach produktiv sein zu können.

Unter dem Strich ist *DS* eine schwache Schrift. Ihr Tiefpunkt ist erreicht mit einer im Schlussabschnitt (12) anhebenden Stilkritik (an Strauss), deren Niveau und Stil offenbar Schlaffer (2007) mit seiner Stilkritik (an N.) verdoppeln wollte – so jedenfalls der Verdacht von Sommer (2008c: 102). Insoweit muss überraschen, dass N. seinen – wie er es 1886 im Rückblick auf *DS* nennen wird – „zornige[n] Ausbruch gegen die Deutschthümelei, Behäbigkeit und Sprach-Verlumpung des alt gewordenen David Strauss" (*MA II*, Vorrede 1) immer wieder mit Selbstgefälligkeit erwähnt und diese Schrift in *EH* über Seiten hinweg in höchsten Tönen loben wird, etwa auch unter Hinweis darauf, dass „das Wort Bildungsphilister" von dieser Schrift her „in der Sprache übrig geblieben" (*EH*, *UB* 2) sei. Diese Bemerkung zentrierte immer wieder Interpretationsbemühungen insbesondere aus pädagogischer Sicht (vgl. etwa Düsing 1988) und führte zur hoffnungslosen Überschätzung der Bedeutung dieser Schrift (vgl. etwa Zok 2008: 462 f.), was ebenso irritieren muss wie N.s Stolz wegen des Urteils eines zeitgenössischen Kritikers, sein „Attentat sei für Strauss tödtlich verlaufen" (*EH*, *UB* 2). Denn N. scheint hier gänzlich vergessen, wenn nicht gar verdrängt zu haben, was er einem Freund geschrieben hatte als Antwort auf die Nachricht, Strauss sei gestorben: „Ich hoffe sehr dass ich ihm die letzte Lebenszeit nicht erschwert habe und dass er ohne etwas von mir zu wissen gestorben ist. – Es greift mich etwas an." (An →v. Gersdorff, 11.2.1874) Nicht minder irritierend ist N.s Urteil, *DS* sei sein „werthvollster Schritt" gewesen, um sich „ein-für-alle Mal Respekt zu garantiren." (An →Spitteler, 25.7.1888) Denn von Respekt konnte seinerzeit wahrlich keine Rede sein, im Gegenteil: G. Keller hatte *DS* im November 1873 ein „knäbische[s] Pamphlet" (Krummel I: 29) genannt. Wagner freilich, so schien es, hatte wissen lassen: „Ich habe wieder darin gelesen, und schwöre Ihnen zu Gott zu, dass ich Sie für den Einzigen halte, der weiss, was ich will!" (An N., 21.9.1873) Allerdings meinte Wagner damit *GT*, nicht aber, wie N. annahm, die „‚Str[a]ussiade'" (An v. Gersdorff, 27.9.1873). Mit diesem Lesefehler gab N. also einen ersten Vorgeschmack auf jene Realitätsverblendung, für die sein 1888er Brief an Spitteler ebenso lebhaft Kunde gibt wie die angesprochenen Passagen aus *EH*.

Vielleicht spielt bei alldem auch eine Rolle, dass N. nicht von selbst auf die Idee verfallen war, Strauss zu attackieren (vgl. auch Köhler 1996: 109 ff.). Vielmehr war ihm erstmals im Dezember 1870 von →Tribschen aus signalisiert worden, seine Agitation sei sehr erwünscht, und zwar, wie →C. Wagner am Beispiel von Strauss' *Voltaire* (1870) präzise notierte, im Blick auf „Geschmacklosigkeit, Affektir(t)heit, Nachlässigkeit des Stiles, und eigentliche Plattheit der Ansichten" (An N., 4.12.1870). Diese ‚Anregung', die bereits den ganzen Kanon der von N. in *DS* gegen Strauss geltend gemachten Vorwürfe zum Inhalt hatte – am Exempel von dessen *Voltaire* beispielsweise in Abschnitt 10 –, ignorierte N. damals noch, zumal er Strauss durchaus schätzte. Eineinhalb Jahre später allerdings erscheint der Name Strauss unter dem Stichwort „Anzugreifen" (NF 1872–73, 19[259]) auf einer Liste, die N. nach einem Besuch in Tribschen im Sommer 1872 erstellt hatte. Im Februar 1873 setzte C. Wagner nach und verwies N. so geschickt auf Strauss' neuestes Buch, dass N. annehmen musste, dass nun wieder, nach einer Reihe für ihn unerklärbarer Verstimmungen, „Frieden geschlossen" (An v. Gersdorff, 2.3.1873) sei, wenn er sich dem verschlüsselten Begehren Wagners nicht länger entzöge. „Ich wünschte mir so oft wenigstens den Anschein einer grösseren Freiheit und Selbständigkeit, aber vergebens. Genug, ich bitte Sie, nehmen Sie mich nur als Schüler", ließ N. Wagner denn auch (am 18.4.1873) in eben jenem Brief wissen, in welchem er ankündigte, er habe nun, zum Zweck von Wagners „Zerstreuung und Erheiterung", endlich die von diesem längst erbetene und im unmittelbaren Antwortbrief (vom 30.4.1873) mit den Worten „Heraus damit!" drängend geforderte *DS* in Arbeit.

Wagners Ungeduld erklärt sich wohl aus dem Umstand, dass zwischen ihm und Strauss noch aus Münchener Zeiten eine Rechnung offen war, für deren Begleichung N. zu sorgen hatte (vgl. Janz 1978a: 533 f.). Diese Vorgeschichte erklärt dann auch N.s Skrupel nach dem überraschenden Tod von Strauss, nicht aber C. Wagners hartleibige Antwort, wonach sie „keinerlei Sentimentalitäten [gestatte] in Dingen des Geistes, und es bleibt sich darin gleich ob einer krank oder sterbend ist wenn er schädlich erscheint" (An N., 20.3.1874). N. machte sich diese Bewertung zwar später in vergleichbar martialischen Floskeln zu eigen (NF 1885, 41[8], 41[15]). Allerdings dürfte er seinerzeit, 1874, wohl eher darüber nachgedacht haben, was würde, wenn man dereinst in Bayreuth beschließen sollte, ihn als ‚schädlich' zu definieren. Auffällig ist jedenfalls, dass N. eine Antwort auf diesen Brief schuldig blieb, um ersatzweise an ersten kritischen Niederschriften über Wagner zu basteln, die in der Diagnose gipfelten: „Der Tyrann lässt keine andre Individualität gelten als die seinige und die seiner Vertrauten. Die Gefahr für Wagner ist gross, wenn er Brahms usw. nicht gelten lässt: oder die Juden." (NF 1874, 32[32]) Der Subtext zu dieser Notiz dürfte lauten: ‚Die Gefahr für Wagner ist groß, wenn er mich, N., nicht gelten lässt.'

Vor diesem Hintergrund bleibt festzustellen, dass die N.-Forschung in der Regel zu unbesorgt ist um den auf Wagner hinweisenden Kontext für N.s Argumentation in *DS* (so etwa Lauster 2004: 360; Düsing 2006: 125) und dekontextualisierende Lesarten bevorzugt (so etwa Schmid 2000: 78 ff.). Ein (weiteres) Beispiel gibt der N.-Herausgeber G. Colli: Ihm ist zuzustimmen, wenn er zu dem Ergebnis kommt, es handele sich hier um „das schwächste Werk, das N. je veröffentlicht hat" (KSA 1: 905). Ihm ist zu widersprechen, wenn er ergänzt, N. habe es damals noch nicht verstanden, „sich Gegner auszusuchen, die Zukunft vor sich hatten" (ebd.: 906). Denn die Quellen sprechen dafür, dass es Wagner gewesen ist, der Strauss als N.s Gegner bestimmt hatte. Dies erklärt dann auch die Schwäche von *DS*: Es handelt sich um N.s letzte Opfergabe auf dem Altar Wagners.

*Christian Niemeyer, Dresden*

**Dühring, Eugen** | D, *12.1.1833 Berlin, †21.9.1921 Nowawes b. Potsdam, antisemitischer Philosoph, Ökonom und Gesellschaftstheoretiker, gegen den F. Engels in seinem *Anti-Dühring* (1877–78) zu Felde zog, wurde von N. erstmals ausdrücklich und polemisch in *JGB* 204 (1886) genannt. Im darauf folgenden Jahr bezog N. in *GM* mehrfach gegen D Stellung, insbesondere in *GM II* 11, wo er Ds Auffassung vom Ursprung der →Gerechtigkeit im →Ressentiment und seine Interpretation der Gerechtigkeit als →Rache kritisiert. N. setzt dieser Auffassung die Bedeutung der aktiven →Affekte bei der Ausübung der Gerechtigkeit entgegen. In *GM III* 14 wird D aufgrund seiner Gerechtigkeits- und Moralauffassung als Antisemit und Vertreter des gebildeten Proletariats erwähnt. Zuvor hat N. D zumindest in verklausulierter Form erwähnt, etwa in *Za II*, wo er das wichtigste Vorbild für die „Prediger der Gleichheit" und ihre Gerechtigkeitsauffassung als Rache im Kapitel *Von den Taranteln* bildet. Vermutlich ist D auch das Vorbild für den „Feuerhund", den „Umsturz- und Auswurf-Teufel" mit seiner ‚versalzten Beredsamkeit' und seinen lügnerischen, flachen Reden in *Za II, Von grossen Ereignissen.*

D stellt für N. die bedeutendste Quelle seiner →Sozialismus-Konzeption dar und spielt in seiner Polemik gegen den →Antisemitismus eine wichtige Rolle. N.s intensivste Auseinandersetzung mit D fand 1875 statt, als er Ds *Der Werth des Lebens* (1865) aufmerksam las und kommentierte. Einige Schlussbetrachtungen zu dieser Lektüre wurden in den Aphorismen 32 und 33 von *MA* formuliert, in denen N. jedes Urteil über den Wert des Lebens als Resultat eines unlogischen und unreinen Denkens betrachtet. Zum Thema auch: Venturelli (1986); Rethy (1997); Müller-Lauter (1999); Brusotti (2001); Small (2001).

*Aldo Venturelli, Urbino*

**Dürrenmatt, Friedrich** | D, *5.1.1921 Konolfingen b. Bern, †14.12.1990 Neuenburg, Schriftsteller, der mit den Stücken *Der Besuch der alten Dame* und *Die Physiker* wichtige Beiträge zum modernen Theater vorlegte, hatte sich schon früh für N. interessiert, insbesondere für den Satz, dass Gott „todt" ist, der als geheimes Motto über nahezu allen seinen Veröffentlichungen steht. Auch wenn der philosophisch gebildete Autor nur selten explizit auf N.s Bedeutung für sein Werk zu sprechen kommt, ist Ds poetische Verfahrensweise ein Musterbeispiel für ein Schreiben ‚nach N.' und ein wichtiger Beitrag zu einer Ästhetik des →Nihilismus. Ds Stücke zeichnen eine aus den Fugen geratene Welt, in der es keine Moral, keinen Sinn und keinen Glauben mehr gibt. Dass das Leben →Wille zur Macht ist, steht für nahezu alle Protagonisten außer Frage – sie leben jenseits von Gut und Böse und haben die →Umwertung der Werte verinnerlicht. Das umfangreichste Zeugnis für seine N.-Rezeption gibt D im *Winterkrieg in Tibet* (erstmals in *Stoffe* [1981]), die Aufzeichnungen des Protagonisten sind Paraphrasen aus *GM*. Der verdeckte Einfluss N.s auf D ist beträchtlich, da der späte N. die Motive vieler zentraler Figuren der Stücke und Romane prägt. D akzeptiert und radikalisiert den von N. konstatierten Nihilismus und versucht, ihn künstlerisch fruchtbar zu machen, ohne dabei N.s ‚Lösungsvorschlägen' zu folgen. Zum Thema auch: Knopf ($^4$1988); Körber (2006, 100–110).

*Thomas Körber, Osnabrück*

***DW: Die dionysische Weltanschauung*** | Dieser wichtigste Text innerhalb der frühen Schriften im Umkreis zu *GT* entsteht zwischen Juli und August 1870 und bildet die Grundlage für die im Dezember erfolgende Umarbeitung *GG*. *DW* ist die Vorstufe, in der die ästhetischen Ambitionen und die philosophische Konzeption von *GT* weitgehend vorweggenommen sind. Erstmals erscheinen das Apollinische und das Dionysische (→apollinisch/dionysisch) hier als jene „Stilgegensätze", die „fast immer im Kampf miteinander neben einander einhergehen" (*DW* 1, KSA 1: 553). Die neue Unterscheidung soll mithin keinen fixen Gegensatz zweier Kunstvermögen markieren, sondern deren produktive Interaktion anzeigen. Verdeutlicht wird sie über eine →Psychologie der außerordentlichen Daseinszustände von →Traum und →Rausch. Steht die „maßvolle Begrenzung" des Apollinischen für die Strukturen etablierende Dimension im Erfahrungs- und Gestaltungsprozess, so ist das „Dionysische" aus der Form hervorgehendes und insofern ekstatisches Moment.

N.s Deutung der Tragödie ist eingebettet in eine spekulative Gesamtbilanz des Griechentums. In ihr wird bereits die Entstehung der griechischen Kultur als Zivilisierung eines gewaltsamen „titanischen" Ursprungs gedeutet. Die frühen Griechen empfanden die „Entsetzlichkeiten des →Daseins" und verwandelten sie durch die Einführung des olympischen Pantheons in Gestalt der homerischen Theologie in die „apollinische Cultur" des schönen Scheins. Dann aber vermochten sie, ihre gegen das →Chaos geschaffene Kunstwelt nochmals einer Bedrohung durch die dionysische Erfahrung auszusetzen. Eindringlicher als in *GT* beschreibt N. in *DW* diese riskante und entscheidende Integrationsleistung in ihrer Schlüsselfunktion als „große Revolution [...] in allen Lebensformen" (*DW* 2, KSA 1: 563). In Aischylos, der „die Erhabenheit der olympischen Rechtspflege", und in Sophokles, der die „Erhabenheit der Undurchdringbarkeit" dieser Rechtspflege (*DW* 3, KSA 1: 569) zum Ausdruck bringt, befindet sich, nach N., die tragische Kunst auf ihrem Höhepunkt. Die Deutung des tragischen Schauspiels wird vom Dithyrambenchor vorgenommen und aus der Spannung zwischen Nachahmung der bzw. Identifikation mit den dionysischen Leiden interpretiert. Als Symbolgeschehen führt es v. a. durch die Musik über die „Macht des Scheins“ hinaus und wird so zum „Zeichen der Wahrheit“. Die Darstellung der „symbolischen Kräfte“ auf der Bühne (*DW* 4), mithin der leiblichen, sprachlichen und musikalischen Gebärden, schließt *DW* ab. Zum Thema auch: v. Reibnitz (1992); Porter (2002); Müller (2002).

*Enrico Müller, Greifswald*

**edel und gemein** | Vor dem Hintergrund historisch bestimmter Ausprägungen der Begriffe e u g, etwa bei den Griechen oder im →Christentum, fragt N. zum einen genealogisch nach der Herkunft dieser Bestimmungen im qualitativen Sinn, zum anderen nach ihren quantitativen Konnotationen sowie drittens nach ihrer Zukunft. Der Ursprung dieser Begriffe liegt danach, wie bei dem Begiff „gut“, zunächst bei denen, die sich selbst als die Guten und Edlen, als Adel (→Aristokratie [Adel]) auch im ständischen Sinne bezeichneten und damit zugleich eine Distanz gegenüber dem g-en Volk schufen (*GM I* 2, 4). Damit legen die Adligen zugleich die Grundlage für den „Sklavenaufstand in der →Moral“, in dem diese Werte umgewertet werden (*GM I* 10). Dieser doppelte Ursprung von e u g ist zugleich mit quantitativen Gesichtspunkten verbunden. Denn das Gemeine ist immer auch dasjenige, was vielen gemeinsam ist, e dagegen das, was auf Wenige oder seltene Ausnahmen beschränkt ist. Der Edle ist von einer besonderen, seltenen Leidenschaft ‚besessen‘, um die und worum er kaum weiß, die für ihn aber der wichtigste Maßstab auch zur Beurteilung anderer ist, denen diese singuläre Leidenschaft eher als unbedeutend und unvernünftig, wenn nicht verrückt erscheint (*FW 3*). Legt der Edle seinen Wertmaßstab damit unwillkürlich auch an andere und „alles Gewöhnte, Nächste und Unentbehrliche, kurz, das am meisten Arterhaltende“ an, so ist er diesem gegenüber abwertend und ungerecht, wenn auch unbewusst. N. entwirft daher „vielleicht die letzte Form und Feinheit“ des Edelsinns, in der sich dieser seiner Ungerechtigkeit dem Gemeinen gegenüber bewusst und zum „Anwalt der Regel“ wird (*FW 55*). Zarathustra kann als ein solcher Anwalt der Regel verstanden werden, sofern er der Fürsprecher des →Lebens, des Leidens und des Kreises, also der →ewigen Wiederkunft des Gleichen ist (vgl. auch NWB 1: 688 ff.).

*Michael Skowron, Daegu*

**EFN = Förster-Nietzsche, Elisabeth** | EFN, *10.7.1846 Röcken b. Lützen, †8.11.1935 Weimar, Schwester N.s, die N. von früher Kindheit her verehrte, genoss für ein Mädchen ihrer Zeit eine privilegierte Erziehung, obwohl sie die Schule mit 14 Jahren verlassen musste. Während des Großteils des Jahrzehnts 1868–78, als N. Professor der Philologie in →Basel war, führte sie ihm den Haushalt. Durch N. erhielt sie Zugang zum Kreis um →Wagner, während der 1870er Jahre war sie eng befreundet mit der viel älteren →C. Wagner, bis N. die Gunst der Wagners verlor. Selbst danach frequentierte EFN weiter Bayreuth. Dort traf sie 1882 →L. v. Salomé, um sie anschließend nach Tautenburg zu begleiten, wo N. und Lou drei Wochen miteinander verbringen sollten. Dort begann sie einen so heftigen Streit mit Lou, dass diese den Kontakt mit N. auf Dauer abbrach, der seiner Schwester dieses Debakel niemals verzieh (→„Lou-Erlebnis“). EFN ihrerseits begann eine lebenslange Fehde, nicht zuletzt festgemacht an Lous früher Gesamtdarstellung der Philosophie N.s (Andreas-Salomé 1894).

Nach dem Scheitern des Paraguay-Projekts und dem von ihr mit Herzversagen (v)erklärten Tod ihres Mannes →B. Förster kehrte EFN nach Deutschland zurück, um ihrer Mutter bei der Pflege N.s in Naumburg zu helfen. Nach dem Tod der Mutter 1897 brachte sie ihren Bruder nach Weimar, wo sie das →N.-Archiv einrichtete. EFNs Bemühungen, das Kolonialunternehmen ihres Mannes im Nachhinein zu idealisieren, wie in *Dr. Bernhard Försters Kolonie Neu-Germania in Paraguay* (1891), ersetzte sie durch ihre umfangreichen, vorwiegend biographischen Arbeiten über N., selten auf Genauigkeit oder Wahrheit bedacht. Ihr zweifelhafter Ruhm beruht weitgehend auf der Veröffentlichung von großen Teilen von N.s Nachlass 1901, willkürlich arrangiert als [1]*WM* (1901) und erweitert zu [2]*WM* (1906); die Fälschungen in beiden Werken sind legendär (→*Der Wille zur Macht*) und haben, zusammen mit weiteren Werkfälschungen und Brieffälschungen, dem Ansehen N.s enorm geschadet und seine Nazifizierung begünstigt (vgl. Niemeyer 2009).

Für viele Nietzscheaner war und ist EFN deswegen eine Plage, andere bewundern ihre Energie. Der jüdische Bankier E. Thiel z. B. war ein enger Freund, der ihr vor der Währungskrise von 1923 starke Unterstützung zukommen ließ. Danach freilich wandte sie sich den Nationalsozialisten zu und kehrte zum →Antisemitismus ihres verstorbenen Mannes zurück, um ihre politische Glaubwürdigkeit zu beweisen und wichtige Geldquellen zu erschließen. Ganz gleich, was sie von EFN selbst hielten, die Nietzscheaner strömten zum N.-Archiv, um die Bibliothek zu benutzen und Vorträge anzuhören. Auf diese Weise kam EFN in engen Kontakt mit einigen der größten Schriftsteller und Philosophen Deutschlands (wie den N.-Enthusiasten →T. Mann und →M. Heidegger). Zweimal (1911, 1923) wurde sie (erfolglos) für den Literaturnobelpreis vorgeschlagen, 1921 verlieh ihr die Universität Jena die Ehrendoktorwürde, um 1931 den Kontakt abzubrechen, weil sie den Versuch, eine neue kritische Ausgabe von N.s Werken herauszugeben, durch die Verweigerung des Zugangs zu den Manuskripten verhindert habe.

Zu diesem Zeitpunkt pflegte die alternde EFN enge Kontakte mit führenden Mitgliedern der NSDAP und war zur glühenden Verehrerin →B. Mussolinis geworden, dessen Stück über Napoleon das Weimarer Nationaltheater 1932 auf ihre Anregung hin aufführte. Bei dieser Gelegenheit erschien Hitler unangekündigt in ihrer Loge. Die zweite Begegnung folgte am 2.11.1933, als sie Hitler N.s Stockdegen und eine antisemitische Petition ihres Mannes (vom 13.4.1881) überreichte. Hitler besuchte sie im N.-Archiv ein weiteres Mal am 20.7.1934 und kehrte am 2.10. d. J. mit seinem Architekt A. Speer zurück, um auf dem Grundstück des N.-Archivs den Bau einer N.-Gedenkhalle einzuleiten, die er aus eigenen Mitteln finanzierte, die aber nie eingeweiht wurde (→N.-Kult). 1935 schickte EFN Hitler ein Exemplar ihres neuen Buches *Friedrich N. und die Frauen seiner Zeit.* Dort behauptete sie, N. hätte den Gesetzen des neuen Reiches zugestimmt; auch stimmten seine Ansichten über die Rolle deutscher Frauen mit dem Frauenbild der Nazis überein (1935: 11, 169). Hitlers Dankschreiben trägt das Datum des 26.7.1935. Wenige Monate später, am 8.11.1935, starb EFN. Der Gedenkfeier (am 11.11.) im N.-Archiv wohnten Hitler und B. von Schirach bei. Zum Thema auch: Peters (1977); Goch (1985); KGB I/4: 702 f.; Diethe (2001).

*Carol Diethe, Fortrose*

**Egoismus** | Das Ego als Stern im Planetensystem (wie in *FW, Scherz…* 29) ist nur eine Erscheinungsform des vielfältig aufscheinenden E-Begriffs bei N. Eine Durchsicht der maßgeblichen (etwa 70) Stellen, an denen sich N. zum E äußert (vgl. auch NWB 1: 702 ff.), ergibt, dass N. sich mit dem E befasst 1. hinsichtlich seiner Geschichte, 2. unter religiösen, philosophischen, psychologischen und physiologischen Aspekten, 3. in Entgegensetzung zum niedergehenden Leben sowie als Anzeichen des aufsteigenden Lebens und 4. im Rahmen seines Perspektivismus.

Seiner Entstehungs- und Entwicklungsgeschichte nach kann N.s E-Begriff als →Genealogie des E aus dem Geiste der Nächstenliebe gefasst werden. So heißt es im Nachlass zum Stichwort „Altruismus“: „Damit daß das →Christenthum die Lehre von der Uneigennützigkeit und Liebe in den Vordergrund gerückt hat, hat es durchaus noch nicht das Gattungsinteresse für höherwerthig angesetzt als das Individualinteresse. Seine eigentlich HISTORISCHE Wirkung, das Verhängniß von Wirkung bleibt umgekehrt gerade die STEIGERUNG DES E, des Individual-E bis ins Extrem (– bis zum Extrem der Individual-Unsterblichkeit.)“ (NF 1888, 15[110]) Auch der Glaube an Gott oder an die ethische Bedeutsamkeit des →Lebens sei letztlich verkappter E, insofern es eine Anmaßung sei „zu decretiren, dass Alles, was für meine Erhaltung nothwendig ist, auch wirklich DA SEIN müsse!“ (*M* 90) Aber nicht nur diese, sondern ausnahmslos „[a]lle Voraussetzungen der bestehenden ‚Ordnung'“ sind für N. widerlegt, angefangen von Gott selbst („weil alles Geschehen weder gütig noch klug noch wahr ist“) bis hin zum letzten von vier Punkten, nämlich zu der Annahme, dass selbstloses Handeln überhaupt denkbar und E folglich kritisierbar sei: „‚unegoistisch‘ gar nicht möglich. →‚Liebe‘ falsch verstanden“, lautet hierzu die Notiz im Nachlass (NF 1884, 25[309]), die N. Jahre später weiterentwickelt, wenn er zu den „großen VERBRECHEN in der →PSYCHOLOGIE“ den Umstand zählt, „daß die LIEBE gefälscht worden ist als Hingebung (und Altruism), während sie ein Hinzu-Nehmen ist oder ein Abgeben in Folge eines Überreichthums von Persönlichkeit.“ N.s Pointe lautet folgerichtig: „Der E als die Ver-ICHlichung“ (NF 1887, 9[156]).

Auch der weitere Auftrag scheint nun unabweisbar: Als Teil seines Feldzugs gegen „christliche Verdüsterung“ will N. „beweisen, daß es gar nichts Anderes geben KÖNNE als E, – daß den Menschen, bei denen das ego schwach und dünn wird, auch die Kraft der großen Liebe schwach wird, – daß die Liebendsten vor allem es aus Stärke ihres ego sind, – daß Liebe ein Ausdruck von E ist usw.“ (NF 1886–87, 7[65]) N.s Plädoyer für den E steht, so betrachtet, im Dienst von Weltentwürfen, die dem aufsteigenden Leben angehören: „Ich bekämpfe den Gedanken, daß der E schädlich und verwerflich ist: ich will dem Egoism das gute Gewissen schaffen.“ (NF 1883, 16[15]) Dazu gehört, dem niedergehenden Leben entgegenzutreten: „Das entscheidende Zeichen, an dem sich ergiebt, dass der Priester (– eingerechnet die VERSTECKTEN Priester, die Philosophen) [...] Herr geworden ist, dass die décadence-Moral, der Wille zum Ende, als Moral AN SICH gilt, ist der unbedingte Werth, der dem Unegoistischen und die Feindschaft, die dem Egoistischen überall zu Theil wird.“ (*EH, M* 2) In Opposition zum niedergehenden Leben und als Symptom des aufsteigenden Lebens ist N.s E-Begriff ein Indikator sowohl des Durchleidens als auch des Überwindens von Pessimismus, Nihilismus und décadence.

Im Rahmen seines Perspektivismus löst sich für N. der E als „die Eine Thatsache“ (NF 1883, 7[256]) auf, als die er sich ihm in den vorhergehend besprochenen Themenbereichen dargestellt hat. Stattdessen dominiert die Lesart des E als „das PERSPECTIVISCHE Gesetz der Empfindung, nach dem das Nächste gross und schwer erscheint: während nach der Ferne zu alle Dinge an Grösse und Gewicht abnehmen.“ (*FW* 162) Hierzu gehört die Definition des „ego“ als „eine Mehrheit von personenartigen Kräften, von denen bald diese, bald jene im Vordergrund steht als ego und nach den anderen, wie ein →Subjekt nach einer einflußreichen und bestimmenden Außenwelt, hinsieht.“ (NF 1880, 6[70]) Mehr noch: „Das →‚Ich‘ (welches mit der einheitlichen Verwaltung unseres Wesens NICHT eins ist!) ist ja nur eine begriffliche Synthesis – also giebt es gar kein Handeln aus ‚E‘“ (NF 1885–86, 1[87]). In *EH* verwirft N. gar den von „Allerwelts-Philosophen“ verbreiteten Glauben, „dass ‚unegoistisch‘ und ‚egoistisch‘ Gegensätze sind“, um zu resümieren: „Es giebt WEDER egoistische, NOCH unegoistische Handlungen: beide Begriffe sind psychologischer Widersinn.“ (*EH, Warum ich so gute ...* 5) Trotz der Auflösung des Egos und des E-Begriffs, der sich N. im Zusammenhang mit seinem Perspektivismus ergibt, spielt er zeitweilig mit dem Gedanken, die Menschheit den E zu lehren, etwa im dann nicht mehr ausgeführten Buch mit dem Arbeitstitel *Der Immoralist*, in dessen Vorwortentwurf es u. a. heißt: „Was werde ICH mir mit diesem Buche zur Aufgabe stellen? – Vielleicht auch die →Menschheit zu ‚verbessern‘, nur anders, nur umgekehrt: nämlich sie von der →Moral zu ERLÖSEN, von den Moralisten zumal, – ihre gefährlichste Art von Unwissenheit ihr in's Bewußtsein, ihr in's GEWISSEN zu schieben ... WIEDERHERSTELLUNG DES MENSCHHEITS – EGOISMUS! – –“ (NF 1888, 23[3]). Vor dem Hintergrund seines Perspektivismus hätte N. damit nur die Ableitung von einer begrifflichen Synthesis gelehrt. Zum Thema auch: Kuhn (1994b).

*Elisabeth Kuhn, Münchenstein*

**EH: Ecce homo** | An seinem 44. Geburtstag, dem 15. Oktober 1888, begann N. in Turin mit der Niederschrift seiner philosophischen Autobiographie. Eine erste, am 4.11.1888 erstellte Fassung des Manuskripts ist kein fertiger Text, sondern wurde von ihm bis zum Zeitpunkt seines geistigen Zusammenbruchs Anfang Januar 1889 ständig ergänzt und korrigiert. Die Schrift, die als Untertitel das aus dem Werk Pindars entlehnte Motto *Wie man wird, was man ist* trägt, erschien posthum 1908. In der Erstausgabe – deren Verzögerung N.s Schwester durch Brieffälschungen zu erklären suchte – sind auf ihre Veranlassung hin mehrere skandalöse Stellen gestrichen. Erst die KGW bringt eine philologisch verbindliche Fassung (vgl. zur Textgeschichte KSA 14: 454–512; Montinari 1972; Hahn/Montinari 1985).

*EH* ist Abschluss und Höhepunkt einer von N. seit frühester Jugend praktizierten autobiographischen Selbstreflexion. Die für den Biographen aufschlussreichen Passagen dieses Werkes werden andernorts thematisiert (→Vater). Wichtig ist *EH* auch wegen N.s. Kommentierung seiner Schriften, basierend auf den 1886 publizierten fünf Vorreden zu den Neuausgaben seiner frühen Werke (*GT, MA, M, FW*). Nach dem Vorwort und einem kurzen Prolog folgen drei Abschnitte mit den provozierenden Titeln *Warum ich so weise bin, Warum ich so klug bin, Warum ich so gute Bücher schreibe*. In den sich anschließenden zehn Kapiteln kommentiert N. seine Schriften in chronologischer Ordnung, wobei er ihre jeweilige Bedeutung auf dem Weg von Zarathustra zu Dionysos hervorhebt. Im letzten Abschnitt feiert N. die Apotheose seiner Person als Autor. Das eigene Los wird als eine weltgeschichtliche Krisis stilisiert, die in der Kriegserklärung „Dionysos gegen den Gekreuzigten" (*Warum ich ein …* 9) ihre letzte Zuspitzung findet. Vor dem Hintergrund drohender Ich-Auflösung kommt es zu antithetischen Selbstartikulationen. Sie reichen von dem Ausruf „Ich bin kein Mensch, ich bin Dynamit" über die Stilisierung zu einem antichristlichen „frohe[n] Botschafter" bis hin zu der Erklärung, „der Mensch des Verhängnisses" zu sein (ebd.: 1).

N. wollte mit *EH* dem Werkprojekt →„Umwerthung aller Werthe" eine Vorrede im „grossen Stil" vorausschicken. Seine Publikation verstand er als einen politischen Akt: eine radikale Provokation der Zensur, einen Vernichtungskrieg gegen das deutsche Reich und alle „Lügen" der Philosophie. Im Schlusskapitel bindet N. die Wertschätzung seiner Schriften an die Einsicht, was seine Kritik der christlichen Moral bedeutet. Betont wird diese, im Bewusstsein seiner Zeit unverstandene Kritik durch die ironische Wiederholung der rhetorischen Frage „Hat man mich verstanden?": „Die Entdeckung der christlichen Moral ist ein Ereignis, das nicht seines Gleichen hat, eine wirkliche Katastrophe. Wer über sie aufklärt, ist eine force majeure, ein Schicksal, – er bricht die Geschichte der Menschheit in zwei Stücke. Man lebt vor ihm, man lebt nach ihm …" (*Warum ich ein …* 8). Das Auseinanderbrechen der Geschichte in eine christliche Vorgeschichte, deren Schatten die Gegenwart überlagern, und eine nachchristliche Moderne, welche die im Platonismus herrschende Idee der Wahrheit als Sinnpräsenz verabschiedet, fordert die Entscheidung zwischen dionysischer Lebensbejahung (→Dionysos) und nihilistischer Lebensverneinung (Der Gekreuzigte).

N. versteht sich in *EH* als Zeuge eines weltgeschichtlichen Übergangs, aus dessen Gewitterzeichen nicht abzulesen ist, was aus ihm entsteht. Er deutet sie in der Sprache apokalyptischer Prophetie als die Vorboten einer Katastrophe kosmischen Ausmaßes: „[W]enn die Wahrheit mit der Lüge von Jahrtausenden in Kampf tritt, werden wir Erschütterungen haben, einen Krampf von Erdbeben, eine Versetzung von Berg und Thal, wie dergleichen nie geträumt worden ist. Der Begriff Politik ist dann gänzlich in einen Geisterkrieg aufgegangen, alle Machtgebilde der alten Gesellschaft sind in die Luft gesprengt – sie ruhen allesamt auf der Lüge: es wird Kriege geben, wie es noch keine auf Erden gegeben hat. Erst von mir an giebt es auf Erden →grosse Politik" (*Warum ich ein…* 1). Die Rhetorik der Gewalt in diesen Sätzen setzt eine Dynamik frei, die im Terrorismus religiös-politischer Massenbewegungen explodiert. Sie enthält jenes „Dynamit", das die Auflösung der bürgerlich-christlichen Welt bewirkt. Wenn N.

schreibt, dass es nach dem geschichtlichen Ende der Botschaft aller Religionsstifter erst von ihm an wieder „Hoffnungen" gibt, so rechtfertigt er dieses zweifelhafte Versprechen durch die in seinen Augen in ihm verkörperte Aufhebung der →Metaphysik. Die Überwindung des aus dem Geist des →Ressentiments geborenen →Nihilismus und seiner Versuchung zur Selbstzerstörung legitimiert den Anspruch, gegen den oberflächlichen Anschein sich als den „Gegensatz eines nein-sagenden Geistes" zu verstehen. Die „Lust am Vernichten", gefeierte Auszeichnung einer „dionysischen Natur", verwandelt sich in einen „Tropfen" höchster „Güte", wenn sie in einem Akt der ästhetischen Transfiguration zum „Genie des Herzens" wird. In ihm vermählen sich erotische Züge des Sokrates mit denen des alle Dinge verwandelnden „Lösers" Dionysos (*Warum ich so gute …* 6).

Ein Zwielicht liegt über *EH* und seiner inneren Gespanntheit. Auf der einen Seite gibt es in ihm jene herbstliche Reife, die, verdichtet in wunderbar lyrischen Passagen, die Versöhnung des persönlichen Schicksals mit dem Leben in der Formel →*amor fati* feiert. Sie für sich selbst anzuerkennen, ist nicht nur Zeugnis „für die Grösse am Menschen", in ihr gewinnt auch „der höchste aller möglichen Glauben" Ausdruck, „dass nur das Einzelne verwerflich ist", sich aber „im Ganzen […] Alles erlöst und bejaht" (*GD, Streifzüge …* 49). Wer sich zu diesem antichristlichen Glauben an Erlösung und Bejahung des Zufälligen im Ganzen der natürlichen Welt bekennt, dem löst sich alles Schwere in „eines Gottes Glück voller Macht und Liebe, voller Thränen und voll Lachens" (*FW* 337) auf. Die Geschichte seines Lebens, wie N. sie in *EH* als die Geschichte einer Verklärung erzählt, erfährt ihre letzte Steigerung in der mythisch überhöhten Inkarnation seiner selbst als Dionysos. Auf der anderen Seite liegt über *EH* eine von Blitzen erleuchtete Gewitterschwüle. Sie entlädt sich in jener bereits erwähnten Kriegserklärung („Dionysos gegen den Gekreuzigten"). Im Rückblick auf *GT* und im Ausblick auf *Za* wird die Rückeroberung einer von der Neuzeit vergessenen tragischen Sicht des Lebens durch ein Zitat aus *GD* emphatisch hervorgehoben: „Das Jasagen zum Leben selbst noch in seinen fremdesten und härtesten Problemen; der Wille zum Leben im Opfer seiner höchsten Typen der eigenen Unerschöpflichkeit frohwerdend – das nannte ich dionysisch, das verstand ich als Brücke zur Psychologie des tragischen Dichters." (*EH, GT* 3).

Der entscheidende Grundgedanke, mit dem *EH* schließt, geht auf Weltbejahung im Zeichen des fremden Gottes, dessen Polarität von orgiastischem Zeugungs- und Vernichtungswillen der mythische Ausdruck der von →Heraklit gedachten, verborgenen Einheit der Gegensätze von →Krieg und Frieden, →Eros und Thanatos ist, contra Weltverneinung im Zeichen des am Marterholz hängenden Gottes, der durch seine Passion auf eine Seligkeit verweist, die jenseits des Lebens liegt.

Man kann aus der Distanz des Betrachters erkennen, welche Antinomien *EH* enthält. Vermag für den späten N. der Mensch als eine ephemere Größe im Interpretationsgeschehen des →Willens zur Macht keine Klarheit hinsichtlich der Konstitution seiner Subjektivität zu gewinnen, so erhebt der Autor von *EH* den wahnhaften Anspruch, in einem einzigen „Sonnenblick" alle Linien auf der Tafel seines Lebens als einen „Text" verstanden zu haben, in dem es keinen Schreibfehler (Zufall) mehr gibt. N., mit den Katastrophen in seinem Leben nie fertig geworden, meint nun, über sich sagen zu können: „Er glaubt weder an ‚Unglück', noch an ‚Schuld': er wird fertig, mit sich, mit Anderen, er weiss zu vergessen, – er ist stark genug, dass ihm Alles zum Besten gereichen muss" (*Warum ich so weise bin* 2) Die Anerkennung einer vermeintlich hohen Notwendigkeit noch in jedem Zufall, begleitet von einer Geste der Segnung und Bejahung, besiegelt das Ende der unablässigen Selbstüberwindung im Sinne des von Zarathustra gewollten Hinübergangs des Menschen vom Abend zu einem neuen Morgen. Der Anspruch, die →Bejahung von Welt und Dasein sei als „Umsetzung des Dionysischen in ein philosophisches Pathos" (*EH, GT* 3) in seinen Schriften höchste „Tat" geworden, scheitert an dem Widerspruch, dass der →Wille zu einer absolut gesetzten Freiheit des Werte umwertenden

Subjekts sich mit der in *EH* gepriesenen Weisheit des Abschieds von einer sich selbst setzenden Subjektivität und ihrem Untergang im Geflecht des Seins nicht vereinbaren lässt.

Dicht unter der Euphorie von *EH* liegen die Schatten des bevorstehenden geistigen Zusammenbruchs. Hinter der postulierten Einheit von Ich und Fatum, die, verwandelt in Literatur, symbolischer Körper ist, der das sterbliche „Ich" überdauert, verbirgt sich eine Tragödie. Vor ihr steht der Leser in der Unentschiedenheit eines abschließenden Urteils. Die Rezeptionsgeschichte von *EH* reicht als ein Spiegel dieser Verlegenheit von seiner Ausklammerung im Rahmen der Interpretation von N.s →Philosophie über die moralische Verdammung des in ihm sich ankündigenden Größenwahns bis hin zu seiner Überschätzung als dem Höhepunkt seiner Werke. Zum Thema auch: Groddeck (1984); Kornberger (1998); Ries (2008: 138–144).

*Wiebrecht Ries, Hannover*

**Ehe** | In N.s Augen war die E das natürliche Schicksal aller →Frauen. Die eheliche Harmonie könne durch ein „Talent zur Freundschaft" (*MA* 378) und durch die Gesellschaft eines „langen Gesprächs" (*MA* 406) aufrechterhalten werden. N. widerstand dem wilhelminischen Trend, die weibliche Sexualität zu missbilligen. Er kritisierte sogar die Ignoranz *in eroticis*, mit der die Braut in die E eintrat (*FW* 71). Seine Bemerkung, eine viel beschäftigte Mutter könne ihre sexuellen Pflichten an eine Konkubine abtreten, unterstreicht jedoch seine Sorge, eine Ehefrau mit starkem Sexualtrieb könnte nicht als Kindererzieherin taugen (*MA* 424). Letztlich war die E wenigstens für den →Freigeist aber die Einbindung des „Gewohnte[n]" in ein „Netz von Spinneweben" (*MA* 427). N.s Einstellung zur E war wahrscheinlich durch mehrfaches Scheitern bei Frauen beeinflusst. Im April 1876 machte er M. Trampedach einen Antrag (die er gerade erst getroffen hatte und die bereits heimlich mit dem Klavierlehrer verlobt war, der gebeten wurde, die Botschaft zu übermitteln). Im Juli jenes Jahres verliebte er sich in Bayreuth in L. Ott – und musste feststellen, dass sie bereits verheiratet war. 1882 bat er zweimal, erfolglos, um die Hand von →L. v. Salomé, beim ersten Mal über ihren beiderseitigen Freund →P. Rée. N.s zunehmende Feindseligkeit gegen die E machte aus Frauen Ausbeuterinnen: „Der Mann ist für das Weib ein Mittel: der Zweck ist immer das Kind" (*Za I, Von alten und …*; vgl. auch *EH, Warum ich so gute Bücher schreibe* 5). In *GM* argumentiert N. ganz spezifisch im Anschluss an eine Diskussion von →Schopenhauers Behandlung der Sexualität „als persönlichen Feind", dass die E für jeden Philosophen ein fataler Fehler sei: „Dergestalt perhorreszirt der Philosoph die E sammt dem, was zu ihr überreden möchte, – die E als Hinderniss und Verhängniss auf seinem Wege zum Optimum" (*GM III* 7). Und er äußert sich zustimmend zum Schritt des Buddhas, Heim und Familie zu verlassen, um sich von den häuslichen Banden zu befreien.

*Carol Diethe, Fortrose*

**Einsamkeit** | In N.s Beschreibung und Beurteilung der E sind zum einen die zentralen Bestimmungen und Wendungen der geistesgeschichtlichen Entwicklung dieses Phänomens seit der Antike zu spüren, zum anderen maßgebliche kulturkritische Motive und Impulse für die Existenzphilosophie und Psychologie im 20. Jh. angelegt. Gewichtungen und metaphorische Formulierungen der Mystik, Romantik und Empfindsamkeit wechseln und verlaufen nicht in den Bahnen der gängigen Phaseneinteilung von N.s Denken. Grob zu unterscheiden ist E als Voraussetzung für bzw. notwendige Konsequenz von Philosophie, Wahrheitsfindung und Intellektualität, als vielfach ambivalenter seelischer Zustand sowie als Gegenpol der Verstrickung des Menschen in Geselligkeit bzw. Gesellschaft.

Unter dem deutlichen Einfluss von →Schopenhauer, der selbst die Unausweichlichkeit der E exponiert hat, ist für den frühen Kritiker der allgemeinen →Bildung N. „die wahrhaftigste aller Wissenschaften, die ehrliche nackte Göttin Philosophie" nur noch ein „gelehrter Monolog des einsamen Spaziergängers“ (*HL* 5, KSA 1: 282). Später kommt es N. vor, „als ob man mit der Forderung eines solchen [intellektualen Gewissens, d. Verf.] in den volkreichsten Städten einsam wie in der →Wüste sei“ (*FW* 2). Wobei: „Die Wüste übrigens, von welcher ich eben sprach, in die sich die starken, unabhängig gearteten Geister zurückziehn und vereinsamen – oh wie anders sieht sie aus, als die Gebildeten sich eine Wüste träumen!“ (*GM III* 8, KSA 5: 352) Eine konkrete Beschreibung, teilweise in Anspielung auf biblische Motive (vgl. Niemeyer 2007a: 112), gab schon Zarathustra: „In der E wächst, was Einer in sie bringt, auch das innere Vieh. Solchergestalt widerräth sich Vielen die E.//Gab es Schmutzigeres bisher auf Erden als Wüsten-Heilige? Um die herum war nicht nur der Teufel los, – sondern auch das Schwein“ (*Za IV, Vom höheren Menschen* 13).

Mit der E als „erzwungene[r] Zurückhaltung“ (*SE 3*, KSA 1: 354) entsteht zugleich eine Gefahr – „Das war die erste Gefahr, in deren Schatten Schopenhauer heranwuchs: Vereinsamung“ (ebd: 355) –, aus der allein und nur für wenige die →Kunst als „der einzige zu erhoffende Lichtblick“ (*WB* 6, KSA 1: 464) herausführt. Auch den →„freien Geist“ quält die E auf undurchschaubare Weise, sie „umringt und umringelt ihn, immer drohender, würgender, herzzuschnürender, jene furchtbare Göttin.“ (*MA I*, Vorrede 3) Gleichwohl verhilft ein „monologisches Leben“ in E zu „einer ruhigen, freudigen Stimmung“ (*MA 625)*, die für N. allerdings nicht als „hochmüthige Vereinsamung“ (*MA* 375) ausufern oder zum „Selbstgenuss“ (NF 1883, 16[86]) führen sollte.

Im Umgang mit anderen Menschen kann E positiv wie negativ wirken. So gilt: „Der Cynismus im Verkehre ist ein Anzeichen, dass der Mensch in der E sich selber als Hund behandelt“ (*VM* 256). Aber es gilt eben auch: „Hält sich Einer, mit entsagendem Sinne, absichtlich in der E, so kann er sich dadurch den Verkehr mit Menschen, selten genossen, zum Leckerbissen machen“ (*VM* 333). Die „radikale Vereinsamung“ wirkt „als Nothwehr gegen eine krankhaft hellseherisch gewordene Menschenverachtung“ (*FW*, Vorrede 1), basierend auf der – im Abschnitt *Von der Menschen-Klugheit* aus *Za II* folgenreich gewordenen – Einsicht: „Wer nicht im Verkehr mit Menschen gelegentlich in allen Farben der Noth, grün und grau vor Ekel, Überdruss, Mitgefühl, Verdüsterung, Vereinsamung schillert, der ist gewiss kein Mensch höheren Geschmacks“ (*JGB 26*). Allerdings lässt der „Heerden-Instinct“ in uns die E als gesellschaftliche Isolation fürchten, wie N. in einem auch biographisch aufschlussreichen Passus erläutert: „Ein kalter Blick, ein verzogener Mund von Seiten Derer, unter denen und für die man erzogen ist, wird auch vom Stärksten noch gefürchtet. Was wird da eigentlich gefürchtet? Die Vereinsamung! als das Argument, welches auch die besten Argumente für eine Person oder Sache niederschlägt!“ (*FW 50*). Nicht zuletzt deswegen wird in *Za* – von N. als „Dithyrambus auf die E“ (*EH, Warum ich so weise bin* 8*)* gelesen – wiederholt zur Flucht in die E geraten, um den Menschen und ihrer „Rache“, dem „Markt“ und seinem „Lärm“ und Schein, zu entkommen: „Fliehe, mein Freund, in deine E und dorthin, wo eine rauhe, starke Luft weht“ (*Za I, Von den Fliegen des Marktes;* vgl. *VM* 386).

Auch Zarathustra unterwirft sich diesem Gebot und wird endlich fündig: „Siebente E!//Nie empfand ich//näher mir süsse Sicherheit,//wärmer der Sonne Blick“ (*DD, Die Sonne sinkt* 3). Entsprechend findet er erst in der E Zuflucht und seine „Heimat“ (*Za III, Die Heimkehr*, KSA 4: 231). Aber auch für ihn ist die E „furchtbar“, er spürt den „eisigen Athem des Alleinseins“, er weiß um „Gefühle, die den Einsamen tödten wollen“ und ihm den Schrei auspressen: „[I]ch bin allein!“ (*Za I, Vom Wege des Schaffenden*), mehr als dies: die ihm den Wunsch eingeben, „sich selber [zu] verlassen“ (NF 1883, 16[57]. So klagt Zarathustra im *Nachtlied*, das ursprünglich *Lied der E* (vgl. KSA 14: 299) heißen sollte: „Licht bin ich: ach, dass ich Nacht wäre! Aber diess ist meine E, dass ich von Licht umgürtet bin.“ Sowie, einige Zeilen später: „Nacht ist es: ach dass ich Licht sein muss! Und Durst nach Nächtigem! Und E!“ (*Za II, Das Nachtlied*).

Bei all dem ist zu beachten: Es sind die erduldeten Strapazen der E, die den Menschen vor anderen auszeichnen: „Ihr Einsamen von heute [...], aus euch [...] soll ein auserwähltes Volk erwachsen: – und aus ihm der →Übermensch" (*Za I, Von der schenkenden Tugend* 2). So gehört die E fraglos „zu einer schlimmen und gefährlichen Heilkunst", wenngleich gewiss sei, „daß sie, WENN sie heilt, auch den Menschen gesünder und selbstherrlicher hinstellt, als je ein Mensch in Gesellschaft [...] stehen könnte" (NF 1885, 40[59] 1.). Zum Thema auch: Rauh (1969).

*Andreas Poenitsch, Freiburg i. Br.*

**Ekel** | Wie viele andere Worte physiologischer Herkunft wird diese Vokabel von N. halb metaphorisch verwendet. Der E ist mit Passivität verbunden, die N. zu verschiedenen Zeitpunkten verschieden bewertet. In *GT* ist diese Passivität – und somit der E – noch positiv konnotiert: Nach N.s Deutung des *Hamlet*, der hier als Symbol des →Pessimismus auftritt, ekelt sich Hamlet davor, zu handeln, nachdem er das Wesen der Welt durchschaut hat (*GT* 7, KSA 1: 56 f.). Der E ist, so gesehen, mit einer gewissermaßen privilegierten Position verbunden: Er ist das Ergebnis einer tiefen Einsicht. Der E am →Dasein ist ein Zeichen für Mut und Ehrlichkeit des Pessimisten. In *HL* (1, KSA 1: 255 f.) ist das Übergeschichtliche, von den zwei Pessimisten →Schopenhauer und Leopardi repräsentiert, von E und Weisheit gekennzeichnet.

Im Laufe der philosophischen Entwicklung N.s verliert der E allmählich diese positiven Konnotationen. Als N. aufhört, den Schopenhauer'schen Pessimismus mit Mut zu verknüpfen, wird der E zunächst mit →Scham verbunden, etwa in *FW* 59, wo N., „aller der widerlichen Natürlichkeiten gedenkend, denen jedes Weib ausgesetzt ist", zumindest den Liebenden auffordert, die Ohren zuzumachen „gegen alle →Physiologie". Der E hört damit auf, einer privilegierten Position zu entsprechen; er wird stattdessen zu einem Hindernis des →Lebens. Die Fähigkeit, den E zu überwinden, wird deswegen fundamental, abzüglich des zumal in *Za* für notwendig erklärten E gegenüber dem – der Steigerung des Lebens sich widersetzenden – →Pöbel.

Ab Mitte der 1880er Jahren wird „großer E" ein wichtiger Terminus. In *Za* bezeichnet er den Verlust des Glaubens: „euch Allen, die ihr AM GROSSEN E leidet gleich mir, denen der alte Gott starb und noch kein neuer Gott in Wiegen und Windeln liegt" (*Za IV, Das Lied* ... 2). Wenig später wird der große E am Menschen mit dem „GROSSE[N] MITLEID MIT DEM MENSCHEN" (*GM III* 15) gleichgesetzt. Der Gebrauch des Begriffs durchläuft somit eine Entwicklung, die parallel mit derjenigen des Pessimismus- bzw. →Nihilismusbegriffes ist. Von einer zweideutigen, aber doch ziemlich positiven Bewertung, die den E als Begleiterscheinung der Wahrheitsliebe des Pessimisten versteht, wird N. später die E-Gefühle als Zeichen von Schwäche (→Schwache/Schwäche) deuten. Diese Schwäche ist die Schwäche des passiven Nihilisten, der die Sinnlosigkeit der gottlosen Welt nicht überwinden kann.

*Tobias Dahlkvist, Uppsala*

**Elias, Norbert** | E, *22.6.1897 Breslau, †2.8.1990 Amsterdam, Soziologe, mit nur vereinzelten – überwiegend kritischen – Bezügen zu N.; eine Vertrautheit mit dem Werk N.s gilt gleichwohl als gesichert. Biographisch bilden die Exponenten der Heidelberger Soziologie der Weimarer Zeit, unter denen der promovierte Philosoph Elias erstes Profil im neu gewählten Fach gewinnt, eine Brücke zu N.: Für K. Mannheim und →A. Weber hat sich die Frage nach der Valenz und der Soziologisierbarkeit von N.s Kultur- und Nihilismusdiagnosen mit hoher Dringlichkeit gestellt.

Jenseits nachweisbarer Einflüsse sind v. a. die strukturellen Parallelen im Denken der europäischen Kultur von Bedeutung: Zu N.s Historisierung der Moralbegrifflichkeit in *GM* verhält sich E' Hauptwerk *Der Prozess der Zivilisation* teils bestätigend, teils komplementär. In beiden Projekten ist der Gedanke leitend, dass die moralische und intellektuelle Berechenbarkeit des Menschen qua →„Verantwortung" und →„Vernunft" keine a priori gegebenen Größen, sondern Produkte eines spezifischen Kulturverlaufs sind. Wo N. als Genealoge (→Geneaologie) und spekulativer Historiker die selbst auferlegten Strafprozeduren und die damit einhergehende Verrechtlichung der Gesellschaft als den Gewinn einer „Herrschaft über die →Affekte" deutet, zeichnet E soziogenetisch die Praktiken der „Affektkontrolle" innerhalb der Entwicklung und Durchsetzung des staatlichen Gewaltmonopols in den europäischen Gesellschaften nach. Wo N. als „Psychologe" (→Psychologie) in Auseinandersetzung mit den „asketischen Idealen" auf die zunehmende „Verinnerlichung" einer bestimmten Moralität und Rationalität hinweist, entwickelt E das psychogenetische Pendant zu den „gesellschaftlichen Fremdzwängen" und legt die spezifischen Formen des „Instinktwandels" frei. Um das wechselseitige Fundierungsverhältnis zwischen genealogischer und psychologischer bzw. soziogenetischer und psychogenetischer Interpretationslinie anzuzeigen, hat sich N. der Metapher der „Einverleibung" bedient, während E den seinerzeit noch unterbestimmten Begriff des „Habitus" aufgenommen und zu kardinaler Geltung gebracht hat.

Der gemeinsamen Orientierung auf das →„Werden" bzw. das „Prozessuale" innerhalb der Lebensverhältnisse entspricht methodisch das Abzielen auf Entdinglichung. Gegen die grammatikalisch bedingte Zustandsreduktion der indogermanischen Sprache und dem aus ihr resultierenden Substantialismus und Atomismus wissenschaftlicher Terminologie haben beide eine „flüssige", auf Interaktion und Wechselwirkung ausgerichtete Deutungspraxis kultiviert: N.s Sinnverschiebungen, die auf der Interpretationshypothese einer Pluralität von gegeneinander agierenden Machtwillen basieren, entsprechen jene Figurations- und Interdependenzanalysen der E-schen Prozesssoziologie, die den abstrakten Gegensatz von Individuum und Gesellschaft unterlaufen. Demgemäß haben sich beide von einem eindimensionalen Denken der Macht als einer Gewalt ausübenden Institution und bloß restriktiven Größe verabschiedet und gehen demgegenüber von ihrer mikrophysischen Omnipräsenz aus. Wie →Macht ist letztlich auch „Sinn" bei N. und E keine vorgegebene Kategorie mehr, sondern nur noch als Funktion auf Zeit gegeben, die innerhalb stets verschiebbarer Ordnungen von den sich darin wechselseitig limitierenden Elementen bestimmt wird. Zum Thema auch: Günther/Holzer/Müller (2009).

*Enrico Müller, Greifswald*

**Emerson, Ralph Waldo** | E, *25.5.1803 Boston, †27.4.1882 Concord (Mass.), Philosoph und Dichter, Hauptvertreter des amerikanischen Transzendentalismus, einer der bedeutendsten Gesprächspartner N.s. Im Nachwort zu seinem 1857 auf Deutsch erschienenen Buch *Über Goethe und Shakespeare* (vorhanden in →N.s Bibliothek) wird E als „freier Geist" bezeichnet. Dank seiner geistigen Unabhängigkeit, seines vorurteilsfreien Radikalismus und Pionieroptimismus, verbunden mit einer weiten Kenntnis der europäischen bzw. deutschen Literatur, galt er N. als „der gedankenreichste Author dieses Jahrhunderts" (NF 1881, 12[151]). Schon in →Schulpforta hatte N. die *Führung des Lebens* (Leipzig 1862) und den ersten Band der *Versuche* (Hannover 1858) gelesen, wie Zitate aus Es Essay *Fatum* in N.s Aufsätzen *Fatum und Geschichte* und *Willensfreiheit und Fatum* beweisen (1862) (BAW 2: 58, 61). In Es Aufsatz *Von der Macht* fand er die Auffassung des Lebens als „ein Ringen um Macht". Kurze Auszüge aus Es Essays schrieb N im Sommer 1863 für seine Freunde mit folgendem Vermerk auf: „Seine Betrachtungsweise amerikanisch: das Gute bleibt, das Böse vergeht [...]" (BAW 2: 221; 255–261). Ein Brief an v. Gersdorff vom 7.4.1866 fängt mit einer Beschreibung aus E.s Essay *Natur* an, der in *Za IV, Mittags* wiederkehrt und vom geistigen Einklang in der Wahrnehmung des Glücks zeugt. Das zerlesene „Handexemplar" der *Versuche* enthält viele Notizen und Randbemerkungen N.s aus dem Jahr 1881 (NF 1881, 13[1–22]); in einem schwarzen Quartheft schrieb N. 1882 39 Exzerpte aus E.s *Essays* auf (NF 1882, 17[1–39]). Ausgehend von diesen Zeugnissen und den zahlreichen Verweisen in der KSA ist es möglich, die Stufen von N.s wiederholter Lektüre Es bis zur intensiven Auseinandersetzung der Jahre 1881–1884 zu verfolgen. Dass N. von E „geprägt" wurde, hatten schon C. Andler (1920) und vor allem E. Baumgarten (1957) erkannt. Trotz mancher kritischer Äußerungen N.s zeugen vom andauernden Einfluss Es Themen wie die Bejahung des Lebens und des Schicksals, die fröhliche Wissenschaft, der historische Sinn, die Heiligkeit des Daseins, die explosive Kraft des Denkens gegen die Macht der Gewohnheit, das Selbstvertrauen, das geistige Nomadentum, die Freundschaft als Alternative zum Mitleid. E, der besonders Goethe und die deutschen Romantiker originell ausdeutet, wird von N. als eine antiromantische Therapie gegen den →Pessimismus oder die Verkleinerung des Menschen in der Natur verwendet. Von E, dem N. die „fröhliche Weisheit" seiner Jugend verdankt (*Za II, Das Grablied*), stammt das Motto der ersten Ausgabe von *FW.* Nach Montinari war die Beschreibung des Weisen bei E die „nächstliegende Quelle" Zarathustras (KSA 14: 279 und 693). E, der sich „instinktiv bloss von Ambrosia nährt, der das Unverdauliche in den Dingen" zurücklässt (*GD, Streifzüge …* 13), ist auch die Hauptquelle für „bejahende" Bilder in *Za*, wie mehrere Verweise im Kommentar belegen (KGW VI/4). Noch in seinen letzten Schriften bekennt N., sich bei E „zu Hause" zu fühlen und ihm „zu nahe" zu stehen (NF 1881, 12[68]). E sei immer wegen seiner Skepsis ein „guter Freund und Erheiterer auch in schwarzen Zeiten gewesen" (KSA 14: 476–477). Zum Thema auch: Hubbard (1958); Campioni (1987); Vivarelli (1987); Stack (1992); Zavatta (2006).

*Vivetta Vivarelli, Pisa*

**Erde** | E bezeichnet alles, was diesseitig ist, sich auf den Körper und das Natürliche bezieht, in Abgrenzung zu den Vorstellungen von einer anderen, höheren Welt, die die Religion und Philosophie des Westens beherrscht haben. Daher ermahnt Zarathustra seine Zuhörer, nicht den Kopf in den Sand der himmlischen Dinge zu stecken, sondern einen „einen Erden-Kopf, der der E Sinn schafft" (*Za I, Von den Hinterweltlern*) zu haben. Zuweilen bezeichnet E die konkrete Umgebung der Menscheit auf diesem Planeten und das zukünftige Heim des →Übermenschen genauer (beispielsweise *JGB* 243). Sowohl die allgemeine als auch die besondere Lesart von E kann als Grundlage einer ökologischen Interpretation N.s genutzt werden. In *Za I* beschwört N. die Menschheit, sich selbst für den Sinn der E zu opfern: „Der Übermensch ist der Sinn der E. Euer Wille sage: der Übermensch SEI der Sinn der E! / Ich beschwöre euch, meine Brüder, BLEIBT DER E TREU und glaubt Denen nicht, welche euch von überirdischen Hoffnungen reden!" (*Zarathustra's Vorrede* 3). Zarathustra bittet sein Publikum so nicht nur, einen Treueeid auf die E abzulegen, sondern auch zu verstehen, dass die E einen eigenen Sinn besitzt. Er warnt außerdem vor einer herabgesetzten, „geschrumpften" E als Wohnort des letzten Menschen: „Die E ist dann klein geworden, und auf ihr hüpft der letzte Mensch, der Alles klein macht." (ebd.: 5) Damit werden zwei Möglichkeiten für die Entwicklung der E gegenübergestellt: 1. die begrenzte, durchfurchte und den niederen Bedürfnissen untergeordnete oder 2. die Grundlage eines erfüllten, wachsenden und abenteuerlichen Lebens, dessen höchster Ausdruck der Übermensch ist. Die Gefahr besteht darin, dass die „Menschen-E" (*Za III, Der Genesende* 2) die globalisierte, verkleinerte, vermessene und nur noch nützliche E für den letzten Menschen wird (vergleichbar dem „Ende der Geschichte" wie es durch →E. v. Hartmann vorausgesagt wurde). Denn obwohl es möglich scheint, dass der →Mensch – N. definiert ihn als Vermesser und Makler, nach einer fragwürdigen Etymologie des Sanskrit-Ausdrucks ofmanas (*GM II* 8) – als letzter Mensch endet oder vom Übermenschen überholt wird, gibt es kaum Hinweise auf den Gedanken einer Über-E. Dennoch deutet N., besonders in *Za*, die Möglichkeit eines veränderten Verhältnisses zur E an, so in *Die sieben Siegel*, einer geophilosophischen Schwärmerei, die sich an der apokalyptischen Geographie und Astronomie der ganz und gar jenseitigen biblischen Offenbarung ausrichtet, mit ihren Beschwörungen von Erdbeben und dem Ende der Welt. N.s antichristliches Lied von der E feiert die Immanenz der E: „Wenn ich je am Göttertisch der E mit Göttern Würfel spielte, dass die E bebte und brach und Feuerflüsse heraufschnob: – / – denn ein Göttertisch ist die E, und zitternd von schöpferischen neuen Worten und Götter-Würfen." (*Za III, Die sieben Siegel* 3) N. bringt ein vielschichtiges Netzwerk von geographischen, meteorologischen und geologischen Diskursen (Meere, Berge, Wüsten, Inseln usw.) zum Einsatz, um eine Umwertung der E zu erreichen, die nach Zarathustra ein Herz aus Gold hat, auch wenn der Mensch wie eine Krankheit auf ihrer Haut sitzt (*Za II, Von grossen Ereignissen*). In *JGB* (*Vorrede*) beschreibt N. den „grossen Stil der Baukunst" in Asien und Ägypten, um zu zeigen, wie alle großen Dinge „erst als ungeheure und furchteinflössende Fratzen über die E hinwandeln müssen." Des Weiteren deutet er die nationalen Stile in Europa als Antworten auf spezifische klimatische und geographische Voraussetzungen. Der tolle Mensch, der den Tod Gottes (→„Gott ist tot") ankündigt (*FW* 125), versteht dieses Ereignis als einen allgemeinen Verlust der Mittelpunkte und Orientierungen, er radikalisiert die kopernikanische Wende weg von der Zentralstellung der E. →Deleuze und Guattari nennen N. den Erfinder der Geophilosophie (vgl. hierzu Günzel 2003; Shapiro 2006). L. Irigaray (1980) betrachtet N.s Rede von der E als einen Ausdruck von patriarchalischem Essentialismus, dem die Flüssigkeit fehlt, die er selbst in den „Elementen" der E sieht.

*Gary Shapiro, Richmond* (Übers.: B. Villhauer)

**Erhabene, das** | Im Rückgriff auf die rhetorische Tradition des En bei Longin, die sensualistische Theorie bei Burke und in Antithese zum Monismus des Schönen bei Hegel entwickelt N. eine kritische →Genealogie und Umwertung des En, die spät- und postmoderne Theorien bei →Adorno und Lyotard antizipiert. N.s Genealogie des En beschreibt im Frühwerk den Weg der Entfesselung des En im dionysischen Rausch, im mittleren Werk seine Bezeichnung eines hässlichen Idealismus und im Spätwerk seine Bändigung im klassischen Stil, seine Bewältigung durch die Bejahung der Vollkommenheit und seiner Bemächtigung durch die Schönheit des gestaltenden Willens. In *GT* ist die Duplizität des Apollinischen und Dionysischen (→apollinisch/dionysisch) mit ihren Erscheinungen in Traum und Rausch noch gebunden an den klassischen Dualismus von Schönheit und dem En. „Wenn das Schöne auf einem Traum des Wesens beruht, so das E auf einem Rausche des Wesens." (NF 1870–71, 7[46]) Das E als die „künstlerische Bändigung des Entsetzlichen" (*GT* 7, KSA 1: 57) markiert dabei in der dionysischen Erschütterung ein Primat gegenüber Vernunft und schönem Schein. In der folgenden Werteverschiebung manifestiert sich als neue Synthese gegenüber einem rationalistischen Sokratismus im Zeichen des Vernünftig-Schönen der dionysische Mythos im naturhaft-erhabenen Rausch als Leitmotiv einer Aufhebung der →Metaphysik der Vernunft. Die Umwertung →Wagners im mittleren Werk als Statthalter eines musikalisch dionysisch-En zum „Überwundenen" im →Christentum geht einher mit der Umwertung des En, das seine ontologische dionysische Wertigkeit verliert und nun das Negativ-E der Dekadenz und Transzendenz bezeichnet. Antipode ist hier der große Stil in der →Kunst, der das Negativ-Romantische und den passiven →Nihilismus durch einen klassischen Formbegriff und die Aufwertung des Schönen gegenüber dem Hässlich-En markiert. Der Ironisierung folgt die Verwindung des En als Statthalter des metaphysischen Ressentiments: „Einen En sah ich heute, einen Feierlichen, einen Büsser des Geistes: oh wie lachte meine Seele ob seiner Hässlichkeit!" (*Za II, Von den Erhabenen*) Die Erhebung über das E als Selbstverneinung der Menschen des En führt zur Vollendung hin: „Schönheit heiße ich diesen Schatten – das leichteste und stillste aller Dinge kam zu mir als Schatten des Übermenschen." (NF 1883, 13[1]) In der Verwindung der Metaphysik des En verwirklicht sich der →Übermensch im Willen zur →ewigen Wiederkunft als eigenes Abbild der Schönheit: „Ihr seht nach Oben, wenn ihr Erhebung verlangt, und ich sehe hinab, weil ich erhoben bin." (*Za II, Vom Lesen und Schreiben*) N.s differentielle Ästhetik des En und seine Kritik am metaphysisch-En wird zum Vorläufer eines kritischen En bei Lyotard. Zum Thema auch:

Burke (1989); Pries (1989); Lyotard (1994); Peña Aguado (1994); Lipperheide (1999); Vierle (2004); Pöpperl (2007).

*Christian Lipperheide, Berlin*

**Erkenntnis** | Der Topos der E ist bei N. ambivalent besetzt: Einerseits ist sein Denken im Horizont des Problemkomplexes von →Wahrheit, →Interpretation, →Sprache und →Perspektivismus von einer massiven E-Kritik und – Skepsis geprägt. Andererseits scheint N. nicht nur implizit und explizit Ansprüche auf E zu erheben, sondern versteht sich auch immer wieder dezidiert als „Erkennender". Auch aufgrund dieser Spannung herrscht in der Forschung bezüglich der Radikalität seiner E-Kritik vielfach Uneinigkeit. Kontrovers wurden in jüngerer Zeit z. B. Charakter und Tragweite des Motivs der Verfälschung (Clark 1990a; Anderson 1996; Cox 1999; Green 2002; Ibáñez-Noé 2005) sowie die Fragen diskutiert, ob und inwiefern sich N.s E-Verständnis als Skeptizismus (Magnus 1980; van Tongeren 1999; Bett 2000; Sommer 2006) und mit modernen Termini als „cognitivism" (Schacht 2000) bzw. „non-cognitivism" (Green 2002) charakterisieren lässt (vgl. Westphal 1984). Vieldiskutiert ist neben der Rolle der Wissenschaft in N.s E-Kritik (Babich 1994) auch ihr Verhältnis zu Quellen wie →Schopenhauer, Lange oder Spir (Brobjer 2007).

Die genannte Ambivalenz zeigt sich bereits in *GT*, wenn N. die Einsicht in die Beschränktheit menschlicher E ihrerseits als „TRAGISCHE E" (15, KSA 1: 101; vgl. Schmid 1984) begreift, die sich mit der Selbstaufhebung des sokratisch-wissenschaftlichen E-Optimismus einstellt (Zittel 1995: 32–37). Die Beschränktheit und Flüchtigkeit menschlicher E betont N. auch in *WL* und *CV* 1, wo er zugleich durch einen →Dämon die Perspektive der zur Vernichtung führenden, paradoxen E der „Wahrheit, ewig zur Unwahrheit verdammt zu sein" (*CV* 1, KSA 1: 760; vgl. Hödl 1997: 58–69), einführt. Auch in N.s späteren Texten bleibt die E, die er für sich selbst in Anspruch nimmt bzw. anstrebt, vielfach mit den Attributen des Unangenehmen und Gefährlichen sowie mit der Einsicht in die Unerreichbarkeit von E im traditionellen Sinn verknüpft (vgl. Montinari 1969: 68 f.). Während N. jedoch Anfang der 1870er Jahre bisweilen noch die Möglichkeit einer Bändigung des Leben und Handeln gefährdenden E-Triebes durch Philosophie oder Kunst erwägt, verschreibt er sich diesem in *MA* selbst. Demgemäß droht die „Disharmonie" der E, dass wir „von vornherein unlogische und daher ungerechte Wesen [sind]" (*MA* 32), seine Philosophie zu einer Verzweiflung und Zerstörung nach sich ziehenden Tragödie werden zu lassen (*MA* 34; Meyer 2003). Auch in *M* erwägt N. die Möglichkeit eines „Tragödien-Ausgang[s] der E" (45) im Sinne der sich für die E opfernden Menschheit. Der in engem Konnex mit dem Motiv der →Redlichkeit stehende Schlüsselbegriff der „Leidenschaft der E" (Ebbersmeyer 1995; Brusotti 1997) kalkuliert diese Möglichkeit explizit ein (*M* 429; vgl. *M* 327). In *FW* stilisiert N. demgemäß sein Leben als redlich-heroisches „Experiment des Erkennenden" (324), in dem sich der Kampf zwischen dem scheinbedürftigen Leben und der den Schein aufdeckenden E qua „Bewusstsein vom Scheine" (54) bzw. durch „Einsicht in die allgemeine Unwahrheit und Verlogenheit" (107) vollzieht (110). E in diesem Sinne ist für N. eine Form von →Grausamkeit, „ein Wehe-thun-wollen am Grundwillen des Geistes, welcher unablässig zum Scheine und zu den Oberflächen hin will" (*JGB* 229), und sie wird demgemäß auch noch in *EH* (*Vorwort* 3; vgl. NF 1888, 16[32]; *JGB* 39) als Gradmesser des →Mutes und der Stärke begriffen. Ähnlich der „Selbstvernichtung der E und Einsicht in ihre letzten Grenzen" in *GT* (NF 1883, 7[7]) hebt sich in *GM* auch das E-Streben der „freien Geister" selbst auf, wenn N. sie als die „letzten Idealisten der E" (III 24, KSA 5: 398; vgl. *FW* 344) begreift, durch die sich als letzte Konsequenz der christlichen Wahrhaftigkeitsmoral (→Moral) und des asketischen Ideals die Selbstaufhebung des Willens zur Wahrheit vollzieht (Zittel 1995: 57–73).

Nach den e-kritischen Reflexionen aus dem Umkreis von →*WL*, die sich dahingehend zusammenfassen lassen, dass es „KEIN EIGENTLICHES ERKENNEN OHNE METAPHER" (NF 1872–73,

19[228]), sondern nur ein vereinheitlichendes, gleichsetzendes „Rubriziren" (19[236]) gibt, finden sich insbesondere ab Anfang der 1880er Jahre wieder umfangreiche Aufzeichnungen zum Thema E (z. B. NF 1880, 6[441]; 1884, 26[61]; 1885, 34[252]; 1886–87, 5[10]). Diese klingen etwa in *FW V* an, wenn es heißt, dass wir „gar kein Organ für das Erkennen, für die ‚Wahrheit'" (354, KSA 3: 593) haben und N. den „Ursprung unsres Begriffs ‚E'" (355) in einem Sicherheitsinstinkt vermutet, das Beunruhigende, Fremde auf das Gewohnte und Bekannte zurückzuführen. N. wendet sich in diesen Aufzeichnungen gegen den Begriff einer desinteressierten, objektive Zusammenhänge abbildenden „E an sich" im Sinne eines repräsentationalistischen E-Modells und versteht E seinerseits als bedürfnisgeleiteten, interpretativen und schematisierenden Aneignungstrieb, der nicht durch Repräsentation, sondern durch kontextuelle Zeichen-Zeichen Relationen (Abel 1989: 345 f.; Zittel 2000b) bestimmt wird und somit wesentlich „perspektivisch" ist (*GM* III 12). So betrachtet hat E für N. Irrtum, Fälschung und Vereinfachung zur Voraussetzung und lässt sich als Vollzug des interpretierenden →Willens zur Macht begreifen (Stegmaier 1992a: 314–317; Babich 1994: 100–106): Der „Wille zur Macht als E" will „nicht ‚erkennen', sondern schematisiren, dem Chaos so viel Regularität und Formen auferlegen, als es unserem praktischen Bedürfniß genug thut" (NF 1888, 14[152]; vgl. Abel $^{2}$1998: 125–129).

Wichtig für die Einschätzung von N.s e-skeptischer Grundhaltung ist nicht zuletzt, dass er wiederholt die Möglichkeit einer suffizienten Selbstkritik des E-Vermögens bestreitet: „Ein Werkzeug kann nicht seine eigene Tauglichkeit kritisiren: der Intellekt kann nicht selber seine Grenze, auch nicht sein Wohlgerathensein oder sein Mißrathensein bestimmen" (NF 1885–86, [2]132; vgl. *M, Vorrede* 3). Die anschließende Bemerkung, „‚Erkennen' ist ein Zurückbeziehn: seinem Wesen nach ein regressus in infinitum" (ebd.) sowie das zentrale Argument, dass eine solche Tauglichkeitskritik erst angesichts eines Vergleichs mit einer „‚wahren Wirklichkeit'" (NF 1886–87, [5]11) möglich wäre, machen deutlich, dass N.s relationales E-Verständnis diese Problematik reflektiert und Kategorien wie →Werden oder →Chaos nicht im Sinne einer solchen „wahren Wirklichkeit" missverstanden werden sollten (Cox 1999: 139–212; Green 2002: 17–94). Auch die e-kritische Reflexion kann den wesentlichen Schema- bzw. Irrtumscharakter der E nicht transzendieren (vgl. NF 1886–87, 6[23]; *FW* 54; Simon 1985: 69 ff.): Der „Trieb zur E hat den Glauben an den Irrthum und das Leben darin zur Voraussetzung [...]. Wissen um das Irren hebt es nicht auf!" (NF 1881, 11[162]) Wenn N. erklärt, dass der menschliche Intellekt auch bei der „peinlich-gewissenhafteste[n] Analysis und Selbstprüfung" nicht umhinkommt, „sich selbst unter seinen perspektivischen Formen zu sehn" (*FW V* 374; →Perspektivismus), wird deutlich, dass sich die volle Tragweite seines e-kritischen Projekts nur unter Einbezug dieser Selbstbezüglichkeitsproblematik und ihrer Implikationen für sein Denken und Schreiben erschließt (Babich 1994: 37–46; van Tongeren 2000: 145–170; Stegmaier 2004d; Dellinger 2009). Dass N. keine geschlossene E-Theorie oder -Kritik formuliert, lässt sich auch durch diese deren Möglichkeitsbedingungen in Frage stellende Reflexivität erklären. Demgemäß sollte von „N.s E-Theorie" jedenfalls nur unter Anführungszeichen die Rede sein (van Tongeren 2000: 120 ff.). Zum Thema auch: Grimm (1977); Kirchhoff (1977); Anderson (2005); Bornedal (2005); Rayman (2007).

*Jakob Dellinger, Wien*

**Erlebnis** | In der Bildung des Substantivs E in den ersten Jahrzehnten des 19. Jh.s zeigt sich das Bedürfnis nach einem lebendigen Begriff der Erfahrung. Das E fungiert als Grundbegriff im Denken Lotzes und →Diltheys, bei N. handelt es sich um einen wichtigen Term. Bereits im frühen Denken, wo es noch als eines unter mehreren Wörtern auftritt, artikuliert er die fundamentale ästhetische Erfahrung als „das einmalige ganz und gar individualisirte Urerlebniss" (*WL* 1,

KSA 1: 879). Als →Schopenhauers metaphysischer Wille zurücktritt und N. in der mittleren Phase seines Denkens den vorstellenden Intellekt als Instrument der →Triebe nimmt, tritt das E in den Vordergrund und soll die innere Seite verwahren, die N. im vulgären Materialismus, dem er sich zugewendet hat, vermisst. „Wofür man vom E-se her keinen Zugang hat, dafür hat man kein Ohr." (*EH, Warum ich so gute ...* 1) Erleben bei N. bedeutet: etwas mit Leib und Seele mit- und durchmachen, das E unterstreicht also die in jeder Empfindung unbewusst wirksame Ganzheit des →Lebens. „JEDE Handlung schafft UNS selber weiter, sie webt unser buntes Gewand. [...] Unser E – das ist unser Gewand." (NF 1882–83, 5[1], Nr. 208) Des Weiteren verwahrt das E die ästhetisch-schöpferische Macht des Lebens; in *M* 119 identifiziert N. denn auch Erleben mit „Erdichten". Und schließlich weist das E für N. auf die radikale Individualität des Lebens hin, das vollkommene Buch wäre für ihn denn auch eines, bei dem „die ganze Geschichte wie PERSÖNLICH ERLEBT UND ERLITTEN" (NF 1887, 9[115]) scheint. Als den umfassendsten und fundamentalen Rhythmus des Lebens hat N. den des Erleidens und Überwindens erfahren, mit dem passiven Erleiden als E, das einen überkommt, das aber auch Stachel sein kann für ein aktives Überwinden. Zum Thema auch: Cramer (1972); Visser (2005).

*Gerard Visser, Leiden*

**Ernährung** | N.s Forderung nach einer „Philosophie der E" und seine Einsicht, dass kulinarische Fragen moralisch sind und es „Vernunft in der Küche" (*FW* 7) geben kann sowie, im Interesse der „Entwicklung des Menschen" (*JGB* 234), geben sollte, sind wesentliche Aspekte seiner „fröhlichen Wissenschaft", nicht zuletzt, damit der Mensch zu seinem „maximum von Kraft, von virtú, von Tugend im Sinne der →Renaissance-Vernunft" kommt (NF 1888, 24[1]). Indem die vermeintlich unbedeutende und vernunftferne Angelegenheit, wie (gut) sich die Menschen ernähren, ernst genommen und zu einem würdigen Gegenstand der philosophischen Ethik erhoben wird, widersetzt sich N. der traditionellen →Metaphysik und deren rationalistischem Wertesystem. Daher ist seine Forderung nach einer Philosophie der E keine beiläufige, aus seiner Krankengeschichte resultierende Idee, sondern zielt auf eine wesentliche Praxisform einer nicht nur vernünftigen, sondern ebenso lustvollen Lebensweise und neuen Kultur, wie sie N. insgesamt vorschwebt, wenngleich er ihr privat kaum zu frönen vermochte. Zum Thema auch: Lemke (2007); Klass (2008a,b); Large (2008).

*Harald Lemke, Lüneburg*

**Eros** | „Das →Christentum gab dem E Gift zu trinken: – er starb zwar nicht daran, aber entartete, zum Laster." (*JGB* 168) „Grad und Art der Geschlechtlichkeit eines Menschen reicht bis in den letzten Gipfel seines Geistes hinauf." (*JGB* 75) In diesen kurzen Aphorismen wird die elementare Bedeutung offensichtlich, die der E für N.s Denken und dessen antichristlichen Grundimpuls hat. Dem Begriff nach findet sich E am ehesten dort, wo der →frühe N. seine philosophische Position ausdrücklich in der Auseinandersetzung mit der griechischen Antike gewinnt. In *GT* etwa stellt N. zwei Kunsttriebe, das Dionysische und das Apollinische, heraus, die für das Leben ingesamt von konstitutiver Bedeutung seien (→apollinisch/dionysisch). Im Hinblick auf den E ist vor allem das Dionysische wichtig. In ihm ist derjenige Drang namhaft gemacht, der das Individuum nach Überwindung seiner Individualität, nach Einswerden mit dem Anderen drängen lässt. Sofern das frühe Werk N.s im späteren subtil fortgeführt und radikalisiert erscheint, liegt es nahe, dass auch die Bedeutung des E hier erhalten bleibt. Mag auch der Begriff über weite Strecken fehlen, so ist doch – unter verschiedenen Formeln – die Sache des E stets präsent. Diesbezüglich ist wichtig, dass die deutschen Termini →‚Liebe' und →‚Lust' in N.s Schriften immer wieder an exponierter Stelle Verwendung finden. So ist in der *Za*-Dichtung die Liebe zu →Erde, →Leib und →Leben entscheidendes Thema. Und dass zwar das Leiden Erlösung im Vergehen sucht, dass aber Lust dementgegen „TIEFE, TIEFE EWIGKEIT" will

(*Za IV, Das Nachtwandler-Lied* 11), bringt vielleicht am markantesten die Bedeutung zum Ausdruck, die N. dem E beimaß. Der in der Lust manifeste E macht eine tragende und treibende Kraft des Weltgeschehens überhaupt aus. Nur durch sie kommt es zu dem, was N. unter der Formel →„ewige Wiederkunft des Gleichen" fasst. Sie bringt die höchste →Bejahung zum Ausdruck, nach welcher der Mensch und alles Seiende nicht nur ewig wiederkehren, sondern so, wie sie sind, ewig wiederkehren wollen. Eben in diesem Willen zur ewigen Wiederkehr waltet die Lust, der E.

*Johannes Oberthür, Westerstede*

**Erzieher, s. Erziehung**

**Erziehung [Selbsterziehung; Erzieher]** | Das Urteil über das, was N. zur E zu sagen wusste – in der Summe ist es fraglos origineller als das insbesondere in den Vorträgen →*BA* zum Terminus ‚Bildung' Ausgeführte –, reicht von der Einschätzung, er habe antiautoritär pro freie E votiert (etwa Rosenow 1973; 1992), bis hin zur These, er sei am Ende (autoritär) für →Züchtung (statt E) eingetreten (so Hoyer 2002a: 534 ff.; kritisch hierzu: Niemeyer 2004e). Hilfreich bei derart disparater Diskussionslage – denken könnte man des Weiteren an die (N. gegenüber skeptischen) Einwände von Oelkers (1998; 2001: 156 ff.) sowie an die angelsächsische Debatte (vgl. etwa die Beiträge in Peters/Marshall/Smeyers 2001) – ist die Konzentration auf N.s Begriffsgebrauch. Sie zeigt, dass des →frühen N.s Einstellung zur E als gemeinsamen Nenner die Bejahung ihrer Notwendigkeit und Bedeutung aufweist, bei moderater Kritik ihrer Ziele und Mittel. Beim mittleren und späten N. hingegen tritt eine zunehmend schärfer werdende Kritik an der Berechtigung und Möglichkeit von E hervor, bis hin zu ihrer Negation zugunsten von Selbst-E bei alleiniger Hochschätzung der E der Eltern durch die Kinder: „Nachkommen haben [...] ist die beste E" (NF 1881–82, 16[19]).

Ersteres wurde im Zuge der (deutschsprachigen) pädagogischen Rezeption zuerst erkannt, nicht zuletzt wohl infolge der durch EFNs frühe (1906) und editorisch fragwürdige Publikation von N.s →*Wir Philologen* und die dadurch ins Zentrum der Aufmerksamkeit gerückte Prognose N.s: „Es wird irgendwann einmal gar keinen Gedanken geben als E" (NF 1875, 5[20]; vgl. auch 5[22]) Nicht minder rasch populär war – wiederum infolge von EFNs Editionstätigkeit, diesmal *BA* und Vorarbeiten dazu betreffend – das ansonsten wohl übersehene N.-Wort: „Mein Ausgangspunct ist der preussische Soldat: hier ist eine wirkliche Convention, hier ist Zwang, Ernst und Disciplin" (NF 1873, 29[119]). So kommentierte beispielsweise M. Oehler, Archivar am →N.-Archiv und mit EFNs Theoriepolitik wohlvertraut, niemals seien von einem Menschheitserzieher „ernstere, strengere, härtere Forderungen gerade an junge Menschen gestellt worden" (1925: 5 f.; vgl. auch 1932: 146). Auf andere, ähnlich gestrickte anti-reformpädagogische Lesarten N.s – zumal in der Zeit des Nationalsozialismus – kann hier nur hingewiesen werden (vgl. Niemeyer 2002a: 216 ff.).

Ein anderer früher Rezeptionsschwerpunkt war – wohl infolge von →Langbehns *Rembrandt als Erzieher* (1891) und dem dadurch im neuen Licht erscheinenden N.-Titel *Schopenhauer als Erzieher* (1874) – der Topos ‚N. als Erzieher', zumal N. aus jenem Jahr das brieflich überlieferte Gelöbnis hinterlassen hatte: „Ich kenne [...] für mich kein höheres Ziel, als irgend wie einmal ‚Erzieher' in einem grossen Sinne zu werden" (An E. Guerrieri-Gonzaga, 10.5.1874). Damit war, im Nachgang betrachtet, die Sendung Zarathustras vorweggenommen, den man fraglos (zumindest im Blick auf den Einstieg) als „‚Erzieher' in einem grossen Sinne" lesen darf, wird er doch als Lehrer (der Lehre vom →Übermenschen) eingeführt (*Za I, Zarathustra's Vorrede* 1) und auch noch in *Za IV* als Erzieher, wörtlich: als „Zieher, Züchter und Zuchtmeister" bezeichnet, der als „ziehend, heranziehend, hinaufziehend, aufziehend" (*Das Honigopfer*) imponiert, kurz: der sogar mit der Geschichte des Begriffs der E (vgl. v. Pogrell 1998) vertraut zu sein scheint. Insoweit ist Zarathustras Scheitern als Erzieher – ein gängiger Befund der einschlägigen Forschung (vgl. etwa Lampert 1979; Jenkins 1982; Hoyer 2002b; positiver: Gordon 1980) – und sein Wechsel in die Rolle des Psychologen (vgl. Niemeyer 2007a: 11 ff.) paradigmatisch bedeutsam: Gegeben wird damit ein erster Hinweis für zumal des späten N. Einsicht in die Schwäche von E, dann und sofern sie nicht vom Wissen um die →Psychologie des Menschen getragen ist und allein darin gründet, „den Einzelnen durch eine Reihe von Reizen und Vortheilen zu einer Denk- und Handlungsweise zu bestimmen, welche, wenn sie Gewohnheit, Trieb und Leidenschaft geworden ist, WIDER SEINEN LETZTEN VORTHEIL, aber ‚zum allgemeinen Besten' in ihm und über ihn herrscht." Kurz: Die im Fall gelingender E resultierende Tugend des Einzelnen ist nach N. eine „öffentliche Nützlichkeit", aber ein „privater Nachtheil" (*FW* 21) – ein Preis, den er zu zahlen nicht bereit war und wohl unter dem Stichwort ‚Selbstverleugnung' abgelegt hätte.

Nachzutragen bleibt: Überraschender als Zarathustras Scheitern als Erzieher ist der Umstand, dass N. ihn überhaupt als einen solchen konzipiert hat. Denn immerhin hatte N. schon recht früh (1874) die Losung ausgegeben: „[D]eine Erzieher vermögen nichts zu sein als deine Befreier." (*SE* 1, KSA 1: 341) Jahre später (1880) folgte, unter der Überschrift *Es giebt keine Erzieher*, der unmissverständliche Beschluss: „Nur von Selbst-E sollte man als Denker reden." (*WS* 267) Eine Gebrauchsanweisung in Sachen Selbst-E, der N. schon in *WS* 180 mit Seitenblick auf die Entbehrlichkeit der Lehrer im Zeitalter der Bücher gehuldigt hatte, offeriert N. in *HL* unter dem Motiv der Gegenwehr gegen die „bereits anerzogne Natur" (10, KSA 1: 328); in *M* 455 unter dem (ähnlich zu verstehenden) Motiv der Häutung; in *Za I* unter dem Motiv der (Selbst-)Verwandlung (*Von den drei Verwandlungen*); und schließlich im Schlussabschnitt von *Za IV* (*Das Zeichen*), der gelesen werden kann als Dokument der gelungenen Selbst-E Zarathustras hin zum Übermenschen (vgl. Niemeyer 2007a: 125 ff.). Erzieher sind weder hier noch dort erforderlich, besser gesagt: erwünscht. Für die letztgenannte Vokabel spricht jedenfalls N.s – in NF 1876–77, 23[44] vorbereiteter, von Stendhal (vgl. KSA 14: 198) entlehnter – Bannspruch auf Eltern und Lehrer als „nos ennemis naturels" (*WS* 267). Er sorgte für große Empörung im pädagogischen Mainstream (vgl. etwa Schnitzler 1926: 81), symbolisiert durch die N.-Lesart →Paulsens. Zustimmung allerdings kam aus anti-autoritär gesonnenen Kreisen der Reformpädagogik (vgl. Niemeyer 2002a: 143 ff.), die sich nicht minder interessiert zeigten an Zarathustras bitterer Diagnose: „Fast in der Wiege giebt man uns schon schwere Worte und Werthe mit: ‚gut' und ‚böse' – so heisst sich diese Mitgift. Um derentwillen vergiebt man uns, dass wir leben. / Und dazu lässt man die Kindlein zu sich kommen, dass man ihnen bei Zeiten wehre, sich selber zu lieben: also schafft es der →Geist der Schwere." (*Vom Geist der Schwere* 2)

Was hier nachklingt, ist auch ein Resümee N.s bezogen auf seine eigene E, die, des frühen Todes des Vaters wegen, im Wesentlichen von der Mutter (→N., Franziska) getragen und verantwortet wurde. Deren Leistung erscheint in einem fahlen Licht, wenn man bedenkt, dass schon der gerade Zweieinvierteljährige zum 21. Geburtstag seiner Mutter auf Vorgabe seiner Tante Rosalie N. die Verse aufsagen sollte: „‚Liebe Mutter ich wünsche Dir Glück, und mir einen freundlichen Blick.'" (zit. n. Schmidt 1995: 45) Die unverheiratete, im Hause N. lebende Tante (und ältere Schwester des Vaters; vgl. KGB I/4: 715 f.) hatte sie also offenbar sensibel registriert: die innere Not schon des Kleinkindes, auf die N. Jahrzehnte später mit den Worten anzuspielen scheint: „Ein kalter Blick, ein verzogener Mund von Seiten Derer, unter denen und für die man erzogen ist, wird auch vom Stärksten noch GEFÜRCHTET Was wird da eigentlich gefürchtet? Die Vereinsamung! als das Argument, welches auch die besten Argumente für eine Person oder Sache niederschlägt! – So redet der Heerden-Instinct aus uns." (*FW* 50) Schon in *MA* hatte N. unter der Überschrift *Tragödie der Kindheit* die Beobachtung vorgetragen, „dass edel- und hochstrebende Menschen ihren härtesten Kampf in der Kindheit zu bestehen haben" (422). Im nachfolgenden Nachlass wird „die gewöhnliche E" (= „der Eingriff der Eltern in die Sphäre der Kinder") als „Brutalität" (NF 1880, 1[12]) gegeißelt, und in *WS* resümiert N.: „Die

Jugend-E durch Andere ist […] eine grundsätzliche Nivellirung, um das neue Wesen, welches es auch sei, den Gewohnheiten und Sitten, welche herrschen, gemäss zu machen" (267). Wenig später folgt, nicht minder bitter: „Die E ist eine Fortsetzung der Zeugung und oft eine nachträgliche Beschönigung derselben." (*M* 397) Im Nachlass aus jener Zeit heißt es knapp: „E ist Umtaufen-lernen oder Anders-fühlen lernen" (NF 1881, 11[105]) – womit das Argument vorweggenommen ist, mit dem N. die E Jahre später ad acta legen wird, wenn er sagt, es handele sich hier um „ein System von Mitteln, um die Ausnahmen zu Gunsten der Regel zu ruiniren." (NF 1888, 16[6]) Im nämlichen Nachlasskonvolut findet sich N.s Totalnegation von E, ausgehend von der Beobachtung, dass man „trotz allem" (genannt wird auch E) „nur das WIRD, was man IST", exemplarisch: dass man ein „anständiger Mensch" wird, „weil man als Capitalist guter Instinkte und gedeihlicher Verhältnisse geboren ist …" (ebd., 14[113])

N.s Alternative sei abschließend noch einmal in Betracht gezogen: Psychologie, Selbst-E sowie, eingedenk des von N. unter dem Titel ZUR NEUEN E DES MENSCHENGESCHLECHTS hierzu Vorgetragenen (und in *GD, Die vier grossen Irrthümer* 7 Weitergeführten): Wiederherstellung der „Unschuld" des Geschehens durch Entfernung des „Begriffs der →Strafe" aus der Welt (*M* 13). Speziell für Erzieher (über deren Kompetenzprofil N. gleichwohl immer wieder nachsann; vgl. *GD, Was den Deutschen abgeht* 5) scheint dabei der Ratschlag gedacht: „Ringen wir nicht im directen Kampfe! – und das ist auch alles Tadeln, Strafen und Bessernwollen. Sondern erheben wir uns selber um so höher! Geben wir unserm Vorbilde immer leuchtendere Farben! Verdunkeln wir den Andern durch unser Licht! Nein! Wir wollen nicht um seinetwillen selber DUNKLER werden, gleich allen Strafenden und Unzufriedenen! Gehen wir lieber bei Seite! Sehen wir weg!" (*FW* 321)

*Christian Niemeyer, Dresden*

**Es** | Das Bewusstsein, das alle meine Vorstellungen begleitet, und zwar unabhängig davon, was ich (inhaltlich) denke, ermöglicht das (formale) Wissen, dass ich denke: cogito ergo sum. Auf dieser Gewissheit beruht die von Descartes aller Materie enthobene Vernunft (res cogitans). Dazu merkte →Kant an, die Annahme eines auf →Vernunft gegründeten selbst-bewussten Ich sei eine an „Inhalt gänzlich leere Vorstellung: *Ich*, von der man nicht einmal sagen kann, daß sie ein Begriff sei, sondern ein bloßes Bewußtsein, das alle Begriffe begleitet." (1781/1787: 344) Das war der Ausgangspunkt eines subjekt- und sprach-kritischen Diskurses, in dessen Verlauf man konstatierte, dass „ich" nicht Herr meiner Gedanken sein könne. Man solle deshalb nicht sagen: „[I]ch denke"; vielmehr müsse man sagen: „[E]s denkt" (in mir). An diesem Diskurs, in dessen Verlauf das Leibhaftige der Vernunft rekonstruiert und von der Logik der Grammatik getrennt wurde, nahmen u. a. →Lichtenberg, Moritz, Feuerbach und N. teil (Nitzschke 2006). Bei N., der →Denken als Prozess auffasste, für den es viele Beweggründe, aber keinen ursächlichen Beweger gibt, heißt es: „[…] ein Gedanke kommt, wenn ‚er' will, und nicht wenn ‚ich' will; so dass es eine FÄLSCHUNG des Thatbestandes ist, zu sagen: das Subjekt ‚ich' ist die Bedingung des Prädikats ‚denke'. Es denkt […]". Dann aber fügte N. hinzu, zuletzt sei „schon mit diesem ‚es denkt' zu viel gethan: schon dies ‚es' enthält eine AUSLEGUNG des Vorgangs und gehört nicht zum Vorgange selbst." N. schloss, man werde sich eines Tages wohl daran gewöhnen müssen, auch „ohne jenes kleine ‚es' (zu dem sich das ehrliche alte →Ich verflüchtigt hat) auszukommen" (*JGB* 17). Im Gegensatz dazu steht →Freuds Behauptung, der von →Groddeck (1923) in die psychoanalytische Literatur eingeführte Begriff E sei „in Anlehnung an den Sprachgebrauch bei N." (Freud 1933b: 79) geprägt worden, bei dem dieser „grammatikalische Ausdruck für das Unpersönliche und sozusagen Naturnotwendige in unserem Wesen durchaus gebräuchlich ist" (Freud 1923: 251, Anm. 2). Diese Äußerung Freuds lässt sich durch kein weiteres Zitat aus N.s zu Lebzeiten Freuds veröffentlichtem Werk belegen – und verfehlt noch dazu den originären Beitrag N.s zur Debatte „ich denke/es denkt", der ja gerade darin bestanden hatte, den Sprachgebrauch zu kritisieren, der zum psychoanalytischen E-Begriff führte. Hingegen lässt sich der Freudsche Begriff mit einer Sentenz aus Feuerbachs *Theogonie* vereinbaren, von der Levitt annimmt (2009: 23, Anm. 14), Freud könnte ihr bereits während ihres Studiums – er war damals ein eifriger Leser der Schriften Feuerbachs – begegnet sein: „Wie verschwindend ist auch die Grenze zwischen dem bewussten Ich und dem unbewussten, unwillkürlichen Es im Menschen!" (Feuerbach 1857: 401). Dieses fremde „Es" ist und bleibt aber eine intellektuelle Konstruktion, mit deren Hilfe wir versuchen, uns mit uns selbst vertraut zu machen, wie N. in einem aus dem Herbst 1880 stammenden nachgelassenen Fragment bemerkt: „Das Nächste heißt uns ‚ich' mehr als das Entferntere, und gewöhnt an die ungenaue Bezeichnung ‚ich und alles andere, tu', machen wir instinktiv das ÜBERWIEGENDE momentan zum GANZEN EGO und alle schwächeren Triebe stellen wir perspektivisch FERNER und machen daraus ein GANZES DU oder ‚Es'." (NF 1880, 6[70]) Zum Thema auch: Gasser (1997: 107 ff.); Nitzschke (1998: 109 ff.).

*Bernd Nitzschke, Düsseldorf*

**Esel** | Der E kommt als Figur in N.s Schriften durchaus häufig vor, etwa zur Bezeichnung von Personen, die er für dumm oder töricht hält und denen er deswegen „lange Ohren" zuschreibt. Zusammen mit N.s Stolz auf seine kleinen Ohren und seine Skepsis gegen den als Eselei zu verstehenden deutschtümelnden Dogmatismus vieler seiner Zeitgenossen (→deutsch) erklärt dies sein Scherzwort: „Ich bin der ANTIESEL par excellence" (*EH, Warum ich so gute … 2*). Pikant ist vor diesem Hintergrund, dass →R. Wagner in einer berühmten Karikatur – in *Za II, Von der Erlösung* – fast vollständig als gigantisches einzelnes Ohr dargestellt wird.

Des Weiteren spielt N. mit dem Eselsmotiv auf verschiedene literarische und historische Ereignisse an, etwa auf das mittelalterliche „Eselsfest", ein durchaus deftiges Fest der Diakone des untersten geistlichen Rangs, das sich in zahlreichen europäischen Kirchen vor der Fastenzeit entwickelte. In diesem Karneval spielten die Narren Streiche, zogen manchmal in einer Prozession mit einem E in die Kirche ein und ahmten während der Messe Eselsschreie nach. In *JGB* 8 zitiert N. eine für das Eselsfest komponierte Hymne. In *Za IV, Die Erweckung* 2 stimmen die höheren Menschen eine Litanei an über Gott als E. Im nächsten, *Das Eselsfest* genannten Abschnitt diskutieren Zarathustra und die höheren Menschen über die Frage, wer der wahre E sei: Gott – oder derjenige, der so über ihn lästert. Der E in *Za* spielt auf *Der goldene Esel* von Apuleius an, konkret: auf die Hauptfigur, die durch einen Zaubertrank in einen E verwandelt wird und auf der Suche nach einem Gegenmittel viele Abenteuer zu durchstehen hat. Durch das Nachdenken darüber bildet sich der E. In gleicher Weise gewinnt Zarathustra durch sein eselhaftes Verhalten (z. B. sein Zorn, dass die höheren Menschen sich nicht als „gute Atheisten" erweisen) Einsicht. Im Ergebnis regt N. an, menschliches Irren als Torheit und nicht als →Sünde auszulegen sowie zu akzeptieren, dass unser Narrentum mitunter ein notwendiger Umweg zur Einsicht ist. Zum Thema auch: Salaquarda (1973a); Higgins (2004).

*Kathleen Marie Higgins, Austin*

**Ethik** | Die E (griech. Ethos, Sitte, Gewohnheit) als die philosophische Disziplin, die sich mit moralischen Werten, Prinzipien und Urteilen beschäftigt, unterschiedliche Entwürfe menschlichen Strebens und Glücks untersucht und sittlich orientiertes, menschliches Handeln und Denken bewertet, nimmt eine besonders exponierte Stellung im Denken und im Werk N.s ein. Nicht nur in den Büchern, die N. explizit und im Titel erkennbar der E gewidmet hat (*JGB, GM*), sondern durch fast alle seine Schriften zieht sich, wie ein roter Faden, die Auseinandersetzung mit der E.

Der Begriff der →Moral – als Gegenstand der E – hat immer zwei Aspekte: Zum einen im traditionellen Sinne die Frage nach dem richtigen Leben und Handeln, die Frage, worin das

Glück und das Ziel menschlichen Tuns von Individuen besteht. Zum anderen aber gebraucht N. ethische Kategorien in einem allgemeineren Sinn, etwa wenn er das →Leben selbst oder die abendländische Geschichte in normativer Hinsicht untersucht und im Ergebnis eine Weltanschauung ausmacht, die wesentlich lebensverneinend und sinnesfeindlich ist. Im Denken seiner Zeit sieht N. diese Tradition ihrem Ende nahen, die (christliche) Moral scheitert an ihrem immanenten Wahrheitsanspruch, der sich, verfeinert als wissenschaftliche →Redlichkeit, gegen die eigenen Dogmen richtet. Und so erkennt N. im →Atheismus und den damit einhergehenden positivistischen, materialistischen und psychologisierenden Strömungen seiner Zeit „die Ehrfurcht gebietende Katastrophe einer zweitausendjährigen Zucht zur →Wahrheit, welche am Schlusse sich die Lüge im Glauben an Gott verbietet." (*GM III* 27) N. charakterisiert die christliche E als unredlich und lebensverneinend, da sie die Grundtatsachen und wesentlichen Triebkräfte des Lebens, nämlich die Vergrößerung der eigenen Machtposition gegen jedweden Widerstand von außen zur Förderung und Bereicherung der eigenen Lebensbedingungen, leugnet und damit ihrem eigenen Prinzip der Wahrhaftigkeit untreu wird.

Die christliche „Sklavenmoral" der Schwachen, die gegen die „Herrenmoral" der Guten, Vornehmen und Starken opponiert, sei – und darin werde sie ihrem eigenen, auf Selbstlosigkeit orientierenden Anspruch untreu – selbst interessegeleitet. N. zufolge propagieren die christlichen Ideale der Nächstenliebe, der →Gleichheit, der Vergebung und des →Mitleids sowie der Verweis auf das Jüngste Gericht genau das als gut, was sich im Interesse der christlichen Weltanschauung als nützlich erweist. Dies nicht zugeben oder wahrhaben zu wollen, verurteilt N. als heuchlerisch. Zugleich kritisiert er die Jenseitsorientierung der christlichen E, die auf ein überirdisches Heilsversprechen vertröstet, dieses verherrlicht und somit das Leben im Diesseits herabsetzt. Demgegenüber plädiert N. für eine stark diesseitsorientierte E, welche die Grundtriebe, die stets auf Vergrößerung der →Macht gerichtet sind, berücksichtigt. Ethische Ideale bestehen für N. nicht im absoluten und kategorischen Sinne als apriorische oberste Wertideale, die selbst nicht mehr hinterfragt werden können, sondern sind kontingente, gesellschaftlich, natürlich und kulturell entstandene Normen. N.s →Perspektivismus ist also auch für seine E prägend, und insofern sind die postmodernen Grundthesen des ethischen und kulturellen Relativismus (→Postmoderne) von ihm bereits antizipiert.

N. vertritt, im Gegensatz zur christlichen gleichheitsorientierten E, einen „aristokratischen Radikalismus" (→Brandes), dessen Ziel und Zweck es ist, das „souveräne Individuum, das nur sich selbst gleiche, das von der Sittlichkeit der Sitte wieder losgekommene, das autonome übersittliche Individuum" (*GM II* 2), hervorzubringen. Nur wenige, ausgezeichnete Individuen wie Cäsar, →Napoleon oder →Goethe hätten in der Vergangenheit diesen Typus verkörpert. Sie sind exemplarische Vorbilder für die „Philosophen der Zukunft", →„Freie Geister", die Werteschaffende, Befehlende und Gesetzgeber sein sollen (vgl. *JGB* 210/211). Einige der von N. propagierten Tugenden des „freien Geistes", wie Mut, Vornehmheit, Selbstdisziplin, Pflicht und vor allem intellektuelle →Redlichkeit (vgl. *JGB* 227), orientieren sich stark an der antiken Tugend- und Charakter-E und stehen auch nicht gegen die ethischen Werte der christlichen Tradition, sondern fordern diese mit größtem Nachdruck ein. In diesem Sinne sollte N. durchaus nicht nur als Zerstörer, sondern auch als Erneuerer der Moral gesehen werden. Gleichwohl ist vor einer moralischen Verharmlosung N.s durch seine Apologeten zu warnen. Seine stark antidemokratischen Züge (→Demokratie) muten gerade aus heutiger Sicht befremdlich an, etwa wenn er Gleichheit und →Liberalismus als „Entartung" und „Verthierung des Menschen zum Zwergthiere" (*JGB* 203) bezeichnet, die „allgemeine Wohlfahrt" als „Brechmittel" (*JGB* 228) verunglimpft oder der französischen Aristokratie „am Anfange der Revolution" vorhält, nicht „mit gutem Gewissen das Opfer einer Unzahl Menschen" hingenommen zu haben, „welche um ihretwillen zu unvollständigen Menschen, zu Sklaven, zu Werkzeugen herabgedrückt und vermindert werden müssen." (*JGB* 258) Zum Thema auch: Schweppenhäuser (1988);

Stegmaier (1994); Brobjer (1995); Himmelmann (1996); Murray (1999); Steinmann (2000); Leiter (2002); Salehi/Günzel (2002); Brobjer (2003b); Höffe (2004); May (2004); Raffnsøe (2007); Tevenar (2007).

*Djavid Salehi, München*

***Der europäische Nihilismus*** | Systematischer Entwurf in 16 Abschnitten (NF 1886–87, 5[71]), den sich N. nach Abschluss von *FW V* (= *Wir Furchtlosen*) und vor der Niederschrift von *GM* auf der Durchreise von Chur nach →Sils-Maria in Lenzer Heide notierte und auf den 10. Juni 1887 datierte. In diesem von EFN für ihre Edition von ²*WM* (→*Der Wille zur Macht*) zerstückelten Entwurf (vgl. Montinari 1976: 323 f.) hat N. hellsichtig Menschheitskatastrophen vorausgesagt, wie sie im 20. Jh. eintraten; andererseits ringt er hier sichtbar mit dem Wiederkunftsgedanken (→ewige Wiederkunft). Im Hintergrund steht →Spinoza. Der sog. Lenzer Heide-Entwurf ist stichwort- und thesenartig formuliert, jedoch kein Fragment und kaum korrigiert (vgl. KGW IX 3: 13–24). →Heidegger hat an ihm das Wesen der →Metaphysik im Ganzen zu verdeutlichen versucht (1961b: 31–256; Stegmaier 2003). Seither ist der Entwurf zu einem der wichtigsten Anhaltspunkte der N.-Forschung geworden. N. hat ihn jedoch nicht zur Veröffentlichung ausgearbeitet.

Die „christliche Moral-Hypothese“ konnte sich, so N. im 1. Abschnitt des Entwurfs, jahrtausendelang als „das große GEGENMITTEL gegen den praktischen und theoretischen NIHILISMUS“ halten, weil sie dem Menschen trotz „seiner Kleinheit und Zufälligkeit im Strom des Werdens und Vergehens“ „absoluten WERTH“ und der Welt trotz aller Übel „SINN“ verlieh und für beides „ADÄQUATE ERKENNTNISS“ ermöglichte. So wurde der →Nihilismus bis in die Gegenwart erhalten, in der er, da nun „DIE OBERSTEN WERTHE SICH ENTWERTHEN“ (NF 1887, 9[35]), als solcher erfahrbar wird. N. sucht in den weiteren Abschnitten des Entwurfs eine neue Antwort auf den Nihilismus im Wiederkunfts- (2.–8.) und im Willen-zur-Macht-Gedanken (9.–16.). Die vom →Christentum geschärfte „WAHRHAFTIGKEIT“ hat sich gegen seine eigene „Verlogenheit“ gewendet (2.), und die Erleichterung des alltäglichen Lebens in Europa hat die Sinnbedürfnisse so ermäßigt, dass „Gott“ jetzt als „eine viel zu extreme Hypothese“ erscheint (3.). Doch das alte Vertrauen in „eine essentiell moralische Ordnung“ schlägt in ein radikales Misstrauen „gegen einen ‚Sinn‘ im Übel, ja im Dasein“ überhaupt um (4.). Der „LÄHMENDSTE Gedanke“ (5.), dass „alles UMSONST sei“ (4.), verdächtigt nun jeden Sinn als nihilistisch. Man kann ihn nur dadurch überwinden, dass man ihn „in seiner furchtbarsten Form“ denkt: „das →Dasein, so wie es ist, ohne Sinn und Ziel, aber unvermeidlich wiederkehrend, ohne ein Finale ins Nichts: ‚die ewige Wiederkehr‘“. N. vermutet in ihr zugleich „die WISSENSCHAFTLICHSTE aller möglichen Hypothesen“ (6.). Doch der Wiederkunftsgedanke scheint bereits in Spinozas →Pantheismus denk- und annehmbar geworden zu sein, und so könnte auch er noch der abendländischen Metaphysik verhaftet sein. Dann wäre zwar „der moralische Gott überwunden“ für eine „Ja-stellung zu allen Dingen“, aber nicht auch das Bedürfnis nach einem Gott überhaupt (7.). Aber Spinoza könnte nur ein „Einzel-Fall“ sein (8.). Die Möglichkeit einer Überwindung der christlichen Moral-Hypothese und ihres Nihilismus bleibt damit offen. In einem neuen Ansatz geht N. – wie dann auch in *GM* – davon aus, dass →Moral in einem Widerwillen gegen Macht besteht und den Ohnmächtigen dadurch Halt gibt, dass sie die Mächtigen „HASSEN und VERACHTEN“ dürfen. Fehlt ihnen dieser „Trost“, geraten sie in „desparateste Verbitterung“ (9.–10.). Sie werden sich in jeder Weise selbst zerstören, vor allem durch „die instinktive Nöthigung zu Handlungen, mit denen man die Mächtigen zu TODFEINDEN macht“: Ihr „WILLE INS NICHTS“ wird „die Mächtigen ZWINGEN, ihre Henker zu sein.“ (11.–12.) Der „Werth“ der bevorstehenden „CRISIS“ könnte immerhin darin liegen, dass sie „zu einer neuen Rangordnung der Kräfte […] den Anstoß giebt […]. Natürlich abseits von allen bestehenden Gesellschaftsordnungen.“ (13.–14.) Doch dabei werden sich „als die

Stärksten" die „Mäßigsten" erweisen, „die, welche keine extremen Glaubenssätze nöthig haben", und ein solcher „extremer Glaubenssatz" wäre auch der Wiederkunftsgedanke. Und so bleibt am Ende die offene Frage: „Wie dächte ein solcher Mensch an die ewige Wiederkunft?" (15.–16.) Zum Thema auch: Stegmaier (1994).

*Werner Stegmaier, Greifswald*

**ewige Wiederkunft** | Der Gedanke (auch: die Lehre) der en W (mitunter auch „Wiederkehr", wobei die Motive, die N. zu dieser abweichenden Wortwahl veranlassten, unklar sind; vgl. Skirl 2000a: 223 f.) des Gleichen postuliert die von N. auch mit der Formel →„amor fati" (NF 1888, 16[32]) abgesegnete Idee der →Bejahung des Kreislaufs (und mithin der Wiederholung) des Lebens und gehört – gleichrangig etwa mit der Diagnose vom Tod Gottes (→„Gott ist tot") sowie der Lehre vom →Übermenschen – zu den zentralen Denkmotiven der *Za*-Ära. In der N.-Forschung wird diesem Gedanken nach wie vor große Aufmerksamkeit gewidmet (vgl. etwa Dier 2001; Bornedal 2006). Nicht eben selten trifft er aber auch auf Skepsis, etwa wenn er als Zeugnis gelesen wird für eine kaum theoriefähige „individuelle Erfahrung" (Gerhardt 1992: 191) N.s bzw. als „ein affirmatives Einverständnis mit allem, wie es ist" (Simon 1992c: 7), womit die These von einem N. eigenen „Enthusiasmus des Schaffens" (Fleischer 1993: 143) fraglich werde. Eine – fragwürdige und in der Rezeptionsgeschichte fatale – Variante dieses Arguments stammt von →Baeumler und operiert mit dem Einwand, N. habe mit dem Gedanken der en W das im →Willen zur Macht noch präsente Bild des „ewigen Werden[s]" durch das Bild des „ewigen Seins" ersetzt, was zugleich meine, dass dieser Gedanke, von N.s (Denk-)System aus gesehen, „ohne Belang" sei (Baeumler 1931: 80). Im Gegenzug zu dieser Lesart hat →Heidegger (1961a: 30 f.) die – in der N.-Forschung eigentlich schon von Beginn an präsente (vgl. Andreas-Salomé 1894: 198) – Rede von einer im Gedanken der en W sich aussprechenden Wiederkehr des Metaphysischen im (seit *MA*) eher empirisch orientierten Denken auch noch des →späten N. in besonderer Weise zu profilieren versucht (vgl. Niemeyer 1998a: 381 ff.). Hinzuweisen ist schließlich noch auf den Vorhalt einer gekonnten Selbstinszenierung N.s (vgl. Zwick 1995: 160 ff.), die auch mit der Vokabel „Mystik" in Verbindung gebracht wird, dies etwa im Blick auf N.s – von Zeitzeugen wie →L. v. Salomé bestätigtes (vgl. Andreas-Salomé 1894: 196) – auffälliges Verhalten im Zusammenhang mit der (erstmaligen) Präsentation diesen Gedankens. Als erstes, gleichsam hartes Zeugnis für diese Selbstinszenierung darf wohl N.s Mitteilung gelten, wonach sich Verzögerungen im Abschluss des Manuskripts zu *FW* mit einem Gedanken – eben den der en W – erklären, den auszusprechen ihm noch der Mut fehle und der „‚Jahrtausende'" brauche, „um etwas zu werden" (An Köselitz, 25.1.1882).

Tatsächlich – dies ist die erste notwendige Feststellung im Zuge der Rekonstruktion des insoweit durchaus wichtigen Problems – war N. nicht unbekannt, dass die Lehre der en W, jedenfalls als „Mysterien-Glaube" (NF 1883, 8[15], 340), bei den alten Griechen eine Rolle gespielt hatte und „auch schon von →Heraklit gelehrt worden sein [könnte]." (*EH*, GT 3) Die aufgrund derartiger Hinweise und weiterer Bezüge (vgl. Ôkôchis 1972) angestellten Erkundungen haben die (defensive) These „vom relativ hohen Grade der Unabhängigkeit" (Djurić 1979: 16) N.s erlaubt, waren einem Verständnis des von N. Intendierten allerdings kaum förderlich. Analoges gilt für als Beiträge zur Quellenforschung angelegte Versuche, den von N. mit großem Aufwand konsultierten naturwissenschaftlichen Bezügen des damit fast in den Rang einer falsifizierbaren Theorie erhobenen Gedankens der en W nachzugehen (vgl. Spiekermann 1988). Im Übrigen sind derartige Untersuchungen nicht freizusprechen von dem Verdacht der Verdoppelung eines N. nicht nur in dieser Sache eigenen szientistischen Selbstmissverständnisses. „Ins Zentrum des ‚Gedankens'", so schon H. Ottmann, „führt dessen Nebenrolle als ‚wissenschaftliche' Hypothek nicht." (1985: 33)

Vergleichsweise interessanter scheint ein Rekurs auf →Schopenhauers sowohl christliche als auch hinduistische als auch antike Lehre von der „Wiederbringung aller Dinge" (1859b: 568). Ins Auge sticht dabei vor allem Schopenhauers Bemerkung, vielleicht werde „nie ein Mensch, am Ende seines Lebens [...] wünschen, es nochmals durchzumachen, sondern, eher als das, viel lieber gänzliches Nichtseyn erwählen." (1859a: 422) Denn diese Formulierung erscheint fast wie eine negative Abspiegelung von N.s Gedanken der en W, wobei Schopenhauer versuchte, seine deprimierende Botschaft durch eine metaphysische und eine pragmatische Vorstellung abzumildern: Ersteres dahingehend, dass im Menschen, der das Nichtsein wähle, etwas sei, „das der Tod nicht zerstören kann" (1859b: 569); Letzteres in dem Sinne, dass der im Dasein ausharrende Mensch immerhin des Umstandes eingedenk sein solle, „daß der heutige Tag nur Ein Mal kommt und nimmer wieder." (1851a: 413) Diese Argumentationsstrategie trägt zumindest indirekt einiges zum Verständnis des Gedankens der en W bei. Denn für den sich allmählich als Antimetaphysiker auslegenden →mittleren N. war die erstgenannte, metaphysische Beruhigung Schopenhauers inakzeptabel. Und an der pragmatischen Trostvorstellung Schopenhauers dürfte zumal der späte N. das Metaphysische vermisst haben, jedenfalls wenn man (wie einleitend angedeutet) annimmt, ihm sei es nun sehr wohl nicht nur um die „nächsten Dinge" (→*MA II*), sondern (auch) um die letzten und höchsten Probleme gegangen, in der Logik des Gedankens der en W gesprochen: Ihm habe es nicht genügt, den Menschen auf seine Verantwortung für jeden einzelnen Augenblick hinzuweisen, sondern er wollte ihn auch befähigen, diesen Augenblick so zu leben, dass er guten Gewissens in den Kreislauf der Ewigkeit gerückt werden konnte. Insoweit spricht einiges für Goederts (1978: 15) These, dass der Gedanke der en W den „absoluten Höhepunkt" in N.s Schopenhauer-Überwindung markiert.

Ein weiterer Schritt zur Klärung des von N. Gemeinten lässt sich bewältigen, wenn man einem Nachlassfragment N.s von 1873 nachgeht (vgl. Fleischer 1996). Hier zitiert N. Humes Frage an seine Bekannten, „ob sie die letzten zehn oder 20 Jahre ihres Lebens noch einmal zu durchleben wünschten." (NF 1873, 29[86]) Wenig später, in einer Vorstufe zu *HL*, nahm N. diese Frage, aus deren üblicher Verneinung auf des Menschen Hoffen auf Fortschritt im Geschichtsprozess zu schließen sei, wieder auf, nun aber schon als Antwortalternative den Gedanken erprobend, dass man dereinst diese Frage zwar auch verneinen werde, aber mit einer etwas anderen Begründung: „Mit der Begründung des un(über)historischen Menschen, welcher nicht im Process das Heil sieht, sondern an jedem Menschen und jedem Erlebniss und wiederum in jedem durchlebten Zeitraum, in jedem Tage, an jeder Stunde zu erkennen meint, wozu überhaupt gelebt wird: so dass für ihn die Welt in jedem einzelnen Augenblick fertig ist und ihr Ende erreicht." (NF 1873–74, 30[2], 728) Damit lag der (spätere) Gedanke der en W in nuce vor. Eine entscheidende Differenz ist allerdings zu beachten: Der frühe N. sah die Vision eines Endes der Geschichte im alltäglichen Horizont des je Erlebenden exemplarisch dort verwirklicht, wo eine dionysische Kunstauffassung wie die →Wagners das Regiment führe. So jedenfalls haben wir nun, aus der Perspektive des Gedankens der en W, N.s Formulierung von 1874 zu verstehen, wonach →Kunst und →Religion „dem →Dasein den Charakter des Ewigen und Gleichbedeutenden" (*HL* 10, KSA 1: 330) aufzuprägen in der Lage seien. Ihren vollen Gehalt gewann diese rudimentäre Form der Lehre der en W allerdings erst in der *Za*-Ära. Denn nun erst wusste sich N. jenseits Wagners und jenseits Gottes und hatte mithin Kunst und Religion als metaphysische Sinnstiftungsmächte verstoßen. Im Übrigen war N. inzwischen auch hinreichend die Grundauffassung jener ‚kleinen Leute' (→klein) suspekt geworden, die weder an Fortschritt noch an Sinnstiftung Interesse nahmen und froh waren, wenn alles beim vermeintlich bewährten Alten blieb.

Daraus folgt: In Absetzung von derlei geschäftsmäßiger Augenblicksapologetik, aber auch in Absetzung von dem überzeitlichen Anspruch einer in Religion oder Kunst angelegten Sinnstiftung suchte N. in *Za* mit dem Gedanken der en W eine neue Option für die überzeitliche Sinngebung in einer gottesfreien Ordnung der Dinge zu begründen, die zugleich den Nekrolog auf die Mächte des Stillstandes und der Dekadenz gestattete. Wenn N. beispielsweise in *EH* mit spöttischem Seitenblick auf seine Mutter (→N., Franziska) wie Schwester (→EFN) meinte, die e W sei sein „eigentlich ABGRÜNDLICHER Gedanke" (*Warum ich so weise bin* 3), spielte er exakt auf diesen Nekrolog (der insoweit auch einer auf eben jene ist) an. Denn das von N. hervorgehobene Adjektiv begegnet einem in substantivischer Form (→Abgrund) auch dort, wo er die Botschaft zu kennzeichnen sucht, die *Za* zu erfüllen hatte: Einen „Abgrund der Zukunft" sollte dieses Werk eröffnen, aus dem der Leser hervorkommt „mit einem andern Gesichte wieder zur Welt zurück." (An Rohde, 22.2.1884) Mit diesem Bild suchte N. seine Überzeugung zu begründen, er habe in *Za* einen Gedanken geäußert, „der die Geschichte der Menschheit in zwei Hälften spaltet." Um welchen Gedanken es sich handelt, deutet der Kontext an: Die Rede ist von einem Gedanken, zu dem ihm so recht noch der „Muth zum Tragen" (An Overbeck, 8.3.1884) fehle – pathetische Formeln, hinter denen sich die Lehre der en W, definiert als „WENDEPUNKT DER GESCHICHTE" (NF 1883, 16[49]), verbirgt. Der Nachlass verdeutlicht, in welche Richtung diese Geschichte gewendet werden soll: „Das 20te Jahrhundert", so heißt es hier in einem visionären Ausblick, „hat ZWEI GESICHTER: eines des Verfalls. Alle die Gründe, wodurch von nun an mächtigere und umfänglichere Seelen als es je gegeben hat (vorurtheilslosere, unmoralischere) entstehen können, wirken bei den schwächeren Naturen auf den Verfall hin." (NF 1884, 25[221]) Was N. hier thematisiert, sind die Folgen von Gottes Tod für die ‚schwächeren Naturen', für „das Gewürm ‚Mensch'", das sich, im Vertrauen auf Gott, bereits „als Ziel und Spitze, als Sinn der Geschichte, als ‚höheren Menschen' zu fühlen gelernt hat" (*GM I* 11) und dem nun, mit dem Tod Gottes, der Verfall als moralisch gerechtfertigt und historisch unüberbietbar in Aussicht steht, und zwar als Kehrseite des Aufstiegs der Gottlosen des 20. Jh.s, der „Erstlinge und Frühgeburten des kommenden Jahrhunderts" (*FW V* 343), denen eine Orientierung zu geben N. für seine Aufgabe hielt. Die Lehre der en W markiert also, insofern sie die rückwärtsgerichtete Verfallsdiagnose und die nach vorne orientierende Freisetzungsvision gleichermaßen antreibt, den Höhepunkt des Sendungsbewusstseins N.s. Damit ist freilich nur etwas gesagt zum Stellenwert des Gedankens der en W in der Architektur des Gesamtwerks, nicht aber zu der Frage, welche Bedeutungsbeimessung dieser Gedanke im Einzelnen erfährt und wie er die ihm von N. zugemutete Leistungserwartung rechtfertigen soll.

Den Einstieg zur Klärung dieser Fragen eröffnet N.s Hinweis, dieser Gedanke, der die „Grundconception" von *Za* trage, gehöre „in den August des Jahres 1881" (*EH*, Za 1). Denn damit hatte N. den Leser deutlich hingewiesen auf jene in der N.-Forschung unter dem Titel „Sils-Maria-Vision" abgehandelte Schlüsselszene, die ihren ersten literarischen Niederschlag im vorletzten Aphorismus von *FW* findet und über die N. selbst in einem mit pathetischen Worten („Anfang August 1881 in Sils-Maria, 6000 Fuss über dem Meere und viel höher über allen menschlichen Dingen!") abgezeichneten Fragmentnotat Bericht erstattet, u. a. hastig festhaltend: „Unendliche Wichtigkeit unseres Wissen's, Irren's, unsrer Gewohnheiten, Lebensweisen für alles Kommende. Was machen wir mit dem RESTE unseres Lebens – wir, die wir den größten Theil desselben in der wesentlichsten Unwissenheit verbracht haben? Wir lehren die Lehre – es ist das stärkste Mittel, sie uns einzuverleiben. Unsre Art Seligkeit, als Lehrer der grössten Lehre." (NF 1881, 11[141]) Vier Wochen später legte N. eine erste Skizze von *Za* nieder, dies noch unter dem Arbeitstitel „**Mittag und Ewigkeit**. FINGERZEIGE ZU EINEM NEUEN LEBEN" (11[195]). Für *Za IV* verzeichnete er dabei das Stichwort: „Begierde, alles noch einmal und ewige Male zu erleben." (11[197]) Das klingt nach einer Art neuer Lebenskunst (für einen kränkelnden Menschen), aber man täusche sich nicht: Was sich hier andeutet, ist die Grundlegung der Einsicht, dass die vom Bergprediger verbotene „Sorge ‚um den andern Tag'" zwar möglicherweise „unchristlich", aber „im höchsten Grade philosophisch" (N. an Brandes, 23.5.1888) sei, in der Umkehrung gesprochen: dass durch die neutestamentliche Botschaft „ein Auseinanderhalten von Diesseits und →Jenseits, von Zeit und Ewigkeit", aber auch „eine Theologie statt einer Praxis, ein ‚Glaube' statt einer Lebensweise" (NF 1887–88, 11[378]) Platz gegriffen habe mit der Folge, dass „dem Leben überhaupt das Schwergewicht genommen" (*AC* 43) sei. Dem stellt N. den Gedanken der en W – den er nicht von ungefähr unter dem Titel „Das grösste Schwergewicht" (*FW* 341) in die Diskussion eingeführt hat (vgl. Müller-Lauter 1971: 142) – entgegen. Er nämlich nötigt dazu, die Aufmerksamkeit des Menschen wieder auf ‚Praxis' wie ‚Lebensweise' zu konzentrieren, getreu der Losung: „Nicht nach fernen unbekannten Seligkeiten und Segnungen und Begnadigungen ausschauen, sondern so leben, daß wir nochmals leben wollen und in Ewigkeit so leben wollen! – Unsere Aufgabe tritt in jedem Augenblick an uns heran." (NF 1881, 11[161])

Von hier aus wird erst das Wort ganz verständlich, das Zarathustra lautstark und erkennbar ungeduldig seinen Gästen in *Za IV* entgegenhält: „Aber wir wollen auch gar nicht in's Himmelreich: Männer sind wir geworden, – so wollen wir das Erdenreich" (*Das Eselsfest* 2) Kaum minder ungeduldig hatte Zarathustra schon in *Za III* ausgerufen: „‚Ewig kehrt er wieder, der Mensch, dess du müde bist, der kleine Mensch' – so gähnte meine Traurigkeit und schleppte den Fuss und konnte nicht einschlafen." (*Der Genesende* 2, 274) Eine Lösung angesichts dieser unerquicklichen Aussicht auf die e W auch dieses Typus zeichnet sich insofern ab, als Zarathustra nach sieben Tagen – gleichsam am siebenten Tag *seiner* Schöpfung – durch seine Tiere belehrt wird, er sei ja schließlich „der Lehrer der en W" (ebd., 275). Dies will an sich noch nicht viel besagen. Denn dazu gehört zunächst nur, wie die Tiere weiter ausführen, Lehrer der Lehre zu sein, „dass alle Dinge ewig wiederkehren und wir selber mit, und dass wir schon ewige Male dagewesen sind, und alle Dinge mit uns." (ebd., 276) Diese Botschaft lässt noch den Schluss zu, dass auch die ‚kleinen Menschen' ewig wiederkehren werden. Hinzu kommt aber noch ein weiterer Auftrag an Zarathustra, nämlich der, dass er „den Menschen den Übermenschen künde." (ebd.) Dies ist die entscheidende Option, die es Zarathustra erlaubt, die deprimierende Kunde von der en W auch noch der ‚kleinen Menschen' reflexiv zu handhaben, also aus dem „Grausen vor dem Menschen überhaupt […] ‚fortzuschweben in ferne Zukünfte'" (*EH, Warum ich ein Schicksal bin* 5) sowie für die Hervorbringung der Übermenschen als derjenigen Sorge zu tragen, die die Aussicht auf die e W ertragen können und im Blick auf die dieser Gedanke seinen Schrecken verliert bzw., als der „große züchtende Gedanke" (NF 1884, 25[227]), seine Wirkung entfaltet. Damit ist die Schöpfungsgeschichte, die Zarathustra neu arrangieren kann, weil dem Menschen mit dem Tod Gottes die vor allem auf den Übermenschen hinweisende Schöpfungsvollmacht zufällt, an ihr Ende geführt. Und dies wiederum gibt Zarathustra Anlass – und dies verdeutlicht *Za IV, Das Zeichen* (vgl. Niemeyer 2007a: 135 ff.) –, den Gedanken (und die Lehre) der en W schlicht und einfach zu dementieren: Was ihn – besser gesagt: N. – in Zukunft einzig interessieren wird, ist nicht mehr der ‚höhere Mensch' oder das Mitleid mit ihm angesichts seiner en W ohne sichtbaren Fortschritt, sondern einzig und allein derjenige, der seine →Selbsterziehung zum Übermenschen (unter den Maßgaben des ‚züchtenden' Gedankens der en W) erfolgreich absolviert hat und als dessen Vorschein der schon aus *Za I, Von den drei Verwandlungen* bekannte →‚Löwe' zu gelten hat (ebenso wie das →Kind hier als Metapher für den Übermenschen eingeführt worden war). Insoweit wird man es wohl (vgl. auch Nehamas 2000: 188) als Beleg für seine erfolgreiche Selbsterziehung zu lesen haben, wenn Zarathustra am Ende des gesamten *Za* verkündet: „Wohlan! Der Löwe kam, meine Kinder sind nahe, Zarathustra ward reif, meine Stunde kam: – / Dies ist mein Morgen, mein Tag hebt an! herauf nun, herauf, du grosser Mittag!" (*Za IV, Das Zeichen*) Bis in die Feinheiten des Satzbaus – bisher, etwa in *Za III, Der Genesende*, galt die Aufforderung „Herauf" dem Gedanken der en W – kann man hier erkennen, welcher Paradigmenwechsel erfolgt: weg vom – auf Zyklizität von Zeit hinweisenden – Gedanken der en W hin zur Vorstellung wahrer Zeitlosigkeit und Vollkommenheit. Mit diesem Vollkommenheitsanspruch ist der (Über-)Mensch endgültig in das von ihm zu gestaltende Diesseits gestellt. Nun auch ist erst die Bejahung möglich auf die an sich rhetorische Frage: „Oder wie müsstest du dir selber und dem Leben gut werden, um nach Nichts MEHR ZU VERLANGEN, als nach dieser letzten ewigen Bestätigung und Besiegelung?" (*FW* 341) Der Gedanke der en W kann also auch gefasst werden als ethische Formel zur Beglaubigung eines vollkommenen Lebens in einer vom Reich der Fiktion ins Reich der Realität übergesprungenen Sozialutopie. Insoweit gilt, dass dieser Gedanke für einen N. zeugt, der „nicht einfach nur eine resignierte Hinnahme der Dinge [will], wie sie eben sind. Er will vielmehr eine Welt, in der es möglich ist, die ewige Wiederkehr des Gleichen zu wollen." (Vattimo 1992: 78)

*Christian Niemeyer, Dresden*

**Experimentalphilosophie** | In einer späten Notiz spricht N. davon, man könne eine Philosophie der von ihm vertretenen Art daran erkennen, wie viel →Wahrheit oder auch welche Irrtümer sie zu erwägen wagt: „Eine solche Experimental-Philosophie, wie ich sie lebe, nimmt versuchsweise selbst die Möglichkeiten des grundsätzlichen →Nihilismus vorweg: ohne daß damit gesagt wäre, daß sie bei einem Nein, bei einer Negation, bei einem Willen zum Nein stehen bliebe." (NF 1888, 16[32]) N. macht so den wagemutig-experimentellen Umgang mit grundlegenden Modellen der Weltdeutung zu einem Charakteristikum seiner Philosophie und Lebensform, die trotz ihrer probierend-künstlerischen Dimension durchaus nicht als Ausdruck von Leichtfertigkeit zu verstehen ist. Auch wenn N. den Begriff E nur einmal im Nachlass gebraucht, lässt sich der experimentelle Charakter seiner Vorgehensweise wie auch seiner ‚Doktrinen' in anderen Schriften ebenfalls nachvollziehen. In *M* versteht N. die Menschheitsgeschichte als Folge von Experimenten, die es in Zukunft bewusst durchzuführen gilt: „Wir sind Experimente: wollen wir es auch sein!" (453; vgl. *M* 501) Diesen Gedanken preist N. auch als die lebensbejahende und befreiende Einsicht, „dass das Leben ein Experiment des Erkennenden sein dürfe – und nicht eine Pflicht, nicht ein Verhängnis, nicht eine Betrügerei!" (*FW* 324) Die Geschichten sowohl der Moral und Politik als auch unserer Erkenntnisse und Wahrheiten, selbst unsere Taten und Willensakte (NF 1880, 2[8]; 3[120]) haben experimentellen Charakter. Vor diesem Hintergrund plädiert N. für eine methodische „Skepsis, auf welche mir erlaubt ist zu antworten: ‚Versuchen wir's!'" (*FW* 51; vgl. NF 1880, 6[356]), da nur so neue Einsichten und Lebensformen ermöglicht werden. „Ich lebe, damit ich erkenne: ich will erkennen, damit der →Übermensch lebe. / Wir experimentiren für ihn!" (NF 1882–83, 4[224])

Die einflussreichste Interpretation von N.s Idee einer E wurde von Kaulbach vorgelegt, der in ihr den organisierenden Kern der Philosophie N.s ausmacht. Sowohl sein „philosophisches Methodenkonzept" als auch „die ‚Inhalte' der Metaphysik N.s [sind] seiner Experimentalmethode angemessen". Zur Begründung dieser Deutung arbeitet Kaulbach neben den Brüchen vor allem auch die Kontinuität N.s zur philosophischen Tradition, insbesondere zu →Kant, heraus (1980: 152). Vor allem Gerhardt (1986) bemühte sich um eine Weiterentwicklung von Kaulbachs Überlegungen, aber auch andere Autoren (etwa Maurer 1983) griffen den Gedanken der E auf, um ihn zu einem „sustained philosophical argument and promising project" zu entwickeln oder seine Relevanz für N.s Beiträge zu einer zukünftigen Ethik herauszuarbeiten. Dennoch muss man wohl konstatieren, dass sich dieser Ansatz trotz seiner Vorzüge bisher nicht zu einem weithin etablierten Forschungsparadigma entwickelt hat.

*Helmut Heit, Berlin*

**Förster, Bernhard** | F, *31.1.1843 Delitzsch, †3.6.1889 San Bernardino/Paraguay, virulent antisemitischer, dt. Gymnasiallehrer, Schriftsteller und Kolonisator, wirkte 1881 bei der Gründung des antisemitischen Vereins Deutscher Studenten mit, ehe er sich dem Kolonialismus zuwandte. Der Verehrer →Wagners kombinierte eine Leidenschaft für deutsche Kultur mit Ökologie, wie der Entwaldung, und Sozialfragen, wie Vivisektion. Wie Wagner beklagte er den angeblichen Unwillen der Juden, sich an die deutsche Kultur zu assimilieren. Fs Begeisterung für Wagners Kunst als Quintessenz der deutschen Kultur kommt in Aufsätzen wie *Parsifal-Nachklänge* zum Ausdruck. F traf N.s Schwester 1876 in Bayreuth; sie heirateten am 22. Mai 1885. N. verachtete Fs Ideen, blieb der Hochzeit fern und traf sich nur einmal mit ihm auf Wunsch seiner Schwester an seinem 41. Geburtstag, dem 15. Oktober 1885. Die Fs reisten am 15. Februar 1886 nach Paraguay, um dort eine rassisch reine deutsche Kolonie zu gründen. Der Kollaps des Unternehmens führte zu Fs Tod (wahrscheinlich Selbstmord) am 3. Juni 1889.

*Carol Diethe, Fortrose*

**Förster-Nietzsche, Elisabeth, s. EFN**

**Fortschritt** | Mit dem Begriff F kennzeichnet N. einerseits konkrete positive Veränderungen und andererseits die Idee einer allgemeinen Verbesserung der Menschheit. Letztere wird vor allem in den späten Schriften mit einprägsamen Worten als „eine moderne Idee, das heisst eine falsche Idee" (*AC* 4) abgelehnt, wodurch N.s ambivalentes Verhältnis zum Fs-Begriff überdeckt wird.

Früh wendet sich N. gegen die Idee eines allgemeinen Fs, wenn er in der optimistischen Vorstellung einer „Correctur der Welt" (*GT* 17, KSA 1: 115) einen negativen Wendepunkt der Geschichte verortet. Die Hoffnung auf eine fortschreitende Abschaffung des Leidens durch den wissenschaftlich-technischen und ethisch-politischen F verwirft N. als Illusion, deren Demaskierung in den →Nihilismus führen soll. Denn ein egalitaristischer „F [in] der Moral" (NF 1880–82, 6[163]) scheitert an der tragischen Erkenntnis, dass das Leiden an der Ungleichheit zum Wesen des Lebendigen, verstanden als →Wille zur Macht, gehört (vgl. *JGB* 259). Diese Fs-Kritik impliziert aber keine Absage an einen F in den Bereichen Wissenschaft und Technik, der wiederholt anerkannt wird (vgl. *VM* 215).

Statt des Fs der menschlichen Gattung steht das positiv besetzte, singuläre „Fortschreiten [...] eines Menschen" (*MA* 224) im Zentrum von N.s Philosophie. Mit dem Streben nach der höchsten Ausbildung von individuellen Entfaltungsmöglichkeiten verbindet sich die Hoffnung auf einen kulturellen F (vgl. *MA* 24), der durch eine Umwertung aller Werte eine →Aristokratie der freien Geister ermöglichen soll. Ein Mittel zum F aus dem Nihilismus erkennt N. im anti-progressiven Gedanken der →Ewigen Wiederkunft, dessen Absage an eine Abschaffbarkeit des Leidens zu einer reinigenden Krisis und zur Offenbarung einer neuen Rangordnung der Kräfte führen soll. Einen „wirklichen progressus" (*GM II* 12), der statt einer Abschaffung sogar noch eine Steigerung des allgemeinen Leidens erfordern kann, sieht N. in der Förderung des experimentell-geistigen Fortschreitens von höchsten Begabungen.

In der Sekundärliteratur ist zumeist N.s Ablehnung der allgemeinen Fs-Idee hervorgehoben worden. Seine Position wurde einerseits als reaktionär kritisiert (Lukács 1962; Habermas 1985; Tugendhat 1993) und andererseits als postmodern ausgezeichnet (Lyotard 1987; Vattimo 1990). Selten ist dagegen auf die Ambivalenz von N.s Fs-Denken hingewiesen worden, das neben der Absage an einen emphatischen Fs-Glauben auch dezidiert positive Fs-Vorstellungen aufweist (Joisten 1994; Ottmann $^{2}$1999; Zachriat 2001).

*Wolf Zachriat, Berlin*

**Foucault, Michel** | F, *15.10.1926 Poitiers, †25.6.1984 Paris, franz. Philosoph und Historiker, 1967 Herausgeber (mit →Deleuze) der französischen Fassung der KGW. Das Selbstbekenntnis Fs kurz vor seinem Tod, „einfach Nietzscheaner" (2005a: 868) zu sein, lässt den hohen Stellenwert N.s für seine eigene Arbeit und Entwicklung erahnen. Die erste Begegnung mit N. verortet F im Jahr 1952 (ebd.), unter dem Einfluss der Lektüre →Batailles (2005b: 529) sowie →Heideggers (2005a: 868). Der Umgang Fs mit N. ist weniger von Werktreue geleitet als von der Maxime der Nutzbarmachung vor dem Hintergrund aktueller Probleme (F 2002: 932). Im Werk des jungen F bleibt die „Rolle N.s […] auf einige zentrale, aber thematisch eingeschränkte Felder begrenzt" (Saar 2007: 172) und konzentriert sich vor allem auf die Historismus-, Sprach- und Subjektkritik (vgl. Ebeling 2001: 159). So baut F N. in *Die Ordnung der Dinge* (1966) zum großen Gegenspieler des modernen Denkens auf und weist ihm eine – später bereute – „metahistorische Stellung" (2001a: 768) zu, indem schon N., vermittelt über den „Tod Gottes", den unausweichlichen Tod des →Menschen und des →Subjekts vorausgesagt habe. Die Arbeiten zwischen 1970 – seiner programmatischen Hinwendung zu N. in *Die Ordnung des Diskurses* – und 1976 weisen F nachträglich als u. a. von der „Hypothese N.s" (F 2001c: 33) angeleitet aus. Diese besagt: Will man Machtverhältnisse nicht juridisch betrachten, so muss man sie als „Modell Kampf-Repression" (ebd.: 34) denken. Die einst in der archäologischen Phase Fs leer gebliebene Stelle, nämlich die fehlende Erklärung des Wechsels von einer epistemischen Wissenskonstellation zu einer anderen, sucht F nun mit der von N. entlehnten Annahme eines ‚Willens zum Wissen' als eines →‚Willens zur Macht' aufzufüllen. In methodischer Hinsicht sind die machtanalytischen Untersuchungen ab 1971 an N.s →Genealogie angelehnt (F 1971). Das Spätwerk Fs weist deutlich weniger explizite Bezugnahmen auf N. auf; F selbst behauptet 1983, „seit Jahren N. nicht mehr […] gelesen" (2005b: 540) zu haben. Ungeachtet dessen meint F, sein später Rekurs auf die Selbstpraktiken sei mehr von N. als vom Existenzialismus Sartres inspiriert worden (2005c: 758). *Marek Naumann, Dresden*

**Frauen** | Nach dem Tod des Vaters (1849) wuchsen N. und seine Schwester in einem rein weiblichen Haushalt auf, der aus ihrer Großmutter väterlicherseits, zwei unverheirateten Tanten und ihrer tief frommen Mutter Franziska bestand. 1858 konnte die Mutter ein eigenes Heim in →Naumburg erwerben. Auffällig ist N.s Unbeholfenheit, als es später um eine mögliche →Ehe ging, aber auch sein Hingezogensein zu älteren, verheirateten F, wie etwa S. Ritschl, die Frau seines ‚Doktorvaters' →F. W. Ritschl in Leipzig, die 1868 durch ihre Freundin O. Brockhaus eine Begegnung zwischen N. und →Wagner arrangierte. Auf einem besonderen Blatt steht die Beziehung N.s zu →C. Wagner. Durch seine Position im Kreis Wagners schloss N. viele dauerhafte Freundschaften mit Wagner-Verehrern wie →M. v. Meysenbug, die 1877 versuchte, eine Partnerin (N. Herzen) für ihn zu finden, die er allerdings ablehnte. 1876 hatte er flüchtige Freundschaften mit Frauen, die, wie er später entdeckte, verlobt (M. Trampedach) beziehungsweise verheiratet (L. Ott) waren. Die einzige große Liebe N.s – →L. v. Salomé – blieb unerwidert und verlief (auch deshalb) tragisch (→„Lou-Erlebnis"). In den 1880er Jahren wurde N. bei seinen Sommeraufenthalten in →Sils-Maria zuweilen von Doktorandinnen der Universität Zürich besucht, die seine Bekanntschaft machen wollten, wie M. v. Salis, eine Schweizer Adelige und Frauenrechtlerin, die 1887 mit ihrer Freundin H. Kym kam. Ein Jahrzehnt später half sie N.s Schwester, das →N.-Archiv in Weimar zu kaufen.

In seinen Werken stellte N. die reproduktive Funktion der Frau so sehr in den Vordergrund, dass sich kinderlose Frauen geradezu verleumdet fühlen mussten, ohne dass solche mit Kinderwunsch sich in Sicherheit wiegen konnten. Dies zeigt seine spöttische Bemerkung: „Schrecklich zu denken, wenn ich durch meine Gedanken über das Weib irgend eine Schriftsstellerin, nachdem sie sich und die Welt schon genugsam mit ihren Büchern gequält hat, zu dem Rachegedanken treiben könnte, zu Kindern zu kommen!" (NF 1885, 34[100]) Wie man hier schon sieht, war ihm die Schriftstellerin ein Graus, und für Emanzipationsforderungen hatte N. nichts als Verachtung übrig.

Und dennoch: Als N.s Werk in den 1890er Jahren bekannt wurde, fand es eine positive Rezeption bei radikalen Feministinnen wie H. Stöcker, die einige Jahre lang mit N.s Schwester befreundet war. Selbst die gemäßigte Feministin H. Lange akzeptierte N.s Position zur Bestimmung der Frau als Mutter. Obwohl in der Blütezeit des Nietzscheanismus um die Jahrhundertwende einige Feministinnen, wie z. B. H. Dohm, N.s Misogynie kritisierten, priesen ihn die meisten, darunter Politikerinnen wie L. Braun, als potenziellen Befreier.

Auf metaphorischer Ebene führte N. seine eigene Verwendung der Trope „Frau" ein, um – etwa in *JGB* (Vorrede) – die Unzuverlässigkeit der →Wahrheit zu demonstrieren, was neuere Philosophinnen wie S. Kofman (1972) und Feministinnen wie L. Irigaray veranlasst hat, ein provokatives psychologisches Ensemble mit N. zum Thema des biologischen Essentialismus vorzulegen (1980). Die von →J. Derrida (1973) inspirierten Versuche, N. zu „verweiblichen" und ihn für die Postmoderne in Anspruch zu nehmen, haben sich erschöpft und einem neuen Naturalismus in der N.-Interpretation Platz gemacht. Zum Thema auch: Brann (1931); Förster-N. (1935); Diethe (1996); Leis (2000).

*Carol Diethe, Fortrose*

**Freigeister/Der freie Geist** | In der Zeit von *GT* lautete der Titel einer geplanten Schrift N.s *Die Tragödie und die F.* Wie der Briefwechsel mit Rohde zeigt, erwog N. schon damals und noch während des Sorrentiner Aufenthalts die Möglichkeit, ein „Kloster für freiere Geister" zu gründen. Das Motiv verbindet sich mit der Kritik der „Jetztzeit" und der modernen Rastlosigkeit. Der Freigeist wird aber erst nach der Trennung von dem ehemaligen Freigeist →Wagner zu einem Leitmotiv. Auch in N.s aufklärerischer Phase ist die Liebe zur „vita contemplativa" und zur einsamen Meditation ein Grundzug des Freigeists. Mehrere nachgelassene Fragmente belegen seit 1876 N.s Absicht, eine fünfte unzeitgemäße Betrachtung über den Freigeist zu schreiben. Dieses Projekt ging dann in *MA* auf, dem Untertitel nach *Ein Buch für freie Geister.* Rückblickend bezeichnet N. F als seine „tapferen Gesellen" und charakterisiert sie durch „eine grosse Loslösung", die das Verlangen nach Wanderschaft und Fremde mit sich bringt (*MA, Vorrede* 2 und 3). Er nennt dieses Vorbild, Gegenstück seiner selbst, zunächst „Freigeist", dann „freien Geist", um seine Abhebung gegenüber den *esprits forts* zu betonen. Trotzdem fühlt sich N. seinen Vorgängern durch „die Last der öffentlichen Missgunst und Beschimpfung" (*VM* 211) verbunden. Ideal des heimatlosen, in vielen Ländern des Geistes sich aufhaltenden Freigeists und Wanderers ist das „geistige Nomadenthum" (ebd.). Im Nachlass dieser Jahre haben „die betrachtenden F [die] Mission", alle Schranken hinwegzuheben, welche einer Verschmelzung der Menschen und Kulturen im Wege stehen (NF 1876, 17[53]). Mehrere Aphorismen des fünften Hauptstücks von *MA* sind der Entstehung des Freigeists gewidmet, wobei N. den ethnologischen Blickwinkel von Bagehot anlegt, welcher die Spannung zwischen den geschlossenen Gemeinschaften und den gefahrbringenden, abweichenden Geistern thematisiert. Die F sollen, wie der von →Emerson geschilderte Denker, „das →Neue" versuchen und vermitteln. Der Freigeist ist in *MA* mit der Analyse der gebundenen Geister, der →Pascal und →Montaigne vielfache Anregungen verdanken, eng verknüpft. Besonders Pascal lieferte N eindrückliche Stichworte für die Charakterisierung des freien Geistes, z. B. als einsamer Seiltänzer (Vivarelli 1998). Frankreich habe nämlich die „vollendeten Typen der Christlichkeit" wie auch diejenige des unchristlichen Freigeists hervorgebracht (*M* 192). Der Freigeist tritt weiter im zweiten Hauptstück von *JGB* (mit dem Titel *Der freie Geist*) in den Vordergrund. Im Horizont der neuen →Aufklärung werden „die sehr freien Geister" den „fälschlich genannten ‚freien Geister[n]'", d. h. den demokratischen „Nivellirer[n]" und „Fürsprecher[n] der ‚modernen Ideen'", nachdrücklich entgegengesetzt. Die F der Zukunft sollten gerade den umgekehrten Weg betreten und die gefährlichen Bedingungen erstreben, unter denen „die Pflanze ‚Mensch'" am kräftigsten wächst (*JGB* 44). Zum Thema auch: Heller (1972a); Picht (1988: 44 ff.); Treiber (1989).

*Vivetta Vivarelli, Pisa*

**Freud, Sigmund** | F, *6.5.1856 Freiberg/Mähren, †23.9.1939 London, österr. Nervenarzt und Begründer der Psychoanalyse, hat immer wieder seine Unabhängigkeit von N. betont und versichert, dessen Werk nicht gut zu kennen (vgl. 1914a: 53; 1925: 86). F gestand N. „Ahnungen" zu, die erst durch Forschungen der Psychoanalyse wissenschaftliche Geltung erlangen könnten. Belegbar ist, dass er seit seiner Studienzeit N. gelesen hat; Freunde und Bekannte Fs, wie Paneth, Lipiner und V. Adler, standen im brieflichen oder persönlichen Kontakt mit N. (vgl. Boehlich 1989: 116; McGrath 1974; Gasser 1997: 7 ff.; Venturelli 2003: 257 ff.). F schrieb 1900 an Fließ, er hoffe, in N.s Werken „Worte für vieles, was in mir stumm bleibt, zu finden [...]." (zit. n. Masson 1986: 438) Bei Treffen der Wiener psychoanalytischen Gesellschaft zeigte er sich als gut unterrichteter Interpret der Schriften und der Biographie N.s. (Nunberg/Federn 1976: 334 ff.; 1977: 22 ff.) Durch die Freundschaft mit →L. v. Salomé gewann F Kontakt zu einer intimen Kennerin von N.s Gedankenwelt. Wichtige Äußerungen zu N. finden sich im Briefwechsel mit A. Zweig (vgl. E. L. Freud 1968; Gasser 1997: 147 ff.). Groddecks Begriff des →Es, den F auf N. zurückführte, wurde 1923 zu einem Terminus der Psychoanalyse. Konzepte der Psychoanalyse, wie die Verdrängung, die Sublimierung, das Lustprinzip, die Traumdeutung, die Rolle der Sexualität und des Unbewussten, finden sich in N.s →Psychologie vorformuliert (Dimitrov/Jablenski 1967; Gödde 1999), wobei vergleichende Analysen auch Differenzen herausarbeiten (Gasser 1997: 179 ff.). Kritiker der Psychoanalyse wie Jaspers monierten, sie könne nicht die Intentionen N.s einlösen, denn Existenz sei „unberührbar durch psychopathologisches Wissen und Erfahrung." (1958: 356)

*Rainer Otte, Bad Sachsa*

**Freundschaft** | Seit der Antike ist die Ursache des Schlechten der Streit, die Ursache des Guten die F. Hatte Platon im *Lysis* selbst zwischenmenschliche Beziehungen als ein Problem primär politisch verstandener Gerechtigkeit gesehen, versteht Aristoteles sie dagegen deutlicher als humanes Interesse. Beiden gemeinsam ist die Abgrenzung zwischen F und Liebe, die sich im Christentum der Spätantike zur Gleichsetzung von nicht sinnlicher, christlicher Liebe mit wahrer und ewiger F durch und mit Gott wandelt.

N. versucht F in ihrer Realität und ihren Motiven und losgelöst von überkommenen moralischen Forderungen und Idealen der „Ethik der Alten" sowie deren „recht queren Entwicklung" (NF 1869, 1[52]) – „Nach der jetzt üblichen Auffassung der Moralität ist das Freundesverhältniss das moralischeste, welches existirt." (NF 1876/77, 23[106]) – zu verstehen. Zunächst klingen seine Bedingungen von F nicht ungewöhnlich: „Die gute F entsteht, wenn man den Anderen sehr achtet und zwar mehr als sich selbst, wenn man ebenfalls ihn liebt, jedoch nicht so sehr als sich, und wenn man endlich, zur Erleichterung des Verkehrs, den zarten ANSTRICH und Flaum der Intimität hinzuzuthun versteht, zugleich aber sich der wirklichen und eigentlichen Intimität und der Verwechselung von Ich und Du weislich enthält" (*VM* 241). Das geradezu überirdische Ausmaß solcher F scheint N., zumindest eine Zeit lang, selbst erlebt zu haben. Neben Versen unter Titeln wie *Sternen-Egoismus* (*FW*, *„Scherz ..."* 29) und *Sternen-Moral* (*FW*, *„Scherz ..."* 63) sowie Slogans wie „Aus alten Sternen-Trümmern einen neuen bilden" (NF 1883, 15[30]; vgl. NF 1888, 20[124]) findet sich der berühmt gewordene – wie EFN (1915: 280) meinte auf R. →Wagner, tatsächlich aber wohl auf →Rée anspielende – Aphorismus *Sternen-F*: „Wir waren Freunde und sind uns fremd geworden. Aber das ist recht so und wir wollen's uns nicht verhehlen und verdunkeln, als ob wir uns dessen zu schämen hätten. [...] Und so wollen wir an unsere Sternen-F GLAUBEN, selbst wenn wir einander Erden-Feinde sein müssten" (*FW* 279). Aus diesen Erfahrungen ergeben sich für N. beiläufige Bestimmungen der F, wie: „Uebrigens ist die Gabe, gute Freunde zu haben, in manchem Menschen viel grösser, als die Gabe, ein guter Freund zu sein" (*MA* 368). Oder: „Der beste Freund wird wahrscheinlich die beste Gattin bekommen, weil die gute Ehe auf dem Talent zur F beruht" (*MA* 378). Frauen kommen dabei schlecht weg, insbesondere in *Za, Vom Freunde*: „Bist du ein Sclave? So kannst du nicht Freund sein. Bist du ein Tyrann? So kannst du nicht Freunde haben.//Allzulange war im Weibe ein Sclave und ein Tyrann versteckt. Desshalb ist das Weib noch nicht der F fähig: es kennt nur die Liebe.“ Sowie, einige Zeilen später: „Noch ist das Weib nicht der F fähig: Katzen sind immer noch die Weiber, und Vögel. Oder, besten Falles, Kühe.“ Dies freilich wirkt wie trotzig dahingesagt und trifft nicht die zentrale Botschaft dieser Rede, die darin gründet, dass der Mangel an F – ähnlich wie die Selbstverpflichtung zur Keuschheit – noch nicht die Ableitung eines prinzipiellen Verdachts gegen den Status der →Einsamkeit erlaubt.

Parallel entwickelt sich, ausgehend von der Einsicht: „Mitfreude, nicht Mitleiden, macht den Freund“ (*MA* 499; vgl. NF 1876, 19[9]), eine neue Wertschätzung der F als „eine Art Fortsetzung der Liebe, bei der jenes habsüchtige Verlangen zweier Personen nach einander einer neuen Begierde und Habsucht, einem GEMEINSAMEN höheren Durste nach einem über ihnen stehenden Ideale gewichen ist“ (*FW* 14). In spürbarer Nähe zur spätantiken, christlichen Auffassung, nach der F sich statt auf den Nächsten auf den vollkommenen Menschen richtet, spricht auch die Verkörperung dieser rechten F, der gegen die (enttäuschenden) „alten Freunde“ Nietzsches („Freunds-Gespenster“) (*JGB, Aus hohen Bergen*) in Stellung gehende ‚neue‘ Freund Zarathustra: „Ich lehre euch den Freund, in dem die Welt fertig dasteht, eine Schale des Guten, – den schaffenden Freund, der immer eine fertige Welt zu verschenken hat.//[…]//Die Zukunft und das Fernste sei dir die Ursache deines Heute: in deinem Freunde sollst du den →Übermenschen als deine Ursache lieben.//Meine Brüder, zur Nächstenliebe rathe ich euch nicht: ich rathe euch zur Fernsten-Liebe“ (*Za I, Von der Nächstenliebe*). Diese neue F rückt gar den Wert der Feindschaft in neues Licht: „Sei wenigstens mein Feind! – so spricht die wahre Ehrfurcht, die nicht um F zu bitten wagt“ (*Za I, Vom Freunde*). Zuletzt scheint N., mit Seitenblick wohl auf jene ihn nicht mehr verstehenden ‚Freunds-Gespenster‘ (wie →Rohde), nicht einmal mehr Platz lassen zu wollen für die „guten Freunde“: Man tut gut daran, „ihnen von vornherein einen Spielraum und Tummelplatz des Missverständnisses zuzugestehn: – so hat man noch, zu lachen; – oder sie ganz abzuschaffen, diese guten Freunde, – und auch zu lachen!“ (*JGB* 27). Zum Thema auch: Schank/van Tongeren (1999); Eichler (2001); Derrida (2002).

*Andreas Poenitsch, Freiburg i. Br.*

**Fritsch, Theodor** | F, *28.10.1852 Wiesenau (Sachsen), †8.9.1933 Gantzsch b. Leipzig, Pseud.: Thomas Frey, E. Roderich-Stoltheim, dt. Verleger und Schriftsteller, Mitbegründer und Reichstagsabgeordneter der Deutschvölkischen Freiheitspartei, gilt als der „wichtigste deutsche Antisemit vor Hitler“ (Phelps 1961: 443). F erwarb sich diesen zweifelhaften Ruhm durch die von ihm herausgegebene und verlegte *Antisemitische Korrespondenz*, die Begründung der *Hammer*-Bewegung, die gleichnamige Zeitschrift sowie die Herausgabe des *Antisemiten-Katechismus*, der unter dem Titel *Handbuch der Judenfrage* 40 Auflagen erleben sollte und zu dessen Autoren auch Wagnerianer wie L. Schemann gehörten (vgl. Schüler 1971: 106). Hitler jedenfalls rühmte diesem Elaborat 1930 in einem Brief an F nach, den Boden bereitet zu haben „für die nationalsozialistische antisemitische Bewegung“ (zit. n. Ferrari Zumbini 2003: 321). Insofern hatte Goebbels allen Anlass, F nach dessen Tod als „hochverdienten Vorkämpfer unserer völkischen Wiedergeburt“ zu loben, mit dem Effekt, dass F – etwa in Gestalt eines Denkmals in Berlin-Zehlendorf – „in den folgenden Jahren der nationalsozialistischen Gewaltherrschaft zunehmend zur antisemitischen Ikone stilisiert [wurde].“ (Puschner 2001: 57)

Mit N. kam F in Berührung, weil dieser die Geschäfte des N.-Verlegers (und Antisemiten) Schmeitzner übernommen hatte und zudem mit N.s Schwager →Förster befreundet war und wohl meinte – vermutlich infolge des Leserbriefes des antisemitischen N.-Verehrers Busse in der *Antisemitischen Correspondenz*, über welchen Busse N. informierte (An N., 9.2.1887; vgl.

Mittmann 2006: 85 f.) –, auch N. für die antisemitische Sache gewinnen zu können. Darauf deutet auch das von F in einem Artikel für das erwähnte antisemitische Handbuch zum Ausdruck gebrachte Kalkül auf den (antisemitischen) „eigentliche[n] Drachentöter", den „wahren Siegfried" (zit. n. Pross 1959: 256) hin, insoweit F das Drachentöter-Motiv aus N.s *GT* gekannt haben dürfte und wohl der Meinung war, dies ließe sich einem mit antisemitischen Vorzeichen versehenen Siegfried-Motiv aus →Wagners *Ring des Nibelungen* einfügen. Unsicher indes war F offenbar nur noch, ob N., der unter dem Einfluss Wagners zum →Antisemitismus neigte, weiterhin der antisemitischen Propaganda zu folgen bereit war. Entsprechend wandte er sich im März 1887 brieflich direkt an N., der allerdings schroff abweisend reagierte und Ansichtsexemplare der *Antisemitischen Correspondenz* mit dem Vermerk zurückschickte, er bitte darum, fürderhin von derlei Zusendungen verschont zu werden, denn „dieses abscheuliche Mitredenwollen noioser Dilettanten über den WERTH von Menschen und Rassen, diese Unterwerfung unter ‚Autoritäten', welche von jedem besonneneren Geiste mit kalter Verachtung abgelehnt werden (z. B. →E. Dühring, →R. Wagner, Ebrard, Wahrmund, →P. de Lagarde – wer von ihnen ist in Fragen der Moral der unberechtigste, ungerechteste?), diese beständigen absurden Fälschungen und Zurechtmachungen der vagen Begriffe ‚germanisch', ‚semitisch', ‚arisch', ‚christlich', ‚deutsch' – das Alles könnte mich auf die Dauer ernsthaft erzürnen […]." (An F, 29.3.1887) Für F war nach dieser Kampfansage an die Adresse der damaligen Heroen der völkischen Bewegung die Sache klar, und er reagierte mit einer vernichtenden Rezension der gerade erschienenen Abhandlung *JGB*, in der er N. als „philosophische[n] Seichtfischer" abfertigte, dem „all und jedes Verständnis für nationales Wesen" abgehe und der zumal in Fragen des Judentums nur den „flache[n] geistreichelnde[n] Schwatz eines angejüdelten Stuben-Verlehrten" (Krummel I: 143) biete.

Auch in der Folge warnte F seine völkischen Gesinnungsgenossen – nicht selten ohne Erfolg – immer wieder vor N., dies gleichsam im Gegenzug zu →EFN, deren Editionspolitik dahin ging, N. mittels →Werkfälschungen (→*Der Wille zur Macht*) und →Brieffälschungen den Grundanliegen der völkischen Bewegung, so wie sie dieselben aus ihrer Ehe mit Förster kannte, möglichst kompatibel zu machen und die deswegen den für diese Absicht diskriminierenden Briefwechsel ihres Bruders mit F systematisch in Vergessenheit brachte und/oder die auf diesen Briefwechsel hinweisenden weiteren Dokumente so verfälschte, dass der Eindruck entstand, N. habe Overbeck mitgeteilt, er stehe F mit Wohlwollen gegenüber. Stellt man dies in Rechnung, wird es nicht überraschen, dass EFN darauf aus war, dass auch der Brief, den N. im März 1887 von F erhalten hatte, ‚verloren' blieb und die Antwortbriefe N.s an F nicht publik wurden – derer EFN allerdings nicht habhaft werden konnte, zumal sie F für seine Zwecke, nämlich für die Warnung vor dem Anti-Antisemiten N., gut gebrauchen konnte. Dieses Damoklesschwert schwebte also beharrlich über ihr – ebenso wie jenes im Blick auf den Brief, den N. Overbeck unmittelbar nach seiner Antwort an F geschrieben hatte und der einen Rückschluss darauf hätte erlauben können, was N. F geantwortet hatte.

EFN verfuhr wie üblich: Sie nahm den Brief in ihre 1909 erschienene Briefedition auf, allerdings nicht in Originalgestalt. Vielmehr erweckte sie mittels kaum sichtbarer chirurgischer Eingriffe den Eindruck, N. habe Overbeck mitgeteilt, er stehe Fs Versuch der Indienstnahme für die Sache der *Antisemitischen Correspondenz* mit Wohlwollen gegenüber. So ließ sie beispielsweise den – deutlich die Distanz N.s verratenden – Eröffnungssatz fort, mit dem N. Overbeck auf die Schilderung seiner F-Episode einstimmen wollte: „Anbei ein komisches Faktum, das mir mehr und mehr zum Bewußtsein gebracht wird." (An Overbeck, 24.3.1887) Den nachfolgenden Satz („Ich habe nachgerade einen ‚Einfluß', sehr unterirdisch, wie sich von selbst versteht.") ersetzte sie durch die sehr viel eindeutiger klingende Formulierung: „Ich habe nachgerade etwas wie ‚Einfluß'." (GBr V/2: 718) Dem ließ sie, abzüglich stilistischer Umstellungen, einige weitgehend korrekt wiedergegebene Sätze folgen, mündend in der Formulierung:

„Zarathustra ‚der göttliche Mensch' hat es den Antisemiten angethan; es giebt eine eigne antisemitische Auslegung davon, die mich sehr hat lachen machen." (An Overbeck, 24.3.1887) Als entscheidende Pointe präsentierte sie N.s Satz: „Das Problem des ‚Gesetzgebers' dämmert diesen Köpfen, die gewohnt waren, auf Stimmen-Majoritäten ihr Heil zu setzen." (GBr V/2: 718) Dieser Satz sollte im unbedarften Leser den Verdacht erzeugen, N.s Lachen sei nicht etwa ein sarkastisches gewesen, sondern eines aus Freude über seinen Erfolg bei den Antisemiten.

Dies war ein hochriskantes Spiel, denn das Original des von EFN gefälschten Briefes wurde als Teil des Overbeck-Nachlasses in der Universitätsbibliothek Basel aufbewahrt (→Basler Tradition/Weimarer Tradition). Außerdem hielt der N.-Nachlass zwei Passagen bereit, deren Veröffentlichung EFNs Auslegung vollends zur Farce hätte werden lassen. In dem einen dieser Vermerke, der erstmals 1974 durch die →Colli/Montinari-Ausgabe publik gemacht wurde, findet sich die erkennbar auf Fs Brief vom März 1887 und N.s Antwort vom 23. März bezogene Bemerkung: „Neulich hat ein Herr Theodor F aus Leipzig an mich geschrieben. Es giebt gar keine unverschämtere und stupidere Bande in Deutschland als diese Antisemiten. Ich habe ihm [...] zum Danke einen ordentlichen Fußtritt versetzt. Dieses Gesindel wagt es, den Namen Z(arathustra) in den Mund zu nehmen! Ekel! Ekel! Ekel!" (NF 1886–87, 7[67]) Beide Faktoren zusammen könnten erklären, warum der N.-Vetter R. Oehler den Brief N.s an Overbeck vom 24. März 1887 in der von EFN 1909 gefälschten Fassung nicht mehr berücksichtigte, als er 1911 im Insel-Verlag eine Auswahl von Briefen N.s besorgte, deren Fälschungen und Weglassungen hier aufzuzählen der Platz fehlt. Ersatzweise sei nur ein Exempel gegeben: Weder in dieser Ausgabe noch in jener Neuauflage, die der Insel-Verlag 1993 unkommentiert zu präsentieren für geboten hielt, findet sich N.s Satz, dass es sich bei den „Herrn Deutschen" um „die zweideutigste Art Mensch", um die „im Verhältniß zum Christenthum fluchwürdigste Rasse der Geschichte" (An Brandes, 20.11.1888) handele. Nimmt man die Tilgung dieser Stelle als exemplarisch für die von Weimar ausgehende Fälschungsstrategie, kann es kaum überraschen, dass auch Oehlers Edition N.s F-Briefe nicht präsentierte und der Herausgeber keinerlei Anstalten unternahm, dieser – für das N.-Bild EFNs kompromittierenden – Quellen habhaft zu werden. Ersatzweise beließ er es dabei, einen bereits 1909 publizierten, ausgerechnet auf den „23. März 1887" (also den Tag des Abgangs des ersten Briefes von N. an F) datierten Brief N.s an seine Schwester wiederzugeben, der von der ersten bis zur letzten Zeile aus deren Feder stammt. Die Absicht dieser Fälschung ging offenbar dahin, für alle Fälle gewappnet zu sein, also deutlich zu machen, dass N. zu eben jener Zeit, zu der ihn die F-Korrespondenz beschäftigt haben soll, über nichts Dringlicheres nachsann als darüber, seinem „lieben Lama" zu versichern, dass er für sie, die nun als Gattin Försters in Paraguay lebte, ohnehin „keinen Ersatz" (zit. n. Oehler $^{2}$1917: 306) fände. Was sich tatsächlich hinter Oehlers Zurückhaltung in Sachen von N.s Brief an Overbeck verbarg, wurde erst drei Jahre später (1914) deutlich: Oehler sowie der Overbeck-Schüler Bernoulli schlossen nach langem gerichtlichen Streit (vgl. Meyer/v. Reibnitz 2000: XVI) einen Vergleich des Inhalts, dass sich „zwei zu einander im Gegensatz stehende Parteien verständigt [haben], um F. N.s Briefwechsel mit Franz Overbeck zu veröffentlichen" (Oehler/Bernoulli 1916: 1) – mit dem Effekt, dass auch der Brief vom 24. März 1887 erstmals 1916 in Originalgestalt zugänglich wurde.

In anderer, zentralerer Hinsicht funktionierte die Weimarer Fälscherwerkstatt allerdings auch in Sachen der Oehler/Bernoulli-Edition wie gewohnt – mit der Folge, dass Podach 1963 gut acht Druckseiten allein zur zusammenfassenden Wiedergabe der von Oehler unterdrückten Stellen aus N.s Briefen an Overbeck benötigte (vgl. Podach 1963: 184 ff.). Die Gesamttendenz der Fälschungen ist bemerkenswert: Weggelassen wurden von Oehler alle freundlichen Äußerungen N.s über Juden und alle unfreundlichen über N.s antisemitischen Verleger Schmeitzner, N.s Schwester wie Mutter, N.s Schwager, dessen Paraguayprojekt sowie einzelne Heroen der völkischen Bewegung, verallgemeinernd und auf den hier interessierenden Punkt hin gesprochen: Oehler unterdrückte systematisch vor allem jene Passagen, in denen sich exakt die Haltung dokumentiert, welche sich auch in den Briefen N.s an F vom März 1887 bekundet.

Anzumerken bleibt, dass (auch) →Baeumler (1932) – ebenso wie nach ihm R. Oehler (1940) und M. Oehler (1944) – darauf verzichtete, N.s F-Briefe abzudrucken. Dies war allein schon deswegen eine kluge Entscheidung, weil Podach (1932: 125 ff.) zeitgleich auf die Distanz zwischen N. und Förster sowie die eigentlichen Abgründe der F/Förster-Beziehung hingewiesen hatte und es sich insoweit (so möglicherweise Baeumlers Kalkül) nicht gut gemacht hätte, wenn man den N.-Interessenten unter den Nationalsozialisten durch die Bekanntgabe dieses Briefwechsels weitere Steine in den Weg gelegt hätte. In Sachen von N.s diesbezüglich verräterischem Brief an Overbeck vom 24. März 1887 verfuhr Baeumler allerdings etwas vorsichtiger als EFN und brachte nicht die von ihr 1909 präsentierte Fälschung, sondern das von Oehler/Bernoulli (1916) erstmals bekannt gemachte Original. Allerdings behielt Baeumler die von EFN vorgezeichnete Deutungslinie bei, kommentierte also wie gehabt: „Der freundliche Ton, den er gegenüber den Antisemiten anschlägt, geht offenkundig darauf zurück, daß er in ihrem Kreis als Führer anerkannt zu werden scheint.“ (1932: 408) Damit hatte er sich auch in philologischer Hinsicht mitschuldig gemacht an der von EFN eingeleiteten Nazifizierung N.s.

Nachzutragen bleibt, dass weder Schlechta – in SA III, 1956 erschienen – noch Löwith (1959) in ihren weit verbreiteten (Teil-)Editionen diese Briefe publizierten und erst Groos (1960) an eher abgelegener Stelle für Abhilfe sorgte, mit dem Effekt, dass im deutschen Sprachraum mit den Briefen N.s an F vom März 1887 die wohl eindeutigsten Belege in Sachen von N.s →Anti-Antisemitismus in Vergessenheit gerieten und erst 1975 durch die →Colli/Montinari-Ausgabe bekannt wurden. Anders steht es mit Emigrantenkreisen, wie an *Das Neue-Tage-Buch* (Paris u. Amsterdam) gezeigt werden kann, das am 28. Oktober 1933, also an Fs 81. Geburtstag – und wenige Wochen nach seinem Tod – mit einem Aufmacher zum Thema *Die Vergewaltigung N.s* aufwartete und dabei N.s Ablehnung des Antisemitismus durch den Wiederabdruck eben jener Briefe an F vom März 1887 zu beglaubigen suchte (vgl. Dietzsch 2001: 33). Ähnliches ließ sich 1934 am Beispiel der in Prag erscheinenden *Die Neue Weltbühne* (Krummel III: 500) sowie 1940 am Exempel der in Shanghai verlegten *Die Tribüne* (vgl. Krummel IV: 318) beobachten. Auch in Frankreich wurde zumindest der zweite der Briefe N.s an F (vom 29.3.1887) 1936 in Übersetzung durch M. P. Nicholas publik und motivierte die Wiedergutmachung, die →Bataille (1937: 143) N. angedeihen ließ. In allen diesen Fällen erfüllten die Briefe N.s an F also die Funktion von Mutmacherformeln beim Bemühen um einen gleichsam linken N. im Rücken der in Deutschland unaufhaltsam voranschreitenden Nazifizierung N.s. Zum Thema auch: Niemeyer (2003a).

*Christian Niemeyer, Dresden*

**Fromm, Erich** | F, *23.3.1900 Frankfurt/M., †18.3.1980 Muralto b. Locarno, dt. Psychoanalytiker und Sozialpsychologe, emigrierte 1934 in die USA und war u. a. Prof. (von 1951–65) in Mexiko. F gehörte von 1930 bis 1938 dem Frankfurter Institut für Sozialforschung an und verband in viel gelesenen Büchern eine marxistisch orientierte Soziologie mit psychoanalytischen Methoden und Theorien. F diagnostizierte Gefahren autoritärer Charakterstrukturen, etwa masochistische Unterordnung unter Mächtigere oder Sadismus gegen Ohnmächtigere, und verstand N.s Philosophie als Auflehnung gegen jene „Tradition, wonach sich das Einzelwesen Mächten und Prinzipien zu unterwerfen habe, die außerhalb seiner selbst lagen.“ (Fromm 1947: 82) Als Denker gegen diese Entfremdung stellte er N. in eine Reihe mit Marx und →Freud (Fromm 1941: 289; 1961: 386; vgl. Wiggershaus 1988: 377). Die Internalisierung der Autorität führe zur Hemmung der im humanistischen Sinn verstandenen Produktivität und schließlich dazu, sich und andere streng und grausam zu behandeln. N.s Analysen der reaktiven Affekte und des →Ressentiments sah F durch die Psychoanalyse Freuds bestätigt. Dennoch wiesen sie in seiner Sicht erheblich über Freud hinaus: In der Tradition antiker „Seelenärzte" (Fromm 1950: 232) diagnostiziere N. den „menschlichen Bankrott" des kapitalistischen Systems (Fromm 1961: 386), zeige aber Wege zu einer neuen „Wissenschaft vom Menschen". Zentral für F wurde der Begriff des →Gewissens bei N. Dieser kläre nicht allein die versklavende Wirkung des schlechten Gewissens, sondern offenbare auch den emanzipatorischen Anspruch des humanistischen Gewissens, „zu sich ja sagen [zu] dürfen" (Fromm 1947: 102) und „der zu werden, der du bist". (ebd.: 130)

*Rainer Otte, Bad Sachsa*

**Frühe Schriften** | Mit dem Ausdruck FS werden jene Schriften bezeichnet, die in den ersten fünf Bänden der von H. J. Mette u. a. herausgegebenen *Historisch-Kritischen Gesamtausgabe* der *Werke N.s* enthalten sind. Sie beginnen mit Aufzeichnungen der Kindheit (1854) und reichen bis 1869 (= BAW). Diese Ausgabe enthielt sowohl philosophische und biographische Notizen als auch viele philologische Aufzeichnungen. Es handelt sich fast zur Gänze um nachgelassene Schriften. Eine kleine Auswahl aus den frühesten Aufzeichnungen N.s wurde 1922 in Band 1 der Musarion-Ausgabe unter dem Titel *Jugendschriften* veröffentlicht, ein großer Teil davon in der unvollendet gebliebenen *Historisch-Kritischen Gesamtausgabe* der *Werke*. Die in ihr enthaltenen Texte sind im hohen Ausmaß philologisch exakt entziffert. In dieser Hinsicht war sie eine wertvolle und beachtenswerte Leistung innerhalb der wechselvollen Geschichte der N.-Editionen. Gleichwohl zeigt die Beschäftigung mit dem Originalbestand der N.-Handschriften im Goethe-Schiller-Archiv in Weimar, dass eine Reihe von Texten nicht aufgenommen und auch nicht im Nachbericht mitgeteilt wurde. Es wurde z. B. nicht geklärt, inwiefern Nachschriften, Übersetzungen und Exzerpte aufzunehmen sind bzw. warum diese de facto weithin ausgeschlossen wurden, obwohl das Vorwort zur Gesamtausgabe in Aussicht stellte, ausnahmslos alles (BAW I: XI) zu veröffentlichen.

Die Abteilung I der →Colli/Montinari-Ausgabe strebt auch in dieser Hinsicht Vollständigkeit an. Grundlage aller abgedruckten Texte ist der originale Manuskriptbestand im Goethe-Schiller-Archiv in Weimar. Der erste Band der Abteilung I umfasst die Aufzeichnungen N.s von Anfang 1852 bis Sommer 1858, also bis zum Ende der Naumburger Schulzeit. Im zweiten Band sind die Texte aus den ersten vier Pfortenser Jahren N.s enthalten, also aus der Zeit, als er Schüler in Tertia und Secunda war (Herbst 1858 bis Herbst 1862), während der dritte Band die nachgelassenen Aufzeichnungen aus den beiden letzten Pfortenser Jahren N.s enthält (Herbst 1862 bis Herbst 1864). Die Bände 4 und 5 umfassen die nachgelassenen Aufzeichnungen aus der Studentenzeit N.s und reichen vom Herbst 1864 bis zum Beginn der Basler Zeit im Jahr 1869. Dieser mehrere tausend Seiten umfassende Manuskriptbestand gehört unterschiedlichen Themengebieten an: Viele Aufzeichnungen sind biographischen, gemischt philologisch-philosophischen und philosophischen Inhalts; der überwiegende Teil des Gesamtbestandes aus der Studentenzeit ist philologischer Art.

Im Folgenden sei auf einzelne Gruppen von Schriften des jungen N. eingegangen. Eine erste Gruppe von Texten stellen Gedichte des Kindes und Jugendlichen dar, die vielfach Entlehnungen enthalten, deren Herkunft aufzuzeigen Aufgabe des Nachberichts zur Abteilung I ist. So hat N. seiner Mutter schon 1856 eine Sammlung von eigenen Gedichten zum Geburtstag überreicht (KGW I 1: 115 ff.). Eine wichtige Kategorie von Aufzeichnungen des jungen N. ist autobiographischer Art. Die Intention seiner Niederschrift *Aus meinem Leben* von August/September 1858 war es, „späterhin [...] die Ausbildung der Seele daran zu erkennen" (KGW I 1, 311: 4[77]).

Viele Texte sind im Kontext des Schulunterrichts entstanden, zeigen aber selbständige Konturen. So z. B. verfasst N. ‚eine historische Skizze' über *Ermanarich, Ostgothenkönig* (KGW I 2, 274–284: 10[20]); er geht darin literarhistorisch und -vergleichend vor. In einem Deutschaufsatz von

1862, der die *Characterschilderung der Kriemhild nach dem Nibelungenliede* zum Thema hatte (vgl. Bohley 1976: 312), kommt N. auf die Epen *Mahābhārata* und *Rāmāyana*, die beiden berühmten Grunddokumente indischer Literatur und Religion, zu sprechen; er setzt also eine vergleichende Perspektive voraus. Eine wichtige Textgruppe bilden jene Niederschriften, die J. Kjaer (1990: 107 ff.) den „Fatum- und Geschichte-Textkomplex" nennt. Es handelt sich dabei um kleine, aber bedeutsame Aufsätze, nämlich *Willensfreiheit und Fatum* sowie *Fatum und Geschichte* (KGW I 2, 431–437: 13[6]), die N. als 17-Jähriger verfasste. Beide Niederschriften zeigen N.s Ansätze zu einem eigenständigen Fragen und Nachdenken, sie sind Zeugnisse seines frühen Philosophierens. Offenbar sind allererste Schriften N.s auch verloren gegangen. In einer nachgelassenen Notiz heißt es: „Der ersten Spur philosophischen Nachdenkens, der ich, bei einem Überblick meines Lebens, habhaft werden kann, begegne ich in einer kleinen Niederschrift aus meinem 13. Lebensjahre: dieselbe enthält einen Einfall über den Ursprung des Bösen." (NF 1885, 38[19]) Später nennt er sie seine „erste philosophische Schreibübung" (*GM, Vorrede* 3). Bei einer Reihe von Themen lässt sich eine Kontinuität und Verbindung von Überlegungen des reifen N. mit z. T. sehr frühen Aussagen aufzeigen (vgl. Figl 2007). Auch dieses Faktum legt es nahe, N.s Jugendaufzeichnungen – und ebenfalls die Philologica – bei der Gesamtinterpretation seiner Philosophie stärker heranzuziehen. Zum Thema auch: Schmidt (1990a,b; 1993; 1994); Figl (2000a,b).

*Johann Figl, Wien*

**FW: Die fröhliche Wissenschaft** | *FW* ist N.s drittes Aphorismen-Buch. Es sollte ursprünglich *M* fortsetzen und führt zu *Za* hin. Der abschließende Aphorismus des IV. Buchs (*FW* 342), des letzten der ersten Ausgabe von 1882, ist fast identisch mit dem Beginn von *Za*. Fünf Jahre später, nach *Za* und *JGB*, fügte N. der Neuauflage von *FW* eine Vorrede, ein V. Buch (*Wir Furchtlosen*) und *Lieder des Prinzen Vogelfrei* hinzu. *FW* umschließt so *Za* und *JGB*.

*FW* gilt als heitere Mitte von N.s Werk, in der er zur Reife seines Denkens fand, als sein „gelungenster Versuch philosophischer Mitteilung" (Colli, KSA 3: 660). N. hatte der Gedanke befreit, „dass das →Leben ein Experiment des Erkennenden sein dürfe" (*FW* 324), ihn entfaltet er in *FW*. Im Rückblick von *EH* würdigte N. *FW* jedoch nur knapp: „[F]ast in jedem Satz derselben halten sich Tiefsinn und Muthwillen zärtlich an der Hand"; *FW* sei im „wunderbarsten Monat Januar" entstanden, den er erlebt habe; sie erinnere „an den provençalischen Begriff der ‚gaya scienza', an jene Einheit von Sänger, Ritter und →Freigeist, mit der sich jene wunderbare Frühkultur der Provençalen gegen alle zweideutigen Culturen abhebt" (*EH, FW*). Im Anklang an die Troubadours schickte N. den Aphorismen unter dem Titel „Scherz, List und Rache" 63 heitere, manchmal gelassene, manchmal ausgelassene Gedichte voraus (vgl. NF 1881, 11[337]); der Titel spielt jedoch auf das 1880/81 von →Köselitz vertonte gleichnamige Lustspiel Goethes an, und in der zweiten Ausgabe von 1887 setzte N. ausdrücklich den Untertitel „la gaya scienza" hinzu (vgl. NF 1885–86, 2[166]).

Der Titel *Die fröhliche Wissenschaft* für ein philosophisches Werk soll irritieren. Eine „fröhliche Wissenschaft" ist ein Widerspruch, wenn „fröhlich" unbekümmert, unbeschwert, leichtsinnig bedeutet, „Wissenschaft" dagegen Ernst, Strenge und Bestehen auf klar durchschaubaren und logisch ableitbaren Zusammenhängen. N. wollte mit *FW* den „Schatten besiegen", den der „alte Gott", der nun „unglaubwürdig geworden" war, zurückgelassen hatte (*FW* 108, 343), den Glauben, von dem die Wissenschaft immer noch lebt, die Welt rein theoretisch, frei von allen Affekten und Begehrlichkeiten sehen und so ihre Wahrheit aus einer transzendenten Übersicht ermitteln zu können, wie sie der alte Gott gehabt haben sollte. Um sich über den Ernst ihres Glaubens aufzuklären, muss die Wissenschaft versuchen, leichtsinnig, wagemutig und abenteuerlustig zu sein. Das kann sie am ehesten in der Ungebundenheit der →Kunst nach dem Vorbild der provençalischen Troubadours (vgl. *M* 429; Borsche 1990: 67). Wie der Ritter für seine ferne, nie erreichbare Geliebte kämpft der fröhliche Wissenschaftler ruhelos um die ebensowenig erreichbare Wahrheit der Wahrheit. Schon Herder hatte in seinen *Briefen zur Beförderung der Humanität* die „*fröhliche Wißenschaft* (gay saber, gaya ciencia)" als „ersten Stral der neueren poetischen Morgenröthe in Europa" begrüßt. Ihr Zweck sei „fröhliche angenehme Unterhaltung", aber auch die „Freiheit der Gedanken" gewesen. Die „Ausbildung der Provenzalsprache" habe „für ganz Europa *Freiheit der Gedanken* bewirkt" (Herder 1883: 35–46).

Für N. kamen die Wissenschaften seiner Zeit dem Ziel einer Philosophie als Kunst, sie fröhlich zu machen, entgegen: einerseits die Philologie in der Schule →Ritschls, nach der von den Texten alle →Interpretation und damit aller Glaube abgehalten werden sollte, andererseits die →Naturwissenschaften, die nun entschieden hypothetisch und experimentell vorgingen. So waren sie weniger metaphysisch belastet als die immer neuen Systeme der Philosophie, die das 19. Jh. hervorbrachte. Am wenigsten war es Darwins Evolutionsbiologie, mit der N. in *FW* einsetzt. Sie befreie von der Last vermeintlich vorgegebener „Zwecke des Daseins", über die man inzwischen lachen könne, auch und gerade dann, wenn die Wissenschaft selbst sich zu einem solchen Zweck erklärt: „Ueber sich selber lachen, wie man lachen müsste, um aus der ganzen Wahrheit [sc. der Oekonomie der Arterhaltung] heraus zu lachen, dazu hatten bisher die Besten nicht genug Wahrheitssinn und die Begabtesten viel zu wenig Genie!" Doch selbst die, die hier lachen können, haben „von Zeit zu Zeit" ein „Bedürfniss" nach Glauben an einen Zweck des →Daseins, „an die Vernunft im Leben", und so gehört „nicht nur das →Lachen und die fröhliche Weisheit, sondern auch das Tragische mit all seiner erhabenen Unvernunft [...] unter die Mittel und Nothwendigkeiten der Arterhaltung!" (*FW* 1) Der fröhliche Wissenschaftler muss darum sein Leben zum Selbstexperiment der Evolution der Erkenntnis machen. N. fordert ihn auf, seine Orientierung versuchsweise so an ihre Grenzen zu treiben, dass sie in völlige Verzweiflung umschlägt, um auf diese Weise die Grenzen der menschlichen Orientierung überhaupt zu testen. Er soll sich so weit auf die allen Zwecken des Daseins spottende Evolution einlassen, dass sich sein Bedürfnis nach Zwecken des Daseins daran aufreibt oder er selbst zerbricht. Er soll sich furchtlos und fröhlich zu einem verwegenen Versuchstier der menschlichen Orientierung machen.

Als fröhliche Wissenschaft ist Philosophie „Kritik und kritische Wissenschaft – und gar nichts ausserdem" (*JGB* 210). Wenn Wissenschaft Kritik als methodische Selbstaufklärung betreibt, ohne sich vorab auf bestimmte wissenschaftliche Disziplinen und Methoden festzulegen, wird sie zur Kunst. Als Kunst gewinnt ihre Fröhlichkeit eine eigene Disziplin, die aus Zufälligem Notwendiges schafft und so offen bleibt für das Überraschende und Unberechenbare des Lebens. Will sie dagegen einen theoretischen Standpunkt jenseits der Ungewissheiten des Lebens einnehmen, muss sie „sterben lernen", wie Platon Sokrates sagen ließ. Die reine Theorie ist eine Perspektive des Todes (vgl. *FW* 344 u. Simon 2002), und erst eine fröhliche Wissenschaft oder künstlerische Philosophie bringt sie ins Leben zurück. N. entfaltet seine *FW* selbst konsequent als Kunst; in ihr vollendet er nicht nur die Kunst des Aphorismen-Buchs, sondern formuliert auch ihr Programm. Fröhliche Wissenschaftler sollen „den Künstlern ablernen", die Dinge perspektivisch zu sehen, aber „im Uebrigen weiser sein, als sie. Denn bei ihnen [sc. den Künstlern] hört gewöhnlich diese ihre feine Kraft auf, wo die Kunst aufhört und das Leben beginnt; wir aber wollen die Dichter unseres Lebens sein, und im Kleinsten und Alltäglichsten zuerst." (*FW* 299; vgl. Stegmaier 2005b) Wenn das Dasein nicht mehr, wie nach N.s früher Schopenhauer'scher →„Artisten-Metaphysik", „als ästhetisches Phänomen [...] ewig gerechtfertigt" (*GT* 5, KSA 1: 47) ist, muss man es sich umso mehr „erträglich" machen, „und durch die Kunst ist uns Auge und Hand und vor Allem das gute Gewissen dazu gegeben, aus uns selber ein solches Phänomen machen zu können." (*FW* 107)

Die künstlerisch-fröhliche Selbstaufklärung der Wissenschaft als Philosophie ist ihrerseits vom Glauben geleitet, „dass die Gewichte aller Dinge neu bestimmt werden müssen" (*FW* 269).

Sie geht nicht im Namen *einer* Vernunft, sondern unter variierenden wissenschaftlichen Perspektiven, vor allem biologischen, physiologischen, psychologischen und soziologischen, vor. Ihr Maßstab ist „[D]AS INTELLECTUALE GEWISSEN" (*FW* 2), ihr Ziel die Erneuerung der menschlichen Orientierung überhaupt (*FW* 7). Sie stellt die „AUFGABE, DAS WISSEN SICH EINZUVERLEIBEN und instinctiv zu machen", das theoretisierende Bewusstsein in seine vielfältigen Orientierungszusammenhänge einzubinden (*FW* 11). Wissenschaft und →Wahrheit, die weiter hoch zu schätzen sind (*FW* 293, 335), werden dabei zu wandelbaren →Werten ohne metaphysischen Rückhalt (*FW* 20). So fällt die Verantwortung für sie an die Individuen zurück (*FW* 21, 23), die sich allen Härten des Lebens zu stellen haben (*FW* 26). Die Menschen arbeiten ständig daran, zu Übereinstimmungen und Konventionen zu kommen, um miteinander leben zu können (*FW* 76); Vernunftgründe dienen dabei zur unentbehrlichen „intellectuellen Maskerade" der Bedürfnisse und Erlebnisse der Einzelnen in der Kommunikation der Gesellschaft (*FW* 39). Fröhliche Wissenschaft kann die Scheinbarkeit aller Realität akzeptieren und kreativ mit ihr umgehen; Frauen sind darin vorbildlich (*FW* 60–75). Kunst und Religion bestärken die Scheinbarkeit, um die Abgründe des Lebens erträglich zu machen (*FW* 78–80). Schatten des toten Gottes verdecken gnädig das →Chaos, in dem wir leben (*FW* 108 f.). Irrtümer und Fiktionen, einschließlich der →Logik, sind Bedingung des Lebens (*FW* 110 f., 121), der Wahrheit der Wahrheit können sich nur seltene Ausnahmen stellen. Und auch ihre Wissenschaft kann zuletzt nur eine „Anmenschlichung der Dinge" (*FW* 112) sein, in allem Denken und selbst in der Steuerung und Selektion der Sinneswahrnehmung wirkt eine Vielheit von Trieben zusammen (*FW* 113 f., 333). So muss das Denken stabilisiert und der Einzelne mit Hilfe einer →Moral zur „Function der Heerde" gemacht werden (*FW* 116). Umso mehr schaudern auch die, die an den moralischen Gott nicht mehr glauben, vor Einsichten darin zurück, wohin die Erde, die sie „von ihrer Sonne losketteten", sich nun bewegen wird (*FW* 125). Als Weg, den Verlust eines letzten Halts der Orientierung zu verkraften, bleibt nur der →„Amor fati": „immer mehr [zu] lernen, das Nothwendige an den Dingen als das Schöne sehen" (*FW* 276) und das „GRÖSSTE SCHWERGEWICHT" auf sich zu nehmen, den Gedanken der →ewigen Wiederkehr des Gleichen (*FW* 341; vgl. Salaquarda 1989). Er war N. im August 1881 neu aufgegangen, ohne dass er schon wagte, ihn auszusprechen (An Köselitz, 29.1.1882). Mit ihm beginnt die Tragödie Zarathustras (*FW* 342). Zum Thema auch: Borsche (1994); Salaquarda (1997); Higgins (2000); Niemeyer (2005a); Stegmaier (2008).

*Werner Stegmaier, Greifswald*

***FW V: Die Fröhliche Wissenschaft V*** | 1887 hat N. den IV Büchern von *FW* (1882) den Untertitel *la gaya scienza* (= *Die fröhliche Wissenschaft*), eine Vorrede, ein V. Buch unter dem Titel *Wir Furchtlosen* und *Lieder des Prinzen Vogelfrei* hinzugefügt. Das neue, von M. Oehler (1943b) erstmals separat herausgegebene Buch aus 40 meist langen Aphorismen und einem „Epilog" wollte N. zunächst *JGB* anhängen, entschied sich dann jedoch für die Erweiterung der *FW*, so dass sie nun *Za* und *JGB* umschloss. Titel und Motto verweisen auf Turenne, d. i. Henri de la Tour d'Auvergne (1611–1675), der nach Siegen für den hugenottischen Prinzen Condé zum Katholizismus konvertierte, um in die Dienste Ludwigs XIV. zu treten. Er galt als Mann äußerster Kühnheit und Willenskraft und wurde zum bedeutendsten Feldherrn seiner Zeit. Als „verwegenes Thier" war er ein Mann N.s (NF 1884, KSA 11, 26[440]), der beispielhaft aus Überraschungen der Orientierung neue Orientierung zu gewinnen verstand.

*FW V* ist N.s reifstes Werk. N. hat hier die größte Klarheit über seine eigene Neuorientierung der →Philosophie gewonnen. Er kommt dabei nicht mehr auf die spektakulären Lehren oder Anti-Lehren vom →Übermenschen und von der ewigen Wiederkehr des Gleichen zurück, die er seinem →Zarathustra zuschrieb (Stegmaier 2000b); nur die Lehre vom →Willen zur Macht wird noch erwähnt (*FW* 349). Stattdessen treibt er seine wagemutige fröhliche Wissenschaft an ihre äußersten Grenzen. Dass „Gott todt ist'", eröffnet ihr eine neue Heiterkeit und neue Horizonte der Erkenntnis (*FW* 343), macht auch die →Moral als Grundlage des Glaubens an die →Wahrheit zum Problem (*FW* 344 f.) und lässt dort, wo andere schon vertrauen müssen, noch misstrauen, ohne Gefahr, dem →„Nihilismus" zu erliegen. N. gebraucht diesen Begriff hier (neben der neuen Vorrede zu *GT* 7) zum ersten Mal im veröffentlichten Werk (*FW* 346). In kritischer Entgrenzung bestimmt er die Philosophie als Tanz an Abgründen (*FW* 347), zieht radikale Konsequenzen aus den „Fragezeichen", die Leibniz an den Begriff →Bewusstsein, Kant an den Begriff →Kausalität und Hegel an die Zeitlosigkeit der Begriffe geschrieben hatte (*FW* 357), sucht gezielt alle Philosophie aus Nöten des →Lebens zu verstehen (*FW* 370) und erwartet von neuen Philosophen, die „Musik des Lebens" hören zu lernen (*FW* 372), die eine „Musik des Vergessens" ist (*FW* 367). Er erklärt die Herkunft des Bewusstseins aus dem Bedürfnis nach Mitteilung (*FW* 354) und den Sinn der Erkenntnis als Beruhigung der Orientierung (*FW* 355) und räumt darum die Notwendigkeit der Vordergründigkeit und Schauspielerei ein (*FW* 356, 361). Dabei fasst er (nur hier) seine eigene Position als „Phänomenalismus und →Perspektivismus" (*FW* 354). Vor diesem Hintergrund verflicht er sorgfältig Aphorismen-Ketten zu den unreflektierten Bindungen der Gelehrten (*FW* 348 f., 366, 375), den Errungenschaften von Religionsstiftern und Kirchen (*FW* 350 f., 353, 358), den Hintergründen der Moral (*FW* 352, 359), der Moral im Gegensatz der Geschlechter (*FW* 362 f.), den Routinen im Umgang mit Moral (*FW* 364 f.), den Tugenden der Freigebigkeit des Geistes und der Güte (*FW* 378 f.) und zu den Gesetzen seines →Stils, mit dem er gezielt Leser „wählt", selegiert (*FW* 371, 381). N. schließt das Buch mit dem neuen Ideal seiner fröhlichen Wissenschaft, dem großen Ernst des Spiels mit allem, der eine „GROSSE GESUNDHEIT" erfordere (*FW* 382), und dem burlesken Epilog, in dem „die Geister [s]eines Buches" alles verscheuchen sollen, was sich darin noch nach „rabenschwarze[r] Musik" anhören mag. Zum Thema auch: Groddeck (1997); Stegmaier (2009).

*Werner Stegmaier, Greifswald*

**Galton, Francis** | G, *16.2.1822 Sparkbrook (Birmingham), †17.1.1911 Haslemere (Surrey), äußerst vielseitiger britischer Naturforscher, ist neben der Intelligenzforschung vor allem auf dem Gebiet der Vererbungslehre hervorgetreten (auf dem er die Eugenik begründete). In N.s Bibliothek findet sich ein Exemplar von *Inquiries into Human Faculty and its Development* (G 1883; NB: 238 f.), das J. Paneth (1857–1890) als bedeutsame Mittlerfigur zwischen →Freud und N. (vgl. Paneth 2007) diesem erst geliehen und am 26.3.1883 auf der zoologischen Station in Villefranche bei Nizza geschenkt hat (vgl. Krummel 1988). Es enthält nur sehr wenige Lesespuren; zahlreiche Marginalien in Form der französischen Übersetzung einzelner Wörter in der ebenfalls in N.s Bibliothek überlieferten Rezension von Holland (1883; NB: 694 f.) bezeugen allerdings, dass jemand N. bei der fremdsprachigen Lektüre zur Hand gegangen ist. Tatsächlich konnten in N.s Nachlass zahlreiche Exzerpte und Paraphrasen nachgewiesen werden (vgl. Haase 1989), deren Spuren sich noch in den publizierten Schriften finden, ohne dass hier oder dort der Name G fallen würde. N. interessierte sich insbesondere für den Zusammenhang zwischen Verbrechen, Neurose, Epilepsie und Geisteskrankheit, zwischen Herden- und Sklavenmoral, nicht zuletzt aber für die Frage nach dem ‚Vorzimmer des →Bewusstseins' als Ursprung unseres →Denkens, in dem der →Leib diesem vorgängig ist. U. a. über die Tafel der sogenannten Komposit- oder Mischphotographien, die kulturhistorisch im Zusammenhang mit der Konstruktion physiognomisch vermeintlich ‚anschaulicher Evidenz' wirkungsmächtig geworden sind (vgl. Stingelin 1994a), hat N. Resa v. Schirnhofer nach ihrem biographischen Zeugnis ein „Privatissimum" unterrichtet (vgl. Gilman 1981: 479 f.). G ist denn auch Teil der Kontroverse zwischen N. und →Strindberg über die Natur des →Verbrechers und den Widerstreit zwischen seiner physiologischen und seiner sozialen Bedingtheit: „– Der HEREDITÄRE

Verbrecher décadent, selbst Idiot – kein Zweifel! Aber die Geschichte der Verbrecher-Familien, für die der Engländer G (‚the hereditary genius') das größte Material gesammelt hat, führt immer auf einen ZU STARKEN Menschen für ein gewisses sociales niveau zurück." (N. an Strindberg, 8.12.1888) G scheint für N. auch in diätetischer Hinsicht einflussreich gewesen zu sein: „Man holt nicht nach in physiologicis, jeder schlechte Tag ZÄHLT: das habe ich von dem Engländer G gelernt." (An Overbeck, 4.7.1888) *Martin Stingelin, Dortmund*

**Gast, Peter, s. Köselitz, Heinrich**

***GD: Götzen-Dämmerung*** | *GD* mit dem Untertitel *Wie man mit dem Hammer philosophirt* – zunächst von N. unter dem (von Köselitz kritisierten) Titel *Müssiggang eines Psychologen* konzipiert – entstand großteils im September 1888. Dazu verwendete N. Material für sein geplantes Buch *WM*, das er nach Aufgabe dieses Vorhabens für eine →*Umwerthung aller Werthe* in vier Büchern vorsah, zu der *GD* ein Beiwerk sein sollte, um seine Philosophie *in nuce* darzustellen. Daher sind *GD* und *AC* – ursprünglich als erstes Buch der *Umwerthung* konzipiert – teilweise aus denselben Nachlassaufzeichnungen entstanden. Im Oktober 1888, als N. sich entschloss, *EH* zu schreiben, fügte er *GD* noch das Kapitel *Was ich den Alten verdanke* hinzu, das er ursprünglich für eine kleine Selbstdarstellung im Nachlassheft W II 9c verfasst hatte (vgl. KSA 14: 464; NF 1888, 24[1]7–9). Die ersten Exemplare der ausgedruckten *GD* hat N. etwa am 24. November erhalten, den Buchhandel erreichte das Werk erst nach Eintreten von N.s geistiger Umnachtung Anfang 1889.

Der definitive Obertitel ist ausdrücklich „eine Bosheit gegen →Wagner" (An Köselitz, 27.9.1888), obwohl sich die Schrift nicht zur Hauptsache mit „Zeitgötzen" wie R. Wagner auseinandersetzt – dies tut N. zeitgleich in *WA* –, sondern mit „EWIGEN →Götzen, an die hier mit dem Hammer wie mit einer Stimmgabel gerührt wird" (*GD, Vorwort*). Der mit dem Hammer agierende Philosoph, wie es im Untertitel anklingt, benutzt diesen Hammer also nicht nur zur Zerstörung, sondern ebenso in diagnostischer Absicht – um zu vernehmen, wie es um die Götzen steht. Im Rückblick sind es übrigens „nicht bloss die EWIGEN Götzen, auch die allerjüngsten, folglich altersschwächsten" (*EH, GD* 2), die N. in *GD* ins Visier nimmt. Eine weitere Assoziationsdimension des Hammers ist der Prägehammer, den sowohl die in N.s späten Werken häufig gebrandmarkten „Falschmünzer" der Psychologie (vgl. z. B. *GD, Die vier* ... 7; *GD, Streifzüge* ... 21) und der →Moral als auch die Umwerter aller Werte virtuos handhaben. Nach *EH* ist der Götze, von dem *GD* handelt, „ganz einfach das, was bisher →Wahrheit genannt wurde. GÖTZEN-DÄMMERUNG – auf deutsch: es geht zu Ende mit der alten Wahrheit ..." (*EH, GD* 1). N. betrachtete *GD* als „vollkommene Gesammt-Einführung" in sein Denken (An Fuchs, 9.9.1888).

Auch in formaler Hinsicht stellt *GD* eine solche Einführung dar, erprobt dieser Text doch eine ganze Bandbreite verschiedener Stile und Formen, vom →Aphorismus bis zur Abhandlung, von der Invektive bis zur Erzählung. Die Schrift umfasst – neben dem Vorwort und einem aus *Za III* zitierten Passus mit dem Imperativ „WERDET HART!" am Schluss (→Werdet hart!) – zehn Kapitel von unterschiedlicher Länge und Machart und will damit dezidiert kein systematisches Werk sein: „Der Wille zum System ist ein Mangel an Rechtschaffenheit" (*GD, Sprüche* ... 26). Das erste Kapitel ist eine Sammlung von 44 sehr kurzen, an die französische Moralistik erinnernden Sentenzen. Thematisch decken sie ein weites Spektrum ab und zielen auf äußerste Zuspitzung („Was mich nicht umbringt, macht mich stärker." – *Sprüche* ... 8). Mit der Reflexion auf →Psychologie und ihre moralzersetzende Dimension beginnt bereits der erste Spruch. Demgegenüber hat das zweite Kapitel *Das Problem des Sokrates* eher Abhandlungscharakter. Es erneuert die schon in *GT* artikulierte Kritik an →Sokrates, der als Repräsentant nicht nur des →„Pöbels", sondern auch der *décadence* erscheint, also des physiologischen Niedergangs, dessen „Instinkte in Anarchie" gewesen seien. Daher hätten sich die Philosophen – mit Hilfe von Vernunft und Dialektik – fortan auf die Bekämpfung der →Instinkte verlegt, anstatt, wie im aufsteigenden Leben, Instinkt mit Glück zu identifizieren. Im folgenden Kapitel wird diese Vernunftkritik verallgemeinert und radikalisiert. Die Philosophen litten an einem „Mangel an historischem Sinn" (*Die ‚Vernunft'*... 1), was zugleich bedeutet, dass sie das →Werden und die Sinnlichkeit möglichst negieren wollten. „Die ‚scheinbare' Welt ist die einzige: die ‚wahre Welt' ist nur HINZUGELOGEN ..." (*Die ‚Vernunft'*... 2) Überdies setzen sie, „diese Herren Begriffs-Götzendiener" (*Die ‚Vernunft'*... 1), „die allgemeinsten, leersten Begriffe, den letzten Rauch der verdunstenden Realität an den Anfang ALS Anfang" (*Die ‚Vernunft'*... 4). So werde das Irrealste, nämlich das bloß Begriffliche, zur eigentlichen Realität hypostasiert. Dabei weist N. der →Sprache erhebliche Verführungs- und Verunklarungskraft zu: Sprache verleite die Menschen zu Vernunft-Irrtümern, indem sie das wirkliche Vorhandensein von Dingen wie →Ich, Sein oder →Wille als Vermögen suggeriere, die es aber doch wohl nur als Sprachprodukte gebe. Gott würden wir womöglich nicht los, weil wir noch dem Glauben an die Grammatik verfallen seien. Die vorangegangenen Kapitel hatten sich der Psychologie und →Physiologie zum Aushorchen der Götzen bedient – Inspiration für dieses Verfahren bezieht N. u. a. von Féré und Richet. Hier hingegen ist die Sprachkritik, zu der ihn schon →Dühring angeregt hat, das Werkzeug.

Das folgende Kapitel *Wie die ‚wahre Welt' endlich zur Fabel wurde* verdichtet die aus Sprach- und Vernunftkritik gewonnene Einsicht in einer thesenartig verknappten Erzählung: Platon tritt als Erfinder einer wahren geistigen Welt jenseits der bloß „scheinbaren" sinnlichen Welt auf. Diese „wahre Welt" durchläuft dann einen Prozess der Christianisierung und Kantianisierung, um schließlich als überflüssig abgetan werden zu können – wobei die „scheinbare Welt" (der „kleinen Leute", Niemeyer 1996: 245) gleich mitabgeschafft wird, ohne damit das Kriterium der Sinnlichkeit zu verleugnen.

In der Folge nimmt N. den Kampf gegen eine Moral auf, die die Leidenschaften und →Begierden, die Sinnlichkeit, unterdrücke. Vielmehr müsse jede „GESUNDE Moral" von einem „Instinkte des Lebens" bestimmt werden (*Moral als* ... 4), während Moral bislang der „Verurtheilung des Lebens" (*Moral als* ... 5) und mithin dem Interesse kranken Lebens bzw. des Priestertypus gedient habe. Des Weiteren kritisiert N. den „IRRTHUM DER VERWECHSLUNG VON URSACHE UND FOLGE" (*Die vier* ... 1). Der „IRRTHUM EINER FALSCHEN URSÄCHLICHKEIT" (*Die vier ... 3) bestehe darin, nicht zu wissen, was eigentlich eine Ursache sei, und sie deshalb beispielsweise in „‚inneren Thatsachen'" zu finden. Gemäß dem* „IRRTHUM DER IMAGINÄREN URSACHEN" (*Die vier*... 4) werde eine Ursache erdacht, wenn gerade keine zur Hand ist – dies geschehe in der Sinnesphysiologie (hier folgt N. Mach) ebenso wie in →Religion und Moral. Die Möglichkeit geistiger Ursachen wird damit in Abrede gestellt. Der IRRTHUM VOM FREIEN WILLEN (*Die vier*... 7) vervollständigt die Reihe der Irrtümer, bevor das Kapitel in ein atheistisches Manifest mündet: „Der Begriff ‚Gott' war bisher der grösste EINWAND gegen das Dasein ... Wir leugnen Gott, wir leugnen die Verantwortlichkeit in Gott: DAMIT erst erlösen wir die Welt." (*Die vier*... 8) Denn der freie Wille sei von den Theologen erfunden worden, um den Menschen für schuldig und damit religionsbedürftig erklären zu können: „Das Christenthum ist eine Metaphysik des Henkers ..." (*Die vier*... 7).

Der aggressive Ton wird im folgenden Kapitel herabgestimmt. Das Trachten der Moral, die Menschen zu „verbessern", könne sowohl die Gestalt der „ZÄHMUNG der Bestie Mensch" als auch der →„ZÜCHTUNG einer bestimmten Gattung Mensch" (*Die ‚Verbesserer'*... 2) annehmen. Das klassische Beispiel einer Zähmung durch Schwächung gibt das →Christentum, während das Gesetzbuch des Manu mit seiner rigiden Kastenordnung als Züchtungsprogramm gelesen wird. Die „ewigen Götzen" treten im nächsten Kapitel hinter politisch-kulturelle Gegenwartsdiagnose zurück: *Was den Deutschen abgeht* variiert die aus N.s früheren Schriften geläufigen Invektiven gegen den Niedergang der Kultur in Deutschland (→deutsch).

Die *Streifzüge eines Unzeitgemässen* versammeln 51 teilweise formelhaft verkürzte Betrachtungen zu verschiedenen Gegenständen im Stil von *MA I* und *MA II*. Schroffe literaturkritische Urteile über europäische Geister von Seneca bis Mill, von →Rousseau bis Sand gehen Überlegungen zur Künstlerpsychologie, dem Schönen, dem Gegensatz von →apollinisch und dionysisch oder dem intellektuellen Gewissen voraus. →Schopenhauer, der „Naturwerth des Egoismus" (*Streifzüge* ... 33) und die Nähe von Anarchismus und Christentum werden behandelt. Berüchtigt ist der „Moral für Ärzte" überschriebene, gerne als Lizenz zum Töten herangezogene Abschnitt 36, der nicht nur gegen die Pessimisten polemisiert, sondern den Kranken als Parasiten hinstellt: „Eine neue Verantwortlichkeit schaffen, die des Arztes, für alle Fälle, wo das höchste Interesse des Lebens, des aufsteigenden Lebens, das rücksichtsloseste Nieder- und Beiseite-Drängen des entartenden Lebens verlangt – zum Beispiel für das Recht auf Zeugung, für das Recht, geboren zu werden, für das Recht, zu leben ...". Ebenfalls kein Zeugnis moderner politischer Korrektheit ist Abschnitt 40, der sich mit der „Arbeiter-Frage" (→Arbeit) beschäftigt und die soziale, ökonomische und politische Besserstellung der Arbeiter als kapitalen Fehler ausgibt: „[W]ill man →Sklaven, so ist man ein Narr, wenn man sie zu Herrn erzieht." Jenseits aller „liberalen Institutionen" will N. einen „Begriff von Freiheit" entwickeln „als Etwas, das man hat und nicht hat, das man will, das man erobert ..." (*Streifzüge* ... 38). →Goethe ist mit seiner „Natürlichkeit der Renaissance" in der Genie-Ästhetik der letzten Abschnitte eine paradigmatische Lichtgestalt (*Streifzüge* ... 49), die nur noch von dem das Wort führenden Ich überstrahlt wird.

Das letzte, später eingefügte Kapitel wählt scheinbar eine autobiographische Thematik, will doch aber vor allem zeigen, dass die →Umwertung aller Werte seit *GT* das bestimmende Lebensmotiv darstellt. Der Markierung dieser „Wiederkunft" eines Lebensthemas dient auch der Schlusssatz des Kapitels, in dem sich das Ich als „Lehrer der ewigen Wiederkunft" (*Was ich* ... 5) bekennt: Die →ewige Wiederkunft kommt in *GD* ansonsten nicht vor und spielt im Spätwerk N.s ohnehin nur noch eine marginale Rolle. *Was ich den Alten verdanke* betont die Prägung durch den römischen Stil (Sallust und Horaz), während das sich sonst doch so graecophil gebende Ich nun „den Griechen [...] durchaus keine verwandt starken Eindrücke" verdanken will: Vielmehr wird die Fremdheit des ursprünglichen Griechentums herausgearbeitet und gegen den „präexistent-christlichen" →Platon profiliert. Dagegen helfe Thukydides. Abschließend kommt N. – unter Verwertung des Kommentars zu einer Arnobius-Übersetzung von 1842 – auf das →Dionysische zu sprechen. „Damit es die ewige Lust des →Schaffens gibt, damit der Wille zum →Leben sich ewig selbst bejaht, muss es auch ewig die ‚Qual der Gebärerin' geben ..." (*Was ich* ... 4).

*GD* ist sorgfältig komponiert und gibt einen gültigen Überblick über N.s philosophische Lebensthemen. Jenseits aller grellen Kampfrufe gegen die „Degenerescenz" moderner Kultur und heutiger Menschen stellt *GD* in leiserem Ton abendländische Grundannahmen über die Beschaffenheit der Welt und über den Sinn der Moral in Frage. Die darin radikalisierte Sprach- und Vernunftkritik ist für intellektuelle Aufbruchbewegungen des nachfolgenden Jh.s richtungweisend geworden. Zum Thema auch: Montinari (1984); Thatcher (1985); Etter (1987); Brobjer (1998; 1999); Sommer (2000a); Georgsson (2004); Müller (2005).

*Andreas Urs Sommer, Freiburg i. Br.*

**Gedächtnis** | Dem G kommt nicht nur sachlich und begrifflich, sondern auch werkgenetisch eine singuläre Bedeutung zu: Während es in den veröffentlichten Büchern – im Vergleich zu den großen Schlagworten und zum diesbezüglich prominenteren →Vergessen mit Ausnahme von *GM II* 1–3 – nur sporadisch und eher unauffällig erscheint, bildet es in den nachgelassenen Notizen den Ort einer kontinuierlichen, phasenweise intensiven erkenntnistheoretischen, sprachphilosophischen, physiologischen, psychologischen, anthropologischen und genealogisch-historischen Reflexion, Kritik und Konstruktion. Dies in doppelter Perspektive: Zum einen ist das G als Erkenntnisobjekt ein sowohl körperliches als auch seelisches Vermögen und also der Ort und das Medium der materiell-semiotischen Kommunikation zwischen Körper und Seele. Zum anderen fungiert das G als Instrument der Metaerkenntnis: Es gewährt N. eine methodische Exteriorität gegenüber der ‚Undenkbarkeit' von Sprache und Körper und deren Verkehr untereinander und bildet den geheimen Denk- und Schreibort gegenüber den veröffentlichten Texten. Um der thematisch-methodischen Komplexität und Fungibilität willen bewahrt N.s ‚G-Arbeit' experimentellen Charakter; in jeder Hinsicht exemplarisch ist eine Notiz aus dem Nachlass: „Unser ‚G', was es immer sei, mag uns als Gleichniß dienen, etwas Wichtigeres damit zu bezeichnen: in der Entwicklung jedes organischen Wesens zeigt sich ein Wunderding von G für seine gesammte Vorgeschichte, soweit organische Wesen eine Vorgeschichte haben [...]. [D]a nicht Alles nachgebildet wird, sondern nur Grundformen, so müßte in jenem G ein subsumirendes Denken, Simplificiren, Reduziren beständig stattfinden: genug, etwas Analoges dem, was wir von unserem Bewußtsein aus als ‚Logik' bezeichnen." (NF 1885, 40[34])

Ein erstes Mal intensiv und für die folgende ‚G-Arbeit' grundlegend beschäftigt sich N. vom Sommer 1872 bis Anfang 1873 (19[1–330]) mit dem G. Im unmittelbaren Zusammenhang mit seiner erkenntnis- und sprachkritischen →Rhetorik-Auseinandersetzung (*WL*, Rhetorik-Vorlesung, KGW II/4: 413–502) und höchstwahrscheinlich auch mit der Rezeption von E. Hering, *Über das G als eine allgemeine Function der organisirten Materie* (1870), bezieht N. psychische und physische Prozesse als G-Prozesse aufeinander, die er ihrerseits als tropische und figurale Operationen der Verwechslung und Umformung identifiziert. Bereits hier integriert N. das in *HL* dem G pauschal entgegengesetzte Vergessen als eigene differenzierende positive Kraft des G selbst, das heißt als mnemonische Kraft. Dass das Erinnern wörtlich kaum vorkommt und als Vermögen immer nur unter dem G-Begriff figuriert, könnte mit der Hegel'schen Prägung des Erinnerungsbegriffs zusammenhängen.

Die verschiedenen Anknüpfungen erlauben es dem mittleren N. (von *MA*, *M* und *FW*) im Zuge seines sich auf Fragen der →Psychologie zentrierenden Erkenntnisinteresses, →unbewusste Vorgänge wie die des →Traums, der →Kunst und der →Moral zu analysieren, wobei die Herkunft der Argumentation aus dem G oft nur durch die gleichzeitigen Notizen zu erschließen ist. Auch die zunehmende Historisierung seiner Kritik in *JGB* und *GM* erarbeitet N. vom G aus, das eine anthropogenetische Dimension gewinnt und die genealogische Analyse schließlich grundlegend bestimmt.

Nachdem in den publizierten Büchern – mit pointierten Ausnahmen wie etwa *JGB* 68 – das G kaum wörtlich zur Sprache gekommen ist, aber die kritische Analyse (etwa des →Gewissens, der →Schuld, der →Rache, des →Ressentiments, des →Rechts etc.) kontinuierlich genährt hat, erfährt es mit *GM II* 1–3 gleichsam eine Offenbarung: Narrativ und argumentativ kompakt entwickeln die drei Abschnitte als eine eigentliche Fabel die Menschwerdung des Tiers am Leitfaden des G. Sie setzt das Vergessen bzw. die „Vergesslichkeit" als primäre Kraft voraus, als „aktives, [...] positives Hemmungsvermögen", das im Sinn der psychischen Verarbeitung („Einverseelung"") das Bewusstsein vor unbewussten Störungen bewahrt. Als aktives „Gegenvermögen" für die „Fälle [...], dass versprochen werden soll", hat sich das Menschentier ein „G des Willens" „angezüchtet" (*GM II* 1). Im Gegensatz zu *HL* sind Vergessen und G hier inkludierend unterschieden als zwei einander entgegengesetzte Kräfte der mnemonischen Potentialiät des Organismus. Diesem mnemonischen Entwicklungsprozeß, der nicht teleologisch bestimmt ist, sondern als „vorhistorische Arbeit" des Menschentiers an sich selbst, entspringt das „souveraine Individuum", das „versprechen darf" und über ein „Gewissen" verfügt (*GM II* 2). Auf dieser potentiell jederzeit erneuerbaren Voraussetzung erst kann die (jüdisch-christliche) Geschichte des Ressentiments und des schlechten Gewissens stattfinden. Exemplarisch für die Mittel des G-Machens führt N. die schmerzerzeugenden Strafprozeduren (→Strafe) an und bezeichnet diese als „MNEMOTECHNIK" (während die „Mnemonik" die umfassende G-Lehre meint), eine Anspielung auf die G-Lehre der Rhetorik. Grundsätzlich fallen aber alle stark oder wiederholt empfindungserregenden Verrichtungen in ihrer mnemotechnischen Wirksamkeit in den Betracht der genealogischen Analyse.

In der Forschung ist das G bei N. zunächst im Zusammenhang mit dem in *HL* und *GM* schlagwortartig verwendeten Vergessen beachtet und nur im Zusammenhang mit N.s Lehren des →Willens, der →Macht, der →Kräfte und der →Historie oder im Vergleich mit →Freud mehr (Deleuze 1962: 122–160; Crawford 1985; Gasser 1997: 43–46, 291 f., 386–392, 673–681) oder weniger eingehend (Klossowski 1969: 95–107; Müller-Lauter 1974/1995) untersucht worden. Zentraler oder monographisch ist es erst im Zug der kulturwissenschaftlichen Forschungen zur Memoria behandelt worden (Thüring 2001), oft steht aber auch hier das Vergessen im Vordergrund (Kittsteiner 1994; 1996; Weinrich 1997: 160–168). *Hubert Thüring, Basel*

**„Gefährlich leben!"** | In *Za* beschreibt N. den Menschen als das prinzipiell gefährdete Wesen: „Der Mensch ist ein Seil, geknüpft zwischen Thier und →Übermensch, – ein Seil über einem →Abgrunde. Ein gefährliches Hinüber, ein gefährliches Auf-dem-Wege, ein gefährliches Zurückblicken, ein gefährliches Schaudern und Stehenbleiben." (*Za I, Zarathustra's Vorrede* 4) Gefährlich ist sowohl das Stehenbleiben in der Entwicklung, das gleichbedeutend ist mit Krankheit, Verfall und Degenerierung, als auch das Wagnis des →Neuen und Unerprobten. N. hofft auf solche Menschen, die in der Lage sind, neue Kräfte, Energien und Ideen zu entwickeln, die über das Bestehende hinaus führen. Er hofft auf ein neues, kriegerisches Zeitalter, in dem gekämpft wird für neue Erkenntnisse und Werte (→Krieg). Dazu bedarf es tapferer Menschen, die in ihrem Denken und Schaffen bereit sind, die Grenzen alles Gewohnten zu sprengen und sich dabei vor der größten Gefahr, nämlich der Selbstinfragestellung, nicht scheuen. „Denn, glaubt es mir! – das Geheimniss, um die grösste Fruchtbarkeit und den grössten Genuss vom Dasein einzuernten, heisst: GEFÄHRLICH LEBEN! Baut eure Städte an den Vesuv! Schickt eure Schiffe in unerforschte Meere! Lebt im Kriege mit Euresgleichen und mit euch selber! Seid Räuber und Eroberer, so lange ihr nicht Herrscher und Besitzer sein könnt, ihr Erkennenden!" (*FW* 283)

N. bindet seine Hoffnungen an neue, →freie Geister, die durch Kriege und Siege, Gefahr und Schmerz stark geworden sind. →Stärke ist weniger physisch als charakterlich-seelisch definiert. Stark sind Menschen mit einem ausgeprägten →Willen zur Macht und zu eigener Wertsetzung, die bereit sind, alles zu geben und sich selbst aufs Spiel setzen. Ihre Stärke besteht darin, sich von den sozialen Bindungen loszusagen, eine neue, individuelle Weltsicht und neue normative Orientierungen zu entwerfen. Es sind diejenigen, die Kraft, Energie, →Willen, Kreativität in sich haben, um Neues zu schaffen und damit die Menschheit über ihr jetziges Stadium hinauszuführen. Die von ihnen zu leistende →Umwertung aller Werte, die Kriegserklärung an alles Bestehende, bedeutet ein gefährliches Leben, weil es hier keinen sozialen und ideellen Halt mehr gibt. „Ich liebe Den, der über sich selber hinaus schaffen will und so zu Grunde geht." (*Za I, Vom Wege …*) Zu diesen Starken gehören auch die Philosophen der Zukunft. Der wahre Philosoph „fühlt die Last und Pflicht zu hundert Versuchen und Versuchungen des Lebens: – er risquirt SICH beständig, er spielt DAS schlimme Spiel" (*JGB* 205). Sein Werk ist eine gefährliche Waffe. Die Bewertung seines *JGB* durch Widmann (1886) als „gefährliches Buch" hat N. durchaus gefallen (N. an Köselitz, 20.9.1886). Denn er sieht sich selbst als einen schaffenden, freien und gefährlichen Geist, dessen Philosophie eine nie zuvor gekannte Sprengkraft hat. In *EH* schreibt er über sich dann auch: „Ich bin kein Mensch, ich bin Dynamit." (*Warum ich ein …* 1)

Gerade solche Vokabeln wie Macht, Stärke, Kampf, Mut, Gefahr, neue Wertsetzung wurden vom →Nationalsozialismus und vom italienischen Faschismus aufgenommen, ohne dass dabei jedoch eine intensive inhaltliche Auseinandersetzung mit N.s philosophischem Anliegen stattgefunden hätte. Nach M. Oehler (1930) habe sich z. B. →Mussolini durch seine N.-Lektüre dem Motto „Lebe gefährlich!" verpflichtet gefühlt. Diese ideologische Vereinnahmung N.s ist einer der Gründe für die ablehnende Haltung gegenüber N.s Philosophie in der linken und marxistischen Rezeption nach 1945. Zum Thema auch: Gerlach (2000a).

*Bärbel Frischmann, Erfurt*

**Geist der Schwere** | Vom GdS sprechen nur die *Za*-Bücher. Zunächst ein Negativbild der ernsten, gravitätischen Geisteshaltung, steht ihm die durch →Tanz symbolisierte Leichtigkeit gegenüber. Er erscheint, wo das Ideal der Freigeistigkeit im Bild des Tanzes auftritt: In *Vom Lesen und Schreiben* (*Za I*) wird er als der →„Teufel" dem Gott, der zu tanzen versteht, entgegengesetzt, *Das Tanzlied* (*Za II*) ist gar ein „Spottlied auf den GdS": Zarathustra trifft auf tanzende Mädchen und trägt ihnen und dem von ihm geweckten Cupido eine Liebeserklärung an das →Leben vor, gegen alles, was einem das Leben schwer machen will, etwa →Schopenhauers dem Leben in den Mund gelegter Einwand: „Du willst, Du begehrst, Du liebst, darum allein LOBST du das Leben!" (ebd.) In *Za III* entpuppt sich der GdS als Antagonist der Lehre von der →ewigen Wiederkunft: In *Vom Gesicht und Räthsel* (2) nennt Zarathustra den →Zwerg so, der eine flache Version dieser Lehre zum Besten gibt. In *Der Geist der Schwere* (2) wird er als Geist des tragsamen Menschen, im Bilde des →Kamels, gezeichnet. Das Aufbürden von Lasten, wie es der moralischen Weltauslegung entspricht, verhindert die Leichtigkeit, die nötig ist, sich selbst zu lieben, sich selbst zu entdecken. Die Annahme seiner selbst ist aber Bedingung für die rechte Annahme der Wiederkehr – nicht von sich weg, wie der GdS es will, sondern zu sich selbst sollen die Menschen kommen. Gegenspieler der neuen →Werte, Verkörperung des alten Ideals ist er auch in *Von alten und neuen Tafeln* 2 (*Za III*). Am Schluss von *Za IV*, nachdem die höheren Menschen ihre Lieder vorgetragen haben, die zeigen, dass sie nicht reif sind für die neue Lehre, findet Zarathustras Erweckung statt: Der „GDS" weicht von ihm (*Die Erweckung* 1): Er ist seinen Gästen, die seine Lehre nicht recht verstehen (worauf das I-A des →Esels und das folgende Eselsfest hinweisen), nicht mehr gram. Er ist bei sich selbst.

*Hans Gerald Hödl, Wien*

**Gelehrte** | Dieser Begriff ist in allen Schaffensperioden N.s negativ besetzt und repräsentiert für ihn, als Produkt der modernen Arbeits- und Wissenschaftswelt, den wissenschaftlichen Durchschnittsmenschen – er, „der kleine anmaassliche Zwerg und Pöbelmann, der fleissigflinke Kopf- und Handarbeiter, der ‚Ideen', der ‚modernen Ideen'" (*JGB* 58). Der G gehört, den Gesetzen der →Rangordnung folgend, „dem geistigen Mittelstand" an, dem die „eigentlichen GROSSEN Probleme und Fragezeichen gar nicht in Sicht" (*FW V* 373) kommen. Der G ist ein „Spezialist", der „seinem Wesen nach UNFRUCHTBAR" ist. Das Gegenstück sind die →Genies als fruchtbare Menschen, weshalb „sich zu allen Zeiten die Genie's und die Gn befehdet haben" (*SE* 6, KSA 1: 399 f.). Obgleich N. den Gn als den „eigentlich wissenschaftlichen Menschen" bezeichnet, dem er einen „Erkenntnisstrieb" attestiert, „irgend ein kleines unabhängiges Uhrwerk, welches, gut aufgezogen, tapfer darauf los arbeitet, OHNE dass die gesammten übrigen Triebe […] wesentlich dabei betheiligt sind", liegen die eigentlichen „Interessen" des G „gewöhnlich ganz wo anders, etwa in der Familie oder im Gelderwerb oder in der Politik". Für N. ist es dabei gleichgültig, ob der G an „diese oder jene Stelle der Wissenschaft gestellt wird" und ob der „‚hoffnungsvolle' junge Arbeiter aus sich einen guten Philologen oder Pilzekenner oder Chemiker macht" (*JGB* 6) – derlei bezeichnet nicht seine Persönlichkeit. N. vergleicht die

„jüngste Generation der Gn", denen er eine „gediegene Mittelmässigkeit" bescheinigt und die „die Wissenschaft im ökonomischen Sinne immer nutzbarer machen", mit Menschen, die „in der wissenschaftlichen Fabrik arbeiten und nutzbar werden sollen" (*HL* 7, KSA 1: 301). In *JGB* gibt N. unter der Überschrift *[W]ir Gelehrten* (204–213) mit Seitenblick auf D. F. Strauß, →Dühring, →v. Hartmann u. a. eine zusammenfassende Charakteristik des Gn, die er in jüngsten Naturforschern, älteren Ärzten, Philologen und Schulmännern verkörpert sieht; in *Za II* tadelt er sie als jene, welche „Gedanken an[gaffen], die Andre gedacht haben." (*Von den Gelehrten*)

*Hans-Martin Gerlach †*

**Genealogie** | Die Idee der G wurde am fruchtbarsten wohl in der N. bejahenden Nach-68er-Phase der frz. Philosophie rezipiert und fand vor allem mit →Foucault eine neue, produktive Renaissance. Der Terminus selbst verweist – etymologisch – auf die Ahnen- und Geschlechtergeschichtsschreibung und wird von N. in einem daran angelehnten Verständnis in die Philosophie eingeführt (vgl. Saar 2003: 160). Dieses Projekt nahm mit *GT* seinen Anfang; schon hier ging es N. – vermittelt über eine „historische Erzählung" – um „eine philosophische Lösung für das Problem der Gegenwart in der Form einer Rückbesinnung." (Saar 2007: 24) In →*HL* führt N. dann den Begriff der „kritischen Historie" ein, die – als Ergänzung, vor allem aber als Korrektiv der monumentalen und antiquarischen Historie angelegt – darauf aus ist, „eine Vergangenheit zu zerbrechen und aufzulösen, um leben zu können" (*HL* 3, KSA 1: 269). Auch wenn die „kritische Historie" erkennbar anders fokussiert ist, verweist doch die Lebensdienlichkeit (→Leben) auf ein eminent wichtiges Kriterium der späteren G.

Seine mittlere Schaffensphase lässt N. in der Vorrede zu *GM* Revue passieren; er ist bereit anzuerkennen, dass seine damaligen „Herkunfts-Hypothesen" zur →Moral „noch unfrei, noch ohne eigne Sprache für diese eignen Dinge und mit mancherlei Rückfälligkeit und Schwankung" (4) waren. N. stellt eine „NEUE FORDERUNG: wir haben eine KRITIK der moralischen →Werthe nöthig, DER WERTH DIESER WERTHE IST SELBST ERST EINMAL IN FRAGE ZU STELLEN – und dazu thut eine Kenntniss der Bedingungen und Umstände noth, aus denen sie gewachsen, unter denen sie sich entwickelt und verschoben haben" (ebd.: 6). Mit der Ablehnung →Rées und – daran geknüpft – der englischen Moralgenealogen, samt ihrer „umgekehrte[n] und perverse[n] Art von genealogischen Hypothesen" (ebd.: 4), verbindet sich die Skepsis gegenüber linearen Genesen und einem Begreifen der Moral entlang von Nützlichkeitserwägungen (Foucault 1971: 108). An ihre Stelle tritt die Annahme von „sich abspielenden Überwältigungsprozessen" (*GM II* 12), die N. über „das Urkundliche, das Wirklich-Feststellbare, das Wirklich-Dagewesene" (*GM, Vorrede* 7) nachzuweisen bemüht ist. Vor allem handelt es sich dabei um „ETWAS FÜR ARBEITSSAME", geht es doch darum, kleinen, scheinbar unbedeutenden Geschichten nachzuspüren, die in ihrer Gesamtheit das ausmachen, „was bis jetzt die Menschen als ihre ‚Existenz-Bedingungen' betrachtet haben." (*FW* 7)

Die Ablehnung eines Ursprungsdenkens ist hierbei von fundamentaler Bedeutung. Das „HISTORISCHE PHILOSOPHIREN" geht vom →Werden statt von der Existenz „EWIGE[R] THATSACHEN" (*MA* 2) aus. Dem metaphysisch durchsetzten „Wunder-Ursprung", der dem (kantschen) „‚Ding an sich'" (*MA* 1) entsprungen zu sein scheint, werden – in Anlehnung an den Terminus G – konsequenterweise Annahmen von „*Entstehung, Herkunft, Abkunft, Geburt*" (Foucault 1971: 108) entgegengesetzt. Mit dieser Art, Geschichte zu schreiben – ein Versuch, diese „gegen den Strich zu bürsten" (Benjamin 1974: 697) –, verbindet sich der Selbstanspruch der Kritik, indem „[d]ie Beschreibung [selbst] die Wertung" (Saar 2003: 166) ist. Zu diesem Zweck wendet N. verschiedene rhetorische Stilmittel an, wie etwa überspitzte Typologisierungen, über Einzelpersonen vermittelte Generalisierungen oder auch provokative Epochalisierungen (vgl. Saar 2007: 130 ff.). Die G erhebt in dieser Weise ganz bewusst nicht den Anspruch, eine Geschichtsschreibung neutraler

Natur zu sein. Sie ist dem Gedanken von der →Umwertung aller Werte verpflichtet und damit Ausdruck einer Sinn und Wert in die Philosophie bringenden Überzeugung (vgl. Deleuze 1962).

*Marek Naumann, Dresden*

**George, Stefan** | G, *12.7.1868 Büdesheim b. Bingen, †4.12.1933 Minusio b. Locarno, dt. Lyriker, rezipierte N. vermutlich schon ab 1889. N.s Spuren finden sich in den *Blättern für die Kunst*, Gs Organ seiner Literaturpolitik. Die Erinnerungsbücher Landmanns, Salins und Boehringers belegen, wie häufig in den Gesprächen Gs und seines Kreises von N. die Rede war und welche große geistige Herausforderung N. für G zeitlebens darstellte. G verstand N. nicht als Dichter, sondern als radikalen Denker, dem er sich in seiner Kultur- und Wissenschaftskritik und im Habitus der Entschiedenheit verbunden wusste. Im zeitkritischen Gedicht *N.* (1901/1907) setzt sich G poetisch mit N. auseinander. N. habe es versäumt, „sich in den kreis den liebe schliesst" zu ‚bannen'. G stellt so gegen N.s Denken das platonische. Gegen den rhetorischen Künder N. bringt er, N. selbst zitierend, vor: „[S]ie hätte singen / Nicht reden sollen diese neue Seele!" Auch Gs Gedicht *Einer stand auf wie blitz und stahl* (1914) kann auf N. bezogen werden, obwohl es ihn nicht namentlich nennt. N. wird als großer „warner" begriffen, der jedoch das geschichtliche „rad das niederollt" nicht aufzuhalten vermag. – Im G-Kreis entstand eine Reihe von N.-Monografien (E. Gundolf/Hildebrandt; Hildebrandt; Bertram). Zum Thema auch: Raschel (1984); F. Weber (1989); Meyer (1993: 173 ff.); Breuer (1994); Riedel (1998: 269 ff.); Trawny (2000/01); Braungart (2004); Pirro (2007).

*Wolfgang Braungart, Bielefeld*

**Gerechtigkeit** | Zumal für Soziologie, Sozialpädagogik und teilweise auch Theologie gilt die (soziale) G fast schon als Zentralwert im Kontext eines umfassend ansetzenden, oft gesellschafts- und globalisierungskritisch angelegten Reformbemühens mit dem (Zwischen-)Ziel →Gleichheit. N., zu seiner Zeit Opponent von sowohl →Christentum als auch →Sozialismus als auch →Marxismus, wurde und wird dabei oft als Antipode wahrgenommen, ausgehend etwa von seiner Kritik an G nach dem Muster, dass ein „Reich der G und Eintracht auf Erden [...] unter allen Umständen das Reich der tiefsten Vermittelmässigung und Chineserei sein würde" (*FW V* 377). In der N.-Rezeption wurde dabei von Beginn an moniert, dass N. ausgerechnet in einer Zeit „des industriellen Massengiftmordes, der finanziellen Plünderungszüge" und „der junkerlich-agrarischen Jagdfreiheit" (Eisner 1892: 61) auf zynische Weise Kritik an sozialer G geübt habe, und diese Kritik hat bis auf den Tag Konjunktur (vgl. etwa Thiersch 1995: 214; verallgemeinernd: Niemeyer 2007c).

In der Tat scheint es nicht sonderlich schwer, N. in entsprechender Weise zu kritisieren, und sei es nur wegen des von Zarathustra verkündeten →„Gesetzes": „Das Beste gehört den Meinen und mir; und giebt man's uns nicht, so nehmen wir's: – die beste Nahrung, den reinsten Himmel, die stärksten Gedanken, die schönsten Fraun!" (*Za IV, Das Abendmahl*) Diese Attitüde des „happy playboy" (Higgins 1988: 45) traf in der Folge nicht eben selten auf heftigen Widerwillen und wurde beispielsweise von Zittel als „kumpelhafte Sprücheklopferei" (2000a: 209) abgetan. Wer so urteilt, sollte aber beachten, was der hier in Rede stehenden Äußerung Zarathustras nachfolgt: nämlich die begeisterte, aber wegen der Inanspruchnahme der Vokabel →Klugheit durchaus giftige Zustimmung des ‚Königs zur Rechten': „Vernahm man je solche kluge Dinge aus dem Mund eines Weisen?" – aber, aufschlussreicher vielleicht noch: der trockene Kommentar des →Esels, der „zu seiner Rede mit bösem Willen [sagte] I-A." (*Za IV, Das Abendmahl*) Denn dieses ‚I-A' steht für eine Distanzierung von der Zustimmung des ‚Königs zur Rechten' (durchaus eine Vokabel mit politischer Konnotation) zu Zarathustras Satz, die man lesen kann als Protest gegen eine gleichsam saturierte, christlich sich dünkende Bürgerlichkeit, in deren Horizont es durchaus ‚klug' scheint und vielleicht sogar tagtägliche Praxis ist, sich die ‚beste

Nahrung‘ und die ‚schönsten Frauen‘ zu ‚nehmen‘. So gesehen, wäre das Leben, und zumal das gute Leben, nichts weiter als die radikal säkularisierte Variante eines nicht enden wollenden und insoweit ewig wiederkehrenden ‚Letzten Abendmahls‘ – eine Vorstellung, die N. als Autor von *Za IV* nicht etwa gutheißt, sondern geißelt (vgl. Niemeyer 2007a: 109).

Des Weiteren muss man beachten, dass das Gesetz Zarathustras eine Art Vorstufe kennt, nämlich den Satz: „Der →Reichthum erzeugt nothwendig eine →Aristokratie der Rasse, denn er gestattet die schönsten Weiber zu wählen, die besten Lehrer zu besolden [...]“ (*MA* 479). Wie leicht erkennbar, haben wir es hier mit einem deskriptiv gerichteten, quasi-soziologischen, ideologiekritischen Argument zu tun, das getragen wird vom Kalkül auf eine künftige Generation, die, durch solche Reichtumsbedingungen befördert, sich durch „grössere Freiheit des Gemüthes“ und „Abwesenheit des Erbämlich-Kleinen“ auszeichnet: Möglichkeiten, die dem ums Überleben kämpfenden und insoweit zur Verstellung genötigten Armen nicht gegeben seien. Er nämlich lerne im Kampf ums Dasein vor allem, „gebückt sich in die Höhlengänge der Gunst einzuschleichen.“ (ebd.) Dieser Nachtrag macht klar, dass auch zur Seite der (aufstiegsorientierten) Armen →Wahrheit, vor allem aber →Redlichkeit, in aller Regel Fiktion bleibt. Und exakt hieran scheint Zarathustra in *Za IV* mit seinem hier in Rede stehenden Satz anzuknüpfen, indem er nicht lediglich an materielle Reichtumsindikatoren (‚beste Nahrung‘, ‚schönste Frauen‘) denkt, sondern zugleich an Äquivalente für das, was N. noch 1878 mit der Formel ‚Freiheit des Gemüts‘ belegte und als Desiderat vermeldete. Das Zarathustra-Gesetz „Das Beste gehört den Meinen und mir“ könnte insoweit nichts anderes sein als die Auszeichnung eines sozialen Zustandes, bei dem zwar ein jeder an sich alles haben kann, zugleich aber doch auch nichts mehr so eigentlich begehrt wird, weil alle zu sich und folglich zu dem gefunden haben, was der Reiche gängigerweise im Prozess seines Reichwerdens destruiert: Wahrheit (‚stärkste Gedanken‘) und Redlichkeit (‚reinster Himmel‘), wie man probeweise den Bedeutungshorizont der zwei strittigen →Metaphern griffig bündeln könnte. Insoweit könnte man folgern, dass es Zarathustra auch in *Das Abendmahl* eben hierum zu tun war und nicht lediglich um die Heiligsprechung und Nachahmung der (dekadenten) Lebensform der Reichen.

Die Sache selbst ist damit allerdings nicht erledigt. Denn immerhin ist es ja Zarathustra selbst, der an zwei anderen Stellen (in *Za II*) die scheinbar unmissverständliche Botschaft bringt: „[D]ie Menschen sind NICHT gleich: so spricht die G. Und was ich will, dürften SIE nicht wollen!“ (*Za II, Von den Gelehrten*) Der Sache nach handelt es sich hier – im Gegensatz zur gleich nachfolgenden Stelle aus *Von den Taranteln* (→Gleichheit) – ‚nur‘ um N.s Lektion aus seiner ‚frühen‘ Basler (Professoren-)Zeit (1869–1879), an deren Ende er (wie Zarathustra weiter berichtet) aus dem Haus der Gelehrten ausgezogen sei und noch die Tür hinter sich zugeworfen habe, denn: „Freiheit liebe ich und die Luft über frischer Erde; lieber noch will ich auf Ochsenhäuten schlafen, als auf ihren Würden und Achtbarkeiten.“ (ebd.) Das seinerzeitige Insistieren von N.s (Basler) Kollegen auf Gleichheit – so darf man weiter deuten (vgl. Niemeyer 1998a: 106 ff.) -steht hier also gegen das (damalige) Interesse N.s (= des Einzelnen) an Freiheit: ein geradezu klassischer Wertekonflikt, der N. veranlasste, eine neue G zu fordern, die nicht jeden nach gleichem Maßstab, sondern nach je besonderer Befähigung misst, weil anders die Freiheit verunmöglichende, auf Gleichheit aller abstellende, nivellierende Macht nicht im Zaun zu halten sei. Dass diese Position N.s die (sozialpolitische) Forderung nach sozialer G gar nicht berührt (und insoweit auch nicht einschränkt), sei hier nur angemerkt.

Die Alternative, die N. im Sinn hat, wird deutlicher, wenn Zarathustra die „Stunde der grossen Verachtung“ lobt, in welcher der zum →Übermenschen konvertierte Mensch gelernt haben wird, voller Stolz auszurufen: „Was liegt an meinem →Glücke! Es ist Armuth und Schmutz, und ein erbärmliches Behagen. Aber mein Glück sollte das Dasein selber rechtfertigen!“ (*Za I, Zarathustra's Vorrede* 3) *Das* Glück – dies die eine Seite der Botschaft – steht hier letztlich gegen *mein* (des Übermenschen) Glück, das entbunden ist von seiner materiellen Seite und insoweit auch nicht durch eine Politik der sozialen G herzustellen ist; und, wichtiger vielleicht noch: Was sich über den Satzteil →„Dasein selber rechtfertigen" ausspricht, ist der Paradigmenwechsel weg von der →Artistenmetaphysik (Wagners) hin zum Ideal des →späten N., dem es nicht mehr um Rechtfertigung des Daseins durch →Kunst geht, sondern durch selbstbestimmte Lebensführung in einer Epoche, in welcher mit dem Tod Gottes (→„Gott ist tot") die Schöpfungsvollmacht für den Menschen wieder verfügbar scheint. Vor dem Hintergrund dieses Programms hat das Streben nach (sozialer) G für N. ganz ausgespielt oder allenfalls sekundäre Bedeutung. Zum Thema auch: Himmelmann (2001); Petersen (2008); Stellino (2008).

*Christian Niemeyer, Dresden*

**Gesetz** | Analog zum Gedanken der „psychologischen" Bedingtheit von Naturgesetzen und logischen G-en betont N., auch in Bezug auf juristische und moralische Ge, deren Setzungscharakter sowie die Rückbindung an Herrschafts- und Machtinteressen und moniert, dass bisher „das Moralgesetz ÜBER dem Belieben stehen [sollte]: man wollte diess G sich nicht eigentlich GEBEN, sondern es irgendwoher NEHMEN oder irgendwo es AUFFINDEN oder irgendwoher es SICH BEFEHLEN LASSEN" (*M* 108) Als Gegensatz zum schwachen „Sklave[n]" (NF 1880, 4[111]) des G-es ist daher für N. der Typus des G-gebers zentral, den er zugleich im übertragenen Sinn eines „Namengeben[s]" (*PHG*, KSA 1: 816) bzw. einer „G-gebung der BEGRIFFE" (NF 1885, 34[84]; vgl. auch *WL*, KSA 1: 877, *GM I* 2) und als Autor moralischer Werte versteht: „Sobald nun jene Vorstellungen dahingefallen sind 1) die von Gott 2) die von ewigen Werthen: entsteht die Aufgabe des G-gebers der →Werthe in furchtbarer Größe. Die Mittel der Erleichterung, welche man früher hatte, sind dahin." (NF 1884, 26[407]) Entsprechend rücken in *FW* „die Sich-selber-G-gebenden" (335) ins Zentrum; Zarathustra erscheint als „Herold, der viele G-geber aufruft." (NF 1883, 16[86]; vgl. *Za I, Vom Wege …*) Wenn N. in *JGB* die „EIGENTLICHEN PHILOSOPHEN" als „BEFEHLENDE UND G-GEBER" (211) bezeichnet, deren →Wille zur Macht die Zukunft der Menschheit bestimmt, und als „Antichrist" ein „G wider das Christenthum" (*AC*, KSA 6: 254) gibt, scheint dies dem Aufruf zu individueller G-gebung massiv zuwiderzulaufen (Sommer 2000: 663). Möglicherweise soll jedoch die dogmatische G-geber-Rhetorik als exemplarischer Vollzug des Willens zur Macht den Leser zur Reflexion provozieren. Vgl. Jaspers (1936: 30); Sommer (2000a: 684). Zum Thema auch: Simon (1992a); Conway (1997); Kerger (2001); v. Rahden (2003); Siemens (2008).

*Jakob Dellinger, Wien*

**Gesundheit/Krankheit** | N. verwendet beide Begriffe als Metaphern für den geistigen und moralischen Zustand seiner Zeit, der *décadence*, dessen komplexe →Genealogie er aufzuzeigen versucht (vgl. Borchmeyer 1989). Seine genealogische Methode ermöglicht es ihm, widersprüchliche Hypothesen zu untersuchen, ohne sich für eine „allgemeingültige" entscheiden zu müssen (*GM, Vorrede* 3). Er greift dabei auf eine lange Tradition zurück, in der der Philosoph als Arzt seiner Zeit auftritt (vgl. Pasley 1979). Es geht um die Werte, die die Gesellschaft zumindest seit Sokrates in verschiedener Form bestimmen, die N. aber als Ks-Symptome und – Verursacher diagnostiziert. N.s ärztlicher Blick auf die K-en seiner Zeit identifiziert die christlichen Werte des →Mitleids, der Nächstenliebe und der Vertröstung auf ein →Jenseits als Symptome eines →Ressentiments gegen die Gesunden und Starken (→stark, Stärke), das nicht nur durch die →Religion, sondern auch durch die Philosophie →Kants und →Schopenhauers sowie die Kunst →Wagners begünstigt wurde. N.s Überlegungen zu G und K sind im physiologischen Diskurs des 19. Jh.s angesiedelt, der die Grenze zwischen dem Pathologischen und dem Normalen, dem Kranken und dem Gesunden neu zu ziehen versuchte (vgl. Müller-Lauter 1978). Die wichtigsten Vertreter dieser Richtung waren C. Bernard (1865) und A. Comte (vgl.

Baier 1981/82). Während man vorher das Pathologische als Anomalie sah, erschloss es sich nun dem wissenschaftlichen Blick als ein Bereich mit denselben Gesetzmäßigkeiten wie das Gesunde, auf die die Mediziner regulierend einwirken konnten. Somit verlor die K ihre normative Bedeutung. Andererseits ist in diesem Diskurs der →„Körper" ein sprachliches Konstrukt, Metapher für ein Anderes, ein Gesellschaftliches, für den „body politic". Mit Hilfe des physiologischen Diskurses versuchte man die →Degeneration der städtischen Masse zu bekämpfen.

Die physiologische Grundlage der Philosophie bedeutet für N. jedoch auch, dass er ständig seine eigene Ks-Erfahrung reflektiert und somit für sein Denken produktiv macht. Sie habe es ihm überhaupt erst ermöglicht, die gesunden, normalen Werte zu hinterfragen (*FW, Vorrede zur …* 1). So schätzt er die Ks-Erfahrung als „Lehrmeister des GROSSEN VERDACHTES" (*FW, Vorrede zur …* 3), aus welcher der Kranke nicht als besserer, aber als ein tieferer Mensch hervorgeht. Der Blick des Kranken auf die Gesunden und umgekehrt habe ihn außerdem auf das philosophische Problem des →Perspektivismus aufmerksam gemacht. G wird somit als eine relative Größe gesehen, die in einem dialektischen Verhältnis zur K steht. Krankwerden oder Gesundwerden stellt ferner die Vorstellung eines freien Willens in Frage, den N. als eine Grundlage der idealistischen Philosophie kritisiert (*MA I*, Vorrede 3). K ist die Folge des Zusammenbruchs des Regelmechanismus, der die G gewährleistet. Die Überwindung der K geht vielmehr von dem →Willen zur Macht aus, den N. zu den →Trieben statt zum →Bewusstsein zählt (*JGB* 13), und sie ist somit nicht vom Individuum beeinflussbar, ebenso wenig wie es von einem gesellschaftlichen System veränderbar ist. Es kann die lebenserhaltenden Triebe höchstens durch die Werte fördern bzw. negieren, die sein Denken und Handeln bestimmen. Die Genesung wird somit zu einer Frage der Entwicklung und der Stärkung des Willens zur Macht. Zum Thema auch: Roux (1881); Schipperges (1975); Sontag (1977); Pfotenhauer (1985a); Wahrig-Schmidt (1988); Anz (1989).

*Anette Horn, Witwatersrand*

**Gewissen** | N.s bekannteste Diskussion zum Thema findet sich in *GM II*; sein Interesse an den vielfältigen Phänomenen des Gs ist jedoch schon in *MA* offensichtlich. Zentral ist dabei die Annahme, dass (auch) das G neu und genealogisch, sozial-psychologisch und naturalistisch zu interpretieren ist – Thema sei (gegen →Kant) „nicht die Stimme Gottes in der Brust des Menschen, sondern die Stimme einiger Menschen im Menschen." (*WS* 52) N.s anfängliche Vorstellung von der Arbeitsweise des Gs ist die, dass →Affekte, die stark genug sind, um das Verhalten zu beeinflussen (wie ein Gefühl des Zwangs bzw. der Verpflichtung), als normative Inhalte jeder Handlung innewohnen, welche dadurch dann verinnerlicht werden, ganz wie Verhalten, das entsprechend eines Inhaltes ausgelöst wird, „ohne Grund regelmässig GEFORDERT wurde, durch Personen, die wir verehrten oder fürchteten." (ebd.) Alternative Handlungsmöglichkeiten (anerkannte oder gefürchtete) scheinen signifikant abweichende Auswirkungen auf auffallend andere Varianten des „Gs" zu haben, welche auf diese Weise erzeugt werden können. Dies wird in *GM II* deutlich, wo N.s →Psychologie des Gs vertieft und beachtlich ausgebaut wird.

Bereits in *MA II* erwähnt N. mindestens vier unterschiedliche Arten von G bzw. des Phänomens „G": Das „böse G" und das damit unmittelbar verbundene „gute G" (das jenes voraussetzt und bedingt) (*VM* 90); das „intellectuale G" (*VM* 26); und das „ästhetische G" (*VM* 133). Er verweist weiterhin, wie er es danach oft tun wird, auf die „Gewissensbisse" (*WS* 7), welche er mit dem „bösen G" assoziiert. Bereits in *VM* ist N. an „Ursprung" und „Ausbildung" (später: →„Genealogie") dieses Phänomens interessiert und nimmt beispielsweise an, dass das „seltsame Phänomen […], welches ich ‚intellectuales G' genannt habe", also etwa das Bemühen „um die Wahrheit und deren Geltung auf Erden", mithin „etwas Moralisches höchster Gattung", „seine Wurzel" – eine „Schwarzwurzel" (*VM* 26) – in der Absicht habe, Gedanken zu ehren, vor denen wir uns eigentlich fürchten. Etwas Bewundernswertes, das N. viel bedeutet –

diesen Schluss erlaubt das Lob auf das „INTELLECTUALE G“ in *FW* 2 nach Maßgabe von Vokabeln wie „VERLANGEN NACH GEWISSHEIT [...] als die innerste Begierde und tiefste Not“ –, ist also „herausgeblüht“ (*VM* 26) aus einer ‚allzumenschlichen‘ Wurzel.

In *GM II* – dies will beachtet sein – ist das „böse G“ zum „schlechten G“ geworden und wird eng verbunden mit dem „Gefühl von Schuld“, welches anfangs mit dem durch Bestrafung gestützten Verbot, im Einklang mit bestimmten unserer primitiven Instinkte zu handeln, in Verbindung gebracht wurde sowie mit der Unterdrückung dieser Ur-Instinkte durch die Verinnerlichung des Verbots. Dies ist ein Phänomen, dem N. große Bedeutung beimisst, einerseits im Blick auf die Pathologie – „das schlechte G als die tiefe Erkrankung“ (16) des Menschen –, andererseits aufgrund bestimmter Formen menschlicher Spiritualität, welche es möglich gemacht haben und in die N. große Hoffnungen setzte: als der „eigentliche Mutterschooss idealer und imaginativer Ereignisse“, der „eine Fülle von neuer befremdlicher Schönheit und Bejahung an's Licht gebracht“ habe (18). Schon vor der Diskussion des „schlechten Gs“ beginnt N. diesen Gedankengang, indem er eine ganz andere Art von G bestimmt, das er in Verbindung bringt mit der „stolzen Erkenntnis“ des Menschen in Sachen seiner Fähigkeit zur Selbstkontrolle und betreffs der Leistung, Versprechen machen und sie halten zu können. Dieses „unabhängige G“ (wie man es nennen könnte) spiegelt die Verinnerlichung und die Umsetzung dieser positiven Bewertung wider, weit mehr noch als die Verinnerlichung eines Verbots, das zur Selbstzerfleischung führt. Das Gefühl zum Zeitpunkt der Selbsterkenntnis ist eher das von Stolz als das von →Schuld, konkret: es ist „[d]as stolze Wissen um das ausserordentliche Privilegium der VERANTWORTLICHKEIT.“ (2)

Diese Art von G unterscheidet sich von dem „guten G“ (welches N. früher mit dem „bösen G“ in Verbindung gebracht hatte) wie eine abgeleitete, positive Abzweigung. N. nimmt an, dass das „gute G“ lediglich das mit Erleichterung registrierte Gefühl ist, „nicht schuld“ zu sein (an einem Verstoß bzw. einem Vergehen), allgemein: „Das gute G hat als Vorstufe das böse G.“ (*VM* 90) Das „G“ eines „SOUVERAINE[N] INDIVIDUUM[S]“ hingegen ist unabhängig von derartiger Psychologie der „Schuld“; es ist jenseits der „Sittlichkeit der →Sitte“ (*GM II* 2) und bedarf zu seiner Entwicklung der →„Redlichkeit“, welche sowohl in N.s Entwurf des „ästhetischen Gs“ wie auch des „intellectualen Gs“ eine zentrale Stellung einnimmt. Derartige Feinheiten werden in N.s Entwurf der höchsten aller Formen von G verbunden: dem vom „Philosophen der Zukunft“ (*JGB* 210), für den die Zukunft der Menschheit auf dem Spiel steht (*JGB* 211–213).

*Richard Schacht, Urbana* (Übers.: F. Künstner)

**Glaube** | N. bezeichnet zunächst mit dem Ausdruck G etwas, das für wahr gehalten wird, jedoch nicht bewiesen oder beweisbar ist. Dieser Bestimmung zufolge ist G für N. ein Phänomen der Fremd- und Selbsttäuschung. So spricht N. etwa vom „GN AN INSPIRATION“ (*MA* 155) bei Künstlern und Schriftstellern. G steht in N.s Werk im Gegensatz zu den Begriffen Erkenntnis sowie →Wahrheit und ist Gegenstand von N.s historisch-psychologischen Betrachtungen: „Wo der Mensch zu erkennen aufhört, fängt er zu glauben an. [...] Wenn man den Gn hat, so kann man die Wahrheit entbehren.“ (NF 1872–73, 21[13]) Im Gn sieht N. einen allgemeinen psychischen Mechanismus (→Psychologie) wirksam werden: „[D]ie Stärke des Gns ergänzt die Mängel des Erkennens; die Welt wird so, wie wir sie uns vorstellen.“ (NF 1876–77, 23[185]) G stellt daher für N. eine – unter existentiellen Gesichtspunkten durchaus positive – aktive →Interpretation im Sinne einer Zurechtmachung dar, die die Welt nach eigenen Wünschen modellierbar machen soll. Diese für N. psychologische Tatsache ist in allen menschlichen Bereichen wirksam, auch in Philosophie und Wissenschaft. →Kants Formel von „Wissen und Gn“ ist für N. deshalb ein „sonderbarer Gegensatz“ (NF 1872–73, 19[34]), der so nicht haltbar ist, denn auch das sogenannte Wissen basiert zwar nicht auf einem religiösen, aber doch auf einem theoretischen Gn.

G ist darüber hinaus ein Zentralbegriff der christlichen Verkündigung, der von N. einer scharfen und polemischen Kritik unterzogen wird, die in *AC* kulminiert, wo der christliche G als pathologisches Phänomen aufgefasst wird: „Weil die Krankheit zum Wesen des →Christenthums gehört, MUSS auch der typisch christliche Zustand, ‚der G', eine Krankheitsform sein" (52). Speziell die protestantisch-reformatorische Konzeption des Gns als Grundbestimmung des Menschen vor dem christlichen Gott, Luthers *sola fide*, wird von N. seit *DS* immer wieder scharf attackiert: „Immer noch wird durch die protestantischen Lehrer jener Grundirrthum fortgepflanzt: dass es nur auf den Gn ankomme und dass aus dem Gn die Werke nothwendig folgen müssen. Dies ist schlechterdings nicht wahr" (*M* 22). In *AC* versucht N., seiner genealogischen Methode (→Genealogie) gemäß zu zeigen, dass der G seit →Paulus das für das historische Christentum charakteristische Merkmal ist, während die Liebe als die eigentliche Botschaft des historischen Jesus – was zunächst paradox erscheinen mag – primär etwas Jüdisches sei. Der christliche G, in dem die Liebe letztlich nur als Begleitphänomen erscheine, stelle eine Weltflucht dar, widerspreche aber der realen christlichen Praxis vollkommen: „[M]an sprach immer von ‚Gn', man THAT immer nur vom Instinkte" (39), so dass der Christ seinen gewalttätigen Trieben und seiner Rachsucht frönen konnte. G ist daher für N. das zentrale Element der Ressentiment-Religion Christentum. Die christliche Konzeption des Gns – Übernatürlichkeit wegen der göttlichen Gnade, Vernünftigkeit wegen der ihm vorausgehenden Erkenntnis des christlichen Gottes und seiner Offenbarung – ebenso wie die konkreten Gns-Inhalte (z. B. Unsterblichkeit der Seele, Erlösung) und – Geheimnisse (z. B. Dreifaltigkeit, Menschwerdung) werden als „Aberglauben" und als „mythologisches Beiwerk" (NF 1874, 32[79]) verworfen. Historisch gesehen ist der christliche G für N. „die stärkste Fessel und der höchste Peitschenschlag" (NF 1880, 6[255]) der Menschheit. Wegen der angenommenen Autorität des offenbarenden Gottes und der daraus resultierenden Autorität der →Kirche sei der G nämlich „von Anbeginn Opferung: Opferung aller Freiheit, alles Stolzes, aller Selbstgewissheit des Geistes; zugleich Verknechtung und Selbst-Verhöhnung, Selbst-Verstümmelung" (*JGB* 46). Der christliche G entwerte daher das →Leben im Allgemeinen und das menschliche →Dasein im Besonderen. Das Bedürfnis nach Gn ist zudem „ein Bedürfniss der →SCHWÄCHE", denn der „‚Gläubige' jeder Art ist nothwendig ein abhängiger Mensch" (*AC* 54), also das genaue Gegenteil der „freien" und „großen" Geister, die N. als Skeptiker konzipiert. Die christlich-theologische Lehre von der doppelten Wahrheit sowie vom *sacrificium intellectus* werden von N. als intellektueller Selbstmord aufgefasst. Daher plädiert er dafür, die von Tertullian inspirierte, im 17. Jh. entstandene und weit verbreitete Glaubensformel in „credo quia absurdus sum" (*M* 417) zu ändern. Nach dem Tod Gottes (→„Gott ist tot") ist laut N. der G an den christlichen Gott unglaubwürdig geworden und alles, was auf ihm aufbaut, wie z. B. die europäische →Moral, delegitimiert. Dies führe jedoch nicht zu Furcht, Sorge und ins Nichts, sondern zu: „Licht, Glück, Erleichterung, Erheiterung, Ermuthigung, Morgenröthe" (*FW V* 343).

N.s Kritik am christlichen Gn ist trotz seiner Polemik von christlichen Theologen (vgl. Köster 1981/82) und Religionshistorikern (vgl. Taubes 1993) kritisch gewürdigt worden und beeinflusste nicht nur →Overbeck, sondern trug entscheidend zum Entstehen und zur Entwicklung der *Radikalen Theologie* bei. Zum Thema auch: Hamilton/Altizer (1966); Balmer (1977); Goedert (1977); Biser (1982); O'Flaherty/Sellner/Helm (1985); Cecchini (2004).

*Roberto Sanchinio Martinez, Berlin*

**Gleichheit** | G, neben Freiheit und Brüderlichkeit seit der Französischen Revolution als Zentralwert moderner Gesellschaft fast unanfechtbar, ist von N. in der Regel – ähnlich wie das Streben nach →Gerechtigkeit, und keineswegs zur Freude der Kritiker (vgl. etwa Wilson 2007) – überaus skeptisch betrachtet worden, etwa nach dem Muster, dass der Mensch infolge von

→Christentum und →Demokratie „alle Verschiedenheit als unmoralisch empfinde", mit der Pointe: „So entsteht nothwendig der Sand der Menschheit: Alle sehr gleich, sehr klein, sehr rund, sehr verträglich, sehr langweilig." (NF 1880, 3[98]) N.s Alternative im Zuge des damit eröffneten Kampfes gegen das „moralische Geschwätz der Einen über die Andern" (*FW* 335), allgemein: gegen „Vermittelmässigung und Chineserei" (*FW V* 377) (→Mittelmäßigkeit) lautete zunächst noch: „[S]ei anders, als alle Übrigen und freue dich, wenn Jeder anders ist, als der Andere" sowie: „[W]ir wollen nicht gedankenlos unter dem Regimente der Furcht vor wilden Thieren weiterleben. So lang, allzulang hieß es: Einer wie Alle, Einer für Alle." (NF 1880, 3[98])

Zarathustra nimmt diesen Hinweis in Sachen der im Rücken der allfälligen Konformität eingeforderten Preise der Nonkonformisten auf, etwa in Gestalt seiner bitteren Bemerkung: „Kein Hirt und eine Heerde! Jeder will das Gleiche, Jeder ist gleich: wer anders fühlt, geht freiwillig in's Irrenhaus." (*Za I, Zarathustra's Vorrede* 5) Allerdings kann (und muss) nun, nach dem in *FW* 125 erstmals verkündeten Tod Gottes (→„Gott ist tot"), neu über die (Begründbarkeit der) Verschiedenheit der Menschen nachgedacht werden, und dies insbesondere im Blick auf eine Existenzform, für die der →Übermensch steht. Deswegen auch lässt Zarathustra den ‚blinzelnden' →Pöbel (resp. ‚letzten Menschen') hinsichtlich seiner vermeintlich gesicherten, ihn beruhigenden Wahrheit: „[W]ir sind Alle gleich, Mensch ist Mensch, vor Gott – sind wir Alle gleich!" ebenso trocken wie tödlich auflaufen mit der Replik: „Vor Gott! – Nun aber starb dieser Gott!" Dies führt zur Rekapitulation gleichsam des vollen Programms, also etwa zur Versicherung, dass, seit Gott „im Grabe liegt", „ihr erst wieder auferstanden [seid]" und für ihn, Zarathustra, gelte: „Der Übermensch liegt mir am Herzen, DER ist mein Erstes und Einziges, – und NICHT der Mensch: nicht der Nächste, nicht der Ärmste, nicht der Leidendste, nicht der Beste –" (*Za IV, Vom höheren Menschen* 1, 2). Mit dieser Wegbahnung verwirft N. sowohl die Doktrin der Gerechtigkeit als auch die der G, die – wie er in *JGB* nachtragen wird – als (zeitgenössische) Parole „‚G der Rechte'" sich umzuwandeln drohe in die „G im Unrechte", sprich: in die „gemeinsame Bekriegung alles Seltenen, Fremden, Bevorrechtigten" (212). In der Summe gilt für N., dass das Diktum von der „G der Seelen vor Gott" einen „Vorwand für die rancunes aller Niedriggesinnten" geliefert habe und insoweit einem „Sprengstoff von Begriff" gleiche, „der endlich Revolution, moderne Idee und Niedergangs-Princip der ganzen Gesellschafts-Ordnung geworden ist" (*AC* 62) – obwohl diese kausal gar nicht in Betracht komme, denn: „Die ‚Ausbeutung'", so N. in *JGB* unter Anspielung auf den Hauptfeind aller an G und Gerechtigkeit Interessierten, „gehört nicht einer verderbten oder unvollkommenen und verderbten Gesellschaft an: sie gehört in's WESEN des Lebendigen" (259).

Damit scheint klar zu sein: N. plädierte nicht gegen G und für Ungleichheit aus sozialpolitischer Ignoranz heraus. Sondern er wollte den Menschen in seiner Vitalkraft, deutlicher: in seinem →Willen zur Macht – der immer auch (Stichwort ‚Ausbeutung') entgleisen kann – zur Geltung bringen und mittels der Neuwertung von Andersartigkeit und Nicht-G der Verpflichtung unterwerfen, die Verantwortung für seine Lebensgestaltung zu übernehmen und darin seinen Status als (souverainer) „Herr des FREIEN Willens" festzustellen, der „die ihm Gleichen, die Starken und Zuverlässigen (die welche versprechen DÜRFEN) ehrt" und die Anderen verachtet, die „schmächtigen Windhunde [...], welche versprechen, ohne es zu dürfen." (*GM II* 2) Insoweit kennt N. auch eine gleichsam nicht-dekadente G, eine Art „Gemeinschaft freier Einzelner" (NF 1880–81, 9[61]), die im gegebenen Fall auch in den Kampf zu ziehen hat jenen gegenüber, die für G in ihrer insoweit dekadenten Variante eintreten. Dies zeigt vor allem die Rede *Von den Taranteln* (aus *Za II*): Thema sind die „Prediger" der G, deren Symbol- und Wappentier an sich die Tarantel sein müsste, denn: „Taranteln seid ihr mir und versteckte Rachsüchtige!" Die Gegenposition ist klar: „Denn DASS DER MENSCH ERLÖST WERDE VON DER →Rache: das ist mir die Brücke zur höchsten Hoffnung und ein Regenbogen nach langen Unwettern." Zarathustra fährt fort, dass im (deutschen?) Volk „der Henker und der Spürhund" als

Typus verbreitet sei und sich mitunter die „heimlichsten Tyrannen-Gelüste“ im als „Tugend-Wort“ gelesenen „Wille[n] zur G“ „vermummen“. Dies sind wichtige Hinweise, die sich zu einer Theorie der gleichsam dunklen Seite des Strebens nach G (und Gerechtigkeit) – unter den Vorzeichen einer zu entwickelnden Psychologie des →Ressentiments (vgl. Goedert 2002: 131 ff.) – verdichten lassen.

Tatsächlich aber geht es Zarathustra um mehr, wie sein Loblied auf die Ungleichheit zeigt: „Denn so redet MIR die Gerechtigkeit: ‚die Menschen sind nicht gleich.‘“ (*Za II, Von den Taranteln*) In Theoriesprache übersetzt könnte man vielleicht reformulieren: G (und Gerechtigkeit) scheinen auf den ersten Blick zwar Brüder im Geiste zu sein. Sie geraten aber spätestens dort in Konflikt, wo es ungerecht wäre, Ungleiches gleich zu behandeln. Also hängt alles davon ab, ob es gelingt, Ungleichheit nicht nur als möglichst rasch zu beseitigenden Makel anzusehen, sondern als produktives Moment, als Vorschein des →Neuen, den es unter Schutz zu stellen gilt. Eben dies ist die Position, für die Zarathustra vehement eintritt, neben der anderen: dass der Übermensch unter dem Regiment der Idee der G gar nicht als eine dem Menschen verfügbare Möglichkeit real werden *kann*.

*Christian Niemeyer, Dresden*

**Gleichnis** | Als →Altphilologe ist N. gut mit der antiken Tradition der Beispielerzählung (Allegorie, Bild, Fabel, Parabel usw.) vertraut, die in der Gattungslehre des 19. Jh.s gänzlich unter den Sammelbegriff G fällt. Mehrmals verweist er auf antike Modelle, wie Anaxagoras, Archilochus, →Heraklit, Zeno und selbstverständlich Homer (u. a. *GT* 5, *CV* 5, KSA 1: 790, *PHG* 7, *PHG* 19, KSA 1: 870, *JGB* 228), von denen er lernt, dass „auf einem Bein“ stehende G „recht“ sind; „schön“ sind sie allerdings erst, wenn ihre Bestandteile jeweils ihr Analogon in der erzählten Welt finden (N. an v. Seydlitz, 24.7.1877). Die G-erzählung ist also kein Ziel an und für sich, sondern beabsichtigt die konkrete, bildhafte Wiedergabe einer allgemeinen, abstrakten Einsicht oder Regel (u. a. *DW* 1, KSA 1: 555, *FW* 28), was sie in die Nähe von →Goethes Symbolbegriff rückt. Allerdings stellt ein G eine dynamischere Form von Indirektheit dar als das Bild oder das Symbol. Vor allem der junge, von Schopenhauers Willensmetaphysik beeinflusste N. betont den approximativen Charakter des G-ses: Als Ausdruck zweiten Grades, Spiegelung (*GT* 5, KSA 1: 44) oder Verdoppelung, nähert es sich zwar der darzustellenden Realität, ist aber nicht imstande, diese „erschöpfend“ wiederzugeben (vgl. die Floskel „nur ein/im G“ *Za II, Auf den glückseligen Inseln*; vgl. auch *GMD*, KSA 1: 525; *GG*, KSA 1: 585). In der Hierarchie der Medien assoziiert N. das G daher mit dem apollinisch gedachten Schleier oder Traum und mit dem →Mythus. Die von dem jungen N. vertretene Ansicht, dass das G als Trennwand den Menschen vor der Radikalität der dionysischen Erkenntnis schützt (vgl. *GT* 16, KSA 1: 107), unterstreicht diesen apollinischen Charakter. In den Aphorismenbänden (u. a. *VM* 171) wendet sich diese Wertschätzung allmählich ins Produktive. N. platziert den Begriff vielfach am Ende eines →Aphorismus, um so nachträglich das Interpretationspotential einer oft kurzen Erzählung zu steuern (u. a. *WS* 204, *JGB* 124, NF 1876–77, 23[174]). Hier setzt N. G-se als Erklärungsmodelle ein, die bestimmte Sachverhalte rätselhaft darstellen und eben dadurch neue Verständnisperspektiven eröffnen (*BA*, KSA 1: 699; *MA* 236 u. 278; *FW* 9). Hierzu verfügen sie über mehrere narrative Mittel. G-se inszenieren einen Erzähler, der sich von dem argumentativen Umfeld des Textes loslöst und einen alternativen situativen Kontext vorführt (so *M* 436 oder *Za II, Von den Dichtern*). Sie erhöhen mittels der Aufspaltung zwischen Erzählzeit und erzählter Zeit die Sensibilität des Lesers für Zeit und tauschen so die Zeitlosigkeit der traditionellen philosophischen Reflexion gegen ein (genealogisch selbstreflexives) Nachdenken innerhalb der Zeit um (vgl. hierzu exemplarisch: *FW* 339). Darüber hinaus entfalten G-se eine narrative Eigendynamik, die im gewöhnlichen philosophischen Diskurs nicht ausdrücklich thematisiert wird (musterhaft: NF 1884–85, 36[2]). Insofern der Inhalt des G-ses nicht bloß für sich da ist, sondern den Leser zum „Errathen" einer vom G verdeckten Ansicht verführen soll (*BA*, Vortrag V, KSA 1: 751), will es nicht „beweisen", sondern vielmehr – im Geiste der antiken Sophistik – „überzeugen" (*WS* 145; vgl. NF 1880–82, 3[108]). In *Za* führt N seine Poetik des G-ses nicht nur aus, er macht sie auch explizit, wenn der Protagonist angibt, dass die „besten G-se" von „Zeit und Werden" (*Za II, Auf den glückseligen Inseln*) reden; sie „sprechen nicht aus, sie winken nur" (*Za I, Von der schenkenden Tugend* 1) – der Leser ist also selber für den erforderlichen Transfer, für das „Enträthseln" verantwortlich (*HL* 8, KSA 1: 308). So erhält das G ein für den mittleren N. charakteristisches Selektions- und Transformationspotential: Es richtet sich an Leser, die „Denker" (*VS* 335), „Dichter" (*Za III, Von alten und neuen Tafel* 2) oder gar „Künstler" (NF 1885–87, 9[60]) sind oder zu solchen werden. Den selektiven Anspruch der Produktion von G-sen entfaltete N. schon in der Auseinandersetzung mit D. F. Strauß (u. a. *DS* 11, KSA 1: 223), später überträgt er ihn auf den Bereich der Rezeption. Der G-erzähler und seine Leserschaft sind ‚unter sich' (vgl. *JGB* 196), ihr Kommunizieren miteinander ist dank der Kraft des G-ses, zu verhüllen und verrätseln, exklusiv. So eröffnet sich den Gesprächspartnern eine neue, bewegliche Form von →„Wahrheit" (*Za III, Die Heimkehr*). Dies erklärt, warum die frühe Assoziation mit dem apollinischen →‚Traum' später durch die Verbindung mit dem eher dionysischen, auf Körperlichkeit und Gemeinsamkeit anspielenden →‚Tanz' ersetzt wird (*Za II, Das Grablied*). Hier geht eine an die frühe →Metapherntheorie erinnernde G-euphorie („Unfreiwilligkeit"; „Rückkehr der Sprache zur Natur der Bildlichkeit", *EH Za* 3 bzw. 6) mit einer Angst vor Derealisierung (*AC* 32; früher auch schon: *WS* 214) und einer Verwischung der Grenze zwischen dem G-haften und dem Nichtfigürlichen einher. Konzepten, die zuerst ausdrücklich als G dokumentiert wurden (→Moral und →Physiologie, NF 1885–87, 7[6], oder →Übermensch, NF 1885–87, 10[17]), wird nun – teilweise oder insgesamt – die Zuschreibung G wieder entzogen (u. a. NF 1880–82, 11[287]; vgl. „im G gesprochen (und ohne G)"; u. a. *JGB* 253, *GD, Moral als Widernatur* 2). Der vielfältige Gebrauch von G-sen nötigt gelegentlich auch dazu, der ‚Gefahr' einer ungewollt g-haften Interpretation vorzubeugen (*JGB* 202). Die so entstandene Ambivalenz entspricht der zunehmenden Bedeutung von sozialer bzw. kommunikativer Segmentierung und dem hiermit verbundenen Bewusstsein von Durchlässigkeit und Ansteckungsgefahr beim späten N. Zum Thema auch: Gebhard (1980); Biebuyck (2000; 2001).

*Benjamin Biebuyck, Gent*

**Glück** | In *M* (*108*) stellt N. einige Thesen zum G auf. Danach soll man dem Individuum keine Vorschriften über den Weg zum G machen, da das individuelle G aus eigenen, anderen Individuen unbekannten Gesetzen entspringe und mit Vorschriften von außen nur behindert werden könne. N. gibt dementsprechend keine allgemeinen Anweisungen zum G und unterscheidet stattdessen das G von Menschen oder Tieren, Frauen oder Männern, beschreibt das G bestimmter Personen („mein" G) oder Personengruppen (der Mächtigen, der Ohnmächtigen [*GM I 10*, KSA 5: 272], der „letzten Menschen") oder spezifiziert nach Art (Gefühl der Macht oder der Ergebung [*M 60*], apollinisches oder dionysisches G), Ort (in der Einsamkeit, im Süden, Venedig) oder Zeit (das G der zukünftigen Menschlichkeit [*FW 337*], Mittags, vgl. Bollnow 1956: 219–236). Ein utilitaristisches Ziel wie das „G der Meisten" ist für N. daher viel zu unbestimmt und abzulehnen (*JGB 228*). Moralische Vorschriften seien nicht auf das G der Individuen gerichtet, eher auf das Gegenteil (*FW 21*), und verwechselten in der Regel das Verhältnis von Ursache und Folge: →Tugend ist für N. eine Folge, nicht die Ursache des Gs (*GD, Die vier … 2*). Auch →Kultur ist eine Äußerung des Gs. G ist zudem nicht etwas, wonach man strebt, sondern es stellt sich unvermittelt ein als eine Begleit-Erscheinung (Schneider 1983: 6, 141). Zarathustra kann daher sagen, er trachte nicht nach G, sondern nach seinem Werk (*Za IV, Das Zeichen*). G kann auch deshalb kein Ziel sein, weil der →Wille zur Macht die Überwindung von Widerständen, also immer auch Unlust, einschließt. G ist das „Gefühl davon, dass die Macht WÄCHST, dass ein Widerstand überwunden wird." (*AC* 2) Zum G gehören aber auch, wie im →Gleichnis der Sonne zu Beginn von *Za*, diejenigen, an die man sein G abgeben bzw. mit denen man es teilen kann: „Was wäre dein G, wenn du nicht Die hättest, welchen Du leuchtest!" (*Za I, Zarathustra's Vorrede* 1)

*Michael Skowron, Daegu*

**glückselige Inseln** | Die gI sind der Schauplatz des größten Teiles von *Za II* und ein Topos der klassischen griechischen Dichtung, den →Heinse in seinem Künstlerroman *Ardinghello und die g I* (1787) aufnahm (vgl. Montinari 1988: 485; Zittel 2000a: 47; Herrmann 2008). Bei verschiedenen antiken Autoren (Hesiod, Pindar, →Plato usw.) werden die gI als ein irdisches Paradies beschrieben, das von wenigen auserwählten Menschen bewohnt ist, die nach ihrem Tode statt in den Hades dorthin gelangten. Statt wiedergeboren zu werden, genießen sie ein unsterbliches Leben in Muße und Vergnügen (unter ihnen sollen sich beispielsweise Achilles, Peleus, Medea, Penelope und Menelaos befinden). N. schreibt in einem Brief anlässlich der Verwüstung Ischias durch ein Erdbeben, dass dem Adressaten Köselitz nun klar würde, wo die gI sich befinden (16.8.1883); in *EH* (*Warum ich so klug bin* 5) beschreibt er →Wagners Aufenthaltsort →Tribschen, im Rückblick von Bayreuth aus, als eine gI. Nachdem er diejenigen verlassen hat, die sich selbst seine Schüler nennen, sagt Zarathustra, dass er nun Freunde und Feinde unter denjenigen suchen werde, die hinter „weiten[n] Meere[n]" auf den gI leben (*Za II, Das Kind ...*). Neben den zahlreichen Erwähnungen seiner Feinde auf oder bei den gI spricht Zarathustra hier also die an, die als seine Jünger bezeichnet werden: Auch sie will er verlassen. Ein Entwurf für das Vorwort eines geplanten Buches spricht von den gI des *Za* als „ideale Gemeinde" (NF 1884, 26[244]). Zarathustras Abreise von den gI scheint anzuzeigen, dass er sich nicht länger darauf konzentriert, durch seine Jünger das Glück zu finden; er muss sich nun seinen abgründigsten Gedanken und seiner größten Herausforderung zuhause stellen. Notizen für *Za* weisen darauf hin, dass die Erfahrung der gI ein Misserfolg gewesen sei (NF 1883, 15[17]) und eine Bemerkung lautet: „Die grösste Gefahr liegt hinter uns – dort hinaus wo die gI sind" (NF 1883, 17[16]), was vermuten lässt, dass Zarathustra sich der Versuchung des →Glücks durch den Aufenthalt auf den gI ergeben hat und die Vorstellung hervorruft, die →Jünger hätten doch einen größeren Einfluss gehabt als sie tatsächlich hatten. Erst auf dem Schiff, mit dem er abreist, spricht Zarathustra nicht zu seinen Jüngern, sondern zu den Seeleuten von der →ewigen Wiederkehr (*Za III, Vom Gesicht ...*). Als er dann vier Tage Fahrt von den gI hinter sich hat, erreicht Zarathustra seine eigene „Seligkeit wider Willen" (*Za III, Von der Seligkeit ...*). Sowohl auf seinem Weg zu seinen Kindern als auch auf dem Weg von ihnen beschreibt er sie als wachsende Bäume; er betont, dass sie selbst die gI seien, was beinhaltet, dass nur das Wachstum seiner Kinder (nicht ihr Standort, da sie ja verpflanzt werden sollen, um als Einzelne ihr Dasein zu fristen) wirkliche Seligkeit schafft. Zarathustra trifft schließlich wieder auf den Wahrsager (*Za IV, Der Nothschrei*), dessen Vision von einer trostlosen Welt die Behauptung enthält, dass die gI nicht existieren. Diese Behauptung weist Zarathustra zurück (*Za IV, Die Begrüssung*), als er den höheren Menschen mitteilt, dass die Rede von den gI ein Gastgeschenk sei. In einem Entwurf für *Za IV* wiederum beklagt Zarathustra, dass seine →Kinder immer noch auf den gI weilen und nicht zu ihm kommen (NF 1884–85, 31[64]).

*Gary Shapiro, Richmond* (Übers.: B. Villhauer)

***GM: Zur Genealogie der Moral*** | *GM* steht einzig da: nicht nur im Werk N.s, sondern in der Ethik und Philosophie überhaupt. Das Buch gehört zu den faszinierendsten Texten der Philosophie, in kürzester Zeit niedergeschrieben, in glänzendem Stil, voll mitreißendem Schwung, leidenschaftlich, herausfordernd, streitbar – N. gab ihr den Untertitel *Eine Streitschrift*. Berühmt und berüchtigt wurde sie durch oft missverstandene und missbrauchte Schlagworte wie „Herren-Moral und Sklaven-Moral", „Sklavenaufstand in der Moral" (die sich beide schon in *JGB* finden), →„BLONDE BESTIE" (*GM I* 11) oder „,Rom gegen Judäa, Judäa gegen Rom'" (*GM I* 16), wirksam vor allem durch den Begriff des →Ressentiments (den N. von →E. Dühring übernahm, aber neu bestimmte). Bestehend nicht mehr aus locker gefügten Aphorismen, sondern aus drei „Abhandlungen" mit jeweils konsequentem Gedankengang, ist *GM* N.s erfolgreichster Versuch, seinem Denken eine annähernd systematische Ordnung zu geben. Dennoch schließen die Abhandlungen nicht bruchlos aneinander an, sondern sind wiederum locker gefügt. Sie sind, so N. im Rückblick, „vielleicht in Hinsicht auf Ausdruck, Absicht und Kunst der Überraschung, das Unheimlichste, was bisher geschrieben worden ist", vor allem aber durch „eine NEUE Wahrheit" in jeder der drei Abhandlungen, „sehr unangenehme Wahrheiten", die „unter vollkommen schauerlichen Detonationen [...] zwischen dicken Wolken sichtbar" werden (*EH, GM*). *GM* wirkte unabsehbar auf das Denken des 20. Jh.s, mit ihren Inhalten ebenso wie mit der Art ihres Philosophierens. Mit ihren Inhalten hat sie vor allem die Soziologie, Psychologie und Anthropologie stark angeregt und ihre Fragestellungen von Grund auf verändert; manche ihrer Thesen schienen dennoch so erschreckend oder auch so abwegig, dass man bis heute nicht gewagt hat, sie aufzunehmen und methodisch zu überprüfen. N. hat seinerseits für seine Moralgenealogie eine Vielzahl wissenschaftlicher Studien aus verschiedensten Bereichen herangezogen (Stegmaier 1994: 238–241), stets „den UNBEFANGENSTEN GEBRAUCH" von ihnen gemacht (An Overbeck, 30.8.1887) und darum meist auch nicht als Quellen angegeben. Zuletzt fügte er der ersten Abhandlung noch eine der in seinem Werk sehr seltenen Anmerkungen hinzu, in der er „eine Reihe akademischer Preisausschreiben" zur „Förderung MORALHISTORISCHER Studien" anregt, an denen Philologen und Historiker, Physiologen und Mediziner, Ethnologen und Psychologen beteiligt sein sollten. Der französische Strukturalismus und Poststrukturalismus, v. a. die Arbeiten →Foucaults, lassen sich als Erfüllung dieses Programm verstehen.

*GM* entstand im Juli und August 1887 in →Sils-Maria (jedoch nicht, wie N. selbst angibt, in nur 20 Tagen). Im Zug der Drucklegung ließ N. den Hinweis einfügen, sie sei „dem letztveröffentlichten ,Jenseits von Gut und Böse' zur Ergänzung und Verdeutlichung beigegeben". Zeitweise hatte N. *GM* nur als „Anhang" zu einer „neuen verständlicheren Ausgabe" von *JGB* geplant, das seinerseits *Za* ergänzen und verdeutlichen sollte. So wäre *GM* zur Erläuterung einer Erläuterung geworden. N. glaubte damit schon „AM ENDE mit den Bemühungen zu sein, meine bisherige Litteratur ,verständlich' zu machen" (An Overbeck, 30.8.1887). *GM* deute „alles Wesentliche an [...], was zur vorläufigen Orientierung über mich dienen kann" (An M. von Salis, 14.9.1887). Doch *GM* wurde für ihn zu einem neuen Anfang. Sie leitete die große kämpferische „Gegenbewegung" ein, die dann alle weiteren Schriften N.s umfasste (NF 1888, 14[14] u. ö.) und die er in *GD* (Vorwort) eine „GROSSE KRIEGSERKLÄRUNG" gegen die →Moral nennt. Er ist sich jedoch dessen bewusst, dass auch eine Kritik der Moral nicht ohne Moral möglich ist, und setzt darum offen Moral gegen Moral. Er verzichtet auf einen absoluten Standpunkt gegenüber der Moral und kämpft gegen ihn, wo andere ihn einnehmen. Die „streitbaren Abhandlungen" (NF 1887, 9[90]) führen so zu einem neuen Konzept der →Gerechtigkeit gerade gegen andere Moralen, einem „Gerecht-sein", dem „sich selbst unter dem Ansturz persönlicher Verletzung, Verhöhnung, Verdächtigung die hohe, klare, ebenso tief als mildblickende Objektivität des gerechten, des RICHTENDEN AUGES nicht trübt" (*GM II* 11). Objektivität wird in der Auseinandersetzung von Moralen nicht als „interesselose Anschauung" möglich, für die man ein „,reines, willenloses, schmerzloses, zeitloses Subjekt der Erkenntnis'" erdacht hat, sondern durch das in der Auseinandersetzung selbst erworbene „Vermögen, sein Für und Wider IN DER GEWALT ZU HABEN und aus- und einzuhängen: so dass man sich gerade die VERSCHIEDENHEIT der Perspektiven und der Affekt-Interpretationen für die Erkenntniss nutzbar zu machen weiss."

(*GM III* 12) Entsprechend oszilliert *GM* zwischen Versuchen gelassener Objektivierung und plötzlichen Ergriffenheiten, die von sonniger Seligkeit bis zum Aufschrei des Grauens reichen können.

Die Grundthese lässt sich etwa so formulieren: →Leben ist →Wille zur Macht, und Moral als Mittel des Lebens ist ebenfalls Manifestation eines Willens zur Macht. Die Moral weist dies in ihrem Selbstverständnis jedoch zurück und verlangt im Gegenteil die Aufhebung aller Macht. Wird sie durch die Erklärung ihrer Entstehung dazu gebracht, sich selbst als Macht zu erkennen, muss sie sich darum selbst aufheben. Die Erklärung ihrer Entstehung nennt N. →Genealogie. Er führt den aus dem 17. Jh. stammenden, auf die Ahnenforschung bezogenen Begriff zuerst in die Philosophie ein. Seine Genealogie der Moral ist jedoch keine herkömmliche Entstehungsgeschichte der Moral, auch keine „Naturgeschichte der Moral", von der N. in *JGB* (5. Hauptstück) noch spricht. Sie geht stattdessen, wie die Ahnenforschung, von der Gegenwart aus in die Vergangenheit zurück bis dorthin, wo sich die vielfachen Spuren im Ungewissen verlieren. Sie zieht so viele und so zuverlässige historische Anhaltspunkte wie möglich heran und wird dennoch immer hypothetischer. Soweit das Bild des genealogischen Stammbaums einen einzigen Ursprung unterstellt, führt es darum irre; wie eine Familie hat auch eine Moral nach N. vielfältige Herkünfte. Und sie ist mit dem verwandt, was sie erforscht, durch Familienähnlichkeiten mit ihm verbunden, die gerade für Familienmitglieder am schwersten zu sehen sind. Eine Genealogie der Moral muss also stets mit partiellen Blindheiten für ihre Herkünfte rechnen und kann keine gleichbleibenden Plausibilitätsstandards im Wandel der Zeiten erwarten. N.s Absicht in *GM* ist daher nicht, der Moral eine vollständig verständliche Geschichte zuzuschreiben, sondern im Gegenteil ihre vermeintliche Selbstverständlichkeit zu hypothetisieren und zu perspektivieren und dadurch den teils naiven, teils gezielt verbreiteten Glauben an ihre allgemeine und überzeitliche Geltung zu erschüttern.

Jede der drei Abhandlungen trägt eine neue genealogische These vor. N.s Überschriften *„Gut und Böse", „Gut und Schlecht"* und *„Schuld", „schlechtes Gewissen" und Verwandtes* sowie *[W]as bedeuten asketische Ideale?* deuten dies nur vage an. „Die Wahrheit der ERSTEN Abhandlung ist die →Psychologie des →Christenthums: die Geburt des Christenthums aus dem Geiste des →Ressentiment, NICHT, wie wohl geglaubt wird, aus dem ‚Geiste', – eine Gegenbewegung ihrem Wesen nach, der grosse Aufstand gegen die Herrschaft VORNEHMER Werthe." (*EH, GM*) Die sich aus Platonismus und Christentum speisende asketische, lebensverneinende Moral Europas entspringt danach dem Ressentiment der „Ohnmächtigen" und „Schlechtweggekommenen" gegen die Stärkeren, Mächtigeren, →„Vornehmen". Doch dadurch, dass es den Ohnmächtigen und ihren →„Priestern" gelang, die Ressentiment-Moral zur Herrschaft zu bringen, haben sie ihrerseits eine stärkere →Macht bewiesen. Sie haben für zwei Jahrtausende die „vornehme" Wertung von „gut und schlecht", nach welcher sich im Sinn des altgriechischen Agons jeder vor dem andern im Guten auszuzeichnen suchte, zum moralischen Gegensatz von „gut und böse" umgewertet, nach dem alle, die Besseren wie die Schlechteren, den gleichen Normen folgen sollten.

„Die ZWEITE Abhandlung giebt die Psychologie des →GEWISSENS: dasselbe ist NICHT, wie wohl geglaubt wird, ‚die Stimme Gottes im Menschen', – es ist der Instinkt der Grausamkeit, der sich rückwärts wendet, nachdem er nicht mehr nach aussen hin sich entladen kann. Die →Grausamkeit als einer der ältesten und unwegdenkbarsten Cultur-Untergründe [ist] hier zum ersten Male ans Licht gebracht." (ebd.) Im Zug der Errichtung allgemeiner staatlicher Ordnungen, die sich unter grausamer Machtausübung vollzog, wurden alle zu Ohnmächtigen. Die →Grausamkeit, ursprünglich die Lust, über andere Macht auszuüben, indem man sie leiden macht, und als solche die tiefste Lebenslust, wurde im →Staat domestiziert und schließlich zur verzeihenden →Gerechtigkeit kultiviert. So musste sie sich im Einzelnen gegen ihn selbst kehren und brachte ihn dazu, sich nun selbst leiden zu machen. Dies, die Verinnerlichung der

Grausamkeit, war der Ursprung des schlechten Gewissens. Indem es den Einzelnen für seine Lebenslust, seine Lust an der Macht, schuldig spricht, hält es ihn in dauernder Ohnmacht, ohne dass es dazu noch äußerer Machtausübung bedürfte.

„Die DRITTE Abhandlung giebt die Antwort auf die Frage, woher die ungeheure MACHT des asketischen Ideals, des Priester-Ideals, stammt, obwohl dasselbe das SCHÄDLICHE Ideal par excellence, ein Wille zum Ende, ein →décadence-Ideal ist. Antwort: NICHT, weil Gott hinter den Priestern thätig ist, was wohl geglaubt wird, sondern faute de mieux, – weil es das einzige Ideal bisher war, weil es keinen Concurrenten hatte. ‚Denn der Mensch will lieber noch das Nichts wollen als NICHT wollen'" (ebd.). Das asketische Ideal, das Ideal der asketischen, alle Lebenslust verneinenden Moral, hat dem Leben und auch dem Leiden einen Sinn gegeben, hat dadurch ein dauerhaftes Bedürfnis nach Sinn erzeugt und erhält das Leben nun in alternativloser, dauernder Lebensverneinung. Auf diese Weise hat es sich selbst und den „Priestern", die es zu artikulieren und zu propagieren verstanden, eine dauernde und unangefochtene Macht verschafft, die Macht, alle andere Macht zu rechtfertigen oder zu verwerfen. Es hat auch zur Entstehung der Wissenschaft beigetragen, sofern auch sie auf →Askese und Distanz zum Leben beruht, sich in deren Entwicklung immer mehr verfeinert und so auch sich selbst immer feiner zu rechtfertigen verstanden. Aber auf diesem Weg hat es auch das wissenschaftliche Ideal strengster →Redlichkeit hervorgebracht, die nun, in N., nicht ansteht, auch den Machtwillen der Moral aufzudecken. So hebt sich die Moral durch die Wissenschaft, die sie rechtfertigen sollte, schließlich aber durchschauen musste, selbst auf.

In der Mitte von *GM* führt N. im Zusammenhang des vielfältigen Sinns der Strafgerechtigkeit unauffällig den Begriff des flüssigen Sinns ein, mit dem er den alten aristotelischen Begriff des Begriffs als einer dauernden Substanz und festen Form überwindet, um dem neuen evolutionistischen Denken zu entsprechen (Stegmaier 1994: 77–88). Mit seiner „Theorie" der →Interpretation, des →Zeichens und des Sinns begreift er das Begreifen selbst aus dem Begriff des →Willens zur Macht. So wie „alles Geschehen in der organischen Welt ein ÜBERWÄLTIGEN, HERRWERDEN und [...] wiederum alles Überwältigen und Herrwerden ein Neu-Interpretieren, ein Zurechtmachen ist, bei dem der bisherige ‚Sinn' und ‚Zweck' nothwendig verdunkelt oder ganz ausgelöscht werden muss", so sind „alle Zwecke, alle Nützlichkeiten [...] nur ANZEICHEN davon, dass ein Wille zur Macht über etwas weniger Mächtiges Herr geworden ist und ihm von sich aus den Sinn einer Funktion aufgeprägt hat; und die ganze Geschichte eines ‚Dings', eines Organs, eines Brauchs kann dergestalt eine fortgesetzte Zeichen-Kette von immer neuen Interpretationen und Zurechtmachungen sein, deren Ursachen selbst unter sich nicht im Zusammenhange zu sein brauchen, vielmehr unter Umständen sich bloss zufällig hinter einander folgen und ablösen", „die Aufeinanderfolge von mehr oder minder tiefgehenden, mehr oder minder von einander unabhängigen, an ihm sich abspielenden Überwältigungsprozessen, hinzugerechnet die dagegen jedes Mal aufgewendeten Widerstände, die versuchten Form-Verwandlungen zum Zweck der Vertheidigung und Reaktion, auch die Resultate gelungener Gegenaktionen. Die Form ist flüssig, der ‚Sinn' ist es aber noch mehr." (*GM II* 12) Zum Thema auch: Deleuze (1962); Foucault (1971); Schacht (1994); Höffe (2004); Acampora (2006); Janaway (2007); Owen (2007); Raffnsøe(2007).

*Werner Stegmaier, Greifswald*

**Gobineau, Arthur Comte de** | G, *14.7.1816 Ville d'Avray b. Paris, †13.10.1882 Turin, franz. Schriftsteller und Diplomat, dessen Freundschaft mit →Wagner nach flüchtigem Erstkontakt 1876 in →Bayreuth und kurzem Wiedersehen 1880 in Venedig ihren eigentlichen Höhepunkt im Mai 1881 in Bayreuth erreichte (vgl. Schüler 1971: 235 ff.), hatte in seinem von Wagner mit dem Stichwort „erschreckende Überzeugungskraft" (1881a: 275; vgl. Chamberlain 1895: 223) gelobten vierbändigen Hauptwerk *Essai sur l'inegalité des races humaines* (1853–55;

dt. *Versuch über die Ungleichheit der Menschenracen*, 1898–1901) das Szenario einer, seiner Auffassung nach, verhängnisvollen Rassenmischung (vor dem Hintergrund einer angeblichen rassischen Höherwertigkeit der Arier) entwickelt. Fortgeführt wurde dieses (Schreckens-)Szenario von dem seit 1882 mit Wagner bekannten Wagner-Biographen (1895) und späteren (1908) Wagner-Schwiegersohn H. S. Chamberlain (1855–1927) in seinem Bestseller *Die Grundlagen des XIX. Jahrhunderts* (1898). Thema war hier der Versuch, die Rassenlehre Gs sowie den vorherrschenden →Antisemitismus jener Epoche im Geiste des Bayreuther Rassegedankens und des (späteren) Nationalsozialismus zu reformulieren (Schüler 1971: 252 ff.).

N., der noch in der 16. (1954) und 17. Aufl. (1969) des *Brockhaus* vor Wagner und Chamberlain in der Rubrik „G. wirkte nachhaltig auf …“ gelistet wurde, wohl, weil ihm insbesondere im Dritten Reich seitens nationalsozialistischer N.-Verehrer nachgesagt worden war, er habe die ‚rassephilosophischen‘ Werke Gs gekannt, dessen Hauptwerk „ähnlichen Gedankengängen seiner Philosophie“ (Kaßler 1941: 65) entspräche, nahm tatsächlich an keiner Stelle seines Werkes auf G Bezug. Auch herrscht in →N.s Bibliothek, was Werke Gs angeht, Fehlanzeige. Ganz abgesehen davon beantwortete N. die offenbar durch G-Lektüre angeregte Anfrage, ob er auch – in N.s ironischen Worten – einen „Enthousiasmus für ‚deutsches Wesen‘“ empfände und den Wunsch hege, „diese ‚herrliche‘ Rasse gar REIN zu erhalten“, mit einem vornehmen „Im Gegentheil, im Gegentheil –“ (An Fr. u. E. N., 14.3.1885). Auch wurde die in Fortführung dessen anzusehende „heitere Deutschthümelei“ aus *JGB* 251 – von Hirschberger auf den Punkt gebracht als Vorschlag in Sachen „Kreuzung aus dem adeligen Offizier der Mark und den Juden“ ([11]1980: 517) – von nationalsozialistischen N.-Interpreten in der Regel getadelt und mit Formeln abgetan wie der vom „Paneuropa Zarathustras, in dessen Ökonomie die Juden eine so entscheidende Rolle spielen“ (Kindt 1935/36: 8). Eingewandt wurde zudem – wenn auch unter heftigem Widerspruch aus dem N.-Archiv in Weimar (vgl. R. Oehler 1943: 109) –, N. habe mit *JGB* 251 in Bezug auf die so überaus wichtige Frage, welcher Rasse die „Herrschaft über Europa“ anzuvertrauen sei, „jüdischer Blutmischung“ (Obenauer 1936: 183) das Wort geredet.

Für eine von diesen Tatsachen abweichende Lesart N.s als neuer G zeichnet vor allem N.s Schwester →EFN mit ihren Brieffälschungen verantwortlich (vgl. auch Schank 2000: 428 ff.). Der Beginn ist dabei wohl zu setzen mit dem Jahr 1900, als sie sich, im Wesentlichen um →Overbeck zu beschuldigen, in wilden Spekulationen darüber erging, wohin es wohl zahlreiche Bücher aus N.s Bibliothek verschlagen habe, kulminierend in der Suggestivfrage: „Und wo sind die Werke von G?“ (zit. n. Gilman 1981: 384) Auf Resonanz traf sie mit derlei Spekulationen vor allem bei völkischen Propagandisten wie E. Wachler, der engen Kontakt zum Weimarer →N.-Archiv pflegte und im Januar 1900 verlauten ließ, N. habe die Ungleichheit aller Menschen „ganz im Einklang mit seinem großen Zeitgenossen, dem Grafen G“ (zit. n. Krummel I: 534), gelehrt. Dies klang ein wenig nach jener Anekdote, die EFN zwei Jahre später in Umlauf brachte und der zufolge N. „zu Anfang der achtziger Jahre“ auf ihre Frage, warum er sein Nomadenleben nicht aufgäbe, geantwortet haben soll: „‚Aber mit wem soll ich denn umgehen?‘“, um dann, als sie ihm den Namen des 1882 in Turin verstorbenen G entgegenhielt, hinzuzufügen: „‚Ja, der ist doch dahin, und solche, wie er, gibt es nur wenige!‘“ (zit. n. Krummel II: 99) Diese Anekdote ist allein schon deswegen wenig glaubwürdig, weil N. dort, wo er so ähnlich redete, wie es ihm seine Schwester mit dieser Anekdote in den Mund legte, nicht etwa den Tod Gs, sondern vor allem jenen →Montaignes beklagte (An Fr. u. E. Nietzsche, 14.3.1885), den er im Übrigen schon über zehn Jahre zuvor mit den Worten gelobt hatte: „Mit ihm würde ich es halten, wenn die Aufgabe gestellt wäre, es sich auf der Erde heimisch zu machen.“ (*SE* 2, KSA 1: 348). EFN ließ sich davon allerdings nicht irritieren und ergänzte ihre Anekdote im dritten Band ihrer N.-Biographie noch dahingehend, dass sie ihren Bruder, der im Herbst 1877 durch →M. v. Meysenbug auf G aufmerksam gemacht worden sei, ohne dass er sich für dessen Werk habe erwärmen können, im Herbst 1885 „mit den wärmsten Ausdrücken“ über „den Menschen G“ habe reden hören, mehr als dies: „Er hat dann späterhin sehr bedauert, daß er diesen ausgezeichneten Menschen, der so ganz für seine Anschauungsweise geeignet gewesen wäre, nicht persönlich kennen gelernt hat." (1904: 886) Dem ließ sie noch die Vermutung nachfolgen, ihr Bruder habe im Herbst 1888 in →Turin mit jemandem verkehrt, „der Graf G persönlich gekannt hatte" und der ihm offenbar „auch einiges Falsche erzählt haben [müsse], z. B. daß dieser eine solche Vorliebe für Turin gehabt habe, wovon Niemand etwas weiß" (ebd.) – eine auf den ersten Blick recht müßige Spekulation, deren Sinn allerdings drei Seiten später offenkundig wird. Hier nämlich zitiert sie ausführlich aus einem angeblichen (tatsächlich aber von ihr gefälschten) Brief N.s an sie von „Ende Oktober 1888", in dem es u. a. heißt: „Ich bin also wieder in meiner guten Stadt Turin, diese Stadt, welche auch G so sehr geliebt hat – wahrscheinlich gleicht sie uns Beiden." (ebd.: 889) Wir sehen nun: Zumindest in Fragen der Vorliebe Gs für Turin geht dieses Urteil an der Sache vorbei – weswegen EFN eben jenen ominösen Dritten erfand, der N. diesbezüglich falsch informiert habe. Wichtiger aber ist das Satzende („wahrscheinlich gleicht sie uns Beiden"), zumal ihm noch die Formulierung folgt: „Auch mir thut die vornehme und etwas stolze Art dieser alten Turiner sehr wohl. Es giebt gar keine größere Verschiedenheit als das gutmüthige, aber gründlich vulgäre Leipzig und dies Turin." (ebd.) Der Sinn dieser Brieffälschung, die 1909 als Nr. 502 Eingang fand in GBr V, liegt auf der Hand: EFN wollte dem Leser mittels dieser Fortführung suggerieren, N. habe nichts anderes zum Ausdruck bringen wollen als seine Zufriedenheit darüber, dass ihn mit G die positive Wertschätzung von Ungleichheit vereinige.

Folgen zeitigte dies insbesondere bei R. Richter, der im Wintersemester 1902/03 an der Universität Leipzig Vorlesungen über N. hielt, aus denen ein recht erfolgreiches und für EFNs N.-Bild sehr schmeichelhaftes N.-Buch hervorging, in dessen Linie fast notwendig der Eindruck entstehen musste, N. sei ein neuer G, dem kaum etwas dringlicher gewesen sei als das Nachdenken über das durch Alkoholkonsum vergiftete (arische) „Blut der germanischen prachtvollen, nach Beute und Sieg lüstern schweifenden Bestie mit dem Raubtiergewissen" (Richter $^{2}$1909: 265). Richter, bis zu seinem frühen Tod (1912) Hausphilosoph des →N.-Archivs (vgl. Kostka 2000: 179) und als solcher verantwortlich für die 1908 veranstaltete erste Edition von *EH*, trägt insoweit Mitverantwortung für den Erfolg von EFNs G-Anekdote in der Folge sowie vor allem nach 1933 (vgl. Niemeyer 2002a: 191), zumal sie auf wundersame Weise beides zusammenbrachte: Zum einen den Namen dessen, der bei den Nazis, aber eben auch schon in der völkischen Bewegung im höchsten Ansehen stand; und zum anderen das Bemühen EFNs, ihren Bruder durch Hinweis auf dessen G-Nähe eben dieser Bewegung schmackhaft zu machen.

*Christian Niemeyer, Dresden*

**Goethe, Johann Wolfgang von** | G, *28.8.1749 Frankfurt/M., †22.3.1832 Weimar, dt. Dichter, Staatsmann u. Naturforscher, nimmt in N.s Werk eine Ausnahmestellung ein, die über das empirische Faktum hinausgeht, dass der Name des Weimarers – nach denen →Wagners und →Schopenhauers – in seinen Schriften am häufigsten erscheint: In der stetigen Auseinandersetzung mit G nämlich überwiegen die positiven Bezugnahmen: Bereits dem frühen N. gilt G als Vorreiter im „edelsten Bildungskampf" (*GT* 20, KSA 1: 129): Wagner vollende, „was Schiller und G begonnen haben." (NF 1871, 9[23]) In *MA* wird G wieder zum ideellen Bundesgenossen – nun gegen Wagner und unter dem Signum des →„freien Geistes". Gegen das „,Wiederkäuen [...] religiöser Absurditäten'" (*WA* 3) in der romantischen Tradition (→Romantik) setzt N. auf die aus der „heidnischen Frömmigkeit" emergierende Heiterkeit des Spinozisten und „dezidierten Nicht-Christen" G. N. verortet G in der Tradition des Monismus, wenn er affirmativ statuiert, dieser stehe gegen das „Auseinander von Vernunft, Sinnlichkeit, Gefühl, Wille", das in „abschreckendster Scholastik" von Kant „gepredigt" worden sei, den er den „Antipoden Gs" nennt (*GD, Streifzüge ...* 49). In seiner wohlwollenderen Stellung zur Sinnlichkeit sei das „europäische Ereignis" G eine Ausnahmeerscheinung, „ein Zwischenfall ohne Folgen"

(*WS* 125). Auch in N.s Metapher des „Hammers" offenbart sich die Bekanntschaft mit Gs Metaphorik. N.s Hammer, mit dem er an „Götzen wie mit einer Stimmgabel" (*GD Vorwort*) rührt, lässt sich deuten als Echo von Gs Geologenhammer.

Vorbehalte gegen Gs Œuvre finden sich insbesondere in Bezug auf den *Faust*, dessen Tadel auch als Provokation gegen eine simplifizierende und missverstehende Ehrung unter den Zeitgenossen zu interpretieren sein mag. Weiter wird Gs konziliantер Natur Unverständnis gegenüber dem Phänomen des Tragischen vorgeworfen, das letzten Endes mit einem mangelnden Verständnis des Dionysischen verschwistert gewesen sei. N. stilisiert G mitunter zum Apolliniker, dem die Einsicht in das Untergründige der griechischen Serenität abging: „[F]OLGLICH VERSTAND G DIE GRIECHEN NICHT" (*GD, Was ich den Alten verdanke* 4) In der permanenten Arbeit an sich selbst, in Selbstformung, Selbstüberwindung, Selbstschöpfung und Stilisierung sowie insbesondere in der Wandlung vom ‚Naturalismus' des Sturm und Drang zum Stil des Klassikers erblickte N. eine Entwicklung, der er höchsten Respekt zollt und in deren Tradition er sich selbst rückt. Zum Thema auch: Montinari (1982); Heftrich (1987); v. Seggern (2005a).

*Hans-Gerd von Seggern, Berlin*

**„Gott ist tot"** | Wenige Sätze N.s sind so in das allgemeine Bewusstsein eingegangen wie dieser. Wie ein Brennglas fokussiert er Entwicklungen der Moderne, durch die die Existenz Gottes, zumindest in ihrer bisherigen Interpretation, fraglich geworden war. Im *FW* 125 lässt N. in einer Parabel einen ‚Narren' den Tod Gottes proklamieren – gegenüber Menschen, die gar nicht an Gott glauben und die ihn deshalb verspotten. Ihnen hält er voll Pathos entgegen: „Gott ist todt! Gott bleibt todt! Und wir haben ihn getödtet!" Nicht die Nichtexistenz Gottes lässt N. hier verkünden, sondern seinen ‚Tod' – wodurch er den traditionellen Gottesbegriff, der Gott als etwas Ewiges versteht, umdeutet.

N. ist nicht der Erste, der vom ‚Tod Gottes' spricht: Schon →Hegel tut dies in seiner Interpretation des „spekulativen Karfreitag" oder, ganz anders, →Jean Paul. N. jedoch fasst diese Metapher nicht nur in ein griffiges Schlagwort, er macht aus ihm ein Grunddatum der Moderne (→Modernität). N. arbeitet an etlichen Stellen mit diesem Motiv: *Za* ist davon durchzogen; auch variiert er das Thema mittels der Parabel DIE GEFANGENEN (*WS* 84). Die Aussage, „‚dass Gott todt ist'", erläutert N. selbst so, „dass der Glaube an den christlichen Gott unglaubwürdig geworden ist" (*FW V* 343). Dieses Phänomen mag nach N. bekannt sein – verstanden sieht er es nicht: N.s Intention ist es, aufzuzeigen, „was Alles, nachdem dieser Glaube untergraben ist, nunmehr einfallen muss, weil es auf ihm gebaut [...] war: zum Beispiel unsere ganze europäische Moral." (ebd.) In seiner Proklamation des ‚Todes Gottes' weist N. deshalb neben dem befreienden auch auf den bedrohlichen Charakter dieser Botschaft hin: Mit dem Zusammenbruch dieser Moral droht auch die Gefahr des →Nihilismus, mit der er sich unter anderem im *Lenzer Heide-Fragment* auseinandersetzt (→*Der europäische Nihilismus*). N. sieht die große Aufgabe darin, für die neue Zeit vorzudenken und sie mit „Umwertungen" vorzubereiten (→Übermensch). N.s Rede vom ‚Tod Gottes' bedeutet jedenfalls nicht, dass es obsolet geworden sei, weiterhin von „Gott" zu sprechen. Es ist ein bestimmter Gott, der ‚gestorben', eine bestimmte Gottesvorstellung, die unplausibel geworden ist: „Im Grunde ist ja nur der moralische Gott überwunden. Hat es einen Sinn, sich einen Gott ‚jenseits von Gut und Böse' zu denken?" (NF 1886–87, 5[71]7.) Nichtmoralisch von Gott zu sprechen, ist damit eine Aufgabe, die N. aller weiteren Rede von Gott hinterlässt. Zum Thema auch: Eberlein (2004); Stegmaier (2004b).

*Daniel Havemann, Jördenstorf*

**Götze** | Nach N. gibt es mehr Gn als Realitäten in der Welt, wobei er zwei Arten von Gn unterscheidet: Zeit-Gn und ewige Gn. Zu den ersteren kann man Personen wie D. F. Strauss zählen (vgl. *DS*, wo N. auch zum ersten Mal zwischen „lebendig und todt, ächt und unächt, original und nachgemacht, Gott und G" unterscheidet, 9, KSA 1: 241), auch →Wagner, auf dessen *Götterdämmerung* der Titel der *GD* anspielt. Auch Sachen zählen zu Gn, etwa der →Staat (*Za I, Vom neuen Götzen*) und andere „moderne Ideen". Zu den ewigen Gn zählen die in der *GD* ausgehorchten Personen wie →Sokrates oder die „Verbesserer" der Menschheit oder ‚Sachen' wie die →„Vernunft" in der Philosophie, die „wahre Welt" und die →Moral, sofern sie sich als überzeitliche, ‚ewige' Werte etabliert haben. Der „vornehmste Fall" eines ewigen Gn ist für N. aber Gott, zumindest der christliche Gott, der auch als Inbegriff der →Wahrheit gilt. „Götzen-Dämmerung" heißt aber „auf deutsch: es geht zu Ende mit der alten Wahrheit." N. kehrt und wertet damit zugleich den christlichen Begriff des Gn, der die heidnischen Götter meinte (1. Chr 16, 26), insofern um, als nunmehr der christliche Gott zum Gn wird, dem der heidnische →Dionysos – als der N.s Begriff von Gott besser entsprechende – gegenübergestellt wird. Die Methode, die N. benutzt, um die angeblichen Götter als Gn zu entlarven, ohne dabei neue Gn aufzurichten, wird im Untertitel der *GD* als Philosophieren mit dem Hammer charakterisiert. Da N. im Nachlass des Öfteren die Lehre der →ewigen Wiederkunft als Hammer bezeichnet (NF 1884, 27[80], 1886/87, 5[70], 7[45]; vgl. Brobjer 1999a, Georgsson 2004), ist die *GD* auch als Beispiel dafür anzusehen, wie man mit dieser Lehre philosophieren kann. Nur ein Maßstab, der selber ewig ist und eine strenge Notwendigkeit darstellt, kann auch ewige Gn und →Werte aushorchen, destruieren oder umwerten.

*Michael Skowron, Daegu*

**Grausamkeit** | Die G wird oft aus einem überwiegend moralischen Blickwinkel als ein Laster, das vermeidbar und zu vermeiden ist, betrachtet, beurteilt und verpönt. Im Gegensatz zu dieser Sicht will N. die G keineswegs moralisch beurteilen, sondern sie ‚jenseits von gut und böse' = psychologisch (→Psychologie) verstehen. Die G ist für N. eine wesentliche Grundeigenschaft der menschlichen Natur, die in allen Epochen der menschlichen Geschichte und in allen Aspekten der menschlichen →Kultur allgegenwärtig zu finden ist. Nach N. liegt die G „im Wesen jeder Kultur […], jeder mächtigen →Religion und überhaupt in der Natur der →Macht, die immer böse ist" (*CV* 3, KSA 1: 768). Diese Allgegenwart im menschlichen Leben erklärt er, indem er ihren grundlegenden Reiz für die Menschen bloßlegt: Die G „gehört zur ältesten Festfreude der Menschheit" (*M* 18; vgl. auch *GM II* 6). Oder: Die G ist „das üblichste aller Vergnügen, so sehr auch der ‚Grausame' gelästert wird!" (NF 1881, 14[19]) Dem korrespondiert seine allgemeine psychologische Theorie des →„Willens zur Macht", nach der der Endzweck des ganzen menschlichen Handelns das „Gefühl der Macht" ist (*JGB* 22, 23, 36, 230; vgl. auch Kaufmann [4]1974: 207 ff.; Soll 1986).

Der Reiz der G bleibt rätselhaft. Denn warum soll es Lust bringen, anderen Unlust zuzufügen? („[W]ie kann Leidenmachen eine Genugthuung sein?" [*GM II* 6]) Nach N. besteht der Reiz der G nicht darin, dass andere gerade Unlust oder Schmerz erleben, sondern dass wir sie zwingen, etwas zu erleben, das sie nicht erleben wollen. Der Genuss besteht im „Leiden-MACHEN" (ebd.). Dadurch genießen wir das Gefühl, die anderen zu überwältigen, das Gefühl, dass unser Wille mächtiger ist als ihr Wille. N. löst das Rätsel des Reizes und der Allgegenwart der G, indem er sie im Bezug auf unser Grundbegehren nach Macht analysiert (*GM II*, bes. 4–8; Soll 1994: 171 ff.). N.s Theorie der Macht ermöglicht uns, die menschliche Neigung zur G als einen besonderen Fall der allgemeinen Neigung zu verstehen, andere Menschen und die Umwelt zu beherrschen. N. benutzt seine Machtauffassung der G auch, um die →Askese kohärenter zu begreifen. Er erfasst sie nicht als ein Verhalten, bei dem man paradoxerweise Lust in der Unlust findet, sondern als einen besonderen Fall der G, in welchem man die G gegen sich selbst genießt, also die Macht über seine eigenen Neigungen (*GM III*; Soll 1994: 184 ff.).

*Ivan Soll, Madison*

**Groddeck, Georg** | G, *13.10.1866 Bad Kösen/Saale, †11.6.1934 Knonau b. Zürich, dt. Arzt und Schriftsteller, Mitbegründer der psychosomatischen Medizin, steht auch seiner Biographie nach mit N. in Beziehung: Gs Großvater Koberstein war N.s Lehrer in →Schulpforta; N. verkehrte in dessen Haus, in dem sein Freund v. Gersdorff als Extraneer wohnte (Will 1987: 20 f.; Janz 1978a: 96), wie zuvor schon Gs Vater, der N. gekannt haben dürfte (so G 1930 brieflich gegenüber Vaihinger; vgl. Honegger 1974: 123). G fand die Grundlage für seine Leib und Seele integrierende Medizin darin, dass der ganze Mensch von einem „Unbekannten" gelebt wird. Er nannte dieses das „Es". Das „Ichgefühl" sei lediglich ein „Kniff des Es, den Menschen in seiner Selbsterkenntnis irre zu machen." (G 1923: 279) Den Begriff des „Es" führte G auf N. zurück, verknüpfte ihn aber auch mit dem Begriff der Entelechie von Aristoteles und Driesch (vgl. Honegger 1974: 119 f.). Das „Es" sei der entscheidende, doch unbewusst bleibende Akteur von Psyche und Soma. Erkrankungen verstand G als symbolischen Ausdruck des „Es", in Anlehnung an *Za I, Von den Verächtern des Leibes* sowie die Bemerkung N.s: „Es giebt NUR **leibliche** Zustände: die geistigen sind Folgen und Symbolik." (NF 1883, 9[41]) In seinem „psychoanalytischen Roman" *Der Seelensucher* (1921), mit Unterstützung →Freuds veröffentlicht, bezog sich G stark auf *Za* und setzte N.s Philosophie des Leibes gegen die bürgerlich-christliche Moral in Szene (G 1921: 31, 39, 51, 72 f., 212). Die Psychoanalyse verdankt G den Begriff des →Es (Honegger 1974; Freud 1923: 251; Ellenberger 1973: 714; Gasser 1997: 107 ff.). Die Berechtigung, diesen Begriff aus N.s Terminologie zu gewinnen, ist kontrovers diskutiert worden (Nitzschke 1983). G distanzierte sich früh von Freuds Begriffsverwendung.

*Rainer Otte, Bad Sachsa*

**Große Politik** | Die Belegstellen zu GP sind vergleichsweise spärlich, was den Stellenwert dieses Begriffs nicht schmälert. Er taugt als Projektionsfläche dafür, wie N.s Intentionen ins Werk zu setzen sind. N. hat die GP einem Bedeutungswandel unterzogen. Sie wurde zuerst mit allem verbunden, was zur Reichsgründung gehört und ist insofern ein missratenes Projekt, als dass das aufkeimende „Machtgefühl" von den Staatsmännern vereinnahmt und von seiner Hauptaufgabe, der Höherentwicklung der →Kultur, abgelenkt wird (*M* 189). N. entdeckt den Widerspruch im Ausdruck „Kulturstaat". Was des →Staates ist, wäre „dynastische wie demokratische Vielwollerei"; N. setzt nun Ende der 1870er Jahre zu einer monströs erscheinenden Eigendirektive zur Schaffung einer höheren Kultur und Überwindung geltender →Moral an und findet dafür einen Anlass: „Die Zeit für kleine Politik ist vorbei: schon das nächste Jahrhundert bringt den Kampf um die Erd-Herrschaft, – den ZWANG zur grossen Politik." (*JGB* 208) Für diesen Perspektivwechsel braucht GP einen neuen Inhalt, den N. selbst nicht präzisiert. Dazu Jaspers: „Die große Politik ist der →Wille des Wirkens in die Zukunft als Wille zum höchsten Menschen, zum →Übermenschen." (1935: 289) Nach Ottmann markiert die Neubestimmung von GP den „Punkt des Umschlags vom Ideal der Apolitie zur Herrschaftslehre" ($^{2}$1999: 239) und zugleich den Abschied vom →„Freigeist und Einsiedler" (NF 1883, 16[51]). Ansell-Pearson hat GP dem aristokratischen „grausamen" Politikprogramm N.s eingereiht (1994: 147 f.). Eine GP, nicht mehr im Dienste von Nationen und Imperien, sondern von →Kultur und „übermoralischem" Menschentum, stellt für N. folgende Probleme: einmal die epochale Trennung in ein Vorher und Nachher, die mit GP einzuleiten ist: Politik ist dann „Geisterkrieg" (→Krieg): „Erst von mir an giebt es auf Erden GROSSE POLITIK" (*EH, Warum ich ein …* 1); sodann die Lage der Eliten, die die GP an sich ziehen müssen. Die Maßgebenden, großen Einsamen und Abstandnehmer spüren in sich das „Herrschen-müssen" (ebd.). Zur Durchsetzung neuer →Werte braucht es eine radikale Änderung der →Erziehung. Es geht darum, „grosse Wagnisse und Gesammt-Versuche von Zucht und →Züchtung vorzubereiten" (*JGB* 203, 208). Im Übrigen gilt: Der von N. prophezeite

„Geisterkrieg“ um Deutung und Fehldeutung von GP ist seit langem im Gange und wird andauern.

*Josef Schmid, Bamberg*

**Großer Mittag** | In N.s vielfältigem und kompliziertem Netz von Begrifflichkeiten um Sonne und Zeit ist der GM möglicherweise der entscheidende Begriff. Zarathustra verbindet ihn mit dem anderen Rätsel, dem →Übermenschen, wenn er ausführt, dass GM zu den Zarathustra-Worten oder -Lehren gehört, die dieser der Menschheit vorgestellt hat (*Za III, Von alten* … 3). Der GM ist ein Ereignis, mit dem der *Za* fest rechnet (er wird ein großes Fest sein), und er taucht auf als geplanter Titel von Büchern oder Hauptteilen von Buchabschnitten in N.s Notizbüchern. Seine Funktion ist, die historische Zeit (die sich wiederholen muss) auf den vertrauten Zyklus des menschlichen und irdischen Tagesablaufs zu übertragen. Er bezeichnet eine Zeit der Trennung und Entscheidung, wie im *Nachgesang* von *JGB*: „Um M war's, da wurde Eins zu Zwei …“ (*Aus hohen Bergen*). In *EH* beschreibt N. seine „Aufgabe“: „[E]inen Augenblick höchster Selbstbesinnung der Menschheit vorzubereiten, einen G M, wo sie zurückschaut und hinausschaut, wo sie aus der Herrschaft des Zufalls und der Priester heraustritt und die Frage des warum?, des wozu? zum ersten Mal ALS GANZES stellt“ (*Morgenröthe* 2). Im selben Text führt er aus, dass dieser Ausdruck eine Weiterentwicklung des „Gedanken von Bayreuth“ ist, insofern als er die Zeit bezeichnet, „wo sich die Auserwähltesten zur grössten aller Aufgaben weihen“ (*Die Geburt der Tragödie* 4). Der GM bezeichnet zudem ein soziales oder kollektives Ereignis, das Zarathustra bei seinem Zusammensein mit Freunden oder Kindern vorwegnimmt. Wie auch immer wir die Unterschiede zwischen N. und Zarathustra bestimmen, beide beschreiben den GM als etwas, das die Geschichte der Menschheit in zwei Teile trennt, als Ereignis der Ereignisse. Zarathustra verkündet seinen →Jüngern, als er das erste Mal von ihnen Abschied nimmt, dass der Mensch „auf der Mitte seiner Bahn steht zwischen Thier und Übermensch“ (*Za I, Von der schenkenden* … 3). Später erfahren wir, dass der GM sich apokalyptisch zeigen wird, mit Blitz und Flammenzungen (*Za III, Von der verkleinernden* … 3). Der GM ist eine Zeit der →Aufklärung, aber auch ein „Augenblick“, ein Begriff, der die visuelle Dimension betont, wie das auch in verschiedenen Hinweisen auf die Metaphorik des Ms deutlich wird. N. entwickelt die Idee des Ms als Vorstellung von einer Unterbrechung oder Pause zwischen der anstrengenden ersten Phase des menschlichen Lebens und der zweiten. Verschiedene Passagen beschreiben eine idyllische Szenerie, in der der visionäre Mensch und die Welt im Schlaf liegen, ohne Willen oder Aufmerksamkeit; alles ist vollkommen still, während: „[N]ur sein Auge lebt, – es ist ein Tod mit wachen Augen“ (*WS* 308; cf. *Za IV, Mittags*). Wenn während des Lebens jedes Wissen und jede Ansicht perspektivisch ist, wie N. immer wieder betont, dann ist diese buchstäblich leblose Sicht möglicherweise ein nichtperspektivischer Blick, anders als die „blinden Augen“ des Lebens, der abhängig ist von der →Begierde. Der M, der die Ankunft Zarathustras in N.s Text *Wie die ‚wahre Welt‘ endlich zur Fabel wurde* (*GD*) ankündigt, wird charakterisiert als der „Augenblick des kürzesten Schattens“, d. h. eine Zeit, in der die Idee von einer wahren Welt ins Nichts entschwindet und so auch die reale Welt wie ein Trugbild vergeht. Einige aktuelle Interpretationen des M oder GM konzentrieren sich auf den Augenblick der Entscheidung (Zupančič 2003) oder auf die Visualität des Augenblicks des Ms (Shapiro 2003).

*Gary Shapiro, Richmond* (Übers.: B. Villhauer)

***GT: Die Geburt der Tragödie aus dem Geiste der Musik*** | N.s Erstling *GT*, im Januar 1872 vom Wagner-Verleger E. W. Fritzsch veröffentlicht und 1886 unter verkürztem Haupttitel (*Die Geburt der Tragödie*) und neuem Untertitel (*Oder: Griechenthum und Pessimismus*) mit dem *Versuch einer Selbstkritik* neu ediert, gilt vielen N.-Forschern, auch wegen der Fülle der dabei zu berücksichtigenden Deutungsperspektiven sowie der Vielzahl der notwendig einzubeziehenden Vorarbeiten und Entwürfe, als eine – zumal für N. – wichtige Schrift, der in seinem Gesamtwerk eine „herausragende Position" (Ries 2008: 30) zukomme (vgl. auch v. Reibnitz 1992). Die zeitgenössische Wirkung war eher fatal: N., der sich mit *GT* als Philosoph hatte ausweisen wollen, verfehlte diesen Zweck und ruinierte seinen Ruf in →Basel sowie in seiner Herkunftsdisziplin (→Altphilologie).

Über die Grundthese von *GT* informiert das dem „erhabenen Vorkämpfer" →Wagner gewidmete Vorwort N.s von Ende 1871. In ihm ist das Lob zentral auf die „→Kunst als der höchsten Aufgabe und der eigentlich metaphysischen Thätigkeit dieses Lebens". Dass N. hiermit zugleich einer elitären Bildungsphilosophie (im Geiste der zeitgleich gehaltenen →*BA*) zuarbeiten wollte, die Künstler wie Wagner hervorzubringen und in Wertschätzung zu halten versprach, verdeutlicht der unveröffentlicht gebliebene Entwurf dieses Vorworts (vom 22.2.1871), in dem wir lesen: „Es giebt keine höhere Kulturtendenz als die Vorbereitung und Erzeugung des Genius." (NF 1871, 11[1], KSA 7: 355) Wenige Wochen zuvor, im Nachgang zu einem gut einwöchigen Weihnachtsbesuch in →Tribschen und seiner dadurch wieder einmal in voller Blüte stehenden Begeisterung auch für Wagner als Person (→Vaterübertragung), hatte sich N. diese Quintessenz gleichsam als Auftrag in eigener Sache zurechtgelegt: „[J]eder Mensch, mit seiner gesammten Thätigkeit, hat nur so viel Würde als er, bewußt oder unbewußtes Werkzeug des Genius ist", mehr als dies: „[N]ur als völlig determiniertes, unbewußten Zwecken dienendes Wesen kann der Mensch seine Existenz entschuldigen." (ebd., 10[1], KSA 7: 348)

Als Zwischenbefund ist festzuhalten, dass N. zur Zeit des Abfassens von *GT* begeisterter Wagnerianer war und die Spuren dessen sich im ganzen Werk, aber auch in dessen Aufmachung nachweisen lassen (vgl. Most 2008). Besonders hatte es N. Wagners „herrliche Festschrift" (*GT*, Vorwort an Richard Wagner) *Beethoven* (1870) angetan (vgl. Niemeyer 1998a: 153 ff.; Prange 2007a: 100 ff.), über welche N. erstmals am 15.12.1870 in einem Brief an Rohde berichtete, in dem zu lesen ist: „Lies es, es ist eine Offenbarung des Geistes, in dem WIR – wir! – in der Zukunft leben werden." Hält man sich an diese Leseempfehlung – und Rohde tat dies und konzedierte Wagner im Antwortbrief „die Stimme des Propheten in der Wüste" (An N., 29.12.1870) –, fällt Wagners Loblied auf den (in Beethoven symbolisch gewordenen) deutschen „Weltbeglücker" und „Bahnbrecher in der Wildnis des entarteten Paradieses" (lies: Frankreich) auf; ihm nämlich wird im Rahmen eines Kulturfeldzuges der erste Rang vor dem deutschen „Welteroberer" (1870: 126) zugebilligt – was wiederum N.s Versicherung erklären könnte, dass man es (auch) bei seiner Schrift (*GT*) trotz ihres ästhetischen Kerns und der Rückwendung auf die griechische Antike mit einem „ernsthaft deutschen Problem" zu tun habe (*GT*, Vorwort an Richard Wagner). Konkreter war N. im Entwurf dieses Vorworts vom 22. Februar 1871 geworden, wo es im Nachklang zur gut vier Wochen zurückliegenden Reichsgründung heißt: „Die einzige produktive POLITISCHE Macht in Deutschland [...] ist jetzt in der ungeheuersten Weise zum Siege bekommen und sie wird von jetzt ab das deutsche Wesen bis in seine Atome hinein beherrschen." (NF 1871, 11[1], KSA 7: 355) Hiermit sowie mit dem Nachsatz, dass diese Macht den im Liberalismus kulminierenden „Krankheitszustand" beenden werde, „an dem das deutsche Wesen vornehmlich seit der großen Französischen Revolution zu leiden hat" (ebd.), hatte sich N. auch in dieser Frage vollständig auf die Seite Wagners geschlagen, auch was die Strategie betrifft. Denn immerhin hatte Wagner im Soge der Reichsgründung beschlossen, für sein antiaufklärerisch angelegtes Bayreuth-Projekt und die mit ihm angestrebte Regeneration des deutschen Wesens verstärkt um die – auch politische – Unterstützung Bismarcks und Wilhelms I. zu werben, bei gleichzeitiger Hintansetzung des von ihm zunehmend als weltabgewandt diagnostizierten bisherigen Mäzens Ludwig II. (vgl. Naegele 1995: 379; Rose 1999: 174 ff.).

Entscheidender sind freilich gleichsam taktische Einzelheiten, also etwa Wagners Überlegung, dass die griechische Antike „selbst aus ihren Trümmern für alle Zeiten uns darüber zu belehren" vermag, „wie der übrige Verlauf des Weltenlebens etwa noch erträglich zu gestalten wäre.“ (1870: 117) Denn hiermit lag N.s angeblich „erster eigenständiger philosophischer Gedanke“ (Gerhardt 1984c: 388) zumindest in nuce vor: „[N]ur als AESTHETISCHES Phänomen ist das Dasein und die Welt ewig GERECHTFERTIGT“ (*GT* 5, KSA 1: 47). Als weiterer Pate ist hier →Schopenhauer in Betracht zu ziehen. Seine Überlegungen *Zur Metaphysik des Schönen und Aesthetik*, die in dem Satz kulminieren: „[D]ie Musik überhaupt ist die Melodie, zu der die Welt der Text ist“ (1859b: 378), haben zumal Wagner motiviert und ließen auch N. damals nicht unberührt, wie noch sein späterer (1887), nun allerdings (selbst-)kritischer Kommentar verdeutlicht: „Mit dieser ausserordentlichen Werthsteigerung der Musik [...] stieg mit Einem Male auch DER MUSIKER selbst unerhört im Preise: [...] er redete fürderhin nicht nur Musik, [...] – er redete →Metaphysik“ (*GM III* 5). Damit war zugleich das Todesurteil gesprochen über den frühen N., der noch in *GT* jener ästhetischen Metaphysik gehuldigt und beispielsweise ausgerufen hatte: „Und gerade nur so viel ist ein Volk – und übrigens auch ein Mensch – werth, als es auf seine Erlebnisse den Stempel des Ewigen zu drücken vermag“ (*GT* 23). Wenn man bei einer Auslegung dieses Zitats die Vokabel ‚Volk‘ ins Zentrum rückt – und nicht die Vokabel ‚Mensch‘ und mit ihr N.s hier sich schon andeutenden Gedanken der →Ewigen Wiederkunft –, klingt das Ganze übrigens sehr nach deutsch-völkischer Programmatik, so wie sie Wagner vier Jahre zuvor angedeutet hatte, als er seine Absicht kundtat, das „Streben der Deutschen nach einer höheren politischen Bedeutung“ mittels Rekurses auf „deutsche Kunstbestrebungen“ (1867: 30 f.) zu stärken. Wagner hatte diese Überlegung zwei Jahre später seiner erstmals 1850 deutlich hervorgetretenen antisemitischen Grundausrichtung eingefügt, indem er einer durch „Einmischung der Juden“ veranlassten „Schwäche und Unfähigkeit der nachbeethovenschen Periode unserer deutschen Musikproduktion“ (1869: 250) meinte das Wort reden zu dürfen. Von hier aus erscheint dann auch die von Wagner popularisierte Figur des „deutschen Jünglings“ (1867: 36) in einem fahlen Licht.

N. freilich war auch hiermit zufrieden, wie der Ausruf belegt: „Wer anders als der deutsche Jüngling wird die Unerschrockenheit des Blicks und den heroischen Zug in's Ungeheure haben, um allen jenen schwächlichen Bequemlichkeitsdoktrinen des liberalen Optimismus in jeder Form den Rücken zu kehren und im Ganzen und Vollen ‚resolut zu leben‘?“ (NF 1871, 11[1], KSA 7: 356) Dieser Passus begegnet einem fast wortgleich in der knapp ein Jahr später vorgelegten Druckfassung von *GT* – mit einer Ausnahme: Statt vom ‚deutschen Jüngling‘ redet N. nun von einer „heranwachsenden Generation mit dieser Unerschrockenheit des Blicks“ und vom „kühnen Schritt dieser Drachentödter“ (18, KSA 1: 118 f.), die beauftragt seien, für die „WIEDERGEBURT DES DEUTSCHEN MYTHUS“ (23, KSA 1: 147) Sorge zu tragen, denn: „Ohne Mythus [...] geht jede →Cultur ihrer gesunden schöpferischen Naturkraft verlustig: erst ein mit Mythen umstellter Horizont schliesst eine ganze Culturbewegung zur Einheit ab.“ (ebd.: 145) Es ist dieses von N. hier erstmals aufgestellte und sowohl in →*DS* als auch in →*HL* wieder aufgegriffene Kultureinheitsideal, von dem ausgehend ihm „das regellose, von keinem heimischen Mythus gezügelte Schweifen der künstlerischen Phantasie“ (ebd.: 146) fraglich wird und er zwecks Abhilfe an Wagner denkt und meint: „Eines Tages wird er [der →deutsche Geist; d. Verf.] sich wach finden, in aller Morgenfrische eines ungeheuren Schlafes: dann wird er die Drachen tödten, die tückischen Zwerge vernichten und Brünnhilde erwecken – und Wotan's Speer selbst wird seinen Weg nicht hemmen können!“ (24, KSA 1: 154) Wenige Zeilen später folgt im Stil einer Geheimbotschaft für Wagner und die Wagnerianer („Meine Freunde, ihr, die ihr an die dionysische Musik glaubt“): „Das Schmerzlichste aber ist für uns alle – die lange Entwürdigung, unter der der deutsche Genius, entfremdet von Haus und Heimat, im Dienst tückischer Zwerge lebte. Ihr versteht das Wort – wie ihr auch, zum Schluss, meine Hoffnungen verstehen werdet.“ (ebd.) Für den Eingeweihten war hiermit erkennbar – ungeachtet von N.s späterem Versuch, diese Stelle als eine „deutsch-antichristlich[e]“ auszulegen (NF 1888, 14[20]) –, dass N. hiermit sein Einverständnis mit Wagners Absicht bekundet hatte, den *Ring des Nibelungen* als Moritat auf die Unterdrückung des ‚deutschen Genius' Siegfried durch die als ‚Judenkarikaturen' (vgl. Adorno 1952b: 21) angelegten ‚tückischen Zwerge' Mime und Alberich aufzubereiten.

Daraus folgt nun allerdings wiederum nicht, dass man N.s *GT* in toto als eine deutsch-völkische Programmschrift lesen kann. So darf man nicht übersehen, dass N. an einigen Stellen ‚nur' vom Wiedergewinn „der metaphysischen Bedeutung des Lebens" (GT 23, KSA 1: 148) – also ohne das Attribut ‚deutsch' – redet und dabei getragen ist von dem Ziel, mittels des Rekurses auf →Dionysos als Gott der Ekstase und als Gegenspieler des die Natur zu Ordnung und Schönheit bändigenden Apollo eine Kategorie für Fortschritts- und Vernunftkritik (Apollo) und eine Chiffre für eine Art neuer Empfindsamkeit (Dionysos) resp. für das durch Wagners Schaffen ausgelöste rauschhafte Musikempfinden verfügbar zu machen (→apollinisch/dionysisch). Auch dabei wurde er offenkundig von Wagner angeregt (vgl. Podach 1963: 72 f.; Baeumer 1977: 125) und nahm Bezug auf seinen im Sommer 1870 angefertigten Aufsatz →*DW*, mit dem Ergebnis, dass das Apollinische in N.s Wahrnehmung für so etwas wie eine Art Totenstarre des Lebens stand und in dieser Gestalt zum ersten Mal Wirkung zeigte im dorischen Staat. Hier, so N., sei es in Geltung zu halten gewesen „in einem unausgesetzten Widerstreben gegen das titanisch-barbarische Wesen des Dionysischen", woraus die Nötigung erwachsen sei, eine „kriegsgemässe und herbe Erziehung" sowie ein „grausames und rücksichtsloses Staatswesen" (*GT* 4) zu etablieren. N. hatte hiermit →Staat und →Erziehung als potentiell repressive Mächte ausgemacht, die auch in seiner Epoche, die N. nun als Abart des Apollinischen zu lesen suchte, das Regiment führten – und unter deren Herrschaft allein der ‚sokratische' resp. ‚theoretische' Mensch gedeihe.

An wen N. dabei in erster Linie dachte, stellt sein Wort klar: „[U]msonst dass man [...] ihn mitten unter die Künstler und die Kunststile aller Zeiten hinstellt [...]: er bleibt doch der ewig Hungernde, der ‚Kritiker' ohne Lust und Kraft, der alexandrinische Mensch, der im Grunde Bibliothekar und Corrector ist und an Bücherstaub und Druckfehlern elend erblindet." (*GT* 18, KSA 1: 120) Denn dies sind Attribute, die auf N.s – in →*HL* mit ähnlichen Vokabeln belegten – Lehrer →Ritschl bzw. den Typus passen, den er repräsentiert. Aber nicht nur um Philologie- und Philologenkritik war es N. in *GT* zu tun oder um eine Art Notruf in eigener Sache, der in den Worten anklingt: „Alle unsere Erziehungsmittel haben ursprünglich dieses Ideal [des ‚theoretischen' Menschen; d. Verf.] im Auge: jede andere Existenz hat sich mühsam nebenbei emporzuringen, als erlaubte, nicht als beabsichtigte Existenz." (ebd.: 116) Vielmehr ging es ihm um einen aufs Ganze gehenden Gegenentwurf zur ‚sokratischen' Kultur, von ihm ‚tragische' Kultur genannt, „deren wichtigstes Merkmal ist, dass an die Stelle der →Wissenschaft als höchstes Ziel die Weisheit gerückt wird, die sich, ungetäuscht durch die verführerischen Ablenkungen der Wissenschaften, mit unbewegtem Blicke dem Gesammtbilde der Welt zuwendet und in diesem das ewige Leiden mit sympathischer Liebesempfindung als das eigne Leiden zu ergreifen sucht." (ebd.: 118) Dahinter verbarg sich eine Art Weckruf an seine eigene Generation, für welche N. im Blick auf das Gelehrtenideal des ‚sokratischen' Menschen Freisetzung forderte, aber auch eine neue Bindung auf der Ebene der Gemeinschaft stiftenden Erhabenheit dionysischen Musikempfindens. Exemplarisch verdeutlicht dies der den Höhepunkt von *GT* markierende Ausruf: „Die Zeit des sokratischen Menschen ist vorüber: kränzt euch mit Epheu, nehmt den Thyrsusstab zur Hand und wundert euch nicht, wenn Tiger und Panther sich schmeichelnd zu euren Knien niederlegen. Jetzt wagt es nur, tragische Menschen zu sein: denn ihr sollt erlöst werden." (*GT* 20, KSA 1: 132) Derlei Emphase war allerdings dem Erfolg von N.s *GT* eher abträglich (vgl. etwa v. Wilamowitz-Moellendorff 1872: 55), ganz abgesehen von anstößigen Einzelheiten, wie etwa dem – aus einem Anfang 1871 verfassten *Fragment einer erweiterten Form der ‚Geburt der Tragödie'* übernommenen (vgl. NF 1871, 10[1]; vgl. auch CV 3, KSA 1: 767) – Satz, dass die „alexandrinische Cultur" einen „Sklavenstand" brauche, „um auf die Dauer existieren zu können" (*GT* 18, KSA 1: 117).

Insoweit mag es tröstlich sein, dass N. 1886 hellsichtig wurde und über dieses Buch urteilte, er habe sich mit ihm „einer Autorität und eignen Verehrung" (*GT, Versuch einer Selbstkritik* 2) – lies: Wagner – gebeugt und könne („Aber es giebt etwas viel Schlimmeres an dem Buche") nur bedauern, dass er hier „vom ‚deutschen Wesen' zu fabeln begann [...] – und das zu einer Zeit, wo der deutsche Geist [...] eben letztwillig und endgültig ABDANKTE" (ebd., 6; vgl. auch NF 1888, 14[20], 14[52]). Vor diesem Hintergrund ist die These Zittels, wonach derjenige „Kunst mit Mythos [verwechselt]", der N. „ein Propagieren neuer Mythen" unterstelle und dabei auch noch auf die „politische Folgegeschichte" schiele, unhaltbar, wenn nicht gar verantwortungslos. Denn wer so redet, tut genau das, was Zittel für sich meint in Abrede stellen zu können: Er schützt fragwürdige Texte N.s, indem er „sie in das unverbindliche Reich der Dichtung verweist." (1998: 212)

*Christian Niemeyer, Dresden*

**gut, das Gute** | Das G und sein Gegensatz, das →Böse, gelten gemeinhin als oberste und letzte Kategorien der Ethik, mit denen moralisch relevantes Handeln und Denken bewertet wird, die selbst aber nicht mehr wertmäßig hinterfragt oder beurteilt werden können. Im platonisch-christlichen Weltbild gilt die Dreieinigkeit vom Guten, Wahren und Schönen. Für N. dagegen existieren diese Ideale weder im absoluten Sinne, noch bilden sie eine untrennbare Einheit. Es ist dieses Fundament metaphysischen Denkens (→Metaphysik), gegen das N.s Buch *JGB* gerichtet ist. Mit diesem habe nun, wie es in der Vorrede heißt, alles Dogmatisieren ein Ende. In *GM* skizziert N. seine These über den Ursprung von „g" und „böse", der nicht „HINTER der Welt" (*Vorrede* 3), sondern nur in ihr gefunden werden könne. N. betrachtet die obersten moralischen Begriffe als Erfindungen, als Projektionen und Hypostasierungen menschlicher Hoffnungen und Ängste und untersucht deren Bedeutung in normativer Hinsicht, indem er sie unter dem Aspekt der Werthaltigkeit und Nützlichkeit betrachtet. Das G ist dabei für den Menschen ursprünglich das, was seine Lebensweise fördert und sein Gefühl der Macht und Lust erhöht. Es ist nie absolut, sondern immer nur perspektivisch, personen- und situationsabhängig zu verstehen, zudem völlig wertfrei im moralischen Sinne, zuweilen sogar genau das Gegenteil von dem, was moralisch betrachtet als „g" bezeichnet werden würde. Im Umkehrschluss kann dementsprechend das moralische Ideal des Gn gegen das →Leben gerichtet und in diesem Sinne →schlecht sein. Genau darin besteht der Vorwurf N.s gegenüber der christlichen →Moral und ihren asketischen Idealen des →Mitleids, der Selbstlosigkeit und der das Jenseits verherrlichenden Weltflucht.

Diese Gedanken versucht N. in *GM* mit einer soziologisch-historischen Untersuchung zu untermauern. Demnach bezeichneten in frühen Sklavenhaltergesellschaften die Angehörigen der herrschenden Klasse, die die Macht hatten, sich auf gleicher Augenhöhe gegenseitig zu vergelten und sich und ihren Feinden mit Respekt zu begegnen, sich selbst, ihr Handeln und alles ihrer Macht Zuträgliche als „g". Diesen ursprünglichen Begriff des „Gn" stellt N. in einen engen etymologischen Zusammenhang mit „edel", „vornehm" und „erstrangig", und entsprechend galt alles Niedere, der machtlosen Klasse Zugehörige, als „schlecht". Die gesellschaftlich Niedrigen und Machtlosen hingegen, die unter der grausamen Behandlung durch die Mächtigen litten, bezeichneten diese wiederum als „böse". Als „Gegenstück" dazu konzipierten die Schwachen eine neue Idee des Gn und schrieben sich selbst dieses Etikett zu. Das amoralische Gegenbegriffspaar „g/schlecht" wurde also durch das moralische „g/böse" ersetzt und gleichzeitig auf den Kopf gestellt, indem nun die ursprünglich Gn als böse und die Schlechten als g galten. Das G im Sinne der „Sklavenmoral", die durch den immer größer werdenden Einfluss der jüdisch-christlichen Religion selbst zur herrschenden Moral werden sollte, stand nun für alles Schwache und Ohnmächtige und gab den Unterdrückten zumindest einen religiösen und moralischen Sinn für ihr Leid. N. hoffte mit einer erneuten →„Umwertung aller Werte" diese, seiner

Ansicht nach, pathologische, gegen das Leben gerichtete nihilistische Entwicklung wieder rückgängig machen und eine Position „jenseits von gut und böse“ einnehmen zu können. Bei der Setzung neuer →Werte müsse man sich an der ursprünglichen Bedeutung von „g“ orientieren und als tugendhaft verfolgen, was im Sinne der Lebenssteigerung förderlich sei und die Hervorbringung von starken und souveränen Individuen begünstige. *Djavid Salehi, München*

**„guter Europäer“** | Diese Denkfigur, die im engen Kontext mit N.s (zunehmend von Distanz und Kritik bestimmter) Lesart der Vokabel →deutsch gesehen werden muss, steht für das in politischer Hinsicht wohl wichtigste geistige Vermächtnis N.s und findet zumal in neuerer Zeit im Zuge der Debatte um Europa starken Widerhall (vgl. etwa Simon 1998; Meyer 2002; Skirl 2002; Vivarelli 2002; Barbarić 2007; Rudolph 2007; Mattenklott 2008). Erwähnt wird sie erstmals in *MA* – also im Gründungsmanifest der Freigeistepoche des →mittleren N., das die (spätere) Gleichung „Feind der gn E“ = „Feind der →freien Geister“ (*WS* 87) freisetzt –, und zwar mit dem Argument, es sei im Interesse der „Vernichtung von Nationen“ (neudeutsch gesprochen: der europäischen Einigung), dass die Deutschen „sich nur ungescheut als G E ausgeben und durch die That an der Verschmelzung der Nationen arbeiten“ (*MA* 475). N. deutet des Weiteren an – wohl mit kritischem Seitenblick auf →Wagner und dessen →Antisemitismus, den er zunächst ja durchaus geteilt hatte –, dass diese Denkfigur, die an Kontur gewinnt durch den Gegenbegriff der (guten) „Vaterländler“ (NF 1885, 35[14]), möglicherweise sogar den Antisemitismus besiegen helfe, da „das ganze Problem der JUDEN [...] nur innerhalb der nationalen Staaten vorhanden“ sei, „insofern hier überall ihre Thatkräftigkeit und höhere Intelligenz [...] in einem neid- und hasserweckenden Maase zum Übergewicht kommen muss, so dass die litterarische Unart fast in allen jetzigen Nationen überhand nimmt – und zwar je mehr diese sich wieder national gebärden –, die Juden als Sündenböcke aller möglichen öffentlichen und inneren Uebelstände zur Schlachtbank zu führen.“ (*MA* 475) Im Übrigen gelte: „Sobald es nicht mehr um Conservierung von Nationen, sondern um die Erzeugung einer möglichst kräftigen europäischen Mischrasse handelt, ist der Jude als Ingredienz ebenso brauchbar und erwünscht, als irgend ein anderer nationaler Rest.“ (ebd.) Speziell diese Überlegung griff N. Jahre später wieder auf im Zuge einer als „heitere Deutschthümelei“ ausgewiesenen „Festrede“, die die Fantasie zum Inhalt hat, ob sich wohl infolge von Ehen zwischen Jüdinnen und beispielsweise „adelige[n] Offizier[en] aus der Mark [...] zu der erblichen Kunst des Befehlens und Gehorchens [...] das Genie des Geldes und der Geduld (und vor allem etwas Geist und Geistigkeit, woran es reichlich an der bezeichneten Stelle fehlt –) hinzuthun, hinzuzüchten liesse.“ (*JGB* 251) Der Aphorismus, dem dieses Zitat entstammt, wäre allerdings falsch gelesen, wenn man ihn primär nach Maßgabe der Vokabel →Züchtung interpretierte (vgl. Niemeyer 2004e). Vielmehr steht erneut – wenn auch nicht expressis verbis – die Denkfigur des gn Es zur Debatte, diesmal in Gestalt von N.s Protest gegen die „bei den Deutschen von Heute“ verbreiteten, mal anti-französischen, mal anti-jüdischen, mal anti-polnischen – summarisch gesprochen: anti-europäischen – „Benebelungen des deutschen Geistes und Gewissens“ (*JGB* 251). Die Pointe aus dieser Beobachtung hat N.s schon einige Seiten vorher unterbreitet, wenn er, ausgehend von seiner eigenen (fragwürdigen) Begeisterung für „Wagner's Ouvertüre zu den MEISTERSINGERN“ (*JGB* 240), fordert, angesichts allfälliger „nationaler Wallungen, patriotischer Beklemmungen und allerhand anderer alterthümlicher Gefühls-Überschwemmungen [...] wieder zur Vernunft, will sagen zum ‚guten Europäerthum‘ zurückzukehren“ (*JGB* 241). Dass diese Warnung vor allem an die Adresse der Deutschen gerichtet ist, wird wenige Seiten später klar, wo N. nachträgt, dass diese „im Bunde mit deutschem Bier und deutscher Musik“ daran arbeiteten, „ganz Europa zu verdeutschen.“ (*JGB* 244) Es ist exakt diese alte Sorge, die ihm ein gutes Jahr später Anlass gibt auszuführen, „wir“ seien „lange nicht ‚deutsch‘ genug [...], um dem Nationalismus und dem Rassenhass das Wort zu reden [...], derenthalben sich jetzt in Europa Volk gegen Volk wie mit Quarantänen abgrenzt, absperrt." (*FW V* 377) Hinter der Vokabel ‚wir' verbirgt sich der g E im Gewande des „Heimatlosen", im Folgenden erläutert mit: „der Rasse und Abkunft nach [...] vielfach und gemischt"; als „‚moderne Menschen'" und „Erben von Jahrtausenden des europäischen Geistes [...] dem Christenthum entwachsen und abhold" (ebd.). Damit will N. ganz offenkundig deutlich machen, dass der g E – in *Za IV, Der Schatten* unter eben jener →Maske angedacht (KSA 14: 337), womit offenbar auf dessen Heimatlosigkeit in politischer Hinsicht angespielt werden sollte (vgl. Kuhn 2002: 62 ff.; Santaniello 2005: 60 ff.) – sein (geistiges) Zuhause nur außerhalb nationalstaatlicher Ordnungen in einem Reich der ihn mit anderen (Freigeistern) verbindenden Gesinnung findet, nicht aber in jener nationalstaatlich angebundenen deutschen Leitkultur, als deren Vorreiter sich N. in der Zeit seiner Wagnerverehrung verstanden hat (vgl. Niemeyer 2008b). Exakt darin könnte die Aktualität dieser Denkfigur gründen.

*Christian Niemeyer, Dresden*

**Hartmann, Eduard von** | H, *23.2.1842 Berlin, †5.6.1906 ebd., dt. Philosoph, wurde früh berühmt durch sein Erstlingswerk *Die Philosophie des Unbewußten* (1869), das auch N. zunächst mit Interesse las und weiterempfahl (An von Gersdorff, 4.8.1869). Aus heutiger Sicht ist H Modephilosoph der Gründerzeit, Vordenker des Vitalismus, des Unbewussten und der Axiologie (vgl. Schnehen 1929; Nitzschke 1983; Wolf 2006a). In seinem Erstling – zugleich sein Hauptwerk – verband H die Philosophien Schellings, Hegels und Schopenhauers mit naturwissenschaftlichen Inhalten, um auf dem Wege spekulativer Induktion das →Unbewusste als den treibenden und einheitlichen Ursprung von Natur und Geist auszuweisen. Bewusstsein verstand H als Prozess der „Losreißung" vom Willen und als Befreiung vom Streben nach Lust (H 1890, Bd. 2: 33), wodurch uneinlösbare Glücksbestrebungen zur Ruhe kämen. Auf dieses Nirvana in der Tradition →Schopenhauers sah H den Weltprozess zusteuern, was provozierend war für N., der sich mit →Burckhardt dagegen zu verwahren begann, „die Geschichte teleologisch zu begreifen" (Janz 1978a: 561). Entsprechend bezeugt N.s Nachlass der Jahre 1869–1873 eine intensive Auseinandersetzung mit H, die in vehemente Angriffe einmünden (Gödde 2002: 165 ff.). N. unterzog später auch Hs *Phänomenologie des sittlichen Bewusstseins* (1878) einer beißenden Kritik (NF 1883, 7[10, 25, 206–208, 213, 221, 224, 272]). Dennoch blieb Hs Werk für N. eine wichtige philosophiehistorische Quelle. H seinerseits warf N. ideenflüchtiges Denken in der Nachbarschaft →Stirners vor (H 1891). Die gegenseitige Polemik verdeckt erhebliche Gemeinsamkeiten beider Philosophien, die zumindest H durchaus einräumte. Zum Thema auch: v. Rahden (1984); Jensen (2006); Wolf (2006c).

*Rainer Otte, Bad Sachsa*

**hässlich, hässlichster Mensch** | In dem Kapitel *Der hässlichste Mensch* aus *Za IV* denkt N. die Verkündigung des Todes Gottes durch den tollen Mensch aus *FW 125* (→„Gott ist tot") weiter. Der h M ist nicht mehr einer derjenigen, die die Nachricht vom Tode Gottes noch nicht erreicht hat oder gleichgültig lässt, sondern er ist der sich selber wissende und von Zarathustra erkannte Mörder Gottes. Seine H-keit verbindet ihn zwar mit der ebenso „furchteinflössende[n] H-keit" des →Sokrates (*GD, Das Problem ...* 9), ihn deshalb aber mit ihm zu identifizieren (so Santaniello 2005), scheitert schon daran, dass der Gott der Tragödie, den Sokrates getötet hat (Dionysos), ein anderer ist als der Gott des Mitleids, den der h M getötet hat und auf den mit den Worten Jesu': „[I]ch – bin die Wahrheit", deutlich genug angespielt wird, wobei man nicht vergessen sollte, dass für N. gerade auch die →Wahrheit h ist (NF 1887–88, 11[108], NF 1888, 16[40], S. 500).

Die H-keit des h M zeigt aber nicht nur Wahrheit an, sondern auch, dass das Töten Gottes nicht mehr als die Hälfte oder der Anfang der damit gestellten Aufgabe ist, vom tollen Menschen in die Frage gekleidet: „Müssen wir nicht selber zu Göttern werden, um nur ihrer [dieser Tat] würdig zu erscheinen?" In der Nichterfüllung bzw. nicht einmal versuchten Erfüllung dieser Aufgabe liegt die H-keit des h M begründet. N.s Definition des H-en in *GD* besagt, dass nichts h ist als „der ENTARTENDE Mensch". Der Hass im H-en richte sich im Grunde gegen den Niedergang des Typus Mensch (*GD, Streifzüge …* 20). Der h M ist der entartende Mensch, weil er wie die widerlichen Schlangen in dem Tal „Schlangen-Tod", in dem Zarathustra ihn findet, sich nicht mehr häutet, also sich nicht mehr im positiven Sinne verwandelt und erneuert (*M* 573). Zwar hat er den Zeugen, der alles sah, aus →Rache beseitigt, aber er ist ebenso wenig vom Geist der Rache befreit, wie er zum Zeugen des sich selbst überwindenden Lebens geworden ist. Zarathustra ist zwar für einen Augenblick versucht, mit ihm zu leiden, verfällt aber diesem Mitleid nicht, sondern schickt ihn hinauf in seine Höhle und verordnet ihm gemeinsam mit den anderen ‚höheren Menschen' stattdessen lieber die Mitfreude, erfahren zuerst beim Eselsfest, das ihn verwandelt erscheinen lässt, und dann am Ende des Tages, als er mit seiner Antwort („Wohlan! Noch Ein Mal!") auf seine „gute tiefe klare Frage" („War DAS – das Leben?") zeigt, dass er die Erde zu lieben gelernt hat (*Za IV, Das Nachtwandler-Lied 1*).

*Michael Skowron, Daegu*

**Hegel, Georg Wilhelm Friedrich** | H, *27.8.1770 Stuttgart, †14.11.1831 Berlin, dt. Philosoph, wird von N. gewürdigt wegen seiner Gedanken zum Werden und zur Entwicklung, ohne die Annahme einer sich in jeweiligen Gestalten des Wissens offenbar werdenden Vernunft und Wahrheit zu teilen (Abel [2]1998: 164). Hs Auffassung vom Werden als einem „Prozeß des Zum-Bewußtsein-Gelangens", mit dem in der „Phänomenologie des Geistes" die Wahrheit *an und für* sich zum Vorschein kommt, d. h. „*für* sich als das in Erscheinung tritt, was sie *an* sich schon ist" (Picht 1988: 291), ist N. weder radikal geschichtlich genug noch mit seiner Prämisse vereinbar, dass das →Denken sich in jeweiligen sprachlichen Formen bzw. perspektivischen Wertschätzungen vollzieht. Das Verständnis von →Wahrheit als etwas, das vorgegeben und lediglich aufzufinden sei, führt N. auf einen Willen zur Gewissheit und einen Glauben an die Wahrheit zurück, den er als fragwürdig empfindet, weil er davon ausgeht, dass „jeder Glaube [...] ein Für-wahr-halten" ist (NF 1887, 9[42]) und keine Wahrheit existiert, die dem Wechsel und der Täuschung entzogen sei (NF 1887, 9[60] u. 7[3]). Im Gegensatz zu H ist für N. die →Vernunft eine „Philosophie der grauen Begriffe", die blind dafür ist, dass das „VERNÜNFTIGE DENKEN [...] EIN INTERPRETIREN NACH EINEM SCHEMA [IST]", dem der →Sprache, „WELCHES WIR NICHT ABWERFEN KÖNNEN" (NF 1885, 5[22]) Das „EUROPÄISCHE[...] Ereigniss" (*GD, Streifzüge …* 21), als das N. H bezeichnet, betrachtet er kritisch, nicht nur mit Blick auf Hs Versuch, Entwicklung mit Vernunft zu verknüpfen, was N. als eine in „Philosophie umgetaufte Historie" bezeichnet (NF 1886–87, 7[4]). Unter dem Aspekt von Hs Wirkung in Deutschland und Frankreich ist es neben dem Historismus (*JGB* 254) vor allem Hs Staatsauffassung, die N.s kritische Aufmerksamkeit auf sich zieht. N. wirft H eine apologetische Haltung gegenüber dem Staat vor. Diese Sichtweise auf H ist bereits für *BA* charakteristisch, wo es wie ein komplettes Missverständnis anmutet, wenn N. H unterstellt, die „Aufgabe der Bildung für Jeden" darin zu sehen, den „Ort und die Lage ausfindig zu machen, wo er dem Staat am nützlichsten diene." (III, KSA 1: 711)

*Mirko Wischke, Halle-Wittenberg*

**Heidegger, Martin** | H, *26.9.1889 Meßkirch, †25.5.1976 Freiburg i. Br., Philosoph, mit (anfänglicher) Sympathie für den Nationalsozialismus (1933/34 als Rektor der Freiburger Universität), sah sich ab Herbst 1929 zu N. hingezogen, dem er u. a. eine berühmte zweibändige Darstellung widmete, die Vorlesungen und Abhandlungen aus den Jahren 1936 bis 1946 zum

Inhalt hatte. H, die „eigentliche Philosophie" (1961a: 17) N.s im Nachlass bzw. in der Textkompilation →*Der Wille zur Macht* vermutend, artikulierte sich hier bewusst „jenseits aller bisherigen Ansätze einer N.-Rezeption" (Gerlach 2000b: 492) und opponierte vor allem gegen Versuche, an N. „die Absage an alle →Metaphysik", wenn nicht gar den Schritt zu ihrer „endgültigen Verleugnung" (1961b: 7) sichtbar machen zu wollen. In diesem seinem Erkenntnisinteresse rückte er den →Übermenschen, den Gedanken der →ewigen Wiederkunft – übrigens in scharfer Opposition zu →Baeumler (H 1961a: 30 f.) – sowie den →Willen zur Macht in das Zentrum seiner Interpretation, die darauf abstellte, dass bei N. das Wesen der Metaphysik, nämlich „die Gründung der Wahrheit über das Seiende im Ganzen" (H 1961b: 36), zum Thema werde. So ziele beispielsweise der Wille zur Macht auf „das Sein des Seienden als solchem", der Wiederkunftsgedanke auf „das Seiende im Ganzen" und die Rede vom Übermenschen bezeichne „jenes Menschentum, das von diesem Ganzen gefordert wird." (ebd.: 260) Aber auch N.s →Umwertung aller Werte ist für H „als Gründung des Prinzips einer neuen Wertsetzung Metaphysik" (ebd.: 36), ebenso wie N.s →Psychologie: Sie sieht H (ebd.: 263 f.), im Aufgreifen der Bestimmung N.s, Psychologie müsse als „Morphologie und ENTWICKLUNGSLEHRE DES WILLENS ZUR MACHT" (*JGB* 23) verstanden werden, als „Metaphysik schlechthin", konkreter: als (philosophische) Anthropologie, sofern sie „nach dem Wesen des Menschen aus dem Hinblick auf die wesentlichen Bezüge des Menschen zum Seienden im Ganzen" fragt; darüber hinausgehend aber auch als „Frage nach dem ‚Psychischen', d. h. Lebendigen im Sinne jenes Lebens, das alles Werden im Sinne des ‚Willens zur Macht' bestimmt." (H 1961b: 61)

Die Folgen dieser beeindruckend geschlossenen, die Aufdeckung von N.s „*einzigen* Gedanken" (H 1961a: 481) beanspruchenden Interpretation sind nicht unproblematisch. So bemerkt H an charakteristischer Stelle: „Wenn alles Seiende Wille zur Macht ist, dann ‚hat' nur Wert und ‚*ist*' nur ein Wert solches, was die Macht in ihrem Wesen erfüllt. Macht ist aber nur Macht als Machtsteigerung." (1961b: 37) Dies so 1940 zu schreiben und zu sagen – wenn auch nicht zu veröffentlichen –, hätte sich aus der zeitgebundenen Perspektive heraus durchaus deuten lassen als Versuch der nachträglichen metaphysischen Adelung eines menschenverachtenden Systems unter Zuhilfenahme eines entsprechend reformulierten N. Dies gilt auch für den Zusatz, dass „im Menschen, d. h. in der Gestalt des Übermenschen, der Wille zur Macht sein reines Machtwesen uneingeschränkt entfaltet" (ebd.: 62), denn diese Bestimmung hätte man ohne weiteres der Rechtfertigung des arischen Herrenmenschentums zuführen können. Auch das gleichfalls 1940 gesprochene H-Wort von der „sich selbst in die Hand nehmenden Selbstprägung der Menschen" oder das von der „einfachen Strenge der Vereinfachung aller Dinge und Menschen auf das Eine der unbedingten Ermächtigung des Wesens der Macht *für die Herrschaft über die Erde*" (ebd.: 308) war missverständlich und nährt im Übrigen den Verdacht, dass die von H „erörterte ‚Sache Nietzsches' […] von anderer Art [ist], als N. selber ‚seine Sache' verstand." (Müller-Lauter 1981/82: 134; ähnlich Behler 1985: 94)

*Christian Niemeyer, Dresden*

**Heine, Heinrich** | H, *13.12.1797 Düsseldorf, †17.2.1856 Paris, dt. Schriftsteller aus unorthodoxem jüdischen Elternhaus, ist, von einer Ausnahme abgesehen, erst spät für N. von Interesse, zunächst in *JGB* sowie in NF 1885–86, 2[66]. N. bezeichnet H als „ein EUROPÄISCHES Ereigniss gleich →Goethe" (*GD, Streifzüge* … 21; vgl. NF 1888, 16[41]) und behandelt seine Literatur im Kontext der modernen „Cultur-Überlegenheit" Frankreichs. In diesem Sinne zitiert N. im Nachlass zustimmend das Journal der Brüder Goncourt, die H neben Charles de Ligne und Abbé Galiani stellen – „rien de plus charmant, de plus exquis que l'esprit français des étrangers, l'esprit de […] Henri H." (NF 1887–88, 11[296]). Mit dieser Auszeichnung verbindet N. die „Quintessenz" der „europäischen Cultur", auch im Sinne eines „antidoton gegen diese letzte Krankheit der europäischen Vernunft", d. i. der Nationalismus (NF 1888, 18[3]). Unverstanden in Deutschland, steht H für eine raffinierte, über die →Romantik hinausgewachsene pessimistische Kunst, die nicht nur die zeitgenössische Musik inspiriert (Mendelssohn Bartholdy, Schumann) bzw. mit ihr zusammenklingt (Offenbach), sondern die auch der nicht länger vornehmen, sondern „außermoralischen" décadence des modernen „Halbbarbarentums" zugeordnet werden kann, das zuletzt noch den Respekt vor den asketischen Idealen verlernt (NF 1887, 9[53]; NF 1885–86, 2[66]; *JGB* 224). Hs Stil gilt N. als „Gipfel der modernen Lyrik" (NF 1887, 10[41]), der sich die „griechische Heiterkeit" zurückzuerobern weiß (NF 1888, 18[3]). Als einer der „ersten Artisten der deutschen Sprache" versteht H „den Gott nicht abgetrennt vom Satyr" (*EH, Warum ich so klug bin* 4), „lacht" über den „verzweifelten Ernst" der Deutschen und verdreht die anthropologischen, rassistisch-eugenischen Hierarchien zwischen Kranken und Gesunden, Juden und Germanen (*NW, Wohin...*; *JGB* 254; NF 1888, 18[3]). Eine in der Rezeption (vgl. Berg 1908: 11–27; Biser 1986; Martens 1996; Höhn 1997; Gilman 1997; Rölli/Trzaskalik 2007) besonders herausgestellte Verbindung zwischen N. und H liegt in der philosophisch angelegten Religionskritik, speziell in ihrer Darstellung des Todes Gottes (*FW 125*; H 1834: 77 f.).

*Marc Rölli, Darmstadt*

**Heinse, (Johann Jakob) Wilhelm** | H, *15.2.1746 Langewiesen, †22.6.1803 Aschaffenburg, Schriftsteller, entfaltet in seinem Hauptwerk, dem Roman *Ardinghello und die glückseligen Inseln* (1787), den Typus des „Kernmenschen", eines kraftvollen, leidenschaftlichen, von jeder konventionalisierten Moral befreiten Individuums. Zwar ist bei N. nur eine indirekte Kenntnis des Romans nachweisbar, doch kann angesichts von Parallelen in Bezug auf anthropologische und ästhetische Vorstellungen eine unmittelbare H-Lektüre N.s vermutet werden. Zwischen den Moral- und Individualitätskonzeptionen Hs und N.s ist jedoch genau zu differenzieren: Da H dualistische Positionen nie ganz aufgegeben hat, dürfte ihn N. zu den wenigen „‚freien, SEHR freien Geister[n]'" (*GM III* 24) des 18. Jh.s gezählt haben, die zwar Moral und christlichen Theismus abgelehnt, doch die Tür zum „selbstmörderischen →Nihilismus" (*GM III* 28) nicht gänzlich aufgestoßen haben. Zum Thema auch: Herrmann (2008).

*Leonhard Herrmann, Leipzig*

**Heraklit** | H aus Ephesos, ca. 540–475 v. Chr., gilt als der Verfasser einer Schrift, erhalten in 137 Fragmenten, die erst in späterer Zeit den Titel *Über die Natur* erhielt. Einem aristokratischen Geschlecht entstammend, genannt „der Dunkle", war er der Weise, der in vornehmer Einsamkeit Wahrheit Suchende. Entgegen der statisch orientierten Seinsauffassung des Parmenides vertrat er ein dynamisches Weltbild: Alles ist Werden – „Alles fließt".

N.s Interpretation Hs erfolgte in der – im Anschluss an seine Basler Lehrtätigkeit (siehe die Vorlesungsmanuskripte Sommer 1872, 1873, 1876) verfassten – Nachlassschrift *PHG* (1873). Doch hatte er sich nachweislich schon seit Jahren mit H beschäftigt, wobei eine Beziehung entstand, die sein Denken, seit dessen Anfängen, stark beeinflusste. Hier die Hauptzüge des Bildes, das er von H entwirft und die für sein Denken eine große Bedeutung gewannen:

(1) Die Welt ist ein stetes →Werden, unter Ausschluss des Seienden (Beharrenden). N. folgt der aristotelischen Interpretation, die nicht beachtet, dass gemäß H das Werden geregelt wird durch den Logos, der ein ewig-ruhendes Weltgesetz ist.

(2) Das Werden geht aus dem als Wettstreit (→Agon) aufzufassenden Kampf der Gegensätze hervor. Letzterer stellt somit eine ontologische Notwendigkeit dar. Dies fördert N.s bejahende Grundeinstellung zum Leben unter all seinen Aspekten. (3) Der Logos ist auch die den Streit regelnde Gerechtigkeit. Alles Werden ist somit gerechtfertigt. Diese universale Rechtfertigung steht im Gegensatz zu →Schopenhauers moralischer Verurteilung der Welt und ist grundlegend für N.s →Immoralismus überhaupt. (4) Der Gedanke des stets wiederkehrenden Weltbrandes beeinflusst N.s Lehre von der →„ewigen Wiederkunft". (5) Das Werden ist ziellos,

ein artistisches Weltspiel. Vgl. dazu N.s frühe metaphysische Ästhetik in *GT* sowie den Begriff →Spiel, etwa in *Za I, Von den drei Verwandlungen*. Zum Thema auch: Hershbell/Nimis (1979); Hölscher (1979); Borsche (1985); D'Iorio (1994).

*Georges Goedert, Luxemburg*

**Herde, Hirte** | N. hatte durchgängig die Frage aufgeworfen, woraus der höhere Typus Mensch hervorgehen solle, wovon er sich abgesetzt haben müsse, um in Erscheinung zu treten. N. scheidet dichotom das unabhängige Individuum und die Menge: Kollektive, die um ihre eigene Unzulänglichkeit kreisen und an ihr Gefallen finden, wie →Masse, →Pöbel, →Volk, die Vielen und letztlich die Herde (H). H ist die Masse der Gewöhnlichen, Mittelmäßigen, die sich behaglich einrichten wollen. Der Einzelne, der dem Hn-Dasein entspricht, ist „Hn-tier" ohne Eigenwillen und gesteuert von Hn-Instinkten. Die H entwickelt eine Selbstgenügsamkeit und ein Gefühl für →Gleichheit in einem für N. bedenklichen bis verabscheuungswürdigen Sinn. Die Generatoren der H sind die „Moral der Gleichheit" und das „Wohl der Meisten". Sie ist somit ein Produkt zivilisatorischer Verheißung und Verzärtelung. Der Rohstoff zu diesem Produkt ist der „Imperativ der Heerden-Furchtsamkeit: ‚wir wollen, dass es irgendwann einmal NICHTS MEHR ZU FÜRCHTEN giebt!' [...] der Wille und Weg DORTHIN heißt heute in Europa überall der →‚Fortschritt'." (*JGB* 201) Mit Gleichheit und Verteilung werden die „Behaglichen und Gutmütigen" hergestellt (FW 338). Für N. verbürgen sie einen Stillstand, der aus dem Menschen eine „SUBLIME MISSGEBURT" macht (*JGB* 62). Die „Hn-moral" drängt den Einzelnen zur Angleichung und Vermittelmäßigung und erzeugt sich selbst. Sie führt einen unablässigen Kampf gegen höheres Sein, gegen Schöpfertum und alles, was sich mit dem Begriff „Größe" verbindet (*JGB* 212). Sie ist der Inbegriff von „Heerdentugenden: unter ihnen wird diese mittlere Art Mensch vollkommen." Hier versammeln sich „die Arbeitsamkeit, die Regel, die ‚feste Überzeugung'" (NF 1887, 9[44]), welche die starken, höheren, fruchtbaren Naturen zugrunde richten, müssten sie unter einem solchen Regime leben; denn „so lange das gute Gewissen H heisst, sagt nur das schlechte Gewissen: Ich." (*Za I, Von tausend ...*)

Hn-Moral und Hn-Instinkt brüten eine Furcht vor der Vereinsamung aus: „Moralität ist Hn-Instinct im Einzelnen." (*FW* 116) Sie dient gleichzeitig zum ideologischen Aufputz für „das Heerdenthier mit seiner tiefen Mittelmässigkeit, Angst und Langeweile an sich selbst." (*FW V* 352) Das Gefühl der Zusammengehörigkeit der H liefern der Hass und Kampf gegen alles, was sie überragt. Es liegt im Wesen des Hn-Instinkts, die befehlende Klasse zu zersetzen, indem sie sie in eine Konformität mit ihr zwingt. Die weiterhin notwendigen Befehlenden müssen „selbst von der Hn-Denkweise her sich Hn-Maximen borgen", dürfen nur als „erste Diener ihres Volks" und „Werkzeuge des gemeinen Wohls" erscheinen (*JGB* 199). In *Za* beschwört N. die Zusammengehörigkeit von H und Hirt als beispielhaft für eine große Vernunft des →Leibes, „eine Vielheit mit Einem Sinne, ein Krieg und ein Frieden, eine H und ein Hirt." (*Za I, Von den Verächtern ...*) Die H hätte den Hirten nötig, doch so, wie es um ihre Geistesverfassung bestellt ist, wird sie keinen bekommen. Das in ihr herrschende Gleichheitsgebot und ein „Individual-Prinzip" (NF 1885, 40[26]), das ganz in dessen Diensten steht, lassen nur Führer zu, die von seinem Schlage sind: „Wer will noch regieren? Wer noch gehorchen? Beides ist zu beschwerlich. / Kein Hirt und Eine H! Jeder will das Gleiche, Jeder ist gleich: wer anders fühlt, geht freiwillig ins Irrenhaus." (*Za I, Zarathustra's Vorrede* 5) In der Frage der Beweglichkeit der H, ihre Richtungsänderung durch einen unabhängigen Hirten, streift N. die Resignation wie nirgendwo sonst: „Man muss ungeheure Gegenkräfte anrufen, um diesen natürlichen, allzunatürlichen progressus in simile, die Fortbildung des Menschen in's Ähnliche, Gewöhnliche, Durchschnittliche, Heerdenhafte – in's GEMEINE! – zu kreuzen." (*JGB* 268) Im falschen Sanatorium der →Demokratie und des sozialen →Mitleidens wird man zum Hn-Tier und in der H verschwinden. „Wir Umgekehrten", sagt N., befinden uns „am ANDERN Ende aller modernen

Ideologie und Heerden-Wünschbarkeit: als deren Antipoden vielleicht?" (*JGB* 44) Zum Thema auch: Schmid (2001).

*Josef Schmid, Bamberg*

**Herder, Johann Gottfried von** | Gegen H, *25.8.1744 Mohrungen, †18.12.1803 Weimar, Denker des „Sturm und Drang" und der Aufklärung, polemisierte N. heftig und ausdauernd. Er sei „DER IDEALE DILETTANT" (NF 1869–70, 2[12]), „pastoral" (NF 1873, 27[68]) und „Prediger" (NF 1872–73, 19[233]) sowie „kein grosser Denker und Erfinder", „und mehr als irgend einem unserer sogenannten Classiker geht ihm die einfältige wackere Mannhaftigkeit ab. [...] [S]ein STIL flackert, knistert und raucht", „er sass nicht an der Tafel der eigentlich Schaffenden"; das polemische Verdikt gipfelt in einer Invektive ad personam: „Nie wirklich satt und froh, war H überdiess allzu häufig krank; da setzte sich bisweilen der Neid an sein Bett, auch die Heuchelei machte ihren Besuch." (*WS* 118) Die vehemente Ablehnung Hs durch N. erstaunt, wenn man die Nähe beider Positionen in einer Reihe von Grundannahmen bedenkt. In diesem Sinne könnte das zwiespältige Verhältnis von N. zu H als Ausdruck einer „Wahlverwandtschaft wider Willen" gedeutet werden (v. Rahden 2007: 473 ff.). Ob N.s Idee der „fröhlichen Wissenschaft" (→*FW*) durch H-Lektüre angeregt wurde (*Briefe zur Beförderung der Humanität*), bleibt ungewiss. Positiv bezieht sich N. auf H häufiger brieflich im Kontext seiner familiengenealogischen Rekonstruktion, wenn er hervorhebt, dass sein Großonkel J. F. Krause (1770–1820) „nach H's Tode als Generalsuperintendent nach Weimar berufen" wurde (KSA 14: 472, ursprüngliche Fassung eines Abschnitts in *EH*). Zum Thema auch: Borsche (1994); v. Rahden (2005b, 2008); Zusi (2006).

*Wolfert von Rahden, Berlin*

**Heroismus** | N. notiert auf dem Höhepunkt seiner Freigeistepoche in den *Tautenburger Aufzeichnungen für Lou von Salomé*: „H – das ist die Gesinnung eines Menschen, der ein Ziel erstrebt, gegen welches gerechnet er gar nicht mehr in Betracht kommt. H ist der gute Wille zum absoluten Selbst-Untergange." (NF 1882, 1[108]) Der heroische Mensch bei N. ist derjenige, der sich frei macht von äußeren Bindungen, nach selbst gesetzten Werten strebt und lebt und dem die Größe seines Zieles mehr zählt als er selbst. Sein Gegenbild sind die Mitläufer, die Kranken, Verweichlichten, Denaturierten, die Schwachen, die klein denken und klein wollen und jede Gefahr fliehen.

Die Heroen der Menschheit sind die →Schaffenden, die die →Umwertung der Werte vermögen, die eigene Ziele bedingungslos verfolgen, weil sie ihnen das Höchste und Wertvollste im Leben sind. Sie sind „die →Neuen, die Einmaligen, die Unvergleichbaren, die Sich-selber-Gesetzgebenden, die Sich-selber-Schaffenden". Ihre Aufgabe ist „die SCHÖPFUNG NEUER EIGENER GÜTERTAFELN" (*FW* 335). Sie sind heroisch, weil sie sich jenseits der tradierten Bindungen stellen, weil sie ohne Rücksicht auf andere und auf sich selbst etwas Neues, Einmaliges, Vorwärtsweisendes schaffen. Sie scheuen dabei weder vor der Einsamkeit (*FW* 177) zurück noch vor eigenem Leiden noch davor, „grosse Schmerzen ZUZUFÜGEN" (*FW* 325). Ihre Größe bemisst sich an der Tragweite der Umwertung, des Neubeginns und der Selbstermutigung. Ihnen eignet „eine aus der Fülle, der Überfülle geborene Formel der HÖCHSTEN BEJAHUNG, ein Jasagen ohne Vorbehalt, zum Leiden selbst, zur Schuld selbst, zu allem Fragwürdigen und Fremden des Daseins selbst" (*EH*, *GT* 2), ein →amor fati, bis hin zur Bereitschaft zur Selbstopferung für ein höheres Ziel.

Der heroische Mensch richtet sein Sinnen und Trachten in die →Zukunft, so dass er an jedem neuen Tag „die Morgenröthe und sein Glück begrüsst, als der Mensch eines Horizontes von Jahrtausenden vor sich und hinter sich" (*FW* 337). Sein →Glück beinhaltet Leid und Frohsinn gleichermaßen: „WAS MACHT HEROISCH? – Zugleich seinem höchsten Leide und seiner höchsten

Hoffnung entgegengehn." (*FW* 268) Der heroische Mensch, der Held der Menschheit, ist deshalb auch keine tragische Figur. „Der Held ist heiter' – das entgieng bisher den Tragödiendichtern." (NF 1882–84, 12[1]/131) Seine Heiterkeit resultiert aus der Freude am eigenen Schaffen und aus der Einsicht, dass alles Schöpferische zugleich vernichtet und etwas Neues schafft. Doch derjenige, der nach heroischer Größe strebt, in dem große Hoffnungen gedeihen, ist auch der Gefährdete, denn er ist bedroht von der Gefahr, dass er seine Hoffnungen verliert, dass seine edle Gesinnung schwindet und er nur noch frech, verhöhnend, vernichtend sein wird und nicht mehr produktiv. Deshalb beschwört Zarathustra den Hoffenden: „[W]irf den Helden in deiner Seele nicht weg! Halte heilig deine höchste Hoffnung!" (*Za I, Vom Baum* ...)

Eine heroische Gesinnung ist für N. vor allem auch gefordert für die Erkenntnis und die Schaffung neuer Deutungsmodelle und Wertmuster. Er hofft, „dass ein männlicheres, ein kriegerisches Zeitalter anhebt", das die Grundlage bildet für ein noch höheres Zeitalter, „das den H in die Erkenntniss trägt und →KRIEGE FÜHRT um der Gedanken und ihrer Folgen willen" (*FW* 283). Dies betrifft insbesondere die Erforschung des Entstehens und der Ausprägung moralischer Denkweisen und Beurteilungen. Wenn es gelänge, hier neue Perspektiven zu eröffnen, wie es N. selbst in *JGB* und *GM* versucht hat, „dann würde ein Experimentiren am Platze sein, an dem jede Art von H sich befriedigen könnte, ein Jahrhunderte langes Experimentiren, welches alle grossen Arbeiten und Aufopferungen der bisherigen Geschichte in den Schatten stellen könnte" (*FW* 7). Zum Thema auch: Weichelt (1924); Martinsen (1990); Campioni (2000a).

*Bärbel Frischmann, Erfurt*

**Herrschen, Herrschsucht** | Die Problematik der H beginnt für N. nicht erst bei Personen oder Völkern, sondern bereits auf der Ebene der →Triebe. Schon die Triebe sind herrschsüchtig, sofern jeder seine Perspektive hat, „welche er als Norm allen übrigen Trieben aufzwingen möchte" – und deshalb auch philosophiert (NF 1886–87, 7[60]; *JGB 6, 9*). Die H gehört für N. zu den lebensbedingenden Affekten, „als Etwas das im Gesammt-Haushalte des Lebens grundsätzlich und grundwesentlich vorhanden sein muss, folglich noch gesteigert werden muss, falls das Leben noch gesteigert werden soll" (*JGB 23*). Anders als bei der Verschneidungs- und Ausrottungspraxis der Kirche geht es N. dabei um die Vergeistigung und Sublimierung der „bösen" Triebe (*GD, Moral als Widernatur* 1, 2).

In dem Kapitel *Von den drei Bösen* in *Za III* legt Zarathustra neben Wollust und Selbstsucht auch die H auf seine Waagschale und wägt sie ab. Wie bei den beiden anderen findet er auch an ihr eine negative und eine positive Seite, wobei diese zunächst darin gesehen wird, dass die H zum „Erdbeben" werden kann, „das alles Morsche und Höhlichte bricht und aufbricht; [...] das blitzende Fragezeichen neben vorzeitigen Antworten". Negativ wird die H dort gesehen, wo sie den beherrscht, der über andere herrschen will, also selber unfrei ist. Die frei gewordene H dessen, der sich selbst überwunden hat, ändert auch ihren negativen Namen und wird von Zarathustra ‚schenkende Tugend' genannt. H wird auch dort positiv gesehen, wo das Beste herrscht: „[D]as Beste soll herrschen, das Beste WILL auch herrschen! Und wo die Lehre anders lautet, da – FEHLT es am Besten." (*Za III, Von alten* ... 21) Zarathustras „Problem" stellt sich im Nachlass als ein Zwiespalt zwischen H-Müssen und dem Grauen davor dar, damit anderen möglicherweise seinen Typus aufzunötigen. Denn sein Glück besteht gerade im „Anschauen vieler ANDERER" (NF 1883, 15[21], 16[86]). Die Lösung könnte vielleicht in einer →Rangordnung zu sehen sein, bei der in einem „System der Erdregierung" noch über den neuen zukünftigen „Herren der Erde", aber aus ihnen „hier und da entspringend, ganz epicuräischer Gott, der →Übermensch, der Verklärer des Daseins" steht (NF 1885, 35[73], NF 1883, 7[21]).

*Michael Skowron, Daegu*

**Hesse, Hermann** | H, *2.7.1877 Calw, † 9.8.1962 Montagnola b. Lugano, dt. Schriftsteller, war ein hervorragender Kenner N.s, auf dessen Werk er zeit seines Lebens häufig Bezug nahm. Hs N.-Rezeption reicht von seiner Jugend praktisch bis zum Ende seines Lebens, obgleich phasenweise mit unterschiedlicher Intensität. Seine Hinweise auf N. sind zahlreich; sie finden sich in Aufsätzen und Rezensionen über verschiedene andere Autoren, in Essays und Briefen, Erzählungen und Romanen. Jener Vortrag hingegen, der 1909 von einem gewissen Hermann Hesse mit dem Titel *Faust und Zarathustra* gehalten wurde und dessen Text in Bremen im selben Jahr erschien – und der auch manche H-Forscher irregeleitet hat –, stammt gar nicht von H.

Hs Affinität für N. hat bereits sein erster Biograph und Freund, H. Ball, erkannt, der im Bezug auf die Frühwerke Hs – *Herman Lauscher* und *Peter Camenzind* – auf den möglichen Einfluss N.s verwies (1977: 76). Als H, 20 Jahre nach N., mit den Büchern des Philosophen „unterm Arm" in Basel ankam, waren ihm seine Werke bereits aus der großväterlichen Bibliothek bekannt; er hat, wie u. a. auch Mileck (1977: 18) annimmt, bereits im Frühling 1895 mit dem Lesen N.s begonnen, und mit 19 Jahren traf er auch sein erstes Urteil über den Philosophen, den er, wie er schreibt, „einigermaßen" kenne und dessen „vornehme, ästhetische Art" ihm „nicht zuwider" sei (Brief an den Vater vom 15.6.1896). Im selben Brief zitiert er aus der Vorrede zu *Za* („Tugend ist Wille zum Untergang und ein Pfeil der Sehnsucht"), paraphrasiert etwas empört N.s Urteil über →Schiller als das zweite Theatertalent der Deutschen nach Kotzebue (*VM* 170) und fügt hinzu, N. hätte lieber eine „Herrenästhetik" als eine Herrenmoral schreiben sollen. In dieser Frühphase fühlt sich H weniger durch N.s Moralkritik oder Moralgenealogie als durch seine Ästhetik und künstlerische Größe beeindruckt. Seine moralischen Vorbehalte gegen N. ließen aber mit der Zeit immer mehr nach, so bereits in Basel, wo er gleichsam auf den Spuren N.s wandelte, denn, wie wiederum H. Ball (1977: 77) notiert, „gerade vor N. konnte man Anlass nehmen, über den Takt des entfesselten Herzens nachzudenken." Dass das eigene Herz leicht mit der Moral der Zeit und der Umwelt in Konflikt geraten kann, hat H am eigenen Leib zu spüren bekommen, worauf seine wiederholten psychischen Krisen hindeuten. Seine Werke um 1919 sind nicht zuletzt Resultate einer solchen Krise. Den unter dem Pseudonym Emil Sinclair erschienenen Roman *Demian* (1919) deutet man generell mit den Kategorien der Psychologie →C. G. Jungs, den H zu dieser Zeit als Patient kennenlernte; doch genauso gut lässt sich hier eine Philosophie jenseits von Gut und Böse im Sinne N.s erkennen, verkörpert im Roman durch die Titelgestalt. Auch hier wird N. als Wegweiser für die Menschheit in einer Zeitkrise neben den Namen von Jesus gestellt.

Eine mögliche Antwort auf die Krise, in der sich Deutschland nach dem Ersten Weltkrieg befand, gab H in seiner – zumal in der →Jugendbewegung folgenreichen – politischen Flugschrift *Zarathustras Wiederkehr* (1919). Der Bezug zu N. wird bereits durch das Motto der ersten, anonymen Ausgabe von 1919 hergestellt: „Krankheit ist jedesmal die Antwort, wenn wir an unsrem Rechte auf UNSRE Aufgabe zweifeln wollen […]" (*MA II, Vorrede* 4). Der „Krankheit" als Bequemlichkeit, als passivem Mitgetriebenwerden mit den Ereignissen der Welt wird hier die Wahl des schwierigeren Weges, des eigenen Schicksals gegenübergestellt. N.s Zarathustra kehrt symbolisch in Hs Schrift wieder, um die deutsche Jugend an die Gefahren der patriotischen Herdengesinnung und den Vorrang des individuellen Schicksals zu gemahnen. Nach der Veröffentlichung der ersten Ausgabe musste sich H den Vorwurf der Stilimitation gefallen lassen. Tatsächlich bleibt unverkennbar, dass Hs Kunst manche Züge mit seinem Vorbild teilt: Die rhetorischen Stilmittel, die Metaphern und Gleichnisse, die Strukturen und Titel der Abschnitte, die Musikalität der Sprache weisen in den zwei Werken prägnante Ähnlichkeiten auf.

„Krise" ist auch in Hs Roman *Der Steppenwolf* (1927) ein Grundthema. Sie erscheint zunächst als die Krise des Individuums, wird aber mit der Krise der Zeit gleichgesetzt. Des Protagonisten Harry Hallers Selbstverachtung wird schließlich im „Magischen Theater" kuriert, in dem die Lebensbejahung das letzte Wort behält. Der Steppenwolf als Symbol der Persönlichkeitsspaltung könnte unter der Einwirkung N.s entstanden sein, wie bereits von Carlsson (1972: 378) angenommen wurde. In seinem letzten Roman *Das Glasperlenspiel* (1943) stellt H die Diagnose des Kulturverfalls in Anlehnung an →O. Spengler, aber auch an N. Gleichzeitig lässt aber der Roman Hs Elitismus erkennen, indem dem Prozess des kulturellen Untergangs die Vision einer geistigen Elite im Sinne der höheren Menschen N.s entgegengestellt wird. Allerdings wird die Elite Kastaliens selbst schließlich zum Untergang bestimmt, da sie in ihrer Selbstisolierung nicht im Stande ist, sich in den Gang der Welt effektiv einzumischen. Das letzte Wort wird deshalb dem Individuum und dessen *amor fati* gewährt, das seine humanen Werte für die Zukunft rettet. Damit wird von H ein neues Ethos veranschaulicht, das gerade im Sinne N.s zum Träger eines Zukunftsbildes jenseits der Moral der Herdengesinnung, aber auch des lebensunfähigen Geistes ist. Dieses neue Ethos scheint dabei wichtiger zu sein, als die Frage, ob man hinter der Gestalt des Tegularius manche Züge N.s erkennen kann. Bei dieser Identifizierung wird man vorsichtiger, wenn man die Stelle im Roman betrachtet, wo Tegularius als das „mahnende Vorzeichen" für die Demoralisierung und den Untergang Kastaliens erscheint. N. verkörpert für H nicht den Untergang einer Kultur, sondern ist gerade der Diagnostiker desselben (mit N.s Wort: der →*décadence*).

Hs Verbindungen zu N. verlaufen auf mehreren Ebenen, von den Hinweisen und Anspielungen in den Rezensionen und Briefen, bis hin zu den großen Themen N.'scher Provenienz (Dekadenz/Untergang der Kultur, Kunst als Lebensersatz, *amor fati* usw.), die H literarisch verwertet hat. Diese wurden in der Forschung mehrfach behandelt (vgl. Meadows 1972; Reichert 1972). Hs Werk lässt sich verstehen als Ausdruck seines lebenslangen Ringens mit dem →Nihilismus (vgl. Szabó 2007), der mit N. zu einem akuten modernen Problem wurde.

*László V. Szabó, Veszprém*

**Hilfe** | Der Begriff H (bei N. auch „Hülfe"), mitunter, anthropologisch, als „Urkategorie des menschlichen Handelns" (Scherpner 1962: 122) verstanden, wird gemeinhin (etwa bei Sozialpädagogen und anderen Repräsentanten ‚helfender Berufe') positiv gesehen und in Verbindung gebracht mit Altruismus, Nächstenliebe oder →Mitleid (vgl. Niemeyer 2004g). Anders N.: „Nicht daß wir den Menschen helfen und nützen wollen", sei das oberste Ziel; vielmehr „muß man helfen, daß es das giebt, was uns erfreut" – eine Option, in deren Linie die H. zur „Ausnahme" wird, die als Regel, „die Menschheit im Ganzen […] gemein" (NF 1880. 6[203]) machen würde. Abgesehen von diesem gefährlichen Argument – in seiner Linie scheint das „Absterbenmachen der Kläglichen Verbildeten Entarteten" so etwas wie die „rechte Moralität" (ebd.; vgl. auch *GD, Streifzüge* … 36; *AC* 2) – betonte N., deutlicher nun vor dem Hintergrund seiner eigenen Krankheit (→Krankheit [N.s]), die entmündigende und stigmatisierende Seite der H und stellte heraus, dass der Helfer den, „dem geholfen werden soll, erst zurecht macht: als ob er zum Beispiel H ‚verdiene', gerade nach ihrer H verlange, und für alle H sich ihnen tief dankbar, anhänglich, unterwürfig beweisen werde" (*JGB* 194). N. war es auch, der das „Verlangen nach Eigenthum" (ebd.) in den Rang des eigentlichen H-Motivs erhob und in der „Freude des Freude-Machens (als Wohlthun, Beschenken, Erleichtern, Helfen, Zureden, Loben, Auszeichnen)" ein „Trostmittel" der „Physiologisch-Gehemmten" verborgen sah, resümierend mit Blick auf H als Tugend des Hirten: „die Heerdenbildung ist im Kampf mit der Depression ein wesentlicher Schritt und Sieg" (*GM III* 18). Über Jahrzehnte hinweg blieb dies eine Außenseitersicht, die sich erst nach psychoanalytischer Intervention (vgl. Schmidbauer 1977: 137) unter dem Stichwort ‚Helfersyndrom' neue Aufmerksamkeit zu sichern vermochte.

*Christian Niemeyer, Dresden*

**Himmel** | H ist ein bei N. häufig verwendeter und aufgeladener Terminus. Es lassen sich folgende Bedeutungsfelder unterscheiden: 1. Zunächst ist H ein nur scheinbar triviales meteorologisches Phänomen, dem aber große physiologische und damit auch philosophische Bedeutung zugesprochen wird. Diese für N.s Spätphase typische Denkfigur zieht eine unmittelbare Verbindung von den klimatisch-meteorologischen Bedingungen, der physiologischen Beschaffenheit der Menschen, die unter einem „reinen" H leben dürfen oder einen „verhangenen" ertragen müssen, zu der daraus folgenden Moral bzw. Philosophie: „Das Genie ist BEDINGT durch trockene Luft, durch reinen H." (*EH, Warum ich so klug bin* 2) Die Provence, Florenz, Athen werden so zu Orten, an denen →‚freie Geister' entstehen, „das deutsche Klima allein ist ausreichend, um starke und selbst heroisch angelegte Eingeweide zu entmuthigen." (ebd.) 2. Dann dienen der H und seine Erscheinungsformen in einem weiteren Sinne als Metaphern für unterschiedliche Weisen der Interpretation, für ‚freies' oder ‚ressentimentgebundenes' Denken. Als „VERDUNKELUNG DES Hs" (*M* 323) beschreibt N. das rachsüchtige Verhalten, das sich in der ‚Sklaven-Moral' (→Moral) festsetzt. Im Gegensatz dazu ist um Zarathustra „Herbst [...] und reiner H und Nachmittag" (*Za II, Auf den glückseligen Inseln*), er ist der ‚freie Geist', der sich den „Ueberblick über Jahrtausende" verschafft und den „reinen H in diesen Augen" hat (*FW V* 380). Alles, was N. verachtet: Deutschtum, Romantik, Moral, werden so mit „verhängte[m] H" und „ziehenden Wolken" assoziiert (vgl. *Za IV, Unter Töchtern der Wüste* 1). 3. Diesen, dem englischen Wort „sky" entsprechenden Verwendungen, steht die religiöse („heaven") entgegen. Aber auch hier unterscheidet der dichotomisch denkende N. zwei völlig unterschiedliche Varianten: einmal den von der christlichen Theologie seit →Paulus verwendeten Begriff H, zum anderen den völlig unterschiedlich gearteten Zustand [!] des „Typus →Jesus" und seiner Vorstellung vom „H-reich". N. wird nicht müde, den christlichen H als eine Rachevorstellung der →Ressentiment-Moral zu denunzieren. Er soll denen, die es als Schwache jetzt schlecht haben, in der ‚jenseitigen Welt' als Kompensation dienen, er ist die Projektionsfläche hiesiger Wünsche und Traumata. ‚Dort' wird den Menschen des Ressentiments darüber hinaus noch das sadistische Schauspiel der Höllenqualen ihrer jetzigen Peiniger geboten („‚Beati in regno coelesti [...] videbunt poenas damnatorum'", zitiert N. Thomas v. Aquin – *GM I* 15). Für den von N. als Gegenfigur zum paulinischen Christentum angesetzten „Typus Jesus" dagegen ist das H-reich nichts, was „‚über der Erde' oder ‚nach dem Tode' kommt", es ist ein „Zustand des Herzens" (*AC* 34), zeitlos-gegenwärtig für den, der sich nicht wehrt und nicht richtet, der weiß, wie man leben muss, „um sich ‚im H' zu fühlen" (*AC* 33), es ist ortlos, ein „Gesammt-Verklärungs-Gefühl aller Dinge" (*AC* 34).

*J. Christian Koecke, Bonn*

**Hinduismus** | In einem Brief an →Deussen (3.1.1888) nennt N. die indische Philosophie und ihre Entwicklung „die einzige große Parallele [...], die es zu unsrer europäischen Philosophie giebt." Deussen hatte gerade die Sûtras des Vedânta übersetzt, von N. als „ein Buch raffinirter Scholastik des indischen Denkens" charakterisiert, „in dem der Scharfsinn der modernsten europäischen Systeme (Kantismus, Atomistik, Nihilismus usw.) einige Jahrtausende früher vorweggenommen" sei (An Köselitz, 8.9.1887; ähnlich an Fra. N., 19.8.87; an Köselitz, 30.8.1887; an Overbeck, 17.9.1887). Dass das indische Denken und seine Entwicklung dem europäischen, zumindest in religiösen Dingen, weit voraus sei, war von N. schon in *M 96* und dann noch einmal in *GM III* 27 dargelegt worden. Denn die alten Brahmanen hätten nicht nur angenommen, dass die Priester, also sie selber, mächtiger seien als die Götter, sondern auch, dass die Bräuche es seien, auf denen die Macht der Priester beruhe. Die Menschen sind nicht nur von den Göttern abhängig, sondern diese auch umgekehrt von jenen, von ihren Opfern, Bräuchen und Riten, deren korrekte Ausführung in den Händen der Priester liegt (vgl. auch NF 1888, 14[198]). Mit dem Aufkommen der atheistischen Sankhyam-Philosophie aber seien sowohl die Götter als auch die vermittelnden Priester über Bord geworfen worden und Buddha, „der Lehrer der RELIGION DER SELBSTERLÖSUNG" (*M* 96), aufgetreten. Ist Europa für N. noch fern von dieser Stufe der Kultur, so noch ferner von dem letzten Schritt, in dem auch die Bräuche und Sitten, also die Moral im alten Sinne, in einem Akt der Selbstaufhebung überwunden werden müsse.

Kann N. daher einerseits auch die Vedantaphilosophie zu einem seiner Vorgänger für seine Konzeption der Welt als „göttliches Spiel [...] und jenseits von Gut und Böse" betrachten (NF 1884, 26[193]), so verrät sich andererseits auch in ihrem Dogmatismus (*JGB, Vorrede*) und Asketismus (*GM III* 12; Hulin 1991) ihr Wille zur Macht. Typisch für dieses Machtstreben ist für N. die Geschichte des Königs Viçvamitra, „der aus tausendjährigen Selbstmarterungen ein solches Machtgefühl und Zutrauen zu sich gewann, dass er es unternahm, einen NEUEN HIMMEL zu bauen" (*GM III* 10; *M* 113). „Die Herrschaft über die Natur" zu erlangen, „die fixe Idee des 20. Jahrhunderts", sei ebenfalls „Brahmanismus, indogermanisch[es]" Gedankengut (NF 1880, KSA 9, 4[180]). Der Zusammenhang von Sitte, Religion, Askese, Opfer und Macht bzw. Machtgefühl beschäftigte N. auch in Verbindung mit Wackernagels Vortrag *Über den Ursprung des Brahmanismus* in *M* und im Nachlass (Brusotti 1992b; 1993). N. sah diesen Ursprung im „HÖCHSTE[N] STREBEN DES MENSCHEN, MIT DEM MÄCHTIGSTEN, WAS ES GIEBT, **Eins** zu werden" (NF 1883, 7[108]).

Der →Wille zur Macht ist auch der Leitfaden, der sich durch N.s Vergleich des Brahmanismus mit dem →Christentum zieht. Dies zeigt sich nicht nur an dem für das Christentum negativ ausfallenden Vergleich mit dem Brahmanismus in *M* 65, der die Fähigkeit zur Selbstbeherrschung und Macht über sich bei den Brahmanen dem Mangel daran bei den Christen kontrastiert, sondern auch an der Gegenüberstellung der christlichen Moral der Zähmung und der altindischen Moral der Züchtung in *GD* und *AC*. Dass N. dabei mit Jacolliot (1876) der französischen Übersetzung einer bis heute nicht wieder aufgefundenen Version des Gesetzbuches des Manu aufsitzt (Etter 1987; Smith 2005/2006; Bonfiglio 2005/2006; →*AC*), fällt unter diesem Gesichtspunkt weniger ins Gewicht als die, trotz der Unterschiede, verbleibenden grundlegenden Übereinstimmungen der Versionen des Buches und der Gesamttenor des Vergleichs, der auch dann missverstanden wird, wenn man in N. den Verfechter eines Kastenwesens im Sinne Manus sieht (Brobjer 1998; 2004: 17 f.; Sommer 2000a: 574). Im Nachlass spricht N. nicht nur von der „entsetzlichen Herrschaft der Hindus" (NF 1888, 14[190]), sondern auch von der „heiligen Lüge", auf der das ganze Buch beruhe und deren Ursache der Wille zur Macht sei (NF 1888, 15[45]; vgl. 14[203]). Seine Moral habe, abgesehen von den für N. dem Christentum gegenüber positiven Zwecken Manus (*AC* 56), in Hinsicht auf die unmoralischen Mittel, sich durchzusetzen, nichts vor der Moral der Zähmung voraus, d. h., beide sind darin „vollkommen einander würdig" (*GD, Die „Verbesserer"...* 5). Die drei (*AC* 57) oder vier (*GD, Die „Verbesserer"...* 4; NF 1888, 14[221]) Typen von Menschen, die Manu unterscheidet, werden von N. im Wesentlichen auf zwei dynamisch gegenläufige Typen des aufsteigenden und niedergehenden Lebens zurückgeführt (NF 1888, 15[120]), wofür nicht nur Brahmanismus und Christentum, sondern auch N.s eigene „doppelte Herkunft" als „décadent zugleich und ANFANG" ein Beispiel sein mag (*EH, Warum ich so weise bin* 1).

Ein weiterer Begriff, der für N. in diesem Zusammenhang bedeutsam wird, ist der der →Tschandala (heute „dalits" genannt und nach der indischen Verfassung offiziell verboten), d. h. jener Menschen, die als die ohnmächtigen „out-casts" und „Unberührbaren" selbst aus dem Kastenwesen noch herausfielen. Feststellend, dass es vielleicht „nichts unserm Gefühle Widersprechenderes" gebe als die Schutzmaßregeln, welche Manus Moral im Kampf mit dieser „grossen Zahl" vorschreibe (*GD, Die „Verbesserer"...* 3), kommt N. nicht nur zu dem Schluss, „dass der Begriff ‚reines Blut' der Gegensatz eines harmlosen Begriffs ist", sondern auch, dass das Christentum mit seiner Gegenbewegung gegen jede Moral der →Züchtung „die ANTI-

ARISCHE Religion par excellence“ (*GD, Die „Verbesserer“*... 4) sei. Aber auch die Begriffe des Tschandala und des Arischen erfahren im Nachlass noch einmal eine weitere Umwertung. Nicht nur habe „der ARISCHE EINFLUSS“ durch „die grundsätzlichste Lüge, die je gemacht worden ist“, „alle Welt verdorben“ (NF 1888, 15[45]), N. zählt sich offenbar selber unter die Tschandala, wenn er die →Rangordnung umkehrt und feststellt: „[D]ie frommen Falschmünzer, die Priester werden unter uns zu Tschandala [...]. Dagegen ist der Tschandala von Ehemals obenauf: voran die Gotteslästerer, die IMMORALISTEN, die Freizügigen jeder Art, die Artisten, die Juden, die Spielleute – im Grunde alle VERRUFENEN Menschenklassen“ (ebd., 15[44]).

*Michael Skowron, Daegu*

***HL: Vom Nutzen und Nachtheil der Historie für das Leben*** | HL gilt als eine der wichtigsten und (zumal in der deutschsprachigen pädagogischen Rezeption) wirkmächtigsten Schriften des frühen N., deren Aktualität vielen außer Frage steht (vgl. etwa Le Rider 2001), nicht zuletzt infolge von →Foucaults (1971) auf →*GM* hinweisender Intervention, aber auch wegen N.s Kritik der Epigonalität, die für Vertreter der →Postmoderne anregend war (vgl. Borchmeyer 1996: 216). Der Sache nach entwickelt N. in diesem zwischen Ende Oktober und Ende Dezember 1873 verfassten, im Februar 1874 veröffentlichten Text das Konzept ‚kritischer‘ Historie, gegenwirkend zur – so N. 1886 – „‚historische[n] Krankheit‘“, gegen die er damals (1874) als jemand opponiert habe, „der von ihr langsam, mühsam genesen lernte und ganz und gar nicht Willens war, fürderhin auf ‚Historie‘ zu verzichten, weil er einstmals an ihr gelitten hatte.“ (*MA II*, Vorrede 1) Ähnlich hatte N. schon im Vorwort zu *HL* argumentiert: „[W]ir brauchen die Historie, aber wir brauchen sie anders [...], wir brauchen sie zum →Leben und zur That“.

N. entwickelt diese These in Anknüpfung an *BA*, wiederholt also zunächst die schon hier geübte Bildungs- und Kulturkritik, etwa in Gestalt der Bemerkung, „unsere jetzigen Litteraten, Volksmänner, Beamte, Politiker“ seien nicht „Menschen“, sondern „historische Bildungsgebilde, ganz und gar Bildung, Bild, Form ohne nachweisbaren Inhalt, leider nur schlechte Form und überdies Uniform.“ (*HL* 5, KSA 1: 283) Fast in eigener Sache klagend, fügt N. an: „Die Kärrner haben unter sich einen Arbeitsvertrag gemacht und das Genie als überflüssig decretirt – dadurch dass jeder Kärrner zum Genie umgestempelt wird“ (7, KSA 1: 301). Gegenwirkend redet N. den „höchsten Exemplaren“ und, via →Schopenhauer, einer zukünftigen „Genialen-Republik“ das Wort, bei gleichzeitiger Verachtung der →Masse, die „der Teufel und die Statistik“ (9, KSA 1: 317) holen möge.

Mit Überlegungen wie diesen hat N. seinen – in *BA* zielstrebig begründeten – Ruf als gleichermaßen anti-egalitärer wie elitärer Bildungsphilosoph gefestigt, wie denn auch an der pädagogischen Rezeption abgelesen werden kann (vgl. Niemeyer 2002a: 244 f.). Sie interessierte sich des Weiteren für N.s Ausblick auf ein kommendes „Reich der Jugend“ (9, KSA 1: 324) sowie für N.s Leitmotiv. Es begegnet einem in Gestalt der Formulerierung, die „→Cultur eines Volkes“ sei „einmal, wie ich meine, mit einigem Rechte, als Einheit des künstlerischen Stiles in allen Lebensäusserungen eines →Volkes bezeichnet worden“ (4, KSA 1: 274) – von wem, wann und wo, lässt sich leicht ermitteln: von N. selbst, und zwar in →*DS*. Aber auch an →*GT* hat man in diesem Zusammenhang zu denken, an den Satz, dass „erst ein mit Mythen umstellter Horizont [...] eine ganze Culturbewegung zur Einheit ab[schliesst].“ (23, KSA 1: 145) Die Differenzen scheinen minimal: Statt von „Mythen“ redet N. nun (in *DS* und *HL*) ‚nur‘ noch von „Lebensäusserungen“ des (deutschen) Volkes, sprich: Statt von Einheitsstiftung qua Rückbesinnung geht N. nun von Einheitsstiftung im Sinne eines künftigen, spezifisch deutschen Kulturschaffens aus. Dass Letzteres Thema ist, stellte N. in *DS* am Exempel des →‚Bildungsphilisters‘ (Strauss) klar: Ihm warf er vor, „dem Gegensatze der Kultur, der Barbarei, das heißt: der

Stillosigkeit oder dem chaotischen Durcheinander aller Stile“ (1, KSA 1: 163) Vorschub geleistet zu haben. In *HL* argumentiert N. im Ergebnis ähnlich; die Stileinheitsthese spielt aber nur ganz zu Anfang eine tragende Rolle und scheint die Annahme zu begünstigen, es gäbe ein spezifisch deutsches Kulturvermächtnis und eine darauf bezügliche Selbstheilungskraft, etwa nach dem Muster: „[J]edes Lebendige kann nur innerhalb eines Horizontes gesund, stark und fruchtbar werden; ist es unvermögend einen Horizont um sich zu ziehen [...], so siecht es matt oder überhastig zu zeitigem Untergange dahin.“ (1, KSA 1: 251) Allerdings ist auffällig, dass N. diesen Satz nicht mit den Worten ‚Das Deutsche ...‘ eröffnet – und sehr viel später die These nachliefert, dass „der Deutsche keine Cultur hat, weil er sie auf Grund seiner →Erziehung gar nicht haben kann.“ (10, KSA 1: 328) Dies klingt unspektakulär, aber man sollte den programmatischen Charakter dieses Satzes nicht ignorieren: Mit ihm bringt sich N. offiziell als Erziehungs- und Bildungskritiker zur Anzeige und verweigert die Rollenzuweisung, er sei weiterhin Propagandist einer endlich in ihr Recht einzusetzenden ‚deutschen Leitkultur‘ à la Wagner.

Die Folgen dessen liegen auf der Hand: Sehr viel genauer als in allen vorhergehenden Arbeiten sucht N. in *HL* zu bestimmen, was es mit der deutschen Erziehung (und Bildung) und vor allem mit deren Defiziten auf sich hat und wie man diesen abhelfen kann. Deswegen auch ist es ihm nicht mehr primär, wie noch in *GT*, um den ihm von Wagner her geläufigen Gegensatz zwischen den ‚ausbeuterischen‘ (und nur in Grenzen ‚produktiven‘) „Romanen“ sowie dem ‚schöpferischen‘ (wenngleich teilweise epigonalen) „deutsche[n] Jüngling“ (NF 1871, 11[1]) zu tun, sondern um ‚die‘ Jugend selbst, um die Rehabilitierung ihrer „stärksten Instincte [...]: Feuer, Trotz, Selbstvergessen und Liebe [...], die Hitze ihres Rechtsgefühles [...], die Begierde langsam auszureifen [...], die Ehrlichkeit und Keckheit der Empfindung“ (*HL* 9, KSA 1: 323). Dass N. dabei auch ein Gefecht in eigener Sache führt, verdeutlicht sein Brief an →Rohde vom „Sylvestertage 1873–74“, in welchem er Bericht erstattet über einen Besuch bei →Ritschl, der ihn wegen *DS* heftig kritisiert hatte. N. nämlich, so erfährt Rohde, habe sich dabei mit der Vorstellung trösten können, am Ende seiner – in eben diesen Tagen abgeschlossenen – *HL* „der Jugend“ ein Lied gesungen zu haben, „das dieser Art von knicklich-kricklichen Greueln recht elend wehe thun wird.“ N. dachte dabei offenbar an jenen Passus, in welchem er „Hohn und Hass“ gegen „die gebildeten ‚Männer‘ und ‚Greise‘ der Gegenwart“ einfordert sowie „das Unhistorische und das Ueberhistorische“ als „Gegenmittel [...] gegen die historische Krankheit“ einklagt, und dies als Teil einer Mission der „Jugend, jenes ersten Geschlechtes von Kämpfern und Schlangentödtern, das einer glücklicheren und schöneren Bildung und Menschlichkeit voranzieht“ (10, KSA 1: 331). Ritschl (dies war beredt genug) reagierte nicht mehr auf *HL*, Wagner hingegen war begeistert (An N., 27.2.1874; vgl. Wagner 1976a: 794 f.), überlas aber offenbar, dass N. in *HL* zwar von „Begriffs-Drachen“ (10, KSA 1: 329) geredet hatte, im Gegensatz zu *GT* (18, KSA 1: 119) aber die Vokabel „Drachentödter“ ebenso mied wie die in ihr angelegte Anspielung auf Wagners Siegfried-Mythos, ja mehr als dies: Auch von der notwendigen „Wiedergeburt des deutschen Mythus“ (*GT* 23) ist nun, in *HL*, nicht mehr die Rede. Dies erklärt sich im Wesentlichen aus N.s Begriff von Historie, der nun etwas genauer in den Blick zu nehmen ist.

Vorauszuschicken ist dabei, dass N. in *HL* – exemplarisch festgemacht am →Hegel-Leser →E. v. Hartmann (vgl. Salaquarda 1984b: 20 ff.) – konträr steht zu Hegels Geschichtsphilosophie und der ihr unterliegenden Betrachtungsart, welche die Deutschen daran gewöhnt habe, „vom ‚Weltprozess‘ zu reden und die eigne Zeit als das nothwendige Resultat dieses Weltprozesses zu rechtfertigen“ (8, KSA 1: 308). Man sieht schon hier: Ähnlich wie im Fall →Kant ist es N. auch bezüglich Hegel weniger um diesen denn um dessen Wirkung zu tun, etwa nach dem Kanon: „Wer aber erst gelernt hat, vor der ‚Macht der Geschichte‘ den Rücken zu krümmen und den Kopf zu beugen, der nickt zuletzt chinesenhaft-mechanisch sein ‚Ja‘ zu jeder Macht, sei dies nun eine Regierung oder eine öffentliche Meinung oder eine Zahlen-Majorität“ (8, KSA

1: 309). N.s Verachtung der Massen dringt hier wieder durch, verbunden mit der Forderung nach Befreiung von Herrschaft angesichts einer auf den Sinn ‚an sich' abstellenden Geschichtsmetaphysik wie jener Hegels, die in N.s Sicht nur eine in besonders grundlegender Form lähmende Variante aller historischen Bildung ist. Für jene gilt insoweit auch, was N. für diese sagt und als zentrale Lektion des jungen Menschen ausweist und damit zugleich an den Pranger stellt: „Jetzt weiss er es: in allen Zeiten war es anders, es kommt nicht darauf an, wie du bist." (7, KSA 1: 299 f.) Der Gegenentwurf ist damit schon angedacht: Es geht N. um ein Konzept von Historie und historischer Bildung, dem die Botschaft innewohnt, dass es sehr wohl darauf ankommt, ‚wie du bist'. Ein derartiges Konzept verbirgt sich hinter dem Ausdruck ‚kritische Historie', das N., ausgehend von der Annahme einer „Dreiheit von Arten der Historie" (2, KSA 1: 258), von der ‚monumentalischen' ebenso absetzt wie von der ‚antiquarischen' (beide begriffen als Verfallsformen).

Harsch ist dabei vor allem N.s Kritik an der „monumentalischen Historie", ein Konzept, das im Nationalsozialismus zumal in der pädagogischen Rezeption (vgl. etwa Spranger 1936: 249; Weniger 1938: 248) der Nazifizierung N.s günstig war und insoweit vielfach missbraucht wurde (vgl. Niemeyer 2002a: 232 ff.). Tatsächlich ist richtig, dass N. diesem Konzept noch in einem auf die Zeit Oktober 1867–April 1868 datierten Vermerk vorgearbeitet hatte mit seiner Kritik: „Darum weil etwas gewesen ist, darf nichts untersucht werden, sondern weil es besser war als jetzt und also vorbildlich wirkt." (BAW 3: 369) Auch hatte N. seine Basler Antrittsrede →*Homer und die klassische Philologie* mit der Forderung ausklingen lassen, „dass alle und jede philologische Thätigkeit umschlossen und eingehegt sein soll von einer philosophischen Weltanschauung, in der [...] nur das Ganze und Einheitliche bestehen bleibt." (BAW 5: 305) N. hatte hiermit seine in *HL* vorgetragene Absage an „Geschichte als reine Wissenschaft" ebenso vorbereitet wie seinen Beschluss, „historische Bildung" nur dann als „etwas Heilsames und Zukunfts-Verheissendes" gelten zu lassen, wenn sie „im Gefolge [...] einer werdenden Cultur" aufzutreten vermag (1, KSA 1: 257). ‚Monumentalische Historie', insoweit sie nicht auf ein Werdendes, sondern nur auf ein Gewordenes reflektiert und „auf Kosten der CAUSAE die EFFECTUS monumental, nämlich vorbildlich und nachahmungswürdig, hinzustellen" sucht (2, KSA 1: 261), stand damit in der Kritik, zumal sie die „Gesundheit eines Volkes" (4, KSA 1: 275) schädige. N. erläuterte den letztgenannten Vorwurf am Beispiel der „monumentalische[n] Künstlerhistorie" und deren Wirkung auf „die unkünstlerischen und schwachkünstlerischen Naturen", die, „geharnischt" durch die ihnen in erzieherischer Absicht vorgetragene Größe anderer, nur eine Gegenwehr wüssten: Sie würden ihre Waffen richten „[g]egen ihre Erbfeinde, die starken Kunstgeister [...]. Denen wird der Weg verlegt; denen wird die Luft verfinstert" (2, KSA 1: 263). Wagner – diesen Schluss erlaubt →C. Wagners Lob in Sachen des von N. in *HL* angeblich aufgedeckten „Leiden[s] des Genies in unserer Welt" (An N., 20.3.1874) – hat diesen Satz wohl so gelesen, als sei N. nicht abgeneigt, demnächst eine ‚monumentalische Künstlerhistorie' Wagners vorzulegen. Tatsächlich will es ja auch auf den ersten Blick so scheinen, als könne N.s *UB* IV als eine solche gelten. Der zweite Blick allerdings verrät, dass eher das Gegenteil der Fall ist (→*WB*) und N. Wagner hier jene Rolle verweigert, die er nun für sich selbst anstreben wird: die des „Seher[s] einer Zukunft" (*WB* 11, KSA 1: 510), in Termini aus *HL* gesprochen: die des „Werdenden und Wollenden" (2, KSA 1: 263). So gesehen ist N.s Protest gegen die ‚monumentalische (Künstler-)Historie' auch ein Protest im Namen dessen, was *in ihm* nach ‚Leben' und Ausdruck ringt: ein Protest also des „Leidenden und der Befreiung Bedürftigen" (lies: N.) gegen Wagner, den „Thätigen und Strebenden" (2, KSA 1: 258), und all dies im Auftrag der „Gesundheitslehre des Lebens" (10, KSA 1: 331), die N. als Desiderat einklagt.

Daraus allerdings folgt wiederum nicht, N. habe in *HL* jede Form einer ‚monumentalen' personenbezogenen Historie abgelehnt. Im Gegenteil: Die Jugend wird ausdrücklich dazu aufgefordert, „die Geschichte grosser Männer" zu studieren und nach diesbezüglichen Biographien zu fragen – freilich nicht „nach jenen mit dem Refrain ‚Herr So und So und seine Zeit', sondern nach solchen, auf deren Titelblatte es heissen müsste ‚ein Kämpfer gegen seine Zeit'." (6, KSA 1: 295) N. lobte also ausdrücklich jene Geschichtsschreibung – und wird sie in →*SE* im gewissen Sinne durchführen –, die „das Gedächtniss an die grossen Kämpfer GEGEN DIE GESCHICHTE [bewahrt]" und an der zu rühmen sei, dass sie „Jene gerade als die eigentlichen historischen Naturen heraushebt, die sich um das ‚So ist es' wenig kümmerten, um vielmehr mit heiterem Stolz einem ‚So soll es sein' zu folgen." (8, KSA 1: 311) Es mag sein, dass Wagner sich auch durch das hiermit angestimmten Loblied N.s auf „die Einzelnen" angesprochen fühlte, ebenso wie durch den wenig später folgenden Satz, dass „das Ziel der →Menschheit [...] nicht am Ende liegen [kann], sondern nur in ihren höchsten Exemplaren." (KSA 1: 317) Allerdings wird man in diesem Fall Wagner vorzuhalten haben, dass die entscheidende Kategorie bei N. eine andere ist: Es ging ihm nicht um das für sich stehende Lob dieser ‚höchsten Exemplare', sondern um das Verfügbarmachen von deren Geheimnis „für die kommenden Geschlechter" (ebd.), auf das fürderhin *jeder* lernen könne und lernen müsse, mit ‚heiterem Stolz' sein ‚So soll es sein' zu sprechen. Dies also war der Bildungsauftrag, den N. einer recht verstandenen ‚monumentalen' Historie zusprach.

Etwas anders geartet war N.s Kritik an der „antiquarischen Historie". Schon das Adjektiv, nicht minder das Wort von den „‚Greise[n]' der Gegenwart" (10, KSA 1: 331), lässt einen, wie angedeutet, an Ritschl denken. Auch scheint ein Seitenblick auf →Burckhardt (vgl. Cancik 1995a: 87) erlaubt, dies zumal dort, wo N. den „antiquarischen Menschen" beschreibt. Dies gilt namentlich für N.s Satz: „Dann erblickt man wohl das widrige Schauspiel einer blinden Sammelwuth, eines rastlosen Zusammenscharrens alles einmal Dagewesenen. Der Mensch hüllt sich in Moderduft [...]; oftmals sinkt er so tief, dass er zuletzt mit jeder Kost zufrieden ist und mit Lust selbst den Staub bibliographischer Quisquilien frisst." (3, KSA 1: 268) Daraus resultiere „keine wirkliche Bildung", sondern „nur eine Art Wissen um die Bildung" (4, KSA 1: 273), mehr als dies: „Sie [die antiquarische Historie; d. Verf.] versteht eben allein Leben zu BEWAHREN, nicht zu erzeugen; deshalb unterschätzt sie immer das Werdende" (3, KSA 1: 268). Deutlich wird hier: Wieder geht es um einen Prozess namens jener ‚Gesundheitslehre des Lebens', diesmal als Teil eines Prozesses gegen Ritschl, dem N. in verschlüsselter Form vorhält, ihn, den Werdenden, unterschätzt zu haben. Und auch dies deutet sich an dieser Stelle an: Es muss in Zukunft, vor allem aber *um der Zukunft willen* „neben der monumentalischen und antiquarischen Art, die Vergangenheit zu betrachten" (3, KSA 1: 269), etwas Drittes gehen. Nötig ist eine Geschichtsschreibung, die das Leben bewahrt *und* erzeugt, also zu unterscheiden vermag, was des →Gedächtnisses wert ist und was nicht und wo es Not tut, im Interesse des →Neuen das Bewahren und Erinnern zu begrenzen und das →Vergessen in Geltung zu setzen.

Damit sind wir bei dem, was N. „kritische Historie" nennt und zugleich mit bedenkt auf den dabei erforderlichen – und als Kontrast zum ‚antiquarischen Menschen' zu lesenden – ‚kritischen' Menschentypus. N. schreibt hierzu: „Er muss die Kraft haben und von Zeit zu Zeit anwenden, eine Vergangenheit zu zerbrechen und aufzulösen, um leben zu können: dies erreicht er dadurch, dass er sie vor Gericht zieht, peinlich inquirirt, und endlich verurtheilt" (3, KSA 1: 269). Mit diesem Satz verliert die Vergangenheit und das Tradierenswerte an ihr an Geltung – ebenso wie die Jugend in ihrer Rolle als „Erbe und Epigone" (10, KSA 1: 333). Temperamentvoll ruft N. der Jugend ersatzweise zu: „Formt in euch ein Bild, dem die Zukunft entsprechen soll, und vergesst den Aberglauben, Epigonen zu sein." (6, KSA 1: 295) Angelegt ist darin zugleich die Einsicht, dass die Jugend als „UNSERE ERSTE GENERATION" (10, KSA 1: 328) Geschichte nicht länger nur zu rezipieren hat, sondern den Mut haben sollte, „Geschichte zu MACHEN" (NF 1873, 27[81]), sprich: Die Jugend muss sich selbst als neuen Anfang setzen, sie muss „sich selbst erziehen und zwar sich selbst gegen sich selbst, zu einer neuen Gewohnheit und Natur, heraus aus einer alten und ersten Natur und Gewohnheit: so dass sie mit sich altspanisch reden könnte Defienda me Dios de my Gott behüte mich vor mir, nämlich vor der mir bereits anerzognen Natur." (10, KSA 1: 328) Welcher Gott dies ist, der in dieser Frage hilfreich sein könnte, wird rasch klar: Es ist der delphische Gott, dessen als Imperativ verstandener Spruch „„Erkenne dich selbst"" (ebd.: 333) N., in kritischer Wendung auch gegen die Frühaufklärung und mithin Descartes' ‚cogito, ergo sum', in der (lebensphilosophischen) Variante ‚vivo, ergo cogito' vorträgt, um gleichsam frei übersetzend auszurufen: „Schenkt mir erst →Leben, dann will ich euch auch eine →Cultur daraus schaffen!" (ebd.: 329) Insbesondere mit diesem Ausruf wurde N. zum Stichwortgeber der ihm nachfolgenden Jugend der 1890er Jahre (→N.-Kult) sowie des linken Flügels ‚der' →Jugendbewegung. Zutage tritt dabei erstmals, was in der Folge für N. dominant werden wird: die Option auf kulturelle Vielfalt, die er erwartet von Menschen, die sich in ihrer eigenen Lebensführung ‚monumental' auszulegen verstehen und die nicht mehr unterjocht werden durch die kulturelle Überlieferung mit deren quasitheologischen Ansprüchen (vgl. auch Niemeyer 2004c). Zum Thema auch: Gerhardt (1984b); Meyer (1998); Lemm (2007); Brusotti (2008); Bruun (2008); Hödl (2008); Reschke (2008).

*Christian Niemeyer, Dresden*

**Hobbes, Thomas** | H, *5.4.1588 Malmesbury, †4.12.1679 Hardwicke, engl. Sozialphilosoph, dessen Hauptwerk (*Leviathan* [1651]) eine Absolutismus- und Staatsrechtfertigung bezweckt, wird in N.s Werken nur selten erwähnt (etwa in *DS* 7, KSA 1: 194; *JGB* 252 u. 294), aber übereinstimmend dahingehend bewertet, dass, wie H meint, Macht sowie das Gefühl von Macht und Ehre für das Verständnis des menschlichen Handelns eine große Bedeutung habe. H wie N. differieren jedoch in der Einschätzung von →Macht, ihre historisch-dynamischen Aspekte sowie zukünftig mögliche Folgen betreffend. Nach N. mehren Menschen ihre Macht, indem sie sich neue Kompetenzen aneignen und sich auf diese Weise zu verschiedenen Arten von Individuen entwickeln. In *GM* führt N. die Hypothese an, dass die kulturelle Entwicklung der Menschen das „SOUVERAINE INDIVIDUUM" (*II* 2) hervorbringen könne, welches das Recht besitzt, Versprechen zu machen – ein Recht, das auf der Macht bzw. Entscheidungsgewalt eines Individuums beruht, über sich selbst und seine zukünftigen Taten zu verfügen. Derartige Individuen leiteten ihr Machtgefühl nicht aus der Macht ab, die sie über andere ausüben, sondern aus der optionalen Herrschaft über sich selbst und ihre Taten (→Verantwortung). H hingegen argumentiert, dass Individuen ihre Macht zuallererst dadurch vergrößern, dass sie die Fähigkeit erwerben, über die Macht der anderen zu verfügen (*Leviathan*, Kap. 10). Die Unsicherheit des Naturzustandes (H' „bellum omnia contra omnes"; DS 7, KSA 1: 194) veranlasst sie, sich um eine Zunahme ihrer Macht zu bemühen, was jedoch ohne einen Herrscher nur dazu führt, dass noch mehr Unsicherheit entsteht – eine Option, die von Zarathustra mit dem Spottvers abgetan wird: „→Staat nenne ich's [...], wo der langsame Selbstmord Aller – ‚das →Leben' heisst." (*Za I, Vom neuen Götzen*)

*Paul Patton, Sydney* (Übers.: F. Künstner)

**Hof, höfisch** | H ist philosophisch („Erhöhung des Typus Mensch", „Rangordnung und Werthverschiedenheit von Mensch und Mensch", Herrschaftsermächtigung (NF 1885–86, 2 [13]) und kulturkritisch als Verlustbewusstsein, gegen die soziokulturelle →Gleichheit, →Demokratie, →Masse (Pöbel) und gegen kulturelle Vermittelmäßigung und „Verflachung" konnotiert. Dass „Centra der →Cultur nöthig sind" (NF 1876/77, 21 [56]) steht außer Frage: Großstädte, Kirchen, Universitäten, moderne H sind es nicht. N. favorisiert die h Kultur des 17. Jh.s: sie ist Gegenbild zur und umfängliche Kritik an moderner Kultur. Ihn interessieren am historischen H Ludwigs XIV. kulturelle Verhaltensmuster von König/Höflingen/→Adel als Ausdruck h Machtkonstellationen, die spezifisch ästhetische Lebensformen erfordern und ausbilden, nicht eine Soziologie des Hs und seiner Herrschaftsstrukturen wie Norbert →Elias. N.

sieht im h Habitus Vornehmheit, Eleganz, →„Pathos der Distanz", Selbstbeherrschung, Eitelkeit, Formwillen, →Stil, Etikette, Zeremoniell, Huldigung, Noblesse als aristokratisch-ästhetische Strategien adliger Selbstbehauptung/Selbstbestimmung: ihre Akteure auszeichnende Kulturtechniken und Garantien für das Macht-Gleichgewicht zwischen Sein und Schein in einem. Es sei eine hohe Tugend, im Gefüge h Kultur huldigen zu dürfen und „bedarf ganzer Geschlechter, um auch nur eine höfliche Convention des Dankes zu erfinden" (*FW* 100): für N. eine Frage der Herkunft, →Rangordnungen durch ästhetisches Verhalten zu akzeptieren und zu sichern. Höfische Kultur als Ideal „ARISTOCRATISCHE[R] SOCIETÄT" (NF 1888, 14[40]) in ‚repräsentativer Öffentlichkeit' (J. Habermas) und beispielgebend für alles Höherstehende, Niveauvolle bedient die Aristokratensehnsucht zeitgenössischer Geisteseliten: N. projiziert ihre Inszenierung ebenso nach Versailles wie er ihre Merkmale dem historischen Vorbild entlehnt (*FW* 22). Da am H alles h wird (*Za III, Von alten und neuen Tafeln* 12), gibt es nichts, was außerhalb dieses Gesetzes Geltung und Recht besäße. Noch die problematischsten Taktiken (Intrige, List, Schicklichkeit, Gefälligkeit, Spracheleganz, Maskerade, Zynismus, Raffinement) zählen zum ästhetisch vermittelten Tugend-Katalog h Verhaltens, bestimmen den Kodex feudaler Adels- und Königsethik. In ihm findet die Ambivalenz von Macht und Ohnmacht mimetischen Ausdruck, realisiert sich h Lebensklugkeit als Instrument kultureller Selbstdarstellung im Regelkanon h Verhaltens. N. bewundert ihre Vollendung als Kulturleistung und sieht im h Müßiggang den Ausdruck eines vornehmen Gefühls: „Die LANGEWEILE ist ein aristok⟨ratisches⟩ Gefühl" (NF 1887–88, 11 [341]). „Müßiggang mit gutem Gewissen" (*JGB* 58), für N. eine Tugend, die symptomatisch vornehm und „WERTHESCHAFFEND" (*JGB* 260) ist: N.s Frontstellung gegen die moderne Apotheose von der „Würde der →Arbeit" (*GT* 18, KSA 1: 117). Zum Thema auch: Detwiler (1990); Campioni (2000c); Bumke ([10]2002); Reschke (1992b; 2010).

*Renate Reschke, Berlin*

**Hofmannsthal, Hugo von** | H, *1. 2. 1874 Wien, †15. 7. 1929 Rodaun bei Wien, österreichischer Dichter und Essayist mit jüdischen Wurzeln, dessen Verhältnis zu N. sich durch eine gleichzeitige Zu- und Abneigung charakterisieren lässt. Abstand hielt H zunächst von *Za*; in einem Brief an R. →Pannwitz vom 8. August 1917 bekannte H, er habe N.s Buch „nach flüchtigem Aufblättern" weggelegt, da es ihm „Pastorlich-affectiert schien" (vgl. Schuster 1993: 22). Selbst seine berühmte Münchener Rede (*Das Schrifttum als geistiger Raum der Nation*, 1927) lässt Vorbehalte gegen „eine so gespannte Seele wie N." (H 1979: Bd. 10: 30; dazu Szabó 2006) erkennen. Beklagt er noch 1929 die „gefährliche dynamische Übersteigerung des späteren N." (H 1979: Bd. 10: 143), so bezeugen seine Briefe, Essays, Gedichte und Dramen gleichwohl eine intensive Beschäftigung mit und – trotz gelegentlicher Ironie – auch Anerkennung für N. Insbesondere gilt das für den jungen H, der bereits im Gymnasium mit Hilfe seines Lehrers *JGB* ins Französische (!) zu übertragen gedachte. Mit seinen Aufzeichnungen ab 1890 gehört H der ersten Generationen von N.-Rezipienten an; so notierte er etwa am 6. Juli 1891: „N. ist die Temperatur, in der sich meine Gedanken kristallisieren" (H 1979: Bd. 10: 335). N. schien ihm sogar dem Verlangen „nach einem, dem wir alles entlehnen", zu genügen (ebd.: 338). N.s Philosophie verführe wie Poesie und individualisiere „Allgemeines in willkürlichen historischen Personen." N.s Ideen des →Willens zur Macht deutet H als „Überwindung des Lebens im Durchleben, Durchmachen, Durcharbeiten, Durchschauen, Austasten, Durchzweifeln" (ebd.). Erkennbar ist N.s Einfluss (einschließlich des *Za*!) auf H in einigen Gedichten (etwa *Gedankenspuk* oder *Sünde des Lebens*) und Dramen (vor allem *Der Tod des Tizian* und *Elektra*). In einem Aperçu vom November 1927 nennt er zudem N. „eine Figur fast wie Hamlet" (H 1979: Bd. 10, 591) im Sinne der von N. festgestellten Ähnlichkeit zwischen Hamlet und dem dionysischen Menschen in *GT* (7, KSA 1: 56). Belegbar ist noch Hs Kenntnis von *UB*, *FW* und *MA* sowie von einigen

Schriften über N., darunter R. Pannwitz' N.-Aufsätze sowie die Arbeiten von Przybyszewski (1892), Richter ([2]1909) und Bertram ([2]1920). Zum Thema auch: Steffen (1974); Meyer (1993: 188 ff.).

*László V. Szabó, Veszprém*

**Höhe** | Man könnte N.s →Philosophie eine Philosophie der H nennen. Nicht nur in dem mehr äußerlichen Sinne, dass große Teile derselben im Gebirge verfasst wurden, sondern auch insofern, als H eines ihrer wesentlichen Themen ist. N. nennt die Luft seiner Schriften eine Luft der H, eine starke Luft, in der man sich leicht erkälte, wenn man nicht dafür geschaffen sei. Philosophie sei für ihn „das freiwillige Leben in Eis und Hochgebirge" (*EH, Vorwort* 3). Das philosophische Pathos überblicke die Welt wie von einem Berge aus (*WA* 1). Schon in *GT* kommt das dionysische Glück „IN DER VERNICHTUNG AUCH DES SCHÖNSTEN SCHEINS [...] AUF SEINEN GIPFEL" (NF 1885–86, 2[110]). *Za* aber ist „das eigentliche Höhenluft-Buch" (*EH, Vorwort* 4), dessen Sprüche Gipfel sind (*Za I, Vom Lesen* ...). Seine Grundkonzeption, der →Ewige-Wiederkunfts-Gedanke stehe auf einem Blatt mit der Unterschrift: „6000 Fuss jenseits von Mensch und Zeit" und ist die „höchste Formel der →Bejahung, die überhaupt erreicht werden kann" (*EH, Za 1*, vgl. NF 1881, 11[141]). Dass alles wiederkehrt, ist demgemäß auch der „GIPFEL DER BETRACHTUNG" (NF 1886–87, 7[54]), auf dem man eine „H und Vogelschau der Betrachtung" gewinnt, „wo man begreift, wie Alles so, WIE ES GEHN SOLLTE auch wirklich geht" und „jede Art ‚Unvollkommenheit' und das Leiden an ihr mit hinein in die höchste Wünschbarkeit gehört" (NF 1887–88, 11[30]). H steht aber auch in einer wechselseitigen Beziehung zur →Tiefe. Einerseits kommen selbst die höchsten Berge aus dem →Meer: „Aus dem Tiefsten muss das Höchste zu seiner H kommen." Andererseits sehnt sich auch die H nach der Tiefe, so dass Zarathustra wie die Sonne schenkend untergehen will, damit sich „die einsame H nicht ewig vereinsame und selbst begnüge" (*Za III, Von den drei Bösen* 2).

*Michael Skowron, Daegu*

**Hölderlin, Johann Christian Friedrich** | An H, *20.3.1770 Lauffen, †7.6.1843 Tübingen, einem der bedeutendsten dt. Lyriker, liebte N., wie an anderen philosophischen Dichtern, die gedankliche Tiefe und die außerordentliche dichterische Kraft. Über ihn schrieb er im Oktober 1861 einen Schulaufsatz, in dem er einem Freund seinen Lieblingsdichter mit Worten empfiehlt, die er aus *Hs Biographie mit Proben aus seinen Werken* von W. Naumann entlehnte (Brobjer 2001) (vgl. den Brief an die Mutter, 12.10.1861). Genau wie Naumann pries N. die „reinste sophokleische Sprache" und „die Fülle tiefsinniger Gedanken" im *Empedokles* und schätzte Hs Hass gegen „den bloßen Fachmenschen, den Philister". Er bekennt aber auch, dass das Werk ihn „immer beim Lesen ganz besonders erschüttert" habe (BAW 2: 1–5). Zwar war der junge N. sicher durch die Naumann-Lektüre beeinflusst, doch ist die Anerkennung eines Dichters, der erst nach George und der Hellingrath-Ausgabe gebührend gewürdigt wurde, bemerkenswert.

Im Frühling 1864 gibt N. in einem Kommentar zu dem ersten Chorlied des *König Oedipus* von Sophokles Hs Gedicht *Sonnenuntergang* wieder (BAW 2: 398). In zwei Briefen (An W. Pinder, 5.7.1866, und an E. Rohde, Sept. 1869) und noch in *MA* 259 zitiert er den Vers des Empedokles: „[D]enn liebend giebt der Sterbliche vom Besten". In der Basler Zeit entstehen die Entwürfe zu einem durch H inspirierten Empedokles-Drama (Söring 1990). In *DS* und *SE* erscheint H zusammen mit Kleist als eine der ungewöhnlichen Seelen, die in einer philiströsen Bildung zugrunde gehen. Obwohl die expliziten Bezugnahmen im Nachlass meistens kritisch sind im Hinblick auf Hs unbewaffnete und pathologisch zärtliche Natur – H steht als lebensuntauglicher „Ultra-Platoniker" neben Leopardi (NF 1884, 26[405]) –, bleibt die Anerkennung seines dichterischen Werts unverändert, wie mehrere aus dem *Empedokles* stammende Bilder in *Za* und dem entsprechenden Nachlass von 1882–85 bezeugen (KGW VI/4; Vivarelli 1990).

Im Nachlass finden sich zwei Entwürfe zu Dramen, deren Protagonist zuerst Empedokles, dann Zarathustra heißen sollte (Haase 1994). In *Za* zitiert N. den berühmten Vers aus dem *Empedokles* „es ist die Zeit der Könige nicht mehr" (*Za, Von alten* … 21); aus dem *Hyperion* stammt das Bild des zertrümmerten Menschen auf einem Schlachtfeld (*Za II, Von der Erlösung*). N. teilte mit H die Entdeckung der dunklen, tragischen Seite des Griechentums und den Hass gegen das Philistertum sowie die Vorliebe für herbstliche und dionysische →Metaphern, die das →Werden im Vergehen und die Erneuerung des →Lebens durch den Tod einprägsam schildern.

*Vivetta Vivarelli, Pisa*

***Homer und die klassische Philologie*** | Es handelt sich hier um die als Privatdruck publizierte Fassung der von N. am 28. Mai 1869 unter dem ursprünglichen Titel *Über die Persönlichkeit Homers* gehaltenen Basler Antrittsvorlesung. Thema des Vortrags ist zunächst die homerische Frage, mithin das Problem der Einheit (unitarische Position) oder Disparatheit (analytische Position) der homerischen Epen. Während die zeitgenössische Homeranalyse die internen Widersprüche des Werks freilegt, besteht N.s Anliegen darin, die unitarische Position in einem ästhetischen Sinne zu bewahren, d. h. an Homer als einer Künstlerpersönlichkeit festzuhalten. In diesem Sinne ist „der Dichter der Ilias und der Odyssee" für N. keine „historische Ueberlieferung" mehr, „sondern ein AESTHETISCHES URTHEIL" (BAW 5: 299).

Eingelassen ist N.s Standpunkt von vornherein in eine kritisch-polemische Grundsatzerörterung über die Bedingungen der Möglichkeit der Klassischen Philologie (→Altphilologie) als Disziplin. Das hohe methodische Niveau und der unleugbare Erkenntniszuwachs derselben scheinen dem skeptischen Verfasser um den Preis einer allgemeinen geistigen Orientierungslosigkeit erkauft. Anstelle fachspezifischer Selbstdisziplinierung soll darum der gezielte Anschluss an kulturelle Gegenwartsprobleme in Gestalt einer jeweils leitenden, Einheit stiftenden „philosophischen Weltanschauung" hergestellt werden. Als idealtypische Form und Zukunftsvision für die Klassische Philologie wird unter den angeführten Voraussetzungen die paradoxe Doppelgestalt einer Wissenschaftskunst angestrebt. Berühmt ist das abschließende Bekenntnis des Vortrags: *„philosophia facta est quae philologia fuit"* (Philosophie ist geworden, was Philologie war) (BAW 5: 305). Es formuliert in Form der Inversion einer Sentenz Senecas nicht nur das Programm einer Transformation philologischer Erkenntnisse zu philosophischen Fragestellungen. In ihm ist auch die intellektuelle Biographie N.s bereits zu Beginn seiner Basler Lehrtätigkeit in erstaunlicher Weise vorweggenommen. Zum Thema auch: Sommer (1997: 18 ff.); Porter (2000: 32 ff.); Müller (2005).

*Enrico Müller, Greifswald*

**Ich** | Bereits in *M* (115) lässt N. das I nur noch als „[D]AS SOGENANNTE" gelten: „WIR SIND ALLE NICHT DAS, als was wir nach den Zuständen erscheinen, für die wir allein →Bewusstsein und Worte […] haben." Und in *Za I* heißt es schließlich: „‚Ich' sagst du und bist stolz auf dieses Wort. Aber das Grössere ist, woran du nicht glauben willst, – dein Leib und seine grosse Vernunft, die sagt nicht Ich, aber thut Ich." (*Von den Verächtern …*) N. vertritt hier in Vorwegnahme →Freuds die Lehre, dass das I eine keineswegs autonome Erscheinung innerhalb der Gesamtorganisation der menschlichen Individualität sei. Hinter und über dem I stehe die viel umfassendere, wesentlich tiefer verwurzelte Dimension des Selbst. Dieses behält elementaren Bezug zur Sphäre des →Leibes und des →Unbewussten. Das Triebhafte, die Lebenskraft, der Wille, der immer weiter und immer höher hinauf will, der sich selber will, ohne sich dessen bewusst zu sein, all das gehört zum Selbst, welches das kleine I an unsichtbaren Fäden hält und führt. Die durch Zarathustra vermittelte Lehre legt nahe, dass N. der Willkürherrschaft des Triebhaften und Unbewussten das Wort rede. Das Gegenteil ist der Fall: N. bleibt, wie später auch Freud, der Ambition der europäischen →Aufklärung treu. So thematisiert Zarathustra gerade die Suche nach dem „Weg zu dir selber" (*Za I, Vom Wege ...*). Entsprechend lautet die Lehre: „Nun heiße ich euch, mich verlieren und euch finden." (*Za I, Von der schenkenden ...* 3) Danach sieht sich das I gerade nicht gefordert, den Anspruch auf Selbsterkenntnis und Selbstbestimmung aufzugeben. Vielmehr soll es zum vollen Bewusstsein des in ihm sich manifestierenden, unbewusst wirkenden Prinzips gelangen, auf dass es dem Einfluss dieses Prinzips auf produktive und verantwortliche, auch selbstverantwortliche Weise gerecht werde. Das I soll zu sich selber kommen, seiner selbst mächtig werden, und zwar gerade in der Akzeptanz jener größeren und tieferen Zusammenhänge, in die es sich eingebunden weiß und die sich in Wille, Lebenskraft und Triebgeschehen offenbaren. *Johannes Oberthür, Westerstede*

**Idealismus** | N. versteht I nicht nur als philosophische Position, gegen die sich seine Vernunft- und Metaphysikkritik richtet, sondern zugleich in einem breiten, praktischen Sinn: Ebenso, wie sich der praktische Idealist durch menschlich-allzumenschliche Vereinfachungen und Utopien das Leben erleichtert (vgl. NF 1870, 3[94]; *MA* 279), flieht der idealistische Philosoph im Gegensatz zum „REDLICHEN und furchtlosen Erkennenden" (NF 1882, 1[71]) vor der Realität ins Ideal (vgl. *GD, Was ich ...* 2). Insbesondere der späte N. sieht sich oft als radikalen Gegner des dergestalt die Realität entwertenden I: „[J]EDER Satz meiner Schriften enthält die VERACHTUNG des I" (An M. v. Meysenbug, 20.10.1888).

Wie schon die Vielschichtigkeit der Erklärung „WARUM WIR KEINE IDEALISTEN SIND" (*FW V* 372; Stegmaier 2004a) zeigt, ist N.s Opposition gegen den I jedoch (mitunter aufgrund der Breite der Begriffsverwendung) nicht frei von Ambivalenzen. So birgt etwa N.s Gedanke der universalen Täuschung selbst subjektiv-idealistische Momente (Röttges 1972: 28–31; Poellner 1995: 79–87), die er einmal „Meine Art von ‚I'" (NF 1882, 21[3]) nennt. Auch wenn N. in *GM III* 24 die →„freien Geister", deren redlicher →Atheismus noch Ausdruck des Willens zur Wahrheit ist, als „letzte Idealisten" begreift, darf die Bemerkung nicht überhört werden, er „kenne dies Alles vielleicht zu sehr aus der Nähe" (ebd.): N. weiß, dass emphatischer Anti-I „selbst [...] noch ‚I' [wäre]." (*EH, MA* 1; vgl. Siemens 2009: 188f.)

In der Forschung wurde schon früh auf die Kontinuität idealistischer Motive im Denken N.s hingewiesen (Noll 1940; Heidegger 1961a). Neben komplexen Verbindungslinien zum transzendentalen I →Kants (Bailey 2006; Green 2002) lassen sich auch Parallelen zwischen N.s →Perspektivismus und →Hegel'schen Denkfiguren aufzeigen (Abel ²1998: 162–184; Simon 1992b; Stegmaier 1992b; Dellinger 2009). *Jakob Dellinger, Wien*

**Idiot** | Dieser Begriff gewinnt immer größere Bedeutung bei N., je radikaler er das Bild von →Jesus umwertet, was er besonders nach der Entdeckung →Dostojewskis (1887) tut, wahrscheinlich an Hand der Lektüre seines Romans *Der Idiot*, den er in französischer Übersetzung las. I erscheint häufig im Kontext von Güte, Unschuld, Krankheit; er umfasst idiotisches Benehmen wie beim christartigen Epileptiker Fürst Myschkin im Roman, der als „selig" gilt (ahd. sälig, engl. silly, d. h. albern). In *WA* beschreibt N. „die drei grossen Stimulantia der Erschöpften, das BRUTALE, das KÜNSTLICHE und das UNSCHULDIGE (Idiotische)" (5). Von Christus schreibt er in *AC*, →Renan sei auf der falschen Spur, aus Jesus ein Genie und einen Helden zu machen: „Mit der Strenge des Physiologen gesprochen, wäre hier ein ganz andres Wort eher noch am Platz: das Wort Idiot" (29); wenig später: „Man hätte es zu bedauern, dass nicht ein Dostoiewsky in der Nähe dieses interessantesten décadent gelebt hat" (31). Dostojewskis Jesus-Bild zieht er Renans vor (*Vie de Jésus*, 1863), weil Dostojewski Christus „erraten“ habe. Christus gehöre „unter eine andere Species: eine solche, wie sie Dostoiewsky kennt, – rührende, verderbte und verdrehte Mißgeburten mit Idiotismus und Schwärmerei, mit Liebe …“ (NF 1887–89, 14[90]). N.s Jesus-Bild vertieft sich nach 1887, wobei das Krankhafte und der →Décadence-Typus betont werden, während der Begriff I in gesteigerte Unschuld und Seligkeit verwandelt und von Fragen der Intelligenz abgelöst wird. Zum Thema auch: Miller (1973); Stellino (2007).

*Adrian Del Caro, Edmonton*

***IM: Idyllen aus Messina*** | In N.s Werk gelten die *IM* zumeist für nichts mehr als ein „Intermezzo“, das die Phase von *MA* und *M* von jener von *FW* und *Za* trennt. 1882 geschrieben und von N. selbst sorgfältig für die Veröffentlichung vorbereitet, stellen sie einen rätselhaften Text dar, in dem eine Art Philosophie der Heiterkeit in Volksliedern entwickelt wird. Um zu diesem Ergebnis zu gelangen, sammelt N. acht kurze Dichtungen, in denen sich die acht von L. Uhland unterschiedenen Dichtarten des mittelalterlichen Volkslieds widerspiegeln. Schematisch lassen sich N.s Dichtungen nach Uhlands Schema folgendermaßen einreihen: *Prinz Vogelfrei* = Geschichtslieder (Heldensage); *Die kleine Brigg* = Liebeslied; *Lied des Ziegenhirten* = Tagelied; *Die kleine Hexe* = Scherzlied; *Nächtliches Geheimnis* = Sommerspiel (Mythos); *„Pia, caritatevole, amorosissima“* = Geistliches Lied; *Vogel Albatross* = Fabellied; *Vogels Urtheil* = Wettlied. Dahinter steckt der Versuch N.s – der Uhlands posthum erschienene *Abhandlung über die deutschen Volkslieder* 1869 gelesen hatte –, seine ab 1871 entwickelte Deutung der Volksdichtung zu überwinden. Diese von Schiller und Wagner beeinflusste Interpretation sah im Volkslied den tiefsten Ausdruck der sich in elegischen Formen darstellenden „Flucht zur Natur“. Diese Flucht, in der sich das idyllische „Wesen der neueren Kunst“ (NF 1871, 9[76]) ausdrückt, war für den jungen N. der naturfernen, wissenschaftlich-sokratischen Dekadenz entgegengesetzt. Darin zeigte sich die Nähe der Volksdichtung zu →Wagners tragischer Kunst, welche das Wort durch die Musik zu seinem natürlichen Urzustand zurückführte und mit ähnlichen Mitteln wie das Volkslied das kritische Potential des Ursprünglichen zur Geltung brachte.

Dieser frühen Interpretation des Volkslieds stellt N. in den 1880er Jahren die Kategorie der Heiterkeit gegenüber, die den Charakter der *IM* bezeichnen soll. Insofern diese deutlich als Volkslieder zu erkennen sind, haben sie nichts mehr mit einem rückwärtsgewandten elegischen Gefühl der Natur zu tun, sondern artikulieren eine Poetik der Zukunft, die von Wagners Worttondrama weit entfernt ist. Die Wiederaufnahme der romantischen Tradition des Volkslieds dient nunmehr als Mittel zur Definition einer Philosophie, die der Wagner'schen Tragik die Perspektive einer „zweiten Unschuld“ entgegenhält und Ziel der ganzen Tätigkeit des →Freigeistes ist. Das Volkslied wird zum poetischen Vehikel einer neuen Anschauung des Idyllischen, die über die von der modernen Unnatur dem Menschen gesetzten Grenzen hinausgeht. Die Heiterkeit der Idylle ist Vorform jener fröhlichen Wissenschaft, welche bald die zerstörend-demaskierende Strategie von N.s aktivem Nihilismus bezeichnen wird.

*Luca Crescenzi, Pisa*

**Immoralismus** | „Ich bin der erste Immoralist: damit bin ich der Vernichter par excellence“ (*EH, Warum ich ein …* 2), sagt N. über sich selbst. Inhaltlich ist der I vor allem gegen die christliche →Moral gerichtet und formal gegen die Haltung, moralische Kategorien als absolute Werte zu sehen und unkritisch als objektiv wahr zu betrachten. Außerdem verurteilt der I jegliches Moralisieren, also selbstgerechtes moralisches Urteilen über andere. Der I hinterfragt dagegen die geltende Moral, macht sozusagen, wie N. es selbst ausdrückt, die Moral selbst zum Problem (vgl. *JGB* 186), untersucht sie nach ihrem Wert für das →Leben und macht sich frei für autonomes Denken in ethischer Hinsicht, setzt also selbst neue →Werte.

N. erkennt, dass im Zuge der Verwissenschaftlichung der Welt die metaphysischen, religiösen und moralischen Verankerungen, die über Jahrhunderte hinweg Sicherheit geboten haben, obsolet geworden sind. Es gibt für ihn kein Zurück zu dem, „was uns als überlebt und morsch gilt, in irgendetwas ‚Unglaubwürdiges', heisse es nun Gott, Tugend, Wahrheit, Gerechtigkeit, Nächstenliebe". (*M* Vorrede 4) Auch gebe es keine moralischen →Tatsachen: „Moral ist nur eine Ausdeutung gewisser Phänomene, bestimmter geredet, eine Missdeutung." (*GD, Die „Verbesserer"*... 1) Aus der Zurückweisung traditioneller moralischer Forderungen folgt bei N. aber kein Aufruf zur Beliebigkeit. Der I soll vielmehr zur Verfeinerung moralischen Denkens führen und eine lebensbejahende Ethik vorbereiten: „Ob wir Immoralisten der Tugend Schaden thun? – Eben so wenig, als die Anarchisten den Fürsten. Erst seitdem diese angeschossen werden, sitzen sie wieder fest auf ihrem Thron. Moral: man muss die Moral anschiessen" (*GD, Sprüche* ... 36). Der I unterscheidet sich also vom Amoralismus und einer reinen Antihaltung dadurch, dass er selbst moralisch motiviert ist. Diesen Gedanken setzt N. programmatisch an den Anfang von *M*; in dieser Schrift werde „der Moral das Vertrauen gekündigt – warum doch? Aus Moralität!" (*M, Vorrede* 4) Insofern greift es zu kurz, in N.s Kritik der Moral nur die destruktive Dimension zu sehen. Diese ist aber für N. wesentliches Element und die notwendige Voraussetzung für einen konstruktiven Ansatz, denn, „[I]m Jasagen ist Verneinen und Vernichten Bedingung". (*EH, Warum ich ein* ... 4)

Das durch den von N. diagnostizierten Tod Gottes entstandene Sinnvakuum muss nun vom Menschen selbst experimentell gefüllt werden. Doch diese existentielle Selbsterzeugung, die ein „dionysische[s] Jasagen" (NF 1887–89, 16[32]) zum persönlichen Schicksal (→„amor fati") und zu einer Welt der →„ewigen Wiederkunft" ohne Sinn und Ziel fordert, ist eine äußerst schwierige Aufgabe ohne definierte Zielvorgabe. Diesen Aufbruch, in dem Sinn und Ziel menschlichen Strebens neu bestimmt werden müssen, kann man mit N. aber auch als Chance begreifen, in der sich das Individuum in einer „grossen Loslösung" (*MA, Vorrede* 3) von den Fesseln religiöser und metaphysischer Bevormundung emanzipiert, frei zur Selbstbestimmung wird und sich nur noch den Gesetzen unterwirft, die es sich selbst auferlegt. Dieses „Abenteuer" der „grossen Gesundheit" nennt Nietzsche „das Meisterschafts-Vorrecht des →freien Geistes." (*MA, Vorrede* 4)

Während N. – sich selbst als Immoralisten bezeichnend – sich dieser Herausforderung stellt, sieht er seine Zeitgenossen noch nicht dazu imstande, da sie nicht reif und stark genug seien, gegen alle Widerstände zu bestehen und die Einsamkeit des Alleinseins zu ertragen (*JGB* 212). So fordert N. von den zukünftigen Philosophen, „sich jenseits von Gut und Böse zu stellen, die Illusion des moralischen Urtheils unter sich zu haben" (*GD, Die „Verbesserer"*... 1) und „Herr seiner Tugenden" zu sein (*JGB* 212). Das Ideal sieht N. im „souveraine[n] Individuum, das nur sich selbst gleiche, das von der Sittlichkeit der →Sitte wieder losgekommene, das autonome übersittliche Individuum" (*GM II* 2).

Die menschliche Selbstbestimmung muss sich orientieren an den Lebensbedingungen in charakterlicher, physiologischer und soziokultureller Hinsicht und sich der perspektivischen Bedingtheit des eigenen moralischen Denkens und Handelns bewusst werden. Dazu gehört dann auch, die Perspektivität einer jeden Moral zu erkennen. Daraus folgt aber, wenn man den Versuch macht, mit N. über N. hinaus zu denken, nicht zwingend ein Krieg aller gegen alle um die Vorherrschaft der eigenen Moral. Dass die Absolutheit der Moral als Illusion entlarvt worden ist, kann in der Konsequenz nämlich ebenso zu der Erkenntnis führen, dass es sinnlos ist, die eigenen moralischen Maßstäbe in den absoluten Stand zu heben und anderen aufzunötigen, und es kann die Grundlage einer zeitgemäßen →Ethik bilden, das Bild des Fremden wesentlich zu entschärfen. Zum Thema auch: Gerhardt (1989a); Berkowitz (1995); Salehi (2001); Guay (2007).

*Djavid Salehi, München*

**Individualismus** | In *GT* betrachtet N. das Apollinische und das Dionysische als gegensätzliche künstlerische Mächte (→apollinisch/dionysisch), die aus der Natur hervorbrechen und in denen sich Kunsttriebe auf direktem Wege befriedigen: als Bilderwelt des Traumes oder als rauschvolle Wirklichkeit, die das Individuum zu vernichten und durch mystische Einheitsempfindung zu erlösen sucht. Der Künstler ist Nachahmer: entweder apollinischer Traumkünstler, dionysischer Rauschkünstler oder beides zugleich. Dann wird durch apollinische Traumeinwirkung seine Einheit mit dem innersten Grunde der Welt offenbart.

Von dieser romantisch-metaphysischen Auslegung trennt sich N. in der Zeit der Erarbeitung von *UB I–IV*. Seine historisch-philologische Betrachtungsweise der Geschichte führt N. zu einer nicht-teleologischen Sicht. Einen Sinn für das Dasein findet er nur im Hervorbringen des großen Individuums (→*PHG*). In *WL* führt N. aus, dass, sofern das Individuum sich erhalten will, es den Intellekt zur Verstellung benutzen muss. Zur Ermöglichung des Zusammenlebens wird fixiert, was Wahrheit sein soll; es werden allgemeingültige Bezeichnungen erfunden. So entsteht Allgemeines als Fälschung. Infolgedessen ist auch der Gegensatz von Individuum und Gattung anthropomorph (*WL* 1, KSA 1: 881). Da auch die Moralen hierzu gehören, kann N. in deren Kritik eintreten. Die Individualität wird von den Moralen unterdrückt und entwickelt sich nur ausnahmsweise (*MA* 495; *M* 132; *FW* 23, 117). Die Umwertung lenkt in *Za* von der Hinterwelt weg zur Erde. Innerhalb dieser neuen Allgemeinheit soll sich der Einzelne gemäß seinem „Ich-will" entfalten und das Du-sollst überwinden (*Za I, Von den drei ...*).

Im Spätwerk spielt der transzendentalphilosophisch-hermeneutische Standpunkt eine entscheidende Rolle. Das Wesen des Seienden wird als →Wille zur Macht ausgelegt. Das wirft die Frage nach dem Allgemeinen der Naturgesetze auf. Das politisch-soziologische Bestreben nach einer →Gleichheit vor dem Gesetz gilt N. als Ursache dieser Vorstellung. Man könnte stattdessen auch die tyrannisch-rücksichtslose Durchsetzung individueller Machtansprüche herauslesen und sagen, dass die Welt einen notwendigen Verlauf habe, weil absolut die Gesetze fehlen (*JGB* 22). Das Atom als das Individuum der Physiker wird aus dem Bewusstseins-Perspektivismus erschlossen und ist eine Fiktion. Der Perspektivismus ist nur eine komplexe Form der Spezifität. Dem metaphysischen Bedürfnis folgend, stellt man sich die Seele analog zum Atomenschema vor. N. hält die Auflösung dieses Schemas für genauso zwingend wie im materiellen Bereich. So gelangt man zur Hypothese der Seele als Subjekts-Vielheit. Deutlich wird, dass sich hier ein paradoxes Verhältnis einstellt: Das Atom löst sich in Vielheit und Willen-zur-Macht-Geschehen auf und umgekehrt das Gesetz in den Vollzug einer individualisierten Macht. Es entsteht ein dynamisches Kreisen, in dem sich die konträren Momente wechselseitig erhellen.

Mit der gewonnenen Einsicht wird das entsprechende Problem in der Kritik an der Moral angegangen. Hier hat man es mit dem Gegensatz von individuellem Wollen und moralischem Gesetz entsprechend →Kants kategorischem Imperativ zu tun. Infolge der neuen Einsicht ist der Punkt in der Geschichte erreicht, wo das Leben über die Moral hinweggeht. Das Individuum wird zur Selbstgesetzgebung genötigt (*JGB* 262). Das souveräne Individuum, das autonome, übersittliche Individuum ist jetzt die reifste Frucht der moralischen Entwicklung (*GM II* 2). Zum Thema auch: Struve (1948); Schott (1981); Vattimo (1986); Wellner (2002); Tas (2008).

*Klaus Wellner, Bollschweil*

**Inspiration** | N.s Auffassung vom Zustandekommen und der Funktion von I ist eingebunden in seine →Anthropologie: Was als I erscheint, ist etwas, das aus leiblichen Dispositionen entsteht und dem Menschen als Eingebung, Idee, Einfall, Offenbarung zu Bewusstsein kommt. Das, was die Philosophen gemeinhin als I ansehen, bestehe darin, dass „zumeist ein abstrakt gemachter und durchgesiebter Herzenswunsch von ihnen mit hinterher gesuchten Gründen vertheidigt wird" (*JGB* 5). Gegen die Anmaßung des →Ich, die geistigen Prozesse zu beherrschen, macht N. geltend, dass I sich nicht erzeugen, nicht willentlich herbeiführen lässt. Ein Gedanke kommt, „wenn ‚er' will, und nicht wenn ‚ich' will" (*JGB* 17).

N. beklagt, dass am Ende des 19. Jh.s die Vorstellung davon, „was Dichter starker Zeitalter INSPIRATION nannten", verloren gegangen sei (*EH, Za* 3). Das Entstehen seines *Za* führt N. auf eine solche schöpferische I zurück. Er beschreibt sie als einen nicht bewusst steuerbaren Prozess: „Alles geschieht im höchsten Grade unfreiwillig, aber wie in einem Sturme von Freiheits-Gefühl, von Unbedingtsein, von Macht, von Göttlichkeit" (ebd.). Die Worte, Bilder, Gleichnisse keimen im Inneren auf und steigen an die Oberfläche des Geistes, wo sie als I greifbar werden. Es ist eine Art „Offenbarung, in dem Sinn, dass plötzlich, mit unsäglicher Sicherheit und Feinheit, Etwas SICHTBAR, hörbar wird" (ebd.). Vor allem kann man nicht das →Subjekt hinter diesen Prozessen identifizieren. „Man hört, man sucht nicht; man nimmt, man fragt nicht, wer da giebt; wie ein Blitz leuchtet ein Gedanke auf, mit Nothwendigkeit, in der Form ohne Zögern, – ich habe nie eine Wahl gehabt." (ebd.) „Dies ist MEINE Erfahrung von I" (ebd.).

*Bärbel Frischmann, Erfurt*

**Instinkt** | In nahezu 1500 Textstellen spricht N. vom I. Die Spur dieses Begriffs führt von den ersten bis in die letzten Tage von N.s Werk. I ist „Lust zum Leben" (*GT* 15), der Gegensatz ist der „I der LEBENSMÜDIGKEIT" (NF 1888, 14[168]). „Alles GUTE ist I", gleichzeitig ist der I „plebejisch" (*GD, Die vier* … 2). Die „Wüstheit" (*GD, Das Problem* … 4) der Ie schließt für N. deren „Schönheit" nicht aus (*GD, Was den Deutschen* … 1). N.s Analyse von →Sokrates, der mit dem Verstand die Ie der Menschen habe vernichten wollen, bei diesem Geschäft aber auf seinen Dämon wie auf einen I vertraut habe, läuft auf den Widerspruch hinaus: Der Athener Sokrates treibt den Athenern die Ie aus – und zwar aus I (*ST*, KSA 1: 542). Mit einer Fülle solcher Charakterisierungen nimmt N. eine Differenzierung vor zwischen den I-en der Décadence im (europäischen) →Nihilismus und denjenigen des starken, von Aufgangskräften geleiteten, neuen Menschentums. Überall, wo N. den I auf das Individuum bezieht, vermag seine Konzeption der Ie zu beeindrucken. Dabei gelingt ihm die Vorwegnahme (und Infragestellung) von →Freuds I-Sublimierung. Indem N. die große Vernunft des Leibes gegen die kleine Vernunft des Geistes ausspielt, formuliert er außerdem einen naturwissenschaftlichen Ansatz der Ie (siehe ‚Rouxstudien'; Müller-Lauter 1978), wie er sich nach ihm in der Verhaltensforschung etabliert.

→G. Lukács (1962: 305) warf N. eine „Konzeption der Instinktentfesselung" vor. Ähnlich verwies T. Mann auf eine „geflissentliche Verkennung des Machtverhältnisses zwischen I und Intellekt auf Erden, so, als sei dieser das gefährlich Dominierende, und höchste Notzeit sei es, den I vor ihm zu retten" (1947b: 28). Solche Beiträge stellen N.s heterogene Verwendung des Is in Frage. Andere Autoren anerkannten den aporetischen Charakter der Ie bei N. und führten dies auf N.s Denkungsart (Müller-Lauter 1971; Kaufmann [4]1974: 271 f.) oder auf seinen Umgang mit der Sprache (Heidegger 1961a,b; Löw 1984a; Nehamas 1985) zurück.

*Albert Vinzens, Kassel*

**Interpretation** | I ist von zentraler Bedeutung im Denken N.s, wie auch an der stetig anwachsenden Literatur zu diesem Themenfeld zu erkennen ist. Besonders Bemerkungen wie: „→Thatsachen giebt es nicht, nur I-en" (NF 1886–87, 7[60]) sind einem weiteren Publikum bekannt geworden (Zammito 2004: 10). Seit den 1980er Jahren, besonders durch die Arbeiten von Figl (1982) und Abel ([2]1998), hat die N.-Forschung den Begriff ins Zentrum des Interesses gerückt (Bittner 1987: 84), auch wenn Bittner trotz dieser Schriften bedauert, dass der Begriff, „an dem kein Leser und kein Interpret vorübergehen kann, gerade unaufgehellt bleibt" (ebd.:

85). Eine Ursache für den anhaltenden Klärungsbedarf ist sicher die Ambiguität des Begriffs, den wir „nicht weit genug fassen" können (Müller-Lauter 1999b: 84).

Ein wichtiger Ausgangspunkt für N.s Is-konzept ist die Philologie (→Altphilologie) (Benne 2006: 15). Auf der Basis jahrelanger methodischer Lektüre klassischer Texte war es N., „der der Philologie ihren Begriff der Deutung, Auslegung entlehnte, um ihn in die Philosophie einzuführen" (Ricoeur 1974: 38). Bei der Übertragung in das Feld der Philosophie erweitert N. jedoch den Anwendungsbereich der I erheblich, indem er nicht mehr nur an die I von Texten denkt, sondern auch an die I von Welt; schließlich schreibt N. sogar dem Seienden selbst einen Is-charakter zu. In unterschiedlichen Zusammenhängen kommen der I zudem mehr oder minder relativistische Eigenschaften zu. Dort, wo es um die I von Texten geht, weist N. die etwaige Beliebigkeit der I entschieden zurück (Benne 2005: 11). Den Philosophen wirft N. vor, sie hätten „nicht gelernt, ORDENTLICH ZU LESEN und zu interpretieren" (NF 1876–77, 23[22]). Auch die Theologen seien außerstande, Texte zu verstehen, „OHNE sie durch I zu fälschen" (*AC* 52). Er kritisiert so ein Übermaß an I und fordert zum kommentierenden Lesen, zum „WIEDERKÄUEN" auf (*GM, Vorrede* 8). Wo es um Schriften geht, setzt der späte wie der →frühe N. der Beliebigkeit von I-en eine Grenze, sofern in „rein philologischen Fragen [...] wenigstens ein Streit erlaubt ist, weil hier die →Wahrheit gesagt werden kann" (*VM* 226). Damit ist indes nicht gemeint, dass die eine, wahre I von Texten auch zugänglich wäre. Vielmehr ist N. „aus der ganzen philologischen Erfahrung heraus" davon überzeugt: „[E]S GIBT KEINE ALLEINSELIGMACHENDE I" (An Fuchs, 26.8.1888). Wenn N. feststellt, „[d]erselbe Text erlaubt unzählige Auslegungen: es giebt keine ‚richtige' Auslegung" (NF 1885–86, 1[120]), so ist damit allerdings nicht gemeint, dass alle I-en gleich gut wären. Der Text *erlaubt* verschiedene Auslegungen, aber da Texte Sinn und Bedeutung transportieren, können sie mehr oder minder gut verstanden werden.

Dieser Umstand markiert die Differenz zu der I des Weltgeschehens, denn die Welt ist für N. nicht in diesem Sinne lesbar: „Wäre die Welt ein Buch, so müsste es eine intentio auctoris geben" (Benne 2005: 209). Die Qualität von Welt-I-en erweist sich an ihren Wirkungen und nicht an einer etwaigen Angemessenheit, denn die Vorstellung, dass die Welt einen Sinn an sich habe, scheidet für N. nach dem Tod Gottes von vornherein aus. Zugleich weist er aber auch die Idee einer neutralen, positivistischen Weltdeutung als Unmöglichkeit zurück. Jenes „Stehenbleiben-WOLLEN vor dem Thatsächlichen, dem factum BRUTUM, [...] jenes Verzichtleisten auf I überhaupt (auf das Vergewaltigen, Zurechtschieben, Abkürzen, Weglassen, Ausstopfen, Ausdichten, Umfälschen und was sonst zum WESEN alles Interpretirens gehört)" (*GM III* 24), ist für N. nur ein sublimer Ausdruck der alten asketischen Ideale. So wird zwar I ausdrücklich als Täuschung charakterisiert, aber der Mensch muss sich doch die Welt „zu eigen machen, aneignen, einverleiben, in die eigene Form bringen" (Simon 1986: 70). I ist das unverzichtbare Produkt menschlicher Schöpfungskraft, gerade weil objektive Welterkenntnis nicht möglich ist. „Im Interpretieren wird nicht eine objektiv seiende Welt wieder gegeben bzw. naturgetreu abgebildet, sondern eine Welt als die So-und-So-Welt nach Maßgabe der internen Funktionen des Is-Schemas, aus dem man nicht heraustreten kann, allererst konstruiert" (Abel [2]1998: 447). Auf der Basis dieses interpretativen Fundamentalvorgangs ist alles auch I: physikalische Theorien (*JGB* 14) ebenso wie Geschichte (NF 1883, 22[3]) oder moralische Phänomene (NF 1882, 3[1]374). Religionen sind ebenso I (*FW V* 353) wie Wissenschaft (*FW V* 373), deren Idee der Naturgesetze zudem auf „schlechte Is-Künste" verweist (*JGB* 22). Vor diesem Hintergrund spricht N. von dem „interpretative[n] Charakter alles Geschehens" (NF 1885–86, 1[115]).

In diesem Gedanken deutet sich eine dritte, radikalere Ebene von N.s Is-philosophie an. Über die erkenntniskritische Beobachtung hinaus, „daß der WERTH DER WELT in unserer I liegt" und „daß die bisherigen I-en perspektivische Schätzungen sind, vermöge deren wir uns im Leben, das heißt im Willen zur Macht, zum Wachsthum der Macht erhalten" (ebd., 2[108]), bestimmt N. auch das Weltgeschehen selbst als einen Prozess der I. „[D]as Interpretiren selbst, als eine Form des →Willens zur Macht, hat Dasein (aber nicht als ein ‚Sein', sondern als ein PROZESS, ein WERDEN)" (NF 1885–86, 2[151]). I wird so, zusammen mit dem Willen zur Macht, zu einer „Wesensbestimmung des Daseins schlechthin" (Figl 1982: 31). „Wille zur Macht und I sind zwei Namen für dieselbe Sache, es gibt nicht unerfaßte Restbestände auf einer der beiden Seiten" (Müller-Lauter 1999b: 84; Cox 1999: 239 f.). Besonders bedeutsam ist diese Zuspitzung unter der Voraussetzung, dass es N. um eine neue, eine alternative I der Welt zu tun ist (Abel [2]1998: 4). In einer frühen Skizze zu *WM* fügt N. als Untertitel hinzu: „Versuch einer neuen Auslegung alles Geschehens" (NF 1885, 39[1]; 40[50]). Und bald danach schreibt N. über eine solche Auslegung: „Gesetzt, dass auch dies nur I ist – und ihr werdet eifrig genug sein, dies einzuwenden? – nun, umso besser. –" (*JGB* 22).

*Helmut Heit, Berlin*

**Islam** | Das Thema selbst findet erst in neuerer Zeit stärkere Beachtung (vgl. Almond 2003; Jackson 2007) und interessierte zunächst kaum, obgleich N. an über 100 Stellen seines Werkes Bezüge zum I und der islamischen Kultur herstellt. Seine Kommentare sind sehr widersprüchlich, was Lob und Kritik angeht. Im Ergebnis nimmt Mandel (1998) an, dass N., wenn er die Wahl gehabt hätte (zwischen I und →Christentum), den I und das Arabische gewählt hätte, und dies vor allem wohl, weil er ihn als lebensbejahende Religion auffasste, im Gegensatz zum von ihm als lebensverneinend gelesenen Christentum seiner Zeit. Auch lobte N. den muslimischen Poeten Hafis (ca. 1327–1390), den er, in Analogie zu →Goethe, als einen Romantiker beschreibt (*FW V* 370).

Andererseits wirkt N., der einschlägige Texte (auch Reiseberichte) etwa von Palgrave, →Wellhausen und M. Müller gelesen hat, mitunter in seiner Wahrnehmung des I und der islamischen Welt wie ein unglaublicher Ignorant, was für die Europäer dieser Zeit keineswegs ungewöhnlich war. So liest er beispielsweise den I als manipulatives Instrument des sozialen Motors oder interpretiert den Propheten Mohammed (ca. 570–632) als gerissenen Betrüger (*AC* 55), aber auch in Analogie zu →Platon: Beide sah er als begnadete Gesetzgeber, als Menschen, die andere manipulieren konnten und die für den Aufbau eines politischen Staates zuständig waren. Der Reiz des I bestand für N. darin, dass er ihn als weniger modern wahrnahm, als weniger demokratisch, weniger aufgeklärt und daher als gut geeignet für seine Kritik der →Aufklärung und des demokratischen Europa. So ließ er Köselitz brieflich wissen: „Ich will unter Muselmännern eine gute Zeit leben, und zwar dort, wo ihr Glaube jetzt am strengsten ist: so wird sich wohl mein Urtheil und mein Auge für alles Europäische schärfen." (13.3.1881) Tatsächlich hat N. jedoch nie ein muslimisches Land besucht.

Als ein Beispiel für N.s Sicht auf den I sei seine Bewunderung für die Shi'a Ismaili-Sekte genannt, die Assassins: „Als die christlichen Kreuzfahrer im Orient auf jenen unbesiegbaren Assassinen-Orden stießen, jenen Freigeister-Orden par excellence, dessen unterste Grade in einem Gehorsam lebten, wie einen gleichen kein Mönchsorden erreicht hat, da bekamen sie auf irgend welchem Wege auch ein Wink über jenes Symbol und Kerbholz-Wort, das nur den obersten Graden, deren Secretum, vorbehalten war: →‚Nichts ist wahr, Alles ist erlaubt' ... Wohlan, DAS war FREIHEIT des Geistes, DAMIT war der Wahrheit selbst der Glaube GEKÜNDIGT ... Hat wohl je schon ein europäischer, ein christlicher →Freigeist sich in diesen Satz und seine labyrinthischen FOLGERUNGEN verirrt? kennt er den Minotaurus dieser Höhle AUS ERFAHRUNG? ... Ich zweifle daran, mehr noch, ich weiss es anders." (*GM III* 24) N. bewundert weniger die Bereitschaft der Assassins, zu töten und getötet zu werden; er bewundert vielmehr – ob zu Recht, bleibe dahingestellt – ihre geistige Freiheit, die er dem lebensfeindlichen asketischen Dogma der christlichen Mönche (→Askese) gegenüberstellt. Von hier aus ist bemerkenswert, dass N. resümierend feststellt: „Das Christenthum hat uns um die Ernte der antiken Cultur gebracht, es hat uns später wieder um die Ernte der I-Cultur gebracht. Die wunderbare maurische Cultur-Welt Spaniens, UNS im Grunde verwandter, zu Sinn und Geschmack redender als Rom und Griechenland, wurde NIEDERGETRETEN – ich sage nicht von was für Füssen – warum? weil sie vornehmen, weil sie Männer-Instinkten ihre Entstehung verdankte, weil sie zum Leben Ja sagte auch noch mit den seltnen und raffinirten Kostbarkeiten des maurischen Lebens! ... Die Kreuzritter bekämpften später Etwas, vor dem sich in den Staub zu legen ihnen besser angestanden hätte, – eine Cultur, gegen die sich selbst unser neunzehntes Jahrhundert sehr arm, sehr ‚spät' vorkommen dürfte." (*AC* 60)

*Roy Ahmad Jackson, Gloucestershire*

**Jean Paul** | JP, eigentl. Johann Paul Friedrich Richter, *21.3.1763 Wunsiedel, †14.11.1825 Bayreuth, Schriftsteller und Philosoph, wurde von N. 1859 in einer Literaturgeschichte entdeckt, N. vermutete in ihm seinen zukünftigen Lieblingsschriftsteller (KGW I 2: 123). Diese Erwartung wird erfüllt durch den Einfluss, den die JP-Lektüre gewinnt. 1873 zitiert N. in Basel den Stil- (*PHG* 7) und den Sprach-Kritiker JP des IX. Programms der *Vorschule* (NF 1873, 29[142]); die These vom Begriff als „RESIDUUM EINER METAPHER" in *WL* (1, KSA 1: 882) rekurriert auf JPs Diktum (§ 50) vom „Wörterbuch erblasseter Metaphern" (Groddeck 1991b: 91 f.). N. diagnostiziert eine negative Wirkung auf Carlyle (NF 1879, 41[30]) und eine dominierende auf die literarische Umwelt (ebd., 44[13]). Nach 1880 skizziert er im Rahmen der europäischen Kulturgeschichte ein kritisches JP-Bild („ein bequemer guter Mensch, [...] ein Verhängniss im Schlafrock" [*WS* 99; Maier 2002: 69], ‚deutsch' [*JGB* 244 f.; Groddeck 1991b: 92 f.]), das aber im Unterschied zur zeitgenössischen Literaturgeschichtsschreibung weniger den Stil betrifft (Polityck i 1989: 380).

Entscheidende Theoreme und Motive N.s bergen JP-Reminiszenzen: die Lehre vom Tode Gottes (*FW* 343) (→„Gott ist tot") an den →Nihilismus der *Rede des todten Christus (Siebenkäs)* (Masini 1967: 81 ff; Birus 1996: 42 f.; Frank 1997: 88; Bennholdt-Thomsen 2001: 57–65) und den *Traum über das All (Komet)* (Köhler 1992: 590), die Traum-Lehre an das *Kampaner Tal* und *Seiina* (Ungeheuer 1983: 175 f.), der Topos „der letzte Mensch" an *Die Wunderbare Gesellschaft in der Neujahrsnacht* und an die *Clavis Fichtiana (Titan)*, der Topos „der höhere Mensch" an *Die Unsichtbare Loge* (Birus 1996: 39 ff.). Die Bilder-Sprache der *DD* referiert auf die Witz-Ästhetik (Groddeck 1991b: 90–97) und die des *Za II* und *Za III* auf JPs literarische Träume (Bennholdt-Thomsen 2001: 65–68).

*Anke Bennholdt-Thomsen, Berlin*

**Jenseits** | J tritt zunächst als Schlüsselbegriff in N.s Kritik von →Religion und →Moral hervor. So ist, nach *AC* 18, „Gott die Formel für jede Verleumdung des ‚Diesseits', für jede Lüge vom ‚J'". J wird auf eine Bewegung zurückgeführt, die die Wahrheit in eine Welt jenseits dieser Welt verlegt. Damit wird die eine Welt verdoppelt vorgestellt. Diese Spannung wird nur dadurch ausgetragen, dass die Vorstellung des J sich als Fabel auflöst (vgl. *GD, Wie die „wahre Welt" endlich zur Fabel wurde*). Wenn hinter den Vorstellungen des J menschliche Wertsetzungen liegen, kommen wir zu der einen Welt zurück mit der Frage, wie diese Welt zu interpretieren ist. Dass Gott tot ist, setzt →Interpretationen der Welt frei. Damit befinden wir uns aber im Horizont des Unendlichen (vgl. *FW* 124 f.).

Wenn die Vorstellung eines J eine Weise ist, das Leben zu leben, bringt sie eine Spannung ins Leben hinein. Können wir das Leben so leben, dass wir es bejahen oder verneinen? Asketische Ideale implizieren einen Selbstwiderspruch des Lebens (*GM III*). Durch diese Spaltung im Leben wird aber das Leben in sich selbst vertieft. Abstand zum Leben zu gewinnen wird für das Leben ein Gewinn. Dadurch können wir in den Blick bekommen, was eine andere Möglichkeit des Lebens ist: nicht Selbstwiderspruch, sondern Selbsterhöhung. Leben als Selbstübersteigerung ist eine Bewegung über uns selbst hinaus. Der Begriff J geht damit in den Gedankengang von der →ewigen Wiederkehr des Gleichen und dem →Übermenschen ein.

*Arne Grøn, Kopenhagen*

**Jesus** | N.s Werk hat in der Ablehnung des →Christentums eine für ihn ungewöhnliche Folgerichtigkeit und Konsistenz. Wie ein Ornament aber schlängelt sich um diese gerade Linie N.s schillerndes und nicht fixiertes Bild von J. Es wäre zu einfach, N.s Ablehnung des Christentums eine Affirmation der Person J entgegenstellen zu wollen. N.s geistige Volatilität lässt dies nicht zu. In den verschiedenen Phasen seines Werks erscheint J daher in ganz unterschiedlicher Weise, mal unterliegt er dem gleichen Verdikt wie die →Religion, die sich auf ihn beruft, mal wird in pietistischer Manier die Person J der nachfolgenden, als Verfälschung verstandenen theologischen Interpretation entgegengesetzt, zuletzt und raumgreifend aber erscheint J als psychologischer →Typus, als „Typus J" oder als „Typus des Erlösers".

Die Textstellen, in denen J eine gleich motivierte Ablehnung wie das Christentum erfährt, sind meist singulär und skizzenhaft. Zarathustra bezeichnet J als unreifen Jüngling, der „Mensch und Erde [hasst]" (*Za I, Vom freien Tode*). J erscheint unvermittelt als „großer Egoist" (NF 1881, 11[283]). Der stärkste Vorwurf aber lautet: J habe alle, die nicht an ihn glaubten und seine Liebe nicht erwiderten, in die Hölle verwiesen, er sei „grausam und düster" (NF 1880, 6[229]). Er steht damit in der Mitte jener von N. für das Christentum angesetzten Ressentiment- und Rachebewegung der →Schwachen und gesellschaftlich Marginalisierten, die den Himmel für sich und die Hölle für ihre Herren und Peiniger imaginierten.

Diese Invektiven wirken vereinzelt in einem breiteren Strom affirmierender und wohlwollender Textstellen, die in allen Schaffensphasen auftauchen. Sei es, dass er als „wärmstes Herz" (*MA* 235) und als „edelster Mensch" (*MA* 475) bezeichnet wird, sei es, dass er von N. den Ehrentitel dessen, den die Moral nichts mehr angeht, verliehen bekommt (*JGB* 164), sei es, dass er als Verkörperung der reinen Liebe gesehen wird (vgl. *JGB* 269): Immer werden diese superlativischen Wendungen der kruden Wirklichkeit der dogmatischen Verhärtung und des Racheregimes in der sich institutionalisierenden christlichen Kirche bzw. der moralischen Tyrannei des Judentums zur Zeit J entgegengesetzt. J erscheint in diesen Passagen als Inbegriff der „wahren" Christlichkeit, nach der nur noch →Ressentiment, Machtgier, Rachsucht und Schwäche gekommen sei: „[I]m Grunde gab es nur Einen Christen, und der starb am Kreuz." (*AC* 39) Fast müßig zu sagen, dass auch in der intensivsten Reflexionsphase über J bei N. niemals auch nur ein Restbestand christlicher Glaubensüberzeugung zu erkennen ist. Alle zentralen Dogmen: Trinität, Gottessohnschaft, Erlösung durch den Tod am Kreuz, Auferstehung, spielen für N. überhaupt keine Rolle mehr. J wird zunächst als Mensch, später dann als „Typus" psychologisch interpretiert, mit fortschreitender Radikalisierung des Denkens zum Fall für die Krankenakte erklärt.

In der „Psychologie des Erlösers" im *AC* und den Fragmenten seiner Entstehungszeit fließen die invektiven und affirmierenden Äußerungen N.s über J zu einem Theorem zusammen. N. geht es da nicht mehr um die Person J, weil er der gesamten Überlieferung misstraut, es geht nur noch um die Rekonstruktion eines durch die christliche Tradition zur Unkenntlichkeit entstellten Typus, dessen Verkörperung es auch heute geben könnte (vgl. *AC* 39). Die beiden Schlüsselbegriffe, zwischen denen N.s Darstellung des Typus oszilliert, sind →„Idiot" bzw. „décadent" und →„freier Geist". Die im Gegensatz zu den Attributen „Held" und „Genie" von N. beim „Typus" angesetzte absolute Friedfertigkeit, Widerstandsabstinenz und das Fehlen dogmatischer Festlegungen erklärt er zunächst nicht als Folge einer moralischen Entscheidung, sondern als ein Nicht-anders-Können, als „physiologischen habitus" (*AC* 29), als „Furcht vor Schmerz" (*AC* 30) und „Instinkt-Hass gegen JEDE Realität" (AC 29). Die verstörende Bezeichnung des Typus als „Idiot" verweist auf →Dostojewskis gleichnamigen Roman, in dem mit dem epileptischen Fürsten Myschkin, einem „heiligen Narren", eine jesuanische Figur beschrieben wird. J als „interessantester décadent" (*AC* 31) hat – negativ formuliert – einen Widerwillen gegen Kampf, Widerstand, Festlegung, Entscheidung; positiv ausgedrückt ist er ganz Erfülltsein von Seligkeit und Ewigkeit. Im Laufe der Darstellung bewegt sich N. dann aber von dieser „Mischung von Sublimem, Krankem und Kindlichem" (*AC* 31) weg zu der höchsten Auszeichnung, die er zu vergeben hat: „Man könnte, mit einiger Toleranz im Ausdruck, J einen ‚freien Geist' nennen" (*AC* 32), weil er sich aus Formeln und Dogmen, aus Konstruktionen wie ‚Sünde', ‚Glaube', ‚Kirche', ‚Jenseits', bürgerliche Ordnung etc. nichts macht. Er lebt in einem „Gesammt-Verklärungs-Gefühl aller Dinge" (*AC* 34), das ‚Reich Gottes' ist als Zustand der Seligkeit schon da (vgl. ebd.), ist erfüllte Gegenwart. J ist somit ohne jegliches Ressentiment, nicht die Glaubenslehre, sondern die evangelische Praktik der Feindesliebe wird zu seinem Zentrum. Damit gelangt N. unter ganz anderen Vorzeichen doch wieder zu der diametralen Entgegensetzung von Christentum/Kirche und J. Es liegt für N. eine „welthistorische Ironie" darin, dass die Menschheit „in dem Begriff →‚Kirche' gerade das heilig gesprochen hat, was der ‚frohe Botschafter' als unter sich, als hinter sich empfand" (*AC* 36). J wird dadurch trotz aller zuvor von N. geäußerter Bewertungsvorsicht zum Gegenkonstrukt N.'scher Idiosynkrasien. Zum Thema auch: Kühneweg (1986); Koecke (1994: 186 ff.); Sommer (2004).

*J. Christian Koecke, Wesseling*

**JGB: Jenseits von Gut und Böse** | Nach der Abfassung von *Za* versuchte N. zunächst, *MA* im Sinne seiner neuen Philosophie gründlich umzuarbeiten. Als er aber vom Verleger E. Schmeitzner erfuhr, dass diese Schrift zum guten Teil noch unverkauft war, gab er den Plan einer Neuausgabe auf und beschloss, doch ein neues Buch zu schreiben. Dafür benutzte er neben dem neuen Material auch Aufzeichnungen, die er für die *Za*-Dichtung nicht verwendet hatte oder die auf die Zeit von *FW* zurückgingen. Die *Sprüche und Zwischenspiele* etwa stammen aus Notizheften vom Herbst 1882–Winter 1882/1883, unmittelbar vor der Entstehung von *Za I*. Das Druckmanuskript wurde im Winter 1885/1886 in Nizza fertiggestellt, und N. begab sich auf Verlegersuche: Mitte Januar 1886 bot er das Buch H. Credner an – als zweiten Band von *M*. Noch vor Ende März gab er auch den Plan einer Fortsetzung von *M* auf, und am 27.3. teilte er →Köselitz den neuen Titel mit. Nach dem Bruch mit Credner fand N. sich schließlich damit ab, *JGB* auf eigene Kosten bei Naumann drucken zu lassen. Das Buch erschien am 4. August 1886.

Aus *MA* übernimmt N. für *JGB* die Gliederung in neun betitelte „Hauptstücke". Sie enthalten insgesamt 296 nummerierte Aphorismen; hinzu kommen eine kurze Vorrede und der „Nachgesang" *Aus hohen Bergen*. Das Manuskript sah noch Ende März anders aus: „So, wie ich jetzt das ganze Material geordnet habe, beginnt das Buch mit jenem Hymnus ‚an den Mistral': darauf folgt eine lange Einleitung, welche die Züge der Philosophie der Zukunft, deren Heraufkommen ich voraussage, darzustellen unternimmt. Darauf / Erster Theil: Buch der Loslösung / Zweiter Theil: Buch der Heimlichkeit (mit eingestreuten Versen und Epigrammen) / Dritter Theil: Buch der Höhe / zum Schluß das mitgesandte Lied ‚oh Lebensmittag'." (N. an H. Credner, Briefentwurf Ende März 1886) Das Tanzlied *An den Mistral* wird zuletzt die *Lieder des Prinzen Vogelfrei*, den dichterischen Anhang von *FW V*, abschließen. Beim „Lied ‚oh Lebensmittag'" handelt es sich dagegen um den erwähnten „Nachgesang".

*JGB* hat einen zweifachen Einführungscharakter. Einerseits ist das *Vorspiel einer Philosophie der Zukunft* als eines zum geplanten und nie ausgeführten Hauptwerk *WM* gedacht. Der Buchdeckel gibt Aufschluss über N.s damalige Pläne: Angekündigt werden *Der Wille zur Macht. Versuch einer Umwertung aller Werte. In vier Büchern* und *Die ewige Wiederkunft. Heilige Tänze und Umzüge*. Zugleich soll *JGB* „eine Art Einführung in die Hintergründe des Zarathustra" darstellen: „So gewiß auch dies ‚Vorspiel einer Philosophie der Zukunft‘ keinen Commentar zu den Reden Zarathustra's abgiebt und abgeben soll, so vielleicht doch eine Art vorläufiges Glossarium, in dem die wichtigsten Begriffs- und Werth-Neuerungen jenes Buchs [...] irgendwo einmal vorkommen und mit Namen genannt sind.“ (NF 1886–87, 6[4]) Dass „die wichtigsten Begriffs- und Werth-Neuerungen“ lediglich „irgendwo einmal vorkommen“, gilt vor allem für die Hauptgedanken von *Za*: Vom →Übermenschen ist nie die Rede; der „circulus vitiosus deus“, d. h. die →ewige Wiederkunft des Gleichen, wird in einem einzigen Aphorismus angedeutet (*JGB* 56); der →Wille zur Macht wird zwar öfter erwähnt, aber N. scheint unschlüssig, wie er diese Lehre den Lesern vorstellen soll. Am weitesten wagt er sich im einzigen von ihm veröffentlichten, hypothetisch gehaltenen Versuch eines Beweises vor (*JGB* 36); ein anderer Aphorismus (*JGB* 22) stellt den Willen zur Macht wiederum lediglich als unverbindliche alternative Auslegung des Geschehens hin („Gesetzt, dass auch dies nur Interpretation ist [...] nun, um so besser“). In Hinsicht auf beide Gedanken zeigt N. jene Liebe zur Zurückhaltung und Verstellung, zu der er sich in JGB wiederholt bekennt.

„Erwägt man, dass das Buch NACH dem Zarathustra folgt,“ heißt es in *EH* über *JGB*, „so erräth man vielleicht auch das diätetische régime, dem es eine Entstehung verdankt. Das Auge, verwöhnt durch eine ungeheure Nöthigung FERN zu sehn [...], wird hier gezwungen, das Nächste, die Zeit, das UM-UNS scharf zu fassen.“ (*EH*, *JGB* 2) Nachdem er mit *Za* den jasagenden Teil seiner Aufgabe vollendet habe, erklärt N. nun rückblickend, habe er mit *JGB* deren „neinsagende, NEINTHUENDE Hälfte“ in Angriff genommen (*EH*, *JGB* 1). Das Buch sei „in allem Wesentlichen eine KRITIK DER →Modernität, die modernen Wissenschaften, die modernen Künste, selbst die moderne Politik nicht ausgeschlossen.“ (*EH*, *JGB* 2)

*JGB* beginnt wie *MA* mit einer Kritik der →Metaphysik. Den metaphysischen Systemen liege entweder „irgend ein Volks-Aberglaube aus unvordenklicher Zeit“ zugrunde „(wie der Seelen-Aberglaube, der als Subjekt- und Ich-Aberglaube auch heute noch nicht aufgehört hat, Unfug zu stiften)“; oder „irgend ein Wortspiel vielleicht, eine Verführung von Seiten der Grammatik her“; oder schließlich „eine verwegene Verallgemeinerung von sehr engen, sehr persönlichen, sehr menschlich-allzumenschlichen Thatsachen.“ (*JGB, Vorrede*) Die Vorrede kündigt so in aller Kürze drei Hauptrichtungen der Kritik an: die *historisch-genetische*, die *sprachphilosophische* und die *psychologische*. Im 1. Hauptstück *[V]on den Vorurtheilen der Philosophen* erklärt N. die Ähnlichkeit zwischen der indischen, der griechischen und der deutschen Philosophie aus der Sprachverwandtschaft, d. i. aus „der unbewussten Herrschaft und Führung durch gleiche grammatische Funktionen“, aus „der gemeinsamen Philosophie der Grammatik.“ Philosophen, die nicht im „Bann“ jener grammatischen Funktionen stehen, etwa „Philosophen des ural-altaischen Sprachbereichs (in dem der Subjekt-Begriff am schlechtesten entwickelt ist) werden mit grosser Wahrscheinlichkeit anders ‚in die Welt‘ blicken“ (*JGB* 20). Aus der grammatischen Unterscheidung zwischen ‚Subjekt‘ und ‚Prädikat‘ erklärt N. nämlich so folgenschwere Irrtümer wie das cartesische Subjekt und den traditionellen Willensbegriff, der einen sehr komplizierten Vorgang mit einem einfachen Wort eher kaschiert als bezeichnet. N. beschränkt sich aber keineswegs auf eine radikale Kritik der philosophischen Tradition; er will metaphysische Überreste und moralische Vorurteile auch noch in den Naturwissenschaften seiner Zeit aufdecken. Hiernach ist „die materialistische Atomistik“ nur eine „Abkürzung der Ausdrucksmittel“, also eine Zeichensprache, Begriffe wie „Ursache“ und „Wirkung“ sind nur „conventionelle Fiktionen zum Zweck der Bezeichnung, der Verständigung, NICHT der Erklärung.“ (*JGB* 21) Auch „Physik“ ist „nur eine Welt-Auslegung und – Zurechtlegung (nach uns! mit Verlaub gesagt) und NICHT eine Welt-Erklärung“ (*JGB* 14). Den „‚notwendigen‘ und ‚berechenbaren‘ Verlauf“ der Ereignisse als „Gesetzmässigkeit der Natur“ zu deuten sei „nur eine naiv-humanitäre Zurechtmachung und Sinnverdrehung“ (*JGB* 22), an der sichtbar werde, wie selbst in den Naturwissenschaften moralische Vorurteile vorherrschen.

Der Metaphysik im Allgemeinen liegt in N.s Augen eine moralische Hypothese zugrunde: der Glaube an die Gegensätze der Werte. In *MA* fiel einer „Chemie der moralischen Empfindungen" die Aufgabe zu, diese Lehre zu widerlegen; in *JGB* soll die „als Morphologie und Entwicklungslehre des Willens zur Macht" (23) aufgefasste →Psychologie die Entstehung des vermeintlich Höheren durch allmähliche Verfeinerung des Niedrigen aufzeigen: das Hervorgehen der sogenannten moralischen Tugenden aus den biologischen Grundtrieben. Die traditionell höhere Schätzung der verfeinerten Formen soll dann in Frage gestellt werden. So vermutet N., dass etwa Wahrheit, Wahrhaftigkeit, Selbstlosigkeit aus ihren vermeintlichen Gegensätzen entstanden und mit ihnen „auf verfängliche Weise verwandt, verknüpft, verhäkelt, vielleicht gar wesensgleich" sind (*JGB* 2). Gerade um →Wahrheit und Wahrhaftigkeit, die hiernach möglicherweise jeweils „aus dem Irrthume" und „aus dem Willen zur Täuschung" hervorgegangen sind, dreht sich die Frage, die gleich der erste Aphorismus als Grundproblem der Schrift einführt: „Gesetzt, wir wollen Wahrheit: warum nicht lieber Unwahrheit? Und Ungewissheit? Selbst Unwissenheit?" In diesem „Problem vom Werthe der Wahrheit" (*JGB* 1) und des Willens zur Wahrheit – ein Problem, das N. als erster gesehen haben will – kündigt sich ihm zufolge die Überwindung der Metaphysik an.

Nicht allein die Grammatik zwingt das philosophische Denken in bestimmte Bahnen, sondern auch die oft unbewussten Instinkte der jeweiligen Philosophen (→„Psychologie der Philosophen"). „Allmählich hat sich mir herausgestellt, was jede grosse Philosophie bisher war: nämlich das Selbstbekenntnis ihres Urhebers und eine Art ungewollter und unvermerkter mémoires; insgleichen, dass die moralischen (oder unmoralischen) Absichten in jeder Philosophie den eigentlichen Lebenskeim ausmachten, aus dem jedesmal die ganze Pflanze gewachsen ist." (*JGB* 6) So kann die Entstehung der „entlegensten metaphysischen Behauptungen eines Philosophen" durch die →Moral erklärt werden, auf die er mehr oder weniger bewusst hinaus will; und auch „hinter aller →Logik und ihrer anscheinenden Selbstherrlichkeit der Bewegung stehen Werthschätzungen, deutlicher gesprochen, physiologische Forderungen zur Erhaltung einer bestimmten Art von Leben." (*JGB* 3)

*JGB* beschränkt sich nicht darauf, den Ursprung metaphysischer Lehren aus verschiedenen Formen urtümlichen Aberglaubens anzunehmen. Der moralhistorische Ansatz, den die *JGB* „zur Ergänzung und Verdeutlichung" beigegebene „Streitschrift" *GM* entscheidend weiterführen wird, gelangt bereits hier über die Gestalt hinaus, die er in den sogenannten mittleren Schriften hatte. Der Ausdruck →„Genealogie" kommt noch nicht vor, dafür aber viele der Themen, die die „Streitschrift" prägen, wie die Unterscheidung zwischen Herren- und Sklavenmoral und die Hypothesen über den Ursprung des Staates.

„Eine neue Gattung von Philosophen kommt herauf", kündigt das *Vorspiel einer Philosophie der Zukunft* an. Im 2. Hauptstück *Der freie Geist* schlägt N. für sie den Namen „Versucher" vor (*JGB* 42). Das Ideal des →Freigeistes, das N. in *MA* aufstellen wollte, hat er 1886 jedoch schon lange hinter sich. Die in *JGB* herbeigesehnten „Philosophen der Zukunft" werden dementsprechend zwar „freie, sehr freie Geister", aber „nicht bloss freie Geister sein" (*JGB* 44). „Die eigentlichen Philosophen", liest man im 6. Hauptstück *[W]ir Gelehrten*, „sind Befehlende und Gesetzgeber": Ihre eigentliche Aufgabe verlangt, dass sie „Werthe schaffe[n]" (*JGB* 211).

„Dank der krankhaften Entfremdung, welche der Nationalitäts-Wahnsinn zwischen die Völker Europa's gelegt hat und noch legt", heißt es im 8. Hauptstück *Völker und Vaterländer*, „werden jetzt die unzweideutigsten Anzeichen übersehn oder willkürlich und lügenhaft umgedeutet, in denen sich ausspricht, dass Europa Eins werden will." (*JGB* 256) Was N. beim Einswerden Europas vorschwebt, ist „die →Züchtung einer neuen über Europa regierenden Kaste" (*JGB* 251). Die gleiche antidemokratische Gesinnung zeigt auch das 9. und abschließende Hauptstück *[W]as ist vornehm?* Hier stellt N. zugleich seine persönliche Moral auf, und er denkt wohl v. a. an diese Seiten, wenn er in *EH* erklärt, *JGB* enthalte „Fingerzeige zu einem Gegensatz-Typus, der so wenig modern als möglich ist, einem vornehmen, einem jasagenden Typus. Im letzteren Sinne ist das Buch eine SCHULE DES GENTILHOMME, der Begriff geistiger UND RADIKALER genommen als er je genommen worden ist." (*EH, JGB* 2) Zum Thema auch: Nehamas (1986); van Tongeren (1989); Allison (1990); Lampert (2001); Burnham (2007).

*Marco Brusotti, Lecce/Berlin*

**Judain** | N. nutzte diesen von →Lagarde geprägten Neologismus in *AC* im Kontext seines polemischen Vergleichs der Bibel mit dem (spätantiken) Gesetzbuch des Manu, welches er mit den Worten lobte: „[E]s hat eine wirkliche Philosophie hinter sich, IN sich, nicht bloss [wie die Bibel; d. Verf.] ein übel riechendes J von Rabbinismus und Aberglauben." (56) Konsequent meinte N. weiterhin, beinahe gezwungen zu sein, „bei der Lektüre des Neuen Testaments Handschuhe anzuziehn". Denn: „Wir würden uns ‚erste Christen' so wenig wie polnische Juden zum Umgang wählen: nicht dass man gegen sie auch nur einen Einwand nöthig hätte … Sie riechen beide nicht gut." (46) So ist für N. „der jugendliche Börsen-Jude die widerlichste Erfindung des Menschengeschlechts überhaupt." (*MA* 475) Insoweit scheint sie nur konsequent – die von N. zitierte und von →Treitschke populär gemachte (Stammtisch-)Parole der organisierten Antisemiten seiner Zeit: „‚Keine neuen Juden mehr hinein lassen! Und namentlich nach dem Osten (auch nach Östreich) zu die Thore zusperren!'" (*JGB* 251) Zum Thema auch: Aschheim (1997); Mittmann (2006).

*Micha Brumlik, Frankfurt/M.*

**Judentum** | In verschiedenen Kontexten hat sich N. sowohl in veröffentlichten Schriften als auch in nachgelassenen Aufzeichnungen mit dem J befasst. So führt N. in *MA* „das ganze Problem der Juden" innerhalb der nationalen Staaten darauf zurück, dass „ihr in langer Leidensschule von Geschlecht zu Geschlecht angehäuftes Geist- und Willens-Capital, in einem neid- und hasserweckenden Maasse zum Übergewicht kommen muss", so dass „die litterarische Unart fast in allen jetzigen Nationen Überhand nimmt […], die Juden als Sündenböcke aller möglichen öffentlichen und inneren Uebelstände zur Schlachtbank zu führen" (475). Hier wird – trotz der im gleichen Atemzug fallenden, sehr diskriminierenden Aussage hinsichtlich des „jugendliche[n] Börsen-Jude[n]" (→Judain) – eine überzeugende kritische Analyse derjenigen Projektionen gegeben, die dem →Antisemitismus zu Grunde liegen. Aufgrund der generellen Hochschätzung des Js ist es nicht verwunderlich, wenn N. zu einer entschiedenen Kritik des Nationalismus und Rassismus gelangt (vgl. *FW* 5). Eine besondere und unverzichtbare kulturgeschichtliche Bedeutung des Js erblickt er in der Tatsache, dass es Hüter und Bewahrer der →Aufklärung war (*MA* 475).

In N.s Spätwerken und dem dazugehörenden Nachlass tritt mit der immer schärfer werdenden Christentumskritik auch eine andere Dimension des Js deutlicher hervor: Das →Christentum wird als Erbe der „jüdischen Umwerthung" (*GM I* 7) verstanden; das Christentum ist eine „Copie" des Js (*AC* 24). Doch auch hier richtet sich die Kritik primär gegen das Christentum und nur indirekt gegen das J. Zum Thema auch: Figl (2007); Borchmeyer/Figl (2008).

*Johann Figl, Wien*

**Jugendbewegung** | Zumal in der Pädagogik galt N. spätestens seit Schütz (1929) als der entscheidende ‚Prophet' der deutschen J und ihres um 1900 (Steglitzer Wandervogel) in Kreisen der großstädtischen, zivilisationsmüden, bürgerlichen Oberschuljugend greifenden Strebens nach Selbsterziehung (→Erziehung) und Zivilisationsflucht. Gestützt wird diese These durch das N.-Interesse zahlreicher Gründungs- und Führungsfiguren der J, angefangen von Blüher über Gurlitt bis hin zu Wyneken oder auch Bernfeld und →Benjamin (vgl. Niemeyer 2002a:

127 ff.). Denken könnte man auch an →Hesse, der im Rahmen einer literarischen Fiktion für eine Gruppe „junge[r] Männer“ behauptete, dass sie „alle im Beginn ihrer Jugendzeit in Zarathustra den Propheten und ihren Führer gesehen [hatten]“ (Hesse 1919: 5). Als wirkungsgeschichtlich relevant wird des Weiteren – etwa von dem (geisteswissenschaftlichen) Pädagogen Nohl (1920: 14) – N.s →*HL* angesehen, insbesondere wegen der hier vorgetragenen Hoffnung, die Jugend werde „von einer in ihr thätigen kämpfenden, ausscheidenden, zertheilenden Macht“ (10, KSA 1: 331) ausgehend „ein zusammenhängend lebendiges System von eigenen Erfahrungen“ in sich zum Wachsen bringen (ebd.: 327).

Der auch von F. Glum (1954: 134 f.) behauptete N.-Einfluss auf die J wird allerdings zunehmend bestritten (vgl. Niemeyer 2001; Ulbricht 2006). Auch die zentralen Zeitschriften der J lassen – entgegen des in älteren Forschungsarbeiten erweckten Eindrucks (vgl. Herfurth 1986/87) – kaum Bezüge auf N. erkennen, im Gegensatz etwa zu solchen auf →Langbehn oder des von N. zunehmend verachteten Antisemiten →Lagarde (vgl. Niemeyer 2004a). Dies erstaunt nicht, denn N. galt um 1900 wegen seiner Deutsch- und Christentumskritik als gefährlicher ‚Jugendverführer‘ (vgl. Niemeyer 1998b). All diesen Faktoren ist das – von Ausnahmen wie Blüher abgesehen – schon im Steglitzer Wandervogel gängige N.-Verdikt zuzurechnen, welches sich exemplarisch in der ab 1912 erscheinenden (völkischen) *Wandervogelführerzeitung* Bahn brach, namentlich in Gestalt des hier vorgetragenen vehementen Protestes gegen das von Hammer (1914) propagierte pazifistisch-kosmopolitisch gefärbte N.-Bild.

Diese Konstellation änderte sich zwar etwas mit dem Ersten Weltkrieg bzw. mit der von →EFN zu verantwortenden (→Krieg) Neuauslegung N.s als kaiserreichstreuem Kriegsphilosoph, wozu auch der Mythos vom *Za* im Tornister des jugendbewegten Weltkriegssoldaten gehörte (vgl. Niemeyer 2002a: 85 ff.). Aber nach dem Krieg war für derlei Phantasmen kaum noch der rechte Ort und die rechte Zeit. Die J zerfiel in ein Konglomerat sich teilweise heftig befehdender Bünde, die sich einer Zentralideologie – wie man sie vielleicht über N. hätte requirieren können – nicht mehr unterstellen ließ.

*Christian Niemeyer, Dresden*

**Jung, Carl Gustav** | J, *26.7.1875 Kesswil/Bodensee (Kt. Thurgau), †6.6.1962 Küsnacht (Kt. Zürich), schweizer. Psychologe und Psychiater, Begründer der Analytischen Psychologie, ab 1906 Anhänger der Psychoanalyse →Freuds, 1913 Bruch mit diesem, kam als Student in Kontakt mit den Schriften N.s, die größere Bedeutung allerdings erst zur Zeit der Ausbildung des eigenen Systems gewannen. In *Wandlungen und Symbole der Libido* (1912) belegt J anhand von Stellen aus *Za* und *DD* die Introversion und Wiedergeburt der Libido, deren weiter gefasstes Verständnis er gegen Freuds sexuell reduktionistische Auffassung richtet. Der Erostheorie Freuds stellt J in *Über die Psychologie des Unbewussten* (1916) N.s →Willen zur Macht antagonistisch gegenüber, beide resultierten aus den einseitigen Bewusstseinseinstellungen ihrer Urheber. In *Psychologische Typen* (1921) findet sich die Gleichsetzung des Apollinischen mit dem introvertierten und des Dionysischen mit dem extrovertierten Typus. N.s Ästhetizismus veranlasst J zur Einführung der zwei irrationalen Funktionen des Empfindens und der Intuition. Den Höhepunkt seiner Auseinandersetzung mit N.s Denken bildet das Seminar zu *Za* (1934–39). J argumentiert hier, dass N. aufgrund seiner Zurückweisung transzendenter Möglichkeiten unbewusste Inhalte, wie den →Schatten und die Anima, nicht anerkennen konnte und dadurch den Wirkungen des kollektiven Unbewussten ungeschützt ausgeliefert war. Den Zusammenbruch N.s versteht J demzufolge als Konsequenz einer psychischen Inflation aufgrund einer unbewussten Identifikation mit dem Archetypus des Alten Weisen. Zum Thema auch: Frey-Rohn (1984); Nill (1988); Bishop (1995); Schmitt (1998); Dixon (1999); Liebscher (2001a,b; 2002; 2003); Huskinson (2004).

*Martin Liebscher, London*

**Jünger [Gefährte]** | Ein J ist nach N. nicht ein sklavischer oder unkritischer Anhänger. Der J muss ein Maß an Entschlossenheit besitzen, das sich nicht einfach aus dem Glauben ergibt. Ein potentieller J kann von einem Meister zurückgewiesen werden, wenn der Philosoph beispielsweise einen Jüngling unzureichend findet, weil ihm die Fähigkeit fehlt, Nein zu sagen, oder weil dieser alles akzeptiert und zu Kompromissen neigt (*FW* 32). In einem anderen Aphorismus teilt ein „Neuerer" seinem J mit, dass eine neue Sache vorangebracht werden müsse wie ein Stück Musik – denn Töne seien auf verführerische Weise unwiderlegbar und ein neues Vorhaben erfordere eine Atmosphäre der Unwiderlegbarkeit, um die Möglichkeit zur Entwicklung zu haben (*FW* 106). Als der J antwortet, dass er die Sache für so stark hält, dass er sein Äußerstes tun wird, um sie zu widerlegen und so ihre Stärke im Widerstand gegen die Angriffe zu enthüllen, lobt ihn der Meister für die höchste Form von Jüngerschaft, ungeachtet der Gefahr. Der J unterscheidet sich von den Vielen durch seine ganz eigene Art der Verpflichtung; er nimmt nicht einfach einige Glaubenssätze an, sondern übt sich vor allem in einer radikalen Form der Unterscheidung, die den Gedanken auf die Deutlichkeit und Trennschärfe eines Falles, eines Prinzips oder einer Lehre konzentriert. Nach der Trennung von →Wagner bezeichnete sich N. immer noch als seinen J (was vom Nachfolger oder Anhänger unterschieden werden muss); dennoch erklärt er, dass das bedeute, weiterhin an das zu glauben, was „wahr und ursprünglich" in dem Meister sei, so dass sich für ihn die Verpflichtung ergebe, eher sich selbst zu folgen als jenem (*FW* 99). N. erläutert, dass die Notwendigkeit der Kreuzigung →Jesu darin bestand, mit ihr die Entschlossenheit seiner J zu klären (*AC* 40).

In *Za* spricht Zarathustra zu und mit einer Reihe von Menschen, die ganz unterschiedlich benannt werden als Freunde, Feinde, Begleiter, höhere Menschen und J. Nach seinem Erscheinen auf einem Platz verkündet Zarathustra, er wolle nicht länger zum Volk sprechen, sondern Gefährten suchen (*Za I, Zarathustra's Vorrede* 9). Der Aufenthalt in der Stadt „Bunte Kuh" endet damit, dass Zarathustra alle verlässt, die sich nun als seine J bezeichnen (*Za I, Von der schenkenden* … 3); er hat gelernt, dass seine Lehren verfälscht wurden, und kündigt an, fortan Freunde und Feinde auf den →Glückseligen Inseln zu suchen (*Za II, Das Kind* …). Begegnungen mit beiden Gruppen sind notwendig, um für seine Lehre eine Form zu finden (wie in der musikalischen Analogie des Neuerers), die ihr Kraft und Klarheit gibt. Die Zuhörer und Gesprächspartner Zarathustras werden oft identifiziert mit seinen Jn, von denen Zarathustra hofft, sie würden die Macht der Unterscheidung und der Treue erlangen. Wie Jesus (Mt 13,10–11) spricht Zarathustra normalerweise anders zu seinen Jn als zur allgemeinen Hörerschaft, und der Bucklichte beobachtet, dass er manchmal mit sich selbst anders spricht als mit seinen Jn (*Za II, Von der Erlösung*). Zarathustras Abreise von den Glückseligen Inseln schließt die Erkenntnis ein, dass er seine Hoffnungen von den Jn auf seine →Kinder (die möglicherweise aus dem Kreis der J entstehen) verlagern müsse (*Za III, Von der Seligkeit* …). N. beklagt sich in einem Brief, er habe immer noch keinen einzigen J (An Overbeck, 21.5.1884), und zu verschiedenen Zeiten bezeichnet er sich als den letzten J des →Dionysos (*JGB* 295; *GD, Was ich den* … 5). Einigen der komplexen Beziehungen zwischen Zarathustra und seinen Jn geht Lampert (1986) nach.

*Gary Shapiro, Richmond* (Übers.: B. Villhauer)

**Jünger, Ernst** | J, *29.3.1895 Heidelberg, †17.2.1998 Riedlingen, dt. Schriftsteller mit einzigartig langer Publikationsspanne, die von *In Stahlgewittern* (1920) bis *Siebzig verweht V* (1997) 77 Jahre umfasst, betrachtete N. als eine der wenigen Konstanten – er ist Js „Leuchtturm". Im Werk selbst tritt N. fast immer unter dem Decknamen „der Alte Pulverkopf" auf – eine Anspielung auf die Gewaltrhetorik des späten N. Js berühmt-berüchtigte Kriegsbücher der 1920er Jahre illustrieren das *Za*-Kapitel *Vom Krieg und Kriegsvolke*, die Essenz der Welt ist der →Wille zur Macht. Bereits in den Tagebüchern des Zweiten Weltkriegs (*Strahlungen*) ist dann eine christlich-humanistische Wendung Js zu beobachten. N. bleibt aber die primäre Bezugsfigur, Vorwürfe und Distanzierungen finden sich nicht. Im Bild des „Seismographen", das J auch für sich selbst in Anspruch nimmt, wird N. zum Märtyrer der Zeitenwende. Allerdings verhindert Js Offenheit gegenüber der →Metaphysik eine N. ebenbürtige Analyse des →Nihilismus, der ihn gleichwohl in den Publikationen der Nachkriegszeit unablässig beschäftigt. Auch im Motiv der →ewigen Wiederkehr, die J im Gegensatz zu vielen anderen N.-Rezipienten sehr ernst nimmt und dem Komplex des „Titanismus" zurechnet, zeigt sich J als produktiver Leser N.s, der ihm bis zuletzt als „Kirchenvater des kommenden Jahrhunderts" galt. Zum Thema auch: Meyer (1993: 433–440); Wilczek (1999); Körber (2006: 85–99); Kiesel (2007).

*Thomas Körber, Osnabrück*

**Kafka, Franz** | K, * 3. 7. 1883 Prag, † 3. 6. 1924 Kierling (Niederösterreich), Schriftsteller, kannte N. seit seiner Schulzeit. Die Lektüre von Avenarius' *Kunstwart* wie Diskussionen mit Max Brod über die Bedeutung N.s beflügelten die Lektüre von *Za* und *GT*. Auf sie bezieht sich (indirekt) ein Brief an Brod aus dem Jahr 1920, in dem die „ganze Götterwelt" der Griechen nur ein Mittel ist, sich „das Entscheidende" – in der Sprache N.s „die Schrecken und Entsetzlichkeiten des Daseins" (*GT* 3, KSA 1: 35) – vom Leib zu halten. Wahrscheinlich kannte K *GM*. Die *Dritte Abhandlung: was bedeuten asketische Ideale* beschwört das Bild eines „vereinsamten Nordpolfahrers", um den nihilistischen Grundzug der „modernen Geschichtswissenschaft" zu veranschaulichen: „Hier ist Schnee, hier ist das Leben verstummt; die letzten Krähen, die hier laut werden, heissen ‚Wozu?', ‚Umsonst!', ‚Nada!'" (*GM III*, 26) Die Metaphorik (Schnee, Krähen) weckt Assoziationen an den ewigen Winter im *Schloß*-Roman.

Nähe wie Differenz zwischen N. und K bleibt konstantes Thema der K-Literatur. (Hierzu: Ries 2007) Von ihr erschlossene Parallelen sind: Strukturverwandtschaft zwischen N.s Begriff der dionysischen Tragödie und Ks Strafmystik; Dezentrierung der Einheit des Subjekts, Sprachskepsis. Von Interesse sind Parallelen zwischen *WL* und der *Beschreibung eines Kampfes* (1904). N.s These, dass die „Conventionen der Sprache" keinen „adäquaten Ausdruck" der Dinge repräsentieren (*WL 1*, KSA 1: 878), findet Bestätigung in Ks Sprachskepsis. Als Symptom einer Existenzkrise ist sie eine „Seekrankheit auf festem Lande". – Ks erzählte Welt öffnet Spalten, durch die man aus dem „Bewusstseinszimmer" auf den gestaltlosen Triebgrund des Lebens hinabsieht (vgl. *WL 1*, KSA 1: 877). Die erloschene Lampe in der Hand Ks im *Proceß* könnte Symbol für die Zerstörung der Identität von Licht und Wahrheit sein. Gegenstück ist die zerbrochene Laterne des tollen Menschen in *FW* (Ries 1977). Der Maler Titorelli ist aus der Perspektive Ns. Figur einer nihilistischen Artistenmetaphysik (Pfaff 1987). Sein „Nachthemd" symbolisiert die Verbindung mit den Mänaden („Fratzen"). Als dionysischer Künstler kennt er ihre Sprache. Sein „Nihilismus", seine „amüsierte Brutalität" (Pfaff) dürfte N.s Selbstcharakterisierung als ersten Nihilisten *jenseits* des →Nihilismus genau treffen. Hilft bei K gegen das tödliche „Schweigen der Sirenen" (1917) nur die mimetische Macht der Fiktion, so konterkariert diese „Bescheidenheit" N.s überhöhte Sinnperspektive der Kunst, die die „auf den Namen des →Dionysos" getaufte Welt „als die Abfolge göttlicher Visionen und Erlösungen im Scheine" (NF 1885–86, 2[110]) feiert. Beachtenswert sind Differenzen im Sprachstil. Ks an Kleist und Hebel geschulte Sprache unterscheidet sich stark von dem dionysischen Pathos der Sprache N.s und dem Imperativ ihres großen Stils. (Schlaffer 2007) Zentrale Differenz zeigt sich in ihrer Sicht auf den *Tod*. In N.s ästhetischer Metaphysik ist der Tod in einer transzendierenden Bewegung des sich als wiederkehrend denkenden Daseins aufgehoben. Für K ereignet sich im Tod die Zurücknahme der Schuld der Existenz. Er deutet auf eine *Verwandlung* des Daseins, seine Transzendierung in eine unbekannte Form der Existenz. Im Textfragment *Das Haus* (*Proceß*) wechselt das von hinten einfallende Licht die Richtung und strömt „blendend" von vorne.

Diese platonisch-neuplatonische Lichtmetaphorik trennt K definitiv von N.s Lehre der →ewigen Wiederkunft, deren Wurzeln in der älteren Mysterienlehre der Griechen zu suchen sind (Colli 1983).

*Wiebrecht Ries, Hannover*

**Kamel** | Vom K spricht N. mitunter, um etwas zu illustrieren (vgl. *WL* 1, KSA 1: 883; *WS, Vorrede*; NF 1881, 12[138]); häufiger ist allerdings die pejorative Nutzung der Vokabel, etwa in Sachen der Darwinisten Hellwald und Haeckel – ein Seitenblick fällt auch noch auf Strauß und legt insoweit die Analogie zum Begriff →Bildungsphilister nahe –, die „Bildungskamele" seien, „auf deren Höckern viel gute Einsichten und Kenntnisse sitzen, ohne zu hindern, daß das Ganze doch eben nur ein K ist." (NF 1881, 11[299]) Berühmt ist der Gebrauch der K-metapher in *Za I, Von den drei Verwandlungen*. In N.s Version des Zu-sich-selbst-Kommens des Geistes symbolisiert das K den tragsamen Geist, die erste Stufe der Geistigkeit, in der der Mensch durch von außen Auferlegtes bestimmt wird, einem Lasttier gleich, das in die →„Wüste" zu gehen vermag. Diese symbolisiert das Hinaustreten aus der alltäglichen Bestimmung in der Menschenwelt, der Aufenthalt in ihr ist Vorbedingung für die Befreiung des Geistes. Das zeigt sich auch in *GM III* 8 (KSA 5: 353), wo N. das Bild des Lebens in der Wüste für diesen Vorgang gebraucht und feststellt, dass es dort auch genug K-e gäbe, womit er jene karikiert, die über dieses Stadium nicht hinauskommen. Zu bedenken ist schließlich die Verbindung der beiden Wüstentiere →Esel und K, etwa in *Das Eselsfest* (*Za IV*): Das I-A des Esels erinnert an das mechanische „Ja" (zur →ewigen Wiederkunft) der Tiere Zarathustras, das in *Za III* als ‚Leierkastenlied' (vgl. *Der Genesende* 2) dargestellt wurde (vgl. Deleuze 1962: 204).

*Hans Gerald Hödl, Wien*

**Kant, Immanuel** | Zu K, *22.4.1724 Königsberg, †12.2.1804 ebd., Philosoph, hat sich N. sein ganzes Werk über immer wieder geäußert, zunächst in Gestalt von (teils unveröffentlichten) Exzerpten aus den späten Schul- und frühen (Bonner) Studentenjahren (vgl. Broese 2005: 364 ff.), dann (zumeist) auf Basis von Sekundärliteratur, darunter F. A. Langes *Geschichte des Materialismus* (1866) (vgl. Salaquarda 1978a). Was den Inhalt angeht, ist N.s Urteil zunächst durchaus freundlich, in der Folge polemisch abgrenzend und zum Ende hin so, als handele es sich bei K um seinen eigentlichen Antipoden. Zu Beginn dominiert die Ratgeberschaft →Schopenhauers (vgl. auch Heit 2005: 49 f.), dem N. unter Berufung auf den Anhang (*Kritik der Kantischen Philosophie*) von *Die Welt als Wille und Vorstellung I* beisteht mit seinem Urteil, K habe sich „die Grenzen und die Bedingtheit des Erkennens überhaupt" und „damit den Anspruch der Wissenschaft auf universale Geltung und universale Zwecke entscheidend zu leugnen" (*GT* 17, KSA 1: 118) erlaubt. Einige Jahre später findet N., diesmal via Schopenhauers *Ueber die Universitäts-Philosophie*, zu seinem Satz: K „hielt an der Universität fest, unterwarf sich den Regierungen, blieb in dem Scheine eines religiösen Glaubens, ertrug es unter Collegen" – und brachte es folgerichtig nur zu einer „Professorenphilosophie" (*SE* 3, KSA 1: 351), nicht aber, wie Schopenhauer, zum Idol des frühen N., der zu eben jener Zeit all dies, insbesondere die Basler Universität und seinen nur marginalen Rang an ihr als Nur-Philologe, zu verachten begann. Von ähnlichem Kaliber ist Zarathustras verklausulierter Spott, wonach es sich bei K um einen seine (geistige) Schwangerschaft vorspiegelnden „Lügner" handele, um einen „schüchterne[n] Nachtschwärmer" und „Mönch im Monde, lüstern nach der Erde und nach allen Freuden der Liebenden", aber, vom Grundansatz her, zur „Verachtung des Irdischen" überredet (*Za II, Von der unbefleckten Erkenntnis*). Ähnliches gilt für N.s Spott über die „plumpe Pedanterie und Kleinstädterei des alten K, die groteske Geschmacklosigkeit dieses Chinesen von Königsberg" (NF 1884, 26[96]) oder den ebenso staunend wie vielsagend dahingesprochenen Satz: „Dies Verhängniss von Spinne galt als der DEUTSCHE Philosoph [...]" (*AC* 11). Gänzlich schweigen sollte man in diesem Kontext besser von N.s – angesichts von Ks Physiognomie taktlosem – Urteil, K sei der „verwachsenste Begriffs-Krüppel, den es je gegeben hat" (*GD, Was den…* 7). Auch kommt kaum N.s Versuch in Betracht, das, was K „mit seiner Moral" angeblich insgeheim bezweckte, mittels der Formel zu fassen: „‚[W]as an mir achtbar ist, das ist, dass ich gehorchen kann, – und bei euch SOLL es nicht anders stehn, als bei mir!'" (*JGB* 187) N. wird bei Urteilen wie diesen nicht primär vom Interesse der Rekonstruktion des von K Gemeinten umgetrieben, sondern vom Ärger über die Wirkung des kategorischen Imperativs auf jene, die in seinem Namen das „moralische Geschwätz der Einen über die Andern" befördern und noch nicht gelernt haben, sich selbst ein „eigenes, eigenstes Ideal" (*FW* 335) zu schaffen. Dies mag den finalen Bannspruch erklären: „Der fehlgreifende Instinkt in Allem und Jedem, die Widernatur als Instinkt, die deutsche décadence als Philosophie – DAS IST K!" (*AC* 11)

Invektiven wie die vorgenannten erfordern einen genauen Blick auf die Prämissen und die Entstehung von N.s spätem K-Verdikt. Auszugehen ist dabei von N.s anfänglicher Unterwerfung unter sein (frühes) Idol →Wagner als Stammvater einer dem Ideal deutsch-völkischer Leitkultur frommenden Auslegung der →Kunst als der metaphysischen Tätigkeit des Lebens. Denn dies bedingt auch N.s im Vorhergehenden angedeutete zustimmende Haltung zu K, der – so N., wiederum in *GT* – mit seiner Vernunftkritik das in der Wissenschaft gründende Streben, „die blosse Erscheinung […] zur einzigen und höchsten Realität zu erheben und sie an die Stelle des innersten und wahren Wesens der Dinge zu setzen", entlarvt und damit gleichsam en passant den Raum eröffnet habe für eine „tragische" →Kultur, „deren wichtigstes Merkmal ist, dass an die Stelle der Wissenschaft als höchtes Ziel die Weisheit gerückt wird, die sich […] mit unbewegtem Blicke dem Gesammtbilde der Welt zuwendet und in diesem das ewige Leiden mit sympathischer Liebesempfindung als das eigne Leiden zu ergreifen sucht." (17, KSA 1: 118) Dies war zwar dunkel gesprochen, aber immerhin doch so klar, dass damit auch auch N.s kritische Stellung zu →Sokrates als Stammvater einer Epoche wie der N.s begründet schien, die →Vernunft und Wissenschaft zur Herrschaft zu bringen suche, keine Mythen mehr kenne und die sich insgesamt als misslungenes Unterfangen lesen lasse, „das →Dasein als begreiflich und damit als gerechtfertigt erscheinen zu machen" (15, KSA 1: 99). Entsprechend auch sah sich N. schon bald weniger als ein den Ideen der →Aufklärung verpflichteter Jünger der Wahrheit, denn als ein von Wagner ermunterter Exponent der über sich selbst zu Bewusstsein gelangten griechischen Antike, der in einem K-Exzerpt den Satz festhielt: „Sonderbarer Gegensatz ‚WISSEN UND GLAUBEN'! Was hätten die Griechen davon gedacht! K KANNTE KEINEN ANDERN GEGENSATZ! ABER **wir**!" Wenige Zeilen später folgt: „DIE BÄNDIGUNG DES ERKENNTNISSTRIEBES – OB ZU GUNSTEN EINER RELIGION? ODER EINER KÜNSTLERISCHEN KULTUR, soll sich nun zeigen; ich stehe auf der zweiten Seite." (NF 1872–73, 19[34]) N.s Programm bestand in jener Zeit darin, die als dionysisch gefasste ‚künstlerische Kultur' zu stärken, um sie der apollinisch strukturierten, auf Erkenntnis, Wissenschaft und Wahrheit setzenden Gegenwart als andere, bessere Seite entgegenhalten zu können.

Die zentrale Station weg von dieser Argumentationsstrategie wird in *MA* markiert: „Der wissenschaftliche Mensch ist die Weiterentwicklung des künstlerischen." (222) Dies war das Signal für einen grundlegenden, gegen Wagner gerichteten Paradigmenwechsel, von dem auch K betroffen war, wie die aus dem Rückblick verfertigte Inhaltsangabe N.s zu *MA* offenbart: „Ein Irrthum nach dem andern wird gelassen aufs Eis gelegt, das Ideal wird nicht widerlegt – ES ERFRIERT … Hier zum Beispiel erfriert ‚das Genie'; eine Ecke weiter erfriert ‚der Heilige'; unter einem dicken Eiszapfen erfriert ‚der Held'; am Schluss erfriert ‚der Glaube', die sogenannte ‚Überzeugung', auch das ‚Mitleiden' kühlt sich bedeutend ab – fast überall erfriert ‚das Ding an sich' …" (*EH, MA* 1) N. zielte nicht mit all diesen Punkten auf K, wohl aber mit dem entscheidenden, zuletzt genannten, der auf den Eröffnungsaphorismus von *MA* anspielt, in welchem N. die „metaphysische Philosophie […], insofern sie die Entstehung des Einen aus dem Andern leugnete und für die höher gewertheten Dinge einen Wunder-Ursprung annahm, unmittelbar aus dem Kern und Wesen des ‚Dinges an sich' heraus" kritisierte und eine noch zu entwickelnde „historische Philosophie" lobte, in deren Logik sich sowohl „im Gross- und Kleinverkehr der Cultur und Gesellschaft" als auch „in der Einsamkeit an uns" noch zeigen werde, dass auch auf dem Gebiete der Kultur und Gesellschaft, ähnlich wie in der Chemie, „die herrlichsten Farben aus niedrigen, ja verachteten Stoffen gewonnen sind" (1). Wie konsequent N. dieses unter dem Stichwort „Mangel an historischem Sinn ist der Erbfehler aller Philosophen" (*MA* 2) auch gegen K geltend gemachte Projekt einer ‚historischen Philosophie' (vgl. auch Schacht 2005: 277 f.; Windgätter 2005: 79) verfolgte, zeigte sich zwei Jahre später, als er, ähnlich wie dann wieder in *EH* (*Warum ich ein Schicksal bin* 8), die „sublime Herrschsucht der Idealisten jeder Art" ebenso kritisiert wie die durch sie bewirkte Geringschätzung der „ALLERNÄCHSTEN DINGE" (WS 6), um zu folgern: „[U]nsere fortwährenden Verstösse gegen die einfachsten Gesetze des Körpers und Geistes [bringen] uns Alle [...] in jene im Grunde überflüssige Abhängigkeit von Aerzten, Lehrern und Seelsorgern, deren Druck jetzt immer noch auf der ganzen Gesellschaft liegt." (*WS* 5) Deutlich erkennbar ist hier die Anspielung auf Ks Satz, Aufklärung sei der Ausgang des Menschen aus seiner selbst verschuldeten Unmündigkeit, vor allem aber auf die Fortführung: „Es ist so bequem, unmündig zu sein. Habe ich ein Buch, das für mich Verstand hat, einen Seelsorger, der für mich Gewissen hat, einen Arzt, der für mich die Diät beurteilt u.s.w.: so brauche ich mich ja nicht selbst zu bemühen." (1784: 53) Anders aber als K nahm N. diese Überlegung in dem Sinne ernst, dass er sie kritisch gegen eine Vorstellung von Philosophie wendet, die metaphysischen Annahmen und den Fragen nach den letzten Dingen verhaftet bleibt, obgleich ihr doch abzuverlangen sei, im Interesse der Aufklärung einzelwissenschaftlicher Forschung den Weg zu bahnen.

Die Folgen dessen zeigen sich bei einem Rückblick auf ältere Texte. So kann N. beispielsweise nicht länger, wie noch 1874 in *SE*, Sätze vortragen wie beispielsweise: „[D]ein wahres Wesen liegt nicht tief verborgen in dir, sondern unermesslich hoch über dir oder wenigstens über dem, was du gewöhnlich als dein Ich nimmst." (1, KSA 1: 340 f.) Denn die metaphysische Rede vom ‚wahren' Wesen ist N. zwischenzeitlich ebenso fraglich geworden wie das vielbeschworene →Ich, das ihm – so N. 1881 – keine Tatsache mehr ist, sondern nichts weiter als das Resultat unserer „MEINUNG ÜBER UNS" (*M* 115). Fortgeführt wird dies in *JGB* 17, vor allem aber in *GD*, wo von der →„Vernunft" (in der Philosophie) allenfalls noch in Parenthese die Rede ist, mit der Erläuterung: „Die Sprache gehört ihrer Entstehung nach in die Zeit der rudimentärsten Form von →Psychologie: wir kommen in ein grobes Fetischwesen hinein, wenn wir uns die Grundvoraussetzungen der Sprach-Metaphysik, auf deutsch: der VERNUNFT, zum Bewusstsein bringen: DAS sieht überall Thäter und Thun: das glaubt an Willen als Ursache überhaupt; das glaubt an's ‚Ich'" (*Die ‚Vernunft'...* 5) – und, so darf man unter Einbezug der fulminanten K-Kritik in *JGB* 11 vielleicht noch ergänzen: Das glaubt an das „Vermögen" des Menschen zum Erkennen des Gegebenen und Tun des Richtigen. Nicht, dass N. keinen Täter will und kein Erkennen und kein Tun und kein Ich: Thema ist vielmehr, dass es dringend einer nicht-rudimentären, sprich: entwickelten Psychologie bedarf, um von all dem wieder sinnvoll reden zu können und weiterzukommen mit N.s Projekt, die „praktische Moral [...] in ein Stück [...] Heilkunst und Heilwissenschaft" (*M* 202) zu verwandeln. Freud steht hier also ante portas – und K gleichsam draußen vor der (ihm nun zugeschlagenen) Tür.

So gelesen, ist es gleichfalls gegen K gerichtet, wenn N. in einem wiederum stark von Schopenhauers K-Kritik geprägten (vgl. Barbera 2005: 133 f.) Aphorismus konstatiert, dass „bisher alle Werthschätzungen und Ideale auf UNKENNTNISS der Physik oder im WIDERSPRUCH mit ihr aufgebaut waren." (*FW* 335) Das Wort ‚Physik' ist hier als Gegenbegriff zum Wort ‚Metaphysik' gemeint und zielt auf die Notwendigkeit, anstatt der von K gepflegten ‚metaphysischen' Rede über das Sollen zum Wissen zu kommen in Fragen des Könnens, dies allerdings nicht etwa – wie es die in diesen Kontext gehörende Formel „Lerner und Entdecker alles Gesetzlichen und Nothwendigen in der Welt" anzudeuten scheint – unter Beschränkung auf naturwissenschaftliche Methodologie (→Naturwissenschaften), sondern unter Berufung auf das Wissen aus „allen kognitiven Disziplinen, die für unsere menschliche Beschaffenheit und Entwicklung Bedeutung haben" (Schacht 2005: 287).

Kritische Befunde wie die vorgenannten kulminieren in N.s Urteil, sein Begriff ‚Philosoph', assoziierbar mit Vokabeln wie „furchtbarer Explosionsstoff, vor dem Alles in Gefahr ist", sei meilenweit entfernt von einem „Begriff ‚Philosoph' [...], der sogar noch einen K in sich schliesst, nicht zu reden von den akademischen ‚Wiederkäuern' und anderen Professoren der Philosophie" (*EH*, *UB* 3). Denn bei dieser Polemik führt im Hintergrund ein zur Reife gelangtes Verständnis dessen Regie, was eine →Philosophie, N. zufolge, auszumachen habe, wenn sie Bedeutung erlangen wolle: Sie muss aufs Ganze gehen und die Geschichte der Welt in zwei Teile zu spalten in der Lage sein, in eine vor und in eine nach ihrem Einsatz – so wie jene des späten N. und anders als jene Ks. Man sieht hier: N.s Kritik an K ist am Ende grundlegender Natur und muss dies auch sein, war doch immerhin auch der „Alleszermalmer" (Schopenhauer 1851a: 173) K mit dem Anspruch aufgetreten, eine neue Zeitrechnung im angedeuteten Sinn einzuführen. Dass ihm dies, N. zufolge, gründlich misslungen sei, zeigt der Abschnitt *Wie die ‚wahre Welt' endlich zur Fabel wurde* (aus *GD*) in atemberaubender Knappheit (vgl. Niemeyer 1996a): K wird hier mit seinem Scheitern in Sachen des Anspruchs, die (metaphysische) ‚wahre Welt' zwar als „unbeweisbar", „unerreichbar" und „unversprechbar" anzuerkennen, ihr aber gleichwohl „als gedacht" einen Rang zuzuweisen, sei es in Sachen „Trost", „Verpflichtung" oder „Imperativ", mit Adjektiven ad acta gelegt wie „bleich, nordisch, königsbergisch". Dieses Urteil entfaltet seine eigentümliche kritische Kraft erst, wenn man es auf N.s Selbstattribut bezieht, er jedenfalls sei seiner Art nach „kriegerisch" (*EH, Warum ich so weise bin* 7), und: wenn man es zusätzlich in Verbindung bringt mit seiner Annahme, die Weisheit, ein „Weib", liebe immer nur einen „Kriegsmann" (*Za I, Vom Lesen und Schreiben*), nicht aber den „schauerliche[n] Ernst" und die „linkische Zudringlichkeit" (*JGB, Vorrede*) der Philosophen – insbesondere des Philosophen K, wie man Anlass hat zu ergänzen.

Damit liegt der Schluss nahe, dass K als (psychologischer) Typus in N.s Sicht nur über unzureichende Apriori verfügte, um sich den Zutritt in jene ‚andere' Welt des Wissens zu verschaffen, der sich N., der „Don Juan der Erkenntniss" (*M* 327), sehr wohl zu nähern wusste. Wie dies gehen könnte, deutet N. an, wenn er Zarathustra auf dem Bergrücken seiner (glückseligen) Insel stehend das „andere →Meer" vor sich ausgebreitet finden und sprechen lässt: „Die Nacht aber war kalt in dieser Höhe und klar und hellgestirnt." (*Za III, Der Wanderer*) Denn die Vokabel ‚hellgestirnt' verweist erkennbar auf Ks (1788) berühmte Gleichsetzung des „bestirnten Himmels über mir" mit dem „moralische[n] Gesetz in mir", die N. seit 1868 über die Quelle K. Fischer bekannt gewesen sein dürfte (Groddeck 1989: 490). Und wenn man bedenkt, dass Zarathustra dem den Hinweis folgen lässt auf die Ahnung um den Beginn seiner „letzte[n] Einsamkeit", um fortzufahren: „Ach, diese schwarze traurige See unter mir! Ach, diese schwangere nächtliche Verdrossenheit!", darf man wohl schließen, dass der ‚hellgestirnte' Himmel, auf den K noch vertraute, für Zarathustra offenbar keine Hilfe mehr war, anders gesprochen: Praktische Philosophie à la K hat ausgespielt, was nottut, ist so etwas wie Forschung im Blick auf die ‚schwarze traurige See' bzw. die ‚schwangere nächtliche Verdrossenheit', vielleicht darf man auch übersetzen: Was nottut, ist Forschung im Blick auf die Nacht- und Schattenseite des Menschen, was nottut, ist Psychologie (vgl. Niemeyer 2007a: 64 f.). So gelesen, half der Fall K N. bei der Exposition seiner Forderung, die Psychologie so zu entwickeln, dass sie den „Weg zu den Grundproblemen" (*JGB* 23) auszuschildern vermag.

Resümierend gesprochen, eröffnete N. mit seiner Kritik an K den Raum für das sowohl psychologische als auch anthropologische sowie nicht zuletzt praktisch-philosophisch angelegte anti-metaphysische Projekt einer umfassenden Humanwissenschaft. Ein anderes, eher gegenläufiges Fazit geht in Richtung der These, dass N. mit seiner Philosophie, die, anders als jene Ks, nicht verspreche, „glücklicher und tugendhafter" zu machen (NF 1884, 26[371), die „konstruktive [...] Funktion von Vernunft und Philosophie" negiert und „Aufklärung, zumindest wie K sie verstanden hatte, halbiert, wenn nicht desavouiert" habe (Himmelmann 2005: 43). Tatsächlich sind es in der Regel Kantianer (etwa, als allerdings eher abschreckendes Beispiel: Brandt 2005: 112), die so oder ähnlich reden – und damit, wie man vermuten darf wider Willen, gleichsam aktualisierte Zeugnisse geben für das, was sich schon N. als zentraler Verdacht in Sachen des Geheimnisses der Wirkung der Philosophie Ks aufgedrängt hatte: deren Nützlichkeit „zu Gunsten der Biedermännerei und Beamten-Tugend" (NF 1884, 25[121]). Zum Thema auch: Bailey (2006) unter Bezug auf Green (2002) und Hill (2003).

*Christian Niemeyer, Dresden*

**Kapitalismus** | N. gebraucht diesen Begriff nicht, galt aber schon früh als ein „Sozialphilosoph des K" (Mehring 1891: 188), auch wenn schon Lukács bei N. „Motive des romantischen Antikapitalismus" (Lukács 1962: 37) sah. Tatsächlich bewegt sich N. stellenweise „im Fahrwasser dieser Tradition" (Waibl 1989: 31), aber im Kern ist seine K-Kritik Ausdruck einer geistesaristokratischen Gesinnung. Im Unterschied zu →Rousseau oder →Wagner stellt N. der problematischen Gegenwart kein idealisiertes Mittelalter gegenüber und lehnt auch das zugrunde liegende romantische Menschbild ab (vgl. *SE* 4, KSA 1: 369), um schließlich in kritischer Auseinandersetzung mit Wagner jene Ansichten zu revidieren, „die man dem romantischen Anti-K. zuordnen kann" (Marti 1994: 499). Im Ergebnis weist N. das für den K konstitutive Streben nach materiellem Gewinn als falschen Kulturwert zurück und versteht ihn als Ausdruck niederer Bedürfnisse und kultureller Dekadenz (vgl. NF 1881, 11[180]). Auch empfiehlt er „den Arbeitern der Fabric-Sklaverei", sich nicht länger als „Schrauben einer Maschine" verbrauchen zu lassen. Der →Sozialismus gilt N. jedoch nicht als Ausweg, da er nur der verallgemeinerte Ausdruck desselben →Ressentiments sei, das „den reichen Nachbarn anschielt". Stattdessen sollten die Arbeiter Europa verlassen und so die falsche Alternative vermeiden, „entweder Sclave des Staates oder Sclave einer Umsturz-Partei werden zu müssen" (*M* 206). Während N., darin der Entfremdungskritik des frühen Marx vergleichbar, die nachteiligen Folgen der Fabrikarbeit auf den Arbeiter herausstellt, kritisiert er, im Unterschied zu Marx (1867: 16), die spezifische Moral der Handeltreibenden: „Die Krämer-Tugend nämlich, des Krämers geldklebriger Finger und lüsternes Auge – das ist noch unter der Würde des Thieres. Alles, was bezahlt werden kann, ist wenig werth: diese Lehre speie ich den Krämern ins Gesicht." (NF 1883, 22[1])

Ursache des K ist für N. der institutionalisierte Mangel und das unersättliche Streben nach Gewinn in der „industriellen Cultur: letztere in ihrer jetzigen Gestalt ist überhaupt die gemeinste Daseinsform, die es bisher gegeben hat. Hier wirkt einfach das Gesetz der Noth: man will leben und muss sich verkaufen" (*FW* 40). Zu den Folgen des K zählt N. Sozialismus und Frauen-Emanzipation (*JGB* 239) ebenso wie die „wirthschaftliche Einigung Europas" (NF 1887, 11[235]) und die Überwindung der nationalistischen →Kriege (NF 1888, 15[38]). Trotz dieser Effekte wendet er sich scharf gegen den verbreiteten „Optimismus der Staats- und Wirthschaftstheorien" (NF 1869, 3[8]), denen er einen „APOLOGETISCHEN Charakter" vorwirft: „[E]s scheint, was von Geist noch thätig ist, ohne bei dem Getriebe des grossen Erwerb- und Machtmechanismus selbst verbraucht zu werden, hat seine einzige Aufgabe im Vertheidigen und Entschuldigen der Gegenwart." (*WB* 6) Gerade in dieser optimistischen Apologie erweist sich die Gegenwart als wesentlich falsch orientiert; „[u]nser Zeitalter, so viel es von Ökonomie redet, ist ein Verschwender: es verschwendet das Kostbarste, den Geist." (*M* 179) Der Philosoph werde sich daher nicht mit Ökonomie befassen, sondern sich höchstens, im

Sinne der platonischen Staatsauffassung, „der jeweiligen politischen und wirthschaftlichen Zustände bedienen" (*JGB* 61; vgl. NF 1881, 11[82]).

*Helmut Heit, Berlin*

**Katharsis** | Die Thematik der K hat bei N. einen hohen Stellenwert, zunächst und vorrangig in seiner Konzeption der griechischen →Tragödie, dann aber auch im weiteren Rahmen seiner Vorstellungen von Therapeutik, Lebenskunst und →Psychologie. Obwohl sich N. in →*GT* der umstrittenen Frage nach Wesen und Wirkung der tragischen K intensiv widmet, verwendet er den Begriff selbst nur an einer einzigen Stelle, im Blick auf die „Wirkung der Tragödie": „Bald soll Mitleid und Furchtsamkeit durch die ernsten Vorgänge zu einer erleichternden Entladung gedrängt werden, bald sollen wir uns bei dem Sieg guter und edler Principien, bei der Aufopferung des Helden im Sinne einer sittlichen Weltbetrachtung erhoben und begeistert fühlen; [...]. Jene pathologische Entladung, die K des Aristoteles, von der die Philologen nicht recht wissen, ob sie unter die medicinischen oder die moralischen Phänomene zu rechnen sei, erinnert an eine merkwürdige Ahnung →Goethe's. ‚Ohne ein lebhaftes pathologisches Interesse', sagt er, ‚ist es auch mir niemals gelungen, irgend eine tragische Situation zu bearbeiten, und ich habe sie daher lieber vermieden als aufgesucht [...]'." (*GT* 22, KSA 1: 142). Wenn N. hier von „Entladung" spricht, so nimmt er implizit Bezug auf J. Bernays' Schrift *Grundzüge der verlorenen Abhandlung des Aristoteles über Wirkung der Tragödie*, die 1858 mit einer gänzlich neuen Übersetzung des Tragödiensatzes aus der *Poetik* (1449b, 26) von Aristoteles aufwartete und damit einen viel beachteten Perspektivenwechsel (Gründer 1968; Luserke 1991; Wilm 2009) initiierte: „Die Tragödie bewirke durch [Erregung von] Mitleid und Furcht die erleichternde Entladung solcher [mitleidigen und furchtsamen] Gemüthsaffectionen" (Bernays 1858: 16 [148]). Der aus der medizinisch-physiologischen Terminologie stammende Begriff der Entladung wird dann auch in *GT*, wie G. Most (2009: 60 ff.) herausgearbeitet hat, zu einem „zentralen, ja strukturierenden Gedanken" und taucht in N.s vielfachen Äußerungen zur Tragödie „immer wieder an exponierten Stellen" auf. Er war als Alternative zur „Reinigung" (Vöhler 2009), der damals vorherrschenden Übersetzung, konzipiert und diente insbesondere als Gegenentwurf zu Lessings *moralischer* Deutung, dass sich durch das Miterleben der Tragödie die Leidenschaften der Zuschauer in Tugenden verwandelten. Dennoch blieb N. auch zu Bernays' *medizinischer* Deutung in kritischer Distanz und signalisierte zudem einige Sympathie, wenn auch nicht volle Zustimmung zu Goethes *ästhetischer* Deutung, die Bernays ausdrücklich verworfen hatte. Auch N. suchte die dem tragischen Mythus „eigenthümliche Lust in der rein aesthetischen Sphäre" (*GT* 24, KSA 1: 152) und wollte offenbar mit einer eigenen Deutung aus dem großen Schatten des Aristoteles heraustreten (*MA* 212). Die pointierteste Äußerung dazu findet sich im Spätwerk: „Das Jasagen zum →Leben selbst noch in seinen fremdesten und härtesten Problemen; der Wille zum Leben, im OPFER seiner höchsten Typen der eignen Unerschöpflichkeit frohwerdend – DAS nannte ich dionysisch, DAS errieth ich als die Brücke zur Psychologie des TRAGISCHEN Dichters. NICHT [...] um sich von einem gefährlichen Affekt durch eine vehemente Entladung zu reinigen – so verstand es Aristoteles –: sondern um [...] die ewige →Lust des →Werdens SELBST ZU SEIN, – jene Lust, die auch noch die LUST AM VERNICHTEN in sich schliesst ..." (*GD, Was ich* ...5; *EH, Die Geburt der Tragödie* 3). Entscheidend für N. ist, dass die Tragödie nicht als Purgativ von deprimierenden und lebensverneinenden Affekten, sondern als Bejahung und Steigerung des Lebendigen, als dionysisches „tonicum" wirke (NF 1888, 15[10]). Mit dieser Deutung konnte er sich einerseits durch Goethe bestärkt fühlen, für den Tragödien „den Geist keineswegs beschwichtigen, sondern das Gemüt und das, was wir das Herz nennen, in Unruhe versetzen" (1827: 712). Andererseits konnte er an die Schriften von Bernays, K. O. Müller und vor allem P. Yorck von Wartenburgs *Die Katharsis des*

*Aristoteles und der Oedipus Coloneus des Sophokles* (1866) anknüpfen, für die der Dionysoskult der Boden war, aus dem die griechische Tragödie hervorwachsen konnte (Ugolini 2003).

Angesichts der Frage nach dem rechten Umgang mit den →Affekten lassen sich zwei Hauptrichtungen der antiken Lebens- und Heilkunst unterscheiden: eine Richtung, die das Heil in der Mäßigung, Hemmung oder Brechung der für krankmachend gehaltenen Affekte suchte, und eine entgegen gesetzte, welche die Affekte gerade nicht im Seeleninnern einschließen und niederhalten, sondern nach außen öffnen und zur Entladung bringen wollte (Rabbow 1954; Gödde 2003). Ganz klar, dass N. der zweiten Richtung nahe steht. Aber auch →Freud und Breuer sprechen an einer maßgebenden Stelle ihrer *Studien über Hysterie* davon, dass sich in der von ihnen entwickelten Therapiemethode, die sie dann auch konsequent als „kathartische" bezeichnen, die Affekte „entladen: vom Weinen bis zum Racheakt" (Freud 1895: 87). Bei einer adäquaten „Reaktion" des Geschädigten, sei es ein entlastendes Gespräch oder eine Gefühlsentladung bis zur Rache, könne ein großer Teil des Affektes verschwinden. Wie bei N. handelt es sich auch in diesem Kontext keineswegs um eine nur zufällige Übernahme des Begriffs Entladung, sondern wieder um eine implizite Anknüpfung an Bernays (Gödde 2009: 84 ff.).

Während bei Ressentiment-Charakteren, so N., „die eigentliche Reaktion, die der That", unterbleibt, erschöpfe sich bei vornehmen Menschen ein aufkommendes →Ressentiment „in einer sofortigen Reaktion, es VERGIFTET darum nicht" (*GM I* 10). Ähnlich heißt es bei Freud: „Die Reaktion des Geschädigten auf das Trauma hat nur dann eine völlig ‚kathartische' Wirkung, wenn sie eine adäquate Reaktion ist, wie die Rache" (Freud 1895: 87). N. orientiert sich in diesem Zusammenhang auch an R. Mayers Konzept der „Auslösung", wonach sich im kleinsten Organismus fortwährend Kraft bilde und sich dann entweder von sich aus oder durch einen Reiz von außen auslösen müsse, und er interessiert sich besonders für die psychische Dynamik verhinderter Auslösung: „Grundsatz: nicht die Auslösungen, so gewaltsam sie auch sein mochten, gaben der Menschheit den meisten Schaden, sondern die Verhinderung derselben. Verstimmung, krankhafte Mißgefühle haben wir zu beseitigen – aber dazu gehört der →MUTH, das Schreckliche der Auslösungen anders und günstiger zu beurtheilen" (NF 1881, 11[28]).

Festzuhalten bleibt, dass es in der zweiten Hälfte des 19. Jh.s mit Bernays, N. und Freud zu einem „Traditionsbruch in der Geschichte der K" kam, der zur „Neubestimmung und Entgrenzung des Begriffs" über die klassischen Felder der Poetik, Ethik, Religion und Politik hinaus führte und neue Diskurse in der Medizin, Psychologie, Ästhetik und Kulturtheorie anbahnte (Vöhler/Linck 2009: XIII).

*Günter Gödde, Berlin*

**Kausalität** | In *FW V* erinnerte N. in Sachen K (auch mit „C" geschrieben) an →Kants „ungeheures Fragezeichen, welches er an den Begriff ‚C' schrieb", indem er vorsichtig das Reich abzugrenzen begann, „innerhalb dessen dieser Begriff überhaupt Sinn hat"; in Klammern fügte N. hinzu, dass man „auch jetzt noch nicht mit dieser Grenzabsteckung fertig geworden" sei (357, KSA 3: 598). N. konnte noch nicht wissen, dass die Quantenphysik im 20. Jh. den Sinn des Begriffs der K zumindest im Bereich der Elementarteilchen ernsthaft in Zweifel ziehen und in die Nähe des Zufalls rücken würde. In seiner eigenen Weiterführung der Grenzabsteckung schloss N. an Kant an, der den Begriff der K zwar einerseits auf Erscheinungen eingeschränkt, aber andererseits zugleich eine K der Natur von einer K durch Freiheit unterschieden hatte. In Übereinstimmung mit seiner Bestimmung der *Moral als Widernatur* (so der gleichnamige Abschnitt aus *GD*) wird die moralische K von N. als Begriff einer „WIDERNATÜRLICHEN C" (*AC* 25) kritisiert, in dem sich das ganze Begriffsarsenal und das Ressentiment einer dualistischen →Metaphysik konzentriert, die zudem unter der „NACHWIRKUNG DER ÄLTESTEN RELIGIOSITÄT" (*FW* 127) steht. In dieser glaubte der Mensch die ganze Natur von persönlichen Wesen erfüllt, deren (freier) Wille die einzige Kraft und Ursache sei, um Wirkungen hervorzubringen. Was Kant als eine Erkenntnis a priori erschien, ist für N. demnach nicht einmal eine Erkenntnis, sondern nur „eine eingefleischte URMYTHOLOGIE aus der Zeit der tiefsten Unkenntniß!" (NF 1881–82, 16[16]) Der Begriff der natürlichen K und damit auch der Wissenschaft ist erst ein späteres Produkt und stammt aus der Zeit der Ablösung von religiösen Weltbildern und deren priesterlichen Vertretern (vgl. *MA* 111). Gegen diese Ablösungsversuche wurde dann wieder der „Schuld- und Strafbegriff, die ganze ‚sittliche Weltordnung' [...] erfunden" (*AC* 49), der N. wiederum seine eigene Lehre von der „Unschuld des Werdens" entgegenstellt (*GD, Die vier...* 7). Sie lässt auch den Begriff der natürlichen K nicht unbehelligt. Denn ein Intellekt, der den Fluss des Geschehens nicht in mehr oder weniger willkürlich herausgegriffene und isolierte Punkte von Ursache und Wirkung zerteilen und zerstückeln würde, sondern als Kontinuum sähe, in dem im Grunde alles für alles verantwortlich ist, „würde den Begriff Ursache und Wirkung verwerfen und alle Bedingtheit leugnen." (*FW* 112; vgl. bereits *WS* 11) Nimmt man zudem den Faden, an dem etwas hängt, durch das es also ‚verursacht' ist, möglichst *kurz*, so wird deutlich, dass zwischen K und →Zufall kein wesentlicher Unterschied besteht: „‚Zufall' existirt wirklich." (NF 1885–86, 2[167]). Zufall könnte man aber als eine natürliche Freiheit der K bezeichnen. Und für Zarathustra ist es ein Segnen und kein Lästern, wenn er lehrt: „‚über allen Dingen steht der Himmel Zufall, der Himmel Unschuld, der Himmel Ohngefähr, der Himmel Übermuth.'" (*Za III, Vor Sonnen-Aufgang*)

*Michael Skowron, Daegu*

**Keller, Gottfried** | K, * 19. 7. 1819 Zürich, † 15. 7. 1890 ebd., schweiz. Schriftsteller, nahm N. wohl erstmals nach der Publikation von →*DS* wahr; legendär ist sein abfälliges Urteil über das „knäbische Pamphlet des Hr. N. gegen Strauß" (an Emil Kuh am 18. 11. 1873, s. Smidt/Streitfeld 1988: 77). N. seinerseits erwähnte K erstmals (in aussagefähiger Form) in Nachlassnotizen aus dem Umkreis von *MA*: „K, Burckhardt zu erwähnen: vieles Deutsche erhält sich jetzt besser in der **Schweiz**, man findet es hier deutlicher erhalten" (NF 1878, 30[161]). Zwei Jahre später reiht N. Ks *Leute von Seldwyla* unter die wenigen Beispiele der „deutschen Prosa" ein, die es verdienen „wieder und wieder gelesen zu werden" (*WS* 109). Angetan ist N. auch von Ks Roman *Der grüne Heinrich*, auf den mehrere Mitteilungen aus dem Jahr 1881 hinweisen, unter ihnen eine Postkarte an Overveck (v. 18. 5. 1881). Nach Fertigstellung von *FW* gibt N. seinem Verleger – ähnlich wie später im Fall von *Za I–III* – Anweisung, auch K ein Freiexemplar zu übersenden (An Schmeitzner, 22. 8. 1882), um schließlich (am 16. 9. 1882) selbst an K zu schreiben und ihm, dem „hochverehrte[n] Mann, Mensch und Dichter", seine Verehrung zu bezeugen. K dankt höflich (am 20. 9. 1882), aber unbestimmt im Blick auf N.s Sache. K und N. sind sich auch persönlich begegnet, am 30. 9. 1884 in Zürich; am 4. 10. 1884 ist N. Gast der Museumsgesellschaft Zurich und wird „eingeführt von Gottfried K" (Schollenberger 1934: 49). Der Pianist Robert Freund berichtet, N. sei entsetzt über Ks Schweizerhochdeutsch gewesen, während K sich über N. geäußert haben soll: „Ich glaube, dä Kerl ischt verruckt" (KGW VII 4/2: 37). 1887 nennt N. in mehreren, allerdings erkennbar auf Wirkung abzielenden Briefen (u. a. an Georg Brandes, 2. 12. 1887) K als einen seiner prominenten Leser. In *NW* bemerkt N. zu Wagners *Parsifal*: „[D]ass man über ihn gelacht hat, möchte ich am wenigsten bestreiten, Gottfried K auch nicht ..." (*NW, Wagner als Apostel der Keuschheit* 3) – vielleicht eine Reminiszenz aus jenen Gesprächen mit K vom Herbst 1884. Zum Thema auch: Groddeck/Morgenthaler 1994.

*Wolfram Groddeck, Zürich*

**Kierkegaard, Sören** | K, *5.5.1813 Kopenhagen, †11.11.1855 ebd., dän. Theologe und Philosoph, steht als radikaler Christ in denkbar starkem Kontrast zum dezidierten „Antichristen" N. Der Vergleich zwischen beiden wurde erst dadurch aktuell, dass sich die Existenzphilosophie zugleich auf beide Denker berufen konnte: Derart, dass N. das unergründliche →„Leben", K die vielfältig interpretierbare „Existenz“ gegen das bis dahin die Philosophie beherrschende rationale „System“ ins Feld führte. Als Erster stellte K. Löwith das gemeinsame Anliegen von *Kierkegaard und Nietzsche* (1933) in der philosophischen oder religiösen Rechtfertigung des →Nihilismus heraus. Größeres Aufsehen erregte die Schrift von K. Jaspers *Vernunft und Existenz* (1935), welche auf die Koinzidenz der jeweiligen „Infragestellung der Vernunft“ durch beide Denker hinwies. Dabei liegt keine direkte Beeinflussung vor; für den 30 Jahre älteren K war ein direkter Einfluss nicht möglich, weil er schon 1855 gestorben ist, für N. nicht, weil noch keine deutsche Übersetzung des dänischen Autors vorlag. Allerdings hat →G. Brandes N. brieflich auf seinen Landsmann aufmerksam gemacht (11.1.1888); dieser wollte sich jedenfalls mit dem „psychologischen Problem K“ beschäftigen (An Brandes, 19.2.1888), kam aber durch den Ausbruch seiner Krankheit nicht mehr dazu.

Hervorzuheben ist der bei der Gegenüberstellung beider Denker weitgehend übergangene religionskritische Doppelaspekt. Während nämlich K befürchtete, seine Kritik des geschichtlichen Christentums könne als der mit „großer Arglist ersonnene Angriff“ auf den christlichen Glauben verstanden werden, stellte N. am historischen Christentum die „Selbstaufhebung aller grossen Dinge“ im absoluten Anspruch aller durch ihn charakterisierten Ideologien fest. Doch entschwand beiden Denkern die aktuelle Zeitlichkeit, auf welche der Mensch verwiesen ist – sei es in ihrer Preisgabe für die Wiederkehr des Ewigen, sei es durch ihre Einreihung in die →ewige Wiederkehr des Gleichen. Letztlich aber wollten beide nur →„Redlichkeit“ in der philosophischen oder religiösen Orientierung über die Situation des Menschen, welcher sich bewusst ist, „DASS WIR DIE →Wahrheit nicht haben“ (NF 1880–82, 3[19]; vgl. Grau 2004).

*Gerd-Günther Grau, Hannover*

**Kind** | Das K taucht bei N. in unterschiedlichen Bedeutungen auf, etwa im Blick auf die kindliche Erfahrung, so, wie sie uns als unwiederbringlich verloren, als Paradies erscheint. Das K, das „zwischen den Zäunen der Vergangenheit und der Zukunft in überseliger Blindheit spielt“ (*HL* 1, KSA 1: 249), lebt ganz in der Gegenwart. Sein begrenzter zeitlicher Horizont ist konstitutives Moment seiner naiven Glückseligkeit. Eine romantische Rückkehr zu dieser K-heit schließt N. aus. Den größten Fundus zum Thema stellt *Za* dar. Gleich zu Beginn wird Zarathustra durch den Greis bescheinigt: „Verwandelt ist Zarathustra, zum K-e ward Zarathustra, ein Erwachter ist Zarathustra“ (*Za I, Zarathustra's Vorrede* 2). Das K hier ist gerade nicht naiv, sondern sehend. Die drei Verwandlungen zeigen auf, wie man zu dieser Geistesform kommt und was sie bedeutet. Der Mensch wächst zunächst in eine Tradition von Werten und Sichtweisen hinein, die ihm als „Du-sollst“ (*Za I, Von den drei Verwandlungen*) vorschreiben, was gut und richtig ist. Davon befreit er sich, indem er die Geistesform des →Löwen entwickelt: Der Löwe sagt „ich will“ (ebd.), er verneint die Rechte der alten Werte. Dazu bedarf es der zerstörerischen Kraft eines Löwen, der sich die Freiheit raubt zu neuen Werten. Der Löwe aber muss zum K werden. „Unschuld ist das K und →Vergessen, ein Neubeginnen, ein →Spiel, ein aus sich rollendes Rad, eine erste Bewegung, ein heiliges Ja-sagen. Ja, zum Spiele des →Schaffens, meine Brüder, bedarf es eines heiligen Ja-sagens: SEINEN Willen will nur der Geist, SEINE Welt gewinnt sich der Weltverlorne.“ (ebd.) Das K erst vermag etwas →Neues zu schaffen, was ganz in sich selbst zu stehen vermag, vermag eine neue Sicht, eine neue Welt hervorzubringen, weil es durch die Verneinung des bislang Gültigen durchgegangen ist. Zarathustra selbst sucht keine Schüler, die seine Erkenntnis als einen theoretischen Akt nachvollziehen, sondern hofft auf K-er. K-er wären hier eine Metapher für eine Zukunft, in der die Erkenntnis von Zarathustra in seinen K-ern weiterlebt, die jedoch selbst wiederum eigene Wege gehen müssen.

*Ursula Stenger, Ludwigsburg / Georg Stenger, Würzburg*

**Kirche** | N. hat sich – darin durchaus in protestantischer Tradition – in seinem philosophischen Werk und Nachlass nicht um die Prägung eines kohärenten Kn-begriffs bemüht. Dennoch lassen sich in seinem Nachdenken über →Religion und →Christentum durchaus Entwicklungen beobachten, die sein Verständnis von K näher zu fassen erlauben. K ist zunächst mit Katholizismus assoziiert – etwa da, wo N. sich bei den katholischen Ritualen an das freilich „viel heller[e]" griechische Musikdrama erinnert fühlt (*GMD*, KSA 1: 531). Heute stehe der Aneignung der Antike die „Unterdrückung durch die K" nicht mehr im Weg (NF 1875, 5[109]). Dennoch erscheint der Wissenschaftler gelegentlich als säkularisierter Kleriker (NF 1872, 29[46]). Schon im Frühwerk betrachtet N. – trotz gelegentlicher kulturkämpferischer Töne (z. B. NF 1874, 32[80]) – die katholisch-mittelalterliche K als eine Institution mit erheblicher sozialer und kultureller Bindekraft, die in der gegenwärtigen „Periode der Atome, des atomistischen Chaos" verloren gegangen sei (*SE* 4, KSA 1: 367). Diese romantisch klingende Option auf den mittelalterlichen Katholizismus wird freilich bald konterkariert von religionskritischen Motiven, die den Vergleich von K und →Staat schließlich zu deren Gunsten ausfallen lassen, da sie nicht künstliche Bedürfnisse erzeugten, sondern reale Bedürfnisse befriedigten (*MA* 476). In der Frage, ob die Institution K dem Untergang geweiht sei, gibt es bei N. unterschiedliche Auskünfte: Während ihre Gebäude in *FW* 125 nichts weiter als „Grüfte und Grabmäler Gottes" zu sein scheinen, wird der K im Nachlass als Chance zugerechnet, warten zu können (NF 1884, 26[5]) – eine Überlegung die auch in *Za II, Von grossen Ereignissen* wiederkehrt, wo die K als „verlogenste" „Art von Staat" gebrandmarkt wird. Im Spätwerk scheint sich N.s Kn-bild negativ zu vereindeutigen: K ist nun Inbegriff der Lebensfeindlichkeit (*GD, Moral als* … 1), eine Zähmungsanstalt, die durch Krankmachen obsiegt (*GD, Verbesserer* … 2). Für N.s K-enbegriff von 1888 sind drei weitere Elemente charakteristisch: 1. Die Assoziation der (christlichen) K mit →Platon und Platonismus, also einer spezifisch dualistischen Diesseitsverleugnungslehre (*GD, Was ich* … 2); 2. im Anschluss an →Wellhausen die Charakterisierung des vorchristlichen →Judentums als K, damit des frühesten →Christentums als Oppositionsbewegung gegen diese K (*AC* 27); 3. schließlich – unter dem Eindruck von →Dostojewski und Tolstoi – die scharfe Entgegensetzung von K und der Lebensform, dem „Evangelium" Jesu (*AC* 33, 36 u. ö.). Zum Thema auch: Benz (1956); O'Flaherty/Sellner/Helm (1985); Sommer (1997; 2000a); Willers (2003a); Mourkojannis/Schmidt-Grépály (2004).

*Andreas Urs Sommer, Freiburg i. Br.*

**klein, Verkleinerung** | In der Vorrede zu *Za* stellt Zarathustra seine Zuhörer auf dem Markt vor eine zweifache Möglichkeit: Der eine Weg ist der der Selbstüberwindung des Menschen zum →Übermenschen, der andere Weg ist der der V des Menschen zum letzten Menschen, „der Alles klein macht", insbesondere auch sich selbst. So wird er „unaustilgbar, wie der Erdfloh", und lebt am längsten (*Za I, Vorrede* 5). Beide Wege beginnen nicht erst heute, sondern haben ihre Geschichte. Die Selbst-V des Menschen beginnt in Europa spätestens mit dem Aufstieg der Wissenschaften und dem damit einhergehenden Niedergang des christlichen Glaubens. Der Mensch, der sich einst im Mittelpunkt des Universums glaubte und als Ebenbild Gottes verstand, rückt seit Kopernikus immer mehr in einen zufällig bewohnbaren Winkel des Weltalls und wird mit Darwin zu einem Nachkommen affenartiger Vorfahren und damit selber zum Tier, insbesondere zum „Herdentier" (JGB 203). N.s Formel dafür: „Seit Copernicus rollt der Mensch aus dem Centrum ins x." (NF 1885–86, 2[127]; *GM III* 25) Allerdings kann man diese Tendenz zur V auch als Anzeichen einer Vergrößerung verstehen, sofern der Mensch insbesondere mit Hilfe der modernen Wissenschaft und Technik, die sich noch für die alten Griechen „wie lauter Hybris und Gottlosigkeit" ausnehmen würden (*GM III* 9), auch ohne die Tröstungen und Illusionen früherer Zeitalter zu leben lernt. K und groß, V und Vergrößerung sind relative Begriffe und daher nicht getrennt zu behandeln. Deshalb lassen sich V und Vergrößerung vielleicht besser an den ihnen entsprechenden Tugenden erkennen, die Tendenz zur V an ihrer bescheidenen, verkleinernden Tugend (*Za III, Von der verkleinernden Tugend*), die zur Vergrößerung an ihrer schenkenden Tugend (*Za I, Von der schenkenden Tugend*). Zum Thema auch: Brusotti (1992a).

*Michael Skowron, Daegu*

**Klugheit** | K ist die Fähigkeit, eine Handlung vermittels richtiger Überlegungen so zu gestalten, dass man einen individuellen Zweck bewusst realisiert. K ist seit der Antike eine geistige Fähigkeit und seit Aristoteles eine Verstandestugend, die dem Menschen Glückseligkeit ermöglichen soll. K und Ethos sind hier noch als Einheit gedacht. In der Neuzeit erhielt die Ks-Lehre einen anderen Stellenwert. K diente dem Bürger dazu, den persönlichen Nutzen in Wirtschaft und Politik zu optimieren. Ks-Lehren wurden entwickelt, um insbesondere den Herrschenden Mittel an die Hand zu geben, den Staat zweckrational zu lenken. Während in den politischen Theorien →Machiavellis die ethischen Komponenten in seinen Hinweisen zu einem politischen Zweck-Mittel-Kalkül zurücktreten, werden in den Ks-Lehren der Aufklärung (z. B. Thomasius, Wolff) diese wieder hervorgehoben. Für →Kant hingegen ist die durch K angestrebte Glückseligkeit kein sittliches Prinzip, und im Gegensatz zum kategorischen Imperativ sind die Hinweise der K nur noch pragmatische Imperative. Aus der K erwächst schließlich eine mehr oder weniger moralfreie Zweckrationalität. Für N. sind alle jene Moralen, „die sich an die einzelne Person wenden, zum Zweck ihres ‚Glückes', [...] Recepte gegen ihre Leidenschaft, ihre guten und schlimmen Hänge, so fern sie den →Willen zur Macht haben und den Herrn spielen möchten"; es sind „kleine und große Klugheiten und Künsteleien, behaftet mit dem Winkelgeruch alter Hausmittel und Altweiber-Weisheit", was – intellektuell gemessen – weniger wert, auf keinen Fall aber →„Weisheit" sei – es ist „Klugheit [...], gemischt mit Dummheit [...]" (*JGB* 198). Eine Rasse von Menschen des →Ressentiments, die sich auf ein „Sich-verkleinern", „Sich-demütigen" versteht, wird „notwendig endlich KLÜGER sein als irgend eine vornehme Rasse"; für jene gilt die K als „eine Existenzbedingung ersten Ranges", für die →Vornehmen hingegen hat K einen „feinen Beigeschmack von Luxus und Raffinement", die selbst einen Zug einer gewissen „Unklugheit" tragen kann, wie „etwa das tapfre Drauflosgehen, sei es auf die Gefahr, sei es auf den Feind, oder jene schwärmerische Plötzlichkeit von Zorn, Liebe, Ehrfurcht, Dankbarkeit und Rache, an der sich zu allen Zeiten die vornehmen Seelen wiedererkannt haben." (*GM I* 10) Für N. wird „die K alle ihre Würde verloren haben", wenn die zukünftige Entwicklung „weiter auf den Bahnen des letzten Jahrhunderts" wandelt: „Es ist dann zwar notwendig, klug zu sein, aber auch so gewöhnlich und so gemein, dass ein eklerer Geschmack diese Notwendigkeit als eine GEMEINHEIT empfinden wird." (*FW* 20)

*Hans-Martin Gerlach †*

**Koegel, Fritz** | K, * 2. 8. 1860 Hasserode, † 20. 10. 1904 Jena, Philosoph, Literat, Komponist, Kaufmann, Herausgeber im →N.-Archiv. Es entsteht – nach erster Bekanntschaft mit N.-Texten Ende 1888 – *Vox humana. Auch ein Beichtbuch*, 1892 anonym veröffentlicht „als Schüler N.s, in dessen Geist und [...] Form er einzudringen bemüht ist" (*Magazin für Litteratur* 61, Nr. 11). K spielt eine wichtige Rolle in der frühen N.-Rezeption in Berlin. 1896 veröffentlicht er als einer der ersten über N.s Musik, auch vertont er N.-Texte. Von →EFN, die er 1891 kennen lernt, umworben, tritt K 1894 in das Archiv ein und gibt zwölf Bände einer N.-Gesamtausgabe (GAK) heraus; auch schreibt er privat v. a. aus N.-Briefentwürfen ab (→Koegel-Exzerpte), worüber es nach vorangegangenen Differenzen endgültig zum Zerwürfnis mit EFN und nachfolgendem Ausscheiden aus dem N.-Archiv (zum 1. 7. 1897) kommt. Erhebliche Forschungslücken erschweren eine Darstellung von Ks Leben und Werk (5 Monographien, 25 Aufsätze, 130 Gedichte, 95 Kompositionen); seine Biographie bleibt ein Desiderat. Zum Thema auch: Hoffmann (1991, 1993b); Krummel (I: 240).

*Cornelius Lüttke, Berlin*

**Koegel-Exzerpte** | Bezeichnung für Abschriften von F. Koegel (1860–1904) v. a. aus Briefentwürfen N.s. Koegel stieß während seiner Herausgebertätigkeit am →N.-Archiv (1894–97) auf abfällige Bemerkungen N.s über seine Schwester und Mutter sowie über →L. v. Salomé und erfasste mit sicherem Instinkt die Bedeutung dieser Stellen für die damals entstehende N.-Legende. In seinen Exzerpten legte er besonderes Gewicht auf das →„Lou-Erlebnis", weil er vorausahnte, EFN werde hier am meisten fälschen. Koegel selbst veröffentlichte die Stellen nicht, erst Freunde und spätere N.-Forscher (C. A. Bernoulli, J. Hofmiller, E. F. Podach, R. Roos, E. Pfeiffer) spürten diese Exzerpte auf und publizierten sie nach und nach. Sämtliche erhaltenen K-E wurden nachgewiesen und veröffentlicht von Hoffmann (1991: 579–713). Zum Thema auch: Podach (1961: 398 f.); Hoffmann (1993a: 78–81).

*David Marc Hoffmann, Basel*

**Körper** | Während der →Leib die Ganzheit der lebhaften Person meint, die nicht objektivierbar und instrumentell verfügbar ist, steht der K für die materielle Seite des Menschen, für seinen biochemisch-physikalisch-physiologisch funktionierenden Organismus. Auch wenn N. die terminologische Unterscheidung zwischen Leib und K nicht streng beachtet, findet sie sich doch der Sache nach in seinem Werk. So wendet sich N. in *M* 86 gegen die „CHRISTLICHEN INTERPRETEN DES LEIBES", die den Leib nicht im umfassenden Sinne als eine Leib-Seele-Vernunft-Einheit deuten, sondern ihn letztlich auf einen K und damit auf eine Maschine reduzieren. N.s Ausruf: „Wie verschieden ist [...] der Leib, wie wir ihn empfinden, sehen, fühlen, fürchten, bewundern und der ‚Leib', wie ihn der Anatom uns lehrt!" (NF 1881, 14[2]) nimmt insoweit bereits die Unterscheidung zwischen Leib und K vorweg. Zum Thema auch: Hammer (1974); Schipperges (1975); Caysa (1998).

*Karen Joisten, Mainz*

**Korruption** | Die K (auch mit „C" geschrieben) ist für N. vor allem gekennzeichnet durch gesellschaftliche Anzeichen, bei denen ein „bunter ABERGLAUBE" überhandnimmt, es zu einer „ERSCHLAFFUNG" (*FW* 23) kommt, samt nachfolgender ‚Tyrannen-Herrschaft' (vgl. Reschke 1992a: 149 u. 153), bei welcher sich die „frühreifen ERSTLINGE DER INDIVIDUEN" – gemeint sind ‚Cäsare' wie die römischen Kaiser, Napoleon Bonaparte oder der Sonnenkönig Ludwig XIV. – aufmachen und eine „Alleinherrschaft" für sich beanspruchen (*FW* 23). Zu korrupten Gesellschaften zählt N. z. B. das kaiserliche Rom und China (vgl. Wilson 1996: 332; zu China vgl. auch *FW* 24), als korruptionsfördernd erachtet er das „→Christenthum" sowie den „Alkohol – die beiden GROSSEN Mittel der C" (*AC* 60; vgl. auch *AC* 58, 62). Doch auch auf den Künstler trifft dies N. folgend zu: „[D]enn Nichts ist corruptibler, als ein Künstler." (*GM III* 25) In *MA* heißt es verallgemeinernd sogar: „In allen Instituten, in welche nicht die scharfe Luft der öffentlichen Kritik hineinweht, wächst eine unschuldige C auf, wie ein Pilz" (468). Für N. wird die K damit einerseits „zum Medium kulturkritischer Vergangenheitsbesichtigung, zur Chiffre aggressiver Gegenwartsanalyse, zum Transporteur ambivalenter Kulturutopien" (Reschke 1992a: 139) sowie, andererseits, „zum Zentralpunkt aller kulturkritischen Reflexion" (ebd.: 141) überhaupt. „Die großen Momente der CULTUR sind die Zeiten der C [...]." (NF 1885–87, 9[142]) In N.s ‚Gärtner-Metaphorik' ausgedrückt und zugespitzt formuliert, sind es demnach gerade die „Zeiten der C [...], in welchen die Aepfel vom Baume fallen: ich meine die Individuen, die Samenträger der Zukunft, die Urheber der geistigen Colonisation und Neubildung von Staats- und Gesellschaftsverbänden." (*FW* 23). N. wertet somit die beschriebenen Kennzeichen allgemeinen Kulturverfalls – wie sie in Zeiten der K oft anzutreffen sind – „als zugleich destruktive und kulturpotenzierende Momente gesellschaftlicher Entwicklung." (Reschke 1992a: 140) Kurz: „C ist nur ein Schimpfwort für die HERBSTZEITEN eines Volkes." (*FW* 23)

*Daniel Grummt, Dresden*

**Köselitz, Heinrich** | K, Künstlername Peter Gast, *10.1.1854 Annaberg, †15.8.1918 ebd., Komponist, N.s Freund und „Eckermann", studierte 1872 Musik in Leipzig und wurde dort mit N.s ersten Schriften bekannt. 1875 reist er nach Basel, um N. kennenzulernen und seine Vorlesungen zu hören. Schon kurz nach der ersten Begegnung setzte er sich für die Publikation von *WB* ein und fertigte mit seiner sauberen Handschrift ein Druckmanuskript an. Bis zu N.s Zusammenbruch 14 Jahre später kontrollierte K jeweils die Korrekturbogen von N.s Werken, fertigte oft die Reinschrift an und brachte Vorschläge für treffendere Formulierungen ein. 1888 hat N. diese Sekretärstätigkeit von K ausdrücklich gelobt: „[E]r war im Grunde der eigentliche Schriftsteller, während ich bloss der Autor war." (*EH, MA* 5) 1878 übersiedelte K nach Venedig, blieb aber als Korrespondenzpartner wichtig in N.s Leben und Denken. N. setzte sich für den unbeachteten Musiker ein und sprach von ihm als „neuem Mozart" (An Levi, 10.11.1882; an Overbeck, 10.11.1882). K' bekannteste Komposition ist die Oper *Der Löwe von Venedig* (UA Danzig 1891). Nach N.s Zusammenbruch setzte sich K mit →Overbeck für eine Gesamtausgabe ein, zerstritt sich mit N.s Schwester, kehrte aber 1900 ans Archiv zurück, um im ‚Dunstkreis' N.s zu sein. Dort ließ er sich auf eine Mitarbeit ein und machte sich dadurch mitschuldig an EFNs →Brieffälschungen und →Werkfälschungen, hier insbesondere →*Der Wille zur Macht* betreffend. Im Sommer 1909 trennte er sich nach Rechtsstreitigkeiten vom Archiv und lebte zurückgezogen als Musiker. Zum Thema auch: Fuchs (1890); Mendt (1923/24); Podach (1932: 68–124); Love (1981); Hoffmann/Peter/Salfinger (1998); Small (2006); v. Wilamowitz-Moellendorff (2006).

*David Marc Hoffmann, Basel*

**Krankheit (N.s)** | N. fühlte sich den von K und Leiden gezeichneten Jahren seines Lebens tief verpflichtet, weil sie ihn zum Tiefer-Denken in einer „furchtbaren nüchternen Helle" stimulierten: „Die ungeheure Spannung des Intellectes, welcher dem Schmerz Widerpart halten will, macht, dass Alles, worauf er nun blickt, in einem neuen Licht leuchtet" (*M* 114), eingeschlossen die Rührung des →freien Geistes über die Genesung, das „blasse, feine Licht und Sonnenglück [...], Gefühl von Vogel-Uebermuth" (*MA, Vorrede* 4). Eine Gesundheit, welche der Krankheit als „Stimulans des Lebens" (*WA* 5) bedarf (→Gesundheit/Krankheit), ist für N. eine „GROSSE GESUNDHEIT", eine solche, die man „beständig noch erwirbt [...] weil man sie immer wieder preisgibt" (*FW V* 382).

N. selbst deutete seine Beschwerden brieflich (An Overbeck, 4.7.1888) als Ausdruck einer „extremen Irritabilität", einer vom Vater her ererbten „Gesammt-Erschöpfung". N.s Vater verstarb 36-jährig an einem Hirntumor (vermutlich einem Gliom), der Sohn lebte ab 1875 immer in Angst, wie der Vater zu sterben, mit entsprechend vielgestaltigen, darauf bezüglichen subjektiven Ks-Theorien (→Vater). N.s vielgestaltige und wechselhafte Symptomatik ist Ausdruck eines Krankheitskomplexes, in dem sich organische Faktoren (Migräne, Myopie, Paralyse) und psychische Faktoren (melancholische Disposition mit hypomanischer Depressionsabwehr bei narzisstischer Störung) überlagerten. Das hochsensible, melancholische Kind versuchte das Trauma des frühen Vatertodes in Gedichten und Ansätzen zu Autobiographien zu verarbeiten. Seine larvierte Depression und seine psychosomatischen Symptome (Kopf- und Augenschmerzen) können als Ausdruck unbewusster Schuldgefühle am Tod des Vaters (Tod Gottes) und eines sadistischen Über-Ichs („SELBSTKENNER!/SELBSTHENKER"; *DD, Zwischen Raubvögeln*) gedeutet werden.

Von der Studienzeit an schien N. an Migränetagen die Welt verklärt, aber auch vom Tyrann Schmerz dominiert. Sein Sehvermögen schwankte immer wieder zwischen -13 und -20 Dioptrien. Dazu kam eine 25 Jahre lang bestehende Augenentzündung, mögliches Indiz für eine chronische syphilitische Infektion. Von 1880 an wurde N. sehr erschreckt durch die Intensität seiner Gefühle, manisch-depressiv schwankend mit heftigen Explosionen (N. an Overbeck, 9.7.1883). Seine häufigen ‚Aufgeregtheiten' kamen ihm nach der Lektüre Maudsleys (1875) ‚epileptoid' vor. Halblähmungen und das Gefühl von Seekrankheit waren neurologische Verschlimmerungen, die auf einen meningo-encephalitischen Hirnprozess deuteten, den N. bei sich als „Neurasthenie" diagnostizierte. Da die Ärzte angesichts seiner „Kopfneuralgie" hilflos waren, behandelte er sich mit z. T. selbstausgestellten Rezepten.

Im Turiner Herbst 1888 zeigte sich eine gesteigerte Affektlabilität und Aggressivität bei manischer Exaltation. Nach dem Zusammenbruch am 3.1.1889 und zwei Aufenthalten in der Psychiatrie (Basel, Jena) mit der Diagnose „Progressive Paralyse" pflegte ihn die Mutter von 1890 an daheim. In der Villa Silberblick wurde ab 1897 der Kranke als weiser, verstummter Seher den Besuchern vorgeführt. Nach einer Lungenentzündung und einem erneuten Schlaganfall verstarb N. am 24.8.1900. Chloralhydratvergiftung, Zyklothymie, Borrelieninfektion, Zyklothymie mit Multiinfarktdemenz (Cybulska 2000) oder rechtsseitiger Hirntumor, z. B. ein Meningeom (Owen/Schaller/Binder 2007), waren einige der vielen Hypothesen zur Krankheitsätiologie. Am häufigsten wird die Annahme einer Demenz syphilitischen Ursprungs vertreten (z. B. Volz 1990; Wolf 1995; Vartzbed 2005). Allerdings gab N. persönlich gegenüber Dr. Eiser 1877 an, „nie syphilitisch gewesen" zu sein (Volz 1990: 190), glaubte aber, sich in seinen Leipziger Studentenjahren mit Tripper angesteckt zu haben. In der Jenaer Krankenakte findet sich der Eintrag „1866 Syphilit. Ansteckung" (ebd.: 188) ohne Gewährsmann. Der erfahrene Kliniker Binswanger war 1922 der Meinung, dass die Ätiologie von N.s Leiden aus Art und Verlauf der Erkrankung nicht erschlossen werden könne (ebd.: 189). Auch wenn die Mehrzahl der Autoren nicht daran zweifelt, dass N. an einer Demenz infolge progressiver Paralyse syphilitischen Ursprungs gestorben sei, weil die Symptomätiologie zu dieser im 19. Jh. überaus häufigen, unbehandelbaren Krankheit passt, gab es von Anfang an Gegner dieser Hypothese, allen voran EFN, die ihren Bruder nicht mit dem Makel einer Geschlechtskrankheit behaftet sehen wollte. Statt Syphilis bringt Schain (2001) Schizophrenie, Orth (2006) chronisch frontotemporale Demenz, Hemelsoet/Devreese (2008) das CADSIL-Syndrom (cerebral autosomal dominant arteriopathy with subcortical infarcts and leukoencephalopathy) und zuletzt Koszka (2009) das MELAS-Syndrom (mitochondrial encephalomyopathy with lactic acidosis and stroke-like episodes) in die Debatte. Ohne postmortale PCR-Untersuchung von Knochen oder Haaren N.s sind die diversen Rekonstruktionen der Krankheitsursache letztlich nicht verifizierbar bzw. falsifizierbar. Tragisch bleibt, dass eine organische, seinerzeit unbehandelbare Demenz N.s Denken ein vorzeitiges Ende setzte. Zum Thema auch: Schipperges (1975); Lange-Eichbaum/Kurth (1986); Benedetti (1989); Schmidt (1990a,b; 1993; 1994); Wolf (1995); Gschwend (2000); Schmücker (2001); Volz (2002; 2003); Sax (2003); Arnold/Atwood (2005).

*Pia Daniela Schmücker, Ulm*

**Krieg** | N. verwendete die Vokabel K in zwei Hinsichten: mitunter (sowohl zustimmend als auch ablehnend) im wortwörtlichen Sinn, mehrheitlich hingegen, wohl im Nachgang zur Hochschätzung des →Agonalen bei →Heraklit, als Metapher insbesondere für geistiges Ringen („Geisterkrieg"; *EH, Warum ich ein …* 1) und Selbstüberwindung, Letzteres etwa im Sinne der in *Za I* gegebenen Antwort auf die Frage: „Mein Bruder, ist K und Schlacht böse?" Sie lautet nämlich: „Aber nothwendig ist diess →Böse", denn: „Der Mensch ist etwas, das überwunden werden muss" (*Von den Freuden- und Leidenschaften*). Gelegentlich verwendet N. die Vokabel

K auch zwecks Bezeichnung einer auf (gesunde) Aggressivität hinweisenden anthropologischen Konstante, die dem Menschen – etwa nach dem Kanon „Was mich nicht umbringt, macht mich stärker" – durch die „Kriegsschule des Lebens" (*GD, Sprüche…* 8) aufgenötigt sei und über die auch N. selbst verfüge: „Ich bin meiner Art nach kriegerisch." (*EH, Warum ich so weise bin* 7) Dagegen steht immer wieder Skepsis, angetrieben möglicherweise von Hobbes' „bellum omnium contra homnes", das N. zwar gelegentlich zitiert (etwa in *DS* 7, KSA 1: 194), aber nur der Diagnose nach, keineswegs (wie durch *Za II, Von grossen Ereignissen* deutlich wird) im Blick auf Hobbes' Therapievorschlag in Sachen eines starken, friedenssichernden (Sozial-)Staats (vgl. Niemeyer 1998a: 387 ff.). N.s Lösung weist eher in Richtung des gesellschaftskritisch angelegten, psychologisch aufschlussreichen (→Psychologie) Bonmots: „Unter friedlichen Umständen fällt der kriegerische Mensch über sich selber her" (*JGB* 76), das seine Abrundung erst erfährt durch den bitterbösen Spott (auch auf den →Darwinismus): „Die Affen sind zu gutmüthig, als dass der Mensch von ihnen abstammen könnte." (NF 1884, 25[235])

Dominant (und durchgehend) ist im Vergleich dazu N.s Begriffsverwendung als →Metapher für geistiges Ringen, angefangen bei dem aus Begeisterung über Rohdes Rezension von *GT* getroffenen Ausruf: „Kampf, Kampf, Kampf! Ich brauche den K" (An Rohde, 27.5.1872) über die These: „Jede Philosophie, welche den Frieden höher stellt als den K […], erlaubt zu fragen, ob nicht die Krankheit das gewesen ist, was den Philosophen inspirirt hat" (*FW, Vorrede zur zweiten Ausgabe* 2), bis hin zu der Aufforderung, es sei an der Zeit, „der europäischen Moral den K zu erklären" (NF 1885, 36[16]) oder der bilanzierenden Bemerkung, er führe „seit 10 Jahren" K gegen Wagner (An Spitteler, 11.12.1888) oder halte es für notwendig, dem →Antisemitismus „einen schonungslosen K [zu] mache[n]" (NF 1888, 24[1]7.). Dem korrespondiert Zarathustras Charakterisierung der Wahrheit als „Weib", das immer nur einen „Ksmann" (*Za I, Vom Lesen und Schreiben*) liebt, samt der Ergänzung aus dem Nachlass, wonach der – stammesgeschichtlich gesehen an K und Jagd gewöhnte – Mann „jetzt die Erkenntniß als die umfänglichste Gelegenheit für K und Jagd" (NF 1882–83, 4[67]) liebe. Etwas irritierend wirkt N.s unter dem Vorzeichen seiner neuen Liebe (→Amor fati) stehender Friedensschluss in Sachen „K gegen das Hässliche" (*FW* 276) – fortgeführt in *Za III, Vom Vorübergehen* –, zumal ihm unmittelbar N.s Stolz darauf nachfolgt, dass ein „höhere[s] Zeitalter" anzuheben scheint, „jenes Zeitalter, das den Heroismus in die Erkenntniss trägt und Ke führt um der Gedanken und ihrer Folgen willen." (*FW* 283) Komplettiert wird diese Vorfreude durch das unter dem Leitmotiv „Wir Kinder der Zukunft" stehende Bekenntnis: „[W]ir freuen uns an Allen, die gleich uns die Gefahr, den K, das Abenteuer lieben, die sich nicht abfinden, einfangen, versöhnen und verschneiden lassen" (*FW V* 377). Das Resümee scheint insoweit außer Frage zu stehen: „Der freie Mensch ist K-er" (*GD, Streifzüge…* 38) Als Höhepunkt dieser Variante des metaphorischen Begriffsgebrauchs darf N.s Prophezeiung gelten, infolge seines Versuchs, die Wahrheit gegen die „Lüge von Jahrtausenden" in Stellung zu bringen, „werden wir Erschütterungen haben, einen Krampf von Erdbeben, eine Versetzung von Berg und Thal, wie dergleichen nie geträumt worden ist. Der Begriff Politik ist dann gänzlich in einen Geisterkrieg aufgegangen, alle Machtgebilde der alten Gesellschaft sind in die Luft gesprengt – sie ruhen allesamt auf der Lüge: es wird Ke geben, wie es noch keine auf Erden gegeben hat. Erst von mir an giebt es auf Erden →grosse Politik" (*Warum ich ein…* 1)

Der nicht-metaphorische Gebrauch der Vokabel K ist weit vielgestaltiger und muss, um in der Rezeptionsgeschichte zutage getretene Missverständnisse zu vermeiden, genauestens auf den Kontext hin bedacht werden. So wird man N.s – fast zwei Jahre später unter dem Titel *Der griechische Staat* in eine Weihnachtsgabe für C. Wagner aufgenommenes (→*CV*) – Plädoyer dahingehend, dass „der K für den Staat eine ebensolche Nothwendigkeit ist wie der Sklave für die Gesellschaft", und zwar dies vor allem im Blick auf „jene wahrhaft internationalen heimatlosen Geldeinsiedler" (NF 1871, 10[1]), ohne jede Frage als Beleg für den →Antisemitismus des frühen N. zu lesen haben. Er darf allerdings, da er dem hier gesetzten Kontext (Wagner) unterworfen scheint, nicht pars pro toto genommen werden (und kann insoweit auch nicht erweitert werden dahingehend, N. sei hinreichend als ‚K-Philosoph' überführt).

Für sich betrachtet werden müssen auch martialische Jubelrufe des ‚mittleren' N. (etwa: „Ich wuerde gern eine Colonie nach den Hochlanden Mexikos fuehren: oder mit Rée in die Palmen-Oase Biskra reisen – noch lieber kaeme mir ein K." [An Köselitz, 4.3.1882]), da man sie biographisch kontextualisieren kann (vgl. Niemeyer 1998a: 40 ff.) und insoweit als Indizien für eine fast schon verzweifelte Genesungssehnsucht N.s zu nehmen hat. Zu beachten ist dabei allerdings die ausdrückliche Ablehnung von (derlei) „Surrogate[n] des K-es" (wie etwa auch „gefährlichen Entdeckungsreisen, Durchschiffungen, Erkletterungen") namens einer Kulturkritik, die darum weiß, „dass eine solche hoch cultivirte und daher nothwendig matte Menschheit, wie die der jetzigen Europäer [...] der grössten und furchtbarsten K-e – also zeitweiliger Rückfälle in die Barbarei – bedarf, um nicht an den Mitteln der →Cultur ihre Cultur und ihr Dasein selbst einzubüssen." (*MA* 477) Gerade diese – wohl durch →J. Burckhardt angeregte (vgl. Flaig 2003) – Position N.s und der ihr zugehörende Spott, es sei „eitel Schwärmerei und Schönseelenthum, von der Menschheit noch viel zu erwarten, wenn sie verlernt hat, K-e zu führen" (*MA* 477), wurden im Verlauf der Rezeptionsgeschichte ins Zentrum gerückt. Auf der Strecke blieb oftmals die wenig später nachgereichte, ebenso kühle wie kritische Analyse der den K ermöglichenden Bedingungen – etwa das Volk „in Furcht und Gehorsam" zu halten –, die N. abschließt mit der bitterbösen Bemerkung: „Dann fehlt Nichts weiter als Gelegenheit zu grossen K-en: und dafür sorgen, von Berufswegen, also IN ALLER UNSCHULD, die Diplomaten, sammt Zeitungen und Börsen" (*VM* 320). In diese Richtung weist auch N.s Kritik der inhumanen „Lehre von dem Heer als einem Mittel der Notwehr", die Aufforderung „‚WIR ZERBRECHEN DAS SCHWERT'" sowie die Pointe: „Lieber zu Grunde gehen, als hassen und fürchten, und ZWEIMAL LIEBER ZU GRUNDE GEHEN, ALS SICH HASSEN UND FÜRCHTEN MACHEN – diess muss einmal auch die oberste Maxime jeder einzelnen staatlichen Gesellschaft werden!" (*WS* 284) Im Nachlass, der dem folgt, erwägt N., dass eigentlich, „insofern der Urheber vieler Tode unheilvoller ist, als der Mörder [...], alle Fürsten, Minister, Volksredner und Zeitungsschreiber, durch welche ein K erregt und befürwortet worden ist, hingerichtet werden [müßten]", um spöttisch-einschränkend hinzuzufügen: „[I]ch meine natürlich die ungerechten K-e, aber man wird mir sagen, daß es keine ungerechten K-e giebt." (NF 1880, 3[92]) Der hier erkennbar werdenden pazifistischen Geisteshaltung korrespondiert N.s zwei Jahre später nachgereichte trockene Bemerkung: „Ihr führt K? Ihr fürchtet euch vor einem Nachbarn? So nehmt doch die Grenzsteine weg – so habt ihr keinen Nachbarn mehr." (NF 1882–83, 4[79]) Erinnert werden muss in diesem Zusammenhang auch an N.s klammheimliche Freude in einem Brief aus Nizza an einen damals in Kairo weilenden Bekannten, wonach Gott, „mit dem ihm eigenen Cynismus, gerade über UNS seine Sonne schöner scheinen [lässt] als über das so viel achtbarere Europa des Herrn von Bismarck (– das mit fieberhafter Tugend an seiner Bewaffnung arbeitet und ganz und gar den Aspekt eines heroisch gestimmten Igels darbietet.)" (An v. Seydlitz, 12.2.1888)

In der N.-Rezeption blieben Zitate wie die vorgenannten eher randständig im Vergleich etwa zum angeblich N.s Werk und insbesondere *Za* durchziehenden „praise of war" (Pangle 1986: 140), oder sie wurden (etwa in den N.-Editionen EFNs) erst gar nicht zum Abdruck gebracht, was etwa für die unter der unheimlichen, weil wortwörtlich zu verstehenden Überschrift LETZTE ERWÄGUNG dargebotenen Auffassung N.s gilt, wonach Europa, damit „das Haus von Narren und Verbrechern sich obenauf fühlt", die „hirnverbranntesten K-e" geführt habe, die je geführt worden seien. Die Konsequenz, die N. zog, war unmissverständlich: Es gelte, wirksamere Mittel in Betracht zu ziehen, um „die Physiologie zu Ehren zu bringen als durch Lazarethe". Sowie: „Zuletzt können wir selbst der K-e entrathen; eine richtige Meinung genügte unter Umständen schon." (NF 1888–89, 25[14]) Im Ergebnis seiner (gleichfalls) um diesen Passus unbesorgten N.-Edition meinte →A. Baeumler gleichwohl sagen zu dürfen, der Pazifismus gehöre für N. zu den „Herdenthier-Idealen", N. habe „den Nachdruck immer mehr auf den geistigen Kampf um die Macht verlegt [...]. Sollten dabei blutige K-e entstehen, so schreckt N. vor ihrer Rechtfertigung nicht zurück." (Baeumler 1931a: 172)

Noch massiver hatte →EFN interveniert. Denn dass die einschlägige Forschung die starke These vertreten kann, dass es 1914 „weltweit" zu einem „Einschnitt in der historischen Genese des N.-Bildes" (Steilberg 1996: 116) gekommen sei, der im Wesentlichen an den Befund geheftet wird, dass N. nun als „Philosoph des Ersten Weltkrieges" (Zapata Galindo 1995: 65) gelesen wurde (vgl. auch Aschheim 1992: 130 ff.), lag vor allem an ihr: Sie war es, die N. immer wieder und in zustimmender Weise mit K im wortwörtlichen Sinne in Verbindung brachte und systematisch als (deutschen) ‚Ks-Philosophen' las bzw. aufbereitete (vgl. Niemeyer 1999c; 2002a: 85 ff.), so dass selbst noch nach dem (Ersten) Weltkrieg aus dem Umfeld des Weimarer →N.-Archivs ungerührt verlautete, N. habe eher mit Freudigkeit denn mit Trauer ein „neues kriegerisches Zeitalter" prognostiziert, „innerlich erhoben" im Hinblick auf die „befreienden [...] Wirkungen" (Oehler 1921: 131) des K-es. In erster Linie zu nennen ist dabei EFNs Anekdote, ihr Bruder habe ihr anlässlich eines Spaziergangs „in der Umgebung Naumburgs im Herbst 1885", als ihn eine merkwürdige Wolkenbildung – „der Himmel hatte eine gelbröthliche Färbung mit tiefschwarzen Wolken" (EFN 1904: 681) – nach Art eines Déjà-vu „an einen Abend jener Zeit (1870) erinnerte" (ebd.: 682), berichtet, dass er die ersten Eindrücke für *WM* aus seiner Tätigkeit als Sanitätshelfer im deutsch-französischen K empfangen habe. „Damals", so EFN weiter, „mag ihm das Problem zuerst aufgestiegen sein, daß der große Mensch das Recht hat, Menschen zu opfern, wie es dem Feldherrn zugestanden wird und wie es den größten geistigen Führern der Menschheit zugestanden werden sollte, um ihre höchsten Ziele zu erreichen." (ebd.: 683) Man sieht: Hier geht es um das Ganze der Botschaft N.s als des geistigen Führers der Menschheit, so, wie EFN sie zu popularisieren gedachte, und dies basierend auf einer grandios erflunkerten, aber, wie die Wirkungsgeschichte zeigen sollte, durchaus erfolgreichen Mär, die EFN auch in zwei im September 1914 erschienenen Zeitungsartikeln (vgl. Krummel II: 705) darbot, in denen sie Vorabdrucke ihrer 1915 veröffentlichten Monographie *Wagner und N. zur Zeit ihrer Freundschaft* präsentierte (vgl. EFN 1915: 61 f.), um einen kriegsverwendungstauglichen N. vorzuweisen und diesen gegenüber dem N.-Bild der kosmopolitischen ‚Salonliteraten' des Fin de Siècle in Geltung zu setzen (vgl. Niemeyer 2002a: 93 ff.). Bei all dem schien EFN überhaupt nicht zu stören, dass man in N.s Briefen und Schriften aus der Zeit des deutsch-französischen K-es nichts findet, was als Nachklang des von ihr unterstellten Fronterlebnisses zu deuten wäre, eher im Gegenteil (vgl. Gamm 1993: 41 ff.; 1998). Wichtiger war ihr das Datum jenes Déjà-vu-Erlebnisses („Herbst 1885"), weil sie von hier aus eine Brücke bauen wollte zu dem ihrer Meinung nach zu dieser Zeit gefallenen Entschluss N.s, „den →Willen zur Macht als Lebensprincip zum Mittelpunkt seines theoretisch-philosophischen Hauptwerkes zu machen", und zwar in Anknüpfung an *Za II, Von der Selbst-Ueberwindung*, wo vom Willen zur Macht in Analogie zu jenem Ks-erlebnis von 1870 die Rede sei, etwa wenn es heiße: „‚Das ist die Hingebung des Größten, dass es Wagniß ist und Gefahr, und um den Tod ein Würfelspielen.'" (1904: 684) EFN hat – wenn auch nicht bis aufs Komma – Recht mit diesem Zitat, nicht aber mit der Annahme, es bezeuge den Kern des von N. hier Gemeinten (vgl. hierzu Niemeyer 2007a: 52 ff.). Falsch ist des Weiteren ihre Bemerkung, hier erscheine der Gedanke des Willens zur Macht „zuerst in der poetischen Form des Zarathustra" (1904: 683). Unterschlagen wird von ihr – ebenso wie später von A. Baeumler (1930: 701), der ähnlich argumentierte –, dass dieser Gedanke bereits in *Za I* eingeführt worden war, und zwar ausdrücklich mit Skepsis gegenüber einer Lesart, die den Willen zur Macht verstehen wollte im Sinne des – auf kriegerische Zwecke hinweisenden – Interesses, „‚um der Treue Willen Ehre und Blut auch an böse und fährliche Sachen [zu] setzen'" (*Za I, Von tausend und Einem Ziele*). Es wirft ein bezeichnendes Licht auf EFNs Theoriepolitik, dass sie diesen Abschnitt überging und die auf ihn und ihre Lesart beziehbare Bemerkung N.s unterschlug, er wünsche, weil „die Deutschen von Heute […] keine Denker mehr [sind]", *Za* „nicht deutsch geschrieben zu haben", damit es, ähnlich wie *WM*, „nicht als Befürwortung irgend welcher reichsdeutscher Aspirationen erscheint." (NF 1887, 9[188])

In diesen Zusammenhang gehört auch die merkwürdige Karriere des selbst dem N.-Experten zumeist unbekannten Zitats „‚Das Paradies ist unter dem Schatten der Schwerter.'" N., der es ganz offenkundig von →Emerson übernahm (vgl. Baier 1984: 68), notierte es sich erstmals im Frühjahr 1884 – mit dem Zusatz „Orient⟨alisch⟩" (NF 1884, 25[3]) –, weil es ihm hilfreich war für die Ausgestaltung des Abschnitts *Gespräch mit den Königen* aus *Za IV* (vgl. KSA 14: 698), in welchem jene Könige im angeblichen Befolgen der Lehre Zarathustras den Eindruck erwecken, sie wollten oder könnten mit Schwertern Frieden schaffen (vgl. Niemeyer 2007a: 91 ff.). Das Zitat selbst begegnet einem noch in *EH* (*Die Unzeitgemässen* 2) zwecks Affirmation des ‚kriegerischen' Duktus von *DS* sowie zweimal im Nachlass: zum einen nur als solches (NF 1884–85, 29[1]), zum anderen mit dem Zusatz: „– auch ein Symbolon und Kerbholz-Wort, an dem sich Seelen vornehmer und kriegerischer Abkunft verrathen und errathen." (NF 1885–86, 2[19]) Man sieht: Im Vergleich zu der Zitatverwendung aus der *Za*-Zeit, die immerhin noch eine ironische Bedeutungsgebung einschloss, hat das Zitat nun an martialischer Zurüstung gewonnen, wäre aber auch so wohl unbekannt geblieben – hätte EFN die letztgenannte Stelle nicht unter § 952 als Teil des (vierten) Buches *Zucht und Züchtung* ihrer Edition $^2$*WM* präsentiert, um es im Ersten Weltkrieg als Teil der von ihr zusammengeklaubten Worte ihres Bruders „für K und Frieden" (EFN 1918: III) der berühmt-berüchtigten Ks-Ausgabe von *Za* voranzustellen, womit es eine Prominenz gewann, die, zumal im Dritten Reich, unheilvoll war. Dies kann am Beispiel des Oberstudienrats P. Schulz (1939: 247) belegt werden, der die nun nötige heroische →Erziehung u. a. durch dieses Zitat gerechtfertigt sah. Dass man N. nach 1945 nicht zuletzt dieses Zitats wegen die Entnazifierung verweigerte (vgl. etwa Müller 1946: 7), kann kaum überraschen, ebenso, dass in Vergessenheit geriet, was N. sich wohl als sein Gegenwort notiert hatte: „Wo der Baum der Erkenntniß steht, ist immer noch das Paradies." (NF 1882, 3[1]134.)

Dass eher dieser als jener Satz die wahre Intention N.s bezeugt, lässt sich selbst am Exempel jener Rede zeigen, die thematisch einschlägig scheint und berühmt-berüchtigt ist wegen der Sentenz: „Ihr sagt, die gute Sache sei es, die sogar den K heilige? Ich sage euch: der gute K ist es, der jede Sache heiligt." (*Za I, Vom Krieg und Kriegsvolke*) Denn der Versuch, aus derlei Zitaten die These zu stärken, N. müsse als ‚Ks-Philosoph' gelten, ist zum Scheitern verurteilt. Das macht schon der Beginn der Rede klar. Zarathustra nämlich offeriert zwar die scheinbar unmissverständliche Liebeserklärung: „Meine Brüder im K-e! Ich liebe euch von Grund aus, ich bin und war Euresgleichen." Dem folgt allerdings die Versicherung nach, er sei „auch euer bester Feind", was wie eine Drohung klingt, insofern sich Zarathustra hiermit als Psychologe (→Psychologie) outet – und seinen ‚Brüdern' tatsächlich als ‚bester Feind' manch bittere Wahrheit sagt, um sie schließlich aufzufordern: „Und wenn ihr nicht Heilige der Erkenntniss sein könnt, so seid mir wenigstens deren Kriegsmänner." Dies stellt insgesamt klar, dass es auch in dieser Rede Zarathustras um ‚K' geht im Sinne geistigen Ringens (vgl. auch Kaufmann $^4$1974: 450 ff.).

*Christian Niemeyer, Dresden*

**Krug, Gustav Clemens Felix** | K, * 16. 11. 1844 Naumburg, † 29. 7. 1902 Freiburg i. Br., Jugendfreund N.s, besuchte mit N. ab Ostern 1850 in →Naumburg die Bürgerschule, ab 1853 das Webersche Institut und ab 1855 das →Naumburger Domgymnasium. Sein Elternhaus war zu Ks Jugendzeit der Mittelpunkt des Naumburger Musiklebens. Dort verkehrten u. a. Robert und Clara Schumann und Mendelssohn-Bartholdy. Im Haus K, wo viel musiziert wurde, lernte N. die – von ihm allerdings zunächst mit Skepsis wahrgenommene (vgl. Niemeyer 1998a: 129) – Musik von →Wagners *Tristan und Isolde* kennen. Gleichwohl meinte N. Jahre später: „Von dem Augenblick an, wo es einen Klavierauszug des Tristan gab […] war ich Wagnerianer" (*EH*, *Warum ich so klug bin* 6). 1860 gründeten K, N. und W. →Pinder die *Germania*, eine literarisch-musikalische Vereinigung, zu der K vorwiegend musikalische Arbeiten beisteuerte. Als N. nach →Schulpforta wechselte, lockerten sich die engen Freundschaftsbande. Zeitlebens blieb er ein großer Verehrer von Wagners Musik und bewunderte N.s →*GT*. Erst N.s öffentliche Angriffe gegen Wagner entfremdeten die beiden Jugendfreude voneinander. K komponierte viel, vertonte auch Gedichte N.s. Für N. blieb K trotz allen Differenzen sein „älteste[r] Freund und Bruder in arte musica" (An K, Ende Okt.1887). Zum Thema auch: Janz (1978a); Bohley (1987); Pernet (1989; 1990); Reich (2004).

*Martin Pernet, Sent*

**Krummel I–IV** | Unter dem Titel *N. und der deutsche Geist* hat R. F. Krummel (unter Mitwirkung von E. S. Krummel) zwischen 1974 und 2006 eine vierbändige Bibliographie publiziert, in der versucht wird, „sämtliche N. betreffenden, für den deutschsprachigen Kulturraum wichtigen und die Verbreitungsgeschichte des N.'schen Werkes belegenden Veröffentlichungen und Äußerungen zu erfassen" (Krummel I: V). Der erste Band berichtet über die „Ausbreitung und Wirkung des N.'schen Werkes im deutschen Sprachraum bis zum Todesjahr" (1867–1900), der zweite über jene vom „Todesjahr bis zum Ersten Weltkrieg" (1901–1918), der dritte über die „bis zum Ende des Zweiten Weltkriegs" (1919–1945). Im vierten Band sind „Ergänzungen, Berichtigungen und Gesamtverzeichnisse zu den Bänden I–III" zu finden. Jeder der Bände enthält ein Verzeichnis der Abkürzungen der herangezogenen Zeitungen und Zeitschriften, eine Liste der „Fundstellen" der Publikationen N.s, Versteigerungs- und Lagerverzeichnisse, unter „Nocheinzusehendes" eine Liste mit Titeln, deren Existenz nicht zu verifizieren war, unter der Überschrift „N. und der deutsche Geist" die eigentliche Bibliographie sowie ein Register mit „Namen von Zeitgenossen und Spätergeborenen" (Krummel I: 699), in dem auch die Autoren verzeichnet sind („Namenverzeichnis: … und N."), und ein Register mit Namen von Personen, auf die N. sich bezieht („Namenverzeichnis: N. und …"). Die ersten drei Bände verzeichnen 5693 nummerierte Dokumente auf 2391 Seiten, der vierte Band auf 338 Seiten Ergänzungen und Berichtigungen. Bei der Lektüre der ersten drei Bände sollte der vierte Band stets herangezogen werden. Jede Bibliographie zeigt sowohl Schriften N.s als auch Sekundärliteratur zu N. aus dem Berichtszeitraum an. Berücksichtigt wurden alle Textsorten: Monographien, Zeitschriften- und Zeitungsartikel, Texte aus Sammlungen, Rezensionen, Briefe, Tagebucheintragungen, Gedichte etc. Die Titel sind dabei chronologisch geordnet. Krummel nennt nicht nur die bibliographischen Daten eines Dokuments, sondern annotiert und referiert die Kernaussage eines Textes oder der Positionen, über die Debatten geführt wurden, er stellt Bezüge zwischen den Texten her, rekonstruiert Diskurse. Dabei hat die chronologische Ordnung den Vorteil, die Bezüge zwischen den einzelnen Texten einfacher und so besser lesbar darstellen zu können, als dies etwa bei einer systematisch geordneten Bibliographie möglich wäre.

Insgesamt ist „der Krummel" eine sorgfältig gearbeitete, zuverlässige und nach wie vor und wohl auch in absehbarer Zeit unverzichtbare Bibliographie zur Rezeption N.s im deutschsprachigen Raum, die, wie etwa die Arbeit von Aschheim (1992) zeigte, die Rezeptionsforschung nachdrücklich inspiriert hat. Krummel hat seine umfangreiche Bibliothek dem N.-Dokumentationszentrum in Naumburg überlassen, damit sie in Zukunft der Forschung anderer verfügbar ist.

*Sigmar Stopinski, Berlin*

**Kultur** | K (bei N. auch mit „C“ geschrieben) war für N. eigentlich bis zum Schluss „Hauptsache“ (*GD, Was den*... 4), die er vielgestaltig anging (vgl. van Tongeren 2008), anfangs auch unter dem Leitmotiv „Der Philosoph als Arzt der C“ (NF 1872–73, 23[15]). Erstaunlich ist vor allem der Paradigmenwechsel, der in N.s Begriffsgebrauch zu notieren ist und der von N.s jeweiliger Einstellung zu →Wagner abzuhängen scheint. So hatte N. noch Anfang 1871 im Anschluss an seinen Weihnachtsbesuch in →Tribschen gefordert, dass das „Elend der mühsam lebenden Menschen [...] noch gesteigert werden [muß], um einer geringen Anzahl olympischer Menschen die Produktion der Kunstwelt zu ermöglichen.“ (*CV* 3, KSA 1: 767) Jahre später, nach dem Bruch mit Wagner, redet N. plötzlich von der „Polyphonie der Bestrebungen“ und – wohl in Anlehnung an die auf →Burckhardt zurückgehende Pluralbildung (vgl. Elberfeld 2008: 124 f.) – von „Culturen“ (*MA* 23) und belegt denjenigen, der „in dem Glauben hängen bleibt, in dessen Netz er sich zuerst verfing“ – und der insoweit „ein Vertreter zurückgebliebener Culturen“ sei –, mit Attributen wie „hart, unverständig, unbelehrbar, ohne Milde“ (*MA* 632), um schließlich gar, als habe es den Tribschen-Olymp nie gegeben, dem „Cultus des Genius“ den „Cultus der C“ zur Seite zu stellen, „welcher auch dem Stofflichen, Geringen, Niedrigen, Verkannten, Schwachen, Unvollkommenen, Einseitigen, Halben, Unwahren, Scheinenden, ja dem →Bösen und Furchtbaren, eine verständnissvolle Würdigung und das Zugeständniss, dass diess Alles nöthig sei, zu schenken weiss“ (*VM* 186).

Zumal in der deutschsprachigen pädagogischen Rezeption galt N., bei erkennbarer Zurückstellung von Feinheiten dieser Art, als Vertreter der – die →Jugendbewegung wie Reformpädagogik vorbereitenden – K-Kritik à la →Lagarde und →Langbehn. Dies freilich ist eine kaum zu rechtfertigende und i. d. R. nur unzureichend hinterfragte Reihenbildung (vgl. Niemeyer 2002a: 112 ff.), bei der im Übrigen die wichtigere Linie in Richtung der K-Kritik →Rousseaus (vgl. Niemeyer 2004 f.: 40 f.) unausgeschöpft bleibt. Richtig ist allenfalls, dass N. in den von Pädagogen besonders rezipierten, von N. nicht zum Druck freigegebenen →*BA* dasjenige, was „sich jetzt mit besonderem Dünkel ‚deutsche K‘ nennt“, besonders scharf – als ‚kosmopolitisch‘, wohlgemerkt zu dieser Zeit ein Schimpfwort N.s – kritisierte und beeinflusst sah durch die „ungermanische Civilisation der Franzosen“ (Vortrag II, KSA 1: 690). Der Tenor dieser der Tendenz nach völkischen, von Wagner beeinflussten Argumentation setzte sich in *DS* dahingehend fort, dass N. die (deutsche) K seiner Epoche nun mit Vokabeln wie „Barbarei“ (= „Gegensatz der K“), „Stillosigkeit“ und „chaotische[s] Durcheinander aller Stile“ belegte und klagte, sein (und Wagners) Ideal, nämlich die „Einheit des künstlerischen Stiles in allen Lebensäusserungen eines →Volkes“ (*DS* 1, KSA 1: 163), werde nicht hinreichend beachtet. Deswegen propagierte N. es, letztmalig in *HL* (4, KSA 1: 274 f.), wo allerdings in Gestalt der Forderung: „Schenkt mir erst Leben, dann will ich euch auch eine C daraus schaffen!“ (10, KSA 1: 329) eine neue, die Bedeutung der zu überliefernden Erwachsenen-K relativierende Perspektive greift, die durchaus wirkmächtig wurde und in Konkurrenz trat zu der – was die deutschsprachige Rezeption angeht – im Rahmen der Kunsterziehungsbewegung, aber auch in der geisteswissenschaftlichen Pädagogik folgenreichen Stileinheitsforderung (vgl. Niemeyer 2002a: 159 ff.). Sie half im →Nationalsozialismus, N. als geistigen Führer zu einer nicht-‚entarteten‘ →deutschen Einheits-K in Anspruch zu nehmen (so Falkenberg 1934: 457). Dass dies nicht gänzlich unberechtigt war, zeigt sich an dem in *GT* erhobenen Tadel an einer (sprich: der deutschen) „C, die keinen festen und heiligen Ursitz hat [...] und von allen C-en sich kümmerlich zu ernähren verurtheilt ist“ (23, KSA 1: 146). Für N. war damals also klar: „Ohne Mythus [...] geht jede C ihrer gesunden schöpferischen Naturkraft verlustig“ (ebd.: 145), was Not tue sei die „Wiedergeburt des deutschen Mythus“ (ebd.: 147).

Es ist dieser Zusatz, der zugleich auch erklärt, warum N. von diesem Programm Abstand nahm: Der ‚deutsche Mythus‘, an den N. damals dachte, war jener Wagners, etwa der von ihm im *Ring des Nibelungen* exemplifizierte, entwickelt aus der germanischen Mythologie (→*GT*) und in →Bayreuth (erstmals 1876) vorgetragen zwecks Erziehung des deutschen Volkes. Diesem Anliegen vermochte N. spätestens dann nicht mehr zu folgen, als er erkannte – zu vermuten ist: „Sommer 1876" (*NW, Wie ich...* 1) –, dass Wagner „zu jedem Schmutz condescendirte, mit dem sich der deutsche Geist [...] befleckt hat" (NF 1888, 14[52]). Dass N. zeitgleich meinte, seinen Erstling *GT* als „politisch indifferent", gar als „‚undeutsch'" (*EH, GT* 1) einordnen zu dürfen, steht auf einem anderen Blatt – möglicherweise auf einem, mit welchem sich N. selbst als Fall für seinen Satz aufbereiten wollte: „[W]as gross ist im Sinn der C war unpolitisch, selbst ANTIPOLITISCH" (*GD, Was den...* 4)

Die Folgen der insoweit durchaus merkwürdigen Abschiednahme N.s von Wagner für N.s K-Begriff deuten sich dort an, wo N. – vier Jahre nach dem Bruch mit Wagner und unmittelbar im Nachgang zu einem Tadel seiner dieser Zeit entstammenden Schriften mittels Vokabeln wie „Fanatismus", „blutige Art zu lästern" sowie „Begeisterung in der Bosheit" (insbesondere im Blick auf „Andersdenkende") (NF 1880, 3[1]) – einen Ausblick wagt auf ein kommendes Zeitalter, „welches wir DAS BUNTE nennen wollen und das viele Experimente des Lebens machen soll" (ebd., 3[6]). Expressis verbis ist hier von K zwar nicht die Rede, wohl aber dem Sinn nach, wie auch an der Vokabel „bunt" abgelesen werden kann, die in diesem Fall (vgl. allgemein NWB 1: 434 ff.) auf den kulturellen Bereich hin orientiert, und zwar mit positiver Konnotation. Undenkbar ist, von hier aus betrachtet, ein Tadel im (fanatischen) Stil des frühen N., also etwa dahingehend, dass man mit der „moderne[n] Jahrmarktsbuntheit" der deutschen (chaotischen) K (zum Zeitpunkt der Reichsgründung) „keine Feinde bezwingen [kann], am wenigsten solche, die, wie die Franzosen, eine wirkliche, productive K [...] haben" (*DS* 1, KSA 1: 163; ähnlich schon *BA*, Vortrag II, KSA 1: 690). Zwar scheint Zarathustra – so mutmaßte beispielsweise Hoyer (2002a: 508) – diesem ‚alten' K-Begriff des frühen N. verhaftet, wenn er, wiederum (ähnlich im Übrigen wie in *JGB* 10) unter Verwendung der Vokabel ‚bunt' in eher pejorativer Bedeutungsgebung („Alle Zeiten und Völker blicken bunt aus euren Schleiern"), bei seiner Rückkehr zu den „Gegenwärtigen", „in's Land der Bildung" (gemeint ist Deutschland Ende des 19. Jh.s), erstaunt ausruft: „‚[H]ier ist ja die Heimat aller Farbentöpfe!' [...] / Mit fünfzig Klexen bemalt an Gesicht und Gliedern: so sasset ihr da zu meinem Staunen, ihr Gegenwärtigen!" (*Za II, Vom Lande ...*) Aber man muss beachten, dass Zarathustra nicht etwa N.s 1880er Ausblick auf ein (buntes) ‚kommendes Zeitalter' tadelt, sondern den Status quo, von dem es sich abzuheben hat, ebenso wie von den „Gegenwärtigen", die sich – so N. schon in *VM* – „nach der Schneider-Philosophie: Kleider machen Leute" in „öffentliche Meinungen" einkleiden und folglich nur „Masken, Putz und Verkleidung" (325) seien. Insoweit ist Zarathustras Resümee nur folgerichtig: „Fremd sind mir und ein Spott die Gegenwärtigen [...]; und vertrieben bin ich aus Vater- und Mutterländern." (*Za II, Vom Lande ...*). Anders gesprochen: Das Land der Bildung ist abgebrannt (→Vater), der Versuch, eine Art deutsche Leit-K (im Geiste Wagners) aufbauen zu wollen, ist zum Scheitern verurteilt. Was Not tut, ist eine neue Forschungs-K (vgl. Niemeyer 2007a: 54 ff.; 2008b), grundlegender aber noch: eine – und dies erlaubt eine positive Lesart der Vokabel ‚bunt' – Rehabilitierung „der bezaubernden und tollen HALBBARBAREI [...], in welche Europa durch die demokratische Vermengung der Stände und Rassen gestürzt worden ist" (*JGB* 224).

Ausgehend von diesem späten, auf die „Pluralität der Kulturen" (Elberfeld 2008: 133) setzenden Konzept nimmt sich das von N. dereinst protegierte Paradigma (Wagners) eher ärmlich aus. Der endgültige Nekrolog auf es bereitet sich vor mit der Feststellung, dass die Deutschen noch nichts SIND („mag sich daran stoßen, wer es muß: nämlich wer Deutschthümelei im Schädel [oder im Schilde] führt") und deswegen „noch keine C haben [KÖNNEN]" (NF 1885, 36[53]). Er setzt sich fort mit der Beobachtung, dass der Deutsche in der Annahme, er müsse endlich etwas WERDEN, „im Bunde mit deutschem Bier und deutscher Musik [...] daran arbeitet, ganz Europa zu verdeutschen" (*JGB* 244; vgl. auch *GM III* 26). Der Nekrolog erreicht seine Hochform mit dem

Bonmot von 1888: „‚Deutscher Geist': seit achtzehn Jahren eine contradictio in adjecto." (*GD, Sprüche...* 23) Nur folgerichtig ist denn auch der Schlusssatz: „[I]n der Hauptsache – und das bleibt die C – kommen die Deutschen nicht mehr in Betracht." (*GD, Was den ...* 4)

*Christian Niemeyer, Dresden*

**Kunst** | In den Bereich der K fällt für N. alles →Schaffen, also alle Formen schöpferischer Tätigkeiten, die sich sowohl auf den Bereich des Hervorbringens von K-Werken als auch auf den Bereich des →Denkens beziehen. Die Schönheit, die der Mensch kunstvoll schafft, betrachtet N. unter dem Aspekt ihrer Wirkung als eine „herrliche Illusion", die das →Dasein überhaupt erst „lebenswerth" (*GT* 25, KSA 1: 155) macht. Dass K unter den Begriff der Täuschung fällt, geht aus dem für K charakteristischen Schaffen hervor, das bei N. gleichbedeutend mit Erschaffen, Hervorbringen, Erdichten ist: eine Tätigkeit, die – unter der „Optik [...] des Lebens" betrachtet (*GT* 2, KSA 1: 14) – sowohl schöpferisch als auch zerstörerisch ist.

Wenn N. die K als eine Illusion oder Lüge bezeichnet, dann, weil sie einen Sachverhalt so darstellt, wie er in Wirklichkeit nicht ist: nämlich als geordnet und beständig in einer schönen Form. Auf diese Weise mildert der Schönheitsschleier der K das unerhörte „Grauen" angesichts eines unermüdlichen Werdens und Vergehens, um „jene Ekelgedanken über das Entsetzliche oder Absurde des Daseins in Vorstellungen umzubiegen, mit denen sich leben läßt" (*GT* 7, KSA 1: 57), ist jedoch durchsichtig genug, um zu erkennen, dass „dieses Grauen [...] überall die Voraussetzung" der Schönheit der K ist (*MA* 218; Bindschneider 1966; Wischke 1994a). Dergestalt erinnert die Lüge des schönen Scheins der K daran, dass das, was wir als die Wirklichkeit nehmen, ein zerbrechliches Gewebe von Illusionen und Lügen ist. Die „Grösse und Unentbehrlichkeit der K" liegt darin, dass sie „den Schein einer einfacheren Welt, einer kürzeren Lösung der Lebens-Räthsel erregt." (*WB* 4, KSA 1: 452) Bezeichnet N. mit dem „Namen ‚apollinisch' [...] das entzückte Verharren vor einer erdichteten und erträumten Welt, vor der Welt des schönen Scheins als einer Erlösung vom Werden", so bezeichnet er mit dem „Namen des →Dionysos [...] das Werden [...] als wüthende Wollust des Schaffenden, der zugleich den Ingrimm des Zerstörenden kennt." Beide „Erfahrungen" beziehen sich antagonistisch aufeinander: Im ersten Fall löst das die K charakterisierende Schaffen im Menschen ein Einverständnis „mit sich und allem Dasein" aus; im zweiten Fall wird das Schaffen „zur Wollust des Werdenmachens", so dass Schaffen und Vernichten ineinander übergehen (NF 1885–86, 2[110]). Ruft die dionysische Grundlage der K immer wieder neu den leidvollen Grundcharakter menschlichen Daseins ins Gedächtnis zurück, indem sie Einblick in die am Grunde menschlichen Lebens waltende Leere der Sinnlosigkeit gewährt, lässt das Apollinische an der K diesen Grundcharakter vergessen, indem sie diese Leere mit einem schönen Schein umhüllt. Auch auf diese Weise ist die K sowohl schöpferisch als auch zerstörerisch.

K unterdrückt das Wissen vom illusionären Charakter des schönen Scheins, aber sie erinnert auch an dieses Wissen (White 1991: 439). Denn der Schein ist laut N.s sprach- und erkenntniskritischer Prämisse keine unwahre Betrachtungsweise, sondern ein konstitutives Mittel der Wahrnehmung und Erkennbarkeit der Welt: die „Scheinbarkeit" ist eine Form des Seins selbst (NF 1887, 14[93]). Ist das Sein, das wir den Dingen zuschreiben, ein Schein, ist die „Welt selbst" letztlich nichts anderes als K (NF 1885–86, 2[119]). Unter der Voraussetzung, dass der Schein nicht vom Sein zu trennen ist, lehnt N. die Vorstellung ab, von der K eine befreiende Erlösung in der „Form" des „Nicht-Wirklichen", d. h. des Scheins zu erwarten. Im ‚Pessimismus der Stärke' und der Auffassung von der K als einer ‚Artisten-Metaphysik' findet N. die konzeptionelle Kraft, die es ihm erlaubt, sich vom Einfluss Schopenhauers und seiner „Lehre von der Resignation als tragischer Weltbetrachtung" zu befreien (ebd., 2[110]).

*Mirko Wischke, Halle-Wittenberg*

**Lachen** | Am Ende von *Za* empfiehlt N. als angemessene Lebenseinstellung das L, und zwar nicht nur über die Geschehnisse der Welt, sondern vor allem über sich selbst. „Das L sprach ich heilig; ihr höheren Menschen, LERNT mir – lachen!" (*Za IV, Vom höheren Menschen* 20) Das L markiert die Fähigkeit, zu sich selbst, zur Welt, zu den vorherrschenden Werten in Distanz zu treten und ist darin der Ironie vergleichbar. Nach dem Tod Gottes besteht die Aufgabe des →freien Geistes darin, eigene Wertmuster zu schaffen, diese aber nicht als endgültig und allgemein verbindlich zu postulieren, sondern sich immer wieder lachend von ihnen zu lösen. Nur in dieser Leichtigkeit, im Gegensatz zum →Geist der Schwere, kann sich der Mensch die Offenheit für die →Zukunft bewahren, „vielleicht dass, wenn auch Nichts von heute sonst Zukunft hat, doch gerade unser L noch Zukunft hat" (*JGB* 223). Die L-den sind die Gesunden, die das Leben bejahen. Ihr „Muth will l" (*Za I, Vom Lesen und Schreiben*). Ihr L ist Ausdruck des Lebenswillens, der Lebensbejahung, der Stärke, Ausdruck einer mit sich selbst in Einklang befindlichen →Natur. Vor allem ist L ein anthropologisches Faktum, kein intellektuelles Phänomen. Hier spricht die große Vernunft des →Leibes. L kann der, der sich selbst und sein eigenes Schicksal zu lieben vermag (→Amor fati). L ist →Jasagen zum Leben, das zugleich den Tod in sich birgt, zu den schmerzhaften, aber notwendigen Dissonanzen des Daseins. L ist nicht verbal, es hat keine Grammatik. Es überhebt sich der Sprache und ihrer semantischen Gehalte. L verhilft nicht der Wahrheit durch inhaltliche Argumentation zum Sieg, sondern verabschiedet Wahrheitsansprüche überhaupt. Zarathustras Wahrheit besteht darin, dass das L zur Wahrheit wird. Er ist der „Wahrlacher" (*Za IV, Vom höheren Menschen* 18). Entgegen einem metaphysischen Wahrheitsanspruch setzt N. auf die Gelassenheit, Heiterkeit und Deutungsoffenheit einer fröhlichen Wissenschaft. Nur wer über sich selber lacht, vermag auch „AUS DER GANZEN WAHRHEIT HERAUS zu lachen" (*FW* 1) und bringt durch sein L die Offenheit jeder Welt- und Selbstdeutung zum Ausdruck. Damit ist ein Weiser immer auch ein Narr (vgl. *Za IV, Das Nachtwandler-Lied* 10), bzw. nur der ist ein Weiser, der zugleich Narr ist. Alle Facetten des Menschlichen finden sich in N.s Betrachtungen zum L: Bosheit und Schadenfreude, Übermut und Euphorie, Feinsinn und Leichtigkeit, das affektive Entladen angestauter innerer Spannungen und auch die spielerische Unbedarftheit und Unberechenbarkeit des Kindes. Im Phänomen des Ls bündelt sich auf eine gewisse Weise N.s Menschenbild. Den Lesern von *GD* gibt N. mit auf den Weg: „[W]er heute am besten lacht, lacht auch zuletzt" (*Sprüche und Pfeile* 43), denn ihm gehört die Zukunft. Zum Thema auch: Satlow (1950); Bröcker (1972); Kunnas (1982); Hart-Nibbrig (1983); Klingmann (1997); Skirl (2000b); Frischmann (2001); v. Petersdorff (2004); Wirth (2004).

*Bärbel Frischmann, Erfurt*

**Lagarde, Paul de** | L, eigentl. – bis zu seiner Adoption durch eine Großtante (1854) – Paul A. Boetticher, *2.11.1827 Berlin, †22.12.1891 Göttingen, ev. Theologe, Orientalist, militant antisemitischer Kulturkritiker und völkischer Ideologe. Er gilt mit seinen *Deutschen Schriften* (1878–81) als einer der zentralen „Vordenker des Nationalsozialismus" (Sieg 2007: 326) und vielen Pädagogen, zusammen mit N. und →Langbehn, als Teil eines Triumvirats völkischer Kulturkritik, das den Boden bereitete für die (deutsche) Reformpädagogik und →Jugendbewegung (vgl. Niemeyer 2002a: 100 ff.). Richtig ist, dass L in seinem Aufsatz *Über das Verhältnis des deutschen Staates zu Theologie, Kirche und Religion* (1873) das bereits von N. in →BA problematisierte Berechtigungswesen einer scharfen Kritik unterzog und es in Verbindung brachte mit der zunehmenden Gleichgültigkeit der Jugend gegenüber nicht unmittelbar verwertbaren Wissensbeständen sowie mit dem damit im Zusammenhang stehenden Verfall der Bildungsidee. Auch ist eine gewisse Nähe zu N.s späterer Kritik an →Paulus (in *AC*) festzustellen (vgl. auch Ahlsdorf 1998: 25). →Overbeck, der seit 1864 mit L korrespondierte und ihn – jeweils erfolglos – für *GT* (im Februar 1873) und für *DS* (im Juli 1873) zu interessieren suchte, machte

N. mit diesem – ihm von →v. Treitschke zugesandten (vgl. Sieg 2007: 167) – Text bekannt. Anfang Februar 1873 teilte er L mit, er habe mit N. „kaum einmal in der Literatur des Tages so viel Anklänge gefunden", als in Bezug auf Ls Bemerkungen über „die Frage der heutigen Bildung"; mit Seitenblick auf die nach wie vor des Drucks harrenden *BA* ergänzte er noch, N. werde „uns" über Bildungsfragen „gewiss noch sehr schöne und beherzigenswerthe Dinge sagen" (zit. n. Peter/Sommer 1996: 143) – eine Prognose, mit der Overbeck danebenlag: N., so darf man vermuten (vgl. Niemeyer 1999a: 50 f.), verzichtete endgültig auf den Druck von *BA*, weil er diese Vorträge, letztlich ähnlich wie Ls Aufsatz und keineswegs unberechtigt, gleichfalls als zu „primitiv" (An →v. Meysenbug, gegen Ende Februar 1873) empfand.

Aufschlussreich sind dabei die Details: N. berichtete →Wagner im April 1873 in →Bayreuth von L und kündigte wenig später die Übersendung von dessen Schrift an (An Wagner, 18.4.1873). Das Ergebnis war, wie von N. offenbar erwünscht: Wagner reagierte zunächst nicht weiter auf L – und zeigte damit, dass sich N. seiner Rolle als bildungs- und kulturtheoretischer Chefideologe im Hause Wagner sicher sein konnte. Gut drei Jahre später allerdings, als L, diesmal aufgefordert und protegiert durch Overbeck, in Bayreuth in Erscheinung trat, war der Erfolg ein ganz anderer. →C. Wagner jedenfalls genügte das Gelesene, um sich bei einem Gleichgesinnten heimisch zu fühlen. Entsprechend schloss sie eine gemeinsam mit Wagner absolvierte abendliche Lektüre Ls am 20. Januar 1876 mit der Tagebuchnotiz ab: „Immer mehr bedenken wir, R. und ich, die Erziehungsfrage; Gedanken der Errichtung einer Musterschule, mit N., Rhode, Overbeck, L." (Wagner 1976a: 966) N., so sah es aus, war aus Bayreuther Sicht allenfalls noch ein Primus inter Pares. Und demjenigen (eben L), der ihm seinen bevorzugten Rang streitig zu machen im Begriff stand, hatte er selbst in das zunehmend in gefährliche Fahrwasser abdriftende Boot Wagners hineingeholfen.

H. v. Wolzogen, der von Wagner als Ersatz für N. berufene Redakteur der Bayreuther Blätter, hat denn auch L im Juli 1877 mittels eines Briefes an den seit Oktober 1875 mit L befreundeten Wagnerianer (und späteren L-Biographen) L. Schemann als Mitglied jenes mit diesem Blatt zu organisierenden geheimbündlerischen Ordens anzuwerben versucht (vgl. Ferrari Zumbini 1990: 261). Allerdings stieß der so Angesprochene auf Schwierigkeiten, seinem „künstlerischen Meister Wagner" bei L „Duldung zu erwirken" und von der Sorge abzubringen, er werde sich noch unter dem Einfluss Bayreuths in einen „tatenlosen Ästheten" wandeln (Schemann 1919/1943: 347 f.; vgl. Sommer 1998: 2). Genauso erfolglos blieb Schemanns mündliche Wiederholung der 1878 öffentlich ausgesprochenen Bitte Wagners an L, er möge die 1867 von Wagner in einer berüchtigten Abhandlung thematisierte Frage *Was ist deutsch?* „zur Belehrung unseres armen Bayreuther Patronatsvereins" (Wagner 1865/78: 53) in gleichsam aktualisierter Form beantworten. Für Wagner war die Sache damit abgetan, was aber nicht für eine Diskrepanz in der Sache zeugt, wie auch Schemanns bedauernder Kommentar verdeutlicht, wonach L, „der doch mehr als einmal nach Siegfried und Wotan gerufen hatte, nun nicht zu haben war" (Schemann 1919/1943: 349).

N. brauchte einige Zeit, um Einblick in einige dieser Zusammenhänge zu gewinnen und seinen Gegensatz zu Wagner und L zu erkennen. So berichtete Overbeck L noch im Dezember 1874, er habe sich eines Sonntagnachmittags gemeinsam mit N. ein „Fest" daraus gemacht, zwei – besonders fragwürdige – Aufsätze (L 1853/1874; 1875) aus der ihm von L übersandten Aufsatzsammlung *Politische Aufsätze* zu lesen, und zwar nicht ohne „geringe Freude daran, einmal eine solche Stimme aus Deutschland selbst zu uns herüberklingen zu hören" (zit. n. Peter/Sommer 1996: 151). Einige Zeit später allerdings, im auffälligen Nachgang zu Wagners Interessendeklaration in Richtung L vom Januar 1876, stellte sich die Sachlage schon etwas anders dar. Denn auch wenn C. v. Gersdorff N. brieflich begeistert auf Ls 1875er Text hinwies (21.2.1876), blieb dies doch so gut wie ohne Resonanz, ähnlich wie eine vergleichbare Aktion von S. Lipiner (An N., 20.4.1878; vgl. auch Janz 1978a: 805 f.) oder ein missglückter Besuch Ls in Basel im August

1877 (vgl. Peter/Sommer 1996: 159). Das auf Sommer 1876 datierte und von Solzbacher (1993: 270) unbesehen übernommene Urteil eines Naumburger Bekannten, N. müsse als Ls „Schüler" (Reuter 1895: 281) gelten, ist insoweit, auch unter Berücksichtigung der näheren Zusammenhänge (vgl. Niemeyer 1999a: 72), wenig glaubwürdig. Auskunftsträchtiger ist da schon, dass N. 1879, in der zweiten der Schriften, die er nach seiner Trennung von Wagner verfasst hatte, die von diesem aufgeworfene und hoffnungsfroh an L weitergereichte Frage *Was ist deutsch?* mit einem spöttischen, aber vielsagenden „Gut deutsch sein heisst sich entdeutschen" (*VM* 323) beantwortete. Der Tendenz nach war damit jener Kommentar vorweggenommen, mit dem N. Jahre später Ls Aufsatzsammlung *Deutsche Schriften* (die auch die bereits erwähnten Texte enthielt) bedachte: „[M]an muß schon bis zum letzten Wagner und seinen Bayreuther Blättern hinuntersteigen, um einem ähnlichen Sumpf von Anmaaßung, Unklarheit und Deutschthümelei zu begegnen, wie es die Reden an die D⟨eutsche⟩ N⟨ation⟩ sind" (NF 1885–87, 1[196]). Dem war wohl so, nur dass N. diese Einsicht in ihrer ganzen Abgründigkeit erst kam, nachdem sich sein antisemitischer Schwager (und Wagnerianer) →Förster – in einem Artikel vom Januar 1887 für die *Antisemitische Correspondenz* (vgl. Paul 1996: 77), die von dem L-Verehrer →Fritsch herausgegeben wurde – auf die Seite Ls geschlagen und Fritsch zu dem Versuch ermutigt hatte, auch N. als Mitstreiter zu gewinnen. N.s Antwort war eindeutig: Er schrieb Fritsch, dass er über die Bücher Ls, dieses „ebenso gespreizten als sentimentalen Querkopfs" (23.3.1887), nur lachen könne. Dieses Urteil stellt klar, dass N. und L als Antipoden zu sehen sind bzw. sich in solche gewandelt haben, und zwar ausgehend von anfänglichen Übereinstimmungen, wie sie sich in N.s *BA* dokumentieren. Dass N. diese Vorträge nicht mehr publizierte, könnte man insoweit als allererstes Indiz für diese Distanz nach beiden Seiten hin lesen. Und dass namentlich die Pädagogik die Bedeutung dieser Vorträge chronisch überschätzt und ansonsten, ebenso chronisch, die Nähe zwischen N. und L (sowie →Langbehn) überbetont, bei gleichzeitiger Bagatellisierung – auch mittels entsprechend angelegter Auswahleditionen (vgl. Niemeyer 2005b: 350 ff.) – der präfaschistischen Anschauungen Ls (vgl. Niemeyer 2002a: 109 ff.), darf man als Indiz werten für den durchaus fragwürdigen Status dieser Disziplin als Wissenschaft. Im Ergebnis jedenfalls wirft Sommers (1998) subtile Prüfung der (denkbaren) L-Bezugnahmen oder -Analogien in N.s Werk zwar manch erhellendes Licht auf bisher übersehene Zusammenhänge, stärkt dadurch aber nur die These von der fundamentalen Differenz beider Denker im Blick auf ihr jeweils verfolgtes Ziel.

*Christian Niemeyer, Dresden*

**Landauer, Gustav** | L, *7.4.1870 Karlsruhe, † (ermordet) 2.5.1919 München, dt.-jüd. Schriftsteller und führender Berliner Anarchist, gehört zur ersten Generation, für die N. zu den prägenden Einflüssen ihrer Jugend wurde. Der Zwanzigjährige formuliert sein Unbehagen an der wilhelminischen Gesellschaft im Vokabular N.s (L 1891) und setzt sich in der sozialdemokratischen *Neuen Zeit* im Geiste N.s mit dem Naturalismus auseinander (*Die Zukunft und die Kunst*; *Gerhart Hauptmann*, beide 1891/92). Sein Roman *Der Todesprediger* (1893) gehört zu den frühesten literarischen Auseinandersetzungen mit N. Insgesamt fällt Ls unkonventionelle Lesart auf, die N. gegen nationalistische Vereinnahmung „als Europäer" liest und gegen seine politische Verkürzung die praktische Inkompetenz des „feinsinnigen Jüngers der Wissenschaft und Kunst" betont. Das N.-Porträt des Essays *F. N.* (L 1900), das nicht auf einzelne Aspekte seiner Lehre, sondern auf den innovativen Typus des Philosophierenden als exemplarische Existenz (*EH*) abhebt, weist bereits vorweg auf Ls spätere N.-Lesart. Als große Persönlichkeit stellt er N. neben Lessing, →Goethe und →Heine in die Tradition der Aufklärung, während sein ethischer Sozialismus auf der Spannung zwischen exemplarischer Individualität und politischer Normativität insistiert (*Die Revolution*, 1907, und *Aufruf zum Sozialismus*, 1911). Zum Thema auch: Lunn (1973); Delf (1997).

*Hanna Delf von Wolzogen, Potsdam*

**Landschaft** | L ist ein Konzept, das im Hochmittelalter zunächst eine Verwaltungseinheit bezeichnet, sich seit der →Renaissance aber zunehmend auf das Gestaltphänomen eines einheitlichen Naturausschnitts bezieht, wobei die romantische Literatur ein kontemplatives Aufgehen darin betont. N. setzt zwar bei dem letzten Aspekt an (Riedl 1998), verwendet aber Ls-Bilder v. a. in der Kritik an klassischen Philosophemen mit den einhergehenden Klimapräferenzen (*JGB* 197) und Raumvorstellungen (Günzel 2001): Gegen den festen und vermessenen Grund des Territoriums der reinen Vernunft bei →Kant setzt N. etwa das offene →Meer und dessen Unwägbarkeit (*M* 575). Zu Anfang der Vorrede von *Za* dramatisiert er die platonische Identifikation des Guten mit der Sonne sowie der Ineinssetzung mit der Wahrheit durch einen Spaziergang des Protagonisten, der von unterschiedlichen Sonnenständen begleitet wird. Die dort ebenfalls in Anschlag gebrachten Allegorien der Bergwelt dienen N. auch zur Illustration der eigenen Situation als einsamer Denker auf →Wanderschaft oder bilden die Szenerie für die Verkündigung der Wiederkunftslehre (*EH*, *Za* 1). Imaginationen der Sand- oder Eiswüsten (*JBG*, *Aus hohen Bergen*) nutzt N. wiederum vorrangig zur Gewinnung und Profilierung eines Blicks von außen auf Europa (An Köselitz, 13.3.1881). Dabei verschränken sich N.s Reiseerfahrungen und -pläne mit topographischen Schilderungen aus Fachjournalen und Reiseberichten (Haase 1994) sowie mit der (fiktiven) Familiengenealogie und lokalen Mythemen (Bertram [4]1920).

*Stephan Günzel, Potsdam*

**Langbehn, Julius** | L, *26.3.1851 Hadersleben, †30.4.1907 Rosenheim, genannt ‚Der Rembrandtdeutsche', Autor des anonym erschienenen Bestsellers *Rembrandt als Erzieher* (1890) mit auf Schizophrenie hinweisenden Zügen (vgl. Bürger-Prinz/Segelke 1940), wird in der deutschsprachigen Pädagogik i. d. R. zusammen mit →Lagarde und N. einem angeblich vergleichsweise einvernehmlich argumentierenden Triumvirat völkischer Kulturkritik zugerechnet (vgl. Niemeyer 1999a; 2002a: 100 ff.). Richtig ist, dass L sich erstmals im März 1886 brieflich an N. gewandt hatte in der Hoffnung, N. werde anerkennen, dass er sich bemühe, „dem deutschen Kunst- und Geistesleben der Deutschen von heute auf[zu]helfen" (3.3.1886). N. reagierte weder auf dieses noch auf ein zweites, insistierend gehaltenes Schreiben (11.5.1886), konnte sich aber im Herbst 1889 seiner Geisteskrankheit wegen nicht mehr wehren, als sich L N.s Mutter (→N., Franziska) als N.-Verehrer vorstellte und die alte Dame vorübergehend mit der Annahme verwirrte, N.s „zeitweilige nervliche Erschöpfung" gründe in seiner – in den späten Schriften eingenommenen und nun durch Widerspruch und Überredung rückgängig zu machenden – „Kampfstellung gegen das Christentum" (Janz 1978a: 95). Diese Vorgeschichte wollte Bernoulli 1908 unter Verweis auf den darauf bezogenen Briefwechsel zwischen →Köselitz und →Overbeck öffentlich machen; Köselitz allerdings klagte erfolgreich auf Schwärzung dieser erst seit 1977 nachlesbaren Passagen (vgl. Montinari 1977: 306 ff.). L selbst musste spätestens N.s Tod als faktisches Ende seiner Hoffnung akzeptieren, N. werde seine Meinung über das →Christentum ändern und sich selbst als reine Natur, in die zwischenzeitlich der Teufel gefahren sei, restituieren (vgl. Podach 1930: 133).

Nachzutragen bleibt, dass Ls Buch anfangs zwar großen Erfolg hatte, verbunden mit einer entsprechend intensiven Primär-Rezeption (vgl. Behrendt 1996), die der Entdeckung N.s, etwa durch →Simmel (vgl. Lichtblau 1996: 103), günstig war, die aber nicht als Qualitätsbeleg gelesen werden darf. Vielmehr hatte L seinem Buch geschickt auf die Sprünge geholfen (vgl. Gurlitt 1927: 15 ff.), u. a. (bis zur 12. Auflage) mittels Geheimhaltung seiner Autorschaft und anderer Maßnahmen, durch welche der neugierige Leser in zwei spektakuläre Richtungen gelenkt wurde: in jene Lagardes, auf dessen *Deutsche Schriften* nicht nur auf der letzten Seite werbend hingewiesen wurde, sondern auch durch den Untertitel *Von einem Deutschen*; und in Richtung N.s, wie schon der Titel *Rembrandt als Erzieher* nahelegt, der deutlich auf N.s *UB III* (*Schopen-*

*hauer als Erzieher*) anspielt. Als Folge dieses – so Overbeck an Köselitz am 16.2.1890 (vgl. Hoffmann/Peter/Salfinger 1998: 288) – (verlegerischen) „Meisterstück[s]“ wurde mancherorts die Vermutung geäußert, es handele sich bei Ls Buch in Wahrheit um das Vermächtnis des kurz zuvor unter spektakulären Umständen in geistige Umnachtung gesunkenen Dichterphilosophen, an dessen Schicksal die Öffentlichkeit gerade damals allerhöchstes Interesse zu nehmen begann. L beließ es allerdings nicht dabei, sondern er erwähnte N. – sowie Lagarde –, verbunden mit dem Zusatz, es handele sich hier um „farbige und individuelle Größen“, die „den jetzigen Deutschen so gut wie unbekannt“ seien und die das „Knochengerüst für einen künftigen Bildungskörper“ (L [32]1891: 295) abgäben.

Tatsächlich weist Ls Buch der Sache nach in die präfaschistische Richtung Lagardes, teilt mit ihm also den Antisemitismus sowie die Deutschtums- und Weltherrschaftsvisionen, ergänzt um einen massiven Antiintellektualismus bei gleichzeitiger Beschwörung einer antimodernen Volkstums- und Kunsterneuerungsprogrammatik. Auch lässt sich nicht abstreiten, dass die Ausgangsthese auf den →frühen N. aus der Zeit von →*BA* verweist: Auch bei L ist die Rede von einem „rapiden Verfall“ des geistigen Lebens zugunsten eines um sich greifenden „Spezialismus“; wie N. geißelt auch L die „historische alexandrinische rückwärts gewandte“ Bildung, die ihr Absehen weit weniger darauf richte, „neue Werthe zu schaffen, als alte Werthe zu registriren.“ (L [32]1891: 1) Offenbar hatte L diesen Einstieg bewusst gewählt und als Teil seiner den Leser auf die Spuren N.s setzenden Strategie verstanden. Dafür spricht auch der aphoristisch gehaltene Charakter der Schrift. Gleichwohl hatten zeitgenössische Beobachter i. d. R. keine Schwierigkeiten, zu erkennen, dass Ls Buch dem Denken N.s völlig entgegengesetzt war (vgl. Fambrini 1997: 433). Zu ihnen gehört auch Overbeck, der Ls Buch am 16.2.1890 gegenüber Köselitz als „trivial“ schalt und als „zu N. antipodisch“ (zit. n. Hoffmann/Peter/Salfinger 1998: 289; vgl. auch Berg 1890: 1422). Von dieser Quellenlage unberührt ist gleichwohl immer wieder (zumal in deutschsprachigen pädagogischen Veröffentlichungen) zu lesen, dass L „einer der Vermittler der Philosophie N.s an das deutsche Publikum“ war (Herfurth 1986/87: 85) bzw. seine geistige „Nähe“ zu N. „allzu deutlich“ (Solzbacher 1993: 50) resp. „keineswegs bloß zufällig“ (Weiß 1998: 271) sei.

*Christian Niemeyer, Dresden*

**Leben** | L ist einer der konzeptionell zentralen, aber am häufigsten missdeuteten Begriffe in N.s Werk. Noch zu Lebzeiten N.s stand er im Mittelpunkt einer zum Teil euphorischen Auseinandersetzung (→Nietzsche-Kult). Thematisiert wurden in dieser Rezeptionsphase vor allem die Steigerungsaspekte des Ls (Exuberanz, Fruchtbarkeit), wodurch dieser Ausdruck zwischen 1900 und 1914 zum Kampfbegriff gegen eine als krisenhaft empfundene lebensweltliche und akademische Praxis avancierte. Der Ls-Begriff weist im Werk N.s eine bemerkenswerte thematische Kontinuität auf, wobei L immer aus der Perspektive 1. des Organischen und seiner lebenswissenschaftlichen Erforschung, 2. des Tragisch-Dionysischen thematisiert wird. In den Vorarbeiten zu seiner geplanten Dissertation *Der Begriff des Organischen seit Kant* setzt sich N. mit beidem kritisch auseinander (Solies 2004). Darüber hinaus versteht der →frühe N. L als pädagogisches Konzept: „Schenkt mir erst L, dann will ich euch auch eine Cultur daraus schaffen!“ (*HL* 10, KSA 1: 329) Die Losung „vivo, ergo cogito“ wird hier zum pädagogischen Gegenprogramm zum Cogito Descartes' mit seinem „leeren“ Seinsbegriff.

Ab *MA* findet sich verstärkt die Verbindung von L und →Perspektivismus: „das Leben selbst als BEDINGT durch das Perspektivische und seine Ungerechtigkeit“ (*MA I*, *Vorrede* 6), wobei N. diese Verbindung selbst als dionysisch interpretiert: „[A]lles L ruht auf Schein, Kunst, Täuschung, Optik, Nothwendigkeit des Perspektivischen und des Irrthums“ (*GT, Versuch …* 5). Bildet das dionysische Täuschungsmotiv Zentrum und Telos des frühen Ls-Begriffs, so gewinnt die Bestimmung des Ls als Kraft-Auslassung (analog zur „Schenkenden Tugend“ Zarathustras)

Bedeutung für das Motiv des →Willens zur Macht und seiner Kritik am darwinistischen Prinzip der Selbsterhaltung („Anti-Darwin", *GD, Streifzüge* … 14): „Vor Allem will etwas Lebendiges seine Kraft AUSLASSEN – L selbst ist Wille zur Macht –: die Selbsterhaltung ist nur eine der indirekten und häufigsten FOLGEN davon" (*JGB* 13). Zarathustras poetisch-personalisierte Charakterisierungen des Ls in den zwei *Tanzliedern* lassen sich durchaus als „Apotheose des Ls" (Meyer 1991: 120; vgl. Werle 2003) lesen (vgl. auch N.s Orchesterwerk *Hymnus an das L*), andererseits formuliert N. 1882: „Wille zum L? Ich fand an seiner Stelle immer nur Wille zur Macht" (NF 1882–84, 5[1]/1). In den 1880er Jahren wird das Bestreben deutlich, den Willen zur Macht als das organische Geschehen zu konstituieren, das L als wertesetzende Tätigkeit fundiert: „[D]as L selbst werthet durch uns, WENN wir Werthe ansetzen" (*GD, Moral* … 5). Der Wert des Ls könne daher selbst nicht abgeschätzt werden (*GD, Das Problem* … 2). Damit wird das Problem der Ls-verneinung umgedeutet: „Die Instinkte bekämpfen MÜSSEN – das ist die Formel für décadence: so lange das L AUFSTEIGT, ist Glück gleich Instinkt" (ebd., 11). Die →décadence – als Instinkt-Anarchie (vgl. *JGB* 258) – erscheint nun als „das VERARMTE L, der Wille zum Ende, die grosse →Müdigkeit" (*WA*, Vorwort), die (bisherige) Moral als „Wille zur Verneinung des Ls" (*GT, Versuch* … 5), der Asket (→Askese) als „Selbstwiderspruch" (*GM III* 13), das →Christentum als die „Religion gewordne VERNEINUNG DES WILLENS ZUM L" (*EH, WA* 2). Bei alledem bleibt N. auch radikaler Verfechter eines Rechts zum (dionysisch-heroischen) Freitod (→Sterben). In Notaten der 1880er Jahre wird das Bestreben deutlich, „L" als den Seinsbegriff fundierend zu denken: „Das ‚Sein' – wir haben keine andere Vorstellung davon als ‚LEBEN'. – Wie kann also etwas Todtes ‚sein'?" (NF 1885–86, 2[172]).

Die radikale Ls-Bejahung wird hingegen durch den Gedanken der ewigen Wiederkunft realisiert (vgl. *Za IV, Das Nachtwandler-Lied*; Abel $^2$1998: 345), wobei sich die Rangfolge von →Wahrheit und L umkehrt: „Die Falschheit eines Urtheils ist uns noch kein Einwand gegen ein Urtheil […]. Die Frage ist, wie weit es lebenfördernd, lebenerhaltend, Art-erhaltend, vielleicht gar Art-züchtend ist" (*JGB* 4). L fundiert somit das „organologische Bewusstseins-Modell" N.s (Schlimgen 1999: 51).

*Dirk Solies, Mainz*

**Leib** | Im Denken N.s ist der L von zentraler Bedeutung und eine Art Schlüssel, mit dessen Hilfe man einen Zugang zu seiner Philosophie und zu seiner Ausdeutung des →Menschen (→Physiologie; →Psychologie) finden kann. Explizit fordert N., „vom Le aus[zu]gehen" (NF 1885, 40[15]) und nicht, wie es in der Tradition vor ihm üblich gewesen sei, die Seele, die →Vernunft, den Geist oder das →„Ich" methodisch und sachlich an den Anfang zu setzen. Denn der L sei vergleichsweise das „reichere, deutlichere, faßbarere Phänomen" (NF 1886–87, 5[56]). Von zentraler Bedeutung ist dabei die Rede *Von den Verächtern des Leibes* aus *Za I* (vgl. auch Gerhardt 2000b). N. bezeichnet den L hier als die „grosse Vernunft" und als das „schaffende Selbst". In der Kritik an der Position der sogenannten „Verächter des L-es", die aus einer platonischen oder christlichen Sicht einseitig die Seele, den Geist bzw. die Vernunft auszeichnen und den L verachten, nimmt Zarathustra nicht einfach eine Umkehrung vor, sondern tritt für eine völlig neue, ganzheitliche L-Konzeption ein: „L bin ich ganz und gar, und Nichts ausserdem; und Seele ist nur ein Wort für ein Etwas am Le." Dem L als eine „grosse Vernunft" kommt dabei die dem Menschen mögliche Weise der Weltauslegung zu, in der sowohl die Struktur der Einheitsstiftung (die bisher die Vernunft innehatte) als auch die Vielfalt und Komplexität unterschiedlichster Einheiten miteinander verbunden ist. Aus der Perspektive der menschlichen Möglichkeit der Selbstüberwindung kann N. daher den L als das „schaffende Selbst" bestimmen, in dem sich der →„Wille zur Macht" leiblich realisiert. „Hinter deinen Gedanken und Gefühlen, mein Bruder, steht ein mächtiger Gebieter, ein unbekannter Weiser – der heisst Selbst. In deinem L wohnt er, dein L ist er."

N.s Konzeption des L-es hat entscheidende Impulse für die phänomenologisch ausgerichtete L-Forschung geben können, da durch diese kenntlich wird, dass der Mensch eine leibhafte Person ist und kein bloßer Körper, der isoliert dem Denken gegenübersteht. Zum Thema auch: Hammer (1974); Schipperges (1975); Caysa (1998); Gebauer/Caysa (2008).

*Karen Joisten, Mainz*

**Leidenschaft** | 1888 unterscheidet N. 1. „die DOMINIRENDE L, welche sogar die supremste Form der Gesundheit überhaupt mit sich bringt"; 2. „das Gegeneinander der L [...]: sehr ungesund, innerer Ruin, auseinanderlösend", (die décadence); 3. „das Nebeneinander, OHNE ein Gegeneinander und Füreinander zu sein", das die „interessantesten Menschen" kennzeichnet (NF 1888, 14[157]). N. bekennt sich seit *M* zur herrschenden L, einem Begriff, den er in Auseinandersetzung u. a. mit Stendhal und Taine ausarbeitet. Zuerst tauft er seine „NEUE L" „L der Erkenntniss": „Die Erkenntniss hat sich in uns zur L verwandelt, die vor keinem Opfer erschrickt und im Grunde Nichts fürchtet, als ihr eigenes Erlöschen" (*M* 429; vgl. Montinari 1969; Brusotti 1997). N. möchte den Griechen nicht nachstehen, die „ihren idealen Drang gerade auf die L-en gewendet und diese geliebt, gehoben, vergoldet und vergöttlicht" (*FW* 139) haben. Zur „Aufgabe", „die L-en der Menschheit allesammt in Freudenschaften umzuwandeln" (*WS* 37), bekennt sich noch Zarathustra: „Einst hattest du L-en und nanntest sie böse. Aber jetzt hast du nur noch deine Tugenden: die wuchsen aus deinen L-en. / Du legtest dein höchstes Ziel diesen L-en an's Herz: da wurden sie deine Tugenden und Freudenschaften." (*Za I, Von den Freuden- und Leidenschaften*) Aber die L-en sind nicht nur Objekt, sondern auch Subjekt der Selbstgestaltung. Eine zuerst unbewusste L steuert das Leben desjenigen, der, wie N. selbst, zuletzt zu dem wird, der er ist. „Ein Geist, der Grosses will [...], ist mit Nothwendigkeit Skeptiker [...]. Die grosse L braucht, verbraucht Überzeugungen, sie unterwirft sich ihnen nicht, – sie weiss sich souverain." (*AC* 54)

*Marco Brusotti, Lecce/Berlin*

***Lenzer-Heide-Fragment,*** s. ***Der europäische Nihilismus***

**Lesen** | N. ist Schriftsteller, Denker, Philologe, so versteht sich das L bei ihm von selbst; doch extreme Kurzsichtigkeit und heftige Migräneanfälle (schon in Schulpforta) hindern ihn oft am L, er schreibt dann lieber, oft diktiert er, und schon in der Jugend lässt er sich gern vorlesen. Keineswegs hat er stets genau gelesen, wovon er spricht, doch eine staunenswerte Witterung führt ihn wie zufällig zu den wichtigen Abschnitten; so liest er nicht selten, was er benötigt, im richtigen Augenblick. Vielleicht ihm nicht immer bewusst, gehen Lektüre-Reminiszenzen in seine Schriften ein: nicht allein an die der →Bibel in *Za*, auch an die von H. Taine (die Faust-Deutung in *WS*), an die von P. Bourget (Stil der →Décadence in *WA, Turiner Brief...* 7), wiederholt an Chamfort, an →Schopenhauer wie an →Goethe. In *EH* finden sich viele Lektüre-Geständnisse; *GD* enthält ein Kapitel, in dem er sagt, was er „den Alten" verdankt. N. drängt auf Kanonbildung, Klassizität als Musterhaftigkeit, doch der freieste Schriftsteller ist der nicht vorbildliche: L. Sterne. Wichtiger aber, als die nach Einflüssen Forschenden meinen, ist das Wie (nicht das Was) seiner Lektüre; so enthält *M* ein oft zitiertes Lob der Philologie, damit eine Charakterisierung, wie man lesen soll, ohne mäklerisch und nur plündernd (so die Klage in *VM* 137) zu verfahren.

Immer wieder achtet der Leser N. auf die Schreibweise, zuweilen geht auch Nicht-Gesagtes (un-)willkürlich in seine Deutungen ein. Er fordert Kenntnis und Erfahrung, die sich dann doch wesentlich wieder auf Bücher beziehen. L ist ihm eine Kunst; auch empfiehlt er, laut zu lesen. Lektüre soll das Denken nicht ersticken, sondern wecken. Bücher stören N. allein, wenn er schreibt.

Seine Vorlieben wechseln, so auch die Urteile; die französischen Moralisten, auf die er sich gerne beruft, kennt er weniger gut, als man annimmt. Erst sucht er die Vorbilder, bei wachsendem Selbstbewusstsein oft gar bei sich selbst, oder doch Bestätigung im Gelesenen (Stendhal, →Baudelaire). Doch nicht allein die Schriften geben Auskunft über seine Lektüre, dies tun, minder gefiltert, die Briefe; zuweilen erscheint N. abhängig vom Geschmack der Epoche (Eckermann), aber die jugendliche Empfehlung, Hölderlin zu lesen, ist originell, so auch die Bewunderung für →Lichtenberg. Manche Autoren werden als Provokation aufgebaut, wie Bizet gegenüber →Wagner, genauer: gegen die falschen Verehrer. N. liest als Autor, als Leser schreibt er. Zum Thema auch: Janz (1978a,b; 1979); Wuthenow (1994).

*Ralph-Rainer Wuthenow, Frankfurt/M.*

**Levy, Oscar** | L, *28.3.1867 Stargard (heute poln.: Szczeciński), †13.8.1946 Oxford, Arzt u. Schriftsteller, lebte von 1894–1921 in England, bis zu seiner Emigration (1933) in Deutschland, von 1933–1938 in Frankreich, danach wieder in England, ist Herausgeber einer 18-bändigen englischen Ausgabe *The Complete Works of F. N.* (1909–1913), ergänzt durch eine Briefsammlung N.s: *Selected Letters* (1921). Der L-Freundeskreis war seit der Jahrhundertwende bis zum Ersten Weltkrieg maßgeblich um die Verbreitung von N.s Denken in der anglophonen Welt bemüht. Genutzt wurden dafür vor allem zwei Zeitschriften: *Notes for Good Europeans* (1903–1916) und *The New Age* (Neue Folge, 1907 ff.). N. war in England damals nicht mehr als ein böses Gerücht. Er habe in England, so schrieb L im Sommer 1908 an H. Köselitz, bislang an unbedarften Übersetzern und geschäftsunkundigen Verlegern gelitten. Gemeint waren mit jenen mangelhaften Ausgaben zum einen die von dem Sozialdarwinisten A. Tille 1896/97 besorgte dreibändige N.-Auswahl sowie die N.-Textkompilation *N. as Critic, Philosopher, Poet and Prophet*, die 1901 in London von T. Common herausgegeben wurde. Man verhielt sich in jenen Jahren in England gegenüber N. überwiegend gleichgültig bis eher abweisend. Ein Symptom dafür war das Pamphlet *Degeneration* (London 1895, 2 Bde.) des Zionisten M. Nordau. Die N.-Ausgabe Ls behielt auch nach dem Ersten Weltkrieg ihre aufklärende Bedeutung für die englischsprachige Kultur und wurde 1925 neu aufgelegt. L veröffentlichte gleichzeitig neu kommentierte Separatausgaben zu einzelnen Texten N.s, so zu *EH* (1927) und *Za* (1932), auch verfasste er den N.-Eintrag in der Encyclopaedia Britannica (1932). In diesen Jahren konzentrierte sich Ls N.-Publizistik auf die Korrektur des aus dem Umkreis des Weimarer N.-Archivs (→Brieffälschungen; →Werkfälschungen) genährten (deutsch-nationalen) N.-Bildes. Diese Polemik verstärkte L nach 1933 im südfranzösischen Exil. Das publizistische Zentrum zur Verteidigung Nietzsches war jetzt L. Schwarzschilds Pariser Exilzeitschrift *Das Neue Tage-Buch* (1933–1940). Seine Beiträge schrieb L unter dem Pseudonym Defensor Fidei. Ls N.-Werkausgabe und -Übersetzung ist bei aller Zeitgebundenheit auch heute noch interessant. Ls N.-Rezeption als auch seine Bemühungen um die Aufklärung der politisch-theologischen Dimensionen der europäischen Gewaltherrschaften im 20. Jh., namentlich durch sein letztes Werk *The Idiocy of Idealism* (1940), sind von nachhaltiger Bedeutung für die Geschichte der deutsch-englisch-jüdischen Kulturbeziehungen überhaupt. Seit 2005 erscheint in einem Berliner Verlag eine auf sechs Bände angelegte Ausgabe seiner Schriften und Briefe (vgl. etwa L 2005). Zum Thema auch: Heller (1998); Stone (2001).

*Steffen Dietzsch, Berlin*

**Lichtenberg, Georg Christoph** | L, *1.7.1742 Ober-Ramstadt b. Darmstadt, †24.2.1799 Göttingen, ab 1775 o. Professor für Physik das., gleichzeitig spätaufklärerischer Schriftsteller, der zu Lebzeiten vor allem als Herausgeber des *Göttinger Taschen Calenders*, durch seine Streitschrift wider die Lavatersche Physiognomik (1778) und die in Fortsetzung erfolgte *Ausführliche Erklärung der Hogarthischen Kupferstiche* (1784–1796) hervorgetreten ist, posthum durch die aus seinen sogenannten *Sudelbüchern* gezogenen Aphorismen (vgl. Proß/Priesner 1985), die N. zum „Schatz der deutschen Prosa“ rechnet (*WS* 109). Dass N. sich nicht zuletzt der von L im deutschsprachigen Raum maßgeblich geprägten Gattung des →Aphorismus auch formal verpflichtet fühlte, ist die Konsequenz der mit L früh geteilten sprachkritischen Vorbehalte gegen die Systematisierbarkeit philosophischer Erkenntnis, deren Schauplatz für beide das →Gedächtnis ist. Wahrscheinlich durch die Kapitel 21–25 von →Schopenhauers *Parerga und Paralipomena* (1851) auf Ls „Physiognomik des →Stils“ aufmerksam gemacht, bezeugt N. für die Entstehungszeit von *WL* (von Frühjahr bis Herbst 1873) durch zahlreiche Lesespuren – Anstreichungen, Unterstreichungen, Marginalien, Korrekturen und Eselsohren – seine intensive Rezeption von *Georg Christoph Lichtenberg's Vermischten Schriften*, die sich in der achtbändigen Ausgabe von 1867 in seiner Bibliothek (NB: 354 ff.) erhalten haben (vgl. Stingelin 1996: 167–199). Insbesondere das Echo von Ls sprachkritischer Skepsis gegen das cartesianische *cogito* – N. streicht sich Ls Bemerkung: „Es denkt, sollte man sagen, so wie man sagt: es blitzt. Zu sagen *cogito*, ist schon zu viel, so bald man es durch Ich denke übersetzt. Das →Ich anzunehmen, zu postuliren, ist praktisches Bedürfniß“ (L 1867: I, 99), rot an – begleitet N.s Denken bis ins Spätwerk (vgl. *JGB* 16, 17 u. 54; *GM I* 13; →Es). Daneben teilt N. Ls Leidenschaft in Fragen der Physiognomik im Allgemeinen, des Verbrechers und seiner Taten im Besonderen.

*Martin Stingelin, Dortmund*

**Liebe** | Zur L finden sich bei N. keineswegs „nur vereinzelte Gedanken“ (Lemke 2000: 275), sondern das Thema ist so durchgehend präsent, dass Zarathustras Wort „Eine Begierde nach L ist in mir, die redet selbst die Sprache der L“ (*Za II, Das Nachtlied*) auch N.s Denken selbst charakterisiert. In seine Aussagen geht naturgemäß, wenngleich oft maskiert, sein Lebensgefühl ein, angezeigt durch Ausdrücke wie Sehnsucht, Schwermut, Einsamkeit, Wollust, Abschied. In Was Alles L genannt wird (*FW* 14) weist N. auf die Vieldimensionalität und Mehrdeutigkeit von L hin. Er will, als Teil seines Interesses an →Psychologie, die eigentlichen Motive der L und deren →Masken aufzeigen, ebenso ihre Inkarnation in den →Affekten: „[E]ure Nächstenliebe ist eure schlechte L zu euch selber.“ (*Za I, Von der Nächstenliebe*) L ist „Besitzlust“ (NF 1881, 15[33]) und „Herrschafts-Trieb“ (*GD, Streifzüge*... 39; vgl. Smitmans-Vajda 2000: 110 ff.). In seiner Selbsttäuschung erscheint dem Menschen „die L, mit der er sich im Grunde selbst liebt, [...] als göttliche L“ (*MA* 134). L ist so rätselhaft, dass sie auch ihr Gegenteil in sich enthalten kann: „Die tiefste L z. B. weiß sich nicht zu benennen und fragt sich wohl: ‚bin ich nicht Haß?‘“ (NF 1882, 3[1] 23.) Von Entstellungen frei ist die Freundschaft. Jenseits aller Ambivalenzen, Widersprüche, Verbergungen und Projektionen kristallisiert sich in N.s Gedanken zur L ein Schwerpunkt heraus: L ist wesenhaft L zum →Leben, ihr entscheidender Zug ist →Bejahung des Lebens. Leben hat eine erotisch-dämonische Qualität (vgl. Ries 1995: 222). Es birgt einen Zauber, „es liegt ein golddurchwirkter Schleier von schönen Möglichkeiten über ihm, [...] verführerisch. Ja, das Leben ist ein Weib!“ (*FW* 339; vgl. *Za II, Das Tanzlied*: „Von Grund aus liebe ich nur das Leben [...].“) Bejahung wird insbesondere vom Schönen hervorgerufen, so dass man es geradezu „wollen muss“ (*Za II, Von der unbefleckten Erkenntniss*): „Ich will immer mehr lernen, das Nothwendige an den Dingen als das Schöne [zu] sehen: – so werde ich Einer von Denen sein, welche die Dinge schön machen. Amor fati: das sei von nun an meine L!“ (*FW* 276) Der letzte Grund für die L zum Leben liegt darin, dass L das entscheidende Moment im Leben ist, dass im Leben „alles [...] verliebt“ ist. L ist Sehnsucht nach der L des Lebens selbst: „Sagtet ihr jemals Ja zu Einer Lust? Oh, meine Freunde, so sagtet ihr Ja auch zu allem Wehe. [...] / – Alles von neuem, Alles ewig, Alles verkettet, verfädelt, verliebt, / oh, so

LIEBTET ihr die Welt, – / – ihr Ewigen, liebt sie ewig und allezeit.“ (*Za IV, Das Nachtwandler-Lied* 10) L ist so unbedingt, dass sie Ja sagt zu allem – und zu dessen →ewiger Wiederkunft. Eben dieses liebende Jasagen macht das Herz des →Dionysos aus: „„Das Jasagen zum Leben selbst noch in seinen fremdesten und härtesten Problemen; der Wille zum Leben [...] – DAS nannte ich dionysisch [...]‘.“ (*EH, GT* 3). Dionysos-N. ist so jenes „Genie des Herzens“ (*JGB* 295), jene Seele, „die sich selber liebendste, in der alle Dinge ihr Strömen und Wiederströmen [...] haben“ (*EH, Also sprach...* 6). L ist in dieser Perspektive „Pfeil und Sehnsucht zum →Übermenschen“: „Über euch hinaus sollt ihr einst lieben!“ (*Za I, Von Kind und Ehe*) Bemerkenswert ist, dass das, was konkret-personale L sei, weithin ausgeblendet bleibt. Offen ist die Frage, inwieweit Entsprechungen bestehen zu N.s persönlichem Fühlen und Überzeugtsein (vgl. die Eröffnungszeile von *DD, Klage der Ariadne*: „Wer wärmt mich, wer liebt mich noch?“).

*Ludwig Wenzler, Freiburg i. Br.*

***Lieder des Prinzen Vogelfrei*** | Die *Lieder* erschienen 1887 in der zweiten Ausgabe von *FW* als Reprise und Umarbeitung der 1882 selbständig erschienenen →*IM*. Wieder aufgenommen wurden (in veränderter Form und mit geänderten Titeln) sechs von den ursprünglich sieben Idyllen. Dazu kamen acht weitere Dichtungen, von denen einige zu den bedeutendsten lyrischen Kompositionen N.s zählen (*Sils-Maria, Der geheimnisvolle Nachen*). Der in *IM* deutlich erkennbar durchgeführte Versuch, die Formen des Volkslieds philosophisch neu zu denken und zu entwickeln, bleibt hier im Hintergrund; die Texte – wenn auch immer noch in strenger Reim- und Strophenform – entstehen aus unterschiedlichen Inspirationsquellen, wie das erste Lied, *An Goethe*, mit dem parodistischen Zitat aus dem „Chorus Mysticus“ des zweiten *Faust* exemplarisch zeigt.

Anders als *IM* lassen sich die *Lieder* insgesamt nicht als eigenständiger Zyklus verstehen. Sie erfüllen ihre Funktion im Rahmen von *FW* und im Parallelismus zum „Vorspiel in deutschen Reimen“ (*Scherz, List und Rache*), welches das Buch eröffnet. Sie verstärken den polymorphen Charakter von *FW* und dessen Anspruch, die Komplexität des philosophischen Denkens in der stilistischen Komplexität des philosophischen Werks zu reflektieren (ein Anspruch, dem N. bis zum Ende treu bleiben wird). Bedeutend scheint hier der Reflexionsgrad einer solchen Haltung. Denn die *Lieder* (wie das poetische Vorspiel zu *FW*) demonstrieren, was schon die platonischen Dialoge – wie *GT* erklärt hatte – zeigten: die moderne Zusammengehörigkeit von Philosophie und Kunst, von „Prosa und Poesie“, von „Erzählung, Lyrik und Drama“.

Die *Lieder* sind also lyrischer Ausdruck einer Philosophie, welche die Kunst als Ursprung und Nachklang des Philosophierens versteht. Entsteht die moderne Philosophie aus dem Kampf gegen die Kunst als „metaphysische Tätigkeit“ des Menschen, so beginnt *FW* mit einem lyrischen Vorspiel. Und endet die Philosophie selbst mit der Anerkennung des Geheimnisvollen, das trotz ihrer unerforscht bleibt – wie das Beispiel des sterbenden →Sokrates exemplarisch gezeigt hatte –, so mündet das Buch in einen poetischen Nachklang, welcher der Philosophie ein unbekanntes Land erschließt, wie es programmatisch in *Der geheimnisvolle Nachen* heißt.

*Luca Crescenzi, Pisa*

**Logik** | „L IST DER VERSUCH, NACH EINEM VON UNS GESETZTEN SEINS-SCHEMA DIE WIRKLICHE WELT ZU BEGREIFEN, RICHTIGER, UNS FORMULIRBAR, BERECHENBAR ZU MACHEN [...]“ (NF 1887, 9[97]). N.s Auseinandersetzung mit der L fällt in die Nachfolgediskussion um die „transzendentale L“ →Kants. Als die Gesamtheit der für das Erkennen der Wirklichkeit relevanten Denkformen umfasst sie für N.: Raum und Zeit, die Urteilsfunktionen, das Identitätsaxiom und das Kausalitätsprinzip (→Kausalität). Eine strenge Unterscheidung zwischen formaler L, als Frage nach den korrekten Schlussformen, und einer Analyse der logischen, auf die Wirklichkeit gerichteten Funktion des Verstandes nimmt N. nicht vor. Unter dem Begriff der L thematisiert N. aber auch die Freiheit des →Willens sowie die Grammatik der →Sprache, weil diese mit einem kognitiven Anspruch verknüpft sind. An einer systematischen Bearbeitung der L hatte N. allerdings kein Interesse. Vielmehr steht für ihn von Anfang an die Problematisierung ihrer lebenserhaltenden, aber auch täuschenden, weil ontologischen Implikationen im Zentrum seiner Kritik. L ist eine für die Bildung von Erfahrung notwendige „Fiktion", ein „Rückgrat für Wirbelthiere, nichts an-sich Wahres" (NF 1885, 35[67]). Zur L gehört die Annahme des Unbedingten als einer unentbehrlichen „Existenz-Bedingung des Intellekts" (NF 1884, 26[216]). N.s Kritik der L setzt am Tatbestand an, dass im Rahmen der „transzendentalen L" Kants die Geltung des kategoriellen Schemas zugleich die allgemein gültigen Wahrheitsbedingungen festlegt. Unreflektiert bleibt dabei für N., dass das transzendental-logische Schema bereits eine metaphysische Wahrheitsaussage über die Dinge impliziert, die diesen jedoch entgegensteht. Am „Satz des Widerspruchs" verdeutlicht N. diesen Aspekt seiner Kritik: Einem Ding nicht widersprechende Prädikate zuweisen zu können, sei Ausdruck einer Unfähigkeit des menschlichen Verstandes, sage aber nichts aus über die Beschaffenheit der Wirklichkeit, die vielmehr ein dynamisches, sich dem Schema der L prinzipiell entziehendes Geschehen darstelle. Als notwendige Denkform sei die L primär eine Denknorm, die den Dingen vorschreibe, wie sie sein sollen (vgl. NF 1887, 9[97]). Wegweisend für N.s Definition der L ist A. Spir (1873), ein Neukantianer, für den auf der Grundlage des absolut gesetzten Identitätsprinzips (die „Norm des Denkens") die gesamte Erfahrung auf dem Prinzip einer systematischen Täuschung beruht. Wenn N. in *MA* 18 – gegen Spir – geltend macht, dass auch das logische Schema „geworden" sei, verweist dies auf die Spannung zwischen dem transzendentalen Apriori-Denken und einem psychologischen Erklärungsversuch, der auf einen der L vorausliegenden, a-logischen Erkenntniswillen reflektiert. „Vor der L, welche überall mit Gleichungen arbeitet, muß das Gleichmachen, das Assimiliren gewaltet haben: [...] und das logische Denken ist ein fortwährendes Mittel selber für die Assimilation, für das Sehen-WOLLEN identischer Fälle." (NF 1885, 40[33]) Die Denknorm, die die Identität der Dinge voraussetzt, und der Wille, die Dinge als identisch zu sehen, bedingen sich also gegenseitig. Das so beschriebene „Seins-Schema" kennzeichnet für N. die Widersprüchlichkeit des Erfahrungsbegriffs. Aufgrund seiner lebenserhaltenden Funktion kann es jedoch nicht außer Kraft gesetzt werden. N. empfiehlt, sich distanziert zu diesem Schema zu verhalten, es nicht als „Kriterium der Wahrheit" misszuverstehen, sondern als eine „Abkürzung der Ausdrucksmittel" (*JGB* 12) zu verwenden, die Wirklichkeit beschreibt, nicht aber im Sinne einer Adäquatio erklärt. Zum Thema auch: Abel (1987); Djurić (1989); Reuter (2003).

*Sören Reuter, Berlin*

**„Lou-Erlebnis"** | Das „L-E", das N. 1882/83 an den Rand des Selbstmords führte und seine Schwester →EFN zu großflächigen Intrigen und Fälschungen veranlasste, hat zumindest die biographieorientierte N.-Forschung von jeher mit einigem Interesse thematisiert (vgl. etwa Bernoulli 1910; Niemeyer 1998a: 40 ff.). Im Folgenden interessieren vor allem die Spuren dieser großen tragischen Liebesgeschichte in N.s Werk, und zwar ausgehend von N.s Bemerkung, dass er erst durch den Verkehr mit Lou „reif" (An E. N., Januar/Februar 1884) geworden sei für *Za.*

Zur Vorgeschichte gehört, dass N. unmittelbar zuvor mit seinem damals besten Freund →Rée eine Art Urlaub an der Riviera verbracht hatte, von dem auch →Köselitz erfuhr, der von N. aus Genua im Sinne des in *FW* begründeten Slogan →„gefährlich leben!" zu lesen bekam: „Lieber Freund, es lebe die Freiheit, Heiterkeit und Unverantwortlichkeit! Leben wir über uns, um mit uns leben zu können!" (11.3.1882) Wenig später erreichte N., der noch einen geheimnisumwitterten Abstecher nach Messina eingelegt hatte (→Prostitution), die Nachricht des schon nach Rom vorgereisten Rée, wonach er „ein energisches, unglaublich kluges Kind mit den mädchenhaftesten, ja kindlichen Eigenschaften" kennengelernt habe: →L. v. Salomé. Rée setzte noch hinzu: „Dieselbe ist [...] so begierig geworden, Sie zu sehen, zu sprechen" (20.4.1882) – was so klang, als stünde er selbst der ganzen Sache neutral gegenüber (was keineswegs so war). N.s Reaktion auf weitere – wohl von EFN vernichtete – Mitteilungen dieser Art war fast schon auf weltmännische Wirkung angelegt, in dieser demonstrativen Lässigkeit allerdings nicht von langer Dauer: „Geist? Was ist mir Geist! Was ist mir Erkenntniß! Ich schätze nichts als ANTRIEBE – und ich möchte darauf schwören, daß wir darin etwas Gemeinsames haben", ließ er Lou beispielsweise am 24.11.1882, in einem seiner kühnsten Briefe, wissen. Zwei Monate zuvor hatte er sie noch mit dem Porträt seiner selbst als eines unbeschwerten Lebenskünstlers nach Leipzig zu locken versucht (16.9.1882), ein Brief übrigens, den Lou mit einiger Selbstgefälligkeit ihrem N.-Buch (Andreas-Salomé 1894) voranstellte und den man mit einem Wort charakterisieren kann: N. hatte sich in Lou verliebt, und zwar wohl unmittelbar nachdem er Ende April 1882 endlich in Rom eintraf und die ihm von Rée so verlockend beschriebene 21-jährige kennenlernte.

Diese selbst allerdings – und damit begann das Drama – hatte keineswegs vor, sich für N. *oder* Rée (der sich gleichfalls in sie verliebt hatte) zu entscheiden, sondern sie wurde umgetrieben von der Vision einer „angenehme[n] Arbeitsstube voller Bücher und Blumen, flankiert von zwei Schlafstuben, und, zwischen uns hin und hergehend, Arbeitskameraden, zu heiterem und ernstem Kreis geschlossen." (Andreas-Salomé 1984: 76) N. begann zwar, sich auf diese Perspektive – mit der Universität Wien als Zielort für mit Lou und Rée zu beginnende „neue Studentenjahre" (N. an Rohde, Mitte Juli 1882) – einzustellen, allerdings ohne sein Werben um Lou aufzugeben. „Ich dachte, es würde mir ein Engel entgegengeschickt" (N. an Rée, Entwurf, Mitte Dezember 1882), lautete seine fast schon entschuldigend vorgetragene retrospektive Sicht der Dinge, zu denen zwei von Lou abgelehnte Heiratsanträge sowie ein dreiwöchiger Aufenthalt mit Lou im August 1882 im Tautenburger Wald (→Tautenburg) gehört, der sich, wenn auch unter Kontrolle seiner gleichsam als Anstandsdame fungierenden Schwester, nicht freihalten ließ von Spekulationen aller Art. Die Bilanz von EFN war jedenfalls eindeutig, wie N. Overbeck halb entrüstet, halb amüsiert wissen ließ: Sie habe die Philosophie N.s in Tautenberg „in's Leben treten sehen und sei erschrocken: ICH liebe das Böse, SIE aber liebe das Gute." (9.9.1882) Was N. allerdings wirklich und zutiefst empörte, war der Umstand, dass ihn seine Mutter (→N., Franziska), fraglos aufgestachelt von EFN, „eine Schande für das Grab meines Vaters genannt hat." (N. an Overbeck, 10.2.1883) Bis in die Phase der Erstellung von *Za III* blieb diese Affäre virulent, angestachelt durch immer neue Intrigen der Schwester und mit dem Ergebnis der schließlich irreparablen Entfremdung N.s von ihr und seiner Mutter (wie von EFN unterdrückte Passagen in der von ihr 1908 vorgelegten ersten Druckfassung von *EH* belegen; vgl. Montinari 1972). Wie beharrlich, ja geradezu fanatisch EFN dabei agierte, zeigt der Umstand, dass sie Lous in ihrer N.-Biographie lediglich unter einer pejorativen Vokabel wie „Sandkorn" gedachte, das in „das feine Räderwerk seiner [ihres Bruders; d. Verf.] Seele und seines Geistes kam" (1904: 402) – wohlwissend, dass das in diesem Kontext auch genutzte Bild vom „bösen Willen, der sonst seinem Leben fern geblieben war" (ebd.: 403), zwar nicht auf Lous, wohl aber auf ihr Verhalten in der leidigen Affäre passte. Mehr als dies: Noch kurz vor ihrem Tod, fünfzig Jahre nach dem Geschehen in Tautenburg, zitierte EFN aus einem von ihr gefälschten, erstmals von ihr 1909 präsentierten Brief ihres Bruders (GB V/2: 486) in der Absicht, dem Leser einzureden, N. habe seine Visite in Rom 1882 schon sehr rasch als „Irrtum" bereut, Lou als „unschön" erlebt und an ihr „keinen eigenen Gedanken" (EFN 1935: 110) entdecken können. Dass das Gegenteil der Fall war, bezeugt fast jeder der tatsächlich von N. stammenden Briefe aus jenem Jahr – zumindest jene, die erhalten blieben und, etwa weil sie an Overbeck gerichtet waren und von diesem treu verwahrt wurden, dem Vernichtungswillen der Schwester entgingen.

Wichtiger freilich ist der einleitend angesprochene Niederschlag dieser Affäre in N.s Werk. Dabei interessiert vor allem *Za*, aber dies nicht etwa nur, weil man vermuten kann (vgl. Ebersbach 2004: 137 ff.), dass Zarathustra mit einzelnen Äußerungen zu Themen wie Liebe, Ehe und Sexualität auf diese Affäre Bezug nimmt, etwa mit seinem Ratschlag: „Und hüte dich auch vor den Anfällen deiner Liebe! Zu schnell streckt der Einsame Dem die Hand entgegen, der ihm begegnet." (*Za I, Vom Wege …*) Relevanter ist, dass N. seine Schwester unmittelbar nach Abschluss der Fahnenkorrektur von *Za II* dringend (und erfolglos) ermahnt hat, ihn in Zukunft „mit keinem Wort, WEDER MÜNDLICH NOCH SCHRIFTLICH", an diese Affäre zu erinnern, und dies in einem Brief, den er mit dem Hinweis einleitete: „[F]ast hinter jedem Wort [meines Zarathustra] steht ein persönliches Erlebniß" (29.8.1883). Noch deutlicher ist die zeitgleiche Bemerkung N.s aus einem Brief an Köselitz: „Im Einzelnen ist unglaublich Vieles persönlich Erlebte und Erlittene darin, das nur mir verständlich ist – manche Seiten kamen mir fast BLUTRÜNSTIG vor." (Ende August 1883) An welche Passagen (vor allem von *Za II*) dabei zu denken ist, hat N. allerdings nicht verraten. Es muss erschlossen werden – ein Auftrag an die biographieorientierte Forschung.

Ein erstes Indiz liefert ihr der Umstand (vgl. zum Folgenden auch Niemeyer 1998a: 50 ff.; 2007a: 103 f.), dass der gegen Ende von *Za II* auftretende Wahrsager seine Botschaft, er habe „eine grosse Traurigkeit" über die Menschen kommen sehen, u. a. mit den Worten erläutert: „‚Ach, wo ist noch ein Meer, in dem man ertrinken könnte': so klingt unsre Klage – hinweg über flache Sümpfe." (*Der Wahrsager*) Das hier genutzte Vokabular – schon in *Za I* wurde der →Übermensch im Gegensatz zum Menschen (= „schmutziger Strom") definiert als →„Meer", in welchem „eure grosse Verachtung untergehn [kann]" (*Zarathustra's Vorrede* 3) – erlaubt den Schluss, dass der Wahrsager hier der Sehnsucht nach dem Übermenschen Ausdruck verleiht, und dies bemerkenswerterweise in Anspielung auf einen Liebesbrief N.s an Lou, in welchem der Schreiber nach einem anrührend-pubertären Ideenstakkato schließlich doch mit der Sprache herausrückt: „Wo ist noch ein Meer, in dem man wirklich noch ERTRINKEN kann? Ich meine ein Mensch." (8.11.1882) Die Verzweiflung des Wahrsagers aus *Za II* scheint also jener N.s abgelauscht zu sein und gäbe insoweit ein verklausuliertes Zeugnis ab für N.s Klage, dass auch seine private Welt nach dem Verlust des ‚Übermenschen' Lou einer neuen Sinngebung bedarf – und nicht nur des trockenen Ratschlags, den Zarathustra in *Za IV* am Ende einer erneuten Erörterung von N.s Liebesleid gibt, indem er den →Wanderer (und insoweit in diesem Fall N.) ermahnt: „Hüte dich, dass dich nicht am Ende noch ein enger Glaube einfängt, ein harter, strenger Wahn! Dich nämlich verführt nunmehr Jegliches, das eng und fest ist." (*Der Schatten*)

In diesem Zusammenhang sind auch die drei Abschnitte *Das Nachtlied, Das Tanzlied* sowie *Das Grablied* aus *Za II* von Interesse. So wurde *Das Nachtlied* schon früh als Beleg genommen für eine psychotische Episode des Autors mit Zügen von Depersonalisation und Objektbeziehungsstörung (Klaf 1959). In neuerer Zeit liest man es als Beleg für eine dem frühen Tod des Vaters geschuldete Einsamkeitserfahrung mit der Folge der Herausarbeitung „eines in sich geschlossenen Narzißmus" (Béguin 2001: 244), der allerdings auch der depressiven Mutter geschuldet sein kann (vgl. Volz 2002: 203). Näher liegt es, den Anfang dieses Liedes zu bedenken, der andeutet, was N. später (*EH, Za* 4) explizit macht: Dass es im „Frühling" (1883) in Rom geschrieben worden sei (dort also, wo sich N. ein Jahr zuvor in Lou verliebt hatte) – eine Stilisierung, wie es scheinen will (→Rom), die suggerieren soll, N. rufe nun, in *Za II*, dem 1882er Erlebnis nach: „Nacht ist es: nun reden lauter alle springenden Brunnen. Und auch meine Seele ist ein springender Brunnen. / Nacht ist es: nun erst erwachen alle Lieder der Liebenden. Und auch meine Seele ist das Lied eines Liebenden." (*Das Nachtlied*) Wenn man der Selbstauslegung des Autors trauen will, geht es hier um die „Klage, durch die Überfülle von Licht und Macht, durch seine [Zarathustras; d. Verf.] SONNEN-Natur, verurtheilt zu sein, nicht zu lieben." (*EH, Za* 7) Freilich: Wenn man die Druckvorlage heranzieht, stellt man fest, dass die erste Intention des Autors offenbar dahin ging, zu enden mit: „[…] nicht geliebt zu werden" (vgl. Kjaer 1995:

132). Dies erst erlaubt den Schluss, hier sei gar nicht von Zarathustra, sondern von N. die Rede und von seinem Versuch, das Ausbleiben von Lous Gegenliebe rational zu erklären.

Ähnlich verhält es sich mit *Das Tanzlied*, dessen Sinn dahin geht, die Agape, also das biblische Gegenstück zum Eros, als nur vermeintlich höhere, vergeistigte Form der Liebe kenntlich zu machen, und zwar im Kontext eines Jubels über das →Leben, deutlicher vielleicht noch: im Kontext einer neuen, durchaus kühnen Sicht auf das ‚Weib' (vgl. hierzu Lorraine 1994). Denn Zarathustra hat diese neue Sicht vermutlich N.s Erfahrung mit Lou abgewonnen, mehr als dies: Es scheint nicht ausgeschlossen, dass Zarathustra Äußerungen Lous aus jenem unglückseligen Sommer 1882 wiedergibt, etwa die folgende: „‚Aber veränderlich bin ich nur und wild und in Allem ein Weib, und kein tugendhaftes: / ‚Ob ich schon euch Männern ‚die Tiefe' heisse oder ‚die Treue', die ‚Ewige', die ‚Geheimnissvolle.' / ‚Doch ihr Männer beschenkt uns stets mit den eignen Tugenden – ach, ihr Tugendhaften!' / Also lachte sie, die Unglaubliche; aber ich glaubte ihr niemals und ihrem Lachen, wenn sie bös von sich selber spricht." (*Das Tanzlied*) Der Sinn dieser Zeilen scheint jedenfalls klar: Die ‚Tugend' des Weibes wird geschützt durch die Konstrukte, die der Mann für es in Vorrat hält – jedenfalls solange er dem christlich verstandenen Konzept von Liebe verpflichtet bleibt und auf es verpflichtet wird, so wie dies für N. gesagt werden darf. Fällt dieser Wertkanon aber weg oder tritt er – so wie im Fall des Liebesgottes Cupido, der in *Das Tanzlied* seinen großen Auftritt hat – erst gar nicht in Geltung, scheint alles möglich. N. beispielsweise hätte damals, im Sommer 1882, nur den amoralischen Mut aufbringen müssen, Lous Worte nicht als ‚böse' zu verdammen und ihr zu glauben, etwa im Sinne der tiefen Wahrheit über sich, um die er doch eigentlich wusste und die sich in den Worten verbirgt: „Vielleicht ist sie böse und falsch und in Allem ein Frauenzimmer; aber wenn sie von sich selber schlecht spricht, da gerade verführt sie am meisten." (*Das Tanzlied*) Statt dessen aber schilt er mittels seines Sprechers Zarathustra seine „wilde Weisheit" als ‚böse', nur weil sie ihm letztlich auch noch die andere Wahrheit sagt: „‚Du willst, du begehrst, du liebst, darum allein LOBST du das Leben!'" (ebd.) Diese Wahrheit kann N. nicht akzeptieren, weil er dann den Schutz verlöre im Blick auf eine Zeit, zu der nichts mehr lebt, was er wollen, begehren und lieben kann. Dies ist eine tieftraurige Pointe, und sie gründet auch in den abschließenden Fragen: „Was! Du lebst noch, Zarathustra? / Warum? Wofür? Wodurch? Wohin? Wo? Wie? Ist es nicht Thorheit, noch zu leben?" (ebd.) Man muss gar nicht in Abrede stellen, dass N. hier – so Zittel (2008: 382) – Zeilen des römischen Dichters Catull variiert. Denn davon bleibt unberührt, dass man nur die Briefe N.s im Zusammenhang der „Lou-Affäre" durchgehen muss, um zu wissen, dass es sich hier um Fragen handelt, die sich N. unmittelbar zuvor (1882/83) gestellt hatte.

Bleibt *Das Grablied*, das man gleichfalls als Kommentar zu dieser Affäre lesbar machen kann, derer N. in einem Brief an Overbeck mit dem Wort gedachte, es falle ihm nun schwer, sich (erneut) an die Devise →Emersons zu halten: „[A]lle Erlebnisse nützlich, alle Tage heilig und alle Menschen göttlich" (25.12.1882). Denn exakt dieses Lebensmotto begegnet einem auch in den ein halbes Jahr später verfassten Sätzen: „Also sprach zur guten Stunde einst meine Reinheit: ‚göttlich sollen mir alle Wesen sein.'" Schon der Folgesatz lässt ahnen, welches persönliche Drama hier beschrieben wird: „Da überfielt ihr mich mit schmutzigen Gespenstern; ach, wohin floh nun jene gute Stunde!" (*Das Grablied*) Dass es hier um die „Lou-Affäre" geht, zeigt auch ein Brief N.s aus Tautenburg an Köselitz, in dem es gleich zu Anfang heißt: „Eines Tages flog ein Vogel an mir vorüber; und ich, abergläubisch wie alle einsamen Menschen, die an einer Wende ihrer Straße stehen, glaubte einen Adler gesehen zu haben. Nun bemüht sich alle Welt darum, mir zu beweisen, daß ich mich irre" (4.8.1882), denn dies klingt fast wie eine Vorstufe zu folgendem Satz aus *Za II*: „Einst begehrte ich nach glücklichen Vogelzeichen: da führtet ihr mir ein Eulen-Unthier über den Weg, ein widriges. Ach, wohin flog da meine zärtliche Begierde? / Allem Ekel gelobte ich einst zu entsagen: da verwandeltet ihr meine Nahen und Nächsten in Eiterbeulen. Ach, wohin floh da mein edelstes Gelöbniss?" (*Das Grablied*) Einige Zeilen zuvor hieß es: „MICH zu tödten, erwürgt man euch, ihr Singvögel meiner Hoffnungen! Ja, nach euch, ihr Liebsten, schoss immer die Bosheit Pfeile – mein Herz zu treffen!" (ebd.) Um welchen (Sing-)‚Vogel' es hier wie dort geht, stellt ein Brief N.s klar, mit dem er den „lieben Vogel Lou" von Bayreuth nach Tautenburg zu locken suchte, denn: „[N]un wollte ich den Adler um mich haben" (An v. Salomé, 4.8.1882).

Aber auch N.s Erlebnis mit Lou im Tautenburger Wald hat ein literarisches Echo gefunden, etwa in den folgenden Sätzen: „Mitleid mit meinen Feinden war ich einst ganz, und Waldesstille der Ergebung: Waldthiere huschten mir lieblich durch grüne Dämmerungen. Aber da fand ich mein liebstes Thier verblutet von den Eisen meiner Feinde: ach wohin floh die Liebe zu meinen Feinden!" (KSA 14: 301) N. strich diese Passage in letzter Minute aus *Za II*, weil, wie man vermuten darf, die Eingeweihten allzu deutlich erkennen konnten, wer N.s ‚liebstes Tier' gewesen war und wer sein ‚Feind'.

Unter dem Strich steht die Wichtigkeit der „Lou-Affäre" wohl außer Frage: einerseits wegen der an ihrem Exempel zu verdeutlichenden fatalen Rolle, die EFN in N.s Leben spielte; andererseits, weil der im Vorhergehenden diskutierte Deutungshinweis N.s im Blick auf ein von vielen (zeitgenössischen) Lesern als kaum verständlich abgelehntes Werk zumindest in Sachen *Za II* als relevant und weiterführend eingeordnet werden kann. Insoweit gibt es gute Gründe für die Rehabilitierung der angeblich „in der Literaturwissenschaft längst ausrangierte[n] biographische[n] Auslegungsmethode des 19. Jahrhunderts" (Zittel 2008: 382), und dies zumal im Blick auf N.s Projekt einer →„Psychologie der Philosophen".

*Christian Niemeyer, Dresden*

**Löwe** | Der L tritt bei N. in verschiedenen Gestalten auf: zu Beginn von *Za* in der ersten Rede *Von den drei Verwandlungen* im Gleichnis des sich Freiheit schaffenden Raubtiers, am Ende des vierten Teils als drittes Haus- und Ehrentier Zarathustras, das menschlich lacht und von einem Taubenschwarm begleitet wird (*Das Zeichen*), sowie als berüchtigte →„blonde Bestie" in historischen Applikationen in der *GM I* 11 und in der *GD* (*Die „Verbesserer"…* 2). Da diese „blonde Bestie" offensichtlich nur eine Variation des Raubtiers der zweiten Verwandlung ist, verbietet es sich schon deshalb, sie als ein Ideal N.s zu verstehen. Der raubende Wille des Ln ist nur ein Zwischenstadium auf dem Wege vom Kamel zum →Kind. Denn „[n]eue Werthe schaffen – das vermag auch der L noch nicht: aber Freiheit sich schaffen zu neuem Schaffen – das vermag die Macht des Ln." (*Za I, Von den drei Verwandlungen*) Steht das Kamel für die Moral des „du sollst", so repräsentiert der L das mutige „ich will" der Selbstbestimmung: „Hungernd, gewaltthätig, einsam, gottlos: so will sich selber der Ln-Wille." (*Za II, Von den berühmten Weisen*) Das Sich-selber-wollen des Willens erreicht seine letzte Steigerung jedoch im Sich-selber-überwinden-wollen (vgl. *Za II, Von der Selbst-Ueberwindung*) und findet daher seine Lösung erst im spielenden Schaffen des Kindes, in dem der Wille selber überwunden bzw. verwandelt ist. Der Zarathustra zu Füßen liegende lachende L mit dem Taubenschwarm, d. h. Macht mit Milde vereint (NF 1883, 21[2]) und ein „Symbol seiner Reife und Mürbe" (ebd., 16[51]), ist das Zeichen dafür, dass das Kind in Zarathustra auch das Raubtier in ihm überwältigt hat und mehr Kinder nahe sind (NF 1882–83, 4[117]) (vgl. auch Acampora/Acampora 2004).

*Michael Skowron, Daegu*

**Lust** | Ein N.s gesamtes Schaffen durchziehender Begriff, der zwar nur selten eingehender bestimmt wird, aber seinerseits als – oft strategisch eingesetztes – Kriterium für die Werthaftigkeit ästhetischer, ethischer und epistemischer Erscheinungen Anwendung findet. Unter Rückgriff auf die Traditionsbestände des antiken Hedonismus, v. a. auf Epikur, operiert N. zumeist in der Rolle des „Physiologen" mit dem L-Begriff. Dass „alle L" emphatische Bejahung des Augenblicks ist und dabei zugleich „Ewigkeit […] will" (*Za III, Das andere Tanzlied*), ist der phänomenale Ausgangspunkt, an dem ihre philosophische Tragweite sichtbar wird: L kann in ihrer Totalität – augenblicklich – sowohl bestehenden Sinn vernichten als auch neue Bedeutungen konstituieren. In dieser Weise unterscheidet N. bereits in *GT* die „aesthetische L" nach den Seiten apollinischer Illusionserzeugung und dionysischer L des Daseins auch und gerade in dessen schmerzhaften, unter Umständen zerstörerischen Aspekten. Die Nähe zum Schmerz bis hin zur wechselseitigen Überführung beider Phänomene ist für N.s hedonistisches Kalkül konstitutiv und vorzugsweise in die Figuren der „Selbstüberwindung" eingezeichnet. Ebenso wird immer dort, wo das Interpretationsgeschehen der Willen zur Macht mit Ansätzen einer Affektlehre korreliert wird, die L zum physiologischen Anzeichen gesteigerten, ausgreifenden →Lebens. Sie tritt hier als das gute Gefühl, einen Widerstand überwunden zu haben, in Erscheinung und steht für die aktiven, aneignenden Momente im Auslegungsprozess. Im späten Nachlass wird N. im Zusammenhang seiner Entfaltung des →Nihilismus-Problems das Oppositionspaar (L – Unlust) als diagnostisches Hauptinstrument auszeichnen: „Lust oder Unlust – darauf reduzirt sich Alles." (NF 1888, 32[22]) Zum Thema auch: Deleuze (1962); Abel ([2]1998: 96 ff.); Müller (2002).

*Enrico Müller, Greifswald*

**Luther, Martin** | Der Reformator L, *10.11.1483 Eisleben, †18.2.1546 ebd., hat in seiner Bedeutung für N. schon früh die Aufmerksamkeit systematisch interessierter evangelischer Theologen auf sich gezogen (Hirsch 1986; Buri 1947). Historisch präzise untersucht worden ist diese Konstellation freilich erst in jüngster Zeit (Beutel 2005; Large 2003; Sommer 2000a). So sehr N. selbst vom Ton der Luther'schen Bibelübersetzung geprägt war, so wenig Sympathie brachte er doch für den Reformator auf, ohne ihm jedoch ein genaues Studium zu widmen. Insbesondere im Spätwerk akzentuiert sich die Kritik an L als Initiator der →Reformation, die als pöbelhafte Opposition entweder zur mittelalterlichen Kirche oder aber zur →Renaissance verstanden wird. L habe (so *FW V* 358) „die heiligen Bücher an Jedermann" ausgeliefert – „damit geriethen sie endlich in die Hände der Philologen, das heisst der Vernichter jedes Glaubens, der auf Büchern ruht." N. macht L, dem er ein bäurisches Wesen bescheinigt (*AC* 53 – bei Heine galt L als „niedersächsischer Bauer"), für ein Wiederaufleben des Christlichen verantwortlich, das mit der Renaissance schon abgetan schien. *AC* 61 suggeriert sogar einen Kausalnexus zwischen Ls Auftreten und dem Scheitern Borgias, zwei Sachverhalte, zwischen denen tatsächlich ein ganzes Jahrzehnt liegt. Die Darstellung in *FW V*, die L gegen die mittelalterliche Kirche ausspielt, zehrt demgegenüber noch von Janssens katholischer Geschichte des deutschen Volkes (Bd. 2, Leipzig 1879), auf die N. „J. Burckhardt aufmerksam machte." (An Köselitz, 5.10.1879) So heißt es in *FW V 358* über Ls „Bauernaufstand des Geistes": „Die, welche sich am meisten darum bemüht haben, das Christenthum zu halten, zu erhalten, sind gerade seine besten Zerstörer geworden, – die Deutschen." In *AC 61* und *EH, WA* 2 wird hingegen die Renaissance zum Gegenstück des Luther'schen Werkes und damit das gängige Vorurteil von der historischen Gleichrangigkeit der Reformation und der Renaissance zurückgewiesen. L wird in äußerster anekdoktischer Verknappung als negative weltgeschichtliche Größe zum Verbrecher an der Kultur stilisiert. Zum Thema auch: Bluhm (1953); Benz (1956); Baeumer (1985); Orsucci (1996).

*Andreas Urs Sommer, Freiburg i. Br.*

***M: Morgenröthe*** | Diese im Juli 1881 erschienene Aphorismensammlung mit dem Untertitel *Gedanken über die moralischen Vorurtheile* wird in der N.-Forschung hoch geschätzt (vgl. etwa Brusotti 1998; Ries/Kiesow 2000: 103–111; Niemeyer 2004b), war aber zunächst ein kapitaler Flop. N. hatte gehofft, er könne mit diesem Werk seinen Ruf als „neuer unmöglicher unvollständiger aphoristischer Philosophus" ebenso in Vergessenheit bringen wie den Eindruck, er böte nur eine „arme stückweise Philosophie“ (An Rée, Ende August 1881). Im Rückblick schien ihm *M* sogar – neben *FW* – als „Einleitung, Vorbereitung und Commentar“ zu *Za* (*I–III*) geeignet (An Overbeck, 7.4.1884).

In der Tat: Wenn N. in *M* deklariert, dass die „Unterwerfung unter die Moral [...] nichts Moralisches“ (97) sei, wird letztlich auch – und dies unterstreicht den vorbereitenden Charakter von *M* für *Za* – in Abrede gestellt, dass die Gottesvorstellung als Begründungsmotiv moralischen Handelns tauge, eher im Gegenteil: „Wenn immer ein Anderer um uns ist, so ist das Beste von Muth und Güte in der Welt unmöglich gemacht. Möchte man nicht gegen diese Zudringlichkeit des →Himmels, gegen diesen unvermeidlichen übernatürlichen Nachbar ganz des →Teufels werden!“ (464) Folgerichtig wird der ‚Teufel‘ N. in *Za* den Tod Gottes (→„Gott ist tot“) erklären, um den Ausblick auf eine Tugendlehre ohne Gott freizulegen und den Menschen (als →Übermenschen) zu einer ihn als Gottersatz qualifizierenden Selbstbegründung zu nötigen und einen Programmsatz zu realisieren, den er sich in Entwürfen zu *M* notiert hatte: „Erst nach dem Tode der →Religion kann die ERFINDUNG IM GÖTTLICHEN wieder luxuriiren.“ (NF 1880, 6[359]) Damit hatte N. die Prämisse alles Weiteren deutlich markiert – nur, dass ihm offenbar noch der Mut fehlte, den Tod der Religion, weitergehender: den Tod Gottes, schon in *M* zu verkünden.

Zu beachten sind auch kontinuierende Motive im Blick auf zuvor erschienene Texte N.s. Wenn sich N. beispielsweise über „Etwas, das sich die Philosophie nennt“, lustig macht und dagegen die Forderung setzt: „‚Rückkehr zur Wissenschaft! Zur Natur und Natürlichkeit der Wissenschaft!‘“ (*M* 427), handelt es sich der Sache nach um nichts weiter als um eine Fortschreibung der schon in *MA* vorgetragenen psychologischen Kritik an der ‚metaphysischen Philosophie‘ (→Metaphysik), „insofern sie [...] für die höher gewertheten Dinge einen Wunder-Ursprung annahm, unmittelbar aus dem Kern und Wesen des ‚Dinges an sich‘ heraus.“ (*MA* 1) So gesehen überrascht nicht, dass N. auch in *M* als Psychologe (→Psychologie) auftritt und, in Anknüpfung an seine Auffassung, Träume seien „symbolische Scenen- und Bilder-Ketten an Stelle einer erzählenden Dichter-Sprache“ (*WS* 194), ergänzt: „In Allem wollt ihr verantwortlich sein! Nur nicht für eure Träume! Welche elende Schwächlichkeit, welcher Mangel an folgerichtigem Muthe! Nichts ist mehr euer Eigen als eure Träume! Nichts mehr euer Werk! Stoff, Form, Dauer, Schauspieler, Zuschauer, – in diesen Komödien seid ihr Alles ihr selber!“ (*M* 128) Folgerichtig vermag N. im →‚Ich‘ keine Tatsache mehr zu sehen, sondern nichts weiter als das Resultat „[U]NSERER MEINUNG ÜBER UNS“ (115), um unter dem Titel *Zur Beruhigung des Skeptikers*, den der Zweifel umtreibt, ob er wisse, was er tue, und wissen könne, was er tun soll, nachzutragen: „Du hast Recht, aber zweifle nicht daran: DU WIRST GETHAN! in jedem Augenblicke! Die Menschheit hat zu allen Zeiten das Activum und das Passivum verwechselt, es ist ihr ewiger grammatikalischer Schnitzer.“ (120) Damit ist das ‚Ich‘ endgültig hinfällig, erdrückt vom Passivum, also, wie man wohl sagen darf: vom →‚Es‘. Die Konsequenz liegt auf der Hand: „[A]ll unser sogenanntes →Bewusstsein [ist] ein mehr oder weniger phantastischer Commentar über einen ungewussten, vielleicht unwissbaren, aber gefühlten Text“ (119). →Freud hat es später kaum besser zu sagen vermocht, ebenso wie das Folgende: „Dass es ein →Vergessen giebt, ist noch nicht bewiesen; was wir wissen, ist allein, dass die Wiedererinnerung nicht in unserer Macht steht.“ (126) Letzteres freilich, so N. weiter, bezeichne möglicherweise nur eine „Lücke unseres WISSENS UM UNSERE MACHT“ (ebd.).

Es überrascht insoweit nicht, dass auch N.s in *M* sich deutlich verstärkende Christentumskritik psychologisch ambitioniert ist. Methodologisch knüpft sie an die anti-metaphysische Forderung an, dass der Mensch lernen müsse, „gute[r] Nachbar der nächsten Dinge [zu] werden“ (*WS* 350), wobei N. nun diese ‚nächsten Dinge‘ vor allem im Umfeld der später von Freud ins Zentrum gerückten ‚sexuellen Frage‘ situiert und als solche genauer erforscht haben will, und zwar gemäß der Maxime, dass die „Leidenschaften [...] böse und tückisch [werden], wenn sie böse und tückisch betrachtet werden." (*M* 76) Das Unheil gründet also nicht in den Tatsachen, sondern in den Interpreten und →Interpretationen, was N. auch am Beispiel des scheinbar altruistischen Hilfehandelns erläutert, bei dem man angeblich „nur noch an den Anderen [denkt]", wohingegen N. das Wissen in Wirksamkeit sieht, dass „wir als die Mächtigeren, Helfenden [...] des Beifalls sicher sind, unsern Glücks-Gegensatz empfinden wollen oder auch uns durch den Anblick aus der Langenweile herauszureissen hoffen", kurz gesagt und auf eine (psychologische) Formel gebracht: „Die Wahrheit ist: im →Mitleid [...] denken wir zwar nicht mehr bewusst an uns, ABER SEHR STARK UNBEWUSST" (133). Skizziert ist hiermit ein Thema, das unter dem Titel ‚Helfersyndrom' nach wie vor Relevanz beanspruchen darf und exemplarisch den Anspruch bezeugt, dem N.s →Psychologie genügen wollte.

Psychologisch aufschlussreich ist auch dasjenige aus *M*, das auf N.s Biographie bezogen werden kann. Schon in *MA* hatte N. unter dem Titel *Tragödie der Kindheit* darüber geklagt, „dass edel- und hochstrebende Menschen ihren härtesten Kampf in der Kindheit zu bestehen haben" (422). Nun ergänzt er: „Jede individuelle Handlung, jede individuelle Denkweise erregt Schauder; es ist gar nicht auszurechnen, was gerade die seltneren, ausgesuchteren, ursprünglicheren Geister im ganzen Verlauf der Geschichte dadurch gelitten haben müssen, dass sie immer als die bösen und gefährlichen empfunden wurden, ja dass sie sich selber so empfanden." (*M* 9) N. dreht den Spieß um, mahnt also an, „entferntere Zwecke unter Umständen auch durch das Leid des Anderen zu fördern", wohl wissend, dass er durch seine „Freigeisterei" (→Freigeist) insbesondere seine eigenen „Nächsten" „in Zweifel, Kummer und Schlimmeres" warf, denn, so die Schlusspointe: „[W]arum sollten den kommenden Geschlechtern nicht einige Individuen der gegenwärtigen Geschlechter zum Opfer gebracht werden dürfen? sodass ihr Gram, ihre Unruhe, ihre Verzweiflung, ihre Fehlgriffe und Angstschritte für nöthig befunden würden, weil eine neue Pflugschar den Boden brechen und fruchtbar für Alle machen solle?" (146) In *HL* hatte N. ganz in diesem Sinne erstmals von der Notwendigkeit der Selbsterziehung (→Erziehung) hin „zu einer neuen Gewohnheit und Natur, heraus aus einer alten und ersten Natur und Gewohnheit" (10, KSA 1: 328), gesprochen; er ergänzt nun: „So wie man uns jetzt erzieht, bekommen wir zuerst eine zweite Natur: und wir haben sie, wenn die Welt uns reif, mündig, brauchbar nennt. Einige Wenige sind Schlangen genug, um diese Haut eines Tages abzustossen: dann, wenn unter ihrer Hülle ihre erste Natur reif geworden ist." (*M* 455) Dabei ist vor allem natürlich an N. selbst zu denken: Er war es, der sich zu häuten und, beispielsweise, hinter der zweiten Natur des Philologen die erste Natur des Philosophen freizulegen hatte und der eben deswegen „bei einem Rückblick auf den Weg des Lebens" entdeckt: „Etwas [ist] nicht wieder gut zu machen [...]: die Vergeudung unserer Jugend, als unsre Erzieher jene wissbegierigen, heissen und durstigen Jahre nicht dazu verwandten, uns der ERKENNTNISS der Dinge entgegenzuführen, sondern der sogenannten ‚classischen Bildung'!" (195) Angelegt ist darin auch eine Kritik an seinem ‚Doktorvater' →Ritschl, dem N. in einem – von ihm offiziell als Porträt des alt gewordenen Comte ausgewiesenen – Aphorismus vorhält: „Nun ist es vorbei mit seinem früheren trotzigen, dem eignen Selbst überlegenen Verlangen nach ächten Schülern, nämlich ächten Fortdenkern [...]: jenes Verlangen kam [...] aus dem bewussten Stolze, jederzeit noch selber der Gegner und Todfeind seiner eigenen Lehre werden zu können, – jetzt will er entschlossene Parteigänger, unbedenkliche Kameraden, Hülfstruppen, Herolde, ein pomphaftes Gefolge." (542)

Kritik wie diese zielte darauf, N.s Zeitalter, das epigonal-philisterhafte auslaufende 19. Jh., wieder in einen der das →Neue ermöglichenden „ursprünglichen Zustände der →Menschheit" (9) zu versetzen. Zu diesem Zweck forderte N., die „Verunglimpfung" zurückzunehmen, „mit der die Menschen alle Jene bedacht haben, welche durch die THAT den Bann einer Sitte durchbrachen, – im Allgemeinen heissen sie →Verbrecher." (20) Zu denken ist in diesem Zusammenhang auch an →Rousseau, denn, so kann man N.s unter dem Titel *Der Böse* zusammengefasstes Argument lesen: Rousseaus Ärger über Diderot, der gespottet hatte, nur der Einsame – also Rousseau, der sich aus Angst vor Verfolgung als Eremit aufs Land geflüchtet hatte – sei böse, ist zwar verständlich, aber theoretisch unhaltbar, insofern Rousseau übersehen habe, dass „jeder böse Hang inmitten der Gesellschaft [...] sich selbst in das Prokrustes-Bett der Tugend zu legen [hat]" (499), so dass das →‚Böse' und mithin Neue tatsächlich nur außerhalb der Gesellschaft, also in der Einsamkeit, in Erscheinung treten könne. N. hatte sich mit diesem Argument eine Denkfolie geschaffen, die ihm half, jene Lebensform zu adeln, die ihm seit seiner Frühpensionierung (1879) die gewohnte war und die ihm auch in der Zukunft zur alternativlosen geraten sollte: eben die des einsam wandernden Freigeistes, der im allerletzten Aphorismus von *M* verunsichert fragt: „Und wohin wollen wir denn? Wollen wir denn ÜBER das →Meer?" (575) Erst in *FW* gewinnen diese Fragen zentralen Rang und begegnen einem nun in Gestalt eines Forschungsauftrags, der mit dem Ausruf endet: „Es giebt noch eine andere Welt zu entdecken – und mehr als eine! Auf die Schiffe, ihr Philosophen!" (289)

In der Summe steht *M* für die konsequente, nun auch um stärker anti-christliche Akzente bereicherte Fortführung der anti-metaphysischen Programmatik, wie sie N. seit *MA* umtreibt. Außerdem gibt *M* einen Vorgeschmack auf jenes neue, psychologisch aufgeklärte Bildungsprogramm, wie es N. in *Za* in dichterischer Sprache umreißen wird. Erstaunlich an den von N. mit besonderem Stolz auf ihren Reichtum herausgestellten, aber nicht eigens aufgelisteten „UNAUSGESPROCHNEN Gedanken" (An Köselitz, 25.1.1882) der *M* ist vor allem das Ausmaß, in welchem zentrale Programmformeln der Psychoanalyse Freuds vorweggenommen werden.

*Christian Niemeyer, Dresden*

**MA: Menschliches, Allzumenschliches** | Die ersten Aphorismen zu *MA* schrieb N. im Sommer 1876 unter dem Titel *Die Pflugschar* nieder (NF 1876, 18[1]). Das Werk wurde erstmals 1878 und nochmals mit einer Vorrede 1886 veröffentlicht. *MA* war N.s zweites Buch, und es unterscheidet sich stilistisch und inhaltlich von seinem Erstlingswerk *GT* sowie von *UB* I–IV. Stilistisch verabschiedet sich N. vom akademischen Essay und greift auf die aphoristische Ausdrucksweise (→Aphorismus) der französischen Moralisten des 18. Jh.s zurück. Inhaltlich bindet sich N. an die strengen Methoden der Naturwissenschaften und bezeichnet die in *GT* hoch gepriesene →Kunst abwertend als Produkt eines unreifen Zeitalters. Aus diesem Grund wird *MA* als Schlüsselwerk der sogenannten positivistischen Phase N.s gesehen.

In *EH* bezeichnet N. *MA* als „Denkmal einer Krisis" (*MA* 1). *MA* entstand vor dem Hintergrund von N.s tiefer Enttäuschung über die ersten Bayreuther Festspiele: „Die Anfänge dieses Buchs gehören mitten in die Wochen der ersten Bayreuther Festspiele hinein; eine tiefe Fremdheit gegen Alles, was mich dort umgab, ist eine seiner Voraussetzungen" (*EH*, *MA* 2). Während dieser Zeit entschloss sich N., seine Beziehung zu →R. Wagner endgültig abzubrechen und sich verstärkt sich selbst zuzuwenden. In *MA* wird diese Entscheidung durch die historische Kritik am Begriff des Dichters im vierten Abschnitt artikuliert. In Bayreuth erzielte das Buch die erwünschte Wirkung: Es veranlasste Wagner, seine Kunst in seinen *Bayreuther Blättern* gegen diese Art der Kritik zu verteidigen. Wagners Frau las hingegen nur ein paar Zeilen und „legte es ad acta" (KSA 15: 84).

*MA* ist Zeugnis einer „grossen Loslösung" (*MA*, Vorrede 3) und – dem Untertitel zufolge – *Ein Buch für freie Geister*. Doch N. will mit diesem Werk nicht nur die Unabhängigkeit von Wagner, sondern Freiheit in einem allgemeineren Sinne erlangen: Es geht um Emanzipation von falschen Meinungen und naiven Idealen, wobei N. die Methoden der →Naturwissenschaften als Mittel schätzt, solche Irrtümer zum ‚Erfrieren' zu bringen: „[W]o IHR ideale Dinge seht, sehe ICH – Menschliches, ach nur Allzumenschliches!" (*EH*, *MA* 1) Die Wissenschaft ist nun der Weg zur Wahrheit, und die →Wahrheit wird als der größte Befreier angesehen. In diesem Sinn will N. die Werte der →Aufklärung weitertragen (*MA* 26). Deshalb widmet er *MA* der hundertjährigen Todesfeier →Voltaires (*EH, MA* 1); und „An Stelle einer Vorrede“ zitiert er eine Passage aus den Werken Descartes‘, um die Wahrheitssuche als Sinn des Lebens zu erklären. In dieser Hinsicht gilt *MA* als ein zutiefst sokratisches Werk, in dem N. selbst die Rolle des theoretischen Menschen aus *GT* spielt. Gleichzeitig enthält *MA* jedoch auch ein anti-sokratisches Moment: In N.s Erstlingswerk wurde →Sokrates nicht nur als erster Theoretiker der Weltgeschichte, sondern auch als Vertreter des die Tragödie zermalmenden Optimismus gedeutet. Optimismus ist der sokratische Glaube, wonach die Welt so geschaffen ist, dass uns die Wahrheitssuche zum Glück führt. In *MA* lehnt N. diese optimistische Weltdeutung sowie die sokratische Verbindung von Wahrheit und Glückseligkeit eindeutig ab. Im ersten Abschnitt unterscheidet er zwischen den wissenschaftlichen Einzelgebieten und der Philosophie: Während Letztere „dem Leben und Handeln möglichste Tiefe und Bedeutung“ zu geben sucht, wollen Erstere nur Erkenntnis und nichts weiter (6).

In *MA* möchte N. nicht nur die Wahrheitssuche vom Streben nach Glück trennen, sondern auch die Grundprinzipien einer anti-optimistischen bzw. tragischen Philosophie etablieren, die von einer tiefen Spannung zwischen Leben und Wahrheit ausgeht. Hier ist die Wahrheit hässlich und lebensfeindlich, wobei das echte Symbol der Wahrheitssuche nicht Sokrates, sondern Ödipus ist. *MA* ist eine Art von tragischer Philosophie, weil N. die Wissenschaft verwendet, um die sinnstiftende Funktion von →Metaphysik, Ethik, Religion, Kunst und Gesellschaft zu untergraben. Da die Welt aus naturwissenschaftlicher Perspektive sinn- und ziellos ist, droht die Wahrheitssuche im ersten Abschnitt von *MA* zu einer nihilistischen Verzweiflung über den Wert des →Daseins zu führen (33) und die aufgeklärte Philosophie N.s zu einer Tragödie zu werden (34).

Ein zweites Moment der tragischen Philosophie von *MA* zeigt sich im ersten Aphorismus. Hier macht sich N. die Philosophie →Heraklits zu eigen, der ihm als der Denker des tragischen Zeitalters Griechenlands schlechthin gilt. Der Aphorismus beginnt mit einem Hinweis auf die antike Philosophie: „Die philosophischen Probleme nehmen jetzt wieder fast in allen Stücken dieselbe Form der Frage an, wie vor zweitausend Jahren: wie kann Etwas aus seinem Gegensatz entstehen [...]?“ N. nennt zwei mögliche Lösungen: Die metaphysische Philosophie behauptet, dass Dinge und Eigenschaften nicht aus ihren Gegensätzen, sondern „aus dem Kern und Wesen des ‚Dinges an sich‘“ entstehen. Die von N. bevorzugte historische Philosophie, die von der Naturwissenschaft nicht zu trennen ist, leugnet hingegen die Existenz absoluter Gegensätze. Obwohl sein Name unerwähnt bleibt, ist die Parallele zu Heraklits Lehre von einer Einheit der Gegensätze schwer zu übersehen (1). Auch Heraklits Lehre vom →Werden spielt am Anfang von *MA* eine wesentliche Rolle. Schon im ersten Aphorismus steht der Gedanke des Werdens im Hintergrund (KSA 14: 119), und im zweiten beruft sich N. explizit auf das Werden, um die Möglichkeit ewiger Tatsachen zu bestreiten (2). Hier wird die Lehre grob als jene anti-metaphysische Position begriffen, wonach alles, was entsteht, auch vergeht und es zwar vergängliche Dinge, aber keine zeitlos existierenden metaphysischen Gegenstände (wie z. B. Gott) gibt. Dieses zunächst grobe Verständnis wird in den nachfolgenden Aphorismen vertieft und mit Erkenntnissen der Naturwissenschaft verknüpft. Eine entscheidende Erweiterung bildet die im 19. Aphorismus geäußerte Behauptung, dass es überhaupt kein einheitliches „Ding“ gäbe. Hier bestreitet N. nicht nur die substanzielle Existenz von Common-Sense-Gegenständen wie Bäumen und Löwen, sondern weist auch das Konzept des Atoms qua eines subsistierenden „Dings“ im Rahmen eines naturwissenschaftlichen Weltbilds zurück. N. versteht das Atom als Relikt der parmenideischen Seinslehre und sieht die Aufgabe der modernen Naturforscher darin, alles Dingartige und Stoffliche in Bewegungen aufzulösen (19), um somit von einer mechanistischen zu einer dynamischen Weltanschauung überzugehen. In Bezug auf die antike Philosophie soll die moderne Naturwissenschaft also von dem in der frühen Neuzeit wiederbelebten Atomismus Demokrits zu einem herakliteischen Denken des Werdens zurückkehren.

Dennoch ist eine solche dynamische Weltanschauung für die Philosophie insofern „tragisch“, als sich die Welt als undenkbar und sprachlich unfassbar erweist. Das Denken setzt den Satz der Identität (A=A) voraus, doch in einem dynamischen Weltbild gibt es nichts, was diesem Satz entspricht (11). Ebenso verhält es sich mit der Sprache: In der dynamischen Welt gibt es keine der Subjekt-Prädikat-Form des sprachlichen Urteils entsprechende Substanz-Eigenschaft-Struktur. Im Sinne einer Korrespondenztheorie der Wahrheit stellen sich somit alle Urteile als falsch heraus. Mit einem dynamischen Weltbild wird also die parmenideische Voraussetzung der Identität von Sein und Denken bzw. Sprache verneint, was nicht nur für die Philosophie, sondern auch für das →Leben eine tragische Konsequenz zeitigt: Der Philosoph weiß paradoxerweise, dass die Welt unerkennbar ist, und das Leben ist notwendigerweise tief in der Unwahrheit versunken, weil man urteilen muss, um zu überleben (32).

Solche Überlegungen werfen die Frage nach dem Wert des →Daseins auf, und N. meint, dass wir sofort das →Leben verneinen würden, wenn wir diese Frage beantworten müssten (33). Um „eine Philosophie der Zerstörung“ zu vermeiden, beruft sich N. auf die Heiterkeit des theoretischen Menschen, die er in *MA* auch als „ein gutes Temperament“ bezeichnet. Dieser Einstellung gemäß lebt man ohne Lob, Vorwürfe und Ereiferung mit „eine[r] gefestete[n], milde[n], und im Grunde frohsinnige[n] Seele“ (34). Das Ziel des theoretischen Menschen ist nicht, die Welt zu beurteilen, sondern sie zu erforschen, und diese Aufgabe verlangt Freiheit von den gewöhnlichen Fesseln des Lebens. In solch einem freien Zustand schwebt der Denker fröhlich „über Menschen, Sitten, Gesetzen, und den herkömmlichen Schätzungen der Dinge“ (ebd.).

Als ein in diesem Sinne gelassener Wissenschaftler setzt N. in den nachfolgenden Abschnitten seine Wahrheitssuche fort. Hier wird deutlich, dass die Aphorismen in *MA* keine unabhängigen Fragmente sind, sondern vielmehr ein äußerst kohärentes, ja sogar systematisches Netzwerk von Gedanken bilden. Im ersten Abschnitt etabliert N. sein dynamisches bzw. materialistisches Weltbild. Anschließend entwickelt er im zweiten, dritten und vierten Abschnitt seine Chemie der moralischen, religiösen und ästhetischen Vorstellungen und Empfindungen (1). Im fünften Hauptstück wird der freie Geist (→Freigeist) als Zeichen einer höheren Kultur definiert. Seine Bedingungen werden in den nächsten drei Abschnitten näherhin artikuliert. Am Ende von *MA* hat sich N. von den alltäglichen Fesseln befreit, und im neunten Abschnitt präsentiert er sich als „Mensch mit sich allein“, als →Wanderer in der →Wüste der Erkenntnis (638).

Innerhalb der einzelnen Hauptstücke ist eine gewisse Struktur vorhanden, insofern N. jeweils das leitende Thema des Hauptstückes in den ersten Aphorismen aufwirft und am Ende bestimmte Schlussfolgerungen zieht. So werden im ersten Abschnitt das herakliteische Werden eingeführt und seine Konsequenzen für die abendländische Metaphysik dargestellt. Am Anfang des zweiten Abschnitts bespricht N. die Vor- und Nachteile einer psychologisch fundierten Analyse der moralischen Empfindungen und befindet, dass sie trotz ihrer möglichen Nachteile im Namen der wissenschaftlichen Erkenntnis weitergeführt werden müsse (38). Im nächsten Aphorismus erfährt man, dass die intelligible Freiheit nur eine unwissenschaftliche Fabel sei (39). Diese Behauptung fungiert als Basis für die abschließenden Bemerkungen, im Rahmen derer die Annahme eines freien Willens als Täuschung bezeichnet und die Notwendigkeit allen Handelns affirmiert wird (106). Im letzten Aphorismus werden die Auswirkungen dieses Ergebnisses dargestellt: Einerseits ist die völlige Unverantwortlichkeit des Menschen „der bitterste Tropfen, welchen der Erkennende schlucken muss, wenn er gewohnt war, in der →Verantwortlichkeit und der Pflicht den Adelsbrief seines Menschenthums zu sehen“. Andererseits ermöglichen solche Einsichten den Übergang von einer moralischen zu einer weisen Menschheit, insofern die Erkenntnis der Notwendigkeit aller Dinge eine neue Unschuld mit sich bringt (107).

Auf ähnliche Weise lassen sich am Anfang und Ende der übrigen Abschnitte jeweils entscheidende Aphorismen ausmachen. Im dritten Hauptstück über „das religiöse Leben“ wird behauptet, dass die Religionen zwar immer behaglich und tröstend waren, ihre Lehren jedoch trotzdem falsch seien und der freie Geist sie deshalb nicht ernst nehmen könne (109). Im vierten Hauptstück erklärt N. die Kunst als Quelle von Vollkommenheits-Illusionen (145) und beschließt den Abschnitt mit der Behauptung, dass man den Künstler bald als ein „herrliches Ueberbleibsel" vergangener Zeiten ansehen werde (223). Der Zweck des sechsten Abschnittes ist, zu zeigen, dass menschliche Freundschaft auf Täuschung und Unkenntnis basiert (376). Der siebente Abschnitt schließt Frauen und Kinder vom Verkehr mit dem freien Geist aus (437), und das achte Hauptstück kulminiert in einer Zurückweisung der Politik als ungeistiges Unternehmen (481).

Trotz des wissenschaftlichen und objektiven Charakters von *MA* enthält das Buch auch ein persönliches Moment. Zunächst entspringt die Ablehnung der Kunst zugunsten der Naturwissenschaft im vierten Abschnitt offenbar der Bemühung N.s, einen Bruch mit Wagner herbeizuführen. Außerdem lässt sich das in der zweiten Hälfte des Buches dargestellte Programm des →freien Geistes als Versuch einer Selbsterziehung (→Erziehung) verstehen. In diesem Sinn ist *MA* das „Denkmal einer rigorösen Selbstzucht", im Zuge derer N. selbst zu einem freien Geist wird (*EH, MA* 5). Am Ende des Werks ist der freie Geist nicht ein an eine Universität gebundener Professor, sondern ein „die Philosophie des Vormittages" suchender Wanderer (638).

Bemerkenswert ist, dass N. *MA* mit Hinweisen auf seine nachfolgenden Bücher beendet. Diese suggerieren, *WS* und *M* als Fortsetzungen des Projekts des freien Geistes zu lesen, das 1882 mit der Veröffentlichung der *FW* abgeschlossen wird (An L. v. Salomé, 27.7.1881). Angesichts dessen stellt sich die Frage nach der Rolle des Positivismus innerhalb der Weiterentwicklung des freien Geistes, denn in *FW* wird N. die Wissenschaft der Kunst wieder unterordnen. Ein möglicher Erklärungsansatz ist, dass sich N. der →Aufklärung und des naturwissenschaftlichen Standpunkts bedient, um die anti-künstlerische Wahrheitsethik der Aufklärung von innen her zu überwinden. Dieses Ereignis findet in *FW* statt, wo das Streben nach Wahrheit nicht nur zum Tod Gottes führt (125), sondern sich zugleich in eine künstlerische Schöpfungsethik bzw. eine fröhliche Wissenschaft verwandelt (335). In diesem Sinn ist der Positivismus von *MA* nur die erste Phase eines größeren Projektes, im Rahmen dessen sich die strenge moralische und wissenschaftliche Wahrheitssuche von *MA* selbst aufhebt, zu einer →Experimentalphilosophie führt (*FW* 324) und in einem „incipit tragoedia" kulminiert (*FW* 342). Zum Thema auch: Heller (1972); Montinari (1991); Kremer-Marietti (1997); Claesges (1999); Cohen (1999); Glatzeder (2000), Lanfranconi (2000); Meyer (2003); Niemeyer (2006).

*Matthew Meyer, Boston*

***MA II: Menschliches, Allzumenschliches II*** | *MA II* besteht aus zwei ursprünglich separat erschienenen Teilen: aus den Aphorismensammlungen *VM* – erschienen als Anhang zu *MA* im März 1879 – und *WS*, im Dezember 1879 mit Erscheinungsdatum 1880 veröffentlicht. 1886 wurden beide Teilbände, versehen mit einer neuen Vorrede N.s, zusammengebunden und neu aufgelegt. Zu den Präliminarien gehört des Weiteren der Hinweis, dass N. seinen Verleger unter Anspielung auf seine Krankheit wissen ließ, *MA* sei „mit den 2 Anhängen […] aus der Zeit der bittersten und anhaltendsten Schmerzen" (An Schmeitzner, 18.12.1879). Denn dies könnte vielleicht den mitunter bitteren Ton erklären, etwa wenn N. als Teil einer „practische[n] Philosophie für das weibliche Geschlecht" den Vorschlag unterbreitet, „den Unzufriedenen, Schwarzgalligen und Murrköpfen" die Fortpflanzung zu verwehren (*VM* 278).

Immerhin kennt N.s dunkles Philosophieren über →Krankheit, →Tod und →Vererbung auch eine helle Seite: die des Philosophierens über Gesundheit und Gesundung. So beklagt N. beispielsweise die Geringschätzung „aller nächsten Dinge", wie „zum Beispiel Essen, Wohnen, Sich-Kleiden, Verkehren", bei gleichzeitig übertriebener Hochschätzung der vermeintlich „‚wichtigsten Dinge'", zum Ausdruck gelangend etwa in der (priesterlichen) Lüge, „welche von der Kindererzeugung als der eigentlichen Absicht aller Wollust redet." (*WS* 5) N. will also beides: 1. den aufklärerischen Gedanken zur Anerkennung bringen, dass der Sexualität ein Eigenrecht zukommt, welches sich nicht erst durch die geltend gemachte Zeugungsabsicht adeln lassen muss; und 2. durch Forschung des Einzelnen „grosse und kleine Noth innerhalb der vierundzwanzig Tagesstunden" (*WS* 6) beheben. Deswegen auch resümiert N.: „Alles Andere muss uns näher stehen, als Das, was man uns bisher als das Wichtigste vorgepredigt hat: ich meine jene Fragen: wozu der Mensch? Welches Loos hat er nach dem Tode? Wie versöhnt er sich mit Gott? und wie diese Curiosa lauten mögen [...]. Wir müssen wieder gute Nachbarn der nächsten Dinge werden" (*WS* 16).

Damit sind wir bei der Hauptsache: N. suchte mit den nicht weiter untergliederten und auf den ersten Blick recht ordnungslos wirkenden 408 (*VM*) plus 350 (*WS*) Aphorismen von *MA II* das anti-metaphysische Leitmotiv aus *MA*, nämlich dass „die herrlichsten Farben aus niedrigen, ja verachteten Stoffen gewonnen sind" (1), fortzuführen. Nicht zu verkennen ist die weitere zentrale Absicht, die N. 1886 andeutet, wenn er sagt, es gehe in *VM* und *WS* um „Fortsetzung und Verdoppelung einer [lisez: seiner; d. Verf.] geistigen Kur" (*MA II*, Vorrede 2). Deutlicher gesprochen: Wie in *MA* geht es auch in *MA II* nicht zuletzt um N.s Emanzipation von →Wagner und entsprechend um (zumeist verklausulierte) Kritik an ihm. Dies hat Wagner durchaus registriert, wie sein unmittelbar nach Erscheinen von *WS* in den *Bayreuther Blättern* publiziertes Wort andeutet, hiermit würden also nun „Nihilisten jeder Art [...] mit philologischen Nachgeburten" (1880: 29) beglückt. Was Wagner vermutlich nicht entging, war die in der N.-Forschung unter dem Stichwort „tödliche Beleidigung" (vgl. Niemeyer 1998a: 211 ff.) populär gewordene Aufregung N.s wegen Wagners Indiskretion gegenüber N.s Arzt, die sich in N.s Spott über denjenigen spiegelt, der „muthig auf die Gesundheit und den Ruf seines Patienten los [quacksalbert]." (*VM* 68)

Gehaltvoll freilich ist diese Art der Auseinandersetzung N.s mit Wagner nicht. Dies nimmt sich schon anders aus im Blick auf *WS* 87, wo N. in Anknüpfung an *MA* 475 als „Krankheit dieses Jahrhunderts" die Tendenz der Völker geißelt, „noch mehr national" werden zu wollen, um anzufügen, wer so denke, sei „ein Feind der guten Europäer, ein Feind der →freien Geister." (*WS* 87) Denn natürlich spielt zumal dieser Nachsatz auf N.s ‚Feind' Wagner an, beispielsweise auf dessen Loblied auf die von Schiller rehabilitierte Gestalt des ‚deutschen Jünglings', der sich, so Wagner im Rahmen einer politischen Fiktion, „mit Verachtung dem Stolze Britanniens, der Pariser Sinnenverlockung gegenüberstellt" (1868: 36). Dies als Lesehintergrund in Rechnung gestellt, wird auch der Sinn von *WS* 216 klar: N. offeriert ihn unter dem spöttisch gemeinten Titel Die ‚deutsche Tugend' und lässt Wagner unter der →Maske „Prediger des Franzosenhasses" auftreten, der im Zuge seines Lobliedes auf den ‚deutschen Jüngling' schlicht ignoriert habe, dass zumindest doch dessen Großväter in Paris (sprich: Voltaire) sowie Genf (sprich: Rousseau) zu Hause gewesen seien (vgl. Niemeyer 1998a: 155 f.). Dass es dabei auch um Selbstkritik geht (oder hätte gehen müssen), zeigt der Rückblick auf *GT* 18 (KSA 1: 119) bzw. den Vorwort-Entwurf zu *GT* vom Februar 1871 mit dem hier noch sehr viel unverblümter angestimmten Loblied N.s auf den von Wagner rehabilitierten „deutsche[n] Jüngling" (NF 1871, 11[1], KSA 7: 356).

Immerhin: Gelegentlich findet Wagner nun auch, anders als in *MA*, namentlich Erwähnung, etwa in *VM* 171, wo N. ihn mit dem politisch ambitionierten Urteil ad acta legt, seine Art der „Aneignung der altheimischen Sagen" stünde für „den allerletzten Kriegs- und Reactionszug [...] gegen den Geist der →Aufklärung". Erneut gilt hier: Dieses Wort ist im Rückblick auf N.s eigene, in *GT* dokumentierte Teilhabe an diesem ‚Kriegszug' als ein selbstkritisches zu lesen. Dies gilt auch für den unter dem Titel Gut deutsch sein heisst sich entdeutschen dargebotenen Aphorismus *VM* 323, der als (kosmopolitische) Entgegnung gelesen werden muss auf den unmittelbar zuvor in Neubearbeitung erschienenen, deutschtümelnden Wagner-Text *Was ist deutsch?* (1865/78). Nicht anders als unter den Vorzeichen von Selbstkritik wird man es auch einzuordnen haben, wenn N. nun als „das grösste Verhängniss der →Cultur" den Umstand anführt, dass „Menschen angebetet wurden", mehr als dies: Wenn er deutlich macht, dass „der Zusammen- und Fortklang alles Men[s]chlichen [...] ebenso sehr das Werk von Cyklopen und Ameisen als von Genie's" sei (*VM* 186). Denn immerhin hatte N. noch Anfang 1871 „die herrliche Kultur mit einem bluttriefenden Sieger" verglichen (*CV* 3, KSA 1: 767).

Thematisch auffällig sind des Weiteren N.s Beiträge zur →Psychologie, etwa wenn er zum Stichwort →„Liebe" ausführt: „[J]ene Zahllosen, welche Liebe VERMISSEN, von Seiten der Eltern, Kinder oder Geliebten, namentlich aber die Menschen der sublimirten Geschlechtlichkeit, haben im Christenthum ihren Fund gemacht." (*VM* 95) Nicht minder grandios ist N.s Beobachtung: „Unsere Träume sind [...] symbolische Scenen- und Bilder-Ketten an Stelle einer erzählenden Dichter-Sprache" (*WS* 194). In der Summe zielt N. mit der Herausstellung derartiger Sachverhalte auf Infragestellung des Glaubens an die „WILLENS-FREIHEIT" und der daraus entspringenden „Grundempfindung [...], dass der Mensch der Freie in der Welt der Unfreiheit sei, der ewige WUNDERTHÄTER" (*WS* 12). Das Gegenteil sei richtig: „Ueber dem Einen steht die NOTHWENDIGKEIT in der Gestalt seiner Leidenschaften, über dem Andern als Gewohnheit zu hören und zu gehorchen, über dem Dritten als logisches Gewissen, über dem Vierten als Laune und muthwilliges Behagen an Seitensprüngen." (*WS* 9) Man sieht: N. redet hier sowohl von der durch →Erziehung – die er in *WS* 267 als Unmöglichkeit kenntlich macht – bewirkten Unfreiheit als auch von Notwendigkeiten, die Folge von Temperament (‚Leidenschaften') oder Charakter (‚Laune') des Einzelnen sind. Insoweit gilt nach N.: 1. Der →Mensch mag sich nach Freiheit sehnen, aber er ist zunächst einmal in vielfältiger Hinsicht gebunden und sieht sich diversen Notwendigkeiten unterworfen. 2. Der Versuch des Menschen, sich das, was er, der Notwendigkeit folgend, tut, als →Tugend zuzurechnen, ist in N.s Sicht nur das höchst fragwürdige Bemühen, das je in Rede stehende „Lebensgefühl" zu adeln, also – um an die erwähnten vier Notwendigkeiten anzuknüpfen – mal die „Leidenschaft", mal die „Pflicht", mal die „Erkenntniss", mal den „Muthwillen." Insoweit hat N. mit *WS* 9 zwar nicht den Weg zur Freiheit vollständig durchmessen, wohl aber gezeigt, in welcher Richtung er sich auf jeden Fall nicht verbirgt: eben in der Linie der Lehre von der Willensfreiheit. Sie nämlich – so müssen wir N. verstehen – sei solange →Metaphysik, solange sie unbesorgt bleibt um die der einzelwissenschaftlichen Forschung harrenden psychologischen Abgründe, welche sich in der menschlich-allzumenschlichen Umdeutung des dem Menschen Notwendigen in ein von ihm Gewolltes offenbaren. So gesehen setzt N. mit *MA II* seinen Weg in Richtung einer anti-metaphysischen ‚historischen' Philosophie (sowie Pädagogik und Psychologie) konsequent fort.

*Christian Niemeyer, Dresden*

**Machiavelli, Niccolò** | M, *3.5.1469 Florenz, †22.6.1527 ebd., Politiker und Historiker, faszinierte N. durch sein Hauptwerk *Il Principe* (1532), das „klassische" Handbuch amoralischen Machtstrebens. N. sah hier, in der Nachfolge zu Thukydides, einen Gegenentwurf zu Platons moralistischem Politikverständnis (vgl. Gerhardt 1983/1996: 67 ff.), durch den es möglich wird, den Politikbegriff im Sinne der →„Großen Politik" umzuwerten (Marti 2000: 249). Folglich lobte N. an M und Thukydides beider Illusionslosigkeit und politischen Realismus: „Thukydides und, vielleicht, der principe M's sind mir selber am meisten verwandt durch den unbedingten Willen, sich Nichts vorzumachen und die Vernunft in der REALITÄT zu sehen, – NICHT in der ‚Vernunft', noch weniger in der ‚Moral'" (*GD, Was ich den Alten ...* 2). M (wie auch C. Borgia) sind für N. typische Repräsentanten der →Renaissance, die für ihn wesentlich der Versuch war, die (für N. kulturzerstörerischen) christlichen Werte umzuwerten. N. knüpfte an die Hochschätzung der Renaissance durch →Burckhardt an, feiert aber gerade, entgegen Burckhardt, für den die Macht „an sich" böse war, das immoralische Lob der Macht und den damit verbundenen Machtdämonismus Ms als „Tugend im Renaissance-Stile, virtuko moralinfreie Tugend" (*AC* 2), die für ihn die Vitalität und Erneuerung der →Kultur ermöglichten (vgl. Ottmann 2000: 311; Gerhardt 1983/1996: 71 ff.). Zum Thema auch: Lublinski (1901); Münkler (1982); Stell (1987); Walter (1989); Ottmann (²1999); Skinner (2001).

*Volker Caysa, Lodz*

**Macht** | N.s Begriff der M darf nicht auf den Begriff der *dynamis*, wie er bei Platon und Aristoteles zu finden ist, reduziert werden, sondern er ist in Verbindung mit Spinozas Kraft- und Affektenlehre und Schopenhauers Willensbegriff zu analysieren. Konsequenterweise redet N. nicht einfach von der M, was nicht gleichgesetzt werden darf mit dem Streben nach irgendeiner Form institutioneller politischer oder wirtschaftlicher Herrschaft, sondern vom →Willen zur Macht. Sicher ist nach N. M im elementaren Sinne die Möglichkeit, etwas zu bewirken (*JGB* 36). M ist damit ein über die bloße Selbsterhaltung hinausgehendes Streben nach Selbststeigerung, die dem Menschen abverlangt sei: „Alle Wesen bisher schufen Etwas über sich hinaus" (*Za I, Zarathustra's Vorrede* 3). M als Wille zur M ist daher nach N. nicht vom →Leben zu trennen, das nicht auf bloße Selbsterhaltung reduziert werden darf: „„Nur, wo Leben ist, da ist auch der Wille: aber nicht der Wille zum Leben, sondern – so lehre ich's dich – Wille zur M!'" (*Za II, Von der Selbst-Ueberwindung*)

M ist für N. ein inneres Vitalstreben, das weder rein physikalisch noch rein biologistisch, sondern vor allem kulturalistisch zu verstehen ist, das es uns ermöglicht, das uns zugängliche Leben in seinem inneren, „schöpferischen Trieb" zu verstehen: „Es hilft nichts: man muß alle Bewegungen, alle ‚Erscheinungen', alle ‚Gesetze' nur als Symptome eines innerlichen Geschehens fassen und sich der Analogie des Menschen zu Ende bedienen" (NF 1885, 36[31]). M als Wille zur M wirkt nach N. nicht nur bloß im Leben, sondern er *ist* das Leben (*JGB* 259). Dies wiederum hat zur Konsequenz, den Willen zur M nicht monolinear-zentristisch zu deuten, sondern, wie das Lebendige selbst, in seinen vielfältigen Ausgestaltungen und Verwirklichungsformen konkret zu analysieren. Es gibt mithin nach N. nicht „den" Willen zur M oder „die" M, sondern immer nur die vielen anderen Willen zur M und die mannigfaltigen Mächte, deren chaotisches, sich gegenseitig durchstreichendes Wirken im Resultat den Anschein der Vorherrschaft einer M und eines Willens zur M erzeugt (*JGB* 19; NF 1887–88, 11[73]; vgl. auch Abel ²1998). M ist demzufolge für N. die Urkraft allen lebendigen Seins, das sich aus sich selbst heraus bewegt, insofern *causa sui* ist und in dieser Selbstbewegung sich selbst perspektiviert: „Vieles ist dem Lebenden höher geschätzt, als Leben selber; doch aus dem Schätzen selber heraus redet – der Wille zur M!" (*Za II, Von der Selbst-Üeberwindung*) Insofern nach N. M prinzipiell teleologisch verfasst ist, ist sie als diesseitige innere Triebkraft des Lebens auf das Leben im Sinne einer „Cultur als einer neuen und verbesserten Physis" (*HL* 10, KSA 1: 334) ausgerichtet und steht im Dienste jener „neue[n] Partei des Lebens, welche die grösste aller Aufgaben, die Höherzüchtung der →Menschheit in die Hände nimmt" (*EH, GT* 4).

Wir nehmen nach N. M über M-Gefühle wahr, die unser Handeln innerlich perspektivieren und selbstorganisieren und dazu führen, dass M nie bei sich stehenbleibt, sondern immer über sich hinausstrebt (vgl. auch Gerhardt 1983/1996: 155 ff.). N.s Lehre vom Willen zur M ist also nicht von seiner Affektenlehre zu trennen, die im Kern auf folgenden Thesen beruht: „MORPHOLOGIE DER AFFECTE: Reduction derselben auf den WILLEN ZUR M" (NF 1886–87, 6[26]); „die Ableitung aller Affekte aus dem Einen Willen zur M: wesensgleich" (NF 1887, 10[57]); dass „der Wille zur M die primitive Affekt-Form ist, daß alle anderen Affekte nur seine Ausgestaltungen sind" (NF 1888, 14[121]); dass „die Moralen [...] auch nur eine ZEICHENSPRACHE DER AFFEKTE" sind (*JGB* 187).

Aufgrund der konkreten Identität von Wille zur M und M-Gefühl ist für N. alles gut, „was das Gefühl der M, den Willen zur M, die M selbst im Menschen erhöht"; und es ist alles schlecht,

„was aus der →Schwäche stammt" (*AC* 2). Zum Willen zur M gehört für N. „der Wille zur Accumulation von Kraft", wobei sich N. fragt, ob dieser sogar kosmisch zu deuten sei (NF 1888, 14[81]). M ist daher für N. nicht von „Aneignung, Herr-werden-, Mehr-werden-, Stärker-werden-wollen" (ebd.) zu trennen, was für N. einschließt, Widerstände zu überwinden: „Der Wille zur M kann sich nur AN WIDERSTÄNDEN äußern" (NF 1887, 9[151]). M-Gefühle, „die Lust als Gefühl der M" (NF 1888, 14[81]), bestehen daher in der Überwindung von Widerständen: „Was ist →Glück? – Das Gefühl davon, dass die M WÄCHST, dass ein Widerstand überwunden wird." (*AC* 2) Zum Thema auch: Jaspers (1936); Deleuze (1962); Kaufmann ([4]1974); Kaulbach (1980); Montinari (1982); Grau (1984); Heidegger (1985; 1989); Gutmann (1998); Müller-Lauter (1974/1995; 1995); Gerhardt (2000a); Wolf (2001).

*Volker Caysa, Lodz*

**Mann, Thomas** | M, *6.6.1875 in Lübeck, †12.8.1955 in Zürich, dt. Schriftsteller und Nobelpreisträger (1929), ist einer der wenigen N.-Interpreten, die das ganze Spektrum möglicher N.-Deutungen, von begeisterter Zustimmung bis zu heftiger Ablehnung, selbst durchmessen haben (vgl. Aschheim 1992: 151 ff.; Schmidt 1997; Rath 2008b). M hat auf allen Stufen seines Weges N. (in seiner ganzen Widersprüchlichkeit) rezipiert und ihn für sich und seine wechselnden ästhetischen und politischen Wertungen in Anspruch genommen. In den unterschiedlichen Phasen seines Schreibens und Denkens hat er sich identifiziert sowohl mit dem Wagnerianer als auch mit dem Wagner-Kritiker N., mit dem Immoralisten und dem Moralisten, mit dem Antimodernisten und dem Philosophen der Moderne, mit dem unpolitischen und dem politischen N. M selbst hat allerdings sowohl „die vollkommene Einheitlichkeit und Geschlossenheit von N.s Lebenswerk" (1947b: 66) behauptet als auch seine eigenen, weit auseinander weisenden Deutungen N.s als prinzipiell miteinander vereinbar verstehen wollen.

Viele N.-Bilder sind bei M auf verschiedenen Stationen seines Denkweges präsent: das romantisch-ästhetizistische Bild von N. als einem Exponenten romantischer Sehnsucht, die Interpretation N.s als sich selbst verkennender Aufklärer, Demokrat, guter Europäer, seine Deutung als Ressentiment-Genealoge, Psychologe und Vorurteilskritiker, schließlich als Anti-Antisemit, Antinationalist und Deutschland-Kritiker. Der Autor der *Betrachtungen eines Unpolitischen* (1918) hatte ein heroisierendes Bild des Meisterdenkers N. gezeichnet, in seiner nationalpädagogischen Ausrichtung dem Zeitgeist des Ersten Weltkriegs entsprechend. Der antidemokratisch-ästhetizistische N. der *Betrachtungen* verwandelt sich für M in einen mit der Demokratie zu vereinbarenden Romantikkritiker und Modernetheoretiker, im gleichen Tempo, in dem er selbst sich vom ‚Unpolitischen' zu einem demokratisch denkenden Anhänger der Republik wandelt. Erst in den Jahren nach 1933 verliert N. die absolute Vorbildfunktion für M. Der *Doktor Faustus* (1947) ist das Werk seiner größten N.-Nähe und zugleich das seiner größten Distanz zu einem nationalkonservativ oder faschistoid fortgeschriebenen →Nietzsche-Kult. Die Selbstanalyse in Form eines auf N.s Schicksal verweisenden Künstlerromans, wie M sie im *Doktor Faustus* leistet, führt ihn zu der unangenehmen Einsicht, wie nah er selbst einem problematischen Ästhetizismus einmal gestanden hatte. In seinem Vortrag *N.s Philosophie im Lichte unserer Erfahrung* (1947) holt M in diskursiver Form nach, was sein *Faustus*-Roman schon geleistet hatte, nämlich N. zu historisieren, zu relativieren und mit Blick auf seine Wirkungsgeschichte kritisch zu befragen. →Adorno hat zum Thema 1952 eine (dann nicht vorgetragene) Begrüßungsadresse für M entworfen: „Die deutsche Philosophie hat an N. alles wiedergutzumachen. [...] Sie [...] haben viel von diesem Unrecht wiedergutgemacht. Dabei denke ich nicht sowohl an Ihre Würdigung N.s als an das, was Sie als Künstler freisetzten vom Wahrheitsgehalt seiner Gedanken. [...]. Sie haben nicht durch den Inhalt sondern das Wie Ihres œuvres N. der Humanität gerettet [...]." (1952a: 471 f.) Zum Thema auch: Mehring (2008).

*Norbert Rath, Münster*

**Marxismus** | Weder Marx noch M werden in N.s Schriften erwähnt, und so ging man lange davon aus, N. habe nur sehr begrenzte Kenntnis vom M gehabt „und nicht einmal das Wort ‚M' oder ‚historischer Materialismus' überhaupt je gekannt" (Montinari 1979: 203). Inzwischen zeigte jedoch eine detaillierte Studie von N.s Lektüren, dass er die Grundgedanken des M relativ gut kannte (Brobjer 2002). N.s Kritik an M und →Sozialismus ist also nicht allein durch eine unzulängliche Kenntnis der Quellen erklärlich. Marx hat seinerseits N. nicht rezipiert. N.s Verhältnis zum M ist vor allem im Kontext der weltanschaulichen Auseinandersetzungen des 20. Jh.s bedeutsam. Bereits 1920 bemerkte →M. Weber: „Die Welt, in der wir selber geistig existieren, ist weitgehend eine von Marx und N. geprägte Welt." (555) Diese Einschätzung erklärt, warum die Diskussion um M und N. mit solcher Leidenschaft geführt wurde und z. T. immer noch geführt wird.

Die Mehrheit der Vertreter des M stand N. von Anfang an kritisch gegenüber. Mehring (1891; 1896/97) sah schon 1891 in N. einen politischen und intellektuellen Gegner. Gleichwohl gab es immer auch Marxisten wie →Bloch oder Eisner, die N. positiver sahen (Aschheim 1992: Kap. 6; Gerlach 2006). Beispielhaft dafür ist die Einschätzung von Horkheimer, N. habe zwar in seinem Hass auf eine „von der Ökonomie beherrschte Welt" den „geschichtlichen Charakter der Arbeit" missverstanden, aber ernst zu nehmen sei doch seine Kritik am „geduldigen, sich duckenden, mit seiner Gegenwart ausgesöhnten, passiven und konformistischen Charakter" (1937: 409). Während man sich nach 1945 im Westen i. d. R. mit N. beschäftigte, ohne sein Verhältnis zum M zu diskutieren, entschloss man sich in Ostdeutschland, die „barbarisierenden Philosopheleien eines N." (Pieck 1946: 109) aus der deutschen Kulturtradition auszuschließen. Besonders einflussreich war dafür Lukács' Lesart von N. als Begründer des Irrationalismus der imperialistischen Periode (1954: 7–87; 1966: 27–101). Wie Caysa (2006) und Maffeis (2007: 145–199) detailliert aufzeigen, ist die N.-Rezeption in der DDR von offizieller Ablehnung geprägt, auch wenn seine Schriften nicht verboten waren. So duldete man freundlich die Arbeit von Colli und Montinari in Weimar (Montinari 1980: 15), aber eigene Forschung zu N. wurde nicht gefördert. Versuche einer „Revision des marxistischen N.-Bildes" (Pepperle 1986) riefen noch den entschiedenen Widerspruch von Harich (1987) und Buhr (1988) hervor, ohne jedoch das wachsende Interesse an N. ersticken zu können.

Seit dem Ende des real existierenden Sozialismus ist ein neutralerer Blick auf N. und den M möglich. Hierbei fallen z. B. Ähnlichkeiten in der Diagnose des →Kapitalismus als destruktives System auf. Wo N. die „Symptome einer völligen Ausrottung und Entwurzelung der Cultur" als Folge „einer grossartig verächtlichen Geldwirthschaft" versteht (*SE 4*, KSA 1: 366), spricht Marx von der Notwendigkeit der Bourgeoisie, „sämtliche gesellschaftlichen Verhältnisse fortwährend zu revolutionieren" (Marx/Engels 1848: 465). Allerdings sucht N. die Ursachen dafür weniger auf der ökonomisch-historischen als auf der natürlich-kulturellen Ebene, auch wenn er z. B. die „moralische Begriffswelt" auf die Sphäre der „Obligationen-Rechte" zurückführt (*GM II* 6). In der Vorgehensweise ähnelt sich beider Bemühen um eine radikale, aber wertfreie Analyse *jenseits von Gut und Böse* (Marx 1867: 16). Es gibt Parallelen zwischen der Ideologiekritik des M und N.s Genealogie, die allerdings die Unterschiede in den soziologischen Annahmen nicht verdecken sollten (Marti 1994: 501 f.; Saar 2007: 117). N. weist auch die ökonomistische Heilserwartung des M zurück, wonach die durch den Kapitalismus entfesselte Produktivkraftentwicklung notwendige Vorstufe einer besseren Welt sei (Waibl 1989: 27). Hinsichtlich der Zielvorstellungen fragt sich zudem, ob nicht für N. das Ideal einer befreiten, sozialistischen Gesellschaft ein Ding der Unmöglichkeit war, ein „hölzernes Eisen" (Türcke 1989b).

*Helmut Heit, Berlin*

**Maske, Schauspieler** | Die Gestalten „freier Geist", „Wanderer und sein Schatten" und „Zarathustra" sind Metaphern für Wahrheitsperspektiven und Mn des Autors. 1886 meint N. im Rückblick auf *MA* und mit kritischem Seitenblick auf Wagner, sich seinerzeit „die ‚freien Geister' ERFUNDEN" zu haben, „um guter Dinge zu bleiben inmitten schlimmer Dinge" (*MA I*, Vorrede 2). Im Text selbst ist es dann der →„freie Geist", der „als VERRÄTHER aller Dinge, die überhaupt verrathen werden können" (*MA* 637), das Werden im Erkennen verwirklicht. Im gleich nachfolgenden Aphorismus wird aus ihm ein „Wanderer", der als Erkennender von Meinung zu Meinung weiter schreitet. In *MA II* tritt noch dessen „Schatten" (als Effekt des Lichts des Erkennenden) hinzu. In *FW* mutiert er zu „Prinz Vogelfrei", der in den *Liedern des Prinzen Vogelfrei* (beigefügt in der 2. Auflage) einen eigenen Auftritt genießt. Auch *Za* darf als Dichtung des „freien Geistes" gelesen werden. *WA*, *NW* und *EH* bringen jeweils eine neue M. Das Vorwort zu *WA* beginnt mit „Ich" und endet mit „FRIEDRICH NIETZSCHE." *NW* 3 zitiert *JGB* 270, also das Wort vom geistigen Ekel des Leidenden, der alle „Formen" (nun: „Arten") von Verkleidung benötige. Mit *EH* wird diese Tendenz fortgesetzt: Zu N.s Werk wird ein *Ich* hinzugedichtet. Gebraucht wird ein Autor für die Wirkungsgeschichte. Dieser ist eine echte M gemäß *JGB* 40: „Jeder tiefe Geist braucht eine M", wobei allerdings die Mahnung gleich nachfolgt: „[U]m jeden tiefen Geist wächst fortwährend eine M, Dank der beständig falschen, nämlich FLACHEN Auslegung jedes Wortes, jedes Schrittes, jedes Lebens-Zeichens, das er giebt."

Im Unterschied zur Vokabel „M" ist die Vokabel „S" negativ bewertet. Der S sei ein „idealer Affe" (*M* 324), der das Wesen nicht erfasst. Es sei möglicherweise reizvoll, vom S aus dem Künstler beizukommen: „Die Falschheit mit gutem Gewissen [...]; das innere Verlangen in eine Rolle und Maske, in einen SCHEIN hinein [...]. Alles das ist vielleicht nicht NUR der S an sich? ..." (*FW V* 361) In *Za* ist der Markt der Ort der S (Possenreißer), die das Volk (aus Verblendung) „grosse Männer" nennt (*Za I, Von den Fliegen des Marktes*). „Damit das Leben gut anzuschaun sei, muss sein Spiel gut gespielt werden: dazu aber bedarf es guter S." (*Za II, Von der Menschen-Klugheit*) *Der Zauberer* ist eine verdeckte Kritik an →Wagner, der hier als „S" und „Falschmünzer", als „Dichter und Zauberer" karikiert wird, „der gegen sich selber endlich seinen Geist wendet" und „an seinem bösen Wissen und Gewissen erfriert." (*Za IV, Der Zauberer* 2) Offen wird die Kritik in *WA*: Im Massenzeitalter ist der Erfolg nicht mehr bei den Echten, sondern beim S. Zum Thema auch: Kaufmann (1981/82); Campioni (1994); Wellner (1988; 2005).

*Klaus Wellner, Bollschweil*

**Masse** | Der →frühe N. gebraucht den Terminus M eindeutig negativ und bringt ihn in Verbindung mit den „Schwerkräfte[n] Dummheit, Nachäfferei, Liebe und Hunger"; die M scheint ihm denn auch „nur in dreierlei Hinsicht einen Blick zu verdienen: einmal als verschwimmende Copien der grossen Männer, auf schlechtem Papier und mit abgenutzten Platten hergestellt, sodann als Widerstand gegen die Grossen und endlich als Werkzeuge der Grossen." (*HL* 9, KSA 1: 320) Dieser Negativetikettierung korrespondiert die Sorge, dass von dieser Seite her ein Umsturz der „natürliche[n] Rangordnung im Reiche des Intellekts" (*BA, Vortrag III*, KSA 1: 699) drohe bzw. die „Herrschaft der Vielen, der Sklaven, über die Wenigen" (Horn 1994: 140), obgleich doch gerade Letztere – ihrer überdurchschnittlichen Begabung wegen – den eigentlichen Anspruch hierauf hätten. Ganz im Sinne einer aristokratischen Kulturauffassung fordert N. die Umkehrung dieser Fehlentwicklung und hofft auf eine neue Zeit, „in welcher man überhaupt nicht mehr die Mn betrachtet, sondern wieder die Einzelnen, die eine Art von Brücke über den wüsten Strom des Werdens bilden." (*HL* 9, KSA 1: 317) Das Credo des frühen N. lässt sich verdichten zu einer auf Hierarchie basierenden Grundüberzeugung, der zufolge der M, und dabei hat er durchaus das mythisch besetzte →Volk im Sinn (*BA, Vortrag III*, KSA 1: 699; vgl. auch: NF 1870–71, 8[59]; *BAW* 2: 416), „Dienstbarkeit", „unterwürfige[r] Gehorsam" und „Instinkt der Treue unter dem Scepter des Genius" (*BA*, *Vortrag III*, KSA 1: 697) zukommen. In *SE* scheint die Sicht auf die M entpersonalisiert und sie selbst nur noch als analytische und beschreibende Kontrastfolie dienlich. Der Einzelne, so heißt es nun, müsse – sich auf dem Weg der Selbsterkenntnis befindend – nur aufhören, „gegen sich bequem zu sein" (*SE* 1, KSA 1: 338), um nicht mehr zur M zu gehören. In die gleiche Richtung weist die wesentlich spätere Feststellung, dass es sich bei der M um den „zahme[n] [...] und de[n] gezähmte[n] Mensch[en]" (NF 1884, 25[274]) handele. Nichtsdestotrotz, auch wenn N. der M ihre Berechtigung zugesteht, etwa um eine „bevorzugte Klasse" der Kulturschaffenden von jedwedem „Existenzkampf" (*CV* 3, KSA 1: 767) freizusetzen, ja: auch wenn er anerkennen muss, dass „die M [...] gerade so gut und böse [ist] wie die Gebildeten sind" (NF 1876, 18[26]), bleibt doch festzuhalten, dass sie per se für N. ein „negativ[es] kulturelle[s] Phänomen" (Reschke 1992b: 56) darstellt. Nicht zuletzt ist es das Vehikel M, auf das ja „ein VORNEHMER Künstler niemals wirken soll" (*NW, Wagner als Gefahr*), worüber N. „die W⟨agnerische⟩ Kunst" und sein Theater (NF 1885, 41[2]) abzuwerten trachtet. Die Abgrenzung in der Verwendung des Begriffs M zu dem des →Pöbels erscheint in N. Werk nicht immer eindeutig (vgl. etwa *FW* 144). Der Letztere ist – im Vergleich zum Ersteren – jedoch in der früheren Werkphase kaum präsent und kann in den späteren Werken z. T. als negativ gesteigerte Wendung des M-Begriffs gelesen werden.

*Marek Naumann / Michael Rautenberg, Dresden*

**Meer** | „M-luft, unentbehrlich für meinen Kopf" (An Fr. u. E. N., 24.11.1880), meldet N. von Genua aus und verkündet wenig später, dass er überhaupt nur noch am M leben könne. Kein Philosoph weist einen höheren Verschleiß an nautischen und maritimen Metaphern auf, deren semantische Bezüge derart vielfältig, widersprüchlich und kontingent scheinen, als hätten sie selbst den Aggregatzustand des M-es angenommen. Versuche, N.s M-esmetaphern eine eindeutige, stabile Bedeutung im Gesamtwerk zuzuweisen, müssen notwendigerweise scheitern und führen einmal mehr das Fortgetragenwerden von der Sprache, die man zu steuern glaubt, vor: „Für einen Menschen, den meine Denkweise rund und ganz gemacht hat, ‚ist Alles im Me', ist das M überall: aber das M selber hat an Tiefe verloren." (NF 1885, 36[2])

Nur wer ausläuft, weiß N., kann sich verlaufen. Für ihn besteht das Wagnis des Denkens darin, das Schiff wie ein vorläufig tragfähiges Vehikel zu besteigen und alles „Fest-gestellte" über Bord zu werfen, ohne sicher zu sein, wie lange es trägt und wohin es ihn führt. Das M ist sein nicht zu verortender Topos, sein angenehmer Widersacher. Es ist N.s exponierte philosophische Sphäre des Übergangs und Untergangs, da es einerseits die Vorstellung vom sicheren Befördertwerden von der Sprache hervorbringt und gleichzeitig desavouiert und andererseits das Ende eines als Irrfahrt oder Tanz an der Oberfläche begriffenen Denkweges immer wieder in Frage stellt.

N.s Metaphysikkritik zielt darauf, dass es keine feststehende Erkenntnis vom Sein des Seienden gibt, weil es überhaupt kein harrendes Sein an sich gibt, sondern nur das →Werden als ein dionysisches Auf und Ab, als ein wogendes Widerspiel sich auftürmender Kraftzentren und Willensquanten, die sich ebenso sammeln, übereinanderstürzen und auflösen wie die Wellen des M-es. Sein Ideal ist ein „Baugenie, dem auf beweglichen Fundamenten und gleichsam auf fliessendem Wasser das Aufthürmen eines unendlich complicirten Begriffsdomes gelingt." (*WL* 1, KSA 1: 882) Die traditionellen Denkgebäude und Systeme, heißen sie nun „Gott", „das Ding an sich" oder „Logik", stürzen wie Kartenhäuser in sich zusammen. Sich auf dieses Chaos, das M unbekannter Strömungen, hinauszuwagen, sich ihnen zu überlassen, begreift N. als das Wagnis des →Denkens. An der dionysischen Sphäre des M-es, dessen verführerisch schimmernde Oberfläche ihm mal stürmisch bewegt und aufgerissen wie ein Labyrinth der Hölle, mal glatt und trügerisch wie die Oberfläche eines Spiegels erscheint, entwickelt N. seine Dialektik von Oberfläche und Tiefe, Innen und Außen, Nähe und Ferne. Hier bricht er mit den überlieferten Begriffsoppositionen der Metaphysik gut–böse, wahr–falsch, sinnlich–intelligibel.

Mit seinen Gezeiten ist das M das Medium →ewiger Wiederkunft *par excellence*. Ob man „die kostbarsten Salben und Weine ins M gießen [dürfe]", fragt N. und findet Trost darin, „daß Alles was war ewig ist: – das M spült es wieder heraus." (NF 1887–88, 11[94]) Der Gedanke, dass alles wiederkehren wird, ist für N. mehr erlösend als lähmend: Vor den Schrecken des ewigen, nicht vorübergehenden Nichts, der Sinnlosigkeit seines bisherigen Tuns gestellt, kann der Mensch von nun an sein Leben frei gestalten. Er kann und muss die drohende ewige Leere seines Daseins aus eigener Kraft und frei von Jenseitsversprechungen mit Sinn füllen. Im Spiegel der Natur erkennt sich der Mensch als ein Anderer. Natur in den Dimensionen von Himmel und M sind bei N. keine sprechenden Gegenüber, keine inspirierenden Seelenlandschaften, sondern stumme Zeugen, die den Menschen mit ihrer Stummheit überformen, ihm die Sprache verschlagen. Im M-es-Spiegel erscheint der Mensch nicht nur als sprachloses, nichtiges, sondern als fremdes Element. So fragt N., ob ein Mensch nicht ziemlich genau beschrieben ist, wenn man hört, „dass ihm das M mit seiner beweglichen Schlangenhaut und Raubthier-Schönheit fremd ist und bleibt?" (*VM* 49) Fremd und ungeheuer ist das M, weil es jenseits der eigenen Sphäre liegt. Das Unheimliche nistet im Heimischen und ruft nach Begegnung, nicht nach symbiotischer Vermählung: „Wohlauf! Hier ist mein Vorgebirg, und da das M: DAS wälzt sich zu mir heran, zottelig, schmeichlerisch, das getreue alte hundertköpfige Hunds-Ungethüm, das ich liebe." (*Za III, Von den drei Bösen* 1)

Die Grenze, die N. zwischen den Antagonismen M und Land ausbalanciert, verläuft zwischen Apollo und Dionysos, zwischen dem principium individuationis und rauschhafter Ich-Auflösung. Das Wagnis, mit dem M eine „oberflächliche" Verbindung einzugehen, birgt die Gefahr, von ihm wie von einem Raubtier verschlungen und einverleibt zu werden. Aus der Begegnung mit dem Fremden geht das Subjekt nicht unbeschadet hervor, aber die Konturen des Eigenen sollen sich in der Begegnung mit dem Fremden nicht auflösen, sondern verschieben. Für N. kann Identität überhaupt erst an dieser Bruchstelle der Nicht-Identität des Individuums mit sich und dem Anderen entstehen.

Erwiesen sich N.s frühe Wahrheitsaporien noch als unüberwindbarer Häutungsprozess, bei dem sich immer wieder nur Scheinwahrheiten herausschälten, so gilt ab Mitte der 1880er Jahre: →Wahrheit ist, wenn man ihre Schleier abnimmt, nicht länger nur Nicht-Wahrheit oder Täuschung, sondern hässlich. Bedurfte →der frühe N. der →Kunst, um an der Wahrheit nicht zu Grunde zu gehen, ist ausgerechnet in *Za* von den Sprachkünstlern, den Dichtern kein Halt, nicht einmal mehr →Tiefe zu erwarten: Oberflächliche seien ihm alle und seichte Me, predigt Zarathustra, weil sie, wie das M, Tiefe nur vorspiegeln, „sie trüben Alle ihr Gewässer, dass es tief scheine." (*Za II, Von den Dichtern*)

Den „Hinterweltlern", die meinen, dass hinter der Welt der Erscheinungen eine Welt von Wesenheiten verborgen ist, die zu enthüllen Aufgabe der positiven Wissenschaften sei, will N. seine *FW* entgegensetzen. Aber gerade in den M-esbildern zeichnet sich N.s Rückfall in die →Metaphysik ab, etwa in jener prominenten Parabel, in der ein „toller Mensch" denen, die nicht an Gott glauben, die Nachricht vom Tod Gottes überbringt und die entscheidenden Fragen stellt: „Wie vermochten wir das M auszutrinken? Wer gab uns den Schwamm, um den ganzen Horizont wegzuwischen?" (*FW* 125) Immerhin: Jahre später, in *FW V*, ist diese Sorge ganz der Zuversicht gewichen: „[J]edes Wagniss des Erkennenden ist wieder erlaubt, das M, UNSER M liegt wieder offen da, vielleicht gab es noch niemals ein so ‚offnes M'." (343) Gott ist zwar tot, aber schlummert möglicherweise ein neuer Gott hinter dem (offenen) M? Gibt es wirklich kein Land mehr? Bedeutet an der Unendlichkeit scheitern nicht die Einsicht, dass sie womöglich endet, dass sich am Horizont doch nur wieder Land abzeichnet? Metaphysik, jene Irrlehre, die eine Welt annimmt, die hinter der Welt liegt, droht unversehens in Gestalt eines „neuen Indiens" oder „neuen Amerikas" wieder aufzutauchen.

Demgegenüber stehen nihilistische Sinnbilder, die jede Hoffnung auf Zukunft, auf eine →„glückselige Insel" vereiteln. Die Schwierigkeit, ja die Unmöglichkeit, eine nihilistische Position einzunehmen, weil diese ihren letzten moralischen Impetus nicht abstreifen kann, hat N. selbst reflektiert: „Der philosophische Nihilist ist der Überzeugung, daß alles Geschehen sinnlos und umsonstig ist; und es sollte kein sinnloses und umsonstiges Sein geben. Aber woher dieses: Es sollte nicht?" (NF 1887–88, 11[97]) Das Zugehen auf ein Nichts wäre immer noch ein Sinn, den der Nihilist ja gerade verneint. Auch der Glaube, dass es gar keinen Sinn, keine Wahrheit gibt, müsste mit dem →Nihilismus zugrunde gehen. Schon in *FW* fürchtete N. dieses „letzte Stündlein" (315), Stürme, die so stark sind, dass sie sich selbst ausblasen. Er registrierte den Gegensatz zwischen der äußeren Beweglichkeit, dem Sturm und Wellenspiel, und einer tiefen Schwere und Müdigkeit. „Noch in diesem Augenblick", heißt es in *EH*, „sehe ich auf meine Zukunft – eine WEITE Zukunft! – wie auf ein glattes M hinaus: kein Verlangen kräuselt sich auf ihm. Ich will nicht im Geringsten, dass Etwas anders wird als es ist; ich selber will nicht anders werden." (*Warum ich so klug bin* 9) Zum Thema auch: Hufnagel (2008).

*Sasan Seyfi, Düsseldorf*

**Mensch** | Kein Begriff ist in N.s philosophischem Denken zentraler, als der des M-en. N., dessen diesbezügliche Beiträge man sowohl der →Anthropologie als auch der →Psychologie zuordnen kann, lehnte die Vorstellung eines ewigen, unveränderbaren menschlichen Wesens ab und bestand in (und seit) *MA* darauf, dass „der M" keine „aeterna veritas" sei, sondern etwas, das „geworden" (2) ist. N. beharrte von da an ebenso darauf, dass „der M" (oder der „Typus M") als Lebewesen etwas ist, das in dieser Welt zu existieren begonnen hat und in ihr für seinesgleichen bedeutungsvoll ist. Diese Auffassung findet sich konstant und über einen langen Zeitraum bei N., von *GT* und *WL* an bis hin zu seinen Büchern von 1888, in denen er die Neuinterpretation des M-en als eine der wichtigsten Aufgaben der „Philosophie der Zukunft" bestimmt.

Zentral und wegweisend im Hinblick auf die Neuinterpretation des menschlichen Daseins war N.s Aussage (in *MA*), wonach es das „HISTORISCHE PHILOSOPHIREN" bzw. das Denken in Entwicklungsstufen sei, dass „von jetzt ab nöthig" (2) und „gar nicht mehr getrennt von der Naturwissenschaft zu denken" (1) wäre. Nicht minder grundlegend war N.s Aufruf, unser Denken über uns selbst zu ‚naturalisieren' – „uns Menschen […] zu VERNATÜRLICHEN" (*FW* 109) – und, gewissermaßen „hart geworden in der Zucht der Wissenschaft", „den Menschen […] zurück[zu]übersetzen in die Natur" (*JGB* 230), deutlicher: „Wir leiten den M-en nicht mehr vom ‚Geist', von der ‚Gottheit' ab, wir haben ihn unter die Thiere zurückgestellt." (*AC* 14)

Dennoch warnt N. beharrlich vor allzu primitiven Formen des „natürlichen Denkens", welche dem Ganzen insofern nicht gerecht werden, als die menschliche Realität nicht länger eine bloße Variation des „Tierlebens" als allgemeinem Leitmotiv darstellt. N. charakterisiert den Menschen als ein Tier (z. B. „das Tier M"), betont jedoch wiederholt, welch seltsame und andere Tierart wir im Verhältnis zu allen anderen geworden sind: „Der M ist kränker, unsicherer, wechselnder, unfestgestellter als irgend ein Thier sonst" (*GM III* 13) und dabei dennoch „auch das interessanteste" (*AC* 14), zum Beispiel als „ein Thier […], das versprechen darf" (*GM II* 1). Der M ist für N. somit nicht nur ein „Tier", sondern ein „Übertier"; und die „Erhöhung" des Lebens, zuerst über das bloße Tier-Sein und nun über das „Allzumenschliche", tritt als sein zentrales Anliegen hervor.

Auf diese Weise hebt N. nicht nur die Tatsache und Realität unseres tierischen Ursprungs hervor, sondern auch das Ausmaß und die Wege der „Abtrennung des M-en von den Thieren" (*WS* 350), so, wie sie bisher stattgefunden haben: auf schädliche, gefährliche Art und dennoch aussichtsreich. In der eben genannten Sentenz erachtet er u. a. die guten Sitten und die Religionen als die Phänomene, die zu dieser Wesensveränderung des menschlichen Lebens beigetragen haben. Nachdrücklich betont N. außerdem die sozialen Kräfte und Gewohnheiten, die zum Abbau von Trieb- und Instinkt-Strukturen, zur Entwicklung von psychologischen Mechanismen der Unterdrückung und Läuterung sowie zur Kultivierung von Kommunikations- und Bewusstseinsformen beigetragen haben, abgestimmt auf Komplexität, Eventualfälle und Erfordernisse der sozialen Existenz, nicht mehr gesteuert von den Instinkten.

Ein ausgezeichnetes Beispiel dafür ist N.s Entwurf von der Wesensveränderung unserer „alten Tierseele", die mit der „Verinnerlichung" beginnt, welche den Charakter schließlich gegen sich selbst aufbringt. Damit war „etwas so Neues, Tiefes, Unerhörtes, Räthselhaftes, Widerspruchsvolles UND ZUKUNFTSVOLLES gegeben [...], dass der Aspekt der Erde sich damit wesentlich veränderte." (*GM II* 16) Es stellte für N. einen folgenschweren Schritt in der „Genealogie" des „Typus M" und der modernen Moralauffassung dar. Ein weiteres treffendes Beispiel findet sich in *FW V* (354): N. diskutiert hier die Funktion bzw. Rolle der sozialen Verhältnisse des menschlichen Lebens (das Bedürfnis nach Kommunikation und demzufolge nach Sprache) für die Entwicklung des menschlichen Bewusstseins und der menschlichen Wirklichkeit.

N. geht auf diese Weise zu einer Berücksichtigung der unverwechselbaren Eigenschaften über, die die M-heit im Allgemeinen kennzeichnen – und ferner zu Ausmaß und Grenzen der Formbarkeit des M-en bzw. all den Faktoren, die diese beeinflussen. Dies sind Fragen, zu deren Klärung, wie er glaubt, die Wissenschaften einen Beitrag leisten müssen, den es zu beachten gilt – ein vernünftiges Prinzip, das zuweilen weniger glückliche Folgen hatte (wie in dem Fall, als er sich vom Lamarckismus angezogen fühlte und seine Schlüsse daraus zog).

N.s Denken war eher von einem experimentellen als von einem dogmatischen Geist geprägt, ganz in der Manier der Wissenschaften und anhand einer Methode, die direkt zur Selbstkorrektur führen sollte. Dies trifft nicht nur für N.s Einsatz der ihm verfügbaren Wissenschaften zu, sondern auch auf die größeren interpretativen Bemühungen, die er unternimmt, um noch andere Perspektiven als die der Wissenschaften einzubinden, die auf das Verstehen des menschlichen Daseins Einfluss haben (z. B. *FW V* 373).

N.s früher Text *WL* bietet eine gute Zusammenfassung seines anfänglichen „Vernatürlichungsdenkens" hinsichtlich der menschlichen Realität. In *GT* und den *UB* richtet sich sein Interesse auf den Unterschied, welchen verschiedene kulturelle Entwicklungen im menschlichen Leben zur Folge haben können. In *MA* werden das allgemein Menschliche sowie das wahre Menschliche genauer beleuchtet und von unterschiedlichen Blickwinkeln aus untersucht, da N. für seine philosophische Neuinterpretation des menschlichen Daseins, wie er sie in der Einleitung des Werkes fordert, Material sammeln und Methoden entwickeln will. In *FW* wird dieses Vorhaben für eine Neubewertung des Wesens und der Herkunft unserer ‚vornehmsten' Eigenschaften fruchtbar gemacht, wohingegen *Za* eine solche Erhöhung des →Lebens (mit der Idee des →„Übermenschen" als weiterer Steigerung) mit den Worten andeutet: „Seele ist nur ein Wort für ein Etwas am →Leibe." (*Za I, Von den Verächtern des Leibes*)

Markiert ist damit die Ausgangssituation für die in *JGB* geforderte Erforschung einer Art Psychologie oder „Philosophie der Zukunft". *GM* zeigt schließlich, wie ein „genealogischer" Ansatz zu einem (besseren) Verständnis nicht nur der →Moral, sondern auch der menschlichen Realität beitragen kann, so, wie sie sich jetzt darstellt und wie sie einmal werden kann. *AC*, *WA* und *GD* verweisen auf die Bedeutsamkeit von Symptomatiken bzw. Pathologien für einen Philosophen, der nicht nur danach strebt, Streitschriften aufzutürmen, sondern auch danach, die menschlichen Möglichkeiten zu begreifen und zu bewerten, sie sowohl zu reflektieren als auch zu erschließen.

N. bietet keine umfassende, systematisch entwickelte und belegte philosophische Lehre vom Menschen. Was er offeriert, ist seine offenkundige Überzeugung, dass es nicht nur möglich und legitim, sondern auch wichtig ist, das Konzept „M" zu bewahren, es in philosophischen sowie in humanwissenschaftlichen Untersuchungen als einen Organisations- und Leitbegriff zu verwenden und es an das anzupassen, was wir einmal unter menschlichem Dasein und seinen Möglichkeiten begreifen werden. *Richard Schacht, Urbana* (Übers.: F. Künstner)

**Menschheit** | „Nicht ‚M', sondern →ÜBERMENSCH ist das Ziel! Mißverständniß bei COMTE!" (NF 1884, 26[232]) Der „Cultus der Menschenliebe" und des Altruismus, wie er insbesondere in der „Religion der Humanität" ohne Gott des späten Comte, aber auch bei anderen französischen Freidenkern zum Ausdruck kam, war für N. nur ein Symptom der „ausklingenden Christlichkeit in der Moral" (vgl. *M* 132; NF 1887, 10[170]). Erst mit dem Konzept des →Übermenschen wird für N. der Bannkreis der christlichen Moral verlassen. Die M ist für ihn nicht einmal eine Einheit oder Ganzheit, sondern „eine unlösbare Vielheit von aufsteigenden und niedersteigenden Lebensprozessen", „ein Trümmerfeld". Anders als später Spengler wendet sich N. gegen die Anwendung von Kategorien wie Jugend, Reife und Alter auf sie. In einigen Jahrtausenden könne es immer noch jüngere Typen Mensch geben, als sie heute nachweisbar seien (NF 1888, 11[226], 14[8]). In einem bestimmten Sinne könnte man von der M nur dann reden, wenn sie durch ein gemeinsames Ziel geeint wäre. Solange es ein solches Ziel nicht gebe, fehle auch die M selber noch; eine allgemein verbindliche Moral sei daher illusorisch. Dabei unterscheidet N. zwischen einem (fehlenden) immanenten Ziel der Ms-Entwicklung und einem Ziel, das der M anempfohlen wird, aus freien Stücken von ihr angenommen werden und daher auch zu allgemeinen Moralgesetzen führen kann (*M 108*). Der Übermensch kann als ein solches anempfohlenes Ziel verstanden werden, das die M erst zu sich selbst und in ihr noch ausstehendes Wesen bringen würde. Schon 1874 heißt es, das Ziel der M könne nicht am Ende, sondern nur in ihren höchsten Exemplaren liegen (*HL 9*, KSA 1: 317), also dort, „wo eine Art an ihre Grenze und an ihren Übergang in eine höhere Art gelangt" (*SE 6*, KSA 1: 384). Bloße Selbsterhaltung anstelle von Selbstüberwindung der M werde dagegen zum Stillstand im „letzten Menschen" führen, der auch am längsten lebt. *Michael Skowron, Daegu*

**Metapher** | Das Wort M gehört vor allem zum Vokabular des jungen N. Er verwendet es in der Basler Zeit zwischen 1872 und 1873 häufig, nach 1875 – als N. seinen Wortschatz ‚verdeutscht' und zunehmend den philosophischen Jargon vermeidet – aber kaum noch. Die M beschäftigt N. in erster Linie im Rahmen seiner akademischen Rhetorik-Vorlesungen. Seine (philosophische) Auseinandersetzung mit der M findet insbesondere in den frühen unveröffentlichten Schriften →*PHG* und →*WL* ihren Niederschlag, in denen er zwar auf antike und zeitgenössische Quellen zurückgreift, zugleich aber auch eigene Ansichten entwickelt, die in seinem späteren Denken fortwirken. Von der traditionellen →Rhetorik inspiriert, verfolgt N. in der M eine zweifache Spur: einerseits den Bedarf an der Erweiterung des Wortschatzes durch metaphorische Neuprägungen („Armut", die sog. *inopia*-M), andererseits das stilistische Potential der Variation („Anmut"; KGW II/4: 442). Inspiration für die eigenen Ansätze findet er bei der romantischen Sprachphilosophie von →Jean Paul oder →Emerson und bei dem Zeitgenossen G. Gerber (bei dem er Jean Paul und Emerson zitiert findet; vgl. Meijers/Stingelin 1988). Auch sie dichten der →Sprache insgesamt eine metaphorische Herkunft an und integrieren die M in ein evolutionäres Sprachkonzept, in dem das Metaphorische durch Gewöhnung allmählich verschwindet – ein Ansatz, den N. teils zitierend, teils kreativ weiterdenkend exemplarisch in *WL* vertritt. Kern des M-begriffs ist die „Übertragung", wofür N. auch die dynamisierende Umschreibung „Überspringen" (KGW II/4: 444) benutzt. Diese gibt an, dass die M nicht ein (sprachliches) Produkt bezeichnet, sondern eine kognitive Operation, die im Übergehen von einer „Sphäre“ in eine andere aufgrund einer anfänglichen Analogiewahrnehmung besteht. Während N. zuerst und in Anlehnung an den im 19. Jh. zunehmenden Widerstand gegen die Rhetorik die M als ein Distanzieren von der (ontischen) Wirklichkeit auffasst (Lüge) (vgl. *CV* 1; *PHG* 3), entwickelt er bald die Ansicht, dass sie sowohl einen (Erkenntnis-)Umweg als auch eine (bildlich-veranschaulichende) Präzisierung bedeuten kann. Inspiriert von Gerber und von der auch von →Schopenhauer vermittelten Erkenntniskritik ergänzt N. seinen semantischen Sphärenbegriff um eine epistemologische Dimension: So signalisiere die M die für Sprache überhaupt erforderlichen Übergänge vom (physiologischen) Nervenreiz auf das (kognitive) Bild und von diesem auf den (sprachlichen) Laut oder den (durch Gebrauch und Gewöhnung stabilisierten) Begriff – eine vereinfachte Version von Gerbers achtphasigem Modell, dargestellt in *Die Sprache als Kunst* (Meijers 1988). Dies erweist sich als eine Bestätigung der romantischen Intuition, dass „Sprache ein Wörterbuch erblasster Mn“ sei (nach Jean Paul; KGW II/4: 443). Eine solchermaßen erweiterte Ansicht gibt Anlass zu einer durchaus positiveren Bewertung der M, die – im Gegensatz zum Begriff – nicht vortäuscht, auf Gegenstände oder gar das „Ding an sich“ hinzudeuten, sondern Relationalität markiert: den Bezug des Sprechers zur angesprochenen, aber nicht erkannten Wirklichkeit (auch ein Echo von Jean Paul, KGW II/4: 442). Mit der M kann der Sprecher diese (be-)greifbar, erfassbar oder beherrschbar machen. Als Medium der sprachlichen Machtausübung fungiert die Analogie; N. spricht in diesem Kontext von einem ‚Fundamentaltrieb‘ (u. a. *WL* 2) oder gar ‚Instinkt‘ (NF 1872–73, 19[226]). Durch Habitualisierung verschwindet aber der kreative Impuls der M, und die (künstlerisch hergestellte) Analogie verfestigt sich zu einer für (ontologisch) wahr gehaltenen Identität (u. a. NF 1880, 3[108]) – N. setzt hier mehrere Bildfelder ein, wie das geologische (‚petrificirt‘), das thanatologische (‚mumisirt‘, ‚Columbarium‘) oder gar das zoologische (‚gehäutet‘, alle *WL* 2 oder NF 1872–73 19[228]; vgl. Kofman 1972). Aus dem Gebrauch ‚versteinerter‘ Metaphorik spricht der Glaube an Zusammenhänge oder Kausalitäten, die N. kritisch als imaginär entlarvt. Deswegen assoziiert er den solchermaßen entstandenen Sprachusus mit Verdummung und diagnostiziert bei ihm den Schwund der Sinnlichkeit und der Vitalität der Sprache. Gerade weil sie auf Wahrheit Anspruch erheben, sind solche toten Mn, so N., (anthropomorphe) Lügen. Von kunstvollem Mn-gebrauch erhofft er eine Revitalisierung der Sprache. Der Künstler beharrt nicht auf dem Gewöhnlichen, sondern schafft seine eigene Mn-sprache, entkommt so dem Relikthaften und belebt den ursprünglichen Mn-trieb wieder neu. Er entdeckt Ähnlichkeiten, die allerdings nicht in den ‚Dingen‘ selbst anzusiedeln sind, sondern das Resultat eines aktiven Responses auf einen Nervenreiz darstellen. Dieser Respons bildet den Ansatz der Einbettung der Sprache in die Willensphilosophie der 1880er Jahre; die Mn-bildung soll dann als Willensakt verstanden werden, mit dem der Sprecher durch das Gleichmachen von Ungleichem seine Macht über den Zuhörer und die referentielle Wirklichkeit zu erstrecken sucht. Zugleich wird der Gesprächspartner durch den metaphorischen Normdurchbruch zu einer Neukonfigurierung der eigenen Willenshierarchie und so zu einer eigenständigen Machtentfaltung gezwungen (vgl. Biebuyck 1994a). Wenn auch das Wort M nach 1875 aus N.s Diskurs so gut wie verschwindet, bleibt die Frequenz des Mn-gebrauchs hoch. Von der zweiten Hälfte der 1870er Jahre an profiliert sich N. als Dichter-Philosoph, der mittels der Entwicklung einer dynamischen Mn-sprache eine Neugeburt des →Denkens beabsichtigt. In den Aphorismensammlungen liegen Mn oft instrumentell einer Parabel- oder Gleichniserzählung zugrunde, später werden sie, sowohl in literarischen als auch in philosophischen Kontexten, immer mehr zu komplexen Konfigurationen (vgl. Gasser 1992). Beliebt sind die Genitiv-Mn (etwa die vom Typus „die düstere und erhabene Gewitterwolke des zürnenden Jehovah“; *FW* 137) und die Identitäts-Mn („Ich bin ein Geländer am Strome“; *Za I, Vom bleichen Verbrecher*), in verschiedenen Abstufungen der Virtualität („Vorausgesetzt, dass die Wahrheit ein Weib ist“; *JGB, Vorrede*). Die auffälligsten

Mn-komplexe sind Schwangerschaft, Körper, Krankheit und Gesundheit, Natur (Wetter, Kosmologie) und Schifffahrt (vgl. Pautrat 1971; Derrida 1973). In Reflexionen über Poetik und Textsorte figuriert nunmehr das ‚Gleichnis' als Alternative. Zum Thema auch: Derrida (1971); Lacoue-Labarthe (1971); Stern (1978); Naumann (1985); Zunjic (1987); Gasser (1992); Kremer-Marietti (1992); Stingelin (1992); Otto (1994); Tebartz-van Elst (1994); Biebuyck (1994b; 1998; 2008); Müller-Nielaba (1995); Hödl (1997); Thalken (1999); Zittel (2000b); Murphy (2001).

*Benjamin Biebuyck, Gent*

**Metaphysik** | N. gebraucht den Begriff M zunächst, v. a. in *GT*, positiv. Von „aesthetischer M" (*GT* 5, KSA 1: 43), von „M der Kunst" (*GT* 24, KSA 1: 152) oder auch von „M des Genius" (*BA* III, KSA 1: 700) ist die Rede. In Anlehnung an Schopenhauers „M" (*GT* 5, KSA 1: 46) konstruiert N. einen Gegensatz zwischen dem (dionysischen) Willen als Ding an sich und der Erscheinungswelt. Seit *MA* distanziert sich N. nicht nur von seiner eigenen Kunst-M (und jener Wagners), sondern darüber hinaus von jedem positiven M-Begriff. Bereits in *SE* wird in einer glänzenden Polemik gegen die zeitgenössische „Universitätsphilosophie" diese Veränderung des Blickwinkels exemplarisch zum Ausdruck gebracht (8, KSA 1: 418 f.). Im ersten Hauptstück von *MA*, das „von den ersten und letzten Dingen" handelt, präsentiert N. erstmals die Grundlinien seiner M-Kritik. Ausdrücklich formuliert er die Aufgabe, die M zu „überwinden", indem ihre physio-psychologische und historische Genese nachvollzogen wird (*MA* 20). „[I]n allen Philosophien [giebt es] so viel hochfliegende M [...]; denn die Bedeutsamkeit der Erkenntniss für das Leben SOLL so gross als möglich erscheinen" (*MA* 6). „Alle M" beschäftige sich mit „Substanz und Freiheit des Willens" und ähnlichen zu ursprünglichen Wesenheiten verklärten Vorstellungen, d. h. sie handelt „von den Grundirrthümern des Menschen [...], doch so, als wären es Grundwahrheiten" (*MA* 18). N. hält sich in seinen späteren Texten an diesen kritischen Entwurf (vgl. *JGB* 1, 11, 16; *FW, Vorrede zur ...* 2) mit Blick auf die →Sprache – die Grammatik bezeichnet N. als „Volks-M" (*FW V* 354) –, auf →Religion und →Moral (z. B. „Priester-M.": *GM I* 6) sowie auf das Verhältnis von M und Wissenschaft (*VM* 12); auch baut er ihn weiter aus (vgl. *GD, Die ‚Vernunft'...* 4, 5; *Die vier ...* 7).

Philosophiehistorisch ordnet N. seine in *GT* ausgeführte →„Artisten-M" der kantisch-schopenhauerschen M-Tradition zu (*GT* 18, KSA 1: 118). Die „metaphysische Trösterei", die sie ins Feld führt, gilt ihm später (1886) als romantisch-idealistisch fehlgeleitet (*GT, Versuch einer Selbstkritik* 7). Seine M-Kritik zielt im Kern auf den „Willen zur Wahrheit", der in sich selbst nihilistisch verfasst ist, sofern er eine Region der reinen Vernunft bzw. des im ästhetischen Ideal zugänglichen Ansichseins der Dinge „dieser vergänglichen, verführerischen täuschenden geringen Welt" als das eigentliche Wesen entgegensetzt (*JGB* 1). N. stellt deutlich heraus, dass sich sowohl die „M Kants" (*JGB* 11) als auch „Schopenhauers M" (*MA* 26; *VM* 33) sowie die romantische M der Natur (*MA* 8) an „asketischen Idealen" (*GM III* 5, 12, 25) orientiert. Allerdings bezieht er seine Destruktion des metaphysischen Philosophierens auf ein „typisches Vorurteil", „an dem sich die Metaphysiker aller Zeiten wieder erkennen lassen. [...] Der Grundglaube der Metaphysiker ist DER GLAUBE AN DIE GEGENSÄTZE DER WERTHE" (*JGB* 2). Die Auszeichnung des Wahren, Guten, Ewigen, Idealen, wirklich Seienden etc., d. i. das moralistische Bild des Denkens, verfolgt N. bis in die Anfänge der Philosophiegeschichte zurück (vgl. etwa zum stoischen Naturbegriff: *JGB* 9). In *GD, Das Problem ...* 1 verbindet er seine spätere Position mit jener aus *GT*. Letztlich maßgeblich für seine Stellung zum Problem der M ist, dass er sich nicht mit einer Aufhebung der Philosophie in den nicht-philosophischen Wissenschaften zufrieden geben will, sondern einen genuin philosophischen Positivismus vertritt, der u. a. mit der metaphysischen Hinterlassenschaft in allen Bereichen (Sprache, Moral, Naturwissenschaft, Geschichte, Kunst) rechnet (vgl. *JGB* 204). In diesem Sinne wirft der „Tod Gottes" auch einen metaphysischen Schatten auf den „Sinn der Erde" (*Za I, Zarathustra's Vorrede* 3; *FW V* 343).

Die großen Rezeptionslinien der Philosophie N.s basieren auf einer unterschiedlichen Auslegung der Begriffe „Wille zur Macht" und „Ewige Wiederkunft". Klages hat den metaphysischen Deutungsrahmen vorgegeben, wenn er die Unvereinbarkeit der kosmischen Natur- und Lebensphilosophie (des Gedankens der ewigen Wiederkunft) und der subjektivistisch gedeuteten Lehre vom Willen zur Macht konstatiert (vgl. 1926: 179 ff.). Baeumler (1931a), Löwith (1935), Heidegger (1961a,b) u. v. a. folgen diesem Schema in den Hauptpunkten. Erst in den 1960er Jahren wird N. postmetaphysisch gelesen, indem v. a. die Pluralität der Willen-zur-Macht-Prozesse herausgestellt wird – zunächst von Deleuze (1962), dann auch von Müller-Lauter (1971), der für die N.-Forschung hierzulande Maßstäbe gesetzt hat (vgl. Abel [2]1998; Gerhardt 1983/1996; Figal 1999; vgl. auch Heller 1972).

*Marc Rölli, Darmstadt*

**Meysenbug, Malwida von** | M, *28.10.1816 Kassel, †26.2.1903 Rom, dt. Schriftstellerin, lernte N. im Mai 1872 anlässlich der Grundsteinlegung zum Festspielhaus in Bayreuth kennen. Als enge Freundin →R. und C. Wagners hatte sie damals schon N.s *GT* rezipiert. Im darauffolgenden Jahrzehnt wurde M zu einer der wichtigsten Briefpartnerinnen N.s. Ihrer mütterlichen Freundschaft verdankte er die Organisation des Aufenthaltes in Sorrent (1876–1877), die engere Bekanntschaft mit →P. Rée – mit dem sie eine vorübergehend intensive Brieffreundschaft verband (vgl. Stummann-Bowert 1998) –, die Begegnungen mit →L. v. Salomé am 23. April 1882 (in Ms römischer Wohnung) und mit M. v. Salis im Juli 1884 ebenfalls in Rom, ferner die wenigen Kontakte zu Pariser Intellektuellen, die N. zeitlebens knüpfen konnte. N. las Ms *Memoiren einer Idealistin* (1876) mit großem Interesse, fand er doch in dieser Lebensgeschichte einer ehemaligen Galionsfigur der Frauenbewegung und der 1848er Revolution viele Informationen zu prominenten europäischen Revolutionären wie A. Herzen – den man damals für einer Vertreter des russischen Nihilismus hielt –, G. Mazzini, L. Blanc usw., die er später in seine Texte einarbeitete. M ihrerseits bemühte sich um Rezensionen und Übersetzungsprojekte der Werke N.s. Die am Anfang idyllische Freundschaft wurde durch die Entwicklung N.s ab *MA* getrübt, die M mit wachsendem Unverständnis und Entsetzen verfolgte. Nicht minder fatal wirkte N.s Bruch mit Wagner, der Kultfigur Ms. Zum Thema auch: Diethe (1996: 77 ff.); Leis (2000: 50 ff.); Le Rider (2004, 2005).

*Jacques Le Rider, Paris*

**Mitleid** | N.s Einlassungen zum M führten zu seiner verbreiteten Kategorisierung als „Mitleidsverächter" (Hamburger 1996: 42); es besteht scheinbar ein breiter Konsens darüber, dass N. →Grausamkeit und menschliches Leiden bejaht (vgl. Bamford 2006: 241). N.s Kritik am M zieht sich, beginnend in *GT*, durch sein ganzes Schaffen und erreicht in den späteren Schriften *JGB, MA, M* und *AC* ein Niveau, das jenen Konsens zu rechtfertigen scheint. Am Beginn dieser Entwicklung steht die kritische Auseinandersetzung mit der Schopenhauer'schen Ms-Ethik (vgl. *M* 133–148; v. Tevenar 2007: 265, 277 f.), mit dessen Identifikationsgebot angesichts fremden Leids (vgl. *FW* 99, KSA 3: 454), und insbesondere mit Schopenhauers Fundierung der Ethik auf dem M als „wirkliche Basis aller FREIEN Gerechtigkeit und aller ÄCHTEN Menschenliebe" (1860: 565) und „unleugbare Thatsache des menschlichen Bewußtseyns" (ebd.: 569). Hinzu tritt ab den späten 1870er Jahren eine psychologische Ms-Kritik (→Psychologie), welche die kritische Herleitung des Ms-Affektes aus dem →Christentum bzw. aus der Passivität und Resignation der →Schwachen (vgl. Niemeyer 1998a: 298; v. Tevenar 2007: 270 f.) thematisch ergänzt und bspw. zu der Frage führt, ob „das beredte Klagen und Wimmern, das Zur-Schau-Tragen des Unglücks" der „Kranken und Geistig-Gedrückten" (*MA* 50) auf den →Willen zur

Macht fokussiert, der sich auch und gerade im Einfordern bzw. Erweisen von M äußert (vgl. Kaufmann [4]1974: 215; Wolf 2006b: 74 ff.). Diese Entwicklung führt schließlich zur Verbindung des Ms mit Kategorien wie „Décadence“ (*AC* 51) und „Gesetz der SELECTION“ (*AC* 7), wodurch N. zum Stichwortgeber völkischer (vgl. Aschheim 1992: 147 f.) und eugenischer Argumentationen (vgl. auch *GM I* 5) wurde. Generell unterliegt der unfreie und ressentimentgeleitete Geist nach N. einer bewussten Selbsttäuschung über die Tatsache, dass Mitzuleiden eine Schwächung der Lebensenergie und eine unfruchtbare Verdoppelung des Leids (vgl. Kaufmann [4]1974: 214) nach sich zieht, und er verkennt außerdem den eminenten Sinn von Unglück und Leid für die menschliche Höherentwicklung (vgl. *FW* 338).

N.s kritisches Ms-Verständnis erfährt als durchgängiges Merkmal seines Schaffens von der ästhetischen und kulturtheoretischen Reflexion über die Kritik gesellschaftlicher Heilserwartungen bis zur Biologisierung in den späten Schriften eine auffällige Radikalisierung und kann nach v. Tevenar in drei generelle Einwände gegliedert werden: N. erhebt gegen das M psychologische Einwände, Einwände aufgrund der Schädlichkeit des Ms für den Empfangenden und Einwände aufgrund der Schädlichkeit des Ms für den Spender (2007: 265 ff.).

Eine auffällige Häufung der expliziten Bezugnahmen auf M ist in der Phase der Entstehung und Veröffentlichung von *Za* zu konstatieren. Dieses allegorische Werk liefert wertvolle Hinweise zur Verbindung des Ms mit Neugier und →Scham (*Za II, Von den Mitleidigen*; *Za IV, Der hässliche Mensch*; vgl. auch schon *VM* 68), zum subtilen Vergnügen am Unglück des Nächsten (*Za III, Der Genesende*) sowie zur Gefahr, sich über das M gleichsam mit fremdem Unglück zu infizieren. „Darum wasche ich mir die Hand, die dem Leidenden half, darum wische ich mir auch noch die Seele ab. Denn dass ich den Leidenden leidend sah, dessen schämte ich mich um seiner Scham willen.“ (*Za II, Von den Mitleidigen*)

Zudem ist der Umstand bedeutsam, dass sich in N.s Werk auch relativierende Belegstellen zur Ms-Kritik finden (vgl. *GT* 15, KSA 1: 101; NF 1870–74, 5[80]). Um einer Reduktion und Engführung N.s zu entgehen, ist eine inhaltliche Differenzierung zwischen den Begriffen M, Mitleiden und Mitgefühl unerlässlich, was sich in der angelsächsischen N.-Rezeption u. a. in der Diskussion über die korrekte Übersetzung von M als Pity oder Compassion ausdrückt (vgl. Hamburger 1996: 7; v. Tevenar 2007: 263, 276; Bamford 2007: 244). *Sven Werner, Dresden*

**Mittelmäßigkeit** | Als Folge der Dominanz des jüdisch-christlichen Denkens als der europäischen Ideologie *par excellence* ist der außerordentliche Typus ab- und ausgestoßen worden, um, so N.s Befürchtung, durch den durchschnittlichen, gesichtslosen Massen-Mensch – den „unheilbar MITTELMÄSSIGEN“ (*JGB* 262) – ersetzt zu werden. Der mittelmäßige Mensch – er erinnert an den von Zarathustra kritisierten ‚letzten Menschen‘, „der Alles klein macht“ (*Za I, Zarathustra's Vorrede* 5) – zieht die Mitte und das Durchschnittliche vor; er scheut und bekämpft die Extreme. Dabei werden die Individuen von höherem Rang – die für das Ideal der M als gefährlich empfunden werden – verharmlost und in eine Gesellschaft von niedrigster Intensität eingebettet: „In der Mitte hört die Furcht auf; hier ist man mit nichts allein; [...] hier giebt es →Gleichheit; [...] hier herrscht die Zufriedenheit“ (NF 1887, 10[39]).

Dabei schließt N. keineswegs aus, dass die menschliche Welt ebenso wie die biologische sich, vom Prinzip her, entwickeln kann. Das Problem gründet allein darin, dass moderne menschliche Gesellschaften durch die Hervorhebung des Ideals der M eine gleichsam widernatürliche Entwicklung genommen haben. Denn Evolution ist nur möglich unter der Voraussetzung der Ausbildbarkeit von Extremen (in Richtung des außerordentlich Intelligenten, Guten, Schönen usw., wie auch im Blick auf das außerordentlich Dumme, Böse, Hässliche usw.); dies ist eine *condition sine qua non* der Entwicklung des menschlichen Spezies (NF 1887, 10[111]). Wenn die menschliche Gesellschaft sich nach dem Ideal der M entwickelt – oder vielmehr ‚abwickelt' –, ist der natürliche Verlauf zum Entgleisen gebracht und die Hoffnung einer höheren Entwicklung der Gattung kompromittiert. Indizien in dieser Richtung sind, N. zufolge, die Bildung von industriellen Armeen, die Bürokratisierung der Gesellschaft, die Demokratisierung der Politik und die Verbreitung staatlicher Ideologie durch Zeitungen.

*Peter Bornedal, Beirut*

**Modernität** | Der Begriff der M begegnet einem vor allem im späten Nachlass, zum einen in adjektivischer Form („Den ganzen Umkreis der modernen Seele umlaufen, in jedem ihrer Winkel gesessen zu haben – mein Ehrgeiz, meine Tortur und mein Glück"), zum anderen in Gestalt des (gleich nachfolgenden) Beschlusses: „Mein Werk soll enthalten einen Gesamtüberblick über unser [das 19.; d. Verf.] Jahrhundert, über die ganze M, über die erreichte ‚Civilisation'" (NF 1887, 9[177]). Diese Aufgabe stellt sich N. nach der Veröffentlichung von *GM* im Kontext der Planung zu *WM*. Als Trägerin von Anzeichen, die sowohl auf Kultur und Aufschwung als auch auf Zivilisation und Verfall schließen lassen, ist die M für N. zweideutig und wirft Fragen auf an das 19. Jh. wie: „Ob seine starke und schwache Seite zu einander gehören? Ob es aus Einem Holze geschnitzt ist? Ob die Verschiedenheit seiner Ideale, deren Widerspruch[,] in einem höheren Zwecke bedingt sind, als etwas Höheres?" (ebd., 9[186]) N. jedenfalls drängt sich als „Gesammt-Einsicht [...] der zweideutige Charakter unserer modernen Welt" auf: „[E]ben dieselben Symptome könnten auf Niedergang und auf Stärke deuten. Und die Abzeichen der Stärke, der errungenen Mündigkeit könnten auf Grund überlieferter (zurückgebliebener) Gefühls-Abwerthung als Schwäche **mißverstanden** werden. Kurz, das Gefühl, als Werthgefühl ist nicht auf der Höhe der Zeit" (ebd., 10[23]). Die Aufzeichnungen zum Charakter der M teilt N. im Februar 1888 dem ersten Buch von *WM* zu, konkret: zwei Kapiteln: „1. 1. Der Nihilismus, vollkommen zu Ende gedacht / 2. 1. Cultur, Civilisation, die Zweideutigkeit des ‚Modernen'." (NF 1888, 12[2]) Das Thema steht danach noch häufiger auf N.s Agenda, zuletzt im Mai/Juni 1888: „M als Zweideutigkeit der Werthe" (ebd., 17[2]). Zeitgleich führt N. →Wagner vor als Repräsentanten so verstandener M (*WA*, Vorwort, 5; Epilog), um schließlich *JGB* retrospektiv als ein Buch zu lesen, das „in allem Wesentlichen eine Kritik der M [ist], die modernen Wissenschaften, die modernen Künste, selbst die moderne Politik nicht ausgeschlossen" (*EH, JGB* 2). Angesichts der Beibehaltung des Gedankens, dass das Moderne zweideutig sei, formuliert folgende Aussage N.s einen Befund, der die Wirksamkeit von →Kultur und →Zivilisation als gegensätzliche Tendenzen im 19. Jh. aus einer entfernteren Perspektive vorübergehend aus dem Blick entlässt: „Daß wir uns nicht täuschen! Die Zeit läuft vorwärts, – wir möchten glauben, daß auch Alles, was in ihr ist, vorwärts läuft ... daß die Entwicklung eine Vorwärts-Entwicklung ist ... Das ist der Augenschein, von dem die Besonnensten verführt werden: aber das neunzehnte Jahrhundert ist kein →Fortschritt gegen das sechszehnte: und der →deutsche Geist von 1888 ist ein Rückschritt gegen den deutschen Geist von 1788 ... Die →‚Menschheit' avancirt nicht, sie existirt nicht einmal ... Der Gesamtaspekt ist der einer ungeheuren Experimentir-Werkstätte, wo Einiges gelingt, zerstreut durch alle Zeiten, und Unsägliches mißräth, wo alle Ordnung, Logik, Verbindung und Verbindlichkeit fehlt ..." (NF 1888, 15[8]). Zum Thema auch: Kuhn (1989).

*Elisabeth Kuhn, Münchenstein*

**Montaigne, Michel Eyquem de** | M, *28.2.1533 Schloss Montaigne bei Bordeaux, †13.9.1592 ebd., franz. Schriftsteller und Philosoph, war einer der liebsten Autoren N.s, mit dem er seit den *UB* einen lebenslangen Dialog unterhielt. 1870 bekam N. eine „stattliche Ausgabe des ganzen M (den ich sehr verehre)" von C. und R. Wagner zu Weihnachten geschenkt (An Fr. und E. N., 30.12.1870). In der →Bibliothek N.s befinden sich zwei Ausgaben von Ms *Essais*, eine französische (Paris 1864) und die deutsche Übersetzung von P. Coste, Leipzig

1753–54. In der Basler Zeit wird M neben Horaz unter dem Stichwort „Die Erleichterung des Lebens" zitiert (KGW III 5/1: 115). Die weltimmanente Lebensauffassung Ms begleitet vor allem N.s Loslösung von Wagner und die aufklärerische Phase von *MA*. Aus M entlehnt N. die Bezeichnung „tyrannisch" für Beziehungen, die sich allzu verbindlich gestalten. Mit seiner skeptischen Besonnenheit, die jedem Fanatismus und jeder blinden Überzeugung abhold war, wird M eines der bedeutendsten Vorbilder für die Philosophie des →freien Geistes. „In Betreff der Ehrlichkeit" stellt N. ihn sogar höher als →Schopenhauer und bekennt, dass durch seine Schriften „die Lust auf dieser Erde zu leben vermehrt worden" sei (*SE* 2, KSA 1: 348). Durch M und die französischen Moralisten fühlt N. sich „dem Alterthum näher" (*WS* 214). M wird bedeutenderweise mit Epikur in N.s „Hadesfahrt" gepaart (*VM* 408). Motive der stoisch-epikureischen Philosophie schöpft M vor allem „wie mit dem Eimer der Danaiden" aus Seneca und seinen Briefen an Lucilius, aber sein Ton ist nie resignativ oder tugendhaft, sondern unbefangen und energisch. Aus einer physiologischen Perspektive bewundert N. auch immer mehr seine Gesundheit und Lebenskraft, die sich in seinem markigen, ungezwungenen Stil widerspiegeln. M plädiert für eine „muntere" und „kurzweilige" Weltweisheit in der Jugenderziehung, die Seele und Körper gesund macht. N. setzt diese muntere Philosophie Ms den „bleichen und schauerlichen Larven" entgegen, unter denen die Weisheit sich in seiner Jugend zeigte (NF 1885, 40[59]). Die fröhliche und unbekümmerte Weisheit Ms, die →Pascal so sehr irritierte, war für N. ein Ausweg und Heilmittel gegen den →Pessimismus, wie auch ein Brief an H. von Stein (von Mitte März 1885) zeigt. In *EH* gesteht N., „Etwas von M's Muthwillen im Geiste", „vielleicht auch im Leibe" zu haben (*Warum ich so klug bin* 3). Zum Thema auch: Donnellan (1982); Molner (1993); Link (1994); Vivarelli (1998). *Vivetta Vivarelli, Pisa*

**Montinari, Mazzino** | M, *4.4.1928 Lucca, †24.11.1986 Settignano, Florenz, wurde wesentlich geprägt von G. Colli, von 1942 bis 1945 Ms Lehrer am Gymnasium in Lucca, der ihm einen anderen, dem der faschistischen Propaganda entgegengesetzten N. zeigte und mit dem er später (1958) an der *Enciclopedia di autori classici* bei Boringhieri zusammenarbeitete, wo er Texte von Schopenhauer, N., Goethe, Burckhardt sowie N.s Briefwechsel mit →Rohde, →R. Wagner und →Burckhardt übersetzte und redigierte – ein erstes Moment einer gemeinsamen kulturellen „Handlung" im Namen N.s. Als M mit Colli bei dem neu entstehenden Adelphi-Verlag am Projekt einer italienischen Werkausgabe N.s arbeitete, beschloss er, sich in →Weimar niederzulassen, wo er von 1963 bis 1970 lebte und am Goethe- und Schiller-Archiv wirkte. Das ursprüngliche Übersetzungsprojekt war nach den ersten Sichtungen im Archiv (1961) allerdings zur Idee einer neuen, kritischen Edition gediehen, in Frankreich von Gallimard, in Deutschland von de Gruyter herausgegeben. Ab 1971 unterrichtete M Deutsche Literatur an der Universität von Urbino, dann in Florenz, schließlich ab 1984 in Pisa. Er veröffentlichte zahlreiche Artikel und Studien in internationalen Zeitschriften zu N., zu Problemen und Methoden der Edierung, zu Heine, Goethe, Mann, Wagner, →L. v. Salomé, Lukács, →Baeumler, Cantimori. Gemeinsam mit Colli steht M für das maßgebliche Unterfangen der kritischen Gesamtausgabe der Werke (KGW, KSA) und Briefe N.s (KSB; unter Einschluss der Briefe an N.: KGB). Dieser intensiven und komplexen Arbeit – als guter Arbeiter, „wie ein Schuster gute Schuhe macht" – widmete er seine gesamte wissenschaftliche Energie, sah in seinen Arbeiten über den deutschen Philosophen gar „Gelegenheitsprodukte einer besonderen Art und Weise, N. zu lesen: die des Herausgebers seiner Werke" (1982). M, von einer historischen Gründlichkeit und Bewusstheit, die keine Gewissheiten verspricht, spürte, dass die Errungenschaften der modernen Philologie Möglichkeiten des Aufbrechens eines statischen und geschlossenen Textes eröffnen, dass sie erlauben, ihn in allen dokumentierbaren Entwicklungsstufen zu präsentieren und zu rekonstruieren. M hat einen Zugang zu den direkten, gesicherten Quellen N.s eröffnet, der niemals zuvor systematisch in Angriff genommen worden war. Er hat den Weg frei gemacht für eine historische Lesart der Kategorien des Philosophen und für die auf Quellenkunde und Quellenforschung basierenden Interpretationen und Rekonstruktionen der neueren N.-Forschung. Zu den wichtigsten Ergebnissen der von M angeregten und vorangetriebenen Arbeit an den Apparaten zählen die Aufwertung des Themas der Geschichte bei N., der Hinweis auf die →„Leidenschaft der Erkenntnis" als wichtiges Leitmotiv N.s sowie die Analyse von N.s Verhältnis zur zeitgenössischen französischen Kultur und zur →décadence. Zum Thema auch: M (1981, 1982, 1991); Campioni (1988, 1989, 1992, 2006, 2007); Müller-Lauter (1994); Vivarelli (1996); Pestalozzi (2007); Stegmaier (2007).

*Giuliano Campioni, Pisa* (Übers.: K. Wisniewski)

**Moral** | N.s noch immer beunruhigende Radikalität im Denken der M verdankt sich einer Umkehrung der traditionellen Ausgangsperspektive: Während sich die „klassische" philosophische →Ethik in Gestalt einer Reflexion der M entfaltet, setzt N. stets schon ein Denken voraus, das in seinem Grund moralisch verfasst ist. Das in der M gründende Denken kann darum seinerseits auch keine M mehr begründen. So gesehen artikuliert sich in den bestehenden Ethiken zunächst „auch nur eine ZEICHENSPRACHE DER →Affekte" (*JGB* 187) – in den fortlaufenden Entschlüsselungen solcher „Zeichensprachen" liegt die aufklärerische Leistung von N.s M-kritik. An die Stelle eines normierenden Zugangs zu vermeintlich gegebener M treten bei N. zahlreiche →„Genealogien" der M. Ziel dieser je nach Kontext verschieden ausgerichteten Sinnverschiebungen ist die sachliche Delegitimierung der Begriffe einer jeweils „herrschend gewordenen" M, der damit verbundene Distanzgewinn und letztlich die Freiheit für und zu andere(r) M.

In *GT* ist M-kritik noch Nebenprodukt der „aesthetischen Wissenschaft", die anstelle der Ontologie und der Erkenntnistheorie als *prima philosophia* auftritt. Sind „Dasein und die Welt" einzig als „AESTHETISCHES PHAENOMEN [...] ewig GERECHTFERTIGT" (*GT* 5, KSA 1: 47), so sind auch die Setzungen der M zunächst Wahrnehmungen, deren hermeneutische Kreativität von der „Optik des Künstlers" aus evaluiert wird. Die Nähe zwischen Ethik und →Ästhetik, zwischen lebensnotwendiger Wertung und phänomenal vorgängiger Wahrnehmung, bleibt von da an leitende Orientierung N.s.

In N.s aphoristischem Werk wird M erstmals thematisch eigenständig und bleibt Hauptgegenstand seines Philosophierens. Die mit *MA* einsetzende Tendenz zur wissenschaftlichen Verortung und historischen Konkretisierung moralischer Phänomene verdankt sich v. a. →P. Rée. N.s Umgang mit M vollzieht sich von da an in drei Grundgestalten: als M-psychologie (→Psychologie), die in der Tradition der Französischen Moralisten einer Heuristik des Verdachts folgt, um die egoistischen Motive vermeintlich altruistischen Handelns aufzudecken; als M-geschichte, die u. a. mit utilitaristischen und darwinistischen Argumenten den Nutzen gemeinschaftlichen moralischen Handelns und Empfindens betont und damit deren amoralische Herkunft erschließt; als Metakritik m-philosophischer Grundbegriffe im Widerspruch zu einer Tradition, in der die Kozepte des →„Willens", des →„Subjekts", des →„Gewissens", der →„Verantwortung" und nicht zuletzt der „Handlung" kategorisch gesetzt, definiert oder – im schlimmsten Fall – selbstverständlich sind, bevor die Sichtung moralischer Phänomene beginnt. Fassbar wird die Radikalität solcher vor allem psychologisch angelegter Destruktionen etwa in der Annahme von der „völligen Unverantwortlichkeit des Menschen für sein Handeln" (*MA* 107) und der sachlich zugehörigen These, dass „alle Handlungen [...] wesentlich unbekannt" (*M* 116), d. h. Ereignisse jenseits epistemischer und intentionaler Vorbereitung sind.



In *JGB* und *GM* weichen die teils unverbundenen, teils lose gruppierten Aphorismen zur M

Abhandlungen mit höherer systematischer Dichte bzw. stärkeren Vereinheitlichungsbemühungen. Dem in *JGB* V (186–203) erarbeiteten Programm einer „Naturgeschichte der M" folgt mit *GM* deren Kulturgeschichte, in der die christlich-asketisch bestimmte M Europas in ihrem das Denken und Wahrnehmen prägenden Charakter sichtbar gemacht und scharf kritisiert wird. Die nun angestrebte „TYPENLEHRE der M" agiert auf der Basis der Anerkennung unterschiedlicher, gelebter Wertungsweisen und stellt sich explizit jener philosophischen „Wissenschaft der M" entgegen, die als „BEGRÜNDUNG der M" auftritt. Für N. sind derartige Begründungsversuche nur die begriffliche Legitimation eines bestimmten „GLAUBENS an die herrschende M", deren „eigentliche Probleme [...] erst bei einer Vergleichung VIELER Moralen auftauchen." (*JGB* 186)

Pragmatischer Ausgangspunkt für *GM* ist der Befund, dass zivilisatorische Dynamik in einer Gesellschaft nur dann einsetzt, wenn Menschen in ihrem Zusammenleben füreinander als berechenbare und verantwortungsfähige Agenten auftreten. *GM* ist demgemäß bestrebt, die entscheidenden Momente „der langen Geschichte von der Herkunft der VERANTWORTLICHKEIT" (*II* 2) freizulegen. Leitend ist der Gedanke, dass die Berechenbarkeit des Menschen das Ergebnis einer Geschichte selbst auferlegter Strafprozeduren sei. Erst im Durchgang durch die lange „Mnemotechnik" praktizierter →Grausamkeiten – als Quelle hierfür werden v. a. die frühen Rechtsordnungen aufgeführt – erlangte das Wesen Mensch „die Herrschaft über die Affekte" und kam mit Hilfe des unter Qualen sich anerzogenen Gedächtnisses „endlich ‚zur Vernunft'!" (*II* 3).

Auch die ethische Leitunterscheidung von „gut" und „böse" wird nun unter Zuhilfenahme historischer, ethnologischer und etymologischer Argumente von zwei gegenläufigen moraltypologischen Wertungsweisen aus erschlossen: Die Differenz „gut" und „schlecht" hat hierbei ihren Ursprung in der Macht der →„Vornehmen", einer als Klasse oder Rasse besetzbaren Herrschergruppe, die sich in einem noch „naiven" Abgrenzungsakt gegenüber anderen „Güte" attestiert. Sie will als aktive Instanz Verantwortung für ihr Handeln übernehmen und deutet den von ihr ausgeschlossenen Rest als „schlecht." Demgegenüber hat die Setzung der Differenz „gut" und „böse" ihren phänomenalen Ursprung in der Ohnmacht gegenüber Herrschaft – nur insofern ist sie Produkt des →„Ressentiments". In ihm gibt sich der Wille der Handlungsunfähigen zu erkennen, dem jetzt als „böse" interpretierten Gegenüber die Verantwortung für die als ungerecht empfundenen Verhältnisse zuzuschreiben. In der „passivischen" Reaktion dieser Umwertung sieht N. den eigentlichen Ursprung der M. Im Gegensatz zur unreflektierten Wertungsweise der Mächtigen ist die Verneinungsleistung der Unterlegenen und ihre Selbstbejahung im jetzt allein moralischen Begriff des Gut-Seins ein schöpferischer Akt, den nach N. zunächst die →Religionen erbracht haben. Die (mitunter aggressive) Verdeutlichung des Kräfteverhältnisses zwischen „ritterlich-aristokratischer" und „priesterlicher Werthungs-Weise", etwa in Form der Kontrastierung von „Herrenmoral" und „Sklavenmoral", haben dem m-kritischen Anliegen N.s eher geschadet und ihn bis heute (zu Unrecht) in die Nähe eines affirmativen Machtpositivismus gerückt. Entscheidend für ein Verständnis dieses Gegensatzes ist das in ihm zum Ausdruck gebrachte Problem der zwiespältigen M-konstitution des modernen Menschen: Er ist, in Begriffen N.s, sowohl „Herr" als auch „Sklave", sein bleibendes Problem besteht eben darin, „Kampfplatz für jene Gegensätze zu sein" (*GM I* 16), d. h. je nach Situation und Handlungsspielraum →Verantwortung entweder übernehmen zu wollen oder sie anderen als Schuld zuzuschreiben, um sich von ihr zu entlasten.

Erst eine Kultur moralischer Unbedingtheit kann auch den „Willen zur Wahrheit" entstehen lassen. N. macht ihn in Gestalt eines Glaubens an unbedingte, objektive Erkenntnis v. a. für die moderne Wissenschaft geltend, um diese daraufhin nicht als Gegenspieler, sondern als subtilste Erscheinung des „asketischen Ideals" zu kennzeichnen. Das eigene Zeitalter wird darum als entscheidender Wendepunkt, als „Katastrophe" gedeutet. Denn in der Redlichkeit des wissenschaftlich gewordenen Gewissens ist nun auch der Umschlag in die „Selbstüberwindung" des asketischen Ideals angelegt. Im „Sich-bewusst-werden des Willens zur Wahrheit" wird sich auch die europäische M ihrer Bedingtheit bewusst und geht in ihrer alten Gestalt – „daran ist kein Zweifel" – „ZU GRUNDE". Für N. ist damit der Eintritt ins Zeitalter des aktiven →Nihilismus, also in „jenes grosse Schauspiel" eingeläutet, „das den nächsten zwei Jahrhunderten Europa's aufgespart bleibt [...]" (*GM III* 27).

N.s „Immoralismus" hat kein Standpunkt außerhalb der M sein können und sein wollen. Eher noch ist mit ihm seinerseits eine M bezeichnet: Aus der früh gewonnenen Einsicht in die Unverantwortlichkeit und Unschuld des Einzelnen erwächst N.s spätes Ethos der Vornehmheit. Diese erfüllt sich im Paradox, die Verantwortung dafür zu übernehmen, niemanden mehr für sein Handeln und Werten verantwortlich zu machen. Vornehmheit setzt die Ökonomie der goldenen Regel, mithin die M auf Gegenseitigkeit, gezielt außer Kraft. Sie vereinzelt, distanziert und distinguiert – und wird darin zum geistigen →„Pathos der Distanz", zum Verzicht auf die M der Anderen und zum Verzicht auf die eigene M im Umgang mit Anderen. Als „M für Moralisten" bleibt sie der Hoffnung verpflichtet, ohne Ressentiment leben zu können. Zum Thema auch: Braatz (1988); Kerger (1988); Stegmaier (1994); Pfeuffer (2008).

*Enrico Müller, Greifswald*

**Müdigkeit** | Im Rahmen seines Philosophierens „am Leitfaden des →Leibes" fragt N. nach den verschiedenen Relationen zwischen M und Denken bzw. nach Denkweisen als Symptomen oder Bedingungen von M. In der einfachsten Form bedeutet dies, dass z. B. Urteile über das eigene Tages- oder Lebenswerk melancholisch ausfallen, wenn sie an deren Ende und unter dem Einfluss der M gefällt werden (*M* 317). Auch Genieglaube, Selbstgenüsslichkeit und die Errichtung von Institutionen im eigenen Namen eines Denkers seien in der Regel nur die physiologisch bedingten Merkmale seines Alters und seiner Ermüdung (*M* 542). In *Za* wird die M, „die mit Einem Sprunge zum Letzten will, mit einem Todessprunge", sogar zur Schöpferin aller Götter und Hinterwelten (*Za I, Von den Hinterweltlern*). Andererseits sind die großen Religionen Mittel zur Bekämpfung einer „zur Epidemie gewordenen M und Schwere." (*GM III* 17) Insbesondere der →Buddhismus sei „eine Religion für den Schluss und die M der →Civilisation", die das Christentum höchstens begründet (*AC* 22). Die M hat jedoch auch positive Seiten. Zunächst ist hektische Aktivität nicht als Gegensatz zur M zu verstehen: „Laßt euch nicht täuschen! Die thätigsten Völker haben die meiste M in sich, ihre Unruhe ist Schwäche – sie haben zum Warten und zur Faulheit nicht mehr Inhalt genug." (NF 1882–83, 5[1], S. 201; vgl. *MA* 283–286) Auch für den Denker bringt die M Vorteile, sofern sie auch jene Gedanken begünstigt, „die wir uns sonst, bei mehr Haltung und folglich bei mehr Verstellung, nicht eingestehen würden. Wir werden lässig, uns selber etwas vorzumachen, und siehe! da kommt die Wahrheit über uns." (NF 1880–81, 10[F98]) Schließlich gilt auch für manchen, der seiner selber müde wird, dass erst dann das Glück beginnt, das gerade ihm aufgespart war (NF 1883, 16[4]; vgl. *DD, Die Sonne sinkt* 3).

*Michael Skowron, Daegu*

**Müller, Heiner** | M, * 9. 1. 1929 Eppendorf/Sachsen, † 30. 12. 1995 Berlin, war einer der bedeutendsten Dramatiker der 2. Hälfte des 20. Jh.s und einer der umstrittensten Autoren der DDR. Ms Werk ist Meta-Literatur und Montage aus Fremdtexten; zu seinen Hauptbezugsautoren gehören Shakespeare, Brecht, Ernst Jünger – und N.: „N. war für mich ungeheuer wichtig" (M 1986: 168). Noch während des Bestehens der DDR äußerte sich M mehrfach sehr positiv über N. Das stellte durchaus eine Provokation dar, war N. doch im Literaturbetrieb der DDR als Wegbereiter des Faschismus, als Anti-Sozialist und Elitär der Anti-Marx schlechthin und als geistige Projektionsfigur gänzlich ungeeignet. N. fungierte bei M als Antidot gegen Marx und

Brecht, aber auch als Anti-Systematiker: „Und da fand ich den N. sehr hilfreich und eigentlich immer sehr motivierend, produktiv motivierend, weil mein Interesse an N. das nomadische Denken ist, das aphoristische [...]. Für N. gab es nicht mehr die Möglichkeit, ein System zu bauen; er konnte quasi als Nomade mal da angreifen, mal da angreifen. Er war immer unterwegs mit dem Denken, so daß sein Denken, seine Texte ungeheuer viel Freiräume einschließen. Das alles ist ein bißchen verdunkelt durch den Mißbrauch" (ebd.: 169). Diese zweifellos sehr moderne Umgangsweise mit N.s Texten, die der historisch-philologischen N.-Forschung entspricht, prägt wichtige Stücke Ms. seit dem *Philoktet* (1965), der schon früh auf Ms Fähigkeit hinweist, N.s rätselhaftestes und umstrittenstes Projekt, die →ewige Wiederkehr des Gleichen, als künstlerisches Mittel zu nutzen. In Ms Stücken *Germania Tod in Berlin* (1977), *Hamletmaschine* (1977), *Der Auftrag* (1980) und *Germania 3. Gespenster am Toten Mann* (1995) manifestiert sich die ewige Wiederkehr der grausigen Politgeschichte; die alte Zeit ist dabei Folie für die neue (und umgekehrt). Das dionysische Jasagen zur Grausamkeit der Welt ist ein Schlüssel für Ms Spätwerk. Die für M wichtigsten N.-Texte sind *GT* und *GM*. Die gedankliche Vermischung dieser beiden höchst unterschiedlichen Texte zu etwas durchaus Eigenständigem ist die Leistung von Ms N.-Rezeption. Zum Thema auch: Domdey (1998); Lehmann/Primavesi (2003); Körber (2006: 111–121).

*Thomas Körber, Osnabrück*

**Musik** | M war ein wesentliches Thema in N.s Leben und Werk, Janz sieht in ihr gar „die einzige Gegebenheit in N.s geistiger Existenz, die sein ganzes Leben umgreift" (1997: 72). Aus dem Briefwechsel mit →Köselitz stammen Bekenntnisse zur M, die keinen Zweifel an ihrer überragenden Bedeutung für N. zulassen: „Ich kenne nichts mehr, ich höre nichts mehr, ich lese nichts mehr: und trotzalledem giebt es Nichts, was mich eigentlich mehr ANGIENGE als das Schicksal der M." (21.3.1888) An anderer Stelle bezeichnet N. ein Leben ohne M als „Irrthum", „Strapatze", „Exil" (15.1.1888). Noch die Krankenberichte der Jenaer Klinik berichten, N. habe fast ausschließlich über M gesprochen (Vogel 1966: 220).

N. war ein talentierter Pianist und v. a. in seiner Jugend auch kompositorisch aktiv. Bedeutend ist hier das frühe Liedschaffen, das den begabten Autodidakten zeigt. Stilistisch weitgehend traditionell, setzt N. Einflüsse v. a. von Schumann um, während die später entstandenen Klavierwerke vereinzelt bereits eine Rezeption Wagner'scher Harmonik zeigen. Generell ist in N.s M ein stärker harmonisches als melodisches Interesse zu erkennen (dazu v. a. Fabre 2006). Bekannt und von Zeitgenossen geschätzt war auch N.s Talent zur Improvisation (für mögliche philosophische Verbindungen siehe Liébert 2004: 14 f.). V. a. in den letzten 10 Jahren sind verschiedene Einspielungen von Liedern und Klavierstücken entstanden; im Konzertsaal ist N.s M üblicherweise nicht vertreten. Auffallend ist auch N.s eminent musikalische →Sprache; von N. selbst stammt die Anregung, man könne „vielleicht den ganzen Zarathustra unter die M rechnen." (*EH, Za 1*) N. empfand zweifellos eine Berufung zum Musiker –1886 lautet der wesentliche Vorwurf gegen sich selbst, diese Berufung nicht gelebt zu haben: „Sie hätte SINGEN sollen, diese ‚neue Seele' – und nicht reden!" (*GT, Versuch einer Selbstkritik* 3)

Als prägendes menschliches (→Vaterübertragung) wie musikalisches Erlebnis war N.s Beziehung zu →Wagner von besonderer Bedeutung. →*GT* ist in vielem von Wagner'schen Ideen inspiriert (vgl. auch Vogel 1966). Eine weitere wichtige philosophische Einflussgröße ist →Schopenhauer; seine M-metaphysik bildet die gemeinsame ästhetische Grundlage sowohl für Wagners „neuere Lehre" als auch für *GT*. Noch während der Zeit der Wagner-Begeisterung zeigt sich N. allerdings auch bereits für Ideen des dezidiert antiwagnerianischen M-kritikers Hanslick empfänglich (dazu Landerer/Schuster 2002). So wird etwa N.s Begeisterung für das Wagner'sche Gesamtkunstwerk in unveröffentlichten Entwürfen durch Bemerkungen konterkariert, die eine klare ästhetische Präferenz für die reine Instrumental-M zeigen – Wagner galt die „absolute M“ als ästhetisch defizient. Auch ein Teil jener Argumente, die N. in seinen späten Antiwagneriana gegen den früheren Freund vorbringt, dürften aus Hanslicks Fundus stammen (dazu Eger 2001).

Nach dem Bruch mit Wagner schätzte N. v. a. die sehr traditionellen Werke des heute als „Allegro-Komponist“ eingeschätzten Köselitz; eine besondere – gelegentlich allerdings auch ironisch relativierte – Vorliebe N.s ist für Bizets Oper *Carmen* überliefert (dazu Scheib 2008). N. ist auch für die europäische M-geschichte von Bedeutung. Zahlreiche Komponisten – R. Strauss, G. Mahler, F. Delius, C. Orff u. a. – haben ihn intensiv rezipiert und setzten Gedanken N.s musikalisch um (dazu Sorgner 2003: 131 ff.).

*Christoph Landerer, Salzburg*

**Musil, Robert Edler von** | M, *6.11.1880 Klagenfurt, †15.4.1942 Genf, setzte sich zeit seines Lebens mit N. auseinander. Dies bezeugen seine Tagebücher und seine Werke von *Die Verwirrungen des Zöglings Törleß* (1906) bis *Der Mann ohne Eigenschaften* (1925 ff.). Die Tagebuchnotiz vom 15.5.1902 kreist um Themen wie →Wahrheit, Stil und *décadence*. Die Auflösung einer absoluten Wahrheit durch den →Perspektivismus wird schon als Kompositionsprinzip im *Törleß* sichtbar. Die Notiz vom 8.5.1902 verweist auf eine zweite große N.-Lektüre, mittels derer M seine ersten Eindrücke wohl überprüfen und vertiefen wollte. Diese Lektüre führte zu einer kritischeren Einstellung zu N.s Möglichkeitsdenken, da sie der Willkür des Weisen entspringe. M wird N.s ästhetischen Immoralismus später angesichts der faschistischen Gefahr der dreißiger und vierziger Jahre als unzulänglich einschätzen. Zum Thema auch: Seidler (1965); Reniers-Servranckx (1972); Wallner (1984); Midgley (2003); De Angelis (2007).

*Anette Horn, Witwatersrand*

**Mussolini, Benito** | M, *29.7.1883 Dovia di Predappio, †28.4.1945, Führer (Duce) und Begründer der 1919 ins Leben gerufenen Faschistischen Bewegung, vom 22.10.1922 bis Juli 1943 Premierminister Italiens, Staatsoberhaupt und Außenminister der Italienischen Sozialen Republik (Saló Republik), wurde in seiner Jugend ideologisch von den Italienischen Revolutionären Syndikalisten beeinflusst sowie (von außen) von der Italienischen Sozialistischen Partei (PSI). Als die Syndikalisten die Partei verließen, blieb M und wurde zum Anführer des revolutionären Flügels der Partei. Gleichzeitig entwickelten sich seine Lesegewohnheiten in davon allerdings abweichende Richtungen. So las er auch N., dessen Werk in Italien durch den Dichter und späteren Kriegshelden G. D'Annunzio bekannt wurde. Während seiner Zeit in der Schweiz (von 1902 bis 1904), in die er vor dem Kriegsdienst floh, lernte M Deutsch und las N.s Bücher *JGB* sowie GM. Zurück in Italien, verfasste er 1908 eine Serie von drei Aufsätzen, in denen er bewundernd den Vortrag von C. Treves *La filosofia delle forza* besprach. In diesen Aufsätzen betonte M den mediterranen Charakter N.s, weit entfernt von den scholastischen Traditionen der Philosophie. Er behauptete, dass der N.'sche Held, geleitet von dem Bedürfnis nach innerer sozialer Solidarität und Verbundenheit, seinen Willen zur Macht äußerlich entfesseln würde, und zwar durch Krieg und Eroberung. Ende des ersten Jahrzehnts des 20. Jh.s deutete M, unter Bezug auf das revolutionäre Potential der umgewerteten Werte und die Rolle des →Übermenschen, N. als einen linksgerichteten Philosophen aus. Für ihn war der „Übermensch“ sowohl ein Symbol für die Schwäche der europäischen Zivilisation als auch für die Chance ihrer revolutionären, nicht-christlich geprägten Ablösung, welche die Dekadenz und die Langeweile der kleinbürgerlichen Existenz aufbrechen und die Gleichförmigkeit beenden und den Weg in eine andere Zukunft öffnen würde. M. Sarfatti, Geliebte und Biographin von M, spürte die Unterschiede zwischen D'Annunzios und Ms Verständnis des N.'schen „Super-Menschen“ auf. Während es bei D'Annunzio eher das Bild eines lüsternen, selbstverliebten und grausamen Renaissance-Prinzen wachrief, symbolisierte es für M das römische Ethos, das Geschlecht von Eroberern, welche über das Geschick und Talent der asketischen Kriegshelden und Feudalherren verfügten. Im August 1912, als M schon fast eine der Leitfiguren der Italienischen Sozialistischen Partei war, veröffentlichte er in der Partei-Zeitschrift *Avanti* eine Kritik der von D. Halevy ins Italienische übersetzten Biographie von N. In dieser lobte er Halevys Arbeit und drückte seine ehrliche Bewunderung für N. aus, den er als Figur sah, die an der damaligen Gleichgültigkeit gegenüber seinen philosophischen Werken litt. In diesem Zeitraum, Jahre vor der offiziellen Begründung des Faschismus, begann M das „Konzept Aristokratie" zu verwenden, das während des Ersten Weltkriegs zur „Aristokratie der Mitkämpfer" und zur „Aristokratie der Schützengräben" wird. Nach dem Krieg (1921) behauptete M, dass der Faschismus die beeindruckendste Schöpfung eines Menschen und eines nationalen „Willen zur Macht" sei. In der Folge wurde M, für den auch N.s Schwester →EFN (in Weimar) Propaganda zu machen begann, zumal für M. Oehler (1930) vom →N.-Archiv ein wichtiger Zeuge für das angeblich von N. politisch Intendierte (vgl. auch Gerlach 2000a: 500).

Im Jahr 1943 dankte M Hitler, der dem Duce zu seinem 60. Geburtstag eine 24-bändige Ausgabe von N.s Gesammelten Werken übersandt hatte. Als M in der Salò Republik zu den revolutionären Quellen des Faschismus zurückkehrte, suchte er bei N. und in seinem Vokabular erneut nach einer Legitimation seiner anti-monarchistischen Gefühle, welche die italienische Monarchie wegen ihres Mangels an Stärke, Heldentum und wegen ihrer Dekadenz anklagten. N.s fehlende Genauigkeit und Ausführlichkeit auf dem Gebiet politischer Theorie und Lehre erlaubten ganz unterschiedliche politische Lesarten für alle jene, die, wie M, von den Analysen des deutschen Philosophen zur Krise der westeuropäischen Moderne überzeugt waren.

*Mario Sznajder, Jerusalem* (Übers.: F. Künstner)

**Mut** | Die seit der Antike überlieferten Kardinaltugenden Weisheit bzw. Klugheit, Gerechtigkeit, Tapferkeit und Mäßigung als Weg zu einem geglückten Leben werden von N. uminterpretiert und anders geordnet: „Unsre vier Cardinal-Tugenden: M, →Mitleid, Einsicht und →Einsamkeit" (NF 1885–86, 2[14], vgl. *JGB 284*). Der an erster Stelle stehende M ist zugleich eine „warme" Tugend, „als hitzige, halbblinde Bravour", und eine „kalte" Tugend, „als kalte Herzhaftigkeit und Unerschütterlichkeit" (*M* 277). N. schätzt die Tugend und die seelische Stimmung bei verschiedenen historischen Persönlichkeiten, wie bei Thukydides (*GD Was ich* ...2, vgl. NF 1888, 24[1] 8), →Luther (*GM III* 2) oder →Montaigne (*EH, Warum ich so klug bin* 3). Entsprechend stolz war N. 1886 darauf, dass man seine „Schriften eine Schule des Verdachts [...], noch mehr der Verachtung, glücklicherweise auch des Ms, ja der Verwegenheit" (*MA I, Vorrede* 1) genannt hat, zumal M selten sei: „Der M würde sicher keine Tugend heißen, wenn er zu den häufigen Tatsachen des Menschen gehörte" (NF 1884, 26[303]). Ersatzweise dominiere die Tendenz, „seine Meinungen [oder] sich hinter seine[n] Meinungen" zu verstecken. „Wer es anders macht, der kennt den Lauf der Welt nicht oder gehört zum Orden der heiligen Tollkühnheit" (*VM* 338; vgl. Braatz 1988: 131). Noch Jahre später (1888) ist sich N. in dieser Frage sicher: „Diese ‚guten Menschen', – sie sind allesammt jetzt in Grund und Boden vermoralisiert und in Hinsicht auf Ehrlichkeit zu Schanden gemacht und verhunzt für alle Ewigkeit: wer von ihnen hielte noch eine →Wahrheit ‚über den Menschen' aus!" (*GM III 19*).

Systematisch unterscheidet N. zwischen M „vor Personen [und] Sachen", „vor Zeugen [und] ohne Zeugen", „aus Temperament [und] aus Furcht vor der Furcht: ein Einzelfall der letzteren Species ist der moralische M. Hierzu kommt noch der M aus Verzweiflung" (NF 1888, 14[165]1.). Der M vor Sachen umgreift – deutlich im Sinne des aufklärerischen „sapere aude!" – den gesamten Bereich der philosophischen Wahrheitssuche, wobei N. (ab *MA*) davon ausgeht, dass wir „den guten M zum Irren, Versuchen, Vorläufig-nehmen wieder erobert [haben]" (*M*

501). Das schließt keine Garantie ein, denn: „Auch der Muthigste von uns hat nur selten den M zu dem, was er eigentlich WEISS ..." (*GD, Sprüche...2*). Dieser ‚Spruch' ist durchaus auch – wie eine Nachlassvariante (NF 1887, 9[123]) zeigt – selbstkritisch gemeint und geht in Richtung eines grundlegenden Bedenkens, wie N. in *FW V* (unter dem Titel *Wir Furchtlosen*) wiederholt: „Ich sehe Niemanden, der eine KRITIK der moralischen Werthurtheile gewagt hätte" (345), denn, mit einer Nachlassvariante: „Man muß M im Leibe haben, um sich eine Schlechtigkeit zu gestatten. Die ‚Guten' sind zu feige dazu" (NF 1888, 15[118], KSA 13: 478).

Beispiele für von N. riskierte Umwertungen sind zahlreich: „Der →Krieg und der M haben mehr grosse Dinge gethan, als die Nächstenliebe. Nicht euer Mitleiden, sondern eure Tapferkeit rettete bisher die Verunglückten" (*Za I, Vom Krieg und Kriegsvolke*). Im Zusammenhang von unheilbarer Krankheit heißt es ganz aktuell: „Aber es gehört mehr M dazu, ein Ende zu machen, als einen neuen Vers: das wissen alle Ärzte und Dichter" (*Za III, Von alten und neuen Tafeln 17*). Der Sache nach geht es Zarathustra um M ohne Zeugen, also „Einsiedler- und Adler-M, dem auch kein →Gott mehr zusieht" (*Za IV, Vom höheren Menschen* 4), sowie, in der höchsten Form, M gegen sich selbst und den →„Geist der Schwere". Im Blick auf die Schlacht mit diesem „Teufel und Erzfeinde" wird das – zum Ende hin auf den Gedanken der →ewigen Wiederkunft anspielende – Loblied angestimmt: „M ist der beste Todtschläger: der M schlägt auch das Mitleiden todt. Mitleiden aber ist der tiefste →Abgrund: so tief der Mensch in das Leben sieht, so tief sieht er auch in das Leiden.//M aber ist der beste Todtschläger, M, der angreift: der schlägt noch den Tod todt, denn er spricht: ‚War DAS das →Leben? Wohlan! Noch Ein Mal!'" (*Za III, Vom Gesicht und Räthsel 1*).

*Andreas Poenitsch, Freiburg i. Br.*

**Mutter** | N.s Beziehung zu seiner M (→N., Franziska) ist in der biographisch orientierten Forschung (unter besonderer Berücksichtigung der Frühschriften) breiter Raum gewidmet worden (vgl. etwa Miller 1988; Kjaer 1990; Schmidt 1990a,b, 1993, 1994). Für die Werkinterpretation ist jedoch die systematische Bedeutung des ‚Begriffs' entscheidend. Hinzu kommen Überlegungen zur sozialen Rolle der M und N.s Bezugnahmen auf Mütter von realen oder fiktiven Personen. Metaphorisch betrachtet ist die M all das, woraus etwas entstanden ist: So ist etwa die Tragödie die M der attischen Komödie (*GT* 11, KSA 1: 75), die Metapher „wenn nicht die M so doch die Grossmutter eines jeden Begriffs" (*WL* 1, KSA 1: 882), die tragische Erkenntnis M der Kunst (NF 1870–71, 7[169]) und das Dionysische M der Mysterien (NF 1871, 9[61]). In *BA* 3 (KSA 1: 693) heißt es, das Verhältnis der Bildung eines Volkes zum von ihm hervorgebrachten Genius sei nur im Gleichnis der M zu verstehen. In *FW* 24 ist dann die „intellectuale Reizbarkeit" die M des Genies. Die soziale Rolle wird etwa in einer Reihe von Gedanken zur M-schaft in *MA* reflektiert. Dort heißt es, jeder Mann habe sein Frauenbild von der M-beziehung (*MA* 380). Das schließt an die Metapher der „unwürdigen M" an, in *SE* für die Zeit gebraucht, der Schopenhauer widerstrebt hätte (3, KSA 1: 362): Auch dessen leibliche M steht dort für negative Züge der Zeit (7, KSA 1: 408). Dass das positive Bild des →Vaters folgt, lässt an die Ausführungen zu N.s Eltern in *EH* denken (*Warum ich so weise bin* 3). Schreibt er ja dort, in *SE* sei nicht von Schopenhauer, sondern von ihm die Rede (*Die Unzeitgemässen* 3). Der Kontext ergibt, dass all das typologisch, nicht biographisch gemeint ist. N. nimmt sich selbst ebenso als Typus, wie etwa Sokrates oder Paulus. Auch M und Vater dienen ihm als Typen der Humanität, der Vater auch als décadent, während N. über sich sagt: „[A]ls meine M lebe ich noch" (*Warum ich so weise bin* 1).

*Hans Gerald Hödl, Wien*

**Mythos/Mythologie** | Man kann N. als Mythenzerstörer und als sprachgewaltigen Erfinder neuer Mythen sehen. Seine Lehren vom →Übermenschen, von der →ewigen Wiederkunft oder vom →Willen zur Macht wären als wissenschaftlich-begriffliche Hypothesen letztlich missverstanden, obwohl sich Ansätze zu solcher Auslegung bei N. selbst finden. Im Grunde sind sie Mythen, nämlich große, semantisch uneindeutige Vereinfachungen seiner wesentlichen Einsichten und Intentionen. Wie Platon lässt N. Logos und M ein Vernunft-Totum bilden. Begriffliche Analyse und mythische Synopse stehen in keinem sich wechselseitig ausschließenden Verhältnis. Sie sind lediglich unterschiedliche Ausformungen des Denkens. N.s nie systematisch vollendete Philosophie des M – *GT* ist dafür der bedeutsamste Text – sprengt die Monopolisierung begrifflich-rationalistischer Vergegenständlichung der Welt, die mit →Sokrates begann und in der neuzeitlich-mathematischen Erfahrungswissenschaft sich methodologisch vollendete. Diese denkphilosophische Befreiung von der begrifflich-ideenhaft restringierten Vernunft zur Pluralität des Denkens bestimmt zwar Differenzen, aber verfälscht sie nicht zu Dichotomien.

N.s Entwurf einer Logos (Begriff) und M umfassenden Philosophie des Denkens formt sich in aufklärerischer Absicht und bedient sich mythologischer Formen, die in seiner Philosophie des →Lebens resp. der Transzendierung (Pütz 1971; Blumenberg 1979) zusammengefügt sind. Konstruierte, an fundamentale menschliche Erfahrungen anknüpfende und sie in neue Bilderfolgen setzende Mythen avancieren zu philosophisch-aufklärerischen Instrumentarien der Veränderung des Einzelnen und kollektiver kultureller Einheiten. Sie initiieren den Abschied von ideologischen Verkrustungen und versprechen neue Möglichkeiten des Denkens und der Erfahrung. Sie stehen im Dienste des sich selbst bejahenden und unaufhörlich steigernden Lebens. Aufklärung und Aufbruch werden ihnen durch N. zugedacht. Solcher M opponiert dem sich autark dünkenden Begriff und der in ihm zentrierten empirisch-analytischen Wissenschaft, aber nicht der →Vernunft resp. dem Denken. Die Überschreitung der sich selbst dogmatisierenden begrifflichen Rationalität durch die philosophisch behutsam gestaltete („artistische", artifizielle) Bilderwelt des „neuen" M. ist kein irrationalistischer (antiaufklärerischer) Sündenfall, sondern Ausdruck des unvordenklichen, alle Bestimmtheiten transzendierenden Logos. Philosophisch erdachte Mythen erweisen sich als eigentümliche Erscheinungsform des Logos. Dadurch gewinnen sie die Freiheit, sich selbst zu überschreiten und (anders als traditionelle religiöse Mythen) elementar um sich selbst zu wissen, was freilich nicht im Modus der dezidiert begrifflichen Reflexivität geschehen muss (Fink 1978: 22 ff.). Diese aufklärenden artifiziellen, „artistische" Lebensgestaltung vorspielenden und hervorlockenden Mythen bilden für N. ein mythologisches Genre, das in frühromantischen Hoffnungen auf einen neuen, die universale rationale Entzauberung, die „Götternacht" (Hölderlin) überwindenden M zum ersten Mal aufkeimte. Begriff, Idee und Einbildungskraft sollten sich zu einer „Mythologie der Vernunft" fügen. Zum Thema auch: Salaquarda (1979); Zittel (1995).

*Erwin Hufnagel, Mainz*

**Nachlass in differenzierter Transkription** | Das Desiderat, N.s „späten" Nachlass (1885–1888) als Manuskript-Edition (ME) herauszugeben, beruht auf verschiedenen Erwägungen. Zum einen war für die Editionspraxis der nachgelassenen Texte die traditionelle textkritische Unterscheidung in der N.-Philologie zwischen „Vorstufe" und „Fragment" definitorisch ebenso wenig präzise wie die Bestimmung eines „Fragments" überhaupt. Zum anderen wurde aus diesem Textkorpus unter Verantwortung von →EFN das Buch →*Der Wille zur Macht* als angebliches „Hauptwerk" N.s kompiliert, das unter diesem Titel über ein Jahrhundert die Rezeptionsgeschichte auf fragwürdige Weise bestimmte. Den „handschriftlichen Nachlaß in seiner authentischen Gestalt" (Montinari 1976: 323) öffentlich bekannt zu machen, bedeutet aber, ihn in seiner Gesamtheit darzustellen, ohne zwischen „Vorstufen", „Fragmenten", „Briefentwürfen" und „Gelegenheitsnotizen" zu trennen. Das Neue der mehrfarbigen differenzierten Transkription der ME besteht u. a. in der topographischen Abbildung des Manuskripts, die eine visuelle Orientierung ermöglicht. Diese „stratigraphische" Darstellung des Schreibprozesses (v. Rahden 2005a: 293) macht die Genese des Produktionsprozesses sichtbar, da die verschiedenen Korrekturdurchgänge von N. zumeist mit unterschiedlichen Schreibgeräten und -mitteln durchgeführt wurden. Das Editionsteam Haase, Kohlenbach, Neininger, v. Rahden, Riebe, Setton und Stockmar entwickelte ab 1997 die Editionskriterien für die ME *Der handschriftliche Nachlaß ab Frühjahr 1885 in differenzierter Transkription*. Mit N.s Notizheften N VII 1 bis N VII 4 in drei Bänden wurde 2001 die neue Abteilung IX der KGW eröffnet, in der bis 2010 acht Bände publiziert wurden. Zugleich mit den Bänden erscheinen auf CD-ROM die faksimilierten Seiten der Notizhefte, erläutert durch Textstellen-Kommentare. Zum Thema auch: Groddeck (1991c); Haase (2007); Röllin/Stockmar (2007).

*Wolfert von Rahden, Berlin*

**Nationalsozialismus** | N. gilt spätestens seit G. Lukács' Verdikt, dass Hitler „der Testamentsvollstrecker N.s" (1962: 658) gewesen sei und A. Rosenberg „auf den Schultern von N." (1933: 104) gestanden habe, als eine der zentralen Quellen, aus welcher der NS angeblich ideengeschichtlich und ideologisch geschöpft habe. Diese Deutungslinie war überaus folgenreich vor allem in der philosophisch orientierten Diskussion. Ohne sie wäre J. Habermas mit seinem intellektuell kaum nachvollziehbaren „nichts Ansteckendes" bei N. (1968: 237) oder auch seinem Vorwurf an N., dass hier „die Kritik der Moderne zum ersten Mal auf die Einbehaltung ihres emanzipatorischen Gehaltes" verzichte (1985: 117), ebenso wenig denkbar wie etwa die Zuschreibung eines „präfaschistischen Irrationalismus" auf die sog. „Lebensphilosophie" und Philosophen wie →Dilthey, →Bergson oder →Simmel (und dessen N.-Deutung). Dieser Deutungslinie zu folgen, übersähe im Übrigen, wie tief sie in die taktisch-politischen Streitigkeiten und tagespolitisch-zeitgenössischen Diskussionen der „Expressionismusdebatte" Ende der 1930er und der um den „Sozialistischen Realismus" der 1950er Jahre verstrickt war und dass sie sich allenfalls am Rande an einer in der Sache liegenden Diskursivität interessiert zeigte.

Ihren sinnfälligsten Ausdruck hat die insoweit in der Kritik stehende Sehweise darin gefunden, dass N. beim Nürnberger Prozess gegen die Hauptkriegsverbrecher ideell mit auf der Anklagebank saß, als der französische Hauptankläger (de Menthon) sein Plädoyer hielt (Nürnberger Prozeß 1947: 415 ff.). Taureck hat diesen Kontext aufgegriffen und N. mit Nolte als das „geistige Urbild" Hitlers (Nolte [7]1986: 535) gelesen (vgl. Taureck 1989: 86 ff.) sowie, unter Bezug auf die These, dass N. „die Grenze zum faschistoiden Denken" (Breuer 1987: 171) überschreite, nochmals (Taureck 2000: 121) die Lukács-Linie über Sandvoss (1969), Oduev (1971) und die DDR-Diskussion um Pepperle (1986) und Harich (1987; dazu Drerup 1998) gezogen. Aber den NS mit N. – wie →Baeumler das 1931 vorgemacht hatte – zu versöhnen, verkommt zu einer „Karikatur" der Philosophie N.s (Löwith 1935/1955: 11; Müller-Lauter 1995: 231) und einem „N. für Anfänger" (Boussignac/Sautet 1986: 189). Jenseits der von →Adorno (1958: 252) geübten scharfen Kritik an Lukács ist der angeblich sozialdarwinistischen Konnotation der „Rassenontologie" bei N., die N.s „Protofaschismus" (Taureck 1989: 177 ff.) tragen soll, die – von EFN bei der Edition von [2]*WM* nicht ohne Grund unterdrückte (→*Der Wille zur Macht*) – „Maxime" N.s entgegenzuhalten: „mit keinem Menschen umgehn, der an dem verlogenen Rassen-Schwindel Antheil hat" (NF 1886–87, 5[52]; vgl. KGW IX/3: 128). Hinzu kommen weitere, die Nazifizierung N.s begünstigende Werkfälschungen insbesondere der Schwester, die man bei einer Urteilsbildung über diesen Themenkomplex vorab zu berücksichtigen hat (vgl. Niemeyer 2009). Nur einiges sei genannt, abgesehen von ihren nach 1933 besonders folgenreichen Verfälschungen von N.s angeblichem Prosa-Hauptwerk EFNs (1.) im Zweiten Weltkrieg wieder aufgegriffene, erstmals im Vorfeld des Ersten Weltkrieges propagierte, durch unhaltbare Anekdoten verstärkte Lesart N.s als Kriegsphilosoph (→Krieg); ihre (2.) systematische, auch durch Brieffälschungen vorangetriebene Beseitigung von Zeugnissen für N.s →Anti-Antisemitismus; ihre (3.) – und dies gehört dem letztgenannten Kontext zu – Unterschlagung der Briefe N.s an den ‚Hitlervorläufer' →Fritsch; ihre (4.) durch unhaltbare Anekdoten und Brieffälschungen untermauerte, schon bei Richter (²1909) auf fatale Weise folgenreich gewordene These einer angeblichen Nähe zwischen N. und dem Rassenideologen →Gobineau; ihre (5.) durch Brieffälschungen untermauerte Annahme, deutschtumskritische Äußerungen N.s aus *EH* (→deutsch) seien unter Pathologieverdacht zu rücken.

Vor diesem Hintergrund kommt den Besuchen der NS-Prominenz in Weimar zwar eine gewisse Bedeutung zu. Erwähnt sei etwa der Eintrag des ‚Chefideologen' der NSDAP (Rosenberg) – dessen Buch *Der Mythus des 20. Jahrhunderts* im Übrigen niemand im NS gelesen hatte (vgl. Gilbert: 1947: 339 f.) – im *Politischen Tagebuch* vom Mai 1934 zu einer Begegnung mit EFN: „N.-Archiv, Frühstück bei der 80jährigen, geistig erstaunlich regsamen Frau Förster-N." (Rosenberg 1956: 19). Auch dürfte Rosenberg erst nach der Begegnung mit Baeumler Ende 1929/Anfang 1930 im Münchener Salon Bruckmann – vermutlich über Baeumlers Reclam-Büchlein von 1931 – nachhaltiger auf N. aufmerksam geworden sein (vgl. Rosenberg 1931). Wie Rosenberg in seinen *Letzten Aufzeichnungen* selbst vermerkt, mutete ihm als Primaner beim ersten Lesen von N. „irgend etwas Wesentliches an ihm mich fremd an". Er habe dann zwei Schriften über ihn gelesen, die ihn aber auch nicht weiter führten, um schließlich den „‚Zarathustra' etwas verlegen zurück" (Rosenberg 1955: 27) zu geben. Auch die N.-Kenntnis Hitlers ist insgesamt als eher randständig einzuordnen. Wenn H. Frank in seiner Nürnberger Zelle kurz vor seiner Hinrichtung zum Thema Hitler festhält: „Er wollte für sich kein Bürgerglück: ‚Nur wer gefährlich lebt', sagt N. ‚Das Wort hat er für mich geschrieben'", sagte er ein andermal." (Frank 1953: 315), dann steht dem nicht nur das Fehlen von N. in *Mein Kampf* entgegen, sondern auch Hitlers naive Frage während des zweiten Besuchs in Weimar im →N.-Archiv am 20. Juli 1934, wo N.s – auch von →Mussolini geschätztes – Wort →„gefährlich leben" denn stehe (Piecha 1998: 138). Die „grassierende N.-Legende" mit ihrer „Verschmelzung von N. und Hitler" verwechselt insoweit, wie schon L. Marcuse aus dem Exil kritisierte, das Wenige, was bei Hitlers „N.-Lektüre hängen geblieben" sein mag, mit N.s Denken (Marcuse 1944a/b). Anders als 1954 bestand Lukács damals – selbst im Bann der „transzendentalen Heimatloskeit" und „Obdachlosigkeit" der neuzeitlichen Moderne und der „Lebensimmanenz des Sinnes" (Lukács 1916: 234) nachtrauernd, die er in seinen frühen Schriften melancholisch unwiderruflich verschwinden sieht – noch auf dem „Niveau-Unterschied" (Lukács 1935: 92) zwischen dem „bedeutenden und interessanten Denker" N. und dessen faschistischen Verehrern und Nachfolgern, die „eklektische Apologeten und sykophantische Demagogen, hohle Phrasendrescher im Dienste des sterbenden Kapitalismus" seien (ebd.: 76). Vor diesem Hintergrund bleibt Tauricks Hinweis auf Levinas' „Auch Hitler selbst wird man bei N. wiederfinden" (1989: 113, 177; vgl. Levinas 1987: 84) irreführend, weil Levinas sich bei seiner zugleich auch gegen Heideggers NS-Engagement (vgl. Schneeberger 1962) gerichteten Kritik des „Hitlerismus" (Levinas 1934: 208) auf Baeumlers „entmannten" „Willen zur Macht" bezog, den →Bataille (1937) zu recht zurückgewiesen hatte. Im Übrigen bekommt man so nicht nur „das Problem N.s" (Bloch 1906) nicht zu fassen, sondern verliert auch den neueren, empirisch-zeitgeschichtlichen Forschungstand zum NS aus dem Blick. Spätestens seit Pipers (2005) Rosenberg-Biographie und Longerichs Nachweis, dass auch Himmler mit seinem „Phantasiegebilde" keine in sich stringente, weltanschaulich geschlossene NS-Konzeption verfolgte (2008: 274, 769), läuft die Diskussion insgesamt auf Kershaws These „Dem Führer entgegen arbeiten" (Kershaw 1998: 663 ff.) jenseits der Diskussion um „Intentionalisten" vs. „Strukturalisten und Funktionalisten" hinaus. Jenes von Hitler selbst sog. „granitene Fundament" für sein Handeln (Hitler ²⁶1933: 21; vgl. Jäckel 1969), in dem auch N. eine zentrale Rolle etwa im Sinne von →„Züchtung und Rasse" spielen soll, gibt es allenfalls als „Fixpunkte" und

„Kerne“ oder, wie Kershaw zusammenfasst: als „Geheimvision Hitlers“ (Broszat 1970: 400, Kershaw 2007: 77), die als „Ideenbrei“ (Bollmus: 1970: 17) unter dem Menetekel von N.s →„Gott ist tot“ zugleich die von Voegelin aufgezeigten Funktionen einer „Politischen Religion“ annahm (Voegelin 1938; Broszat/Friedländer: 1987: 358), ohne welche mörderische Konsequenzen, wie „Auschwitz“ und die „Endlösung“, nicht denkbar sind. In dieses paradoxe Licht einer innerweltlichen Eschatologie getaucht, trifft auch nicht die Zuschreibung, dass N. das „geistige Urbild Hitlers“ gewesen sei, das „Problem N.s“, sondern T. Manns Bild von jener „zitternden Nadel“, die in der kalten Sinnleere eines neuzeitlichen →Nihilismus mit seinen weggewischten Horizonten den NS auf den unterschiedlichsten Ebenen früh zu registrieren begann (Mann 1947b: 256, vgl. Bluhm 2001). Zum Thema auch: Kaufmann ([4]1974: 331–358); Kuenzli (1983); Aschheim (1992: 251–291); Zapata Galindo (1995); Krummel III; Niemeyer (2002a: 177–223).

*Detlev Piecha, Hagen*

**Natur** | N wird in N.s Schriften weder einheitlich noch kontinuierlich behandelt. Aus den zahlreichen verstreuten Zuschreibungen ergibt sich ein vielfältiges Bild von N, das oft auf philosophiegeschichtliche Motive zurückgreift. N. wechselt bei seinen Gedanken zur N zwischen romantischer Verklärung, metaphysischen Entwürfen und positivistischer Analyse, so dass einzelne Aussagen im Vergleich widersprüchlich erscheinen können. In der Summe ergeben sie aber ein diesseitsbezogenes, welt- und lebensbejahendes Verständnis von N, das sich auf biologisch-physiologische Tatsachen beruft. N. nutzt – wie die Aufklärung – N als Ideal und Kontrast gegenüber kritikwürdigen Vorstellungen. Wichtigen Einfluss auf N.s Begriff von N hatte →Schopenhauers Metaphysik, die antike Naturphilosophie, die materialistisch-positivistisch geprägte Wissenschaft des 19. Jh.s sowie die Kunst der Romantik.

Aus seiner →Krankheit erwächst für N. eine spezielle Perspektive auf den →Leib und das →Leben. Für den Leidenden hat die „immer frische und erhebende N“ (An von Gersdorff, 4.8.1865) therapeutische Funktion. Er fordert eine unberührte N mit klarem Himmel, frischer Luft und Einsamkeit und favorisiert die →Landschaft der Alpen. Als ewig Genesender entwickelt er ein geradezu instrumentelles Verhältnis zur N, das sich in seinen diätetischen Vorschriften niederschlägt. In seiner frühen, idyllischen Dichtung orientiert sich N. an romantischen Vorbildern und gebraucht N als Seelenspiegel bzw. als heiter oder ungestüm stilisierte Kulisse. Die spätere Lyrik verwendet trotz seiner positivistischen Kritik metaphysisches und naturphilosophisches Vokabular wie →Seele, Ewigkeit, →Raum und →Zeit. In N.s kulturgeschichtlichen Erwägungen stehen sich Gefühle von kosmischer Identität und Fremde gegenüber. Ein All-Einheitsgefühl erlebt er inmitten erhabener N als „Doppelgängerei der N“ (*WS* 338), die dem Betrachter zutiefst vertraut und verwandt erscheint. Auch in Bezug auf →Mythos und →Rausch wird ein Einklang mit der N beschrieben, der sich jedoch von der ruhigen Vorstellung der Stoa stark unterscheidet. Als Kompensation zur Rationalität bedürfe der vernunftbestimmte Mensch der N als einer „unlogischen Grundstellung zu allen Dingen“ (*MA* 31). Die Unheimlichkeit und „Neutralität“ (*WS* 205) der N erschreckt und fasziniert zugleich, da sie sich dem Betrachter vollständig verschließt. Aber in einer fehlgeleiteten →Zivilisation gewinnt N den Charakter eines Refugiums, weil sie „keine Meinung über uns hat“ (*MA* 508). Blitz, Sturm und Hagel erscheinen als „freie Mächte, ohne Ethik!“ (An von Gersdorff, 7.4.1866). Die historisch bedingten Attribute der guten oder bösen N entlarvt N. als kulturgeschichtliche Projektionen. Im Animismus haben die Menschen der N ihre „böse und launenhafte Gesinnung“ (*M* 17) zugeschrieben, und später, im gesellschaftskritischen Zeitalter →Rousseaus, wird N zum Ideal. N. plädiert jetzt für den Abwurf jener kulturbedingten Schlangenhaut der „zweite[n] N“ (*M* 455).

Im Gegensatz zu Rousseaus Kulturkritik ist N.s Ideal der N nicht harmonisch verklärt, sondern von →Darwinismus und wissenschaftlicher Detailkenntnis geprägt. N. propagiert einen

„MORALISTISCHE[N] NATURALISMUS", der auf „natürliche[r] ‚Nützlichkeit'" (NF 1887, 9[86]) basiert. Die bisherige „WIDERNATÜRLICHE" (*GD, Moral als …* 4) →Moral hat sich gegen die →Instinkte und die natürliche Ausstattung des Menschen gerichtet und zugleich ihre psychologisch nachweisbar unvornehme Herkunft aus Tausch und →Trieb verleugnet. N. feiert die „großartige INDIFFERENZ der N gegen Gut und Böse" (NF 1887, 10[52]) und begrüßt ihre Eigenschaft, dominante Individuen hervorzubringen (vgl. *JGB* 197). Das →Christentum als „ENTNATÜRLICHUNG" (NF 1888, 10[77]) setzt sich der N entgegen und wird damit zu etwas Widernatürlichem (vgl. NF 1880, 3[11]).

Vorbehalte äußert N. gegenüber der Beschreibbarkeit von N durch →Wissenschaft, denn jeder „N-vorgang ist uns im Grunde unerklärlich" (NF 1873, 29[8]); und bezüglich ihrer technischen Ausbeutung sagt er: „Hybris ist heute unsre ganze Stellung zur N, unsre N-Vergewaltigung mit Hülfe der Maschinen" (*GM III* 9). In seiner an Mach und Avenarius erinnernden →Erkenntnistheorie kritisiert N. gängige Vorstellungen von →Raum, →Zeit, →Kausalität und Materie als bloß subjektive Anschauungsformen. N. sieht selbst die Materie als „subjektive Form" (NF 1882, 1[3]) und spricht nur von der „Annahme eines ‚Dinges' oder stofflichen ‚Substrats'" (*MA* 19). N. meint, Atome seien nur aus „nützlichen perspektivischen Gründen" (NF 1887–88, 11[73]) vermutet worden. Vergleichbar mit seiner →Ästhetik, wo die →Kunst nicht zur N gehört, weil es in der N „keinen TON, […] keine Farbe" (NF 1876–77, 23[150]) gibt, entsteht Realität erst in den Empfindungen. Diese kreative Leistung des →Subjekts würdigt N. wiederum als künstlerische Leistung, auch wenn er schließlich sogar das Subjekt aufzulösen sucht (vgl. NF 1888, 14[186]). Zum Thema auch: Kaulbach (1981/82); Jordan (2006).

*Wolfgang Jordan, Frankfurt/M.*

**Naturwissenschaften** | Im 19. Jh. entwickeln sich die N in verschiedenen Bereichen äußerst dynamisch. Die Physik stellt zwei Hauptsätze der Wärmelehre auf – den Satz von der Erhaltung der Energie und den Satz von der Zunahme der Entropie, durch den die physikalische Zeit eine Richtung bekommt. Der Chemie gelingt es, dem antiken Begriff des Atoms neue Relevanz zu geben und ein Periodensystem der Elemente aufzustellen. Die Biologie erkennt, dass alles Leben aus Zellen besteht und die Vielfalt der existierenden Arten sich einem natürlichen Selektionsprozess verdankt. Die dazugehörige Theorie der Evolution baut auf Einsichten der Geologie auf, die das Alter der Erde auf viele hundert Millionen Jahre veranschlagt. Und damit haben wir nur einen Bruchteil der wissenschaftlichen Einsichten dieser Zeit genannt, zu denen noch ein neuer Umgang mit dem Raum gehört, in dem sich mathematische, physikalische und psychologische Aspekte unterscheiden lassen. Zudem können erstmals Gesetze der Vererbung angegeben werden, mit denen das Ende einer deterministischen Wissenschaft sichtbar wird, die sich von nun an mit statistischen Gesetzen begnügen muss, wie sie auch in der Evolution sichtbar werden (Serres 1994; Simonyi 1995; Fischer 2001).

Selbst diese knappe Aufzählung lässt zahlreiche Ansatzpunkte für ein philosophisches Durchdenken erkennen, und N. hat viele Themen aufgegriffen und ergänzt oder infrage gestellt. Eine Formulierung wie „Der Satz vom Bestehen der Energie fordert die →EWIGE WIEDERKEHR" (NF 1886, 5[54]) zweifelt an der gleichzeitigen Gültigkeit der beiden genannten Hauptsätze, was einige Physiker selbst taten – allerdings nur in ihrem mit der Sprache der Mathematik gesteckten Rahmen, der N. nicht überzeugte: „Illusion, daß etwas ERKANNT sei, wo wir eine mathematische Formel für das Geschehene haben: es ist nur BEZEICHNET, BESCHRIEBEN: nichts mehr!" (NF 1885–86, 2[89])

N. sah neben der Bedeutung der Naturforschung auch ihre Grenzen: „Wissenschaft ergründet den Naturverlauf, kann aber niemals dem Menschen BEFEHLEN Neigung Liebe Lust Unlust Erhebung Erschöpfung – das kennt alles die Wissenschaft nicht" (NF 1875, 6[41]), was sicher für das 19. Jh. zutraf, inzwischen aber zurückhaltender formuliert werden müsste. Wenn N. schreibt, Wissenschaft sei die „Umwandlung der Natur in Begriffe zum Zweck der Beherrschung der Natur“ (NF 1884, 26[170]), dann greift er den zentralen Gedanken der Menschen auf, die im frühen 17. Jh. für die Geburt der modernen Wissenschaft in Europa mit der Absicht gesorgt haben, die dabei gewonnene Macht des Wissens für Menschen einzusetzen, um die Bedingungen ihrer Existenz zu erleichtern. Wissenschaft hatte zunächst nur diese eine Aufgabe, und ihre Bewältigung gelang zum ersten Mal überzeugend in der Zeit, in der N. lebte.

Die folgenreichste Entwicklung der N in N.s Zeit stellt die Theorie der Evolution mit ihrem „berühmten Kampf ums Dasein“ dar, der allerdings für N. „nicht der einzige Gesichtspunkt zu sein [scheint], aus dem das Fortschreiten oder Stärkerwerden eines Menschen, einer Rasse erklärt werden kann“ (*MA* 224). N. polemisierte in *FW V* (349) gegen den „Darwinismus mit seiner unbegreiflich einseitigen Lehre vom ‚Kampf ums Dasein‘“, den er als „zeitweilige Restriktion des Lebenswillens“ ansah. Mit der Evolution wird es also keinen →Übermenschen als „Typus höchster Wohlgerathenheit“ (*EH, Warum ich so gute …* 1) geben können.

Wissenschaftlich umstritten war zu N.s Lebzeiten die Frage, ob es Atome als real existierende „Erdenrest- und Klümpchen-Atome“ (*JGB* 12) gibt oder ob mit solch einer Hypothese nur das Denken ökonomisch vorankommt. Für N. gehörte „die materialistische Atomistik“ „zu den bestwiderlegten Dingen, die es gibt“ (ebd.), und wenn die Physik seiner Zeit sich auch noch nicht so dezidiert äußern konnte, so hat das 20. Jh. eine neue Atomphysik in Gestalt der Quantenmechanik hervorgebracht, die N.s Sicht bestätigt und dabei eine radikale „Umwertung aller Werte“ zustande bringt. Im Jahrhundert nach N. hört die Wissenschaft auf, objektiv zu sein, ihre Aussagen verlieren die gewohnte Eindeutigkeit, und sie sind mindestens teilweise nicht mehr experimentell überprüfbar. N. hat das ahnungsvoll den „Sieg der wissenschaftlichen Methode über die Wissenschaft“ (NF 1888, 15[51]) genannt. Tatsächlich haben wir seitdem eine neue Wissenschaft, nur dass wir ihr Funktionieren noch weniger verstehen als den Erfolg der alten im 19. Jh.

*Ernst Peter Fischer, Konstanz*

**Naumburg** | Nach dem frühen Tod von N.s Vater zog die Familie im Frühjahr 1850 in diese typische Beamtenstadt, kulturell und gesellschaftlich dominiert von den Kreisen um das Oberlandesgericht. Angestellt an diesem Provinzialgericht waren auch die Väter von N.s Jugendfreunden E. Pinder und G. Krug. N. war oft bei ihnen zu Gast und begegnete dort der Erweckungsbewegung, einer kritischen Erneuerungsbewegung innerhalb des Protestantismus des 19. Jh.s (vgl. Pernet 1989). Des Weiteren wurde vor allem im Haus der Familie Krug, dem damaligen Zentrum von Ns Musikleben, N.s musikalische Leidenschaft genährt; beispielsweise hörte er dort zum ersten Mal Wagner’sche Musik. Zusammen besuchten die drei Jugendfreunde ab Frühjahr 1850 die städtische Knaben-Bürgerschule, später ein Privatinstitut und ab Herbst 1855 das →Naumburger Domgymnasium. 1858 erhielt N. eine Freistelle an der berühmten Fürstenschule →Schulpforta. Von da an kehrte N. nur noch sporadisch nach N zurück, etwa während Ferienzeiten, nach persönlichen Krisen, vornehmlich auch an Weihnachten. Vom Haus Weingarten 18 aus, das →Franziska N. 1858 gekauft hatte, versorgte ihn seine Mutter während seines unruhigen Reiselebens mit vielem, was er benötigte. Blieb dem Denker seine Mutter-Stadt auch lebenslanger Bezugspunkt, so entfremdete er sich von ihr dennoch immer mehr, bis er N schließlich, vorwiegend aus klimatischen und insoweit gesundheitlichen Gründen, zusammen mit Schulpforta, →Basel und Leipzig den „mir geradezu VERBOTENEN Orten“ zurechnete (*EH, Warum ich so klug bin* 2). Nach seinem physischen Zusammenbruch wurde N. von seiner Mutter 1890 bis 1897 in N aufopferungsvoll gepflegt. Die Schwester (→EFN) gründete 1894 daselbst das erste →N.-Archiv.

*Martin Pernet, Sent*

**Naumburger Domgymnasium** | Die Bedeutung von →Schulpforta für N. ist offensichtlich und wurde oft betont. Allerdings begann N.s Gymnasialzeit schon drei Jahre zuvor am N D, das er von Herbst 1855 bis Ende September 1858 besuchte. Die Lehr- und Unterrichtsqualität am N D war jener in Pforta durchaus vergleichbar. Lehrstil, Tagesablauf und schulisches Reglement an der Pforta waren allerdings noch stärker religiös geprägt als am N D. Obwohl N. dort ein Tagesschüler gewesen ist, war das N D, wie die Schulpforta auch, eine Internatsschule mit der ihr ganz eigenen Atmosphäre. Dank der veröffentlichten, sehr detaillierten „Schulnachrichten vom Direktor" und anderem Material (wie der Schulsatzung) besitzen wir sehr genaue Informationen über den jungen N. und seine Beschulung. Für N., wie für die meisten Schüler, begann das Gymnasium im Alter von 12 Jahren und stellte einen bedeutenden Einschnitt im Leben dar. Dort begann er Griechisch zu lernen, was ihm anfangs sehr schwer fiel. Die wichtigsten Unterrichtsfächer am N D waren Latein, gefolgt von Griechisch, Mathematik, Geschichte, Religion, Deutsch und Französisch. N.s Hauptinteressen lagen in dieser Zeit auf Religion, Deutsch und Musik. Obwohl er hart arbeitete und nur wenige Tage krankheitsbedingt fehlte (zumindest bis zu seinem letzten Schuljahr dort), hatte er bemerkenswert schlechte Noten, kaum über dem allgemeinen Durchschnitt. Als er die Schule im September 1858 verließ, konstatierte sein Abgangszeugnis: „Was seine Kenntnisse und Leistungen betrifft, so lautet in dieser Hinsicht seine gegenwärtige Censur folgendermaßen: in Religion gut; im Deutschen, im Französischen, in der Geschichte, Geographie, Naturgeschichte und Mathematik [...] ziemlich gut. Weniger befriedigend sind seine Leistungen im Lateinischen und Griechischen." Zum Thema auch: Brobjer (1999b).

*Thomas H. Brobjer, Uppsala* (Übers.: F. Künstner)

**neu, das Neue** | Dieses Thema ist für N.s Philosophie von größter Bedeutung und begegnet einem, etwa in Gestalt der Forderung nach n-en Qualitäten, n-en Werten, n-en Horizonten und n-en Philosophen, nicht eben selten an prominentem Ort, etwa in Kapitelüberschriften oder Anfangszeilen, welche Zielstellungen für die menschliche Zukunft postulieren (so in *Za III, Von alten und neuen Tafeln* 1). Viel Resonanz fand auch, dass N. in *JGB*, im Kapitel *[D]er freie Geist*, das Heraufkommen einer „neue[n] Gattung von Philosophen" (42) teils fordert, teils konstatiert, um dieses Kapitel, nach Auflistung der dieser Gattung abzuverlangenden Kompetenzen (etwa: „Forscher bis zur Grausamkeit, mit unbedenklichen Fingern für Unfassbares"), mit den Worten ausklingen zu lassen: „– eine solche Art Menschen sind wir, wir →freien Geister! und vielleicht seid auch IHR etwas davon, ihr Kommenden? ihr NEUEN Philosophen? –" (44)

Zwar wird das N nicht immer nur, so wie hier, positiv gesehen, sondern, zumal im Frühwerk, auch in einem sehr kritischen Sinne verstanden, etwa wenn N. den „Zustand eines Volkes" tadelt, „das die Treue gegen seine Vorzeit verloren hat und einem rastlosen kosmopolitischen Wählen und Suchen nach Neuem immer Neuem preisgegeben ist." (*HL* 3, KSA 1: 266) In den meisten seiner Schriften jedoch und vor allem in den „Gipfeljahren" von 1882 bis 1888 sieht N. das N als ein Ziel, das es zu erreichen gilt, gleichsam als stärkster Ausdruck des →„Willens zur Macht". In einer Notiz aus seinen reiferen Jahre ist dies sehr deutlich ausgeführt: „Daß der WERTH DER WELT in unserer →Interpretation liegt [...], daß jede ERHÖHUNG DES MENSCHEN die Überwindung engerer Interpretationen mit sich bringt, daß jede erreichte Verstärkung und Machterweiterung neue Perpektiven aufthut und an neue Horizonte glauben heißt – dies geht durch meine Schriften." (NF 1885–86, 2[108])

N.s Begriffsverwendung stimmt weitgehend überein mit der heutigen (1998) Basisdefinition des Duden: „erst seit kurzem vorhanden, bestehend; vor kurzer Zeit entstanden, begründet; davor noch nicht da gewesen; [u. anders als bisher, als früher]." Besonderes Gewicht legte N. allerdings auf die Feststellung, dass das N mehr ist als die bloße Anhäufung, Zusammensetzung oder Synthese der bisherigen Elemente. Insoweit könne es nicht richtig verstanden werden, wenn man es nur hinsichtlich seines möglichen Ursprungs betrachtet: „Die Darstellung dessen, was IST, lehrt noch nichts über seine Entstehung: und die Geschichte der Entstehung lehrt noch nichts über das, was da ist. Die Historiker aller Art täuschen sich darin fast allesammt: weil sie vom Vorhandenen ausgehn und rückwärts blicken. Aber das Vorhandene ist etwas NEUES und ganz und gar nicht ERSCHLIESSBARES: kein Chemiker könnte voraussagen, was aus zwei Elementen bei ihrer Einigung WÜRDE, wenn er es nicht schon WÜSSTE!" (NF 1885, 34[217]) N. vertritt hier eine Position, die in mancher Hinsicht den Argumenten der britischen Emergentisten des 19. Jh.s (z. B. G. H. Lewes und C. Lloyd Morgan) ähnelt, wobei allerdings N.s Konzeption radikaler ist (vgl. hierzu Bischoff 2004) und sich in einer der wohl bekanntesten Passagen seiner veröffentlichten Schriften, dem Höhepunkt der ersten Rede Zarathustras, wiederfinden lässt: „Neue Werthe schaffen – das vermag auch der Löwe noch nicht: aber Freiheit sich schaffen zu neuem Schaffen – das vermag die Macht des Löwen [...]. / Aber sagt, meine Brüder, was vermag noch das Kind, das auch der Löwe nicht vermochte? Was muss der raubende Löwe auch noch zum Kinde werden? / Unschuld ist das Kind und Vergessen, ein Neubeginnen, ein Spiel, ein aus sich rollendes Rad, eine erste Bewegung, ein heiliges Ja-Sagen." (*Za I, Von den drei Verwandlungen*) Diese Sätze – die entschlossenste Definition des N-n, die je aufgestellt wurde – bekräftigen die Deutung, dass das N nicht aus früheren Elementen hergeleitet werden kann; es entsteht aus uns nicht bekannten, bereits existierenden Dingen oder gehört zu einer neuen, uns (ebenfalls) nicht bekannten Kausalkette.

N.s Positivsetzung des N-n bedingt seine Kritik von Versuchen, das N dem Alten anzugleichen – und erklärt merkwürdige Definitionen wie die folgende: „‚ERKENNEN' ist der Weg, um es uns zum Gefühl zu bringen, dass wir bereits etwas WISSEN: also die BEKÄMPFUNG EINES GEFÜHLS VON ETWAS NEUEM UND VERWANDLUNG DES ANSCHEINEND NEUEN IN ETWAS ALTES" (NF 1885, 34[244]) Einige Seiten weiter folgt, nicht minder knapp: „ERKLÄRUNG: das ist der Ausdruck eines neuen Dinges vermittelst der Zeichen von schon bekannten Dingen." (ebd., 34[249]) Zwei Monate später notiert sich N.: „Erfahrung ist nur möglich mit Hülfe von Gedächtniß; Gedächtniß ist nur möglich mittelst einer Abkürzung eines geistigen Vorgangs zum Zeichen. ‚Erkenntniß': das ist der Ausdruck eines neuen Dings durch die →Zeichen von schon ‚bekannten', schon erfahrenen Dingen. –" (ebd., 38[2]) Im Ergebnis gilt: „In UNSEREM →Denken ist das WESENTLICHE das Einordnen des neuen Materials in die alten Schemata (= Prokrustesbett), das GleichMACHEN des Neuen." (ebd., 41[11])

N.s Erklärung für diesen gleichsam abwehrenden Umgang des Menschen mit dem N-n ist vor allem psychologischen Charakters (→Psychologie): „[D]as N macht **Furcht**" (NF 1886–87, 7[3]). Damit ist zugleich die Frage gestellt nach moralischen Normen, die auf Furcht setzen und denen anzulasten ist, die Entwicklung von Neuem zu verhindern bzw. zu unterdrücken. „VERALLGEMEINERT: das WERTHGEFÜHL IST IMMER **rückständig**, es drückt Erhaltungs-Wachsthums-Bedingungen einer viel früheren Zeit aus: es kämpft gegen neue Daseins-Bedingungen an, aus denen es nicht gewachsen ist, und die es nothwendig mißversteht, mißtrauisch ansehen lehrt usw.: es hemmt, es weckt Argwohn gegen das N ..." (NF 1887, 10[23]) N. fordert, gegen diese Tendenz aufzubegehren und das N nicht zu verleugnen, sondern es mit →Mut und im Interesse der eigenen Entwicklung ins Auge zu fassen. Das N manifestiert sich im Menschen, denn: „Das Individuum ist etwas ganz NEUES und NEUSCHAFFENDES" (NF 1883–84, 24[32]) Nicht zu vergessen: „Das ist der Mensch: eine neue Kraft, eine erste Bewegung: ein aus sich rollendes Rad" (NF 1882–83, 5[1] 178).

Abschließend bleibt noch zu diskutieren, ob N.s Verständnis des N-n als Bruch mit einem anderen seiner bekannten gedanklichen „Experimente" gelesen werden muss: der Idee der →ewigen Wiederkunft, insofern diese letztlich zu sagen scheint, dass es nichts wirklich Neues im Universum gibt und die stete Wiederholung eine echte Neuartigkeit verhindert. Tatsächlich aber schließt diese Idee nicht aus, dass ein in exakt gleicher Weise unendlich oft sich wiederholendes Ereignis jedes Mal im Bewusstsein des Erlebenden als „neu" scheint, wenn es erneut eintritt. N. selbst hat die Frage aufgeworfen, ob nicht diejenigen, „welche der Welt das Vermögen zur EWIGEN NEUHEIT aufdekretiren möchten", notwendig auf den Einfall kommen müssten, dass „die Welt absichtlich einem Ziele AUSWEICHE und sogar das Hineingerathen in einen Kreislauf künstlich zu verhüten wisse" – ein absurder Einfall, wie N. hinzusetzt, der im Übrigen erfordere, der Welt „die Wunder-Fähigkeit zur UNENDLICHEN Neugestaltung ihrer Formen und Lagen" (NF 1885, 36[15]) zuzuschreiben. Dies klingt eindeutig, steht aber im Widerspruch zu dem Eindruck, dass N. nie wirklich von den Argumenten für die ewige (periodische) Wiederkehr überzeugt war und ernsthaft die Möglichkeit in Erwägung zog, dass diese Idee nicht wahr sein könnte (vgl. NF 1881, 11[203] u. 11[313]), womit die Aussicht auf unendliche Neuheit wieder in den Vordergrund träte, diesmal in Gestalt der Forderung nach neuer Unendlichkeit, wie sie sich in dem Satz andeutet: „Die Welt ist uns vielmehr noch einmal ‚unendlich' geworden: insofern wir die Möglichkeit nicht abweisen können, dass sie UNENDLICHE INTERPRETATIONEN IN SICH SCHLIESST" (*FW V* 374).

*Bernard Bischoff, Vancouver* (Übers.: F. Künstner)

**„Nichts ist wahr, alles ist erlaubt"** | Dieser Wahlspruch – tatsächlich nur ein Zitat, das N. im Zuge seines Interesses für den →Islam dem „unbesiegbaren Assassinen-Orden" entlehnt hat, auf den „die christlichen Kreuzfahrer im Orient" (*GM III* 24) stießen (vgl. Kuhn 1994a) – gilt in der Regel, beginnend wohl mit Weigand (1893: 109), als Beleg dafür, dass N. mit dem Tod Gottes (→„Gott ist tot") zugleich auch den Tod der →Wahrheit deklariert und mithin alle →Moral als hinfällig ausgewiesen habe (Niemeyer 1998c; 1998a: 248 ff.). Zumal der zweite Satzteil wurde Ende des 19. Jh.s allerdings auch positiv gelesen und für anarchistische N.-Leser interessant, abgesehen von Versuchen, mit ihm eine hedonistische Sexualmoral zu begründen (Vivarelli 1984: 545). Nach 1945 überwog wieder der Tadel, insofern man dem Wahlspruch, den man nicht als Zitat, sondern als Programmsatz N.s las, Verantwortung zusprach für den Nationalsozialismus (vgl. etwa Lukács 1962: 273 ff.; Harich 1987: 1031; Sandvoss 1969: 20; Reifenrath 1980: 248; Taureck 1989: 98). Auch wurde die Reduktionsformel in Verbindung gebracht mit Feyerabends „anything goes" sowie Versuchen anderer Vertreter der →Postmoderne, dem Rationalitätszwang wissenschaftlichen Argumentierens entgegenzutreten (Schweppenhäuser 1988: 10).

Heterogene Auslegungen wie die vorgenannten verdeutlichen die Notwendigkeit einer präzisen Lektüre. In Betracht kommen dabei zwei Werkpassagen: einmal *Za IV*, wo N. den ‚Schatten' – eine Art Bedenkenträger Zarathustras – klagen lässt, er habe alle Kühnheiten Zarathustras mitgemacht gemäß der Devise: „‚Nichts ist wahr, Alles ist erlaubt': so sprach ich mir zu. In die kältesten Wasser stürzte ich mich, mit Kopf und Herzen. Ach, wie oft stand ich darob nackt als rother Krebs da!" Und nun sei er allein, „einem Gespenste gleich", das „in fernsten, kältesten Welten" Umgang pflegt. In der Tat: Was den ‚Schatten' hier umtreibt – übrigens, wie auch in *FW V* (381), in Anspielung auf N.s Badeverhalten angesichts frühjahrskalter Bergseen –, ist →Nihilismus, nicht aber dahingehend, dass er sich, wie Fleischer (1993: 151) meint, zu ihm mit jenem Wahlspruch bekennt, sondern in dem Sinne, dass er das Gefühl der Sinnlosigkeit beklagt. Zugleich weiß er sich an der Schwelle zur neuen Wahrheit über die Unwahrheit des bisher Geglaubten, wie insbesondere die Fortführung belegt: „Manchmal meinte ich zu lügen, und siehe! da erst traf ich – die Wahrheit." (*Za IV, Der Schatten*) Und dass es um Letztere – und nicht etwa um das Hohe Lied auf den Nihilismus – geht, steht außer Frage seit Zarathustras Aphorismus: „Muthig, unbekümmert, spöttisch, gewaltthätig – so will uns die Weisheit: sie ist ein Weib und liebt immer nur einen Kriegsmann." (*Za I, Vom Lesen und Schreiben*)

Noch deutlicher wird dies durch *GM III* – das zweite Werk neben *Za IV*, in welchem expressis verbis vom Assassinen-Wahlspruch gehandelt wird –, insofern N. hier in Erläuterung jenes Kriegsmann-Aphorismus aus *Za I* „alle diese blassen Atheisten, Antichristen, Immoralisten, Nihilisten" (*GM III* 24) kritisiert, die entgegen ihrer →Freigeist-Attitüde letztlich ‚glaubten', und sei es an die Alternativlosigkeit ihrer Position. Damit aber würden sie weit hinter der Radikalität jenes Wahlspruchs zurückbleiben, übrigens – und dies nun ist die entscheidende Wendung in N.s Argumentation – zu Recht. Denn, und hiermit wird eine ein Jahr alte Einsicht, den Umstand betreffend, dass auch „wir Gottlosen und Antimetaphysiker [...] UNSER Feuer noch von jenem Brande nehmen, den ein Jahrtausende alter Glaube entzündet hat" (*FW V* 344), weitergeführt: „Es giebt [...] gar keine ‚voraussetzungslose' →Wissenschaft [...], eine →Philosophie, ein →‚Glaube' muss immer erst da sein, damit aus ihm die Wissenschaft eine Richtung, einen Sinn, eine Grenze, eine Methode, ein RECHT auf Dasein gewinnt." (*GM III* 24) Damit hat N. den Assassinen-Wahlspruch letztlich als zu radikal negiert, nicht geeignet – wie er 1888 im Nachlass nachtragen wird – für einen „Kriegsmann der Erkenntniß, der immer im Kampf mit häßlichen Wahrheiten liegt" und für den der Glaube, „DASS ES GAR KEINE WAHRHEIT GIEBT, ein großes Bad und Gliederstrecken [ist]", sprich: „Der Nihilismus ist UNSRE Art Müssiggang ..." (NF 1888, 16[30], er ist aber keineswegs das, was der ‚Kriegsmann der Erkenntnis' als dauerhaftes Glück preisen darf. Vor diesem Hintergrund scheinen die eingangs angeführten Beispiele aus der Rezeptionsgeschichte eher auf einen Missbrauch denn auf einen Gebrauch N.s hinzudeuten.

*Christian Niemeyer, Dresden*

**Nietzsche-Archiv** | Nach N.s Zusammenbruch Anfang 1889 nahmen sich die Freunde F. →Overbeck und H. →Köselitz der nachgelassenen Manuskripte und Druckprojekte an. Als EFN 1893 aus Paraguay zurückkehrte, nahm sie die Nachlassverwaltung in die Hand, überwarf sich mit Overbeck und Köselitz, sammelte alle verstreuten N.-Manuskripte und Briefe, richtete in Naumburg ein erstes Archiv ein, stellte F. Koegel ein und begann eine N.-Gesamtausgabe. 1895 gelangte sie mittels eines ihrer Mutter abgerungenen „Abtretungsvertrags" in den Besitz sämtlicher Rechte und Einkünfte an N.s Werk und Nachlass. 1896 übersiedelte das Archiv von →Naumburg nach Weimar, wo dank M. v. →Salis' Unterstützung das Haus „Zum Silberblick" als Archivgebäude gekauft werden konnte. Nach Konflikten mit dem Herausgeber Koegel wurde die Gesamtausgabe 1899 mit A. Seidl neu initiiert. Köselitz versöhnte sich mit EFN und ermöglichte mit seiner Handschriftenkenntnis die Edition des späten Nachlasses. 1901 gab er zusammen mit E. und A. Horneffer eine erste Kompilation des *Willens zur Macht* ($^{1}$*WM*) heraus, den er 1906 zusammen mit EFN in einer erweiterten Version ($^{2}$*WM*) publizierte. 1902/03 ließ EFN das Archiv von H. v. d. Velde aufwendig umbauen. Mit dem Tod von Overbeck (1905) übernahm C. A. Bernoulli die Rolle des Basler Gegenparts zu Weimar und baute in Basel eine Art Gegenarchiv auf (→Basler Tradition/Weimarer Tradition). 1905 wurde EFN mit dem schwedischen Millionär und N.-Verehrer E. Thiel bekannt, der in den folgenden Jahrzehnten mehrere hunderttausend Mark fürs N.-A spendete. Mit Thiels Hilfe konnte 1908 eine Stiftung N.-A gegründet werden, die durch die prominente Besetzung des Vorstands (u. a. H. Graf Kessler, E. v. Bodenhausen, →O. Spengler, W. F. Otto) zu einem legitimatorischen Schutzmantel für die selbstherrliche und tendenziöse Nachlassverwaltung und Editionstätigkeit von EFN und des N.-As wurde. Nach dem Ersten Weltkrieg entwickelte sich das N.-A zu einem Sammelbecken deutschnationaler Auffassungen. 1926 wurde die „Gesellschaft der Freunde des N.-As" gegründet. Mit dem Ablauf der Schutzfrist (1930) für N.s Werke fiel die Monopolstellung des N.-As, jeder →Verleger konnte jetzt ohne weitere Anfrage N.-Texte publizieren. Das bedeutete nicht nur finanzielle Einbußen, sondern warf auch die Frage nach der künftigen Stellung des Archivs auf. Mit der Edition von BAW und BAB (von H. J. Mette im Verlag C. H. Beck, München), die nur aufgrund der Archivbestände erarbeitet werden konnte, suchte das N.-A eine neue Identität und materielle Grundlage und sicherte sich die Vorrangstellung in der N.-Forschung. 1931 erhielt EFN eine beträchtliche Geldspende von →Mussolini, 1932/33/34 empfing sie A. Hitler im Archiv. 1934 wurde neben dem N.-A mit dem Bau einer N.-Gedenkhalle als neuem Archivgebäude begonnen, die aber wegen des Kriegs nie fertiggestellt werden konnte. Nach dem Tod EFNs 1935 wurde das N.-A unter deren Vetter M. Oehler nationalsozialistisch gleichgeschaltet. Zu N.s 100. Geburtstag 1944 führte das N.-A im Weimarer Nationaltheater eine „N.-Reichsfeier“ mit einer Ansprache von A. Rosenberg durch. Mit der Besetzung Weimars durch die sowjetischen Truppen wurde das N.-A im Dez. 1945 geschlossen, die Archivalien wurden 1950 ins Goethe- und Schiller-Archiv überführt und den dortigen Beständen angegliedert, wo sie bis zum Ende der DDR (1990) fast nur Forschern aus dem „kapitalistischen Ausland“ zur Verfügung standen. Das Gebäude des ehem. N.-As dient seither als N.-Gedenkstätte. Zum Thema auch: Förster-Nietzsche (1907); Hahn (1989); Hoffmann (1991; 1993a,b); Wollkopf (1991); Heinz/Kisiel (1996); Müller-Buck (1998); Stiftung Weimarer Klassik (2000); Ulbricht (2004); Reuter (2008); Kirchner (2009).

*David Marc Hoffmann, Basel*

**Nietzsche, Carl Ludwig** | N.s Vater, *10.10.1813 Eilenburg, †30.7.1849 Röcken b. Leipzig, entstammt der zweiten Ehe des dem Rationalismus zugeneigten Superintendenten Friedrich August Ludwig N. mit Erdmuthe Dorothea, geb. Krause. 1833–1837 studierte er in Halle Evangelische Theologie, um sich nach einer rationalistischen Phase unter dem Einfluss der supranaturalistischen Vermittlungstheologie einer Richtung der Erweckungsfrömmigkeit zuzuwenden, die sich nicht pietistisch versteht, sondern vom religiösen Aufbruch der Befreiungskriege, vom philosophischen Idealismus und der Romantik geprägt ist. 1842 gründet N den *Central-Verein evangelischer Theologen der Provinz Sachsen*, der die radikalen Rationalisten, die „Lichtfreunde“, bekämpft. Durch seine Tätigkeit als Prediger wird der Altenburger Hof auf ihn aufmerksam. Herzog Joseph bietet ihm 1838 eine Stelle als theologischer Erzieher der Prinzessinnen an, die N.s Mutter nach dem Tod des Vaters eine Rente aussetzen. Aufgrund der Altenburger Vermittlung teilt der preußische König N 1842 nach dem 2. theologischen Examen (1841) die Pfarrstelle von Röcken zu. Der gemeinsame Hausstand mit seiner Mutter und den Schwestern Rosalie und Auguste wird auch nach seiner Eheschließung (1843) mit der siebzehnjährigen Franziska fortgesetzt, der Tochter des Amtsbruders David Ernst Oehler aus Pobles. 1844 wird N. geboren, es folgen Elisabeth (1846) und Joseph (1848). Die 48er Revolution lehnt der königstreue Pfarrer ab. 1849 stirbt N.s Vater an einer 1845/1846 als „Gehirnerweichung“ diagnostizierten Krankheit.

In der gegenwärtigen Forschung gilt N als geistig unbeweglicher Repräsentant eines intoleranten Dogmatismus. Goch (2000) berücksichtigt in seiner detailgetreuen Biographie nicht nur die historischen Einbettungen, sondern auch die psychologischen Bedingungen, wie z. B. die Dominanz der Mutter. N. schildert den frühen Tod seines Vaters in seiner ersten Autobiographie (1858). Neben der Furcht vor der „Erblast“, die „eine Vorbestimmung zu einem frühen Tode“ (*EH, MA* 4) nach sich ziehe (→Vater), bewirkte N als fehlender Vater vor allem die Suche nach Ersatzvätern (etwa →Wagner), zumal die öffentliche Idealisierung des väterlichen Charakters für N. relativ früh Brüche erfuhr. Zum Thema auch: Förster-Nietzsche (1895; 1898); M. Oehler (1939); Bohley (1980; 1987); Pernet (1989); Schmidt (1990a,b); Niemeyer (1998a: 57–226); Marsal (2002).

*Eva Marsal, Karlsruhe*

**Nietzsche, Elisabeth, s. EFN = Förster-Nietzsche, Elisabeth**

**Nietzsche, Franziska** | N.s Mutter, geb. Oehler, *2.2.1826 Pobles, †20.4.1897 Naumburg, eine fest im Glauben ihres früh verstorbenen Mannes (→Nietzsche, Carl Ludwig) befangene Pastorentochter, trug die Hauptverantwortung für N.s →Erziehung (und insoweit auch für den darauf bezüglichen kritischen Begriff N.s). Sie stand brieflich im engen Kontakt mit ihrem Sohn und wurde nach dessen geistigem Zusammenbruch und der nachfolgenden Entmündigung (am 26.11.1889) zu N.s Vormund (zusammen mit E. Oehler) bestellt. Ab Mai 1890 (bis zu ihrem Tod) übernahm sie die (Haus-)Pflege des unheilbar Kranken (vgl. KGB I/4: 714 f.). Im Gegenzug zu frühen Hagiographen aus dem familialen Umfeld, die dazu aufforderten, sich angesichts von N.s Mutter „vor dem Mysterium der Mutterliebe in Ehrfurcht" zu beugen (Oehler 1940: 176), ist zu betonen, dass die Vokabel ‚Mutterliebe' in diesem Fall eine dunkle, besitzergreifende Seite kennt und N. seine Mutter durchaus nicht ohne Grund mit Skepsis und schließlich gar mit Verachtung sah. Dies gilt etwa für eine von EFN unterdrückte, gelegentlich mit der Vokabel „Wahnsinn" (Goch 1994: 11) als irrelevant ad acta gelegte Passage aus *EH*, in welcher N. seine Mutter (und seine Schwester) unter Vokabeln wie „Gemeinheit", „canaille" und „Höllenmaschine" (*Warum ich so weise bin* 3) abhandelte. N. reflektierte hiermit auf ihr (beider) Verhalten gegenüber L. v. Salomé (→„Lou-Erlebnis"), aber wohl auch auf spezielle Aspekte seiner Mutter-Erfahrung. Auskunft hierüber geben der – unvollständige – Briefwechsel des Sohnes mit der Mutter und hier insbesondere die 139 (überlieferten) Briefe der Mutter an N.

Einige Einzelheiten (vgl. ausführlicher Niemeyer 1998a: 112 ff.): Die Mutter, früh schon unzufrieden mit den sich von der Theologie weg bewegenden Studienplänen N.s und diesen in Reaktion darauf zu einem Doppelleben nötigend „als radikaler Philosoph und als rücksichtsvoller Sohn" (Kjaer 1990: 179), lamentiert in diesen Briefen häufig, tadelt oft und vergisst auch schon einmal den Geburtstag N.s oder weigert sich gar aus Ärger über ihn, seine Briefe anzunehmen. Insgesamt scheint sie dabei eher in der Vergangenheit zu leben, in der ihr Mann noch lebte, denn in der Zukunft, die ihr Sohn mit seinen Werken zu gestalten im Begriff steht. „Du betrachtest die Leute zu sehr vom Standpunkte Deiner eigenen Tugenden", ließ N. sie denn auch einmal (Ende August/Anfang September 1869) vorsichtig wissen, um gut zwanzig Jahre später, in einer Vorstufe zu *EH*, im Zusammenhang der von ihm geliebten Mutmaßung, seine Vorfahren seien „polnische Edelleute" (→Pole[n]), vieldeutig nachzutragen: „Aber meine Mutter [...] ist jedenfalls etwas sehr Deutsches." (KSA 14: 472) Die letztgenannte Vokabel war selbstredend – ausgehend vom damaligen Sprachgebrauch N.s – pejorativ gemeint.

Diese Urteilstendenz wird auch durch einige der auf den Ausdruck →‚Mutter' (als Typus, aber auch als →Metapher) bezogenen Reflexionen N.s unterstrichen. So enthält beispielsweise der Aphorismus: „Gewöhnlich liebt eine Mutter SICH mehr in ihrem Sohn, als den Sohn selber" (*MA* 385) als Subtext die Botschaft: ‚MEINE Mutter hat mich nicht (zureichend) geliebt, weil sie in mir nicht das wiederfand, was IHR heilig ist', man darf, mit N., vielleicht auch fortfahren mit: „[...] was ihr Ansehen mehrt" (NF 1880, 4[145]), ins Generelle gewendet: „[K]eine Mutter zweifelt im Grunde ihres Herzens daran, am Kinde sich ein Eigenthum geboren zu haben" (*JGB* 194). Nicht minder gravierend ist N.s Klage: „Welche Marter für ein Kind, immer im Gegensatz zu seiner Mutter sein Gut und Böse anzusetzen und dort, wo es verehrt, gehöhnt und verachtet zu werden!" (NF 1885–86, 1[21]) Dass N. hier von sich und seiner Mutter redet, stellt der Umstand klar, dass wir es mit einer Art Vorstufe zu tun haben für den von EFN unterschlagenen Brief(-Entwurf) N.s an die Mutter vom 29. Januar 1888, in dem es heißt: „Ich wünsche durchaus, mich nicht wieder der Gefahr auszusetzen, in einem Augenblick, wo ich stolz darauf bin, etwas Unsterbliches gethan zu haben, beschimpft, beschmutzt, verhöhnt zu werden – Dergleichen vergißt man nie." Man ist versucht zu ergänzen: N. hat es offenbar auch nicht vergessen, oder es muss ihm schlagartig wieder eingefallen sein, als ihn die Mutter ein Jahr später in Basel abholte und nach Jena (in die Irrenanstalt) überführte, wo N. noch im Zug einen – so sie selbst brieflich an Overbeck – Wutanfall auf sie bekam, „nur von einer Minute etwa, aber schrecklich anzusehen und zu hören" (zit. n. Podach 1937: 3 f.).

Ein Nachwort erfordern die letzten Naumburger Jahre N.s in der Obhut und Pflege der Mutter. Denn auch wenn man ihre Leistung, ungeachtet einiger durchaus fragwürdiger Aspekte zumal aus sozialpädagogischer Perspektive (vgl. Niemeyer 1998a: 26 ff.), nicht gering schätzen darf, sollte man nicht übersehen, dass sich für sie in des Sohnes Gesundheit auch immer der auf bedrohliche und sie bedrohende Weise atheistisch argumentierende und insoweit ‚verlorene Sohn' offenbarte. Folgerichtig erblickte sie in N.s Abwendung vom christlichen Glauben die – wie sich ein Gesprächspartner 1892 notierte – eigentliche „Ursache seines schweren Leidens" (zit. n. Gilman 1981: 668). Die Krankheit des Sohnes stand insoweit aus der Sicht der Mutter für eine Gottesstrafe, aber auch für Erlösung, ein Aspekt, den T. Mann in seinem Roman *Doktor Faustus* literarisch nachzubilden versucht hat. Auch N.s Mutter dürfte, so lässt sich hieraus entnehmen, zumindest unbewusst den geistigen Zusammenbruch ihres Sohnes „nicht ohne Genugtuung, nicht ohne Zufriedenheit" (Mann 1947a: 667) registriert haben, bar aller Sorgen um das, was da noch aus seiner Feder fließen möge – Sorgen, denen sie etwa 1891 Ausdruck verlieh, als, gegen ihren heftigen Widerspruch, *Za IV* erschien und sie Overbeck mitteilte, dass sie sich nicht zur Lektüre entschließen könne: „[E]s greifen mich derartige Sachen so an, indem es die Grundfesten unseres Glaubens erschüttert und am Ende selbst die Liebe zu einem so edlen lieben und geliebten Kinde beeinträchtigen könnte." (zit. n. Podach 1937: 119 f.) Diese Äußerung legt fast den Schluss nahe, als bliebe am Ende nur ein Lob auf die Fähigkeit der Mutter, N. *trotz* seiner Werke und Gedanken und letztlich dafür zu lieben, dass ihn seine Krankheit zum endgültigen Schweigen verurteilte.

*Christian Niemeyer, Dresden*

**Nietzsche, Friedrich (Wilhelm)** | N. wurde am 15. 10. 1844 in →Röcken b. Leipzig als ältester Sohn des Pfarrers →Carl Ludwig N. und dessen Frau →Franziska geboren. Bald folgte eine Schwester (→EFN) sowie ein Bruder (Joseph, *27. 2. 1848), der allerdings früh (4. 1. 1850) starb. Zuvor (am 30. 7. 1849) war noch der Vater nach mysteriöser Krankheit verstorben; die Familie übersiedelte daraufhin zusammen mit der Schwiegermutter und zwei (unverheirateten) Schwägerinnen nach →Naumburg. Nach dem Tod der Schwiegermutter bezog man zunächst eine Wohnung und ab Sommer 1858 ein Haus (Am Weingarten 18; heute Museum). N. besuchte zunächst das →Naumburger Domgymnasium, ehe er 1858 einen Freiplatz an der Landesschule Pforta (→Schulpforta) erhielt.

Im Gegenzug zu Erwartungen der Mutter, N. werde dem Vorbild des Vaters folgend gleichfalls Pfarrer (→Vater), setzten schon früh Glaubenszweifel ein, deren Hintergrund ein 1862 niedergelegter Vortrag mit dem Titel *Fatum und Geschichte* (→Frühe Schriften) für einen mit G. →Krug und W. →Pinder gegründeten privaten Bildungsverein offenbart: „[V]on unsern ersten Tagen an eingeengt in das Joch der Gewohnheit und der Vorurtheile [...], glauben wir es fast als Vergehn betrachten zu müssen, wenn wir einen freieren Standpunkt wählen, um von da aus ein unparteiisches und der Zeit angemessenes Urtheil über →Religion und →Christentum fällen zu können. Ein solcher Versuch ist nicht das Werk einiger Wochen, sondern eines Lebens" (BAW 2: 54). Damit hatte N. seine Sendung formuliert.

Zum Wintersemester 1864/65 immatrikulierte sich N. an der Universität Bonn, zunächst für Theologie, dann ausschließlich für (Alt-)Philologie. Zwei Jahre später folgte er seinem (späteren) ‚Doktorvater' →Ritschl nach Leipzig, wenngleich ihn dessen Abneigung störte, „daß Philologen sich näher mit der Philosophie einließen" (BAW 3: 305). Grundlagen für eine philosophisch angelegte Philologiekritik legte N. unter dem Einfluss →Schopenhauers noch in Leipzig (BAW 5: 194), wo er im November 1868 auch R. →Wagner kennen lernte, von dem er sofort begeistert war (An Rohde, 9. 11. 1868). Damit hob eine psychologisch gesehen komplizierte

Verstrickung an (→Vaterübertragung), die zum ernsten Problem geriet, nachdem N. durch seinen im Januar 1869 auf Vermittlung Ritschls zustande gekommenen Ruf nach →Basel Wagner, der damals nur 100 Kilometer entfernt in →Tribschen residierte, auch räumlich nahe kam und ihn dort erstmals Pfingsten 1869 besuchte, um in der Folge in Basel als Ganymed dieses „neuen deutschen Olympiers, in dessen Idyll Tribschen er ein- und ausging" (Bernoulli 1908a: 73), Furore zu machen.

Die Folgen dessen konnte man in der Ende 1869 unter dem Titel →*Homer und die klassische Philologie* erschienenen Baseler Antrittsrede studieren: N. forderte den „Beistand der Künstler" (BAW 5: 287) für eine Philologieauslegung, die ihres philosophischen Anspruchs nicht länger ledig bleibe. Wie weit und wie rasch diese Entwicklung voranschritt, zeigte sich Ende 1870: N., frisch genesen von der Ruhr, die er sich als freiwilliger Krankenpfleger im deutsch-französischen Krieg zugezogen hatte, begann mit Seitenblick auf Wagners Bayreuth-Projekt darüber nachzudenken, „ob nicht hiermit zugleich UNSERERSEITS ein Bruch mit der bisherigen Philologie und ihrer BILDUNGSPERSPEKTIVE geschehen sollte" (An Rohde, 15. 12. 1870). Gut drei Wochen später war es soweit: N. bewarb sich auf den vakant gewordenen philosophischen Lehrstuhl in Basel, drohte im Fall der Nichtberücksichtigung mit Aufgabe seiner philologischen Professur (An Vischer[-Bilfinger], verm. Januar 1871) – und scheiterte kläglich.

Immerhin entwickelte sich N.s Beziehung zu Wagner zu beider Zufriedenheit. Der erste Ertrag dessen war der Anfang 1872 publizierte ‚Erstling' →*GT*. N. hatte geplant, sich mit dieser Schrift für die Bewerbungspanne vom Januar 1871 zu rehabilitieren und erstmals auch als Philosoph Anerkennung zu finden. Das Gegenteil trat ein: N. schien wegen *GT* nun auch als Philologe diskreditiert (N. an Rohde, 7. 7. 1872). Nachdem im August 1873 →*DS* erschien und für heftige Empörung Ritschls sorgte, sah N. sich in seiner Stellung als Basler Professor ernsthaft gefährdet und konnte allein noch auf Zuspruch Wagners hoffen. Ihn sprach er in einem Brief zu dessen 61. Geburtstag als seinen „Vater" an, sich bedankend für seine zweite, geistige Geburt (An Wagner, 20. 5. 1874). Gegenüber Vertrauten (etwa an Rohde, 14. 5. 1874) ventilierte N. zu dieser Zeit Ideen eines Lebens ohne Professur, aber auch jenseits von →Bayreuth.

Damit deutete sich eine allmähliche Distanz gegenüber Wagner an, die auch durch N.s Skrupel wegen *DS* zumal nach Strauss' Tod am 8. Februar 1874 offenbar wird. Zumal der ihn deswegen tadelnde Brief C. Wagners (vom 20. 3. 1874) dürfte N. zum Nachdenken gebracht haben. Zeitgleich erfuhr sein Freund v. Gersdorff, der ihn wegen →*HL* und →*BA* einen Schriftsteller genannt hatte, der „in Leder gebunden" (11. 3. 1874) werden müsse, aus seiner „besten Selbsterkenntniss heraus", dass er von derlei Lobsprüchen „NICHTS VERDIENE" und von einem „wirklichen Produciren" nicht geredet werden könne, „so lange man noch so wenig aus der Unfreiheit [...] heraus ist" (1. 4. 1874). Folgerichtig setzten in eben jenen Aprilwochen die ersten kritischen Niederschriften über Wagner ein, die den endgültigen Bruch vom Sommer 1876 vorbereiten halfen, der sich auch schon in →*WB* angedeutet hatte.

Für N.s Bruch mit Wagner ist nicht dasjenige entscheidend, was in der einschlägigen Forschung unter dem Stichwort „tödtliche Beleidigung" (An Overbeck, 22. 2. 1883) firmiert. Gemeint ist damit N.s Empörung über (angebliche) Indiskretionen Wagners, den Hintergrund von N.s Krankheit betreffend. Erklären lässt sich damit allenfalls die Drastik des Ausdrucks in manch späterer Äußerung N.s über Wagner, nicht aber die aus der Sache sich begründende tief greifende Entfremdung zwischen beiden. die sich in der Linie der späteren Bemerkung N.s verbirgt: „Die verfluchte Antisemiterei [...] hat R(ichard) W(agner) und mich verfeindet" (An Overbeck, 2. 4. 1884; →Antisemitismus). Zu denken ist dabei auch an →Rée, dem N. im März 1876 näher trat, um dann mit ihm zusammen den Winter in Sorrent zu verbringen, vertieft in gemeinsame Arbeit – was N. angeht: an →*MA* – und gleichsam die „Flitterwochen" ihrer Freundschaft (Von Rée, 10. 10. 1877) krönend. Folgerichtig galt N. nach Erscheinen dieses Werkes zumal in C. Wagners Lesart – die dem Antisemitismus ihres Mannes in nichts nachstand –

als Opfer des Juden Rée und dessen Begeisterung für die französische Aufklärung, womit das Wagnerkapitel in N.s Biografie der Hauptsache nach abgeschlossen war (vgl. Niemeyer 1998a: 124 ff.).

Ähnlich verhielt es sich mit der Professorenkarriere: Als sich N.s Gesundheitszustand im Verlauf des Jahres 1878 weiter verschlechterte, gab er seine Stelle am 2. Mai 1879 bei einem Ruhegehalt von 2/3 seiner vorherigen Einkünfte auf. N. löste seinen – vorübergehend zusammen mit seiner Schwester geführten – Haushalt in Basel auf und versuchte fortan, eines seiner Gesundheit förderlichen Sommer- wie Winterdomizils habhaft zu werden. Das gestaltete sich schwierig genug und führte mitunter in Vereinsamungserlebnisse (→Einsamkeit), zumal N.s Zustand labil blieb und schriftstellerischer Erfolg ausblieb: Weder der im März 1879 unter dem – wenig verkaufsträchtigen – Titel →*VM* erschienene Anhang zu *MA I* noch die Ende 1879 nachgereichte zweite Fortsetzung unter der gleichfalls wenig spannenden Überschrift →*WS* vermochten N. größere Anhängerschaft zu sichern, ebenso wenig wie die im Juli 1881 erschienene →*M* – und dies, obgleich N. via Basel (An Overbeck, 18. 3. 1881) sowie Naumburg (An Fr. und E. N., 11. 6. 1881) das hoffnungsfrohe Signal ausgegeben hatte, dieses Buch werde seinen Namen unsterblich machen.

Auch im Januar 1882 war N. wieder einmal ganz begeistert von einem neuen Buch – den ersten Kapiteln von →*FW* –, um mystifizierend anzufügen, dass sich Verzögerungen im Abschluss des Manuskripts mit einem Gedanken erklärten, den auszusprechen ihm noch der Mut fehle und der „‚Jahrtausende' braucht, um etwas zu werden" (An Köselitz, 25. 1. 1882). Als *FW* dann schließlich im September 1882 vorlag, musste N. im Nachgang zu dem ihn zutiefst verstörenden →„Lou-Erlebnis" zur Kenntnis nehmen, dass er in den Augen seiner Freunde zum Erbauungsliteraten zu verkommen drohte. Auch jener in →Sils Maria gefasste große Gedanke – der von der →‚ewigen Wiederkunft des Gleichen' – verpuffte weitgehend wirkungslos, und dies, obgleich er die „Grundconception" (*EH, Za* 1) von →*Za* trug, dessen erster Teil im August 1883 erschien. Freilich: Auch *Za I* und die zwei Teile, die ihm noch folgten – der letzte und vierte vom April 1885 lag nur in einer von N. finanzierten Kleinstauflage vor –, waren ein kompletter Misserfolg und so gut wie ohne (positive) Wirkung. Ähnliches gilt für N.s nächstes Buch (→*JGB*), über das sich Rohde gegenüber →Overbeck am 1. 9. 1886 voller Hohn und Spott unter dem Leitmotiv „Discurse eines Uebersättigten nach dem Essen" (zit. n. Patzer 1990: 109) ausließ, so dass N.s späte Replik auf Rohde nach Maßgabe von Vokabeln wie „eng, verkrochen, Specialist und Sauertopf" (*EH, Warum ich so klug bin* 2) durchaus berechtigt scheint.

Unter dem Strich blieb N. nach derlei Misserfolgen (dem auch noch der von →*GM* nachfolgte) sowie der Auswanderung seiner Schwester mit dem militanten Antisemiten →Förster – im Februar 1886 nach Paraguay, zwecks Gründung einer deutsch-völkischen Kolonie – die Selbststilisierung unter dem Vorzeichen von Unzeitgemäßheit. Ein Zeichen hierfür ist sein Kalkül, dass, als gleichsam helle Seite des verlegerischen Desinteresses an seinen Werken (→ Verleger), die Verlagsrechte bei ihm lägen, was ihn „unter Umständen" noch „vermögend" machen könne (An Fr. und E. N., 4./11. 12. 1884). In der Folge wird sich N. zunehmend mit der Vorstellung beruhigen, dass er aufgrund der vor ihm stehenden Aufgaben ohnehin tiefe Isolation benötige.

Tatsächlich offenbart gerade der ‚späte' N. eine erstaunliche Produktivität – aber auch eine zunehmend pathologischer werdende Selbstüberhebung, deren Höhepunkt im November 1888 erreicht ist: N., seit nun drei Jahren ohne Verleger und seine Werke auf eigene Kosten druckend, kündigt seinem Drucker mit Seitenblick auf →*EH* an, dass er infolge dieser Schrift, die „ein Erstaunen ohne Gleichen hervorrufen [wird]", an eine Übersetzung seiner noch in Ausarbeitung befindlichen *Umwerthung aller Werte* – wenig später: →*AC* – „in 7 Hauptsprachen durch lauter ausgezeichnete Schriftsteller Europas" denke (An Naumann, 25. 11. 1888). Damit war das Vorspiel gegeben zu den Anfang Januar 1889 verfassten ‚Wahnsinnszetteln' (besser wohl: ‚pseudonyme Briefe'; vgl. Detering 2010), darunter einen an →Burckhardt (6. 1. 1889), nach dessen Lektüre dieser Overbeck alarmierte, der, ohnehin schon beunruhigt durch die an ihn ergangene Mitteilung N.s, er „lasse eben alle Antisemiten erschiessen" (4. 1. 1889), sofort nach Turin fuhr und N. dort in seiner Pension in einem offensichtlichen Wahnsinnsanfall befangen vorfand. Damit stand für Overbeck außer Frage, dass nichts mehr zu machen war. Die Gründe hierfür – wohl Syphilis (→Krankheit [N.s]) – wurden bald offenkundig, aber über Jahrzehnte hinweg zumal infolge der Desinformationspolitik der Schwester im Unklaren gehalten.

N.s Turiner Zusammenbruch zu einer Zeit der sich mehrenden Hinweise auf verstärktes Interesse an seinem Werk sorgte für eine erste, durch Sensationslüsternheit geprägte Welle der Rezeption, der auch der Fall →Langbehn zugehört. N.s Mutter, verunsichert durch Langbehns Kritik an der Anstaltsunterbringung, verbrachte N. im Mai 1890 von Jena nach Naumburg, wo sie sich bis zu ihrem Tod im April 1897 um N. kümmerte. N.s Schwester, die noch über den Selbstmord ihres Mannes (im Juni 1889) hinaus in Paraguay gebunden war und erst im September 1893 endgültig nach Naumburg zurückkehrte, gründete dort 1894 das →N.-Archiv und zog kurz vor dem Tod der Mutter mit N. nach Weimar. Dort wurde er bis zu seinem Tod am 25. August 1900 als eine Art Requisite für einflussreiche und finanzstarke Besucher zur Schau gestellt (→N.-Kult) und musste zum Glück nicht mehr erleben, wie er, nicht zuletzt infolge von →Werkfälschungen – insbesondere das angebliche ‚Prosa-Hauptwerk' →*Der Wille zur Macht* betreffend – als deutscher ‚Kriegsphilosoph' reüssierte (→Krieg), zunächst im Ersten, dann im Zweiten Weltkrieg, dies nun zusätzlich auch noch mit dem (gleichfalls) von der Schwester genährten Nimbus, er sei der eigentliche Philosoph des →Nationalsozialismus. Zum Thema zahllose Biographien, bis heute unübertroffen: Janz (1978a, b/1979).

*Christian Niemeyer, Dresden*

**Nietzsche, der frühe [mittlere; späte]** | Der Wandel in N.s Auffassungen ist erheblich und für Leser vielfach irritierend. Nicht zuletzt deswegen unterscheidet man in der N.-Forschung i. d. R. zwischen den Werken bis 1876 (insbesondere *GT, UB I–IV* sowie der Nachlass aus dieser Zeit, etwa *BA*: der frühe N.), ab 1878 (bis 1882), also *MA I* u. *II* sowie *M* und *FW* (der mittlere N.), sowie danach (ab *Za*: der späte N.). Gerechtfertigt werden kann diese Unterscheidung, was die erstgenannte Phase angeht, mit N.s Bekenntnis aus einer Vorstufe zur Vorrede von *MA*: „Lesern meiner früheren Schriften will ich ausdrücklich erklären, daß ich die metaphysisch-künstlerischen Ansichten, welche jene im Wesentlichen beherrschen, aufgegeben habe: sie sind angenehm, aber unhaltbar." (NF 1876–77, 23[159]) Hiermit war unter der Hand der frühe N. als eine Phase eigener (kunstmetaphysischer) Charakteristik (→Artistenmetaphysik) – die inzwischen ihre Geltung verloren habe – ausgewiesen. Das Recht zur Herausstellung der Besonderheit des mittleren N. gründet u. a. in dem Umstand, dass N. *FW* mit dem Vermerk herausgehen ließ, hiermit käme eine Reihe von Schriften zum Abschluss, die mit *MA* begonnen habe und deren gemeinsames Ziel es sei, „ein neues Bild und Ideal des →Freigeistes aufzustellen" (zit. n. Schaberg 2002: 121). Diese Phase lässt sich allerdings nicht strikt von der des späten N. trennen, wenn man bedenkt, dass N. Overbeck im Zuge der Erläuterung seines Entschlusses, „die nächsten fünf Jahre zur Ausarbeitung meiner ‚Philosophie' zu verwenden, für welche ich mir, durch meinen Zarathustra, eine Vorhalle gebaut habe", wissen ließ: „Beim Durchlesen von ‚Morgenröthe' und ‚fröhlicher Wissenschaft' fand ich übrigens, daß darin fast keine Zeile steht, die nicht als Einleitung, Vorbereitung und Commentar zu genanntem Zarathustra dienen kann." (7.4.1884) Die Phasenunterteilung zwischen einem frühen, einem mittleren und einem späten N. ist insoweit immer nur als eine versuchsweise zu lesen und im Übrigen mit dem Auftrag (N.s) – an die N.-Forschung – verknüpfbar, die „Verzahnungen" aufzufinden, „wo das neue Gebäude [N.s; d. Verf.] aus dem älteren herauswächst" (*WS* 198).

Weitergehend ist die These (vgl. Niemeyer 1998a: 151 ff.), dass dasjenige, was der frühe N. unter dem Einfluss der →Vaterübertragung auf →Wagner an Bildungs- und Kulturkritik vorgelegt hat, in weiten Teilen rhetorisch ist und noch nicht Zeugnis gibt für den eigentlichen, den zu sich und seinem eigenen Wissen und Gewissen gekommenen N.

*Christian Niemeyer, Dresden*

**Nietzsche-Kult** | Zum N.-K ist alles zu rechnen, was für eine ‚monumentale' Historie im Umgang mit N. Zeugnis gibt und auf Heroisierung sowie Widerspruchsvermeidung in (auf das Publikum gerechnet) erzieherischer Absicht abstellt. N. plädierte zwar in →*HL* für das Gegenteil, nämlich für eine ‚kritische' statt für eine bloß ‚verehrende' Historie. Auch Zarathustra scheint – trotz des unbestreitbar prophetischen Charakters seiner Reden (so Pestalozzi 2001: 204, gegen Zittel 2000a: 226 f.) – seinen →Jüngern eine kritische Historie abzuverlangen, insofern er sie im Zuge seines Spotts über „alle Gläubigen" warnt, dass er sie andernfalls als ihre „Bildsäule" (*Za I, Von der schenkenden Tugend* 3) erschlage (vgl. Niemeyer 2007a: 34 f.). Und schließlich hat N. in *EH* unter Anspielung auf *Za* seine Verwahrung eingelegt gegen „jene schauerlichen Zwitter von Krankheit und Willen zur Macht, die man Religionsstifter nennt" (*Vorwort* 4), um zum Abschluss dieses Werkes hin zu versichern: „Religionen sind Pöbel-Affairen" sowie: „Ich WILL keine ‚Gläubigen'" oder: „Ich habe eine erschreckliche Angst davor, dass man mich eines Tages HEILIG spricht" (*Warum ich ein* ... 1).

Dagegen steht freilich die immer wieder angestimmte Klage N.s über fehlende Anhänger oder sein mächtiges Wort: „[W]enn ich es nicht so weit bringe, dass ganze →Jahrtausende auf meinen Namen ihre höchsten Gelübde thun, so habe ich in meinen Augen Nichts erreicht." (An Overbeck, 21.5.1884) Nicht minder spektakulär ist N.s Prophezeiung: „Irgend wann wird man Institutionen nöthig haben, in denen man lebt und lehrt, wie ich leben und lehren verstehe" (*EH, Warum ich so gute Bücher schreibe* 1). N. seinerseits also hat – so jedenfalls gibt Cancik zu bedenken – „sein Leben zum Exempel stilisiert, seine Person durch die →Masken des →Dionysos, Zarathustra, des Antichristen und des Übermenschen zur [...] Heroisierung vorbereitet" (1987a: 408), mehr als dies: Schon mit seinem Erstling habe N., den sein Freund Rohde damals noch als „lieber Bruder in Dionysos und Mystagog!" (An N., 9.1.1872) anrief, eine Art K stiften wollen, wie am deutlichsten wohl der Ausruf markiert: „Ja, meine Freunde, glaubt mit mir an das dionysische Leben und an die Wiedergeburt der Tragödie." (*GT* 20) Derlei quasi-missionarische Emphase zog mancherlei Spott nach sich, ganz abgesehen von der scharfen Kritik des damals noch ganz jungen (Jg. 1846) U. v. Wilamowitz-Moellendorff (1872: 55), der N.s →*GT* gnadenlos verriss und N. aufforderte, das Katheder in Basel zu verlassen, um Jahrzehnte später (1928) befriedigt zu resümieren: „Er [N.] hat getan, wozu ich ihn aufforderte [...] und ist Prophet geworden, für eine irreligiöse Religion und eine nichtphilosophische Philosophie." (zit. n. Cancik 1987a: 410) So betrachtet wäre N. also der zentrale Anreger (und Profiteur) des N.-Ks.

Dass es einen solchen gab (und teilweise nach wie vor gibt), ist wohl unbestritten, nur sollte man trennen zwischen einem N.-K im umfassenden, insbesondere von →EFN geprägten Sinn einer Kampagne und einem N.-K im engeren Sinne, von Zeitgenossen auch diskutiert als „N.-Kultus". Er setzte in den 1890er Jahren ein, als N. zum ‚Modeschriftsteller' und schließlich gar zur Kultfigur beachtenswerter Kreise zumal der großstädtischen, oftmals jüdischen, sich dezidiert als anti-bürgerlich verstehenden linksintellektuellen Jugend wurde (vgl. Niemeyer 1998b). Einen der ersten Hinweise in dieser Richtung gab M. G. Conrad mit seiner Bemerkung, dass „einige jüngere Leute bereits Miene [machen], die Philosophie N.s als Kanon modernen

Denkens auszurufen und seine Wertungen und Umwertungen als verbindlich für jedermann aufzustellen" (1890: 1261). Denken könnte man auch an →Landauer, der N. im Sommersemester 1890 für sich entdeckte und im Winter in einer Festrede anlässlich einer akademischen ‚Weihnachtskneipe' „den Übermenschen als Perspektive ‚selbstbewußter Vollendung' des Menschen der Zukunft" (Delf 1997: 215) verkündete. Im Ergebnis von N.-Entdeckungen dieser Art meinte H. Graf Kessler in seinem Tagebuch vom Januar 1895 von einem „N.-Kultus" sprechen zu dürfen (vgl. Cancik 1987b: 406), ähnlich wie *Meyers Konversations-Lexikon*, das 1896 zum Stichwort N. den Eintrag brachte: „Die N.'schen Antworten haben viele Gegner gefunden, wie dies bei dem vielen Paradoxen und Umstürzenden in ihnen natürlich, aber auch viele Freunde besonders in der jungen Generation, in dieser zum Teil wegen der Zersetzung des Traditionellen." (Krummel I: 394) Auch die N.-Gegner hatten sich zwischenzeitlich formiert, etwa der Psychiater Türck, der über den auf N. bezüglichen Jubel des „Geistesproletariat[s] der Großstädte" mit den Worten spottete: „Der Teufel, der Vater der Lüge, ist groß und F. N. sein Prophet, beten alle freien Geister in Kopenhagen, Berlin, München und anderwärts. Ein groteskes Schauspiel, benannt: ‚Fin de siècle!'" (1891: 59 f.) Prominenter geworden ist allerdings →Tönnies' N.-Philippika und die hier vorgetragene Abscheu über „dürftige und mittelmäßige Halb-Genies" (1893: 104). Literarisch umgearbeitet finden sich derlei Bedenken in R. Mayreder-Obermayers (1895) satirischer Erzählung *Der Klub der Übermenschen*, in dem es um einen von sieben Wiener Studenten gefassten Plan zur Etablierung der Herrschaft eines „neuen Adels" geht, wobei deutlich angespielt wird auf N.s Vision einer Rettung der „Erstlinge und Frühgeburten des kommenden Jahrhunderts" (*FW V* 343).

Damit waren die Fronten klar, mit (einerseits) positiven Wirkungen N.s in der Reformpädagogik (vgl. Niemeyer 2002a: 143 ff.), teilweise auch in der →Jugendbewegung. Auch in den zentralen Schülerdramen der Jahrhundertwende – F. Wedekinds *Frühlings Erwachen* (1891), →H. Hesses *Unterm Rad* (1905), H. Manns *Professor Unrat* (1905), →R. Musils *Die Verwirrungen des Zöglings Törleß* (1906) – spiegelt sich diese durch N. fundierte Kritiktendenz, als deren später Nachschlag St. Zweigs Erzählung *Verwirrung der Gefühle* (1927) anzusehen ist. Als Ideal rückte bei all dem vor allem N.s Attitüde des →Freigeistes unter Einschluss der Idee eines ‚Klosters für freie Geister' (vgl. Treiber 1989: 149) ins Zentrum, die den N.-K des Fin de Siècle als eine epochentypische Kampfansage der Jungen in Richtung der Alten zentrierte – und (andererseits) eine Kampfansage in umgekehrter Richtung zur Folge hatte: Zumal aus katholischer Sicht wurde N. zum ‚verbotenen' Philosophen (Köster 1998). N.s Stigmatisierung als ‚Jugendverführer' war nun nicht mehr aufzuhalten und erwies sich selbst noch im Kontext der Schülerselbstmorddebatte der späten Weimarer Epoche als hilfreich, gleichsam bis hin zu dem ausgerechnet von →Fritsch auf N.-Lektüre zurückgeführten, als Duell getarnten Doppelselbstmord(-versuch) von Rudolstadt vom Oktober 1911 mit dem später unter dem Künstlernamen ‚Hans Fallada' (1893–1947) berühmt gewordenen ältesten Sohn eines Leipziger Reichsgerichtsrats als Hauptperson (vgl. Niemeyer 2007b: 246 f.).

Tatsächlich aber war dieser jugendspezifische N.-K nur ein Intermezzo, das 1914 mit der nun anhebenden und von EFN forcierten Indienststellung N.s als (deutscher) ‚Kriegsphilosoph' (→Krieg) endete (vgl. auch Niemeyer 1999c; 2002b: 93 ff.). Mit diesem Etikett griff jener bereits angesprochene, umfassende N.-K im Stil einer Kampagne, dies gleichsam als Teil eines breit angelegten Projekts, auf das EFN schon von Beginn an hingearbeitet hatte, um den Negativurteilen über N. aus dem Bürgertum entgegenzuwirken. Diesem Zweck gehorchte schon ihre große, 1895 gestartete dreibändige N.-Biographie, die mit den hier unterbreiteten Anekdoten sowie mit – nicht eben selten gefälschten – Auszügen aus bis dato noch nicht veröffentlichten Briefen und Werken N.s ganz auf den Zweck der Heiligsprechung ihres Bruders abstellte. Zu diesem N.-K im umfassenden Sinne, zu dem auch →Köselitz beitrug, sind auch die von EFN gestalteten musealen Inszenierungen im N.-Archiv auf dem Silberblick in →Weimar zu rechnen (vgl. Emmerich 2004), ebenso wie „der Festkalender und das Ritual der Gedenktage; die Propaganda durch Publikation in Luxusausgaben und Volksausgaben im Taschenformat, durch Bildwerke aus Kunststoff oder versilberter Bronze" (Cancik 1987a: 414). Des Weiteren zählen hierzu die von EFN auf vielfältige Weise – etwa durch Planung eines N.-Denkmals, eines N.-Tempels, eines N.-Stadions sowie einer (1934 realisierten) N.-Gedenkhalle – forcierten Versuche, das →N.-Archiv in Weimar „als Pendant zu →Bayreuth zu einem Kult- und Wallfahrtszentrum für N." (Hoffmann 2000: 485) auszubauen, wenn nicht gar N., etwa durch feierliche Überreichung seines Degenstocks an Hitler am 2.11.1933, für die Sache des Nationalsozialismus dienstbar zu machen (vgl. auch Cancik 1989). Im weiteren Sinn meint N.-K also alles, was nicht – wie im Fall des jugendspezifischen N.-Ks des Fin de Siècle – auf einzelne Aspekte des Werkes geht, sondern auf das Ganze der Person oder Botschaft N.s.

Spuren für einen engeren, thematisch, aber auch zeitlich und regional begrenzten N.-K lassen sich auch heutzutage noch identifizieren, beispielsweise im Internet anhand der Aufbereitung einzelner, auf Heroisierung abstellender Homepages (vgl. D'Iorio 2004). Zu denken ist aber auch an die kritische Kommentierung des N.-Ks im Kino, etwa wenn N. unter Konzentration auf seine angeblich martialische Lehre – so wie etwa in A. Hitchcocks *Cocktail für eine Leiche* (USA 1948), in C. Crichtons *Ein Fisch namens Wanda* (USA 1988) oder in M. Scorseses *Kap der Angst* (USA 1991) – als Vorbild des sich als gottähnlich fingierenden psychopathischen (Negativ-)Helden vorgeführt wird (vgl. Eichberg 2001). Filme wie diese haben ihr Vorbild offenbar in Nachrichten wie jener, wonach es noch nicht allzu lange her sei – so Danto im 1997 verfassten Vorwort zur deutschen Ausgabe seines Buches *N. as Philosopher* (1965) –, „daß eine Gruppe Jugendlicher aus Pearl River, Mississippi, einen brutalen, ja mörderischen Streifzug unternommen hat; ihrem Anführer zufolge hatten sie sich dazu von der Philosophie F. N.s inspirieren lassen" (1965/1998: 9).

Übersetzt man das von Danto Berichtete in Theoriesprache, ergibt sich, dass dieser N.-K im engeren Sinn zurückgeht auf eine sich im Rezeptionsverlauf verdichtende und vorübergehend dominant wirkende spezifische Lesart N.s., die sich zunächst gleichsam ungesucht herausprägt und dann, getragen in der Regel von einer Gruppe gleich gesinnter N.-Verehrer, auf Dauer zu stellen versucht wird. Die Entwicklung eines N.-Ks wird dabei fraglos begünstigt durch die suggestive Macht von N.s Sprache und/oder den deutlich pointierten Charakter einzelner Sentenzen, Aphorismen oder bestimmter Passagen seines Werkes, die in einer je bestimmten Epoche geeignet scheinen, gegen herrschende Auffassungen als vorbildhafte und beispielgebende Alternativentwürfe zu wirken. Von einem N.-K im ausgeprägten Sinne kann aber erst dann gesprochen werden, wenn jene Gruppe sich auch noch um die Nachahmung von N.s Sprache und/oder seines gesamten Habitus bemüht, mit der Folge, dass es eine Zeitlang in bestimmten Kreisen Mode wird, N. in spezifischer Weise zu lesen und zu propagieren – oder eben zu bekämpfen. Vorauszusetzen ist dabei, dass N. etwas eigen ist, was Habermas ihm schon vor über vierzig Jahren meinte bestreiten zu dürfen, als er – wohl etwas vorschnell – das Diktum populär machte, N. habe „nichts Ansteckendes" (1968: 237) mehr.

*Christian Niemeyer, Dresden*

**Nihilismus** | Als Grundtendenz nicht nur der →Modernität, sondern der europäischen Kultur im Ganzen hat N. den „europäischen N" ausgemacht, und zwar als – in geschichtsphilosophischer Hinsicht – eines der wichtigsten Motive seines späten Denkens, wie die zahlreichen Entwürfe zum geplanten Hauptwerk *WM* belegen, darunter das Lenzer Heide-Fragment →*Der europäische Nihilismus*. Am Beginn von N.s Auseinandersetzung mit dem N steht der Aphorismus *Der tolle Mensch* (*FW* 125), wo der Tod Gottes (→„Gott ist tot") unter den Vorzeichen des Schwindens jeder Möglichkeit der Orientierung in der Frage nach dem Sinn des Lebens beschrieben wird. Zwei Jahre zuvor war, inspiriert u. a. von Turgenjews *Väter und Söhne*, in zwei Fragmenten bereits von „Nihilisten" die Rede (NF 1880, 4[103], [108]), wenngleich N. den Namen „N" für diese Erfahrung des Nichts erst ab 1885 einsetzt. So lautet eine der ersten Verwendungen (die als Nr. 1 von 2*WM* besonders populär wurde): „Der N steht vor der Thür: woher kommt uns dieser unheimlichste aller Gäste? –" (NF 1885–86, 2[127]) Ganz knapp lautet die Antwort: „Das Christenthum an seiner Moral zu Grunde gehend", oder: „Der europäische N. Seine Ursache: die Entwerthung der bisherigen Werthe" (ebd., 2[131).

Der N, der bevorstehe, hat für N. mehrere Erscheinungsformen. So unterscheidet er den aktiven und passiven (NF 1887, 9[35]) sowie den vollkommenen und unvollständigen N (ebd., 10[42]) und schließlich den radikalen N (ebd., 10[192]). Ein aktiver Nihilist sei der →„freie Geist", der die Dürftigkeit der überlieferten Werte erkennt und über sie hinauswächst. Seine höchste Kraft erreicht er, wenn er zerstört. Der passive Nihilist sei der ermüdete Geist, der nicht mehr angreift. Modell dafür stehe der →Buddhismus, den N. trotzdem höher einschätzt als alle modernen Ideologien, die er als Versuche bezeichnet, dem N zu entgehen. Diese Versuche seien Zeichen eines unvollständigen N, der vollkommene Nihilist dagegen sei derjenige, der die „Logik des Pessimismus" durchschritten, der die „**drei großen Affekte**" der Verachtung, des →Mitleids und der Zerstörung durchlitten habe (NF 1887–88, 11[149], [159]). Der aktive Nihilist, der die überlieferten Werte zerstört, vollendet also den N, „Culminations-Punkt" jedoch, dasjenige, was N. den letzten, extremsten oder radikalen N nennt, sei die Überzeugung, dass das Leben in aller Ewigkeit dasjenige, was man als höchsten Werte angesetzt hat, einen „Sinn" oder „Zweck", eine „Ganzheit" oder „Einheit", eine „wahre Welt" oder ein metaphysisches „Sein" (ebd., 11[99]), nicht kenne. Der N konvergiert hier mit N.s Grundgedanke der →ewigen Wiederkehr: „Das ist die extremste Form des N: das Nichts (das ‚Sinnlose') ewig!" (NF 1886–87, 5[71], Nr. 6) Wenn das Dasein aber in aller Ewigkeit kein Ziel kennt, so N.s Frage, soll damit letztlich nicht auch der Sinn der Qualifikation „N" verfallen? Selbst hat er jedenfalls die extremste Form des N als „EINE GÖTTLICHE DENKWEISE" erfahren (NF 1887, 9[41]). In seinen publizierten Schriften hat N. den Namen „N" auch wohl nur für die Konsequenz dieser Bewegung reserviert: der „‚letzte' Wille des Menschen" sei „sein Wille zum Nichts, der N" (*GM III* 14). So hat er schließlich die Kennzeichnung „nihilistisch" bereits für die Erklärung der Herkunft des N verwendet. Der Wille der alten Theologen sei ein „NIHILISTISCHE[R] Wille" (*AC* 9) gewesen, d. h. ein „Wille zum Nichts" (*AC* 18).

Die Ursache des N hat N. in der lebensfeindlichen Art der bisherigen Werte und im „WILLEN ZUM NICHTS, einen Widerwillen gegen das Leben" (*GM III* 28), gesucht, nur dass das Nichts hier nicht die entdeckte Nichtigkeit der moralischen Werte, sondern ihre anfänglich geglaubte Lüge meint, die N. psychologisch und physiologisch erklärt. Die erste psychologische Entstehungsbedingung sowohl der platonischen Metaphysik als auch der jüdisch-christlichen Moral hat er in der Furcht vor dem Leiden (NF 1888, 18[16]) und im →Ressentiment gegen „[d]ie Sinnlosigkeit des Leidens" (*GM III* 28) gesehen. Der Glaube an eine durch die Liebe Gottes verbürgte oder vernünftige und sittliche Weltordnung, an eine teleologische Moral, sei das Produkt dieses Widerwillens gewesen; das „asketische Ideal" böte der Menschheit einen Sinn. Dieser Glaube an eine wahre Welt, in der man nicht leidet, hat N. zufolge allmählich den wissenschaftlichen Sinn für →Wahrheit gezüchtet, der am Ende diese Welt als eine Lüge entlarvt. N.s Ontologie des →Willens zur Macht hat ihn endlich dazu geführt, den N auch physiologisch als Folge der Schwächung des Willens, als Folge der „décadence" zu betrachten. „Wer allein hat Gründe sich WEGZULÜGEN aus der Wirklichkeit? Wer an ihr LEIDET Aber an der Wirklichkeit leiden heisst eine VERUNGLÜCKTE Wirklichkeit sein … Das Übergewicht der Unlustgefühle über die Lustgefühle ist die URSACHE jener fiktiven Moral und Religion: ein solches Übergewicht gibt aber die FORMEL ab für décadence …" (*AC* 15). Die nihilistischen Werte der Moral seien im Grunde „DÉCADENCE-WERTHE" (*AC* 6).

N.s Lehre des N wirkt bis heute weltweit. In der philosophischen Rezeption lassen sich zwei Haupttendenzen unterscheiden: eine existentielle und eine geschichtsphilosophische. In Ersterer, die zunächst vorherrschte, liegt der Akzent auf der Erfahrung der Sinnlosigkeit, des Absurden, des Todes Gottes. In der geschichtsphilosophischen Vertiefung ist der Zusammenhang der Sinnfrage mit der Frage nach Art und Herkunft des europäischen N zentral. Der spätere →Heidegger und die französischen Differenz-Denker, →Deleuze, →Foucault, →Derrida u. a., haben N.s Moral- und Metaphysik-Kritik als eine Wasserscheide erfahren. Heidegger hat sich überdies auch kritisch mit N.s Denken auseinandergesetzt, zumal seine Lesart des Seins als des Werte-Setzenden eines Willens zur Macht noch metaphysischer Art und, mit N., ein Ausdruck des eigentlichen N wäre. Dies dürfte Heideggers Satz erklären: „Vielleicht liegt das Wesen des N darin, dass man nicht Ernst macht mit der Frage nach dem Nichts." (1961b: 53) Mit der Globalisierung, die vorerst der globalen Verbreitung der europäischen Kultur gleichzusetzen ist, werden N.s Gedanken und Diagnosen zum N noch an Bedeutung gewinnen. Zum Thema auch: Camus (1953/69); Blanchot (1969b); Arendt (1974); Hillebrand (1984); Kuhn (1984; 1992); Müller-Lauter (2000); Riedel (2000); Visser (2001); Vattimo (2005a); Sommer (2006); Crespo (2008).

*Gerard Visser, Leiden*

**Nizza** | Fünf Winter in Folge lebte N. in N. Einem Reiseführer hatte er entnommen, N hätte im Winterhalbjahr fast ebenso viel Sonne wie Genua im ganzen Jahr. Am 2.12.1883 traf er ein und wurde zunächst nicht enttäuscht: „[...] was den REINEN Himmel betrifft, übertrifft es wahrhaftig noch meine Erwartungen." (An Overbeck, 24.12.1883) N. wechselte mehrmals das Quartier und blieb schließlich bis zum 20.4.1884 in der Pension de Genéve, wo er *Za III* schrieb. Im folgenden Winter (28.11.–8.4.1885) wohnte er wieder dort. Am 12.2.1885 bat er v. Gersdorff um Geld für den Privatdruck von *Za IV.* Der dritte Aufenthalt begann am 11.11.1885 (bis 30.4.1886). Die Pension de Genéve war inzwischen umgebaut und wahrscheinlich auch teurer geworden, denn nach drei Tagen zog N. in die rue St. Francois de Paule 26. Seine Verehrung für Napoleon ließ ihn behaupten, man könne von seinem Fenster aus Korsika sehen (An Köselitz, 6.12.1885). Exakter war seine auf die Fertigstellung von *JGB* bezogene Mitteilung an Köselitz: „Diesen Winter habe ich benutzt, etwas zu schreiben, das Schwierigkeiten in Fülle hat, so daß mein Muth, es herauszugeben, hier und da wackelt und zittert." (27.3.1886) Am 30.4.1886 verließ N. die Stadt, kam aber im folgenden Herbst (20.10.) zurück nach N, „das meine Augen ‚auswendig gelernt' haben" (An v. Seydlitz, 26.10.1886). Durch seine Kurzsichtigkeit lief N. ständig Gefahr, überfahren zu werden. Die Pension de Genéve war inzwischen um ein Nebenhaus erweitert worden, hier bekam er nun „sein" Zimmer. Doch der Winter wurde so kalt, dass er, nachdem Overbeck Geld geschickt hatte, ein Südzimmer in der rue des Ponchettes mietete. Hier beendete er seine Arbeit an *FW V,* hier entdeckte er auch in einem Buchladen – ähnlich zufällig wie 1865 im Fall Schopenhauer – →Dostojewski, „ein Psychologe, mit dem ‚ich mich verstehe'" (An Köselitz, 13.2.1887). Wenig später richtete ein Erdbeben großen Schaden in N an, auch an dem Hause, „in welchem der dritte und vierte Theil des Zarathustra niedergeschrieben wurde" (N. an v. Meysenbug, Ende Februar 1887). N. liest dies als Zeichen für (seine) „Vergänglichkeit", auch als „Vortheil für die Nachwelt", die nun „eine Wallfahrtsstätte weniger" zu besuchen haben werde (N. an Emily Fynn, um den 4.3.1887). Am 3.4.1887 reiste N. ab und blieb bis zum 22.10. fort, dann bezog er wieder sein Stammquartier. Vom alten Haus waren nur zwei Stockwerke abgetragen worden. Das Erscheinen des *Hymnus an das Leben* (seine Vertonung eines Gedichts →L. v. Salomés) versetzte ihn in eine gehobene Stimmung: „[...] das Einzige, was von meiner Musik übrig bleiben soll" (An G. Krug, Ende Oktober 1887). Ebenso beflügelte ihn →G. Brandes' positive Äußerung zu *GM*. Das Versprechen gegenüber Brandes, sich mit

→S. Kierkegaard zu beschäftigen, kann N. freilich nicht mehr einlösen: Anfang April 1888 reiste er nach →Turin ab, wo er neun Monate später zusammenbrach. Zum Thema auch: Pfeiffer (1998).

*Thomas Pfeiffer, Berlin*

***NW: Nietzsche contra Wagner*** | Die negativen Aspekte seiner Beschäftigung mit →Wagner hatte N. in →*WA* bereits dokumentiert, mit *NW* folgt eine zweite antiwagnerianische Schrift. *NW* ist ein Kompilat aus bereits veröffentlichten Texten bzw. neu bearbeiteten Textvarianten und nimmt damit „als formales Experiment unter N.s Werken eine Sonderstellung ein" (Sommer 2008: 442). Die Publikationsgeschichte ist unübersichtlich: Sowohl die Wahl des Verlegers als auch Textorganisation, Publikationsentschluss und Untertitel (in der Letztfassung *Aktenstücke eines Psychologen*) werden von N. im Dezember 1888 in rascher Folge revidiert; am Tag vor dem geistigen Zusammenbruch am 3. Januar 1889 legt er das Projekt ad acta (vgl. KSA 14: 520 ff.). Als Motivation für den Text muss v. a. N.s Bedürfnis gelten, die Vorgeschichte seiner in *WA* kulminierenden eigenen Wagner-Kritik zu dokumentieren (vgl. Hudek 1991: 36). Zu diesem Zweck wählte N. Texte bzw. Textpassagen aus, die bis zu *MA* zurückreichen. Dennoch dürften N. zur Jahreswende 1888/1889 Zweifel gekommen sein, ob nach der Bestimmung Wagners als dem „grossen Wohlthäter meines Lebens" (*EH*, *Warum ich so klug bin* 6) eine Polemik im Stil von *WA* noch angemessen sei. Die Neuzusammenstellung der Texte nahm N. nach einer „Technik der pointierenden Abkürzung" (Sommer 2008: 443) vor, die auch eine Zuspitzung des ursprünglichen Textinhalts erlaubte. Darüber hinaus eröffnet das neu geschriebene Vorwort N.s Wagner-Kritik auch eine aktuell-politische Dimension, die N. in einer Polemik gegen den Dreibund allerdings nur andeutet. *NW* besteht in der heute gültigen Form aus den folgenden Textteilen: *Wo ich bewundere* (aus *FW*), *Wo ich Einwände mache* (aus *FW*), *Intermezzo* (aus bzw. ebenso Teil von *EH*), *Wagner als Gefahr* (1. Abschnitt aus *VM*, 2. Abschnitt aus *WS*), *Eine Musik ohne Zukunft* (aus *VM*), *Wir Antipoden* (aus *FW*), *Wohin Wagner gehört* (aus *JGB*), *Wagner als Apostel der Keuschheit* (1. Abschnitt aus *JGB*, 2. und 3. Abschnitt aus *GM*), *Wie ich von Wagner loskam* (beide Abschnitte aus *MA*), *Der Psycholog nimmt das Wort* (alle Abschnitte aus *JGB*), *Epilog* (alle Abschnitte aus *FW*) und *Von der Armuth des Reichsten* (aus bzw. Teil von *DD*). Die jeweiligen Textteile wurden von N. unterschiedlich stark umgearbeitet. Die Hauptpunkte der Kritik sind im Wesentlichen jene, die N. in *WA* stärker kondensierte und mit größerem stilistischen Raffinement aufbereitete: Wie in *WA* hebt N. in *NW* als wesentliche Leistung Wagners die meisterhafte Beherrschung der kleinen, miniaturhaften musikalischen Form hervor – im Unterschied zu Wagners eigener Vorliebe für musikalische „Wandmalerei" (*Wo ich bewundere*). Abermals firmiert Wagner als „décadent" (*Wie ich von Wagner loskam* 1), N.s eigene Einwände dagegen werden als „physiologisch" und quasi-medizinisch motivierte Kritik ausgewiesen: „Wagner macht krank." (*Wo ich Einwände mache*) Als Gegenmodell dient die rhythmisch klar gegliederte, durch „Zeit- und Kraft-Ebenmässigkeit" (*Wagner als Gefahr* 1) charakterisierbare Musik der klassischen Tradition. Verglichen mit *WA* ist die Argumentation weniger geschlossen und stärker mit biographischen Gesichtspunkten verwoben, ein Teil der Überlegungen ist von deutlich allgemeinerem Interesse. N.s unschlüssige Haltung in der Frage der Publikation demonstriert allerdings die Ambivalenz seiner Einstellung zu Wagner in der letzten wachen Zeit. Rezeptiv ist *WA* die bedeutendere Schrift, wozu allerdings auch die geringere Verbreitung von *NW* beiträgt.

*Christoph Landerer, Salzburg*

**Ontologie** | N.s O oder seine Doktrin vom Sein und dem Wesen des Seins entspricht weitgehend dem, was er auch „die grosse Ökonomie des Ganzen" nennt (*EH*, *Warum ich ein Schicksal bin* 4), worunter gewöhnlich seine Lehre vom →Willen zur Macht verstanden wird, differenziert in Ausdrücken sich widersprechender Werte. Angesichts der Verneinung des →Jenseits, im Sinne eines Lebens vor oder nach dem Tod, wurde N.s O dem →Nihilismus zugerechnet, als entleert von einem jüdisch-christlichen Gott. Darüber wurde von anderen Denkern – angefangen bei H. Arendt bis hin zu K. Jaspers und L. Strauss und, vielleicht am bekanntesten, E. Husserl – häufig in Begriffen einer „Krise" der Wissenschaften bzw. des westlichen Glaubens gesprochen; N. begrüßte eben diese Krise, da sie die Chance bot, neue →Werte zu prägen und zu kreieren. Wenn N. auf den Tod Gottes verweist, spricht er zudem von altertümlichen und vergessenen Göttern und schlägt vor, den wankenden Idolen auf den Zahn zu fühlen, sie zu zerstören, sie jedoch auch neu zu bearbeiten.

N.s O entspricht keineswegs einer Art „Metaphysik des Willens", schon deshalb nicht, weil er selbst immer wieder betont: „Es giebt *keinen Willen*" (NF 1883–84, 24[32]; 24[34]; NF 1887, 9[98]; NF 1888, 14[219]). Stattdessen spricht N. von einer Kraft bzw. Macht des Ortes, eine Konstellation, die er „als Spiel von Kräften und Kraftwellen" (NF 1885, 38[12]) ausdrückt. O ist hier in einem hinlänglich mathematischen Sinne zu verstehen in Analogie zu den (späteren) epistemologischen Spekulationen des Mathematikers F. Hausdorff (Pseudonym: Paul Mongré, Autor von *Sant'Ilario* [1897] und *Das Chaos in kosmischer Auslese* [1898]; vgl. hierzu Hoffmann 1991: 372 ff.). N. selbst deutet sie in einem mathematisch-physikalischen Sinne, indem er von „EIN[em] QUANTUM MACHT" spricht, von „ein[em] Werden, insofern nichts darin den Charakter des ‚Seins' hat." Es folgt (erneut): „[E]S GIEBT KEINEN WILLEN: es giebt Willens-Punktationen, die beständig ihre Macht mehren oder verlieren." (NF 1887–88, 11[73]) N. nimmt dies in Anspruch in dem Maße, in dem er seine Vorstellungen von der Ordnung der Welt hinsichtlich einer Gesetzmäßigkeit der Zeit als einer punktuellen Kraft entwirft, die relative und sukzessive Momente ordnet (NF 1873, 26[12]). Auf diese Weise artikuliert N. eine explizit anti-atomitische Vorstellung, und zwar in Übereinstimmung mit E. Mach, indem er im weiteren Fortgang dieses Prozesses die energetischen Termini der Physik des 19. Jh.s verwendet: „[A]lle Voraussetzungen des Mechanismus, Stoff, Atom, Druck und Stoß, Schwere sind nicht ‚Thatsachen an sich', sondern Interpretationen mit Hülfe PSYCHISCHER Fiktionen." (NF 1888, 14[82]) Anzumerken ist an dieser Stelle N.s Bezugnahme auf die →Psychologie.

Ergänzend zur Ausarbeitung der Grundlagen seiner radikalen Kritik des →Subjekts unterstellt N.s temporal geschlossenes Schema vom dynamischen Willen zur Macht verschiedene Erscheinungsformen, welche wiederum abhängig sind von ihrem Ursprung in der Macht zur Überschreitung oder gelesen werden können als rückwirkender und kompensatorischer Ausdruck des Defizits bzw. Mangels an Macht. Im Einzelnen drückt sich für N. der Wille zur Macht auf der Grundlage eines Mangels oder auf der Grundlage einer Übersteigerung aus. Wie die Ökonomie des Willens zur Macht sind beide Perspektiven grundsätzlich agonistisch; beider Kraftspiele bewirken mehr, als das bloße Anzeigen der positiven und negativen Seiten auf einer Werteskala nach N.s Zuschnitt. Obwohl N. die Sprache der →Stärke (und offensichtlich auch die der Schwäche) als perspektivisch determinierte Sprachfiguren ablehnt, vertritt er die Auffassung, dass der Wille zur Macht, diese Macht zu übersteigen (der Wille zur Macht der Mächtigen), einen Ausdruck findet im Übermaß an Macht zur Überschreitung und dabei vor allem zu lesen ist als ein dynamisches Wetteifern mit den Willensbekundungen anderer. Ein starker Wille zur Macht führt zwar zur Macht, kann diese jedoch nicht konservieren und neigt demzufolge dazu, nicht fortzubestehen. Im Gegensatz dazu ist der Wille zur Macht aus Gründen von Mangel oder Defizit kompensatorisch ausgelegt – und gewinnt daraus die Fähigkeit, Macht nicht nur zu erhalten, sondern auch zu erwerben und schließlich über andere Formen zu triumphieren. Für N. ist dies charakteristisch für die westliche Kultur, sowohl in ihren traditionellen (ob jüdisch-christlichen oder anderen kulturgeschichtlichen Konventionen zugehörend) als auch in ihren technisch-wissenschaftlichen Manifestationen. Demzufolge kann N. sagen: „Die Welt von innen gesehen, die Welt auf ihren ‚intelligiblen Charakter' hin bestimmt und bezeichnet – sie wäre eben ‚Wille zur Macht' und nichts ausserdem." (*JGB* 36; vgl. *JGB* 13, 34, 211 und *GM II* 12) N. ist folglich in der Lage, seine Vorstellung von der Welt als den Willen zur Macht im Hinblick auf das →Leben allgemein zu formulieren, „weil Leben eben Wille zur Macht IST" (*JGB* 259; vgl. NF 1882–83, 5[1], 1.; NF 1885–86, 2[190]; *Za II, Von der Selbst-Ueberwindung*).

N.s Wille-zur-Macht-O artikuliert die Welt in ihrer Gesamtheit, gleichzeitig aber auch als vollendet in jeder Hinsicht. Dabei schließt die Welt als Wille zur Macht durchgängig sowohl die statische Bedingung wie die bereits entfaltete Bedingung der Ankunft im Sein aus: „[D]er Wille zur Macht kann nicht geworden sein" (NF 1887–88, 11[29]). Solch eine Welt mit einem vollkommenen, mannigfaltigen, dynamischen Willen-zur-Macht schließt den Willen oder die Macht als Impuls aller Kräfte ein, die reichlich mit Macht versehen sind (die Starken), genauso wie den Willen oder die Macht als Triebkraft aller, denen die Macht fehlt (die Schwachen). Für N. gibt es nichts darüber Hinausgehendes, und dies hat zur Folge, dass nichts außerhalb dieser *„dionysische[n]* Welt des Ewig-sich-selber-Schaffens, des Ewig-sich-selber-Zerstörens" existiert: „DIESE WELT IST DER WILLE ZUR MACHT – UND NICHTS AUSSERDEM! Und auch ihr selber seid dieser Wille zur Macht – und nichts außerdem!" (NF 1885, 38[12]) Diese dionysische Beschreibung der Welt, die mittels der vorplatonischen Sprache der *physiologoi*, Anaximander, Anaximenes, →Heraklit und Empedokles, entwickelt wird, stimmt in N.s Augen mit einer perfekten wissenschaftlichen (wenngleich auch einer 19. Jh.-)Welt der Energie und der Stärke überein: eine physikalisch-chemische Welt, die thermodynamische Welt der konservierten Energie. Was ist, ist somit nicht das Sein, sondern N.s Wille zur Macht als Spiel der Kräfte – nichts anderes, nichts sonst. Eine derartige Perspektive berücksichtigt die physikalische Kausalität („Es giebt gar keine andere →Causalität als die von Wille zur Wille." NF 1885, 35[15]) genauso wie die erkennbare Ordnung der Welt an sich – und das bedeutet, dass N. den gleichen Willen zur Macht auch im Bereich der →Logik finden kann: „Zum Verständniß der Logik: DER WILLE ZUR GLEICHHEIT IST DER WILLE ZUR MACHT" (NF 1885–86, 2[90]). Indem N. die inneren Beweggründe eines jeden Dings als Ausdruck des Willens zur Macht aufspürt und diesen nachgeht, präzisiert er seine genealogischen Erkenntnisse nach dem Muster: „Die Lust an der Lüge als die Mutter der Kunst, Furcht und Sinnlichkeit als Mutter der →Religion, das Nitimur in vetitum und die Neugierde als Mutter der →Wissenschaft, die Grausamkeit als Mutter der unegoistischen →Moral, die Reue als Ursprung der socialen →Gleichheits-Bewegung, der Wille zur Macht als Ursprung der →Gerechtigkeit, der Krieg als der Vater (des guten Gewissens und der Heiterkeit) der Ehrlichkeit, das Herrenrecht als der Ursprung der Familie [...]" (NF 1887, 8[7]).

Zu beachten bleibt schließlich, dass N. sein geplantes Buchvorhaben *WM* anhand explizit ontologischer Termini beschreibt. So versteht er den „nicht ungefährlichen Titel ‚der Wille zur Macht'" unter logischen Aspekten als „VERSUCH EINER NEUEN AUSLEGUNG ALLES GESCHEHENS" (NF 1885, 40[50]; vgl. NF 1885–86, 1[35]). Insoweit kann man N.s O des Geschehens als eine agonistische O (so u. a. Boudot 1971; vgl. auch Babich 2009) dynamisch entgegengesetzter Kräfte beschreiben und als eine Art →Metaphysik verstehen: als ein jenseits der Physik sich ereignendes Versteckspiel heraklitischer und dionysischer Kräfte (vgl. u. a. Fink 1960).

Als Problem bleibt bestehen: N. muss entweder das Nichts postulieren oder die kritische Frage nach dem ontologischen Status des Jenseits oder der Außenwelt im Raum stehen lassen. Der Ausruf: „Es giebt kein Aussen!" (*Za III, Der Genesende* 2) entspricht ganz N.s aktivem Nihilismus. Somit bestimmt der Wille zur Macht alles Lebende, mit der Folge, dass für N. alles Anorganische lediglich eine Variante des Organischen ist (NF 1872–73, 23[34]). Dementsprechend gilt: „Das Lebende ist nur eine Art des Todten, und eine sehr seltene Art." (*FW* 109; vgl. hierzu Brock 1931) Und: Auf der metaphysischen, transzendentalen oder moralisch-ontologischen Ebene erscheint N. jedes Ding übersetzbar in den Willen zur Macht, sei es der Wille zur

Schönheit oder zum Helfen mit der Pointe „alles Wille zur Macht“ sowie der Schlussfolgerung „keine Güte“ (NF 1885, 39[13]). Wieder ist bezeichnend, dass N. die Sprache der Psychologie spricht. Im seltenen Falle, in dem N. selbst ontologische Begriffe verwendet, geschieht dies im Kontext seiner psychologischen Kritik von →Kants erkenntnistheoretischen Forderungen. N. spricht folglich von einer „MORALISCHEN O“ im Hinblick auf die Richtigkeit der Urteile und Aussagen über das Gewissen, argumentierend, dass, ceteris paribus, die gleiche Dynamik am Werke ist im Apriori, auf dem die kantische Möglichkeit des Wissens fußt, dessen vor-empirische Bedingungen für N. alles andere als ontologisch waren: „[D]ie ENTSTEHUNG EINES GLAUBENS, einer starken Überzeugung ist ein psychologisches Problem“ (NF 1886–87, 7 [4], 265; vgl. *JGB* 23).

Es gibt natürlich noch andere Darstellungen von N.s O, besonders im Zusammenhang mit der Theologie (vgl. etwa Biser 1962; Marggreiter 1978), und die Bandbreite dieser Darstellungen ist beträchtlich. Eine begreift N. als metaphysischen Denker, so wie →Heidegger, der einer derjenigen ist, die auf die beherrschende Gewalt von N.s O hinweisen und der in M. Haar (1999) einen engagierten Kontrapunkt gefunden hat, ebenso wie in P. Klossowski (1969). Ein weiterer Ansatz könnte im vorplatonischen und spezifisch heraklitschen Schema E. Finks (1960) gefunden werden, das aus N.s Metaphysik die Entstehung eines Theaterstücks herausliest. In gleicher Tradition steht, aus dem Blickwinkel der Moral-O, W. Müller-Lauter (1971), einer der wichtigsten Interpreten, die die Mannigfaltigkeit des Willens (bzw. der Willen) zur Macht betont haben (welche N. selbst als Umkehrung des Seins und Werdens begreift) – im Fall von Müller-Lauter explizit und agonistisch zergliedert und analysiert hinsichtlich des Widerspruchs. Neben einer anders gearteten Analyse des Begriffs „Wille zur Macht“, von dem N. auch spricht als einer „fortgesetzten Zeichen-Kette von immer neuen Interpretationen und Zurechtmachungen“ (*GM II* 12; vgl. *JGB* 36) oder einer interpretativen O nach G. Abel ([2]1998) und B. Babich (1994: 77–134, 261–310) schlagen andere Interpreten eine anti-metaphysische oder immanente O vor im Sinne der o. g. O vom Willen zur Macht als dynamischer Kraft (vgl. etwa Grimm 1977; Molfes 1990; Spiekermann 1991; Ulfers 2002; auch Tietz 2000).

Interpretation ist der Schlüssel zu N.s O, zumal absolutes Wissen (Wahrheit als solche) in einer Welt der Veränderung unmöglich ist. N.s grundsätzliche Frage „[W]ie ist also Erkenntniß möglich?“ verweist auf den interpretativen Willen zur Macht, denn die Antwort lautet: „Als Irrthum über sich selbst, als Wille zur Macht, als Wille zur Täuschung.“ (NF 1886–87, 7[54]) N.s erkenntnistheoretische Perspektive ist somit entscheidend für seine O, mit H. G. Ingenkamp gesprochen: „Bei N. ist O Philologie.“ (2003: 17) Auch W. Patt (1997: 99 ff.) bescheinigt N. eine Art interpretative O, ausgehend von seiner These, dass es keine Tatsachen gibt, sondern nur →Interpretationen (vgl. u. a. *JGB* 22). In diesem Sinn sprach schon J. Simon von N.s „Ablösung von O“ (1987: 132), wohingegen angloamerikanische Gelehrte, die dem gegenwärtig dominierenden analytischen Denkansatz folgen, dazu neigen, N.s O als „naturalistisch“ auszudeuten. Sie sind weiterhin geneigt, zu mutmaßen, dass N.s Wille zur Macht der Forderung nach Gewalt Ausdruck verleihe oder nach einer destruktiven Inbesitznahme bzw. Beherrschung der Welt (vgl. etwa Richardson 2004; Loeb 2009), und zwar in einem noch radikaleren Sinn, als Heideggers Interpretation sie N. zuschrieb, eine Lesart, die Heidegger selbst vorsichtig unterschieden hat von nationalsozialistischen Auslegungen seiner eigenen Ära.

Die vielleicht befremdlichste Auslegung von N.s O basiert auf N.s Setzung der Welt „als Kreislauf von absolut identischen Reihen“, ein Kreislauf, „der sich unendlich oft bereits wiederholt hat und der sein Spiel in infinitum spielt.“ (NF 1888, 14[188]) Womit wir es hier zu tun haben, ist nämlich der Gedanke der →ewigen Wiederkunft des Gleichen, an den uns bereits Heidegger erinnerte und der zusammen mit dem Willen zur Macht gedacht werden müsse. Es ist genau das, was die Idee des Seins bestimmt und prägt, und das zudem, als die ewige Wiederkehr des Gleichen, in Bezug auf N.s Mengen-/Quanten-Interpretation, als eine Art Perpetuum mobile des Willens zur Macht gelesen werden muss, wo N. den schottischen Physiker Lord Kelvin (zitiert als Thompson) aufruft, es genauso zu tun. Für N. gibt es keinen (und kann es keinen) evidenten Unterschied geben zwischen einem einmal (und nur einmal) gelebten Leben und einem genauso gelebten Leben, unendlich oft wiederholt, das allerdings in der Intensität und ästhetischen Bedeutung verschieden ist, welche den Unterschied eines Lebens ausmachen. Zum Thema auch: Riedel (1989).

*Babette E. Babich, New York* (Übers.: F. Künstner)

**Overbeck, Franz** | O, *16.11.1837 St. Petersburg, †26.6.1905 Basel, Sohn eines dt. Kaufmanns und einer Französin, evang. Theologe in Basel, wohin er 1870 als Professor für Neues Testament und Alte Kirchengeschichte berufen worden war, gehört zu den markantesten Persönlichkeiten im Umkreis N.s. Mit N. schloss er nach seiner Berufung dauerhaft Freundschaft, obwohl beide nur bis Mitte der 1870er Jahre gemeinsam in der Basler „Baumannshöhle" wohnten und N. Basel 1879 endgültig verließ. O war es, der N. nach seinem geistigen Zusammenbruch in Turin abholte und auch noch nach 1889 der Sachwalter seiner (finanziellen) Angelegenheiten blieb. Bis dahin war er vor allem der unermüdliche (Brief-)Gesprächspartner in persönlichen so gut wie in philosophischen Dingen (vgl. Meyer/v. Reibnitz 2000). Die sehr eigenständige Position Os im Geflecht von N.s Freundschaften (Eberlein 1999) tritt etwa in seiner Korrespondenz mit Köselitz (Hoffmann/Peter/Salfinger 1998), ansatzweise auch in jener mit Lagarde (Peter/Sommer 1996), aber auch in seiner späteren Abwendung von EFN und ihrem N.-Archiv zutage. Os nüchterner Blick, der den kritischen Gestus heutiger N.-Forschung vorwegnimmt, machte ihn schon früh unbeliebt bei N.s Schwester und ließ ihn zum Opfer ihrer Intrigen werden, wofür auch noch die Auseinandersetzung um Bernoulli (1908a,b) Zeugnis gibt.

In Basel kam es zwischen N. und O zu einer gegenseitigen intellektuellen Befruchtung. *GT* beeindruckte O stark; insbesondere N.s Mythos- und Ursprungs-Konzept regte ihn zu weiterführenden Reflexionen an (Peter 1992). O trieb die Frage um, wie Theologie in der modernen Welt noch möglich sei und in welchem Verhältnis diese Theologie zum ursprünglichen Christentum stünde. 1873 erschienen N.s *DS* und Os *Über die Christlichkeit unserer heutigen Theologie* zeitgleich im selben Verlag als „Zwillingspaar". Während N. das „Bildungsphilistertum", die Religionsstiftungsaspirationen des alten Strauss und damit die sich etablierende politische Ideologie des jungen Kaiserreiches ins Visier nahm, startete O einen Generalangriff auf die „apologetische" und „liberale" Richtung der Theologie. Dabei setzte er in Anlehnung an Schopenhauer (Sommer 2000c: 192–206) eine vollkommene Unvereinbarkeit von Glauben und Wissen voraus. Die Theologie täusche sich fundamental über sich selbst, wenn sie meine, sie könne Wissen und Glauben in Übereinstimmung bringen. Der Theologie sei eine völlig andere „Lebensansicht" eigen als dem von ihr vermeintlich vertretenen Christentum. Denn dieses sei von tiefster Weltabwendung geprägt gewesen, habe sich von Geschichte und Kultur in der unmittelbaren Erwartung der Wiederkunft Christi verabschiedet. 1873 propagierte O noch eine „kritische Theologie" als Heilmittel – eine Idee, die er allerdings bald aufgab, um schließlich das Ende des Christentums zu verkünden, das unter den Händen der es vereinnahmenden Theologen verschieden sei.

N. nahm Anregungen Os auf, und zwar sowohl im Hinblick auf die Aufgaben einer „kritischen Historie" als auch im Hinblick auf das Überhistorische, die Religion, die von der herkömmlichen Historie in ihrer Substanz bedroht werde (vgl. Sommer 1997: 44–72). Als Maßstab der Kritik ist O und N. zunächst der Rekurs auf normative Ursprünge gemeinsam: bei N. ein archaisches Griechentum, bei O das Urchristentum. Im Unterschied zum jungen N. strebt O nicht nach einer Reaktualisierung der Anfänge. N. will den Sinnverlust und den Leidensdruck mit allen denkerischen und künstlerischen Mitteln seiner ästhetischen Kosmodizee bewältigen, während O bestenfalls auf Kompensation sinnt und das Orientierungsdefizit nicht gewaltsam aus der Welt zu schaffen trachtet. Jedoch lässt sich auch bei N. spätestens mit *MA* eine antiromantische Relativierung der Ursprungsnormativität feststellen. O beschritt diesen Weg der Relativierung bereits mit seiner *Christlichkeit* von 1873. So reicht in dem scheinbar rein fachwissenschaftlichen Aufsatz *Über die Anfänge der patristischen Litteratur* (1882) eine formal anmutende Analyse der literarischen Gattungen aus, um die unüberbrückbare Kluft zwischen Abkunft und Abkömmlingen vor aller Augen zu führen. N. seinerseits beschränkt die Macht der Ursprünge in *HL* als zwar regulative, aber doch als fiktiv durchschaute Leitideen. Gegenüber den Ursprüngen wird in *MA* eine Hermeneutik des Verdachts empfohlen. *GM* will schließlich Moral- und gerade solche Machtkonflikte in ihrer Herkunft ergründen, um so das, was ungefragt gültig ist, zur Disposition zu stellen. Wer die Genese von N.s genealogischer Methode genealogisch entschlüsseln will (Sommer 2003a), wird dabei auf Spuren von Os Herkunftsergründungen stoßen. Zum Thema auch: Peter (1992); v. Reibnitz (1994a); Gossman (2000).

*Andreas Urs Sommer, Freiburg i. Br.*

**Pannwitz, Rudolf** | P, *27.5.1881 Crossen/Oder, †23.3.1969 Astano b. Lugano, dt. Dichter und Kulturphilosoph, sah in N. eine Autorität, dessen Diagnose der Krise des (post)modernen Menschen und seiner Kultur ihm als Mahnung für Gegenwart und Zukunft galt. Von N. ausgehend, begab er sich früh auf die Suche nach einer Antwort auf – so der Titel seines wohl bekanntesten Werkes – *Die Krisis der europäischen Kultur* (1917), die für ihn zugleich ein Kennzeichen der →Postmoderne war (schon P verwendete das Attribut „postmodern“). Ps Verhältnis zu N. war keine flüchtige Begeisterung und auch kein Schwanken zwischen Anerkennung und Reserve. Inwiefern es P gelungen ist, das Erbe N.s denkerisch und literarisch zu verwerten, ist in der bisherigen Forschung, von wenigen Ausnahmen (etwa Guth 1986, Koch 1995) abgesehen, kaum untersucht worden. Ps N.-Rezeption hat eine lange und komplexe Geschichte, die nicht weniger als sieben Jahrzehnte umfasst. Die wohl wichtigsten Stationen davon sind die *Dionysischen Tragödien* (1913), *Einführung in N.* (1920), *Zarathustras andere Versuchung* (1929, gleichsam versteckt im Buch mit dem Titel *Trilogie des Lebens*) und *N. und die Verwandlung des Menschen* (1943). N.s Diagnose des europäischen →Nihilismus widerhallt in Pannwitz‘ *Krisis* und in den Aufsätzen im Band *Der Nihilismus und die werdende Welt*, sein Einfluss reicht bis hin zu den unveröffentlichten Epen, wie vor allem *Die heiligen Gesänge der Hyperboräer.* Noch in seinem *Das Werk des Menschen* (1968) kündigte P ein Buch an, in dem er „die Religion von N. der von Christus“ gegenüber zu stellen gedachte. Was N.s Philosophie für ihn bedeutete, legte P bereits in seinem Aufsatz *Die Religion F. N.s* fest. Religion ist in seinem Verständnis „die Verehrung des Kosmos“, mithin nur als „kosmische Religion“ konzipierbar, die „das Problem der Transzendenz“ nicht kenne (P 1919: 602). N.s Lehre vom →Übermenschen und der →ewigen Wiederkunft des Gleichen sei der Ausdruck von N.s „kosmischer Religion“. Diese Idee wird von P in seiner *Einführung in N.* (1920) und auch später wieder aufgegriffen und variiert: Der Übermensch erscheint immer wieder als eine reelle Möglichkeit des Menschen, um seine „kosmische“ Rolle zu erfüllen. Auf dieser Deutung beharrt P auch nach dem Zweiten Weltkrieg, als immer mehr Zeitgenossen N.s Übermensch zu scheuen begannen. Der Übermensch – der in der dramatischen Prosadichtung *Zarathustras andere Versuchung* eine zentrale Rolle spielt – bleibt für P ein Ziel und eine Mahnung an die Verwandlung des Menschen als Ausweg aus seiner Krise. Er meint, durch den Übermenschen erreiche der Kosmos sein Ziel im Menschen. Mit seiner N.-Verehrung ohnegleichen blieb P allerdings ohne großes Echo. Zum Thema auch: Schuster (1993).

*László V. Szabó, Veszprém*

**Pantheismus** | „Wann werden uns alle diese Schatten Gottes nicht mehr verdunkeln? Wann werden wir die →Natur ganz entgöttlicht haben!“, schreibt N. in *FW* (109). Bei N. gibt es nicht mehr die gütige und weise Allmutter Natur. In seinen Spinoza-kritischen Passagen sagt N. diesem eine sentimentalische Sehnsucht nach dem alten Gott nach, den dieser mit seiner Formel des *„deus sive natura“* in die Natur transponiert habe. Aus dieser Formel des P leitet N. seine eigene ab, die den ursprünglichen Sinn freilich verkehrt: „CHAOS SIVE NATURA“, heißt es in einem Entwurf zu *Za* (NF 1881, 11[197]). Der P erscheint aus dieser Perspektive als zu idyllisch und genügsam, ihm fehle die Einsicht in das, was N. in *JGB* 230 als den „schreckliche[n] Grundtext homo natura“ bezeichnet.

Wie so oft in N.s Denken gibt es gleichwohl gegenstrebige Züge auch hier. Insbesondere in das Konzept des Dionysischen (→apollinisch/dionysisch) beim frühen N. sind pantheistische Tendenzen eingegangen: So ist im Zusammenhang mit der „dionysischen →Kunst“ in *GT* von der „ewigen Lust des Daseins“ zu lesen, von den „Augenblicken“, in denen wir „mit der unermesslichen Urlust am Dasein eins geworden sind“ und somit leben als „das EINE Lebendige, mit dessen Zeugungslust wir verschmolzen sind.“ (17, KSA 1: 109) Den Versuch des deutschen Idealismus, „das →Böse, den Irrtum und das Leid“ nicht als „Argumente gegen Göttlichkeit“ zu verstehen, interpretiert N. als Spielart des P, der in der Folge gleichwohl politisch korrumpiert worden sei, „als sei damit die Vernünftigkeit des gerade Herrschenden sanktioniert.“ (NF 1885–86, 2[106]) Nach dem Tod des moralischen Gottes (→„Gott ist tot“) einen Gott ‚jenseits von Gut und Böse‘ zu denken – eine Natur ohne teleologisches Sinn-Surrogat –, ist der einzige Weg, den sich N. für den P noch vorstellen kann. Dies könnte dann auch die Lesart des Gedankens der →ewigen Wiederkunft unter dem Gesichtspunkt eines gleichsam nach-christlichen P (vgl. Niemeyer 1998a: 371 ff.) erlauben. Zum Thema auch: Brusotti (1997).

*Hans-Gerd von Seggern, Berlin*

**Paradoxie** | Was durch Selbstbezug und Selbstnegation in Widerspruch mit sich gerät (z. B.: Ein Kreter sagt, alle Kreter lügen), wird logisch paradox (Luhmann 1984: 59). Nur rhetorische Pn schätzte N. nicht (vgl. *MA* 307), nutzte aber die Sentenz, das Unvergängliche inmitten des Wechselnden, als „das grosse Paradoxon in der Litteratur“ (*VM* 168; vgl. NF 1882, 3[1], Nr. 121). Er verbat sich den Missbrauch der „LOGISCHEN Formen“ zu künstlich konstruierten Pn (*WS* 92) und warnte die Leser, ihm solche zu unterstellen (vgl. *MA* 85; NF 1880, 1[37]), trieb aber die traditionellen Dogmen der Metaphysik und Moral konsequent in logische Pn (vgl. NF 1881, 15[16]). Beim Psychologen, wie N. ihn versteht (→Psychologie), geht „die P seiner Lage [...] in's Schauerliche“: er muss durchschauen, wo andere verklären (*JGB* 269). So kündigen Moralkritiker der Moral das Vertrauen „[A]US MORALITÄT“ (*M, Vorrede* 4), Wissenschaftler, die allem Glauben absagen, glauben noch an die Wahrheit (vgl. *FW V* 344), Philosophen brauchen Vertrauen zu ihrem Misstrauen (vgl. *FW V* 346), das „VERNÜNFTIGE DENKEN“ überhaupt „IST EIN INTERPRETIREN NACH EINEM SCHEMA, WELCHES WIR NICHT ABWERFEN“, nämlich seinerseits nur vernünftig denken können (NF 1886–87, 5[22]). N.s „abgründlichster Gedanke“ schließlich, der Gedanke der ewigen Wiederkehr des Gleichen, paradoxiert das logische Denken (wenn alles wiederkehrt, kehrt das Bewusstsein der Wiederkehr nicht wieder), das metaphysische Denken (das „Ewige“ und das „Gleiche“ sollen wiederkehrend, also zeitlich und damit immer anders gedacht werden) und das moralische Denken (man soll nichts anders haben wollen, auch das Anders-haben-Wollen nicht). So kann man N.s Philosophie im Ganzen als Suche nach einem festen Halt in der Orientierung verstehen. Zum Thema auch: Stegmaier (2004a); Almeida (2006); Dixsaut (2006).

*Werner Stegmaier, Greifswald*

**Parodie** | N. ist einerseits bereits früh parodiert worden, andererseits lassen sich bei ihm selbst parodistische Züge feststellen. Das Zeitalter des Eklektizismus und der Epigonalität könne womöglich nur noch in der P originell sein, in der „transscendentalen Höhe des höchsten Blödsinns" (*JGB* 223). Dem Philologen N. ist die Etymologie aus dem ‚Nebengesang' bzw. der ins Spöttische gewendeten Nachahmung selbstverständlich. In *FW* findet sich neben lyrischen Pn auch die Heraufbeschwörung einer kommenden P („Incipit TRAGOEDIA [...] incipit PARODIA": *FW, Vorrede zur zweiten Ausgabe* 1). Die P ist notwendiges Pendant zur Tragödie und folgt dieser auf dem Fuß (*GM III* 3). Es bedarf weiterer Untersuchungen, inwieweit zumal „Zarathustra, sich beständig parodisch zu allen früheren Werthen verhaltend" (NF 1886–87, 7[54]), als P inszeniert wird bzw. parodistisch gelesen werden kann.

Wenig erschlossen ist auch das Genre der N.-P. Nach bisherigem Forschungsstand lassen sich drei Phasen identifizieren. Anfangs überwiegt eine ironische Auseinandersetzung mit N. und der von ihm inspirierten literarischen Avantgarde. Höhepunkt dieser Phase ist das 1893 anonym in Wien erschienene Werk *Also sprach Confusius*. Obgleich EFN, die in jenem Jahr nach Europa zurückkehrt, die kritische Aneignung N.s schrittweise zum Verstummen bringt, wird in den 1890ern weiter parodiert – nun vornehmlich der heroisierende →N.-Kult als Zeitgeistphänomen. Die Münchner Zeitschrift *Jugend* bringt noch 1902 eine amüsante *Praktische Anleitung, ein Uebermensch zu werden*. Seit der Jahrhundertwende wird schließlich die Tätigkeit des →N.-Archivs selbst zur Zielscheibe. N. wird jetzt sogar gegen seine fragwürdigen Verfälscher in Schutz genommen. Hierher gehört noch die wohl bekannteste N.-P, R. Neumanns *Nietzsche und die Folgen* (1932). Mit der nationalsozialistischen Machtergreifung reißt das Genre der N.-P ab. Zum Thema auch: Klossowski (1963); Gilman (1976); Benne (2002; 2004a).

*Christian Benne, Odense*

**Pascal, Blaise** | P, *19.6.1623 Clermont-Ferrand, †19.8.1662 Paris, franz. Mathematiker, Physiker und Religionsphilosoph, weist – so schon →Overbeck – eine „grosse Geistesverwandschaft" zu N. auf, besonders im Hinblick auf „den passionirten Charakter des Denkens, den Drang nach der Wahrheit, den Scepticismus, den Widerwillen gegen ‚Autoritäten'" (Overbeck 1999, Bd. 7/2: 144). Overbeck, der P seinerseits sehr schätzte, hat N.s Vorliebe für P wahrscheinlich stark beeinflusst, vielleicht auch →Burckhardt, dessen Französischlehrer Vinet bedeutende *Études sur Blaise Pascal* (Paris 1844–47) geschrieben hatte. Andler betrachtet P als einen Vorläufer N.s (1920: 118–130). Voegelin widmete N. und P 1944 eine umfangreiche Studie, in der er die Bedeutung Ps als Vorbild und „vollkommener Gegner" N.s (im Sinne von *M* 192) aufzeigte und das „Ressentiment" auf P zurückführte (1996). P ist nach N. „in der Vereinigung von Glut, Geist und Redlichkeit der erste aller Christen" (*M* 192). Er ist einer der wichtigsten Gesprächspartner N.s, der sich einerseits kritisch mit ihm auseinandersetzt, so wie P sich mit →Montaigne und seiner unbekümmerten Lebensweise auseinandergesetzt hatte; vor allem kritisiert er Ps Begriff des „hassenswerten Ichs", die Geringschätzung der Vergänglichkeit, sein „sacrificium intellectus" und den „Selbstmord der Vernunft" gegenüber dem Christentum. Andererseits ist er immer wieder von Ps logischer Strenge und gedanklicher Unvoreingenommenheit, von seiner bezwingenden Rhetorik und der „Geschmeidigkeit" seines Geistes fasziniert. Für die Beschreibung des „gebundenen Geistes" greift N. Ps Angriffe gegen die Gläubigen auf, die alles ihnen Überlieferte annehmen, ohne sich über ihre Entscheidungsgründe zu befragen. Zudem liefert der unruhige, einsam suchende P N. mehrere Stichwörter für seine Charakterisierung des →freien Geistes, z. B. als einsamer „Seiltänzer" über dem →Abgrund. N. bewundert sein Pathos, seine stilistische Kraft und seine Gedrängtheit und lässt sich von ihm inspirieren zur Bildsprache und zu den apokalyptischen Szenerien im Aphorismus des tollen Menschen (*FW* 125), der die Verwirrung des Bewusstseins beschreibt, welches den Tod Gottes (→„Gott ist tot") zur Kenntnis nimmt. Ohne Gott erfährt der Mensch dieselbe „Qual und Verlassenheit in den Schrecken der Nacht", die →Jesus am Ölberg erlitt und die P im *Mysterium Jesu* einprägsam beschreibt (Pascal 1865, II: 243). N. hält Ps Gespräch mit Jesus aufgrund seiner „schwermüthig[en] Holdseligkeit" für das Bewegendste, was je über Jesus geschrieben wurde (NF 1880, 7[29]). Zum Thema auch: Brusotti (1997); Vivarelli (1998); Willers (2003b).

*Vivetta Vivarelli, Pisa*

**„Pathos der Distanz"** | In seinem veröffentlichten Werk spricht N. fünf Mal vom P (*JGB* 257; *GM I* 2; *AC* 43 und 57; *GD, Streifzüge …* 37); die nur einmal verwendete Formel vom „Pathos der Vornehmheit und Distanz" (*GM I* 2) evoziert die aristokratische Haltung als Wurzel. N.s Wertschätzung großer Individuen, die auf Gestaltung der eigenen Existenz abstellen, aber auch das Lob ihrer aristokratischen Gesinnung sind Ausgangspunkte des P, in dem es mehr um die psychische Verfassung als um die soziologische Kategorie geht. Das P betont den Abstand des Individuellen vom Allgemeinen. Pathos, Leidenschaft, das Dionysische, das sich verströmt, und Distanz, das Apollinische, Bildhafte, Reflektierende, das Ethos, das an sich hält, sind gegensätzliche Betrachtungsweisen, mit denen schon der junge N. die Ganzheit des Menschen und der Welt zu fassen sucht. Wie sie in ihrer Gegensätzlichkeit zusammenwirken, ist sein Thema, mit dem er eine vernunftorientierte Philosophie überschreitet (vgl. Colli 1982). Gerhardt (1988) betont die →Ethik des P. Im P wird das Ethische der Distanz, das Ansichhaltenkönnen und sich Fernhalten von der Bemächtigung von Welt und vom schnellen Zugriff durch ein Urteil zum P erweitert, also mit der ganzen Kraft eines Menschen versehen.

Bei der erstmaligen Erwähnung des P geschieht dies, um die Erhöhung des Typus Mensch, die bisher das Werk einer aristokratischen Gesellschaft gewesen sei, sogleich wieder aus diesem soziologischen Kontext herauszulösen und in einen neuen, für N. wichtigeren Zusammenhang zu stellen, den einer immer neuen „Distanz-Erweiterung innerhalb der Seele selbst, die Herausbildung immer höherer, seltnerer, fernerer, weitgespannterer, umfänglicherer Zustände, kurz eben die Erhöhung des Typus ‚Mensch', die fortgesetzte ‚Selbst-Überwindung des Menschen', um eine moralische Formel in einem übermoralischen Sinne zu nehmen" (*JGB* 257). Die „umfänglichste" →Seele (NF 1883, 20[10]) versammelt viele Qualitäten (vgl. NF 1885, 35[76)], sie ist auf dem Weg zum →Übermenschen, der den bisherigen Typus Mensch transzendiert. Das „Ja-sagen zu sich selber" ist die Wurzel der vornehmen Moral (*GM I* 10), die sich selbst und die Welt bejaht (→Bejahung), die aber auch auf ihre Art zu kämpfen versteht. Das →Ressentiment des Vornehmen ist zeitlich begrenzt, es erschöpft sich schnell und es vergiftet nicht (ebd.).

*Eva Strobel, Tübingen*

**Paulsen, Friedrich** | P, *16.7.1846 Langenhorn (Nordschleswig), †14.8.1908 Berlin, dt. Philosoph, Bildungshistoriker, Bildungstheoretiker und Schulreformer, gilt als einer der Kritiker der Breitenwirksamkeit von N.s Werken insbesondere bei der Jugend um 1900 (→N.-Kult). P, ein Freund von →Tönnies und als Jugendlicher selbst die Ansichten teilend, „die den jugendlichen N. zum ‚Unzeitgemäßen' machten" (1909: 205; Weiß 1991: 189), interpretiert dieses Phänomen im gesetzten Alter als Ausdruck defizitärer Kultur im Kaiserreich (Aschheim 1992). Mit der Philosophie N.s kann er nun wenig anfangen und begreift sie als aphoristische „Modephilosophie", in der die →„Umwertung aller Werte" und die Negation christlicher Ethik zum Ausdruck gebracht, Bindungs-, Respekt- und Verantwortungslosigkeit gefeiert und ein kommendes neues (unklares) Zeitalter verkündet werde (P 1921). In seinem Zeitungsartikel *Zum Nietzsche-Kultus* (o. J.) warnt P die Jugend in Anlehnung an Tönnies davor, sich von N. „berauschen" zu lassen. Diese Gefahr ist für P gegeben, weil N.s „intellektueller Anarchismus" der Jugend entgegenkomme. Vor allem die gymnasiale Jugend leide unter dem Selektionsdruck von Schule, unter Lernzwang und Langeweile, unter staatlicher Disziplinierung und regulierter Kultur. Distanz schien ihm auch nötig, weil N.s Werke für P Einfluss auf Reformpädagogen wie E. Key, →Lagarde, →Langbehn und L. Gurlitt als einer „Gemeinde andächtiger Verehrer" N.s (P o. J.: 54) gewannen. Angeregt durch N. verfolgten sie eine „verweichlichende Theorie einer gehirnerweichenden Pädagogik" (P 1911: 97) als einer Pädagogik vom Kinde aus, in der „das freie Belieben des Kindes einziger Wegweiser und Maßstab" (ebd.: 15) werde. Zum Thema auch: Uhle (1998); Weiß (1999).

*Reinhard Uhle, Lüneburg*

**Paulus** | N. hat sich als der große Widersacher des →Christentums verstanden. Seine Kritik der christlichen Religion ist seit *JGB* zuerst eine Kritik der christlichen Moral. In *AC* fokussiert er seine Kritik des Christentums auf P. Dieser Apostel hat nach N. die entscheidenden Weichen gestellt und Werte durchgesetzt, die selbst dort in Geltung bleiben, wo man sich vom christlichen Glauben distanziert. Deshalb wählt sich N. P als entscheidenden Antipoden. Die historische Gestalt des Apostels ist dabei nur das Material, aus dem sich N. seinen →Typus schafft: den „Priester" P – den Schöpfer der christlichen →Moral. N. braucht P in diesem Sinne, um seine ‚Moralkritik' zur Sprache zu bringen. Das prägende Symbol der christlichen Moral sieht N. in der paulinischen Deutung des Kreuzes: „Nochmals erinnre ich an das unschätzbare Wort des P. ‚Was SCHWACH ist vor der Welt, was THÖRICHT ist vor der Welt, das UNEDLE und VERACHTETE vor der Welt hat Gott erwählet': DAS war die Formel, in HOC signo siegte die décadence. – GOTT AM KREUZE – versteht man immer noch die furchtbare Hintergedanklichkeit dieses Symbols nicht? – Alles, was leidet, Alles, was am Kreuze hängt, ist göttlich … Wir Alle hängen am Kreuze, folglich sind WIR göttlich … Wir allein sind göttlich." (*AC* 51) Im Symbol vom „Kreuz" sieht N. die Rechtfertigung einer einzigen Moral: die der Schwachen und Leidenden. Sie allein dürfen sich als die ‚Erwählten' fühlen, d. h., sie dürfen Gott, der wie sie gelitten hat, auf ihrer Seite wissen. Wer sie in ihrer Moral leiden lässt, ist moralisch geächtet – denn er stellt sich nicht nur gegen sie, sondern gegen Gott selbst.

N.s wichtigste exegetische Gewährsleute waren →Renan und vor allem H. Lüdemann, daneben auch →Overbeck und →Lagarde. Sie alle vertraten in ihrer Zeit exponierte Deutungen zu P, mit denen sie sich vom wissenschaftlichen Konsens ihrer Zeit unterschieden. Durch Renans *Geschichte des Urchristentums* lernte N. den Apostel in einer stark antipaulinischen Darstellung kennen. Sein negatives Bild vom Charakter des Apostels sieht N. durch seine Lektüre von Lüdemanns *Anthropologie des Apostels P* bestätigt, weil er (gegen die Intention des Autors) die allgemeinen paulinischen Aussagen über die böse und schwache Natur des Menschen auf P selbst bezieht. Zusammen mit Lüdemanns Thesen zu P' Visions-Erlebnis vor Damaskus verarbeitet N. dies in *M* 68 zu seiner ersten zusammenhängenden Interpretation des Apostels: P habe das jüdische Gesetz aus →Ressentiment und sublimiertem Hass außer Kraft gesetzt. Sein Offenbarungserlebnis vor Damaskus sei seinem unbewussten Bestreben entsprungen, für diese Idee göttliche Autorität in Anspruch zu nehmen. Während N. in seinen früheren Schriften P und →Jesus beide als Stifter des Christentums versteht, ändert sich dies in *AC*. Anstoß dafür ist ein neues Jesusbild, das sich N. im Anschluss an seine Lektüre →Dostojewskis und Tolstois erschlossen hat. Auf diesem Hintergrund polarisiert N. nun zwischen Jesus und P: Der „Typus Jesus" hat die christliche Liebe als Unfähigkeit zum Widerstand gelebt und ist in ihr gestorben – der „→Priester" und „Dysangelist" P (*AC* 42) dagegen hat den Tod Jesu aus Ressentiment umgedeutet und als Rechtfertigung für die eigene Moral in Anspruch genommen. Die theologische Forschung hat inzwischen gezeigt, dass „Rechtfertigung" und „Liebe" bei P auch nicht-moralisch verstanden werden können. Dadurch ergeben sich bei aller Verschiedenheit überraschende Berührungspunkte zwischen N.s P-kritik und P' eigener Botschaft. Zum Thema auch: Salaquarda (1974); Havemann (2002).

*Daniel Havemann, Jördenstorf*

**Peitsche** | Die Debatte um die P und die darauf bezügliche „kleine Wahrheit" eines „alte[n] Weiblein[s]": „Du gehst zu Frauen? Vergiss die Peitsche nicht!" (*Za I, Von alten ...*), ist neu entbrannt (vgl. etwa Brobjer 2004b; Ham 2004), auch was die Quellen angeht: Braun (1998: 229 f.) beispielsweise vermutet eine Anspielung auf einen sarkastischen Ratschlag für Anti-Feministen, ausgesprochen von der Frauenrechtlerin M. Wollstonecraft im Jahre 1792. Diskutiert wird auch die in dem Satz verborgene, auf Frauenfreundlichkeit hinauslaufende Aufforderung an Männer, den masochistischen Gelüsten entsprechend disponierter Liebhaberinnen Rechnung zu tragen (vgl. Higgins 1996: 5). Mit Skepsis zu betrachten ist nach wie vor EFNs (1904: 560) Behauptung, der Spruch sei zufälliges Produkt einer im Frühjahr 1882 in →Naumburg von ihr für ihren Bruder veranstalteten Lesung aus Turgenjews Novelle *Erste Liebe* (die eine entsprechend zu lesende Peitschenszene zum Inhalt hat). Möglicherweise wollte sie nur in Vergessenheit halten, dass der Spruch anspielt auf eine berühmt gewordene – offenbar von N. gegen →Rées Widerstand arrangierte (vgl. Andreas-Salomé 1951: 81) – Fotografie vom Mai 1882, auf welcher N. zusammen mit Rée einen Wagen zieht, mit der von beiden vergötterten →L. v. Salomé als Passagier, eine P in der Hand haltend und erkennbar das Kommando führend.

Insgesamt sind dies – sowie der zweite, eher beiläufige Auftritt der P in *Za III, Das andere Tanzlied* (vgl. Niemeyer 2007a: 84 f.) – vergleichsweise banale Sachverhalte, so dass der seit Jahrzehnten veranstaltete Lärm um dieses Zitat, ausgehend von der Annahme, die P sei adäquates Symbol für den herrischen Charakter von N.s Philosophie, nicht recht einleuchten will.

*Christian Niemeyer, Dresden*

**Perspektivismus** | P ist ein vieldiskutierter Schlüsselbegriff im umfassenden Problemkomplex von →Wahrheit, Erkenntnis, →Interpretation und →Wille zur Macht. Nicht zuletzt aufgrund dieser diffizilen Bezüge bestehen hinsichtlich der Bedeutung und Radikalität von N.s P in der Forschung teils massive Diskrepanzen (vgl. Magnus 1985: 7–10). Zentraler Angelpunkt von N.s P ist die Abkehr vom Konzept streng objektiver, interpretations- und interessenunabhängiger Wahrheit und Erkenntnis: „[H]ier wird immer ein Auge zu denken verlangt, das gar nicht gedacht werden kann, ein Auge, das durchaus keine Richtung haben soll, bei dem die aktiven und interpretirenden Kräfte [...] fehlen sollen, durch die doch Sehen erst ein Etwas-Sehen wird" (*GM III* 12). Demgegenüber geht N.s P davon aus, dass es „NUR ein perspektivisches Sehen, NUR ein perspektivisches ‚Erkennen'" (ebd.) gibt, das wesentlich Auslegungscharakter hat und an spezifische Interessen und Bedürfnisse rückgebunden bleibt. Die „Welt" hat demgemäß „keinen Sinn hinter sich, sondern unzählige Sinne ‚P'." (NF 1886–87, 7[60], vgl. *FW V* 374) Wenn N. gegen den Positivismus erklärt: „Thatsachen giebt es nicht, nur Interpretationen" (NF 1886–87, 7[60]), so will er dies jedoch nicht im Sinne eines vulgären Subjektivismus missverstanden wissen: Auch das →Subjekt wird erst durch jene ‚interpretierenden Kräfte' konstituiert, die er als Willen zur Macht begreift (vgl. NF 1885–86, 1[58]; 2[148–152]). So spricht N. – an Leibniz' Monaden erinnernd (Kaulbach 1979) – von einem „nothwendigen P, vermöge dessen jedes Kraftcentrum [...] von sich aus die ganze übrige Welt construirt d. h. an seiner Kraft mißt, betastet, gestaltet" (NF 1888, 14[186]). Diese Etablierung von Interpretationsperspektiven durch Kraftzentren des Willens zur Macht involviert für N. eine gewaltsame Verfälschung und Vereinfachung (vgl. *FW* 354; *GM III* 24, KSA 5: 400), deren „NOTHWENDIGE

Ungerechtigkeit" (*MA I*, Vorrede 6) es als Lebensbedingung zu bejahen gilt (vgl. *GT*, Vorrede 5; *JGB, Vorrede*).

Umstritten ist, ob N.s P jegliche interpretationsexterne Realität beseitigt (Bittner 1987: 83–88; Cox 1999: 139–163), so dass sich „Objektivität" nur noch im Rahmen eines „Interpretations-Zirkel[s]" (Abel 1989: 340 f.) konstituieren kann oder aber Raum für eine abgeschwächte Form realistischer Korrespondenzkonzepte lässt (Clark 1990a; Leiter 1994). In dieser Hinsicht wird vielfach hervorgehoben, dass N. durchaus zwischen „besseren" und „schlechteren" Interpretationen unterscheidet und weitere, umfassende Perspektiven favorisiert (Kaulbach 1980: 66–82), doch auch die Bewertung von Perspektiven kann offenbar nur aus einer gewissen Perspektive erfolgen. Jedenfalls deutet N. bisweilen die Möglichkeit an, durch die Kombination und bewusst-souveräne Handhabe von Perspektiven eine Art „Objektivität" zu erreichen (vgl. *GM III* 12; NF 1885–86, 2[149]). Diese kann angesichts seiner Ablehnung des Gegensatzes von „Ding an sich" und Erscheinung bzw. wahrer und scheinbarer Welt allerdings kaum mehr im Sinne steigender Adäquatheit gegenüber einem zugrunde liegenden Objekt verstanden werden (Zittel 2000a: 102). Auch die Voraussetzung einer im Zuge der perspektivischen Interpretation schematisierten Welt des chaotischen Werdens ist von N.s Prämissen her problematisch (Schmid 1984: 78–96; Patt 1997: 133 f.; Cox 1999: 170–184) und scheint aufgegeben, wenn N. von einer Reduktion des Gegensatzes von wahrer und scheinbarer Welt auf den „Gegensatz ‚Welt' und ‚Nichts'" (NF 1888, 14[184]) spricht. So bleibt fraglich, ob sich N.s P mittels klassischer Schemata wie Form und Materie (Ibáñez-Noé 1999: 62 f.) oder Essenz und Existenz (Clark 1990a: 136) rekonstruieren lässt (Cox 1999: 165 f.).

Uneinigkeit herrscht nicht zuletzt hinsichtlich des Problems der Selbstbezüglichkeit. Zentral sind dabei nicht nur die Fragen, ob N.s P selbst eine Perspektive bzw. Interpretation ist und ob darin eine fatale Inkonsistenz (Ottmann 1987: 88 f.) oder vielmehr eine Form selbstreferentieller Konsistenz (Grimm 1977: 194) läge, sondern auch die Bedeutung des P für andere Motive im Denken N.s. So wird etwa N.s emphatische Kritik von →Moral und →Christentum immer wieder als mit einem alle Verbindlichkeitsansprüche unterminierenden P inkompatibel verstanden (Clark 1990a: 139 f.). Auch eine Begründung der gerade für N.s P so wichtigen „Lehre" vom Willen zur Macht scheint – zumindest, wenn man sie ontologisch auslegt – angesichts des P auf den ersten Blick unmöglich (Schmitz 1998; Richardson 1996: 10 f.). Neben Versuchen, N.s P abzuschwächen und so mit Verbindlichkeitsansprüchen vereinbar zu machen (Hales/Welshon: 2000), sowie „two-level solution[s]" (Reginster 2001: 217), die N.s „Lehren" von seinem P ausnehmen oder esoterische und exoterische Motive isolieren (Schmid 1984), reicht die Bandbreite der Lösungsansätze zur Vermittlung dieser Spannung von der Integration des P in eine Metaphysik des Willens zur Macht (Richardson 1996) über die Deutung des P als „Wahrheit der Interpretation" (Abel 1989) oder „Sinnwahrheit für den philosophischen Willen zur Einheit" (Kaulbach 1990b: X; Gerhard 1989) bis hin zur Aufhebung vermeintlich dogmatischer Ansprüche als Momente einer perspektivistischen Denk- und Schreibpraxis (Nehamas 1985; Conway 1988). Jedenfalls lassen sich nicht nur die stilistische Vielfalt und bestimmte Gestaltungsstrategien, sondern auch inhaltliche Spannungen in N.s Œuvre als Ausdruck seines P begreifen (Bräutigam 1977; Oger 1994; Zittel 2000a: 99–112). Zum Thema auch: Nohl (1913); Schrift (1987); Anderson (2005); Bornedal (2005); Rayman (2007); Welshon (2009).

*Jakob Dellinger, Wien*

**Pessimismus** | Der P war am Ende des 19. Jh.s ein wichtiges und vieldiskutiertes Thema in der deutschen Philosophie, wenngleich die Schulphilosophen mit einiger Geringschätzung auf die Pessimisten herabblickten, deren Bücher mitunter in großen Auflagen verkauft wurden, selbst wenn es sich – wie der Fall →E. v. Hartmann lehrt – um dicke Bände, ganz ohne Eleganz geschrieben, handelte. Obwohl das Wort P schon bei Lichtenberg und in der französischen Sprache noch früher vorkommt, wurde der Begriff zuerst von →Schopenhauer zu philosophischen Zwecken verwendet. Bei ihm taucht das Wort im Zusammenhang einer Diskussion der Religionen im zweiten Band von *Die Welt als Wille und Vorstellung* (1844) auf. Laut Schopenhauer sei es ein Grundcharakteristikum der Religionen, dem →Dasein gegenüber entweder optimistisch oder pessimistisch gegenüberzutreten. Die pessimistischen Religionen (v. a. das →Christentum und der →Buddhismus) beurteilen somit das Dasein als etwas, das nicht gerechtfertigt werden könne. Das Wort P wird im Werk Schopenhauers weder explizit definiert noch kommt es in ihm häufig vor; gleichwohl ist die Ansicht, das Dasein könne nicht gerechtfertigt werden, eine sehr wichtige Prämisse seines Systems. Erst später, mit E. v. Hartmann und →E. Dühring, gelangt der Begriff zu einer Definition, über die allmählich ein Konsens entsteht.

N. war mit den Arbeiten der wichtigsten Pessimisten bekannt und auch mit Widersachern wie J. Sully und J. Bona Meyer. Der Nachlass der 1860er und 1870er Jahre zeigt, dass er sich um die Frage nach dem Wert des Lebens, das Grundproblem des P, viel gekümmert hat. In den veröffentlichten Werken taucht der P meist in verschleierter Form auf, in *GT* bspw. in der Form des Dionysischen, das als eine künstlerische Erscheinung des P angesehen werden kann. In der Tragödie werde die Grundwahrheit des P, dass das Leben nicht zu rechtfertigen sei, aufgehoben. Die →Kunst ist somit für den frühen N. die Lösung für das Problem des P.

In den späteren Werken N.s wandelt sich sein Interesse für den P in ein Interesse für den →Nihilismus. Ab Mitte der 1870er Jahre stellt er sich immer seltener die Frage nach dem Wert des Lebens; stattdessen wird ihm die Frage nach dem Sinn des Lebens wichtig, eine Frage, die mit dem Nihilismus verbunden ist. Der P erscheint ihm als eine Vorform des Nihilismus und als solche eine pathologische Erscheinung. Der P bleibt aber im Hintergrund wichtig. Dies erklärt sich aus dem Umstand, dass der P im späten 19. Jh. mit der Frage assoziiert wurde, ob es möglich sei, das Leben noch einmal leben zu wollen. Die Pessimisten behaupteten, dies sei nicht möglich; ihre Gegner versuchten zu zeigen, die Frage sei falsch gestellt. N. hingegen überbetonte das Problem, indem er verlangte, die →ewige Wiederkunft des Gleichen müsse bejaht werden. Er akzeptierte somit die Prämissen der Pessimisten, aber nicht deren Schlussfolgerungen: Das Leben sei zwar durch Schmerz und Langeweile charakterisiert, müsse aber trotzdem bejaht werden.

Unter „P der Stärke“ (z. B. *GT, Versuch einer Selbstkritik* 1) versteht N. eine Art aktiven Nihilismus. Der Pessimist der Stärke sieht ein, dass das Leben schmerzlich ist, bejaht es aber trotzdem. Diese Art P besteht somit in einer Überwindung des P. Zum Thema auch: Invernizzi (1994); Pauen (1997); Lütkehaus (1999); Dienstag (2006); Dahlkvist (2007).

*Tobias Dahlkvist, Uppsala*

***Die Pflugschar*** | Das Manuskript der *P* (M I 1) wurde im September 1876 von →Köselitz geschrieben, als er N. in →Basel besuchte. Seine Schrift ist sehr sorgfältig; wenige Korrekturen von N.s Hand. Auf der ersten Seite stehen Titel und, rechts oben, das Motto aus Wernher, dem Gartenaere (13. Jh.), vermittelt durch L. Uhland (*Volkslieder*, 1866): „Willst du mir folgen, so baue mit dem Pfluge …“ (NF 1876, 18[1]). Eine fortlaufende Nummerierung (Nr. 1–Nr. 176) gliedert den Text in eine Reihe selbständiger, in sich geschlossener, teilweise mit Lemma versehener Textstücke. Zwischenüberschriften gliedern größere Textgruppen. Das letzte Stück (Nr. 176) variiert das Motto und schafft einen Rahmen für den Text als Ganzen. Die Gestaltung des Manuskripts (Sternchen, Leerraum, Einzüge u. ä.) und die Gesamtkomposition legen nahe, dass M I 1 eine korrigierte Reinschrift ist, vielleicht – trotz einiger Anzeichen von Unfertigkeit – zeitweilig als Druckvorlage vorgesehen. Dieses Manuskript ist jedenfalls keine ungegliederte Masse von Notizen und Exzerpten, sondern N.s erstes Aphorismenbuch.

Der Inhalt der *P* ist: *Wege zur geistigen Freiheit*, *Das letzte Leben*, *Weib und Kind*, *Über die Griechen* (u. a. Nr. 142: *Die griechische Polis*, Nr. 144: *Homer*); eine vorläufige Gliederung (17 [105]) hat 7 ‚Hauptstücke' und nennt u. a.: *Die Gesellschaft*; *Der Menschen mit sich allein*; *Die Schule der Erzieher*. Die Zwischenüberschrift *Menschliches und Allzumenschliches* (nach Nr. 47 und 4 Leerzeilen; vgl. KSA 8: 317, 328 [vor Nr. 154]) ist ein Vorverweis auf *MA* (1878). Die Texte über →Erziehung und über Darstellung und Kritik des →Altertums stammen aus den Vorarbeiten zur geplanten *UB IV* →*Wir Philologen* und werden über *P* nach *MA* fortgeschrieben (so wird NF 1875, 5[146] fortgeführt in *P* Nr. 148, 149, 150 sowie in *MA* 262, 220, 158). *P* dokumentiert dementsprechend, nach Textgenese, Inhalt und Form den Übergang vom Essay (*UB* I–IV) zur Aphorismensammlung. Da in KGW IV/3 (KSA 8: 314–331) *P* nur teilweise abgedruckt ist, lässt sich dieser Übergang nur schwer erfassen.

*Hubert Cancik, Tübingen/Berlin*

**Phänomen** | Im terminologischen Gebrauch bezeichnet P bei N. Erscheinungen, in denen wir die Welt aus einer bestimmten Perspektive als real empfinden (NF 1886–87, 7[1]; NF 1887, 9[89] und 9[106]). Eine solche Perspektive findet N. in seinem Frühwerk im Schaffen des Künstlers vor, durch das er „das Dasein und die Welt" als ästhetisches P „ewig GERECHTFERTIGT" sah (*GT* 5, KSA 1: 47). Später verbindet N. seinen „Phänomenalismus und Perspektivismus" mit den „Oberflächen"-P-en, in denen uns die Welt als „eine verallgemeinerte" „Oberflächen- und Zeichenwelt" bewusst wird (*FW V* 354; NF 1885–86, 1[20]). Die Annahme der Existenz moralischer P-e wird von N. verworfen: Es gibt „nur eine moralische Ausdeutung" von P-en (*JGB* 108). Zum Thema auch: Ross (2007).

*Hartwig Frank, Greifswald*

***PHG*: *Die Philosophie im tragischen Zeitalter der Griechen*** | Die unveröffentlichte Schrift nimmt eine wichtige Stelle im Gesamtwerk N.s ein. In ihr wird nicht nur der Dualismus von *GT* durch N.s →Heraklit-Deutung überwunden, sondern auch jener Gegensatz zwischen Heraklit und Parmenides erläutert, der für den Anfang von *JGB* und vor allem *MA* prägend wird, wo N. zwischen historischer und metaphysischer Philosophie unterscheidet und sich zur Ersteren bekennt (Glatzeder 2000). Weiterhin dient *PHG* als Basis für N.s Kritik am Eleatismus in *FW* (109–111) sowie an der „Vernunft" in der Philosophie in *GD*.

*PHG* entstammt der erstmals 1872 gehaltenen Vorlesung über vorplatonische Philosophie, wurde in der ersten Hälfte des Jahres 1873 geschrieben und bis 1875 überarbeitet. Mit der Schrift will N. kein Gesamtbild der antiken Philosophie liefern, sondern nur die Persönlichkeiten der Philosophen darstellen. Nach N. wäre ein Bericht über sämtliche überlieferte Lehrsätze „langweilig", nur „das Persönliche" sei für uns an widerlegten Systemen noch interessant, „denn dies ist das ewig Unwiderlegbare" (*PHG* 1, KSA 1: 803). Das persönliche bzw. psychologische Moment der altgriechischen Philosophie wird am Anfang von *PHG* stark betont. Nach N. waren die alten Griechen jene „Gesunden", die den Wissenstrieb bändigten und die Philosophie rechtfertigten, indem sie für das Leben und die Kultur philosophierten (ebd.: 807). Der erste Archetyp eines lebensdienlichen und kulturfördernden Philosophen war Thales; seine Philosophie zeichnet sich dadurch aus, dass er über die einzelnen Wissenschaften hinausgegangen und zur Einsicht gekommen ist, dass Alles Wasser sei. Hier wird die Natur durch die Seele Thales' gedeutet, insofern er versucht, „den Gesammtklang der Welt in sich nachtönen zu lassen und ihn aus sich herauszustellen in Begriffen" (*PHG* 3, KSA 1: 817). Das persönliche Element macht auch den Unterschied zwischen der Philosophie Anaximanders und jener Heraklits aus. Nach N. ist Anaximander mit →Schopenhauer vergleichbar, weil er „alles Werden wie eine strafwürdige Emancipation vom ewigen Sein [...], als ein Unrecht, das mit dem Untergange zu büßen ist", begreift (*PHG* 4, KSA 1: 819). Die welt- und lebensverneinende Philosophie Anaximanders bzw. Schopenhauers sei aber nicht eine objektiv gültige Einsicht in das Wesen der Natur, sondern ein unbewusster Versuch, die ganze Natur in den Farben der menschlichen Schwermut zu malen (ebd.: 818). Heraklit nimmt N. zufolge jedoch eine andere Position ein: „Nicht die Bestrafung des Gewordenen schaute ich, sondern die Rechtfertigung des Werdens" (*PHG* 5, KSA 1: 822). In diesem Sinne ist Heraklit, wie N. selbst, ein ja-sagender bzw. tragischer Philosoph.

Neben der Darstellung dieser Persönlichkeiten ist auch ein philosophisch-kritisches Moment enthalten. So schreibt N. Anaximander einen Dualismus zu, der an Schopenhauer und *GT* erinnert. Heraklit hingegen schildert er als antidualistischen Denker *par excellence.* Nach N. leugnet Heraklit nicht nur das hinter der werdenden Welt liegende Unbestimmte Anaximanders, sondern das Sein überhaupt (*PHG* 5, KSA 1: 822 f.). Er sehe nur das →Werden, welches er durch ewig streitende, immer miteinander verbundene Gegensätze erklärt. Obwohl die Unbeständigkeit alles Wirklichen „eine furchtbare und betäubende Vorstellung" ist, besitzt N.s Heraklit die Kraft, diese Lehre als etwas Erhabenes umzudeuten (ebd.: 824 f.). Nach Heraklit ist die Welt nicht ein trübes, moralisches Phänomen von Sünde und Strafe, sondern ein künstlerisches →Spiel des Zeus (ebd.: 828). Als „Gegenbild" Heraklits wird Parmenides dargestellt, seine Lehre vom Sein entstammt laut N. einem Moment, „ungriechisch wie kein andrer in den zwei Jahrhunderten des tragischen Zeitalters" (*PHG* 9, KSA 1: 836). Mit seiner rein vernünftig abgeleiteten Lehre breche Parmenides mit Anaximanders Frage nach dem Werden und seinem eigenen, früheren Versuch, das Werden durch eine Koppelung von Sein und Nicht-Sein zu erklären. Nach N. verankert der reife Parmenides seine erfahrungsfeindliche Philosophie in der Identität von Denken und Sein. Einerseits hat diese Identität eine regulative Funktion: Das Werden als ein Spiel der Gegensätze muss abgelehnt werden, weil es gegen den Satz des Widerspruchs verstößt (*PHG* 10, KSA 1: 842). Andererseits hat sie eine konstitutive Funktion: Weil die Sinne etwas Widersprüchliches aufzeigen, ist die Vernunft allein fähig, die wahre Welt zu enthüllen, und was sie enthüllt, ist das Sein, welches dem logischen Satz der Identität (A=A) entspricht (ebd.: 841). Die unvollständige Schrift schließt mit einer Darstellung der Philosophie des Anaxagoras. Dieser bemühe sich, Vielheit und Veränderung gegen die Eleaten zu retten, stehe aber dennoch im Schatten von Parmenides, insofern er dessen Seinslehre in Form vieler unzerstörbarer Substanzen beibehält. Da die Bewegung diesen Substanzen ihrem Wesen nach fremd ist, muss Anaxagoras den Ursprung von Bewegung erklären (*PHG* 15, KSA 1: 859 f.). Seine Antwort ist der Nous, ein reiner Geist, der die Bewegung auslöst und aus dem ursprünglichen Chaos einen Kosmos macht (*PHG* 17, KSA 1: 864 f.). Nach N. ist der anaxagoreische Nous jedoch kein zweck- und pflichtmäßiges Wesen, sondern reine Willkür. Seine Handlungen sind also, so wie bei Heraklit, als Spiel zu deuten. In diesem Sinne ist der anaxagoreische Geist ein Künstler (*PHG* 19, KSA 1: 869) und sein Denken Beispiel einer ästhetischen Philosophie im tragischen Zeitalter der Griechen. Zum Thema auch: Schönblum (1936); Herschbell/Nimis (1979); Hölscher (1979); Borsche (1985); Bremer (1999); Meyer (2004a); Müller (2005).

*Matthew Meyer, Boston*

**Philhellenismus** | Der junge N. lernte die klassischen Sprachen und Autoren erstmals am angesehenen Gymnasium →Schulpforta kennen (und lieben). Mit seiner Erstlingsschrift, in der er auf eine Wiedergeburt der Tragödie in den Opern Wagners hofft, bekennt er sich gleichsam offiziell als Philhellenist. *GT* drückt aber nur eine bestimmte Art des P aus, denn N. kämpft zugleich gegen jene Altertumswissenschaftler, die die altgriechische Kultur als bloßen Forschungsgegenstand betrachten. N. erachtet die alten Griechen als Bildungsideal und steht somit in der Tradition von Winckelmann, Schiller und Goethe. Gleichzeitig ist er jedoch der Ansicht, dass diese das Griechentum missverstanden haben, weil sie die Signifikanz des Dionysischen nicht erkannten (*GT* 20; KSA 1: 129 f.). Nach N. ist das Dionysische in zweierlei Hinsicht von

Bedeutung. Erstens entwickelte sich die griechische Kunstwelt als eine lebensbejahende Antwort auf die dionysische Weisheit Silens (*GT* 3; KSA 1: 34 ff.). Zweitens ist die dionysische Musik insofern bedeutend, als die musikalische Dissonanz zeigt, dass der Mensch die hässlichen und disharmonischen Seiten des →Daseins auch ohne die trügerische Schönheit apollinischer Bilder bejahen kann (*GT* 24; KSA 1: 152 f.).

Obgleich sich in N.s Werken bis 1876 vielfach philhellenistische Züge finden, ist umstritten, ob sich sein P in den späteren Werken durchhält. Auf den ersten Blick scheint die naturwissenschaftliche Orientierung in *MA* dem kulturellen Programm in *GT* klar entgegengesetzt zu sein. Es wurde jedoch gezeigt, dass N. mit seiner im ersten Aphorismus von *MA* umrissenen „historischen Philosophie" auf das Denken →Heraklits zurückgreift (Glatzeder 2000). Überdies spricht N. am Anfang von *FW* wieder von einer „Zeit der Tragödie" (*FW* 1) und am Ende steht ein mit „Incipit tragoedia" betitelter Aphorismus (*FW* 342), der die Deutung von *Za* als eine Wiedergeburt der Tragödie gestattet (Meyer 2002).

In den Werken nach *Za* taucht →Dionysos wieder auf. N. bezeichnet sich selbst mehrmals als dessen letzter →Jünger (*JGB* 295; *GD, Was ich …* 5; *EH, Vorrede* 2). Hier mündet seine Tragödie in eine „ewige Komödie des Daseins" (*FW* 1; *GM, Vorrede* 7): N. ist in den Spätwerken lieber ein Hanswurst, als ein Heiliger (*EH, Warum ich ein …* 1), zugleich aber auch Dithyrambiker. Diesbezüglich ist der Einfluss Pindars schwer zu übersehen, nicht nur, weil N. am Anfang des *AC* sich selbst zu den Hyperboreern zählt, sondern auch, weil der Untertitel von *EH* (*Wie man wird, was man ist*), aus der zweiten pythischen Ode stammt. Aus diesen Gründen könnte man N. durchaus als lebenslangen Philhellenisten begreifen. Zum Thema auch: Butler (1935); Cancik/Cancik-Lindemaier (1991); Marchand (1996); Ottmann ($^{2}$1999); Williamson (2004); Müller (2005).

*Matthew Meyer, Boston*

**Philosemitismus** | N.s P steht im eigentümlichen Kontrast zu seinem (frühen) →Antisemitismus. N. schätzte den alttestamentlichen Heroismus, bewunderte Kreativität und Zähigkeit des modernen westeuropäischen →Judentums und verachtete die jüdisch-prophetische (später rabbinische) Religion, weil er in ihr all das vorgeprägt fand, was er am →Christentum zu hassen lernte. Im Unterschied zu Juden und Judentum der Zeit des Zweiten Tempels zollte N. den Juden des Alten Testaments sowie einzelnen Juden – etwa →H. Heine – hohen Respekt. N. bewunderte sowohl die jüdischen Freidenker des Mittelalters (*MA* 475) als auch die schärfere Argumentation und „sauberere" Schreibkunst und Rationalität des aufklärerischen Judentums (*FW V* 348) sowie den Umstand, dass die Juden „ohne allen Zweifel die stärkste, zäheste und reinste Rasse" Europas seien und deshalb bereits zu seiner Zeit „schon das Übergewicht, ja wörtlich die Herrschaft über Europa haben KÖNNTEN" (*JGB* 251) Europa verdanke den Juden nach N. „Eins, das vom Besten und Schlimmsten zugleich ist: den grossen Stil in der Moral, die Furchtbarkeit und Majestät unendlicher Forderungen", folgernd: „Wir Artisten unter den Zuschauern und Philosophen sind dafür den Juden – dankbar." (*JGB* 250) Diese Eigenschaft der Juden hat nach N. ihren Ursprung „im jüdischen ‚alten Testament'": hier gäbe es „Menschen, Dinge und Reden in einem so grossen Stile, dass das griechische und indische Schriftenthum ihm nichts zur Seite zu stellen hat." (*JGB* 52) Den alttestamentlichen Gott Israels schätzte N. deshalb, weil er Ausdruck von „Machtbewußtsein", Freude und Hoffnung Israels an und auf sich gewesen sei. In der Charakterisierung des alttestamentlichen Gottes als eines Nationalgottes, der seiner Partikularität wegen gerecht sei, kehrt N. die herkömmliche, jüdische und christliche Lesart des Erwählungsglaubens um: Hat der biblische Gott traditionell Israel erwählt, weil er liebend und gerecht ist, so gilt er bei N. als gerecht, weil Israel sich diesen Gott als Inbegriff eigener Lust an Leben und Macht erwählt habe. Zum Thema auch: Gilman (1997); Santaniello (1997).

*Micha Brumlik, Frankfurt/M.*

**Philosophie** | Geophilosophisch betrachtet (Günzel 2001; Shapiro 2006) ist die P für N. vor allem in zwei Weltgegenden entstanden und zu einer Kulturmacht geworden: einmal in Asien bzw. Indien (→Hinduismus), sodann in Europa bzw. Griechenland, wobei asiatische Einflüsse auch in Griechenland eine Rolle gespielt haben. Voraussetzung dieser Entstehung war in beiden Fällen eine tiefgehende mythisch-religiöse Tradition, aber auch der Drang nach Befreiung von deren geschlossenen Weltbildern. So war Thales für N. der erste griechische Philosoph, weil er mit seinem Satz vom Ursprung aller Dinge aus dem Wasser in der Ursprungsfrage zwar noch „in der Gemeinschaft mit Religiösen und Abergläubischen" stehe, mit der Antwort „Wasser" aber eine nicht mehr mythisch-religiöse Antwort auf diese Frage gebe, um schließlich mit einer Allaussage auch die Wissenschaft hinter sich zu lassen und zum Philosophen zu werden, der „die Einheit des Seienden" schaut: „Alles ist Eins" (*PHG* 3). Was die P dabei vor allem von der Wissenschaft unterscheidet, ist die „Bändigung" des grenzenlosen Wissensstrebens der Wissenschaften, das sich im Prinzip immer weiter und auf alles ohne Auswahl und Wertung erstreckt und dabei „ebenso barbarisirt als der Wissenshaß." (*PHG* 1, KSA 1: 807) Die P beginnt daher mit einer „Gesetzgebung der Größe", die „immer auf der Fährte der wissenswürdigsten Dinge" ist und insofern eine Orientierung für eine →Kultur erlaubt (*PHG* 3, KSA 1: 816). Es gebe „eine stählerne Nothwendigkeit, die den Philosophen an eine wahre Kultur" binde. Sei eine solche Kultur nicht vorhanden, dann sei der Philosoph kein „Hauptgestirn im Sonnensystem der Kultur", sondern nur „ein unberechenbarer und darum Schrecken einflößender Komet." (*PHG* 1, KSA 1: 809 f.) Noch in *JGB* wird N. die eigentlichen Philosophen als „Befehlende und Gesetzgeber" charakterisieren und von den wissenschaftlichen Menschen und philosophischen Arbeitern abgrenzen, zu denen N. selbst →Kant und →Hegel rechnet, weil sie einen großen Tatbestand von Wertschätzungen nur feststellen und in Formeln drängen (*JGB* 211). Sich selbst aber beschreibt er schließlich als „Dynamit" (*EH, Warum ich ein Schicksal bin* 1).

Die Frage nach der Einheit des Seienden und dem „Wesen und Kern der Dinge" ist für N. aber, anders als für →Heidegger (Skowron 1987; Gander 1994; Müller-Lauter 2000; Seubert 2000; Denker 2005), nicht →Metaphysik in einem pejorativen Sinne, sondern höchstens →„Artisten-Metaphysik" (Gerhardt 1984a; Wohlfart 1991b) und Begriffsdichtung, die in eins dichtet und zusammenträgt, was sonst nur „Bruchstück ist und Räthsel und grauser Zufall" (*Za II, Von der Erlösung*), aber sich noch nicht als solche versteht. Das Beiwort des „Artisten" zeigt an, dass es sich für N., wenn auch nicht für die Vorsokratiker selbst, um keine naive Metaphysik mehr handelt, sondern um eine ihrer selbst als solche bewusste Kunst der Auslegung. Sie ist Metaphysik nicht nur für, sondern auch von (einem) Artisten und lässt sich auch als Ontologie des „bedingt-bedingenden Weltwissens" (Stegmaier 1985a: 61) oder als Interpretationsphilosophie (Figl 1982; Abel [2]1998: 133–184) beschreiben. Dass diese beiden bzw. drei verschiedenen Begriffe von Metaphysik auseinanderzuhalten sind, zeigt sich auch an N.s Darstellung der P →Heraklits in *PHG*. Denn Heraklit leugnet einerseits „die Zweiheit ganz diverser Welten", einer physischen und einer metaphysischen Welt (*PHG* 5, KSA 1: 822), behauptet aber andererseits dennoch die Einheit des Vielen in der Welt als „Spiel des Zeus, oder physikalischer ausgedrückt, des Feuers mit sich selbst" (*PHG* 6, KSA 1: 828). Die Einheit steht nicht im Gegensatz zur Vielheit, vielmehr gilt: „‚das Eine ist das Viele.'" (*PHG* 6, KSA 1: 827) Dies lässt sich auch vom →Willen zur Macht und der →ewigen Wiederkunft des Gleichen sagen, die man N.s ‚artistische' Antworten auf die Frage nach der Einheit und Vielheit des Seienden verstehen kann.

Abgesehen von der Frage, inwiefern N. Heraklit ‚richtig' verstanden und was er aus den Fragmenten heraus- und was hineingelesen hat (Hölscher 1979; Hershbell/Nimis 1979; Borsche 1985; Wohlfart 1991a; Stegmaier 1992b; Cancik 1995a: 64–80; Bremer 1999; Ottmann [2]1999: 51–56, 441; Müller 2005: 141–150), ist Heraklit zumindest N.s eigenem Gefühl nach derjenige Philosoph, bei dem es ihm „wärmer“ und „wohler zu Muthe wird als irgendwo sonst“. In Heraklits „Bejahung des Vergehens UND VERNICHTENS“, dem „Jasagen zu Gegensatz und →Krieg“, dem „WERDEN, mit radikaler Ablehnung auch des Begriffs ‚Sein‘“, sieht N. das ihm Verwandteste, das bisher gedacht worden ist. Nicht nur hätte die Lehre von der „‚ewigen Wiederkunft‘ [...] auch schon von Heraklit gelehrt worden sein“ können (*EH*, *GT* 3), auch im →Agon des →Willen zur Macht und der Konzeption der Welt als „göttliches Spiel [...] und jenseits von Gut und Böse“ lebt Heraklit wieder auf (NF 1884, 26[193]; *PHG* 7, KSA 1: 833). Der →Übermensch, der sich zum Menschen wie dieser zum Affen verhalten soll (*Za I, Zarathustra's Vorrede* 3), ist bei Heraklit in dem Gott präfiguriert, für den der Mensch ebenfalls wie ein Affe in Weisheit, Schönheit und allem anderen erscheint (Diels/Kranz 1961: Heraklit, fr. 83, 82; NF 1873, 26[2], 26[67]). Heraklits Lehre vom Feuer weist ebenso sehr zurück auf die Nähe Heraklits zum historischen Zarathustra, der als Erster den moralischen Gegensatz von Gut und Böse ins „Metaphysische“ übersetzt habe (*EH, Warum ich ein ...* 3), als auch voraus auf seinen (post-)modernen immoralistischen Gegensatz, N.s Zarathustra (*DD, Das Feuerzeichen*) und N. selbst (vgl. Wohlfart 1997; Skowron 2002: 25 ff.; 2007a: 301, 309 f.). N. will P nur noch gelten lassen „als die allgemeinste Form der Historie, als Versuch das Heraklitische Werden irgendwie zu beschreiben und in Zeichen abzukürzen“ (NF 1885, 36[27]). Mit den →Zeichen gewinnen nicht nur →Rhetorik und Semiotik wieder einen neuen Stellenwert für N. (Kopperschmidt/Schanze 1994), sondern auch die →Interpretation, der die Zeichen bedürfen, und diese steht für N. in unmittelbarer Beziehung zu dem oder den Willen zur Macht als ihr Objekt und Subjekt zugleich (Simon 1987: 131–135; Stingelin 1993; Stegmaier 2000a, 2001). N.s P ist in einer nicht unwesentlichen Hinsicht auch eine „P der ‚Gänsefüßchen‘“ (NF 1885, 37[5]; *JGB* 289) und der „nuances“ (*EH*, *WA* 4): „Gedanken, die mit Taubenfüssen kommen, lenken die Welt.“ (*Za II, Die stillste Stunde*)

Die philosophische Intuition, dass Alles Eins ist, überwindet den aus der Religion herkommenden dualistischen Glauben an eine von der phänomenalen Welt getrennte wahre, transzendente, jenseitige Welt. Diese Zwei-Welten-Lehre ist für N. die eigentliche →Metaphysik, die er nicht müde wird, zu bekämpfen, da er in ihr nicht nur einen Irrtum des Denkens, sondern auch eine Strategie der Verleumdung und der heimlichen Rache sieht. Das „Grundmotiv“ von N.s Denken ist es, „gegen jede Art von metaphysischem Dualismus die Einzigkeit dieser Welt zu behaupten.“ (Müller-Lauter 1971: 15) Anders als bei →Schopenhauer ist für N. dabei das „metaphysische Bedürfnis“ nicht der Ursprung der →Religion, sondern umgekehrt nur ein „NACHSCHÖSSLING“ von dieser, nachdem man sich an die Vorstellung einer anderen Welt gewöhnt hat: was aber „in Urzeiten zur Annahme einer ‚anderen Welt‘ überhaupt führte, war NICHT ein Trieb und Bedürfniss, sondern ein IRRTHUM in der Auslegung bestimmter Naturvorgänge, eine Verlegenheit des Intellects.“ (*FW* 151) Obwohl das →Christentum für N. nur „Platonismus für's ‚Volk‘“ ist (*JGB*, *Vorrede*) und dem Platonismus historisch folgte, könnte es also gerade wegen der größeren ‚Volkstümlichkeit‘ seiner Zwei-Welten-Lehre dennoch ‚älter‘ und ‚ursprünglicher‘ sein.

Für N. geht es darum, den metaphysischen Grundglauben an „DIE GEGENSÄTZE DER WERTHE“ (*JGB* 2) – von wahrer und scheinbarer Welt, Gut und Böse, Seele und Leib, Seele und Geist (*FW*, *Vorrede* 3), Wahrheit und Irrtum (*JGB* 4), freiem und unfreiem Willen (*JGB* 21), Sein und Werden (*GD*, *Die ‚Vernunft‘...* 1), Theorie und Praxis (NF 1888, 14[107], [142]), Ja und Nein (NF 1885–86, 1[141]) – aufzugeben und „die absolute Homogeneität in allem Geschehen zu zeigen“ (NF 1887, 10[154]). Zu diesem Zweck bedient er sich in *MA* zunächst des historischen Philosophierens, für das es weder ewige Tatsachen noch absolute Wahrheiten gibt (*MA* 2) und mit dem gezeigt werden kann, dass die höher gewerteten Dinge keinen besonderen „Wunder-Ursprung“ haben, sondern umgekehrt „aus niedrigen, ja verachteten Stoffen gewonnen sind“ (*MA* 1; vgl. Heller 1972b). Bei der Wiederaufnahme dieser Frage nach der Entstehung der Gegensätze in *JGB* schlägt N. dann nicht nur vor, die Entstehung des Höheren aus dem Niedrigeren zu untersuchen, sondern auch nach einer möglichen umgekehrten Wertung aus der Perspektive des →Lebens und nach verborgenen Verknüpfungen und sogar nach Wesensgleichheit der Gegensätze zu fragen. Nicht nur die philosophischen Fragen, sondern auch die Antworten nehmen „wieder fast in allen Stücken dieselbe Form", wenn auch nicht denselben Inhalt, „wie vor zweitausend Jahren" an (*MA* 1). Weniger bewusst war sich N. vermutlich, dass er damit zugleich auch eine Annäherung an die Lehren der Nicht-Zweiheit in fernöstlichen Denkweisen vollzog (Loy 1988; Skowron 2004).

Waren die Vorsokratiker und Sophisten also auf den besten und verschiedensten Wegen einer Loslösung vom mythisch-religiösen Weltbild, so wurde für N. mit Sokrates und dem durch ihn „verdorbenen" →Platon ein „Stein" in die Räder dieser Entwicklung geworfen und mit Platons Unterscheidung von Ideen- und Sinnenwelt die Zwei-Welten-Lehre, die bereits bei dem von N. zum Gegenspieler Heraklits stilisierten Parmenides präfiguriert war, restauriert (*MA* 261). Wie sich die europäische P von dem erneuten Aufkommen des Dualismus langsam wieder befreite und „ein schrittweises Wiedergewinnen des antiken Bodens" vollzog (NF 1885, 41[4]), hat N. in *GD*, in dem Abschnitt *Wie die „wahre Welt" endlich zur Fabel wurde*, erzählt (Heidegger 1961a: 231–242; Niemeyer 1996a). Sie führt von Platon über das →Christentum, Kant, den Positivismus und die freien Geister N.s bis zu jenem „Augenblick des kürzesten Schatten; Ende des längsten Irrthums" (*GD, Wie die „wahre Welt"*... 6.), in dem mit der wahren Welt zugleich auch die scheinbare abgeschafft ist, weil sie „scheinbar" nur gemessen an einer „wahren" Welt sein kann und Zarathustra mit seiner Lehre von der ewigen Wiederkunft der gleichen Welt beginnt, aus der es kein „ENTSCHLÜPFEN" gibt (NF 1883–84, 24[7]). →Religion kann für N. nur noch die Heiligung dieser einen Welt heißen.

Aber wie soll das heraklitische „Jasagen zu Gegensatz und Krieg" mit der Negation des metaphysischen Grundglaubens an die Gegensätze der Werte vereinbar sein? Was unterscheidet natürlich-physische von meta-physischer Gegensätzlichkeit? Wie schon für Heraklit, so besteht auch für N. kein Widerspruch, sondern ganz im Gegenteil eine wechselseitige Bestätigung. Denn der Unterschied besteht darin, dass die Gegensätze im Falle Heraklits wesentlich aufeinander bezogen sind und ineinander übergehen, im anderen Falle aber voneinander abgetrennt werden und nur noch eine Seite für wünschenswert gehalten, die andere aber abgewertet oder bekämpft wird. Wie N. im Anschluss an ein Exzerpt aus →Wellhausen (vgl. KSA 14: 755) feststellt: „Es ist ein verhängnißvoller Schritt, wenn man DUALISTISCH die Kraft zum Einen von der zum Anderen TRENNT ... Damit wird die Moral zur Giftmischerin des Lebens." (NF 1887–88, 11[287]) Das Resultat dieser Trennung ist das Ideal des nur noch guten Gottes und „guten Menschen" und damit die „HALBSEITIGE TÜCHTIGKEIT" (ebd., 11[297]) oder „DIE HEMIPLEGIE DER TUGEND" (NF 1888, 15[113]). Mit Heraklit versteht N. die Gegensätze dagegen als zusammengehörig, einander bedingend und ineinander übergehend, so wie am Beispiel des Wachstums eines Baumes, der seine Wurzeln einerseits immer tiefer ins dunkle Erdreich treibt, um andererseits immer höher ins Licht wachsen zu können (*Za I, Vom Baum am Berge*; *FW V* 371). Weil das eine nicht ohne das andere möglich ist, lehrt Zarathustra: „„Der Mensch muss besser und böser werden"" (*Za IV, Vom höheren Menschen* 5). Während die metaphysisch verstandene Gegensätzlichkeit Frieden mit dem →Bösen bis auf ein eschatologisches Ende, an dem es ganz beseitigt sein soll, hin ausschließt und den fortwährenden Krieg verlangt, sind, heraklitisch gedacht, auch das →Gute und der Frieden jederzeit wieder möglich. Das „Jasagen zu Gegensatz und Krieg" ist auch das Jasagen zu Einklang und Frieden, die in der dualistischen Metaphysik zwar ebenfalls bejaht, deren Verwirklichung aber in eine andere Welt verlegt wird.

Die Entstehung der P aus der Religion über die Wissenschaft und in Verbindung mit der Kunst wiederholt sich auf der Ebene der einzelnen Philosophen und nicht zuletzt bei N. selber. Denn dass „fast bei allen Völkern der Philosoph nur die Weiterentwicklung des priesterlichen

Typus ist" (*AC* 12), trifft mit den deutschen Philosophen insgesamt auch auf N. selbst zu, der zwar nicht aus dem „,Tübinger Stift'" (*AC* 10), aber doch aus einem protestantischen Pfarrhaus stammte und erst über die →Philologie und die →Kunst zur P kam. Als →„Antichrist", den N. als die „nothwendige Logik in der Entwicklung eines echten Christen" begreift (NF 1888, 24[1], 6.), erteilt N. jedoch auch der „HINTERLISTIGE[N] Theologie" (*AC* 10) der deutschen P eine Absage und stellt den Philosophen (wieder) auf eigene Füße. Entsprechend ist es für N. an der Zeit, dass die P diese „widrige und düstere Raupenform" des asketischen Ideals, unter der sie „bis auf die neueste Zeit [...] allein [...] leben durfte und herumschlich", endlich aufgibt und frei heraustritt (*GM III* 10). Die P hört damit auf, sich vor sich selbst zu schämen (*FW* 275) und der Philosoph wird zum →„freien Geist".

Als solcher braucht er nicht mehr zu verhehlen, dass seine P etwas ganz und gar Persönliches ist, „eine Art ungewollter und unvermerkter mémoires" (→„Psychologie der Philosophen"), und dass und welche moralischen (oder unmoralischen oder immoralistischen) Absichten er letztlich verfolgt (*JGB* 6). Er wird weder „das PERSPEKTIVISCHE, die Grundbedingung alles Lebens" (→Perspektivismus), verleugnen (*JGB*, *Vorrede*), noch auch, dass „Macht und Recht und Umfänglichkeit der Perspektive mit einander in die →Höhe wachsen." (*MA*, *Vorrede* 6) Schließlich ist es gerade das Persönliche, als „das ewig Unwiderlegbare", das, wie schon an den griechischen P-en, auch dann noch interessiert, wenn das aus ihm hervorgegangene philosophische System schon lange widerlegt ist (*PHG*, KSA 1: 801 ff.; vgl. an →L. von Salomé, 16.9.1882). Dementsprechend werden auch die „Wahrheiten" dieser Philosophen keine Wahrheiten „für Jedermann" mehr sein und sein wollen, sondern persönliche Wahrheiten, auf die sie, wie eifersüchtige Liebhaber, nicht so leicht auch anderen ein Recht zugestehen (*JGB* 43; vgl. NF 1881, 11[339]). P-n der Individualität vermeiden allgemeine Lehren und werden zu P-n der Interpretation und des Zeichens (Kaulbach 1990a; Stegmaier 1995). Eine P, die nicht nur alle bisherige P, sondern auch sich selbst als Auslegung und Symptom des →Leibes versteht (*FW*, *Vorrede* 2), als fortgesetzte „Kunst der Transfiguration" und Umsetzung leiblicher Zustände „in die geistigste Form und Ferne" (ebd., 3), wird schließlich zum freien Experiment mit dieser plastischen Kraft werden und die Philosophen zu „Versuchern" damit (*JGB* 42). Mit dem Grundsatz, dass „,[D]AS LEBEN EIN MITTEL DER ERKENNTNISS'" sein dürfe, vorausgesetzt, dass man sich in der Welt der Erkenntnisse, mit ihren Gefahren und Siegen, auch „auf Krieg und Sieg" gut verstehe (*FW* 324), gewinnt die von N. gelebte →„Experimental-P" (Kaulbach 1980; Gerhardt 1986; Stegmaier 1990) an Kontur. In dieser von einem durch den Willen zum Nichts hindurch zur Macht in Bewegung gehaltenen (Experimental-)P mit ihren Abenteuern des Leibes ‚und' Geistes schließen sich „fröhliche Wissenschaft", Umwertung, dionysisches →Jasagen, ewige Wiederkunft und →amor fati zusammen.

*Michael Skowron, Daegu*

**Physik** | N.s Einstellung zur P und den →Naturwissenschaften ist umstritten. Vor allem stellt sich die Frage, wie sich seine naturwissenschaftlichen Interessen zu seinem so genannten →Perspektivismus und Skeptizismus verhalten. In *MA* werden die Naturwissenschaften und ihre Methoden als probates Mittel zur Erkenntnis von Mensch und Welt gepriesen, und in *FW* schreibt N. der P eine wesentliche Rolle in seinem Selbstschöpfungsprogramm zu (*FW* 335). In *JGB* wird N.s Position jedoch zutiefst ambivalent: Einerseits lobt er den Physiker Boscovich, zumal dieser „dem Glauben an das Letzte, was von der Erde ‚feststand', abschwören [lehrte], dem Glauben an den ‚Stoff', an die ‚Materie', an das Erdenrest- und Klümpchen-Atom" (*JGB* 12). Andererseits behauptet N., dass „P auch nur eine Welt-Auslegung und – Zurechtlegung (nach uns! Mit Verlaub gesagt) und NICHT eine Welt-Erklärung ist" (*JGB* 14) und dass die Wissenschaft uns „in dieser VEREINFACHTEN, durch und durch künstlichen, zurecht gedichteten, zurecht gefälschten Welt festhalten will" (*JGB* 24).

Wo immer N. aber zugesteht, dass die P etwas von der Wirklichkeit erkennen kann, wird diese eindeutig bestimmt: Der von F. A. Langes *Geschichte des Materialismus* (1866) inspirierte Gedanke N.s ist, dass die Entwicklungen der modernen P zu einer Wiederbelebung der dynamischen Weltanschauung Heraklits führen werden. Dabei handelt es sich zwar um ein materialistisches, nicht aber um ein mechanistisches Weltbild. Während die Welt Letzterem zufolge aus Kraft *und* Stoff besteht, gibt es in der dynamischen Weltsicht ausschließlich Kräfte. Den Übergang von einer mechanistischen zu einer dynamischen Denkweise sieht N. durch Boscovich vorbereitet, der in seiner *Philosophiae naturalis Theoria* die Atome in Kraftzentren auflöste (An Köselitz, 20.3.1882).

Der aus der P übernommene Kraft-Begriff wird für die Entwicklung der „Lehren" vom →Willen zur Macht und der →ewigen Wiederkunft des Gleichen entscheidend. Im Nachlass begreift N. den Willen zur Macht als eine „Ergänzung" zu dem in der P „siegreiche[n] Begriff ‚Kraft'" und schreibt den Kräften „eine innere Welt", ein „unersättliches Verlangen nach Bezeigung der Macht" sowie eine „Verwendung, Ausübung der Macht, als schöpferischen Trieb" zu (NF 1885, 36[31]). Um ein naturwissenschaftliches Fundament für die Theorie der ewigen Wiederkehr zu erlangen, setzt sich N. mit Physikern wie R. Mayer und J. G. Vogt auseinander. Von Mayer (1874) bezieht er den Begriff Krafterhaltung, gegen Mayer und mit Vogt (1878) behauptet er, dass die Kräfte ewig tätig sein müssen, wenn sie unzerstörbar sind. Nimmt man an, dass es nur eine bestimmte Quantität ewig tätiger Kräfte gibt, dann müsse sich jeder Moment unendlich viele Male wiederholen. Zum Thema auch: Mittasch (1952); Schlechta/Anders (1962); Stack (1983); Bauer (1984); Whitlock (1996); Small (2001); Brobjer (2004c).

*Matthew Meyer, Boston*

**Physiologie** | N.s Werk wendet sich, von der →Philologie her kommend, spätestens seit den 1880er Jahren einer materialistisch orientierten P zu. Zwar war N. krankheitsbedingt sein Leben lang mit der Kurierung und Theoretisierung körperlicher Zustände, Triebe, Reize, Symptome usw. beschäftigt (Volz 1990), auch sind physiologische Argumente schon in seiner Metaphern- und Tragödientheorie zu finden (z. B. *WL* 1, KSA 1: 878 f.; *GT* 1, KSA 1: 25 bzw. Fietz 1992), unter dem Einfluss verschiedener Schriften von Lange, Roux und Helmholtz sowie vor allem des Charcot-Schülers Féré aber (vgl. Lampl 1986; Stingelin 1999a; Windgätter 2007) ist die P für N. ein eigenständiges Paradigma des Denkens geworden (so *JGB* 3; *GM, Vorrede* 6). So geht der selbsternannte „Experimental-Philosoph" (NF 1888, 16[32]) und „Arzt der Kultur" (NF 1873, 30[8]) über eine Kritik an den „Verächter[n] des →Leibes" (*Za I, Von den Verächtern des Leibes*) hinaus und leitet die für das 20. Jh. maßgebliche Umarbeitung der logozentrischen Traditionen ein (vgl. Derrida 1967; Gumbrecht/Pfeiffer 1995; Windgätter 2006): „In der That bedürfen alle Gütertafeln [...] zunächst der physiologischen Beleuchtung und Ausdeutung, eher jedenfalls noch als der psychologischen" (*GM I* 17). Die Konsequenz ist, dass N. ein Denken auch jenseits des Dualismus von Körper und Geist eröffnet: „Es ist entscheidend über das Loos von Volk und Menschheit, dass man die Cultur an der rechten Stelle beginnt – nicht an der ‚Seele' [...]: die rechte Stelle ist der Leib, die Gebärde, die Diät (→Ernährung), die Physiologie, der Rest folgt daraus ..." (GD, *Streifzüge* ... 47). *Christof Windgätter, Berlin*

**Pinder, Wilhelm** | P, * 6. 7. 1844 Naumburg, † 20. 2. 1928 Kassel, wichtigster Jugendfreund N.s neben dessen Cousin G. →Krug. Ps Vater war Jurist am Naumburger Oberlandesgericht und eifriger Anhänger einer religiösen Erneuerungsbewegung innerhalb des gesamten Protestantismus. N., P und sein Cousin besuchten zusammen ab Ostern 1850 die Naumburger Bürgerschule, ab 1853 das Webersche Institut und ab 1855 das →Naumburger Domgymnasium. N. hielt sich als Jugendlicher häufig im Hause Krug auf, woran er später mit „vielen und dankbaren Empfindungen“ (An Auguste P, 5. 5. 1875) dachte. P studierte zusammen mit G. Krug in Heidelberg Jura, wohin zum Studium zu kommen sie ihren Jugendfreund N., wenn auch vergeblich, zu überreden versuchten. Dann verlor sich der gegenseitige Kontakt allmählich. Im April 1872 verbrachte P zusammen mit N. noch einige Tage in Vernex am Genfersee. Während der Weihnachtstage 1873 stellte P seinem Jugendfreund seine Braut vor; zu deren Hochzeit 1874 schenkte N. dem jungen Ehepaar eine Abschrift seiner Komposition *Hymnus an die Freundschaft*. Danach brach der Kontakt ab. Zum Thema auch: Janz (1978a); Pernet (1989); Reich (2004).

*Martin Pernet, Sent*

**Platon** | P, *427 v. Chr. Athen, †347 v. Chr. ebd., ist der Philosoph, auf den N. sich häufiger als auf irgendeinen anderen bezieht, mit Ausnahme →Schopenhauers. N. verfügte über umfangreiches Wissen über P und seine Philosophie. Dennoch existiert nicht eine veröffentlichte Schrift von N., in welcher er eine ausgedehnte Diskussion über P führt. N.s Beziehung zu P hat große Aufmerksamkeit erfahren, die WNB verzeichnet etwa 70 Einträge (Bücher und Artikel), die sich mit ihr beschäftigen. Es ist oft behauptet worden, N. gehe eine Art Agon oder Konkurrenz mit P ein. Weiter führt die Annahme, N. habe eine Karikatur von P als Vertreter der metaphysischen Tradition (und der christlichen Lehre) entworfen, der er seine eigene gegenüberstellte.

N.s Interesse an P wurde während seines letzten Jahres an der →Schulpforta (zwischen 1863 und 1864) geweckt. Als er die Pforta verlässt, schreibt N.: „[I]ch gedenke mit der angenehmsten Erinnerung der ersten Eindrücke des Sophokles, des Aeschylos, des Plato vornehmlich in meiner Lieblingsdichtung, dem Symposion, dann der griechischen Lyriker.“ (BAW 3: 68) N.s Interesse an der Philosophie, und vor allem an P, wurde von seinem Griechischlehrer, Professor Steinhart, selbst ein namhafter P-Forscher, belegt, der in einem Empfehlungsschreiben an den Bonner Philosophen Schaarschmidt bestätigte: N. „ist eine tiefe, sinnige Natur, schwärmerisch der Philosophie, namentlich der platonischen, zugethan, in die er schon ziemlich eingeweiht ist. […] besonders aber wird er unter Ihrer Leitung sich freudig der Philosophie zuwenden, zu der ihn doch sein innerster Trieb hinführt.“ (KGB I/4: 338) 1865 besuchte N. in Bonn zwei Seminare zu P, eines bei Schaarschmidt und eines beim Philologen Jahn. Während seiner Jahre als Student der Universität (1864–1868) bezog sich N. häufig auf P, aber fast alle dieser Bezüge sind wissenschaftlicher Art und orientieren sich entlang von Fragen der klassischen Philologie und nicht direkt an P und seinen Ansichten. Stattdessen nutzt N. P und seine Schriften in dieser Zeit zur Diskussion anderer Themen und Philosophen (vor allem Theognis und Demokrit). Diese Abwesenheit der platonischen Philosophie in N.s Denken und Schreiben ist in dieser Zeit vielleicht überraschend (andere Philosophen, die er in diesen Jahren las, wie →Emerson, →Schopenhauer, Lange, →Kant und v. Hartmann erfuhren explizitere Nennung und Lob). Doch erst nachdem er eine Professur in Basel übernommen hatte (1869), finden wir Hinweise auf eine ernstere Beachtung von P, und dies zumal im Zusammenhang seiner Arbeit an *GT*. In den Jahren 1869 und 1870 bezieht er sich auf Ps „ethischen Optimismus“ und setzt diesen mit Sokrates und Euripides in Verbindung (NF 1870, 3[93+94]), eine Auffassung, die er später in *GT* zum Ausdruck bringen wird. Während dieser Zeit beruft er sich auf Ps Abneigung gegenüber der Kunst, eine Aussage, die er in den Folgejahren viele Male wiederholen wird. In diese Zeit fällt auch N.s Aufsehen erregende Äußerung: „Meine Philosophie UMGEDREHTER PLATONISMUS: je weiter ab vom wahrhaft Seienden, um so reiner schöner besser ist es. Das Leben im Schein als Ziel.“ (NF 1870–71, 7[156])

In den frühen 1870er Jahren war N. vorrangig mit der Lektüre von Ps Schriften beschäftigt und bereitete Vorlesungen über ihn und sein Denken vor. Er diskutierte und fasste alle Dialoge von P für seine Studenten zusammen und besprach Ps Leben und Denken eingehend. Dabei ist es zumeist der gewissenhafte Lehrer N., der diese Vorträge hält, nicht der bilderstürmerische

Philosoph. An der Universität hielt N. über vier Semester hinweg (zwischen 1871 und 1878) Vorlesungen zu P und seiner Philosophie, und im Jahre 1878 gab er ein eigenes Seminar zu Ps *Apologie.* Die Vorlesungen, die aus etwa 180 Seiten gedruckten Textseiten bestanden, beginnen mit der Behauptung: „Bei Untersuchungen der Art ist es entweder auf die Philosophie oder auf den Philosophen abgesehen; wir wollen das letztere: wir benutzen das System nur. Der Mensch noch merkwürdiger als seine Bücher" (KGW II/4: 7). In der Einleitung (und später in den Referaten) betont N., dass P, obwohl ein Künstler, dennoch vorrangig von ethischen und politischen Zielen getrieben war. „Wir dürfen ihn nicht als Systematiker in vita umbratica betrachten, sondern als agitatorischen Politiker" (ebd.: 9). In diesem Sinne fordert er auch: „Die Republik ist vielmehr eine Hauptschrift als der Gorgias oder das Symposion u. doch ästhetisch viel geringer." (ebd.: 14) Der →frühe N. diskutierte recht häufig über die „Republik", ab Mitte der 1870er Jahre scheint es jedoch, als hätte er das Interesse an ihr verloren – und die *Apologie* wurde sein Lieblingstext. In seinen Lesungen fasst N. Ps Position mit den Worten zusammen: „Bild des vollkommenen Philosophen. Er lebt ganz in den reinsten Abstraktionen, sieht u. hört nicht mehr, schätzt nicht mehr, was die Menschen schätzen, haßt die wirkliche Welt u. sucht seine Verachtung zu verbreiten. [...] [Plato] kämpfte auf Leben und Tod gegen alle bestehenden Staatsverhältnisse an und war ein Revolutionär der radikalsten Art. [...] sehr bald zeigt sie eine tyrannische Ader." (ebd.: 154 f.) In vielen Absätzen bespricht er die Bedeutung der „Ideenlehre" und die Unsterblichkeit der Seele für P und vermerkt, dass das Leben für ihn von metaphysischen Prämissen bestimmt war. Die vielen Bezüge, die N. in seinen Notizbüchern und Büchern der 1870er und 1880er Jahre zu P macht, sind weiterhin sowohl negativ als auch anerkennend, wobei die kritischen überwiegen nach dem Muster: „Ohne Platonismus und Aristotelismus keine christliche Philosophie." (NF 1884, 25[257]) Das Ganze kulminiert in der Forderung nach einem „Kampf gegen Plato und Aristoteles." (ebd., 26[387]) In *JGB* bricht N. zwar mit dieser Urteilsweise und macht eine Reihe von zumeist lobenden Anmerkungen, nach JGB jedoch reagiert er wieder negativ und feindlich und hält beispielsweise fest: „[S]o empfand es der Instinkt P's, dieses grössten Kunstfeindes, den Europa bisher hervorgebracht hat. Plato GEGEN Homer: das ist der ganze, der ächte Antagonismus – dort der ‚Jenseitige' besten Willens, der grosse Verleumder des Lebens, hier dessen unfreiwilliger Vergöttlicher, die GOLDENE Natur." (*GM III* 25) Kurz: „[E]r BLEIBT das größte Malheur Europas!" (An Overbeck, 9.1.1887) N. behauptet nun sogar, stolz auf einen derartigen Feind bzw. Gegenspieler zu sein (An Deussen, 16.11.1887). In seinem letzten Jahr verdichtet N. seine Einstellung, indem er P Thukydides gegenüberstellt: „Der MUTH vor der Realität unterscheidet zuletzt solche Naturen wie Thukydides und P: P ist ein Feigling vor der Realität, – FOLGLICH flüchtet er in's Ideal; Thukydides hat SICH in der Gewalt, folglich behält er auch die Dinge in der Gewalt ..." (*GD, Was ich den Alten verdanke* 2; vgl. auch *M* 168).

Ps Philosophie, die in Form von Dialogen zum Ausdruck kommt, kann auf ganz verschiedene Art und Weise interpretiert werden. Im Großen und Ganzen interpretierte N. ihn auf konventionelle Art als metaphysischen Idealisten und Moralisten, den er verwendete, um seine eigene Philosophie davon abzugrenzen. Er war sich darüber im Klaren, dass dadurch oft eine Karikatur des historischen P entstand (NF 1887, 10[112]: „P zum Beispiel wird bei mir zur Carikatur"). Zum Thema auch: Bremer (1979); Rosen (1987).

*Thomas H. Brobjer, Uppsala* (Übers.: F. Künstner)

**Podach, Erich Friedrich** | P, *22.11.1894 Budapest, †20.8.1967 Heidelberg, gehörte zu den frühen kritischen N.-Forschern (→Basler Tradition). Mit *Nietzsches Zusammenbruch* (1930), *Gestalten um Nietzsche* (1932) und *Friedrich Nietzsche und Lou Salomé* (1937) entlarvte er aufgrund von Quellenrecherchen EFNs Legenden um N.s Leben und Werk. In *Der* *kranke Nietzsche* (1937) publizierte er die Briefe von N.s Mutter →Franziska N. an →Overbeck aus dem Basler N.-Archiv. P kritisierte Schlechtas N.-Ausgabe (SA), weil dieser nicht auf die Manuskripte zurückgegriffen hatte, und er versuchte mit *Friedrich Nietzsches Werke des Zusammenbruchs* (1961) und *Ein Blick in Notizbücher Nietzsches* (1963) eine erste, kritische Ausgabe des Spätwerks sowie von Teilen des Nachlasses. P wurde mit M. Montinari bekannt und war als Mitherausgeber an der →Colli/Montinari-Ausgabe vorgesehen, aufgrund unterschiedlicher Auffassungen kam es aber zu keiner Zusammenarbeit (vgl. auch Champromis 1964).

*David Marc Hoffmann, Basel*

**Pöbel** | Unter den Kollektivbegriffen, denen sich N. widmet, nimmt ‚P' eine Sonderstellung ein. Sein Auftreten und seine Aktionen sind an geschichtliche Ereignisse geknüpft. N. lokalisiert in seinem Geschichtsdenken den sprichwörtlich gewordenen „grossen schlimmen langen langsamen P- und Sklaven-Aufstand" (*Za IV, Der freiwillige Bettler*). So ist für N. das →Christentum die „große P-Bewegung des römischen Reichs" (NF 1880, 3[20]). Die abwertende Charakterisierung des zeitgenössischen Ps aber fließt aus seinem vernichtenden Urteil über die Französische Revolution: „eine pathetische und blutige QUACKSALBEREI, welche [...] alle politischen Kranken bis auf diesen Augenblick UNGEDULDIG UND GEFÄHRLICH gemacht hat." (*M* 534) N. zieht einen Trennungsstrich zwischen der Aufklärung (nach Voltaire) und der Revolution als „blutige farce", zumal Letztere nach dem falschen Drehbuch ablief: „[W]as ich hasse, ist ihre →Rousseau'sche MORALITÄT": Flachheit, Mittelmäßigkeit und Gleichheit sind ihre „Wahrheiten" (*GD, Streifzüge* ... 48). Der P ist für N. das ausführende Organ. Die P-Herrschaft ist eine umstürzlerische, d. h. sie findet nirgendwo aus ihrer Rachsucht heraus und hält ihr Regiment für eine Etappe auf dem Weg zu den schönsten, utopischen Zukunftshoffnungen. P-Herrschaft ist die Verbindung von niedrigsten →Instinkten mit höchsten Erwartungen und steht für den „Siegeszug der ‚kleinen Leute'" (Marti 1993: 202). So findet man „die kleinen Tugenden, die kleinen Klugheiten, die Sandkorn-Rücksichten, den Ameisen-Kribbelkram, das erbärmliche Behagen, das →‚Glück der Meisten' –" (*Za IV, Vom höheren Menschen* 3). Der obsiegende Typus ist der erfolgreiche Krämer: „[D]er Fürst denkt, aber der Krämer – lenkt!" (*Za III, Vom Vorübergehen*) Die „Zeit der Könige" hingegen ist abgelaufen: „[W]as sich heute Volk heisst, verdient keine Könige." (*Za III, Von alten und neuen Tafeln* 21)

Der P liebt aber nicht nur die →Gleichheit, er ist auch, Herr geworden, der Gleichmacher schlechthin. Folgerichtig bleibt für den höheren Menschen nur eines: den Markt zu verlassen, ihm zu entfliehen, denn: „Vor dem P aber wollen wir nicht gleich sein." (*Za IV, Vom höheren Menschen* 1) Während die →Herde einen unzulänglichen, abgeschlossenen Geisteszustand repräsentiert, dem man Formbarkeit nach dem Ständestaatsideal noch zugestehen könnte, scheint der P amorph: „P-Mischmasch: DAS will nun Herr werden alles Menschen-Schicksals – oh →Ekel! Ekel! Ekel!" (*Za IV, Vom höheren Menschen* 3) Entsprechend verordnet N. sogar: „[W]o die ZUFRIEDENHEIT DES Ps herrscht, ist der EKEL das Abzeichen des höheren Menschen" (NF 1884–85, 29[52]); „Der EKEL am Menschen, am ‚Gesindel' war immer meine grösste Gefahr ..." (*EH, Warum ich so weise bin* 8). Die Urteile N.s über P und Gesindel beruhen auf den geringen Aussichten, ihren Zustand zu verändern, und auf der Verzweiflung, sie herrschen zu sehen. Deswegen ersehnt Zarathustra den „unbändigen guten Geist, der allem Heute und allem P wie ein Sturmwind kommt" (NF 1884–85, 31[64]). Zum Thema auch: Reschke (1992b).

*Josef Schmid, Bamberg*

**Poesie** | Für viele gilt N. in erster Linie als Philosoph und Essayist. N. verstand sich aber auch als Kunstschaffender, der seine eigenen Texte mit größter Umsicht formulierte (→Stil).

So schrieb er in einer äußerst fasslichen, in sich argumentativ aufgebauten Prosa, in welcher sich die entwickelten Gedanken fortwährend überholen und ergänzend differenzieren; was sich bis zur höchst kunstvollen Kunstprosa steigern kann, in extrem konzentrierten →Aphorismen, vor allem auch in den meisterhaft-evokatorischen, zum Teil als Tanzlieder konzipierten Passagen von *Za*, wo sich die einzelnen Aussagen zu poesievoll-lyrischen Sprachkunstwerken verdichten, die sich ineinander anspielungsreich verspiegeln.

Von Kind auf pflegte N. auch Gedichte zu schreiben, im Stile der ihm bekannten Schulautoren oder Kirchenlieddichter. Später ahmte er kenntnisreich die biblischen Psalmen, die lateinischen oder griechischen Lyriker nach, aber auch klassische und romantische Dichter deutscher Zunge, deren Formen er gerne übernahm und parodistisch abwandelte. Er schrieb Gelegenheitsgedichte für familiäre, freundschaftliche oder schulische Anlässe, später auch Widmungsgedichte oder poetische Gedichtreihen, in denen sich die Themen seiner aphoristischen Prosawerke in gleichnishafen Bildern oder Prozessen spiegeln (→Frühe Schriften). Er versuchte immer wieder, ganz bestimmte Situationen oder Stimmungen in lyrischen Wortbildern widerzugeben, die – wie musikalische Kompositionen – auf mehreren Ebenen spielen, aufgrund seiner Wahrnehmungsphilosophie mehrere Perspektiven miteinander verbindend oder gegenläufig voneinander absetzend, wobei er intensiv mit der Mehrdeutigkeit der einzelnen Wörter und auch deren formalen Resonanzmöglichkeiten spielte. Auffällig ist auch seine Fähigkeit zur spruchhaft-pointenreichen Konzentration (→Popularisieren), welche seine Texte wie ironische Kommentare zu eigenen oder ihm fremden Auffassungen erscheinen lassen, als ob er über die Komplexität unterschiedlicher Wahrheits- und Darstellungsmöglichkeiten mit witzigen Sprachkünsten oder aber auch sarkastischen Verkürzungen nachdenken würde. Wie sehr er an diesen lyrischen Texten arbeitete und wie bewusst und experimentell er dabei vorging, kann man anhand der zahlreichen Vorstufen und Varianten ersehen, die in den Nachlassbänden erhalten sind.

Interessant sind seine Gedichtzyklen – wie *Scherz, List und Rache* sowie die →*Lieder des Prinzen Vogelfrei* und vollends *DD* oder die Kompositionen aus deren Umkreis – aufgrund der in sich abgeschlossen scheinenden Struktur der Einzelwerke, dann aber auch in Bezug auf die Stellung des einzelnen Textes in der Gesamtarchitektur. Wie unendlich tiefsinnig und mehrdeutig N.s lyrische Meditationen sind, kann man den Analysen zu *DD* von W. Groddeck (1991a,b) entnehmen, die den einzelnen Stufen ihrer Entstehung und Vollendung nachgehen, in ihrem ganzen Anspielungsreichtum und der sich fortwährend vollziehenden Verdichtung und Funktionalisierung der einzelnen Sprach-, Form- und Sinnelemente. In dieser Hinsicht erscheint N.s P in ihrer Synthese von Gedanken- und Naturlyrik, von philosophischen Denkprozessen und der Diskussion von mythischen Traditionen als Versuch der Gestaltung dessen, was er in der Diskussion mit →Wagner unter einem „Gesamtkunstwerk" verstand und nun selbst mit seinen entwurfhaft wirkenden Kunstwerken rein sprachlich, ohne eigentliche Materie, in der reinen Geistigkeit freier Assoziationen schöpferisch zu leisten versuchte, und dies in der Diskussion mit den ihm bekannten rhetorischen und poetischen Traditionen. Zum Thema auch: Pestalozzi (1970); Sonderegger (1973); Stingelin (1988a); Bornmann (1989).

*Peter André Bloch, Mulhouse*

**Pole(n)** | Vermutlich vermittelte N.s Tante Rosalie dem Jungen die nach 1933 zum Politikum werdende, N.s Schwester ärgernde Legende, dass ihre Vorfahren polnische Edelleute gewesen seien (‚[von] Nie/ë(t)zky'), die „etwa Mitte" des 18. Jh.s wegen ihres protestantischen Glaubens das Familiengut verließen (vgl. *JGB* 264). Lange Zeit reservierte N. sämtliche Hinweise auf die Familienlegende für den engsten Freundeskreis (Granier, Overbeck, Köselitz, v. Stein), erst 1888 gab er sie brieflich entfernteren Kontakten (An Brandes, 10.4.1888; an Bourdeau,

17.12.1888) und zuletzt in seinen Schriften (*EH*, *NW*) der breiten Öffentlichkeit kund. Mit seiner Selbstidentifizierung als ‚P' suchte N. einen direkten Bezug zu den historischen (wie Kopernikus, Chopin und Boscovich, den N. zu Unrecht für einen P hielt) und zeitgenössischen polnischen Persönlichkeiten (wie der Mathematikerin Kowalewski und dem Maler Matejko). Genealogische Recherche (schon zu nationalsozialistischer Zeit: Blunck 1953 und v. Müller 2002) entlarvte die P-Legende als Phantasie – die Familie stammt nachweisbar aus der Oberlausitz. Inwieweit N. sie selber ernst nahm, ist nicht eindeutig auszumachen. Er benutzte den Herkunftsmythus aber vorwiegend als Beleg für seinen Status als Vornehmer und Ausnahmemensch (vgl. N.s Wertschätzung für das *liberum veto*, das im polnischen Parlament dem Einzelnen dieselbe Macht verleiht wie der Mehrheit) sowie für seine Distanz zum aufkommenden deutschen Nationalismus und seine Sensibilität für die „Kunst der Sprache" (N. an v. Stein, Anfang Dez. 1882). Auffällig hierbei ist, dass sich die Identitätszuweisung oft über Andere, in einer Fremdsprache, vollzog (vgl. ‚polonais': N. an Köselitz, 7.4.1888; ‚Polacco': NF 1882, 21[2]), während eigene inklusive Herkunftsmarkierer (wie ‚wir P') insgesamt fehlen (vgl. den Wahnsinnsbrief „*Den erlauchten P*", 4.1.1889: „Ich gehöre zu euch […]"). Zum Thema auch: Devreese/Biebuyck (2006); Devreese (2007).

*Benjamin Biebuyck, Gent*

**Politik** | Um N.s Beziehung zur P und seine Kritik der Demokratie richtig einordnen zu können, muss klar sein, ob und in welchem Ausmaß er ein a-, über- (van Tongeren 2008) oder gar anti-politischer Denker (Brobjer 1998, Cominos 2008) war, Letzteres beispielsweise ausgehend von N.s (an sich für *EH* vorgesehener) Selbsteinschätzung: „[I]ch, der letzte ANTIPOLITISCHE Deutsche" (KSA 14: 472). N.s Perspektive – so die hier verfochtene These – war fast immer sowohl persönlich als auch philosophisch als auch kulturell ambitioniert und nur sehr selten unmittelbar politisch in der gewöhnlichen Bedeutung dieses Wortes.

Das Bild des jungen N. als eines nur sehr begrenzt politisch interessierten Zeitgenossen begegnet einem nicht nur in Briefen, etwa in einem Schreiben N.s an →Rohde (vom 27. Oktober 1868), in welcher er sich erleichtert äußerte über die Verhältnisse im Hause seiner Vermieters, eines Politikers: „[…] zu meinem Troste aber wird von P FAST nicht gesprochen." Diese Tendenz wird auch bestätigt durch das N.-Porträt in →Ritschls Empfehlungsschreiben via →Basel vom 10. Januar 1869 („N. ist gar keine specifisch politische Natur"; KGB I/4: 548). Von hier aus überrascht auch nicht die Leichtigkeit, mit der N. freiwillig seine preußische Staatsbürgerschaft aufgab vor seinem Wechsel nach Basel, mit der Folge, dass er eigentlich staatenlos war für den Rest seines Lebens.

Zu beachten ist allerdings, dass N. seinen ‚Erstling' →*GT* zu einer Zeit schrieb, zu der er politisch stärker involviert war als in anderen, späteren Zeiten seines Erwachsenenlebens – und unter dem Einfluss Richard →Wagners stand, eines ungleich politischeren Menschen als N. In Berücksichtigung dessen ist *GT* bemerkenswert apolitisch, wenngleich kulturell und philosophisch engagiert und durchaus radikal. Als N. sich kurz darauf als unzeitgemäß zu betrachten begann und seine ersten *UB* schrieb, war eine gewisse politische Indifferenz, wenn nicht gar eine gewisse Feindseligkeit gegen P ein zentrales Motiv für die Wahl dieses Terminus. In *HL* lesen wir denn auch: „Alles moderne Philosophiren ist politisch und polizeilich" (5, KSA 1: 282) – etwas, was N. kritisch sah und vermeiden wollte. Ganz in diesem Sinne heißt es in der wenig später vorgelegten *UB III*: „Jede Philosophie, welche durch ein politisches Ereigniss das Problem des Daseins verrückt oder gar gelöst glaubt, ist eine Spaass- und Afterphilosophie" (*SE* 4, KSA 1: 365). In der Umkehrung gesprochen: „[D]er, welcher den furor philosophicus im Leibe hat, wird […] keine Zeit mehr für den furor politicus haben" (*SE* 7, KSA 1: 409). Dieser Gedanke zieht sich durch die meisten seiner Schriften und wird später radikalisiert, vielleicht darf man sagen: Wo →Platon die Philosophie gegen das Rhetorische in Stellung bringt, lässt N. sie die P und andere Aspekte der →Modernität bekämpfen.

Nach dem diesbezüglichen Aufschwung zu Beginn der 1870er Jahren ging N.s politisches Interesse wieder zurück. Selbst das achte Hauptstück von *MA* mit dem Titel *Ein Blick auf den Staat* betont gleich zu Beginn, dass und warum jemand wie er eigentlich apolitisch sein sollte: „Zuerst nämlich muss es Einigen mehr als je, erlaubt sein, sich der P zu enthalten und ein Wenig bei Seite zu treten: dazu treibt auch sie die Lust an der Selbstbestimmung, und auch ein kleiner Stolz mag damit verbunden sein, zu schweigen, wenn zu Viele oder überhaupt nur Viele reden. Sodann muss man es diesen Wenigen nachsehen, wenn sie das Glück der Vielen, verstehe man nun darunter Völker oder Bevölkerungsschichten, nicht so wichtig nehmen und sich hie und da eine ironische Miene zu Schulden kommen lassen" (438). Ganz in diesem Sinn lautet eines der zehn Gebote des →Freigeistes: „Du sollst keine P treiben" (NF 1876, 19[77]). In einem Notat mit dem Titel *Die Lehre von den* NÄCHSTEN DINGEN, in welchem N. einige Themen von *EH* vorwegnimmt, findet sich als eine Art Imperativ der Satz: „Zurückgezogenheit von der P" (NF 1879, 40[16]). Zwei Jahre später schreibt N.: „Der politische Wahn, über den ich eben so lächle, wie die Zeitgenossen über den religiösen Wahn früherer Zeiten, ist vor allem VERWELTLICHUNG, Glaube an die WELT und Aus-dem-Sinn-Schlagen von ‚Jenseits' und ‚Hinterwelt'. Sein Ziel ist das Wohlbefinden des **flüchtigen** Individuums [...]. Meine Lehre sagt: so leben, daß du WÜNSCHEN mußt, wieder zu leben ist die Aufgabe" (NF 1881, 11[163]).

Ziehen wir von hier aus noch *Za* in Betracht, so handelt es sich um ein höchst apolitisches Buch, obgleich es gespickt ist mit zahlreichen kritischen Zugängen in Sachen P und Nationalismus, etwa in Gestalt der Kritik am Staat (*Za I, Vom neuen Götzen*) oder den öffentlich Meinenden (*Za I, Von den Fliegen des Marktes*) und zusammen gehalten durch das Leitmotiv, dass die größten Ereignisse nicht die lautesten, sondern die stillsten Stunden sind. Ähnliches gilt für *JGB*: Hier finden sich zwar zahlreiche politisch relevante Themen und Positionen, was aber dominiert, ist die Verachtung wegen der „politische Infektion" (251), also den Versuch, andere anzuregen, sich Gedanken über Dinge zu machen, die sie nichts angehen. In einer Aufzeichnung aus dieser Zeit distanziert sich N. ganz klar von derlei Bestrebungen: „Es gibt viele Dinge, gegen welche ich nicht nöthig gefunden habe, zu reden: es versteht sich von selbst, [...] daß mir alle politischen Parteien von heute widerlich sind" (NF 1885–86, 2 [180]). Erwähnt sei schließlich noch *GD*, wo N. herausstellt, dass die P „allen Ernst für wirklich geistige Dinge [verschlingt]" (*Was den Deutschen ...* 1); ganz ähnlich heißt es im Vorwort zu *AC*: „Man muss rechtschaffen sein in geistigen Dingen bis zur Härte, um auch nur meinen Ernst, meine Leidenschaft auszuhalten. Man muss geübt sein, auf Bergen zu leben – das erbärmliche Zeitgeschwätz von P und Völker-Selbstsucht UNTER sich zu sehn."

Aus dem Gesagten folgt nicht, dass N. niemals Dinge sagte, die politisch interessant sind oder politische Konsequenzen haben, aber dies war fraglos nicht N.s Hauptinteresse. So wird man aus politischer Sicht resümieren dürfen, dass N., nach anfänglicher Irritation durch Wagner, ein Kritiker des Nationalismus war (→deutsch), ebenso des →Antisemitismus (→Anti-Antisemitismus), dass er die Bedeutung des →Staates (in der deutschen Geschichte) relativierte, dass er →Demokratie wie →Gleichheit skeptisch sah, ebenso wie den Feminismus (→Frauen), und dass er eine gewisse Sympathie für die →Aristokratie entwickelte, ebenso wie für die Hierarchie und die →Rangordnung, die Pan-europäischen Perspektiven (→guter Europäer) und die →Macht in ihrer Bedeutung zur Analyse des Individuums, der →Kultur und der Gesellschaft.

Am Politischsten ist sicherlich N. Schlagwort von der →„grossen P". Allerdings ist dieser Ausdruck problematisch in seiner Vagheit, was zu freien Interpretationen über Bedeutung und Inhalt verleitet. Wenn man studiert, was N. über die große P sagt und in welchem Kontext er es sagt, bleibt wenig – zumal politische – Substanz. Der Ausdruck kommt ungefähr ein Dutzend mal in N.s Werk vor, zweimal eher kritisch oder neutral, meistens referierend auf die zeitgenössische deutsche P bezogen, die N. ja keineswegs, aufs Ganze gesehen, befürwortete. Nur an zwei Stellen geht N. zustimmend auf den Begriff ein (jeweils in den letzten Sätzen von *JGB* 208 sowie *EH, Warum ich ein …* 1), aber es ist unklar, ob der Ausdruck über das Politische in einem gewöhnlichen Sinne hinausgeht und/oder etwas bedeutet, was in der Vokabel →Umwertung aller Werte nicht aufgeht. Unklar ist auch der Status eines sehr späten Nachlassnotats (NF 1888–89, 25[1]) und eines darauf bezüglichen Briefes; beide Texte offenbaren deutlich Spuren des anhebenden Wahnsinns, der Brief durch den Umstand, dass die Forderung „Grosse P par excellence" korsettiert wird durch die andere: „eine Million Exemplare [von *AC*; d. Verf.] in jeder Sprache als erste Auflage" (N. an Brandes, Anfang Dezember 1888); das Nachlassnotat durch den Umstand, dass die Äußerung: „[I]ch habe kein Wort, um meine Verachtung für die fluchwürdige Interessen-P europäischer Dynastien auszudrücken", unvermittelt neben dem anderen, schon aus jenem Brief an Brandes bekannten steht: „Todkrieg gegen das Laster; lasterhaft ist jede Art Widernatur"; ganz zu schweigen ist von dem pathologischen Gehalt der deutlich auf N.s Krankheit hinweisenden Fortführung: „[D]ie grosse P macht die Physiologie zur Herrin über alle anderen Fragen […], – sie macht unerbittlich mit allem Entarteten und Parasitischen ein Ende" (NF 1888–89, 25[1]).

Zusammenfassend gesprochen bietet sich die Deutung an, dass Grosse P in N.s Verständnis zwei möglicherweise aufeinander bezogene Deutungen erlaubt: eine geistige/kulturelle/wertbezogene – eng verknüpft mit N.s Umwertung aller Werte und seinem Kampf gegen das →Christentum –, sowie eine andere, sehr viel später, die stärker das Physiologische herausarbeitet und als Option für P (und politische Gestaltung) betrachtet. Aber ob man Letztere als irgendwie vergleichbar ansetzen kann im Blick auf das überlieferte Verständnis von P, erscheint zweifelhaft, ebenso wie: ob sich hierin N. wieder erkennen lässt. Denn im Allgemeinen hat er ja politische Fragen kulturellen gegenüber eher abgewertet, nach dem Muster: „Die Cultur und der Staat – man betrüge sich hierüber nicht – sind Antagonisten: ‚Cultur-Staat' ist bloss eine moderne Idee. Das Eine lebt vom Andern, das Eine gedeiht auf Unkosten des Anderen. Alle grossen Zeiten der Cultur sind politische Niedergangs-Zeiten: was gross ist im Sinn der Cultur war unpolitisch, selbst antipolitisch" (*GD, Was den Deutschen …* 4). Zum Thema auch: Ottmann (1999), Marti (1993), Strong ($^{2}$1988), Ansell-Pearson (1994), Siemens/Roodt (2008).

*Thomas H. Brobjer, Uppsala* (Übers.: C. Niemeyer)

**Popularisieren** | P, verstanden als Bemühen, philosophische, wissenschaftliche und literarische Themen für das Volk verständlich aufzubereiten, wurde in der zweiten Hälfte des 19. Jh.s zum Alltagsbegriff. Die Vermittlung von populär gestalteten Informationen über Wissenschaft für das breite Publikum bildet ein eigenes Genre des populärwissenschaftlichen (im Unterschied zum fachwissenschaftlichen) Schrifttums (Daum 1998: 38) und ist Anlass für Dauerkontroversen über Wissens- und Sozialordnungen, die sich bis in die Antike zurückverfolgen lassen. Soziale Unterscheidungen, wie sie in der griechischen Polis mit dem klerikós und dem laikós getroffen wurden, korrespondieren mit späteren Unterscheidungen von Klerikern und Laien, Gebildeten und Ungebildeten, Wissenschaftlern und Laien. Auffällig ist, dass die Attribute, die den Laien zugeschrieben werden, den tradierten Stereotypen ähneln, die Frauen im Unterschied zu Männern, Kindern im Unterschied zu Erwachsenen, den Ungebildeten im Unterschied zu den Gelehrten, der Masse der Vielen im Unterschied zur Elite der Wenigen zugeschrieben werden (Drerup 2005). Diesen dem P wie eine Erblast anhaftenden Hautgout (Schwarz 2003: 222) nutzt auch N., der seiner vielen griffigen Aphorismen wegen durchaus als Meister des Ps gelten kann und (deswegen) vielen Lesern um 1900 – etwa F. Paulsen (vgl. Uhle 1998) – als ‚Modeschriftsteller' verdächtig war. Gleichwohl: Im Zuge seiner frühen Gelehrten-

und Bildungsphilisterschelte kritisierte N. „das allgemein beliebte ‚P' (nebst ‚Feminisiren' und ‚Infantisiren') der Wissenschaft, das heisst das berüchtigte Zuschneiden des Rockes der Wissenschaft auf den Leib des ‚gemischten Publicums'" (*HL* 7, KSA 1: 301). Populär als Attribut wird von N. in der Regel pejorativ als Diskriminierungsvokabel benutzt, als Hinweis auf die weite Verbreitung und Anerkennung falscher Auffassungen und Einstellungen sowie Popularansichten und -meinungen (vgl. *HL* 6, KSA 1: 289; *JGB* 213). N.s Einschätzung des Ps artikuliert sich besonders in seiner von R. Wagner angeregten und von diesem her auch antisemitisch konnotierten (vgl. Niemeyer 1999b: 216 f.) Kritik des modernen Presswesens und der Journalistik und der damit einhergehenden Nivellierung der →Kultur zur Massenkultur, zur „Afterkultur", die sich in dem „verruchten Wesen des Journalisten" verkörpert, „des Sclaven der drei M: des Moments, der Meinungen und der Moden" (NF 1874, 35[12]; *BA* I, KSA 1: 671). Die von N. verwandte typologische Methodik (Typ des Journalisten, Philisters, Priesters, etc.) erweist sich forschungspraktisch als äußerst erfolgreich und anschlussfähig (z. B. für die Kommunikationswissenschaft: Braatz 1988) und auch nach dem „Jahrhundert der Popularisierung" (Bayertz 1985: 209) als Beitrag zur Popularisierung des Nietzscheanismus (→N.-Kult).

*Heiner Drerup, Dresden*

**Postmoderne** | N.s Eignung als ihr Vordenker legt sich nahe aus der Radikalität und Globalität seiner kritischen Destruktionen, gerade soweit sie Momente negativen Glaubens oder totalisierte Annahmen enthalten. Dabei multiplizieren sich – interdisziplinär/interkulturell wahrnehmbare – Unklarheiten der ‚Moderne'. Für den Gebrauch jedes dieser Schlagwörter (wie sie hier nur einzubringen, nicht zu diskutieren sind) ist kritische Überprüfung anzuraten.

War P schon Mitte des 20. Jh.s als literar- und kunstkritischer Term zur Abgrenzung von nicht-modernistischer Ästhetik ohne Fortschrittsanspruch in den USA verwendet, ging dies einher mit Abgrenzung von ‚klassischer Moderne' einschließlich europäischen Avantgardismen. Toleranz gegenüber Massenkultur, Beifall fürs Triviale, Verzicht auf autonome und ‚hohe' Kunst verbanden sich mit der Vision einer ‚post-weißen', ‚post-männlichen', ‚post-humanistischen' Welt (vgl. Huyssen 1986: 21). Bei Übertragungen zur französischen Literatur- und Kulturtheorie, geläufig als „Poststrukturalismus", spielen N.s negative Resümees zur Fortschritts-, Religions-, Subjekts-, Gesellschafts- und Sprachkritik eine grundlegende Rolle. Extremisierende und totalisierende Theoreme werden zu unabdingbaren Signaturen des postmodernen Zeitalters (Phänomene und Begründungen oft in Rollentausch). N.s (frühe) ästhetisierende Praxis steht gelegentlich Pate für die Aufwertung stilistischer Formen und ihrer Enthistorisierung. So sei nach Lyotard „moderne Ästhetik" nicht historisch gekennzeichnet, sondern bloß ‚eine nostalgische Ästhetik des Sublimen' (vgl. Koelb 1990: 2), „the essay (Montaigne) is postmodern, while the fragment (The Athaeneum [sic]) is modern" (ebd.: 3); solcher Beliebigkeits-Antiphilologie und Zeitabschaffung können selbst olympische Mythen Beispiele der P sein. Für Lyotard bilden ungreifbare Konzepte wie ‚Aufklärung', ‚Idealismus', ‚Historismus' „Meta-Erzählungen" i. S. der großen, von N. angegriffenen Glaubenssysteme. Wird zugestanden, dass „the very project of trying to gather a cultural complex into the domain of a *single highly charged term/concept is characteristically* Nietzschean" (ebd.: 4), entstehen plausible Bezugspunkte der postmodernen Identifikation N.s., z. B. aus unveröffentlichten Aphorismen und Arbeiten (etwa →*WL*) – mit der Folge, N. die totale Negation von Wahrheitsansprüchen zu unterstellen. Dabei bleiben – ähnlich wie bei der Reflexion auf den von N. popularisierten Slogan →„Nichts ist wahr, alles ist erlaubt" – adäquations- und korrespondenztheoretische ebenso wie metaphysische Momente der von N. zurückgewiesenen Wahrheitsbegriffe undifferenziert. Vor allem entgeht solcher Isolation und Extension von Begriffen N.s Stoßrichtung gegen Hypostasen (fingierende, aber fiktions-unbewusste Konstrukte und Konzepte der traditionellen Konventionen). Aus dem Blick gerät sein seit der ‚mittleren' wissenschaftsfreundlichen Phase vehement aufgenommener Kampf gegen den (Glaubens-)Komplex der Rede von der „wahren Welt" bzw. vom ‚idealisierten' „Ding an sich". So arbeitet postmoderne, d. h. sich als ‚vernunftkritisch' verstehende N-Auslegung zu allgemein i. S. von Wahrheits-Nihilismus. Negativierte Epistemologie verbindet sich zumal in der französischen N.-Rezeption (→Bataille, Blanchot, →Foucault, Klossowski, →Deleuze, →Derrida, Kofman, Lyotard, Baudrillard) wie auch bei de Man und Vattimo mit zu weit gehenden Thesen vom Ende (des Subjekts, Autors, der Geschichte, der Verantwortung usw., auch wenn De-KON-struktion kritische ‚Bewahrung' meint und es oft – wie im Fall Derrida – um vom Autor unbeabsichtigte Verschärfungen und Vereinfachungen hochabstrakter Theoreme geht). Deren totalisierende Voraussetzungen/Folgerungen sowohl in Sprachauffassung wie Erkenntnistheorie werden seit Ende der 1990er Jahre von mehreren Seiten zurückgewiesen: von der präzisierten Philologie (bei Texten und deren historischer Bestimmtheit), der ideologiekritischen Rhetorik-Analyse, der vom englischen Wissenschaftsraum bereitgestellten sprachanalytischen und argumentationslogischen Erarbeitung von Ethik-Theorien. N.s anfänglich recht globale Wissenschaftskritik (i. S. des Kunst-Kultur-Glaubens und seiner Gefährdungsangst) weicht nach Positivismus- und Historismuskritik (in →*HL*) einer weitgehend empirisch orientierten, Wissens- und Wahrheitswillen öffnenden Episteme, nachdem metaphysische, substanzialistische, dogmatische Wahrheitskonzepte – in Überbietung kantischer Destruktion? – zurückgewiesen sind. Gleichwohl sind N.s radikalisierende Vorstöße an die Grenzen von Wahrheitsgläubigkeit und Wissenswillen und besonders seine totalisierenden ‚Umkehrungen' verständlicher Anlass, bei ihm Anregungen zur P zu sehen: So als Aufforderung zum →‚Vergessen', zur Überwindung traditionalistischer, lebenbeschneidender Memoria- durch innovative Aktionskultur, zum Handeln statt ‚Auslegen', zum Multi-Perspektivismus, zum Aufgeben von Germano-, Euro-, Lingua- und Logozentrismus, vor allem jedes Asketismus.

Versucht man, N. durchs Gefunkel paradoxaler und apodiktischer Aspekte als Gesamterscheinung zu erkennen, so ist unübersehbar, dass P (als anti-avantgardistisch-demokratische, zumal amerikanische Variante des ‚klassischen Modernismus' durch entsprechende, massenkulturelle ästhetische Ad-hoc-Verklärung postindustrieller Ratlosigkeit und Beliebigkeit; als Apologie des Ent-Kulturierens statt der Anstrengung des Enkulturierens; als Anti-Elitarismus mit post-männlicher Attitüde: als antipathetische Abschaffung von ‚Subjekt' und ‚Autor') nicht die Sache ist eines an der ‚unverantwortlichen' Verantwortung des Selbstwerdens und des Wahrheitssuchens festhaltenden Predigers des →„Schaffens" von Welt, die, in der Nach-Folge religiöser Kreation, in *Za* als „eure Vernunft, euer Bild, euer Wille, eure Liebe" (*Za II, Auf den glückseligen Inseln*) gefunden werden soll (vgl. Niemeyer 2007a: 39). Zum Thema auch: Lange (1989); Gebhard (1989, 1991); Babich (1990); Clark (1990a,b); Solomon (1990); Weisberg (1990); Bergoffen (1995); Leiter (1995); Borchmeyer (1996); Müller-Lauter (1998); Basco (1999); Conway (1999); Welsch (2002); Reckermann (2003); Goebel/Müller (2007).

*Walter Gebhard, Bayreuth*

**Priester** | Dieser Begriff wird seit *GM* zu einer tragenden Säule in N.s Kritik der christlichen Moral. N. hat dabei nicht den entsprechenden Berufsstand im Blick, sondern verwendet den Begriff typologisch (→Typus). Dafür nimmt er die Deutung der „P" als „Mittler" zwischen Gott und Mensch auf und interpretiert sie weiter: Als „P" versteht er in einem sehr allgemeinen Sinne Menschen, die die Macht haben, ihre Deutung der Wirklichkeit als eine allgemeine durchzusetzen. Sie werden in diesem Sinne zu „Mittlern", die ihre Deutung zwischen den Einzelnen und die erfahrbare Wirklichkeit stellen. In moralischer Perspektive ist es der „P", der seine eigene Moral auf eine außerhalb seiner selbst liegende Autorität zurückführt, um ihr so allgemeine Geltung zu verschaffen. In der „heiligen Lüge“ (*AC* 57) beruft sich der „P“ auf eine göttliche Eingebung (die „Offenbarung“) oder auf die Geschichte der Gemeinschaft selbst als Hüterin dieser Werte (die „Tradition“). Ihm gegenüber stehen die von seiner Deutung abhängigen Menschen, die „Heerde“ (*GM III* 18), von der er „→Glaube“ verlangt. Alles, was sich außerhalb der Moral stellt, gilt als „böse“ – diese moralische Ächtung wird zum entscheidenden Machtinstrument: „[D]er P HERRSCHT durch die Erfindung der Sünde.“ (*AC* 49)

Die Anregung für seinen Typus des „Ps“ erhielt N. durch Lektüre von →Wellhausens *Prolegomena zur Geschichte Israels* (1883). Der Autor hatte hier die These vertreten, das jüdische Gesetz sei erst in der Zeit des Exils von der jüdischen P-schaft verfasst worden. Der P Esra hätte es dann in einer bewussten Fälschung auf Mose zurückgeführt und damit eine ‚P-Herrschaft‘ installiert. In Wellhausens aus heutiger Sicht stark verzeichnender Darstellung erscheinen die jüdischen P als Menschen, die ein selbst geschaffenes Moral-Gesetz als ein göttliches durchsetzten, um damit selbst an die Macht zu kommen. Die Polemik in N.s Streitschriften darf nicht verdecken, dass N. dem „P“ eine entscheidende Rolle in der Entwicklung der Kulturen beimisst: Wie er in *GM* darlegt, hat selbst die Wissenschaft ihre Wurzel im asketischen Ideal des „Ps“. →Judentum und →Christentum, die er im Anschluss an Wellhausen als „eine PRIESTERLICHE Art [...] Mensch“ (*AC* 24) zusammenfassen kann, stoßen ihn nicht nur ab, sondern faszinieren ihn auch durch ihre immer neuen Umwertungen. In diesem Sinne versteht er sich selbst in der Tradition der großen „P“, als deren letzte Umwertung. So deutet er in der Rückschau, warum er seinem „Zarathustra“ den Namen eines „Ps“ gegeben hat: „Die Selbstüberwindung der Moral aus Wahrhaftigkeit, die Selbstüberwindung des Moralisten in seinen Gegensatz – in MICH – das bedeutet in meinem Munde der Name Zarathustra.“ (*EH, Warum ich ein ...* 3.) Zum Thema auch: Braatz (1988: 235 ff.); Stegmaier (1994: 106 ff.; 2004c); Havemann (2002: 218 ff.).

*Daniel Havemann, Jördenstorf*

**Prometheus** | Erste Beschäftigungen N.s mit Aischylos‘ P gehen auf N.s Zeit in →Schulpforta zurück: „P ist mir jetzt ein sehr interressanter Stoff geworden“ (N. an Pinder, April/Mai 1859). In einem fragmentarischen Drama *Prometheus* wird P in seiner Empörung und seiner Begrenztheit gegenüber den Göttern gezeigt. In *GT* wird der P-Mythos zum „Eigenthum der gesammten arischen Völkergemeinde“ (*GT* 9, KSA 1: 69) deklariert, ihm eigne ein dionysisches und apollinisches „Doppelwesen“ (ebd.: 70), dessen potentielle (Dulder-)Kraft „Menschen schaffen und olympische Götter wenigstens vernichten zu können“ (ebd.: 68) vermag. Der Plan eines P-Dramas (1874) sah einen Kompromiss zwischen Zeus und P vor: P wird befreit, muss dafür jedoch „die Menschen noch einmal einstampfen, die Form neu bilden, das Individuum der Zukunft“ schaffen (NF 1874, 38[1]).

*Hans-Joachim Kertscher, Halle-Wittenberg*

**Prophet** | P ist seit dem 5. Jh. (v. Chr.) in Griechenland eine Bezeichnung für Personen, die den Menschen die ihnen von einem höheren Wesen / Gott verkündeten übernatürlichen Wahrheiten und Weisungen mitteilen. „P-en [...] Weissager, werden in eigentlichem Verstande, sowohl im Alten als Neuen Testament, diejenigen genennet, welche von besondern Dingen und Rathschlüssen Gottes, und von künfftigen Sachen, eine besondere göttliche Offenbahrung empfangen haben, mit dem Absehen, selbige andern in Gottes Namen, und aus seinem Munde, zu offenbaren.“ (Zedler 1741: 843) Die Sprache der P-en ist „futurisch“, da sie eine noch verborgene Zukunft verkünden. Besonders das Judentum kennt Heils- und Unheils-P-en (Eschatologie). Für N. ist der P eine suspekte Erscheinung, die er scharf attackiert. „[D]ie ganze P-en- und Wunderthäter-Attitüde, der Zorn, die Heraufbeschwörung des Gerichts ist eine abscheuliche Verderbniß [...]“ (NF 1887–88, 11[360]). Für ihn, den P-en, sind „alle diese Visionen,

Schrecken, Ermattungen, Entzückungen des Heiligen […] bekannte Krankheitszustände, welche von ihm, auf Grund eingewurzelter religiöser und psychologischer Irrtümer, nur ganz anders, nämlich nicht als Krankheiten GEDEUTET werden" (*MA* 126). Der „Wahnsinn" und die „Wahnreden" des P-en und „Orakelpriesters" sind abhängig vom „Grad von Wissen, Phantasie, Bestrebung, Moralität in Kopf und Herz des INTERPRETEN, welcher daraus soviel GEMACHT hat. Zu den größten Wirkungen der Menschen, welche man Genie's und Heilige nennt, gehört es, dass sie sich Interpreten erzwingen, welche sie zum Heile der Menschheit MISSVERSTEHEN" (ebd.) Für N. haben die Juden, die den Zorn anders als die modernen Europäer empfunden haben und ihn „heilig"-sprachen, „die düstere Majestät des Menschen, mit welcher verbunden er sich zeigte, unter sich in einer Höhe gesehen, die sich ein Europäer nicht vorzustellen vermag; sie haben ihren zornigen heiligen Jehova nach ihren zornigen heiligen P-en gebildet." Jehova ist also nur ein Geschöpf, ein Abbild der zornigen jüdischen P-en, und die Zürner unter den Europäern sind damit im Vergleich nur „Geschöpfe aus zweiter Hand." (*M* 38) Diese jüdischen P-en haben aber auch ",reich', ,gottlos', ,böse', ,gewaltthätig', ,sinnlich' in Eins geschmolzen und zum ersten Male das Wort ,Welt' zum Schandwort gemünzt. In dieser Umkehrung der Werthe (zu der es gehört, das Wort für ,Arm' als synonym mit ,Heilig' und ,Freund' zu brauchen) liegt die Bedeutung des jüdischen Volks". Für N. beginnt damit „DER SKLAVEN-AUFSTAND IN DER MORAL" (*JGB* 195).

*Hans-Martin Gerlach †*

**Prostitution** | Anstatt die „Dirne zu encanailliren" will N. sie „ENNOBLIREN": „Man höre damit auf, die Huren zu verachten […]. Zuletzt steht es überall in diesem Punkte bereits besser als bei uns: die P ist in der ganzen Welt etwas Unschuldiges und Naives" (NF 1888, 15[4]). Das →Christentum betrachte die →Ehe nur „als coitus", als „Concession an die menschliche Schwachheit und als pis aller der Hurerei" (ebd., 15[21]). N.s Kölner Bordellbesuch (1865), legendär seit P. Deussens (1901: 24) Bericht – seitdem immer wieder für die Deutung von *Unter Töchtern der Wüste* (*Za IV*) beigezogen (→*Also sprach Zarathustra*) –, ist in →T. Manns *Doktor Faustus* Literatur geworden. In Sorrent soll N. wiederholt Freudenmädchen empfangen haben (Volz 1990: 52); auch sind seine Prostuiertenträume in der Jenaer Klinik sehr beredt (ebd.: 393). Köhler (1989: 319 ff.) spekuliert über N.s homosexuelle Befreiung mit sizilianischen Hirtenknaben (Messina 1882).

*Pia Daniela Schmücker, Ulm*

**Psychologie** | „Dass aus meinen Schriften ein PSYCHOLOGE redet, der nicht seines Gleichen hat, das ist vielleicht die erste Einsicht, zu der ein guter Leser gelangt" (*EH, Warum ich so gute …* 5). Dieser Satz und dessen Steigerung: „Es gab vor mir noch gar keine P" (*EH, Warum ich ein …* 6), weitergehender: N.s Forderung, P, zumal dann und wenn sie „eine TIEFERE WELT der Einsicht eröffnet", dürfe verlangen, dass sie „wieder als Herrin der Wissenschaften anerkannt werde, zu deren Dienste und Vorbereitung die übrigen Wissenschaften da sind" (*JGB* 23), müsste an sich auf der Agenda eines jeden N.-Lesers stehen (vgl. auch Kaufmann 1978: 261). Dies gilt insbesondere im Blick auf die Aphorismensammlungen der Freigeistepoche, aber auch betreffs des Spätwerks. Dabei bietet es sich an, N.s P, die zwischen jener →Schopenhauers und jener →Freuds zu positionieren ist und, als →„Psychologie der Philosophen", auch erkenntnis- und wissenschaftspsychologische Ambitionen trägt (vgl. auch Niemeyer 1998a: 276 ff.), unter zwei Aspekten zu systematisieren: als Menschenkunde (I) und als Behandlungslehre (II).

(I) ,Menschenkunde' meint im weiteren Sinne das, was →Kant noch unter dem Begriff →Anthropologie – den N. in auffälliger und instruktiver Weise mied (vgl. Schacht 2005: 285 ff.) – gefasst hatte und was sich bündeln lässt unter dem Ausruf N.s: „Was weiss der

Mensch eigentlich von sich selbst!" (*WL* 1, KSA 1: 877) Eine entsprechende Programmatik begegnet einem auch in Nachlassnotizen aus dieser Zeit, nun als Selbstauftrag: „Die KENNTNISS DES MENSCHEN vorwärts zu bringen!" (NF 1875, 5[20]) Allerdings blieb das Ganze zunächst noch Makulatur. N. warnte vielmehr vor jener „verhängnisvollen Neubegier", vor dem Blick „aus dem Bewusstseinszimmer heraus und hinab", bei dem man am Ende den Menschen „in der Gleichgültigkeit seines Nichtwissens" zu sehen bekäme, „gleichsam auf dem Rücken eines Tigers in Träumen hängend." (*WL* 1, KSA 1: 877) Aber nicht nur, dass ein Hinabsteigen in den „Schacht" des eigenen Wesens gefährlich sei; es komme hinzu, dass es als entbehrlich gelten könne, da „doch Alles Zeugniss von unserm Wesen ablegt, unsre Freund- und Feindschaften, unser Blick und Händedruck, unser Gedächtniss und das, was wir vergessen, unsre Bücher und die Züge unsrer Feder." (*SE* 1, KSA 1: 340) Der tiefere Grund für diese frühe P-Abstinenz muss wohl darin gesehen werden, dass N. damals noch (etwa in *GT*) der auf →Wagner zurückgehenden Vorrangerteilung des Ästhetischen vor dem Psychologischen im Interesse der ästhetischen Rechtfertigung des Daseins verpflichtet blieb.

Diese Phase endet mit *MA*. Ein zentraler Punkt des nun anhebenden Paradigmenwechsels (weg von der →Kunst, hin zur Wissenschaft) betrifft das Thema ‚Menschenkunde'. Er sei in *MA* „als Abenteurer und Weltumsegler jener inneren Welt, die ‚Mensch' heisst" (*MA I, Vorrede* 7), tätig gewesen, vermeldet N. 1886 im Rückblick auf ein Werk, für das ihm schon seinerzeit (1878) die Überschrift „die psychologische Beobachtung" (*MA* 35) an sich die geeignetere gewesen wäre. Die Sicherheit, dass „ein Mensch [...] ziemlich genau beschrieben [ist]", wenn man beispielsweise um Zeugnisse für seine „idyllische Empfindsamkeit" weiß, schwindet folgerichtig; jener Mensch kann trotzdem „lieblos, knauserig und eingebildet sein" (*VM* 49) – und ist dem Menschenkundler mithin weiterhin ein Rätsel, sofern er sich nicht methodisch wappnet, denn: „Es giebt viel mehr Sprachen als man denkt: und der Mensch verräth sich viel öfter als er wünscht." (NF 1883, 7[62])

Auch Zarathustra, „der erste Psycholog der Guten" (*EH, Warum ich ein* ... 5), wird diesem menschenkundlichen Interesse verpflichtet und bringt reiche Ernte heim, etwa wenn er drastisch redet vom Menschen als ‚Giftwurm', ‚Schmeichler', ‚Winsler', ‚Feigen' und ‚Kleinen', und dies mit dem Ergebnis des warnenden Hinweises, dass Liebenswürdigkeit für nicht mehr Zeugnis gäbe als für die „Klugheit der Feigen" und tugendhaftes Handeln nicht auf Anerkennung rechnen könne, eher im Gegenteil: „Sie bestrafen dich für alle deine Tugenden. Sie verzeihen dir von Grund aus nur – deine Fehlgriffe." (*Za I, Von den Fliegen* ...) Zusammenfassend gesprochen versteht sich Zarathustra angesichts dessen, „was Bruchstück ist am Menschen und Räthsel und grauser Zufall", als „Erlöser des Zufalls" (*Za III, Von alten und* ... 3). Im Übrigen exekutiert Zarathustra, der zum Psychologen mutiert, weil er als Erzieher scheitert (vgl. Niemeyer 2007a: 15 f.), an seinem Fall, was N. nun generell zu gelten scheint: „Allen moralischen Systemen, welche befehlen, WIE DER MENSCH HANDELN **soll**, fehlte die Kenntniß und Untersuchung, WIE DER MENSCH HANDELT." (NF 1880, 6[262]) Schopenhauers: „Wir werden überhaupt ganz und gar nicht von Sollen reden", klingt hier durch, ebenso wie sein daran angeschlossenes Wort: „Unser philosophisches Bestreben kann bloß dahin gehen, das Handeln des Menschen [...] zu deuten und zu erklären" (1859a: 358 f.). Schopenhauer folgte in diesem Bestreben der Überzeugung, „daß das Handeln der Menschen, im Ganzen und Wesentlichen, nicht von seiner Vernunft und deren Vorsätzen geleitet wird" (1851b: 209). Durchaus in diesem Sinne verstand N. sich ab *MA* als „Philosoph der UNANGENEHMEN WAHRHEITEN" (NF 1883, 9[9]), der Schopenhauers „Thatsachen-Sinn" das „bunte Leoparden-Fell seiner Metaphysik" (*VM* 33) abzuziehen sich vornahm. Beider Gemeinsamkeit gründet darin, dass ihnen Philosophie nur noch sinnvoll möglich schien, wenn sie Abstand nahm von der These einer gänzlich inkommensurablen Seinsverfasstheit von →Mensch und Tier, also die Dimension der →Leiblichkeit des Menschen nicht länger übersah oder gar leugnete, gemäß etwa der Formulierung: „Wir haben umgelernt. [...] Wir leiten den Menschen nicht mehr vom ‚Geist', von der ‚Gottheit' ab, wir haben ihn unter die Thiere zurückgestellt." (*AC* 14)

Ein erster Höhepunkt dieses Strebens ist in *FW* erreicht. N. will hier Platz schaffen für die „ANDERN", „DIE AUSNAHME UND DIE GEFAHR" (*FW* 76) und mithin für das →Neue und dessen Entdeckung bzw. Entdeckbarkeit. Dem dient die Parole: „Es giebt noch eine andere Welt zu entdecken – und mehr als eine! Auf die Schiffe, ihr Philosophen!" (*FW* 289) Welche ‚andere Welt' N. erwartet, stellt der Anfang dieses Aphorismus klar: „Erwägt man, wie auf jeden Einzelnen eine philosophische Gesammt-Rechtfertigung seiner Art, zu leben und zu denken, wirkt, [...] so ruft man zuletzt verlangend aus: oh dass doch viele solche neuen Sonnen noch geschaffen würden! Auch der →Böse, auch der Unglückliche, auch der Ausnahme-Mensch soll seine Philosophie, sein gutes Recht, seinen Sonnenschein haben!" Dafür bedarf es „neue[r] Philosophen" (ebd.), die – so die Übersetzung von *FW* 115 ins Positive – vor allem drei Dinge zu beachten haben: N. will (a) den Menschen durch die Wissenschaft vollständig beschrieben haben, basierend auf der Kenntnis realer, nicht-erdichteter Eigenschaften; er will (b) ihn auch seinem Tier- und Naturhaften nach bestimmt sehen; und (c) er will ihn in seiner Wert setzenden Kompetenz zur Geltung gebracht wissen, im Gegenzug zu seiner Passivierung im Gefolge ihn normierender Morallehren. Erst infolge der Elaborierung dieser Aspekte erwartete N. das, was ihm seine Kritiker in der Regel bestreiten: Humanität auch im alltäglichen Lebensvollzug, die N. dem Menschen unerbittlich abverlangte, etwa in Gestalt der Forderung, „unseren Erlebnissen so streng in's Auge sehen, wie einem wissenschaftlichen Versuche, Stunde für Stunde, Tag um Tag! Wir selber wollen unsere Experimente und Versuchs-Thiere sein." (*FW* 319) N.s ‚Menschenkunde' ist von hier aus zu lesen als Versuch, Zeugnisse der genauen Beobachtung und, in eingeschränkter Form, auch der Selbstbeobachtung zu sichern, damit der Mensch in einer Ordnung der Dinge ohne Gott und allein im Vertrauen auf sich und in Transparenz gegenüber den eigenen Handlungsmotiven rechtfertigungsfähig agieren und den Auftrag erfüllen kann, der da lautet: „Und was ihr Welt nanntet, das soll erst von euch geschaffen werden: eure Vernunft, euer Bild, euer Wille, eure Liebe soll es selber werden!" (*Za II, Auf den glückseligen Inseln*)

Einen weiteren Schritt in diese Richtung geht N. in *JGB*: Er identifiziert in der „BISHERIGE[N] Geschichte der →Seele" noch „unausgetrunkene Möglichkeiten" und sichert diese als seinen „vorherbestimmte[n] Jagdbereich" (*JGB* 45). Die P sei bisher „an moralischen Vorurtheilen und Befürchtungen hängen geblieben" und habe sich „nicht in die →Tiefe gewagt." (*JGB* 23) Unmittelbar drängt sich hier der Begriff ‚Tiefenpsychologie' für N.s Absichten auf, zumal wenn man die Nachlassnotiz einbezieht: „Alle unsere bewußten Motive sind Oberflächen-Phänomene: hinter ihnen steht der Kampf unserer →Triebe und Zustände, der Kampf um die Gewalt." (NF 1885–86, 1[20]) Ein Ergebnis dieses Blicks unter die Oberfläche steht seit 1878 bereit: „Gute Handlungen sind sublimirte böse; böse Handlungen sind vergröberte, verdummte gute." (*MA* 107) Dies klingt deutlich nach Freud (1913: 420) und mithin wie eine Vorwegnahme des psychoanalytischen Sublimierungsbegriffs (vgl. Hirschmüller 1985). Eine zentrale Besonderheit aber bleibt: N. geht es nicht lediglich um einen psychologischen Zugang zur Erklärung der vermeintlich ‚Bösen'; ihm geht es auch um deren Rehabilitation „als lebensbedingende Affekte, als Etwas, das im Gesammt-Haushalte des Lebens [...] noch gesteigert werden muss, falls das →Leben noch gesteigert werden soll"; entsprechend auch lanciert er seine P unter dem Etikett einer „Morphologie und Entwicklungslehre des →Willens zur Macht" (*JGB* 23), nicht aber unter dem Titel einer bloßen ‚Tiefenpsychologie' (vgl. auch Gödde 1993: 149). Mit dieser Differenz zwischen N. und Freud, die das Interesse erklärt, das A. Adler an N. nahm (vgl. Fischer 1981/82: 483 f.), ist die strittigste Umformung des menschenkundlichen Unterfangens N.s benannt.

In der Hauptsache indes bewegen sich N.s psychologische Beiträge unterhalb dieser Programmatik. Im Zentrum stehen zunächst psychologisch subtile Beobachtungen nach Art →Rées und der französischen Moralistik, mit dem Ergebnis erster Skizzen in Sachen einer P der →Liebe oder auch des →Mitleids, aber auch im Blick auf den „Ursachen-Trieb" des Menschen, der „bedingt und erregt" sei durch das „Furchtgefühl", denn: „Etwas Unbekanntes auf etwas Bekanntes zurückführen, erleichtert, befriedigt, giebt ausserdem ein Gefühl von Macht. Mit dem Unbekannten ist die Gefahr, die Unruhe, die Sorge gegeben, – der erste Instinkt geht dahin, diese peinlichen Zustände WEGZUSCHAFFEN." (*GD, Die vier* ... 5) Dies klingt fast schon nach moderner Attributionstheorie und ist psychologisch ähnlich subtil wie der berühmtere Aphorismus: „Unter den Feiglingen ist es von schlechtem Tone, etwas gegen die Tapferkeit zu sagen, und erregt Verachtung; und rücksichtslose Menschen zeigen sich erbittert, wenn Etwas gegen das Mitleiden gesagt wird." (*M* 289) Einen Schritt weiter gehen Erklärungsversuche wie der folgende: „Alles, was meiner Art ist, in Natur und Geschichte, redet zu mir, lobt mich, treibt mich vorwärts, tröstet mich –: das Andere höre ich nicht oder vergesse es gleich." (*FW* 166) Diese Einsicht in motivierte Formen der Wahrnehmung wird wiederum weiterentwickelt zu einer „P des guten Menschen": „Die Existenzbedingung der Guten ist die LÜGE –: anders ausgedrückt, das Nicht-sehn-WOLLEN um jeden Preis, wie im Grunde die Realität beschaffen ist" (*EH, Warum ich ein* ... 4). Diesen Vorwurf erhebt N. im nämlichen Jahr brieflich auch gegenüber →M. v. Meysenbug (20.10.1888), um ihn zugleich als Teil einer „P des ‚Glaubens', der ‚Gläubigen'" darzubieten, die in *AC* 50 skizziert und mit der nur leicht variierten Maßgabe versehen wird: „‚Glaube' heisst Nicht-wissen-WOLLEN, was wahr ist." (*AC* 52) Die vermeintlich moralische Handlungsabsicht des Menschen galt N. folglich nur noch als „Zeichen und Symptom [...], das erst der Auslegung bedarf" (*JGB* 32), am Beispiel gesprochen: „[Ü]berall wo Jemand immer nur Hunger, Geschlechts-Begierde und Eitelkeit sieht, sucht und sehn WILL, als seien es die eigentlichen und einzigen Triebfedern der menschlichen Handlungen [...], da soll der Liebhaber der Erkenntniss fein und fleissig hinhorchen", denn: „Niemand LÜGT soviel als der Entrüstete." (*JGB* 26) Freud wird später sagen: „Die Verdrängung [...] geht [...] von der Selbstachtung des Ichs" (1914b: 160) aus, und er wird damit etwas Ähnliches meinen. Im Ergebnis jedenfalls stand schon für N. außer Frage: „Die gewöhnlichste Lüge ist die, mit der man sich selbst belügt; das Belügen Andrer ist relativ der Ausnahmefall.".(*AC* 55)

In Beobachtungen wie diesen finden sich einige Analogien zu ähnlich orientierten Bemühungen in N.s Epoche. Zu denken ist etwa an →F. M. Dostojewski, aber auch an P. →Bourget, A. France oder G. de Maupassant. In Letzteren erblickt N. „delikate Psychologen", die ihm eine „charmante Gesellschaft" (*EH, Warum ich so klug bin* 3) seien. Unter dem Stichwort des „Litteratur-Pessimismus Frankreichs" (NF 1887–88, 11[159]) würdigt N. aber auch G. Flaubert, E. und J. Goncourt, C. →Baudelaire, auch É. Zola. Deren literarisches Gestalten kennzeichnet er mit Ausdrücken wie „Brutalität der Farben, des Stoffes, der Begierden" (NF 1887, 10[37]), wobei er durchaus nicht frei ist von Kritik gegenüber derlei „Colportage-P" (*GD, Streifzüge* ... 7). Gleichwohl gelte: „Die Dinge sind häßlich, die sie zeigen" (NF 1888, 14[47]) – und, so könnte man fortfahren: Sie nicht zu zeigen, würde bedeuten, sich der Perpetuierung des ‚Hässlichen' schuldig zu machen, nach dem Motto: „[A]lle verschwiegenen Wahrheiten werden giftig." (*Za II, Von der Selbst-Ueberwindung*) Die Ausdrücke ‚giftig' und ‚hässlich' markieren hier Leerstellen für den Begriff der →décadence, der den Geist des Fin de Siècle prägen wird und auf kulturkritisch gelesene Diagnosen gesellschaftlichen, moralischen und körperlichen Verfalls Bezug nimmt. N. rechnete sich, nicht zuletzt seiner Krankengeschichte wegen (→Krankheit [N.s]), ganz besondere Fähigkeiten zu, Verfallsdiagnosen der insoweit geforderten Art betreiben zu können, sah in seinen Schriften geradezu eine „Schule des Verdachts" (*MA I, Vorrede* 1) begründet, betrachtete es als sein Los, als „der erste ANSTÄNDIGE Mensch [...] gegen die Verlogenheit von Jahrtausenden" (*EH, Warum ich ein* ... 1) ankämpfen zu müssen.



Begonnen hat diese ideologiekritische Auslegung der P gut acht Jahre zuvor, etwa mit der Bemerkung: „Überall wo unsere Triebe reden, ist der ‚Zweck‘ eine Großthuerei!" (NF 1880, 7[218]) In der Umkehrung gesprochen: „Der Mensch affektirt überall nach Zwecken zu handeln – diese große Komödie geht durch, er thut ‚verantwortlich'" (ebd., 6[365]), mit einer Ausnahme: dem →Traum. N. liest diese Zurückhaltung als Zeichen für einen „Mangel an folgerichtigem Muthe", denn: „Nichts ist mehr euer Eigen, als eure Träume! Nichts mehr euer Werk! Stoff, Form, Dauer, Schauspieler, Zuschauer – in diesen Komödien seid ihr Alles ihr selber!" (*M* 128) Diese Lesart, die in bedeutender Hinsicht jene Freuds vorwegnimmt (vgl. Kemper 1955: 115), hat N. weiterentwickelt aus seiner älteren Auffassung, Träume seien „symbolische Scenen- und Bilder-Ketten an Stelle einer erzählenden Dichter-Sprache", die „unsere Erlebnisse oder Erwartungen oder Verhältnisse" (*WS* 194) umschrieben. Der Mensch, dieser, wie schon Schopenhauer wusste, „heimliche Theaterdirektor seiner Träume" (1851a: 219), war aus dieser ideologiekritischen Optik ein Wesen, das die Träume, die es seinerseits in Regie gesetzt hatte und insofern ‚verantwortete', deswegen bagatellisierte, weil sich in ihnen Abscheuliches bekunde.

Im Ergebnis steht für N. fest: „[D]ie beständige Herrschaft der Furcht über die Begierde machte den sittlichen Menschen aus." (NF 1880, 3[119]) Dies klingt nach psychoanalytischem Instanzenmodell (Über-Ich = „Furcht", Es = „Begierde", Ich = „sittlicher Mensch") und wird in *GM* unter dem – (gleichfalls) später von Freud (1933a: 26) ins Zentrum gerückten – Leitmotiv der „Verinnerlichung" wieder aufgenommen. Ihr Prinzip lautet: „Alle Instinkte, welche sich nicht nach Aussen entladen, wenden sich nach Innen" (*II* 16). Dabei ist N. durchaus bereit zuzugestehen, dass die „Entladung des Menschen nach Aussen gehemmt" werden muss, wenn erreicht werden soll, dass seine „innere Welt [...] Tiefe, Breite, Höhe" bekommt (ebd.). Auch diese Überlegung insgesamt – und nicht nur die Vokabel ‚Hemmung' (vgl. etwa Freud 1926) – erinnert an Freud. Von daher überrascht nicht, dass N. auch Freuds – den Menschen kränkende – Mitteilung, dass das →Ich „nicht einmal Herr ist im eigenen Hause" (1917: 295), zumindest der Substanz nach vorweggenommen hat. Aphorismentitel wie *Das sogenannte ‚Ich'* (*M* 115) deuten bereits an, dass N. hinter der Vernunft des Menschen einen „Souffleur" vermutete, mal „Trieb" (*M* 119) geheißen, mal „‚Ich-Vorstellung'" (NF 1886–87, 7[1]). Im Ergebnis war ihm „jenes alte berühmte ‚Ich'" allenfalls eine „Annahme" oder „Behauptung", nicht aber eine „‚unmittelbare Gewissheit'" (*JGB* 17). Psychoanalytiker nahmen derartige Passagen zum Anlass einer intensiven Debatte, die auch ausgedehnt wurde auf N.s Begriff des →Es, zumal Freud selbst zugestanden hatte, dass sein diesbezüglicher Anreger →Groddeck „wohl dem Beispiel N.s gefolgt [ist]" (1923: 251) sei. N. wiederum wusste sich in Sachen des „uns unbewusste[n] Denken[s] und Wissen[s]" (NF 1872–73, 19[34]) in der Schuld Schopenhauers, um später, wiederum in Vorwegnahme Freuds, nachzutragen, „dass all unser sogenanntes Bewusstsein ein mehr oder weniger phantastischer Commentar über einen ungewussten, vielleicht unwissbaren, aber fühlbaren Text ist" (*M* 119).

Im Ergebnis zielte N.s Kritik auf die „ganze alte P, die Willens-P", die „ihre Voraussetzungen darin [hat], dass deren Urheber, die Priester an der Spitze alter Gemeinwesen, sich ein Recht schaffen wollten, →Strafen zu verhängen"; ausgehend hiervon skizzierte er eine „P alles Verantwortlichmachens", also etwa den „Instinkt des Strafen- und Richten-Wollens", der den Menschen überall nach Verantwortlichkeiten (→Verantwortung) suchen lasse, mit dem Ergebnis, dass „jede Handlung als gewollt, der Ursprung jeder Handlung im Bewusstsein liegend gedacht werden [musste]", „womit die grundsätzlichste Falschmünzerei in psychologicis zum Prinzip der P selbst gemacht war ..." (*GD, Die vier ...* 7). Die von N. als Alternative zur (christlichen) Moral aufgebotene P und die an sie heranzutragenden Leistungserwartungen sind hier schon deutlich erkennbar: Es hat eine P zu sein, die vom →Schuld- wie Strafbegriff abzusehen und die „Unschuld des →Werdens" (ebd.) wieder in ihr Recht zu setzen vermag, was in diesem Zusammenhang meint: die das üblicherweise negativ sanktionierte →Neue und insoweit Unverständliche am Menschen als verstehbar auszuweisen in der Lage ist.

(II) N. wollte unter der Überschrift *Wo sind die neuen Ärzte der Seele?* der „Quacksalberei" ein Ende machen, „mit der, unter den herrlichsten Namen, bis jetzt die Menschheit ihre Seelenkrankheiten zu behandeln gewöhnt ist" (*M* 52). Er war voller Hoffnung, dass eines Tages „Das, was wir bisher praktische →Moral nannten, sich in ein Stück […] Heilkunst und Heilwissenschaft" (*M* 202) verwandelt haben möge. Den Zugang zu der Frage, wie dies im Einzelnen geschehen könne, eröffnete er sich mittels einer kritischen Reflexion auf die Hilfepraxis und Behandlungslehre seiner Zeit, die in weiten Teilen theologischer Rechtfertigung und Handhabung unterlag. „Ist er aber eigentlich ein ARZT, dieser asketische →Priester?" (*GM III* 17), fragte N. angesichts dessen scheinbar naiv, seinen Finger in die entscheidende Wunde eines Gewerbes legend, das sich Ende des 19. Jh.s infolge staatlicher Zurückhaltung in manchen Feldern sozialer Tätigkeit fast monopolartig in Szene gesetzt und dabei einigen Kult getrieben hatte um die Unverdächtigkeit christlicher Nächstenliebe (vgl. Niemeyer [2]2005: 46 ff.). N.s Antwort war abschlägig: Er vermochte im asketischen Priester, dem „Heiland, Hirt und Anwalt der kranken →Heerde", nicht viel mehr zu sehen als einen ‚Arzt', der die nagende Frage des Kranken, woher seine Krankheit rühre, nur mit Attributen wie „Schuld", „Sünde", „Sündhaftigkeit", „Verderbnis" und „Verdammnis" zu beantworten gewillt war und mit dieser „blossen Affekt-Medikation […] nicht […] eine wirkliche Kranken-HEILUNG im physiologischen Verstande" erreichte, sondern nur eine Indienstnahme der „schlechten Instincte aller Leidenden […] zum Zweck der Selbstdisciplinierung, Selbstüberwachung, Selbstüberwindung" (*GM III* 16). Hiermit stand die Antwort auf die Frage fest, ob auch der asketische Priester ein Arzt sei: „Nur das Leiden selbst, die Unlust des Leidenden wird von ihm bekämpft, NICHT deren Ursache, NICHT das eigentliche Kranksein, – das muss unsren grundsätzlichsten Einwand gegen die priesterliche Medikation abgeben." (*GM III* 17)

Die von N. vorangetriebene Alternative zu diesem insoweit verworfenen Kompetenzmodell gründet in dem Satz: „Die Moral, insofern sie VERURTHEILT […], ist […] eine DEGENERIRTEN-IDIOSYNKRASIE, die unsäglich viel Schaden gestiftet hat! … Wir Anderen, wir Immoralisten, haben umgekehrt unser Herz weit gemacht für alle Art Verstehn, Begreifen, GUTHEISSEN." (*GD, Moral* … 6) Ganz in diesem Sinne hatte schon der mittlere N. dem Arzt einen ganzen Kanon von Fertigkeiten aus „andern Berufsclassen" anempfohlen, etwa „Diplomaten-Geschmeidigkeit" oder die „Feinheit eines Polizeiagenten und Advocaten, die Geheimnisse einer Seele zu verstehen, ohne sie zu verrathen" (*MA* 243). Derlei zog zwar den Spott von Psychoanalytikern auf sich (vgl. Pfister 1952/53: 252). Immerhin aber weist N.s Lob der „GROSSEN LEIDENSCHAFT", die, als „eine stille düstere Gluth im Innern wohnend und dort alles Heisse und Hitzige sammelnd […], den Mensch nach Aussen hin kalt und gleichgültig blicken [lässt]" (*M* 471), deutlich auf vergleichbare Strategien moderner ‚Burnout'-Prophylaxen vorweg. Dies gilt auch, wenn N. von jenen Psychologen berichtet, die der Gefahr unterlagen, „am Mitleiden zu ersticken" und die gegenwirkend „Flucht und Vergessen" brauchten und den „Umgang mit alltäglichen und wohlgeordneten Menschen" (*JGB* 269). Wichtiger ist N.s Einsicht, dass beim →Verstehen „Ursache und Wirkung" nicht stattfänden, sondern „nur Association" (NF 1880, 6[238]), und zwar getragen von „unserer Moralität und Cultur und Gewohnheit", am Beispiel „Landschaft": „Der Landmann sieht seine Felder mit einer Emotion des Werthes, der Künstler trägt seine Farben, der Wilde trägt seine Angst, wir unsere Sicherheit hinein, es ist ein fortwährendes feinstes Symbolisieren und Gleichsetzen, ohne Bewußtsein." (ebd., 6[239]) Wenig später trug N. die Vermutung nach, „daß wir nur sehen, was wir KENNEN" (NF 1881, 11[13]). Und schließlich, in *FW V*, findet sich die Einsicht, dass „das BEWUSST werdende Denken" nur der „kleinste", „oberflächlichste" und „schlechteste" Teil des →Denkens sei, der Teil also, der „IN WORTEN, DAS HEISST IN MITTHEILUNGSZEICHEN [GESCHIEHT]" (354). Dies schloss nicht aus, den insoweit wichtigeren Teil des Denkens, der sich →unbewusst vollzog, mittels eines Analytikers mit jenen ‚Mitteilungszeichen' zu versehen, die ihn kommunikabel machten. Durchaus in diesem Sinne hatte schon N. behauptet: „Die ‚innere

Erfahrung' tritt uns ins Bewußtsein, erst nachdem sie eine →Sprache gefunden hat, die das Individuum VERSTEHT ... d. h. eine Übersetzung eines Zustandes in ihm BEKANNTERE Zustände" (NF 1888, 15[90]). Dies erinnert an Freuds Bemerkung, „daß die Deutungen der Psychoanalyse zunächst Übersetzungen aus einer uns fremden Ausdrucksweise in die unserem Denken vertraute sind" (1913: 403). Vergleichbar bemerkenswert ist N.s Beobachtung, dass der Mensch sich gut darauf verstehe, „das eigne →Gedächtniss zu trüben und zu misshandeln, um an diesem einzigen Mitwisser seine Rache zu haben" (*JGB* 40), an einem berühmt gewordenen Beispiel gesprochen: „‚Das habe ich gethan' sagt mein Gedächtniss. Das kann ich nicht gethan haben – sagt mein Stolz und bleibt unerbittlich. Endlich – giebt das Gedächtniss nach." (*JGB* 68) Freud (1909: 407) hat diesen Aphorismus, ähnlich wie später C. G. Jung (1961: 21), im therapeutischen Zusammenhang Wert zugesprochen; er hat ihn aber auch im Zuge seiner Analyse alltäglicher Fälle des →Vergessens als Beleg dafür genommen, dass schon N. den Beitrag anerkannt habe, „den das Abwehrbestreben gegen Unlust zum Vergessen leistet." (1901: 162) Mehr als dies: Schon N. hat, ähnlich wie später Freud, postuliert: „Dass es ein Vergessen giebt, ist noch nicht bewiesen; was wir wissen, ist allein, dass die Wiedererinnerung nicht in unserer Macht steht" – ein Satzteil übrigens, der möglicherweise nur eine „Lücke unseres WISSENS UM UNSERE MACHT" (*M* 126) bezeichne. In der Folge hat N. einiges dafür getan, diese Wissenslücke zu schließen, im erkennbaren Nachgang zu seiner frühen, möglicherweise auf →E. v. Hartmann zurückgehenden Nachlassnotiz: „Alle Erweiterung unserer Erkenntniß entsteht aus dem Bewußtmachen des Unbewußten." (NF 1870–71, 5[89]) Hierzu gehört sein Hinweis, dass das „Maaß dessen, was uns überhaupt bewusst" werde, abhängig sei „von grober Nützlichkeit des Bewußtwerdens" (NF 1887–88, 11[120]), allgemeiner gesprochen: dass die Erkenntnis „als WERKZEUG der Macht [arbeitet]" (NF 1888, 14[122]). Denn dies klingt fast schon nach Freuds Bemerkung, wonach nicht das Nichtwissen an sich das pathogene Moment sei, „sondern die Begründung des Nichtwissens in INNEREN WIDERSTÄNDEN" (1910: 123). Insoweit bietet es sich an, die in Psychoanalytikerkreisen gängige Versicherung in Zweifel zu ziehen, dass N. zwar durchaus „eine Ahnung der unbewußten Motive" aufgewiesen, aber noch keine P vermittelt habe, die „systematisch genug wäre, unsere Mitmenschen zu verstehen, ihre Möglichkeiten zu beurteilen und ihre Schwierigkeiten günstig zu beeinflussen." (Kuiper 1965: 248)

Was die (weitere) Wirkung von N.s P angeht, bleibt nachzutragen, dass Vertreter der literarischen Zunft diese in all ihren Facetten schon immer zu würdigen wussten (vgl. etwa Ernst 1890: 517; Döblin 1902: 316; →Mann 1947b: 690; →Benn 1949: 297). Auch Philosophen haben mitunter ähnlich geurteilt, wofür hier nur H.-G. Gadamers Urteil zeugen mag, N. sei „ein genialer Psychologe, der die Oberfläche durchdringt und dahinter Verborgenes, Geheimes, Verstelltes, Ungesagtes gewahrt." (1986: 3) Nähere Einsichten blieben Leuten vom Fach vorbehalten. Zu nennen ist hier auch A. Adler, der N., stärker noch als Freud dies tat und auf jeden Fall weniger implizit, als Vordenker vieler seiner eigenen theoretischen Konstrukte und therapeutischen Maßgaben auswies. Zwei Jahre nach seiner Abkehr von Freud rief Adler N. gar zum „Führer im weiten Land der Seele" (1913: 130) aus. Fast zwei Jahrzehnte später war es mit →C. G. Jung auch der zweite große Abtrünnige aus der ursprünglich noch recht harmonischen Familie der Psychoanalytiker, der in einer Art Nekrolog auf Freud N. als dessen größeren geistigen Zeitgenossen rühmte (1932: 59).

Eine nachhaltige Wirkung der P N.s wurde durch den Umstand beeinträchtigt, dass die zunehmend als Einzelwissenschaft sich etablierende akademische P auf die Dauer und zumal im Soge des Behaviorismus und der um sich greifenden Vorherrschaft des naturwissenschaftlichen Erkenntnisideals auf ihre Autonomie bedacht war und nur ungern von den Impulsen eines Philosophen zu leben gedachte. Im Ergebnis dessen gelang es nicht, N., den noch W. Stern in seinem 1934 erstmals erschienenen Hauptwerk als einen der „Wegbereiter in psychologischen Gebieten" (1950: 9) präsentiert hatte, „den Fachpsychologen im eigentlichen Sinne" (ebd.: 41) zuzuführen. So waren es denn auch eher Außenseiter der Disziplin, die befanden: „Keine ernstzunehmende Geschichte der P kommt an F. N. […] vorbei" (Seidmann 1976: 382).

Auch die N.-Forschung nahm sich der Bedeutung von N.s P nur recht zögerlich an. So kann, wenn man von Ausnahmen absieht (etwa Klages 1920; 1926; Prinzhorn 1928; Jaspers 1936: 111 ff.), über lange Jahre hinweg von einer philosophisch wie psychologisch resp. psychiatrisch gleichermaßen ambitionierten N.-Rezeption so gut wie nicht gesprochen werden. Eine Art Neuanfang setzte erst Kaufmann mit den einschlägigen Kapiteln seiner erstmals 1950 vorgelegten N.-Monographie, deren Ergebnisse er – durchaus nicht nur zur Freude der damaligen N.-Forscher –1978 unter der provokanten Überschrift *N. als der erste große Psychologe* bündelte. Des Weiteren finden sich, etwa auch bei Ellenberger (1973: 382 ff.), Auflistungen von Parallelstellen in den Werken N.s und Freuds und zu den Bezügen, die sich von N. aus zu C. G. Jung und A. Adler (vgl. Wehr 1987) sowie zu den Hauptvertretern der Humanistischen Psychologie (vgl. Fischer 1981/82) herstellen lassen. Einen eigenen Bereich markiert die Erforschung der Quellen, denen N. im Zuge seiner Traktierung psychologischer Einzelthemen, wie namentlich dem des Traums (vgl. Ungeheuer 1983; Treiber 1994), Referenz erwies. Verwiesen sei abschließend auf wichtige (neuere) Studien zum Schopenhauer/N.-Komplex (vgl. etwa Kaiser-El-Safti 1987) sowie zum Freud/N.-Verhältnis (vgl. insbesondere Gasser 1997; →Freud). Auch kann festgehalten werden, dass zumindest die psychologisch interessierten Exponenten der neueren N.-Forschung N. als Psychologen nicht außer Betracht lassen (vgl. etwa Parkes 1994; Wotling 1997; Niemeyer 1998a; Haberkamp 2000).

*Christian Niemeyer, Dresden*

**„Psychologie der Philosophen"** | Bei N.s Projekt einer „P d P" (NF 1888, 14[107]) – der N. offenbar auch noch eine „P des Psychologen" (ebd., 14[27]) zur Seite stellen wollte – ging es um etwas mehr als nur darum, „den Denker durch den Menschen zu erläutern" (Andreas-Salomé 1894: 11), wie die so Urteilende unter Berufung auf einen Brief N.s an sie (verm. 16.9.1882) sowie unter Bezug auf *JGB* 6 meinte sagen zu dürfen, wo u. a. zu lesen ist: „Allmählich hat sich mir herausgestellt, was jede grosse →Philosophie bisher war: nämlich das Selbstbekenntniss ihres Urhebers und eine Art ungewollter und unvermerkter mémoires." Dies klingt stimmig und fasslich, trifft aber noch nicht den Kern des hier in Rede stehenden Projekts, dessen Absicht auf Etablierung der P als „Herrin der Wissenschaften" (*JGB* 23) ging, und dies getrieben von der Feststellung: „Wer war überhaupt vor mir unter den Philosophen Psycholog und nicht vielmehr dessen Gegensatz ‚höherer Schwindler', ‚Idealist'?" (*EH, Warum ich ein … 6*)

Die Hauptkonturen dieses Projekts hatte N. in *JGB*, aber auch anlässlich der im nämlichen Jahr (1886) erschienenen Neuausgabe von *FW* dargelegt. „Ein Psychologe kennt wenig so anziehende Fragen, wie die nach dem Verhältniss von Gesundheit und Philosophie", heißt es hier fast drohend, ehe dann, einige Zeilen später, eine Art Kasuistik geboten wird: „Bei dem Einen sind es seine Mängel, welche philosophiren, bei dem Andern seine Reichthümer und Kräfte. Ersterer hat seine Philosophie nöthig, sei es als Halt, Beruhigung, Arznei, Erlösung, Erhebung, Selbstentfremdung; bei Letzterem ist sie nur ein schöner Luxus" (*Vorrede zur zweiten Ausgabe* 2). Wenige Wochen zuvor hatte N. eine vergleichbare, auf das Jahr 1883 (NF, 7[58]) zurückgehende Liste unterbreitet: „Es giebt →Moralen, welche ihren Urheber vor Anderen rechtfertigen sollen; andre Moralen sollen ihn beruhigen und mit sich zufrieden stimmen; mit anderen will er sich selbst an's Kreuz schlagen und demüthigen; mit andern will er Rache üben, mit andern sich verstecken, mit andern sich verklären und hinaus, in die Höhe und Ferne setzen; diese Moral dient ihrem Urheber, um zu vergessen, jene, um sich oder Etwas von sich vergessen zu machen; mancher Moralist möchte an der Menschheit Macht und schöpferische Laune ausüben […] – kurz: die Moralen sind auch nur eine Zeichensprache der →Affekte." (*JGB*

187) N. macht hier einen Ausdruck öffentlich, den er erstmals drei Jahre zuvor erprobt hat, damals noch ergänzt um den Hinweis: „[E]s giebt auch bei den großen Philosophen diese Unschuld: sie sind sich nicht bewußt, DASS SIE VON SICH REDEN – sie meinen, es handle sich ‚um die →Wahrheit' – aber es handelt sich im Grunde um sie." (NF 1883, 7[62]) Der eigentliche „Vater der Philosophie" sei also nicht – so N.s Fortführung in *JGB* – der allerorten vorgeschützte „‚Trieb zur Erkenntniss'", sondern „jeder →Trieb" sei „herrschsüchtig: und als SOLCHER versucht er zu philosophiren." (6) Für N. stand damit der Schluss außer Frage: „P ist nunmehr wieder der Weg zu den Grundproblemen." (23)

Dass das Kognitive bei der Weltauslegung nicht ohne weiteres die Oberhand gewinnt, hatte N. schon Jahre vorher geahnt: „Unser Wissen ist die abgeschwächteste Form des Trieblebens; deshalb gegen die starken Triebe so ohnmächtig." (NF 1880, 6[64]) In dieser Logik, in der man die Worte als „CLAVIATUR der Triebe" und die Gedanken als „Akkorde darauf" (ebd., 6[264]) lesen kann, schien es konsequent, ganze Wissenssysteme ihrerseits als mühsam dem Triebgeschehen abgewonnen auszulegen. „Vielleicht", so N. zunächst noch mit einiger Vorsicht, „ist die ganze Moral eine AUSDEUTUNG physischer Triebe." (ebd., 6[7]) Drei Jahre später folgte die Pointe: „Der Philosoph ist nur eine Art Gelegenheit und Ermöglichung dafür, daß der TRIEB EINMAL ZUM REDEN KOMMT." (NF 1883, 7[62]) Die Folgerung, die N. in *Za I* (*Von den Verächtern des Leibes*) andeutete und in *JGB* weiterführte, war kühn: Das „ehrliche alte →Ich" hat sich zu einem „kleinen ‚es'" verflüchtigt. (*JGB* 17). Entsprechend, so darf man N. verstehen, verflüchtigen sich bei näherem Hinsehen auch die aus der vermeintlichen Gewissheit über ein verfügungsfähiges Philosophen-Ich aufgestellten philosophischen Positionen. Hinter der Annahme beispielsweise, „dass das Bestimmte mehr werth sei als das Unbestimmte" und „der Schein weniger werth als die ‚Wahrheit'", verberge sich das Interesse an „Erhaltung von Wesen, wie wir sind" (*JGB* 3). N. geht es hier primär nicht um das Lob des Unbestimmten und des Scheins, sondern um die Kritik eben jener ‚Wesen', die als Philosophen einer Gattung zugehören, deren höchste Werte im asketischen Ideal (→Askese) kulminieren, und zwar mit bedenklichen Folgen: Die „Philosophen-Gereiztheit und – Rancune gegen die Sinnlichkeit" beispielsweise, die bedingt scheint durch den Umstand, dass nur so das „Optimum der Bedingungen höchster und kühnster Geistigkeit" zu gewährleisten ist, verdeckt „la bête philosophe", also eine im Philosophen sich entäußernde Unterform der ‚Bestie Mensch', die bei ihrer Art des Kampfes ums Dasein im Reich der Philosophie über das Ziel hinausschießt „und mit einer Feinheit der Witterung, die ‚höher ist als alle Vernunft', alle Art Störenfriede und Hindernisse" (*GM III* 7) beseitigt.

Als Folge dieser Theorieoption beginnt N., den „Rückschluß vom Werk auf den Schöpfer" enger zu führen, in diesem Fall – jenem →Wagners – mit dem Ergebnis: „[J]edes romantische Ideal [ist] eine Selbstflucht, eine Selbst-Verachtung und Selbst-Verurtheilung dessen [...], der es erfindet." (NF 1885–86, 2[101]) Psychologisch gesehen subtil ist auch N.s Beobachtung: „→Schopenhauer idealisierte das Mitleiden und die Keuschheit, weil er am meisten von dem Gegentheil litt." (NF 1880, 6[6]) Auch dem, was →Kant angeblich insgeheim umtrieb, suchte N. auf diese Weise nahezukommen, in diesem Fall mittels der Formel: „‚Was an mir achtbar ist, das ist, das ich gehorchen kann, – und bei euch SOLL es nicht anders stehn, als bei mir!'" (*JGB* 187)

Die Schwäche dieser Art Argumentation liegt auf der Hand: N. war seinerseits nur schwer jenen Einwänden zu entziehen, die er gegenüber anderen erhob, wenn er beispielsweise formuliert: „Man nehme es als symptomatisch, wenn einzelne Philosophen, wie zum Beispiel der schwindsüchtige →Spinoza, gerade im sogenannten Selbsterhaltungs-Trieb das Entscheidende sahen, sehen mussten: – es waren eben Menschen in Nothlagen", um im weiteren Fortgang seines Arguments auch die seiner Meinung nach neuesten Vertreter der spinozistischen Selbsterhaltungsphilosophie, die darwinistisch orientierten Naturforscher, zu Spezies dieser neu entdeckten Gattung zu erklären: „[I]hre Vorfahren waren arme und geringe Leute, welche die Schwierigkeit, sich durchzubringen, allzusehr aus der Nähe kannten“ (*FW V* 349); ihnen geriet insoweit – so soll der Leser lernen – die Losung vom ‚Kampf ums Dasein‘ zu einer ganz natürlichen Formel. Damit freilich ließ sich kaum die Anschlussfrage vermeiden, ob nicht auch N.s Philosophie als – so der Psychoanalytiker P. Federn 1908 – „Kontrastbildung gegen seine eigene Existenz“ (zit. n. Nunberg/Federn 1976: 337) zu verstehen sei, mit dem →Übermensch als „Wunschtraum einer kranken Seele“ (Carrière 1949/50: 127).

In der Summe wird man N.s Projekt einer PdP als gescheitert zu betrachten haben, ohne dass damit die von N. aufgeworfene Frage obsolet wäre. Dies zeigt nicht zuletzt der unter dem Titel *Das Andere der Vernunft* populär gewordene Versuch, nachzuweisen, dass die Aufklärung des 18. Jh.s ihre Plausibilität auf Ausgrenzung vermeintlich irrationaler Aspekte des Denkens und Handelns gründete (Böhme/Böhme 1985). Denn dem eingefügt war folgerichtig eine Pathographie Kants, die zu dem Ergebnis gelangte, dass dieser gute Gründe hatte, einen Blick auf das Andere seiner eigenen Vernunft nicht zu riskieren. Dass dieser Blick mit den Mitteln Freuds zu inszenieren ist, schien dabei selbstverständlich. Die Philosophie müsse die von Freud vorangetriebene „Entthronung des Ich“ (Böhme 1986: 236) gedanklich realisieren, lautete denn auch die Folgedevise. Man hätte, so das Argument am Ende dieses Überblicks über N.s Projekt einer PdP, diese Devise auch mit N. begründen können. Insoweit muss man seine diesbezügliche Grundidee nicht preisgeben, sondern kann sie einer noch zu entwickelnden Wissenschaftspsychologie überantworten. Zum Thema auch: Niemeyer (1998a: 307–317); Ehrenmüller (2008).

*Christian Niemeyer, Dresden*

**Rache** | Selbst wenn der Ausdruck bereits in *GT* vorkommt, beschäftigt sich N. erst 1875 eingehender mit dem Begriff. Anlass ist die Lektüre von *Der Werth des Lebens*, in dem →E. Dühring „die Begriffe von →Gerechtigkeit auf R zurückführt“ (NF 1875, 9[1], 131). Laut Dühring, der von ‚R‘ und ‚Ressentiment‘ spricht, entspringt nicht nur das diesseitige Rechtsgefühl aus dem R-gefühl. „Die transcendente Befriedigung der R. / Das Rechtsgefühl ist ein Ressentiment, gehört mit der R zusammen: auch die Vorstellung einer jenseitigen Gerechtigkeit geht auf das R-gefühl zurück.“ (ebd., 176) N. akzeptiert 1875 beide Thesen, auch diejenige, wonach „das Rechtsgefühl“ „auf dem Boden des R-gefühls […] erwachsen ist.“ (KGW II/5: 365) Später weist er sie scharf zurück (→Ressentiment).

*MA* deutet die Dankbarkeit des Mächtigen einmal als „eine mildere Form der R“ (44); eigentlich werden hier jedoch beide, Dankbarkeit und R, unter den Vergeltungsbegriff subsumiert: Sie gehören „in den Bereich der Gerechtigkeit“, sind „ein Austausch“, und Gerechtigkeit ist ursprünglich eben „Vergeltung und Austausch unter der Voraussetzung einer ungefähr gleichen Machtstellung“ (92). In diesem Sinn betrachtet *MA* die Fähigkeit zur Vergeltung – zu Dankbarkeit und R – als zentrale Forderung in der Moral „der herrschenden Stämme und Kasten“: „Wer die Macht zu vergelten hat, Gutes mit Gutem, Böses mit Bösem, und auch wirklich Vergeltung übt, also dankbar und rachsüchtig ist, der wird gut genannt; wer unmächtig ist und nicht vergelten kann, gilt als schlecht.“ (45) In dieser Wertung der R fühlt sich N. in Übereinstimmung mit den Griechen: Er geht einfach davon aus, dass „R-üben“ „bei den älteren Griechen“ „zur guten →Sitte gehört.“ (96) Unter dem Einfluss von L. Schmidts *Ethik der alten Griechen* gelangt er in den 1880er Jahren jedoch zu einer weitaus differenzierteren Einschätzung der altgriechischen Einstellung zur R (vgl. dazu Brusotti 1992a: 127 ff.).

*WS* kritisiert die Voraussetzung, dass hinter Worten wie „R“ unbedingt eine „Einheit“, ein „ursprüngliche[r] Wurzelbegriff“, „Eine Begriffs- und Empfindungswurzel“ stecken müsse: „So ist auch ‚R‘ bald Diess, bald Jenes, bald etwas sehr Zusammengesetztes.“ (33; vgl. Brusotti 2003) In *Za* erhält der Ausdruck, wie M. Heidegger (1954) und G. Deleuze (1962) auf je eigene Weise herausstellen, eine neue, grundsätzlichere Bedeutung. „Denn DASS DER MENSCH ERLÖST WERDE VON DER R: das ist mir die Brücke zur höchsten Hoffnung" (*Za II, Von den Taranteln*), d. h. zum →Übermenschen. Weshalb es so ist, erklärt Zarathustra erst in *Von der Erlösung*. In *Von den Taranteln* hat er es auf diejenigen abgesehen, die, wie Dühring, „[s]eine Lehre vom Leben" verkünden und zugleich „Prediger der →Gleichheit" sind. Zarathustra stellt hier Gerechtigkeit und R scharf gegenüber. „R" ist „der Tyrannen-Wahnsinn der Ohnmacht" (ebd.), also eine bestimmte Form des →Willens zur Macht. Dieser Wahnsinn entpuppt sich in *Za II, Von der Erlösung* als Wahnsinn des gegen die Zeit ohnmächtigen Willens: R ist „des Willens Widerwille gegen die Zeit und ihr ‚Es war.'" Die von diesem „Widerwillen" gegen die Vergänglichkeit und gegen die Unumkehrbarkeit der Zeit inspirierte →Metaphysik, „der Menschen bestes Nachdenken", nennt Zarathustra „GEIST DER R".

*Marco Brusotti, Lecce/Berlin*

**Rangordnung** | In der späten Vorrede zu *MA I* aus dem Jahre 1886 bezeichnet N. die R als ein Problem, das erst vor dem wirklich frei gewordenen Geist aufsteigen konnte und durfte, nachdem er selbst auf jeder der Sprossen dieser ungeheuer langen Leiter einmal gesessen und gestiegen bzw. sie selbst gewesen sei. Eine erste Art von R ist demnach die der Probleme, von denen jedes einer gewissen Reife und Freiheit des Geistes bedarf und zu welchen auch das Problem der R selbst gehört. Betrachtet man den in dieser Vorrede zuvor geschilderten Werdegang des freien Geistes, so lassen sich die Stufen auf drei reduzieren, die den in Zarathustras erster Rede genannten drei Verwandlungen des Geistes vom Kamel über den →Löwen zum →Kind entsprechen. Denn wie das Kamel ist auch der →freie Geist zuerst ein an Pflichten gebundener Geist, der sich, wie der Löwe, erst in einer „grossen Loslösung" zu sich selbst befreit, aber auch von dieser Befreiung erst noch genesen muss, um wie das Kind zu einem aus sich rollenden Rad werden zu können, das neue Werte schafft. Diese R ist zunächst eine der inneren Entwicklungsgeschichte des Geistes und bedient sich daher in *Za* einer mehrdeutigen Gleichnisrede, die in Gestalt der beiden Tiere allerdings auch die Natur einbezieht. Denn wie der Mensch einerseits aus dem Tier entstanden ist, so verweist das Kind andererseits auch auf die Natur zurück, in deren Ordnung es nicht am Ende, sondern am Anfang der Entwicklung steht, zuerst die Aufgaben des Kamels übernehmen und sich davon wiederum befreien muss, wenn es schöpferisch werden soll. Die R ist insofern eine Kreisordnung.

Moral ist für N. „die Lehre von der R der Menschen, und folglich auch von der Bedeutsamkeit ihrer Handlungen und Werke FÜR diese Rangordnung" (NF 1885, 35[5]). Es ist deshalb nicht verwunderlich, dass N. im Nachlass (1884, 26[47], [48]) den drei genannten Stufen bzw. „Gängen" unter dem Titel „DER WEG ZUR WEISHEIT" auch konkrete historische Personen zuweist. Als Exponenten der ersten Stufe nennt N. Naturen wie →Wagner, →Schopenhauer und →Dühring. Auch Anhänglichkeiten wie die an „Vaterland" und „Rasse" gehörten hierhin. Während der zweiten Stufe keine konkreten Personen zugeordnet werden, erwägt N. für die dritte, die nur für Wenige sei, da die meisten schon im zweiten Gang zugrunde gingen, ob vielleicht →Plato und →Spinoza dafür in Frage kämen. Nicht nur Plato, sondern alternativ auch Spinoza wurde von N. an den Beginn der Geschichte des Irrtums von der „wahren Welt", die mit Zarathustra endlich zur Fabel wurde, gestellt (KSA 14: 415). Mit Zarathustra beginnt für N. daher zugleich eine neue R im doppelten Sinne. „Um die Erfinder von neuen Werthen dreht sich die Welt" (*Za I, Von den Fliegen ...*).

Während die meisten Moral-Philosophen nur die jeweils gegenwärtige, herrschende →Moral bzw. R auf Begriffe bringen, greift Zarathustra sowohl mit seiner Lehre vom →Übermenschen als auch von der →ewigen Wiederkunft über die Gegenwart hinaus auf alle Zukunft und Vergangenheit und stellt den Menschen in einen Horizont, in dem er nicht schon die „Krone der Schöpfung" und das „Maß aller Dinge" ist. Nehmen dabei die drei Verwandlungen des

Geistes im Weg des Menschen vom Tier zum Übermenschen noch einmal eine andere Form an, so versinnbildlicht die ewige Wiederkunft des Gleichen jene Treue zur →Erde und das „Gesetz der NOTHWENDIGEN ‚Selbstüberwindung' im Wesen des Lebens" (*GM* III 27), die dem aus sich rollenden Rad des spielend immer wieder Werte zerstörenden und schaffenden Kindes entsprechen. Hinter Plato und Spinoza werden →Heraklit und mit ihm Zoroaster/Zarathustra sichtbar.

*Michael Skowron, Daegu*

**Raum** | N. kann als ein Vorläufer des *spatial turn* gelten, da er R in allen drei hierfür signifikanten Weisen zum Thema macht, wie sie im 20. Jh. einschlägig von Lefebvre, →Foucault, Soja, Bhabha u. a. vertreten werden: 1. als methodisch-analytische Perspektive gegen die teleologisch verfahrende Geschichtsschreibung, 2. als heuristisches Modell und ontologischer Bezugsrahmen, 3. als Stilmittel zur Kritik. Während Letzteres vor allem in Metaphern der →Landschaft sowie in N.s eigenem Reiseverhalten Ausdruck findet (→Reisen), so ist der erste Punkt in N.s Gedanken über die maßgeblichen Formen von Geschichtsschreibung (→*HL*) verdichtet, die entweder wahllos sammelnd (antiquarisch) oder selektiv heroisierend (monumental) vorgehen, anstatt (kritisch) den Nutzen historischer Betrachtung für die Gegenwart oder die ‚Kultur' zu bedenken. Wird R damit bei N. zunächst als Gegengröße der →Zeit eingeführt, so wird er in den nachfolgenden Werken eigens zum Thema gemacht: Einschlägig sind die Bemerkungen zum Tod Gottes (→„Gott ist tot"), den N. auf die kosmologische Wende nach Kopernikus (NF 1885–86, 2[127]) und den Gedanken des leeren Rs der neuzeitlichen Physik (Günzel 2006) bezieht; etwa in Gestalt der Klage des ‚tollen Menschen': „Giebt es noch ein Oben und ein Unten? Haucht uns nicht der leere R an?" (*FW* 125). Dem setzt N. im Vorfeld der modernen Raumzeit-Physik mit dem →Willen zur Macht ein Konzept des nicht-leeren Rs entgegen (NF 1882–83, 5[1], 179.; Douglas 1996), womit sich N. zuletzt auch gegen die kantische Lehre vom R als apriorischer Anschauungsform wendet (NF 1884, 26[431]) und dabei ein neues Konzept der Erdverbundenheit (Del Caro 2004) in Anschlag bringt.

*Stephan Günzel, Potsdam*

**Rausch** | N.s in der abendländischen Philosophie singulär dastehendes Konzept der Fremderfahrung des Rs fällt mit seiner Genealogie der Tragödie und der antiaristotelischen Auslegung der tragischen Katharsis (v. Reibnitz 1994b: 62; Müller 2002: 137) zusammen, die er in Anlehnung an Bernays (1858: 16) nicht mit „Reinigung", sondern mit „Entladung" übersetzt. Die Urtragödie ist die Kunst der doppelten Verwandlung der Person, und zwar in einem Sinne, der die Unterscheidung zwischen Produktions- und Rezeptionsästhetik hinfällig werden lässt. Unter Katharsis versteht N. die unter dem Eindruck der dionysischen Musik provozierte Entladung „zweier künstlerischer Gewalten", den dionysischen „Zwang zum Orgiasmus" und den apollinischen „Zwang zur Vision" (NF 1888, 14[36]), die aus jedem Einzelnen Schauspieler und Zuschauer zugleich machen. Indem mit der Entladung des orgiastischen Rs „das gesammte Affekt-System" gesteigert, nicht aber kathartisch gereinigt wird, tritt zugleich „die Kraft des Darstellens, Nachbildens, Transfigurirens, Verwandelns, alle Art Mimik und Schauspielerei" (*GD, Streifzüge …* 10) hervor. N. unterstreicht daher hinsichtlich des „Verzückungsrausch[es] der dionysischen Orgien" (NF 1870–71, 7[122]) die „Selbstvergessenheit" (*GT* 1, KSA 1: 29) und Aufgabe der eigenen Individualität „durch Einkehr in eine fremde Natur" (*GT* 8, KSA 1: 62). Der für den „Urprozess der Tragödie" (NF 1870–71, 7[127]) konstitutive Abstand zwischen der gesellschaftlichen Ordnung des Normalzustandes und ihrer rituellen Desorganisation wird durch die dionysische Metamorphose eingeleitet. Sie transfiguriert die „Masse der Individuen" in „lebende Diener ihres Gottes" (*GT* 8, KSA 1: 61) und lässt sie im

„orgiastischen Taumel“ zu einem einzigen „Individuum zusammenschm[e]lz[en]“ (NF 1870–71, 7[127]). Stellt die mythische Einswerdung den temporären Eintritt in eine egalitäre Gemeinschaft (McIntyre 1997: 115) dar, so hat sie zweifellos die politische Funktion, die aus seinerzeitiger Sicht N.s für die tragische Kunstwirklichkeit unerläßliche Sklaverei und soziale Ungleicheit zu kompensieren. Mit der Entladung des dionysischen Rs in eine „apollinische Bilderwelt“ (*GT* 8, KSA 1: 62), die in aufeinander folgenden imaginären Szenen die Zerstückelung und Zusammenfügung des Dionysos-Zagreus vor Augen führt, wird schließlich jene einzigartige „Mittelwelt“ (*DW* 3, KSA 1: 567) der Tragödie errichtet, welche in der ästhetischen Ausgestaltung des Widerstreits zwischen dem „Schreckensgesicht des Daseins“ (NF 1870–71, 7[27]) und der Schönheit des die Not des Lebens verhüllenden Scheins besteht. Es gibt eine erstaunliche Kontinuiät zwischen Früh- und Spätwerk (Porter 2002: 22 ff.): Als leiblich fundierte Erfahrung bildet der dionysische R die Brücke zwischen N.s früher →Metaphysik des Tragischen und seiner späten tragischen Erkenntnis und Anti-Metaphysik. Zum Thema auch: Georg-Lauer (2008); Schwarzwald (2008).

*Iris Därmann, Berlin*

**Redlichkeit** | R erscheint als einer der Triebe, die es „so zu sublimiren“ gilt, dass „die Wahrnehmung für das Fremde sehr weit geht und doch noch mit Genuß verknüpft ist: der Trieb der R gegen mich, der Gerechtigkeit gegen die Dinge so stark, daß seine FREUDE den Werth der anderen Lustarten überwiegt, und jene ihm nöthigenfalls, ganz oder theilweise, geopfert werden.“ (NF 1880, 6[67]) Während wir die →Triebe mit den „Thieren gemein“ haben, macht uns „das Wachsthum der R [...] unabhängiger von der Inspiration dieser Triebe. Diese R selber ist das Ergebniss der intellektuellen Arbeit, namentlich wenn zwei entgegengesetzte Triebe den Intellekt in Bewegung setzen. Das Gedächtnis führt uns in Bezug auf ein Ding oder eine Person bei einem neuen Affekt die Vorstellungen zu, die dies Ding oder ⟨diese⟩ Person früher, bei einem anderen Affekt in uns erregte: und da zeigen sich VERSCHIEDENE Eigenschaften, sie zusammen gelten lassen ist EIN Schritt der R“ (ebd., 6[234]). Erscheint R einerseits als ein Trieb, der in die intellektuelle Arbeit eingebunden ist, und ist er somit Teil der Erkenntnistheorie, die N. später in eine „PERSPEKTIVEN-LEHRE DER AFFEKTE“ (NF 1887, 9[8]) umkonzipieren wird, so ist sie auch ein Aspekt der Moral. Die R gehört der „**Freigeisterei**“ als der „letzten Consequenz der bisherigen Moralität“ an: „GERECHT sein gegen Alles, über Neigung und Abneigung hinweg, sich selber in die Reihe der Dinge einordnen, ÜBER SICH sein, die ÜBERWINDUNG UND DER MUTH nicht nur gegen das Persönlich-Feindliche, Peinliche, auch in Hinsicht auf das Böse in den Dingen, R, selbst als Gegnerin des Idealismus und der Frömmigkeit, ja der Leidenschaft, sogar in Bezug auf die R selber; LIEBEVOLLE GESINNUNG gegen Alles und Jedes und guter Wille, seinen Werth zu entdecken, seine Berechtigung, seine Nothwendigkeit.“ (NF 1882, 1[42]) „R“ erweist sich mithin als „unsre Tugend“, „von der wir nicht loskönnen, wir →freien Geister“ (*JGB* 227). Es kann den freien Geistern gar eine „‚ausschweifende R‘“ nachgesagt werden. R erscheint dann als Parallelbegriff zu „Liebe zur Wahrheit, Liebe zur Weisheit, Aufopferung für die Erkenntniss, →Heroismus des Wahrhaftigen“ (*JGB* 230; vgl. NF 1885, 34[181] sowie 35[5]) und wird – N. rechnet sich hier ein – zur „letzte[n] Tugend“ der Moralisten (NF 1885–86, 1[145]), unter Einschluss der Folgerung, dass das „Verlangen“ nach einer „Kritik der →Moral [...] eben unsere JETZIGE FORM DER MORALITÄT SELBST ist, als ein sublimer Sinn der R.“ (ebd., 2[191]) Die in der herkömmlichen Moral überlieferte Tugend der R führt zur Verneinung dieser Moral: „Tiefste Dankbarkeit für das, was die Moral bisher geleistet hat: aber JETZT NUR NOCH EIN DRUCK, der zum Verhängniß werden würde! SIE SELBST ZWINGT ALS R zur Moral-Verneinung.“ (NF 1886–87, 5[58]) In diesem Kontext erscheint die R als eine der „Ursachen für die **Heraufkunft des Pessimismus**“ (NF 1887, 9[162]), mithin auch als eine der Ursachen für die aus dem →Pessimismus erwachsende Entwicklung zum →Nihilismus und zur décadence. In dieser Tragweite hat die R eine der Wahrhaftigkeit bzw. dem Willen zur →Wahrheit vergleichbare Bedeutung (vgl. Kuhn 1992: 188–198).

*Elisabeth Kuhn, Münchenstein*

**Rée, Paul** | R, *21.11.1849 Bartelshagen (Pommern), †28.10.1901 Celerina (Schweiz), jüd. Philosoph und Arzt aus vermögendem Hause, lernte N. 1874 als Student in Basel kennen. In der Folge war er mit ihm und →L. v. Salomé befreundet, ihretwegen kam es 1882/83 zum Bruch mit N. (→„Lou-Erlebnis"). Für N.s „Réealismus" steht der gemeinsame Aufenthalt 1876/77 in Sorrent, zugleich Geburtsort des →„Freien Geistes", der u. a. auf das aufklärerische Potenzial von Wissenschaft setzt. Bei N.s „Genesung" (*MA I*, Vorrede) spielte R und dessen Aphorismensammlung *Psychologische Beobachtungen* (1875; vgl. R 2004: 59–125) eine wichtige Rolle. R war mit philosophischen Klassikern (wie Platon, Aristoteles, Kant, Schopenhauer), aber auch mit Hauptvertretern der französischen Moralisten und der englischen Moralphilosophie vertraut. Neben Mill und Comte galt sein besonderes Interesse Darwin, weil auch dieser die Entstehung moralischer Empfindungen durch natürliche Faktoren erklärte (Engels 2007: 164 ff.). Vorbilddisziplinen für eine künftige Moralwissenschaft waren ihm die Geologie (eines Lyell), die vergleichende Sprachwissenschaft und die Ethnologie (eines Tylor u. Lubbock), da diese als Erfahrungswissenschaften induktiv und komparativ angelegt waren und einer geschichtlichen (genealogischen) Betrachtungsweise zuneigten. Mit seinem Buch *Die Entstehung des Gewissens* (1885; vgl. R 2004: 212–354) suchte R N.s Anliegen eines „historische[n] Philosophirens" (*MA* 2) einzulösen. 1901 verunglückte R im Engadin tödlich, wo er zuletzt als Privatgelehrter und Armenarzt gelebt hatte. Vgl. zum Thema auch: Stummann-Bowert (1998): 41 ff.; Lanfranconi (2000); Lütkehaus (2001); Ruckenbauer (2002; 2004); Fazio (2005); Small (2005); Fornari (2009).

*Hubert Treiber, Hannover*

**Reichtum** | Bei N. zumeist im Sinne von Üppigkeit, Vielfalt, Überschuss gemeint, wenn er etwa von einem R des Wortschatzes (*WS* 127) oder dem R der antiken Religion (*GD, Was ich* … 4) spricht. Die theoretische Signifikanz des Begriffs ist sowohl in kultur- als auch in naturphilosophischer Hinsicht gegeben. In Zusammenhängen der →Kultur unterscheidet N. den R tätiger Schöpfungskraft, der stets in einem positiven Licht erscheint, von einem bloß materiellen R, zu dem N. eine ambivalente Stellung einnimmt. Einerseits betont er die Notwendigkeit materieller Sicherheit, ja eines gewissen Rs als Voraussetzung kultureller Höherentwicklung. „Der R erzeugt nothwendig eine →Aristokratie der Rasse, denn er gestattet die schönsten Weiber zu wählen, die besten Lehrer zu besolden, er gönnt dem Menschen Reinlichkeit, Zeit zu körperlichen Uebungen und vor Allem Abwendung von verdumpfender körperlicher Arbeit." (*MA* 479) Auch ermöglicht R Großzügigkeit, die N. zu den vornehmsten Tugenden zählt (vgl. *M* 315; NF 1882, 3[1]55). Wo aber das neidisch-begehrliche Streben nach R zu einer „**Apologie** des Luxus" wird (NF 1881, 11[180]), hebt es diese positiven Effekte auf und nivelliert die Differenz zwischen Armen und Reichen zu zwei Versionen des →Pöbels. Ausdrücklich weist N. hin auf die „GEFAHR IM R. – Nur wer GEIST hat, sollte BESITZ haben: sonst ist der Besitz GEMEINGEFÄHRLICH. Der Besitzende nämlich, der von der freien Zeit, welche der Besitz ihm gewähren könnte, keinen Gebrauch zu machen versteht, wird immer FORTFAHREN, nach Besitz zu streben" (*VM* 310). Im Rahmen der „SELBSTSUCHT DES ERWERBENDEN" erscheint R als Gegenteil höherer Kultur (*SE* 6, KSA 1: 387) und „als Resultat geistiger Inferiorität" (NF 1878, 30[162]). Aus diesen Überlegungen speist sich auch N.s Kritik an →Kapitalismus und →Sozialismus. N. zeigt wenig Verständnis für Menschen, die über eine zureichende finanzielle Sicherheit verfügen und trotzdem ihr Leben der Erwerbsarbeit widmen, statt ihre geistige Entwicklung zu befördern (NF 1881, 11[181]). Ein zusammenfassendes Bild für die Gefahren des Rs ist die Figur *Der freiwillige*

*Bettler* in *Za IV*; als Metapher für die Utopie eines sowohl durch Wahrheit als auch durch Redlichkeit gekennzeichneten ‚richtigen' Lebens begegnet uns die Vokabel R in *Za IV, Das Abendmahl* (vgl. Niemeyer 2007a: 108 ff.).

Besonders interessant sind auch N.s naturphilosophische Annahmen über R. Schon früh verfolgt N. den Gedanken, dass die Natur reich, geradezu verschwenderisch sei (*SE* 7). In den späteren Schriften wird diese Überlegung zu einem Grundbaustein seiner allerdings nicht detailliert ausgearbeiteten metaphysischen und ontologischen Ideen über Natur und Leben. „Die Wirklichkeit zeigt uns einen entzückenden R der Typen, die Üppigkeit eines verschwenderischen Formenspiels und – Wechsels" (*GD, Moral* … 6). Besonders deutlich werden diese Überlegungen in dem bekannten Aphorismus „ANTI DARWIN": „Was den berühmten Kampf um's LEBEN" [sic!] betrifft, so scheint er mir einstweilen mehr behauptet als bewiesen. Er kommt vor, aber als Ausnahme; der Gesammt-Aspekt des Lebens ist NICHT die Nothlage, die Hungerlage, vielmehr der R, die Üppigkeit, selbst die absurde Verschwendung" (*GD, Streifzüge* … 14).

*Helmut Heit, Berlin*

**rein, Reinheit, Reinlichkeit** | N. spricht einerseits in *GM* die Warnung aus, die Begriffe ‚rein' und ‚unrein' „nicht von vornherein zu schwer, zu weit oder gar symbolisch zu nehmen: alle Begriffe der älteren Menschheit sind vielmehr anfänglich in einem kaum ausdenkbaren Maasse grob, plump, äusserlich, eng, geradezu und insbesondere UNSYMBOLISCH verstanden worden. Der ‚Reine' ist von Anfang an bloss ein Mensch, der sich wäscht, der sich gewisse Speisen verbietet, die Hautkrankheiten nach sich ziehen, der nicht mit den schmutzigen Weibern des niederen Volkes schläft, der einen Abscheu vor Blut hat, – nicht mehr, nicht viel mehr!" (*GM I* 6) Andererseits verwendet N. selbst die Begriffe ‚rein' und ‚Reinheit' im übertragenen Sinne, um insbesondere die Grundhaltung und geistig-leibliche Verfasstheit eines einzelnen Menschen zum Ausdruck zu bringen, der sich von allen äußeren moralischen Vorgaben befreit hat. Mit ‚Reinheit' lässt sich aus dieser Sicht ein Mensch bezeichnen, der sein →Mitleid überwunden hat und ohne Ressentimentgefühle (wie z. B. Hass, Groll, Neid) und ohne →Ekel aus sich heraus zu schaffen vermag. Er ist dergestalt sein eigener Gesetzgeber, der mit dem „höchste[n] Instinkt der Reinlichkeit" ausgestattet ist, durch den er „in die wunderlichste und gefährlichste Vereinsamung" (*JGB* 271) gestellt wird. Daher schreibt N. in *Za IV*: „Die Reinsten sollen der Erde Herrn sein, die Unerkanntesten, Stärksten, die Mitternachts-Seelen, die heller und tiefer sind als jeder Tag." (*Das Nachtwandler Lied* 7) Im Rückblick auf sein Werk erscheint ihm der gesamte *Za* sogar als „ein Dithyrambus auf die Einsamkeit, oder, wenn man mich verstanden hat, auf die REINHEIT" (*EH, Warum ich so weise bin* 8).

*Karen Joisten, Mainz*

**Reisen** | Aufgrund seiner wachsenden gesundheitlichen Probleme beginnt N. ab 1876 in „den Süden" zu reisen, so z. B. nach Südfrankreich (→Nizza) und Italien (Genua, Sorrent), in der Hoffnung auf heilsames, wärmeres Wetter und Atmosphäre. „Der Süden", die südliche Musik (die italienische Oper, Peter Gast, Bizet, *JGB* 254; *EH, Warum ich so klug bin* 7; *WA, Turiner Brief vom Mai 1888* 2 u. 5) und das Oberengadin (*WS* 338) werden zu einer Metapher für „Gesundheit" (N. an Overbeck, 14.10.1881, 21.10.1881, 28.10.1881) (→Gesundheit/Krankheit). Deutsche Kunst und Weltsicht hingegen repräsentieren zunehmend alles, was „krank" und „romantisch" ist, in Kunst, Leben und Kultur (so auch die deutsche Musik, →Wagner, der Nationalismus; *EH, WA* 2). Dem entspricht N.s Bild eines „guten Europäers", eine „heimatlose" Gestalt mit kosmopolitischem Geist (*FW V* 377), die, in den Fußstapfen des beispielhaften →Goethe durch Europa reisend, mentale und nationale Grenzen überschreitet, in dem Bestreben, sich selbst von einem engstirnigen Deutschen in einen „Mittelländer" zu verwandeln (*JGB* 254), also in eine multikulturelle, übernationale Figur. Um vom südlichen Geist und

Brauchtum zu profitieren, fügt der „gute Europäer" das Licht und das liebende Auge eines venezianischen Malers sowie den Mut und die „Selbstsucht" eines Genuesers (*FW* 291) zu seiner „Nördlichkeit", d. h. zu seiner veralteten, obsoleten christlich-moralischen Weltsicht, hinzu. Als Praktiken bzw. Verfahren der Selbst-Überwindung sind die „Wanderbücher" (*MA II, Vorrede* 6) *MA* (*I* und *II*), ursprünglich auch als „Reisebuch / unterwegs zu lesen" (NF 1876–77, 23[169]) konzipiert, Folge der Befreiung und der Bejahung der →amor fati. In diesem Sinne interpretiert N. die Periode seiner Krankheit und die in dieser Zeit entstandenen Werke, unter Einschluss nun auch von *FW*, unter den Vorzeichen von „Genesung" (*EH, MA* 4; explizit: *FW, Vorrede zur zweiten Ausgabe* 1). Zum Thema auch: Bertram ([2]1920); Vivarelli (1991); Large (1995); Prange (2007b).

*Martine Prange, Amsterdam*

**Religion** | N. wurde als Sohn eines protestantischen Landgeistlichen in einem Pfarrhaus geboren, aber er endete als Antichrist mit einem *Fluch auf das Christenthum* (Sommer 2000), einer Autobiographie mit dem Titel *Ecce homo*, in der am Schluss der asiatisch-griechische Gott →Dionysos gegen den Gekreuzigten gestellt wird, sowie einem Gedichtzyklus, den *Dionysos-Dithyramben* (Groddeck 1991, Skowron 2007a), die diesem Gott geweiht sind und dadurch auf N.s Erstlingswerk *GT* zurückverweisen, in dem die Frage nach dem Dionysischen zum ersten Mal gestellt worden war. Etwa in der Mitte dieser rätselhaften Entwicklung (→Vater) steht ein Hauptwerk, das den Namen des persischen Rs-stifters Zarathustra im Titel trägt und von N. sowohl als „ein fünftes ‚Evangelium'" (An Schmeitzner, 13.2.1883; vgl. Sloterdijk 2001) als auch ein „heiliges Buch" charakterisiert worden ist: „so ernst als irgend eines, ob es gleich das Lachen mit in die R aufnimmt." (An v. Meysenbug, 20.4.1883) Damit ist im Grunde der Umkreis von N.s Verhältnis zur R mit seinen beiden Seiten, der Kritik der R, insbesondere des →Christentums der Väter und Urväter einerseits und der Reformation und Schaffung einer neuen, eigenen R andererseits umschrieben. Im Folgenden werden diese beiden zusammengehörigen Seiten von N.s Beziehung zum ‚Göttlichen' (Lippitt/Urpeth 2000, Santaniello 2001) und seiner ‚Philosophie der R' (Young 2006) näher betrachtet.

Im sogenannten „Ur-Ecce-homo" von 1888 beschreibt N. seine Entwicklung vom Christen zum Antichristen mit der Figur der „nothwendigen ‚Selbstüberwindung'" (*GM III* 27): „Meine Vorfahren selbst waren protestantische Geistliche: hätte ich nicht einen hohen und reinlichen Sinn von ihnen her mitbekommen, so wüsste ich nicht, woher mein Recht zum Kriege mit dem Christenthum stammte. Meine Formel dafür: der Antichrist ist selbst die nothwendige Logik in der Entwicklung eines echten Christen, in mir überwindet sich das Christenthum selbst." (NF 1888, 24[1], S. 622) N. bedient sich bei seiner (Selbst-)Kritik kaum der logischen Widerlegung, sondern der bereits bei Hume und Feuerbach angelegten genealogisch-historischen Kritik der R (Heinrich 2001). Die historische Widerlegung sei die endgültige, da man sich dabei nicht auf Beweise und möglicherweise wieder bessere Gegenbeweise einlasse, sondern zeige, „wie der →Glaube, dass es einen Gott gebe, entstehen konnte und wodurch dieser Glaube seine Schwere und Wichtigkeit erhalten habe." (*M* 95) Nachdem er das genealogische Fragen nach den Herkünften und Ursprüngen schon in seinen 1875/76 gehaltenen Vorlesungen über den Gottesdienst der Griechen (KGW II–5) auf die griechische R angewandt hatte, um in *MA* wieder darauf zurückzugreifen, weitete er dessen Anwendungsbereich auch auf die ‚Geburt' der Tragödie und die Entstehung der Moral aus. Dabei wurde ihm deutlich, dass die Auflösung der R nicht nur durch die historische Kritik bedingt ist, sondern auch aus ihrem Konflikt mit der →Moral, vor allem ihrem unbedingten Willen zur →Wahrheit hervorgeht, der sich als esoterischer Kern des asketischen Moral-Ideals entpuppte. Die christliche Wahrhaftigkeit selbst, „übersetzt und sublimirt zum wissenschaftlichen Gewissen, zur intellektuellen Sauberkeit um jeden Preis", verbiete sich nach einer „zweitausendjährigen

Zucht zur Wahrheit" schließlich „die LÜGE im Glauben an Gott" (*FW V* 357). Nach dem Ende des Christentums als Dogma sei aber noch ein letzter konsequenter Schritt zu tun, den N. für sich selbst in Anspruch nahm, nämlich sich dieses Willens zur Wahrheit als solchen bewusst zu werden und die Frage nach seiner Bedeutung zu stellen, um dadurch auch die Selbstaufhebung der christlichen Moral herbeizuführen (*GM III* 27).

Genealogisch betrachtet ist natürlich auch das Christentum kein absoluter Anfang und war nur in Europa zur Vorherrschaft gelangt. N. erkannte das prä-existente Christentum schon in →Platon („Christenthum ist Platonismus für's ‚Volk'"; *JGB, Vorrede*) und führte „die Übersetzung der Moral in's Metaphysische" schließlich bis auf den historischen Zarathustra und dessen Tugend der Wahrhaftigkeit zurück. Weil Zarathustra „diesen verhängnissvollsten Irrthum, die Moral" geschaffen habe, müsse er auch wieder der Erste sein, der ihn erkenne. Darin liegt für N. die Bedeutung des Namens Zarathustra und der Grund dafür, ihn zum Protagonisten seines Hauptwerkes zu machen (*EH, Warum ich ein …* 3). Mit dem Ende der Alleinherrschaft des Christentums öffnen sich zugleich neue, transkulturelle Perspektiven auf andere R-en und Kulturen (oder auch umgekehrt), so dass nicht nur der persische Zarathustra neue Aufmerksamkeit gewinnt, sondern z. B. auch Vergleiche mit dem indischen Denken, dem →Buddhismus oder dem Taoismus möglich und fruchtbar werden (Parkes 1991; Ôkôchi 1995; Orsucci 1996; Froese 2006; Mayer 2006; Shang 2006; Skowron 2006; Figl 2007).

Im Blick auf die Religiosität der Philosophie N.s ist hervorzuheben, dass N.s berühmtes Wort →„Gott ist tot" (vgl. Heidegger 1950, Biser 1962), das er zuerst von einem tollen Menschen in *FW* (125) verkünden lässt, gewissermaßen auf der Schwelle zwischen Rs-kritik bzw. christlicher Gotteskritik einerseits und dem Entwurf einer neuen Religiosität andererseits steht. So hält der tolle Mensch, der sich kritisch an die Menschen auf dem Markt wendet, ihnen vor, dass er jedenfalls mit dieser bisher größten Tat des Menschen eine ganz neue und höhere Geschichtsepoche anbrechen sieht, in der die Menschen selbst zu Göttern werden müssten, um dieser Tat würdig zu erscheinen. Zarathustra, der schon in der Vorstufe zu diesem Aphorismus die Stelle des tollen Menschen vertritt (KSA 14: 256 f.), zieht mit seiner Lehre vom →Übermenschen genau diese Konsequenz, die N. mit der Definition seiner „R" als „LIEBEN ÜBER UNS HINAUS" und „Arbeit für die Erzeugung des Genius" (NF 1875, 5[22]) vorweggenommen hatte. Zarathustra bestimmt dieses „Lieben über uns hinaus" als aktive Selbstüberwindung, die N. nicht nur für seine eigene Entwicklung, sondern auch für Zarathustra selbst geltend macht und in einem zentralen Kapitel des Werkes als →„Wille zur Macht" begreift (*Za II, Von der Selbst-Ueberwindung*). Die Selbstüberwindung des Moralisten Zarathustra bzw. →Zoroaster in den Immoralisten N. wiederholt sich noch einmal im Narrativ des Werkes, sofern es darum geht, dass Zarathustra die Kraft findet, seinen abgründlichsten Gedanken von der →ewigen Wiederkunft des Gleichen heraufzurufen und dessen Lehrer zu werden. Dieser Gedanke wird von N. auch als „R der R-en" (NF 1885, 34[199]) und als zukünftige „R der freiesten heitersten und erhabensten Seelen" (NF 1881, 11[339]) charakterisiert.

Jenseits von Gut und Böse – „[i]m Grunde ist ja nur der moralische Gott überwunden" (NF 1886–87, 5[71]), S. 213) – bleibt für N. sogar eine Möglichkeit, „einen Sinn für den Begriff ‚Gott' aufrecht zu erhalten", nämlich Gott nicht als treibende Kraft, höchste Güte oder höchste Weisheit zu begreifen, sondern nur als höchste Macht (NF 1887, 10[90]) im Sinne eines Maximalzustandes und Höhepunkts in der Entwicklung des Willens zur Macht, von dem es auch wieder zu einem Tiefpunkt hinabgehen muss – „in einem ewigen Kreislauf" (NF 1887, 10[138]), der auch ein „circulus vitiosus deus" sein könnte (*JGB* 56).

Dionysos, der im Mythos in Stücke geschnitten und dadurch unendlich individuiert und pluralisiert, aber auch „ewig wieder geboren und aus der Zerstörung heimkommen" wird, ist für N. der Gott des tragischen (nicht christlichen) Sinns des Leidens (NF 1888, 14[89]) und kongruiert als das „geheimnißreiche Symbol der höchsten bisher auf Erden erreichten Welt-

Bejahung und Daseins-Verklärung“ (NF 1885, 41[7]) mit der höchsten Formel der Bejahung des Wiederkunftsgedankens (vgl. Willers 2003a). Auch N. kehrt am Ende seines Schaffens wieder an dessen Beginn in *GT* zurück.

*Michael Skowron, Daegu*

**Renaissance** | Die R stellt zu N.s Zeiten in vieler Hinsicht, so wie die Aufklärung, einen Gegenpol zur →Romantik und zum ‚modernen‘ Geschmack dar, auch zu →Schopenhauer und →Wagner. Die Kunst Raffaels, Leonardos und Michelangelos wird für N. zum Sinnbild der schöpferischen Kraft und der Welt- und Lebensbejahung, die italienische R war ihm „das goldene Zeitalter dieses Jahrtausends“, das Kräfte wie „die Befreiung des Gedanken“, „die Begeisterung für die Wissenschaft“ und „die Entfesselung des Individuums“ in sich barg. Seine Deutung der R verdankte N. →Burckhardt (*Die Kultur der Renaissance in Italien*, 1859), wie schon die Vorlesungsaufzeichnungen (*Encyclopädie der klassischen Philologie*, SS 1870–SS 1871) deutlich zeigen, in denen N. die philologischen Verdienste der italienischen Humanisten in der Wiederentdeckung des klassischen Altertums, vor allem aber den Individualismus, die Freiheit und „heidnische Gesinnung“ dieser sich aus dem Mittelalter befreienden Zeit preist (KGW II/III: 348). Schon hier wird die Gegenreformation als „großer Rückschlag“ bezeichnet. Die wetteifernde Aneignung der Vergangenheit der Philologen-Poeten sowie ihre „Vertheidigung des Individuellen“ (ebd.: 351) erscheint auch später vorbildlich: „Das Alterthum wirkte als REIZVOLLER ZWANG auf die überschäumende Kraft der Renaissancemenschen.“ (NF 1880, 7[88])

In *GT* (19, KSA 1: 123) hingegen hatte N. noch, unter dem Einfluss Wagners und dessen Abneigung gegen die R (vgl. Mertens 2008: 86 f.), die Kultur der Oper gelesen als Ergebnis der Forderung „unmusikalischer Zuhörer, dass man vor allem das Wort verstehen müsse“ und die „verstandesmäßige Wort- und Tonrhetorik der Leidenschaft“. N. bezog sich dabei auf Erörterungen (Ende des 16. Jh.s) im Haus des Grafen Bardi da Vernio sowie im Haus von J. Corsi, die die theoretischen Voraussetzungen für die „Wiedergeburt der Tonkunst“ und die Entstehung der Oper bildeten (NF 1871, 9[5]). Jahre später, in *FW* (80), wird N. hingegen „die schöne UNNATÜRLICHKEIT“ der „SINGENDE[N] Leidenschaft“ preisen, die der falschen Natürlichkeit der unendlichen Melodie entgegengesetzt wird.

Der Palazzo Pitti, wie ihn Burckhardt beschrieben hat, wird für N. in der Folge zum Inbegriff des „grossen Stils“ als scheinbar „unpersönlicher“ Ausdruck der mächtigsten, gegen sich herrschsüchtigen und sich gerne versteckenden Personen. Solcher →Stil hat leider kein entsprechendes Beispiel in der Musik: „Noch niemals hat ein Musiker gebaut wie jener Baumeister, der den Palazzo Pitti schuf?“ (NF 1888, 14[61]; an Fuchs, Mitte April 1886) Raffael wird, zusammen mit Goethe, als „GROSSER LERNER“ gegen die romantisch-schopenhauerische Theorie des Genies ausgespielt (*M* 540), nachdem er zuvor, in *GT*, als der „naive Künstler“ erschien, der in seiner *Transfiguration* (1517–20) ein einprägsames Beispiel des Zusammenhangs des Apollinischen und des Dionysischen (→apollinisch/dionysisch) biete. Michelangelo hingegen, letztlich höher geschätzt als Raffael, der „die ihm gegebenen Wertschätzungen verherrlichte und keine weitersuchenden, sehnsüchtigen Instinkte in sich trug“, sah und empfand folgerichtig „das Problem des Gesetzgebers von neuen Werten“ (NF 1885, 34[149]), und wahrscheinlich war er das höchste Vorbild des Bildners, der ohne Erbarmen auf dem Marmor mit seinem Hammer schlägt, um das schlafende Bild aus dem Stein zu erlösen (NF 1883, 13[3]).

In *AC* (2) schließlich wird die →„Tugend im R-Stile, virtuko moralinfreie Tugend“, die das Gefühl der Macht erhöht, der Tugend der →Schwachen entgegengesetzt. N. gesteht, in Thukydides und, „vielleicht“, im „principe →Machiavellis“ seine „Kur von allem →Platonismus“ und von der „jämmerlichen Schönfärberei“ des klassisch gebildeten Deutschen im Umgang mit dem →Altertum gefunden zu haben (NF 1888, 24[1]8.). Das paradoxe Wunschbild eines „CESARE BORGIA ALS PAPST“ stellt für den späten N. die ideale Vollendung einer als „Umwertung aller christlichen Werte" verstandenen R dar (*AC* 61). Die R war aber nur „ein erster Frühling", der von der →Reformation „fast wieder weggeschneit" wurde (*MA* 26); →Luther nämlich habe gegen die „höheren Menschen der R den Bauernkrieg des Geistes" geführt (NF 1885, 43[3]). Zum Thema auch: Gerhardt (1989b); Campioni (1998); Ottmann (2000); Mertens (2008: 95 ff.).

*Vivetta Vivarelli, Pisa*

**Renan, Ernest** | R, *27.2.1823 Tréguier (Bretagne), †2.10.1892 Paris, Religionshistoriker u. Philosoph, ist mit seinem berühmten *Vie de Jésus* (1863) N. wohl schon 1864 bei der Lektüre von D. Schenkels *Charakterbild Jesu* (1864) begegnet (Pernet 1989: 95). Zunächst war der Eindruck offenbar kein ungünstiger: Im Vergleich mit D. F. Strauss und seinem *Leben Jesu für das deutsche Volk bearbeitet* (1864) hält er R für den „viel größeren" (NF 1873, 27[1]) und malt genüsslich dessen „Eleganz" aus (NF 1874, 34[37]). Ein intensiveres R-Studium ist allerdings erst für die zweite Hälfte der 1880er Jahre belegt: N. las *Vie de Jésus* und die nachfolgenden Bände der *Origines du christianisme* „mit viel Bosheit und – wenig Nutzen" (N. an Overbeck, 23.2.1887). Auch Rs philosophische Bemühungen blieben ihm nicht verborgen, namentlich die in seiner Bibliothek mit zahlreichen Lesespuren erhaltenen *Dialogues philosophiques* (1871), die erstaunliche Parallelen zu N.s Denkansätzen und Denkhabitus aufweisen (Barbera/Campioni 1984).

N.s Beschäftigung mit der jüdisch-christlichen Religionsgeschichte und ihrer spezifischen Moralität ist stark von R geprägt, wobei sich N. stets um eine polemische Abgrenzung von seinem Gewährsmann bemüht. Was R über die Entwicklung des Gottesbegriffes und das →Christentum als Bewegung niederer Schichten sagt, geht in einige Exzerpte und in *AC* ein, die Aufwertung der Schwachen schon durch die Propheten in *JGB* 195 (vgl. NF 1887–88, 11[405]). Wesentlich ist N.s Quellen-Umgestaltungswille: War →Jesus bei R noch ein „Charmeur", ein „Held", ein „Genie", ein eschatologisch orientierter Agitator mit widersprüchlichen Charakterzügen, stellt N. Jesus als zum Heroismus unfähigen „Idioten" hin (NF 1888, 14[38]), der aus übergroßer Leidensfähigkeit alle Distanz aufgibt und ganz in der Liebe aufgeht. N. nimmt seinem Jesus die bei R noch herrschende Endzeiterwartung und pathologisiert ihn stattdessen. Shapiro (1982) interpretiert N.s genealogisches Projekt als radikalen Gegenentwurf zu Rs *Origines* mit ihrem narrativen Realismus und ihrem allwissenden Erzähler. In N.s bemühter Absetzungsbewegung von R wird dieser zur Personifikation eines religiösen Romantizismus (*JGB* 48); bei ihm – einer „Art katholischer Schleiermacher" (NF 1885, 38[5]) – hülfen „alle Freigeisterei, →Modernität, Spötterei und Wendehals-Geschmeidigkeit" nicht, „wenn man mit seinen Eingeweiden Christ, Katholik und sogar Priester geblieben ist!" (*GD, Streifzüge*... 2) In den schroffen Invektiven gegen R ist das Bestreben leitend, sich von einem Autor abzugrenzen, mit dem es – gerade im intellektuellen Elitebewusstsein, in der Absonderung von der Masse und ihrer Kultur – so viele Übereinstimmungen geben könnte, dass die Singularität des Umwerters aller Werte in Gefahr geriete. Rückendeckung für seine R-Kritik findet N. etwa im *Journal* (1887–1888) der Gebrüder Goncourt, aber insbesondere auch in A. É. Bérard-Varagnacs *Portraits littéraires* (1887), ferner bei P. Albert und P. Bourget. Zum Thema auch: Orsucci (1996); Sommer (2000a; 2008a); Campioni (2001).

*Andreas Urs Sommer, Freiburg i. Br.*

**Ressentiment** | „Das Rechtsgefühl ist ein R, gehört mit der Rache zusammen." (NF 1875, 9[1], 176) In diesem Notat taucht das ‚R' zum ersten Mal auf: N. setzt sich hier mit *Der Werth des Lebens* (1865) auseinander, dessen Autor, →E. Dühring, R und Rache synonym verwendet (→Rache; vgl. auch Venturelli 1986). Diesem damals extrem populären Buch verdankt N. den Ausdruck. Halévy (1944: 484) vertrat die These, N. habe das Wort der französischen Dostojewski-Adaption *L'esprit souterrain* abgeschaut und ins Deutsche eingeführt.

Aber N. benutzte es schon lange vor dieser Lektüre, und *GM*, die erste Schrift, in der es bei ihm vorkommt, bezieht eine scharfe Gegenposition zu Dühring (vgl. Brusotti 1992a; 2001). Dühring gründet seine naturalistische Ethik auf das R: Dass „das Rechtsgefühl" „auf dem Boden des Rachegefühls [...] erwachsen ist" (KGW II/5: 365), ist eine Grundthese von *Der Werth des Lebens*, der N. 1875 beipflichtet. Zwölf Jahre später jedoch weist er sie entschieden zurück: Der „Ursprung der →Gerechtigkeit" liege doch nicht auf dem „Boden des R". Im Gegenteil: „Überall, wo Gerechtigkeit geübt, Gerechtigkeit aufrecht erhalten wird, sieht man eine stärkere Macht in Bezug auf ihr unterstehende Schwächere [...] nach Mitteln suchen, unter diesen dem unsinnigen Wüthen des R ein Ende zu machen [...]"(*GM II* 11). In *GM III* formuliert N. seine Hypothese über „die wirkliche physiologische Ursächlichkeit des R, der Rache und ihrer Verwandten". Sie liegt „in einem Verlangen [...] nach BETÄUBUNG VON SCHMERZ DURCH →Affekt": Man will „einen quälenden, heimlichen, unerträglich-werdenden Schmerz durch eine heftigere Emotion irgend welcher Art BETÄUBEN und für den Augenblick wenigstens aus dem Bewusstsein schaffen, – dazu braucht man einen Affekt, einen möglichst wilden Affekt und, zu dessen Erregung, den ersten besten Vorwand." (15) Das R ist nicht weiter bedenklich, wenn es nur gelegentlich auftritt und sich „in einer sofortigen Reaktion" entlädt; denn damit erschöpft es sich. Im anderen Fall aber, wenn einem eine tätige Reaktion versagt bleibt, „vergiftet" es (*GM I* 10).

*GM I* sieht in →Pathos der Distanz und R die entgegengesetzten Quellen der zwei Grundtypen von →Moral. Die vornehme Moral entspringt dem „triumphirenden Ja-sagen zu sich selber": Dieser Menschentypus, der sich selbst spontan als gut empfindet, sucht seinen Gegensatz nur auf, „um zu sich selber noch dankbarer, noch frohlockender Ja zu sagen". Die „Sklavenmoral" entspringt dagegen dem R: Sie sagt „von vornherein Nein zu einem ‚Ausserhalb', zu einem ‚Anders', zu einem ‚Nicht-selbst': und DIES Nein ist ihre schöpferische That." Der Mensch des Rs gelangt also erst dadurch zu einem erhöhten Selbstgefühl, dass er andere als böse abstempelt. „Der Sklavenaufstand in der Moral beginnt damit, dass das R selbst schöpferisch wird und Werthe gebiert: das R solcher Wesen, denen die eigentliche Reaktion, die der That versagt ist, die sich nur durch eine imaginäre Rache schadlos halten." (10) Die „ressentiment-Moral" ist „AUS DEM NEIN" gegen die vornehme Moral entsprungen (*AC* 24). Ihre Durchsetzung, den durch das →Christentum vollbrachten „Sklavenaufstand in der Moral", betrachtet N. in *GM* als das zentrale Ereignis der europäischen Moralgeschichte.

Der asketische Priester ist der „RICHTUNGS-VERÄNDERER des R" (*GM III* 15), und *GM III* zeigt diese „Rückwärtsrichtung" (16). Jeder Leidende sucht nach einem Schuldigen, an dem er sein R entladen kann; er wird nun durch den Priester belehrt, dass er selbst, der Leidende, am eigenen Leiden allein schuld ist; er soll „die ‚Ursache' seines Leidens [...] in SICH suchen, in einer SCHULD, in einem Stück Vergangenheit, er soll sein Leiden selbst als einen STRAFZUSTAND verstehn ..." (20). Der Leidende, der diesem „Wink" folgt, richtet sein R nicht mehr gegen andere, sondern gegen sich selbst; dieses R wird zu einem Schuldgefühl. „Damit ist [...] die Richtung des R – verändert" (16). An diese und andere Theorien von *GM* wird Freud (1930) eigenwillig anknüpfen.

Auch nach *GM* bleibt das R ein wichtiges analytisches Instrument. In der „Ironie des →Sokrates" vermutet N. einen Ausdruck „von Pöbel-R" (*GD, Das Problem...* 7). Am →Buddhismus lobt er dagegen den „Sieg über das R" (*EH, Warum ich so weise bin* 6). Zwar habe auch →Jesus seine „Überlegenheit ÜBER jedes Gefühl von r" (*AC* 40) gezeigt. Aber die frühchristliche Gemeinde habe ihn gründlich missverstanden; das Christentum sei „aus dem Geiste des R" geboren (*EH, GM*). In diesem Punkt versuchte M. Scheler N. zu widersprechen. Spätestens mit seinem *R im Aufbau der Moralen* (1915) hat der Begriff Eingang in die philosophische Ethik gefunden.

*Marco Brusotti, Lecce/Berlin*

**Rhetorik** | Die Bedeutung der R für N.s Denken ist nicht hoch genug zu veranschlagen. Zum einen bewundert N. die R, als Kunst der Stilisierung und des schöpferischen Umgangs mit →Sprache. Viel grundlegender aber noch: N. begreift den rhetorischen Charakter der Sprache als unhintergehbar. Unmöglich erscheint aus dieser Perspektive die Unterscheidung von ‚Wahrheit' und ‚bloßer R', denn die Sprache ist in ihrem Ursprung immer schon rhetorisch (so *WL* 1, KSA 1: 880 f.). In der Konsequenz richtet sich N.s rhetorische Verve gegen die philosophische Tradition, die in der Sprache ein Medium der Wahrheitssuche sah: So gesteht etwa →Kant der R ihr Recht im Bereich der Kunst als „Wohlredenheit", „Eloquenz" und „Stil" zu, missbilligt sie im Rahmen der *ars oratoria* hingegen als den Versuch, durch „sinnliche Darstellung" den „Verstand zu überschleichen und zu verstricken" und durch „schönen Schein zu hintergehen". Ähnlich wendet sich →Hegels Argwohn gegen die R, wo diese mit sinnlichem Raffinement darauf hinwirke, einen Mangel an „ideellem Gehalt" zu kaschieren. Vor diesem Hintergrund polemisiert N. gegen die deutsche Tradition der R-verachtung als Eigenart des „berühmte[n] Volk[es] der Innerlichkeit" (*HL* 4, KSA 1: 276), „schlechten Stil" als Anzeichen von ‚Tugend' zu idealisieren.

Systematik und Wirkungsabsicht der R rücken – nach einer Formulierung des von N. rezipierten G. Gerber – die „unbewußte R" der Sprache ins Bewusstsein und reflektieren die Grenzen der Erkenntnis. An die Stelle der „Begriffsgötter" der idealistischen Sprachauffassung trete der bewusste Umgang des Menschen mit der von ihm qua Sprache generierten Welt als Vorstellung. Mit N. ist R zu definieren als der artistische Umgang mit dem vom Menschen durch Sprache geschaffenen Schein. Zum Thema auch: Goth (1970); Stegmaier (1985a); Kopperschmidt/Schanze (1994).

*Hans-Gerd von Seggern, Berlin*

**Rilke, Rainer Maria** | R, *4.12.1875 Prag, †29.12.1926 Val-Mont (Schweiz), Lyriker, Prosaist und Essayist, kam spätestens 1897 durch →L. v. Salomé in näheren Kontakt mit N.s Werk (Heller 1952: 74 f.). Belegt ist die N.-Lektüre von *GT*, *UB I–IV*, *Za I–III* und *FW*. Einen unmittelbaren Widerhall – wenngleich satirisch gebrochen – finden Person und Werk in der frühen Erzählung *Der Apostel* (1896); im Essay *Marginalien zu Friedrich Nietzsche* (1900) schlägt sich die Lektüre von *GT* nieder. In der Forschung ist umstritten, wie stark N.s Wirkung auf Rs Poetik, vor allem des mittleren und des Spätwerks, ist, zumal R sich weder in Briefen noch Schriften zu N.s Einfluss bekannt bzw. diesen sogar abgestritten hat (vgl. R. an Jelena M. Woronina vom 27.7.1899). Während David (1993: 161) von einer „verfehlten Begegnung" spricht, gehen Frowen, Görner, Engel und Brunkhorst von Einflussbeziehungen aus. Frowen (1987) hat N.s Bedeutung für die Kunstauffassung des frühen R herausgestellt, Görner diese für den Musikbegriff spezifiziert (2004: 151). Anhand zweier *Za*-Ausgaben mit Rs Lesespuren hat Brunkhorst (2006) einen starken N.-Bezug im gesamten Œuvre bis zum Verwandlungskonzept der *Duineser Elegien* (1923) und *Sonette an Orpheus* (1923) geltend gemacht. Auch Engel (1996) betont, dass N.s scharfe Kritik an den Jenseitserwartungen des →Christentums und sein Postulat einer Hinwendung zur Erde eine deutliche Parallele in Rs Poetik der Bejahung und Rühmung alles „Hiesigen" (u. a. 7. und 9. *Duineser Elegie*) hat, sieht diese jedoch eher in der Zeitgenossenschaft begründet. Ob nun von direkten Einflüssen oder eher von Parallelen auszugehen ist, in jedem Fall sind auch die Unterschiede zwischen R und N. unverkennbar, etwa im Begriff der Verwandlung oder im Menschenbild – so ist bei R die Verwandlung auf die Dinge, die Erde selbst bezogen, bei N. auf den Menschen.

*Silke Pasewalck, Leipzig*

**Ritschl, Friedrich Wilhelm** | R, *6.4.1806 Groß-Vargula b. Erfurt, †9.11.1876 Leipzig, war einer der berühmtesten Altphilologen seiner Zeit. Als Dozent arbeitete R zunächst in

Halle, später in Breslau und seit 1838 in Bonn. Sein zentrales Verdienst besteht in der Neubelebung der Beschäftigung mit dem Altlatein und in diesem Zusammenhang mit dem römischen Dichter Plautus. In Bonn übernahm R die Schriftleitung des *Rheinischen Museums für Philologie*, die unter seiner Ägide zur führenden altphilologischen Zeitschrift wurde. Seinen vielen Schülern – „er hinterlässt gegen 2000 Schüler, die sich nach ihm nennen, darunter etwa 30 Universitätsprofessoren" (N. an C. Wagner, 19.12.1876) – lehrte R seine berühmte Methode der Textkritik, die Herstellung des richtigen Textes im Zusammenhang mit der Einsicht in die Geschichte der Textüberlieferung. Seine Bonner Lehrtätigkeit fand nach 26 Jahren ein jähes Ende auf Grund der Auseinandersetzungen mit seinem Kollegen O. Jahn, die R bewogen, einem Ruf der Universität Leipzig Folge zu leisten. N., seit dem Spätherbst 1864 Student an der Universität Bonn und Hörer von Rs Vorlesungen, folgte seinem Lehrer nach Leipzig. Noch in Bonn hatte R das große Talent seines Schülers erkannt und ihm die Möglichkeit geboten, seine wissenschaftlichen Arbeiten im *Rheinischen Museum* zu publizieren. N. erkannte schon bald, dass es R gewesen war, der ihn „im Netz der Dame Philologie" festgehalten hatte. Entscheidend für N.s Lebensweg waren schließlich Rs Bemühungen, seinem Musterstudenten auf den Lehrstuhl für klassische Philologie an der Universität →Basel zu verhelfen. Schon mit seinen ersten Publikationen entfremdete sich N. allerdings von seinem Lehrer, auch, weil er sich darin von den Fragestellungen der philologischen Forschung verabschiedet hatte. Trotzdem vergaß N. nie, was er R zu verdanken hatte. So notierte er nach dessen Tod: „Ihm verdanke ich die einzige wesentliche Wohlthat meines Lebens, meine Baseler Stellung als Professor der Philologie" (An C. Wagner, 19.12.1876). Und in *EH* lesen wir: „R – ich sage es mit Verehrung – der einzige geniale Gelehrte, den ich bis heute zu Gesicht bekommen habe." (*Warum ich so klug bin* 9) Zum Thema auch: Ribbeck (1879; 1881); Howald (1920); Heimsoeth (1961); KGB I/4: 721 ff.

*Martin Pernet, Sent*

**Röcken** | N.s Vater (→Nietzsche, Carl Ludwig) erhielt 1842 in R (b. Leipzig) vom preußischen König Friedrich Wilhelm IV. die Pfarrstelle. In der dortigen Dorfkirche heiratete er am 10. Oktober 1843 Franziska Oehler (→Nietzsche, Franziska), die in R am 15.10.1844 ihren ersten Sohn Friedrich Wilhelm gebar (→Nietzsche, Friedrich), der ab dem 15. Oktober 1849 die Dorfschule in R besuchte. Nach dem Tod des Vater (30.7.1849) und Bruders (9.1.1850) musste die Familie das Pfarrhaus räumen und zog nach →Naumburg. Nach seinem Tod am 25. August 1900 (in →Weimar) wurde N. am 28. August 1900 an der Mauer der Röckener Kirche beigesetzt, im Familiengrab neben seiner Mutter; 1935 fand dort auch →EFN ihre letzte Ruhestätte. R wurde ein Gedenkort für zahlreiche Intellektuelle und Künstler, die sich von N.s Denken bereichert fühlten. Auch NS-Prominenz versuchte (noch im Oktober 1944), N. an seinem Grab zu ehren. Wegen der nationalsozialistischen Inanspruchnahme N.s war eine unvoreingenommene N.-Deutung und -Ehrung innerhalb der DDR problematisch. Am 25. August 1990, zum 90. Todestag N.s, fanden sich zahlreiche N.-Interessierte in R zu einer Gedenkveranstaltung zusammen. Anlässlich der Festveranstaltung zum 150. Geburtstag N.s im Jahre 1994 wurde in R die N.-Gedenkstätte eröffnet, die zahlreichen Gästen aus dem In- und Ausland eine Einführung in N.s Leben und Werk gibt.

*Ralf Eichberg, Naumburg*

**Rohde, Erwin** | R, *9.10.1845 Hamburg, †11.1.1898 Heidelberg, klassischer Philologe, Freund N.s insbesondere in der Studentenzeit, zuletzt (ab 1886) o. Prof. in Heidelberg, hat in seinem Hauptwerk *Psyche* (2 Bde., 1890–94) *Seelencult und Unsterblichkeitsglaube* unterschieden und dabei zeitgenössische Psychologie, Ethnologie und Religionskritik für die griechische Religionsgeschichte fruchtbar gemacht (vgl. auch Crusius 1902; Seillière 1911; Cancik 1986;

Overbeck 1999). Rs Freundschaft mit N. stand im Zeichen einer (gemeinsamen) Hochschätzung Schopenhauers und Wagners und hatte ihren Höhepunkt vor der Öffentlichkeit in Rs couragiertem Eintreten für *GT* (R 1872; vgl. Ungefehr-Kortus 2001). Nach dem Ende der Leipziger Zeit fand die Freundschaft Ausdruck in jährlichen Treffen (bis 1876; später nur noch je einmal 1878 und 1886), in einem zunächst dichten, oft schwärmerischen, allmählich distanzierter und sporadischer werdenden Briefwechsel. Nach 1876 setzte eine Entfremdung ein, die schließlich zu einem fast vollständigen Kommunikationsabbruch führte. Nachhaltiger Dissens entstand im Blick auf *MA* (R an N., 16.6.1878; R an Overbeck, 16.6.1878; vgl. Patzer 1990: 25 ff.), *VM* (R an Overbeck, 31.5.1879, vgl. Patzer 1990: 34 ff.; R an N., 22.12.1879), *JGB* (R an Overbeck, 1.9.1886; vgl. Patzer 1990: 107 ff.) und die Einschätzung Taines (N. an R 19. u. 23.5.1887; 11.11.1887). R seinerseits vermochte N.s Schriften nur noch als Selbstdarstellungen zu würdigen, von denen er sich distanzierte: „Bemerkenswerth im höchsten Grade, aber auf keine Weise fruchtbar" (R an Overbeck, 17.3.1895; vgl. Patzer 1990: 183). Anders als Overbeck hat R trotz Kritik am N.-Archiv zu EFN Kontakt gehalten und ihr Unterstützung gewährt. Dennoch wurde er nach seinem Tod Opfer einer ihrer Intrigen. Zum Thema auch: KGB I/4: 724 ff.

*Johann-Christoph Emmelius, Uetze*

**Rom** | R kann die klassische römische Kultur bedeuten, in sich durchaus uneinheitlich (vgl. zum R Juvenals *VM* 224 und zum stoischen R *WS* 216), ferner das katholische R als Zielpunkt der Angriffe N.s auf →Wagner, Comte und →Christentum (*JGB* 256; *NcW, Wagner als Apostel … 1*; *GD, Streifzüge …* 4; *EH, Za* 4; *AC* 60), außerdem die ewige Stadt als Paradigma der Urbanität (NF 1887, 10[139]; NF 1884, 25[338]), nicht zuletzt die Stadt, in der er sich 1882 in →L. v. Salomé verliebte (→„Lou-Erlebnis"). 1883 hat N. R erneut besucht. Über diesen Aufenthalt schreibt er in *EH*, er hätte beständig nach dem R von Antike und →Renaissance gesucht und dem christlichen R auszuweichen versucht (*EH, Za* 4). Er lässt aber auch das „Nachtlied" auf einer Loggia hoch über der Piazza Barberini entstehen (ebd.). Dadurch hat er den Gedanken der →„Ewigen Wiederkehr" mit R verbunden, wohl eine Stilisierung, da schon die Angaben im Briefwechsel der Beschreibung in *EH* widersprechen (vgl. Hödl 2003: 312). So heißt es brieflich äußerst nüchtern: „R ist kein Ort für mich – so viel steht fest" (An Köselitz, 10.5.1883). Die erste Konzeption des *Nachtliedes*, nicht aber seine Entstehung in R mag wahrscheinlich sein, die Piazza Barberini ist also genausowenig ein Kommentar zum *Nachtlied* als dieses zu jener, es handelt sich um eine atmosphärische Verbindung, die einem langen Transformationsprozess und einer besonnenen Verdichtungsarbeit zu Grunde liegt.

*Hans Gerald Hödl, Wien*

**Romantik** | N.s intellektuelle Auseinandersetzung mit der R beginnt in →Schulpforta, wo er sich mit Schriften von Hölderlin, Lord Byron und den Gebrüdern Schlegel vertraut macht. Der junge N. stellt sich zunächst indirekt in die Tradition der frühromantischen Philosophie (Behler 1978: 59–87), wenn er in den Aufsätzen *Über die dramatische Dichtung Byrons* und *Fatum und Geschichte* das Denkmotiv der Perfektibilität aufgreift (Wischke 1994b: 383–393). Die Inspiration durch die R, in der Kunsttheorie etwa durch die Schriften von A. Schlegel über die griechische Tragödie (Wischke 1994a: 57–82; Limmer 1925), hindert N. nicht daran, später die R in mehrfacher Hinsicht zu kritisieren. So rückt er sie in *M* 159 in die Nähe der antiquarischen Historie, die er in →*HL* als fromme Ergebenheit gegenüber der Vergangenheit, Flucht aus der Gegenwart und Misstrauen gegenüber dem Neuen kritisiert hatte (vgl. 10, KSA 1: 268). Dieses Kritikmotiv baut N. in *FW* insofern aus, als er den Ursprung der R im „Leiden" an der „Verarmung des →Lebens" erblickt, das nach „Erlösung […] durch die →Kunst und Erkenntnis" sucht (*FW V* 370). Folgerichtig kritisiert er die Sehnsucht nach Erlösung als romantischen →Pessimismus und „passive[n] Nihilism" (NF 1887, 9[35]), der in der Tradition christlicher Lebensverneinung stehe und mit Schopenhauers Willensphilosophie und Wagners Musik seine kulturelle Hochblüte erreicht habe und dem die schöpferische Kraft zu „neuen Illusionen", d. h. „Wahrheiten" (*WL* 1, KSA 1: 881), fehle, die notwendig sei, um nicht in Resignation zu verfallen und auf diese Weise dem →Nihilismus zu erliegen. Diesem romantischen stellt N. einen dionysischen Pessimismus bzw. ‚Pessimismus der Stärke' entgegen. Ihn trägt das Wissen, dass die menschliche →Kultur und →Zivilisation ein zerbrechliches Gewebe von Illusionen ist, die notwendig und daher ohne Alternative sind, damit der Mensch als „verehrendes Tier" in einer ‚unmenschlichen' Welt leben kann (*FW V* 346), in einer Welt, in der auch letztlich all das, was wir als Wahrheit nehmen, nur eine Metapher ist (*WL* 1, KSA 1: 880, 883).

*Mirko Wischke, Halle-Wittenberg*

**Rousseau, Jean-Jacques** | R, *28.6.1712 Genf, †2.7.1778 Ermenonville b. Paris, Schriftsteller und Philosoph, ist wegen offenkundiger Übereinstimmungen in der Kritik an einer fortgeschrittenen Zivilisation zwar nicht uninteressant für den frühen N., den er bei seiner „Hadesfahrt" (*VM* 408) befragen will, doch das ändert sich bald. Die Reaktion wird überscharf, vielleicht wegen der zuvor so stark empfundenen Zustimmung. Aus gleicher Einsicht zieht N. andere Konsequenzen: Tugend und Ethos bei R sind abstrakt und affirmativ, was den Schematismus seiner Argumentation erklärt. N. ist genauer in der Bestimmung der Situation, auch in der der Revolte des R'schen Menschen. In R bekämpft N. die Wirkung, also die Revolution; der Umsturz ist Wahn, der Mensch nicht gut, so wenig wie die Natur es ist. N. sucht eine von den Momenten der Revolte wie der Dekadenz befreite →Aufklärung, der Typus R ist bald wichtigster Gegenstand seiner Angriffe, auch Rs Jünger wie Robespierre, Kant, Schopenhauer. Die polemische Ablehnung ist ihm genug, so verzichtet er auf eine argumentative Auseinandersetzung, oft reicht schon der Name, um eine Tendenz zu charakterisieren. Das Verfahren ist bezeichnend für N.: Einzelnes wird verallgemeinert, das so Gewonnene typisiert, das Typisierte zum Feindbild. Nicht dass der Mensch nicht gut ist, er „ist LEIDER nicht mehr →böse genug" (NF 1887, 9[146]), nicht →Natur, nicht Raubtier genug. Erst wenn wir die Natur vergöttlichen, werden wir Menschen das Recht erlangen, wieder ‚natürlich' zu sein (vgl. auch Wuthenow 1989).

*Ralph-Rainer Wuthenow, Frankfurt/M.*

**Salomé, Lou von** | S (verh.: Andreas-Salomé), *12.2.1861 St. Petersburg, †5.2.1937 Göttingen, Schriftstellerin und Psychoanalytikerin, gelegentlich auch als „femme fatale" beschrieben (vgl. Peters 1964), lernte N. im April 1882 als Studentin der Theologie, Philosophie und Kunstgeschichte (Zürich, ab 1880) in Rom kennen. N. war neugierig gemacht worden durch seinen Freund →Rée, dessen Heiratsantrag S ohne Wissen N.s gerade erst abgelehnt hatte und den N. bat, seinen Heiratsantrag zu übermitteln. S lehnt ab. Ende April 1882 verließen S und ihre Mutter Rom, N. und Rée – die ersatzweise den Plan eines Studiums zu dritt in Wien oder Paris ins Spiel brachten – reisten ihnen nach und trafen sie am Ortasee wieder. Über einen Spaziergang mit S auf den nahen Monte sacro bemerkte N. einige Monate später: „Monte sacro, – den entzückendsten Traum meines Lebens danke ich Ihnen." (Andreas-Salomé 1951: 236) An ihre gemeinsame Fahrt zum Hause Wagners in →Tribschen erinnerte S in ihrem N.-Buch: „[...] dann, mit dem Stock im feuchten Sand zeichnend, sprach er mit leiser Stimme von jenen vergangenen Zeiten. Und als er aufblickte, da weinte er." (Andreas-Salomé 1894: 83) Im Luzerner Löwengarten warb N. erneut um S, wurde aber wieder abgewiesen. Das nachhaltigste Zeugnis jener Luzerner Tage ist das berühmte Peitschenfoto (→Peitsche). Ende Juli fuhr S mit N.s Schwester zur *Parsifal*-Uraufführung nach Bayreuth. Dort und auf der Rückreise nach Tautenburg, wo N. die beiden erwartet, wird der Grundstein für EFNs lebenslangen Haß auf S gelegt, um den diese sich nie kümmern wird. In Tautenburg folgen drei Wochen des Studierens und Diskutierens: „… und wenn uns jemand zugehört hätte, er würde geglaubt haben, zwei Teufel unterhielten sich." (Andreas-Salomé 1951: 84) Davon blieb N.s Schwester ausgeschlossen, was ihr Anlass gab zu vielfältigen Intrigen, in deren Verlauf sich N. zu einer hektischen Korrespondenz und zum Bruch der Freundschaft mit Rée sowie zum Abbruch des Kontaktes zu S anstacheln ließ. In verklausulierter Form hat diese Intrige der Schwester – und N.s (verspätete) Einsicht in dieselbe – vielfältige Spuren im Werk hinterlassen, insbesondere in *Za II* (→„Lou-Erlebnis"). Im Oktober traf sich die „Dreieinigkeit" zum letzten Mal, in Leipzig. Als S und Rée Leipzig am 5.11. verlassen, weiß keiner der drei, dass sie sich nie wiedersehen werden. 1886 verlobte sich S mit dem Iranisten F. C. Andreas, ein Jahr später heiraten sie. Rée wendet sich enttäuscht von ihr ab. 1897 lernt sie →Rilke kennen, mit dem sie bis zu seinem Tod befreundet bleibt. 1911 besucht sie den Psychoanalytischen Kongress in Weimar. 1912 lädt →Freud sie, auf ihre Bitte hin, zum Studium der Psychoanalyse nach Wien ein. Bis kurz vor ihrem Tod arbeitet sie in Göttingen als Psychoanalytikerin. Mit Freud, und später auch seiner Tochter Anna, bleibt sie bis zu ihrem Tod befreundet. Zum Thema auch: Wiesner-Bangard/Welsch (2008).

*Thomas Pfeiffer, Berlin*

**Schaffen** | Während im Frühwerk N.s das künstlerische S von zentraler Bedeutung ist, will N. in der Entstehungszeit von *Za* die bisherigen Ideale überwinden, zu denen auch der Künstler zählt. „An Stelle des Genies setzte ich den Menschen, der über sich selber DEN MENSCHEN HINAUSSCHAFFT (neuer Begriff der →Kunst (gegen die Kunst der Kunstwerke)" (NF 1883, 16[14]). Der Künstler wird als Vorstufe erkannt. Es geht dabei nicht mehr nur um die Entstehung neuer Werke, sondern um das S des →Übermenschen. Voraussetzung dafür sind der →Nihilismus und der Tod Gottes (→„Gott ist tot"). Erst wenn diese Wende im abendländischen Weltbild sich vollzogen hat und die Gültigkeit aller bisherigen Werte in Frage gestellt wird, ist die Möglichkeit für den Menschen frei, sich selbst immer neue Werte und eine neue Welt geben zu können: „Und was ihr Welt nanntet, das soll erst von euch geschaffen werden: eure →Vernunft, euer Bild, euer →Wille, eure →Liebe soll es selber werden!" (*Za II, Auf den …*) Es geht um das S neuer Werte, neuer Horizonte und Sinnräume, in denen Menschen sich bewegen und leben können. „… was gut und böse ist, DAS WEISS NOCH NIEMAND: – es sei denn der S-de! – Das aber ist Der, welcher des Menschen Ziel schafft und der Erde ihren Sinn giebt und ihre Zukunft: Dieser erst SCHAFFT es, DASS Etwas gut und böse ist." (*Za III, Von alten … 2*) Kriterium für das, was sinnvoll geschaffen werden kann, ist die Steigerung, die Lebensmächtigkeit, die durch die Neuschöpfung entsteht. Das kann u. U. bedeuten, dass man von überholten, liebgewordenen Werten Abschied nehmen muss, wenn sie nicht mehr lebensmächtig sind. Das wiederum erscheint als Härte des S-den, doch diese ist um des Ss-prozesses willen nötig (vgl. Stenger 1996).

*Ursula Stenger, Ludwigsburg / Georg Stenger, Würzburg*

**Scham** | N. baut den Geltungsanspruch von S ab, sofern sie Hemmung und Unfreiheit verordnet; er zielt auf metaphysische Entschämung. Dies unter Orientierung an Natur (Befreiung vom Sozialzwang) und an den Griechen, deren Menschliches „in einer gewissen Naivetät", „Unmaskirtheit und Inhumanität" (NF 1875, 3[12]) liege, die zeige, „dass sie ohne S waren; sie hatten kein schlechtes →Gewissen" (ebd., 3[49]). Auch die sexualmetaphorische Legitimierung des Kunstwerks (*GT*) widerspricht der Institution S. Ambivalenz der Natur („das Entsetzliche und Raubthierartige der Sphinx Natur"; *CV*, KSA 1: 767) ist kombiniert mit griechischem Aristokratismus, dem „die unbewußte Erkenntniß" (insofern S) zugeschrieben wird, „daß ZUM WESEN EINER KULTUR DAS SKLAVENTHUM GEHÖRE" (ebd.).

Der immoralistische Moralist sieht S später als sozialen Effekt aller ausgrenzenden und tabuisierenden ‚Mysterien', als unterwerfende Heimlichkeit, pädagogisierendes Tabu i. S. religiöser Exklusion: ein verdeckter Angriff auf „die ganze Welt innerer Zustände, die sogenannte →‚Seele'." (*MA* 100) Analog kritisiert N. die vom →Christentum erzeugte „HABITUELLE S" in der Ideologie des Sich-Heil-Verdienens und der Anthropologie der Sünde: „[A]lle GNADE erzeugt S." (*WS* 69) *M* und *FW* reflektieren S zunehmend aus dem Aspekt der Souveränität, die große Menschen und die Natur verbinde. Damit kommen „S DES SCHENKENDEN" (*M* 464) und „S des ermüdeten Denkers vor seiner eigenen Philosophie" (*M* 487) als besondere Entdeckungen N.s in Sicht. Hervorgehoben wird das S-Thema in *FW*: „WEN NENNST DU SCHLECHT? – Den, der immer beschämen will." (273) „WAS IST DIR DAS MENSCHLICHSTE? – Jemandem S ersparen." (274) „WAS IST DAS SIEGEL DER ERREICHTEN FREIHEIT? – Sich nicht mehr vor sich selber schämen." (275)

In *Za* wird das Motiv zur Neubestimmung des Menschseins genutzt. Unmittelbar nach der Ankündigung „ICH LEHRE EUCH DEN ÜBERMENSCHEN" steht der Appell, aus der Beschämungsgeschichte der Evolution den Anreiz zur Selbst-Entwicklung zu lernen: „Was ist der Affe für den Menschen? Ein Gelächter oder eine schmerzliche S." (*Za 1, Zarathustra's Vorrede* 3) In den Reden *Von den Lehrstühlen der Tugend* und *Vom Krieg und Kriegsvolke* (beide *Za 1*) begegnen uns satirische Anwendungen der S-Thematik. *Za II* entwickelt die Problematik des Reichgewordenen im Drang des Schenkenwollens: „Diess nämlich ist das Schwerste, aus Liebe die offne Hand schliessen und als Schenkender die S bewahren." (*Das Kind mit dem Spiegel*) S als Zurückhaltung und Distanzwahrung vor Leid ratifiziert die Rede *Von den Mitleidigen* (*Za II*), wo der Mensch dem „Erkennenden" geradezu erscheint als „das Thier, das rothe Backen hat": „S, S, S – das ist die Geschichte des Menschen! / Und darum gebeut sich der Edle, nicht zu beschämen: S gebeut er sich vor allem Leidenden." Insofern ist die Selbst-Seligmachung der Barmherzigen im →Mitleiden zu verurteilen. Der Reziprozität der S-Empfindung entspricht die des Stolzes: „[D]ass ich den Leidenden leidend sah, dessen schämte ich mich um seiner S willen; und als ich ihm half, da vergieng ich mich hart an seinem Stolze." (ebd.) Der sich verhüllende, schweigende Überlegene übernimmt S-Leid und leistet damit entlastend-bewahrende Umkehr des S-Verhältnisses: Sie zielt auf „Unschuld des →Werdens". Ihr gilt der Entpflichtungserfolg in der 3. Existenz-Stufe des *Za*: Nach ‚Kamel' und ‚Löwe' kulminiert die Kunst des Werdens im →Kind. „Du musst noch Kind werden und ohne S." (*Za II, Die stillste Stunde*) Ahnend-zurückgenommene Erfüllungsrede in *Za III* (*Vor Sonnen-Aufgang*) preist das Ineins von Verhüllung und Offenbarung in der als „Schwester-Seele" empfundenen Schönheit des Vormorgen-Himmels: „[D]eine Liebe und deine S redet Offenbarung zu meiner brausenden Seele" – „Oh wie erriethe ich nicht alles Schamhafte deiner Seele!" Im Reiche des Zarathustra ist „alle dumme S" (*Za IV, Die Erweckung* 1) – wie sie zum „Höhlen"-Kult der Priester gehört (*Za II, Von den Priestern*) – davongelaufen. Der Überfremdung des Menschen durch den Menschen stellt der späte N. Hinweise auf den Zusammenhang von Ehre und S entgegen. Ihn demonstrieren jene *Za*-Szenen, die den Protagonisten mit unerträglichem →Ekel konfrontieren (*Za I, Vom Biss der Natter*; *Za IV, Der hässlichste Mensch*). Der hässlichste Mensch spricht Zarathustra Dank aus: „Deine S, oh Zarathustra, EHRTE mich!" Wenn die Selbstaussprache des hässlichsten Menschen mit der Psychohistorie Jesu und dem Mord an Gott zu tun hat, so dies auf dem Probefeld der S. Von Zarathustra sagt der hässlichste Mensch: „Du schämst dich an der S des grossen Leidenden." Von Jesus: „Aber er – MUSSTE sterben: er sah mit Augen, welche ALLES sahn, – er sah des Menschen Tiefen und Gründe, alle seine verhehlte Schmach und Hässlichkeit. / Sein Mitleiden kannte keine S: er kroch in meine schmutzigsten Winkel. […] Der Mensch ERTRÄGT es nicht, dass solch ein Zeuge lebt." (*Za IV, Der hässlichste Mensch*) In *GM* bekennt N.: „[A]ls die Menschheit sich ihrer →Grausamkeit noch nicht schämte", sei „das Leben heiterer auf Erden" gewesen als jetzt. „Die Verdüsterung des →Himmels über dem Menschen hat immer im Verhältniss dazu überhand genommen, als die S des Menschen VOR DEM MENSCHEN gewachsen ist.“ (*II* 7) Zum Thema auch: Gebhard (1982); Planckh (1998). *Walter Gebhard, Bayreuth*

**Schatten** | In N.s früher Philosophie überwiegt die Auffassung des Ss, wie sie von Platons Höhlengleichnis her bekannt ist. Der S steht demgemäß für Verschleierung und Verdunkelung, für Schwundstufen von Natur, Leben, Existenz, Erkenntnis, Wahrheit, für Uneigentlichkeit im Allgemeinen. So heißt es im Nachlass 1875: „Die PHILOSOPHIEN sind HADESSCHATTEN gegenüber dem griechischen Leben: sie spiegeln es wieder, aber wie auf einer Rauchwolke.“ (6[10]) Die antike Vorstellung vom Hades als Schattenwerdung des Menschen nach dem Verlust seiner Natur ist eine von N. wiederholt gebrauchte Metapher (vgl. NF 1888, 14[168]). In der Zeit der Erstellung von *MA II* wird allerdings auch deutlich, dass der S zur Persönlichkeitswerdung gehört: „Will man einmal eine Person sein, so muss man auch seinen S in Ehren halten.“ (*VM* 81) Auffällig positiv besetzt ist der S im Gedichtfragment *An das Ideal*: „Wen liebt ich so wie dich, geliebter S! / Ich zog dich an mich, in mich – und seitdem / Ward ich beinahe zum S, du zum Leibe.“ (NF 1882, 1[103]) Eine neue Bedeutungsebene offenbart sich im Zusammenhang der Moral- und Religionskritik. N. spricht nun wiederholt von den „langen Nachschatten des Christenthums“ (NF 1880, 8[103]), vom „verdunkeln[den] […] S Gottes“ (*FW* 109). Auch wird in erkenntniskritischer Weise zu bedenken gegeben: „Gedanken sind die S unserer Empfindungen, – immer dunkler, leerer, einfacher, als diese.“ (*FW* 179) Beredtes Zeugnis für den in N.s Schriften wiederkehrenden Seelenzustand radikaler Selbstbezüglichkeit gibt *WS*, wo der „Wanderer“ N., von den Menschen verlassen und an den Dingen interesselos, sich nur noch für sich interessiert und folglich allein auf seinen „S“ als Dialogpartner verwiesen ist. In *Za IV* begegnet N. seinem S als dem Sinnbild des Nihilisten (→„Nichts ist wahr, alles ist erlaubt“). Da es N. nicht gelingt, seinem S davonzulaufen, muss er sich mit ihm auseinandersetzen. Die „heimsuchende“, aber letztlich „heimatlose“ Spannung zwischen der Reduktion aller Wahrheitsansprüche auf menschliche Wertschätzungen und der nihilistischen Beliebigkeit löst sich nicht in einer befreienden, großen Lösung dieses Problems – in *Za* so wenig wie in der Auseinandersetzung mit N.s später Philosophie bis heute. *Andreas Poenitsch, Freiburg i. Br.*

**Schiller, Friedrich** | S, *10.11.1759 Marbach/Neckar, †9.5.1805 Weimar, Dramaturg, Dichter, Geschichts- und Kunstphilosoph, zusammen mit Goethe Hauptvertreter der Weimarer Klassik, ist aus N.s Sicht mit dem Stichwort „Distanz der Nähe“ (Politycki 1989) charakterisierbar. In *GD* wird S von N. als „der Moral-Trompeter von Säckingen“ bezeichnet und zu seinen „Unmöglichen“ gezählt (*Streifzüge …* 1). Diese Bezeichnung markiert den Höhepunkt einer schmerzlichen Trennung von seiner eigenen Vergangenheit, in der die S-Rezeption eine grundlegende Rolle spielte. So erschien N. in *WS* 216 Ss „Moralismus“ als wesentlicher Bezugspunkt der vom „deutsche[n] Jüngling“ zur Zeit der antinapoleonischen Befreiungskriege vertretenen Ideologie, auf die der junge N. sich in den Schlussfolgerungen zu *BA* und in seiner Polemik gegen den →Bildungsphilister im vierten Abschnitt von *DS* begeistert berufen hatte. Den bedeutendsten Moment der S-Rezeption des jungen N. bildet aber fraglos *GT* und die ihr vorausgehenden Lektüren, insbesondere die Rezeption des *Briefwechsels zwischen Schiller und Goethe* und die eingehende Auseinandersetzung mit den wichtigsten ästhetischen Schriften von S. Durch die Verknüpfung dieser Lektüren mit →Wagners Musik und Ideen, beispielsweise in *MD*, erschließt N. der künstlerischen Schöpfung ganz neue Perspektiven. Insbesondere gelangt er dadurch zu einer neuen Auffassung des Gegensatzes von naiv und sentimentalisch, zu seiner Konzeption des tragischen Chores sowie zur Charakterisierung der lyrischen Dichtung und der Beziehung zwischen Dramaturgie und Musik. Vor diesem Hintergrund definiert er ein neues Verhältnis zwischen Hellenismus und deutscher Kultur (vgl. auch Venturelli 2003).

*Aldo Venturelli, Urbino*

**Schlange** | Die S ist ein polyvalentes Symbol, das die dionysisch-jüdisch-christliche Tradition bewahrt (vgl. etwa Kittel 1933a: 284–286; 1933b: 566–582; Grimal 1979; Biedermann 1989; Otto 1989; Chapeaurouge 1991). Bei N. ist die S eine Begleiterin Zarathustras und das „klügste Thier unter der Sonne" (*Za I, Zarathustra's Vorrede* 10). Der →Adler zieht in Kreisen, während er die S um seinen Hals geringelt hält (ebd.), als Symbol der →ewigen Wiederkunft des Gleichen auf Grund ihrer Kreisform und der dionysischen klugen Seele. Die „S der Erkenntniss" umringelt die „goldene Sonne" des Stabs Zarathustras (*Za I, Von der schenkenden Tugend* 1), der dem Asklepiosstab ähnlich ist, weil er Arzt der Leib-Seele wird. Die S ist ein Attribut der weiblichen Gottheiten Urgriechenlands (NF 1875, 5[198]), die bei Apollon (NF 1871, 13[1]) und den Bacchen zu finden ist (*DW* 1, KSA 1: 559; *GG*, KSA 1: 587). Als Symbol des →Lebens wird die S *vita femina* gennant (*Za III, Das andere Tanzlied* 1), wie das Weib (*AC* 48). Sie trägt ihre Haare wie Sn und verführt so Zarathustra/N. (*Za III, Das andere Tanzlied* 1). Auch N. wird als S gedacht, die Erde isst (*FW, „Scherz, List und Rache"* 8) und sich häuten kann (*M* 455, 573). N. versucht die Umwertung des Symbols der alten berühmten S als Verkörperung des →Bösen (*FW* 259; *Za III, Der Genesende* 1; *JGB* 152, 202; *EH, JGB* 2; *DD, Zwischen Raubvögeln*) und denkt sie in Verbindung mit der Erde (*Za I, Von der schenkenden Tugend* 2). Dagegen ist die giftige Natter das Sinnbild der Feinde Zarathustras (*Za I, Vom Biss der Natter*). Sie kriecht auf dem Boden und muss Drache werden (*MA* 498). Eine andere S ist die schwarze schwere S der →Moral, die Zarathustra erwürgt (NF 1882–83, 5[1], Nr. 184) und die seinen →Ekel erregt, wenn er den Hirten sieht, dem die S aus dem Mund hängt und der das Zubeißen erst lernen muss (*Za III, Vom Gesicht und Räthsel* 2), ebenso wie das Abschiednehmen vom Ungewollten der Vergangenheit des Menschen. Zum Thema auch: Thatcher (1977).

*Laura Laiseca, Bahía Blanca*

**schlecht, das Schlechte** | Die Bedeutung von „s" in moralischer Hinsicht bei N. erschließt sich erst durch den Sinnzusammenhang mit dem Gegenbegriff →„gut". N. sieht den ursprünglichen Antagonismus dieser Begriffe in einem Gegensatz der sozialen Klassen. Die herrschende Klasse der „Guten" zeichnet sich dadurch aus, dass diese die Macht haben, untereinander Vergeltung zu üben. Als Guter gehöre man zur Gemeinschaft der Guten, da deren Individuen durch den Sinn der Vergeltung miteinander verflochten seien. Im Gegensatz dazu gehöre man als „Schlechter" zu den Unterworfenen und Ohnmächtigen, denen das Gemeinschaftsgefühl fehle und die nicht in der Lage seien, von Gleich zu Gleich Vergeltung zu üben: „Die Guten sind eine Kaste, die Sn eine →Masse wie Staub. Gut und s sind eine zeitlang so viel wie vornehm und niedrig, Herr und Sklave." (*MA* 45) Nicht der Schädliche, der Feind, gelte als s, sondern alles Niedrige und Verächtliche.

In *GM* entwickelt N. diesen Gedanken weiter und versucht ihn mit einer historischen Untersuchung zu untermauern. Dort findet er den etymologischen Ursprung von „s" in „schlicht", dem Gegensatz zu allem Vornehmen, Mächtigen und Edlen, das immer schon die herrschende Klasse gegenüber den Unterprivilegierten ausgezeichnet habe. Die Ohnmächtigen hätten in feindlicher Abgrenzung gegenüber den Mächtigen aus einem Gefühl des →Ressentiment heraus die Mächtigen zu den „Grausamen" und →„Bösen" gemacht und für sich selbst das Attribut „gut" in Anspruch genommen. N. sieht in der moralischen Verurteilung der herrschenden Klasse und ihres Tuns eine Fehlinterpretation, die er auf die falsche Annahme der Willensfreiheit zurückführt. Für N. gibt es keinen freien Willen, mit dem man sich über die physiologischen und psychologischen Gesetzmäßigkeiten des Lebens, das für Mensch und Tier auf →Grausamkeit und Bemächtigung des Anderen beruhe, hinwegsetzen könnte. Und daher sei es auch völlig sinnlos, das als grausam empfundene Handeln der Herrschenden und Mächtigen, die sich nur so verhalten, wie es ihrer Natur entspricht, als unmoralisch zu verurteilen: „Dass die Lämmer den grossen Raubvögeln gram sind, das befremdet nicht: nur liegt darin kein Grund, es den grossen Raubvögeln zu verargen, dass sie sich kleine Lämmer holen." (*GM I* 13) Indem man also das, was unter den Herrschenden einst als gut, vornehm und edel gegolten hatte, moralisch verurteilte, sich selbst dagegen aber als gut bezeichnete, kam es nach N. zu einer ersten Umwertung in der Geschichte der →Moral, zum „Sklavenaufstand in der Moral" (*GM I* 7), den er historisch den sich in Gefangenschaft befindenden Juden zuschreibt. So sei es den „Schlechtweggekommenen" gelungen, Werte zu etablieren, mit denen sie sich identifizieren und ihrem ohnmächtigen Schicksal einen Sinn geben konnten. Die Bessergestellten wurden hingegen als Urheber ihres Leids hingestellt, an denen es sich zu rächen galt, wobei sich die einstmals Schwachen der immer mächtiger werdenden religiösen Institutionen bedienten und so ihre eigene neu gewonnene Machtposition ausbauen konnten.

*Djavid Salehi, München*

**Schlechta, Karl** | S, *23.1.1904 Wien, †19.2.1985 Ober-Ramstadt/Odenwald, Philosoph mit Interesse an Naturwissenschaften und klassischer Kultur, arbeitete zwischen dem Frühling 1934 und seiner Einberufung im Januar 1941 im →N.-Archiv in Weimar an der Historisch-Kritischen Gesamtausgabe. 1954–56 veröffentlicht er eine N.-Werkausgabe in drei Bänden (= SA), die wegen der in Anwendung gebrachten editorischen Grundsätze zu teils heftigen Debatten führte. Hauptverdienst der SA ist es, dass S Fälschungen, Kürzungen und die Zensur EFNs bei vielen Briefen N.s überprüft hat, basierend auf einem bereits im August 1937 mit W. Hoppe gehaltenen Vortrag im Wissenschaftlichen Ausschuss des N.-Archivs. S brachte zudem nachdrücklich das Problem des N.-Nachlasses und der willkürlichen Kompilation von *WM* (→*Der Wille zur Macht*) zur Sprache. Seine Lösung war jedoch alles andere als zufriedenstellend: Im dritten Band der SA präsentierte er unter dem Titel *Aus dem Nachlass der achtziger Jahre* genau dieselben Fragmente, die für *WM* genutzt worden waren, allerdings chronologisch geordnet, wenngleich nur auf Grundlage der Beschreibung der Manuskripte und des Apparats der Großoktav-Ausgabe. Auch stellte S die Ausgangssituation nicht wieder her, da er weder die Manuskripte aus den Bänden 13 und 14 dieser Ausgabe, die Material zu *WM* enthalten, berücksichtigte noch beherzigte, dass N. in seinen Notizbüchern häufig von der letzten zur ersten Seite schrieb. Wertvoll ist hingegen die nach der Edition ausgebrochene lebhafte Debatte um *Die Legende und ihre Freunde* (S 1957), insofern sie die (Ab-)Gründe derer offenbart, die nicht davon ablassen konnten, *WM* als N.s Hauptwerk zu betrachten. S beschreibt hier das Klima im →N.-Archiv („die Höhle der alten Löwin"), das zum Bild eines offiziellen, vom wahren N. aber weit entfernten N. beitrug: „Entschlossene Lüge, Torheit und skrupelloses Geltungsbedürfnis". Der polemische Diskurs gegen *WM* als willkürliche, unhaltbare Kompilation führte bei S allerdings zur Abwertung des Nachlasses, der ihm nichts Neues im Vergleich zu den von N. selbst veröffentlichten Werken (die in den ersten beiden Bänden der SA genauer reproduziert sind als in den ersten Ausgaben) zu enthalten schien. Indes war es S selbst, der 1962 zusammen mit A. Anders die Bedeutung des Nachlasses und der wissenschaftlichen Lektüre N.s in den Jahren 1872–1875 herausstellte. Zum Thema auch: Schlechta (1939; 1948; 1965; 1972).

*Giuliano Campioni, Pisa* (Übers.: K. Wisniewski)

**Schopenhauer, Arthur** | S, *22.2.1788 Danzig, †21.9.1860 Frankfurt/M., Philosoph, wurde von N. während seines Studiums in Leipzig im Oktober 1865 entdeckt. N.s Begeisterung schlug anfangs hohe Wellen, die Lektüre sollte für sein Denken von grundlegender Bedeutung werden. Doch hielt die uneingeschränkte Verehrung nur kurze Zeit an. N. las schon 1866 die radikale S-Kritik von R. Haym (*Arthur Schopenhauer*, 1864). Diese Lektüre bereitete die kritische Auseinandersetzung vor, die N. 1867 und 1868, zusätzlich beeinflusst durch die *Geschichte des Materialismus* von F. A. Lange, den Neukantianer Otto Liebmann sowie die Kant-Darstellung K. Fischers, entwickelte. Seine Zweifel konzentrierten sich auf den „Willen zum Leben" als „Ding an sich", also auf die eigentliche Grundlage von Ss Willensmetaphysik. Immerhin ist anzunehmen, dass N. viel von S gelesen hat. Noch 1874, in *SE*, behauptete er nämlich, er gehöre „zu den Lesern Ss, welche, nachdem sie die erste Seite von ihm gelesen haben, mit Bestimmtheit wissen, dass sie alle Seiten lesen und auf jedes Wort hören werden, das er überhaupt gesagt hat" (*SE* 2, KSA 1: 346).

Eine entscheidende Wende erfolgte in *GT* (1872). Ss moralischer Verurteilung der Welt und des Lebens hält N. seine universale Rechtfertigung des →Werdens entgegen. Gemäß S ist die menschliche Existenz infolge der Selbstentzweiung des Weltwillens und wegen der „ewigen Gerechtigkeit" mit Schuld behaftet. Leiden bedeutet Strafe. An die Stelle dieser metaphysischen Ethik setzt N. seine metaphysische Ästhetik und damit eine allgemeine Rechtfertigung des Daseins und der Welt durch das Schöne. Dabei entwickelt er eine tragische und dionysische Bejahung, ganz im Gegensatz zur Willensverneinung Ss. Der Dionysismus (→Dionysos) bedeutet, dass die Bejahung nicht nur Wachstum und Aufbau, sondern auch Vergehen und Zerstörung betrifft. Gerade die tragische Ausweglosigkeit mit der Härte ihrer Leiden diene einem starken Leben als Stimulans. Nach S soll sie dagegen zur Resignation, zur Abwendung vom Willen, und schließlich zum Eingehen ins Nichts führen. Nicht aber Resignation und Eingehen ins Nichts dürfen das Ziel des tragischen Schauspiels sein, sondern die Bejahung auch noch der schrecklichsten Aspekte des Lebens. „Sehnsucht in's Nichts" sei „VERNEINUNG der tragischen Weisheit, ihr Gegensatz!" (NF 1884, 25[95]) N.s Opposition zu S richtet sich vor allem gegen die Ethik der Willensverneinung. Die →„Ewige Wiederkunft des Gleichen" bildet den Höhepunkt seiner von der dionysischen Lebensbejahung grundlegend geprägten tragischen Weisheit und damit ebenfalls seiner Überwindung Ss sowie alles dessen, was in seinen Augen zum →Pessimismus der praktischen Willensverneinung gehört, besonders auch des →Christentums.

Vielfach manifestiert sich in N.s Schriften, latent oder offen, die Beziehung zu S. Sie ist häufig ambivalent: N. übernimmt zwar Gedanken von S, stellt sie jedoch in ein anderes Licht aufgrund seiner gegensätzlichen Voraussetzungen. Letztere führen ihn zu zahlreichen Gegenpositionen. Immerhin kann er sich bis ans Ende seines bewussten Daseins nie ganz aus dem Banne Ss befreien. *SE* ist eigentlich in Vielem eine Selbstdarstellung N.s (→*Schopenhauer als Erzieher*). Dort äußert er nur noch eine bereits der Vergangenheit angehörende Ehrfurcht vor seinem „ersten und einzigen Erzieher" (*MA II, Vorrede* 1). Die Anerkennung richtet sich nicht mehr auf die wesentlichen Denkinhalte, sondern auf die Denkerpersönlichkeit. Vorbildhaft bleibt das „FREIWILLIGE LEIDEN DER WAHRHAFTIGKEIT" (*SE* 4, KSA 1: 371), d. h. besonders der resolute Atheismus, die Furchtlosigkeit vor einer von der herkömmlichen, religiös-metaphysischen Interpretation entblößten Welt, wofür er kein besseres Symbol wusste „als den Ritter mit Tod und Teufel, wie ihn uns Dürer gezeichnet hat" (*GT* 20). Den →„Willen" als innerstes Wesen alles Lebendigen behält N. bei, jedoch verleiht er ihm eine fundamental neue Bedeutung. An die Stelle von Ss „Willen zum Leben", dem einen, allen Erscheinungen zugrunde liegenden allmächtigen Urprinzip, setzt er den →„Willen zur Macht", besser: eine Pluralität von „Willen zur Macht". Ss „Wille zum Leben" stellt nämlich eine metaphysische Entität dar, wohingegen N.s „Wille zur Macht" aus einer Vielzahl von Antrieben ohne die Hypostase eines gemeinsamen ontologischen Urgrundes besteht.



Besonders groß ist Ss Einfluss auf N.s →Immoralismus, insbesondere auf seine „Umwerthung aller Werthe". Wenigstens anfangs beziehen N.s Angriffe gegen die Moral sich mehr auf S (siehe besonders die längere Kritik des →Mitleids in *MA* 136–144 und der →Askese in *M* 131–146) als auf das Christentum. Auf den Spuren Ss identifiziert N. seinerseits die christliche Liebe mit dem Mitleid. Von dessen drei Triebkräften des menschlichen Handelns – Egoismus, Bosheit und Mitleid – behält er nur die beiden ersten zurück und entlarvt mit ihnen die dritte. Selbst Mitleid und christliche Nächstenliebe führt er mittels genealogischen Hinterfragens auf Egoismus und sogar Bosheit (seit *GM* besonders als →Ressentiment) zurück. Des Weiteren ist auch die nihilistische Tendenz, die er dem Christentum unterstellt, weitgehend auf seine Lektüre Ss zurückzuführen. Noch in *AC* 7 bezeichnet er das Christentum als die „Religion des MITLEIDENS", und in *EH*, *WA* 2, nennt er es „diese Religion gewordne VERNEINUNG DES WILLENS ZUM LEBEN". Zum Thema auch: Decher (1984); Salaquarda (1984a); Goedert (1988); Barbera (1995); Birnbacher (2006).

*Georges Goedert, Luxemburg*

**Schreiben** | Im Anschluss an N.s Begriff der →Genealogie fragt die jüngste Schreibprozessforschung kritisch, wie sich die Kulturtechnik des Ss im Licht ihrer Entstehung darstellt. Um diese sogenannte ‚Schreibszene' (vgl. Campe 1991; Stingelin 2000b; 2004b) zu erhellen, teilt sie den Akt des Ss in drei Elemente: die (1) Sprachlichkeit bzw. Semantik des Ss; die zu ihrem Ausdruck erforderliche (2) Technologie bzw. Instrumentalität und die von dieser erforderte (3) Körperlichkeit bzw. die durch das Schreibtraining anzueignenden Gesten. Allen drei Elementen hat N. im Spannungsfeld zwischen der Autonomie selbstherrlicher →Autorschaft und der Heteronomie einer Vielzahl von Bedingtheiten zeitlebens höchste Aufmerksamkeit geschenkt; seine zahlreichen Reflexionen zum ‚S' bilden den Brennpunkt aktueller Forschungen (vgl. Windgätter 2006b) und sind methodisch N.s ungewöhnlichem erkenntniskritischen Bewusstsein für die Medialität seines eigenen Ss in allen Dimensionen verpflichtet (vgl. Stingelin 2008). Was die →Sprache bzw. Sprachlichkeit des Ss betrifft, so hat N. früh (in →*WL*) die Unzulänglichkeiten unserer Erkenntnis einer Kritik ihrer grammatikalischen Bedingtheiten unterzogen. N.s wichtigstes erkenntniskritisches Instrument war hierbei die (antike) →Rhetorik (vgl. Kopperschmidt/Schanze 1994), gleichzeitig seine Lehrmeisterin des →Stils, bei dem er sich wiederum sprachkritisch früh an →Lichtenberg (vgl. Stingelin 1996) angelehnt hat, der seine Erkenntnismöglichkeiten um die Ausdrucksform des →Aphorismus bzw. der Notiz erweitert hat; eine Stilvielfalt, der →Derrida (1973) besondere Aufmerksamkeit geschenkt hat. Jene Reflexion der heteronomen Bedingtheiten menschlicher Ausdrucksmöglichkeiten in der Sprache hat aber auch N.s zeitlebens sehr regen Experimentiergeist beflügelt. So war N. unter den ‚Philosophen' wohl der früheste Benützer einer Schreibmaschine (vgl. Kittler 1985; Stingelin 1988b; Eberwein 2005; Faksimiles in Günzel/Schmidt-Grépaly 2002), mit deren Hilfe er ausdrücklich das Bild der Schrift an den Druck angleichen wollte, um auf die medientechnikhistorische Höhe der eigenen Zeit zu gelangen. Und schließlich hat wohl kaum ein Philosoph ausdrücklicher die körperlichen Begleitumstände seines Ss reflektiert und in eine Diätetik gefasst, um die eigenen körperlichen Unzulänglichkeiten (→Krankheit [N.s]) halbwegs zu kompensieren: In *EH* widmet N. ganze Kapitel den Begleitumständen des Ss. Zur Autonomie, die N. dadurch zurückgewonnen hat, zählt das kynische Moment, die eigene Lebensgeschichte durch Anekdoten zu gestalten (vgl. Niehues-Pröbsting 1980; 1983), deren ästhetischer Wert mehr zählte als deren biographischer. Dieser neuen Perspektive auf N.s S sucht die IX. Abteilung der KGW Rechnung zu tragen (→Nachlass …).

*Martin Stingelin, Dortmund*

**Schuld** | N.s S-begriff konturiert sich in seiner Moralkritik von *MA* an, gewinnt aber seine genealogisch-analytische Konsistenz erst in *GM II* und *III*. Als „Genesis der S" untersucht N.

zunächst die philosophisch-psychologischen Bedingungen der rechtlich strafbaren S: Der Einbezug der „Unfreiheit des Willens" (NF 1876–77, 23[88]) und der „veranlassenden Umstände" der Straftat löst die S-frage auf (*MA* 70; vgl. *WS* 28). Ein zweiter Ansatz versucht das S-bewusstsein zu erklären: Die „Alten" sahen „zwischen S und Unglück keine ‚adäquate Relation'", sie kannten noch „unschuldiges Unglück"; „erst im →Christhenthum wird alles [...] wohlverdiente →Strafe" (*M* 78). Den Grund dafür erkennt N. im großen Machtgefälle zwischen dem obersten Richter (Gott) und den potentiell zu Richtenden (wie es auch schon die „armen Leute in der Provinz vor dem römischen Prätor" empfinden mussten): Es „ist besser, sich seine S EINZUREDEN, als seine Unschuld", so der christliche „Hintergedanke", denn der mächtige Richter „wird leichter einen Schuldigen begnadigen, als zugestehen, dass einer vor ihm im Rechte sei." (*M* 74)

Schon hier sind historische Akzente erkennbar, die N. dann in *GM* genealogisch wendet und vertieft. Wiederum sind es zwei verschiedene Ansatzpunkte, von denen aus *GM II* und *III* den jüdisch-christlichen S-begriff als Basis für das Verständnis von →Verantwortung, →Gewissen, →Sünde und Strafe analysieren. In einem ersten Schritt führt N. die immaterielle, moralische S auf den „sehr materiellen Begriff ‚Schulden'" „in dem Vertragsverhältniss zwischen GLÄUBIGER UND SCHULDNER" (*GM II* 4) zurück. Es steht am Anfang des →Rechts überhaupt und ist im römischen Obligationenrecht zuerst ausformuliert worden (Ihering, *Der Zweck im Recht* [1877]). Die Strafe bei Nichteinhaltung des Vertrages diente N. zufolge keineswegs dazu, das Gefühl der S im Schuldigen zu wecken, sondern erfolgte als aktives Auslassen von „Zorn über einen erlittenen Schaden" von seiten des Geschädigten, wobei der Zorn „in Schranken gehalten und modifizirt" wurde „durch die Idee, dass jeder Schaden irgend worin sein ÄQUIVALENT habe und wirklich abgezahlt werden könne, sei es selbst durch einen SCHMERZ des Schädigers." (*GM II* 4) Der Schädiger seinerseits erfuhr die Strafe „wie ein Stück Verhängniss", so argumentiert N. gegen die passiven Zweckhypothesen des S-gefühls und der Abschreckung, und „hatte dabei keine andre ‚innere Pein', als wie beim plötzlichen Eintreten von etwas Unberechnetem, eines schrecklichen Naturereignisses" (*GM II* 14).

Die Wendung des materiellen S-begriffs zum Gefühl einer unabgeltbaren moralischen S der jüdisch-christlichen Kultur analysiert N. in einem zweiten Schritt: „Das privatrechtliche Verhältniss des Schuldners zu seinem Gläubiger" wurde „in das Verhältnis der GEGENWÄRTIGEN zu ihren VORFAHREN" „hineininterpretirt". Erstere waren der „Überzeugung, dass das Geschlecht durchaus nur durch die Opfer und Leistungen der Vorfahren BESTEHT, – und dass man ihnen diese durch Opfer und Leistungen ZURÜCKZUZAHLEN hat". Mit der Macht des Geschlechts steigerte sich auch das S-gefühl gegenüber (und damit die Furcht vor) dem Ahnherrn, bis dieser „zuletzt nothwendig in einen GOTT transfigurirt" wurde (*GM II* 19). Erst die Verabsolutierung des S-gefühls gegenüber dem „christlichen Maximal-Gott" (*GM II* 20) ermöglichte dessen „Zurückschiebung in's SCHLECHTE Gewissen", die N. zugleich als „Versuch" betrachtet, „die Richtung der [...] Entwicklung UMZUKEHREN". Die „Unlösbarkeit der S" wurde nun auf die „causa prima des Menschen", den „Ahnherrn" oder auf die „Natur" selbst zurückübertragen und „mit einem Fluche behaftet". Der paradoxe „Geniestreich des CHRISTENTHUMS", dass „Gott selbst sich für die S des Menschen", mithin der „Gläubiger sich für seinen Schuldner [...] aus LIEBE (soll man's glauben? –)" opfern sollte, brachte der „gemarterte[n] Menschheit" nur „eine zeitweilige Erleichterung" (*GM II* 21). Denn das S-gefühl ist zu einem „WILLE[N]" geworden, „sich schuldig und verwerflich zu finden", und hat sich in einem „Labyrinth von ‚fixen Ideen'" ausgeformt (*GM II* 22). Seit der christlichen Maximal-S sieht N. allerdings eine „UMGEKEHRTE Bewegung" in Gang: Der „unaufhaltsame Niedergang des christlichen Glaubens" führt demnach zu einem „erheblichen Niedergang des menschlichen S-bewusstseins", so dass N. mit dem →„Atheismus" auch „eine Art ZWEITER UNSCHULD" in Aussicht stellt (*GM II* 20).

Monographisch ist N.s S-begriff unter theologischen Aspekten untersucht worden (Smelik 1943; Lauret 1977), meistens jedoch eher sekundär im Zusammenhang mit N.s (genealogischer) Moralkritik und Rechtskonzeption (Kerger 1988: 12–24, 73 f.) und im Vergleich mit Freuds S-begriff (Gasser 1997: 299–302, 441–452).

*Hubert Thüring, Basel*

**Schulpforta** | Die 1543 gegründete Landesschule S blickt zurück auf eine einflussreiche Geschichte. Viele berühmte Deutsche besuchten die Pforta, unter ihnen zum Beispiel Klopstock, Novalis, Ranke und Fichte, aber auch einige von N.s späteren Lehrern, wie Schaarschmidt und Jahn. Am 4. und 5. Oktober 1858 unterzog sich N. der Aufnahmeprüfung an der Pforta und begann dann, gemeinsam mit 27 anderen Schülern, das erste Semester der „Untertertia", der untersten Klassenstufe der S. Er blieb 6 Jahre und machte recht schnell beachtliche Fortschritte. Seine Zensuren nach dem ersten Jahr sind beeindruckend, und einige Semester lang war er der „Primus" der Klasse und als solcher berufen zu vielen Sonderaufgaben und -pflichten. Sein Benehmen war im Allgemeinen exzellent, vielleicht sogar mehr als das, 1863 allerdings war es lediglich „befriedigend".

Es ist anzunehmen, dass N. seinen Platz an der Schule nicht aufgrund seiner akademischen Qualifikationen angeboten bekam, sondern weil er Waise eines Pastors war und bis dahin am →Naumburger Domgymnasium gelernt hatte. Sinn und Zweck der „Königlichen Landesschule Pforta" war es vor allem, den Söhnen von staatlich beschäftigten Eltern, die aufgrund von Reisen, Diensten im Ausland oder weil es an den Orten, an denen sie arbeiteten, keine geeignete Beschulung für ihre Sprösslinge gab, eine gute Bildung zu bieten. Die Schüler kamen aus ganz Preußen, die meisten der Väter waren staatliche Beamte wie Räte, Kantoren oder Pastoren. Acht der 45 Schüler, die im Jahr 1858 zugelassen wurden, N. eingeschlossen, waren Waisenkinder (oder vaterlos), und viele von ihnen, wie N. auch, bekamen ein Stipendium. Die Lehrer hatten außergewöhnlich hohe (formale) Qualifikationen. Der Wechsel zur Pforta war wichtig für N. und seine intellektuelle Entwicklung, vielleicht nicht so sehr aufgrund des Unterrichts, als aufgrund der Veränderungen in seinem Leben und der Lebensumstände, zum Beispiel den Erwerb von Selbstdisziplin und -kontrolle betreffend. Es ist die Pforta, an der N. „erwachsen" wird und sich zu einem unabhängigen Denker (noch nicht zu einem Philosophen) entwickelt, der sich selbst vom christlichen Glauben „befreit" und zur Altphilologie findet, mit einer tiefen Liebe für die Antike und das Altertum.

Das Leben an der Pforta (zu Fuß eine Stunde von Naumburg entfernt) war aber auch schwer. N. fühlte sich oft einsam, fand seinen ersten engeren Freund, →Deussen, erst 1860, etwa 2 Jahre nach seinem Eintritt, später kam →v. Gersdorff hinzu. Außerdem setzten ihm eine Reihe gesundheitlicher Probleme zu. Wir verfügen über ein detailliertes Wissen über N.s Leben an der Pforta, den dortigen Unterricht, seine Krankheiten und viele andere Aspekte. Latein war, ohne jeden Zweifel, das wichtigste Fach an der Pforta (wie an allen deutschen Gymnasien). Man hatte 10 und mehr Stunden Latein pro Woche und Semester. N.s Abschlussnote lautete in Latein auf „Ausgezeichnet". Griechisch war das zweitwichtigste Fach an der Pforta, N. war gut darin, aber nicht ausgezeichnet. Gut war er zudem in Religion, überraschenderweise aber nur durchschnittlich in Geschichte. Deutsch war sicherlich N.s bestes und sein Lieblingsfach, während Hebräisch, Französisch und Mathematik seine schlechtesten waren. Philosophie war kein Unterrichtsfach, das an der Pforta gelehrt wurde. Eine Untersuchung der Lehrinhalte zeigt wenig Material von philosophischem Belang, mit der Ausnahme Platon. Es gibt weder einen Hinweis auf die Vorsokratiker, Aristoteles, Epikur, noch auf modernere Philosophen. Zum Thema auch: Bohley (1976); Pernet (2000).

*Thomas H. Brobjer, Uppsala* (Übers.: F. Künstner)

**Schwache, Schwäche** | Beide Begriffe werden von N. begrifflich parallel zu →Starke, Stärke gebraucht. Während die Starken auf ihre unverwechselbare Individualität setzen, sich aus sich selbst bestätigen und deshalb „naturnotwendig AUS einander [streben]", um im „Willen zur Macht" eine neue Moral durchzusetzen, streben „die Schwachen ZU einander" (*GM III* 18). Dies impliziert in der →Moral eine Orientierung nicht auf sich selbst, sondern auf die/den Mitmenschen. Im Zentrum dieser Moral steht das →Mitleid. Damit engstens verbunden ist eine „Schwächung und Aufhebung des INDIVIDUUMS", worin sich für N. „der MORALISCHE GRUNDSTROM in unserem Zeitalter" (*M* 132) ausdrückt. Die Moral der S-n ist vornehmlich eine Mitleidsmoral. Mitleid aber ist „eine S, wie jedes Sich-verlieren an einen SCHÄDIGENDEN Affect", denn dadurch wird „das Leiden in der Welt ... VERMEHRT" – keineswegs vermindert, wenn es auch mittelbar gelegentlich so erscheint, dass „Leiden verringert oder gehoben" (*M* 134) werde. Eine Schwächung tritt ein, weil der Mensch den Bezug zu sich selbst verliert und auf die Gemeinschaft setzt. Deshalb ist sozial gesehen „die Gemeinde [...] im Anfang die Organisation der S-n", und zwar um das „GLEICHGEWICHT mit gefahrdrohenden Mächten" (*WS* 22) herzustellen. N. zeigt an einem Beispiel, wie der Räuber und der Mächtige, der einer Gemeinde verspricht, sie gegen jenen zu schützen, offenbar gleichen Wesens sind, nur dass der Letztere seinen Vorteil anders als der erste erreicht, „nämlich durch regelmäßige Abgaben, welche die Gemeinde an ihn entrichtet, und nicht mehr durch Brandschatzung". Das Wesentliche ist dabei für N., dass „jener Mächtige verspricht, gegen den Räuber GLEICHGEWICHT zu halten; darin sehen die S-n eine Möglichkeit, zu leben"; denn in Zeiten der Fehden können sie nicht „für ihren Lebensunterhalt mit der nöthigen Regelmäßigkeit" sorgen, und sie sehen „den Ertrag aller Arbeit jeden Augenblick bedroht" (ebd.). Wie in den Anfängen des Christentums sich Vereine (Armen-, Kranken- und Begräbnisvereine) zur gegenseitigen Unterstützung der S-n bildeten, so hat die Massengesellschaft der Moderne mit ihrer Herdenbildung gleichfalls solche Vereinigungen zum Schutz der S-n geschaffen (Bismarck'sche Sozialgesetzgebung; sozialistische Bewegungen). In der „Heerden-Organisation" drückt sich das „Verlangen nach Abschüttelung der dumpfen Unlust und des S-gefühls" der Herde aus, denn „wo es Heerden giebt, ist es der S-Instinkt, der die Heerde gewollt hat, und die Priester-Klugheit, die sie organisirt hat." (*GM III* 18) Im Nachlass der 1880er Jahre bezeichnet N. den S-n als den „Typus der décadence", der sich selbst schadet (NF 1888, 14[102]). Er zählt unter der „Schwächung als Aufgabe" nachfolgende Positionen auf: „Schwächung der Begehrung, der Lust- und Unlustgefühle, des Willens zur Macht, zum Stolzgefühl, zum Haben- und Mehr-haben-wollen; die Schwächung als Demut; die Schwächung als Glauben; die Schwächung als Widerwillen und Scham an allem Natürlichen, als Verneinung des Lebens, als Krankheit und habituelle S ..., die Schwächung als Verzichtleisten auf Rache, auf Widerstand, auf Feindschaft und Zorn". Aber es gibt für N. einen „FEHLGRIFF in der Behandlung" der S, denn man will sie nicht „bekämpfen durch ein système FORTIFIANT, sondern durch eine Art Rechtfertigung und MORALISIRUNG; d. h. durch eine AUSLEGUNG" (ebd., 14[65]). In seiner eigenen Existenz sieht er die S als einen produktiven Faktor an. Im Brief vom 31.10.1880 schreibt er an Overbeck: „Ich weiß nämlich SEHR OFT nicht, wie ich meine S (an Geist und Gesundheit und anderen Dingen) und Stärke (im Schauen von Ansichten und Aufgaben) miteinander ertragen könne." Seine Lebensgeschichte sieht er in einem Brief an Brandes (23.5.1888) als „eine Schauergeschichte, eine Fatalität von décadence und S." Zugleich weiß er aber auch, „daß seine Lebensschwächen nur Symptome seien, daß er konstitutionell gesund sei und daß die Krankheit nur seinen Willen zum Leben angestachelt habe" (Meyer 1991: 280). S kann so durchaus ein Stachel zur Produktivität, zur Stärke sein.

*Hans-Martin Gerlach †*

**Schweigen** | Das S bedeutet in N.s Werk zunächst, mit deutlich antiken Spuren, eine Art bewusste Zurückhaltung gegenüber Sprechen und Reden bis hin zur Askese. So ist ihm das S neben anderen asketischen Vermögen ein „Anzeichen des Sittlichen [...]: Ertragenkönnen, Wartenkönnen, S-können, Hungernkönnen." (NF 1880, 3[119]) Und in *M* heißt es unter dem Titel *Eine Schule des Redners*: „Wenn man ein Jahr lang schweigt, so verlernt man das Schwätzen und lernt das Reden. Die Pythagoreer waren die besten Staatsmänner ihrer Zeit." (347; vgl. NF 1880, 7[258]) Das „fünfjährige S" bzw. „Nichtlesen" der Pythagoreer ist für N. wiederholt Beleg für die rechte Philosophie (vgl. *BA I*, KSA 1: 663 und NF 1874, 37[5]). Auch in *MA I*, Vorrede 8 rät N. (im Sinne des bekannten Sprichworts) das S an als Zeichen für einen rechten Philosophen, um sechs Monate darauf (im September 1886) zu ergänzen: „Man soll nur reden, wo man nicht s darf; und nur von dem reden, was man ÜBERWUNDEN hat, – alles Andere ist Geschwätz, ‚Litteratur', Mangel an Zucht." (*MA II*, Vorrede 1) In *Za II*, *Von grossen Ereignissen* sowie *Die stillste Stunde*, aber auch in der folgenden Strophe aus *DD* ist das S ebenfalls konnotiert mit Größe: „Still! – / Von grossen Dingen – ich SEHE Grosses! – / soll man schweigen / oder gross reden: / rede gross, meine entzückte Weisheit!" (*DD*, *Ruhm und Ewigkeit* 3)

Dem entgegen steht die Auffassung vom S als einer unehrenhaften Haltung der Verweigerung des Wortes, wie sie N. in *EH* im Kontext von „Vergeltung" zum Ausdruck bringt: „Solchen, die s, fehlt es fast immer an Feinheit und Höflichkeit des Herzens; S ist ein Einwand, Hinunterschlucken macht nothwendig einen schlechten Charakter, – es verdirbt selbst den Magen. Alle Schweiger sind dyspeptisch." (*EH*, *Warum ich so weise bin* 5) Die Ambivalenz des Ss, einerseits etwas vorzuenthalten und zu verdunkeln, andererseits – als „rechtes S" (vgl. NF 1885, 34[232]) – etwas ans Licht zu bringen, zeigt N., wenn er fordert: „Das lange S müßt ihr lernen; und Niemand soll euch in den Grund sehen." (NF 1883, 22[1]) Das Vermögen, „dass mein S lernte, sich nicht durch S zu verrathen", nennt N. dementsprechend in *Za* seine „liebste Bosheit und Kunst" (*Za III*, *Auf dem Oelberge*). Zum Thema auch: Knodt (1999).

*Andreas Poenitsch, Freiburg i. Br.*

***SE: Schopenhauer als Erzieher*** | *SE* erschien im Oktober 1874 als *UB III*. Nur gut zwei Jahre später berichtete N. brieflich über eine „fast plötzlich in's Bewusstsein getretene Differenz mit Schopenhauer's Lehre": „Ich stehe fast in allen allgemeinen Sätzen nicht auf seiner Seite; schon als ich über Sch. schrieb, merkte ich, dass ich über alles Dogmatische daran hinweg sei; mir lag alles am MENSCHEN." (An C. Wagner, 19.12.1876) 1888 trug N. nach, *SE* sei seine „innerste Geschichte", sein „WERDEN eingeschrieben"; in ihm komme „im Grunde nicht ‚Schopenhauer als Erzieher', sondern sein GEGENSATZ, ‚N. als Erzieher', zu Worte" (*EH*, *UB* 3; vgl. auch KSA 14: 525). Wenn dies zutrifft, wird man *SE* im Blick auf die in ihr sich offenbarende Suchbewegung ihres Autors hin auf sich selbst zu deuten und dabei zu beachten haben, inwieweit N. hier erstmals einen Begriff von sich als – erzieherisch ambitionierter – Philosoph gibt, und zwar unter Ratgeberschaft seines zweiten Jugendidols neben →Wagner (vgl. Niemeyer 1998a: 106 ff.; 2004d).

Auszugehen ist von einer frühen Schopenhauer-Idolatrie, die sich auch in den Worten (von 1874) spiegelt: „Mein Vertrauen zu ihm war sofort da und ist jetzt noch dasselbe wie vor neun Jahren." (*SE 2*, KSA 1: 346) N. hat den Leser hiermit hingewiesen auf das in der N.-Forschung berühmt-berüchtigte ‚Schopenhauer-Erlebnis' vom Herbst 1865: N., der gerade →Ritschls wegen den Wechsel von Bonn nach Leipzig vollzog hatte, will damals in einem Leipziger Antiquariat Schopenhauer, konkret: dessen Hauptwerk *Die Welt als Wille und Vorstellung* entdeckt haben – eine offenbar etwas stilisierende Erzählweise, insofern N. ausweislich einer seiner unveröffentlichten Vorlesungsmitschriften schon im Sommersemester 1865 in Bonn (durch C. Schaarschmidt) über dieses Werk instruiert worden war (vgl. Broese 2004: 236). Wie auch immer: Zu N.s Erzählweise gehört – einem Selbstzeugnis von 1867/68 zufolge –, dass er in jenem Herbst in Leipzig „ohne Beihülfe einsam in der Luft [hieng], ohne Grundsätze, ohne Hoffnungen und ohne eine freundliche Erinnerung“ (BAW 3: 297). Insoweit – so könnte man folgern – war er durchaus verführbar durch Buchtitel, die mit dem Versprechen aufwarteten, hier werde der seine Rechtfertigung erhalten, der im Begriff stehe, jenseits des theologisch Überlieferten und philologisch Gewohnten seine Welt nach seinem Willen und seiner Vorstellung zu ordnen. Nicht auszuschließen ist des Weiteren, dass N. zusätzlich einen höchstpersönlichen, mit seiner Syphiliserkrankung (→Krankheit [N.s]) zusammenhängenden Grund zur Selbstanklage hatte, der ihn offen werden ließ für Schopenhauers deprimierenden Ausblick auf die „Negativität“ (1859a: 418) allen Glücks und mithin für seine Skepsis in Sachen der Trivialität des Lebens, das seinen Sinn vergeblich aus der Abwehr des Todes zu gewinnen trachte. Jedenfalls ist es auffällig, dass N. im erkennbaren Nachgang zu dieser Auffassung der These huldigt, „daß wir die Sklaven des Lebens sind, je mehr wir es genießen wollen“ (N. an Fr. und E. N., 5.11.1865).

Von all dem findet sich allerdings in *SE* kaum etwas, wenig überraschend übrigens, wenn man an N.s einleitend angeführtes Urteil aus *EH* und mithin daran denkt, dass er sich hier als Schopenhauers „Gegensatz“ artikuliert habe. Allenfalls vereinzelt und gleichsam als Teil eines letzten Dankes an Schopenhauers lebensverneinende Philosophie (vgl. Goedert 1978: 2) wagt sich noch die Frage hervor, ob das Leben nicht „trost- und sinnlos“ (*SE* 1, KSA 1: 338) sei. Ersatzweise dominiert die Suche nach Befreiung und neuer Sinngebung, ausgehend von N.s Protest gegen das „lässige Einhergehen in erborgten Manieren und übergehängten Meinungen“ (ebd.: 337). Dieser Übergang weg von einer pessimistischen Weltsicht hin zu einer aufbauend-konstruktiven verweist allenfalls insofern auf Schopenhauer, als N. einzelne seiner Denkmotive aufnimmt, etwa die Ode auf das Selbstdenken, die N. in Ratschläge an seine Kommilitonen ummünzt wie etwa den folgenden: „Vieles Lesen stumpft den Kopf entsetzlich ab. Die meisten unsrer Gelehrten würden auch als Gelehrte mehr werth sein, wenn sie nicht zu gelehrt wären.“ (An Deussen, 4.4.1867)

Aber nicht nur in dieser Hinsicht war Schopenhauer N.s Erzieher, sondern auch in der anderen, damit zusammenhängenden: Schopenhauer lieferte N. Munition zur Philologiekritik und zum Spott über seinen ‚Doktorvater‘ Ritschl. Denn wenn N. mit Seitenblick auf diesen über „das wimmelnde Philologengezücht unserer Tage“ spottet und vom „Maulwurfstreiben“ redet (An Rohde, 20.11.1868), dann ist dabei zu beachten, dass schon Schopenhauer der Maulwurf mit seinem „mühevollen und freudenleeren Lebenslauf“ (1859b: 414) als angemessene Metapher für die vom Sinn des jeweiligen Tuns gänzlich absehende Objektivierung des Willens zum Lebens galt. Es kommt hinzu, dass der zu seiner großen Verbitterung niemals mit einer Universitätsprofessur bedachte Privatgelehrte in einer Polemik namens *Ueber die Universitäts-Philosophie* die Aussage in Vorrat hielt, dass es „zu den seltensten Fällen [gehört], daß ein wirklicher Philosoph zugleich ein Docent der Philosophie gewesen wäre“ (1851a: 143) – ein Sachverhalt, den N. ähnlich sah und in *SE* damit erklärte, dass es dem Staat „nie an der Wahrheit gelegen [ist], sondern immer nur an der ihm nützlichen Wahrheit“ (*SE* 8, KSA 1: 422).

Wahrheitssicherung also war in N.s Wahrnehmung von den Philosophen seiner Epoche nicht zu erwarten, eher schon das machtvolle Herstellen von Konsens über in Ehren zu haltende einzelne philosophische Lehren oder Grundauffassungen, am Beispiel geredet: →„Kant hielt an der Universität fest, unterwarf sich den Regierungen, blieb in dem Scheine eines religiösen Glaubens, ertrug es unter Collegen“ – und brachte es folgerichtig nur zu einer „Professorenphilosophie“, im Gegensatz zu Schopenhauer, der „mit den gelehrten Kasten wenig Umstände [macht]“ und sich „Unabhängigkeit von Staat und Gesellschaft [erstrebt]“ (*SE 3*, KSA 1: 351). Und der allein deswegen – so darf man wohl ergänzen – zum Idol jenes jungen Basler Philologieprofessors namens N. wurde, der denn auch ‚wenig Umstände machte‘ in Sachen der Frage, wie zwischen

„wahrer" und „scheinbarer" Philosophie zu trennen sei: „Lasst die Philosophen immerhin wild wachsen, versagt ihnen jede Aussicht auf Anstellung und Einordnung in die bürgerlichen Berufsarten [...], verfolgt sie, seht ungnädig auf sie – ihr sollt Wunderdinge erleben! Da werden sie auseinander flüchten und hier und dort ein Dach suchen, die Armen, Scheinbaren; hier öffnet sich eine Pfarrei, dort eine Schulmeisterei [...], der Vernünftigste von ihnen ergreift den Pflug, und der Eitelste geht zu Hofe." (*SE* 8, KSA 1: 422) Soweit N.s Vorschlag in Sachen der Identifikation der „wahren" Philosophen als Teil einer Kritik an den „Scheinmenschen", die mit ihrer ‚kulturellen' Hinterlassenschaft „ihre Zeit [...] tödten und sammt ihrer Zeit unterzugehen" (*SE* 1, KSA 1: 338 f.) verdienten.

Diese Kritik erinnert an jene am Typus des →‚Bildungsphilisters' aus →*DS*. Allerdings ist der Fokus nun ein anderer: Es steht nicht mehr ‚das' →Deutsche gegen ‚das' Ausländische, sondern der Topos „Bürger dieser Zeit" (*SE* 1, KSA 1: 339) gegen den anderen: den des Unzeitgemäßen, des sich zur Avantgarde Rechnenden. Entsprechend tritt das Loblied auf „deutsche Musik, Tragödie und Philosophie" sowie auf Wagner und dessen Hoffnung auf das „deutsche Feuer" zurück zugunsten einer nun erstmals hervorbrechenden Kritik der/des Deutschen nach Maßgabe von (sozialpsychologischen) Vokabeln wie „Grauheit", „Formlosigkeit", „Stumpf- und Dumpfsinn", „Plumpheit", „Scheelsucht" sowie „Versteckheit und Unreinlichkeit des Charakters" (*SE* 6, KSA 1: 391 ff.). Dass N. mit dieser Wendung seines Arguments auf Widerspruch in Bayreuth traf, darf kaum erstaunen und zeigt sich an einem auf *SE* bezüglichen Brief →C. Wagners, die monierte, dass man „Deutschland nicht als Winkel [...] betrachten darf, da es in seinem Guten und Schlimmen einzig ist, und wir nur wünschen können, dass die Raupen und Würmer [lies: Juden; d. Verf.] die Pflanzen vor ihrer Entwickelung nicht zernagen möchten" (26.10.1874). Eine Antwort N.s auf diesen Brief ist nicht überliefert – sie wurde wohl von der Briefempfängerin vernichtet –, allerdings zeigt die weitere Entwicklung von N.s Denken, dass er für Einwände dieser Art zunehmend weniger empfänglich war.

Der Kern von *SE* gründet in jenem Leitmotiv, das aus →*HL* bekannt ist: „‚Erkenne dich selbst'" (*HL* 10, KSA 1: 333), diesmal in der Variante: „Der Mensch, welcher nicht zur →Masse gehören will, braucht nur aufzuhören, gegen sich bequem zu sein; er folge seinem Gewissen, welches ihm zuruft: ‚sei du selbst! Das bist du alles nicht, was du jetzt thust, meinst, begehrst.'" (*SE* 1, KSA 1: 338) Auch das in *HL* angestimmte Loblied auf die Jugend klingt nun erneut an, gefolgt von einer Neuauslegung von →Erziehung als einer Art Hilfe zur Selbsterziehung, also als befreiende Tat im Blick auf die notwendige Emanzipation des Einzelnen nach Maßgabe des für die Reformpädagogik folgenreichen Slogans: „Deine wahren Erzieher und Bildner [...] vermögen nichts zu sein als deine Befreier" (*SE 1*, KSA 1: 341) – so wie dies Schopenhauer für N. gewesen war.

Inhaltlich meint dies, dass N.s Frage „Wie kann sich der Mensch kennen?" (*SE* 1, KSA 1: 340) angeregt wurde durch Schopenhauers gegen →Kant gerichtete Bemerkung: „Unser philosophisches Bestreben kann bloß dahin gehen, das Handeln des Menschen [...] zu deuten und zu erklären" (1859b: 358 f.). Dies tat in der Folge auch N., wenngleich das Zögern in *SE* auffällig ist: „Es ist [...] ein quälerisches und gefährliches Beginnen [...], in den Schacht seines Wesens auf dem nächsten Wege gewaltsam hinabzusteigen [...]. Und überdiess: wozu wäre es nöthig, wenn doch Alles Zeugniss von unserm Wesen ablegt, unsre Freund- und Feindschaften, unser Blick und Händedruck, unser Gedächtniss und das, was wir vergessen, unsre Bücher und die Züge unsrer Feder." (*1*, KSA 1: 340) Entbehrlich sei der Blick in die Tiefe auch, weil – fast schon im Sinne der späteren Rede vom →Übermenschen – gelte: „[D]ein wahres Wesen liegt nicht tief verborgen in dir, sondern unermesslich hoch über dir" (*SE* 1, KSA 1: 340 f.).

Allerdings: Die Vokabel ‚wahres Wesen' schien N. in der Folge zunehmend unberechtigt, und zwar im Gleichklang mit seinen Erkenntnisfortschritten in Sachen →Psychologie, die seit *MA* unübersehbar sind und sich dort in der gegen die →Metaphysik gerichteten Weigerung dokumentieren, „für die höher gewertheten Dinge einen Wunder-Ursprung" anzunehmen (*MA* 1). Insoweit wird N. nun erst die Ernte einfahren, die er Schopenhauer schon 1874 hätte entnehmen können, wenn er ihn damals als Erzieher auch in Sachen Psychologie genutzt hätte. Insoweit ist *SE* eine typische Schrift des Übergangs, was ihren unfertigen und unentschlossenen Charakter erklären mag.

*Christian Niemeyer, Dresden*

**Seele** | Im Hinblick auf diese Thematik hat N. einen kühnen Denkweg vollzogen, der ihn „von der Geistseele in ihrer substantiellen Einheit und inneren Unendlichkeit zur in sich zwiespältigen, wilden, endlichen und sterblichen Tierseele" führte (Düsing 2005: 289). Nachdem er sich von der christlichen Religion losgelöst hatte, blieb weder Raum für eine Zwischenstellung der S zwischen Materie und Gott noch für eine Abwertung des →Körpers zugunsten der als immateriell und unsterblich postulierten S. N. kam zu dem Schluss, dass „der Gegensatz von einer reinen unkörperlichen S und einem Leibe [...] fast beseitigt" sei. „Wer glaubt noch an eine Unsterblichkeit der S! Alles Segensvolle und Verhängnissvolle, was somit auf gewissen irrthümlichen physiologischen Annahmen beruhte, ist hinfällig geworden, sobald diese Annahmen als Irrthümer erkannt sind." (NF 1875, 3[76])

Auch dem wirkmächtigen cartesianischen Sn-Modell sagte N. in immer neuen Anläufen den Kampf an: Weder könne das Tätigsein der S (cogitatio) mit →Bewusstsein gleichgesetzt noch ein substanzieller Träger der S angenommen werden; und auch der strenge Dualismus von Leib und S bzw. S und Geist lasse sich nicht aufrechterhalten: „Wir sind keine denkenden Frösche, keine Objektivier- und Registrierapparate mit kalt gestellten Eingeweiden – wir müssen beständig unsre Gedanken aus unsrem Schmerz gebären und mütterlich ihnen Alles mitgeben, was wir von Blut, Herz, Feuer, Lust, Leidenschaft, Qual, Gewissen, Schicksal, Verhängniss in uns haben." (*FW*, Vorrede ... 3) Die zunächst nur skeptisch, dann aber umso überzeugter vertretene Abstammungslehre Darwins veranlasste N. zu der Feststellung, der Mensch sei „THIER geworden, Thier, ohne Gleichniss, Abzug und Vorbehalt, er, der in seinem früheren Glauben beinahe Gott (‚Kind Gottes', ‚Gottmensch') war ..." (*GM III* 25). Ist die menschliche S dann nichts anderes als Tier-S? Auf diese Frage würde N. zwar mit einem klaren Nein antworten, aber den animalischen Anteil an der menschlichen S betonen. In *Za* geht N. denn auch programmatisch vom Primat des Leiblichen aus, der die bisherige Dominanz des Seelischen oder Geistigen zurückdrängen soll: „Der menschliche →Leib, an dem die ganze fernste und nächste Vergangenheit alles organischen Werdens wieder lebendig und leibhaft wird, durch den hindurch, über den hinweg und hinaus ein ungeheurer unhörbarer Strom zu fließen scheint: der Leib ist ein erstaunlicherer Gedanke als die alte ‚S'." (NF 1885, 36[35]) Die S sei „nur ein Wort für ein Etwas am Leibe" (*Za I, Von den Verächtern des Leibes*).

N.s Auseinandersetzung mit dem Sn-Begriff steht in engem Zusammenhang mit seiner im Spätwerk ausgearbeiteten Fundamentalkritik am metaphysischen Denken, das traditionell im Banne einer bestimmten „Systematik und Verwandtschaft der Begriffe" stehe und „viel weniger ein Entdecken, als ein Wiedererkennen, Wiedererinnern, eine Rück- und Heimkehr in einen fernen uralten Gesammt-Haushalt der S" sei (*JGB* 20). Deshalb müssten die philosophischen Grundbegriffe wie Vernunft, Geist, Bewusstsein, Ich, Subjekt, Wille und eben auch S radikal in Frage gestellt werden. Bei aller Kritik an der „SN-ATOMISTIK" sei es aber nicht nötig, auf eine der „ältesten und ehrwürdigsten Hypothesen Verzicht zu leisten". Der Weg zu neuen und verfeinerten Fassungen der Sn-Hypothese stehe durchaus offen: „Begriffe wie ‚sterbliche S', ‚S als ‚Subjekts-Vielheit' und ‚S als Gesellschaftsbau der →Triebe und →Affekte' wollen fürderhin in der Wissenschaft Bürgerrecht haben." (*JGB* 12) Zusammenfassend gilt: In der Geschichte der Sn-Lehren nimmt N. einen gewichtigen Platz ein. Zum Thema auch: Reuter (1988); Jüttemann/Sonntag/Wulf (1991); Klauck (2000); Düsing (2005).

*Günter Gödde, Berlin*

**Selbsterziehung, s. Erziehung**

**Selbstüberwindung** | S nimmt eine zentrale Stellung sowohl im Leben als auch in der Philosophie N.s ein. Sie ist mehr als nur eine „Denkfigur der Selbstaufhebung" (Zittel 1995), ein existenzielles und leibhaftes Geschehen, das den ganzen Menschen beansprucht. Für Kaufmann ist S der „Schlüssel zu N." ($^4$1974: 17), der von sich selber sagt: „Meine S ist im Grunde meine stärkste Kraft: ich dachte neulich einmal über mein Leben nach und fand, daß ich gar NICHTS weiter bisher gethan habe" (An Overbeck, 31. 12. 1882, vgl. NF 1882–83, 4 [13]). Die Charakterisierung seiner selbst als „Tausendkünstler der S" durch Rohde wird von ihm zustimmend aufgenommen (An Reé, Anfang und Mitte Dezember 1882; an von Meysenbug, Mitte Dezember 1882). Dabei sollte man nicht nur an das in diese Zeit fallende →„Lou-Erlebnis" denken, das N. schwer zu schaffen machte, sondern auch an seine Loslösung vom →Christentum seiner Kindheit („der Antichrist ist selbst die nothwendige Logik in der Entwicklung eines echten Christen, in mir überwindet sich das Christenthum selbst" (NF 1888, 24 [1], 622)), des Weiteren von →Schopenhauer und Richard →Wagner und fast allem, was ihm einst ans Herz gewachsen war. Der jeweils abschließende „Akt der S" ist nur der letzte Schritt: „Alle grossen Dinge gehen durch sich selbst zu Grunde, durch einen Akt der Selbstaufhebung: so will es das Gesetz des →Lebens, das Gesetz der NOTHWENDIGEN ‚S' im Wesen des Lebens, – immer ergeht zuletzt an den Gesetzgeber selbst der Ruf: ‚patere legem, quam ipse tulisti'" (*GM III* 27).

Es ist daher nicht verwunderlich, dass sowohl N.s Sen als auch das Konzept der S in seinen Schriften eine Schlüsselstellung einnehmen. In der Vorrede zu *MA II* von 1886 macht es N. zum Prinzip, dass man nur dort reden solle, „wo man nicht schweigen darf; und nur von dem reden, was man ÜBERWUNDEN hat, – alles Andere ist Geschwätz, ‚Litteratur', Mangel an Zucht." Seine Schriften redeten *nur* von seinen Überwindungen (Vorrede 1). „Schreiben sollte immer einen Sieg anzeigen, und zwar eine Ueberwindung SEINER SELBST, welche Andern zum Nutzen mitgetheilt werden muss." Es gebe allerdings auch „dyspeptische Autoren", die zwar auch siegen wollten mit ihrem Schreiben, „aber über Andere" (*VM* 152). Der damit angezeigte Unterschied zwischen der Überwindung seiner selbst und der anderer ist zentral für *Za*, in dem „fast hinter jedem Wort [...] ein persönliches Erlebniß, eine S ersten Ranges" stehe (An EFN, 29. 8. 1883). Zarathustra selbst bedeutet für N. die „S der Moral aus Wahrhaftigkeit, die S des Moralisten in seinen Gegensatz – in MICH" (*EH, Warum ich ein* ... 3). Zarathustras erste Lehre ist der →Übermensch, d. h. die S des Menschen. Aber auch Zarathustra muss sich noch selber überwinden, um vom Lehrer des Übermenschen zum Lehrer der →ewigen Wiederkunft des Gleichen zu werden. In dem Kapitel *Von der S* (*Za II*) verrät das →Leben selbst Zarathustra sein Geheimnis: „‚Siehe, sprach es, ich bin das, WAS SICH IMMER SELBER ÜBERWINDEN MUSS." Dreierlei ist an diesem ‚offenbaren Geheimnis' beachtenswert: Erstens muss sich das Leben *selber* überwinden, zweitens *muss* es sich überwinden, und drittens muss es dies *immer wieder* tun. Das Erste macht klar, dass es nicht um die Überwindung anderer oder von anderem geht, sondern um autopoietische Selbstreferenz, das Zweite, dass S *notwendig* geschieht, so dass N. in *GM* sogar von einem „Gesetz" spricht, und das Dritte, dass es *kein* feststehendes *Telos* oder ein Ende der Sen gibt („immer wieder" heißt es ausdrücklich etwas später in *Von der S* und zuvor schon in dem Kapitel *Von den Taranteln*). S ist insofern eine Form der ewigen Wiederkunft des Gleichen, deren Notwendigkeit eine „UNVERNÜNFTIGE NOTHWENDIGKEIT" (NF 1881, 11[225]) ist und deshalb fatum, Schicksal bleibt. Notwendigkeit ist ‚Not der Wende' und ‚Wende der Not' zumal. „Die vollkommene Erkenntniß der Nothwendigkeit würde alles ‚Soll' aufheben – aber auch die Nothwendigkeit der ‚Solls' begreifen, als Consequenz der UNKENNTNISS" (NF 1882/83, 4[43]).

S hat noch zwei weitere, aber damit verknüpfte Konnotationen. Zum einen, dass sie nicht nur durch sich selbst, sondern in offensichtlicher Spannung dazu auch „von selbst" geschieht. Schon ein Lebenslauf des neunzehnjährigen N. hatte auf dieser Note geendet: „Und so entwächst der Mensch allem, was ihn einst umschlang; er braucht nicht die Fesseln zu sprengen, sondern unvermutet, wenn ein Gott es gebeut, fallen sie ab" (18. 9. 1863). Dies stimmt mit der autopoietischen Notwendigkeit der S und der Verwendung einer moralischen Forderung in einem übermoralischen Sinn überein (*JGB* 257). Von selbst geschehend ist die notwendige ‚S' Natur. Zum anderen wird das ‚Selbst' darin so überwunden, dass es zurücktritt und in etwas Umfassenderen aufgeht. Der Lebenslauf schließt mit der Frage: „und wo ist der Ring, der ihn endlich noch umfasst? Ist es die Welt? Ist es Gott?" (KGW I 3: 192) Das Selbst als Ego verstanden wird schließlich als Irrtum eingesehen und muss sich „kosmisch" verstehen (NF 1881, 11[7]), eingelassen in ein „Welt-Spiel" (*FW*, Anhang: *Lieder des Prinzen Vogelfrei*, *An Goethe*). Dies verbindet die S mit den drei Verwandlungen des Geistes (Kamel, Löwe, spielendes Kind), die Zarathustra in seiner ersten Rede beschreibt und die auch als Stadien der S gelesen werden können.

*„Notwendige ‚S'"* ist ein Paradox, da die S eigentlich die Notwendigkeit und diese jene auszuschließen scheint, was von N. dadurch angezeigt wird, dass er die Notwendigkeit unterstreicht und S zugleich in Anführungszeichen setzt. Aber dies ist gerade die Pointe: was notwendig ist und geschieht, kommt mit dem, was sein und geschehen soll, überein, der Widerspruch von „Sein" und „Sollen" ist aufgehoben bzw. sie fallen zusammen. Eine „Höhe und Vogelschau der Betrachtung" ist gewonnen, „wo man begreift, wie Alles so, WIE ES GEHN SOLLTE, auch wirklich geht: wie jede Art ‚Unvollkommenheit' und das Leiden an ihr mit hinein in die **höchste Wünschbarkeit** gehört …" (NF 1887–88, 11[30]). S überwindet sich selbst und wird zum →amor fati, dessen Liebe und Schicksal allerdings wiederum der notwendigen ‚S' gehört. Zum Thema auch: Conway (2006); Skowron (2006); Pippin (2009).

*Michael Skowron, Daegu*

***SGT: Sokrates und die griechische Tragoedie*** | Die Fassung ist Anfang Juni 1871 als Privatdruck in 30 Exemplaren erschienen, von N. jedoch nicht als eigenständige Publikation, sondern eher als partieller Probevorabdruck des eigentlichen Tragödienbuchs angesehen worden. Der Text schließt sachlich an die Problemstellung eines früheren öffentlichen Basler Vortrags (*ST*) an und folgt auf die selten erwähnte, jedoch wichtige Zwischenfassung *Ursprung und Ziel der Tragödie*, die ihrerseits als erste Synthese aller bisherigen *GT* geltenden Vorträge und Teilstudien angesehen werden muss. Ziel des Privatdrucks für ausgewählte Freunde und Vertraute war das Einholen von Stimmungsbildern und Stellungnahmen. Die Fassung entspricht bis auf wenige Auslassungen (Anfang von Kapitel 8 und Ende von Kap. 10) den Kapiteln 8 bis 12 von *GT*. In ihr wird eine für das Tragödienbuch bedeutsame konzeptionelle Öffnung fassbar. Die früher absolut gestalteten Gegensätze zwischen Wissenschaft und Kunst sowie zwischen Philosophie und Tragödie werden zwar nicht aufgegeben, wohl aber quasidialektisch entschärft. Die Möglichkeit des Umschlags ist hierbei durch das abschließende Bild des „musiktreibenden →Sokrates" aus dem platonischen *Phaidon* angezeigt. Erreicht wird dadurch der theoretisch für N. so wichtige Anschluss einer kunst-, literatur- und kulturgeschichtlichen Deutung des Griechentums an die kulturellen und philosophischen Fragen der Gegenwart. Praktisch meint dies die – bereits vom späten N. hinreichend kritisierten – ideologischen Absichten der *GT*, die in der Wiedergeburt des „Tragischen" in der „tragischen Erkenntnis" Schopenhauers, v. a. aber in der Kunst des Wagner'schen Musikdramas kulminieren (vgl. auch v. Reibnitz 1992: 43 ff.).

*Enrico Müller, Greifswald*

**Sils-Maria** | Nach der Aufgabe der Basler Professur verbringt N. den Sommer 1879 in St. Moritz, wo beim Wandern und Spazierengehen die *St. Moritzer Gedanken-Gänge* entstehen, die er später zu *WS* umarbeiten wird: „Aber nun habe ich vom Engadin Besitz ergriffen und bin wie in **meinem** Element, ganz wundersam! Ich bin mit DIESER Natur VERWANDT Jetzt spüre ich die Erleichterung. Ach, wie ersehnt kommt sie!“ (An Overbeck, 23.6.1879) Im nächsten Sommer fährt N. wiederum nach St. Moritz, wo er es aber nicht aushält, von einem Mitreisenden indes auf das stille S aufmerksam gemacht wird, wo er fortan – mit Ausnahme des Tautenburger Aufenthalts im Sommer 1882 (→„Lou-Erlebnis“) – arbeitsreiche Sommermonate verbringt. Er spricht von S als dem „lieblichsten Winkel der Erde“ (An Köselitz, 8.7.1881); er wisse seiner Natur nichts „Angemesseneres als dies Stück Ober-Erde“ (An Overbeck, 23.7.1881), sowie, zwei Jahre später: „Nun habe ich wieder mein geliebtes S im Engadin, den Ort, wo ich einmal sterben will“ (An Köselitz, 1.7.1883). Hier fühlt er sich aufgehoben, seine Innenwelt findet sich in der Außenwelt wieder, seine Briefe sind voll von Aussagen höchster Beglückung: „Ach, was liegt noch Alles verborgen in mir und will Wort und Form werden! Es kann gar nicht still und hoch und einsam genug um mich sein, daß ich meine innersten Stimmen vernehmen kann!“ (An v. Gersdorff, Ende Juni 1883)

N. mietet sich im Haus Durisch ein, wo er in seinem einfachen Zimmer monatelang arbeitet, in seltener Konzentration und Schöpferkraft. Von hier aus unternimmt er stunden-, ja tagelange Wanderungen, auf denen er skizzenhaft in die kleinen, von seiner Schwester besorgten Notizbücher seine Eintragungen macht, oft ohne hinzusehen, um seine Augen zu schonen. So wird in S eine ganze Reihe wichtigster Werke konzipiert und zum Teil auch zur vollen Niederschrift gebracht: *FW, Za, JGB, GM, WA, GD, DD, AC*. „Dieses Engadin ist die Geburtsstätte meines Zarathustra“, schrieb er am 3.9.1883 an Köselitz. „Ich fand eben noch die erste Skizze der in ihm verbundenen Gedanken; darunter steht ‚Anfang August 1881 in S, 6000 Fuss über dem Meere und viel höher über allen menschlichen Dingen‘“. Am Ufer des Silvaplanersees fasst er eingebungshaft den Gedanken der →Ewigen Wiederkunft, beim Pyramidenstein auf dem Wege zwischen S und Silvaplane/Surlej, und gewinnt damit – zusammen mit der Vorstellung des →Übermenschen – die „Grundconzeption“ (*EH, Za* 1) zu seinem dichterischen Hauptwerk *Za*. In dessen Eingangsrede spiegelt sich manches eindrückliche Element dieser Urlandschaft wider: das Hochplateau, von dem die Flüsse „abwärts“ strömen, nach Aufgang und Niedergang, das helle, klare Licht des Mittags, der brausende Bergbach, der Fels, der stille See, die „glückseligen Inseln“ darin, die schweigsame Einöde des Hochgebirges mit den „rauhen Steinen“ und spärlichem „sanftem Rasen“.

Auch im Hause Durisch fühlte sich N. wohl aufgehoben, so überraschend schlicht der kleine Raum auch war. Auf eigene Kosten ließ er den unheizbaren Raum mit einem selbst ausgewählten Raute-Muster tapezieren und nach eigener Zeichnung eine Tischdecke für sich anfertigen. P. Deussen, der seinen Freund im September 1887 in S besuchte, skizzierte die Einfachheit von N.s Zimmer wie folgt: „Es war eine einfache Stube in einem Bauernhause, drei Minuten von der Landstraße; N. hatte sie während der Saison für einen Franken täglich gemietet. Die Einrichtung war die denkbar einfachste. An der einen Seite standen seine mir von früher her meist noch wohlbekannten Bücher, dann folgte ein bäurischer Tisch mit Kaffeetasse, Eierschalen, Manuskripten, Toilettengegenständen in buntem Durcheinander, welches sich weiter über einen Stiefelknecht mit darin steckendem Stiefel bis zu dem noch ungemachten Bette fortsetzte.“ (1901: 92 f.)

1958 wurde das zum Verkauf ausgeschriebene Haus durch eine internationale Sammlung übernommen und zu einem kleinen Museum mit Gästehaus umgebaut, um es als Erinnerungsstätte an N.s Persönlichkeit, Werk und Wirkung zu erhalten, mit einer eindrücklichen Sammlung von Autographen und Werkausgaben, Photographien, Möbeln und Gegenständen aus N.s Besitz, ergänzt durch eine repräsentative Bibliothek von Werken der Sekundärliteratur sowie einer Dokumentation von Schriftstellern und Kunstschaffenden, deren Werke sich im Engadin auf N.s Spuren mit seinem dichterischen und erkenntnisphilosophischen Œuvre auseinandersetzen. Ein interessantes Zeugnis für den auf S bezogenen N.-Tourismus Intellektueller gibt Adorno (1966b).

*Peter André Bloch, Mulhouse*

**Simmel, Georg** | S, *1.3.1858 Berlin, †26.9.1918 Straßburg, Soziologe aus großbürgerlichem jüd. Elternhaus, wies N. in zahlreichen Aufsätzen, Artikeln und Rezensionen besondere Bedeutung zu. Auch in seinen Vorlesungen spielt N. eine zentrale Rolle (Gassen/Landmann 1958: 345–349; zur Affinität des ‚jungen' S zu N. vgl. Krummel I: 363). Im Zentrum von Ss N.-Interpretation steht das „Pathos der Distanz" als ‚moralphilosophisches' Prinzip. Zentraler Gedanke N.s sei die „Verlegung des Wertakzents" der Menschheit auf ihre höchsten Existenzen" (S 1907: 376). Ss Interpretation der „Moral der Vornehmheit" entwickelt hieraus ein vom Entwicklungsbegriff her gedachtes Individualismuskonzept: N.s →Übermensch sei daher nichts anderes als „nicht ein fixiertes Endziel, das der Entwicklung einen Sinn gäbe, sondern der Ausdruck dafür, daß es keines solchen bedarf." (ebd.: 181) S hat N. damit primär als Ethiker und Moralphilosoph wahrgenommen, dem jedoch, anders als →Schopenhauer, der Blick für metaphysische Probleme gefehlt habe. N. sei mit seiner Thematisierung des ‚Lebensbegriffes' zwar der „sehr viel adäquatere Ausdruck des gegenwärtigen Lebensgefühls"; insgesamt aber sei Schopenhauer der „unzweifelhaft größere Philosoph", der lediglich „mit den besseren Kräften die schlechtere Sache verteidigt" habe (ebd.: 188). Zum Thema auch: Solies (2000).

*Dirk Solies, Mainz*

**Sitte, Sittlichkeit** | N. stellt die S als die „HERKÖMMLICHE Art zu handeln und abzuschätzen" dem unsittlichen Handeln des „freien Menschen" gegenüber (*M* 9). Achtet man dabei auf den wörtlichen Sinn von ‚herkömmlich', treten bereits die beiden zentralen Aspekte der S und der S-keit zum Vorschein: So bringt die S die Gebundenheit an ein Herkommen und eine Herkunft zum Ausdruck, während die S-keit auf die Gewohnheit und Fraglosigkeit, mit der diese Gebundenheit akzeptiert wird, verweist. Die S repräsentiert demnach „die Erfahrungen früherer Menschen über das vermeintlich Nützliche und Schädliche", auf die man sich im „GEFÜHL FÜR DIE S", d. i. die S-keit, rein affirmativ bezieht (*M* 19).

Versucht man mit N. den Umfang der S zu fassen, gehörte ursprünglich zu ihrem Gegenstandsbereich „die ganze →Erziehung und Pflege der Gesundheit, die Ehe, die Heilkunst, der Feldbau, der Krieg, das Reden und Schweigen, der Verkehr unter einander und mit den Göttern" (*M* 9). In einer historischen Perspektive konstatiert N. im Verhältnis zur „Lebensweise ganzer Jahrtausende der Menschheit" eine zunehmende Abschwächung der Macht der S, die dazu führte, dass er und seine Zeitgenossen in einer „sehr unsittlichen Zeit" leben (ebd.). Den Hauptgrund für die Verflüchtigung der Sn sieht N. darin, dass die Bestimmung durch die Herkunft nachlässt und ein neuer Weg, auf dem die Vertreter und Repräsentanten der S-keit der S missachtet werden, zunehmend begehbarer erscheint. Auf diesem neuen, ‚unsittlichen' Weg finden sich die individuellen Handlungen und Denkweisen eines autonomen Einzelnen, die allerdings nicht auf Akzeptanz bei den Vertretern der S stoßen, sondern auf Ablehnung und Schrecken. Zum Thema auch: Schweppenhäuser (2001).

*Karen Joisten, Mainz*

**Sklave** | Der S (oder auch die →Herde) ist bei N. die Bezeichnung für den Menschen, welcher infolge äußerer Unterdrückung und innerer Selbst-Unterdrückung annimmt, „was ihm nur von irgendwelchen Befehlenden – Eltern, Lehrern, Gesetzen, Standesvorurtheilen, öffentlichen Meinungen – in's Ohr gerufen wird." (*JGB* 199) Der S erscheint oft im Zusammenhang mit seinem Gegenteil, dem Herrn (auch der →Vornehme genannt). Der Herr repräsentiert entweder das vor-moralische Individuum (mit Vorliebe als hypothetischen Kriegerkulturen der Vorzeit angehörend vorgestellt [*JGB* 257]), oder er steht für das nach-moralische (durch einzelne, ausgezeichnete Genies exemplifiziert, wie Napoleon (NF 1887, 10[5]) oder Goethe [*FW* 290]). Der S hingegen wird öfter als das spezifische Produkt von jüdisch-christlicher Sozialisation dargestellt [*GM I* 16]. Durch die Geschichte dieser →Zivilisation ist der S in Europa zum dominierenden Typus geworden, auf Kosten der selteneren Herren. Somit hat sich, N. zufolge, die Menchheit nicht ‚entwickelt', sondern vielmehr ‚abgewickelt'.

Die Moral des Sn wird als aggressive Verteidigung der →Mittelmäßigkeit begriffen, mit dem Ziel, die Rang-Unterschiede zwischen Völkern, Gruppen, Klassen oder Geschlechtern auszulöschen und den Individuen oder Gruppen von höherem Rang die Normen der Mittelmäßigkeit aufzudrängen (→Rangordnung). Der S sehnt sich danach, alle Individuen, die ihm als irgendwie überlegen (durch Stärke, Intelligenz, Kreativität, soziale Position, Vermögen, Glück usw.) erscheinen, zu erniedrigen und zu verkleinern (Brusotti 2001; →klein, Verkleinerung). Herr und S üben beide ihren →Wille zur Macht aus, aber der Wille zur Macht des Sn wird als negativ und reaktiv (Deleuze 1962) begriffen, als Versuch, das an sich Ungleiche auszugleichen. Dies ist z. B. ein Grundmotiv im →Christentum, welches alle Menschen für gleich „vor Gott" (*Za IV, Von höheren Menschen* 1) erklärt. Vom Christentum – als der europäischen Ideologie *par excellence* – aus ist der Willen des Sn (oder die Sn-Moral) bis in neuzeitliche Ideologien (z. B. →Sozialismus, Feminismus) eingedrungen, obwohl diese sich selber als oppositionell zum Christentum erklären mögen. Der psychologische Mechanismus dieser Sehnsucht nach Reduktion der Überlegenheit gründet sich nach N. auf Neid und →Ressentiment. Weil Neid weh tut, will der S diesen Schmerz beseitigen durch die Ausgleichung von allem, was seinem Rang nach als überlegen, fremd und gefährlich perzipiert wird. Der S sehnt sich nach einer Gesellschaft ohne Intensitäten, Unterschiede und Gefahren, und er strebt somit gegen das, was N. als wesentlich für das „menschliche Tier" betrachtet, dessen Sinne sich durch ständige Exposition an Stimulation und Gefahr verschärft haben. Die Folge dessen ist die Ausbildung eines ‚gezähmten' Menschen (*GM II* 16).

Der S ist zwar unterlegen, hat aber eine überlegene Strategie zur Machtergreifung entwickelt. N.s Analyse dieser Strategie – des Triumphes der →Klugheit – und seine Kritik des jüdisch-christlichen Paradigmas läuft auf die Feststellung hinaus, dass der S, um die Überlegenheit des Unterlegenen behaupten zu können, alles menschliche Tun der Unterscheidung von →Gut und →Böse unterwirft. Weil der S das ‚Gute' als das mit ihm Gleiche, das ‚Böse' aber als das von ihm Verschiedene interpretiert, wird es ihm möglich, die Tat des Herrn zu verurteilen als einem geheimen ‚bösen' Grund entspringend (*GM I* 6).

*Peter Bornedal, Beirut*

**Skulptur [Bildhauerkunst]** | S (und Plastiken) werden bei N. prototypisch mit Apollo, dem Gott der Bildhauerei, in Verbindung gebracht. In *GT* steht die →Metapher der Statue für ein strenges Verständnis der griechischen Tragödie nach Aeschylus. N. legt zudem Wert darauf – vor allem gegen →Hegel und einen auf ihn zurückgehenden ahistorischen Präsentismus –, dass man die kultische Beziehung der Griechen zur Statue nicht allein vom jüdisch-christlichen Standpunkt aus betrachtet. Sowohl gegen Hegel als auch gegen →Wagner geht sein Bemühen, nicht etwa „das Einfache" (vgl. hierzu Babich 2008b: 134) entweder als das Erste oder tatsächlich das Letzte in der zeitlichen Ordnung der kulturellen Entwicklung aufzufassen: „Man glaubt zum Beispiel immer noch an eine allmähliche Entwicklung der Götterdarstellung von jenen ungefügen Holzklötzen und Steinen aus bis zur vollen Vermenschlichung hinauf: und doch steht es gerade so, dass, so lange die Gottheit in Bäume, Holzstücke, Steine, Thiere hineinverlegt und -empfunden wurde, man sich vor einer Anmenschlichung ihrer Gestalt wie vor einer Gottlosigkeit scheute." (*VM* 212) Auf diese Weise stellt N. die Konventionalität, die unsere eigene jüdisch-christliche Konzeption des Götzendienstes bzw. der Idolatrie hinsichtlich der „Alten" dokumentiert, der aufkommenden Frage einer neuen Beziehung zu den Abbildern und Verkörperungen gegenüber: „Die religiöse Phantasie will lange Zeit durchaus nicht an die Identität des Gottes mit einem Bilde glauben: das Bild soll das Numen der Gottheit in irgend einer geheimnissvollen, nicht völlig auszudenkenden Weise hier als thätig, als örtlich gebannt erscheinen lassen. Das älteste Götterbild soll den Gott BERGEN UND ZUGLEICH VERBERGEN, – ihn andeuten, aber nicht zur Schau stellen. Kein Grieche hat je innerlich seinen Apollo als Holz-Spitzsäule, seinen Eros als Steinklumpen ANGESCHAUT; es waren Symbole, welche gerade Angst vor der Veranschaulichung machen sollten." (ebd.; vgl. auch *GMD, ST, DW*) Entgegen traditioneller Konzeptionen der Kunstgeschichte spricht N. nicht von Primitivität, nicht von einem Mangel an Fähigkeit und Kompetenz, sondern er bittet uns, die andersartige griechische Beziehung zum Göttlichen zu berücksichtigen. Gleichzeitig betont er auch die in den S-en zum Ausdruck gebrachten historisch-spezifischen Zufälligkeiten: „Die prachtvollen Leiber der antiken Statuen erscheinen schön, weil angenehm, weil NÜTZLICH (immer der Gedanke an Krieg!)." (NF 1880, 7[41]) N. wiederholt diese Sicht später: „Die prachtvoll geschmeidige Leiblichkeit, der verwegene Realismus und Immoralismus, der dem Hellenen eignet, ist eine NOTH, nicht eine ‚Natur' gewesen." (*GD, Was ich den Alten* … 3) N. argumentiert so, wiederum gegen Hegel gerichtet, um der (damals) vorherrschenden Auffassung einer fortschreitenden (und fortschrittlichen) Evolution im Hinblick auf das Göttliche vom →Altertum bis zum heutigen Tag entgegenzutreten. Deshalb erklärt N. auch, dass das Griechische auf das Göttliche verweise durch eine bestimmte religiöse Distanz und Unstetigkeit, verbunden mit einer Gleichstellung von Mensch und Gott, die gemeinsam allmählich zu einer Parallele mit dem Göttlichen geführt habe. Zusammenfassend gesprochen war es N., der als erster die Frage nach der S in der Antike *als eine Frage* aufwarf, ebenso wie er es war, der die Frage nach „De[m] Gottesdienst der Griechen" (in einer Vorlesung von 1875/76; vgl. Orsucci 1996) ins Zentrum rückte, um an die notwendig zu stellende Frage nach der religiösen Praxis der Griechen heranzuführen. Bereits in *GT* thematisierte N. die religiöse Praxis hinsichtlich ihrer poetischen Kreativität, und er versäumte nicht, die kultische Funktion eines tragischen Musik-Festspiels zu betonen, genauso wie ihre außergewöhnliche plastische und fast statische Struktur in Raum und Zeit: „Die dramatische Musik ist demnach Plastik im höheren Sinne: das künstlerische Auge ruht sonnenhaft auf dem Ganzen." (NF 1870–71, 5[69]) N. verwendete auch die Analogie einer umgestürzten Statue, um die Arbeit des Aufrichtens und Wiederherstellens der S als Sinnbild seines eigenen Lehrfaches, der Philologie, zu beschreiben (*BA* 3), ähnlich wie er die Aufgabe eines Philologen mit der eines Restaurateurs alter Gemälde verglich (*SE* 6, KSA 1: 395 f). Auf jeden Fall ist die Bildhauerei eine der ersten Bezugnahmen, die N. verwendete, um die westliche Tendenz, ein Abbild Griechenlands nach unserem eigenen Geschmack und Habitus zu erschaffen, deutlich zu machen. Ihm ging es darum, einer gewissen „Überhellenisierung" nach schulmeisterlicher Methode entgegenzutreten und uns wiederum vor der „Erfindung" eines ahistorischen Kunstwerks zu bewahren, „das nirgends in aller Welt eine Heimat hat." (*GMD*, KSA 1: 518)

N.s explizitester Verweis auf die S kann, Lessings diesbezügliche Reflektionen wiederholend, erweitert werden zu einem Fokus auf die poetische, literarische oder musikalische Tragödie – im Gegensatz zu dem plastischen Kunstwerk eines Bildhauers. Aber wir tun gut daran, das Bildhauerische in Opposition zum Literarischen zu beachten, wenn auch nur für seine Gestaltungsqualität, die N., neben seinem Augenmerk auf den Rhythmus im Tanz, hervorhebt. N. beruft sich somit auf die Rolle der Statue in der Antike als Deus ex Machina; ähnlich wie er es ganz offenkundig genoss, z. B. die mechanischen Theatereffekte als rhetorisch großartiges Mittel zu betonen, bezieht er sich nicht einfach auf das bildhauerische Abbild Apollos, sondern beschreibt zudem – als Gegengewicht zur leidenschaftlichen Bewegung des Chors – ein Trauerspiel als Ganzes, als das „lebende Bild, die lebende Statue des Gottes" (*GMD*, KSA 1: 515). Für N. schließt die bildhauerische Spannung eines Gesamtwerkes eine offensichtliche Analogie ein: „[I]n der That hat der antike Schauspieler etwas vom steinernen Gast bei Mozart." (ebd.) Auf diese Weise kann die Bildhauerei als solche gesehen werden als Modell für N.s rhetorisches Ideal der Griechen: „in Ketten tanzen" (*WS* 140; vgl. *JGB* 226; KGW II/3: 102), und zwar insofern dieses Wunschbild des Tanzens der lapidaren Exaktheit und Strenge im Stil entspricht (*GD, Was ich den Alten …* 1).

Vom Geist der Bildhauerei inspiriert ist auch das Bild des Erhabenen in *Za II*, das, verglichen mit dem Bild von Zarathustras Tiefe mit ihren „schwimmenden Räthseln und Gelächtern", geradezu sinnbildlich ist für Fragen der Ästhetik und des Geschmacks – und geeignet, um für einen außergewöhnlichen Zusammenfluss von Erhabenheit und Schönheit zu argumentieren: „Und erst, wenn er sich von sich selber abwendet, wird er über seinen eignen Schatten springen – und, wahrlich! hinein in SEINE Sonne." (*Za II, Von den Erhabenen*) Der Bezug zur Bildhauerei tritt noch deutlicher zu Tage, wenn Zarathustra weiter, wie →Lord Byron, sagt: „Ein Wenig mehr, ein Wenig weniger: das gerade ist hier Viel, das ist hier das Meiste" (ebd.), um die verbliebenen Proportionen der griechischen Bildhauerei zu aktivieren, eine Ekphrase (wie es scheint) von *Der barberinische Faun*, wie man es noch in Münchens Glyptothek sehen kann: „Den Arm über das Haupt gelegt: so sollte der Held ausruhn, so sollte er auch noch sein Ausruhen überwinden." (ebd.) Angespielt wird auch auf das Gleichgewicht und die Ausgewogenheit beispielsweise einer Doryphoros-Statue: „Mit lässigen Muskeln stehn und mit abgeschirrtem Willen: das ist das Schwerste euch Allen, ihr Erhabenen!" (ebd.) Gegen Hegel und gegen Platon gerichtet scheint hingegen der Zusatz: „Wenn die Macht gnädig wird und herabkommt in's Sichtbare: Schönheit heisse ich solches Herabkommen." (ebd.) Es folgt, wie um die Statue zu mahnen: „Der Säule →Tugend sollst du nachstreben: schöner wird sie immer und zarter, aber inwendig härter und tragsamer, je mehr sie aufsteigt." (ebd.) Aber nicht nur in *Za* verwendet N. die S als Metapher für Selbst-Formung und – Gestaltung, sondern beispielsweise auch in *MA* 258 (vgl. auch NF 1880, 7[101]; NF 1884, 25[101]). Diese Metapher borgt sich N. von den „Alten", vor allem von Plotin (vgl. Enneaden 1. 6 [1]; *Za II Auf den glückseligen Inseln*) und den Stoikern, und wir sollten auch im Gedächtnis behalten, dass eben diese Metapher ihre Wurzeln bei Platon hat (vgl. Pol II: 361d; Pol III: 421b–415d; Pol VII: 540c).

Alles in allem nimmt N. die Bezüge zu griechischen Statuen so ernst, wie die Griechen es wohl selbst getan hätten, und beruft sich auf die Plünderer der Abbilder (d. h. der Statuen) von Sais (vgl. Hadot 1982), wobei er die stoische Hoffnung anfechtet, so kalt wie eine Statue zu sein. Zugleich fordert er den Stoizismus (und dabei den wissenschaftlichen Realismus, als die Idee eines Lebens in Übereinstimmung mit der „Natur") heraus, weil er die untilgbare Verbindung von Lust und Schmerz in der stoischen Taktik verkennt, die darin besteht, Leid zu minimieren, indem auch Lust minimiert wird, woraus das Ideal hervorgeht, „kälter, statuenhafter, stoischer [zu werden]." (*FW* 12) Dies war für N. auch ein Beweis für den Verlust der ursprünglichen tragischen und heroischen →Kultur: „Die griechische Tugend wurde eine Sache des Âgõn's, man war neidisch auf einander. Die UNBEWEGLICHKEIT als Ideal; in der Zeit, wo man schon zu EMPFINDSAM geworden war und die Leiden und Umschwünge zu groß (Zeit des Thukydides). Zur Statue werden: während die Tragiker die Statue (des Gottes oder Heros) hatten zu Menschen werden lassen." (NF 1880, [7]101) Es ist klar, dass hier auch eine gewisse Spannung besteht, da N. Plastik als kalt beschreibt – und als Gegenbild zur →Musik, außer: beide traten vereint auf, wie sie es im Zeitalter der Tragödie taten. Das starre Bild der kalten Statue und zudem die eminente Idee, sie zu umarmen, besonders, wenn man den Ehrgeiz hat, auch selber eine zu sein („[W]as ist es, wenn die Statue die Statue umarmt!": NF 1881, 15[55]), war entscheidend für N.s Konzeption der →Dekadenz. Das Ideal der Bildhauerei gelang, N. zufolge, einstmals, es kann jedoch erneut verloren gehen, wie die antike griechische Musik-Tragödie. Folgt man →Burckhardts Hinweisen, muss beachtet werden, dass N. in seiner *Zweiten Nachschrift* zu *WA* auf den „Ruin der S" bei Bernini hinweist, ein Urteil, das vom Kunsthistoriker E. Panofsky (1964: 106) wiederholt wurde.

Für N., so können wir zusammenfassend behaupten, spielte die Statue, ähnlich wie für Platon (vgl. Dixsaut 2007), die Rolle eines Musterbeispiels (in sowohl positiver als auch negativer Hinsicht). Um dieses exemplarische Ideal für die Ohren seiner zeitgenössischen Zuhörerschaft zu qualifizieren, Ohren, die den unseren sehr ähnlich gewesen sein dürften, zitiert N. Plutarchs Reflexion, dass „kein edelgeborner Jüngling […], wenn er den Zeus in Pisa schaue, das Verlangen haben [werde], selbst ein Phidias, oder wenn er die Hera in Argos sehe, selbst ein Polyklet zu werden", und er betont weiter, dass „[d]as künstlerische Schaffen […] für den Griechen ebenso sehr unter den unehrwürdigen Begriff der Arbeit [fällt], wie jedes banausische Handwerk." (*CV* 3, KSA 1: 766) Statt dass man anstrebt, selbst ein Künstler zu werden, möchte man ein Kunstwerk werden, in dem Sinne, dass man sich selbst und sein eigenes Leben hervorbringt, so wie N. davon spricht, dass wir „die Dichter unseres Lebens" werden sollen (*FW* 299).

Für eine andere wichtige Verwendung der S in N.s Werk steht die Metapher des Philosophierens mit dem Hammer – der Hammer als das Werkzeug des Bildhauers, das für „Befreiung" steht, der Hammer aber auch als Bezeichnung für die Doktrin der →ewigen Wiederkunft (u. a. NF 1884, 26[298]; NF 1886–87, 5[70]; 7[45]); der Hammer schließlich in einem Zusammenhang stehend mit seinem Vorhaben, Idole „auszuloten" (NF 1888, 22[6]). Aber allzu grobe Arbeit ist gefährlich, N. warnt denn auch all diejenigen, die seinem Vorhaben, Idole umzustoßen, folgen, aufzupassen, dass die gestürzten Idole (oder umgekehrten Werte) nicht zurück stürzen auf den, der sie umgeworfen hat. Zum Thema auch: Ridgway (1971); Gadamer (1974); Keuls (1978; 1985); Jähnig (1989); v. Filseck (1990); Stemmer (1995); Zöllner (2002); Sünderhauf (2004); Babich (2006); Elsner (2007); Nielsen (2007).

*Babette E. Babich, New York* (Übers.: F. Künstner)

**Sokrates** | Mit S, *469 v. Chr. Athen, †399 v. Chr. ebd., beginnt laut N. „der metaphysische Wahn", der →Nihilismus, worin er das Prinzip der Weltablehnung und einen Widerwillen gegen das Sein entdeckt. Schon in *GT* macht er S für den Untergang der griechischen Tragödie verantwortlich, indem dieser das Rauschhafte durch die Rationalität verdrängt habe: S sei ein Wendepunkt der Weltgeschichte, weil mit ihm „eine tiefsinnige Wahnvorstellung" in die Welt kam, „jener unerschütterliche Glaube, dass das Denken, an dem Leitfaden der Causalität, bis in die tiefsten Abgründe des Seins reiche, und dass das Denken das Sein nicht nur zu erkennen, sondern sogar zu corrigiren im Stande sei." (15, KSA 1: 99) S habe die Tragödie nicht begriffen, weshalb der Sokratismus das mörderische Prinzip sei, an dem die griechische Tragödie – und damit die gesamte griechische Kultur – zugrunde gegangen sei: S sei der Gegner des →Dionysos. Die darin liegende Nichtachtung des Rausches, des Dionysischen, macht ihn für N. zur fragwürdigsten Erscheinung des Altertums.

Der Größenwahn bestand für N. darin, dass sich der Mensch seit S mit seiner Vernunft über alles erhebe und die Welt zu verbessern versuche. Das oberste Gesetz des rationalen Diskurses des Sokratischen laute: „‚alles muss verständig sein, um schön zu sein'; als Parallelsatz zu dem sokratischen ‚nur der Wissende ist tugendhaft.'" (*GT* 12, KSA 1: 85) N. hält es für das „schärfste Wort […] für jene neue und unerhörte Hochschätzung des Wissens und der Einsicht", wenn S „sich eingestehe, nichts zu wissen", während er „überall die Einbildung des Wissens" angetroffen habe, mit einer „Miene der Nichtachtung und der Überlegenheit" (*GT* 13, KSA 1: 89), wie N. den Vorläufer unserer modernen Welt (vgl. Gerhardt 1998) kritisiert, dem er gleichwohl zugute hält, nicht mehr einfach, wie seine Vorgänger, zu spekulieren, sondern gesichertes und überprüfbares Wissen anzustreben, weshalb er (auch) N. als Ahnherr der modernen Wissenschaft und Kultur gilt (*GT* 18), mehr als dies: „Während […] bei allen productiven Menschen der Instinkt […] die schöpferisch-affirmative Kraft sei, und das Bewusstsein sich kritisch und abmahnend gebärdet: wird bei S der Instinct zum Kritiker, das Bewusstsein zum Schöpfer – eine wahre Monstrosität per defectum!" (*GT* 13, KSA 1: 90) Auch habe der unmusikalische S das Rauschhafte vertrieben und das Vernünftige (bis heute) etabliert, sprich: „den Typus des theoretischen Menschen" populär gemacht und an seiner Figur veranschaulicht: „als der

Erste, der an der Hand jenes Instinctes der Wissenschaft nicht nur leben, sondern [...] auch sterben konnte: und deshalb ist das Bild des STERBENDEN S als des durch Wissen und Gründe der Todesfurcht enthobenen Menschen das Wappenschild [...] über dem Eingangsthor der Wissenschaft" (*GT* 15, KSA 1: 99). Nach S breitete sich eine nie geahnte Universalität der Wissensgier aus, die ein gemeinsames Netz des Gedankens über den gesamten Erdball gespannt habe. S ist für N. das Urbild des theoretischen Optimisten, der an die Ergründbarkeit der Natur der Dinge glaube, der dem Wissen und der Erkenntnis die Kraft einer Universalmedizin beilege und der im Irrtum das Übel an sich begreife: In diese Gründe einzudringen und die wahre Erkenntnis vom Schein und vom Irrtum zu trennen, sei für den sokratischen Menschen der edelste und einzig wahrhafte Beruf.

Später äußert sich N. über S etwas freundlicher: „Wenn Alles gut geht", schreibt er beispielsweise in seiner Freigeistepoche, „wird die Zeit kommen, da man, um sich sittlich-vernünftig zu fördern, lieber die Memorabilien des S in die Hand nimmt, als die Bibel" (*WS* 86). Dies freilich ist ein etwas vergiftetes Lob, und (gleichfalls) ambivalent ist die Bemerkung, er, N., stehe S so nahe, dass er „fast immer einen Kampf mit ihm kämpfe." (NF 1875, 6[3]) Jahre später droht diese Bemerkung auf N. zurückzufallen: S stamme seiner Herkunft nach aus der niedrigsten Schicht, was man an seiner Hässlichkeit sehen könne: „S war →Pöbel." Wichtig daran: Mit S schlage der griechische Geschmack zu Gunsten der Dialektik um, womit der „Pöbel" sozial aufsteige, wie der sokratische Dialog offenbare: Altes (etwa: „Was sich erst beweisen lassen muss, ist wenig werth", oder: Solange noch die „Autorität zur guten Sitte" gehört habe, sei befohlen und nicht „‚begründet'" worden) trete außer Geltung, und Neues, etwa S, der Dialektiker, mutiere zu „eine Art Hanswurst: man lacht über ihn, man nimmt ihn nicht ernst. – S war der Hanswurst, der sich ERNST NEHMEN MACHTE" (*GD, Das Problem...* 5). Und schließlich bleibt der Spott N.s nicht aus, S habe „Gehörs-Hallucinationen" gehabt, „die, als ‚Dämonion des S', in's Religiöse interpretirt worden sind." (*GD, Das Problem...* 4)

In der Summe jedenfalls gilt für N.: S habe zwar „aus der →VERNUNFT einen Tyrannen" gemacht, aber dieser für viele nach S alternativlose Weg („Vernunft = Tugend = Glück heisst bloss: man muss es dem S nachmachen und gegen die dunklen Begehrungen ein TAGESLICHT in Permanenz herstellen – das Tageslicht der Vernunft." [*GD, Das Problem...* 10]) sei, so wie S insgesamt, „ein Missverständnis", mehr als dies: „[D]IE GANZE BESSERUNGS-MORAL, AUCH DIE CHRISTLICHE, WAR EIN MISSVERSTÄNDNIS ... Das grellste Tageslicht, die Vernünftigkeit um jeden Preis, das Leben hell, kalt, vorsichtig, bewusst, ohne Instinkt, im Widerstand gegen Instinkte war selbst nur eine Krankheit, eine andre Krankheit – und durchaus kein Rückweg zur ‚Tugend', zur ‚Gesundheit', zum Glück ... Die Instinkte bekämpfen MÜSSEN – das ist die Formel für décadence: so lange das Leben AUFSTEIGT, ist Glück gleich Instinkt. –" (*GD, Das Problem...* 11) Zum Thema auch: Gigon (1947); Figal (1995); Pleger (1998); Wollek (2004).

*Andreas Becke, Hannover*

**Sozialismus** | N. versteht S als „Mitleids- und Sklavenmoral" (Brose 1990: 173) und „disqualifiziert [...] ihn als christliches Rechtfertigungsschema" (Bünger 1997: 190). „Primär stellt der S für ihn [...] eine Bedrohung der bestehenden und mehr noch der wünschbaren Gesellschaftsordnung dar" (Marti 1993: 143). Dabei ist zu beachten, dass N. die Theorien des S zwar besser kannte, als gemeinhin angenommen wird, sich aber doch nie systematisch damit befasst hat (ebd.: 141–188; Brobjer 2002). In *FW* 40 führt N. die Entstehung des S auf die „Fabricanten-Vulgarität" der „industriellen Kultur" zurück, in der nicht vornehme Herkunft, sondern Gier und Glück zur Herrschaft gekommen sind. Der S ist Konsequenz derselben Habsucht, indem nun die „socialistischen Rattenfänger" die Arbeiter „mit tollen Hoffnungen brünstig machen" (*M* 206). Der Politik seiner Zeit attestiert er eine „Angst vor dem S"; die so beförderte Rücksichtnahme auf das Volk werde „langsam einen Mittelstand schaffen, der den

S wie eine überstandene Krankheit VERGESSEN darf" (*WS* 292). Neben einigen praktischen Einwänden teilt N. vor allem die Ziele des S nicht. „Der S beruht auf dem ENTSCHLUSS die Menschen GLEICH zu setzen und gerecht gegen jeden zu sein: es ist die höchste Moralität." (NF 1876–77, 21[43]) Diesen moralischen Entschluss hält N. für problematisch, denn er beinhalte die Aufgabe der Individualität und drücke →Ressentiment und materielle Gier aus. N. bezweifelt zudem, dass in den „geordneten Zuständen, welche der S fordert", Großes entstehen könne, was problematisch sei, denn: „Andere Ziele als grosse Menschen und grosse Werke hat die Menschheit nicht" (NF 1877, 25[1]). Dementsprechend versteht N. den S „als die zu Ende gedachte TYRANNEI der Geringsten und Dümmsten, der Oberflächlichen, der Neidischen und der Dreiviertels-Schauspieler" – kurz, als „die Schlußfolgerung der modernen Ideen" (NF 1885, 37[11]). Vielen dieser modernen Ideen stand N. kritisch gegenüber. Von Sozialisten und Anhängern des →Marxismus wurde N. daher schon früh – zu Unrecht – als „Sozialphilosoph des →Kapitalismus" kritisiert (Mehring 1891: 188), obwohl es durchaus auch einen „*nietzscheanischen S*" gibt (Aschheim 1992: Kap. 6).

*Helmut Heit, Berlin*

**Spencer, Herbert** | S, *27.4.1820 Derby, †8.12.1903 Brighton, engl. Philosoph und Soziologe, legte eine allgemeine Entwicklungstheorie vor, wonach die gesamte Wirklichkeit einer nach den Gesetzen der Anpassung fortschreitenden Bewegung unterworfen ist, einschließlich des sozialen Organismus, der sich nach S auf einen Zustand spontaner Selbstlosigkeit und vollkommener Harmonie und Glückseligkeit zubewegt. Erhalten sind in N.s Bibliothek, mit handschriftlichen Lesespuren: *Einleitung in das Studium der Sociologie* (Leipzig 1875) und *Die Thatsachen der Ethik* (Stuttgart 1879), die N. gleich nach Erscheinen erwarb. Auf die *Thatsachen*, die er ab Frühjahr 1880 las, nimmt er zum Teil ausdrücklich Bezug, häufiger kommentiert er wichtige Themen des Buchs.

N.s Kritik betrifft in erster Linie das Zweckdenken von S, der zu wissen glaubt, welche Umstände die Entwicklung organischer Wesen am meisten begünstigen; in zweiter Linie betrifft N.s Kritik Ss moralischen Naturalismus. Ss Bild des Menschen als eines selbstlosen, wohlwollenden Wesens „ist NICHT das Ergebniß der Wissenschaft", sondern ein „Wunsch", zu dem der „JETZT VORHERRSCHENDE TRIEB" die Menschen verleitet (NF 1880–81, 8[35]). Zusammen mit J. St. Mill ist S für N. ein tüchtiger, aber mittelmäßiger Vertreter der modernen Ideen, dem sein Instinkt eines *décadent* die Norm für das soziologische Werturteil liefert (*JGB* 253; GD, *Streifzüge* … 37), Symptom und Produkt des „Herdeninstinkts". Zur Definition desselben hat aber gerade S beigetragen (Fornari 2009). Denn die Begegnung mit S war für N. unverzichtbar: Vor allem verlagerte sich sein Verständnis von Ursprung und Entwicklung der →Moral dank S auf eine ausdrücklicher biologische Ebene (Moore, 2002b), während die Kritik am Anpassungsbegriff Ss mit der Formulierung des Konzepts des →Willens zur Macht zusammenhängt (*GM II* 12). Zum Thema auch: Orsucci (1996); Moore (2002a); Brobjer (2008).

*Maria Cristina Fornari, Lecce*

**Spengler, Oswald** | S, *29.5.1880 Blankenburg/Harz, †8.5.1936 München, Philosoph u. pol. Publizist, dessen geschichtsphilosophisches Haustpwerk *Der Untergang des Abendlandes* (1918/1922) die gesamte Weltgeschichte als Abfolge einzelner Kulturen mit individuellem Charakter begreift und das Ende der abendländischen Kultur für den Beginn des dritten Jahrtausends vorhersagt. Nach dem überwältigenden Erfolg des Werks publiziert S eine Vielzahl von Reden und Aufsätzen und knüpft intensive Kontakte zu konservativen Politikern und Wirtschaftsführern, wahrt jedoch eine gewisse Distanz zur NSDAP. Seit 1919 steht er im Kontakt mit dem →N.-Archiv, in dessen Vorstand er 1923 gewählt wird und mit dem er 1933 bricht (Felken 1988: 159, 169).

S rechnet N. neben →Goethe zu den Autoren, denen er „so gut wie alles verdanke" (S [33]1923: IX). Während Goethe noch der Repräsentant seiner Zeit sein konnte, musste sich N. gegen den platten Optimismus seiner Zeitgenossen stellen. N. habe nicht nur die Illusion eines übergreifenden Fortschritts der Menschheit über Bord geworfen, sondern, ähnlich wie S selbst, ein alleine auf Daten und Fakten beschränktes wissenschaftliches Geschichtsverständnis zugunsten einer intuitiven Herangehensweise überwunden, der allein sich die untergründig wirksamen Kräfte einer Epoche erschließen (S 1924: 112). Dem entspricht die Bevorzugung der Anschauung gegenüber einem rational begrifflichen Zugang (Felken 1988: 161), wie sie bei N. etwa am Beginn von *GT*, bei S in den methodischen Abschnitten am Anfang des *Untergangs* zum Ausdruck kommt.

S erkennt auch die offenkundigen Gegensätze zwischen seinem eigenen System, das jede Kultur in das gleiche Raster eines tausendjährigen Ablaufschemas zwingt, und N.s Distanz zur Systemphilosophie, sieht hierin jedoch die Überlegenheit des eigenen Ansatzes, der einen „Überblick" gebe, wo N. es bei einem „Ausblick" belassen habe. Einig sind sich beide Autoren wieder in der Bevorzugung des großen Einzelnen gegenüber der →Masse sowie in der Forderung, dass Geschichte sich nicht mit theoretischer Erkenntnis begnügen dürfe, sondern direkten Einfluss auf das →Leben gewinnen müsse: „Wenn wir nicht HANDELN lernen, wie es die wirkliche Geschichte meint, mitten in einer Zeit, die weltfremde Ideale nicht duldet, […] dann werden wir als Volk aufhören zu sein." (S 1924: 123 f.) Zum Thema auch: Grützmacher (1931); Koktanek (1968); Ferrari Zumbini (1976).

*Michael Pauen, Berlin*

**Spiel** | S ist für N. ein zentrales Phänomen, das jenseits des Gegensatzes von S und Ernst ansetzend den ewigen Kreislauf von →Werden und Vergehen als schöpferische Selbstgestaltung des Lebens zum Vorschein bringt. Alle →Metaphysik ist letztlich nur als eine „Metaphysik der →Kunst" zu verstehen, so wie „das Dasein und die Welt" nur als „aesthetisches Phänomen" gerechtfertigt sind, ein „schwer zu fassende[s] Urphänomen", worin „uns gerade der tragische Mythus zu überzeugen hat, dass selbst das Häßliche und Disharmonische ein künstlerisches S ist, welches der Wille, in der ewigen Fülle seiner Lust, mit sich selbst spielt." (*GT* 24, KSA 1: 152) Wurde bei N. das S zunächst in erster Linie von der (tragischen) Kunst her verstanden, so melden sich schon bald erste Anzeichen einer Erweiterung und Vertiefung, worin das S zu einem Grundmovens des Künstlers sowie des →Kindes avanciert, der bis in geschichtliche und äonale, ja kosmische Zusammenhänge hineinreicht. „Ein Werden und Vergehen, ein Bauen und Zerstören, ohne jede moralische Zurechnung, in ewig gleicher Unschuld, hat in dieser Welt allein das S des Künstlers und des Kindes. Und so, wie das Kind und der Künstler spielt, spielt das ewig lebendige Feuer, baut auf und zerstört, in Unschuld – und dieses S spielt der Aeon mit sich." (*PHG* 7, KSA 1: 830) N.s Verständnis von S meint ein höheres S, welches jede Theorie und Erkenntnis, jede Meinung, jeden Irrtum, jedes Mißverständnis und noch jeden Trieb in sich aufzunehmen weiß als Phasen, als Schwerpunkte, Perspektiven und Interpretationen eines unhintergehbaren Werdens, welches daher auch „S DES LEBENS" insgesamt (NF 1881, 11[144]) und schließlich „Welt-S" (*FW V, Lieder des Prinzen Vogelfrei: An Goethe*) genannt wird.

Die gestaltende und über sich hinaus weisende Kraft des Ss, ein „S von Kräften und Kraftwellen […] ewig sich wandelnd, ewig zurücklaufend, […] Sich-selber-widersprechendste, und dann wieder aus der Fülle heimkehrend zum Einfachsten" (NF 1885, 38[12]), wird besonders in *Za I, Von den drei …* deutlich: „Unschuld ist das Kind und vergessen, ein Neubeginnen, ein S, ein aus sich rollendes Rad, eine erste Bewegung, ein heiliges Ja-sagen. Ja, zum Se des Schaffens." →Heraklit steht Pate, wenn N. diesem Lebensspiel ein unschuldiges S eingeschrieben sieht, das zugleich „Kraft" des Ss meint, was vielleicht besser den zumeist missverstandenen Topos des

→‚Willens zur Macht' trifft: „‚das S', das Unnützliche, als Ideal des mit Kraft Überhäuften, als ‚kindlich'. Die ‚Kindlichkeit' Gottes, παῖς παίζων." (NF 1885–86, 2[130])

*Ursula Stenger, Ludwigsburg / Georg Stenger, Würzburg*

**Spinoza, Baruch de** | S, *24.11.1632 Amsterdam, †21.2.1677 Den Haag, Philosoph, wurde von N. mit dem Attribut des „reinsten Weisen" (*MA* 475) versehen. Das Maß, in welchem N.s Denken S verpflichtet ist – wenn es denn überhaupt ins Blickfeld der Forschung rückte –, wurde bisher allerdings mehr behauptet als belegt. Die Spuren einer direkten Lektüre sind jedenfalls spärlich, vielfältig hingegen diejenigen einer vermittelten Aneignung. Dazu gehört N.s lebenslange Beschäftigung mit dem bekennenden Spinozisten →Goethe. Auch exzerpiert N. einschlägige Passagen aus K. Fischers *Geschichte der neuern Philosophie* ([2]1865). In Bezug auf seinen Status des exkommunizierten Juden findet sich hier der einem auch bei N. begegnende Topos der radikalen Einsamkeit (vgl. N. an Overbeck 30.7.1881). Als „jungen S" charakterisiert ein Rezensent N.s Freund →Rée nach der Lektüre des *Ursprungs der moralischen Empfindungen* (1877), das wiederum unmittelbaren Einfluss ausübt auf N.s *MA* (1878).

Insofern er als Essenz des menschlichen Triebhaushalts den *conatus*, das Streben nach Selbsterhaltung und die Vervollkommnung des individuellen Machtgefühls stellt, gehört der Monist S mit Schopenhauer zweifellos in eine „Traditionslinie", die, wie G. Gödde (1999) konstatiert, mit divergierenden Pointierungen über N. zu →Freud führt. Geht es S doch – wie später N. – um die Befreiung der →Affekte von der Perspektive der Schuld, wenn man sein „non ridere, non lugere, neque detestari" denn in diesem Sinne auslegen möchte. Aus dem Impuls des *conatus* emergiert laut S das, was dem Menschen als „gut" gilt. So formuliert er schon im 17. Jh. eine ‚Umwertung aller Werte': Ihm gilt, „daß wir nach nichts streben, [...] weil wir es als gut beurteilen, vielmehr [...] daß wir etwas darum als gut beurteilen, weil wir danach streben, es wollen, erstreben und begehren." (*Ethik* III, Lehrsatz 9, Scholium) Als →„Willen zur Macht" benennt N. seine Beobachtung agonaler, sich gegeneinander überbietender, innerweltlicher Geschehensprozesse. Wieder findet sich eine antizpierende Formulierung bei S: „Ein Affekt kann nur gehemmt oder aufgehoben werden durch einen Affekt, der entgegengesetzt und der stärker ist als der zu hemmende Affekt." (*Ethik* IV, Lehrsatz 7)

Konträr zu diesen Parallelen erscheint N.s S-Kritik, wonach eine seinen Schriften inhärente Tendenz ‚anämisch' sei, gehe es doch um „Zerstörung der Affekte durch Analysis und Vivisektion derselben" (*JGB* 198). Dagegen N.: „Leben selbst ist Wille zur Macht –: die Selbsterhaltung ist nur eine der indirekten und häufigsten FOLGEN davon." (*JGB* 13). Zum Thema auch: Wiehl (1998); v. Seggern (2005b).

*Hans-Gerd von Seggern, Berlin*

**Spitteler, Carl** | S, *24.4.1845 Liestal (Kanton Baselland), †29.12.1924 Luzern, schweiz. Schriftsteller (Nobelpreis für Literatur 1919), wurde nach Erscheinen der epischen Dichtung *Prometheus und Epimetheus* (1880–81) im Sommer 1887 durch N. Avenarius (*Der Kunstwart*) empfohlen. Anfang Januar 1888 erschien als erste umfassende, für ein breites Publikum geschriebene Darstellung von N.s Schaffen Ss Rezension *F. N. aus seinen Werken* in dem von Widmann redigierten Sonntagsblatt der Berner Tageszeitung *Der Bund*. N.s Reaktion war zunächst positiv, dann zunehmend negativ, etwa in *EH*. Im November 1888 rezensierte S zustimmend *WA*, woraufhin N. S brieflich am 11.12.1888 vorschlug, *NW* herauszugeben und mit einer Vorrede zu versehen. S lehnte ab, N. selbst hatte den Vorschlag allerdings schon in der Folgenacht zurückgezogen (An S, 12.12.1888). Im Januar 1889 erfolgte die letzte Botschaft N.s an S unter dem Zeichen der inzwischen eingetretenen Umnachtung (vgl. Stauffacher 1994).

*Werner Stauffacher, Lausanne*

**Sprache** | Dass N.s Philosophie über weite Strecken eine Theorie und Philosophie der S sei, ist früh hervorgehoben worden (Mauthner 1901/02). Gegen die Tendenz des 19. Jh.s, die S in empirisch-einzelwissenschaftlichen Untersuchungen zu zergliedern, knüpft N. an die maßgeblich von W. v. Humboldt angeregte Sprachwissenschaft und philosophische Sprachreflexion an. Seine Sprachtheorie lässt sich vereinfacht in eine philologische und ästhetische sowie eine erkenntnistheoretische bzw. -kritische Richtung unterteilen, die sich jedoch an vielen Stellen seines Werkes gegenseitig durchdringen.

Noch deutlich unter dem Einfluss Schopenhauers ist N.s frühe Skizze über den Sprachursprung von der vieldeutigen These geleitet: „Die S ist weder das bewusste Werk einzelner noch einer Mehrheit." (MusA 5: 467) In *DW* heißt es: „Die innigste und häufigste Verschmelzung von einer Art Geberdensymbolik und dem Ton nennt man S" (4, KSA 1: 575) Die intensive Auseinandersetzung N.s mit der klassischen Bildung der Antike, speziell der griechischen S, die in seiner Basler Antrittsvorlesung zu einer Neudefinition der Philologie führt (vgl. BAW 5: 283–305), gipfelt in der Bemerkung, „dass die S ein von den Vorfahren überkommenes und den Nachkommen zu hinterlassendes Erbstück ist, vor dem man Ehrfurcht haben soll als vor etwas Heiligem und Unschätzbarem und Unverletzlichem." (*DS* 12, KSA 1: 235) Allerdings wird diese Einschätzung unter dem Eindruck →Wagners und vor dem Hintergrund einer antik motivierten Hierarchie der Empfindungen relativiert, wenn N. in *GT* die Ausdrucksmöglichkeiten von Musik der S gegenüber höher gewichtet: „Der Weltsymbolik der Musik ist eben deshalb mit der S auf keine Weise erschöpfend beizukommen [...]: daher kann die S, als Organ und Symbol der Erscheinungen, nie und nirgends das tiefste Innere der Musik nach Aussen kehren." (*GT* 6, KSA 1: 51) In seinen wiederholten pädagogischen Appellen – „Nehmt eure S ernst!" (*BA II*, KSA 1: 676) – an die „sprachliche Selbstzucht" (ebd.: 684), d. h. einen stilistisch und grammatikalisch korrekten Gebrauch der S, insbesondere der Muttersprache, in Schule und Unterricht, wo „die vollendete Stillosigkeit" (ebd.: 681) herrsche, erscheint der Bildungskritiker N. nicht nur auf der Höhe *seiner* Zeit (vgl. *BA II*, KSA 1: 675, 677, 679, 683 u. ö.). Seine philologisch-ästhetischen Untersuchungen, vor allem aber seine Aussagen zur Rhetorik, werden bis heute diskutiert.

Von theoretisch weit reichender Bedeutung, weil eingebettet in eine Kritik der metaphysischen Tradition, ist N.s Behandlung der S in *WL*. Das Zentrum der europäischen →Metaphysik ist das Wahrheitsverständnis, und die entscheidende Frage lautet demgemäß, ob die S „der adäquate Ausdruck aller Realitäten" (*WL*, KSA 1: 878) ist. Dagegen spricht vor allem die Vielfalt der S, der Wort- und Begriffsverwendungen, so dass N. die „Conventionen der S" (ebd.) als nichts anderes denn als an- und verwendungsorientierte bzw. lebensdienliche Weisen der Realitätsfälschung, d. h. „Conventionen zu lügen" (ebd.: 881), bezeichnen kann. Begriffsbildung bedeutet für N. die weitgehend beliebige, weil „nicht aus dem Wesen der Dinge" (ebd.: 879) stammende Fixierung von Eigenschaften und Abgrenzung von Dingen mittels sprachlicher Zeichen auf dem Wege metaphorischer Übertragungsprozesse. „Logisch geht es jedenfalls nicht bei der Entstehung der S zu, und das ganze Material worin und womit später der Mensch der Wahrheit, der Forscher, der Philosoph arbeitet und baut, stammt, wenn nicht aus Wolkenkukuksheim, so doch jedenfalls nicht aus dem Wesen der Dinge." (ebd.) Nur durch ein „Uebersehen des Individuellen und Wirklichen" in den an individuelle Erlebnisse gebundenen Worten sowie deren sprachliche Gleichmachung und Anpassung an ungleiche, aber „zahllose, mehr oder weniger ähnliche [...] Fälle" (ebd.: 879 f.) entstehen nach N. Begriffe: „Jeder Begriff entsteht durch Gleichsetzen des Nicht-Gleichen." (ebd.: 880) Die S wird für N. damit zu einer Verführerin (vgl. *GM I* 13 und NF 1880–81, 10[D67]), weil die zentralen Begriffe der europäischen Philosophie, etwa Sein, Einheit, Identität, Erkennen, Subjekt, Substanz, Wahrheit u. ä., an die indoeuropäischen Sprachstrukturen gebunden sind. In *GD* kann N. demzufolge die gesamte überlieferte Metaphysik als „Sprach-Metaphysik" bezeichnen, als einen „Irrthum, [der] unsre S zum beständigen Anwalt" (*GD, Die „Vernunft"*... 5) hat. Mit Blick auf eines der zentralen metaphysischen Themen kann N. resümieren: „Die ‚Vernunft' in der S: oh was für eine alte betrügerische Weibsperson! Ich fürchte, wir werden Gott nicht los, weil wir noch an die Grammatik glauben ..." (ebd.) Jeder Denkende, vor allem der Philosoph, ist nach N. „in den Netzen der S eingefangen" (NF 1872–73, 19[135]; vgl. NF 1875, 6[39] und *WS* 55). Damit ist die S ebenfalls in ihrer Rolle als Fundament für Wissenschaft in Frage gestellt, wie N. in *MA* deutlich macht: „Die S als vermeintliche Wissenschaft [...] Der Glaube an die gefundene Wahrheit ist es auch hier, aus dem die mächtigsten Kraftquellen geflossen sind. Sehr nachträglich – jetzt erst – dämmert es den Menschen auf, dass sie einen ungeheuren Irrthum in ihrem Glauben an die S propagirt haben." (11) Bei aller Kritik und Skepsis gegenüber dem Glauben an die Erkenntnismöglichkeiten der begrifflichen S ist sich N. allerdings zugleich ihrer Unverzichtbarkeit bewusst, wenn er schreibt: „[W]ir hören auf zu denken, wenn wir es nicht in dem sprachlichen Zwange thun wollen, wir langen gerade noch bei dem Zweifel an, hier eine Grenze als Grenze zu sehn." (NF 1886–87, 5[22]) N.s generelle Kritik an der Kluft zwischen S und Wirklichkeit breitet sich zu Beginn des 20. Jh.s zu einer verbreiteten Sprachskepsis aus, die die kommende Sprachphilosophie, bis hin zum sogenannten „linguistic turn", maßgeblich anregt. N.s eigene S, die elegant, aber in der Selbstbescheinigung der höchsten Könnerschaft über weite Strecken selbstverliebt ist, hat zahlreiche Interpreten gefunden (Schlaffer 2007). Zum Thema auch: Simon (1972); Behler (1996); Haar (1999).

*Andreas Poenitsch, Freiburg i. Br.*

***ST: Socrates und die Tragoedie*** | Der Text entspricht einem am 1. Februar 1870 in Basel gehaltenen öffentlichen Vortrag, schließt dabei an *GMD* an und zählt zu den frühesten Vorstufen von *GT*. Die Ausführungen sind kulturgeschichtlich bilanzierend und präsentieren die Epoche zwischen dem Ende der klassischen Tragödie und dem Aufkommen der mittleren Komödie in Form einer Verfallsgeschichte. Leitend für die Untersuchung ist hierbei noch nicht die Unterscheidung zwischen Apollinischem und Dionysischem, sondern der Antagonismus zwischen Kunst und Wissenschaft. Als Muster und Orientierung der Interpretation dienen N. die Frösche des Aristophanes. N. übernimmt und modifiziert deren Wertungen, radikalisiert die nacheuripideische Zäsur aber zu einem generellen kulturellen Umbruch. Euripides in der Kunst und Sokrates in seinem Daseinsverständnis dienen ihm als die Individuen, in denen die vermeintliche Degeneration des kulturellen Selbstverständnisses der Griechen paradigmatisch erfahrbar wird. So tritt an die Stelle tragisch-heroischer Dichtung, die N. wie Schopenhauer hier noch als pessimistisch deutet, mit Euripides eine Bühnenkunst, die sich erstmals einer rationalen Ästhetik verpflichtet. Programmatischer Prolog, Psychologisierung der Charaktere, sophistische Argumentationspraxis, Marginalisierung des Chors und der inflationär eingesetzte Deus ex Machina als Garant der Gerechtigkeit sind für N. die entscheidenden Belege einer nur noch vernunftgeleiteten →Kunst. Stark betont wird die Abhängigkeit des Euripides von der auf Bewusstseinsaufhellung abzielenden Philosophie des →Sokrates. Dessen „optimistischer Glaube an den nothwendigen Verband von Tugend und Wissen" negiere das Weltverstehen der →Tragödie. Bemerkenswert ist eine im Vortrag von N. als „Sokratismus" (*ST*, KSA 1: 541) geltend gemachte Tendenz, die „älter sei als Sokrates". Gemeint ist das „Element der Dialektik", das in Gestalt der Gegenrede genealogisch bereits in die Anfänge der Tragödie eingezeichnet ist: „Das Verderben nahm seinen Ausgangspunkt vom Dialog." So sind bereits Aischylos und Sophokles konstitutive Bestandteile der Verfallsgeschichte der Tragödie – eine Konsequenz, die auch zur Nachfrage →Wagners geführt hat. Die Passagen haben später keine Aufnahme in *GT* gefunden. Zum Thema auch: Henrichs (1986).

*Enrico Müller, Greifswald*

**Staat** | Die Auseinandersetzung mit dem Problem des Ss durchzieht alle Perioden von N.s Schaffens. 1872, in *CV* 3, ein von N. nicht veröffentlichter Text, der im Nationalsozialismus für Furore sorgte, beschäftigt er sich mit dem griechischen S und entwickelt dabei seine früheste Ss-Auffassung, welche wesentlich durch →Schopenhauer und →Burckhardt bestimmt ist und Anstoß erregte wegen der Sicherheit, mit der N. sich dazu versteht, „als grausam klingende Wahrheit hinzustellen, daß ZUM WESEN EINER KULTUR DAS SKLAVENTHUM GEHÖRE" (KSA 1: 767). Dem S, so N. weiter, komme zu, den „Gesellschaftsprozeß in Fluß zu bringen und in seiner ungehemmten Fortdauer zu verbürgen", denn: „[E]rst die eiserne Klammer des S-es zwängt die größeren Massen so aneinander, daß jetzt jene chemische Scheidung der Gesellschaft, mit ihrem neuen pyramidalen Aufbau, vor sich gehen MUSS" (ebd.: 769) Schaue man in den Spiegel der Entstehung des Ss hinein, so möchte man zwar „fürderhin nur in schauervoller Entfernung von ihm sein Heil suchen", denn man sieht „verwüstete Länder, zerstörte Städte, verwilderte Menschen, verzehrenden Völkerhaß!" (ebd.: 771) Dennoch spürt N. einen Klang, „bei dem wir uns vergessen, ein[en] Schlachtruf, der zu zahllosen wahrhaft heroischen Thaten begeistert hat, vielleicht der höchste und ehrwürdigste Gegenstand für die blinde und egoistische →Masse, die auch nur in den ungeheuren Momenten des Staatslebens den befremdlichen Ausdruck von Größe auf ihrem Gesicht hat!" (ebd.) Diese (auch ihm damals nicht fremde) Haltung einer bedingungslosen Zurückstellung aller Interessen für den Dienst eines solchen „Ss-Instinkts" konstatiert N. vornehmlich bei den frühen Griechen, die er sich „a priori als die ‚politischen Menschen an sich'" konstruiert (ebd.). Er sieht ihn aber nicht mehr in der Gegenwart, in der „liberal-optimistischen Weltbetrachtung, welche ihre Wurzeln in der Lehren der französischen Aufklärung und Revolution" (ebd.: 773) habe und die „jene wahrhaft internationalen heimatlosen Geldeinsiedler" dominiere, welche bemüht seien, „die Politik zum Mittel der Börse und S und Gesellschaft als Bereicherungsapparat ihrer selbst zu missbrauchen." (ebd.: 774) Das einzige Mittel gegen diese „Ablenkung der Staatstendenz zur Geldtendenz" sei, so N. weiter, „der →Krieg und wiederum der Krieg" (ebd.) – eine fatale Pointe, mit der N. dem →Antisemitismus (Wagners) huldigte und die selbst →C. Wagner, der *CV* dediziert war, im Januar 1873 mit dem nicht unberechtigten Attribut „ungeschickte Schroffheit" (1976a: 623) versah.

Im weiteren Fortgang argumentiert N. denn auch moderater. So wirft er im achten Hauptstück von *MA* einen Blick auf den S der Moderne. Die bislang vorhandene Beziehung von Regierung und Religion, die in Zeiten des Verlusts und der Entbehrung in der Lage war, die Religion „zur Linderung der seelischen Leiden des Privatmannes" einzusetzen, weil sie „eine beruhigte, abwartende, vertrauende Haltung der Menge [gewährt]" (*MA* 472, KSA 2: 302), wird nun aufgelöst und die Religion Privatsache – mit politischen Folgen. Denn Menschen, die früher „den S als etwas Halb- oder Ganzheiliges adorirten", wandeln ihre Stimmung „in eine entschieden STAATSFEINDLICHE um" (ebd.: 304), kurz: „Die moderne Demokratie ist die historische Form vom VERFALL DES STAATES" (ebd.: 306). Bei all dem sieht N. die Ss-gründung im Gegensatz zu den Vertragstheorien des aufstrebenden Bürgertums und des Aufklärungszeitalters immer nur als einen Unterwerfungsakt der Schwachen durch die Starken: „So handelt der Gewaltthätige, Mächtige, der ursprüngliche S-engründer, welcher sich die Schwächeren unterwirft" (*MA* 99).

Die schärfste Kritik am S findet man in *Za*, wo er als das „kälteste aller kalten Ungeheuer" (*Za I, Vom neuen Götzen*) bezeichnet wird, als „Heuchelhund" (*Za II, Von grossen Ereignissen*), der „in allen Zungen des Guten und Bösen" lüge (*Za I, Vom neuen Götzen*). Entsprechend der Verschärfung seiner Kritik an der Moderne in all ihren Erscheinungen (wie →Demokratie, Gleichheit, Gerechtigkeit, →Sozialismus etc.) verstärkt N. die Kritik an dem modernen S und seinen Institutionen, die nichts mehr taugen; so sei „die moderne Demokratie [...] VERFALLSFORM DES Ss" (*GD, Streifzüge ...* 39); auch gelte: „Alles, was ein Mensch im Dienste des Ss

THUT, geht wider seine Natur …" (NF 1887–88, 11[252]). N. blickt aber auch erneut in die Vergangenheit und sieht die Gründung des „älteste[n] ‚Ss'" als eine „furchtbare Tyrannei, als eine zerdrückende und rücksichtslose Maschinerie", die den „Rohstoff von Volk und Halbthier endlich nicht nur durchgeknetet und gefügig, sondern auch GEFORMT" hat. Mit dieser Art von S verbindet N. „ein Rudel blonder Raubthiere, eine Eroberer- und Herren-Rasse, welche, kriegerisch organisirt und mit der Kraft zu organisieren, unbedenklich ihre furchtbaren Tatzen auf eine der Zahl nach vielleicht ungeheuer überlegene, aber noch gestaltlose, noch schweifende Bevölkerung legt." Damit beginnt nach N. der „S ‚auf Erden': ich denke, jene Schwärmerei ist abgethan, welche ihn mit einem ‚Vertrage' beginnen liess. Wer befehlen kann, wer von Natur ‚Herr' ist, wer gewaltthätig in Werk und Gebärde auftritt – was hat der mit Verträgen zu schaffen!" (*GM II* 17)

*Hans-Martin Gerlach †*

**Starke, Stärke** | Beide Begriffe werden von N. fast immer im engen Bezug zu →Schwache, Schwäche gesehen (vgl. Meyer 1991: 283). Der starke Mensch ist ein großer Individualist, der sich auf sich selbst stellen will, in dem „viel Kraft vererbt ist" (NF 1888, 15[78]) und der, im Gegensatz zu den Schwachen, „naturnothwendig AUSeinander" (*GM III* 18) strebt. Wenn Starke sich doch einmal verbinden, dann „nur in der Aussicht auf eine aggressive Gesammt-Aktion und Gesammt-Befriedigung ihres →Willens zur Macht, mit vielem Widerstande des Einzel-Gewissen", weil der „Instinkt der geborenen ‚Herren' (das heisst der solitären Raubthier-Species Mensch) im Grunde durch Organisation gereizt und beunruhigt wird." (ebd.) Für sie gilt all das als gut, „was das Gefühl der Macht, den Willen zur Macht, die Macht selbst im Menschen erhöht." (*AC* 2) Ihr Prinzip lautet: „NICHT Zufriedenheit, sondern mehr Macht; NICHT Friede überhaupt, sondern →Krieg, NICHT Tugend, sondern Tüchtigkeit (Tugend im Renaissance-Stile, VIRTU), moralinfreie Tugend)" (ebd.). N. wirft dem →Christentum vor, in seiner Parteinahme für aller Schwachen und Niedrigen „einen TODKRIEG gegen diesen HÖHEREN Typus Mensch" zu führen und „alle Grundinstinkte dieses Typus in Bann getan" zu haben (*AC* 5).

Als Beispiele für diesen Typus denkt N. an Persönlichkeiten wie Cäsar, Friedrich der Große, Napoleon (in der Politik) sowie, im Bereich künstlerischen Schaffens, an Homer, Aristophanes oder auch Goethe. Schon in *HL* hat N. Goethe gelobt und herausgestellt, dass es gelte, sich gegen die „blinde Macht der Facta" und die „Tyrannei der Wirklichkeit" zu empören sowie gegen die „geschichtlichen Wellen" zu schwimmen (8, KSA 1: 311). Während die Schwachen die Gehorchenden sind, sind die Starken also die Befehlenden, die Herrscher. Und: „Je nachdem das Gefühl der Schwäche (Furcht) oder das der Macht überwiegen, entstehen pessimistische oder optimistische Systeme." (NF 1880, 4[194]) Die Ersteren stellen in der N.'schen Spätphilosophie die theoretische Basis für die Sklavenmoral dar, die Letzteren sind die Voraussetzung für die Herrenmoral (→Moral). Während diese als „vornehme Moral aus einem triumphierenden Ja-sagen zu sich selber herauswächst, sagt die Sklaven-Moral von vornherein Nein zu einem ‚Ausserhalb', zu einem ‚Anders', zu einem ‚Nicht-selbst': und DIES Nein ist ihre schöpferische That." (*GM I* 10) So ist die Moral der Schwachen eine Moral des →Ressentiments und die Moral der Starken, der Herren, ist eine weltbejahende Moral des →amor fati. Die Entscheidung in die eine oder andere Richtung kann auch durch den →Nihilismus befördert werden: Er „kann ein Symptom wachsender STÄRKE sein oder wachsender SCHWÄCHE" (NF 1887, 9[60], K5A 12: 367), er kann also als reinigende Krisis fungieren, indem er „den Menschen entgegengesetzter Denkweisen gemeinsame Aufgaben zuweist" und „auch unter unter ihnen die schwächeren, unsicheren ans Licht [bringt] und so ZU EINER →RANGORDNUNG DER KRÄFTE, vom Gesichtspunkt der Gesundheit, den Anstoß giebt: Befehlende als Befehlende erkennend, Gehorchende als Gehorchende." Die Anschlussfrage: „Welche werden sich als die STÄRKSTEN dabei erweisen?“ beantwortet N. mit: „Die Mäßigsten, die, welche keine extremen Glaubenssätze NÖTHIGhaben [...], Menschen die IHRER MACHT SICHER SIND und die die ERREICHTE Kraft des Menschen mit bewußtem Stolz repräsentieren.“ (NF 1886–87, 5[71] 14. u. 15.) Es ist jener Mensch, dessen Lebenslosung der bekannte und häufig missverstandene und missbrauchte Satz N.s ist: „Was uns nicht umbringt – das bringen WIR um, das macht uns stärker.“ (NF 1888, 15[118])

*Hans-Martin Gerlach †*

**Steiner, Rudolf** | S, *25.2.1861 Kraljevec (heute Kroatien), †30.3.1925 Dornach b. Basel, Philosoph, Begründer der Anthroposophie, lernte als Herausgeber am Goethe- und Schiller-Archiv in Weimar 1894 EFN kennen. In der Folge fuhr er oft nach Naumburg ans →N.-Archiv und freundete sich mit ihr und dem Editor F. Koegel an. 1895 publizierte er eine N.-Monographie, die mit ihrem Titel (*F. N., ein Kämpfer gegen seine Zeit*) N.s Forderung an Biographien aus *HL* 6 einlöste. In diesem Buch betonte S N.s Nähe zu →Stirner. 1896 ordnete S N.s →Bibliothek und erteilte EFN Philosophieunterricht. 1898 kam es zum Zerwürfnis, S distanzierte sich von EFN und brandmarkte sie 1900 öffentlich als inkompetente Nachlassverwalterin. Nach der Jahrhundertwende legte S das Gewicht auf psychopathologische Aspekte in N.s Entwicklung und Denken. Als Anthroposoph betrachtete er N.s Wirken unter spirituellem und karmischem Aspekt (vgl. Hoffmann 1991; 421–523).

*David Marc Hoffmann, Basel*

**Sterben** | N.s Begriff des →Lebens steht in der Polarität von S und Sich-Erneuern: „Leben – das heisst: fortwährend Etwas von sich abstossen, das sterben will“ (*FW* 26). Persönlich sah N. sich geprägt durch die Antinomie von „décadent“ und „ANFANG“ sein: „[I]ch bin [...] als mein →Vater bereits gestorben, als meine Mutter lebe ich noch und werde alt.“ (*EH, Warum ich so weise bin* 1) Nach antiker Tradition plädiert N. dafür, dem Menschen nicht das Recht auf sein eigenes S zu nehmen (*MA* 88); auch entidealisiert er den Akt des Ss (*VM* 88). Den unfreiwilligen (natürlichen) unterscheidet er vom freiwilligen (vernünftigen) →Tod. Falsches und rechtes S sind im *Za* kontrastiert: Die „Hinterweltler“ verachten als Jenseitssüchtige, „Absterbende“ →Leib und →Erde (*Za I, Von den Hinterweltlern*), die „Prediger des Todes“, die „Schwindsüchtigen der Seele“ fangen, kaum geboren, schon zu sterben an und sehnen sich „nach Lehren der →Müdigkeit und Entsagung“ (*Za I, Von den Predigern des Todes*). Zarathustras Ars moriendi lautet: „[S]tirb zur rechten Zeit“ den „vollbringenden Tod“. „In eurem S soll noch euer Geist und eure Tugend glühn, gleich einem Abendroth um die Erde“ (*Za I, Vom freien Tode*). In Anspielung auf das Goethe'sche ‚Stirb und werde‘ muss im Leben der →Schaffenden „viel bitteres S“ sein (*Za II, Auf den glückseligen Inseln*). In *DD* fasst N. den Sterbevorgang ins stille Naturbild einer Selbstauflösung. Der Kahn des Dichters, wie Groddeck (1991) deutet: Das Gedicht selbst geht ein in die „blaue Vergessenheit“: „Silbern, leicht, ein Fisch / schwimmt nun mein Nachen hinaus ...“ (*DD, Die Sonne sinkt* 3).

*Pia Daniela Schmücker, Ulm*

**Stil** | Dem S kommt in N.s Ansatz eine grundlegende Stellung zu. Dies verdankt sich nicht allein dem philologisch-literarischen Impuls von N.s Philosophie, sondern ist vielmehr auch systematisch begründet in N.s Auffassung, dass Denken und Sprechen bzw. Schreiben unauflöslich miteinander verknüpft seien: Der Bedeutungsgehalt einer Äußerung ist von der Art und Weise seines Ausdrucks nicht ablösbar: „Den S verbessern – das heißt den Gedanken verbessern – und gar nichts weiter!“ (NF 1882–84, 12[1]/176) Theoretisch entwickelt N. diese Auffassung in *WL* und in der Basler *Rhetorik-Vorlesung*, in der er die Vorstellung einer „unrhetorischen ‚Natürlichkeit‘“ der →Sprache zurückweist, um stattdessen die These einer unhintergehbaren, also keineswegs nur ausschmückenden Funktion der „rhetorischen Künste" für die Rede zu vertreten.

Das Nachdenken über S zieht sich wie ein roter Faden durch N.s Texte. Es sind insbesondere drei Problemkomplexe, die sich N. im Zuge seiner stilkritischen Reflexionen eröffnen und die mit dem S aufs engste verknüpft sind: (1) sein Selbstverständnis als Schriftsteller und Philosoph, (2) das Verhältnis des Ss zur Aussage und deren Wahrheitsgehalt, (3) die Frage eines arbiträren oder mimetischen Zeichencharakters der Sprache.

(1) S ist für N. zunächst eine Formel der Selbstbeschreibung (vgl. Nehamas 1985: 62 f.). Der S verleihe, so N.s Selbstkommentar in *EH*, seinen Schriften ihre spezifische Signatur und distinktive Qualität (vgl. Gauger 1984: 339 f.). Die „KUNST DES Ss" (*EH, Warum ich so gute …* 4), die sich N. hier zuschreibt, ist dabei mehr als ein „Mittel der Distinktion" des Autors (Schlaffer 2007: 16). S meint auch ein Schreiben, das im „Rückbezug […] auf sich selbst" die „Materialität" des eigenen Vollzugs reflektiert (Stingelin 2004: 304). Die Pflege des Ss hat zudem erneuernde Kraft. In dem Maße, in dem er sich vom Gewohnten löst, wird er zum Instrument des →‚Freien Geistes', der eine neue Form der Philosophie herbeiführt (Launay 2000: 102–105).

(2) S ist, so konnte N. bei den Rhetorikern lesen, nicht immer schon gut. Die Kunstmittel der *elocutio*, die der S mobilisiert, bergen vielmehr gleichermaßen eine Chance wie eine „Gefahr" (Sowinski 2007: 1398) in sich. Jene Technik des Ss, in persuasiver Absicht die Sinne anzusprechen und Gefallen zu erregen, erweist sich, so der geläufige Vorbehalt, in dem Maße als prekär, in dem sie vom Gehalt der Aussage abzulenken bzw. diesen zu verstellen droht. N. kehrt, im Rahmen seines Ansatzes konsequent, diese herkömmliche Auffassung genau um: Eine (wie immer beschaffene) ‚Wahrheit' oder Aussage ist ohne S, d. h. ohne die Kunstmittel der *elocutio*, nicht zu haben. Mehr noch: Wenn es überhaupt einen Ausweg aus der Aporie von S und Gehalt geben sollte, so ist dieser nicht, wie die →Rhetorik meinte, im asketischen Gebrauch (vgl. Wils 1994: 1477) der sinnlichen Ausdrucksmittel zu suchen. Geboten sei es vielmehr, wie N. in einer Maxime der *Tautenburger Aufzeichnungen für Lou von Salomé* formuliert, in virtuoser Artistik alle Kunstgriffe der sinnlich-vorführenden Rede aufzubieten (vgl. Gauger 1986: 201–204), um so dem Geäußerten größtmögliche Wirkung und persuasive Kraft zu verleihen: „Je abstrakter die Wahrheit ist, die man lehren will, um so mehr muß man erst die SINNE zu ihr verführen." (NF 1882, 1[109] 8)

(3) Der Imperativ, das sinnlich-performative Moment der Sprache zur Geltung zu bringen (Kositzke 1994: 184 f.), enthält indessen einen weiteren Aspekt, der der von N. an anderer Stelle vertretenen Idee der „Gesetzgebung der Sprache" (*WL* 1, KSA 1: 877), d. h. des konventionellen, arbiträren Status sprachlicher Zeichen, auf den ersten Blick entgegengesetzt scheint: Der sinnliche S hat auch einen darstellenden, nachbildenden Impuls: „Schreiben muß eine Nachahmung sein." (NF 1882–84, 1[109]) Diese mimetische Funktion des Ss weist N. unterdessen weniger den Worten, als vielmehr den sie begleitenden nonverbalen Ausdrucksmitteln, wie z. B. Rhythmus, Intonation, Gebärde, Mimik und Tanz, zu (vgl. Bering 2000: 37 f.). Als Träger einer unmittelbaren, sinnlichen Wirkungs- und Überzeugungskraft gewinnen diese die Worte begleitenden Mittel des Ss bei N. einen besonderen Stellenwert, da sie ein sonst (in der Sprache) nicht verfügbares Ausdruckspotential in sich bergen. Vor der Folie einer, wie N. annimmt, allgemeinen Verknappung sinnlicher und bedeutungsreicher Mitteilungsweisen erhält der S-Begriff so einen wertenden Akzent. Die positive Variante des (ausdrucksvollen, nuancenreichen) Ss hat dabei für N. ihr historisches Modell in der (vorwiegend auf mündlicher Rede beruhenden) antiken Kultur (vgl. *JGB* 247); geographisch bzw. sprachtypologisch verweist sie auf die südlich-mediterrane Welt der Romania (vgl. *JGB* 28). N.s Vorliebe für die sinnlichen und performativen Momente des Ss bedeutet nicht zuletzt eine Privilegierung und Aufwertung der ästhetischen Form (Simonis 2002: 72). Sie begünstigt eine Sichtweise von Sprache und sprach-

lichen Äußerungen, die der Art und Weise des Ausdrucks, dem Wie des Sagens, tendenziell den Vorrang einräumt vor der Ebene des Bedeutungsgehalts. *Linda Simonis, Bochum*

**Stirner, Max** | S, eigentl. Johann Caspar Schmidt, *25.10.1806 Bayreuth, †25.6.1856 Berlin, Philosoph, Autor von *Der Einzige und sein Eigenthum* (1844), gilt als einer der Gründerväter des sog. individualistischen Anarchismus. Die Frage, ob N. S gekannt habe – durch F. A. Langes *Geschichte des Materialismus* oder E. v. Hartmanns *Philosophie des Unbewussten* – und ob der *Einzige* eine (vorsätzlich unterschlagene?) Quelle für N. gewesen sei, wurde 1893 durch die Neuauflage des *Einzigen* bei Reclam aufgeworfen. Im Vorwort bezeichnete P. Lauterbach N. als S-Nachfolger, nahm aber an, dass N. den *Einzigen* nicht gekannt habe. Schon 1891 hatte v. Hartmann in polemischer Hinsicht N. als S-Epigonen und – Plagiator bezeichnet. 1895 betonte R. Steiner mit Beifall die inhaltliche Nähe N.s zu S, allerdings ohne eine direkte S-Kenntnis anzunehmen. In dieser Frage bezog →Köselitz in persönlichen Briefen unzweideutig Stellung: „Ich glaube aber bestimmt, dass er Nichts von S wusste. [...] N. war nicht etwa Einer, der aus fremden geheimgehaltenen Quellen schöpfte, im Gegentheil, sobald er etwas fand, das seinen Bekannten noch fremd war, ruhte er nicht eher, bis sie's auch kannten." (An P. Lauterbach, 6.9.1892) 1898 vertrat der S-Biograph J. H. Mackay die Ansicht, N. habe Ss Werk gekannt. →Overbeck fand heraus, dass N.s Schüler A. Baumgartner den *Einzigen* am 14. Juli 1874 auf N.s Empfehlung aus der Basler UB entliehen hatte, und auch er behauptete, N. habe S gekannt. Daran knüpfte H. G. Helms (1966) in seiner großen polemischen S-Studie an. Gemäß den Nachforschungen Bernd A. Laskas (1996; 2002) müsste N. sogar schon im Oktober 1865 anlässlich eines Besuchs bei seinem Studienfreund H. Mushacke in Berlin durch dessen Vater, der ein guter Freund Ss gewesen war, mit dessen Werk bekannt geworden sein. Zum Thema auch: v. Rahden (1984); Hoffmann (1991: 454 ff.); Brobjer (2003a). *David Marc Hoffmann, Basel*

**Strafe** | Die für die Behandlung der S wichtigste Stelle in N.s Werken ist *GM II* 8–15. N. entwickelt hier eine Vier-Stufen-→Genealogie, die von der →Rache zum Ideal der Straflosigkeit führt. Der S geht die Genealogie des →Versprechens voraus, es folgt die Genealogie des schlechten →Gewissens. Versprechen darf nur derjenige, der seine Schulden bezahlt, also der berechenbare und gehorsame Mensch. Als Gegensätze der „aktiven Vergesslichkeit" – begriffen als „Aufrechthalterin der seelischen Ordnung" (*GM II* 1) – stellen sowohl S als auch schlechtes Gewissen nihilistische Pathologien des Menschen dar. Allerdings handelt es sich bei der S weder um dieselben Schulden noch um denselben Schuldner wie beim schlechten Gewissen. Im Fall der S schuldet das Individuum der Gesellschaft den Gehorsam für den von ihr gewährten Schutz; im Fall des schlechten Gewissens geht es um eine Schuld, die wir früheren Generationen gegenüber angehäuft haben, denen wir unsere Existenz verdanken. Diese Schuld sind wir grundsätzlich nicht imstande zurückzuzahlen. Genauso wie das schlechte Gewissen schließlich durch die Selbstaufopferung Gottes aus Liebe für uns aufgehoben wird, wird auch die S in der Richtung eines Ideals der Straflosigkeit zunehmend abgemildert. Beides stellt das Endstadium der Krankheit dar, an der der Mensch leidet: dem →Nihilismus.

Die Genealogie, die zur heutigen, entwickelten Form der S (im Sinne des öffentlichen Strafrechts) führt, lässt sich in vier Schritten rekonstruieren. Zunächst (1.) besteht die S in einem Krieg gegen den →Verbrecher, der sich gegen die „Vortheile eines Gemeinwesens" („man wohnt geschützt, geschont, im Frieden und Vertrauen, sorglos in Hinsicht auf gewisse Schädigungen und Feindseligkeiten") stellt und, insofern „das Gemeinwesen zu seinen Gliedern in jenem wichtigen Grundverhältnis, dem des Gläubigers zu seinen Schuldnern" steht, vor allem wahrgenommen wird als „ein ‚Brecher', ein Vertrags- und Wortbrüchiger GEGEN DAS GANZE", der sich „sogar an seinem Gläubiger vergreift." (*GM II* 9) Wegen der fehlenden Zurückzahlung seiner Schulden wird der Verbrecher „vogelfrei". Erst in den zweiten und dritten Schritten wird aus der Rache des Mobs eine S durch den Souverän, zunächst (2.) orientiert am Prinzip der universellen „Abzahlbarkeit" sowie verantwortet durch das Machtmonopol des Gemeinwesens als der öffentlichen Behörde. Dabei verfolgt der Souverän vor allem das Ziel der Sicherung der öffentlichen Ordnung, ihm geht es darum, „den Fall zu lokalisieren und einer weiteren oder gar allgemeinen Betheiligung und Beunruhigung vorzubeugen." Deshalb wird der Verbrecher „nicht mehr [...] ausgestossen, der allgemeine Zorn darf sich nicht mehr wie früher dermaassen zügellos an ihm auslassen, – vielmehr wird von nun an der Übelthäter gegen diesen Zorn, sonderlich den der unmittelbar Geschädigten, vorsichtig von Seiten des Ganzen vertheidigt und in Schutz genommen." (*GM II* 10) Die öffentliche S bedeutet also primär eine Entmachtung des Volkes und seine Unterwerfung unter die Herrschaft des Fürsten.

Damit einher geht die Idee einer Tilgbarkeit der Schuld. Aus diesem Grund entsteht eine Strafgerechtigkeit als Korrektivgerechtigkeit. Das Strafmaß ist dabei nicht deswegen eine Tilgung der Schuld, weil sie ein angemessenes Äquivalent wäre, sondern es wird deswegen als Äquivalent angenommen, weil der Souverän die Abzahlbarkeit will, um den Zorn des Volkes zu beschwichtigen. Als Entschädigung für das Verbrechen muss sich das Volk mit dem nun begrenzten Leiden-Lassen des Verbrechers in der Form der S als Abbüßung begnügen. Mit der Abzahlbarkeit ist die abstrakte Trennung des Verbrechers von seiner Tat verbunden. Dem Verbrecher wird zwar seine Tat zugeschrieben – er wird dafür bestraft –, aber er wird nicht auf seine Tat reduziert; er muss nicht qualvoll sterben, sondern er darf abbüßen. Der Verbrecher kann daher später wieder zu einem normalen Bürger werden. Die S richtet sich an die Psyche, nicht an den Leib. Und schließlich (3.) wird die öffentliche S dadurch abgemildert, dass das Strafmaß auf dasjenige vermindert wird, was in der Wahrnehmung der Gesellschaft für die Generalprävention auszureichen scheint: „Wächst die Macht und das Selbstbewusstsein eines Gemeinwesens, so mildert sich immer auch das Strafrecht. [...] Der ‚Gläubiger' ist immer in dem Grade menschlicher geworden, als er reicher geworden ist; zuletzt ist es selbst das MAASS seines Reichthums, wie viel Beeinträchtigung er aushalten kann, ohne daran zu leiden." (*GM II* 10)

Das Endstadium des Nihilismus ist (4.) die Entwicklung der Idee der S als Straflosigkeit. Für N. jedenfalls „wäre ein MACHTBEWUSSTSEIN der Gesellschaft nicht undenkbar, bei dem sie sich den vornehmsten Luxus gönnen dürfte, den es für sie giebt – ihren Schädiger STRAFLOS zu lassen" (*GM II* 10). Der Konjunktiv zeigt, dass die Abschaffung der S keine ernsthafte Option, sondern nur eine Utopie darstellt, die der stets unerreichbare Horizont der Milderung der S bleibt. Diese Utopie deutet aber auf den Nihilismus der öffentlichen S und der ihr zugrunde liegenden Korrektivgerechtigkeit hin. Denn die „→Gerechtigkeit, welche damit anhob, ‚Alles ist abzahlbar, alles muss abgezahlt werden', [...] endet wie jedes gute Ding auf Erden, SICH SELBST AUFHEBEND" (ebd.) Außerdem schmückt sich dieser bloß ideale Verzicht auf (die) S, der nie wirklich stattfindet, mit dem „schöne[n] Namen [...] – GNADE" (ebd.). Doch gehört in Wahrheit die echte Gnade dem echten Mächtigen, dem Starken, der mit der Behauptung seiner Macht nicht spart: „GNADE; sie bleibt [...] das Vorrecht des Mächtigsten, besser noch, sein Jenseits des Rechts" (ebd.), während Gnade im Sinne der Gesellschaft das Endstadium einer Pathologie des Willens darstellt: „Es gibt einen Punkt von krankhafter Vermürbung und Verzärtlichung in der Geschichte der Gesellschaft, wo sie selbst für ihren Schädiger, den VERBRECHER Partei nimmt [...]. Strafen: das scheint ihr irgendworin unbillig [...]" (*JGB* 201). Immerhin möchte die Gesellschaft noch, dass der Verbrecher für seine Taten ein schlechtes Gewissen entwickelt. Doch gelingt dies nicht durch S, denn diese bewirkt nur noch mehr verbrecherische Klugheit in dem durch sie verhärteten Verbrecher. Die Entstehung des schlechten Gewissens ist auf eine ganz andere Genealogie als die der S zurückzuführen. Zum Thema auch: Merle (2004).

*Jean-Christophe Merle, Saarbrücken*

**Strindberg, (Johann) August** | S, *22.1.1849 Stockholm, †14.5.1912 ebd., Dramatiker, Erzähler, Essayist, Maler, neben H. Ibsen Hauptvertreter der skandinavischen Moderne, war einer der ersten und wirkungsmächtigsten prominenten Fürsprecher und Nachfolger N.s im Ausland: „Je termine toutes mes lettres à mes amis: lisez N.: C'est mon Carthago est delenda!" (An N., Anf. Dez. 1888) Sein Weltruhm verdankt sich vor allem seiner Erneuerung des Dramas, dessen im Laufe des 20. Jh.s dominierende Ausdrucksformen in seinen Theaterexperimenten (und deren Begleitung in theoretischen Schriften) entwickelt wurden. Daneben war S ein Hauptvertreter des naturalistischen Romans und Pionier der modernen Malerei und Photographie. N.s Werk begegnete er durch Vermittlung von →G. Brandes erst 1888, mit der Lektüre von *GD*: „[I]ch finde, er ist der freieste, der modernste von uns allen (natürlich nicht zuletzt in der Frauenfrage.)" (An Brandes, 2.10.1888; A. Ss Brev 7: 127). Tatsächlich galt die Begeisterung von S keineswegs nur N.s Auffassungen vom Geschlechterverhältnis, sondern allgemein seiner Kritik der →Moral und →Religion, wie er sie in *JGB* formuliert fand, einer diskurstheoretischen Subjektkritik, die mit den von ihm selbst in *Der Vater* (1887) und *Fräulein Julie* (1889) literarisch entwickelten Auffassungen zu konvergieren schien. Zu erwähnen ist auch sein damit verbundener Begriff des Dramas, den er zuerst in *FW* kennenlernte: „N. glaubt, wie ich, nicht an Handlung im Drama! Nur Geschehnisse! Das ist recht! [...] Δϱαμα = *Ereigniss*!" (A. Ss Brev 7: 130)

Erst im Dezember 1888 beginnt Ss kurzer, aber auf beiden Seiten leidenschaftlich geführter Briefwechsel mit N., der seinerseits durch Brandes' Vermittlung Ss Schriften kennengelernt hatte (frz. Fassungen des *Vater* und Erzählungen) und dieselbe Geistesverwandtschaft entdeckte: „Meine aufrichtige Bewunderung, der nichts Eintrag thut, als das Gefühl, mich dabei ein wenig mitzubewundern." (N. an Brandes, 20.11.1888) So hoffte N. im schwedisch und französisch schreibenden S nicht nur einen Übersetzer des *AC* ins Schwedische sowie von *JGB*, *GD* und *EH* ins Französische (Briefe an Brandes und an S, Dez. 1888), sondern überhaupt einen Multiplikator seiner Schriften zu finden. Entsprechend nachdrücklich präsentiert er in seinen letzten Briefen „das schwedische Genie" (An Köselitz, 9.12.1888) als seinen Apostel. In der Tat durchzieht die Auseinandersetzung mit N. weite Teile von Ss folgenden Werken, am deutlichsten in den Romanen *Tschandala* (1889) und *I hafsbandet* („Am offenen Meer", 1890), in denen das Konzept des „Übermenschen" und andere Theoreme, aber auch Schreibweisen N.s deutliche Spuren hinterlassen haben. Zum Thema auch: Detering (2000); Hoff (2004).

*Heinrich Detering, Göttingen*

**Subjekt** | N. destruiert mit seinem genealogischen Verfahren den herkömmlichen S-Begriff, womit gemeint ist: eine substanzielle geistige Einheit, ein einziger und einheitlicher Träger – ein Substrat – unseres gesamten Denkens und Handelns, eine aus dem Werden herausgelöste, gleichbleibende, die Identität der menschlichen Person gewährleistende geistige Substanz. Dafür gebraucht er die Ausdrücke →„Seele", „Geist", →„Bewusstsein", →„Ich" – manchmal sogar „Intellekt". Textstellen mit einer derartigen Kritik gibt es besonders im Nachlass der 1880er Jahre, dazu ebenfalls in *JGB*. N.s Destruktion des Ss ist dabei verbunden mit einer grundlegenden Neugestaltung. Er überwindet die traditionelle Vorstellung mittels einer Konzeption des →Leibes, die das Geistige ganz in Abhängigkeit sieht vom Organischen.

Mehrere Faktoren macht er verantwortlich für die Entstehung des herkömmlichen S-Begriffs. So meint er, die →Sprache führe zu einem falschen Verständnis, zu Irrtum und Lüge, sofern sie durch den Gebrauch von allgemeinen abstrakten Begriffen Fixierungen anwendet, die nur Seiendes ausdrücken und somit dem →Werden nicht entsprechen. Seine Erkenntnistheorie ist eine fiktionalistische: Die abstrakten Begriffe sind Fiktionen, →Interpretationen. Wir erliegen der Täuschung des Seienden, soweit die abstrakten Begriffe – und hierzu gehört auch der S-Begriff – für die Erkenntnis maßgebend sind. Als Gegenstand der allgemeinen Begrifflichkeit und des von der →Vernunft gestalteten Denkens erweist das S sich somit als eine fiktive Einheit zu der ganzen Vielheit der immerfort sich verändernden inneren Zustände und Vorgänge.

Von besonderer Wichtigkeit ist dabei die Rolle der Grammatik. Die gegenseitige grammatische Zuordnung von S und Prädikat führe dazu, allem Tun einen Täter beizufügen. Der einzelne Mensch sehe sich somit als Ursache, als Täter. Den Glauben an Ursache und Wirkung bezeichnet N. als einen „Einzelfall" des Glaubens an S und Prädikat. Überhaupt führe das S selber auch noch zu anderen Kategorien des rationalen Diskurses, selbst zum Substanzbegriff (NF 1887, 10[19]). Das S oder Ich – Letzteres ist fast gleichbedeutend mit dem S – gestaltet sich als eine Einheit, ein Atom, und damit zusätzlich als die Hauptquelle von Grundbegriffen, die Einheiten darstellen in einem die Einheiten benötigenden Diskurs. Wir schaffen Gleichbleibendes und betrachten uns demzufolge selber als eine Einheit, beharrend in allem Wechsel. Hinzu kommt die religiös-moralische Bestimmung: das S als die „Seele", deren Unsterblichkeit die Voraussetzung ewiger Belohnung oder Strafe ist. Außerdem sei der Glaube an das „indifferente wahlfreie ‚S'" nötig, damit der Schwache seine Art von Schwäche als das Resultat seiner Freiheit und folglich als Verdienst auslegen könne (*GM I* 13).

N. geht dagegen vom Leib aus und möchte so „die richtige Vorstellung von der Art unsrer S-Einheit, nämlich als Regenten an der Spitze eines Gemeinwesens" (NF 1885, 40[21]) gewinnen. Entscheidend für die Einheitlichkeit des Individuums ist dann grundsätzlich der Leib mit seinen diversen Funktionen und dem sich daraus ergebenden Netz von Relationen – die „Klugheit" unseres „ganzen Organismus" (ebd., 34[46]). „Bewußtsein", „Intellekt", „Geist", „Ich" haben sekundäre Bedeutung. Sie sind bloß Sammelbegriffe für die mit der Eigenschaft des Bewussten versehenen Zustände und Vorgänge in uns, von denen ein jeder seine Wurzeln im Organischen hat. Die althergebrachte Einheit auflösend, fragt N. auch noch, ob nicht anstelle des „Einen Ss" eine „Vielheit von S-en" anzunehmen sei, deren „Zusammenspiel und Kampf" unserem Denken und überhaupt unserem Bewusstsein zugrunde liege. „Eine Art Aristokratie von ‚Zellen', in denen die Herrschaft ruht?" (ebd., 40[42]) Sich auf die „Seele" beziehend, spricht er auch von einem „Gesellschaftsbau der →Triebe und →Affekte" (*JGB* 12). Jedenfalls sieht er hier eine komplexe innere Organisation, versehen mit einer Vielheit von S-en, deren teils von Einklang, teils von Spannungen geprägte Beziehungen zueinander letztlich die Einheit des Individuums bilden. Übrigens trifft die Auflösung der herkömmlichen Einheit auch den Begriff „Person". Dieser enthält nur noch „eine Betonung, Zusammenfassung von Zügen und Qualitäten" (NF 1884, 25[363]). Auch ist die Rede von einer „Mehrheit von personenartigen Kräften" (NF 1880, 6[70]).

Es gebe „im Menschen so viele ‚Bewußtseins' als es Wesen giebt" (NF 1885, 37[4]), die, sich ständig verändernd, seinen Leib bilden. N. erwägt dazu allerdings ein „oberstes Bewusstsein" (NF 1884, 25[401]). Doch wurzelt auch dieses im Leib und ist von ihm hervorgebracht. Es hat dessen Steuerung zu übernehmen, im Dienste des Leibes und als Werkzeug desselben (NF 1883, 7[126]). Somit erweisen sich auch die Beziehungen der Bewusstseinsphänomene untereinander als sekundär, da von diesen jedes einzelne vorerst von einem organischen Vorgang abhängt. Eine selbstständige Einheit besitzt nur der Leib in seiner Gesamtheit. Sie ist die „grosse Vernunft", von der Zarathustra spricht (*Za I, Von den Verächtern …*).

Hier manifestiert sich auch N.s →Perspektivismus. Das Bewusstsein wird bestimmt von einer Vielheit von Perspektiven, die den Bedürfnissen des Organismus entsprechende →Wertschätzungen enthalten. Es äußert sich darin jeweils ein →Wille zur Macht. Welche Perspektiven sich im „obersten Bewusstsein" zu entwickeln vermögen, das entscheiden die Kräfteverhältnisse innerhalb des Leibes. Zum Thema auch: Goedert (1994); Schlimgen (1999); Vattimo (2005b).

*Georges Goedert, Luxemburg*

**Sünde** | Der Begriff S bezeichnet nach jüdischer und christlicher Theologie ein die Gott-Mensch-Beziehung störendes Handeln des Menschen und ist für den christlichen Schuld- und Erlösungsgedanken zentral. Gegen die jüdisch-christliche Vorstellungen, dass die S durch den paradiesischen Sn-fall begründet und daher kein Mensch ohne S sei, wendet sich N. im Zusammenhang seiner Religions- und Christentumskritik und propagiert eine prinzipielle „Sündlosigkeit des Menschen" (*MA* 124). Daher ist der Mensch für N. auch nicht auf göttliche Gnade und Erlösung angewiesen. Die Vorstellung von S ist laut N. auf Irrtümer der Vernunft zurückzuführen und stelle eine „Selbstschändigungs-Form des Menschen par excellence" (*AC* 49) dar. Menschliche Handlungen, die aus christlicher Perspektive als S bezeichnet werden, sind für N. schlichte Respektsverletzungen und weder privations- noch sündenfalltheoretisch zu begründen. Aus genealogischer Perspektive ist S für N. ein „jüdisches Gefühl und eine jüdische Erfindung"; dagegen setzt er das griechische Altertum, dem Sn-gefühle völlig fremd waren und das frevelhaftes Handeln sogar mit Würde versehen konnte, wie Mythen und die Gattung der Tragödie zeigen (*FW* 135). S ist laut N. priesterliche Umdeutung des schlechten Gewissens, ein Wahn und „das gefährlichste und verhängnissvollste Kunststück der religiösen Interpretation" (*GM III* 20). Unter psychologischen Gesichtspunkten (→Psychologie) ist S für N. Ausdruck einer kranken Seele, weil sie auf einem reaktiven Gefühl beruht, auf dem →Ressentiment der →Schwachen und Sklaven. In machtanalytischer Perspektive ist S eine repressives Herrschaftsinstrument des →Priesters (*AC* 49). So fordert N. auch, nicht zuletzt im Blick auf →Erziehung, den Begriff der S aus der Welt zu schaffen. Zum Thema auch: Goedert (1977); Köster (1981/82); Biser (1982); O'Flaherty/Sellner/Helm (1985).

*Roberto Sanchinio Martinez, Berlin*

**Systematik** | Der Grund für das Aufstellen einer S des Wissens, Glaubens oder Lebens ist nach N. zunächst weniger in der zu systematisierenden Sache denn in der Persönlichkeit des die S Anstrebenden zu suchen (NF 1885, 40[9]). N. nennt vor allem zwei Ursachen für das Streben nach S: einen Hang zum Schematisieren und das „Leiden an der Ungewißheit" (NF 1886–87, 5[17]). Durch jenen versuchen die S-er „ihre schwächeren Eigenschaften im Stile ihrer stärkeren auftreten zu lassen" (*M* 318), wegen diesem soll „das Gefühl des Fremden, Neuen, Unerlebten" durch eine zum System gemachte gewohnte „Art von Ursachen-Setzung" überwunden werden (*GD, Die vier* ... 5). Der S-er wolle „seinem Geiste nicht länger mehr zugestehen [...], daß er lebt" (NF 1887, 9[181]), deshalb gehöre „eine ganz verschiedene Kraft und Beweglichkeit dazu, in einem unvollendeten System, mit freien unabgeschlossenen Aussichten, sich festzuhalten" (NF 1885, 34[25]). Obwohl N. also „allen S-ern" misstraute (*M* 318; *GD, Sprüche* ... 26), auch dem in ihm selbst (NF 1887–88, 11[410]), und in dem „Wille[n] zum System" einen „Mangel an Rechtschaffenheit" sah (*GD, Sprüche* ... 26), vermutete er doch eine in den „grammatische[n] Funktionen" der indogermanischen Sprachen „eingeborne Systematik und Verwandtschaft der Begriffe", die für diese Sprachen „ein gewisses Grundschema von möglichen Philosophien" vorgeben (*JGB* 20). Dieses ausfüllend können die verschiedenen philosophischen Systeme zu „Erziehungsmethoden des Geistes" werden, da sich in ihnen „immer eine besondere Kraft des Geistes am besten ausgebildet [hat]; mit ihrer einseitigen Forderung, die Dinge gerade so und nicht anders zu sehen." (NF 1885, 34[247]) Zum Thema auch: Richardson (1996).

*Hartwig Frank, Greifswald*

**Tafel** | Die Metapher der T, auf die Erinnerungszeichen eingetragen werden, ist seit Platons *Theaitet* gebräuchlich (Tht 191D ff.). Locke will 1690 im *Essay concerning Human Understanding* (Buch II, Kap. 1) mit Hilfe der Bildes der „tabula rasa" zeigen, dass Erfahrungen, nicht aber angeborene Ideen der Ursprung aller Erkenntnis sind. Für N. gibt es die Möglichkeit einer unbeschriebenen Existenz nicht. Auf der „T des Seins“ sind Zeichen früherer Zeiten und Geschlechter unauslöschlich eingeschrieben (NF 1873, 26[13]). Biographische Eintragungen werden „nicht tief genug ritzen können, um die aufgeprägten Schriftzüge vieler Jahrtausende zu zerstören.“ (*MA* 41) N. fordert die Schöpfung neuer Gütertafeln (*FW* 335) und versichert sich einer besonderen Ahnengalerie: „In dem, was Zarathustra, Moses, Muhamed Jesus Plato Brutus Spinoza Mirabeau bewegte, lebe ich auch schon, und in manchen Dingen kommt in mir erst reif an's Tageslicht, was embryonisch ein paar Jahrtausende brauchte.“ (NF 1881, 15[17]) Neue →Werte zu schaffen verlange, alte Tn weltverachtender Werte zu zerbrechen, die über jedem Menschen, aber auch über jedem Volk hängen (*Za I, Zarathustras Vorrede*, 9; *Za I, Von tausend ...*). N. lässt Zarathustra inmitten alter zerbrochener Tn auf seine Stunde warten, um neue zu verkünden; seine „Brüder“ sind davongelaufen, seine Feinde sind wachsam (*Za III, Von alten ...*). Die Metapher der neuen und der zerbrochenen Tn knüpft an die Gesetzgebung am Sinai im Buch *Exodus* (24.12 ff.) an (Simmel 1907: 380; Adorno 1963: 256). Sie hatte bedeutende Auswirkungen auf die Rezeption von N.s Werken (Hillebrand 1978: 136, 155, 264; Otte 1995; Krochmalnik 1997).

*Rainer Otte, Bad Sachsa*

**Tanz** | T ist ästhetisch konnotiert: Sinnlichkeit, Leichtigkeit, Rhythmus, Schönheit korrespondiert mit Bewegung, dionysischem →Rausch, Körperphysiologie, Erkenntnis, Wahrheit, Musik, Freiheit, Glückseligkeit, →Lachen, Spott, Ironie. T figuriert menschlichen Welt- und Selbstbezug, symbolisiert →Kultur, im Idealfall die höchste, ist Welten-, Geschlechter-, Göttertanz, freie Bewegung des Geistes, Symbol siegreicher Herrschaft über den →Geist der Schwere, Ermöglichung und Sphäre des →Übermenschen (Jaspers 1936: 196), Philosophen, Künstlers, ist Bewegung des Körpers, die sich selbst Zweck ist, Natürlichkeit als künstlerisches Phänomen: „Mit den Armen und Beinen sich bewegen ist ein Embryo des Kunsttriebs.“ (NF 1876–77, 23[81]) In höchster Vollendung ist T Gleichnis für Kultur: „Die hohe Cultur wird einem kühnen T ähnlich sehen“ (*MA* 278), wie in der →Antike (Griechen als Tänzer, NF 1872–73, 25[1]). T befreit zum Leben (Koch 2001: 11 ff.) als jasagende Macht (Deleuze 1962: 209); zwischen Welt und Gott tanzen ist Aufforderung an den neuen Menschen zur Umwertung der Werte: „Heil, wer NEUE Tänze schafft!“ (*FW, Lieder des Prinzen Vogelfrei: An den Mistral*) Zarathustra singt tanzend das Bild des Übermenschen; er würde nur an einen Gott glauben, der zu tanzen verstünde (*Za I, Vom Lesen ...*). Das ist Kritik an →Christentum und Moderne; ihr Rhythmus geht gegen das →Leben (Reschke 2000d: 257 ff.), ist krankhafte Verzückung oder Takt der Dummheit (*FW* 76), ohne Wahrheit in den Zehen des Tänzers: Denken als T (*GD, Was den Deutschen abgeht* 7), mit eigener Choreographie und Logik: *gaya scienza*, →Gesundheit, →Lachen, Bosheit, Bücher, die tanzen lehren (*MA* 206), mit dem Risiko von Abgrund und Absturz. T steht für (gefahrvolles) Leben, →Physiologie, →Spiel, →Ästhetik.

*Renate Reschke, Berlin*

**Tatsachen** | T sind →Interpretationen, auch dort, wo N. selbst auf T verweist (wie in *JGB* 259 oder *AC* 25). Es gibt keine „unmittelbaren“ (NF 1884, 26[114]) oder T „‚an sich‘“ (NF 1886–87, 7[60]). Dies vorausgesetzt, lässt sich nicht nur das Feststellen von T durch Beschreibung von deren Erklärung unterscheiden (NF 1884, 27[67]; *GD, Die vier ...* 4), sondern sogar fordern, dass man T „ablesen können [müsse], OHNE sie durch Interpretation zu fälschen“, womit aber nicht ein interpretationsfreies Feststellen von T gemeint ist, sondern zur „Vorsicht“, „Geduld“ und „Feinheit“ (*AC* 52) im Umgang mit Texten aufgefordert wird. Wir wählen die T aus, d. h.: „[W]ir interpretiren sie – unbewußt“ (NF 1883, 7[228]). Auch die Rede von letzten T wird unter der von N. gemachten Voraussetzung möglich: Sie sind „sehr persönliche“ T (*JGB, Vorrede*; vgl. *GM III* 6) und diejenigen Interpretationen, die als „WERTHschätzungen“ „für ein

Individuum" zum „Maaß der Dinge" werden (NF 1881, 11[79]). Diese „facta" sind, so N., auf seine persönliche Erfahrung verweisend, „richtiger fata" zu nennen (NF 1886–87, 6[4]), und sie sind von den „[F]ACTA FICTA" zu unterscheiden, die bloß in der Vorstellung des Interpretierenden als T erscheinen (*M* 307). Zwischen Fatum und Fiktion scheint sich bei N. eine graduierte Redeweise über T herausgebildet zu haben: Er spricht von physiologischen (*AC* 20), psychologischen (NF 1880, 7[242]), ethnologischen (*GM III* 17) und sozialen T (NF 1885–86, 2[118]), dagegen setzt er religiöse T in Anführungszeichen (*MA* 132) und stellt moralische T gänzlich in Abrede (*GD, Die „Verbesserer"*... 1). Doch auch dort, wo N.s Rede sich eher affirmativ auf das Vorhandensein von T zu beziehen scheint, gilt noch, dass es sich um die „Isolation" einer „Gruppe von Erscheinungen" handelt, die wir aus „der Vorstellung eines beständigen, einartigen, ungetheilten, untheilbaren Fliessens" machen (*WS* 11). Wenn es eine Tatsache geben sollte, so wäre sie „der ewige Fluß" (NF 1880, 4[35]). *Hartwig Frank, Greifswald*

**tausend** | In dem Kapitel *Von t und Einem Ziele* in *Za I* werden die t verschiedenen Ziele der Völker, die sich in ihren „→Tafeln der Güter" ausdrücken, einem möglichen einen Ziel der gesamten →Menschheit gegenübergestellt, durch das auch die Menschheit selbst erst als solche entstehen und eine Einheit erlangen würde. Wenn Zarathustra später seine Jünger zum Alleingehen auffordert, versichert er ihnen, dass es t Pfade gebe, die noch nie gegangen worden seien, „t Gesundheiten und verborgene Eilande des Lebens." (*Za I, Von der schenkenden* ... 2). Am Beginn von *Za IV* spricht Zarathustra vom kommenden großen fernen „Menschen-Reich, das Zarathustra-Reich von t Jahren" (*Das Honig-Opfer*). Ist man bereit, den Sprung von diesen „t Jahren" zu „Jahrtausenden" zu machen, so könnten damit auch die →Schaffenden im Geiste Zarathustras gemeint sein, die ihre Hand auf Jahrtausende wie auf Wachs drücken und auf dem Willen von Jahrtausenden wie auf Erz schreiben (*Za III, Von alten* ... 29). Die entsprechende Stelle im Nachlass mit einem Zitat aus →Renans *Das Leben Jesu* (1863: 47) zeigt, dass sich N. mit diesem „Zarathustra-Reich von t Jahren" auf das historische Zarathustriertum und dessen Geschichtsdenken bezieht (von dem auch das jüdisch-christliche Geschichtsdenken beeinflusst wurde und Parallelen im →Buddhismus findet), in dem die Weltgeschichte als ein Abfolge von Entwicklungen verstanden wurde, denen jeweils ein →Prophet präsidiert: „Jeder Prophet hat seinen HAZAR, sein Reich von t Jahren" (NF 1884, 25[148]), und dieses in die Zukunft projiziert. Auch in *GM* spielt N. an auf einen „ERLÖSENDE[N] Menschen der grossen Liebe und Verachtung", der einst kommen müsse (*II* 24). Im Nachlass findet sich die Notiz: „1000 Formeln für die Wiederkunft (ist die Drohung)" (NF 1883, 4[24]), und Zarathustra beschließt, „seine Lehre HUNDERTFACH zu lehren!" (ebd., 15[17]), was zumindest anzeigt, dass es sich dabei nicht um eine ein-tönige Lehre handelt. *Michael Skowron, Daegu*

**Tautenburg** | In T, einer thüringischen Gemeinde, die in der zweiten Hälfte des 19. Jh.s als Erholungsgebiet bekannt geworden war, verbrachte N. die Zeit von 25.6. bis 27.8.1882. (mit einer Unterbrechung für einige Tage, die er in Naumburg zubrachte). In diese Zeit fallen die allerletzten Korrekturarbeiten zu *FW* und das Erscheinen des Buches. Nach T lud N. auch →L. v. Salomé ein, die er im April 1882 in Rom kennengelernt hatte. In den drei Wochen, die Lou und N. gemeinsam in T verbrachten, führten die beiden, den Tagebuchaufzeichnungen Lous zufolge, sehr intensive Gespräche (vgl. KSA 15: 125 f.). Weiter entstanden die sogenannten „T-er Aufzeichnungen" (vgl. N. an L. v. Salomé, 8./24.8.1882; KSB 6: 242 ff; NF 1882, 1[108]–1[111]), unter ihnen ZUR LEHRE VOM STIL (1[109]) sowie VOM WEIBE (1[111]). Lou reiste am 26.8. zu P. Rée nach Stibbe ab. Der von N.s Schwester kritisch beäugte Aufenthalt in T hat zu einer deutlichen Verschlechterung des Verhältnisses von N. zu Mutter wie Schwester geführt und spiegelt sich auch in N.s Werk, etwa in einigen Passagen aus *Za II* (→„Lou-Erlebnis"). In einem Brief an Overbeck (vom 9.9.1882) nennt N. seine „Gespräche mit Lou" (in T) das „Nützlichste", was er „in diesem Sommer gethan" habe; seine Schwester hingegen habe sich „zu einer Todfeindin L[ou]'s entwickelt" und war „voller moralischer Entrüstung von Anfang bis Ende".

*Hans Gerald Hödl, Wien*

**Teufel** | N. spricht oft und gerne vom T. Dabei sind zwei Ebenen zu unterscheiden: 1. die „eigentliche" Rede, N.s religionshistorische, d. h. christentumskritische Auslassungen zum T; 2. die metaphorische Rede. Im ersten Falle „gibt" es den T nicht, im anderen wird er lustvoll und provokativ herbeigeschrieben. Die Vorstellung, der T sei eine geistige Ausgeburt der christlichen Ressentimentmoral, durchzieht das ganze Werk. In *GM* verfolgt N., wie im Christentum alles, was ‚sein soll, aber nicht ist', in die Figur Gottes und ‚alles, was ist, aber nicht sein soll' (vgl. die berühmte Definition des →Nihilismus: NF 1887, 9[60]), in die Figur des Ts projiziert wird. Der Mensch des →Ressentiments „spannt sich in den Widerspruch ‚Gott' und ‚T'" (*GM II* 22). In *AC* steht N. dazu endgültig das Vokabular zur Verfügung: „der GUTE Gott, ebenso wie der T: Beide Ausgeburten der décadence" (17). Der T wird N. somit zur Hypostasierung all dessen, woran der Mensch des Ressentiments bei sich und bei anderen leidet: „Hier war das Wort ‚T' eine Wohlthat: man hatte einen übermächtigen und furchtbaren Feind" (*AC* 23), die Projektionsfläche des →Bösen. Damit ist N.s Sicht des ‚Bösen' in der Welt berührt. Bei aller Differenzierung macht er doch ‚eine' grundsätzliche Unterscheidung, nämlich die zwischen einer exkludierenden Haltung, die das Böse (verkörpert durch den T) als das ‚Andere' moralisch aus der Welt verdrängen will, und einer inkludierenden Haltung, gemäß der das Böse konstitutiv zum Weltzusammenhang gehört und deswegen ‚bejaht' wird (die Sicht des →‚freien Geistes'). Mit dieser Denkfigur von der Notwendigkeit des Bösen hat der T in einem metaphorischen und lustvoll-provozierenden Sinn wieder einen Platz in N.s Werk. So kann N. dann behaupten, dass „das T-ische […] wie das Göttliche ZUM Lebendigen und seiner EXISTENZ [gehört]) (NF 1884, 26[290]) und sieht es als „höchste Kraft" an, „Gott als T" zu sehen, der aus einem „Überdrange der schöpferischen Kraft" immer wieder sein Werk zerstören muss (ebd., 26[243]). Wenn der T notwendig und weltimmanent ist, kann sich N. sogar zu der Blasphemie einer Trinität Gott-Vater, Gott-Sohn und Gott-T aufschwingen, denn Gott muss, um sich selbst denken zu können, seinen Gegensatz denken (= schaffen) (vgl. ebd., 26[390]). Um diese Antithese zur gängigen Trivialmetaphysik des (volkstümlichen) →Christentums zu befeuern, geriert sich N. als übermenschlicher Anhänger des Ts; er erklärt sich als „dankbar gegen [den] T" (*JGB* 44), er will „ganz des Ts werden", um Gott loszuwerden (*M* 464); mit ihm beginnt der „Ts-lärm aller freien Geister" (*GD, Wie die ‚wahre' Welt …*). N. ist aber weit davon entfernt, sich auf eine Seite dieser Gut-Böse-Symbiose zu schlagen: Zarathustra wird am Ende noch zum „Fürsprecher [Gottes] vor dem T" (*Za II, Das Tanzlied*).

*J. Christian Koecke, Bonn*

**Theodizee** | Der Ausdruck T ist bei N. eine Seltenheit. Dennoch wird seine Philosophie deutlich von einer T bestimmt. Einen wertvollen Hinweis gibt N. in NF 1887, 10[21], wenn er von einem „PESSIMISMUS DER STÄRKE" als einem „Symptom HÖCHSTER Cultur" spricht. Nachdem er eine „‚Rechtfertigung des Übels'" abgelehnt und „das SINNLOSE ÜBEL als das interessanteste" bezeichnet hat, heißt es: „Auch dieser PESSIMISMUS DER STÄRKE endet mit einer T d. h. mit einem absoluten Jasagen zu der Welt, aber um der Gründe willen, auf die hin man zu ihr ehemals Nein gesagt hat […]." Hier finden wir die Themen vor, die sich um N.s T-Gedanken gruppieren: Stärke, Pessimismus, Übel – gerade auch das sinnlose –, Jasagen zur Welt, Ablehnung ihrer moralischen Verurteilung.

N.s Denken weist in der Tat, seit Beginn und in seiner Grundthematik, eine T auf. Natürlich nicht im traditionellen Sinne (siehe vor allem Leibniz), da es bei ihm ja nicht um die Rechtfertigung des jüdisch-christlichen Gottes gehen kann, den er als den moralischen Gott für den größten Einwand gegen das Dasein hält (*GD, Die vier* … 8). Sein Gott ist →Dionysos. Also muss seine T ausschließlich eine dionysische sein, was durch die eben zitierte Aussage klar belegt ist. Dies wird manchmal in diesbezüglichen Kommentaren nur ungenügend berücksichtigt, besonders wenn es in ihnen um eine kritische Analyse von N.s Einstellung zum Christentum geht. Dionysos verkörpert die Schaffenskraft der Natur. Dieser verkörpert die Schaffenskraft der Natur. So ist seine T auch als eine Kosmodizee aufzufassen. Sie ist erfüllt von der Einsicht in den dionysischen Charakter der Welt, einer „Welt des Ewig-sich-selber-Schaffens, des Ewig-sich-selber-Zerstörens“ (NF 1885, 38[12]). Nur die starken, weltoffenen Menschen ziehen Gewinn aus dieser Erkenntnis. Ihnen allein gelingt es, die tragische Bejahung der Welt und des →Lebens zu vollziehen. Sie wissen von der Notwendigkeit des Leidens, weil auf das Wachsen das Vergehen folgt, auf das →Schaffen das Vernichten. Es geht darum, „die ewige Lust des Werdens SELBST ZU SEIN, […] die auch noch die LUST AM VERNICHTEN in sich schliesst“ (*GD, Was ich* … 5). So wird das Tragische prinzipiell bejaht als eine Kräftigung starken Lebens.

Gemäß N.s *GT* rechtfertigt die Kunst das Leben; sie macht es „möglich und lebenswerth“ (1, KSA 1: 27 f.). →Rohde sah in dem Werk eine große „Kosmodicee“ (An N., 6.2.1872). Das Schöne, basierend auf den beiden ästhetischen Seinsmächten →Dionyos und Apollo, verführt den Menschen zum Leben und lässt ihn dessen Tragik bejahen. Bis zuletzt hält N. an seiner Auffassung des Dionysischen und der damit verbundenen tragischen Bejahung fest. In *Za* bildet der Wiederkunftsgedanke, als die „höchste Formel der Bejahung“ (*EH, Za* 1), den Höhepunkt dieser dionysischen T. Die tragisch-dionysische Bejahung schließt auch das →Böse ein. Dieses ist gerechtfertigt, sofern es zu den Äußerungen der Stärke gehört. Als solches wird es von den →Schwachen gefürchtet und abgelehnt. Wie überhaupt das Übel in der Welt, ist es zu bejahen, sofern es bei den Starken den „Willen zur Macht“ anzuspornen vermag. Mit jedem Wachstum in die →Höhe wächst der Mensch auch in „das →Tiefe und Furchtbare“; er soll das eine nicht ohne das andere wollen. (NF 1887, 9[154])

Wie aber selbst die Schwäche unter ihren diversen Formen bejahen? Zur Stärke bildet sie den Gegensatz, den es zu bekämpfen gilt. Damit taucht auch wieder der lebensfördernde Aspekt des von →Heraklit herrührenden Wettstreit-Gedankens auf. Selbst das moralisch →Gute und überhaupt die christliche →Moral erfahren so eine Art Rechtfertigung (vgl. NF 1887, 10[117]). Sie bilden eine notwendige Gegeninstanz. Im Innern des einzelnen Menschen ermöglicht Weltverlust, dank dem seelischen Potenzial, das es zu dessen Bekämpfung zu aktivieren gilt, Weltgewinn. Für den starken Menschen ist dieser Gegensatz eine nutzbringende Herausforderung. Zum Thema auch: Goedert (1985); Striet (2003); Willers (2003a).

*Georges Goedert, Luxemburg*

**Tiefe** | N.s Philosophie könnte auch eine Philosophie der T genannt werden, insbesondere der tiefen Ewigkeit, die vermutlich noch schwerer zu begreifen ist als „deep space“ oder „deep time“ der Astrologie und Evolutionstheorie. In Zarathustras kurzem „Rundgesang“ (*Za III, Das andere Tanzlied* 3; *Za IV, Das Nachtwandler-Lied* 12), kommt das Adjektiv ‚tief‘ und seine Steigerung nicht weniger als acht Mal in sieben von elf Zeilen vor. Tief ist die Mitternacht, der Traum, die Welt, die tiefer als der Tag gedacht ist, das Weh der Welt, deren Lust noch tiefer ist, die Ewigkeit will, die doppelt tief, also am tiefsten ist. Wie immer man sich Ewigkeit bisher gedacht haben mag, sei es als Zeitlosigkeit, unendlichen Zeitraum oder stehendes Jetzt, für N. sind diese Ewigkeiten gleichsam oberflächlich, verglichen mit der tiefsten und daher abgründlichsten (→Abgrund) Ewigkeit der →ewigen Wiederkunft des Gleichen, die nicht nur die Ewigkeit der Vergangenheit, der Zukunft und des gegenwärtigen Augenblicks einschließt, sondern auch alles, was ‚in' ihnen sein mag, in einem ewigen Kreislauf. T Ewigkeit ist nicht der Augenblick, zu dem man nur sagt: Verweile doch! du bist so schön, und der trotzdem vergeht, sondern zu dem man auch sagt: Und vergeh, aber komm immer wieder zurück und geh immer wieder, in alle Ewigkeit. Tiefste Ewigkeit will oder ist aller Dinge Ewigkeit, weil in ihr alle Dinge unauflöslich „verkettet, verfädelt, verliebt" ineinander sind (*Za IV, Das Nachtwandler-Lied* 10). Der T des Ewige-Wiederkunfts-Gedankens entspricht, dass er zugleich die „höchste Formel der →Bejahung ist, die überhaupt erreicht werden kann" (*EH, Za 1*). Denn „[a]us dem Tiefsten muss das Höchste zu seiner →Höhe kommen" (*Za III, Der Wanderer*).

*Michael Skowron, Daegu*

**Tod** | Neben den ‚unspezifischen Verwendungsweisen' (T der →Kultur, der →Tragödie, der →Religion) erscheint der T ‚im engeren Sinne' aus der dionysischen Perspektive nicht als das Schrecklichste, sondern als das für die ephemere menschliche Existenz ‚Erwünschteste'. Der gefangene Silen zu seinem Peiniger, König Midas: „Das Allerbeste ist für dich gänzlich unerreichbar: nicht geboren zu sein, nicht zu SEIN, NICHTS zu sein. Das Zweitbeste aber ist für dich – bald zu sterben." (*GT* 3, KSA 1: 35)

Bereits im Kontext seiner →Pessimismus-Reflexion (→Dühring, →Schopenhauer) beschäftigt sich N. intensiv mit dem Problem des T-es (vgl. NF 1875, 9[1]). Angst vor dem T, so eine spätere Erwägung, sei in Wirklichkeit eine Angst vor den Schmerzen des →Sterbens: „Auch der Selbsterhaltungstrieb ist ein Stück Mythologie" (NF 1880, 3[149]). Die heroische Bejahung des T-es bleibt auch in der Auseinandersetzung mit →Wagner bestimmend: „Der T ist das Siegel auf jede große Leidenschaft und Heldenschaft, ohne ihn ist das →Dasein nichts werth." (NF 1875, 11[18]; vgl. auch Zarathustras „Untergang" [*Za I, Zarathustra's Vorrede*]) Zentral bleibt auch die Kontrastierung von ‚T als Fest' (*Za I, Vom freien Tode*) und ‚Vergiftung des Lebens' durch das →Christentum: „Durch die sichere Aussicht auf den T könnte jedem Leben ein köstlicher, wohlriechender Tropfen von Leichtsinn beigemischt sein." (*WS* 322) Hieran schließt sich die problematische „MORAL FÜR ÄRZTE" an: „Der Kranke ist ein Parasit der Gesellschaft. In einem gewissen Zustande ist es unanständig, noch länger zu leben." (*GD, Streifzüge …* 36) Hier wird deutlich, dass T nicht von individualistischen Lebenskonzepten her gedacht wird, sondern von einer dionysischen Konzeption des Lebens als zu bejahendem Gattungsleben. Durch die Konzeption vom →Willen zur Macht wird der (biologische) Gegensatz von Leben und T relativiert: „Hüten wir uns, zu sagen, dass T dem Leben entgegengesetzt sei. Das Lebende ist nur eine Art des Todten, und eine sehr seltene Art." (*FW* 109) Zum Thema auch: Meyer (1991).

*Dirk Solies, Mainz*

**Tönnies, Ferdinand** | T, *26.7.1855 Riet (Krs. Nordfriesland), †11.4.1936 Kiel, gilt als einer der Gründerväter der (dt.) Soziologie, seine *Gemeinschaft und Gesellschaft* (1887) ist ein soziologischer Klassiker. T war schon früh ein Verehrer N.s, die Lektüre von *GT* wurde zum Erweckungserlebnis, N.s spätere Schriften, beginnend mit *Za*, blieben ihm verschlossen. Die Werke der sog. mittleren Schaffensperiode, die nach T noch etwas vom Geist der europäischen Aufklärung verraten und partiell den Einfluss von →Rée erkennen lassen, den T neben →L. v. Salomé persönlich kannte (Klose et al. 1961: 97 f., 185 f., 190 f., 210 ff., 279 f.), hatten für T bleibenden Wert. Lichtblau (1996: 96 f.) sah – anders als Zander (1981) und Solms-Laubach (2007: 154 ff.) – keine expliziten N.-Bezüge in T' Werk, auch nicht in *Gemeinschaft und Gesellschaft* (Merz-Benz 1995). 1897 erschien von T eine gegen den →N.-Kult des Fin de Siècle gerichtete Streitschrift, der drei kleinere Veröffentlichungen zu N. voran gingen. T' Kritik an N. bemisst sich an einem Verständnis von Soziologie als einer Lehre von den Tatsachen und der Entwicklung des menschlichen Zusammenlebens im Geist der frühen Aufklärungsepoche des 17. Jh.s und gründet in dem Vorwurf, N.s Kulturkritik und die von N. intendierte „Wiederbelebung eines antiquierten aristokratisch-künstlerischen Weltbildes“ (Lichtblau 1996: 97) belegten tiefe sozialwissenschaftliche Unwissenheit.

*Hubert Treiber, Hannover*

**Tragische, das/Tragödie** | Den eigentlichen Auftakt zu N.s Werken bildet →*GT*, eine Schrift mit ausgesprochen philosophischem Charakter. N. legt hier eine dionysisch-tragische Weltanschauung dar, die für sein kommendes Philosophieren von grundlegender Bedeutung sein wird. Später wird er behaupten, das T erst „**entdeckt**“ zu haben (NF 1884, 25[95]). Bezeichnend ist, dass er sich noch am Ende seines bewussten Daseins deutlich zu seiner früh gestalteten tragischen Weisheit bekennt. Sich auf die *GT* beziehend, nennt er sich in *EH* selber „den ersten TRAGISCHEN PHILOSOPHEN“ und weist auf seine Opposition zu →Schopenhauer hin, wenn er hinzufügt, das heiße „den äussersten Gegensatz und Antipoden eines pessimistischen Philosophen“ (*GT* 3). Sein dionysischer Tragismus ist tatsächlich dem Resignationismus der schopenhauerschen Willensverneinung diametral entgegengesetzt: „Sehnsucht in's Nichts ist VERNEINUNG der tragischen Weisheit, ihr Gegensatz!“ (NF 1884, 25[95]) N. entwickelt eine grundsätzlich bejahende Auffassung des Tn. So erklärt er, sich auf die „Psychologie des TN Dichters“ beziehend, die ewige Lust des Werdens schließe auch noch die Lust am Vernichten ein (*GD, Was ich* … 5). Der Resignation schreibt er sogar einen depressiven Charakter zu und wirft Schopenhauer vor, die Depression als den tn Zustand angesetzt zu haben (NF 1888, 15[10]). N. bezeichnet sich auch als den „letzte[n] Jünger des Philosophen →Dionysos“ (*GD, Was ich* … 5). Sein früher Umgang mit dem Tn und der darin enthaltenen dionysischen Bejahung und Rechtfertigung der Welt und des Lebens mit all ihren Vorgängen, dem Gedeihen sowohl als auch dem Vergehen, hat seinem gesamten Denken die vielfach entscheidende Grundausrichtung verliehen.

*GT* enthält ein *Vorwort an Richard Wagner*, worin N. die →Kunst als die eigentlich metaphysische Tätigkeit des Lebens kennzeichnet. In den Musikdramen →Wagners glaubte er damals eine auf deutschem Boden sich vollziehende Wiedergeburt der tragischen Kunst zu erkennen. Er lässt vorübergehend nur noch ästhetische Werte gelten, ganz im Gegensatz zu Schopenhauers alles umfassendem Moralismus. „[…] nur als AESTHETISCHES PHÄNOMEN“ sei „das Dasein und die Welt ewig GERECHTFERTIGT“ (*GT* 5, KSA 1: 47). Es handelt sich eigentlich schon um den Beginn von N.s →Immoralismus und damit um eine wesentliche Voraussetzung des „Todes Gottes“. So bezeichnet er die Schrift denn auch als seine „erste →Umwerthung aller Werthe“ (*GD, Was ich* … 5). Selbst wenn er in der später verfassten Vorrede (1886) ihre Art der Darstellung ablehnt und sie „ein unmögliches Buch“ nennt (*GT, Versuch einer Selbstkritik* 3), hält er dennoch bis ans Ende an der in ihr entwickelten Konzeption des Tn fest.

Die im tn Schauspiel gezeigte Gegensätzlichkeit und Ausweglosigkeit wird von N. prinzipiell bejaht als eine dem →Leben inhärente Notwendigkeit, stärkend allerdings nur für diejenigen, die dazu die nötigen Kräfte besitzen. Von →Stärke spricht er mit Hinweis auf die Griechen des 5. Jh.s, des „tn Zeitalters“: Sie haben siegreich gegen die Perser gekämpft. Schopenhauer sah dagegen die „wahre Tendenz des Trauerspiels“ in der Abwendung des Willens vom Leben: Der Zuschauer gewinne die Einsicht in die Wertlosigkeit des Lebens; so werde der „t Geist“ geweckt, der zur Resignation überleite (1859b: 495). Gemäß *GT* besteht jedoch der Wert der tn Kunst in dem aus ihrem Bekenntnis zum Leben unter all seinen Aspekten, gerade auch den furchtbarsten, resultierenden Stimulans für starke Menschen.

N.s Ablehnung trifft ebenfalls Aristoteles. Furcht und Mitleid, als deprimierende →Affekte, bildeten nicht die eigentliche Wirkung der T. Auch könne man nicht mittels deren Erregung von ihnen befreit werden (siehe die „Katharsis“). Falls Aristoteles Recht hätte, würde die T ausschließlich dem Niedergang und der Auflösung dienen, wie die schopenhauersche Resignation.

In *GT* behandelt N. die Entstehung der attischen T. Seine Interpretation reicht aber über das eigentliche Kunstwerk hinaus. Das geschieht wesentlich mittels der Kategorien des →Apollinischen und Dionysischen. Der Musik und dem →Tanz misst er einen dionysischen Charakter bei, den mythischen Bühnenbildern dagegen einen apollinischen. Die Vereinigung von →Dionysos und Apollo in der attischen T bewirke eine beidseitige Steigerung. Doch handelt es sich nicht nur um ein künstlerisches Geschehen. In N.s Hermeneutik der tn Kunst offenbaren sich die Grundmerkmale der Welt und des Lebens. Die physiologischen Erscheinungen von →Traum und →Rausch sind Hinweise auf Apollo und Dionysos. Den beiden Gottheiten verleiht N., neben der ästhetischen, zugleich eine ontologische Bedeutung. Sie sind für ihn ästhetische Seinsmächte. Alles Bestehende verdankt diesem fundamentalen Gegensatz sein Dasein, was an →Heraklit erinnert, auf den überhaupt die bejahende Grundeinstellung der *GT* hinweist. So gehören Dionysos und Apollo notwendig zusammen, wie gemäß Heraklit alles jederzeit das Entgegengesetzte an sich hat. Daraus ergibt sich der den „Urschmerz" erzeugende „Urwiderspruch" im Herzen der Welt. Das dionysische „Ur-Eine", der „Urkünstler der Welt", ist genötigt, die empirische Wirklichkeit als den ihm entgegengesetzten, schönen apollinischen Schein zwecks seines eigenen Bestehens hervorzubringen. Auf diese Weise finden die Leiden an der individuellen Existenz ihre ontologische Rechtfertigung. Diese ewige, dionysische Schaffenskraft der Natur erzeugt Aufblühen und Verfall, so dass die Lust am Entstehen und Wachsen nicht zu trennen ist vom Schmerz am Niedergang und Vergehen. Der t Held kommt zwar um, aber die schöpferische Kraft des Dionysischen – was auch heißt: die unendliche Schaffens- und Zeugungskraft der →Natur – zeigt sich am eklatantesten gerade im Zugrundegehen ihrer glänzendsten Exemplare. So weitet die t Kunst sich aus zum kosmischen Ereignis.

Mit Euripides setze der Niedergang der attischen T ein, da in seinen Dramen, unter dem Einfluss des Sokrates, die rationalistische Tendenz überhandnehme. Die optimistische Suche nach dem Vernünftigen und mithin Nützlichen verdränge die künstlerische Kultur sowohl als auch die t. Hier äußert sich N.s Abwertung der mit dem modernen Glauben an den Fortschritt verbundenen wissenschaftlichen Vernunft. Die theoretische Weltbetrachtung, mit →Sokrates als dem „Typus des theoretischen Menschen", setzt er der tn entgegen. Die Herrschaft des Logischen, der Wissenschaftlichkeit, deutet er als Zeichen der →Schwäche und insofern als radikalen Gegensatz zur tn Lebensbejahung. Daraus ergibt sich ein doppelter Wahrheitsbegriff, was für die Folge seines Denkens von entscheidender Bedeutung sein wird. Der dionysisch geprägte „Geist der Musik" enthält eine tiefere Wahrheit, die der „Geist der Wissenschaft" nicht zu erfassen vermag. Dies erinnert an die schopenhauersche Auffassung der Musik als des unmittelbaren Abbildes des „Weltwillens". Zum Thema auch: Böning (1988); Wohlfart (1991b); Meyer (1993); Ebersbach (2002); Ries (2004); Goedert (2005).

*Georges Goedert, Luxemburg*

**Traum** | Der T als Erlebnisform und anthropologisches Lehrstück durchzieht sowohl N.s Ästhetik als auch seine Bewusstseins- und Kulturkritik. Seine verstreuten Bemerkungen zum T-Problem beabsichtigen keine konsistente T-Theorie, sondern pointieren überlieferte, kontrovers diskutierte Gesichtspunkte der zeitgenössischen T-Literatur (Ungeheuer 1983; Treiber 1994). In der *GT* erscheint der T als apollinischer Kunsttrieb, der ohne Vermittlung des Künstlers aus der Natur hervorbricht (*GT* 2). Mithin ist der T, in Anlehnung an Kants *Anthropologie* und Jean Pauls *Vorschule der Ästhetik*, unwillkürliche Dichtung. Doch eignet dieser Dichtung ein kompensatorischer Charakter, denn wie der Hungernde von Speisen träumt und der gefolterte Märtyrer in Verzückung gerät, so verhüllt im T der apollinische Schönheitstrieb die von den Griechen tief empfundenen Schrecken und Entsetzlichkeiten des Daseins, indem er über diesem grauenerregenden Abgrund unwillkürlich eine olympische Götterwelt errichtet (*GT* 3). Im Vorgriff auf eine aufzubauende historische Anthropologie unterstellt N. dem ausgeprägten Sehsinn der Griechen die besondere Fähigkeit, auch in Träumen „eine logische Causalität der

Linien und Umrisse, Farben und Gruppen" herzustellen (*GT* 2, KSA 1: 31), eine These, die mit G. T. Fechners ausgedehnten T-Untersuchungen von 1860 in Bezug gesetzt werden kann (Goldmann 2003: 61 f.). In Anlehnung an →Schopenhauer ist der T für N. eine Schule des Philosophen, in der dieser für das Leben lernt, Wirklichkeit als Schein aufzufassen. Der Träumer ist Dichter, Schauspieler und Zuschauer zugleich (*GT* 5), der, wie es von dem Physiologen K. F. Burdach u. a. beschrieben wurde (Goldmann 2003: 175 f.), Träume der vergangenen Nacht in der folgenden fortzusetzen vermag. Der T ist damit nicht nur Gegenwelt, sondern das bewusstseinskritisch einzusetzende Musterbeispiel für den Scheincharakter der zudem nur lückenhaft erlebten Tageswirklichkeit.

In der Nachfolge Schopenhauers und mit N. avancierte das T-Problem zu einem zentralen Gegenstand der Philosophie. Vor allem in den 70er und frühen 80er Jahren des 19. Jh.s nahmen die von Philosophen, Medizinern und Theologen vorangetriebenen Untersuchungen der T-Phänomene einen starken Aufschwung, der sich in einer Vielzahl von Monographien und Broschüren niederschlug. Auf diese reagiert N. zwischen 1878 und 1881 mit seinen berühmten Aphorismen: etwa mit *MA* 13 (der T als „Suchen und Vorstellen der Ursachen" für „erregte Empfindungen"); mit *M* 119 („Das wache Leben hat nicht diese Freiheit der Interpretation wie das träumende, es ist weniger dichterisch und zügellos"); vor allem aber mit *M* 128 („Nichts ist mehr euer Eigen, als eure Träume! Nichts mehr euer Werk! Stoff, Form, Dauer, Schauspieler, Zuschauer, – in diesen Komödien seid ihr Alles ihr selber!"). Hier erörtert er vornehmlich die von F. E. Hildebrandt (1875) diskutierte Verantwortlichkeit des Träumers, statuiert mit C. du Prel (1864) eine vom Kausalitätsprinzip abweichende ‚Logik des T-es' und skizziert eine übergreifende Kompensationstheorie (Goldmann 2005: 16 f.). N. betont die zivilisationsgeschichtlich einschneidende Bedeutung des Ts, wenn er den „Ursprung aller →Metaphysik" in die T-Erfahrung legt, die zur Tageswirklichkeit eine „zweite reale Welt" fügt, in welcher Tote und Götter erscheinen und fortleben (*MA* 5). Die Kenntnis der T-Charaktere ist für eine historisch vergleichende →Anthropologie von heuristischem Wert, denn wie der Mensch jetzt im T halluziniert, falsch schließt und zu Verwechselungen neigt, so schloss die Menschheit in ihren Anfängen „auch im Wachen" (*MA* 13). Mithin machen wir im T nicht nur „das Pensum früheren Menschentums noch einmal durch" (*MA* 12), sondern er gibt uns auch „ein Mittel an die Hand", ferne und fremde Kulturen „besser zu verstehen" (*MA* 13). Unter dem Motto „[Ü]ber Träume muß man umlernen!" (NF 1884, 25[147]), formt N. das vor allem von K. A. Scherner und J. Volkelt tradierte Konzept einer „unbewusst symbolisierenden T-phantasie", die Leib- und Nervenreize unwillkürlich deutet und ihnen Bilder assoziativ unterschiebt, zu einem Paradigma der Genese von Bewusstseinsprozessen. Wer dieses mustergültige Konzept in erkenntniskritischer Absicht auf das →Bewusstsein oder die Begründung moralischer Urteile überträgt, dem erscheinen sie plötzlich als ein „phantastischer Commentar über einen ungewussten, vielleicht unwissbaren, aber gefühlten Text" (*M* 119).

Innerhalb der T-Forschung vor 1900 wurde N.s kulturanthropologische und bewusstseinskritische T-Auffassung nur en passant erwähnt (Volkelt 1877). Konstatierte Parallelen zwischen →Freuds *Traumdeutung* und N.s T-Aphorismen (Lissmann 1996) beruhen auf der Lektüre der gleichen Quellenschriftsteller wie Hildebrandt, L. Strümpell, Burdach und Fechner, und können nicht in ein direktes Abhängigkeitsverhältnis gestellt werden. Beide Autoren orientieren sich an jener Tradition der T-Forschung, die von der Wundt-Schule, ihrem Gegner, als mystisch bezeichnet wurde. Anzumerken bleibt, dass N. selbst über – etwa von C. G. →Jung (1912: 48) aufschlussreiche gedeutete – Träume berichtet, die sich teils auch in Zarathustras Träumen und Visionen widerspiegeln (vgl. Lissmann 1999; Bennholdt-Thomsen 2001).

*Stefan Goldmann, Potsdam*

**Treitschke, Heinrich von** | T, *15.9.1834 Dresden, †28.4.1896 Berlin, Historiker und Publizist, Prof. der Geschichte in Berlin (ab 1874), nationalliberaler (später parteiloser) Reichstagsabgeordneter (1871–84), „Vater des modernen →Antisemitismus" (so sein Widersacher T. Mommsen 1895, zit. n. Ferrrari Zumbini 2003: 194) sowie, wegen seines Chauvinismus und Antisozialismus, auch als „Totengräber des Liberalismus" in Verruf (vgl. Forsbach 2001: 136), war ein Jugendfreund →Overbecks. Ihn hatte er 1873 auf einen – auch für N. interessanten – Text →Lagardes hingewiesen (vgl. Sieg 2007: 167). Im September 1881 gab T Overbeck allerdings zu verstehen, dass dessen Vorliebe für den seiner Auffassung nach verschrobenen N. die Hauptursache sei für die zwischenzeitliche Entfremdung beider (Ferrari Zumbini 1993: 130; vgl. auch Sommer 1997: 84 f.). Tatsächlich hatte sich Overbeck schon zuvor von T distanziert, nachdem dieser im November 1879 in den *Preußischen Jahrbüchern* den Berliner Antisemitismusstreit (vgl. hierzu Ferrari Zumbini 2003: 182 ff.) ausgelöst und der Stimme des Volkes sowie der nach 1933 folgenreich gewordenen Losung des nationalsozialistischen Hetzblattes *Der Stürmer* „Die Juden sind unser Unglück!" erstmals unverblümt Ausdruck gegeben hatte. T ging dabei aus von damals vielfach – zumal an Stammtischen – geteilten Bedenken: „[Ü]ber unsere Ostgrenze dringt Jahr für Jahr aus der unerschöpflichen polnischen Wiege eine Schaar strebsamer hosenverkaufender Jünglinge herein, deren Kinder und Kindeskinder dereinst Deutschlands Börsen und Zeitungen beherrschen sollen" (zit. n. vom Bruch/Hofmeister 2000: 191). Erst Jahre später (1886) fertigte N. T und dessen (Bonner) Kollegen H. Sybel (1817–1895) – bei dem er 1864/65 ein Kolleg über Politik besucht hatte (N. an F. und E. N., 10.–17.11.1864) – unter dem Stichwort ‚preußische Dummheit' ab. Durch T 1879 populär gewordene Stammtischparolen (z. B. „‚Keine neuen Juden mehr hinein lassen!'") nahm N. nun auf und ersetzte sie durch die Folgerung, dass „es vielleicht billig und nützlich wäre, die antisemitischen Schreihälse des Landes zu verweisen." (*JGB* 251)

Nationalsozialistische N.-Verehrer – wie etwa Herrmann (1935) – ließen dieses Wort im nach 1933 anhebenden Streit um N.s Stellung zum Antisemitismus einfach fort und schreckten auch nicht davor zurück, die von N. zitierte Parole nicht in Parenthese zu zitieren, wodurch der auch von R. Oehler (1935: 89) intendierte Eindruck entstehen musste, N. sei seinerseits Proponent der von T vorbereiteten nationalsozialistischen Judenpolitik gewesen. Umso bedenklicher muss stimmen, dass sowohl Nolte (1990: 102) als auch Breuer (2001: 31) dieses Zitat bei ihren unsäglichen Versuchen einer Verteidigung Ts ‚vergaßen', denn damit kopierten sie letztlich, diesmal mit dem Ziel der Verharmlosung des Antisemiten T, das Vorgehen der vorgenannten nationalsozialistischen N.-Verehrer (vgl. hierzu auch Niemeyer 2002a: 182 ff.).

*Christian Niemeyer, Dresden*

**Tribschen** | Ort (Landzunge) in der Schweiz, am Vierwaldstättersee. T, am Rande von Luzern, beherbergt seit 1933 ein Richard-Wagner-Museum. W. L. am Rhyn vermietete das Landhaus mit Park von 1866 bis 1872 an →R. Wagner und Cosima v. Bülow (ab 1870 verehelichte →C. Wagner). N. war dort von 1869 an regelmäßiger Besucher, um schließlich zu resümieren: „Diese drei Jahre, die ich in der Nähe von T verbrachte, in denen ich 23 Besuche dort gemacht habe – was bedeuten sie für mich! Fehlten sie mir, was wäre ich!" (An v. Gersdorff, 1.5.1872) Ein erster Besuch N.s ist für den Pfingstmontag (17.5.) 1869 dokumentiert, kurz davor hatte er die außerordentliche Professur in →Basel angetreten. In N.s Briefen firmieren Wagner und Cosima häufig auch als „T-er Freunde" bzw. „T-er"; eine ähnliche Assoziierung von Person und Ort nimmt N. später auch mit Bezug auf →Bayreuth vor. Im Unterschied zur insgesamt sehr ambivalenten Einschätzung Bayreuths blieb T für N. immer das Idyll der gemeinsamen frühen Freundschaftstage (vgl. Borchmeyer 1998), entsprechend hymnisch sind seine Auslassungen: In Briefen an →Rohde preist N. T als „mein Italien" (3.9.1869), als „mein wahres und nicht genug zu preisendes Refugium" (Ende Januar und 13.2.1870). Mit Wagners Übersiedlung nach Bayreuth endet die Zeit in T. Abermals an Rohde berichtet N. vom schmerzlichen Abschied: „T ist mit dem heutigen Tage zu Ende! Wie unter lauter Ruinen verlebte ich dort noch ein paar Tage, schwermuthsvolle Tage." (30.4.1872)

*Christoph Landerer, Salzburg*

**Trieb** | N.s frühe T-Theorie hat ihre stärksten Wurzeln in →Heraklits Philosophie des Werdens und in →Schopenhauers Metaphysik des Willens. In der weiteren Konzeptualisierung orientierte er sich an Philosophen wie →Rée, →Montaigne und den französischen Moralisten, an Naturwissenschaftlern wie Darwin, Roux und R. Mayer sowie an dem Naturphilosophen Boscovich (Haberkamp 2000). Nunmehr betrachtete er die Te als die maßgeblichen Kräfte des →Lebens, die den gesamten leibseelischen Organismus in Bewegung versetzen und von innen nach außen drängen, um ihre physiologische Kraft zu entladen. Diese Orientierung am „Leitfaden des →Leibes" stand im engen Zusammenhang mit seinen eigenen Krankheitserfahrungen, durch die er begreifen lernte, „wohin unbewusst der kranke Leib und sein Bedürfniss den Geist drängt, stösst, lockt [...]. Die unbewusste Verkleidung physiologischer Bedürfnisse unter die Mäntel des Objektiven, Ideellen, Rein-Geistigen geht bis zum Erschrecken weit, – und oft genug habe ich mich gefragt, ob nicht, im Grossen gerechnet, Philosophie überhaupt nur eine Auslegung des Leibes und ein Missverständnis des Leibes gewesen ist." (*FW, Vorrede* ... 2)

Der Erkennbarkeit der aktuell gerade wirksamen, miteinander ringenden und sich durchsetzenden Te seien enge Grenzen gesetzt. „Wie weit Einer seine Selbsterkenntnis auch treiben mag, Nichts kann doch unvollständiger sein, als das Bild der gesammten Triebe, die sein Wesen constituiren. [...] ihre Zahl und Stärke, ihre Ebbe und Fluth, ihr Spiel und Widerspiel unter einander, und vor Allem die Gesetze ihrer Ernährung bleiben ihm ganz unbekannt." (*M* 119) Von da aus war es nicht weit zum Postulat unbewusster, miteinander kämpfender psychischer Motive, „die wir zum Theil gar nicht, zum Theil sehr schlecht kennen [...]: etwas für uns völlig Unsichtbares und Unbewusstes." (*M* 129) In diesem Kontext entwickelte N. eine „entlarvende →Psychologie" (Klages 1926), die tiefe Einblicke in die Dynamik unbewusster T-konflikte, Abwehrmechanismen und Sublimierungsprozesse (Kaufmann $^4$1974; Vinzens 1999) bietet und in vielerlei Hinsicht als Vorstufe der Psychoanalyse betrachtet werden kann (vgl. Haslinger 1993; Gasser 1997).

In seinem Spätwerk gibt N. Schopenhauers Konzeption des ‚Willens' eine Umdeutung: Es handle sich um ein „Grundmissverständnis", dass „Begierde, Instinkt, T das Wesentliche am Willen" seien, denn dies bedeute eine „Wertherniedrigung des Willens bis zur Verkümmerung." (NF 1887, 9[169]) Demgegenüber sei der →‚Wille zur Macht' eine über die bloße Selbst- und Arterhaltung hinausgehende Tendenz alles Lebendigen, die eigene Machtsphäre nach allen Seiten zu erweitern. Er koordiniere und integriere die Vielfalt der eigenen Te und verteidige die einmal erlangte Einheit sowohl im Inneren, aber auch nach außen. Die Differenz zwischen dem zwar abgewandelten, im Wesentlichen aber aufrechterhaltenen Lustprinzip bei Freud und dem in der eigenen Denkentwicklung immer stärker pointierten Machtprinzip bei N. kann als Herausforderung für den weiter zu entfaltenden Freud-N.-Diskurs gesehen werden (Gödde 2000; Assoun 2002).

Nicht Erlösung von der Dranghaftigkeit des ‚Willens', sondern dessen Stärkung im Sinne einer T-Gestaltung war N.s Anliegen. Dazu bedürfe es einer Überwindung der →Affekte, bei der die Te und Leidenschaften, „jene oft so gefährlich und überwältigend hervorströmenden Wildwasser der →Seele", nicht zu schwächen, sondern „in Dienst zu nehmen und zu ökonomisiren" seien (NF 1888, 14[163]).

*Günter Gödde, Berlin*

**Troubadour** | →*FW* ist aus dem „Gesichtspunkte des Ts" (NF 1882, 21[1]) geschrieben. *Gaya scienza* oder *Gai saber* (provençalisch: ‚fröhliche Wissenschaft'), das Vorbild ist gewollt. T symbolisiert die „Einheit von Sänger, Ritter und Freigeist" an den okzitanischen Höfen, ist die „wunderbare Frühkultur der Provençalen", hebt sich ab „gegen alle zweideutigen Culturen" (*EH, Die fröhliche Wissenschaft*). T ist Ideal vornehmer Lebens- und Kunsthaltung →freier Geister: herrschafts-, rang- und elitebewusst, aristokratisch-geistig, musisch, mit ästhetischer Noblesse. T als Kulturfigur, seine Ästhetik als Kulturidee sind Ausdruck vollkommener →Kultur: Europa verdanke den „prachtvollen und erfinderischen Menschen des ‚gai saber' [...] Vieles und beinahe sich selbst" (*JGB* 260). Landschaft, Kultur und T sind wechselseitig geprägt, die Inhalte sind okzitanisch-romanischer bestimmt. Als Ritter-Dichter des 12./14. Jh.s haben T ein aristokratisches Wertedenken gegen jede Sklaven-Moral gelebt, ihre →Poesie war Hingebung an die „Feinheiten des Freiheitsgefühls" (ebd.), ihre →Liebe war Passion, raffiniert und vergeistigt (NF 1885, 34[90]), lebensvoll und ehrfürchtig, künstlerisches Schaffen ein steter Prozess artistisch motivierter Lebenslust- und Lebensfülle. Als historische „Lichtpunkte" (NF 1884, 25[419]) haben sie ihre Nachfolger vor „sonnenlose[r] Begriffs-Gespensterei" (*JGB* 254) bewahrt, zählen ihrer provençalischen Herkunft nach zu den kulturellen Höhepunkt Europas: „sehr reiche, vielartige, doch von sich beherrschte Menschen, die sich ihrer Triebe nicht schämten" (NF 1883, 7[44]): T als Ideal-Projektion, die Kritik an der Moderne ebenso ist wie Utopie einer zukünftigen Kultur, mit allem ästhetisch-aristokratischen Zubehör: Leichtigkeit, →Tanz, Süden, Heiterkeit, →Gesundheit, →Lachen, Stil-, Sprach- und Formsicherheit. Letztere deuten direkt auf T-Traditionen: Die „Albas, Serenas, Tenzoni, Sirventes, Sontas, Laïs" (NF 1881, 11[337]), Gattungen der T-Gesänge, verbinden sprachliche Virtuosität, künstlerische Meisterschaft, musikalisch-rhetorische Akkuratesse. N. hat sich kundig gemacht, seine Quelle ist jetzt bekannt (Campioni 2009b: 327). Eine Form-Ästhetik *par excellence*: Wer sie beherrscht, ist *per se* troubadourisch-provençalisch. Petronius' Übermut in „Wort, Satz und Sprung der Gedanken", „unbändige gute Laune, die sich vor nichts fürchtet", Freiheit, über „tugendhafte[] Armseligkeiten ‚schöner Seelen'" hinwegzuspringen (NF 1888, 24[7]) sind exemplarisches Beispiel. N. sieht sich in gleicher Tradition: *An den Mistral*, „ein ausgelassenes Tanzlied, in dem [...] über die →Moral hinweggetanzt wird, ist ein vollkommener Provençalismus" (*EH, Die fröhliche Wissenschaft*), bezieht sich ausdrücklich auf die *gaya scienza* und ihre Protagonisten: „Tanzen wir gleich Troubadouren/Zwischen Heiligen und Huren,/Zwischen Gott und Welt den Tanz!" (*FW, Lieder des Prinzen Vogelfrei, An den Mistral*): Der Prinz als neuer T, seine Lieder Poesie gewordene Philosophie, Helligkeit des Denkens, Brillanz sprachbeherrschter Welthaltigkeit, Dichter-Ironie, hohe ästhetische Sensibilität, ‚fröhliche' Wissenschaft – im Wettbewerb mit den *Joias del Gai Saber* („Freuden der fröhlichen Wissenschaft") der alljährlichen Blumenspiele der historischen T Anschluss an Traditionen, deren „provençalischen Sinn" (NF 1885/1886, 2[166]) und dessen Tiefe moderne Gelehrte vergessen haben. Anlass zu Missverständnissen bei den Zeitgenossen, für N., nach Oscar Levy „der moderne Troubadour der Provence und des Mittelmeeres" (Dietzsch 2002: 3). Auftakt zu neuen Ufern: Am Ende der *FW* stehen die ersten Worte Zarathustras (*EH, Die fröhliche Wissenschaft*). Zum Thema auch: Reschke (2000d); Babich (2007); Campioni (2009c).

*Renate Reschke, Berlin*

**Tschandala** | T ist bei N. ein polemischer Begriff, mit dem er vor allem die jüdisch-christliche →Moral attackiert. N. verwendet ihn in idealtypischer und bewusst verletzender Weise für alle Unterprivilegierten. Der Begriff bezieht sich bei N. zunächst auf die unterste soziale Schicht in Indien, die „Unberührbaren", die sich selbst heute zumeist als „Dalits" bezeichnen. Diese „Unberührbaren" stehen außerhalb des eigentlichen viergliedrigen Kastensystems, waren extrem ausgegrenzt und in der Tradition für die niedrigsten Arbeiten zuständig. N. hatte im Mai 1888 durch ein 1876 in Paris erschienenes Buch von L. Jacolliot von dieser nahezu rechtlosen sozialen Schicht erfahren. Aufgrund der fehlerhaften Informationen Jacolliots (vgl. Etter 1987; →Hinduismus) hielt N. sie für die aus allen Kasten Ausgestoßenen – und als solche macht er sie zum Idealtypus für alle „Niedergetretenen, Elenden, Missrathenen, Schlechtweggekommenen" (*GD, Die „Verbesserer"…* 4). Seit *AC* verwendete N. an Stelle des von ihm in *JGB* geprägten Begriffes „Sklaven-Moral" zumeist das Wort „T-Moral". Zum Thema auch: Havemann (2002: 190 ff.).

*Daniel Havemann, Jördenstorf*

**Tugend** | N.s Verständnis von T ist komplex, da er neben seiner Ablehnung der sokratisch-platonischen, christlichen und kantischen Konzepte auch einen affirmativen T-Begriff prägt, der nicht zuletzt aufgrund des Kontexts von N.s Moralkritik seinerseits vielschichtig und spannungsreich ist. Die Wurzeln von N.s T-verständnis liegen in seinem Bild der griechischen Antike: N. wendet sich gegen die „sokratische Gleichsetzung von Vernunft = T = Glück" (*GD, Das Problem …* 4) und greift auf das ältere Verständnis von arete als individueller, nicht moralisch oder intellektuell konnotierter Exzellenz im Sinne der homerischen Helden zurück (Brobjer 1995: 91–97; Zibis 2007: 38–62). Seine Stellung zur aristotelischen T-lehre ist aufgrund der wenigen expliziten Bezüge nicht einfach zu beurteilen (ebd.: 77–87) und insbesondere hinsichtlich des Begriffs der megalopsychia umstritten (vgl. Brobjer 1995: 240–262; Daigle 2006: 1–4). Dem an Sünde bzw. Pflicht orientierten, moralischen T-Begriff des →Christentums und →Kants setzt N. in Anlehnung an →Machiavelli „Tüchtigkeit (T im Renaissance-Stile, virtù, moralinfreie T)" (*AC* 2) entgegen.

N.s affirmativer T-Begriff lässt sich mitunter anhand der Abkehr von eudaimonistischen, intellektualistischen, moralistischen und universalistischen Prägungen verstehen. Dagegen betont N. die Individualität der T: Obwohl gewisse T-en wie Tapferkeit oder →Redlichkeit bei N. fast durchgängig positiv besetzt sind, geht es ihm nicht um die Formulierung allgemein verbindlicher T-kataloge, sondern um die „eigenthümliche T eines Jeden" (*FW* 120), die man „mit Niemandem gemeinsam" (*Za I, Von den Freuden- und Leidenschaften*) hat. N.s Äußerungen über spezifische T-en müssen also unter dem Vorbehalt betrachtet werden, dass diese in ihrer Singularität im Grunde „unaussprechbar […] und namenlos" (ebd.) sind (Brobjer 1995: 79).

T steht bei N. weder im Gegensatz zur Leiblichkeit noch zum Egoismus, vielmehr sind T-en „verfeinerte LEIDENSCHAFTEN" (NF 1883–84, 24[31]), zu deren Ausprägung „Eitelkeit und Selbstsucht" (*WS* 285) unabdingbar sind. Wider das asketische Verständnis von T als „Krampf unter einer Peitsche" (*Za II, Von den Tugendhaften*) beschwört N. den leidenschaftlich-übervollen, gegen Vor- und Nachteil rücksichtslosen Reichtum als Ursprung der T (*Za I, Von der schenkenden Tugend* 1; vgl. Solomon 2001: 140). T ist somit nicht Mittel oder Vorbedingung, sondern Ausdruck von →Glück: „Nicht ‚das Glück folgt der T' – sondern der Mächtigere bestimmt SEINEN GLÜCKLICHEN ZUSTAND ERST ALS T" (NF 1883, 7[26]). Die Verbindung von T und →Macht findet N. später bei →Spinoza vorgezeichnet (NF 1886–87, 7[4]; vgl. Gerhardt 1983/1996: 257 f.). Im Kontext des Motivs der Selbstüberwindung ist T für N. jedoch nicht nur mit Glück, sondern zugleich mit der Möglichkeit des heroischen Untergangs (→Heroismus) verbunden: „Der Mensch ist Etwas, das überwunden werden muss: und darum sollst du deine T lieben, – denn du wirst an ihnen zu Grunde gehn." (*Za I, Von den Freuden- und Leidenschaften*, vgl. auch *Vorrede 4*) Eine ähnliche Ambivalenz und Unverfügbarkeit zeigt sich, wenn N. das Individuum als „OPFER" der „wirkliche[n], ganze[n] T" (*FW* 21) bezeichnet (vgl. Brobjer 1995: 78 f.).

In *JGB* fordert N., „[n]icht an unsern eignen T-en hängen [zu] bleiben" (41). Der „Mensch jenseits von Gut und Böse" soll „Herr seiner T-en" (JGB 212; vgl. *MA, Vorrede 6*) sein. Wie in *FW*, wo N. vor einem „RÜCKFALL" (107) in die Moral warnte, blickt er auch in *JGB* skeptisch auf den Glauben an die eigene T: „Unsre Redlichkeit, wir →freien Geister, – sorgen wir dafür, dass sie nicht unsre Eitelkeit, unser Putz und Prunk, unsre Grenze, unsre Dummheit werde! Jede T neigt zur Dummheit, jede Dummheit zur T" (227). Schon in *FW* hatte N. von „feineren Seelen" gesprochen, „deren T im tiefen Misstrauen gegen sich und alle T besteht" (214); er brachte damit das paradoxe Moment auf den Punkt, das die Rede von T im Prozess der Selbstaufhebung der Moral birgt: Insofern es die T der Redlichkeit ist, die den Glauben an Moral und T verbietet, ist sie in der Tat jene T, „von der wir nicht loskönnen, wir freien Geister" (*JGB* 227; vgl. Van Tongeren 1989: 116–135; 2000: 215–220).

Analog zur Dichotomie von Herren- und Sklavenmoral (→Moral) unterscheidet N. ab Mitte der 1880er Jahre in zahlreichen terminologischen Variationen zwischen „Heerden- und Führer-T-en" (NF 1884, 26[141]). Ab 1887 finden sich wiederholt Aufzeichnungen zur Frage „Mit welchen Mitteln eine T zur Macht kommt?" (NF 1887, 9[147]), in denen N. Täuschung und Verstellung als Methoden hervorhebt, durch die sich eine Begierde als T etablieren kann. Im Rahmen einer solchen „Politik der T" (NF 1887–88, 11[54]) dürfe der „Moralist" jedoch nicht selbst seiner eigenen Propaganda verfallen.

Nachdem N. in der angloamerikanischen T-Ethik-Debatte zunächst als radikaler Kritiker universalistischer und deontologischer Konzeptionen rezipiert wurde (MacIntyre 1981), ist man mittlerweile vielfach bemüht, Aspekte von N.s T-verständnis positiv fruchtbar zu machen (Solomon 1986; Hunt 1991; Swanton 2003; Daigle 2006). Inwieweit N.s T-Begriff angesichts seiner Spannungen ungebrochen systematisch anschlussfähig ist und eine Grundlage für Konzepte souverän-autonomer Selbstgestaltung bilden kann, bleibt jedoch fraglich (vgl. Zittel 2003). Zum Thema auch: Gerhardt (1996); Brobjer (2003b); Solomon (2003: 160–174).

*Jakob Dellinger, Wien*

**Turin** | Der Herbst 1888 im „stillen und aristokratischen T" (*EH, Warum ich so klug bin* 8) ist für den sich als Fürst von T fühlenden N. ein furioses Finale, „Wetterleuchten der ausbrechenden Paralyse" (Volz 1990: 201): „Ich habe nie einen solchen Herbst erlebt, auch nie Etwas der Art auf Erden für möglich gehalten, […] jeder Tag von gleicher unbändiger Vollkommenheit" (*EH, GD* 3). In einem „tempo fortissimo der Arbeit und der guten Laune" (An F. Overbeck, 13.11.1888) vollendet er sechs Werke (*WA*, *GD*, *AC*, *EH*, *NW* und *DD*), in denen der Ton schriller wird, die euphorische Selbstbezogenheit zunimmt bei erhaltener stilistischer Höhe und Denkkraft. 1888 sollte mit dem ‚Dynamit' des Umwertungswerks Jahr eins einer neuen Zeitrechnung werden. Ebersbach (1994) und Kleist (1992) haben den Übergang in den Wahn nachgedichtet. Am 3.1.1889 erfolgt N.s Zusammenbruch auf der Straße, die angeblich stattgehabte Umarmung eines Droschkengauls ist allerdings unsicher verbürgt und im Übrigen mehrdeutig (vgl. Niemeyer 1998a: 238 f.). Dem waren – wie Verrechia (1986) zeigt – manische Hochstimmung und ärztliche Behandlung bereits im Dezember vorausgegangen. Aus den sog. „Wahnsinnszetteln" die noch nicht systematisch gedeutet wurden, unterzeichnet u. a. mit „Dionysos" oder „Der Gekreuzigte", spricht die Sorge um die Zukunft Europas. Der berühmte Wahnsinnsbrief an →Burckhardt vom 6.1.1889: „[Z]uletzt wäre ich sehr viel lieber Basler Professor als Gott; aber ich habe es nicht gewagt […] die Schaffung der Welt zu unterlassen", ist Anlass für Freund →Overbeck, N. nach →Basel heimzuholen. Zum Thema auch: Chaimerlain (1996); Volz (2004).

*Pia Daniela Schmücker, Ulm*

**Typus** | Mit dem Begriff des „T" schafft sich N. die Möglichkeit, in seiner Charakterisierung von Personen die Individualität seiner eigenen Deutung transparent zu machen. Gleichzeitig gibt es ihm die Freiheit, sich auf die Herausstellung weniger Merkmale zu konzentrieren und dabei auch einseitig zu überzeichnen. Am konsequentesten verwendet N. diesen Begriff in seiner Deutung Jesu in *AC*: Fast durchgängig redet er hier vom „T des Erlösers" oder vom „T Jesus". N schafft auf diese Weise Raum für seine psychologische Deutung Jesu, den er mit seiner „Unfähigkeit zum Widerstand" (*AC* 29) als Gegentypus zu →Paulus und zur christlichen →Moral hinstellt. In neuer Zielsetzung fragt N. in *AC*, „welchen T Mensch man ZÜCHTEN soll, WOLLEN soll, als den höherwerthigeren, lebenswürdigeren, zukunftsgewisseren." (3; →Züchtung) Die Methode der Typologisierung nutzt N. häufig, in der Regel ohne den Begriff „T" zu verwenden. →M. Weber hat im Rückgriff auf N. den Begriff des „Idealtypus" geprägt. Zum Thema auch: Sommer (2000a: 99 ff., 285 ff.); Havemann (2002: 153 ff.).

*Daniel Havemann, Jördenstorf*

**Tyrann** | Dieser Begriff ist bei N. vor allem als Metapher für unbedingte Machtansprüche relevant und wird in diesem Sinne in NF 1874, 32[32] auch gegen →R. Wagner ins Feld geführt. N. geht davon aus, dass „[i]n seinen geheimen Wünschen [...] jeder Grieche T [war]" (NF 1875, 6[7]) und die Macht des T-en als höchstes Glück galt (vgl. NF 1880, 4[301]). Diese Einschätzung überträgt N. auf die antiken Philosophen, wenn er sie als „Tyrann des Geistes" (*MA* 261, *WS* 230, *M* 547) begreift, die an die Absolutheit ihrer „Wahrheiten" glaubten. Demgegenüber plädiert N. in *M* für selbstkritische „Gewaltlosigkeit" (Brusotti 1997: 105). In *JGB* wird T-ei zur Metapher für den →Willen zur Macht (22), der tyrannische Charakter normativer Ansprüche ist kein Einwand mehr, sondern „‚natürlich'" (188; vgl. van Tongeren 2000: 198 f.). So ist auch N.s Denken nicht explizit ausgenommen, wenn es heißt: „Philosophie ist dieser tyrannische Trieb selbst, der geistigste Wille zur Macht" (*JGB* 9, vgl. Lampert 2001: 36). Zum Thema auch: Müller (2005: 133 ff.); Strong (2005, 2008).

*Jakob Dellinger, Wien*

**Übermensch** | N.s Ü ist eine jener Vokabeln, die im Verlauf der Rezeptionsgeschichte das Interesse der Interpreten in ganz besonderer Weise bündelten. Bemerkenswert sind vor allem die zahlreichen, teils futuristischen Transformationen des Ü-Konstrukts in der französischen und italienischen Literatur bis 1945 (vgl. Reichel 1994). Überblickt man die weiteren Lesarten von N.s Intentionen (vgl. Penzo ²1992), fällt auf, dass von Beginn an der Versuch dominierte, N. mit Seitenblick auf Sätze wie „Das →Böseste ist nöthig zu des Ü-en Bestem" (*Za IV, Vom höheren Menschen* 5) vorzuwerfen, er habe den „→Verbrecher zum Menschheitsideal" (Türck 1891: 13) erhoben. Im Nachgang zum Nationalsozialismus gewann dieser Vorwurf unter Anspielung auf die →‚blonden Bestien' (unter den Nazis, aber auch als Vokabel N.s, s. *GM I* 11) neue Aktualität (Nolte 1990: 131), und sei es in Gestalt des Arguments, der Zauber des Ü-en würde sich für „zivilisierte oder (im traditionellen Verständnis) humane Leser in nichts auflösen" (Fleischer 1993: 152). Nimmt man noch die durch Sloterdijk (1999) angeregte Debatte um die Notwendigkeit oder jedenfalls doch die gentechnischen Optionen einer – von N. angeblich intendierten (vgl. Hoyer 2002a: 31) – →Züchtung des Ü-en hinzu, ist eine genaue Rekonstruktion der von N. mit diesen Begriffen verknüpften Vorstellungskomplexe unabdingbar (vgl. u. a. Niemeyer 1995; 1998a: 339 ff.; 2004d; Sauerland 2004).

Dabei ist allererst zu konstatieren, dass N. diese Vokabel nur in *Za* sowie darauf bezüglichen Erläuterungen – etwa in *EH, Warum ich so gute Bücher schreibe 1* – verwendet. Allerdings sind Vorstufen zu verzeichnen (Haase 1984) sowie im Nachgang verwendete, sinnanaloge Begriffskonzepte. Dem Bereich der Vorstufe zugehörig ist die Formulierung: „Welches sind die TIEFEN UMWANDLUNGEN, welche aus den LEHREN kommen müssen, daß kein GOTT für uns sorgt und daß es kein ewiges Sittengesetz giebt [...]? daß wir THIERE sind? daß unser Leben vorbeigeht? daß wir unverantwortlich sind? DER WEISE UND DAS THIER werden sich NÄHERN und einen neuen Typus ergeben!" (NF 1881, 11[54]) Denn es war kein anderer als Zarathustra, der im zwei Jahre später erschienenen *Za I* diesen Weisen darstellt und als solcher mit der schon aus *FW* 125 bekannten Nachricht hausieren geht, „dass GOTT TODT ist" (*Za I, Zarathustra's Vorrede* 2)

(→„Gott ist tot“), um das von ihm aufgesuchte Volk zu fragen: „Alle Wesen bisher schufen Etwas über sich hinaus: und ihr wollt die Ebbe dieser grossen Fluth sein und lieber noch zum Thiere zurückgehn, als den Menschen überwinden?“ Die Frage hat rhetorischen Charakter, denn unmittelbar zuvor hatte sich Zarathustra mit den Worten „Ich lehre euch den Ü-en“ vorgestellt und keinen Zweifel daran gelassen, welche Antwort er erwartete: „Der Mensch ist Etwas, das überwunden werden soll. Was habt ihr gethan, ihn zu überwinden?“ (ebd., 3) Warum gerade diese Frage einer dringlichen Antwort harrt, verdeutlicht das in einer Nachlassvariante Zarathustra in den Mund gelegte Wort: „[I]ch nahm euch Alles, den Gott, die Pflicht, – nun müßt ihr die grösste Probe einer edlen Art geben.“ (NF 1884, 25[305]) Dass es bei jener ‚edlen Art‘ nicht um eine neue ‚Herrenrasse‘ geht, stellt die Zarathustra-Variante klar, wonach „es eines neuen →Adels [bedarf], der allem Gewalt-Herrischen Widersacher ist“ (*Za III, Von alten …* 11), zusammen mit der Erläuterung: „Nicht, woher ihr kommt, mache euch fürderhin eure Ehre, sondern wohin ihr geht!“ (ebd., 12) Denn damit war klar, dass das Neue am ‚neuen Adel‘ gar nicht auf der Ebene von Überlieferung oder gar Züchtung bevorrechtigter Einzelner zu sichern ist. Es geht vielmehr um einen Bildungsauftrag, dem nach dem Tod Gottes prinzipiell jeder zu genügen hat, wie auch der Nachlassvermerk andeutet: „Es muß viele Ü-en geben: alle Güte entwickelt sich nur unter seines Gleichen. Ein Gott wäre immer ein →Teufel!“ (NF 1885, 35[72])

Diese bildungsphilosophische Thematik dominiert auch die Parabel *Von den drei Verwandlungen* aus *Za I*, in welcher die „Genesis des Ü-en“ (Fink 1960: 72) zu besichtigen ist. Dabei ist von diesem gar nicht die Rede, sondern, auf der dritten und höchsten Stufe, vom →Kind – eine →Metapher, die sich für N. wohl deswegen aufdrängte, weil der Mensch als Ü eben dies wieder zu lernen und der ihn von sich selbst entfremdenden →Erziehung und Sozialisation abzuringen hat: „seinen →Willen“, „seine Welt“, „Spiele des Schaffens“, „Unschuld“, →„Vergessen“ und natürlich: „Neubeginnen“. Freilich: Zarathustra hat mit Parabeln wie diesen als Lehrer des Ü-en kaum Erfolg, weswegen er zum psychologischen Ideologiekritiker des Menschen (→Psychologie) konvertiert und als solcher beispielsweise die Frage untersucht, wieso der „Gegensatz“ (NF 1882–83, 4[171]) des Ü-en, der „letzte Mensch, der Alles klein macht“ (*Za I, Zarathustra's Vorrede* 5), beharrlich Zuflucht sucht in dem ihm durchs →Christentum nahegelegten Bestreben, „alle Verschiedenheit als unmoralisch“ (NF 1880, 3[98]) zu verwerfen (→Gleichheit).

Wieder aufgenommen wird dieses Thema in *GM* unter der Rubrik „Mensch des →Ressentiment“ – ein naher Verwandter des ‚letzten Menschen‘ –, dem N. in Fortführung der in *JGB* 260 eingeführten Unterscheidung zwischen Sklaven- und Herrenmoral (→Moral) vorhält, als Teil der von ihm verfochtenen Sklavenmoral von vornherein Nein zu sagen „zu einem ‚Ausserhalb‘, zu einem ‚Anders‘, zu einem ‚Nicht-selbst‘“. Der Gegentyp zu dieser Verfallserscheinung ist der schon im neunten Hauptstück von *JGB* ausführlich gefeierte „→vornehme Mensch“, der nun mit dem Gütesiegel versehen wird, dass dessen Herrenmoral oder „vornehme Moral aus einem triumphierenden Ja-sagen zu sich selber herauswächst“ (*GM I* 10). Vorbereitet ist damit die wenig später unterbreitete Losung, dass der Mensch zu einer „Kriegserklärung“ gegen seine „Thierseele“ bereit sein müsse, wenn er denn wolle, dass man in ihm noch nicht das „Ziel“ der Menschheitsgeschichte sehe, „sondern nur ein[en] Weg, ein[en] Zwischenfall, eine Brücke, ein grosses Versprechen“ (*GM II* 16). Deutlich wird hier angespielt auf den Ü und Zarathustras Lob: „Was gross ist am Menschen, das ist, dass er eine Brücke und kein Zweck ist“ (*Za I, Zarathustra's Vorrede* 4). Anders aber als Zarathustra kalkuliert N. in *GM* nicht auf ein abstraktes Vermögen des Menschen, sondern schildert den Weg hin zu jener ‚Kriegserklärung‘ konkret aus: indem er die Frage stellt, wie der Mensch, der in der Regel im Erfahrungsaufbau gebunden bleibe durch Erinnerungen und Gewöhnung, lernen könne, Vergesslichkeit (→Vergessen) als aktives „Hemmungsvermögen“ herauszubilden, „damit wieder Platz wird für →Neues, vor Allem für die vornehmeren Funktionen und Funktionäre, für Regieren, Voraussehn, Vorausbestimmen“ (*GM II* 1), kurz: für Kompetenzen, die es erlauben, den ‚vornehmen Mensch‘ nicht nur seiner Ethik nach, sondern auch seiner Psychologie zufolge zu kennzeichnen. Gewiss handelt es sich dabei weitgehend nur um ein von N. nicht mehr eingelöstes Forschungsprogramm. Gleichwohl ist festzuhalten, dass der N. via →Foucault nachgesagte „Tod des →Subjekts“ so nicht konstatiert werden kann, im Gegenteil: Zumindest in *GM* feiert es in Gestalt des ‚vornehmen Menschen‘ – als neue Formel für den Ü – seine Wiederauferstehung als „das SOUVERÄNE INDIVIDUUM, das nur sich selbst gleiche, das von der Sittlichkeit der Sitte wieder losgekommene, das autonome übersittliche Individuum“ (*GM II* 2).

Wichtig ist abschließend, die Essenz dieser neuen Theoriesprache herauszustellen: Es geht um die Sicherung der Ressentimentfreiheit des von der Gottesvorstellung entbundenen und sich in seiner Moral und mithin seinem Handeln selbst regulierenden (‚vornehmen‘) Menschen. Insoweit gibt es wenig Grund, als Ergebnis der einleitend angesprochenen fatalen Rezeptionsgeschichte vor N.s Ü als angeblich anti-humane Option zu warnen.

*Christian Niemeyer, Dresden*

**„Umwerthung aller Werthe“** | Dieser Ausdruck hat seine größte Popularität zweifelsohne darüber erlangt, dass eine eigene editorische Geschichte nachzuweisen ist: 1884 gedacht als Untertitel zu den nie erschienenen Abhandlungen zur *Philosophie der ewigen Wiederkunft* (NF 1884, 26[259]) und später, in gleicher Funktion, dem Veröffentlichungsvorhaben →*Der Wille zur Macht* (NF, 1885–86, 2[100]; NF 1888, 18[17]) zugedacht, avancierte das Stichwort schließlich zum Leittitel einer auf vier Bände angelegten Darstellung, von der allerdings nur *AC* erschien und mit dem N. im Nachhinein auch die *UaW* für genügend und beendet hielt (An Deussen, 26.11.1888; vgl. auch Sommer 2000c; Fornari 2000), was nicht zuletzt die Synonymsetzung des Titels *Umwerthung aller Werthe* (mit *AC*) in *EH* (vgl. KSA 6: 263) belegt.

UaW ist aber auch, davon abgesehen, eine Leitformel der Philosophie des späten N. Ihr Ursprung und zumal die Aufnahme von Seiten N.s ist nicht eindeutig zu klären. Sowohl Interpretationen, die Thukydides‘ *Geschichte der Peloponnesischen Kriegs*, aber auch Diogenes von Sinope oder die Sophisten zum Paten erklären (vgl. Salaquarda 1978b), dürften ihre Berechtigung haben. Die regelmäßige Aufnahme des Falschmünzereimotivs im Spätwerk, mit dem N. die geschichtliche Bedeutung der Umwertungsversuche – auch Umwertung im Sinne der politisch-sozialen Ordnung – der „Zu-kurz-Gekommenen“ und das Problem ihrer perspektivischen Deutung einzufangen versucht, spricht allerdings auch für eine „Diogenes-Allusion“ und macht plausibel, dass N. ausdrücklich und über *GD* hinausgehend mit dem *„Prägehammer“* (Sommer 2000c: 346) zu philosophieren trachtet. N. sieht im Zuge dessen in der UaW eine vor allem „ihm vorbehaltende *epochale Aufgabe*“ (Salaquarda 1978b: 163; *EH, Warum ich ein* … 1). Sie ist, methodisch betrachtet, darauf aus, in historisch-psychologisierender Weise kritisch zu destruieren, was gegenwärtig Wert zu haben scheint, gleichzeitig aber Verachtetes in einen höheren Stand zu heben. Damit findet die UaW Anschluss an ‚kritische Historie‘ (→*HL*) und Genealogie (→*GM*).

Wenn N. von der UaW spricht, dann weiß er, dass die Geschichte immer wieder Wertumkehrungen aufweist, dass Paulus‘ Formel „‚Gott am Kreuze‘“ nach der „Umwerthung aller antiken Werthe“ (*JGB* 46) schielte und dass die Renaissance, wie auch Napoleon und Friedrich II., einen Versuch darstellte, den „GEGEN-Werthe[n], [den] VORNEHMEN Werthe[n] zum Sieg“ über die christlichen zu verhelfen (*AC* 61). Die Überzeugung, dass alles Seiende nur →Interpretation ist (u. a. NF 1886–87, 7[60]), zumal in moralischer Hinsicht (NF 1882, 3[1] 374), dass allen Dingen nur ein „Menschen-Sinn“ (*Za I, Von tausend und* …) innewohnt, knüpft N. an die Idee vom →„Willen zur Macht“ und damit an die Notwendigkeit der „ER- 

HÖHUNG DES MENSCHEN", in deren Gefolge die Notwendigkeit der „Überwindung engerer Interpretationen" (NF 1885–86, 2[108]) aufscheint. In diesem Sinne ist N. niemand, der neue moralische Maximen aufstellt. Er selbst begreift sich als Umwerter, der versucht, den Weltenfluss in sein Recht zu setzen, sowie, und dies ausdrücklich autobiographisch festgemacht, der ein Exempel dafür liefert, wie eine UaW als „Akt höchster Selbstbesinnung der Menschheit" in einem selbst „Fleisch und Genie" (*EH*, *Warum ich ein* … 1) werden kann. Zum Thema auch: Brobjer (1996).

*Marek Naumann / Michael Rautenberg, Dresden*

**unbewusst/das Unbewusste** | Die Konzeption des Un entwickelte sich im 18. Jh. im philosophischen Kontext von Aufklärung und Romantik (Wegener 2005). Der aufklärerischen Vorstellung eines kognitiven Un lag die Erfahrung der Wirksamkeit u-er psychischer Prozesse zugrunde. Die dazu konträre Konzeption eines romantisch-vitalen Un diente dazu, die Bedeutung von Gefühlen und Leidenschaften im Verhältnis zu Verstand und Vernunft wieder stärker zum Zuge kommen zu lassen. Die dritte Traditionslinie eines triebhaft-irrationalen Un, die von →Schopenhauer und N. repräsentiert wird, verhalf der Vorstellung von der gefährlichen Triebnatur des Menschen zum Durchbruch (Gödde 1999: 25–68).

In N.s Frühwerk sind noch ‚romantische' Vorstellungen vom Un als dem gegenüber dem Bewusstsein Ursprünglicheren, Höheren und Echteren enthalten; zu diesen Konzepten gehören der ‚ue Wille' und das Dionysische als zentrale Orientierungspunkte. In der zweiten – ‚aufklärerischen' – Entwicklungsphase distanzierte sich N. von den metaphysischen Grundannahmen Schopenhauers und ersetzte →E. von Hartmanns substantivischen Begriff des Un durch eine Reihe synonymer Begriffe, die er mit dem Adjektiv u verband (Gödde 2002). In *M* und *FW* stellte er die Vorrangstellung des →Bewusstseins im Seelenleben radikal in Frage: „Man denkt, hier sei DER KERN des Menschen; sein Bleibendes, Ewiges, Letztes, Ursprüngliches! Man hält die Bewusstheit für eine feste gegebene Grösse!" Dies sei aber eine „lächerliche Ueberschätzung und Verkennung des Bewusstseins" (*FW* 11). N. nimmt in der Folge an, dass „BEWUSSTSEIN ÜBERHAUPT SICH NUR UNTER DEM DRUCK DES MITTHEILUNGS-BEDÜRFNISSES ENTWICKELT HAT", und er geht so weit zu behaupten, dass das wachsende Bewusstsein eine „Gefahr", ja eine „Krankheit" sei (*FW V* 354). Die eigentliche Dynamik des →Lebens spiele sich unterhalb des Bewusstseins ab. Im Spätwerk betont N. des Weiteren, die animalischen Funktionen seien „millionenfach wichtiger als alle schönen Zustände und Bewußtseins-Höhen". Es liege so „unsäglich viel mehr an dem, was man →‚Leib' und ‚Fleisch' nannte" (NF 1887–88, 11[83]). N.s Umwertung des Bewusstseins mag teilweise überspitzt sein, zeigt aber seinen – genealogischen – Denkstil, mit dem er gegen die idealistische Bewusstseinsphilosophie zu Felde zog. Dieser Denkstil, den man auch als „dynamischen Kritizismus" bezeichnen kann, sollte erstarrte Begriffe wieder in Bewegung bringen (Schlimgen 1999: 164).

Angesichts der Fülle und des Reichtums seiner psychologischen Beobachtungen (→Psychologie), die N. mit dem ihm eigenen Spürsinn für Unredlichkeit und subtile Abwehrprozesse entfaltet hat, kann man ihn in vielerlei Hinsicht als Vorbereiter der tiefenpsychologischen Konzeptionen des Un betrachten (Gasser 1997; Gödde 1999). Die Begrifflichkeit des Un kommt auch und gerade in N.s Moralkritik zum Tragen. Er suchte die „ganze ue Seite unserer Moralität" (NF 1884–85, 29[35]) zu erfassen. Selbst hinter den „grundsätzlichsten Verschiedenheiten der Philosophien" stehe die „ue Führung durch MORALISCHE HINTERABSICHTEN" (NF 1885–86, 2[179]). In N.s Kritik der Wissenschaftsgläubigkeit wird drei Mal das Adjektiv u in superlativischer Betonung gebraucht. So heißt es in einer Aufzeichnung von 1886: „Angenommen, man könnte herausbekommen, welches der bestgeglaubte, längste, unbestrittenste, ehrlichste Glaube ist, den es unter Menschen giebt, man dürfte mit einem hohen Grad von Wahrscheinlichkeit muthmaaßen, daß er zugleich auch der tiefste, dümmste, ‚u-este', vor Gründen am besten vertheidigte, von Gründen am längsten verlassene Glaube sei." Der Glaube an die Wissenschaft sei „unser stärkster Glaube" (NF 1886, 4[8]).

*Günter Gödde, Berlin*

**Vater** | N. hat sich in diversen Briefen (auch in seinen Werken) immer wieder über seinen V geäußert, auch über die Väter anderer oder über andere männliche Bezugspersonen als (potentielle) V-Figuren, wie etwa →Ritschl, aber auch →Schopenhauer und →Wagner, die er zeitweise völlig unkritisch verehrte (→Vaterübertragung). N. hat den Ausdruck aber auch, zumal in der christlichen Lesart Gottes als V, wie ein „psychologisches Symbol" gelesen, in diesem Fall für das – sich im Sohn Gottes vollendende – „Gesammt-Verklärungs-Gefühl aller Dinge" (*AC* 34). Metaphorisch ist auch der Gebrauch der Vokabel im ergreifenden Bannspruch: „Vertriebene sollt ihr sein aus allen V- und Urväterländern!" sowie der aus ihm folgenden „neue[n] →Tafel": „An euren Kindern sollt ihr GUT MACHEN, dass ihr eurer Väter Kinder seid: alles Vergangene sollt ihr so erlösen!" (*Za III, Von alten …* 12) Als ausgeschlagen gilt damit das väterliche (geistige) Erbe, im Selbstverständnis des Bürgertums Hort überlieferungsgewisser Tradition. Negiert ist die Rolle des Vs, der, wie „auch jetzt noch der Lehrer, der Stand, der Priester, der Fürst in jedem neuen Menschen eine unbedenkliche Gelegenheit zu neuem Besitze" sieht (*JGB* 194). Dagegen steht der erstmals in →*HL* erläuterte Auftrag an die Jugend, als „Erstling" diese verdorbene Mitgift durch eine neue „Art zu leben […] vergessen zu machen" und „ein neues Geschlecht zu begründen" (*HL* 8, KSA 1: 311). Die Radikalität dieses Ansatzes spiegelt sich noch in N.s Wort aus *EH*: „Wir, die wir in der Sumpfluft der Fünfziger Jahre Kinder gewesen sind, sind mit Nothwendigkeit Pessimisten für den Begriff →‚deutsch': wir können gar nichts Anderes sein als Revolutionäre, – wir werden keinen Zustand der Dinge zugeben, wo DER MUCKER obenauf ist." (*EH, Warum ich so klug bin* 5) Insoweit wird die Frage dringlich nach der biographischen Dimension von Zarathustras Bannspruch (vgl. auch Niemeyer 1998a: 57 ff.).

Vom Ende her betrachtet, also vom Umstand ausgehend, dass ausgerechnet ein zunächst Theologie studierender Pastorensohn zum Antichristen konvertiert und schließlich gar skandiert, es gäbe keine „geistig verdumpftere, faulere, gliederstreckendere Form des Christen-Glaubens […] als die eines deutschen Durchschnitts-Protestanten" (NF 1888, 14[45]), mag eine solche Frage naiv anmuten. Auf den ersten Blick hingegen scheint ihre Bejahung kaum zwingend zu sein oder gar nahezuliegen, zumal N. sich eigentlich nirgends – anders als im Fall der Mutter wie Schwester – negativ über seinen V geäußert hat: Am ‚Königsgeburtstag' (15. Oktober 1844) zur Welt gekommen und vom V (→N., Carl Ludwig), über dessen (autoritäres?) Erziehungsgebaren heftig gestritten wird (vgl. Pernet 2004: 281 ff.; Goch 2007: 215 ff.), folgerichtig auf den Namen des von ihm verehrten und ihn protegierenden Königs Friedrich Wilhelm IV. getauft (vgl. Bohley 1980), also aufgewachsen mit dem „Sendungsgefühl eines Königs- und Gotteskindes" (Ross 1984: 18), scheint N. das für ihn bestimmte geistige Erbe zunächst durchaus willig adaptiert zu haben (vgl. Hödl 2003: 70 ff.). Der frühe Tod des Vs – nach langem Siechtum (von September 1848 bis zum Tod im Juli 1849), das N. zwischen seinem vierten und fünften Lebensjahr hautnah miterlebte (vgl. Bohley 1987: 178 ff.) – war dafür nicht notwendig ein Hemmnis, zumal ihn N. zumindest anfänglich nicht Gott anlastet und insoweit das geistige Erbe, auf das ihn sein V hinorientieren wollte, nicht wirklich in Frage gestellt sah. Entsprechend meinte er zunächst noch beides tun zu können: um den V trauern – und Gott gleichwohl lieben. So notierte er sich 1858: „Ich habe nun schon so manches erfahren […], aber in allen hat mich Gott sicher geleitet wie ein V sein schwaches Kindlein", um mit Seitenblick auf seinen verstorbenen V geradezu trotzig anzufügen: „Aber sein heiliger Wille geschehe!" (BAW 1: 31) Erst Jahre später, in *HL*, am Ende seiner Klage über den viel zu frühen Tod Raffaels – in einem Alter, in dem auch N.s V starb –, wird N. jenes einleitend erwähnte ‚neue Geschlecht' fordern, das sich um das (christliche, aber letztlich unmoralische) „So ist es" nicht mehr kümmert, „um vielmehr mit heiterem Stolz einem ‚So soll es sein' zu folgen." (8, KSA 1: 311)

Diese erste anti-christliche Pointe braucht allerdings seine Zeit. Zunächst bleibt das Glaubensbild und mithin auch das des Vs intakt, ebenso wie dessen Autorität. N. jedenfalls meint sich an Szenen aus seiner Kindheit (unklar bleibt allerdings, ob vor oder nach dem Tod des Vs) erinnern zu können, in denen er „die mahnende Stimme des Vs hörte" (NF 1875, 11[11]; vgl. auch NF 1878, 28[9]); auch Verwandte brachten ihm selbige immer wieder zu Gehör, etwa der Vormund, der N. zur Konfirmation in Rückerinnerung an N.s V „die Freundlichkeit seines Herzens und die Heiterkeit seines Gemüthes" als väterliches „Erbtheil" (Von B. Daechsel, 1.3.1861) zur geflissentlichen Beachtung anempfahl (vgl. Figl 2003: 60 ff.). Ähnlich sah N.s Mutter die Sache: Sie war, erkennbar an zahllosen Briefen an den Sohn, immer wieder darum bemüht, ihre Art der Huldigung des Andenkens an den Verstorbenen zu einer Sache aller zu machen. Dies bezeugt nicht zuletzt auch die Schwester, wenn sie in einem Altersrückblick schreibt, dass des Vs „Geist und seine Ansichten [...] unseren ganzen Haushalt und unsere Kindheit [beherrschten], ihm Ehre zu machen, mußte unser höchstes Bestreben sein" (EFN 1935: 23). Im Ergebnis überrascht nicht, dass N. die ihm überlieferte verbreitet hohe Wertschätzung seines Vs aufsog und dahin tendierte, sein eigenes Naturell aus der gleichsam offiziellen Kolportage zu stilisieren. Sein V habe „die Keime des Ernsten, Betrachtenden" (BAW 3: 67) in seine Seele gelegt, heißt es beispielsweise 1864. Und in *EH* trägt er nach: „Ich habe nie die Kunst verstanden, gegen mich einzunehmen", ein Urteil, das unter dem resümierenden Oberbegriff läuft: Ich bin „bloss mein V noch einmal und gleichsam sein Fortleben nach seinem allzufrühen Tode." (*Warum ich so weise bin* 4, 5) Vier Jahre zuvor hatte N. beteuert, sein V sei von allen, die ihn gekannt hätten, „mehr zu den ‚Engeln' als zu den ‚Menschen' gerechnet" worden (An F. Overbeck, 14.9.1884). Es war wohl im Nachgang zu solchen Zeitzeugen geredet, dass N. 1858 von seinem V das „vollendete Bild eines Landgeistlichen" zeichnete, im Einzelnen: „Mit Geist und Gemüth begabt, mit allen Tugenden eines Christen geschmückt, lebte er ein stilles, einfaches, aber glückliches Leben und wurde von allen, die ihn kannten, geachtet und geliebt." (BAW 1: 1) Das klingt fast zu schön, um wahr zu sein, zumal N. drei Jahre später dies unter Einbau von Superlativen wie „der zärtlichste Gatte" oder „der liebevollste V" (BAW 1: 282) überbot. Resümiert man derlei Attribute, scheint es so, als habe sich N. hier wie da konsequent an seinen Aphorismus gehalten: „Wenn man keinen guten V hat, so soll man sich einen anschaffen." (*MA* 381) Damit aber stellt sich die Frage nach den Gründen, die N. veranlassten, das Konstrukt des ‚guten Vs' an die Stelle des – wie man nun ja annehmen muss – in Wahrheit ‚bösen' Vs treten zu lassen (womit die Eingangsthese, N. selbst habe sich als ‚vertrieben' erlebt aus allen V- und Mutterländern, an Geltung gewönne).

Eine Antwort auf diese Frage könnte von der erstaunlichen Intensität ausgehen, mit der N. seinen Blick auf die möglichen Parallelen zwischen seiner Krankheit und der seines Vs heftete. Der Ausgang ist hier zu setzen mit einem in diese Richtung weisenden Vermerk aus dem Krankentagebuch →Schulpfortas vom August 1862 im Anschluss an einen der um diese Zeit recht zahlreichen Aufenthalte N.s in der Krankenstation seiner Schule (vgl. Volz 1990: 329). Immer wieder jedenfalls – so auch Anekdoten von P. Lanzky (Gilman 1981: 524) oder R. v. Schirnhofer (Lohberger 1969: 443 f.) – gab N. seiner erstmals 1875 brieflich (An M. Baumgartner, 14.7.1875) geäußerten Angst Ausdruck, an einem „ernsthaften Gehirnleiden" erkrankt zu sein, anfügend: „Mein V starb 36 Jahr an Gehirnentzündung, es ist möglich, dass es bei mir noch schneller geht." (An v. Gersdorff, 18.1.1876) Diese Sorge quälte ihn natürlich vor allem in seinem 36. Lebensjahr (An Köselitz, 22.2.1881), aber auch danach, wie der Bericht →Deussens (1901: 2) über einen auf August 1887 zu datierenden Besuch bei N. in →Sils-Maria ebenso belegt wie eine spätere briefliche Notiz über eine teils erworbene, teils vom V ererbte „nervöse Erschöpfung" (An Overbeck, 4.7.1888). Der Schluss dieser Reihe ist zu setzen mit der mehr ins

Generelle weisenden Sorge N.s vor einer „Vorbestimmung zu einem frühen Tode“, und zwar diesmal unter Anspielung auf eine „SCHLIMME Erbschaft von Seiten meines Vs“ (*EH, MA* 4).

Die aus psychoanalytischer Lesart naheliegende Annahme, N.s Trauerarbeit sei missraten, das Trauma infolge des frühen Todes des Vs sei „im Innern wie eingekapselt geblieben“ (Béguin 2001: 244), beantwortet allerdings noch nicht die Frage nach dem ‚Warum?‘; auch steht, vom eben angeführten Material ausgehend, die Frage im Raum, worin die ‚Erbschaft‘ des Vs, N.s nunmehriger Auffassung zufolge, genau besteht und worauf die Hervorhebung des Adjektivs ‚schlimm‘ hinweisen soll. Lässt man dabei die – damals bevorzugt als Erbkrankheit gelesene – Epilepsie als eher unwahrscheinlich außer Betracht, kommt eigentlich nur die Syphilis in Frage, die sich N. möglicherweise bei einem von Deussen (1901: 24) bezeugten Bordellbesuch im Herbst 1865 zugezogen hat (→Krankheit [N.s]). Auffällig ist in jedem Fall, dass N. einer seiner insgesamt auf Entstigmatisierung abzielenden Äußerungen zum Thema →Prostitution – das Schädliche an ihr sei die „schlechte Meinung, mit der sie behandelt wird“ (NF 1882, 1[34]) – wenig später das vieldeutige Bekenntnis nachfolgen lässt: „[I]ch habe den ganzen GEGENSATZ EINER **religiösen Natur** absichtlich ausgelebt. Ich kenne den →TEUFEL und SEINE PERSPEKTIVEN FÜR GOTT“ (ebd., 1[70]) Es kommt hinzu, dass zu N.s Zeiten die Diagnose einer ‚Erbsyphilis‘ weitgehend anerkannt war (vgl. Bäumler 1989: 119). Dies könnte entscheidend gewesen sein für N.s damalige subjektive Krankheitstheorien, denen zufolge er seinen V, der auch in einigen französischen Studien als hereditär relevanter Syphilitiker verdächtigt wird (vgl. Volz 1990: 28), als einen Krankheitsüberträger in diesem Sinn in Betracht gezogen hat, und zwar gleichsam in einem Akt der Betäubung des Wissens, dass er schließlich selbst durch sein Sexualverhalten für seine Krankheit Verantwortung trug

Dies klingt vielleicht etwas spekulativ, aber man muss beachten, dass N. in der Linie dieser Überlegung allen Grund hatte, gleichsam rhetorisch zu fragen: „Wo ist eine vornehme Familie, in deren Blut nicht venerische Ansteckung und Verderbniß ist?“ (NF 1884, 25[268]) Ein gutes Jahr später machte N. die Rechnung auf, dass für den Niedergang der „Deutschen der →Reformation“ (als Rasse), also für die „Erscheinung der Entmuthigung, der Feigheit, der Greisenhaftigkeit“, wohl eine „furchtbare Blutverderbniß“ in Frage käme, wie am „deutschen Adel“, der „am tiefsten“ geschädigt war, studierbar: „Was davon zu Hause blieb, litt am Alcoholismus; was hinaus gieng und zurückkam, an der Syphilis.“ (NF 1885, 34[104]) Nicht außer Acht lassen sollte man auch die drei Jahre später nachgereichte Bemerkung: „Wie viele haben ihr Leben für die hübschen Weiblein geopfert – und selbst, was schlimmer ist, ihre Gesundheit“, zumal ihr einige Zeilen später folgt: „Die eine Art Mensch will nichts riskiren, die andre will riskiren. Sind wir Anderen Verächter des Lebens?“ (NF 1888, 15[94]) Die Betonung ist hier auf den Ausdruck „*wir* Anderen“ zu legen, was meint: N. war kein ‚Verächter des Lebens‘, er hatte also offenbar etwas ‚riskiert‘ – wie weiland sein V?

Das Frage- wird möglicherweise zum Ausrufezeichen, wenn man sich vor Augen führt, dass N. schon vierzehn Jahre zuvor (1874) die Überlegung angestellt hatte, wie es wohl wäre, „sich gleichsam a posteriori eine Vergangenheit zu geben, aus der man stammen möchte, im Gegensatz zu der, aus der man stammt“, um resignierend anzufügen: „[D]a wir nun einmal die Resultate früherer Geschlechter sind, sind wir auch die Resultate ihrer Verirrungen, Leidenschaften und Irrthümer, ja Verbrechen; es ist nicht möglich, sich ganz von dieser Kette zu lösen.“ (*HL* 3, KSA 1: 270) Jahre später (1886), unter dem Einfluss erbbiologischer Lektüre, verstärkt sich diese resignative Haltung noch: „Es ist gar nicht möglich, dass ein Mensch NICHT die Eigenschaften und Vorlieben seiner Eltern und Altvorderen im Leibe habe: was auch der Augenschein dagegen sagen mag. Dies ist das Problem der Rasse.“ (*JGB* 264) Dass N. hier auch von sich selbst und seinen Eltern spricht, macht die beispielhafte Auflistung jener unerwünschten Eigenschaften zumindest wahrscheinlich: „widrige Unenthaltsamkeit“, „Winkel-Neid“, „plumpe Sich-Rechtgeberei“ oder, man höre und staune, „verderbtes Blut“ (ebd.). Der letzte Punkt weist, zusammen mit dem erstgenannten, deutlich auf N.s Phantasien über die Krankheit seines Vs sowie deren Zusammenhang mit seinen eigenen Krankheitssymptomen hin, woraus sich dann auch die ansonsten doch eher rätselhafte Bemerkung erklären könnte: „Die Phantasie des Kranken beruhigen, dass er wenigstens nicht, wie bisher, MEHR von seinen Gedanken über seine Krankheit zu leiden hat, als von der Krankheit selber, – ich denke, das ist Etwas! Und es ist nicht Wenig! Versteht ihr nun unsere Aufgabe?“ (*M* 54) Nicht außer Acht gelassen werden kann in diesem Zusammenhang auch N.s Radikalisierung einer entsprechenden Überlegung Férés (vgl. Lampl 1986: 254) bezüglich der Frage, unter welchen Umständen die Zeugung eines Kindes „ein Verbrechen“ sei. N. nämlich antwortet: „Ein Kind in die Welt setzen, in der man selbst kein Recht zu sein hat, ist schlimmer als ein Leben nehmen. Der Syphilitiker, der ein Kind macht, giebt die Ursache zu einer ganzen Kette verfehlter Leben ab“ (NF 1888, 15[3]). Setzt man hier statt ‚der Syphilitiker‘ ‚mein V‘ und statt ‚ein Kind‘ ‚N.‘, scheint klar, wovon N. hier spricht, zumal die dem unmittelbar folgende Notiz das Thema der Prostitution behandelt.

Bemerkenswert ist auch, dass N. sich in *EH* für so etwas entscheidet wie die Politik einer zu verbrennenden Biographie, wenn es hier nun heißt: „Man ist AM WENIGSTEN mit seinen Eltern verwandt“, mehr als dies: „[E]s wäre das äusserste Zeichen von Gemeinheit, seinen Eltern verwandt zu sein.“ (*Warum ich so weise bin* 3) Entsprechend des deutlich regressiven Gehalts dieses sprachlichen Ausdrucks öffnet sich vor N.s Augen die ganze Wunderwelt kindlich-spielerischer Identitätskonstruktion: „Die höheren Naturen haben ihren Ursprung unendlich weiter zurück, auf sie hin hat am längsten gesammelt, gespart, gehäuft werden müssen. Die GROSSEN Individuen sind die ältesten: ich verstehe es nicht, aber Julius Cäsar könnte mein V sein – ODER Alexander, dieser leibhafte Dionysos …“ (ebd.). Mit der Benennung dieser scheinbar imposanten Ersatzväter bei gleichzeitiger Entfernung des leiblichen Vs aus dem Horizont des wieder zum Kind regredierenden N. hat sich dieser, so will es scheinen, des Alpdrucks entledigt, den ihm zwei Jahre zuvor der erbbiologische Rassegedanke im Blick auf das möglicherweise ‚verderbte Blut‘ des Vs eingab. Auffällig ist dabei, dass sich N. ausgerechnet solche Ersatzväter herausgreift, die er in *M* 549 als Epileptiker benannt hatte. Denn dies könnte ein Indiz für die Neigung N.s sein, sich ersatzweise einer Erbdisposition zuzuwenden, die zu einem Krankheitsbild führte, das verbreitet als Gottesstrafe gedeutet wurde.

Das bisher Ausgeführte erlaubt den Schluss, dass N. im Sinne Zarathustras („Vertriebene sollt ihr sein aus allen V- und Urväterländern!“) ein ‚Vertriebener‘ war: Weitgehend vaterlos aufgewachsen, hatte sich ihm Gott nicht als V der Waisen erwiesen, und er hatte ihn auch nicht zurückgebracht in das Land seiner Väter. Als wolle er hierauf anspielen, gibt N. auf die Frage „Warum heute Atheismus?“ als erstes die Antwort: „‚Der V‘ in Gott ist gründlich widerlegt“ (*JGB* 53). Noch bemerkenswerter ist die Formulierung: „Ein Überfluß an Leid war in ihm: das brach heraus und strömte hin nach einem Meer des Väterlichen. / Das Meer alles Väterlichen hieß er Gott – rechte Männer nannten ihn drob Gottesläster⟨er.⟩“ (NF 1883, 18[9]) Denn ausgehend von dieser Notiz stünde das Zarathustra-Wort für das schmerzhafte Lebewohl eines Menschen, der nichts lieber gewünscht hätte, als sich wahrhaft heimisch fühlen zu dürfen in einem ‚V- und Urvaterland‘. Dem eingelegt scheint ein Stück Hybris desjenigen, der, stellvertretend für all jene, denen die Verläßlichkeit des Väterlichen – auch in Gestalt des Vertrauens auf Gott als Schutzpatron des leiblichen Vs – versagt blieb, nun die Rolle des Rächers zu spielen sich anheischig macht, und sei es in Gestalt der Parole: →„Gott ist tot“.

*Christian Niemeyer, Dresden*

**Vaterübertragung** | V ist ein psychoanalytischer Terminus und bezeichnet eine durch Vatersuche angetriebene, auf den ersten Blick rätselhaft intensive gefühlsmäßige Bindung an eine als Ersatzvater auserkorene Bezugsperson. V gewinnt, etwa in Gestalt des dann fast unweigerlichen späteren (symbolhaften) ‚Vatermordes', eine besondere Dramatik insbesondere dann, wenn die traumatisierende Erfahrung einer immer ersehnten, aber nie recht erlebten väterlichen Liebe abgegolten werden soll. In diesem Sinne war N., jedenfalls nach Meinung von Psychoanalytikern, seinerseits vorübergehendes Objekt der Ersatzvatersuche eines O. Rank (vgl. Ekstein 1979: 1088 f.), was, wie im Fall der V von A. Zweig auf →Freud (vgl. Cremerius 1973), auch von einer Konversion im Begrifflichen begleitet wird bzw. diese zu erklären vermag. Auch N., des frühen Todes des Vaters (→N., Carl Ludwig) wegen eigentlich vaterlos aufgewachsen und sich als vertrieben wahrnehmend aus Vater- und Mutterländern (→Vater), darf zumindest in seinen frühen Jahren als Konvertit gelten, der seinen Interpreten den Nachvollzug seiner oftmals radikalen theoretischen Wenden ebenso erschwerte wie das Verständnis für seine vehemente Ablehnung des zuvor emphatisch Verehrten. Die Denkfigur V könnte insoweit möglicherweise N.s unter Einfluss von →Ritschl erfolgte Hinwendung zur Philologie (vgl. hierzu Niemeyer 1998a: 91 ff.) ebenso erklären wie N.s durch →Schopenhauer beschleunigte Abwendung von Ritschl (ebd.: 106 ff.) hin zu seiner – durch V auf →Wagner vorangetriebenen (ebd.: 124 ff.) – Selbstauslegung als eines philosophierenden Wagnerianers, der er wiederum spätestens mit *MA* vehement abschwor, gleichsam in einem Akt des diesmal endgültigen Vatermordes, als deren Siegel der Satz gelten könnte: „Ohne die blinden Schüler ist noch nie der Einfluss eines Mannes und seines Werkes gross geworden." (*MA* 122)

Das hiermit markierte Problem sei im Folgenden am letztgenannten Beispiel – dem fraglos wichtigsten zum Verständnis des Stellenwertes des →frühen N. – erläutert. Ausgegangen werden kann dabei davon, dass Formulierungen N.s wie: er freue sich über einige Passagen in Wagners *Oper und Drama* „ganz kindisch" (An Rohde, 25.11.1868) bzw. gewisse Schriften Wagners (genannt werden u. a. *Über Staat und Religion* sowie die *Beethoven*-Abhandlung) brächten jedes „Gelüst zum Widersprechen" zum Verstummen und erzwängen eher „ein stilles innerliches, andächtiges Zuschauen, wie es sich beim Aufthun kostbarer Schreine geziemt" (*HL* 10, KSA 1: 501 f.), irritieren müssen und (folglich) der (psychologischen) Erklärung bedürfen.

Sie könnte einsetzen mit dem Hinweis auf den dabei notwendig zu bedenkenden Kontext, wozu gehört, dass Wagner schon im Fall Ludwigs II. (1845–1886) – König von Bayern (seit 1864) – dessen V skrupellos für politische Absichten auszunutzen versucht hatte, als dieser nur wenige Jahre vor N. und unmittelbar nach dem Tode seines Vaters (Maximilian II.) eben Wagner, den er schon seit seinem dreizehnten Lebensjahr schätzte, als gottähnlich zu verehren begonnen hatte. Dabei sollte zu denken geben, dass sich Wagner, einschlägig erfahren – schließlich ist ein zentrales Motiv seines *Siegfried* das der Vatersuche –, Ludwig II. gegenüber als dessen „erziehender Vater", schließlich gar als Wotan und mithin „als allwissender, göttlicher Berater" präsentierte (Naegele 1995: 90). N., der Wagners Musik zunächst durchaus skeptisch gegenüberstand und seinen Naumburger Schulfreund G. Krug 1862 wegen der – auf Kosten des (mit Krug und W. Pinder betriebenen) ‚Bildungsvereins' *Germania* erfolgten – „Anschaffung Tristans und Isoldes" tadelte (BAW 2: 92), bekam einiges mit von diesem von Skandalgerede umwölkten Geschehen und spottete beispielsweise – unter Anspielung auf ein Wort Schillers (KGB I/4: 439) –, dass es nicht schadete, „wenn der ‚König mit dem Wagner gienge' (gehen in des Wortes verwegenster Bedeutung), natürlich aber mit anständiger Leibrente." (An v. Gersdorff, 11.10.1866) Ähnlich sarkastisch argumentiert N. über zwanzig Jahre später im Blick auf die Wagner-Biographie L. Nohls und die hier wiedergegebene Anekdote, wonach Ludwig II. in einem Gespräch mit Wagner erleichtert zur Kenntnis genommen haben soll, dass auch Wagner die ach so langweiligen Weiber nicht möge. Nohl, der die in diesem Gespräch zutage tretende Haltung Ludwigs II. mit dem Attribut „‚jugendlich umfangen'" belegte, habe dabei wohl übersehen, so N. mit beißendem Spott in einer von EFN/Köselitz unterschlagenen Passage, dass der „König von Baiern […] ein bekannter Päderast war."

(An H. Köselitz, 20.6.1888) Zwei Briefe also, aber eine Meinung, die im Kern darauf hinausläuft, den Bereich des Menschlich/Allzumenschlichen als solchen deutlich zu markieren, und dies im Gegenzug zum allfälligen Streben nach Widerspruchsverleugnung und Heldenverehrung.

Dies in Rechung gestellt, muss durchaus auffallen, dass dieser kritische N. irgendwo auf dem Weg zwischen 1866 und 1888 (vorübergehend) verloren gegangen sein muss. Ein erstes Indiz bezüglich des genauen Zeitpunkts liefert ein Brief N.s an Rohde, in welchem dieser etwas erfährt von N.s „Juppiter", nämlich „von R. Wagner, bei dem ich von Zeit zu Zeit aufathme" und der ihm seine (damals noch) unveröffentlichte Schrift *Über Staat und Religion* (1864) – eine aus heutiger Sicht eher peinlich berührende „Memoire an den jungen Baiernkönig" – gegeben habe, von deren „Höhe und Zeitentrücktheit" er ganz begeistert sei (15.8.1869). Hiermit also hat sich N. in die Reihe jener eingefügt, denen es (wie Nohl) nur noch um Glorifizierung geht. Auffällig ist dabei der Zusatz, dass er wünschte, „König zu sein [...], um solche Ermahnungen zu bekommen." (ebd.) Denn dies klingt fast so, als sehne sich unser ‚Königsgeburtstagskind' N. an die Stelle des fast gleichaltrigen Wagner-Mäzen Ludwig II.

Dass (auch) N. dabei einer V unterlag, zeigt am Deutlichsten ein gut neun Monate älterer Brief N.s an Rohde, in welchem er ausführlich Bericht erstattet über den denkwürdigen Abend, an dem er Wagner im Hause Brockhaus vorgestellt worden war und in dem er, übrigens zum ersten und einzigen Mal, von „Richard" redet: „Ich werde Richard vorgestellt und rede zu ihm einige Worte der Verehrung" (9.11.1868, KSB 2: 340) – eine contradictio in adjecto, mittels derer N. den in die Höhen der Unnahbarkeit abschiebt, dem er sich zugleich doch als ebenbürtigen Freund anzunähern wünscht. Die Sache wird nicht gerade einfacher durch den Umstand, dass N. seiner Beziehung zu Wagner offenbar ein Vater/Sohn-Motiv unterlegt. Jedenfalls könnten die Worte: „Es [Wagner; d. Verf.] ist [...] ein fabelhaft lebhafter und feuriger Mann, der sehr schnell spricht, sehr witzig ist und eine Gesellschaft dieser privatesten Art ganz heiter macht" (ebd.) fast jenem Porträt entnommen sein, das N. noch als Vierzehnjähriger von seinem leiblichen Vater kolportiert hatte (BAW 1: 1). Die Erhebung Wagners in den Rang eines Ersatzvaters dürfte also durch N.s Vision beschleunigt worden sein, dass so ungefähr wie Wagner auch sein eigener, gleichfalls 1813 geborener Vater hätte werden können, wenn er nicht in jenem Jahr (1849) gestorben wäre, in dem der damalige Revolutionsanhänger Wagner noch gegen den „heuchlerischen Absolutismus" (1849: 16) zu Felde zog, als dessen Anhänger sich N.s Vater begriff.

Das Weitere nahm dann seinen Verlauf mit N.s Berufung nach →Basel und den nachfolgenden Besuchen in →Tribschen. N. jedenfalls fühlte sich schon bald in der Nähe des „Auserwählten der Jahrhunderte" (An Krug, 4.8.1869) und sah in Wagner „den GRÖSSTEN GENIUS und GRÖSSTEN MENSCHEN dieser Zeit" (An Deussen, 25.8.1869). Wagner seinerseits, der N. erstmals ausgerechnet für jenes Wochenende nach Tribschen eingeladen hatte, an dem Cosima mit seinem ersten und einzigen Sohn Siegfried („Fidi") niederkam, schreckte nicht davor zurück, N. an Fidis erstem Geburtstag (zugleich der „Gedächtnisstag Ihres ersten Aufenthaltes in meinem Hause") als „Wächter über die Angedenken an mich" (An N., 4.6.1870) zu bestimmen. Zwei Jahre später legte er nach: „Genau genommen sind Sie, nach meiner Frau, der einzige Gewinn den mir das Leben zugeführt: nun kommt zwar glücklicher Weise noch Fidi dazu; aber zwischen dem und mir bedarf es eines Gliedes, das nur sie bilden können, etwa wie der Sohn zum Enkel." (Wagner an N., 25.6.1872) Dies war die gleichsam offizielle Erhebung N.s in den Rang eines – zugleich als Nachlassverwalter bestellten – Ersatzsohnes (vgl. auch Borchmeyer/Salaquada 1994a: 1289), ausgesprochen auf dem Höhepunkt der Beziehung beider. Zwei Wochen zuvor hatte Wagner in einem offenen Brief (vgl. KGB II/4: 13 ff.) N.s →*GT* gegen die Angriffe v. Wilamowitz-Moellendorffs (1872) verteidigt. N. war begeistert: „Sie geben mir Zeit, meiner Aufgabe entgegen zu reifen; ja Sie reuten mit gütiger Hand selbst das zähere widerborstige Unkraut aus meinem Wege." (An Wagner, 24.6.1872) Hier macht der (Konfirmanden-) Ton die Musik: Wagner war zu dieser Zeit N.s Gott, so dass die Frage, ob N. in *GT* (und anderen Texten) wirklich *seine* und nicht vielmehr Wagners Aufgabe verfolge, nicht wirklich eine Chance hatte – und dies, obgleich sie an der Zeit gewesen wäre. N. nämlich suchte auch in der Folge immer wieder Wagners Nähe als der „wahren ‚Bildungsanstalt'" (An Wagner, 25.7.1872, mit Seitenblick auf die für ihn in ihrer „herabgestimmten und niederen Form" unbefriedigenden →*BA*), als „feste[n] Anker, der mich hält und der es verhindert, dass ich in die schlimme Strömung der Zeit gerathe" (An Wagner, 15.10.1872). Auch Wagner, bald 60 und mit diesem Umstand vieldeutig kokettierend („im Alter wiederholt man sich"), stimmte immer wieder das nämliche Leitmotiv an: „Der Junge [Fidi; d. Verf.] weist mich nun auf Sie, Freund, und giebt mir schon aus reinem Familienegoismus, die Sucht ein, alle meine auf sie gegründeten Hoffnungen buchstäblich zur Erfüllung getrieben zu sehen: denn der Junge – ach! – braucht sie!" (An N., 24.10.1872) Was sich hier andeutet – N. als Quasi-Stiefvater, Beschützer der trauernden Witwe (Cosima) und Pate für Wagners Werk –, scheint zumindest vom Ansatz her jener Konstellation nachgebildet, die Wagner einige Jahre zuvor in seiner Autobiographie *Mein Leben* als die für das Verhältnis seines Vaters zu seinem Stiefvater maßgebliche ausgewiesen hatte. N., der intime Kenner (weil von Wagner zu Beginn ihrer Freundschaft beauftragte Korrektor) dieser Autobiographie, ließ sich davon nicht schrecken, im Gegenteil: Noch Jahre später lässt er seine nach wie vor unverheiratet in →Naumburg lebende Schwester (→EFN) wissen, dass es im Hinblick auf die „mannigfache Verpflichtung", die er „später einmal gegen Wagner's Familie haben könnte [...], SEHR WICHTIG" (26.1.1875) sei, wenn sie sich schon einmal genauer mit Haus und Hof bekannt mache, sprich: vorübergehend, wie von ihr beabsichtigt, im Haus ‚Wahnfried' in →Bayreuth einhüte. Ein fürwahr imposantes Szenario (im Fall von Wagners Tod) dürfte sich da vor den Augen des in Basel zunehmend unzufriedenen Altphilologen aufgetürmt haben: mit seiner Schwester in der Rolle der Bayreuther Haushofdame und sich selbst als Verwalter des leiblichen, aber natürlich auch geistigen Nachlasses. Nicht schlecht vorbereitet zumal auf die letztgenannte Funktion sah sich N. schon seit gut acht Monaten, seitdem er Wagner, natürlich dargebracht in einem Geburtstagsbrief, gleichsam offiziell als (geistigen) Ersatzvater inthronisiert hatte, schließend: „So feiere ich Ihren Geburtstag auch zur Feier meiner Geburt" (20.5.1874) – der *zweiten* geistigen Geburt N.s, wie man noch ergänzen muss im Rückblick auf seinen 1867er Dank an Ritschl, ihn „zum Philologen geboren" (BAW 3: 300) zu haben.

Freilich: Dieser zweite N. war noch immer nicht der ‚wahre' N., wie dieser selbst im Übrigen schon längst ahnte, aber zu Ende zu denken sich offenbar nicht getraute. Ein interessantes Dokument in dieser Frage ist ein Brief N.s an Wagner (vom 18.4.1873), in dem es zunächst ganz mutig heißt: „Ich wünschte mir so oft wenigstens den Anschein einer größeren Freiheit und Selbständigkeit [...]", ehe dann der fügsame Ersatzsohn dem Rebellen in den Arm fällt und den Satz fortführt mit: „... aber vergebens. Genug, ich bitte Sie, nehmen Sie mich nur als Schüler." Wagner wusste diese Hilflosigkeit N.s mit großer Instinktsicherheit zu konservieren, indem er N. beständig um die Verlässlichkeit seiner Gunstbeweise bangen ließ, dabei einem schon früh praktizierten Muster folgend: „Nun aber kein Wort weiter, denn Sie sind mir bedenklich geworden", hatte er N. am 14.1.1870 wissen lassen, weil es N. offenbar an der gebotenen brieflichen Danksagung für das gemeinsam in Tribschen verbrachte Weihnachtsfest hatte fehlen lassen. Im Mai 1871 wurde N. in Tribschen auf der Basis eines Gerüchts der „Sucht des Verrats" (Wagner 1976a: 387) bezichtigt und entsprechend in eine Art „Schule der Unterwerfung" (Köhler 1996: 62) genommen, wobei Unzufriedenheit offenbar als ‚Erziehungsmaxime' fungierte. So klagte N. beispielsweise gegenüber v. Gersdorff, nachdem ihn Cosima von Wagners Kränkung wegen seines unterlassenen Bayreuth-Abstechers auf seiner Weihnachtsreise via Naumburg in Kenntnis gesetzt hatte (An N., 12.2.1873): „Gott weiß übrigens, wie oft ich dem Meister Anstoß gebe: ich wundere mich jedes mal von Neuem und kann gar nicht recht dahinter kommen, woran es eigentlich liegt." (2.3.1873) Ängste dieser Art – in der Regel basierend auf Auftritten ähnlichen Charakters – befielen N. in der Folge in schöner Regelmäßigkeit (vgl. auch EFN 1897: 178 f.) und finden einen wohl letztmaligen Niederschlag in den von Panik gekennzeichneten Entwürfen N.s für (an die Wagners adressierte) Begleitschreiben zu →*WB* vom Juli 1876. Tatsächlich aber hatte N. schon ein Jahr zuvor die dahinter verborgene Problematik geahnt: „Wagner zeigt seine MACHT besonders darin, wie er die Widerwilligen unterjocht", notierte er sich privat im Blick auf die Wagner-Wirkung im Bewusstsein anderer Musiker, um sogleich, als rede er nun von sich selbst, hinzuzusetzen: „Viele, die durchaus etwas bedeuten wollen, ringen geradezu mit diesem sie überwältigenden inneren Reize" (NF 1875, 11[24]). Diesem Ringen setzte N. fünf Jahre später ein Ende mit seinem Spott über jene „Genies [lisez: Wagner; d. Verf.], die ihren Anhängern ein Stück Gehirn ausschneiden, gleich Hühnern, so daß diese dann halbtrunken und schwankend die Reflexbewegungen der Anbetung ausführen." (NF 1880, 4[234]) Als Vorstufen hin zu diesem Nekrolog sind die Wagner kritisierenden Passagen in *WB*, aber natürlich und vor allem in →*MA* und →*MA II* in Betracht zu ziehen. Nimmt man noch N.s rückblickende Bemerkung hinzu, er habe sich in →*GT* „einer Autorität und eignen Verehrung" (*GT, Versuch einer Selbstkritik* 2) gebeugt und diese Schrift wegen der „Nutzanwendung auf die Wagnerei" (*EH, GT* 1) um ihren eigentlichen Ertrag gebracht, liegt die These nahe, dass dasjenige, was der →frühe N. an Bildungs- und Kulturkritik (etwa in *GT*, aber auch in →*BA* und →*DS*) vorlegte, ebenso wie sein früher →Antisemitismus, in weiten Teilen rhetorisch ist, also nur dem Zweck der Einverständniserklärung gegenüber dem dient, der von ihm die Mitwirkung an der Errichtung eines geistigen Überbaus für sein eigenes Streben erwartete und damit N.s V wegen vorübergehend erfolgreich war.

*Christian Niemeyer, Dresden*

**Venedig** | „Wenn ich ein andres Wort für Musik suche, so finde ich immer nur V." (*EH, Warum ich so klug bin* 7) Die Stadt V ist mit N.s Biographie verbunden, besitzt aber darüber hinaus, wie andere italienische Städte auch, einen hohen Symbolwert in seinen Schriften. Weil dort H. Köselitz lebt, hält sich N. immer wieder in der Lagunenstadt auf. So verbringt er das gesamte Frühjahr des Jahres 1880 dort, wobei eine Sammlung von 262 Aphorismen entsteht – eine Vorarbeit zu *M* mit dem Titel L'OMBRA DI VENEZIA (vgl. NF 1880, 3[1]–3[172]), zu übersetzen als: „der Schatten von V", aber auch als Bezeichnung für ein Glas Wein zu verstehen (wie Montinari berichtet; vgl. KSA 14: 626). N. besucht auch 1884 V, nach Vollendung von *Za III*; ebenso 1885, nach Beendigung von *Za IV*; und 1886 für eine Woche sowie 1887 nach Beendigung von *GM*. Eines der berühmtesten Gedichte N.s (vgl. *EH, Warum ich so klug bin* 7), das er angeblich auf dem Weg von Turin nach Basel Anfang Januar 1889 im Zug rezitiert hat, ist mit V verbunden. Ein anderes, aus den *Liedern des Prinzen Vogelfrei*, mit dem Titel MEIN GLÜCK! (*FW V*, KSA 3: 648), beschreibt den Platz in V, den N. in *GM* sein „schönstes Studirzimmer" nennt, die Piazza San Marco (*III* 8, KSA 5: 353). Schließlich bezeichnet er in Kapitel 7 von *Warum ich so klug bin* in *EH* V als den Süden in der Musik. Diesen Begriff hat er bereits in einer nachgelassenen Aufzeichnung aus dem Jahr 1885 eingeführt. Dort schon wird der Süden in der Musik der deutschen Musik entgegengesetzt, aber nicht ausschließlich mit V identifiziert: „Die deutsche Musik. Süden Morgenland (zwei Süden: V und die Provence)" (NF 1885, 40[70]). V und Morgenland, das verbindet N. schon in einem Brief an Köselitz (5.3.1884): „Außer Capri hat im Süden Nichts mir einen solchen Eindruck gemacht, wie Ihr V. Ich rechne es NICHT zu Italien: irgend was vom Orient ist da hinuntergefallen."

*Hans Gerald Hödl, Wien*

**Verantwortung** | Im Denken N.s scheint es um →Ethik und V gerade nicht zu gehen. In *EH* bezeichnet er sich selber als „eine Gegensatz-Natur zu der Art Mensch, die man bisher als tugendhaft verehrt hat." (*Vorwort* 2) So verbindet sich mit dem Namen N.s auf den ersten Blick vor allem seine radikale Moralkritik. Bei gewissenhafter Lektüre gewinnt man allerdings ein vollkommen anderes Bild. Gerade in dem Text, der die subtile Absetzung von der Geschichte der →Moral vollzieht, in *JGB*, taucht der Gedanke der V an prominenter Stelle nicht weniger als zehnmal auf. N. denkt hier den Menschen „der umfänglichsten Verantwortlichkeit, der das Gewissen für die Gesammt-Entwicklung des Menschen hat." (61) Heute müsse man „die Grösse des Menschen", seinen „Werth und Rang darnach bestimmen, [...] wie WEIT Einer seine Verantwortlichkeit spannen" könne (212). N. fordert „die Bereitwilligkeit zu grossen Verantwortungen" (213). Höchst bedeutungsvoll sei „der Wille zur Verantwortlichkeit" (*GM III* 10) und dass der Mensch wieder „das Gewicht einer solchen Verantwortlichkeit ertrüge" (*JGB* 203). Diese in N.s Denken angezeigte V betrifft die bewahrende Pflege der Lebenswelt des Menschen, ja die liebende und lebensbejahende Einbindung in die Biosphäre Erde überhaupt. In *Za I* finden sich die Worte: „Bleibt mir der Erde treu, meine Brüder [...]! Eure schenkende Liebe und eure Erkenntniss diene dem Sinn der Erde! Also bitte und beschwöre ich euch. / Lasst sie nicht davon fliegen vom Irdischen und mit den Flügeln gegen ewige Wände schlagen! [...] / Führt, gleich mir, die verflogene Tugend zur Erde zurück – ja, zurück zu →Leib und →Leben: dass sie der Erde ihren Sinn gebe, einen Menschen-Sinn!" (*Von der schenkenden ...* 2) Nach dem ‚Tod Gottes' (vgl. *FW* 125), d. h. nach dem Schwinden jeder religiösen, jeder metaphysischen Sinngabe sieht N. dem Menschen die ungeheure V zugewachsen, Geschichte und Geschick von Menschheit und Erde allein in Händen zu halten. Nur deshalb wird N. zum entschiedenen Moralkritiker, weil nach seiner Überzeugung die überlieferten Moralkonzeptionen zu kurz greifen für das, was mit dem Aufkommen einer neuen geschichtlichen Situation der Mensch an V zu übernehmen hat.

*Johannes Oberthür, Westerstede*

**Verbrecher** | Im Spannungsfeld zwischen →Schuld und →Strafe verkörpert der V für N. jenen Typus, an dem sich die ‚Sittlichkeit der Sitte' einer Gesellschaft erprobt bzw. symptomatologisch offenbart. Für die Genealogie stellt der V daher ein Instrument der kulturkritischen Diagnose dar, zu deren Zweck N. methodisch eine Typologie entwickelt, für die er früh Material zu sammeln beginnt. Schon 1873 etwa streicht er sich bei →Lichtenberg verschiedene Bemerkungen zum V an (vgl. Stingelin 1996: 167–199, insbes. 183). Weitere Quellen sind u. a. →Galtons *Inquiries into Human Faculty and its Development* (London 1883), A. Krauss' *Die Psychologie des Verbrechens* (Tübingen 1884), S. Strickers *Physiologie des Rechts* (Wien 1884) oder Férés *Dégénérescence et criminalité* (Paris 1888). Ihren pointiertesten Ausdruck findet diese Typologie in *GD, Streifüge ...* 45 unter dem Titel DER VERBRECHER UND WAS IHM VERWANDT IST, grob skizziert: Dem großen, individuellen V (Beispiel für N. war etwa Napoleon) steht der kleine – hereditäre – V gegenüber, der sich in den kleinen kraftvollen V und den kleinen verkümmerten V, den Décadent, teilt. Diese Typologie ist Gegenstand einer Kontroverse zwischen N. und →Strindberg (N. an Strindberg, 8.12.1888). Als Kehrseite der durch diese Typologie ermöglichten Diagnose zieht N. biopolitische Konsequenzen (vgl. Balke 2003), die ihrerseits die Insrumentalisierbarkeit von N.s V-bild im Nationalsozialismus ermöglicht haben (vgl. Gschwend 1999, insbes. 389). N.s holzschnittartige Typologie grenzt im Zeitalter von Bertillons Kriminalanthropometrie und →Galtons Mischphotographien von Vn allerdings nicht nur ans Satirische bzw. Parodistische (vgl. Stingelin 2000); N., der im *Journal des Débats* intensiv die französische Gerichtsberichterstattung berühmter Kriminalfälle wie Chambige oder Prado verfolgte (vgl. Stingelin 1999b), reiht sich zuletzt selbst – ironisch oder nicht? – in den Reigen berühmter V seiner Zeit ein: „Ich bin Prado [...] Ich wollte meinen Parisern, die ich liebe, einen neuen Begriff geben – den eines anständigen Vs. Ich bin auch Chambige – auch ein anständiger V" (An Burckhardt, 6.1.1889). N.s historische Kritik im diagnostischen Spiegel des Vs ist auch für die Genealogie →Foucaults, insbesondere für *Surveiller et punir* (1975; dt. *Überwachen und Strafen*, 1977), methodisches Vorbild gewesen.

*Martin Stingelin, Dortmund*

**Vererbung** | Mehrfach betonte N., dass das Wesen der V dunkel sei und „als etwas ganz Unerklärtes, nicht zur Erklärung benutzt werden kann, sondern nur zur Bezeichnung, Fixirung eines Problems" (NF 1885, 36[28]). Ihn faszinierte, wie ein Mensch sich die guten und schlechten Eigenschaften seiner Eltern und Vorfahren – im Lamarck'schen Sinn – einverleibt als sozial erlernte Konstrukte: „‚Gut' nennt man Den, welcher wie von Natur, nach langer V, also leicht und gern das Sittliche thut" (*MA* 96). Wer keinen Geburtsadel infolge „GUTER AHNEN" vorweisen kann (*MA* 456), dem bleibt die Vision der „ZUKÜNFTIGEN MENSCHLICHKEIT", und zwar als der „Mensch eines Horizontes von Jahrtausenden vor sich und hinter sich, als der Erbe aller Vornehmheit alles vergangenen Geistes und der verpflichtete Erbe" (*FW* 337). Geistige Veredelung kann durch Entartung, körperliche Einbuße als Kompensation der Schwäche erfolgen (*MA* 224), wie N. contra Darwin betont. In den 1880er Jahren entwickelte er enormes Interesse am Phänomen der moralischen und physiologischen Degenereszenz und →Décadence (NF 1888, 14[113]). Sich selbst als décadent bezeichnend, gestaltete er in antideutschem Impetus seinen „Familienroman" aus, von polnischen Adeligen abzustammen (Devreese 2007) (→Pole[n]). N.s moralkritische Äußerungen über ‚Rasse' und →‚Züchtung' wie z. B.: „Die Deutschen sollten eine herschende Kaste züchten" (NF 1885, 34[111]) sind in der Zeit des Nationalsozialismus rassistisch missverstanden worden (Schank 2000). Zum Thema auch: Aschheim (1993).

*Pia Daniela Schmücker, Ulm*

**Vergessen** | Vor N. ist das V kaum je so deutlich als aktives Vermögen und positive Kraft bestimmt worden, wie das in *HL* und *GM* geschieht. N. radikalisiert damit eine bereits im 16. Jh. (Vives, Huarte, →Montaigne) einsetzende Kritik am (rhetorischen) Wissensgedächtnis, die in der Aufklärung und im Idealismus namentlich →Kants (*Anthropologie in pragmatischer Hinsicht*, 1798) und →Hegels (*Enzyklopädie der philosophischen Wissenschaften*, 1817–1830) am schärfsten ausgeprägt ist, hier allerdings noch ohne Bestimmung des Vs als positive Kraft. Daraus erhellt schon, dass das V auch bei N. nur im Zusammenhang mit dem →Gedächtnis angemessen verstanden werden kann.

In *HL* setzt N. das V als dem Leben förderliche Kraft polemisch dem exzessiven historischen (historistischen) Erinnern entgegen (repräsentiert durch →E. von Hartmann, *Philosophie des Unbewußten*, 1869), unter dem der moderne Mensch leidet. Bildkräftig führt dies das fabelartige Incipit mit der Begegnung zwischen dem vergesslichen, unhistorisch lebenden und deshalb glücklichen Tier und dem sich erinnernden, historisch empfindenden und deshalb unglücklichen Menschen vor Augen (1, KSA 1: 248 f.). Diese antagonistische Konstellation dient als Basis für die Unterscheidung der verschiedenen Arten der →Historie und wird in *HL* selbst nicht weiter differenziert. Im einschlägigen Nachlass (NF 1872–73, 19[1–330]) hat N. indes schon vorgängig zur Entstehung von *HL* eine analytische und experimentelle ‚Gedächtnis-Arbeit' initiiert, die das V in die rhetorisch, physiologisch, psychologisch und historisch differenzierten Vorgänge des Gedächtnisses einbezieht. In *WL* fungiert das V als quasi-negative Kraft bei der psychophysischen Konstruktion von Wahrheit: Das „Vergessen des Unterscheidenden […] erweckt nun die Vorstellung, als ob es in der Natur ausser den Blättern etwas gäbe, das ‚Blatt' wäre". So entstehen „Illusionen, von denen man vergessen hat, dass sie welche sind, Metaphern, die abgenutzt und sinnlich kraftlos geworden sind". Schließlich kommt der Mensch „nach hundertjährigen Gewöhnungen [...] eben DURCH DIESE UNBEWUSSTHEIT, eben durch dies Vergessen zum Gefühl der Wahrheit" (1, KSA 1: 880 f.). Rückt das V bereits in dieser Zeit in die Nähe einer „künstlerische[n] Kraft" (NF 1872–73, 19[67]), als welche in den Notizen die unbewussten tropisch-figürlichen Umformungen des Gedächtnisses bestimmt werden, so erfährt es beim mittleren N. seine Adelung zu einem positiven Vermögen im öffentlichen Werk in *M* 126, allerdings als noch zu lösendes Rätsel formuliert: „VERGESSEN – Dass es ein V giebt, ist noch nicht bewiesen; was wir wissen, ist allein, dass die Wiedererinnerung nicht in unserer Macht steht. Vorläufig haben wir in diese Lücke unserer Macht jenes Wort ‚V' gesetzt: gleich als ob es ein Vermögen mehr im Register sei. Aber was steht zuletzt in unserer Macht! – Wenn jenes Wort in einer Lücke unserer Macht steht, sollten nicht die anderen Worte in einer Lücke unseres WISSENS UM UNSERE MACHT stehen?" Die explizite Integration des Vs als mnemonische Kraft vollzieht sich in der untergründig ständig fortgesetzten ‚Gedächtnisarbeit': „Das GEDÄCHTNISS IM INSTINKT, als eine Art von Abstraction und Simplification, vergleichbar dem logischen Prozeß: das Wichtigste ist wieder unterstrichen worden, aber auch die schwächsten Züge BLEIBEN Es giebt im organischen Reiche kein V; wohl aber eine Art VERDAUEN des Erlebten." (NF 1885, 34[167]) Eine Anregung hat N. möglicherweise durch Th. Ribot, *Das Gedächtnis und seine Störungen* (1882), erhalten, der zum „paradoxen Resultat" gelangt, „daß eine Bedingung des Gedächtnisses das V ist" (36).

Doch wie beim Gedächtnis offenbart N. sein Wissen vom V erst in *GM II*. Die ersten drei Abschnitte schildern relativ geschlossen die Menschwerdung des Tiers durch die ‚Züchtung' des Gedächtnisses. Hier wird das V bzw. die „VERGESSLICHKEIT" explizit und differenziert als positive Kraft bestimmt: „Ein Thier heranzuzüchten, das VERSPRECHEN DARF", muss umso mehr als „paradoxe Aufgabe der Natur" erscheinen, wenn man in der „Vergesslichkeit" „keine blosse vis inertiae", sondern ein „aktives, im strengsten Sinne positives Hemmungsvermögen" erkennt, das dafür sorgt, dass die psychische „Verdauung" („‚Einverseelung'") „ebenso wenig in's →Bewusstsein tritt als der ganze tausendfältige Prozess [...] der ‚Einverleibung'". Die „aktive Vergesslichkeit" erhält die „seelisch[e] Ordnung" aufrecht, und ihre Beschädigung macht den Menschen gleichsam zum „Dyspeptiker". „Dieses nothwendig vergessliche Thier hat sich nun ein Gegenvermögen angezüchtet, ein Gedächtniss, mit Hülfe dessen [...] die Vergesslichkeit ausgehängt werden kann [...] für die Fälle [...], dass versprochen werden soll". Als „GEDÄCHTNISS DES WILLENS" ist es ebenfalls kein passiver Vorgang, sondern ein „aktives Nicht-wieder-los-werden-WOLLEN" Vermögen, das wie das V als eine „Form der STARKEN Gesundheit" gilt (*GM II* 1). V und Gedächtnis sind so als sich gegenseitig inkludierende Gegenkräfte aufeinander bezogen. N. hat mit dieser Konstruktion manche Mechanismen von →Freuds psychischem Apparat bereits vorgezeichnet. Die Bildlichkeit (Verdauung, Haus, Einprägen, tabula rasa u. a.) verweist auch auf die rhetorische und empirische Tradition.

Schließlich besingt N. das V in *Die Sonne sinkt* (DD): „Was je schwer war, / sank in blaue V-heit, / müßig steht nun mein Kahn." Die Stelle korrespondiert einem Entwurf aus dem lyrischen Arbeitsheft dieser Zeit („Mensch, vergiß! Mensch vergiß! / [...] / wirf dein Schwerstes in das Meer! / Hier ist das Meer, wirf dich ins Meer! / Göttlich ist des Vs Kunst!" NF 1888, 20[46]). Hier scheint die Lyrik selbst als Medium des Vs (Verarbeitens, Verdauens) zu fungieren. Eine ähnliche Anrufung des Vs als Szenenskizze findet sich schon in den Notizen von Sommer 1872 bis Anfang 1873 (19[126]).

In der Forschung ist das V meist im Zusammenhang mit der Geschichtskonzeption von *HL* (Meyer 1998) und von *GM* und hier im Vergleich mit Freuds Theorie des →Unbewussten behandelt worden (Deleuze 1962: 122–160; Crawford 1985; Gasser 1997: 43–46, 291 f., 386–392, 673–681). Die experimentelle Gedächtnisarbeit kommt dabei nur in Ausschnitten in den Blick. Auch im Zug der kulturwissenschaftlichen Memoria-Forschung steht das V aufgrund seiner generellen Rätselhaftigkeit und wegen N.s schlagwortartigen Einsatzes im Vordergrund (Kittsteiner 1994; 1996; Weinrich 1997: 160–168; Behrens 2005: 106–168) und wird erst in jüngerer Zeit in die umfassendere Gedächtnisarbeit integriert (Thüring 2001).

*Hubert Thüring, Basel*

**Verleger** | Auf der Suche nach einem V für *GT* wurde N. beim V →Wagners E. W. Fritzsch in Leipzig fündig. Hier publizierte er zwischen 1872 und 1874 *GT, DS* und *HL*. Nachdem Fritzsch in Finanzschwierigkeiten geraten war und die Honorare nicht mehr zahlen konnte, wechselte N. auf Anfrage von E. Schmeitzner zu dessen neu gegründetem Verlag in Chemnitz. Hier publizierte N. zwischen 1874 und 1884 *SE, WB, MA, VM, WS, M, FW* sowie *Za I* bis *Za III*. Von *Za IV* (1885) ließ N. nur 45 Exemplare als Privatdruck auf eigene Kosten herstellen, aufgrund der verschlechterten Beziehungen zum Antisemiten Schmeitzner aber bei C. G. Naumann in Leipzig. Schmeitzner hatte die ihm von N. zwecks Geldanlage anvertrauten Ersparnisse veruntreut und bei der Drucklegung von N.s Werken nicht sorgfältig gearbeitet. Nach N.s Prozess gegen Schmeitzner 1885/86 erwarb Fritzsch die Rechte an den von Schmeitzner verlegten Werken. N. publizierte darauf 1886 bei Fritzsch folgende Neuauflagen: *GT, MA I* u. *MA II, Za I–III, DS, HL, SE, WB* und 1887 *M* sowie den *Hymnus an das Leben*. Nach der Drucklegung von *Za IV* bei Naumann und nachdem Carl Duncker, Berlin, die Veröffentlichung von *JGB* abgelehnt hatte, obwohl N. schließlich gar „auf Zahlung des Honorars" (N. an C. Heymons, 20.4.1886) verzichtete, blieb N. bei Naumann und publizierte dort zwischen 1886 und 1888/9 *JGB, GM, WA, GD* und *NW*, freilich auf eigene Kosten: N. musste die Herstellung bezahlen und erhielt den Gewinn aus dem Verkauf. Naumann blieb nach dem Zusammenbruch N.s dessen V und begann eine Gesamtausgabe. 1909 zog er sich als V zurück und verkaufte die Rechte an den Leipziger V Kröner. 1920–1929 erschien im Münchner Musarionverlag eine 23-bändige Luxusausgabe. Mit dem Ablauf der Urheberrechtsschutzfrist 1930 begannen verschiedene Verlage, N. zu publizieren (Reclam, C. H. Beck), nach dem Zweiten Weltkrieg folgten Hanser und de Gruyter (→Colli/Montinari-Ausgabe). Zum Thema auch: Jacoby (1939); Zimmermann (1968); Brown (1987); Müller-Buck (2000a: 176 f.); Meyer (2000); WNB 1; Schaberg (2002).

*David Marc Hoffmann, Basel*

**Vernichten** | In ersten Aufzeichnungen zur neuen Vorrede für *GT* (von 1886) resümiert N., das dionysische →Glück komme erst in der Vernichtung auch des schönsten Scheins auf seinen Gipfel. Das Glück am Werden sei „nur möglich in der Vernichtung des Wirklichen des ‚Daseins', des schönen Anscheins, in der pessimistischen Zerstörung der Illusion." (NF 1886–87, 2[110]) Im gleichen Sinne äußert sich N. dann am Ende von *GD* (*Was ich den Alten verdanke* 5) und in *EH* (*Za 8; Schicksal 2, 4*). Das V bezieht sich demnach auf Schein bzw. Illusionen und ist im Jasagen (→Bejahung) und →Schaffen als notwendige Vorbedingung eingeschlossen. Denn es genüge nicht, nur auf den Ursprung und die „Nebelhülle des Wahnes hinzuweisen, um die als wesenhaft geltende Welt, die sogenannte ‚Wirklichkeit', zu vernichten! Nur als Schaffende können wir vernichten." (*FW* 58) V bedeutet daher nicht, dass etwas absolut nihiliert wird, sondern nur, dass es zurückgedrängt oder subordiniert wird. „Es giebt im Geistigen keine Vernichtung" (NF 1886–87, 7[53]). N. will weder die Vernichtung der Leidenschaften und Begierden noch die von Feinden überhaupt, sondern ihre Nützlichkeit aufzeigen (*GD, Moral als Widernatur* 1, 3). Nicht nur hat der Begriff des Absoluten und einer absoluten Vernichtung keinen Ort im Denken N.s, er ist auch mit der Lehre der →ewigen Wiederkunft des Gleichen unvereinbar.

Wenn N. aber einmal nicht philosophisch, sondern ‚politisch' von einer neuen „Partei des Lebens" redet, welche neben der „Höherzüchtung der Menschheit" auch „die schonungslose Vernichtung alles Entartenden und Parasitischen" in die Hände nehme (*EH, GT 4*), so kann man ihm vorwerfen, grobe Missverständnisse provoziert zu haben. Man wird ihm dann umgekehrt genauso vorwerfen, in einer seiner letzten „Wahnsinnsbotschaften" (An Overbeck, 4.1.1889) allzu deutlich und damit ebenso missverständlich geworden zu sein: „Ich lasse eben alle Antisemiten erschiessen." In beidem beweist sich N. als „der letzte antipolitische Deutsche" (KSA 14: 472).

*Michael Skowron, Daegu*

**Vernunft** | V (*logos, ratio*) gilt allgemein als Grundbegriff und Bedingung der Möglichkeit der abendländischen Philosophie – für N. ist sie philosophisches Vorurteil schlechthin. N.s radikale Kritik an der V will zwar ebenso wie die →Kants aufklärerisch wirken, dabei aber keine Kritik der V durch die V mehr sein. Im Spätwerk erscheint der Begriff folgerichtig oft mit typographischer Betonung seiner Uneigentlichkeit, mithin als „V" (so wie in *GD, Die „V" in der Philosophie*).

Philosophiegeschichtlich vollzieht sich für N. durch Parmenides und dessen „in ihren Folgen verhängnißvolle erste Kritik des Erkenntnißapparats" (*PHG* 10, KSA 1: 843) die Gründung und Begründung des europäischen V-begriffs. In ihr zeigt sich paradigmatisch die Exklusion und Subordination der als passiv und korrumpierbar gesetzten Sinnlichkeit von Seiten einer V, die in Gestalt des reinen Denkens (qua →Logik) allein zur wahrheitstauglichen Seinserschließung (qua Ontologie) befähigt ist. Im Anspruch auf Universalität und normative zeitlose Geltung entzieht sich V einer angemessenen Reflexion auf die von permanenten Veränderungen gekennzeichneten Lebensvollzüge. Eben darin wird sie nach N. restriktiv und für das →Leben gefährlich – sie verliert seit Parmenides „die Theilnahme für die Phänomene" (ebd.). Sokratische Dialektik, platonistische Ideenlehre sowie die Substanzontologie und Logik des Aristoteles folgen nach N. weitgehend den Grundunterscheidungen der V-konstruktion des Parmenides, die schließlich in Kants transzendentalphilosophischer V-architektur ihre reflektierteste Gestalt annimmt.

Unter den v- und erkenntnisskeptischen Ausführungen in N.s Werk lassen sich „physiologisch" (1.) und sprachkritisch (2.) orientierte Destruktionsversuche destillieren: 1.) Die physiologisch vollzogene Entgrenzung der V und ihres zentralen Instrumentariums, der Logik, argumentiert in einem evolutionären Kontext und folgt einer Heuristik der Not: Als abkürzende und vereinfachende „Formal-Wissenschaft" und „Zeichen-Convention" kommt in der Logik die „Wirklichkeit […] nicht einmal als Problem" vor (*GD, Die „V" in der Philosophie* 3.) – sie dient nicht der →Wahrheit, sondern „der Erhaltung einer bestimmten Art von Leben". Die Sätze von der Identität, vom auszuschließenden Dritten und vom auszuschließenden Widerspruch sind für N. nicht Grundgesetze des Denkens, sondern Postulate einer nützlichen Wirklichkeitsfälschung, kraft derer die dem Leben eigentümlichen Grundzüge der Veränderung und Zeitlichkeit aufgehoben werden.

2.) V gilt N. als „Sprach-metaphysik" und ein – in Teilen bis heute – weitgehend unreflektierter „Glauben an die Grammatik". Das Problem der grammatischen Struktur der indogermanischer Sprachen liegt in der Zentrierung auf Substantive und der damit einhergehenden Tendenz zur Verdinglichung und Zustandsreduktion allen Geschehens – Veränderungen werden in Form von Verben als bloß Zusätzliches ausgedrückt. In *GM* illustriert N. die „Verführung der →Sprache (und der in ihr versteinerten Grundirrthümer der V)" (*I* 13) exemplarisch anhand des einfachen Satzes „Der Blitz leuchtet": Wird der Blitz als „Ding" genommen, seine Zuckungen und Leuchteffekte als dessen akzidentelle Bestimmungen gefasst, ist das Schema der Substanzontologie aktualisiert – konzediert wird ein „Wesen", das seine „Eigenschaften" wechselt. Interpretiert man den Blitz als „Grund" für seine Leuchtkraft, tritt das Kausalschema von „Ursache" und „Wirkung" in Kraft. Personalisiert man den Blitz zum Täter eines Tuns, des Leuchtens, ist auf diesem Weg ein →„Subjekt" unterstellt, dem es folgerichtig freisteht, zu leuchten oder nicht und dem sich – in moralischen Kontexten ein guter oder böser →„Wille" zuschreiben oder absprechen lässt. Die europäische V- und Wissenschaftskultur unterliegt nach N. sprachbedingt der unaufhebbaren Tendenz, logisch, ontologisch, epistemologisch, physikalisch und ethisch ein „indifferentes Substrat" (ebd.) zu unterstellen – und hat darin ihre Grenze: „[W]IR HÖREN AUF ZU DENKEN, WENN WIR ES NICHT IN DEM SPRACHLICHEN ZWANGE THUN WOLLEN, wir langen gerade noch bei dem Zweifel an, hier eine Grenze als Grenze zu sehn. – DAS VERNÜNFTIGE DENKEN IST EIN INTERPRETIREN NACH EINEM SCHEMA, WELCHES WIR NICHT ABWERFEN KÖNNEN" (NF 1886–87, 5[22])

An diesem neuralgischen Punkt setzen N.s philosophische Umwertungen an. N. hat die V keinem irrationalen Pathos geopfert, sondern als ein →Verstehen ausgelegt, das bewusst jene Kontexte öffnet, die sich der vollständigen reflexiven Vereinnahmung entziehen und das damit auch seiner eigenen Bedingtheit Rechnung trägt. Sein gegen den Logozentrismus der →Metaphysik gerichtetes Philosophieverständnis, das er zuletzt als „Umsetzung des →Dionysischen in ein philosophisches Pathos" (*EH, GT* 3) verstanden hat, arbeitet notwendig auch mit V-substituten: Es sind dies neben den pragmatischen Begriffen des →„Denkens" und „Verstehens" insbesondere der emphatische Begriff des „Geistes" (I.) sowie die theoretisch orientierten Konzepte der genealogischen Interpretation (→Genealogie) (II.) und des „perspektivischen Erkennens" (→Perspektivismus) (III.).

I. In *Za* überbrückt der Begriff des Geistes das Verhältnis zwischen der „grossen V" des Leibes (*Za I, Von den Verächtern…*) und der ihr nachgeordneten, drastisch abgewerteten „kleinen V" der Bewusstseinsoberfläche. N. schließt gezielt an die physiologische Erstsemantik des Geist-Begriffs an: Als *ruach*, *pneuma* bzw. *psyche* und *spiritus* bezeichnet Geist in der jüdischen, griechischen und lateinischen Tradition zunächst den Atemvorgang, der das organische Leben in Gang setzt, aufrechterhält und im Aushauchen beendet. Dieser vitale Ursprung bleibt trotz der maßgeblich gewordenen Übertragung zum beseelten Fühlen und Denken konstitutiv für N.s Geist-Begriff. Mit ihm wird das Denken wieder zur lebendigen Bewegung in ihrerseits sich verschiebenden Begriffen. Als eine solche Bewegung drängt es ihn an und über seine Grenzen – „Geist ist das Leben, das selber in's Leben schneidet: an der eignen Qual mehrt es sich das eigne Wissen." (*Za II, Von den berühmten Weisen*) Die Bewegung des Geistes führt nun nicht mehr, wie bei →Hegel, zur begrifflichen Aufhebung in einem neuen Bewusstseinsniveau auf dem Weg zur eigenen Selbstvervollkommnung, sondern zur seiner fortgesetzten „Selbstüberwindung" im Gebrauch bestimmter Begriffe: „Und diess Geheimnis redete das Leben selber zu mir. ‚Siehe, sprach es, ich bin das, WAS SICH IMMER SELBER ÜBERWINDEN MUSS" (*Za II, Von der Selbst-Ueberwindung*)

II. Nach N.s Begriff der →Interpretation werden keine „Tatsachen", „Dinge" oder „Sachverhalte" interpretiert – auch diese sind bereits Interpretationen in einer Welt, die sich ausschließlich in Interpretationsprozessen ereignet. Interpretationsdenken stellt sich v. a. mit den Mitteln der Genealogie einer Ausgangslage, in der alle Phänomene nur als →Zeichen bzw. Symptome, d. h. nur noch auf Zeit gegebene Sinnkonstellationen „gegeben" sind bzw. fluktuieren. Genealogisches Denken geht methodisch von diesem Immer-Anders-Werden aus und versucht, den Phänomenen seiner Analyse keinen absoluten Sinn aufzuprägen, sondern diese als eine bewegliche „Synthesis von ‚Sinnen'" (*GM II* 13) im Blick zu behalten. Synthesis steht nun nicht mehr, wie noch bei Kant, für eine Einheit stiftende Verknüpfung nach allgemeinen Regeln, sondern für ein diskontinuierliches Anlagern und Sich-Überlagern von Bedeutungen unter wechselnden Bedingungen. Die Rekonstruktion solcher Bedingungen ist dann zugleich die Dekonstruktion des von diesen Bedingungen abhängigen „Dinges" oder Begriffs: Aus dieser doppelten Richtung bezieht die genealogische Methode ihre problematisierende und subversive Kraft. Begriffe sind unter solchen Voraussetzungen ihrerseits als etwas Vorläufiges gedacht, als Abkürzungszeichen, in denen sich stets „ein ganzer Prozess semiotisch zusammenfasst": „[D]efinirbar ist nur Das, was keine Geschichte hat." (ebd.)

III. Im Gegensatz zum Relativismus stellt N.s reflektierter Perspektivismus zwar die Unendlichkeit und Unabschließbarkeit jeder Interpretation in Rechnung, zieht jeder Perspektive durch deren unhintergehbare Gebundenheit an einen Standpunkt aber auch eine jeweils bestimmte Grenze. Umgestellt wird damit von einem absoluten V-standpunkt auf eine in der Bewegung des Denkens gewonnene Vielfalt einander bereichernder Perspektiven. Verständig ist unter diesen Bedingungen, wer „sich die VERSCHIEDENHEIT der Perspektiven und der Affekt-Interpretationen für die Erkenntniss nutzbar zu machen weiss." (*GM III* 12) In N.s Philosophie des „Phänomenalismus und Perspektivismus" werden →Wahrheit und Objektivität mithin nicht alternativlos destruiert, sondern nach erfolgter Kritik im Hinblick auf deren vermeintliche Unbedingtheit in pragmatischer Hinsicht auch wieder reformuliert: „Es giebt NUR ein perspektivisches Sehen, NUR ein perspektivisches ‚Erkennen'; und JE MEHR Affekte wir über eine Sache zu Wort kommen lassen, JE MEHR Augen, verschiedene Augen wir uns für dieselbe Sache einzusetzen wissen, umso vollständiger wird unser Begriff dieser Sache, unsre „Objektivität' sein." (ebd.) N.s Denken in Perspektiven zerstört damit nicht den Theorie-Begriff der europäischen Wissenschaftskultur, sondern präzisiert dessen visuelle Ausgangsmetaphorik. Grundgelegt ist damit zugleich das – in seinem Gegenwartsbezug kaum zu überschätzendende – Ethos einer konsequent interdisziplinär verfahrenden Wissenschaftspraxis. Zum Thema auch: Simon (1972); Kaulbach (1990b); Schlimgen (1999).

*Enrico Müller, Greifswald*

**Versprechen** | N. bringt den Begriff des Vs in einer genealogischen Perspektive zur Sprache, die den Ursprung der →Moral in einer Vorgeschichte der Grausamkeit, der Strafe, des Einschärfens eines schlechten Gewissens und der Drohungen liegt, die „ein →Gedächtnis machen". In einer als Züchtung aufgefassten →Erziehung lernt man demzufolge, v zu müssen. So wird der Wille anderer „berechenbar gemacht". Strafen als „mnemotechnische" Hilfsmittel wirken bis heute nach in derselben „Schrecklichkeit [...], mit der ehemals überall auf Erden versprochen, verpfändet, gelobt worden ist". Aber darf und kann ein Wesen, das dazu gezwungen wird, sein Wort zu geben, überhaupt etwas v, fragt N. Wer ein V geben will oder soll, muss auch v, das Versprochene einlösen zu können. Dazu gehört eine gewisse Voraussicht und Macht über die Zukunft. Nur wer sie hat, darf überhaupt v (*GM II* 2, 3). Nur souveräne Wesen jenseits von Moralität und Sittlichkeit dürfen eigentlich etwas v. Damit verbindet N. den Gedanken, erst infolge einer radikalen Befreiung von der Moral könnten sie zu sich selbst, d. h. zur Fruchtbarkeit ihrer souveränen Freiheit gelangen, die allein es rechtfertigen könne, dass man ein V gibt. Darüber hinaus fragt N., was man überhaupt v kann: nur Handlungen, meint N., aber keine unwillkürlichen Empfindungen, wie er am Beispiel der Liebe zeigt (*MA* 58). Müssen wir nicht zu Verrätern werden, wenn unsere Gefühle sich gewandelt haben oder wenn wir frühere Überzeugungen als Irrtum erkannt haben, der dem gegebenen Wort zugrunde lag (*MA* 629)? Kann und sollte man überhaupt verpflichtet sein, einem V unbedingt treu zu bleiben, auf die Gefahr hin, dadurch am eigenen Selbst Schaden zu leiden und sich selbst zu verraten (NF 1875, 12[31])? Für ein souveränes Individuum wäre das auch dann nicht hinnehmbar, wenn es „Leib und Seele verpfändet" hat, um sich von Anderen daran erinnern zu lassen, was es ggfs. „heilig" bzw. absolut verbindlich versprochen hat. Nur Unfreie glauben, dass man V halten muss, weil man dazu verpflichtet (worden) ist – sei es aufgrund einer Konvention (Hume), sei es aufgrund einer unbedingten Norm (Kant). Souverän Handelnde wüssten sich dagegen von jeder Zumutung befreit, ihr Wort zu geben oder es zu halten. Für sie könnte das V-dürfen allenfalls als eine Auszeichnung ihrer Freiheit gelten, die nur als souveräne auch dazu in der Lage wäre, das gegebene Wort wirklich in der Zukunft zu halten, über die diejenigen keine Macht haben, deren wahre Freiheit einer moralischen Normalisierung zum Opfer gefallen ist (vgl. Greisch 1998; Klass 2002; Liebsch 2006; 2008).

*Burkhard Liebsch, Bochum*

**Verstehen** | Der hohe Stellenwert des Vs für N. – auch als Teil einer Art Behandlungslehre (→Psychologie) – zeigt sich schon in der Forderung nach „→Leidenschaft der Erkenntniss" (*FW* 123; vgl. auch *FW V* 351). Als →„Freigeist" sieht N. die Notwendigkeit, die Vorgaben tradierter Rationalität und →Moral im Interesse des Vs zu übersteigen. „Wir Anderen, wir Immoralisten", so heißt es denn auch in *GD*, „haben [...] unser Herz weit gemacht für alle Art V" (*Moral als...* 6). Zu ihm ist allein derjenige befähigt, der „in Allem von sich und nicht von seinem Herkommen abhängen will" (*M* 9). Zum V gehört des Weiteren die Fähigkeit, die Tiefendimension eines Textes oder einer anderen Lebensäußerung zu erfassen. Diesem semantischen Aspekt korrespondiert, was N. als Anspruch auf vorbehaltlose „Auslegung jedes Wortes, jedes Schrittes, jedes Lebens-Zeichens, das er [der tiefe Geist; d. Verf.] giebt" (*JGB* 40), formuliert hat. Und schließlich gehört zum V Empathie, d. h. das Vermögen, die Befindlichkeit eines anderen Wesens nachzuempfinden bis hin zu der Fähigkeit, die „Geheimnisse einer Seele zu verstehen" (*MA* 243). Beide Aspekte sind miteinander verschränkt. Dass hinsichtlich beider der enge Geltungsbereich tradierter Rationalität überschritten wird, lässt sich an der fundamentalen Bedeutung festmachen, die N. dem Leiden beimisst: Der Leidende sei befähigt, „vermöge seines Leidens MEHR ZU WISSEN, als die Klügsten und Weisesten wissen können, in vielen fernen entsetzlichen Welten bekannt und einmal ‚zu Hause' gewesen zu sein, von denen ‚IHR nichts wisst!'" (*JGB* 270) Insoweit gilt: „Du wirst auch helfen wollen: aber nur Denen, deren Noth du ganz VERSTEHST, weil sie mit dir Ein Leid und Eine Hoffnung haben" (*FW* 338). So radikal ist der Anspruch dieses Vs, dass er von N. ausgeweitet wird auch auf das, was dem *bewussten* V des Menschen sich vorderhand entzieht. Solcher Anspruch verdankt sich der (frühen) Einsicht, dass alle „Erweiterung unsrer Erkenntniß [...] aus dem Bewußtmachen des →Unbewußten [entsteht]." (NF 1870–71, 5[89])

*Johannes Oberthür, Westerstede*

***VM: Vermischte Meinungen und Sprüche, s. MA II***

**Volk** | N. bewertet V nicht so negativ wie →Masse, →Herde und →Pöbel, denn V ist erziehbar, formbar, wenn auch unter großer Anstrengung. V ist eine „Vielheit von uns" (NF 1875, 12[15]). Der Begriff V begleitet N. durch seine Entwicklungsphasen. Der Basler N. geht – unter Einfluss →Burckhardts – ganz im „Eins-sein von V und →Cultur" bei den →Griechen auf: „[H]ier redet nur ein üppiges, ja triumphierendes →Dasein zu uns, in dem alles Vorhandene vergöttlicht ist" (*GT* 3, KSA 1: 35). Auch für das deutsche V wäre eine Triumphpforte vorgesehen, so wie es – lernend – →Wagners Kunst und Vorhaben entgegenstrebt: „Die →Deutschen sind ein lernendes V"; die dort auftauchende große Begabung ist „für andere Völker unbegreiflich" (NF 1875, 11[45]).

Nach dem Ende der Wagner-Verehrung ist N. zum Umdenken gezwungen. In seiner Aufklärungsphase gebärdet sich N. noch als Lästerer gegen Bismarck und die Reichsgründung, bis er sich in der Spätphilosophie erneut der Frage zuwendet, wer und was den Genius hervorbringt. N.s frühe Präferenz ist klar: „Mich interessiert allein das Verhältnis des Volkes zur →Erziehung des Einzelnen", sowie: „MAN KANN DURCH GLÜCKLICHE ERFINDUNGEN DAS GROSSE INDIVIDUUM NOCH GANZ ANDERS UND HÖHER ERZIEHEN, ALS ES BIS JETZT DURCH DIE ZUFÄLLE ERZOGEN WURDE Da liegen meine Hoffnungen: →Züchtung der bedeutenden Menschen." (NF 1875, 5[11]) Es ist der starke Wille zur Erziehung, der sie den Zufällen entreißt und in den Züchtungsgedanken überführt. Denn erst durch seine Genien erwirbt ein V seine Daseinsberechtigung. Doch auch der ‚späte' N. macht eine erschütternde Ertragsrechnung auf: „Ein V ist der Umschweif der Natur, um zu sechs, sieben grossen Männern zu kommen" (*JGB* 126), die umwertend und umschaffend ans Werk gehen. N. beschäftigt in seiner Spätphilosophie ganz die Frage, womit der Genius einflussreich wird: „Der große Mensch fühlt seine →Macht über ein V, sein zeitweiliges Zusammenfallen mit einem V oder einem Jahrtausende." (NF 1884, 25[335]) In dieser Fügung erreicht das V die Stärke seiner höchsten Exemplare. Das wird offenkundig, wenn es die Gefahr und den Gegner sucht. Zum Thema auch: Gerhardt (1988); Stiftung Weimarer Klassik (1995).

*Josef Schmid, Bamberg*

**Voltaire** | V, eigentl. François-Marie Arouet, *21.11.1694 Paris, †30.5.1778 ebd., Schriftsteller und Philosoph, erscheint in zahlreichen Einzelperspektiven in N.s Denken, wird aber auch leitmotivisch bedeutsam, etwa wenn N. *MA* mit einer Widmung Vs versieht und seinem Verleger gegenüber Wert darauf legt, dass diese Begründungsschrift der Freigeistepoche rechtzeitig zur „Säcularfeier V's (30. Mai)" erscheint (An E. Schmeitzner, 3.12.1877). V erscheint in *DS* als Alternative zu Strauss' V-Bild. Die östlichen Kulissen von Vs philosophischen Märchen und anderen Werken werden bei N. des Öfteren ähnlich verwendet, selbst Zarathustra wird in Vs *Zadig* (1747) angeführt. Vs Vornehmheit in Stil und Sprache wird von N. bewundert und in den quasi-literarischen Formen seines Philosophierens kopiert. Gemeinsamkeiten bestehen in der Religions- und Klerikalismus-Kritik, auch wenn in der philosophischen Substanz viele Unterschiede aufzuweisen sind.

V gewinnt seine einmalige, stellenweise sogar ideale Bedeutung für N. im Rahmen seiner Geschichtsbetrachtung, insbesondere die Französische Revolution betreffend, der N. zugute hält, Napoleon ermöglicht zu haben, in der er aber auch eine Art Geistigkeit zum Ausdruck gebracht sieht, die er als eine Fortsetzung des →Christentums sowie als Vorwegnahme des – nach dem Muster des Christentums gestrickten – →Sozialismus liest, mit →Rousseau als (geistigem) Urheber. Von daher ist es kein Zufall, dass N. seine besondere Aufmerksamkeit jenem berühmten Streit widmet, den Rousseau (der „Genfer Bürger") 1760 mit V (den „Vertreter der Toleranz" und „Pfeifer des Unglaubens") ausgefochten hat, um als seine (N.s) Position festzuhalten: „Kritik beider Standpunkte in Hinsicht auf den Werth der Civilisation" (NF 1887, 9[184]). Deutlicher gesprochen: „Die unerledigten Probleme, die ich neu stelle: / das Problem der Civilisation, der Kampf zwischen Rousseau und V um 1760 / der Mensch wird tiefer, mißtrauischer, ‚unmoralischer', stärker, sich-selbst-vertrauender – und insofern ‚natürlicher' – das ist →Fortschritt'" (9[185]). Von hier aus wird klar: N. kämpft „gegen das 18. Jahrhundert Rousseaus, gegen seine ‚Natur', seinen ‚guten Menschen'", gegen „ein Ideal, das aus dem Hass gegen die aristokratische Cultur geboren ist" (NF 1887, 10[2]). Er kämpft aber nicht gegen V, zumal Rousseaus von N. als ressentimentgeladen angesehene Revolte sich letztlich auch gegen V richtet, in der Umkehrung gesprochen: „Nicht V's maassvolle, dem Ordnen, Reinigen und Umbauen zugeneigte Natur, sondern Rousseaus's leidenschaftliche Thorheiten und Halblügen haben den optimistischen Geist der Revolution wachgerufen, gegen den ich rufe: ‚Ecrasez l'infame!' Durch ihn ist der Geist der →Aufklärung und der fortschreitenden Entwickelung auf lange verscheucht worden: sehen wir zu – ein Jeder bei sich selber – ob es möglich ist, ihn wieder zurückzurufen!" (*MA* 463) Zum Thema auch: Wilhelm (1939); Bludau (1979); Kiss (1991; 2005).

*Endre Kiss, Budapest*

**vornehm** | „Was ist vornehm?" – Dieser Frage geht N. in den Aphorismen des neunten und letzten „Hauptstücks" von *JGB* nach; im Nachlaß bietet ein Text, verfasst am 22. Januar 1885, eine erweiterte Aufzählung der Eigenschaften und Verhaltensweisen, die der Philosoph unter diesem Begriff verstanden wissen will. Der Begriff ist allerdings mehrdeutig – nicht nur doppelsinnig, weil er zugleich das „V-e" wie den „V-en" bezeichnet; er ist vor allem zweideutig, weil der Philosoph den V-en einerseits durch sein individuelles Verhalten charakterisiert, dieses aber andererseits der Herkunft des Menschen zuschreibt. „Es giebt nur Geburtsadel, nur Geblütsadel [...]. Geist allein nämlich adelt nicht; vielmehr bedarf es erst etwas, DAS DEN GEIST ADELT – Wessen bedarf es denn dazu? Des Geblüts." (NF 1885, 41[3])

Am deutlichsten wird diese Zweideutigkeit in der für N. so bedeutsamen Unterscheidung von „Herren- und Sklavenmoral" (→Moral), die er – nach einer Andeutung in *MA* 45 – zuerst in *JGB* 260 einführt. Dabei ist die „vornehme" Moral zugleich eine Moral der „Herren" wie der →„Starken", sie ist „wertbestimmend", ja „wertschaffend", ihrer „Macht" gewiß, die sie jedoch primär als „Macht über sich selbst" ausübt, in Stolz und Zurückhaltung, Abweisung jeglichen Zwangs, aber auch im „Ertragen der Armut und der Dürftigkeit", sogar der Krankheit. Umgekehrt ist die „Sklavenmoral" eine Moral der →Schwachen wie der Schwäche, der „Unfreien", „Ihrer-selbst-Ungewissen", deren „Misstrauen" sie nötigt, ihre Grundsätze zu „verallgemeinern", um die Übermacht der „Starken" zu bändigen. Aus dem für die Herren geltenden Gegensatz von „gut und schlecht" wird damit der Gegensatz von „gut und böse", aus dem autonomen, wenn auch außermoralischen Gesetz das Gesetz des heteronomen Anspruchs. Im äußersten Fall kann sogar das →„Ressentiment" der ihrem eigenen Gesetz Unterworfenen, aber auch von den Starken Unterdrückten „schöpferisch" werden; das zeitigt dann den „Sklavenaufstand in der Moral", in dem zwar die „Moral des gemeinen Mannes" gesiegt hat, der aber auch, in Gegenwehr und Verfeinerung, zu den höchsten „schöpferischen Leistungen" geführt hat, etwa beim „Volk Israel" und in der „neuen Liebe" des „Erlösers" (vgl. auch *GM I* 8; *MA* 475; *M* 205). Letzten Endes geht es also doch um Typen der Moral, nicht um Kasten, um Selbstbeherrschung, nicht um Herrschaft; der „V-e ehrt in sich selbst den Mächtigen" – der →„Wille zur Macht" soll ja auch ursprünglich in der „Selbstüberwindung" gründen (*Za II, Von der Selbst-Ueberwindung*).

*Gerd-Günther Grau, Hannover*

***WA: Der Fall Wagner*** | *WA* mit dem Untertitel *Ein Musikanten-Problem* erschien fünf Jahre nach Wagners Tod und trägt den Charakter einer verspäteten Abrechnung. Die Überschrift des Hauptteils *Turiner Brief vom Mai 1888* ist nicht ganz wörtlich zu nehmen – bis zum 16. Juli überarbeitete N. diesen Teil, es folgen die Nachschriften und am 24. August der Epilog (vgl. KSA 14: 401 f.). Am 16. September erscheint das Werk im Druck. In *WA* resümiert und übersteigert N. wagnerkritische Argumente, die in ihrer Genese zum Teil noch in die Zeit der intakten Freundschaft mit Wagner zurückreichen. Schon der etwas sonderbare Aufbau der „Broschüre" – dem kurzen, in zwölf Abschnitte gegliederten Haupttext werden gleich zwei Nachschriften und ein Epilog nachgestellt – zeigt allerdings, wie schwer es N. fiel, über Wagner zu einem abschließenden Urteil zu kommen. Noch im Dezember 1888 bestimmt N. Wagner als den „grossen Wohthäter meines Lebens" (*EH, Warum ich so klug bin* 6). Das etwas Zweideutige des Titels – einerseits im Sinn von *casus/causa*, andererseits mit der Assoziation auch des physischen *Fallens*, von N. als Lesart „böse[r] Zungen" bezeichnet (An Brandes, 13.9.1888) – scheint (gleichwohl) beabsichtigt (vgl. Béguin 2001: 246; Seitschek 2008: 435). Dafür spricht auch der thematische Ausgangspunkt der Abhandlung; das Werk entsteht aus Überlegungen zum Problem der →décadence, die N. im Frühjahr 1888 anstellt (vgl. KSA 14: 400). N. schließt hier an frühere Aufzeichnungen an, die v. a. unter dem Eindruck des französischen décadence-Theoretikers P. Bourget Wagner als Symptom eines „**Verfalls**" (NF 1883–84, 24[6]) deuten. Den Auftakt zu *WA* bildet eine kurze Lobrede auf G. Bizets Carmen, dessen südliche, „afrikanische" Musik gegen den „FEUCHTEN Norden" (2) Wagners ausgespielt wird: „Il faut méditerraniser la musique." (3) Als „KÜNSTLER DER DÉCADENCE" macht Wagner „Alles krank, woran er rührt, –

ER HAT DIE MUSIK KRANK GEMACHT"; N. entwickelt das décadence-Thema ganz im Sinn der aufkommenden Psychopathologie: „WAGNER EST UNE NÉVROSE" In seiner Kunst, „müde Nerven zu reizen", kommt er keinem anderen Komponisten gleich. Mit diesem Appell an die Nerven lässt sich Wagner auch als Phänomen der Moderne verstehen: Er ist „der MODERNE KÜNSTLER par excellence, der Cagliostro der →Modernität." (5) Modern ist schließlich auch die Abwertung der Melodie zugunsten des musikalischen Effekts. Diese Konzentration auf den Effekt macht Wagner zu einer im Grunde außermusikalischen Kulturerscheinung: „War Wagner überhaupt ein Musiker? Jedenfalls war er etwas Anderes mehr: nämlich ein unvergleichlicher Histrio, der grösste Mime, das erstaunlichste Theater-Genie, das die Deutschen gehabt haben, unser SCENIKER par excellence." (8) Hier benutzt und übersteigert N. ein Argument, das Wagner einst gegen Meyerbeer gebraucht hatte; und mit der Frage: „War Wagner überhaupt ein Deutscher?" sowie der vieldeutigen Antwort: „Sein Vater war ein Schauspieler namens Geyer. Ein Geyer ist beinahe schon ein Adler ..." (*Nachschrift*) wendet N., in für den Experten um Wagners angeblichen jüdischen Erzeuger erkennbarer Form (vgl. hierzu Niemeyer 1997: 145 ff.; 1998a: 173 ff.), Wagners →Antisemitismus-Obsession gegen ihn selbst. Es ist zweifellos auffallend, wie sehr N. in seiner in *WA* ausgebreiteten Kritik an Wagner mit Argumenten des Musikkritikers und prominenten Wagnergegners E. Hanslick übereinstimmt (vgl. Eger 2001; Landerer 2008). In der Rezeption ist Hanslicks Version dieser Kritik fraglos bedeutender, doch auch *WA* hinterließ seine Spuren, etwa bei T. Mann (Wisskirchen 1991), Berg und Webern (Roder 1991) sowie in der Philosophie (Wachter/Seubold 2008). Die eigentümliche Ambivalenz von WA wurde häufig thematisiert; T. Mann empfand die Schrift als „Panegyrikus mit umgekehrtem Vorzeichen, als eine andere Form der Verherrlichung" (1999: 94).

*Christoph Landerer, Salzburg*

**Wagner, Cosima** | C, *24.12.1837 Bellagio/Comer See, †1.4.1930 Bayreuth, Tochter von F. Liszt und Marie de Flavigny, Gräfin d'Agoult, 1857–1870 mit H. v. Bülow verheiratet, seit 1867 mit →R. Wagner in →Tribschen lebend (Reich 2004: 229), lernte N. am 13.5.1869 kennen, als er, unmittelbar nach seinem Umzug nach →Basel, Wagner in Tribschen besuchte, um dort die wohl glücklichste Zeit seines Lebens zu verbringen (*EH, Warum ich so klug bin* 5). Als N. sich das zweite Mal in Tribschen aufhielt (5. u. 6.6.1869), brachte C gerade Siegfried, ihr erstes Kind mit Wagner, zur Welt. Sie hatte bereits zwei Kinder mit v. Bülow. C und R. Wagner heirateten am 25.8.1870. Insbesondere in der Zeit bis Mai 1872 (als die Wagners nach Bayreuth umzogen) entwickelte sich eine enge Freundschaft und ein intensiver Briefwechsel zwischen C und N., der u. a. darauf hindeutet, dass sie Invektiven N.s gegen D. Strauss forcierte und ihn wegen seiner Skrupel nach Strauss' Tod zur Ordnung rief (→*DS*). Schon zuvor hatte N. C als Weihnachtsgabe 1872 den Text *CV* gewidmet, der, im Abschnitt *Der griechische Staat*, eine „kaum verschlüsselte Kriegserklärung an das ‚internationale' Judentum" (Köhler 1996: 91) enthält. Mit ihrer Affinität zum →Antisemitismus haben die Wagners N. zu Beginn der gemeinsamen Freundschaft möglicherweise darin bestärkt, derlei zu wagen. Denn immerhin hatte N. auch schon im Fall von *ST* versucht, diesen Vortrag mit einer Invektive gegen die „jüdische Presse" (KSA 14: 101) ausklingen zu lassen, woraufhin C N. brieflich aufforderte, so lange keine beiläufigen Bemerkungen über die Juden mehr zu machen, bis es an der Zeit sei, den „grauenhaften Kampf" zu beginnen (5.2.1870; vgl. auch R. Wagner an N., 4.2.1870; N. an R. Wagner, 22.5.1869, über „vordringliches Judenthum"). Derartige Äußerungen N.s könnten auch dazu gedient haben, seine Hingabe und Bewunderung für Wagner zu bekräftigen, welche C in dieser Zeit in Frage stellte (An N., 20.2.1870; N. an Rohde, Ende Januar 1870 und Mitte Februar 1870). In jedem Fall ist N.s Bekenntnis zu ihrem Ehemann einer der Hauptgründe für die gemeinsame Freundschaft, die denn auch mit dem Bruch der Beziehung zwischen Wagner und N. endete.

C war eine stark katholisch geprägte Frau, die R. Wagner zu einer mehr und mehr religiösen Haltung „bekehrte". N.s Bestürzung über diese Entwicklung erreichte im Sommer 1876 einen Höhepunkt, als Wagner, während der Proben zu den ersten Bayreuther Festspielen, seine Parsifal-Pläne offenbarte. Sowohl die christliche Erlösung als auch die sexuelle Keuschheit, in die Parsifal umschwenkt, standen im Widerspruch zum Atheismus, zur natürlichen und künstlerischen Freiheit, die Wagner repräsentiert und für die N. ihn bewundert hatte. N.s *UB IV*, vom Publikum (und auch von den Wagners) zunächst als offizielle ‚Festspielschrift' wahrgenommen, lässt zwischen den Zeilen weitere Gründe für den unabweisbar gewordenen Bruch erkennen (→*WB*), der in der Folge auch zu einer Distanzierung von C führte. Sie sahen sich ein letztes Mal in Sorrent, Italien, im Herbst 1876.

Nichtsdestotrotz reflektierten C und N. in Briefen an gemeinsame Freunde weiterhin übereinander. N. schickte ihr nach Wagners Tod einen Brief (N. an H. Köselitz, 19.2.1883). C bedauerte gegenüber v. Gersdorff das Ende der Freundschaft, als sie von N.s Aufgabe seiner Professur erfuhr (KSA 15: 105), ließ sich aber gleichwohl nicht davon abhalten – so N.s bittere Klage gegenüber H. Köselitz –, ihn (wohl aus Ärger über *MA*) einen „Spion" zu heißen, „der sich in das Vertrauen Anderer einschleicht und sich davonmacht, wenn er hat, was er will." (21.4.1883) Irritierend ist schließlich, dass einige der letzten Aufzeichnungen N.s an Ariadne (= C?) gerichtet waren und Antwort zu geben scheinen auf das angeblich in *Das Nachtlied* (*Za II*) verborgene Rätsel: „Wer weiss ausser mir, was Ariadne ist!" (*EH, Za* 8; „An die Prinzeß Ariadne, meine Geliebte" [N. an C, 3.1.1889]; N. an J. Burckhardt, 6.1.1889) Während seines Klinikaufenthalts in Jena, einige Monate nach seinem Zusammenbruch, äußerte N.: „Meine Frau, Cosima Wagner, hat mich hierher gebracht" (27.3.1889). Zum Thema auch: Förster-N. (1935: 51 ff.); Wagner (1976a,b); Borchmeyer/Salaquarda (1994a,b); Diethe (1996: 32 ff.); Köhler (1996); Niemeyer (1998a: 124 ff.).

*Martine Prange, Amsterdam* (Übers.: F. Künstner)

**Wagner, (Wilhelm) Richard** | W, *22.5.1813 Leipzig, †13.2.1883 Venedig, Komponist, war für N. zunächst eigentlich von keinem Interesse. So behauptet er zwar in *EH*: „Von dem Augenblick an, wo es einen Klavierauszug des Tristan gab […], war ich Wagnerianer." (*Warum ich so klug bin* 6) Tatsächlich aber war der erste Kontakt mit diesem Werk (Ostern 1861) eher reserviert verlaufen und bedurfte noch der kräftigen Nachhilfe durch N.s Schulfreund G. →Krug, der aus einer sehr musikalischen Familie stammte und als der eigentliche Wagnerianer in der Gruppe der drei Naumburger *Germania*-Freunde gilt, zu denen auch W. →Pinder zu rechnen ist. Der früheste Beleg einer positiven Beurteilung von Ws Werken findet sich denn auch erst 1864 bei N. (KGW I 3: 340–343): Gelobt wird Ws gesamtes Werk für die Erneuerung und Verjüngung der griechischen Tragödie, ohne auf eine bestimmte Oper Bezug zu nehmen. N. wiederholt damit ein allgemeines Verständnis von Ws Kunst, wie es bei Wagnerianern in dieser Zeit weit verbreitet war.

Vor diesem Hintergrund wird man durchaus zu staunen haben über den Wandel in N.s W-Bild, der am 8.11.1868 einsetzt, als N. W im Haus von dessen älterer Schwester L. Brockhaus, einer engen Freundin von S. Ritschl, der Ehefrau von N.s ‚Doktorvater' →Ritschl, kennenlernt. N. jedenfalls ist begeistert über W als Person und freut sich auch über dessen Wertschätzung für →Schopenhauer (N. an Rohde, 9.11.1868, 29.5.1869 sowie 16.6.1869). In der Folge gewinnt W – möglicherweise forciert durch eine →Vaterübertragung N.s – einen sehr starken Einfluss auf N., wie vier seiner Werke nachdrücklich dokumentieren: *GT* (1872), *WB* (1876), *WA* (1888) und *NW* (1888/9). In diesen Schriften dachte N. durchgehend über Wagners Musik, seine Vorstellungen und seine Kunstfertigkeit sowie seinen Charakter nach. Obwohl er später eine Art Anti-Wagnertum entwickeln wird, hält er ihn in den frühen Jahren für „DEN GRÖSSTEN GENIUS und GRÖSSTEN MENSCHEN dieser Zeit" (N. an Deussen, 25.8.1869).

Die im November 1868 anhebende Freundschaft wurde ab dem Frühling 1869 weitergeführt, als N. W und seine (spätere) Frau Cosima (→C. Wagner) in →Tribschen besuchte, das etwa eine (Zug-)Stunde von →Basel entfernt lag, wohin N. im April 1869 als Professor für Klassische Philologie berufen worden war. In den folgenden drei Jahren pflegten sie eine sehr intensive und intime Freundschaft mit fast täglichem Briefwechsel und insgesamt 23 Besuchen N.s in Tribschen (N. an v. Gersdorff, 1.5.1872). Während solcher Besuche besprach Wagner seine Pläne für den Ring-Zyklus mit N., spielte neu geschriebene Musikstücke und -motive für ihn auf dem Klavier und diskutierte seine theoretischen Arbeiten *Oper und Drama* ($^2$1864), *Deutsche Kunst und Politik* (1867/68) oder auch *Beethoven* (1870) mit ihm. Dies ist in seinen Folgen auch im – insbesondere die letztgenannte Schrift ins Zentrum rückenden – Nachlass N.s von 1870–1871 erkennbar, aber auch in Briefen N.s, etwa an G. Krug, dem er am 4.8.1869 darüber berichtet, W habe ihm „philosophische Aufsätze und Dramenentwürfe, vor allem aber ein tiefsinniges Exposé [übergeben]" (gemeint ist Ws *Über Staat und Religion* [1864]). N. war speziell von dieser Schrift tief beeindruckt und erstaunt, dass Wagners Qualitäten von den deutschen Akademikern kaum wahrgenommen wurden (An Rohde, 15.8.1869). Wahrscheinlich enthüllte W N. auch seine anti-semitischen Gedanken und Gefühle, was bei N. zu einer Art „rhetorischem →Antisemitismus" (Niemeyer 1998a: 167) geführt haben mag, um Wagner zu schmeicheln (N. an W, 22.5.1869; vgl. auch KSA 14: 101, NF 1869–70 – Frühjahr 1870, 3[73], 3[86]; C. Wagner an N., 5.2.1870; W an N., 4.2.1870). Später wird sich N. bei seinen Lesern dafür entschuldigen (*JGB* 251; vgl. auch N.s Briefe an →Fritsch).

Mit dem Frühjahr 1872, als die Familie Wagner nach →Bayreuth umzog, nahm die Intensität der Freundschaft ab. Die (geografische) Entfernung ließ Raum, um Gefühle des Zweifels und des Widerspruchs aufkommen zu lassen. N. fantasierte noch davon, seine Professur aufzugeben, um Herausgeber der *Bayreuther Blätter* zu werden, eine Zeitschrift, die ausschließlich W und seiner Kunst gewidmet war und die letzten Endes erst ab Januar 1878 erschien. Er wurde auch gebeten, einen Aufsatz über jährlich stattfindende Bayreuther Festspiele zu schreiben, die für das Jahr 1872 geplant waren, jedoch erst ab 1876 tatsächlich abgehalten wurden. N. schrieb einen Essay für diesen Anlass, doch war zu diesem Zeitpunkt ihre Freundschaft bereits erloschen, wie auch im Text selbst deutlich wird (→*WB*): Das Lob auf W ist nicht überzeugend; der Text wird deshalb vom W-Verein abgelehnt.

Noch immer gibt es lebhafte Diskussionen um den Grund für das Ende der Freundschaft und den genauen Zeitpunkt. Im Allgemeinen werden jene Bayreuther Festspiele vom Sommer 1876 als Wendepunkt betrachtet, bei denen der volle Ring-Zyklus aufgeführt wird und N. von der Musik so angewidert ist, dass er in die Berge fliehen und niemals mehr Ws Musik hören wird. Tatsächlich aber schien N. selbst im ersten Jahr seiner Freundschaft mit W eine ambivalente Einstellung zu dessen Musik zu haben. So bezeichnete er beispielsweise *Tristan und Isolde* ein Mal als ein ‚tragisch-idyllisches' Musiktheater (NF 1871, 9[40]), während er es ein anderes Mal (in *GT* 21) zu einem beispielhaften, dionysischen, metaphysischen Kunstwerk emporhebt, welches in der Lage sei, den europäischen Verfall aufzuhalten. Tatsächlich beschränkt sich N.s ‚praktische' Erfahrung mit W auf einige Präludien, die er während des Euterpe-Konzertes von 1868 hörte, als W Melodien seiner neuen Stücke auf dem Klavier spielte. Außerdem besuchte er zwei Mal die *Meistersinger*, Ws wohl „unwagnerischstes Werk" (weil eine klassische Oper), seine erste Live-Aufführung und einige Orchester-Proben des *Siegfried-Idyll*, ein Stück, das N. noch 1888 bewunderte (*EH, Warum ich so klug bin*), wohingegen die *Meistersinger* in den Jahren der Freundschaft mit W N.s Lieblingswerk war. Als er erfuhr, dass N. noch nie eine vollständige Aufführung eines Musikdramas von W. gesehen hatte, lud ihn der Kapellmeister (und Ex-Ehemann von Cosima), H. von Bülow, nach München ein, um die Aufführung von *Tristan und Isolde* im Juli 1872 zu besuchen.

Nach diesem Ereignis wird N. erst vier Jahre später wieder vollständige Aufführungen von

Wagners Opern sehen: eben während des Proben-Zeitraumes für die ersten Bayreuther Festspiele des Jahres 1876. Insoweit bleibt nur der Schluss, dass N.s Ohr für ein Ereignis wie jenes in Bayreuth schlecht präpariert war. Nimmt man noch hinzu, dass W N. seine *Parsifal*-Pläne enthüllte und sich als Leiter der Festspiele eher um mögliche Investoren kümmern musste als um N. (und seine Freunde v. Gersdorff und Rohde), mag die Enttäuschung N.s im gewissen Umfang nachvollziehbar sein.

Ausschlaggebend für den Bruch war aber fraglos anderes, wobei es vor allem die Vorgeschichte zu bedenken gilt. So gab es bereits 1874 Streit über das das *Triumphlied* von J. Brahms (einem musikalischen Rivalen Ws). In Betracht gezogen wurde auch N.s Ärger über Ws Indiskretion gegenüber N.s Arzt. Und schließlich: Die neuere Forschung meint eine Differenz N.s mit W bis in das Frühjahr 1871 zurückverfolgen zu können (vgl. Landerer/Schuster 2005); auch wurden unüberbrückbare Diskrepanzen im Blick auf ästhetische Sehweisen bereits ab 1870 aufgespürt (vgl. Prange 2006a,b; 2007a,b). N. war sich der philosophischen Differenzen durchaus bewusst. W hingegen interessierte sich weniger für N.s philosophische Ansichten als solche, denn für seine rhetorischen Fähigkeiten und seine akademische Glaubwürdigkeit, welche er nutzen wollte, um ernsthaftere kulturelle Anerkennung und Wertschätzung zu erhalten.

Nichtsdestotrotz betonten N. und W zunächst ihre Übereinstimmung hinsichtlich des (damaligen) künstlerischen und kulturellen Verfalls Deutschlands und Europas, den zumal Wagner der Vorherrschaft der italienischen und französischen Oper in Rechnung stellte und den er mit seinen musikalischen Dramen meinte aufhalten zu können. Ein wesentlicher Unterschied in ästhetischen Fragen betraf ihre Bewunderung für Schopenhauer und die Griechen: Während N. Schopenhauers →Pessimismus herausstellte und Parallelen zum griechischen Pessimismus zog, unterstützte W Schopenhauers Ansicht, dass die Musik dank ihrer universellen und ausdrucksstarken Kräfte die höchste aller Künste sei und ihr humanistischer Optimismus den Pessimismus besiegen könne. Darüber hinaus leugnete W, dass Schopenhauers Philosophie der Musik vollständig von dem tonalen System abhing, dass Schopenhauer die italienische Oper als die wahre Versinnbildlichung der metaphysischen Wahrheit (das ganze Leben ist ein sinnloses Streben) postulierte und dass Schopenhauer keinerlei Achtung für Ws Musik hatte. Einige der zentralen Ziele Ws waren der Bruch mit den rhythmischen und melodischen Gesetzmäßigkeiten sowie der Kampf gegen den unterhaltenden Charakter und den „Mangel an Tiefe" der italienischen Oper. W versuchte, die musikalische Tragödie als eine erfolgreiche Verbindung von →Mythos und Musik zu erneuern, indem er Beethovens symphonisches Erbe fortsetzte und in der Trilogie *Oresteia* von Aeschylus Inspiration für seinen Zyklus *Der Ring des Nibelungen* suchte. Während N. der Überzeugung war, dass die griechische Sichtweise auf die Musik und den Mythos neu belebt werden müsse, um eine wahrhaftige Kunst zu erreichen und demzufolge das „Griechentum" und die „Versüdlichung" der Musik und der Kunst nötig wären, beabsichtigte W eine wahrhaft deutsche Musik zu erschaffen. Dies wird besonders anhand der Ansicht N.s deutlich, dass der Chor das Zentrum des musikalischen Dramas sein müsse, während W das Orchester ins Zentrum seines Gesamtwerks stellte. Derartige Differenzen haben eine viel tiefere Bedeutung, als es N. in *GT* darstellt, wie sich in seinem Nachlass von 1870–1871 sowie seinen späteren Äußerungen zeigt. In *GT* hält N. an der Idee fest, dass die Verjüngung der griechischen Tragödie erreicht wäre, wenn W den Chor zu einem zentralen Element seines musikalischen Dramas verwandeln würde (Prange 2006a,b; 2007a,b).

Trotz der Unterschiede im ästhetischen Verständnis sowie in Fragen der Philosophie der Musik und des philosophischen Pessimismus hatte W einen ganz und gar durchdringenden theoretischen Einfluss auf N. Dies ist auch in N.s Nachlass von 1870–1871 erkennbar, in welchem er über Wagners Schrift *Beethoven* (1870) reflektiert (etwa in 9[92], 9[106]). N. und W stimmten in zwei entscheidenden Ansichten überein: zum einen in ihrer Absicht, den „Kulturkampf" von

Goethe und Schiller fortzusetzen, um ein Nationaltheater mit internationaler Wirkung aufzubauen, welches die Stärke besäße, den (damaligen) kulturellen Verfall Europas aufzuhalten; zum anderen beabsichtigten beide die Einbindung von Schopenhauers Traum-Theorie in ihre eigenen Dramaturgien. Die „inneren Visionen" oder „Wahrträume" des hochbegabten Künstlers (des Genius) finden ihren Ausdruck in musikalischen Melodien, welche infolgedessen auf der Bühne als Zauberfiguren und als (Satyren-)Chor sublimiert werden.

Ab dem Sommer des Jahres 1872 beginnt N., im Zusammenhang mit seinem eigenen gestiegenen Interesse am kosmopolitischen Geist Goethes und der griechischen Kunst, Ws wachsenden politischen Nationalismus zu verurteilen (Prange 2007b). Dies wirkt sich ebenfalls auf seine Wahrnehmung von Ws Musik und Kunst aus, wie in einigen Notizen zum „Nachlass" von 1872 und 1873 sowie in *WB* (1876) deutlich wird (ebd.). In *MA* (1878) schließlich kritisiert N. Ws musikalische Ästhetik, indem er diese mit Hilfe des musikalischen Formalismus dekonstruiert (was der W-Gegenspieler Hanslick in *Vom Musikalisch Schönen* [1854] verteidigt). Für Außenstehende leicht erkennbar ist sein Paradigmenwechsel hin zur von W als kosmopolitisch verachteten französischen Aufklärung (und Moralistik). Zumal wegen der kaum verhüllten Abrechnung mit dem ‚Künstler' (= W) in zentralen Aphorismen aus *MA* ist N. fortan in Bayreuth eine „persona non grata". M. von Meysenbug unternahm zwar den Versuch, die ehemaligen Freunde miteinander auszusöhnen, doch dabei stürmte W aus dem Zimmer und verlangte, dass der Name N. in seiner Gegenwart nie wieder erwähnt werden dürfe (Janz 1978b: 140). Die *Parsifal*-Partitur, welche N. zur gleichen Zeit zugesandt bekam, wird von ihm als Affront aufgenommen, als – so N. später – Zeichen für Ws „Zurückgehn und – Schleichen zum Christenthum und zur Kirche" (An M. v. Meysenbug, 21.2.1883).

Dem setzt N. in der Folge den →„freien Geist" und Zarathustras →Übermensch entgegen, emanzipierte Figuren, durch die N. seine Unabhängigkeit von W auszudrücken versucht. Unter dem Einfluss seines neuen Komponisten-Freundes →Köselitz kehrt N. ab November 1881 zur „gesunden", „europäischen" und sogar „über-europäischen" Musik der italienischen Opera buffa sowie zur französischen Opéra comique (wie sie von Bizet, Mozart, Bellini und anderen hervorgebracht wurde) und ihrer dazugehörigen musikalischen Ästhetik zurück, was ganz im Einklang mit seinem neuen philosophischen Klassizismus, der Freigeisterei und dem Weltbürgertum (einem „guten Europäertum", Prange 2007b) steht. Zum Thema auch: Hildebrandt (1924); Love (1966); R. Wagner (1975); C. Wagner (1976a,b); Janz (1978c); Gregor-Dellin (1980); Borchmeyer (1982); Heftrich (1985); Müller/Wapnewski (1986); Bremer (1987); Dahlhaus (1990); Millington (1992); Borchmeyer/Salaquarda (1994a,b); Brusotti (1994); Hein (1996); Janz (1997); Eger (1999); Landerer/Schuster (2002); Yovel (2002).

*Martine Prange, Amsterdam* (Übers.: F. Künstner)

**Wahnsinn** | Der Begriff ist bei N. mehrfach konnotiert: Anthropologisch gesehen ist der Mensch das wahnsinnig gewordene Thier (NF 1882–84, 4[148]), das durch Erkennen aus seinem Wahn treten soll. Kulturhistorisch betrachtet steht der W im Kontext der Melancholie- und Genietradition. Über das psychiatrisch-psychopathologische Symptom hinaus verkörpert er für N. als Denkfigur das notwendig Andere der Vernunft: „Was wißt ihr davon, wie ein Wahnsinniger die Vernunft liebt?" (NF 1882–84, 4[152]). Der „W und die Wahnreden der Propheten und Orakelpriester" interessieren ihn als „FALSCHE INTERPRETATION" (*MA* 126): „Weil man bemerkte, dass eine Erregung häufig den Kopf heller machte und glückliche Einfälle hervorrief, so meinte man, durch die höchsten Erregungen werde man der glücklichsten Einfälle und Eingebungen theilhaftig: und so verehrte man den Wahnsinnigen als den Weisen und Orakelgebenden. Hier liegt ein falscher Schluss zu Grunde." (*MA* 127) Diese uralte Verknüpfung von Genie und W wird von N hinterfragt: „In einzelnen seltenen Fällen mag dieses Stück W wohl auch das Mittel gewesen sein, durch welches eine solche nach allen Seiten hin excessive Natur fest zusammengehalten wurde: auch im Leben der Individuen haben die Wahnvorstellungen häufig den Werth von Heilmitteln, welche an sich Gifte sind; doch zeigt sich endlich, bei jedem ‚Genie', das an seine Göttlichkeit glaubt, das Gift in dem Grade, als das ‚Genie' alt wird" (*MA* 164). Die physiologische Auffassung sieht den W nicht nur als Ingredienz einer (über)stimulierten Kreativität, als Explosivstoff, sondern betont den langen Erkenntnisweg des Genies. Die Kategorie des Überfallenwerdens („Offenbarung") spielt in N.s Erleben eine besondere Bedeutung, die er als eine Art auch bei sich konstatierter Epilepsie (Schmücker 2000) deutet: „Irrsinn ohne Wahnvorstellungen (Affective Insanity) a) Impulsiver Irrsinn, wo man willenlos folgen muß. Manie sans délire (vielleicht als abortive oder maskirte Epilepsie?)" (NF 1880–82, 10[B43]). Im berühmten Aphorismus über die „Bedeutung des Ws in der Geschichte der Moralität" steht der Morbus sacer Pate („Zuckungen des Epileptischen als [...] Schallrohr einer Gottheit"). Im Modell des Außer-Sich-Seins wird die innovative Kraft des Ws beschworen, „welcher dem neuen Gedanken den Weg bahnt" um einen hohen Preis: „[A]llen jenen überlegenen Menschen, welche es unwiderstehlich dahin zog, das Joch irgend einer Sittlichkeit zu brechen und neue Gesetze zu geben, blieb, wenn sie nicht wirklich wahnsinnig waren, Nichts übrig, als sich wahnsinnig zu machen oder zu stellen" (*M* 14). Die Exstase der anfallartigen →Inspiration in *EH* (*Also sprach Zarathustra* 3) imponiert als Blitz. Auch der →Übermensch „ist dieser Blitz, [...] dieser W!" (*Za, Zarathustra's Vorrede* 3), denn er folgt dem Ideal der umfänglichsten Seele, „hat aus Überfülle des Lebens jene Erscheinungen der Opiumraucher und den W und den dionysischen →Tanz" (NF 1882–84, 4[75]). Die symbolisch überhöhten Deutungen von N.s „Turiner Himmelfahrt" (Mann, Klossowski, Bohrer; s. Volz 2004: 180; →Turin) sehen N. als deutschen Hamlet, der zeitlebens an der Grenze zum Wahn gedacht habe und mit Possenreißergebärden seine Umwelt in die Irre geführt habe. Im Wahn wurde seine „excessive Natur" nicht mehr zusammengehalten, löste sich auf in ein Kaleidoskop von Identitätssplittern, sinnig und unsinnig zugleich. Zum Thema auch: Türcke (1989a).

*Pia Daniela Schmücker, Ulm*

**Wahrheit** | N.s Begriff von W ist überaus vielschichtig und heftig umstritten, wie der Streit um den vielzitierten Assassinen-Wahlspruch zeigt (→„Nichts ist wahr, alles ist erlaubt"). Bezogen auf die Begriffsverwendung im engeren scheint es sinnvoll, drei Aspekte zu unterscheiden. Erstens fragt N., wie alle Philosophen, nach dem Wesen und der Möglichkeit von W. Über diese traditionelle erkenntnistheoretische Fragen hinaus beschäftigt ihn zweitens das genealogische Problem: Woher kommt der Wille zur W? Drittens geht es ihm um die moral- und kulturphilosophische Frage nach dem Wert, dem Nutzen und Nachteil von W und der Ws-Suche für das Leben. Alle drei Ebenen des Ws-Problems sind aufeinander bezogen, wie sich schon in →*WL* zeigt, insofern N.s spätere Ws-Kritik bereits hier „ihre erste Figuration erhält" (Hödl 1997: 106). Schon dort vertritt er die These, W sei ein „bewegliches Heer von Metaphern, Metonymien, Anthropomorphismen kurz eine Summe von menschlichen Relationen, die, poetisch und rhetorisch gesteigert, übertragen, geschmückt wurden, und die nach langem Gebrauche einem Volke fest, canonisch und verbindlich dünken: die W-en sind Illusionen, von denen man vergessen hat, dass sie welche sind" (1, KSA 1: 880). Mit den Mitteln einer nominalistischen Sprachkritik weist N. die Möglichkeit einer adäquaten Korrespondenz zwischen Sache (*rei*) und Begriff (*intellectus*) zurück. Unsere Aussagen über die Welt bringen menschliche Verhältnisse und Perspektiven zum Ausdruck. In diesem Sinne versteht N. wissenschaftliche Theorien als Versuche, die Welt nach unserem Bilde zu deuten und betrachtet „Wissenschaft als möglichst getreue Anmenschlichung der Dinge" (*FW* 112). Weder die Sinne noch unser Verstand führen zu einer wahren Erkenntnis der Wirklichkeit. Die auf die antike Philosophie zurückgehende Idee, die Wirklichkeit sei durch unveränderliche Strukturmerkmale gekennzeichnet, weist N. als Projektion zurück (*GD, Wie die ‚wahre Welt' endlich zur Fabel wurde* 1–6).

Wenn aber W unmöglich und eine Illusion ist, wie steht es dann um die Geltung von N.s eigenen Aussagen, wie z. B., dass der Trieb zur Metaphernbildung „in W nicht bezwungen und kaum gebändigt" (*WL* 2, KSA 1: 887) sei? Ist auch das „in W" eine Illusion? Soll der Satz „W-en sind Illusionen" selbst wahr sein? Scheinbar setzt sich N. „dem Einwand der Selbstwidersprüchlichkeit aus" (Blackburn 2005: 91). Dieser Vorwurf wurde v. a. seit Habermas (1985: 144) immer wieder erhoben und hat die Diskussion um N.s Begriff der W entscheidend geprägt (Rayman 2007). Während manche zu einem negativen Ergebnis kommen (Nola 1987; 2003: 541 f.; letztlich auch Bittner 1987: 89 f.), betonen andere ein „development in N.s position on truth" und schlagen vor, den scheinbaren Widerspruch in eine zeitliche Folge von Denkphasen aufzulösen (Clark 1990a: 22). Dieser Versuch stößt wohl bald an die „Grenzen der Periodisierung" (Löw 1984: 400) und ist auch philosophisch unbefriedigend (Anderson 2005). Vielversprechender ist es, dem Einwand durch die Explikation verschiedener Kriterien für N.s Ws-Konzepte zu begegnen (Stegmaier 1985: 85–93); man kann ihn auch auf die Ambivalenzen in N.s Ws-Begriff zurückführen (Roth 1993). Die W, die N. für sich reklamiert, ist anderer Art als die W, deren Unmöglichkeit er herausstreicht. So kann N. trotz seiner Ws-Kritik durchaus zwischen mehr oder minder akzeptablen Interpretationen unterscheiden, denn für ihn ist nicht mehr die „*W* der Auslegung, sondern Wirkung, praktische Aus-Wirkung" entscheidend (Löw 1984: 399). Wir haben N. zufolge gute Gründe zu der Annahme, dass wir nicht über die W verfügen, sondern nur über →Interpretationen, denen wir wegen ihrer erlebten oder erwünschten Wirkungen wahrhafte Geltung zuschreiben. Der Wille zur W bringt so ein Streben nach Zuverlässigkeit und Gewissheit zum Ausdruck. Das „Ws-PATHOS [...] will nicht die W, sondern den Glauben, das Zutrauen zu etwas." (NF 1872, 19[244]) Über die Berechtigung dieses Zutrauens wissen wir nichts.

In diesem Zusammenhang stellen sich N. weiterreichende, genealogische Fragen nach dem Woher und dem Wozu des Willens zur W. Die oben erwähnte Frage „Woher in aller Welt das Ws-pathos?" (ebd.) greift er in *WL* wieder auf: „Woher, in aller Welt, bei dieser Constellation der Trieb zur W!" (*WL 1*, KSA 1: 877). Eine erste Antwort sieht N. in der sozialen Notwendigkeit einer verbindlichen Verwendung der Metaphern, weil der Mensch „gesellschaftlich und heerdenweise existieren will" (ebd.). So entsteht W zunächst als „sociales Bedürfniß", aber „durch eine Metastase wird sie nachher auf alles angewandt, wo sie nicht nöthig ist" (NF 1872–73, 19[175]). Diese metastasische Ausbreitung der W finde schließlich ihren Ausdruck in dem ungerechtfertigten moralischen Glauben, „dass Gott die W ist, dass die W göttlich ist" (*FW V* 344). Insoweit W eine regulative Idee, ein nicht zu erreichendes, aber dennoch mühsam zu verfolgendes Ideal sei, erkennt N. in der Wissenschaft als dem institutionalisierten Willen zur W die „JÜNGSTE UND VORNEHMSTE FORM" des asketischen Ideals (*GM III* 23; vgl. Larmore 2004: 166). Vor diesem Hintergrund fragt sich N. immer wieder nach dem Nutzen und Nachteil der W und vermutet: Der „‚Wille zur W' – das könne ein versteckter Wille zum Tode sein." (*FW V* 344) Aber es lag ihm weniger daran, zu klagen und zu warnen, als vielmehr die unbedingte Notwendigkeit der W zurückzuweisen und so „einen Augenblick höchster Selbstbesinnung der Menschheit vorzubereiten, einen →GROSSEN MITTAG, wo sie zurückschaut und hinausschaut, wo sie aus der Herrschaft des Zufalls und der Priester heraustritt und die Frage des warum?, des wozu? zum ersten Male ALS GANZES STELLT" (*EH, M* 2). Auf diese Weise gab er der Kritik der W und der „Einsicht, dass alle Erkenntnis nur unser Werk ist, vermittelt durch Organe, Gehirn, Sprache, also nicht ‚an sich' und damit keine Einsicht in ewige W, eine ganz neue Wendung: das ist nicht Grund für ein tragisch-pessimistisches ‚Ach', sondern für ein Schwelgen in unserem ‚Künstler-Hoheitsrecht ... diese Welt geschaffen zu haben'" (Löw 1984: 402).

*Helmut Heit, Berlin*

**Wanderer** | Die W-Metapher zieht sich von den Jugendschriften bis in die Spätwerke N.s. In den veröffentlichten Werken taucht sie erstmals in *SE* (4, KSA 1: 367; 7, KSA 1: 406) auf, nimmt eine wichtige Stelle am Ende von *MA* (638) ein und erscheint im Titel von *WS*. Neben Textstellen in *FW* (287, 309), *FW V* (380) und *JGB* (278) kommt der W mit seinem Schatten in *Za* (bsd. *Za IV*) und *DD* mehrmals vor. Im Nachlass findet sich ein Gedicht unter dem Titel „Es geht ein Wandrer durch die Nacht", das N. ursprünglich 1876 in einem Brief anlässlich der Verlobung Rohdes schrieb (An Rohde, 18.7.1876; NF 1876, 17[31]), dann aber 1884 in Form einer Selbstparodie umarbeitete (NF 1884, 28[58]) (Zittel: 1996).

In der Romantik wurde der W häufig mit Fernweh, Heimatlosigkeit und Lust auf Ungebundenheit assoziiert. Bei N. kommen solche Motive auch vor, doch sie werden primär aus der Perspektive des philosophischen Lebens interpretiert. In *PHG* behauptet N., dass der Philosoph – außer bei den alten Griechen – immer ein zufälliger, aus der Gesellschaft ausgeschlossener W sei (2, KSA 1: 809). Nichtsdestoweniger schildert N. →Heraklit als ein Exemplar des einsamen Philosophen, dessen Werdegang uns zeigt, dass „Einsam die Straße zu ziehn [...] zum Wesen des Philosophen [gehört]" (*PHG* 8, KSA 1: 833).

Nur wenige Jahre später wird N., der 1879 seine Stelle als Professor in Basel aufgab, im Namen seiner Freigeisterei selbst diesen einsamen Weg gehen. Als Resultat des wissenschaftlich-aufklärerischen Bildungsprogramms von *MA* stellt sich N. am Ende des Werkes selbst als W in der Wüste der Erkenntnis dar. In *FW V* wird die außermoralische Haltung des Ws als eine notwendige Voraussetzung für die Entlarvung moralischer Vorurteile (man denke an den Untertitel von *M*) gedeutet (380). Zugleich ist aber auch die Rede von einer Überwindung dieser unzeitgemäßen, romantischen Einstellung. Damit wird die W-Metapher mit N.s 1886 formulierter Selbstkritik seines Erstlingswerks in Verbindung gebracht, im Rahmen derer er seine romantische →Artisten-Metaphysik durch die Kunst des diesseitigen Trostes, d. h. durch das dionysische Lachen, ersetzt (*GT*, *Versuch* ... 7). So gesehen ist N. nicht mehr ein schwermütiger W, der sich von der Gesellschaft abgrenzt, sondern ein guter Europäer, der die →Maske eines Parodisten der Weltgeschichte trägt (*JGB* 223, 278) und über die Vaterländer wie auch über seine frühere romantische Haltung lacht (NF 1884–85, 404; 32[8]). Zum Thema auch: Zittel (1996); Dietzsch (2004); Immel (2004); Iwawaki-Riebel (2004; 2008).

*Matthew Meyer, Boston*

***WB: Richard Wagner in Bayreuth*** | *WB* – auch als ‚Festspielschrift' bezeichnet, weil sie bei den ersten Bayreuther Festspielen druckfrisch vorlag und wegen dieses „ANSCHEIN[s] der ‚Aktualität'" (*MA II*, *Vorrede* 1) gleichsam als offizielle Pro-Wagner-Abhandlung wahrgenommen wurde – erschien im Juli 1876 als *UB IV* und gilt vielen als das letzte Zeugnis für N.s Wagnerverehrung (→Wagner) und eben deswegen als (so G. Colli) die „vergänglichste" (KSA 1: 908) der von N. veröffentlichten Schriften (vgl. auch Niemeyer 2008a). Der lange zeitliche Abstand zu *SE* (vom Oktober 1874) erklärt sich u. a. daraus, dass N. zwischenzeitlich (ab März 1875) mit Vorarbeiten zu einer geplanten *UB IV* unter dem Titel →*Wir Philologen* beschäftigt war. Allerdings verlor er zunehmend die Lust an dieser Materie, zumal ihm nach aufmunternder Rückmeldung durch →Köselitz die Fertigstellung von *WB* im Blick auf die für den Sommer 1876 geplanten ersten Bayreuther Festspiele sinnvoller und auch verlagsstrategisch interessanter, sprich lukrativer schien (vgl. Schaberg 2002: 74).

Der Einstieg dieser Schrift ist kritisch „gegen das wuchernde und unterdrückende Um-sich-Greifen der heutigen Gebildetheit" und gegen jene ‚Gebildeten', „für welche das Wort →‚Bayreuth' eine ihrer tiefsten Niederlagen bezeichnet" (*WB* 4, KSA 1: 450). Es geht weiter mit dem Hinweis, dass „Individualität" der herkömmlichen Bildung (und →Erziehung) abzutrotzen sei, wozu zuerst gehöre, den Menschen „zu einem richtig empfindenden [Wesen] zu machen." (*WB* 5, KSA 1: 456) Kurz: Es geht N. um eine Pädagogik im Dienste Wagners, welche „die RICH-

TIGE EMPFINDUNG, die Feindin aller Convention", zu lehren vermag, ebenso wie den Satz: „Musik ist Rückkehr zur Natur" (ebd.), der verbunden wird mit der Aufforderung an alle, „die hören können": „Helft mir [...], jene →Cultur zu entdecken, von der meine Musik [die Wagners; d. Verf.] als die wiedergefundene Sprache der richtigen Empfindung wahrsagt" (ebd.: 458). Pathetische Sätze wie diese gaben jenen Auftrieb, welche *WB* als eine „Wagner-Schrift" lasen, „wie sie wagnerischer kaum gedacht werden kann" (Vogel 1984: 158), zumal N. auch schrieb, als könne er im Namen Wagners auftreten: „Für uns bedeutet Bayreuth die Morgen-Weihe am Tage des Kampfes." (*WB* 4, KSA 1: 451)

Tatsächlich argumentiert N. auch an anderer Stelle eindeutig pro Wagner, etwa dort, wo er, als „unüberbietbare Formel für Wagners Leistung" (Görner 2008: 430), von der „erste[n] Weltumsegelung im Reiche der →Kunst" redet, mittels derer „nicht nur eine neue Kunst, sondern die Kunst selber entdeckt wurde." (*WB* 1, KSA 1: 433) Nicht zu übersehen ist schließlich, dass N. eine ‚monumentalische' Historie (im Sinne von →*HL*) Wagners zumindest andeutet. Jedenfalls wird dessen Bildungswerdegang ausführlich dargelegt mit dem Ergebnis, Wagner sei „dort am meisten Philosoph, wo er am thatkräftigsten und heldenhaftesten ist" (*WB* 3, KSA 1: 445), mehr als dies: N. reflektiert unter der Hand seinen eigenen Bildungswerdegang – und präsentiert im Ergebnis Wagner als seinen nach wie vor vorbildhaft wirkenden Erzieher.

Insoweit mag man gern glauben, dass Wagner von *WB*, nach freilich nur flüchtiger Lektüre, begeistert war und N. schrieb: „Freund! / Ihr Buch ist ungeheuer!" (13.7.1876) Kaum zu glauben ist allerdings, dass N. der Veröffentlichung von *WB* zustimmte, wohl wissend, dass er sich zwei Jahre zuvor in einem gegen Wagner gerichteten Aufzeichnungskomplex u. a. notiert hatte: „Der →Tyrann [lisez: Wagner; d. Verf.] lässt keine andre Individualität gelten als die seinige und die seiner Vertrauten." (NF 1874, 32[32]) Die von Vogel (1984: 157 ff.) vertretene Auffassung, N. habe 1876 vor dem Hintergrund von Wagners absehbarem Bayreuthtriumph und mithin aus Opportunitätserwägungen die Abwendung von Wagner storniert, die er 1874 – im wagnerkritischen Nachlass – wegen des sich damals aus fiskalischen Gründen kurzzeitig andeutenden möglichen Scheiterns des Bayreuth-Projekts eingeleitet hatte, ist allerdings allzu grobschlächtig. Im Übrigen sieht sie ab von der gegen Ende von *WB* geübten Kritik N.s an Wagner. Sie bestätigt im Ergebnis, was N. aus dem Rückblick des Jahres 1886 von der Festspielschrift sagen wird: Sie ist „eine Huldigung und Dankbarkeit gegen ein Stück Vergangenheit von mir", also „eine Loslösung, ein Abschiednehmen" (*MA II, Vorrede* 1). Sie interessiert im Folgenden vordringlich unter diesem Aspekt, also dem der Emanzipation N.s von Wagner.

Vorauszusetzen ist dabei, dass N.s Abschiednahme von Wagner sich auf zahlreiche Stationen und über mehrere Jahre hinweg erstreckt. Hingewiesen sei nur auf das, was sich beispielsweise gegen Ende von →*HL* sowie im Nachlass aus dieser Zeit angedeutet findet (vgl. Niemeyer 2004c: 240 ff.). Erinnert sei des Weiteren daran, dass es gute Gründe dafür gibt, *UB I* als die letzte Schrift zu lesen, in welcher N. durchgängig pro Wagner argumentiert (→DS). Um die Besonderheit der gegen Ende von *WB* an Wagner geübten Kritik zu verstehen, muss man um Wagners Revolutionsschriften wissen, die N. von seinen Besuchen in →Tribschen her kannte (vgl. Montinari 1978: 294 ff.). Von hier aus warf sich ihm zunehmend die Frage auf, wie sich das Bayreuth-Projekt mit dem 1848er Wagner vertrage bzw. was es aus diesem zu machen drohe. Vorgearbeitet hatte dem auch N.s damals bester Freund v. Gersdorff, der sich in einem Brief an N. nach Lektüre der Neuausgabe von *Die Kunst und die Revolution* (1849) deutlich fasziniert zeigt von der „titanenhaften Kraft", mit der Wagner hier „seine Blitze [...] gegen unsere verlogene Cultur" (13.3.1872) geschleudert habe. Gedacht haben dürfte v. Gersdorff hierbei an Wagners Tiraden, etwa über korrupte Maler, die „die widerliche Fratze eines Millionärs porträtiren" (Wagner 1849: 37), aber auch an sein Resümee: „Das ist die Kunst, wie sie jetzt die ganze civilisirte Welt erfüllt! Ihr wirkliches Wesen ist die Industrie, ihr moralischer Zweck der Gelderwerb, ihr ästhetisches Vorgehen die Unterhaltung der Gelangweilten." (ebd.: 19) Von diesen

Sätzen ausgehend musste es für N. ernüchternd sein, dass sich Wagner ihm gegenüber nur noch selten mit dem alten Geist zu erkennen gab. So erfuhr er beispielsweise von Wagner aus Bayreuth: „Ich bin jetzt reiner Geschäftsmann, d.h. Theater-Unternehmer geworden" (18.2.1875) – ein durchaus kleinlauter Kommentar, der vielleicht erklären könnte, warum sich N. wenige Monate später, in einem zur Vorbereitung von *WB* dienenden Fragment, den Satz eintrug: „Nieder mit der Kunst, welche nicht in sich zur Revolution der Gesellschaft, zur Erneuerung und Einigung des Volkes drängt!" (NF 1875, 11[28]) N.s Erwartungen an die Festspiele waren insoweit ohnehin schon herabgestimmt und im Übrigen sehr unspezifisch. Von einer „Vereinigung aller wirklich lebenden Menschen" war da ebenso die Rede wie von einem „Reich der Güte" oder einem „Bad der Seelen" (ebd., 12[4]), wobei die letztgenannte Vokabel wohl am ehesten den Sinn der Botschaft →Rohdes trifft, der N. brieflich hatte wissen lassen, er sehne Bayreuth herbei als einen Ort, an dem er vergessen und in ein „wonnereiches Meer" eintauchen könne (2.7.1876). Dieser Brief, den N. erhielt, als *WB* schon im Druck war, dürfte ihm gezeigt haben, dass er recht getan hatte, denn so wie Rohde sprach die Gattung ‚zeitgemäßer' Menschen, für die Bayreuth ursprünglich gerade nicht gedacht war. Und so mag es denn auch verständlich sein, dass N. in *WB* dieses Ideal noch einmal in Erinnerung rief, wenn auch nur mit vagen Begriffen wie beispielsweise: „Wagner wird zum Revolutionär der Gesellschaft", oder: „Die moderne Kunst ist Luxus" (*WB* 8, KSA 1: 475).

Erst von hier aus erklärt sich, dass N. zum Ende hin eine nicht anders als hellsichtig zu nennende Philippika jenes Publikums anbot, das sich dann wenig später in Bayreuth tatsächlich versammeln sollte. Dies zeigt sich vor allem an N.s Frage: „Wo sind unter euch die Menschen, welche das göttliche Bild Wotan's sich nach ihrem Leben zu deuten vermögen und welche selber immer grösser werden, je mehr sie – wie er – zurücktreten? Wer von euch will auf Macht verzichten, wissend und erfahrend, dass die Macht böse ist? [...] Und die Freien, Furchtlosen, in unschuldiger Selbstigkeit aus sich Wachsenden und Blühenden, die Siegfriede unter euch?" (*WB* 11, KSA 1: 509) N. fährt dann fort: „Wer so fragt und vergebens fragt, der wird sich nach der Zukunft umsehen müssen" (ebd.). Dies klingt harmlos, aber man täusche sich nicht: Der Subtext dieses Satzes lautet: ‚Wer so fragt und vergebens fragt, der wird sich nach N. umsehen müssen!' Denn wenige Seiten zuvor hatte N. in verklausulierter Form Abschied genommen von den lange Zeit auch von ihm geteilten Deutschtumsvisionen Wagners, indem er, im Namen des sich ihm allmählich aufdrängenden Kosmopolitismus, davor warnte, hängenzubleiben „an den Umzäunungen des nationalen Wesens" und betonte, dass die Gedanken „jedes guten und grossen Deutschen überdeutsch" seien und „nicht zu Völkern" redeten, „sondern zu Menschen", „zu Menschen der Zukunft" (*WB* 10, KSA 1: 505). Von hier aus erklären sich auch die Schlusssätze der Festspielschrift. Denn in dem hiermit geltend gemachten Kontext lautet ihre Botschaft, dass N. Wagner als „Deuter und Verklärer einer Vergangenheit" ad acta legt und ihm jene Rolle verweigert, die er nun für sich selbst anstreben wird: „Seher einer Zukunft" (*WB* 11, KSA 1: 510). Es war wohl dieser Hintergrund, der die auch von R. Görner (2008: 428) als auffällig registrierte Panik in den zahlreichen Entwürfen N.s für Begleitschreiben zu *WB* erklärt, zutage tretend etwa in Sätzen wie: „Denke ich an das zurück, was ich diesmal gewagt habe, so schließe ich die Augen und ein Grausen überkommt mich hinterdrein. Es ist fast als ob ich mich selber aufs Spiel gesetzt hätte." (An R. und C. Wagner, Juli 1876) Wohl wahr: N. hat sich mit dieser Schrift in den Augen Wagners ‚aufs Spiel gesetzt', aber Wagner konnte oder wollte damals noch nicht zwischen den Zeilen lesen.

Bei dieser Vorgeschichte kann jedenfalls nicht mehr überraschen, dass N.s kurz danach angetretener Bayreuth-Besuch zum Fiasko geraten musste: Von Kopfschmerzen geplagt, reiste er nach kurzem Aufenthalt noch während der Proben wieder ab, um pünktlich zu Beginn der Aufführungen für gut zwei Wochen wieder zurückzukehren, dann aber schließlich erneut abzureisen und auf seiner legendenumwobenen ‚Bayreuth-Flucht' erste Aphorismen für *MA* zu sammeln, zu der er 1886 einen in unserem Zusammenhang passenden nachreichen wird: „Krankheit ist jedesmal die Antwort, wenn wir an unsrem Recht auf UNSRE Aufgabe zweifeln wollen" (*MA II*, Vorrede 4). *Seine* Aufgabe nahm Nietzsche also nun endlich in Angriff, wie auch der Entwurf für die Vorrede zu einer Neuausgabe von *MA* belegt, in dem es u. a. heißt: „Es war im Sommer 1876. Damals stieß ich, wüthend vor Ekel, alle Tische von mir, an denen ich bis dahin gesessen hatte, und ich gelobte mir, lieber zufällig und schlecht, lieber von Gras und Kraut und unterwegs, wie ein Thier, lieber gar nicht mehr zu leben als meine Mahlzeiten mit dem ‚Schauspieler-Volk' und den höheren ‚Kunstreitern des Geistes' [...] zu theilen: – denn ich [...] zürnte und tobte darüber, dort geliebt zu haben, wo ich hätte verachten sollen." (NF 1885, 41[9])

*Christian Niemeyer, Dresden*

**Weber, Max** | W, *21.4.1864 Erfurt, †14.6.1920 München, dt. Soziologe und politischer Schriftsteller, wurde stark durch N. beeinflusst (z. B. Eden 1983; Fleischmann 1964; Mommsen 1965; Peukert 1989), wenngleich die Art dieses Einflusses unter W-Experten umstritten ist (Hennis 1987; Schluchter 1996; Weiß 2004). Außer Frage steht, dass W mit N.s Werken vertraut war, was Zitate und die Übernahme N.-spezifischer Wortprägungen („asketische Ideale"; „Sklavenaufstand der Moral") oder Anspielungen auf solche belegen (etwa N.s „letzte Menschen"). Dahinter verbirgt sich eine im Geiste N.s erschlossene Grundhaltung im Denken und Handeln, wie sie in einer „entzauberten Welt", in einer „gottfremden, prophetenlosen Zeit" (W 1992: 106) jedem, der „Persönlichkeit" sein will, abverlangt wird (Peukert 1989; Weiß 2001). Dies gilt nicht zuletzt auch für den – dem Gebot „intellektuelle[r] Rechtschaffenheit" (W 1992: 110) unterworfenen – Wissenschaftler, zumal auch Wissenschaft dem Entzauberungsprozess ausgesetzt und mit ihrem Erkenntnisanspruch selbst etwas höchst „Voraussetzungsvolles" ist (ebd.: 95; Grau 1958; Tyrell 1991). Brieflich zählt W 1907 die „Moral der Vornehmheit" zum „Dauernden in N.", eine Wertschätzung, die sich der Lektüre von →Simmels *Schopenhauer und N.* verdankt. Den von N. mit beeinflussten Zeitgeist spiegelt die „schroff nietzscheanische Tonart" der Freiburger Antrittsvorlesung wider (Hennis 1987: 171; Treiber 1989; Lichtblau 1996: 129 f.). Unbestritten ist ferner, dass W sich mit N.s *GM* auseinandersetzte. Es gibt Autoren (Scaff 1989: 131 f.; Tyrell 1990: 154 ff.), die Ws Verständnis von Askese mit *GM III* (sowie mit ausgewählten Nachlassfragmenten) in unmittelbare Verbindung bringen. Freilich verarbeitet W darüber hinaus eine Vielzahl von Autoren, wie Ritschl, Seeberg, Troeltsch oder Windelband (Treiber 1999: 258 f., 260 ff., 275 ff.), überdies begreift N „das ‚asketische Ideal' [...] sehr viel allgemeiner" (Stegmaier 1994: 170). Offensichtlich ist der Bezug auf N.s Theorie des Ressentiments aus *GM* (Lichtblau 1996: 143 ff.) als einer „Begleiterscheinung der religiösen Ethik der negativ Privilegierten" (W 2001: 257 f., 262 f.), der W „auf dem Boden der jüdischen ethischen Erlösungsreligiosität" zwar Bedeutung zuerkennt, deren universelle Anwendung er jedoch ablehnt, wie er auch N. vorwirft, diese fälschlicherweise auf den Buddhismus angewandt zu haben (ebd.: 264 f.). Im Kategorien-Aufsatz (W [4]1973: 434) weist er N.s →Ressentiment-Theorie einen mit →Freuds Psychoanalyse und Marx' Theorie des ökonomischen Materialismus vergleichbaren Status zu. Bei N. ist „die Frage nach der psychologischen Motivation individuellen Handelns mit dem Problem seiner möglichen klassenmäßigen Prägung und Verankerung" verbunden (Lichtblau 1996: 145), was sich mit Ws Konzept der „Trägerschichten" und dem mit der „Weichensteller-Metapher" (W 1989: 101) vorgegebenen Erklärungsmodell nur bedingt verträgt, zumal W in Zurückweisung der Auffassung, die „Eigenart einer Religiosität" sei eine „einfache Funktion" einer „abstrakten Klassengebundenheit" (ebd.: 88 f., 96; Schluchter 1996: 182 ff.), dem „rein intellektuellen Bedürfnis nach sinnhafter Erklärung von irrationalem Leid durch eine Theodizeekonstruktion" (Otto 2002: 238) ein eigenständiges Erklärungspotenzial zuweist. Den von Oldenberg (1899: 43 ff.) übernommenen Vergleich zwischen Indien und Okzident (Griechenland) erweitert W um den ungewöhnlichen zwischen Indien und Judentum, indem er N.s durch Jacolliot beeinflusste Geschichtskonstruktion (Ahlsdorf 1997; Sommer 2000: 562 ff.) einer durch die Priesterherrschaft bewirkten „Kastenbildung im Sinne einer rituellen Abschließung eines ganzen Volkes" (Lichtblau 2001: 290) auf das sich von der jüdischen Landbevölkerung abgesonderte, „rituell reine Judentum der Polis Jerusalem in nachexilischer Zeit" anwendet (W 2005a: 68, 124 ff.), was W mit dem Ausdruck „Pariavolk" (1996: 63 f.; Otto 2002: 50 ff.; Schluchter 1981) zu erfassen versucht.

*Hubert Treiber, Hannover*

**Weimar** | W ist der letzte Lebensort des kranken N., Standort des →N.-Archivs (ab August 1896) und, natürlich, ein Zentrum deutscher Kulturgeschichte. N. verband W v. a. mit Goethe, weniger mit Schiller, Herder und Wieland. Er pflegte jedoch die Legende angeblicher familiärer Nähe zu den Klassikern, da sein Großonkel J. F. Krause 1819/20 Weimarer Generalsuperintendent war (N. an Overbeck, 17.7.1887). Belegt sind zwei kurze Aufenthalte N.s in W, einer davon am 26.12.1872, als er erstmalig Wagners *Lohengrin* am Hoftheater hörte.

W ist durch die Tätigkeit des N.-Archivs wesentlicher Ausgangsort für die N.-Rezeption in der ersten Hälfte des 20. Jh.s geworden (→N.-Kult). Der Kunstfreundeskreis „Neues W" (1902–1914) machte das N.-Archiv zu seinem geistigen Mittelpunkt. 1902–1903 wurde das Archivgebäude von H. van de Velde im ganzheitlichen Sinne des Jugendstils umgebaut. Als Kultstätten planten Graf Kessler und van de Velde 1911–1913 einen N.-Tempel und ein N.-Stadion, welche aber nicht ausgeführt wurden. In den 1920er Jahren kam es zu einer immer stärkeren Bindung des N.-Archivs an völkische und nationalsozialistische Kreise. Nach 1935 wurde von dem Architekten P. Schultze-Naumburg eine N.-Gedächtnishalle neben dem N.-Archiv entworfen, die in den Jahren 1937–1944 unvollendet errichtet und nach Kriegsende anderen Zwecken zugeführt wurde. In den Jahren der DDR wurde das Gebäude des ehemaligen N.-Archivs erst als Schulungsstätte, später als Gästehaus verwendet, 1978–1983 und 1990 wurde es restauriert. Seit 1990 dient es als N.-Museum. Die Archiv-Bestände befinden sich seit 1950 bzw. 1955 im Goethe- und Schiller-Archiv (Nachlass) und in der Herzogin Anna Amalia Bibliothek (→Bibliothek des ehemaligen N.-Archivs). Nach der Wende 1989 konnte die Klassik Stiftung W ihre Sammel- und Forschungsaktivitäten zu N. wesentlich ausbauen und gründete auch ein N.-Kolleg als Ort freier philosophischer Auseinandersetzung und wissenschaftlicher Reflexion der modernen Lebenswelt. Zum Thema auch: Riedel (1997); Naake (2000).

*Erdmann von Wilamowitz-Moellendorff, Weimar*

**Weimarer Nietzsche-Bibliographie (WNB)** | In gedruckter Form und systematischer Anlage erschien die WNB in den Jahren 2000 und 2002 in 5 Bänden (Bd. 1: Primärliteratur, einschließlich Übersetzungen; Bd. 2–5: Sekundärliteratur). Die Berichtszeit reicht von 1867 – dem Jahr der ersten Veröffentlichung N.s – bis 1998. Über das Berichtsjahr 1998 hinaus wird die WNB fortlaufend in einer Online-Datenbank weitergeführt und dort zusammen mit dem Datenbestand der gedruckten Bibliographie angezeigt. Die WNB will ein grundlegendes Hilfsmittel für die internationale N.-Forschung und darüber hinaus für die Geisteswissenschaften insgesamt sein. Ziel ist die möglichst vollständige Erfassung sowohl der Primär- als auch der Sekundärliteratur auf der Grundlage von Autopsie sowie deren tiefgreifende Erschließung mittels bibliographischen Methoden. Internetzugang über die Homepage der Klassik Stiftung Weimar (www.klassik-stiftung.de), URL: mttp://ora-web.swkk.de/swk-db/niebiblio/index.html.

*Erdmann von Wilamowitz-Moellendorff, Weimar*

**Wellhausen, Julius** | W, *17.5.1844 Hameln, †7.1.1918 Göttingen, Alttestamentler und Orientalist, erregte N.s Aufmerksamkeit wohl durch die Vermittlung von →F. Overbeck. N. besaß, glossierte und exzerpierte 1887/88 Ws *Prolegomena zur Geschichte Israels* (W 1883) sowie zwei Bände der *Skizzen und Vorarbeiten* (W 1884 u. 1887). Insbesondere die *Prolegomena* übten einen tiefgreifenden Einfluss auf N.s Sicht des Alten Testaments aus, welches in N.s Werken (wie noch in *JGB*) fortan nicht mehr plakativ dem Neuen Testament gegenübergestellt wurde. Nun konnte N. einen Verfallsprozess, einen Prozess der „Entnatürlichung" in die Geschichte Israels selbst hineinlesen. W verwarf das bisherige Schema der israelitisch-jüdischen Geschichte, da er nicht mehr anzuerkennen bereit war, dass zu Beginn die detaillierte Gesetzgebung (durch Mose) gestanden hatte. Er entdeckte mit Hilfe der Quellenscheidung im schriftlich überlieferten „mosaischen Gesetz" des Priestercodex eine späte Zurechtmachung: Ursprünglich gab es in Israel laut W kein geschriebenes Gesetz; Thora war die mündliche Weisung von Priester und Propheten. Erst spät, mit dem Deuteronomium, fand eine Kodifizierung statt.

N. dürfte, wie die W-Notizen im späten Nachlass belegen, sowohl von der Darstellung der alttestamentlichen Entwicklung als eines Umwertungsgeschehens als auch von Ws eigener Umwertung des Alten Testamentes und der mit ihm beschäftigten Wissenschaft angetan gewesen sein. Insbesondere in *AC* verarbeitet er diese Aufzeichnungen – angefangen bei der Entwicklung des urtümlich-mächtigen Volksgottes zu einem bloß noch guten „Gott für Jedermann" (16) über die priesterliche „FÄLSCHUNG aller Natur" (24; W spricht von „Denaturalisation") bis hin zur Genese des Christentums aus dem priesterlichen →Judentum. Allerdings vereinfacht N. Ws Schema entscheidend, lässt beispielsweise die Propheten als eigentliche Schöpfer der neuen, universalistischen Moral der Schwachen ganz im Gros der „Priester" verschwinden. N. geht es nicht um historische Wahrheit, sondern um polemische Geistespolitik. Aus der von W adaptierten Niedergangstypologie ist nicht zu folgern, „dass hinter der ‚Verurtheilung des Christenthums'" für N. „die Bejahung der damals von W dargelegten kanaanitisch-hebräischen Tradition, d. h. des ‚heidnischen' Erbes Israels stehe" (Orsucci 1996: 323). Parallelen in Ws Konzept zum Degenerationsmodell von *GT* (Hartwich 1996: 162) können nicht darüber hinwegtäuschen, dass es N. nicht um die Rehabilitation des vorpriesterlichen Israels, sondern um die Diskreditierung des →Christentums zu tun ist. Das Christentum, namentlich das paulinische, stellt für N. keineswegs, wie für W – bei dem →Paulus der „grosse Patholog des Judentums" (W 1883: 451) ist –, eine Bewegung dar, die der Versteinerung des hierokratischen →Judentums ein Ende bereitete, sondern vielmehr die Wiederholung der jüdischen Umwertung in der Moral auf welthistorischem Parkett. Übrigens sind die *Prolegomena* auch eine wichtige Quelle für N.s späte Auseinandersetzung mit Sätzen aus der Bergpredigt (vgl. NF 1887–88, 11[377]). Zum Thema auch: Ahlsdorf (1997); Sommer (2000a; 2008a); Smend (2006).

*Andreas Urs Sommer, Freiburg i. Br.*

**Werden** | Herakliteische Motive prägen N.s Philosophie des Ws, die schon im Frühwerk um 1870 ihre grundsätzliche Gestaltung erfährt. Auch in *GT* ist sie im Gedanken des spielend erzeugenden und zerstörenden Ur-Einen gegenwärtig. Dabei werden vorsokratische Dichotomien von Sein und W. (→Heraklit, Parmenides), die auch die ontologischen Reflexionen in →Platons Spätphilosophie nachhaltig bestimmten, in einer sowohl ethischen als auch metaphysischen Grundlehre überwunden. Eine bloß moralische Befreiung strebte N. mit dieser auch auf naturwissenschaftliche Erkenntnisse zurückgreifenden Philosophie des Ws trotz der häufigen Verbindung der Begriffe des Ws und der Unschuld nicht an. Ab 1884 tritt die Fügung von der „Unschuld des Ws" nicht mehr auf. Die umgreifenden, den Schuld-Kontext überformenden Philosophien der →„ewigen Wiederkunft" und des →Willens zu Macht treten in den Vordergrund.

N. begreift seine Philosophie des Ws als persönliche Befreiung von den herrschenden moralischen Kategorien (→Moral), die zu Selbstverständlichkeiten der Deutung des menschlichen Handelns und der Selbstinterpretation geworden sind. Ein Gespinst moralisch-teleologischer Kategorien hat die Wirklichkeit des außermoralischen, weder Sinn noch Unsinn kennenden →Lebens resp. Ws verhüllt. Befreiung vollzieht sich als Distanzierung von den Kategorien des Sinns, der →Schuld, der Verursachung und der →Verantwortung. In Potenzierung des cartesischen Rationalismus wird in N.s Philosophie des Ws jedwede teleologische Sichtung der Wirklichkeit, sei sie natural oder kulturell, als ideologisch zurückgewiesen. Zu einer expliziten systematischen Theorie des die aristotelisch-christliche Denktradition destruierenden Antiteleologismus gelangt N. freilich nicht. Es bleibt bei einem als erlösend empfundenen, eine neue Menschheitsgeschichte anvisierenden Gedankenexperiment in kritischer Absicht, das seine eigenen erkenntnistheoretischen Bedingungen nicht erhellt. Die Metaphorik des unschuldig spielenden →Kindes (*Za I, Von den drei Verwandlungen*) und des jenseits aller moralischen Wertungen, jenseits von Schein und Sein Welten erzeugenden und verwerfenden herakliteischen Künstlers (*PHG* 5–8) tritt an die Stelle einer solchen Reflexion.

Mit dem Begriff des Ws (resp. des Lebens) will N. die logosgläubige, sinn- und freiheitsversessene, der Idee der →Gerechtigkeit verpflichtete abendländische metaphysische Tradition aus den Angeln heben. Die Prozesse des Ws, des Zeugens und Vernichtens entbehren jedes Sinns und kennen weder Schuld noch Gerechtigkeit. Alle Finalitäten und Kausalitäten und auch die Idee der causa prima erweisen sich als Fiktionen (*GD, Die vier …* 8). Auch N.s facettenreicher Versuch einer kategorialen ‚Naturalisierung‘ der menschlich-moralischen Welt (*HL* 4–5) muss deshalb kritisch-vorläufig bleiben. Weder die Einheit der Natur noch die des Geistes (Hegel), weder →Physik noch →Metaphysik vermögen als philosophisches Fundament zu dienen. Logizismus und Naturalismus lösen sich in N.s Philosophie des Ws auf, deren innovative Potenz noch differenzierter Würdigung bedarf. So übersieht Heidegger (1961b: 9–13) in seiner am Aletheia-Gedanken orientierten, den Gedanken der „ewigen Wiederkehr“ mit dem des Willens zur Macht seinsphilosophisch vereinenden Polemik gegen die vermeintlich seinsvergessene, den →Nihilismus heraufbeschwörende Philosophie des Ws deren befreiende Positivität, Baeumler (1931c,d) deren herakliteische Momente einschmelzenden dionysischen Grund (Löwith 1987: 101–384, 515–517).

*Erwin Hufnagel, Mainz*

**„Werdet hart!“** | Allein auf einer der neuen, halbbeschriebenen Tafeln Zarathustras stehend (*Za III, Von alten …* 29), bietet sich dieses Wort offenbar besonders dazu an, zum harten Schlag-Wort instrumentalisiert zu werden, wie dies insbesondere in der ersten Hälfte des 20. Jh.s in Deutschland geschah. Aber auch Kritiker wie Eisner (1892) oder Mann (1947b) griffen das Wort auf. Dabei beschrieb man nicht nur die andere Hälfte der Tafel in ganz bestimmter Weise und sah von der angezielten Sublimierung von der (weichen) Küchen-Kohle zum (harten) Diamanten ab, sondern vergaß auch, dass Zarathustra seine Tafeln nur über seine Brüder, nicht über alle stellt. Außerdem löste man das Wort aus dem narrativen Zusammenhang des *Za* heraus. In ihm steht dieses Wort zusammen mit Zarathustras Anruf an seinen Willen unmittelbar vor dem Kapitel *Der Genesende*, in dem Zarathustra selber so ‚weich‘ ist, dass er sogar von einem Gedanken wie von einem Schlag getroffen wird und sieben Tage lang schwer krank darniederliegt. Umgekehrt zeigt sich daran aber auch, dass es der Härte bedarf, um sich diesem (Wiederkunfts-)Gedanken zu stellen und mehr noch, ihn zu ertragen. N. selbst hat das Zarathustra-Wort verstanden als eine Mahnung zur Abhärtung und als Gegengewicht zu seiner „ÜBERMÄSSIG“ entwickelten Neigung, „jedem Einzelnen Gerechtigkeit widerfahren zu lassen und im Grunde gerade das mir Feindseligste mit der größten Milde zu behandeln.“ (An Overbeck, 30.4.1884)

N. hat den Abschnitt 29 später noch einmal gesondert veröffentlicht unter dem Titel *Der Hammer redet* am Schluss der *GD*, in der laut Untertitel mit dem Hammer (der Wiederkunftslehre) philosophiert wird (→*Götzen-Dämmerung*). Da der Hammer ein diamantener ist, könnte sich W aber auch auf das Werk *Za* beziehen, das N. ebenfalls ‚diamanten' nennt (*EH, Warum ich so weise bin* 8) und das durch den Wiederkunftsgedanken als Grundkonzeption getragen wird. Was mit diesem Gedanken-Hammer bearbeitet werden soll, ist der Mensch, in dem als einem „härtesten, hässlichsten Steine" zugleich „das Bild der Bilder" („des →Übermenschen Schönheit") schläft und daher aufgeweckt bzw. wie von einem Bildhauer herausgemeißelt werden muss (*Za II, Auf den glückseligen Inseln*). *Michael Skowron, Daegu*

**Werkfälschungen** | Neben →Brieffälschungen sind es vor allem W, die als Besonderheit der N.-Forschung in Rechnung zu stellen sind und das wohl wichtigste Motiv waren für die →Colli/Montinari-Ausgabe (vgl. KSA 14: 7 ff.; Montinari 1980). W, zumal solche mit politisch fragwürdiger Tendenz, haben über Jahrzehnte hinweg die N.-Rezeption insbesondere in Deutschland negativ beeinflusst. Dies wurde im →Nationalsozialismus im Zuge der Nazifizierung N.s und nach 1945 infolge von Schwierigkeiten bei der Entnazifierung N.s deutlich.

Zu W zählt die Unterdrückung oder inkorrekte Wiedergabe des von N. Niedergeschriebenen sowie die wissentliche Unterschlagung von Stellen, die N. zum Druck bestimmt hatte; inakzeptabel ist auch die Wiedergabe von Texten, die N. nicht gedruckt haben wollte, dies jedenfalls eingedenk einer 1884 gegenüber Paneth getätigten Äußerung, wonach er „nur Ausgearbeitetes und Ganzes vor das Volk zu bringen" gedenke und „alle seine Freunde verpflichten [würde], nichts von ihm nach seinem Tode herauszugeben als was er selbst für die Publication bestimmt und fertig gestellt hätte" (zit. n. Krummel 1988: 488 f.). →EFN (1904: 488) unterschlug ausgerechnet diesen Passus; sie war es auch, die N. bei Gelegenheit wissen ließ, sie würde am liebsten „die Zarathustras aus dem öffentlichen Verkehr herausziehen", weil man denselben „allzugroße Subjectivität" vorwerfe (Von E. N., 17. 12. 1884). N. hatte, offenbar nicht zuletzt dieses Briefes wegen, um die Gefahr von W geahnt: „Lord Byron hat einiges Persönlichste über sich aufgezeichnet, aber Thomas Moore war ‚zu gut' dafür: er verbrannte die Papiere seines Freundes", notierte er sich 1887 als Exempel für seinen Satz über die „guten Menschen", die „in Hinsicht auf Ehrlichkeit zu Schanden gemacht und verhunzt [sind] für alle Ewigkeit: wer von ihnen [...] ertrüge eine WAHRE Biographie! ..." (*GM III* 19).

Dies war fast hellsichtig geurteilt im Blick auf EFNs Umgang mit N.s →*EH* und korrespondiert der Logik der Unterdrückung des von ihr offenkundig – nicht zu unrecht – als pornographisch wahrgenommenen *Euphorion*-Fragments vom Juli 1862 (BAW 2: 70 f.): Es entging der Vernichtung wohl nur, weil es Teil von S. Zweigs Autographensammlung war (vgl. Müller-Buck 1998: 319). Gleichwohl meinte EFN anlässlich ihrer (unzuverlässigen) Präsentation von N.s Jugendgedichten unter Berufung auf ein Gespräch mit ihrem Bruder darüber berichten zu dürfen, dass N. „zu allen Lebzeiten eine große Neigung hatte, seine früheren Produktionen zu verbrennen", um hinzuzufügen: „Was davon überhaupt noch existiert, ist entweder rein zufällig dem Feuer entgangen oder von mir heimlich weggenommen und aufbewahrt worden" (1916: IX f.). Mit dieser Bemerkung und jener Anekdote suchte sich EFN ein Leumundszeugnis auszustellen – in geradezu grotesker Verzerrung der Fakten.

Richtig ist allerdings, dass man nicht EFN allein für W und Autodafés der N. hier vorgeworfenen Art verantwortlich machen kann. Eine kaum weniger große Schuld trifft spätere Herausgeber wie etwa A. →Baeumler, der $^{2}$*WM* unbesorgt in seine Edition übernahm und mit einer Einleitung versah (B 1930) und dessen W – etwa in der von ihm veranstalteten zweibändigen Nachlasskompilation *Die Unschuld des Werdens* (1931c, d) – aufzuzählen hier der Platz fehlt. Selbst →Schlechta ist vorzuwerfen, W – etwa bei seiner 1956 präsentierten Transformation von

[2]*WM* in *Aus dem Nachlaß der Achtzigerjahre* (vgl. SA III: 415 ff.) – nicht hinreichend beachtet zu haben. Ähnliches konnte man drei Jahre später im Fall des Schlechta-Kritikers Löwith (1959: 113 ff.) beobachten.

Selbst gute Freunde N.s haben über W nachgedacht, etwa unmittelbar nach N.s geistigem Zusammenbruch in Turin und im Zusammenhang der Frage, was aus den unmittelbar vor dem oder gar im Druck stehenden letzten Werken N.s sowie aus *Za IV* – das bisher nur als Privatdruck vorlag – werden sollte (vgl. Eberlein 1999: 298 ff.). Instruktiv sind in diesem Zusammenhang vor allem die erstmals von C. A. Bernoulli (1908b: 231 ff.) präsentierten Dokumente. →Overbeck beispielsweise, der N. in Turin abgeholt hatte, plädierte in einem Brief an →Köselitz vom 15. 1. 1889 zumindest in Sachen →*NW* „aufs Entschiedenste für Unterdrückung" (Hoffmann/Peter/Salfinger 1998: 209), ähnlich äußerte sich →Rohde gegenüber Overbeck (vgl. Patzer 1990: 135). Köselitz schlug in seinem Antwortbrief an Overbeck mit Seitenblick auf *EH* vor, dass dieses Werk „noch ein wenig der Redaction [bedarf]" (Hoffmann/Peter/Salfinger 1998: 215), um schließlich am 11. 4. 1889 nachzutragen, dass die Zusätze zu *EH* „nur ein schon tief kranker Mann geschrieben haben" könne (ebd.: 249). Damit hatte er letztlich das Prinzip der 1908 von EFN realisierten Strategie im Umgang mit *EH* vorweggenommen, ein Werk, das auch Rohde gegenüber Overbeck am 27. 12. 1894 für „1/2 blödsinnig" (Patzer 1990: 168) und eigentlich unedierbar erklärte. Köselitz vertraute dabei offenkundig darauf, dass er ab *WB* alle Veröffentlichungen N.s Korrektur gelesen hatte und in *EH* vom „Autor" (N.) als „der eigentliche Schriftsteller" gelobt worden war. Von dem dadurch freigesetzten Selbstbewusstsein zeugt auch ein weiterer Brief an Overbeck (vom 14. 11. 1889), in welchem sich Köselitz das Recht zusprach auf „Modification" (in diesem Fall: des bereits vorhandenen Druckmanuskripts von *AC*), insofern ja auch N. unmittelbar vor Drucklegung seiner Werke, nicht zuletzt auf seine Anregung hin, „noch vieles verbesserte" (Hoffmann/Peter/Salfinger 1998: 259).

Die Folgen dessen offenbart die im August 1893 in Druck gegangene Dritte Auflage von →*JGB*, die vom Verlag als „‚endgültige Ausgabe mit den Aphorismen-Titeln'" (zit. n. Hoffmann 1991: 718) beworben wurde. Denn die hier dargebotenen insgesamt 299 Aphorismen-Titel stammten nicht von N., sondern von Köselitz. Auch die anderen von Köselitz zwischen 1891 und 1894 betreuten Erst- bzw. Neuauflagen von N.s Werken – etwa die Neuauflage von *MA II* (vgl. v. Wilamowitz-Moellendorff 2006: 163) – weisen Eingriffe teils gravierender Art auf. Auch bekundet sich in Köselitz' teils umfangreichen Vorreden (etwa zu →*Za*) ein politisch durchaus fragwürdiges N.-Bild, das im Einzelfall auch einmal gegen den Text durchgesetzt wurde – bis hin zur Fortlassung dessen, was nicht recht passend schien. Dies gilt etwa für Köselitz' Vorwort zur 1893 vorgelegten zweiten Auflage von →*WB*, in welcher die auf dieses Werk bezogenen Kommentare aus *EH* um anti-antisemitisch sowie antideutsch zu lesende Passagen gekürzt wurden (vgl. Eichberg 2009: 94).

Im September 1893 fand diese Vorgeschichte ihr Ende: EFN, aus Paraguay zurückgekehrt, sistierte die von Köselitz begonnene Gesamtausgabe, kaufte ihrer Mutter sämtliche Rechte an N.s Werk und Nachlass ab und übernahm bzw. überwachte fortan die Edition von N.s Werken und Briefen im von ihr gegründeten und ab 1897 in Weimar residierenden →N.-Archiv. Die Geschichte der W gewann damit eine ganz neue Qualität, auch unter Mitwirkung von Köselitz, der noch im August 1891 den ihm von Overbeck kolportierten Vorschlag EFNs, man solle sich „zu einer Umarbeitung des Zarathustra IV. für den Zweck einer Veröffentlichung verbinden", mit den Worten abgewiesen hatte: „Dass sich eine Hand finden werde, die sich zur Verstümmelung dieses IV. Zarathustra herbeiliesse, glaubt sie wohl selbst nicht" (Hoffmann/Peter/Salfinger 1998: 340). Jahre später (ab 1900) bot Köselitz EFN jene Hand und trug (bis 1909) (Mit-)Verantwortung für neue W und die Fortdauer von W in Neuauflagen von (Teil-)Editionen, die offiziell von seinen Vorgängern veranlasst worden waren.

 Zu denken ist etwa an F. →Koegel, den EFN im Frühjahr 1894 als Archivar engagiert hatte und der, fraglos auf ihre Veranlassung hin, bei der im November 1894 erschienenen Erstausgabe von →*AC* vier größtenteils auch bei Neuauflagen fortgelassene und erst seit 1956 (in der SA) nachlesbare Stellen unterschlug, darunter die von Dostojewski angeregte, hochkomplex angelegte (vgl. Sommer 2000: 287 f.; Stellino 2007; Detering 2010: 43), auf →Jesus gemünzte, von EFN aber schlicht als beleidigend empfundene Vokabel →„Idiot" (aus *AC* 29) sowie das Adjektiv im Ausdruck „junger Fürst" (*AC* 38), das EFN störte, weil sie im Interesse der von ihr propagierten Kaiserreichstreue N.s verschleiern wollte, dass ihr Bruder hier in äußerst kritischer Weise gegen Wilhelm II. Stellung bezogen hatte (vgl. KSA 14: 435).

Ähnliche Absichten lassen sich im Fall von N.s →*BA* notieren: EFN lobte diese Vorträge als „herrliche[s] Werk" (EFN 1897: 123) und edierte sie ungeachtet von N.s Publikationsverzicht prominent, mit fatalen Folgen für die pädagogische Rezeptionsgeschichte. Nicht minder begeistert war EFN (1904: 176 f.) – mit Folgen für die Editionstätigkeit Schlechtas (vgl. SA III: 323 ff.) – von N.s Vorarbeit (ab März 1875) zu einer von ihm damals noch geplanten (vierten) *UB*, die sie nach eigenem Gutdünken und unter Missachtung des „methodische[n] Prinzip[s] der Betrachtung" (Blaß 1973: 562) neu ordnete, eigenmächtig mit Aphorismennummern (von 100–293) versah sowie 1905 unter dem Titel →*Wir Philologen* mit der Bemerkung in die Welt hinausgehen ließ, N. habe unmittelbar vor dem Abschluss einer geschlossenen Darstellung gestanden, deren Nichtfertigstellung sehr zu bedauern sei, „weil sie wahrscheinlich von allen Unzeitgemäßen die bedeutendste geworden wäre" (TA 2: XLVII). Mit dieser Bemerkung verlieh EFN diesem Text Werkcharakter. Dabei interessierte sie nicht, dass N. schließlich nicht ohne Grund auf eine weitere Ausarbeitung dieser Aufzeichnungen verzichtet hatte (vgl. Cancik 1994; 1995: 94 ff.), mehr als dies: EFNs Edition suggeriert, N. habe *Wir Philologen* mit dem Satz beenden wollen: „Ich träume eine Genossenschaft von Menschen, welche unbedingt sind, keine Schonung kennen und ‚Vernichter' heissen wollen: sie halten an Alles den Maassstab ihrer Kritik und opfern sich der Wahrheit" (KTA 2: 400 f.). Tatsächlich findet sich dieser Satz in der Mitte jener von EFN genutzten Aufzeichnungen (NF 1875, 5[30]), wohingegen diese selbst mit einer sehr viel weniger spektakulären Wendung enden. Dies war aber nicht im Interesse EFNs und wurde zumal nach 1933 folgenreich, als speziell dieses Zitat immer wieder als Beleg für die Affinität zwischen N. und dem Nationalsozialismus angeführt wurde (vgl. Niemeyer 2008a: 76), ebenso wie die gleichfalls durch EFNs Edition populär gewordene Wendung, wonach es um →„Züchtung der bedeutenden Menschen" (TA 2: 365) zu gehen habe, ebenso wie um Härte und Disziplin in der →Erziehung, gemäß etwa der von ihr 1906 als § 912 von $^{2}$*WM* präsentierten und schon in ihrer N.-Biografie (1904: 800) angeführten Bemerkung N.s: „Was lernt man in einer harten Schule? Gehorchen und Befehlen, [...]" (NF 1888, 14[261]).

Nicht abgesehen werden kann in diesem Zusammenhang von EFNs Verfälschung von N.s (zweiter) Autobiografie →*EH*: Aus ihr zitierte sie in ihrer N.-Biographie gelegentlich das ihr Passende, zusammen mit angeblichen Briefen N.s, die zu rechtfertigen hatten, dass *EH* erst 1908 – in stark verstümmelter Form – erschien, mit der Folge, dass die N.-Forschung erst seit 1969 über eine authentische Druckfassung dieses Werkes verfügt. Warum EFN in diesem Fall so agierte, offenbart ein von N. für *EH* bestimmtes Manuskriptblatt, das 1892 von N.s Schwester und/oder Mutter verbrannt wurde und nur erhalten blieb, weil sich Köselitz eine Abschrift angefertigt hatte, wo u. a. zu lesen ist: „Die Behandlung, die ich von Seiten meiner Mutter und Schwester erfahre, bis auf diesen Augenblick, flösst mir ein unsägliches Grauen ein". Wenige Zeilen später folgt: „Ich habe gegen Alles, was heute noblesse heißt, ein souveränes Gefühl von Distinktion, – ich würde dem jungen Kaiser nicht die Ehre zugestehn, mein Kutscher zu sein" (*EH, Warum ich so weise bin* 3). EFN war an der Bekanntgabe von derlei Spott aus privaten, aber natürlich auch aus politischen Gründen nicht gelegen – was die gerade an dieser Stelle nachweisbaren Brandspuren auf dem Originalmanuskript ebenso erklären dürfte wie den von ihr stammenden Vermerk: „ein Ausdruck der in dem Blatt vorkam, das unsere Mutter wegen Majestätsbeleidigung verbrannte" (KSA 14: 774).

Von den vorgenannten Beispielen ausgehend wird die Tendenz der von EFN verantworteten W deutlich: Es ging ihr darum, N. im Kaiserreich als einen für das Bürgertum akzeptablen Autor zu präsentieren. Bezieht man noch die W ein, derer sich EFN im Zusammenhang mit N.s angeblichem Prosa-Hauptwerk *WM* schuldig machte (→*Der Wille zur Macht*), dürfte der nach 1945 von →Camus (1953/1969: 73) erteilte Auftrag plausibel sein: Es gilt, das Unrecht gut zu machen, das an N. begangen wurde, besser: dass EFN an N. begangen hat.

*Christian Niemeyer, Dresden*

**Werte** | Der Wertbegriff löste sich in der 2. Hälfte des 19. Jh.s von der Ökonomie und rückte vielfach an die Stelle des Begriffs des Guten (Joas 1997: 37). Der Neukantianer Lotze sah W in geistigen Urerlebnissen verankert, durch die sich die Welt als bedeutsam und vernünftig erweise (Lotze 1852; 1868). Im Sinne des Positivismus begründete Dühring W durch Gemütsbewegungen, die die Erkenntnis souverän zu ordnen hat (1865). N. hat Dührings *Der Werth des Lebens* umfangreich exzerpiert (NF 1875, 9[1]: 131–181) und gegen Dühring betont, dass W „unlogisch entwickelt" seien (*MA* 32). Früh stellt er die Frage: „[W]ie erhält dein, des einzelnen Leben den höchsten Werth, die tiefste Bedeutung?" (*SE* 6, KSA 1: 384) Die Macht geltender W demaskiert N. als Symptom geschichtlicher Zwänge; in *GM* dechiffriert er sie als Ausdruck des →Ressentiments, in den Schriften von 1888 als Zeichen der →Dekadenz. Aus den Banden „falscher W und Wahn-Worte" (*Za II, Von den Priestern*) befreie sich nur, wer neue und weltbejahende W schafft, die aristokratisch und vornehm sind. Gegen die unverrückbaren W der lebensverneinenden Moralen will N. die Einsicht restituieren, dass jeder Mensch W setzt; sie zu verstehen verlange, die historischen Dichotomien von Gut und Böse außer Kraft zu setzen. Die Bestimmung der →Rangordnung und die →Umwertung aller W sei die Aufgabe der Philosophie (*EH, Warum ich so klug bin* 9). Fink (1960: 18) verstand die Gleichung „Sein=Wert" als Zentrum von N.s Philosophie; Heidegger (1950: 238 f.) sah sie als nihilistische „Seinsvergessenheit" an. Tönnies (1897), Weber (1922: 359) und Joas (1997) warfen N. vor, die soziologische und kulturelle Bedeutung der W zu verkürzen.

*Rainer Otte, Bad Sachsa*

**Wertschätzung** | „Unsere W-en bestimmen unsere Lebensweise [...]." (NF 1880, 3[63]) N. sieht sie als spontanes Geschehen, nicht als Ergebnis des Abwägens. Sie entstehen „aus dem, was wir als Existenzbedingungen glauben." (NF 1884, 25[397]; vgl. Jaspers 1936: 144; Deleuze 1962: 5) W-en gründen in physischen Forderungen zur Erhaltung oder Steigerung des Lebens; sie hängen von der Kraft ab, mit der der Mensch seine Welt interpretiert und perspektivisch ordnet (*JGB* 34; Hofmann 1994: 62 ff.). Durch Furcht oder Anpassung sind sie korrumpierbar, die W als solche bleibt unhintergehbar (*M* 104): „Ist doch das Leben selber – schätzen!" (NF 1883, KSA 10, 22[9]) N.s Konzeption der W prägte besonders die materiale Wertethik, nach der →Werte in genuinen „Werterlebnissen" fundiert sind (Hartmann $^4$1926; Scheler 1966; Henckmann 1992: 87 f.).

*Rainer Otte, Bad Sachsa*

**Wille** | Obwohl der W als wichtiges Thema N.s gesamte Philosophie durchzieht, ändert sich sowohl der Begriffsinhalt wie auch die Bewertung des Wns im Laufe seiner Arbeiten. Stand der →frühe N. der *GT* noch unter dem Einfluss →Schopenhauers, der den Wn negativ als endloses Streben auffasste, dem man durch Kunstbetrachtung vorübergehend entkommen könne, so wendet sich N. mit der Herausarbeitung seines Begriffs vom →Wn zur Macht den in der Physiologie und Psychologie des ausgehenden 19. Jh.s entworfenen normativen Modellen des Wns zu. Hier wird der W mit einem „komplexen psychophysiologischen Mechanismus“ (Ribot [14]1900: 3) identifiziert, der die „hierarchische Koordination“ der Persönlichkeit (ebd.: 153) sichert, indem er im „Kampf der Motive“ (Wundt [9]1909: 225) einem Motiv zum Sieg über andere verhilft. Die berühmten Dissoziations-Phänomene der Moderne (Bewusstseinsspaltung, Hysterie) werden damit als „Wnskrankheiten“ interpretiert, in denen die hierarchische Organisation in die „Anarchie“ (Ribot [14]1900: 153 f.) zurückfällt und kein Motiv mehr dominant werden kann. Indem N. diese Forschung für seine Philosophie adaptiert, wird die Wnspathologie zu einer Leitmetapher seiner Theorie der modernen Kultur. Vor allem wird die demokratische und massengesellschaftliche Nivellierung als Zeichen einer „Disgregation des Wns“ und einer „Anarchie der Atome“ interpretiert (*WA* 7). N. übernimmt dabei die Lesart der psychologischen Literaturkritik Bourgets (1883: 24 f.) in seine Kulturkritik und sieht den Abbau der stilistischen Struktur im Impressionismus (etwa bei →Wagner) als Symptom für die Auflösung des sozialen „Organismus“. So konnte N. behaupten, Wagners „Unfähigkeit zum organischen Gestalten“ resümiere die →Modernität (*WA* 7).

*Michael Cowan, Montreal*

427 ff : WM

**Wille zur Macht** | Der Ausdruck ‚W z M‘ ist im Werk N.s (auch Nachlass) spätestens ab 1877 (NF 1876–77, 23[63]) präsent, jedoch erreicht er erst Mitte der 1880er Jahre den Rang eines Begriffs, der aber nur im geringen Maße im veröffentlichten Werk präsent ist: So finden sich in *Za* nur drei Texte, in denen die Formulierung verwendet und unter den Aspekten der Selbstgesetzgebung (*Za I, Von tausend und Einem Ziele*), des Wissens (*Za II, Von der Selbst-Ueberwindung*) und der Affirmation (*Za II, Von der Erlösung*) thematisiert wird. Allein in *JGB* (8, 13, 22, 23, 35, 186, 198, 211, 259) und gelegentlich in *GM* (*II* 12, 18; *III* 15, 18) sowie in *FW V* (349) wird der W z M des Öfteren als Konzept in jeweils diesen drei Hinsichten verwendet und vereinzelt in N.s vier letzten vollendeten Schriften wiederaufgegriffen (*WA*, Epilog; *GD, Streifzüge …* 20, 38; *Was ich …* 3; *AC* 6, 16, 17; *EH, Vorwort* 4, *GT* 4, *WA* 1, *Warum ich ein …* 4). Im Nachlass sticht insbesondere das Lenzer Heide-Fragment heraus, in dem N. den Wn z M als die Konsequenz des Werterelativismus beschreibt (→Der europäische Nihilismus).

Trotz dieser vergleichsweise wenigen Belegstellen ist der W z M als Schlagwort wie kaum ein anderes mit dem Namen N. verbunden. Dies liegt in erster Linie an der gleichnamigen Kompilation, die als Projekt von N.s Schwester zu lesen ist, ein systematisches Hauptwerk ihres Bruders zu konstruieren (→*Der Wille zur Macht*). N. jedenfalls hat sein diesbezügliches Buchvorhaben nicht mehr fertigstellen wollen und es deshalb aufgegeben. Der entscheidende Grund dürfte die Einsicht gewesen sein, dass es nicht (mehr) möglich ist, die Welt aus einem einzigen Prinzip heraus zu erklären. N. hat insoweit die Konsequenz aus dem von ihm zuvor diagnostizierten Tod Gottes (→„Gott ist tot“) gezogen, der in diesem Fall eine Metapher für das Fehlen des einheitlichen Grundes ist.

Wenn heute vom Wn z M als philosophischem Prinzip die Rede ist, dann wird dabei meist nicht auf die Texte N.s rekurriert, die entsprechend ‚suchend‘ anmuten, sondern zumeist auf die Interpretation durch Heidegger (1961a,b), der N. in seinen Vorlesungen während des Zweiten Weltkrieges als Gelegenheit nahm, sich selbst von den Nazis zu distanzieren, indem er den Wn z M als Philosophie des Nationalsozialismus ausgab, die in der metaphysischen Tradition der Weltbemächtigung stehe; und tatsächlich war N. den Philosophen dieser Zeit diesbezüglich Stichwortgeber (Zapata Galindo 1995). Aus Heideggers Veröffentlichung ist jene Nuance nicht mehr leicht ersichtlich, jedoch hat insbesondere →Derrida gegen →Heidegger und die sich ihm anschließenden ‚Neuen Nietzscheaner‘ in Frankreich gezeigt, dass die vermeintlich starken Konzepte N.s von diesem selbst ad absurdum geführt wurden: Vor allem darin gleichen sich die Begriffe W z M oder →Ewige Wiederkehr und →Übermensch, die N. nur selten in einen Zusammenhang gebracht hatte (Günzel 2004), die aber im Nachgang zu Heidegger oft zusammengedacht wurden (bspw. Abel [2]1998). Eine systematische Tendenz im Konzept des W-ns z M kann allenfalls in einer Kritik an nachkantischen Willenskonzeptionen gesehen werden, wobei sich N. vor allem auf Mainländer stützt (NF 1876–77, 23[12]; Decher 1996), der Schopenhauer dafür kritisierte, eine transzendente Konzeption zu vertreten: Es könne nicht um einen ‚Willen zum Nichts' gehen, wie dies Schopenhauer formulierte – also um eine Überschreitung des Lebens, sondern allenfalls um einen immanenten ‚Willen zum Leben'. N. zieht daraus mit und in Abgrenzung zu Mainländer zwei Konsequenzen: Einmal, dass die Idee vom Willen zum Leben wiedersinnig sei, da etwas, das lebt, nicht einfach leben wollen wird, sondern über andere herrschen wolle. Der vermeintliche Wille zum Leben sei daher eigentlich W z M (NF 1882–83, 5[1]). Zum anderen kann der Wille nicht mehr nur einer sein, sondern tritt vielfach auf, weshalb vom Wn z M im Plural zu sprechen sei (NF 1885–86, 1[58]). Tatsächlich versuchte N. vor diesem Hintergrund, die naturwissenschaftliche Literatur seiner Zeit zu Physik, Kosmologie und Biologie (Müller-Lauter 1978) nach einem ‚Beweis' für seine prinzipielle Überlegung abzusuchen.

*Stephan Günzel, Potsdam*

***Wir Philologen (WPh)*** | 1. Das mit U II 8 bezeichnete Quartheft enthält 240 Seiten, davon sind S. 239–108 von N. vor dem März 1875 beschrieben, erst in schwarzer, ab S. 208 in blauer Tinte. Die Textstücke auf S. 239–148 sind durch Ziffern, die von N. quer über den Text geschrieben sind, in fünf Gruppen eingeteilt. N. überschreibt das Heft mit „Notizen zu WIR PHILOLOGEN" (S. 238). Die fünf Kategorien beziehen sich auf N.s Gliederung: Vorurteile zugunsten der Philologie; Genesis der Philologen; Vorurteil über das Alterthum; Unfähigkeit der Philologen; zukünftige Philologie (S. 174 = NF 1875, 2[3]). Der vordere Teil des Heftes (S. 3–43) enthält Aufzeichnungen, die N. vorläufig mit „Wissenschaft und Weisheit im Kampfe" (WWK) betitelt. Hier werden die „älteren griechischen Philosophen" dargestellt; sie sind ein wichtiger Teil jenes ‚älteren Alterthums', das gemäß *WPh* die griechische Klassik (5.–4. Jh. v. Chr.) und die hellenistisch-römische Epoche als neue kreative, normgebende Epoche, später ‚Archaik' genannt, ablösen soll (3[70]; 5[60]). Im März 1875 überträgt C. v. Gersdorff die S. 239–200 gemäß N.s Einteilung in eine Art Reinschrift (Mp XIII 6b, 1–22) mit fünf bezifferten Kapiteln. Die innere und äußere Form eines Essays vom Typ einer →*UB* wird in der Gersdorff-Fassung deutlich sichtbar. Die Textgestaltung tendiert nicht zu einer Aphorismensammlung (→*Die Pflugschar*). Der Titel („Wir Philologen"), ein Motto aus der Buddha-Legende und die Widmung aus dem Gründungsmythos der deutschen Philologie sind schon gefunden: an F. A. Wolf zum einhundertsten „Geburtstag der Philologie", dem 8. April 1777, als Wolf sich in Göttingen einschrieb, nicht als Student der Theologie, sondern als studiosus philologiae. So fest stellt sich N. in die Tradition der Philologen, die er kritisieren, reformieren, aufheben will: „Ich kenne sie, ich bin selber einer." (5[142]) Die *UB WPh* jedoch blieb unvollendet (Cancik 1994), was →EFN bedauerte und, zum Schaden N.s, zu korrigieren suchte (vgl. Niemeyer 2009).

2. Die unvollendete Betrachtung wird getragen von N.s persönlicher Erfahrung mit Philologie und Philologen als Schüler, Student, Lehrer, Dozent, Forscher: „Ich kenne sie". Sie ist ein wichtiges Dokument in einer langen Reihe von Programmschriften, mit denen seit der italienischen Renaissance eine ebenso anspruchsvolle wie umstrittene, gelehrte und pädagogische, ästhetische, ethische und humanitäre Tradition (*studia humanitatis*) ihren Platz in der neuzeitlichen Gesellschaft (West-)Europas sucht und behauptet; vgl. z. B. die Memoranden des Guillaume Budé: *Über das Studium der Literatur* (1527) und *Über Philologie* (1530); Niethammer (1808); N.s →*BA*. Die Doppelrolle des Philologen als Wissenschaftler und Erzieher, die zweifache Funktion von Altertum als historischer Epoche und normativem Modell wird in

vielen dieser Schriften reflektiert. Auch in der philologischen Einleitungswissenschaft wird diese Struktur humanistischer Bildung behandelt. N.s Vorlesung zur *Enzyklopädie der klassischen Philologie* (1871) stellt das Gesamtgebiet ‚Altertum' in kulturwissenschaftlicher Perspektive vor: Sprache, Literatur, Kunst, Religion, Staat; dazu gehören die Geschichte der Disziplin und Hinweise zur Pädagogik. Diese Topik war durch seine Lehrer →Ritschl und Jahn vorgegeben; er konnte seine Mitschriften ihrer Vorlesungen benutzen (vgl. Cancik 1991). Dieselbe Topik erscheint aber auch, von der Einführungsvorlesung in den Essay transformiert, angereichert mit autobiographischen Hinweisen, mit Zeitkritik und radikaler (Selbst-)Kritik an Schule, Lehrern, Philologie und Philologen in den Notizen zu *WPh*. Die kritische Radikalität schlägt hier um in eine ultrakonservative Neubegründung: „Ich träume eine Genossenschaft von Menschen" (5[30]). N. entwirft ein „Statut der Gesellschaft der Unzeitgemässen" (5[97]), denn die Einsicht in das wahre, das ‚archaische' Altertum macht unzeitgemäß (5[111]; vgl. 6[30]; vgl. Treiber 1992).

3. Die geplante *UB* wurde nicht vollendet, weil – aus Termingründen – zuerst ein Text über „Wagner in Bayreuth" (→*WB*) fertiggestellt werden musste; weil sich neue Lektüren (→Dühring, *Der Werth des Lebens* [1865]; s. NF 1875, 9[1]), neue Freunde (→Rée), neue Stoffe (Psychologie, Medizin, Naturwissenschaft) herandrängten und Antike, Philologie und klassische Pädagogik als Gegenstand, Norm, Mittel für Zeit-Kritik und Aufklärung, Moral und Anthropagogik überboten. Ein erheblicher Teil der Themen und Texte aus *WPh* ist, z. T. über *Die Pflugschar*, nach *MA* übernommen worden und dort, in einem neuen, größeren Zusammenhang, aufgehoben.

*Hubert Cancik, Tübingen/Berlin / Hildegard Cancik-Lindemaier, Berlin*

**Wittgenstein, Ludwig** | W, *26.4.1889 Wien, †29.4.1951 Cambridge, Philosoph, verweist in seinem Werk kaum explizit auf N.; über Ws N.-Lektüre ist nichts bekannt. Dennoch findet sich eine Reihe von Übereinstimmungen mit ihm, die in einer Haltung gegenüber der Philosophie und seiner Zeit begründet sind: 1. Beide Philosophen beurteilen ihre Gegenwart von einem elitären Standpunkt aus. Sie schätzen diese im Vergleich zu den großen Zeitaltern der Kultur Europas (N.) bzw. Österreichs (W 1977: 454 f., 458 f., 462 u. a.) als einen Niedergang ein, der allerdings auch die Chance für einen Neubeginn enthält. 2. In einer aphoristischen Schreibweise sucht W, wie N., das Experimentieren, das Risiko, den Widerspruch und sieht die Tätigkeit des Philosophierens selbst als sein Ziel an (W 1953: §§ 65–71). 3. Ihr Denken richtet sich auf kein direktes Ziel; es folgt vielmehr, ihrer „heraklitischen" Überzeugung entsprechend, den Veränderungen der Welt im Fluss. Über das Denken und seine Bewegung lässt sich kein Wissen gewinnen; vielmehr gibt es für den tätigen Menschen eine unmittelbare und unbezweifelbare Beziehung zur Welt in einer Gewissheit, die nicht begründet, sondern nur geglaubt werden kann (W 1969: § 245). 4. Eine Folge der fließenden Seinsweise der Welt ist die Unfähigkeit der →Sprache, deren Wirklichkeit zu erfassen. Im Verhältnis zur Welt macht sich die Grammatik selbständig und verführt uns durch ihre Artefakte und ihre Logik zu einer irreführenden Sichtweise, die nur von der Philosophie geheilt werden kann. 5. Als Gegenbewegung zur Verwirrung durch die Sprache schlagen beide Philosophen eine weltimmanente Konzeption vor: die Untersuchung der Entstehung der symbolischen Verständigung über die Welt. 6. Der genealogische Aspekt hat sowohl bei N. als auch bei W die Hinwendung zur Handlungspraxis und zum Leiblichen zur Folge. Der →Leib wird als Grundlage unseres Weltverhältnisses angenommen, insofern er den Maßstab aller menschlichen Dinge darstellt. 7. Mit der Frage nach der Entstehung von gemeinschaftlichen Gewissheiten ist die Ablehnung eines privilegierten Zugangs zum Innerpsychischen, damit der Selbsterkenntnis mit Hilfe von Introspektion (bei W: „Privatsprache"), verbunden. 8. Vorrangig bei beiden Philosophen ist ein moralisches (N.) oder ethisches (W) Interesse, das vom weltimmanenten Denken der Philosophie nicht ausgedrückt werden kann (W 1921: Satz 6.42). Lebensbestimmende Interessen können nicht diskursiv dargestellt werden, sondern sind Teil der Lebenspraxis.

*Gunter Gebauer, Berlin*

**WL: Über Wahrheit und Lüge im aussermoralischen Sinne** | Die 1873 entstandene, von N. nicht in Druck gegebene und erstmals 1896 veröffentlichte Schrift gehört in die Tradition der Sprachursprungsschriften und damit in eine Reihe mit Herders *Abhandlung über den Ursprung der Sprache* (1772) oder Rousseaus *Essai sur l'origine des langues* (1781). Ein wichtiger zeitgenössischer Einfluss ist das Werk des Bromberger Gymnasialdirektors G. Gerber *Die Sprache als Kunst* (1871). N.s kurzer Traktat *WL* kann als ein mit rhetorischer Brillanz und Verve vorgetragenes Seitenstück zu Schopenhauers Bild vom Verstand als Hilfsmittel des Willens zum Leben verstanden werden – angewandt auf das Medium der →Sprache. Aus dem statuierten instrumentellen Charakter der Sprache leitet N. die Unmöglichkeit eines Anspruchs auf →Wahrheit, auf Erkenntnis des „Dinges an sich" an diese ab. „Denn es giebt für [den] Intellekt keine weitere Mission, die über das Menschenleben hinausführte", heißt es eingangs (*WL* 1, KSA 1: 875).

Die Erkenntnisqualität der Sprache hat tautologischen Charakter. In der Sprache findet der Mensch nur das wieder, was er zuvor selbst hineingelegt hat: „Wenn Jemand ein Ding hinter einem Busche versteckt, es eben dort wieder sucht und auch findet, so ist an diesem Suchen und Finden nicht viel zu rühmen: so aber steht es mit dem Suchen und Finden der ‚Wahrheit' innerhalb des Vernunft-Bezirkes." (ebd.: 883) Als (damals) guter Kantianer negiert N. also, „dass das Wesen der Dinge in der empirischen Welt erscheint" (ebd.: 884): „[G]anz unfasslich und ganz und gar nicht erstrebenswerth" sei „dem Sprachbildner" das „‚Ding an sich'" (ebd.: 879). Sprache entstehe durch willkürliche Übertragung und durch Abstraktion, durch „Vergessen des Unterscheidenden", durch das „Übersehen des Individuellen und Wirklichen", die Übertragung vom Nervenreiz zum Bild, vom Bild zum Laut und schließlich zum Wort, das stets Metapher bleibe. Somit bilde Sprache eine subtile Struktur von Relationen, jedem Wort falle seine Bedeutung nur in der Abgrenzung von ähnlichen wie entgegengesetzten Begriffen zu.

Sein provokatives Potential entfaltet N.s Schrift durch das Insistieren auf dem grundlegend rhetorischen Charakter der Sprache und der Universalisierung des Scheins, mit der N. den vorherrschenden Sprachidealismus radikal konterkariert. So fasst N. das der Sprache eigene Prinzip des quid-pro-quo in der berühmt gewordenen Definition: „Was ist also Wahrheit? Ein bewegliches Heer von Metaphern, Metonymien, Anthropomorphismen kurz eine Summe von menschlichen Relationen, die, poetisch und rhetorisch gesteigert, übertragen, geschmückt wurden, und die nach langem Gebrauche einem Volke fest, canonisch und verbindlich dünken: die Wahrheiten sind Illusionen, von denen man vergessen hat, dass sie welche sind." (ebd.: 880 f.) Mehr noch: Die Sprache erscheint aus dieser Perspektive als die „Verpflichtung nach einer festen Convention zu lügen" (ebd.: 881). Dabei gilt N.s Bewunderung dem Menschen als Sprachschöpfer, der es fertig bringe, „auf fliessendem Wasser" einen „unendlich complicirten Begriffsdom" zu gründen (ebd.: 882). Die Emphase, mit der in *WL* die sprachschöpferische Leistung des Menschen als genuin ästhetische gerühmt wird, erinnert an →Schillers Spieltheorie. Bei Schiller jedoch wurde die Legitimität des ästhetischen Scheins als „selbständigem" begründet durch die Abgrenzung vom „Logischen". N.s Universalisierung des Scheins impliziert die Transgression dieser „Markung des Scheins".

Die Wirkung von N.s kurzem sprachkritischen Traktat ist nicht hoch genug zu veranschlagen. Die Sprachkrise der Jahrhundertwende und Hofmannsthals Brief des Lord Chandos sind hierfür exemplarisch. Zum Thema auch: Kofman (1972); v. Rahden (1989); Kopperschmidt/Schanze (1994); Hödl (1997); Simon (1999).

*Hans-Gerd von Seggern, Berlin*

***WM: Der Wille zur Macht*** | Bis auf den heutigen Tag sind Bücher mit diesem Titel und mit dem Namen N. (als Autor) weit verbreitet. Zu denken ist dabei natürlich vor allem an die (1996 in 13. Aufl. vorgelegte) einschlägige Edition als Kröners Taschenausgabe (KTA) 78. Aber auch diverse Nachdrucke sowie Übersetzungen sind in Betracht zu ziehen, die mitunter (etwa in Osteuropa) gesehen werden als billiger Ersatz angesichts der als unerschwinglich wahrgenommenen Lizenzgebühren für die →Colli/Montinari-Ausgabe (wo der Nachlass, aus dem *WM* konstelliert wurde, nachlesbar ist). Die Folgen dieser Verlags- und Einkaufspolitik für das N.-Bild (in den betreffenden Kundenschichten und Ländern) dürften verheerend sein, wie aus der (deutschen) Vergangenheit, die Rezeptionsgeschichte von *WM* betreffend, gelernt werden kann und jedem evident ist, der einmal einen etwas längeren Blick in eines dieser Bücher geworfen hat: N. begegnet dem Leser hier in gleichsam geballter Form wie ein Autor, dem es primär um Verkündung des seiner Auffassung nach Richtigen zu tun ist, nicht aber um Begründung und subtile Prüfung des Triftigen. Dies überrascht nicht, wenn man bedenkt, dass sich N. hier zwar nicht durchgehend, wohl aber mehrheitlich an ein Darstellungsprinzip hält, das an den Ton von *AC* 2 oder 3 erinnert und das er in *GM*, als er erstmals auf „ein Werk, das ich vorbereite: **Der Wille zur Macht**, Versuch einer Umwerthung aller Werthe", hinwies – ein Projekt, in dessen Nachfolge →*AC* zu sehen ist –, mit den Worten ankündigte, er werde in diesem Buch einige jener in *GM* erörterten Themen „gründlicher und härter" (*III* 27) anfassen. Dass N. von diesem Vorhaben Abstand nahm, hat sich inzwischen wohl herumgesprochen. Da aber *WM*, immerhin (noch vor *Za*) das meistzitierte Buch in der deutschsprachigen N.-Rezeption des 20. Jh.s, nach wie vor weltweit in Umlauf ist, scheint eine aufklärende Rückerinnerung wie die nachfolgende wohl doch nicht ganz entbehrlich.

Zurückzugehen ist dabei auf Ende 1896, als N.s Schwester →EFN einer Freundin schrieb, es müsse sobald als möglich der Irrtum beseitigt werden, dass N. „„nur unzusammenhängende Bruchstücke einer Philosophie gegeben hat.'" (zit. n. Hoffmann 1991: 50) Sie dachte dabei an die Edition von *WM*, N.s angebliches (Prosa-)Hauptwerk, das in der Folge auf fragwürdigste Art aus diversen Nachlassaufzeichnungen N.s kompiliert wurde (vgl. Montinari 1976; Haase/Montinari 1980; Fuchs 1997; Kuhn 1999), und zwar ungeachtet von N.s diesbezüglich unzweideutiger Willensbekundung: „[D]er Gedanke an ‚Publicität' ist eigentlich ausgeschlossen" (An Köselitz, 26.2.1888). Am 3.9.1888 begrub N. seine Pläne in Sachen *WM* endgültig zugunsten der Arbeit an *AC* (An M. v. Salis, 7.9.1888). Derlei freilich ignorierte EFN und/oder brachte es dem Publikum erst gar nicht zur Kenntnis, so wie etwa den wichtigen Brief N.s an P. Deussen vom 26.11.1888 mit der Nachricht, seine „Umwerthung aller Werthe, mit dem Haupttitel ‚**der Antichrist**'" sei fertig: In dem 1900 erschienenen ersten Band der GBr sucht der Leser unter den ansonsten vollständig versammelten Briefen an Deussen nach exakt diesem Schreiben vergeblich (vgl. Müller-Buck 1998: 333).

So kam es, wie es kommen musste: 1901 erschien N.s *WM*, enthaltend 483 Aphorismen, abgesegnet von EFN – die Vorwort und Nachbericht beisteuerte – und 1907 von →E. Horneffer, einem der drei Herausgeber (neben A. Horneffer und Köselitz), vernichtend kritisiert (vgl. Müller-Lauter 1995: 224 f.). EFNs (Selbst-)Kritik beschränkte sich auf das Monitum, dass hier „noch Manches [fehlt], was der Autor ausdrücklich für dieses Werk bestimmt hatte" (1904: 694). Damit war der Grund gelegt für das 1906 erschienene Machwerk $^{2}$*WM* als (fortan) kanonische Ausgabe mit nun 1067 Aphorismen, die zumal durch die Edition von A. Baeumler (1930, als Bd. 78 der KTA) und dessen Lobspruch, es handele sich hier um „das philosophische Hauptwerk N.s", das dessen „System" bringe (1930: 699), verhängnisvolle Wirkung (insbesondere im Nationalsozialismus) entfalten sollte (vgl. Müller-Lauter 1995: 226 f.). Bemerkenswert an dieser Edition ist nicht nur, dass N.s Publikationsverzicht ignoriert wurde, sondern dass EFN (und in deren Nachfolge Baeumler) selbst der dezidierteste Plan N.s *pro* Publikation (NF 1888, 12[1]) nur am Rande interessierte, mit der Folge, dass nur

270 der 374 von N. für *WM* – vor endgültiger Aufgabe des diesbezüglichen Plans – bestimmten Passagen Aufnahme in diese Ausgabe fanden, von denen wiederum „137 unvollständig bzw. mit willkürlichen Textänderungen […] wiedergegeben" wurden (Montinari 1976: 338). Der offiziellen, von R. Oehler propagierten Legende zufolge zeichnete EFN für die „Auswahl der Aphorismen" verantwortlich, wohingegen Köselitz „die Garantie für die Exaktheit des Textes übernahm." (BAW 1: XXVI) Die tatsächliche Vorgehensweise entsprach wohl eher dem, was sich in einem Brief von EFN an Köselitz (18.9.1905) dahingehend angedeutet findet, dass es beiden darum gehen müsse, „ein großartiges Al-Fresco […] mit dem [sic!] Farben und dem Pinsel meines Bruders" (zit. n. Love 1981: 250) zu malen. Im Ergebnis fiel die Entscheidung beider „zugunsten deutlicher und vermeintlich leicht verständlicher Aussagen", bei gleichzeitiger Unterschlagung der Seite des „besonnenen Analytikers" und unter Verzicht auf Passagen, „die allzudeutlich Religion, Kirche und Reich verunglimpften" (Fuchs 1997: 391).

Einige Textproben müssen genügen, um das von Losurdo (2009) bagatellisierte (vgl. Niemeyer 2009) Problem anschaulich zu machen. Dabei kann Bezug genommen werden auf den Umstand, dass der 1904 erschienene dritte Band von EFNs N.-Biographie bereits die in ihrer Sicht wichtigsten Textstücke aus der 1906er Edition ²*WM* bringt, mehr als dies: EFN zitierte in diesem Band erstmals aus später (1909) von ihr edierten Briefen, darunter aus dem von ihr gefälschten Brief Nr. 461 (GBr V/2: 719 ff.) – ein angeblich an sie gerichteter Brief N.s vom 20.4.1887 –, den EFN (1904: 690) so deutete, als habe N. damals unmittelbar vor Vollendung eines von ihm am 17.3.1887 in Nizza niedergelegten Plans (vgl. NF 1886–87, 7[64]) zur Vollendung von *WM* gestanden. In diesen Kontext gehört auch der von EFN gefälschte Brief Nr. 502 (GBr V/2: 799 ff.) – ein angeblich an sie gerichteter Brief N.s von Ende Oktober 1888 –, dessen entscheidende Passage die Schwester im Bestreben, N. gleichsam als Philosoph des Wilhelminismus zu autorisieren, gleichfalls im letzten Band ihrer N.-Biographie zitierte: „Unser neuer Kaiser aber gefällt mir immer mehr: […]. Der Wille zur Macht als Prinzip wäre ihm schon verständlich." (zit. n. EFN 1904: 890) Dass dieser Satz unmöglich von N. stammen konnte, hätte am ehesten EFNs Helfer →Köselitz wissen müssen eingedenk eines von ihm erstmals 1908 in der GBr (IV) veröffentlichten Briefes von N. an ihn vom 20.6.1888, in welchem N. den Tod des (alten) Kaisers Friedrich III. – „ein kleines Schimmerlicht von FREIEM Gedanken" – beklagte und von Wilhelm II. bzw. dem nun anhebenden „Regiment Stöcker" erwartete, „daß nunmehr mein ‚Wille zur Macht' zuerst in DEUTSCHLAND confiscirt werden wird …" Tatsächlich handelt es sich bei Brief Nr. 502 um eine Fälschung EFNs, wie erstmals Schlechta 1956 bekanntgab (SA III: 1411) – zu spät offenbar für Löwith (1956: 11), der im nämlichen Jahr in der Einleitung zum ersten Band seiner von unerkannten Werkfälschungen nicht freien, weit verbreiteten Auswahledition unter Verweis auf diesen Brief die Aktualität N.s in der Zeit des Dritten Reichs meinte erläutern zu dürfen (vgl. auch Löwith 1959: 9). Zu nennen ist in diesem Zusammenhang auch Lukács, der schon während des Zweiten Weltkrieges gleichfalls unter Bezug auf Brief Nr. 502 als Skandal herausgestellt hatte, wie „entschieden N. mit dem neuen Kaiser sympathisierte." (1943: 195) Beide irrten bzw. saßen den Brieffälschungen EFNs auf, um die der N.-Intimus Köselitz schon im Januar 1910 geahnt hatte, nachdem er im April 1909 bei einem Archivbesuch darauf aufmerksam geworden war, dass es in der von EFN benutzten Vorlage für diesen Brief „fraglos ‚schwer verständlich' statt ‚schon verständlich' heissen müsse" (KSA 14: 743), mehr als dies: Dass diese Vorlage allein schon deswegen nichts mit dem ‚neuen Kaiser' Wilhelm II. zu tun haben könne, weil sie der Zeit *vor* dessen Inthronisation entstammt, als N. im Entwurf einer Vorrede für das damals noch geplante Buch *WM* geschrieben hatte: „Ein Buch zum Denken, nichts weiter: es gehört denen, welchen Denken Vergnügen macht, nichts weiter […]. Die Deutschen von Heute sind keine Denker mehr: […]. Der Wille zur Macht als Princip wäre ihnen sch(we)r verständlich …" (NF 1887, 9[188]) Man sieht: Der ‚Wille zur Macht' ist von N. als anspruchsvolle Denkfigur konzipiert worden, nicht aber als schlichte Handlungsanweisung – und EFN schaffte es 1904 mit einem vergleichsweise simplen Trick, eben diese Intention N.s komplett umzukehren.

Auch die vorab (1904) von EFN präsentierten Zitate aus $^2$*WM* gehorchten von vornherein der hiermit markierten theoriepolitischen Absicht: EFN wollte, im Sinn ihrer bereits angeführten brieflichen Bemerkung von Ende 1896, nun auch in diesem Band ihrer Biographie dartun, dass N.s Bücher „trotz der aphoristischen Form [...] der Ausdruck einer in sich geschlossenen Gesamtanschauung sind" (EFN 1904: 670). Von dieser Zielsetzung ausgehend unterschlug EFN in der Folge diametral hierzu stehende Gedanken N.s, und zwar ungeachtet dessen, dass er diese ursprünglich in *WM*, und zwar schon in der Vorrede dieses Werkes, hatte platzieren wollen. Hierzu gehört beispielsweise seine dann in *GD, Sprüche und Pfeile* 26 eingeflossene Bemerkung: „Ich misstraue allen Systemen und Systematikern und gehe ihnen aus dem Weg [...]. Der Wille zum System: bei einem Philosophen moralisch ausgedrückt eine feinere Verdorbenheit, eine Charakter-Krankheit, unmoralisch ausgedrückt, sein Wille, sich dümmer zu stellen als man ist – Dümmer, das heißt: stärker, einfacher, gebietender, ungebildeter, commandirender, tyrannischer ..." (NF 1887, 9[188]). Im Lichte dieses Zitats gelesen, wird man EFNs Fälschungen in Sachen $^2$*WM* als Versuch zu deuten haben, ihren Bruder in jene von ihm abgelehnte ‚dumme' Rolle zu zwingen (→Systematik).

Im Ergebnis jedenfalls sah EFN nach der so begradigten Quellenlage keine Hindernisse mehr, die zentrale Botschaft, die N. angeblich mit *WM* verfolgt habe, unters Volk zu bringen: „‚Die →Deutschen SIND noch nichts, aber sie WERDEN etwas; also haben sie noch keine →Cultur – also können sie noch keine Cultur haben!'" (zit. n. EFN 1904: 703) Jene Lesart, auf die es EFN bei diesem 1906 als Eröffnungssatz von § 108 von $^2$*WM* präsentierten und zumal im Dritten Reich in (auflagenstarken) Auswahleditionen (vgl. etwa R. Oehler 1933: 89; Scheiner 1934: 109; v. Hauff $^5$1941: 141; R. Oehler 1944: 310) immer wieder dargebotenen Zitat angelegt hat, findet sich, am Vorabend des Zweiten Weltkrieges, bei dem geisteswissenschaftlichen Pädagogen E. Spranger: „Aus tiefster Verzweiflung uns wieder zu erheben, aus dem Leiden heraus stärker und reiner zu werden, wurde uns manchmal vergönnt. N. hat die Deutschen deshalb die ewig Werdenden genannt." (1939: 325) Sprangers Lesart wurde begünstigt durch EFNs Präsentation. Zwar stimmt ihre Versicherung, sie „FÜGE NICHTS HINZU, sondern nur die einzelnen Aphorismen so aneinander, daß sie eine fortlaufende Gedankenreihe bilden" (1904: 696), insoweit sie nicht die Garantie einschließt, nichts fortgelassen zu haben. Denn genau dies ist der Fall: Was EFN in ihrer Biographie unterschlug, ist die gleich nachfolgende Bemerkung N.s: „Dies ist mein Satz: mag sich daran stoßen, wer es muß: nämlich wer Deutschthümelei im Schädel (oder im Schilde) führt!" (NF 1885, 36[53]) Zumindest den Nachsatz hielt EFN auch zwei Jahre später offenbar noch für zu heikel im Blick auf das von ihr propagierte (deutschtümelnde) N.-Bild, so dass ihn der Leser von $^2$*WM*, § 108 vergeblich sucht, ebenso wie der Leser des 1956 erschienenen und von Schlechta neu kompilierten diesbezüglichen Nachlasses (vgl. SA III: 452), mit der Folge, dass er erst seit Vorliegen des entsprechenden Bandes der Colli/Montinari-Ausgabe bekannt ist.

Die Folgen dessen lassen sich anhand der N.-Rezeption im →Nationalsozialismus studieren, wie am Fall Spranger gesehen und auch am Exempel →Baeumler (1931a: 159 f.; 1934b: 294) nachgewiesen werden könnte (vgl. Niemeyer 2002a: 218 ff.). Fast zwangsläufig sind dann, mit umgekehrtem Vektor, die Folgen nach 1945, etwa bei Glum (1954: 136), aber auch, in dessen Kielwasser, bei Taureck, der zwar, anders als Glum, nach der KGW/KSA zitierte, aber eben mit der entsprechenden, selbst von Aschheim (1992: 270) nicht problematisierten Auslassung [„mag sich daran stoßen, wer es muß: nämlich wer Deutschthümelei im Schädel (oder im Schilde) führt!"], mit der Folge, dass Taureck meinte ableiten zu dürfen, N. habe auf „nationale[n] Potenzen" Deutschlands abgestellt und insoweit beigetragen zur Einigung des „Spektrum[s] der Rechten (Wilhelm II, Moeller van den Bruck, →Spengler, →Ernst Jünger und die Nationalsozialisten) im Inneren" (1989: 157).

Ganz abgesehen davon missachtete Taurecks Vorlagengeberin EFN, dass der in Rede stehende Nachlassvermerk allein deshalb nicht für *WM* in Betracht gezogen hätte werden dürfen, weil es sich um nichts weiter handelt als um eine Vorstufe für den folgenden Satz aus *JGB*: „Der Deutsche selbst IST nicht, er WIRD, er ‚entwickelt sich'. ‚Entwicklung' ist deshalb der eigentlich deutsche Fund und Wurf im grossen Reich philosophischer Formeln: – ein regierender Begriff, der, im Bunde mit deutschem Bier und deutscher Musik, daran arbeitet, ganz Europa zu verdeutschen." (244) Der in diesem Nachsatz ausgesprochene Protest N.s gegen die ‚Verdeutschung' Europas komplettierte N.s Spott über die ‚Deutschtümelei' in dem von EFN unterdrückten Zitatteil aus der Vorstufe dieses Satzes und diskreditiert insofern endgültig ihr Unterfangen, mit dem aus dem Zusammenhang entbundenen Bruchstück Funken für ihre Lesart von N.s Willen zur Macht schlagen zu wollen.

Ähnliches lässt sich notieren im Blick auf jenes Zitat, mit welchem EFN in ihrer N.-Biographie ihre Ausführungen zum Themenkomplex *WM* beschließt: „„DIESE WELT IST DER WILLE ZUR MACHT – UND NICHTS AUSSERDEM! Und auch ihr selber seid dieser Wille zur Macht – und Nichts außerdem!"" (1904: 815) Denn N. hat diese Sätze aus dem Nachlass von 1885 (38[12]), mit denen 1906 ²*WM* (als § 1067) ausklingen wird und mit denen selbst noch Löwith (1959: 168) seinen Auszug *Aus dem Nachlaß der Achtzigerjahre* beendete – wodurch sie in der Folge eine erhebliche Popularität gewannen (vgl. etwa Fink 1960: 177; Gerhardt 1983/1996: 292) –, gar nicht im Blick auf *WM*, sondern in Vorbereitung zu *JGB* niedergeschrieben (Montinari 1976: 334). Die dort präsentierte Textvariante, über deren Gehalt und Bedeutung heftiger Streit ausbrach (vgl. Heftrich 1962: 71 ff.; 1989: 113 ff.; Brotbeck 1990: 152 ff.), wird eröffnet – und dies stellte erstmals Schlechta (1959: 99 ff.) gegen Löwith (1958) heraus (vgl. auch Müller-Lauter 1974/1995: 33 ff.) – mit dem Konjunktiv: „Gesetzt, dass nichts Anderes als real ‚gegeben' ist als […]", um zu enden mit: „[…] die Welt […] wäre eben ‚Wille zur Macht' und nichts ausserdem." (*JGB* 36) EFN verwandelte also durch ihre Präsentation des in Rede stehenden Satzes einen Begriff mit einem „ausschließlich kritischen Sinn" (Stegmaier 1994: 85) wieder zurück in ein metaphysisches Prinzip. Die Konsequenzen dessen zeigten sich 1940, als →Heidegger schrieb: „Wenn alles Seiende Wille zur Macht ist, dann ‚hat' nur Wert und ‚ist' nur ein Wert solches, was die Macht in ihrem Wesen erfüllt." (1961b: 37) Und sie zeigten sich nach 1945 zumal in der DDR (vgl. etwa Pepperle 1986: 955), wo man unter Berufung auf § 1067 ²*WM* und dessen Wirkung zur Verdammnis N.s. schritt und Quellenkritik offenbar als hinderlich erlebte im Blick auf dieses Ziel (vgl. auch Müller-Lauter 1989: 41).

Nicht minder fatal für die N.-Wirkung zumal nach 1933 war EFNs Präsentation des N.-Satzes: „„Meine Philosophie bringt den siegreichen Gedanken, an welchem zuletzt jede andere Denkweise zu Grunde geht. Es ist der große ZÜCHTENDE Gedanke: die Rassen, welche ihn nicht ertragen, sind verurtheilt; die, welche ihn als größte Wohlthat empfinden, sind zur Herrschaft ausersehn."" (zit. n. EFN 1904: 813) Dieses Zitat, das EFN 1906 als § 1053 von ²*WM* präsentierte, wurde in der Folge zumal bei Nazis populär und folgerichtig nach 1945 zum Skandal, etwa mit der Bemerkung, N. habe sich bis hinein in „seine[n] letzten bewussten Augenblick […] als Verkünder des Wiederkunftsgedankens bezeichnet und in ihm den entscheidenden Weltgedanken der zukünftigen Herren der Erde erblickt." (Müller 1946: 36) Tatsächlich aber handelt es sich nur um einen der letzten Gedanken von EFNs ²*WM*, nicht aber um einen solchen N.s, im Gegenteil: Das Zitat entstammt dem Nachlass von 1884 (26[376]) und mithin einer Zeit, zu der N. noch gar nicht über ein Buchprojekt mit dem Titel *WM* nachdachte. Thematisch ging es damals um eine Vorarbeit zu *Za IV*, konkret: um den Umstand, dass die Denkweise der hier der Reihe nach vorgeführten ‚höheren Menschen' durch jene Zarathustras überboten wird und insoweit nicht geeignet sei, „der Erde Herr [zu] sein" (*Za IV, Das Nachtwandler-Lied* 5). Weitergehendere Lesarten, ausgehend etwa von Vokabeln wie ‚Rasse' oder ‚Herrschaft', sind Folge von EFNs Einordnung dieses Nachlassfragments in ²*WM* unter der Überschrift *Die ewige Wiederkunft* als III. Kapitel des mit dem Titel *Zucht und Züchtung* versehenen Vierten Buchs (vgl. auch Santaniello 1997: 56).

Aus den vorgenannten Beispielen folgt allerdings nicht, dass alle Passagen von ²*WM* gleich gut geeignet waren für eine Nazifizierung N.s. So brachte EFN zwar N.s – von ihm ursprünglich für *WM* bestimmte (vgl. Fuchs 1997: 393) – „Maxime" in Wegfall: „mit keinem Menschen umgehn, der an dem verlogenen Rassen-Schwindel Antheil hat" (NF 1886–87, 5[52]), und sie war damit erkennbar erfolgreich bei jenen, die N. nach 1945 als geistigen Wegbereiter Hitlers meinten auslegen zu dürfen. Auch strich EFN die auf den Antisemiten Stöcker gemünzte Vokabel „Hofprediger-Canaille" (NF 1887–88, 11[235]) in § 748 von ²*WM*. Aber den Ausdruck „Hornvieh-Nationalismus" aus dem nämlichen Nachlassfragment ließ EFN unbeanstandet (wohl, weil er schon in *GM III* 26 angedeutet wird). Auch das Lob der Juden brachte EFN (in § 49) zum Abdruck – mit der Folge, dass im Dritten Reich schon vergleichsweise früh eingewandt wurde, dass N. hier „positiv von den Juden" rede (Löpelmann 1933: 498), etwa wenn es heißt: „Welche Wohlthat ist ein Jude unter Deutschen! wie viel Stumpfheit, wie flächsern der Kopf, wie blau das Auge; der Mangel an esprit in Gesicht, Wort, Haltung; das faule Sichstrecken, das deutsche Erholungs-Bedürfniß, das nicht aus Überarbeitung, sondern aus der widrigen Reizung und Überreizung durch Alcoholica herkommt …" (NF 1888, 15[80]) Ein Satz wie dieser, so lästerte Karl Kraus, hätte seinem Urheber im Dritten Reich ein „‚Jahrtausend Konzentrationslager' eingebracht" (zit. n. Piecha 1998: 145) – und wurde zu eben dieser Zeit nur deswegen zu einem Problem für EFN, weil sie übersehen hatte, dass es hier gar nicht um eine von N. für *WM* bestimmte Überlegung ging, sondern um eine Vorstufe für *EH, WA* 4.

Von diesem Befund bleibt aber der Ertrag in der Hauptsache unbetroffen: Wenn man die im Vorhergehenden angedeuteten, von EFN zu verantwortenden Fragwürdigkeiten dieser Edition bedenkt, aber auch die Bedeutung von ²*WM* für die Rezeption N.s (vgl. Müller-Lauter 1995) – insbesondere für die nach 1933 greifende Nazifizierung N.s –, und wenn man zusätzlich die einleitend angesprochene, nach wie vor bestehende Verbreitung dieser Edition einbezieht, wird man in leichter Abwandlung mit Montinari konstatieren müssen: Es handelt sich hier – da eine ‚kalte' Bücherverbrennung, also ein Druckverbot für diese Edition natürlich nicht in Frage kommt – um ein echtes, immer wieder der Aufklärung bedürftiges Problem „der gesamten N⟨ietzsche⟩-Rezeption (und Interpretation) BIS HEUTE!" (zit. n. Müller-Lauter 1989: 41)

*Christian Niemeyer, Dresden*

**Wortspiel** | Das W ist dasjenige Stilmittel, das seine eigene Zeichenökonomie am spürbarsten akzentuiert (vgl. Stingelin 1999c), sei es durch die syntagmatische, horizontale Wiederholung eines Wortes mit mehr oder weniger großen Variationen, sei es durch die paradigmatische, vertikale Ersetzung eines Wortes durch ein identisches, aber doppeldeutiges (Ambiguum) oder ähnliches (Paranomasie) (vgl. Hausmann 1974; Wagenknecht 1965, 2003). In beiden Fällen führt das W zu einer ebenso pointierten wie poetischen Verdichtung des Ausdrucks. N wird sich dieser Ökonomie der →Zeichen zusehends mehr bewusst: „In gewissen Sprachen ist Das, was hier [in der Horazischen Ode; d. Verf.] erreicht ist, nicht einmal zu WOLLEN Dies Mosaik von Worten, wo jedes Wort als Klang, als Ort, als Begriff, nach rechts und links und über das Ganze hin seine Kraft ausströmt, dies minimum in Umfang und Zahl der Zeichen, dies damit erzielte maximum in der Energie der Zeichen – das Alles ist römisch und, wenn man mir glauben will, VORNEHM par excellence." (*GD, Was ich…* 1) Eine katalysatorische Rolle mag dabei das im Frühjahr 1883 von N. vorübergehend als einem der ersten benützte Schreibwerkzeug der Schreibmaschine gespielt haben, durch das er sich zu größerer Sparsamkeit im Umgang mit dem Aufwand des Schreibens angehalten sieht (vgl. Stingelin 1988b). Im Grad, wie N. sich dieser Zeichenökonomie, die sowohl in Form der Kürze wie der Pointierung kennzeichnendes

Stilmerkmal des →Aphorismus ist (vgl. Fricke 1984: 7–18), zusehends mehr bewusst wird, pflegt er ausdrücklicher diese Gattung. Gleichzeitig wendet er insbesondere in *Za* das W performativ als Übung des sprachkritischen Vorbehalts gegen sich selbst: Die Pointe des Ws besteht gerade darin, die ökonomischen Bedingungen der eigenen Möglichkeit zu reflektieren (vgl. Stingelin 1988a).

*Martin Stingelin, Dortmund*

***WS: Der Wanderer und sein Schatten*, s. *MA II***

**Wüste** | In *VM 31* kontrastiert N. die „W der Wissenschaft" (mit ihren eher bescheidenen und mühsam erarbeiteten Wahrheiten) sowie die „glänzenden Lufterscheinungen, die man ‚philosophische Systeme'" nenne und die Lösung aller Rätsel mit einem Schlage versprächen. N.s Aphorismenstil, den er insbesondere in seiner mittleren Periode pflegt, gleicht, von diesem Vergleich aus gelesen, eher der Wanderung in der als Landschaft der Seele zu verstehenden W, als einer systematischen Philosophie, der er auch später noch bewusst ausgewichen ist (vgl. Günzel 2001). Die Zeit der „grossen Loslösung" (*MA I, Vorrede* 3) von seiner frühen →„Artisten-Metaphysik" war für N. eine Zeit der Vereinsamung, die dementsprechend ebenfalls unter der Metapher der W erscheint und in Zarathustras erster Rede im Gleichnis von der Verwandlung des schwer beladenen Kamels in den sich Freiheit raubenden Löwen ihren Niederschlag gefunden hat (*Za I, Von den drei Verwandlungen*). Die W als Ort der Einsamkeit ist dabei ein notwendiges Durchgangsstadium auf dem Wege des →freien Geistes zu sich selbst, das zugleich die Augen für die „TAUSEND Quellen in der W" öffnet (NF 1878, 27[48], [85]). Gegen Ende von *FW V* taucht dann plötzlich wieder wie in einer neuerlichen Luftspiegelung oder als wiederentdeckte Quelle neuen Sinns der Erde der „Reichste an Lebensfülle, der dionysische Gott und Mensch" auf, „welcher aus jeder W noch ein üppiges Fruchtland zu schaffen im Stande ist." (370) Im Zeichen des →Dionysos betrachtet, in dem die *DD* stehen, kann daher auch die Warnung des europäischen Wanderers vor den Töchtern der W: „Die W wächst: weh dem, der Wn birgt!" nicht mehr bedeuten, als moralisches „Tugend-Geheul" (*Za IV, DD, Unter Töchtern der Wüste*) (vgl. auch Skowron 2007a).

*Michael Skowron, Daegu*

***Za: Also sprach Zarathustra*** | Za, N.s Hauptwerk, in welchem man die Lehren vom →Übermenschen, von der →ewigen Wiederkunft sowie vom →Willen zur Macht in ihrer ersten Gestalt besichtigen kann, erschien zwischen August 1883 und April 1885 in vier Teilen, der letzte in Kleinstauflage als Privatdruck. Die Resonanz war zunächst niederschmetternd, im Gegensatz zu den hoch gespannten Erwartungen N.s oder dem um 1900 einsetzenden Erfolg von Zarathustras nun als prophetisch gelesenen Reden (vgl. Pestalozzi 2001), ganz zu schweigen von dem durch →EFNs Kriegsausgabe forcierten ‚Erfolg' im Tornister des deutschen Soldaten insbesondere im Ersten Weltkrieg. Berühmt-berüchtigt ist *Za* auch wegen Sprüchen wie →„Werdet hart!", dem Zitat →„Nichts ist wahr, alles ist erlaubt!" oder dem ebenso müden wie legendären Witzchen mit der →Peitsche.

Formal gesehen steht *Za* einzig da in N.s Werk, aber auch in der Philosophiegeschichte: „Es ist eine ‚Dichtung'", hatte N. (An Schmeitzner, 13.2.1883) seinen →Verleger schon früh warnend wissen lassen – für sich behaltend, dass der Leser sich auf eine verquere, versponnene Erzählung gefasst machen müsse, auf verfremdete Zitate (insbesondere aus der Bibel), →Wortspiele und Wortverschiebungen, auf parodistische Einlagen und schwer zu deutende Rätsel, Träume, Symbole und →Metaphern, auf zahllose Tiere (vgl. hierzu Acampora/Acampora 2004), auf Handlungsträger, die meist hinter →Masken auftreten und in der Regel eine Sprache benutzen, die damals ungewohnt war und fremdartig – wenngleich anregend für den Expressionismus (Martens 1978) –, kurz: N. irrte nicht, als er Köselitz ahnungsvoll schrieb und insoweit den abfälligen Urteilen von Autoren wie Sloterdijk (2001: 25 ff.), Safranski (2000; s. Bloch 2001: 96), Th. Mann (1947b: 15) oder auch Spitteler vorgriff, der, sehr zu N.s Ärger, die giftige Bitte aussprach, N. möge nach dieser ‚höheren Stilübung' „später doch auch für Inhalt sorgen" (*EH, Warum ich so gute* ... 1): „[V]on jetzt ab werde ich wohl in Deutschland unter die Verrückten gerechnet werden" (1.2.1883), zumal gelte, mit Seitenblick wohl vor allem auf das →„Lou-Erlebnis" gesprochen: „Im Einzelnen ist unglaublich Vieles persönlich Erlebte und Erlittene darin, das nur mir verständlich ist" (An Köselitz, Ende August 1883).

Schon dieser Hinweis, der ein biographieorientiertes Herangehen an *Za* ermutigt, lässt die mitunter geübte Kritik an selbigem als „systematisch uninteressant" (Zittel 2002: 292) fragwürdig werden. Die zusätzliche, dogmatisch vorgetragene Behauptung, es handele sich bei *Za* „um ein ästhetisches Gebilde [...], das mit kunstadäquaten Methoden erschlossen werden muß" (Zittel 2008: 381), nimmt sich im Übrigen etwas merkwürdig aus im Blick auf N.s Hinweis, *M* und *FW* könnten als „Einleitung, Vorbereitung und Commentar" (An Overbeck, 7.4.1884) zu *Za* (den ersten drei Teilen) gelesen werden. Ähnlich äußerte sich N. über *JGB* (An Overbeck, 5.8.1886), über die neuen Vorreden zu *GT* und *MA I* (An Fritzsch, 29.8.[bis 1.9.]1886), über *EH* (An Deussen, 26.11.1888) sowie, gleich zu Beginn des Vorworts, über *AC*, nicht zu vergessen: Die dritte Abhandlung von *GM* ist in Gänze – ungeachtet diesbezüglich geltend gemachter Zweifel (Wilcox 1998) – ein Kommentar zu dem Satz aus *Za I*, die „Weisheit" sei ein „Weib", das „immer nur einen Kriegsmann [liebt]" (*Vom Lesen und Schreiben*). Insoweit gibt es hinreichend Anlass, *Za* im Kontext der Werke des →‚mittleren' und ‚späten' N. zu lesen und die hier gewählte Dichtersprache in jene dort entwickelte Theoriesprache zu übersetzen. Dies soll im Folgenden unter Konzentration auf zentrale Inhalte getrennt für die vier Teile versucht werden (vgl. auch Niemeyer 2007a).

***Za I:*** Vorauszuschicken ist: N. rekurrierte mit seiner Maske Zarathustra (im Folgenden: Z) auf den altiranischen Religionsstifter →Zoroaster, weil er eine Leitfigur suchte für seine Absicht, „Geschichte im Ganzen Großen" zu denken und gleichfalls ein „Reich von tausend Jahren" (NF 1884; 25[148]) zu begründen, um dieses gegen das Reich Gottes zu setzen. So gesehen ist *Za* N.s „→Bibel der Zukunft" (An Deussen, 26.11.1888), mit welcher ihr Verfasser „die Geschichte der Menschheit in zwei Hälften" (An Overbeck, 8.3.1884) spalten wollte: in eine vor und in eine nach N. Dieser kaum überbietbaren Ambition entspricht die Vorrede von *Za I*, die N. anlässlich der Neuausgabe der unverkauften Bestände der ersten drei Teile in einem Band als gültig erklärte „für das ganze Werk" (An Fritzsch, 7.8.1886) und in welcher Z als Handlungsträger – mit deutlicher Jesus-Analogie – eingeführt wird unter Anrufung der „Sonne" (*Zarathustra's Vorrede* 1), seit →Platon „Inbegriff und Quell alles Wahren, des Seins und des Wissens" (Zittel 2000a: 153). Denn damit sind zwei der zentralen ‚großen Erzählungen' humanistischer Bildung – und dies auch noch in Gestalt einer einmal anti-christlichen, einmal anti-platonischen →Parodie (vgl. Gooding-Williams 1994: 54) – angesprochen, mit der Botschaft, dass man weder via →Jesus noch via Platon zur Erlösung und/oder Erkenntnis und/oder Tugend gelangen kann, wohl aber via Z.

Dessen nun anhebende ‚große Erzählung' hat zunächst den Tod Gottes (→„Gott ist tot") – in Anlehnung an *FW* 125 – sowie die Lehre vom →Übermenschen zum Thema, Letzteres in Gestalt eines Vortrags „auf dem Markte", wo das Volk eines Seiltänzers harrt – ein Szenario, das Z Anlass gibt, in medias res zu gehen: „Alle Wesen bisher schufen Etwas über sich hinaus: und ihr wollt die Ebbe dieser grossen Fluth sein und lieber noch zum Thiere zurückgehn, als den Menschen überwinden?" Der Übermensch ist also kaum mehr als der sich angesichts des Todes Gottes zu eigenverantwortlichem Handeln aufraffende, sich überwindende Mensch, nicht aber etwa jemand, der über anderen steht – wie etwa der Seiltänzer, „welcher glaubte, dass das Wort ihm gälte" und der sich daraufhin „an sein Werk [machte]." (*Zarathustra's*

*Vorrede* 3) Anders gesprochen: Z ist bei seinem ersten Versuch, als ‚Lehrer des Übermenschen' zu reüssieren, kläglich gescheitert. Beim zweiten Versuch in dieser Sache klagt Z, mit einiger Relevanz für gegenwartsbezogene Kulturkritik (Pieper 2001: 153 ff.), über den Anti-Übermenschen, genannt der „letzte Mensch", der weder „Liebe" kenne noch „Schöpfung" noch „Sehnsucht" und der gleichwohl meine, er habe „das →Glück erfunden" – um erneut zu scheitern, denn: „[A]lles Volk jubelte und schnalzte mit der Zunge" und rief: „‚Gieb uns diesen letzten Menschen, oh Z [...]! So schenken wir dir den Übermenschen!'" (*Zarathustra's Vorrede* 5) Z zieht aus dieser für ihn inakzeptablen Reaktion die Konsequenz, dass seine Tätigkeit als →Erzieher der Theoriezufuhr, wenn nicht gar der psychologischen Grundlegung bedarf (→Psychologie).

Deutlich wird dies sowie der einleitend erwähnte Umstand, dass N. den „Commentar vor dem Text" gemacht hat (An Overbeck, 7.4.1884), spätestens mit der provokanten Setzung „→Leib bin ich ganz und gar und Nichts ausserdem" und der nachfolgenden Erläuterung: „→‚Ich' sagst du und bist stolz auf diess Wort. Aber das Grössere ist, woran du nicht glauben willst, – dein Leib und seine grosse Vernunft: die sagt nicht Ich, aber thut Ich." (*Von den Verächtern des Leibes*) Denn was Z hier weiterführt, ist N.s Überlegung aus *M*, wonach im „sogenannten ‚Ich'" nicht eigentlich eine Tatsache zu sehen sei (115), sondern eher ein Indiz für die dem Menschen eigene Neigung, das „Activum und das Passivum [zu] verwechseln" (120). Die Konsequenz für die Selbstauslegung Zs als ‚Lehrer des Übermenschen' ist erheblich. Denn wessen es nun als Ersatz für seine übereilte volkserzieherische Tätigkeit bedarf, ist eine Psychologie des Unbewussten, die wiederum einer Pädagogik des Übermenschen zuzuarbeiten hätte. Hiermit sowie mit der 1888 nachgereichten Titulierung Zs als „der erste Psycholog der →Guten" und folglich „Freund der →Bösen" (*EH, Warum ich ein* ... 5) sind die entscheidenden Stichworte genannt. Denn tatsächlich erweist sich Z zumindest in einigen der Reden, die noch folgen, als beides, und dies in durchaus raffinierter Konstruktion, denn: Als ‚Psychologe der Guten' auftretend, ist er zugleich der vermeintlich Guten hartnäckigster ‚Feind'; und als ‚Freund der Bösen' agierend, ist er zugleich der vermeintlich Bösen hartnäckigster Psychologe, der im Sinne der Leitidee von *MA* dartun will, dass „die herrlichsten Farben aus niedrigen, ja verachteten Stoffen gewonnen sind" (1), oder, so Z in einer seiner Reden an einen potentiellen Jünger: dass „deine Tugenden [...] aus deinen Leidenschaften [wuchsen]." (*Von den Freuden- und Leidenschaften*) Beispielhaft für diese neue Lehre und Lehrstrategie sind die Reden *Vom bleichen Verbrecher* sowie *Vom Baum am Berge* (vgl. Niemeyer 2007a: 18 ff.).

Damit sei nicht behauptet, dass *Za I* in Gänze diesem Deutungsaspekt unterworfen werden kann. Vielmehr findet vieles andere noch Platz, etwa, in *Von tausend und einem Ziele*, der →Wille zur Macht in einer ersten, ‚kulturrelativistischen' Exposition (ebd.: 26 ff.), oder biographisch aufschlussreiche Aphorismen zu Themenbereichen wie ‚Keuschheit', ‚Nächstenliebe', ‚Lesen und Schreiben', ‚Alte und junge Weiblein' oder ‚Kind und Ehe', die mitunter wie Fortführungen des diesbezüglichen Nachdenkens aus *MA* wirken. Behauptet sei lediglich, dass die systematische Absicht von *Za I* in die im Vorstehenden bezeichnete Richtung weist.

***Za II:*** Auch in *Za II* geht es um den Tod Gottes, den Übermenschen oder den Willen zur Macht (Letzteres in der Variante, dass im Interesse neuer Werte die Rehabilitierung des „zeugende[n] Lebens-Wille[n]" anzustreben sei [*Von der Selbst-Ueberwindung*]). Des Weiteren ist zum ersten Mal – abzüglich des als sein Symbol zu lesenden Bildes der geringelten →Schlange in *Zarathustra's Vorrede* – der →Wiederkunftsgedanke Thema, und zwar in Zs allerletzter Rede *Die stillste Stunde*. Sie bringt eine Variante auf den vorletzten Aphorismus von *FW*, in welchem N. den Leser erschreckt hatte mit seiner Frage, wie es wohl wäre, wenn ihm „ein Dämon" nachschliche in seine „einsamste Einsamkeit" und ihm sagte, dass alles wiederkomme: „jeder Schmerz und jede Lust [...] und alles unsäglich Kleine und Grosse deines Lebens" (*FW* 341). Und schließlich sind (weitere) biographisch interessierende Abschnitte (→„Lou-Erlebnis") zu verzeichnen wie *Von den Priestern*, *Das Nachtlied*, *Das Tanzlied*, *Das Grablied*, *Von den Gelehrten*, unter Einschluss einer verklausulierten Abrechnung mit dem „umgekehrte[n] Krüppel" (*Von der Erlösung*) Wagner und insoweit auch mit dem Geniekult des frühen N.

Von größerem Gewicht sind aber fraglos jene Reden, in denen das von N. explizit als „Motto" (An Köselitz, 13.7.1883) für *Za II* ausgewiesene Wort aus *Za I* konkretisiert wird, wonach Z seine „Verlorenen" nun „mit andern AUGEN" suchen und „mit einer anderen Liebe" lieben werde (*Von der schenkenden Tugend* 3), sprich: wo er erneut die Rolle des Psychologen einnimmt, der als solcher fürwahr eine „neue Rede" (*Das Kind* ...) führt, etwa, wenn er von der „Unterwelt" und den „Schatten des Ehemals" (*Vom Lande* ...) spricht oder davon, dass sich „die Begierde des →Meeres mit tausend Brüsten [hebt]." (*Von der unbefleckten* ...) Metaphern wie diese – ob nun gelungen oder nicht – sind zu lesen als Vorschein auf eine zu entwickelnde psychologische Fachsprache, derer Z bedarf, weil er sich das Studium des →Menschen unter Konzentration auf das ‚Tierhafte' zur Aufgabe macht, sprich: als „der Erkennende [...] unter Menschen ALS unter Thieren" (*Von den Mitleidigen*) wandelt. Das Ergebnis ist niederschmetternd und möglicherweise biographisch aufschlussreich (→Vater): „Fremd sind mir und ein Spott die Gegenwärtigen [...]; und vertrieben bin ich aus Vater- und Mutterländern." Dem folgt als Auftrag und Gelöbnis für die Zukunft: „So liebe ich allein noch meiner KINDER LAND, – das unentdeckte, im fernsten MEERE: nach ihm heisse ich meine Segel suchen und suchen." (*Vom Lande* ...) Mit diesen in der (pädagogischen) N.-Rezeption stark beachteten Worten (vgl. Niemeyer 2002a: 143 ff.) ist zumindest eines klar: Das Land der Bildung ist abgebrannt, der Versuch, eine Art deutsche Leitkultur im Geiste Wagners und im Sinne des ‚frühen' N. aufbauen zu wollen, ist zum Scheitern verurteilt. Was nottut, ist ein gänzlicher Neuanfang.

Entsprechend dieser Logik demaskiert Z nacheinander die ‚Mitleidigen', die ‚Priester', die ‚Tugendhaften', das ‚Gesindel' und schließlich die „Prediger der GLEICHHEIT", denen er Rachsucht anlastet und die Vermummung der „heimlichsten Tyrannen-Gelüste [...] in Tugend-Worte" (*Von den Taranteln*), vor allem aber: denen er vorhält, dass der Übermensch unter dem Regiment der von ihnen verfochtenen (christlichen) Idee der →Gleichheit gar nicht real werden kann, nach dem – so Zs Nachtrag in *Za IV* – selbstgewiss vorgetragen Refrain des →Pöbels: „[W]ir sind Alle gleich, Mensch ist Mensch, vor Gott – sind wir Alle gleich!", auf den es nur eine Antwort gäbe: „Vor Gott! – Nun aber starb dieser Gott!" (*Vom höheren Menschen* 1)

***Za III:*** Das hier relevante Themenspektrum ist das inzwischen schon vertraute – mit, wie in *Von der grossen Sehnsucht* sowie in *Das andere Tanzlied*, biographisch angelegten, traumartigen Fantasien oder in der reformpädagogischen Ära hellhörig aufgenommenen Klagen über fast schon in der Wiege verabreichte „schwere Worte und Werthe" wie „‚gut' und ‚böse'", derentwillen „man die Kindlein zu sich kommen [lässt], dass man ihnen bei Zeiten wehre, sich selber zu lieben" (*Vom Geist* ... 2). Auch der Wiederkunftsgedanke begegnet einem erneut, etwa in der hochkomplex angelegten Geschichte *Vom Gesicht und Räthsel* und deren Fortführung *Der Genesende*. Sie klärt allerdings gleichwohl nicht endgültig, ob mit der Zustimmung zur ewigen Wiederkehr von allem und jedem auch die Z schon in *Za II* beschäftigende Frage zu bejahen wäre: „[H]at das Leben auch das Gesindel NÖTHIG?" (*Vom Gesindel*) Ersatzweise wird, im Nachgang zu einer auf den Topos des ‚letzten Menschen' (aus *Za I*) rekurrierenden Kritik an der ‚kleinen Leute' „Fliegen-Glück und ihr Summen um besonnene Fensterscheiben", erneut eingeräumt, dass es ihn „hart eingeht, dass kleine Leute NÖTHIG sind!" (*Von der verkleinernden Tugend* 2) Damit ist auch der Tenor umschrieben, der in *Von den Abtrünnigen*, *Die Heimkehr* oder in manchem Abschnitt der als Zusammenfassung angelegten Rede *Von alten und neuen Tafeln* dominiert.

Die Argumentationshaltung, die Z hier und andernorts offenbart, ist (erneut) die des Psychologen. Als solcher tritt er beispielsweise gleich schon in der ersten Rede auf, insofern er das „andere Meer“ – eine seit *Von der unbefleckten Erkenntniss* aus *Za II* auf psychologische Tatbestände hinweisende Metapher, die als solche auch in *Von den drei Bösen* besichtigt werden kann – vor sich ausgebreitet sieht und spricht: „Die Nacht aber war kalt in dieser Höhe und klar und hellgestirnt.“ (*Der Wanderer*) Die Vokabel ‚hellgestirnt‘ spielt auf →Kant an – mit fatalem Ergebnis. Denn was Z ausgebreitet findet, ist nicht jenes Gesetz, sondern die „schwarze traurige See unter mir“, die „schwangere nächtliche Verdrossenheit“ (ebd.) des Meeres, also – so darf man übersetzen – die Notwendigkeit der psychologischen Erforschung der Nacht- und Schattenseite des Menschen anstelle einer (so bei Kant) bloßen Setzung des diesem verfügbaren moralischen Vermögens. Von diesem Forschungsprogramm – so darf man weiter übersetzen – erwartete Z offenbar eine belehrende, beispielgebende Wirkung auch für jene, die er als seine ‚Gefährten‘ und ‚Mitschaffenden‘ in Aussicht nimmt, insofern er ihnen in der übernächsten Rede abverlangt, dass am „Meer [...] ein Jeder einmal seine Tag- und Nachtwachen haben [soll], zu SEINER Prüfung und Erkenntniss“. Diesen Vorschlag unterbreitet Z – und damit tritt er nun deutlich in seine zweite Rolle als (psychologisch belehrter) Erzieher ein –, nachdem er die in der Pädagogik beliebte Wachstums- und Gärtnermetaphorik bemüht hat und seiner „Kinder in ihrem ersten Frühlinge“ gedenkt, „nahe bei einander stehend und gemeinsam von Winden geschüttelt“ (*Von der Seligkeit wider Willen*). Auch hier fällt – unter Rückbesinnung auf *Vom Baum am Berge* aus *Za I* – die Übersetzung nicht schwer: Der ‚erste Frühling‘ repräsentiert die Pubertät, und die Fortführung ‚gemeinsam von Winden geschüttelt‘ symbolisiert die triebhafte Unruhe und Beunruhigung, die für sie kennzeichnend ist.

Ob der zentrale Imperativ des Erziehers Z allerdings wirklich in dieser Richtung zu suchen ist, steht in Frage. Gewiss: Es gibt den Slogan „Gelobt sei, was hart macht!“, der sich – allen gegenläufigen Auslegungen zum Trotz – kaum anders verstehen lässt als im Sinne eines Hinweises auf die Notwendigkeit der unbeirrten Erforschung „aller Dinge Grund [...] und Hintergrund“ (*Der Wanderer*). Aber es gibt eben auch den durchaus nicht als sinnidentisch zu setzenden Auftrag →„WERDET HART!“ (*Von alten und neuen Tafeln* 29), und zwar dahingehend, dass die „Tafeln“ etwa der „Frommen“, der „Welt-Verleumder“ (ebd., 15) oder der „Welt-Müden“ und „Prediger des Todes“ (ebd., 16) zerbrochen werden müssen, mehr als dies, was die ohnehin schon vertrackte Sache noch diskussionsbedürftiger macht (vgl. Loeb 2004: 132): Z fordert auch dazu auf, die Menschen selbst, etwa „DIE GUTEN UND GERECHTEN“ (*Von alten und neuen Tafeln* 27), zu zerbrechen.

***Za IV:*** gilt in der N.-Forschung als Text „on an lower level of inspiration“ (Hollingdale 1969: 35). Die folgerichtig scheinende, allerdings schon von Nehamas (2000: 172) kritisierte lieblose Behandlung von *Za IV* als Appendix im Kommentar von Lampert (1986: 287 ff.) überzeugt dennoch nicht, zumal N. nicht aus inzwischen eingetretener Distanz gegenüber dem Inhalt, sondern aus Rücksicht auf noch Lebende darauf verzichtete, *Za IV* in die 1887 erschienene Neuausgabe der Restbände von Teil I–III (in einem Band) aufzunehmen und sein rückblickendes, auf *Za III* bezogenes und *Za IV* verschweigendes Urteil: ich „war fertig“ (*EH, Za* 4) den nämlichen Hintergrund haben dürfte, ebenso wie seine Rückforderung der seinerzeit verschickten wenigen Exemplare von *Za IV* mit dem Argument, es handele sich (für die nächsten Jahrzehnte) um ein „ineditum“ (An Köselitz, 9.12.1888). Denn an Wertschätzung für „diese Geheim-Thür [...] zu ‚mir‘“ (An Brandes, 8.1.1888) ließ es N. nie fehlen.

Damit können wir zur Sache selbst übergehen: *Za IV* hat mit den ersten drei Teilen gemeinsam, dass uns auch hier Z als Erzieher begegnet, diesmal: als „Zieher, Züchter und Zuchtmeister“, der von psychologischem Wissen angetrieben wird, diesmal: der über „Honig“ als Metapher für eine Art Köder in Sachen „Menschen-Welt“ und „Menschen-Meer“, ja „Menschen-Abgrund“ verfüge, und zwar in der Absicht, „unser grosses fernes Menschen-Reich“ zu begründen, „das Z-Reich von tausend Jahren“ (*Das Honig-Opfer*), mit Z als eine Art König an seinem ihm eigenen „Hof" (*Der Nothschrei*). *Za IV* ist allerdings auch, im Vergleich zu *Za I–III*, eine Art Metatext, in dessen erstem Teil Z auf der Suche nach den ‚höheren Menschen' (als Vorstufe des Übermenschen) unter den zu ihm drängenden und zumeist mit Zitaten aus *Za I–III* aufwartenden Kandidaten ist, um sie im zweiten Teil (beginnend ab Rede 11) einem Examen zu unterziehen, das keiner bestehen wird.

Auch Z, dieser „harte Nüsseknacker" (*Der hässlichste Mensch*), hat mancherlei Rätsel zu lösen, ebenso natürlich wie der Leser, unter denen sich bisher auch solche fanden – wie Deussen (1901: 24), Brann (1931: 132 ff.) oder Köhler (1989: 589) –, die in dem Lied *Unter Töchtern der Wüste* ein Geständnis verborgen sahen für N.s 1865er Bordellerfahrung (→Krankheit [N.s]). Näher liegt es, den Spott über →Wagner in *Der Zauberer* zu dechiffrieren sowie *Das Lied der Schwermuth* als eines zu erkennen, in welchem N. unter der Maske Z ihm allzu bekannte Vorbehalte gegen *Za I–III* vorträgt, mit dem Ergebnis, dass er sich von Wagner (unter der Maske des Zauberers) ein Lied mit dem Leitmotiv „Nur Narr! Nur Dichter!" (*Das Lied der Schwermuth* 3) anhören muss (was N. in der gleich nachfolgenden Rede *Von der Wissenschaft* natürlich heftig dementieren lässt).

Gleichwohl ist der Narrenvorwurf nicht nur Zeugnis für eine abwertende Lesart N.s, sondern auch Teil der Attitüde dessen, der selber zugesteht, mit *Za IV* eine „vielleicht UNDRUCKBAR[E]" „‚Gotteslästerung'" vorgelegt zu haben, „gedichtet mit der Laune eines Hanswursts" (An Köselitz, 14.2.1885). Dies zeigt vor allem *Die Erweckung*. Denn das hier als Lob auf den →Esel angekündigte Lied, vorgetragen vom ‚hässlichsten Menschen', also, wie in der gleichnamigen Rede erläutert wird, dem ‚Mörder Gottes', ist tatsächlich – und wenig überraschend angesichts des Sängers – nichts weiter als Kritik am ‚Esel' Gott, kulminierend in dem (auf Hebr 12,6 anspielenden) Spott: „[W]er seinen Gott liebt, der züchtigt ihn." (*Die Erweckung* 2)

Lieder wie dieses werden vorgetragen im Zuge einer mit Rede 11 (*Die Begrüssung*) anhebenden bitterbösen Persiflage auf das (Letzte) ‚Abendmahl' Jesu, mit Z als Gastgeber, welcher den von ihm im Vorhergehenden Eingesammelten im Zuge eines komplexen Examens noch einmal seinen ‚neuen Glauben' erläutert. Im Ergebnis allerdings ist Z unzufrieden und jagt die ‚höheren Menschen' am Ende, assistiert von einem →Löwen und eingebettet von Z.s Ausruf „MEINE KINDER SIND DA, MEINE KINDER" (*Das Zeichen*), als ungeeignet zum Übermenschen davon – und damit auch das darauf bezügliche Mitleid, will sagen: Der Kreis der Ewigen Wiederkunft ist nun durchbrochen, Z, der Erzieher – als welchen wir ihn eigentlich den gesamten *Za* über in Tätigkeit gesehen haben –, hört auf zu existieren. So gesehen geht Zittels Tadel am ‚verkitschten Ende', bei welchem Z „auf seine Kinder wartet" (2000a: 159), an der Sache vorbei, ganz zu schweigen von Gillespies (2005: 64) Kritik, was nun anhebe, sei eine „two-hundred-year-period of destruction". Zu besichtigen ist vielmehr das Inkrafttreten eines auf Selbsterziehung abstellenden Verständnisses (→Erziehung), wie es bereits in *Za I*, in *Von den drei Verwandlungen*, angelegt war – ein Abschnitt, in dessen Logik es liegt, dass jener ‚Löwe' als Vorschein des eigentlichen →Übermenschen (resp. →‚Kindes') gelesen werden muss (vgl. Wohlfart 2004) und inklusive der insbesondere von Nehamas (2000: 188) betonten Folgerung, dass es Z selbst ist, der sich am Ende von *Za* als ‚Kind' kommen sieht und insoweit seine gelungene Selbsterziehung hin zum Übermenschen beglaubigt. Mithin haben wir es mit einem versöhnlichen Ende eines ebenso faszinierenden wie irritierenden Werkes zu tun.

Hingewiesen sei abschließend auf die wichtigsten der bisher vorliegenden Kommentare zum *Za* (Naumann 1899/1900/1901; Weichelt 1922; Lampert 1986; Shapiro 1989; Whitlock 1990; Duhamel 1991; Rosen 1995; Niemeyer 2007a) sowie zu einzelnen Teilen (vgl. etwa Pieper 1990; Honneth 2004; Santaniello 2005). Zu beachten sind auch die zentralen systematisierenden Erörterungen (vgl. etwa Higgins 1987; White 1990; Fleischer 1993; Thumfart 1995; Schmidt/Spreckelsen 1995), zumal jene aus literaturwissenschaftlicher Perspektive (vgl. etwa Bennholdt-Thomsen 1974; Gasser 1993; Braun 1998; Zittel 2000a), aber auch Beiträge aus psychiatrischer bzw. biographischer Sicht (vgl. etwa Kesselring 1954; Köhler 1989: 369 ff.), ebenso wie zwei neuere einschlägige Reader (Gerhardt 2000c; Villwock 2001).

*Christian Niemeyer, Dresden*

**Zeichen** | Der Z-Begriff nimmt zwar eine zentrale Stelle in der sog. Semiotik des späteren N. ein, doch ist von einer systematischen Z-Lehre nicht die Rede. Wie Simon (2000) angibt, schreibt N. sich schon relativ früh in die Tradition der „cognitio symbolica" ein, in der das Z zwischen den Bereichen der Sprachphilosophie, der Ontologie und der Epistemologie vermittelt. Dies hat zu einer lebhaften Rezeption im Poststrukturalismus geführt (Künzli 1976). Insofern für N. die Wirklichkeit als Zirkulation von Machtwillen deutbar ist, manifestiert sich das Z einerseits als Ausdruck eines Machtwillens, andererseits als Appellativ an einen Machtwillen. Dabei ist der Z-Begriff, auch wenn N. ihn mit hoher Frequenz einsetzt, nicht immer von der Willensphilosophie gefärbt. Viel stärker wirken auf ihn die zwei dominanten Bildfelder ein, in denen der Z-Begriff figuriert. Das erste entfaltet ein *symptomatologisches* Verständnis des Zs und lässt sich mit N.s Anspruch, ein Arzt der →Kultur zu sein, in Verbindung bringen: Hier gewahrt nur das Expertenauge eine Realität, die sich hinter dem sich nicht als Z entblößenden Symptom (von Niedergang, Krankheit, Entartung, oder auch: Tiefsinn usw.) versteckt. Im zweiten präsentiert sich das Z eher als eine *interpretatorische* Einladung, die den „Z-Deuter" dazu verführt, die bezeichneten Inhalte zu erraten. Beide Felder finden nur beim frühen N zusammen in der Gestalt des *haruspex*, der als antikes Muster Körperlichkeit und Lesbarkeit vereinigt. Die zwei Bildfelder sind verantwortlich für die Skala von Konnotationen, die sich mit N.s Z-Begriff verbinden. Neutral ist das Z die epistemologisch notwendige und konventionalisierte „Abkürzung" eines Denkprozesses, mit der Unbekanntes auf Bekanntes reduziert wird; negativ ist es eine unterschwellige, oft virulent wirkende Botschaft, mit der der Z-Sender ungebeten in die Privatsphäre des Empfängers eindringt (das zweideutige Z; vgl. Christentum als „Symbolismus", *AC* 37, oder das Z des Wahrsagers in *Za IV, Die Begrüssung*). Positiv wird das Z als Material der als ‚Extraktion' verstandenen Auslegung gewertet, das zwar fehlinterpretiert werden kann, das aber immer einen Akt der Umsetzung, der Bestimmung oder gar der Erfindung impliziert (ein vieldeutiges Z: NF 1885, 38[1]). So reiht sich der Z-Begriff in die Kategorie des Masken- oder Rätselhaften ein: Diktiert sich das Z dem Empfänger als eine →Maske vor dem ‚wirklichen' Gesicht, so wird dessen Machtanspruch unterminiert und dessen Wille zerstückelt; nimmt dieser aber das Z zum Anlass einer eigenen Machtentfaltung, wobei das von dem Rätsel Versteckte erst im Erraten erfunden oder erdichtet wird, so löst es aktiv die Dynamik des Willens aus. In dieser Weise entwickelt N. – analog zu dem Paradigma der Lesbarkeit der Welt – eine graduelle Verallgemeinerung seines Z-Konzeptes zu den Ausmaßen einer nicht-transzendierbaren Z-Welt, welche das Z (im Licht von N.s übergreifender Funktionalisierung von Indirektheit) zu einem Medium der Selektion macht (vgl. Stegmaier 2000a: 48). Hierzu gehören auch weitere Gradationen von Z-Haftigkeit, wie das Gleichnis, die Fiktion, das Symbol, das Signal (*signum*) oder das Symptom. Zuletzt spricht N.s semiotische Utopie aus der Inszenierung eines (lang erwarteten) Zs in fast all seinen literarischen Versuchen als der unbestimmten Klimax einer dramatisierten bzw. erzählten Handlung, wie in *BA*, *Za* und *DD*. Zum Thema auch: Rey (1971); Fietz (1994); Simon (1995).

*Benjamin Biebuyck, Gent*

**Zeit** | N.s Werk hat eine eigene Art von Z-Paradoxon hervorgebracht. Obwohl ‚Zeitlichkeit', ‚Geschichtlichkeit' und →‚Werden' zentrale Begriffe seiner Philosophie darstellen, obwohl seine Grundüberzeugung sich in dem alttestamentarischen Satz verdichtet: „Alles hat seine Z" (*M* 3), hat er doch keine ‚Theorie' oder ‚Lehre' der Z formuliert. Ausführungen zum Begriff sind singulär, nicht originell (sie bewegen sich im Duktus →Kants), aber kompatibel zu den

Schwerpunktaussagen N.s zur Z (z. B.: „[...] zu glauben, UNSER Raum, UNSERE Z, UNSER Causalitäts-Instinkt sei etwas, das auch abgesehn vom Menschen Sinn habe, ist nachgerade eine Kinderei." NF 1885, 34[89]; vgl. auch *MA* 19). N. verlegt sein Interesse also auf das Begriffsumfeld von Z, auf die ‚gefüllte' Z, die Geschichte, vor allem die Geschichte und das Werden von →Interpretationen. Jene qualitativ verstandene Z wird in N.s Werk in zweierlei Weise betrachtet: 1. in subjektivierter Form, d. h. als Interpretation, als Sicht von Z und Geschichte, als Vorstellung der Z; und 2. in objektivierter Form, als Z der Vorstellung, d. h. a) im Sinne von Epoche, in der ein bestimmtes Denken „seine Z. hat" als b) herausgehobener Moment, als „Kairós", in der eine Interpretation oder ein Geschehen kulminiert, oder als c) Z, die alles regiert, als Inbegriff des Werdens und Vergehens von Weltsichten.

N. hat die Art und Weise, wie Z vorgestellt wird, zu einem wesentlichen Kriterium seiner Einteilung in →„Ressentiment" („Sklaven-Moral") und →„freier Geist" („Herren-Moral") gemacht. Er hat dabei das von der christlichen Vorstellung herrührende Fortschrittsparadigma einer sündhaften Vergangenheit, entscheidenden Gegenwart sowie erlösenden Zukunft, das, durch die Aufklärung säkularisiert, seinen Höhepunkt in N.s Epoche erlebte, als *das* Ressentimentphänomen par excellence verstanden, weil in ihm Leiden an Vergangenheit und Gegenwart zu einer erlösenden Bewegung in die Zukunft umgewendet wird. Der „freie Geist" hingegen lässt Vielheit, d. h. das Geschehen der Z selbst, zu, er wehrt sich nicht, er richtet nicht (vgl. die Passagen zum „Typus Jesus": *AC* 29–36). Erst der „freie Geist" verfügt über ein philosophisches Sensorium für das Wirken der Z selbst, dafür, dass sie nicht nur unterschiedlich interpretiert wird, sondern die Interpretationen selbst ihr unterworfen sind. N. kommt damit in eine gleichsam ‚mystische' Abgründigkeit, in einen Zustand des „Schwebens" (vgl. die analog anwendbaren Äußerungen zu L. Sterne: *VM* 113), insofern die Vorstellung der alle Vorstellungen ermöglichenden Z selbst wieder eine Vorstellung ist, die ... (ad infinitum).

*J. Christian Koecke, Wesseling*

**Zoroaster** | Z (von Zoroastres, einer griechischen Namensform des iranischen Personennamens Zarathustra) gilt in der vorislamischen iranischen Religion (Zoroastrismus) als der Empfänger der Offenbarung des Gottes Ahura Mazdā (Herr [der] Weisheit). Ahura Mazdā setzt die gute Schöpfung an ihren Platz, die aber von diversen aggressiven Mächten der Finsternis und der Lüge korrumpiert und sabotiert wird, bis sie am Ende der Zeiten in dramatischen Konflikten, in denen postume Söhne Zs zentrale Protagonisten sind, von allem Bösen befreit und verherrlicht wird. Mitteliranische Texte aus islamischer Zeit erzählen unter Rückgriff auf wesentlich ältere Materialien eine Biographie Zarathustras, bei der die wundersamen Ereignisse seiner Geburt eine zentrale Rolle spielen. Wichtige Einschnitte sind das 30. und 40. Lebensjahr. Zs Lebenszeit und Wirkungsort sind in der Forschung nach wie vor umstritten. Er lebte spätestens im 6. Jh. v. Chr. und galt schon in der westlichen Antike als eine außergewöhnliche Figur. Klassische Quellen, die auch N. bekannt gewesen sein dürften und von zeitgenössischen Philologen bearbeitet wurden, enthalten u. a. archaische Datierungen (Diogenes Laertios: 5000 Jahre vor dem Fall Trojas oder 6000 Jahre vor Xerxes), Verbindungslinien zur Astrologie (Diogenes Laertios etymologisiert als „Sternen-Opferer") und bringen ihn auch mit der philosophischen Tradition, vor allem Pythagoras, in Verbindung. A. Gladisch legte 1859 eine Studie über *Herakleitus und Z* vor. Z galt als Erfinder der Magie, der *artes liberales*, und es heißt (u. a. bei Plinius und Augustin, aber auch in iranischen Quellen), dass er bei seiner Geburt gelacht habe. In der neoplatonischen Philosophie galt Z als alter Weisheitslehrer. In der späteren Philosophiegeschichte und Dichtung hat er zahlreiche Deutungen erfahren. Z ist in der gesamten abendländischen Geschichte eine Projektionsfläche literarischer Imaginationen. Zum Thema auch: Rose (2000); Stausberg (1998; 2006; 2007).

*Michael Stausberg, Bergen*

**Züchtung** | N.s umstrittener Begriff von Z hat seine Wurzeln in N.s frühen Schriften, etwa in *SE*, wo N. erklärt, dass die Menschheit fortwährend daran arbeiten soll, „einzelne grosse Menschen zu erzeugen – und dies und nichts Anderes sonst ist ihre Aufgabe." (6, KSA 1: 384) Dies sei notwendig, um den blinden, gleichgültigen und verschwenderischen Aufwand in der Natur und den dabei erzeugten fragmentarischen Menschen zu ersetzen. Gleichwohl ist N. von „den scheinbar zerstreuten und zufälligen Existenzen, welche hier und da einmal unter günstigen Bedingungen zu Stande kommen", ermutigt; er bestimmt es zur eigentlichen Aufgabe der →Kultur, die Bedingungen „aufzusuchen und herzustellen [...], unter denen jene grossen erlösenden Menschen entstehen können" (ebd.), und zwar mit dem Ziel einer „neue[n] und verbesserte[n] Physis" (*HL* 10, KSA 1: 334).

In den mittleren Schriften N.s finden sich zahlreiche Aphorismen, in denen N. diese Aufgabe aufnimmt und pluralistische Versuche der ästhetischen Selbstzüchtung empfiehlt (*M* 174 u. 560; *FW* 290). Ab *Za* wird dieses Projekt ausdrücklich politisch: Es geht nicht mehr um eine einzelne oder gar kollektive Anstrengung privater Individuen, sondern N. deklariert es zur rechtmäßigen Aufgabe des „EIGENTLICHEN PHILOSOPHEN", der als „BEFEHLENDE[R] UND GESETZGEBER[R]" autorisiert sei, die Zukunft des Menschen zu entscheiden (*JGB* 211). Der Inbegriff dieses Ideals ist das dramatische Bild Zarathustras beim Versuch, den →Übermenschen aus dem hässlichen Stein der Humanität zu schaffen (*Za II, Auf den glückseligen Inseln*; vgl. *Za II, Von der Erlösung* u. *JGB* 62 u. 225). Dieses ehrgeizige Projekt, einen höheren, affirmativen Typus zu kultivieren, wird immer häufiger in den Schriften nach *Za* als eine Art von „Z" beschrieben. Sowohl die ziellosen und zufälligen Wege der Natur als auch die von seinen christlichen Vorgängern vorgebrachten, physiologisch uninformierten und zerstörerischen Lehren und Sitten anerkennend, verlangt N. „grosse Wagnisse und Gesammt-Versuche von Zucht und Z", um die „Entartung und Verkleinerung des Menschen zum vollkommenen Heerdenthiere" zu verhindern (*JGB* 203). Er feiert die von aristokratischen Gemeinwesen verwendeten, die Blüte der vornehmen Typen fördernden Maßnahmen der Z (*JGB* 262) und stellt sich „die Z einer neuen über Europa regierenden Kaste" vor (*JGB* 251). In *GD* schließlich bemüht sich N., Z von Zähmung zu unterscheiden. Diese sei eine moralistische Strategie, die „die Bestie Mensch" dadurch „verbessern" soll, dass sie ihn „ungefährlich, schwach, und krank" macht; jene sei eine „mildere und vernünftigere" naturalistische Strategie, die die gesunden von den kranken Typen trennt und die archaischen Triebe lenkt und nutzt, statt sie zu unterdrücken oder zu entwurzeln (*GD, Die „Verbesserer"*... 1, 2, *passim*; vgl. auch N.s Unterscheidung zwischen Vergeistigung/Sublimierung und Castratismus/Ausrottung in *GD*, *Moral* ... 1–3). Schließlich kehrt N. in *AC* 3 zur Frage, „welchen Typus Mensch man ZÜCHTEN soll, WOLLEN soll, als den höherwerthigeren, lebenswürdigeren, zukunftsgewisseren", zurück. Auch hier – ähnlich wie in *SE* – beruft sich N. auf gewisse geschichtliche Glücksfälle.

Zu beachten bleibt dabei, dass N. ein Denker ist, der dem →Leib den Vorrang erteilte und den Wortschatz der Naturwissenschaften (auch der Gartenarbeit und Viehzucht) oft benutzt, um den Menschen auf provozierende Art und Weise zu beschreiben. In der Tat ist die Vergleichbarkeit der Z von Pflanzen, Tieren und Menschen entscheidend für seine naturalistische Einstellung gewesen. Allerdings ist die Z von Menschen im Denken N.s von der Erziehung, Bildung und geistigen Kultivierung letzten Endes nicht zu trennen. Die von N. empfohlenen Mittel der Z sind üblicherweise mit sozialisierenden Umweltzuständen oder Lebensweisen, auch mit bildenden Erlebnissen und Lehren verbunden. So kommt es zu seinem Lob der „kleinen Dinge", die die vorhergehenden religiösen und philosophischen Gesetzgeber ignoriert hätten, die aber tatsächlich Bedingungen der Blüte der jeweiligen Lebewesen sind: „→Ernährung, Ort, Clima, Erholung, die ganze Casuistik der Selbstsucht" (*EH, Warum ich so klug bin* 10; vgl. NF 1881, 11[43]). Die schmerzhaften, bildenden Erlebnissen, wie z. B. die Tyrannei und die Sklaverei („im gröberen und feineren Verstande"), schätzt er als „das unentbehrliche Mittel auch der geistigen Zucht und Z“ (*JGB* 188), wobei zu beachten bleibt, dass N., darin eher an Lamarck denn an Darwin orientiert, Z als ein Phänomen begreift, das dazu fähig sei, Erworbenes von einer Generation zu einer anderen übergehen zu lassen. Deswegen hält N. dafür, dass auch der (neue) Philosoph, „wie WIR ihn verstehen, wir freien Geister [...], sich der Religionen zu seinem Züchtungs- und Erziehungswerke bedienen [wird], wie er sich der jeweiligen politischen und wirthschaftlichen Zustände bedienen wird“ (*JGB* 61). Vor allem aber bedarf es zur Produktion des höheren Typus „einer Lehre, stark genug, um ZÜCHTEND zu wirken: stärkend für die Starken, lähmend und zerbrechend für die Weltmüden“ (NF 1884, 25[211]) – die Lehre der →ewigen Wiederkunft, die N. denn auch „den großen ZÜCHTENDEN Gedanken“ nennt (ebd., 25[227]; 26[376]). Diese Lehre soll „Metaphysik und Religion“ ersetzen, „als Mittel der Z und Auswahl“ (NF 1887, 9[8]) dienen – und das von N. zuerst in *HL* und *SE* vorgestellte Ziel fördern: die Herstellung von großen, erlösenden Menschen.

Zu bemerken bleibt abschließend, dass die Tatsache, dass N.s Begriff von Z auf grob biologistische und rassistische Art und Weise interpretiert wurde, teilweise an der vorsätzlichen Verfälschung seiner Schriften durch die Schwester liegt. Besonders zu nennen ist ihre Redaktion und Veröffentlichung von ²*WM* mit dem vierten Buch *Zucht und Züchtung*. N. selbst verwendete, wie W. Kaufmann (⁴1974) und G. Schank (2000) gezeigt haben, die Ideen von Z oder Rasse nur selten im modernen, rassistischen Sinne; in den meisten Fällen stand er beiden Begriffen kritisch gegenüber. Zum Thema auch: Parkes (1994); Brobjer (1998); Ottmann (²1999); Stone (2002); Groff (2003); Niemeyer (2004e).

*Peter S. Groff, Lewisburg*

**Zufall** | In expliziter Auseinandersetzung mit →Hegel wird für N. wie auch für andere Denker des 19. Jh.s der Z eine maßgebliche geschichtsphilosophische Kategorie. „Hegel's gothische Himmelsstürmerei (– NACHZÜGLEREI). Versuch, eine Art von Vernunft in die Entwicklung zu bringen: – ich am entgegengesetzten Punkte, sehe in der Logik selber noch eine Art von Unvernunft und Z.“ (NF 1884, 26[388]) In diesem Sinne tritt der Z und seine Bewertung in Konkurrenz zu zentralen philosophischen und theologischen Themen. In einem Fragment aus dem Frühjahr 1875 heißt es: „Wie wenig Vernunft, wie sehr der Z unter den Menschen herrscht [...].“ (NF 1875, 3[19]) „[I]n der gesamten Geschichte der Menschheit“, so N. Anfang 1880, sei statt Zweckhaftigkeit, Vernunft oder anderer Ordnungsprinzipien „Z, Z, Z – und mancher günstige“. (NF 1880, 1[63]; vgl. NF 1884, 25[136] und [168]) Die Gleichwertigkeit von Zweck und Z wird an vielen Stellen deutlich. So schreibt N. im Winter 1882/83: „Als ich den ZWECK dachte, dachte ich auch den Z. Es muß möglich sein die Welt nach Zwecken und die Welt durch Z zu erklären.“ (NF 1882–83, 4[172]; vgl. 5[1], 252 und [24])

Die Zufälligkeit aller →Erziehung, „diese ERZIEHUNG DURCH DEN Z“, habe die Menschheit noch nicht überwunden, weil sie glaube, „daß ein Gott die Erziehung der Menschheit in die Hand genommen habe.“ (NF 1876–77, 23[94]) Die Wirkung dieses Gottes ist für den Religionskritiker N. allerdings selbst Z, sodass er behaupten kann: „Die Religionen haben das Reich des Zs VERLÄNGERT [...]“ (NF 1880, 3[159]) In einem langen Fragment vom Ende 1883, beginnend mit dem programmatischen Satz „Allein mit mir und meinem frohlockenden Gewissen“ (NF 1883, 22[1]), deutet N. den Ereignischarakter des Zs um in die Richtung einer radikalen menschlichen Selbstbezüglichkeit: „Ihr redet falsch von Ereignissen und Zufällen! Es wird sich euch nie Etwas Andres ereignen, als ihr euch selber! Und was ihr Z heißt – ihr selber seid das, was euch zufällt und auf euch fällt!“ (NF 1883, 22[1])

Im Umgang mit dem Z, verstanden als Abkehr von den Gedanken historischer Kontinuität und vorausgesetzter Sinnhaftigkeit von Ereignissen, sieht N. auch die Möglichkeit zur intellektuellen Klassifizierung der Menschen: „‚Der Z bleibt immer ein Mysterium für die mittelmäßigen Geister und wird eine Realität für die höheren Menschen.‘ [...] ‚Mittelmäßige Leute werden zu einer gewissen Evidenz gebracht durch Umstände, die sie nicht geschaffen haben‘.“ (NF 1880, 6[42]) Deshalb sollte die Philosophie den Z nicht zu rationalisieren versuchen, sondern stattdessen, wie es in *Za* heißt, die Dinge „auf den Füssen des Zs – TANZEN“ (*Za III, Vor Sonnen-Aufgang*) lassen. Mit seiner durchweg positiven Akzentuierung des Zs – „Der Z ist kein unglückliches Gesetz der Welt“ (NF 1875, 9[1]) – wird N. im 20. Jh. maßgeblich für die Diskussion um Kontingenz.

*Andreas Poenitsch, Freiburg i. Br.*

**Zweck** | Bereits in seiner geplanten „Doktordissertation“ von 1868 setzt sich N. intensiv mit Kants Teleologiekonzeption als ‚regulativem Prinzip der Naturerkenntnis‘ auseinander (vgl. Solies 2005): „Das Wunderbare ist uns eigentlich das organische Leben: und alle Mittel dies zu erhalt⟨en⟩ nennen wir zweckmäßig.“ Dabei wird deutlich unterschieden zwischen dem praktisch-weltanschaulichen Z-begriff und der Naturteleologie: „Die Bese⟨i⟩tigung der Teleologie hat einen praktischen Werth. Es kommt nur darauf an den Begriff einer HÖHEREN VERNUNFT abzulehnen: so sind wir schon zufrieden.“ (KGW I/4, 62[16], S. 554)

N.s spätere Kritik am Z-begriff orientiert sich eng an derjenigen des „freien Willens“: Beide beruhten auf einer „Selbstverblendung der Eitelkeit“: „Man bedarf noch einer Kritik des Begriffs ‚Z‘.“ (*FW V* 360) Diese habe von der Erkenntnis auszugehen, dass der Z-begriff eine Interpretation sei: „WIR haben den Begriff ‚Z‘ erfunden: in der Realität FEHLT der Z …“ (*GD, Die vier …* 8) In diesem Kontext kritisiert N. auch wiederholt „die FALSCHE URSÄCHLICHKEIT [von] Lust Unlust Wille Z ‚Geist‘“ (NF 1888, 22[22]). In *Za* begegnet der Begriff „Ohngefähr“ als Chiffre des →Zufalls und damit als Erlösung vom ‚praktischen Z-begriff‘: „‚Von Ohngefähr‘ – das ist der älteste Adel der Welt, den gab ich allen Dingen zurück, ich erlöste sie von der Knechtschaft unter dem Z-e.“ (*Za III, Vor Sonnen-Aufgang*) In *GD* (*Streifzüge …* 24) schränkt N. jedoch ein, dass das Programm „L’ART POUR L’ART“ lediglich als Kampf gegen „MORALISIERENDE“ Z-e in der Kunst zu sehen sei, nicht gegen Z-e überhaupt. Gleichzeitig weist N. immer darauf hin, dass die Auflösung der Vernunft-Fiktion „Z“ immer auch Ursache des →Nihilismus sei: „Kurz: die Kategorien ‚Z‘, ‚Einheit‘, ‚Sein‘, mit denen wir der Welt einen Werth eingelegt haben, werden wieder von uns HERAUSGEZOGEN – und nun sieht die Welt WERTHLOS AUS …“ (NF 1887–88, 11[99]).

*Dirk Solies, Mainz*

**Zwerg** | In *GT* wird einmal „auf die christlichen Priester wie auf eine ‚tückische Art von Z-en‘, von ‚Unterirdischen‘ angespielt“ (*EH, GT* 1). Beides, „tückisch“ und „unterirdisch“, nämlich „halb Z, halb Maulwurf“, ist auch die Gestalt, die Zarathustra in dem Kapitel *Vom Gesicht und Rätsel* bei seinem Aufstieg lästig auf der Schulter hockt und ihm schwere „Bleitropfen-Gedanken“ in sein Hirn träufelt. Dieser →„Geist der Schwere“, Zarathustras „Teufel und Erzfeind“, ist auch eine Art Priester, der tückisch vom Gesetz irdischer Schwerkraft und abfällig von der Zeit als Kreis redet, weil er im Grunde nur überirdische Hoffnungen im Sinn hat, so dass ihm Zarathustra seine ganz irdische Lehre von der →ewigen Wiederkunft des Gleichen entgegenhalten muss, um ihn zu vertreiben. Zarathustras (wie auch N.s) Blut ist aber mit dem der Priester verwandt (*Za II, Von den Priestern*) und der schlimmste Feind ist man immer sich selber (*Za I, Vom Wege des Schaffenden*). Zarathustra wird daher an seine fernste Kindheit erinnert, in der sich der kleine Z zwar in einen jungen Hirten verwandelt, dem jedoch in Gestalt einer Schlange immer noch „alles Schwerste, Schwärzeste in den Schlund“ kriecht, der Geist der Schwere also fortbesteht. Um diesen Geist ganz zu verbannen, muss man nach Zarathustras Rat sich selber lieben lernen (*Za III, Vom Geist der Schwere* 2), oder, im Bilde gesprochen: der sich festgebissenen Schlange mit ihren fremden Worten und Werten den Kopf abbeißen und weit von sich speien. Wer sich auf diese Weise selber lieben gelernt und seinen eigenen Weg mit seinem eigenen Gut und Böse gefunden hat, der ist überall frei und leicht wie jemand, der fliegen kann, also auf eine ganz irdische Weise überirdisch ist. Schließlich wird er auch seine Feinde lieben, denn „[m]üssen nicht um der Leichten, Leichtesten willen – Maulwürfe und schwere Ze dasein?" (*Za III*, *Von alten und neuen Tafeln* 2) Zum Thema auch: Lampert (1986); Loeb (2004); Niemeyer (2007a).

*Michael Skowron, Daegu*

# Bibliographie


Abel G (1987) Logik und Ästhetik. In: N.-Studien 16, 112–148.
Abel G (1989) Wahrheit als Interpretation. In: Abel / Salaquarda (Hg.), 331–363.
Abel G ([2]1998) N. Die Dynamik der Willen zur Macht und die ewige Wiederkehr. Berlin, New York.
Abel G / Salaquarda J (Hg.) (1989) Krisis der Metaphysik. Berlin, New York.
Acampora Ch D (Hg.) (2006) N.'s *On the Genealogy of Morals.* Critical Essays. Lanham u. a.
Acampora Ch D / Acampora R R (Hg.) (2004) A Nietzschean Bestiary. Becoming Animal Beyond Docile and Brutal. Lanham u. a.
Adler A (1912) Über den nervösen Charakter: Grundzüge einer vergleichenden Individual-Psychologie und Psychotherapie. Göttingen 2008.
Adler A (1913) Der nervöse Charakter. In: Ders. / Furtmüller C: Heilen und Bilden. München [3]1928, 130–139.
Adler A (1918) Dostojewski. In: Studienausgabe. Bd. 7. Göttingen 2009, 101–110.
Adler A (1930) Die Technik der Individualpsychologie. Zweiter Teil. Die Seele des schwererziehbaren Schulkindes. Frankfurt/M. 1974.
Adorno Th W (1952a) Imaginäre Begrüßung Thomas Manns. In: Gesammelte Schriften (GS). Bd. 20.2. Frankfurt/M. 1971 ff., 467–472.
Adorno Th W (1952b) Versuch über Wagner. GS 13, 7–148.
Adorno Th W (1958) Erpreßte Versöhnung. Zu Georg Lukács: Wider den mißverstandenen Realismus. GS 2, 251–280.
Adorno Th W (1963) Probleme der Moralphilosophie. In: Nachgelassene Schriften. Abt. IV: Vorlesungen. Bd. 10. Hrsg. v. Th. Schröter. Frankfurt/M.
Adorno Th W (1966a) Negative Dialektik. GS 6, 9–408.
Adorno Th W (1966b) Aus Sils Maria. GS 10.1, 326–329.
Adorno Th / Gadamer H-G / Horkheimer M (1950) Über N. und uns. Zum 50. Todestag des Philosophen. In: Horkheimer M: Gesammelte Schriften. Bd. 13. Frankfurt/M., 111–120.
Agell F (2006) Die Frage nach dem Sinn des Lebens. Über Erkenntnis und Kunst im Denken N.s. München.
Ahlsdorf M (1997) N.s Juden. Ein Philosoph formt sich sein Bild. Aachen.
Allison D B (1990) A Diet of Worms. Aposiopetic Rhetoric in *Beyond Good and Evil.* In: N.-Studien 19, 43–58.
Almeida R M de (2006) N. and Paradox. Albany.
Almond I (2003) N.'s Peace with Islam: My Enemy's Enemy is my Friend. In: German Life and Letters 56/1, 43–55.
Anderson R L (1996) Overcoming Charity: The Case of Maudemarie Clark's „Nietzsche on Truth and Philosophy". In: N.-Studien 25, 307–341.
Anderson R L (2005) N. on Truth, Illusion, and Redemption. In: European J. of Philosophy 13 (2), 185–225.
Andler Ch (1920) N., sa vie et sa pensée. Bd. 1: Les précurseurs de N. Paris.
Andreas-Salomé L (1894) F. N. in seinen Werken. Wien.
Andreas-Salomé L (1951) Lebensrückblick. Frankfurt/M. 1974.
Ansell-Pearson K (1994) An Introduction to N. as Political Thinker. Cambridge.
Ansell-Pearson K (Hg.) (2006) A Companion to N. Malden, Oxford, Carlton.
Anz T (1989) Gesund oder krank? Medizin, Moral und Ästhetik in der deutschen Gegenwartsliteratur. Stuttgart.

Arendt D (Hg.) (1974) Der Nihilismus als Phänomen der Geistesgeschichte in der wissenschaftlichen Diskussion unseres Jahrhunderts. Darmstadt.
Arnold K / Atwood G (2005) N.s madness. In: Psychoanalytic review 87 (5), 650–698.
Aschheim St E (1992) N. und die Deutschen. Karriere eines Kults. Stuttgart, Weimar 1996.
Aschheim St E (1993) Nordau, N. and Degeneration. In: J. of Contemporary History 28, 643–657.
Aschheim St E (1997) N., der Antisemitismus und der Holocaust. In: Golomb (Hg.), 13–30.
Assoun P-L (2002) Freud and N. London, New York.
Babich B E (1990) N. and the Condition of Postmodern Thought: Post-Nietzschean Postmodernism. In: Koelb (Hg.), 249–266.
Babich B E (1994) N.'s Philosophy of Science. Albany.
Babich B E (2006) N.s Ursprung der Tragödie als Musik: Lyrik – Rhetorik – Skulptur. In: N.forschung 13, 221–238.
Babich B E (2007) Musik und Wort in der Antiken Tragödie und *La Gaya Scienza*. N.s „fröhliche" Wissenschaft. In: N.-Studien 36, 230–257.
Babich B E (2008a) Sexualität. In: Sorgner / Birx / Knoeppfler (Hg.), 323–342.
Babich B E (2008b) Die Naturkunde der Griechischen Bronze und die ästhetische Phänomenologie: Naturgeschichtliche Betrachtungen von Athen bis Feyerabend, mit Spiegeln. In: Internationales Jb. f. Hermeneutik 7, 127–189.
Babich B (2009) N.s wissenschaftstheoretische Betrachtungen. Frankfurt/M. u. a.
Babich B E (Hg.) (1999a) N., Theories of Knowledge, and Critical Theory. N. and the Sciences I. Dordrecht, Boston, London.
Babich B E (Hg.) (1999b) N., Epistemology, and Philosophy of Sciences. N. and the Sciences II. Dordrecht, Boston, London.
Baeumer M L (1973) Dialektik und zeitgeschichtliche Funktion des literarischen Topos. In: Ders. (Hrsg.): Toposforschung. Darmstadt, 299–348.
Baeumer M L (1977) Das moderne Phänomen des Dionysischen und seine „Entdeckung" durch N. In: N.-Studien 6, 123–153.
Baeumer M L (1985) N. and Luther. A Testimony to Germanophilia. In: O'Flaherty / Sellner / Helm (Hg.), 143–160.
Baeumler A (1929) Bachofen und N. Zürich.
Baeumler A (1930) Nachwort. In: F. N.: Der Wille zur Macht (= KTA 78). Leipzig, 699–710.
Baeumler A (1931a) N. der Philosoph und Politiker. Leipzig.
Baeumler A (1931b) Die Liebe im Leben F. N.s. In: Deutscher Almanach für das Jahr 1931. Leipzig, 17–40.
Baeumler A (1933) Antrittsvorlesung in Berlin vom 10. Mai 1933. In: Ders. (1934a), 123–138.
Baeumler A (1934a) Männerbund und Wissenschaft. Berlin
Baeumler A (1934b) N. und der Nationalsozialismus. In: Ders. (1937), 281–294.
Baeumler A (1937) Studien zur deutschen Geistesgeschichte. Berlin.
Baeumler A (Hg.) (1931c,d) F. N. Die Unschuld des Werdens. Der Nachlass. Erster Band (1931b). Zweiter Band (1931c) (= KTA 82 u. 83). Leipzig.
Baeumler A (Hg.) (1932) N. in seinen Briefen und Berichten der Zeitgenossen. Stuttgart.
Baier H (1981/82) Die Gesellschaft – ein langer Schatten des toten Gottes. F. N. und die Entstehung der Soziologie aus dem Geist der Décadence. In: N.-Studien 10/11, 6–22.
Baier H (1984) „Das Paradies unter dem Schatten der Schwerter". Die Utopie des Zarathustra jenseits des Nihilismus. In: N.-Studien 13, 46–68.
Bailey T (2006) After Kant. Green and Hill on N.'s Kantianism. In: N.-Studien 35, 228–262.
Balke F (2003) Die Figuren des Verbrechers in N.s Biopolitik. In: N.-Studien 32, 171–205.
Ball H (1977) Hermann Hesse. Sein Leben und sein Werk. Frankfurt/M.
Ballauf T (1966) Philosophische Begründungen der Pädagogik. Die Frage nach Ursprung und Maß der Bildung. Berlin.
Ballauf T (2004) Pädagogik als Bildungslehre. 3., weitergearb. Aufl. aus dem Nachlaß. Baltmannsweiler.

Balmer H P (1977) Freiheit statt Theologie – Ein Grundgedanke von N. Freiburg i. Br., München.
Bamford R (2007) The Virtue of Shame: Defending N.'s Critique of *Mitleid*. In: v. Tevenar (Hg.), 241–261.
Barbarić D (2007) „Wir Heimatlosen". N.s Gedanken zum Europäertum. In: N.forschung 14, 53–66.
Barbera S (1995) Eine Quelle der frühen Schopenhauer-Kritik N.s: Rudolf Hayms Aufsatz „Arthur Schopenhauer". In: N.-Studien 24, 124–136.
Barbera S (2005) „Die thatsächliche Moralität des Menschen". N.s Auseinandersetzung mit Kant von der *Morgenröthe* bis zu *Jenseits von Gut und Böse*. In: Himmelmann (Hg.), 130–142.
Barbera S (2007) „Er wollte zu Europa, wir wollten zum ‚Reich'". Anmerkungen zu den N.-Interpretationen von Alfred Baeumler. In: Ders. / Müller-Buck (Hg.), 199–234.
Barbera S / Campioni G (1984) Wissenschaft und Philosophie der Macht bei N. und Renan. In: N.-Studien 13, 279–315.
Barbera S / D'Iorio P / Ulbricht J H (Hg.) (2004) F. N.: Rezeption und Kultus. Pisa.
Barbera S / Müller-Buck R (Hg.) (2007) N. nach dem ersten Weltkrieg. Bd. I. Pisa.
Basco D (1999) The Will to Truth. In: Babich (Hg.) (1999b), 151–167.
Barthes R (1968) Der Tod des Autors. In: Ders.: Das Rauschen der Sprache. Kritische Essays IV (1984). Frankfurt/M. 2006, 57–63.
Baßler W (1988) Seelisches Geschehen als „Kampf der Affekte". Gestaltentwicklung und Geschichte als Grundbegriffe der Psychologie F. N.s. In: Jüttemann G (Hg.) Wegbereiter der Historischen Psychologie. München, Weinheim, 63–69.
Bataille G (1937) N. und die Faschisten. In: Ders. (1999), 139–168.
Bataille G (1999) Wiedergutmachung an N. Das N.-Memorandum und andere Texte. München.
Bataille G (2005) N. und der Wille zur Chance (Atheologische Summe III). München.
Bauer M (1984) Zur Genealogie von N.s Kraftbegriff. N.s Auseinandersetzung mit J. G. Vogt. In: N.-Studien 13, 211–227.
Bauer R (1978) Décadence: histoire d'un mot et d'une idée. In: Cahiers roumains d'études littéraires 1, 55–71.
Baumgarten E (1957) Das Vorbild Emersons im Werk und Leben N.s. Heidelberg.
Bäumler E (1989) Amors vergifteter Pfeil. Kulturgeschichte einer verschwiegenen Krankheit. München.
Bayertz K (1985) Spreading the Spirit of Science. Social Determinants of the Popularization of Science in Nineteenth-Century Germany. In: Shinn, T / Whitley, R (Hg.) Expository Science. Forms and Functions of Popularization. Dordrecht, Boston, Lancaster, 209–227
Bazzano M (2006) Buddha is Dead. N. and the Dawn of European Zen. Brighton, Portland.
Becke A (2002) Askese und Ekstase. Über Weltflucht und Weltablehnung bei N. und Sloterdijk. In: N.forschung 9, 363–380.
Béguin E (2001) Das Scheitern der väterlichen Metapher in N.s Leben und Werk. In: Reschke (Hg.), 243–247.
Behler E (1978) N. und die frühromantische Schule. In: N.-Studien 7, 59–87.
Behler E (1985) N. jenseits der Dekonstruktion. In: Simon (Hg.) (1985a), 88–107.
Behler E (1988) Derrida – N., N. – Derrida. Paderborn.
Behler E (1996) N.s Sprachtheorie und der Aussagecharakter seiner Schriften. In: N.-Studien 25, 64–86.
Behrendt B (1996) August Julius Langbehn. In: Puschner / Schmitz / Ulbricht (Hg.), 94–113.
Behrens K (2005) Ästhetische Obliviologie. Zur Theoriegeschichte des Vergessens. Würzburg.
Benedetti G (1989) Die narzißtische Problematik bei F. N. In: Battegay, R (Hg.) Narzißmus beim Einzelnen und in der Gruppe. Bern, 11–20.
Benjamin W (1932) N. und das Archiv seiner Schwester. In: Gesammelte Schriften (GS). Bd. III. Frankfurt/M. 1991, 323–326.
Benjamin W (1935) Das Passagen-Werk. Exposés. GS V, 43–77.
 Benjamin W (1974) Über den Begriff der Geschichte. GS I/2, 691–704.

Benn G (1949) Züchtung II. In: Gesammelte Werke (GW). Bd. I. Wiebaden 1959, 295–298.
Benn G (1950) N. – nach 50 Jahren. GW V. Stuttgart 1991, 198–208.
Benne C (2002) *Also sprach Confusius*: Ein vergessenes Kapitel aus N.s Wiener Frührezeption. In: Orbis Litterarum 57:5, 370–402.
Benne C (2004a) Clara Thustras Rache. Der Nietzschekult im Spiegel ausgewählter Parodien. In: Barbera / D'Iorio / Ulbricht (Hg.), 105–133.
Benne C (2004b) Kanon und Autonomie in N.s Aufklärung. In: Reschke (Hg.), 335–341.
Benne C (2005) N. und die historisch-kritische Philologie. Berlin, New York.
Benne C (2006) Methodische Aspekte der Philologie im Denken N.s. In: Knoche / Ulbricht / Weber (Hg.), 15–35.
Bennholdt-Thomsen A (1974) N.s *Also sprach Zarathustra* als literarisches Phänomen. Eine Revision. Frankfurt/M.
Bennholdt-Thomsen A (2001) Träume und Visionen als Erkenntnis- und Darstellungsmittel in *Also sprach Zarathustra.* In: Villwock (Hg.), 55–75.
Benz E (1956) N.s Ideen zur Geschichte des Christentums und der Kirche. Leiden.
Berg L (1890) F. N. In: Die Gesellschaft 10, 1415–1428.
Berg L (1897) Der Übermensch in der modernen Literatur. Paris u. a.
Berg L (1908) Heine – N. – Ibsen. Essays. Berlin.
Bergner D (Hg.) (1975) Franz Mehring. Aufsätze zur Geschichte der Philosophie. Frankfurt/M.
Bergoffen D (1995) Coveting a Body of Knowledge: Science and the Desire of Truth. In: Babich B E / Bergoffen D / Glynn S (Hg.) Continental and Postmodern Perspectives in the Philosophy of Science. London, 139–151
Bergson H (1907) L'evolution créatrice. Edition critique. Paris 2007.
Bering D (2000) Paralinguistische Mimesis. Sprachskepsis und Sprachvertrauen bei F. N. In: Schiewe J (Hg.) Welche Wirklichkeit wollen wir? Beiträge zur Kritik herrschender Denkformen. Schliengen, 37–50.
Berkowitz P (1995) N.: The Ethics of an Immoralist. Cambridge, London.
Bernard C (1865) Einführung in das Studium der experimentellen Medizin. Leipzig 1961.
Bernays J (1858) Grundzüge der verlorenen Abhandlung des Aristoteles über Wirkung der Tragödie. Reprint. Hildesheim, New York 1970.
Bernoulli C A (1908a,b) Franz Overbeck und F. N. Eine Freundschaft. Erster Band (1908a). Zweiter Band (1908b). Jena.
Bernoulli C A (1910) N.s Lou-Erlebnis. In: Raschers Jahrbuch I. Zürich, 225–260.
Berthelot R (1913) Un Romantisme utilitaire. Essai sur le mouvement pragmatiste, II. Paris.
Bertram E ($^{2}$1920) N. Versuch einer Mythologie. Leipzig.
Bett R (2000) N. on the Skeptics and N. as Skeptic. In: Archiv für Geschichte der Philosophie 92, 62–86.
Beutel A (2005) Das Lutherbild F. N.s. In: Lutherjahrbuch 72, 119–146.
Biebuyck B (1994a) „Eine Zeichen- und Gleichnisssprache, mit der sich vieles verschweigen lässt". Figurations- und Metapherntheorie des späten N. In: Duhamel / Oger (Hg.), 120–150.
Biebuyck B (1994b) N. und die Metapher: zwanzig Jahre später. In: Recherches Germaniques 24, 55–80.
Biebuyck B (1998) N.'s Curse on Christianity. Explorations of the Power of Creative Metaphor. In: Ders. / Dirven R / Ries J (Hg.) Faith and Fiction. Frankfurt/M., 191–218.
Biebuyck B (2000) Polypsesten. Cultuur en cultuurkritiek in N.s Unzeitgemässe Betrachtungen als taal-in-actie. In: Visser G (Hg.) N.s Cultuurkritiek in de Unzeitgemässe Betrachtungen. Leiden, 29–54.
Biebuyck B (2001) N.'s „Nur im Gleichniss". A Literary Approach towards a „Particle Philosophy". In: Journal for N. Studies 22 (Autumn), 44–63.
Biebuyck B (2008) Von der Mystik der enthüllenden Fülle zum Mysterium der befehlenden Leere. Mittelbarkeit und Unmittelbarkeit in F. N.s Sprachphilosophie. In: Berensmeyer I (Hg.) Mystik und Medien: Erfahrung – Bild – Theorie. München, 133–149.

Biedermann H (Hg.) (1989) Knaurs Lexikon der Symbole. München.
Bier J-P (1974) Hermann Broch et „La Mort de Virgile". Paris.
Bindschneider M (1966) N. und die poetische Lüge. Berlin.
Birnbacher D (2006) N. und Schopenhauer zur „Fernstenliebe". In: Kopij M / Kunicki W (Hg.) N. und Schopenhauer. Leipzig, 307–319.
Birus H (1984) Wir Philologen ... Überlegungen zu N.s Begriff der Interpretation. In: Revue Internationale de Philosophie 38, 373–395.
Birus H (1996) Apokalypse der Apokalypsen: N.s Versuch einer Destruktion aller Eschatologie. In: Stierle K / Warning R (Hg.) Das Ende. Figuren einer Denkform. München, 32–58.
Biser E (1962) „Gott ist tot". N.s Destruktion des christlichen Bewusstseins. München.
Biser E (1982) Gottsucher oder Antichrist? N.s provokative Kritik des Christentums. Salzburg.
Biser E (1986) N. und Heine: Kritik des christlichen Gottesbegriffs. In: Yovel (Hg.), 204–218.
Bischoff B (2004) N. and the New. In: N.-Studien 33, 156–179.
Bishop P (1995) The Dionysian Self. Jung's Reception of F. N. Berlin, New York.
Bittner R (1987) N.s Begriff der Wahrheit. In: N.-Studien 16, 69–90.
Blackburn S (2005) Wahrheit. Ein Wegweiser für Skeptiker. Darmstadt.
Blanchot M (1969a) N. und die fragmentarische Schrift. In: Hamacher (Hg.), 47–73.
Blanchot M (1969b) The Limits of Experience: Nihilism. In: Allison D B (Hg.) The New Nietzsche. New York 1977, 121–127.
Blaß J L (1973) Ende der Bildungstradition. Methodologische Reflexionen zu N.s „Wir Philologen". In: Päd. Rundschau 27, 545–563.
Bloch E (1906) Über das Problem N. In: Das freie Wort 6, 566–570.
Bloch E (1959) Prinzip Hoffnung. Bd. 2. Frankfurt/M.
Bloch E (1962) Erbschaft dieser Zeit. Frankfurt/M.
Bloch P A (2001) Die Rätselstruktur des *Zarathustra*. Über N.s Begriff-Sinnlichkeit. In: Villwock (Hg.), 91–124.
Bludau B (1979) Frankreich im Werk N.s. Geschichte und Kritik der Einflussthese. Bonn.
Blüher H (1953) Werke und Tage. Geschichte eines Denkers. München.
Bluhm H (1953) N.'s View of Luther and the Reformation in „Morgenröte" and „Fröhliche Wissenschaft". In: Publications of the Modern Language Association of America 68, 111–127.
Bluhm H (1956) N.'s Final View of Luther and the Reformation. In: Publications of the Modern Language Association of America 71, 75–83.
Bluhm L (2001) Die „zitternde Nadel". Herkunft, Genese und Variation einer N.-Zuschreibung bei Thomas Mann, Ernst Jünger und Alfred Baeumler. In: Wirkendes Wort 51, 48–55.
Blumenberg H (1979) Arbeit am Mythos. Frankfurt/M.
Blunck R (1953) Erster Teil. Kindheit und Jugend. In: Janz (1978a), 17–273.
Boehlich W (Hg.) (1989) Sigmund Freud: Jugendbriefe an Eduard Silberstein 1871–1881. Frankfurt/M.
Bohley R (1976) Über die Landesschule zur Pforte. Materialien aus der Schulzeit N.s. In: N.-Studien 5, 298–320.
Bohley R (1980) N.s Taufe. In: N.-Studien 9, 383–405.
Bohley R (1987) N.s christliche Erziehung. In: N.-Studien 16, 164–196.
Bohley R (1989) N.s christliche Erziehung. In: N.-Studien 17, 377–395.
Bohley R (2007) Die Christlichkeit einer Schule: Schulpforte zur Schulzeit N.s. Jena, Quedlinburg.
Böhme G (1986) Über eine notwendige Veränderung im europäischen Denken. In: Ders.: Philosophieren mit Kant. Frankfurt/M., 229–239.
Böhme G / Böhme H (1985) Das Andere der Vernunft. Zur Entwicklung von Rationalitätsstrukturen am Beispiel Kants. Frankfurt/M.
Bollinger A / Trenkle F (2000) N. in Basel. Basel.
Bollmus R (1970) Das Amt Rosenberg und seine Gegner. Studien zum Machtkampf im nationalsozialistischen Herrschaftssystem. Stuttgart.
Bollmus R ($^2$2006) Das Amt Rosenberg und seine Gegner. Studien zum Machtkampf im nationalsozialistischen Herrschaftssystem. München.

Bollnow O F (1956) Das Wesen der Stimmungen. Frankfurt/M.
Bonfiglio T (2005/2006) Toward a Genealogy of Aryan Morality. N. and Jacolliot. In: New N. Studies 6/7, 170–184.
Böning T (1988) Metaphysik, Kunst und Sprache beim frühen N. Berlin, New York.
Borchmeyer D (1982) Das Theater Richard Wagners. Idee – Dichtung – Wirkung. Stuttgart.
Borchmeyer D (1983) Der Fall Wagner. Schriften, Aufzeichnungen, Briefe. Frankfurt/M.
Borchmeyer D (1989) N.s Begriff der Décadence. In: Pfister M (Hg.) Die Modernisierung des Ich. Passau, 84–95.
Borchmeyer D (1996) N.s zweite „Unzeitgemäße Betrachtung“ und die Ästhethik der Postmoderne. In: Ders. (Hg.), 196–217.
Borchmeyer D (1998) Das Tribschener Idyll. N. – Cosima – Wagner. Frankfurt/M., Leipzig.
Borchmeyer D (2002) Richard Wagner. Ahasvers Wandlungen. Frankfurt/M., Leipzig.
Borchmeyer D (Hg.) (1996) Vom Nutzen und Nachteil der Historie für das Leben. Frankfurt/M.
Borchmeyer D / Figl J (2008) Das Judentum. In: Sorgner / Birx / Knoepffler (Hg.), 164–192.
Borchmeyer D / Salaquarda J (1994a) Nachwort. Legende und Wirklichkeit einer epochalen Begegnung. In: Dies. (Hg.) (1994b), 1271–1386.
Borchmeyer D / Salaquarda J (Hg.) (1994b) N. und Wagner. Stationen einer epochalen Begegnung. Bd. 1. Bd. 2. Frankfurt/M., Leipzig.
Bornedal P (2005) A Silent World. N.'s Radical Realism: World, Sensation, Language. In: N.-Studien 34, 1–47.
Bornedal P (2006) Eternal Recurrence in Inner-Mental-Life. The Eternal-Recurrence-Thought as a Subjective Principle Describing the Conditions of the Possibility for Knowledge and Pleasure. In: N.-Studien 35, 104–165.
Bornmann F (1989) N.s metrische Studien. In: N.-Studien 18, 472–489.
Borsche T (1985) N.s Erfindung der Vorsokratiker. In: Simon (Hg.), 62–87.
Borsche T (1988) Schematisieren ohne Schema. Platonische Hintergründe einer Notiz N.s über den Glauben an die Vernunft. In: Kodikas / Code 11, 167–177.
Borsche T (1990) Fröhliche Wissenschaft freier Geister – eine Philosophie der Zukunft? In: Djurić (Hg.), 53–72.
Borsche T (1994) Vom romantischen Traum einer fröhlichen Wissenschaft. Nostradamus, N. und die Inquisition. In: N.-Studien 23, 175–199.
Borsche T / Gerratana F / Venturelli A (Hg.) (1994) „Centauren-Geburten“. Wissenschaft, Kunst und Philosophie beim jungen N. Berlin, New York.
Bosse H (1981) Autorschaft ist Werkherrschaft. Über die Entstehung des Urheberrechts aus dem Geist der Goethezeit. Paderborn u. a.
Boudot P (1971) N.s Ontologie. Paris.
Bourget P (1883) Essais de psychologie contemporaine. Paris.
Boussignac P / Sautet M (1986) N. pur débutants. Paris.
Braatz K (1988) F. N. Eine Studie zur Theorie der Öffentlichen Meinung. Berlin, New York.
Brandt R (2005) N. versus Platon & Kant versus N. In: Himmelmann (Hg.), 91–118.
Brann H W (1931) N. und die Frauen. Leipzig.
Braun R (1998) Quellmund der Geschichte. N.s poetische Rede in *Also sprach Zarathustra*. Frankfurt/M.
Braun S (2007) Topographien der Leere – F. N., Schreiben und Schrift. Würzburg.
Braungart W (2004) Georges N. „Versuch einer Selbstkritik“. In: Jb. d. freien dt. Hochstifts, 234–258.
Bräutigam B (1977) Verwegene Kunststücke. N.s ironischer Perspektivismus als schriftstellerisches Verfahren. In: N.-Studien 6, 45–63.
Bremer D (1979) Platonisches, Antiplatonisches. Aspekte der Platon-Rezeption in N.s Versuch einer Wiederherstellung des frühgriechischen Daseinsverständnisses. In: N.-Studien 8, 39–103.
Bremer D (1987) Vom Mythos zum Musikdrama. Wagner, N. und die griechische Tragödie. In: Borchmeyer D (Hg.) Wege des Mythos in der Moderne. München, 41–63

Bremer D (1999) Die Spannung von Nähe und Ferne in N.s Auseinandersetzung mit Heraklit und Platon. In: Riedel (Hg.), 191–206.
Brennecke D (1976) Die blonde Bestie. Vom Missverständnis eines Schlagwortes. In: N.-Studien 5, 113–145.
Breuer S (1987) F. N. In: Fetscher I / Münkler H (Hg.) Pipers Handbuch der politischen Ideen. Bd. 5. München, Zürich, 163–172.
Breuer S (1995) Ästhetischer Fundamentalismus. Stefan George und der deutsche Antimodernismus. Darmstadt.
Breuer S (2001) Ordnungen der Ungleichheit – die deutsche Rechte im Widerstreit ihrer Ideen 1871–1945. Darmstadt.
Briggs W / Calder III W M (Hg.) (1990) Classical Scholarship. New York, London.
Brobjer T H (1995) N.'s Ethics of Character. A Study of N.'s Ethics and its Place in the History of Moral Thinkers. Uppsala.
Brobjer T H (1996) On the Revaluation of Values. E. E. Sleinis, N.'s Revaluation of Values. A Study in Strategies. In: N.-Studien 25, 342–348.
Brobjer T H (1998) The Absence of Political Ideals in N.'s Writings. The Case of the Laws of Manu and the Associated Caste-Society. In: N.-Studien 27, 300–318.
Brobjer T H (1999a) To Philosophize with a Hammer: An Interpretation. In: N.-Studien 28, 38–41.
Brobjer T H (1999b) N.s Education at the Naumburg Domgymnasium 1855–1858. In: N.-Studien 28, 302–322.
Brobjer T H (2001) A Discussion and Source of Hölderlin's Influence on N. In: N.-Studien 30, 397–412.
Brobjer T H (2002) N.s Knowledge of Marx and Marxism. In: N.-Studien 31, 298–313.
Brobjer T H (2003a) A Possible Solution to the Stirner-N. Question. In: J. of N. Studies 25, 109–114.
Brobjer T H (2003b) N.'s Affirmative Morality: An Ethics of Virtue. In: J. of N. Studies 26, 64–78.
Brobjer T H (2004a) N.'s Reading about Eastern Philosophy. In: J. of N. Studies 28, 3–35.
Brobjer T H (2004b) Women as Predatory Animals, or Why N. Philosophized with a Whip. N. and the Mystery of the Ass. In: Acampora / Acampora (Hg.), 181–192.
Brobjer T H (2004c) N.'s Reading and Knowledge of Natural Science: An Overview. In: Moore / Brobjer (Hg.), 21–50.
Brobjer T H (2007) N.'s Philosophical Context. Urbana, Chicago.
Brobjer T H (2008) N. and the English: the influence of British and American thinking on his philosophy. New York.
Broch H (1974 ff.) Kommentierte Werkausgabe. Hrsg. v. P. M. Lützeler. Frankfurt/M.
Brock W (1931) Die Grundstruktur des Lebendigseins. Eine ontologische Untersuchung zur Grundlegung der Philosophischen Biologie. Freiburg i. Br. 2005.
Bröcker W (1972) N.s Narrentum. In: N.-Studien 1, 138–146.
Broese K (2004) N.s Verhältnis zur antiken und modernen Aufklärung. Aspekte ihrer Aneignung und Radikalisierung durch den frühen N. im Lichte unveröffentlichter Manuskripte. In: Reschke (Hg.), 231–238.
Broese K (2005) N.s frühe Auseinandersetzung mit Kants Kritizismus. In: Himmelmann (Hg.), 362–372.
Brose K (1990) Sklavenmoral. N.s Sozialphilosophie. Bonn.
Broszat M (1970) Soziale Motivation und Führer-Bindung des Nationalsozialismus. In: Vierteljahrsh. f. Zeitgeschichte 18, 392–409.
Broszat M / Friedländer S (1988) Um die „Historisierung des Nationalsozialismus". In: Vierteljahrsh. f. Zeitgeschichte 36, 339–372.
Brotbeck St (1980) N. Erraten. In: N.-Studien 19, 143–175.
Brown M B (1987) F. N. und sein Verleger Ernst Schmeitzner: eine Darstellung ihrer Beziehung. In: Archiv f. Geschichte des Buchwesens 28, 215–291.

Bruch R vom / Hofmeister B (Hg.) (2000) Kaiserreich und Erster Weltkrieg 1871–1918. Stuttgart.

Bruder-Bezzel A (2004) N., Freud und Adler. In: Bruder-Bezzel / Bruder, 122–169.
Bruder-Bezzel A (2010) Alfred Adlers N.-Bezug und die schöpferische Kraft. In: Lesmeister / Metzner (Hg.) N. und die Tiefenpsychologie. Freiburg, München, 91–106.
Bruder-Bezzel A / Bruder K-J (2004) Kreativität und Determination. Studien zu N., Freud und Adler. Göttingen.
Brunkhorst K (2006) Verwandt – verwandelt: N.'s presence in Rilke. München.
Brusotti M (1992a) Die „Selbstverkleinerung des Menschen" in der Moderne. Studie zu N.s „Zur Genealogie der Moral". In: N.-Studien 21, 81–136.
Brusotti M (1992b) Beiträge zur Quellenforschung. In: N.-Studien 21, 390–397.
Brusotti M (1993) Opfer und Macht. Zu N.s Lektüre von Jakob Wackernagels „Über den Ursprung des Brahmanismus". In: N.-Studien 22, 222–242.
Brusotti M (1994) Verkehrte Welt und Redlichkeit gegen sich. Rückblicke N.s auf seine frühere Wagneranhängerschaft in den Aufzeichnungen 1880–1881. In: Borsche / Gerratana / Venturelli (Hg.), 435–460.
Brusotti M (1997) Die Leidenschaft der Erkenntnis. Philosophie und ästhetische Lebensgestaltung bei N. von *Morgenröthe* bis *Also sprach Zarathustra*. Berlin, New York.
Brusotti M (1998) Erkenntnis als Passion. N.s Denkweg zwischen Morgenröthe und der Fröhlichen Wissenschaft. In: N.-Studien 26, 199–225.
Brusotti M (2001) Wille zum Nichts, Ressentiment, Hypnose. „Aktiv" und „Reaktiv" in N.s *Genealogie der Moral*. In: N.-Studien 30, 107–132.
Brusotti, M (2003) Sprache und Selbsterkenntnis. Zu Nietzsches Aphorismus *Elemente der Rache* (WS 33). In: N.forschung 10, 193–204.
Brusotti M (2008a) Politik. In: Sorgner / Birx / Knoeppfler (Hg.), 265–286.
Brusotti M (2008b) „Vergangenes und Fremdes". Zum Umgang mit Fremdkulturellem in N.s zweiter *Unzeitgemäßer Betrachtung*. In: N.forschung 15, 41–48.
Bruun L K (2008) Vergessen als der größte Affekt? Affekt, Vergessen und Gerechtigkeit in *Vom Nutzen und Nachteil der Historie für das Leben*. In: N.forschung 15, 213–230.
Buber M (1900/01) Ein Wort über N. und die Lebenswerte. In: Die Kunst im Leben 1, 13.
Buhr M (1988) „Es geht um das Phänomen N.!" In: Sinn und Form 38, 200–210.
Bumke J ([10]2002) Höfische Kultur. Literatur und Gesellschaft im hohen Mittelalter. München.
Bünger P (1997) N. als Kritiker des Sozialismus. Aachen.
Bürger-Prinz H / Segelke A (1940) Julius Langbehn, der Rembrandtdeutsche: eine patho-psychologische Studie. Leipzig.
Buri F (1947) Kreuz und Ring. Die Kreuzestheologie des jungen Luther und die Lehre von der ewigen Wiederkunft in N.s „Zarathustra". Bern.
Burke E (1989) Philosophische Untersuchung über den Ursprung unserer Ideen vom Erhabenen und Schönen. Hamburg.
Burnham D (2007) Reading N.: an analysis of *Beyond Good and Evil*. Montreal u. a.
Butler E M (1935) The Tyranny of Greece Over Germany: A Study of the Influence Exercised by Greek Art and Poetry Over the Great German Writers of the Eighteenth, Nineteenth, and Twentieth Centuries. Cambridge.
Campe R (1991) Die Schreibszene. Schreiben. In: Gumbrecht H U / Pfeiffer K L (Hg.) Paradoxien, Dissonanzen, Zusammenbrüche. Situationen offener Epistemologie. Frankfurt/M., 759–772.
Campioni G (1987) „Wohin man reisen muss". Über N.s Aphorismus 223 aus *Vermischte Meinungen und Sprüche*. In: N.-Studien 16, 209–226.
Campioni G (1988) Mazzino Montinari in den Jahren von 1943 bis 1963. In: N.-Studien 17, XV–LX.
Campioni G (1989) „Die Kunst, gut zu lesen". Mazzino Montinari und das Handwerk des Philologen. In: N.-Studien 18, XV–LXXIV.
Campioni G (1992) Leggere N. Alle origini dell' edizioni critica Colli-Montinari. Pisa.
Campioni G (1994) Wagner als Histrio. In: Borsche (Hg.), 461–488.
Campioni G (1998a) Il Rinascimento in Wagner e nel giovane N. In: Rinascimento XXVIII, Firenze, 81–121.

Campioni G (1998b) N., Byron y el titanismo. In: Signa. Revista de la asociación española de semiótica 7, Malaga, 155–183.
Campioni G (2000a) Held, Heros. In: Ottmann (Hg.), 251 f.
Campioni G (2000b) Aufklärung. In: Ottmann (Hg.), 200 f.
Campioni G (2000c) Aristokratie. In: Ottmann (Hg.), 192–194.
Campioni G (2001) Les lectures françaises de N. Paris.
Campioni G (2006) Die „ideelle Bibliothek N.s": von Charles Andler zu Mazzino Montinari. In: Knoche / Ulbricht / Weber (Hg.), 133–142.
Campioni G (2007a) „Der Karren unserer Arbeit ...": Sechzehn Briefe von Mazzino Montinari an Delio Cantimori. In: N.-Studien 36, 48–79.
Campioni G (2007b) Introduzione. In: P Bourget: Décadence. Saggi di psicologia contemporanea. A cura di F. Manno. Torino, V–XXV.
Campioni G (2008) Psicología y nihilismo: N. y Bourget. In: P Bourget: Baudelaire y otros estudios críticos. A cura di F. Manno e S. Sánchez. Córdoba, 11–58.
Campioni G (2009a) Der französische N. Berlin.
Campioni G (2009b) Beiträge zur Quellenforschung. In: N.-Studien 38, 327.
Campioni G (2009c) „Gaya scienza" e „gai saber" nella filosofia di N. In: Carmassi C. et al.: Wo bleibt das „Konzept"? Dov'e il „concetto"? München, 67–82.
Camus A (1953/1969) N. und der Nihilismus. In: Salaquarda (Hg.) (1996b), 63–77.
Cancik H (1986) Erwin Rohde – ein Philologe der Bismarckzeit. In: Doerr W (Hg.) Semper Apertus. Sechshundert Jahre Ruprecht-Karls-Universität Heidelberg 1386–1986. Bd. II. Berlin, 436–505.
Cancik H (1987a) Der Einfluß F. N.s auf Berliner Schulkritiker der wilhelminischen Aera. In: Der altsprachliche Unterricht XXX, H. 3, 55–74.
Cancik H (1987b) Der N.-Kult in Weimar. Ein Beitrag zur Religionsgeschichte der wilhelminischen Ära. In: N.-Studien 16, 405–429.
Cancik H (1989) Der N.-Kult in Weimar (II). Ein Beitrag zur Religionsgeschichte der nationalsozialistischen Ära (1942–1944). In: Ders. / Cancik-Lindemaier (1999), 251–277.
Cancik H (1991) Otto Jahns Vorlesung „Grundzüge der Archäologie" (Bonn, Sommer 1865) in den Mitschriften von Eduard Hiller und F. N. In: Ders. / Cancik-Lindemaier (1999), 3–33.
Cancik H (1993) „Judentum in zweiter Potenz". Ein Beitrag zur Interpretation von F. N.s „Der Antichrist". In: Mertin J / Neuhaus D / Weinrich M (Hg.) „Mit unsrer Macht ist nichts getan ...". Frankfurt/M., 55–70.
Cancik H (1994) „Philologie als Beruf". Zu Formengeschichte, Thema und Tradition der unvollendeten vierten Unzeitgemässen F. N.s. In: Ders. / Cancik-Lindemaier (1999), 69–86.
Cancik H (1995a) N.s Antike. Vorlesung. Stuttgart, Weimar.
Cancik H (1995b) Der Einfluß F. N.s auf klassische Philologen in Deutschland bis 1945. Philologen am N.-Archiv (I). In: Flashar, H (Hg.), in Zusammenarbeit m. H Cancik-Lindemaier u. R Wollkopf: Altertumswissenschaft in den 20er Jahren. Stuttgart, 381–402.
Cancik H (1997) „Mongolen, Semiten, Rassegriechen." N.s Umgang mit den Rassenlehren seiner Zeit. In: Golomb (Hg.), 67–86.
Cancik H (1999) „Wie die europäischen Menschen Griechentum in ihr Werk versponnen". Hellenisches bei Walter Benjamin. In: Garber K / Rehm L (Hg.) global benjamin. Bd. 2. München u. a., 857–871.
Cancik H / Cancik-Lindemaier H (1988) Der „psychologische Typus des Erlösers" und die Möglichkeit seiner Darstellung bei Franz Overbeck und F. N. In: Dies. (1999), 69–86.
Cancik H / Cancik-Lindemaier H (1991) Philhellénisme et antisémitisme en Allemagne: Le cas N. In: Bourel D / Le Rider J (Hg.) De Sils-Maria à Jérusalem. Paris, 21–46.
Cancik H / Cancik-Lindemaier H (1999) Philolog und Kultfigur. F. N. und seine Antike in Deutschland. Stuttgart, Weimar.
Cancik H / Cancik-Lindemaier H (2001) The „Pre-Existent-Form" (Präexistenz-Form) of Christianity. Philological Observations Concerning N.'s Construction of the History of Ancient Religions. In:

Cancik H: Religionsgeschichten. Gesammelte Aufsätze II. Hrsg. v. H Cancik-Lindemaier. Tübingen 2008, 168–190.
Carlsson A (1972) Zur Geschichte des Steppenwolfsymbols. In: Michels V (Hg.) Materialien zu Hermann Hesses „Der Steppenwolf". Frankfurt/M., 377–381.
Carrière L (1949/50) Wandlungen im Begriffe des Heldischen. In: Psyche 3, 120–129.
Casale R (2010) Heideggers N. Geschichte einer Obsession. Bielefeld.
Cathrein V (1920) Die christliche Demut. Freiburg i. Br.
Caysa V (1995) „Richard Wagner in Bayreuth". Oder: Der Künstler-Philosoph als Gesamtkunstwerk. In: N.forschung 2, 167–192.
Caysa V (1998) N.s Leibphilosophie und das Problem der Körperpolitik. In: N.forschung 4, 283–299.
Caysa V (2006) Der Streit um N.s Philosophie in den 80er Jahren in der DDR und der Ausgang der kritischen Philosophie in Deutschland. In: Gerlach / Caysa (Hg.), 144–166.
Cecchini A (2004) Oltre il nulla. N., nihilismo e cristianesimo. Roma.
Chaimerlain L (1996) N. in Turin. London.
Chamberlain H S (1895) Richard Wagner. Ungek. Volksausgabe. München 1933.
Champromis P (1964) Podach, N.s Werke des Zusammenbruchs oder Zusammenbruch der editorischen Werke Podachs? In: Philosophische Rundschau 12, 246–263.
Chapeaurouge D de (1991) Einführung in die Geschichte der christlichen Symbole. Darmstadt.
Claesges U (1999) N.s Aphorismenreihe „Von den ersten und letzten Dingen". Text und Rekonstruktion. Würzburg.
Clark M (1990a) N. on Truth and Philosophy. Cambridge.
Clark M (1990b) Language and Deconstruction. N., de Man, and Postmodernism. In: Koelb (Hg.), 75–90
Cohen J (1999) N.'s Fling with Positivism. In: Babich (Hg.) (1999b), 101–107.
Colli G (1980) Nachwort. In: F. N. Kritische Studienausgabe. Bd. 3 (= KSA 3). München 1980, 653–663.
Colli G (1982) Distanz und Pathos. Frankfurt/M.
Colli G (1983) Nach N. Frankfurt/M.
Colli G / Montinari M (1967) Etats des textes de N. In: N. Colloque de Royaumont. Paris, 127–140.
Cominos M (2008) The Question of N.'s Anti-Politics and Human Transfiguration. In: Siemens / Roodt (Hg.), 85–107.
Conrad M G (1890) Aus F. N.s Leben. In: Die Gesellschaft 6, 1253–1262.
Conway D W (1988) Perspectivism and Persuasion. In: N.-Studien 17, 555–562.
Conway D W (1997) N. and the Political. London, New York.
Conway D W (1999) Beyond Truth and Appearance: N's Emergent Realism. In: Babich (Hg.) (1999b), 109–122.
Conway D W (2006) Life and Self-Overcoming. In: Ansell-Pearson (Hg.), 532–564.
Cox C (1999) N. Naturalism and Interpretation. Berkeley.
Cramer K (1972) Erleben, Erlebnis. In: Ritter (Hg.) 2, 702–711.
Crawford C (1985) N.'s mnemotechnics, the theory of ressentiment, and Freud's topographies of the psychical apparatus. In: N.-Studien 14, 284 f
Cremerius J (1973) Arnold Zweig – Sigmund Freud. In: Psyche 27, 658–667.
Crescenzi L (1994) Verzeichnis der von N. aus der Universitätsbibliothek in Basel entliehenen Bücher (1869–1879). In: N.-Studien 23, 388–422.
Crespo R Á (2008) N. und das Problem des Nichts. In: N.forschung 15, 285–297.
Crusius O (1902) Erwin Rohde. Ein biographischer Versuch. Tübingen, Leipzig.
Curtius E (1856) Der Wettkampf. In: Ders.: Alterthum und Gegenwart, Berlin $^{3}$1903, 132–147.
Curtius G (1863) Philologie und Sprachwissenschaft. Leipzig.
Cybulska E M (2000) The madness of N: a misdiagnosis of the millenium? In: Hospital Medicine 61, 571–575.
Dahl P (2000) Die guten Nordwinde aus Kopenhagen. Georg Brandes und die Einführung N.s in Skandinavien. In: Schirmer / Schmidt (Hg.), 11–22.

Dahlhaus C (1990) Wagners Konzeption des musikalischen Dramas. München, Kassel.
Dahlkvist T (2007) N. and the Philosophy of Pessimism. A Study of N.'s Relation to the Pessimistic Tradition: Schopenhauer, Hartmann, Leopardi. Uppsala.
Daigle C (2006) N.: Virtue Ethics … Virtue Politics? In: J. of N. Studies 31, 1–21.
Danto A C (1965/1998) N. als Philosoph. München.
Däuble H (1976) F. N. und Erwin Rohde. In: N.-Studien 5, 321–354.
Daum A W (1998) Wissenschaftspopularisierung im 19. Jh. München.
David C (1993) Eine verfehlte Begegnung: Rilke und N. In: Gockel / Neumann / Wimmer (Hg.), 161–168.
Dawkins R (2004) The Ancestor's Tale. A Pilgrimage to the Dawn of Evolution. Boston, New York.
De Angelis E (2007) Musils Zarathustra. In: Barbera / Müller-Buck (Hg.), 89–112.
Decher F (1984) Wille zum Leben – Wille zur Macht. Eine Untersuchung zu Schopenhauer und N. Würzburg, Amsterdam.
Decher F (1996) Der eine Wille und die vielen Willen. Schopenhauer – Mainländer – N. In: N.-Studien 25, 221–238.
Decker G (2007) Gottfried Benn antwortet auf N.s Frage, wo die Barbaren des 20. Jahrhunderts sind. In: Barbera / Müller-Buck (Hg.), 149–168.
Del Caro A (1988) The Devil as Advocate in the Last Novels of Thomas Mann and Dostoevsky. In: Orbis Litterarum 43, 129–152.
Del Caro A (2004) Grounding the N. Rhetoric of Earth. Berlin, New York.
Deleuze G (1962) N. und die Philosophie. Hamburg 2002.
Deleuze G (1966) Le bergsonisme. Paris.
Delf H (1997) „N. ist für uns Europäer …" Zu Gustav Landauers früher N.-Lektüre. In: Stegmaier / Krochmalnik (Hg.), 209–227.
Delhomme J (1960) N. et Bergson. La représentation de la vérité. In: Les études bergsoniennes, V. Paris, 37–62.
Dellinger J (2009),Vernünftige' Gedanken von der ,Vernunft' in der Sprache. Oder: Drei Stellungen des Gedankens zur ,Objektivität' des N.schen Textes. In: N.forschung 16, 183–189.
de Man P (1988) Allegorien des Lesens (1979). Frankfurt/M.
De Mul J (2000) The Tragedy of Finitude. Dilthey's Hermeneutics of Life. New Haven, London.
Denker A / Heinz M u. a. (Hg.) (2005) Heidegger und N. Heidegger-Jb. 2, Freiburg i. Br., München.
Dennett D C (1995) Darwin's Dangerous Idea. New York, London u. a.
Derrida J (1967) De la Grammatologie. Paris.
Derrida J (1971) La mythologie blanche (la métaphore dans le texte philosophique). In: Poétique 5, 1–52.
Derrida J (1973) Sporen. Die Stile N.s. In: Hamacher (Hg.), 183–224.
Derrida J (1980) N.s Otobiographie oder Politik des Eigennamens. In: FUGEN. Deutsch-Französisches Jahrbuch für Text-Analytik. Olten, Freiburg/Br., 64–98.
Derrida J (1982) N. – Politik des Eigennamens. Berlin 2000.
Derrida J (1984) Guter Wille zur Macht. In: Forget Ph (Hg.) Text und Interpretation. München, 56–58 u. 62–77.
Derrida J (2002) Politik der Freundschaft. Frankfurt/M.
Detering H (2000) „Das Ich wird zum Wortspiel": Ibsen, Strindberg, N. und das Drama der Abstraktion. In: Schirmer / Schmidt (Hg.), 79–101.
Detering H (2010) Der Antichrist und der Gekreuzigte. F. N.s letzte Texte. Göttingen.
Detwiler B (1990) N. and the Politics of Aristocratic Radicalism. Chicago.
Deussen P (1901) Erinnerungen an F. N. Leipzig.
Deussen P (1922) Mein Leben. Hg. v. E. Rosenthal-Deussen. Leipzig.
Devreese D (2007) „Der einsamste Deutsche" F. W. N. in de Duitse geschiedenis. Gent.
Devreese D / Biebuyck B (2006) „Il Polacco". Überlegungen zu N.s polnischer Legende im Lichte einer neuen Quelle: Ernst von der Brüggens *Polens Auflösung* (Leipzig, 1878). In: N.-Studien 35, 263–270.

Diels H / Kranz W (Hg.) (1961) Die Fragmente der Vorsokratiker. Berlin.
Dienstag J F (2006) Pessimism. Philosophy, Ethic, Spirit. Princeton, Oxford.
Dier O (2001) Die Verwandlung der Wiederkunft. In: N.-Studien 30, 133–174.
Diethe C (1996) N.s Women: Beyond the Whip. Berlin, New York.
Diethe C (2001) N.s Schwester und *Der Wille zur Macht*. Biografie der Elisabeth Förster-N. Hamburg, Wien.
Dietzsch S (2001) N. im „Neuen Tage-Buch", Paris 1933–1939. In: Schmidt-Grépály / Dietzsch (Hg.), 29–45.
Dietzsch S (2002) Nansenpass One. Oscar Levys andauerndes Exil. In: IABLIS. Jahrbuch für europäische Prozesse. http.iablis.de/iablis_t/2002/dietzsch.htm
Dietzsch S (2003) „Die Philosophie fängt an, wo der Respekt aufhört". Raoul Richters „fröhliche Skepsis". In: Weimarer Beiträge 49, 219–241.
Dietzsch S (2004) Wandern als Aufklärung? N.s Wanderer und sein Schatten. In: Reschke (Hg.), 67–80.
Dilthey W (1883) Einleitung in die Geisteswissenschaften. In: Gesammelte Schriften (GS). Bd. I. Stuttgart, Göttingen 1991.
Dilthey W (o. J.) Zur Weltanschauungslehre. GS VIII, 169–235.
Dimitrov C / Jablenski A (1967) N. und Freud. In: Z. f. Psychosomatische Medizin u. Psychoanalyse 13, 282–298.
D'Iorio P (1994) L'image des philosophes préplatoniciens chez le jeune N. In: Borsche / Gerratana / Venturelli (Hg.), 381–417.
D'Iorio P (2003) Geschichte der Bibliothek N.s und ihrer Verzeichnisse. In: NB, 33–78.
D'Iorio P (2004) Le culte de N. sur le Web. In: Barbera / D'Iorio / Ulbricht (Hg.), 333–346.
Dixon P (1999) N. and Jung. Sailing a deeper night. New York.
Dixsaut M (2006) N. Par-delà les antinomies. Chatou.
Dixsaut M (2007) Platon, N. et les images. In: Gens J-C / Rodrigo P (Hg.) Puissances de l'image. Dijon, 11–24.
Djurić M (1979) Die antiken Quellen der Wiederkunftslehre. In: N.-Studien 8, 1–16.
Djurić M (1989) N. und die Metaphysik. Berlin, New York.
Djurić M (Hg.) (1990) N.s Begriff der Philosophie. Würzburg.
Djurić M / Simon J (Hg.) (1984) Zur Aktualität N.s. Würzburg.
Djurić M / Simon J (Hg.) (1986) Kunst und Wissenschaft bei N. Würzburg.
Djurić M / Simon J (Hg.) (1992) N. und Hegel. Würzburg.
Döblin A (1902) Der Wille zur Macht als Erkenntnis bei F. N. In: Hillebrand (Hg.) (1978a), 315–330.
Domdey H (1998) Produktivkraft Tod. Das Drama Heiner Müllers. Köln.
Donnellan B (1982) N. and the French Moralists. Bonn.
Dörpinghaus A / Poenitsch A / Wigger L ($^{3}$2009) Einführung in die Theorie der Bildung. Darmstadt.
Dostoïevsky Th [Dostojewski, F.] (1886) Les Possédés (Bési). Traduit du Russe par Victor Derély. 2 Bde., Paris o. J.
Douglas P (1996) Nietzschean Geometry. In: SubStance 81, 132–152.
Drerup H (1998) „Kein Umgang mit N." – Zur staatsbürgerlichen Auseinandersetzung mit einem ausgebürgerten Philosophen. In: Niemeyer / Drerup / Oelkers / v. Pogrell (Hg.), 195–210.
Drerup H (2005) Popularisierung wissenschaftlichen Wissens. Zur Kritik kanonisierter Sichtweisen. In: Ders.: Erziehungswissenschaft im Kontext. Dresden TUDpress, 136–155.
Dreßler R / Schmidt H J / Wagner R (o. J.) Spurensuche. Die Lebensstationen F. N.s 1844–1869. Erfurt.
Duhamel R (1991) N.s Zarathustra, Mystiker des Nihilismus. Eine Interpretation von N.s „Also sprach Zarathustra. Ein Buch für Alle und Keinen". Würzburg.
Duhamel R / Oger E (Hg.) (1994) Die Kunst der Sprache und die Sprache der Kunst. Würzburg,
Dühring E (1865) Der Werth des Lebens. Eine philosophische Betrachtung. Breslau.
Du Moulin Eckart R Graf (1929) Cosima Wagner. Ein Lebens- und Charakterbild. Berlin.

Durkheim É (1913/14) Pragmatisme et sociologie, Paris 1955.
Düsing E (1988) Die Kritik des Bildungsphilisters in N.s früher Philosophie. N.s Auseinandersetzung mit David Friedrich Strauß. In: Schurr J / Broecken H / Broecken R (Hg.) Humanität und Bildung. Hildesheim, Zürich, New York, 186–202.
Düsing E (2005) Von der Geistseele zur Tierseele des Menschen. Die Verabschiedung der Metaphysik der Seele bei N. In: Klein H-D (Hg.) Der Begriff der Seele in der Philosophiegeschichte. Würzburg, 261–291.
Düsing E (2006) N.s Denkweg. Theologie – Darwinismus – Nihilismus. München, Paderborn.
Ebbersmeyer S (1995) Philosophie als „Leidenschaft der Erkenntnis". Zur erkenntnistheoretischen Metaphorik in den Schriften N.s. In: N.-Studien 24, 17–44.
Ebeling K (1999) Incarnating N. Die unmögliche aber unvermeidbare Wiederholung N.s durch Bataille. In: Kiss E / Nussbaumer-Benz U (Hg.) N., Postmodernity and the thought after. Dartford 2000, 99–108.
Ebeling K M (2001) N., die Genealogie, die Archäologie. Ethnologie der eigenen Kultur und Geschichte der Gegenwart bei Foucault. In: Reschke (Hg.), 159–163.
Eberlein H-P (1999) Flamme bin ich sicherlich! F. N., Franz Overbeck und ihre Freunde. Köln.
Eberlein H-P (2004) N.s „Tod Gottes" und Overbecks „Ende des Christentums" – eine Analogie. In: Mourkojannis / Schmidt-Grépàly (Hg.), 63–82.
Ebersbach V (1994) N. in Turin. Weimar.
Ebersbach V (2002) Tragische Anthropologie als tragische Ästhetik und tragische Moral. In: Ders.: „Lauter unsichtbare Gedankenkatastrophen". Teil 1. Leipzig, 13–31.
Ebersbach V (2004) „Denn zwischen Keuschheit und Sinnlichkeit giebt es keinen nothwendigen Gegensatz". F. N. und die Verleumdungen des Erotischen in der Liebe. In: N.forschung 11, 129–141.
Eberwein D (2005) N.s Schreibkugel. Ein Blick auf N.s Schreibmaschinenzeit durch die Restauration der Schreibkugel. Schauenburg.
Eden R (1983) Political Leadership and Nihilism. A Study of Weber and N. Tampa.
Egebak J (1985) The Early Discussion of N. in Denmark. In: Scandinavica 24, 143–159.
Eger M (1988) „Wenn ich Wagnern den Krieg mache ..." Der Fall N. und das Menschliche, Allzumenschliche. Wien.
Eger M (1999) Zum Fall Wagner/N./Hanslick. In: Schirmer / Schmidt (Hg.), 111–131.
Eger M (2001) N.s Bayreuther Passion. Freiburg i. Br.
Ehrenmüller J (2008) N.s Psychologie bzw. Physiologie der Philosophie. In: N.forschung 15, 221–230.
Eichberg R (1994) F. N. in Mitteldeutschland. Herkunft und späte Rückkehr. Halle.
Eichberg R (2001) F. N. im Film. Ausgewählte Beispiele. In: Straka B / Gorka-Reimus G (Hg.) Artistenmetaphysik – F. N. in der Kunst der Nachmoderne. Berlin, 172–181.
Eichberg R (2009) Freunde, Jünger und Herausgeber. Zur Geschichte der ersten N.-Editionen. Frankfurt/M. u. a.
Eichler K-D (2001) „In deinem Freund sollst du deinen besten Feind haben". N.s Reflexionen über Freundschaft. In: Schmidt-Grépaly / Dietzsch (Hg.), 164–183.
Eisner K (1892) Psychopathia spiritualis. F. N. und die Apostel der Zukunft. Leipzig.
Ekstein R (1979) Das Residualtrauma. In: Psyche 33, 1077–1098.
Elberfeld R (2008) Durchbruch zum Plural. Der Begriff der *Kulturen* bei N. In: N.-Studien 37, 115–142.
Eldad I (1985) N. and the Old Testament. In: O'Flaherty / Sellner / Helm (Hg.), 47–68.
Elias N (1989) Studien über die Deutschen. Frankfurt/M.
Ellenberger H F (1973) Die Entdeckung des Unbewussten. Geschichte und Entwicklung der dynamischen Psychiatrie von den Anfängen bis zu Janet, Freud, Adler und Jung. Bern.
Elsner J (2007) Roman Eyes. Princeton.
Emmerich A (2004) „[...] und nun ruht die Obhut über sein Andenken in Frauenhand". Die musealen Inszenierungen der Elisabeth Förster-N. In: Barbera / D'Iorio / Ulbricht (Hg.), 185–216.

Engel M (1996) Schopenhauer und N. – Patres der Moderne. In: Engel M / Fülleborn U (Hg.) Rilke. Werke. Band 1. Frankfurt/M., Leipzig, 612–620.
Engels E-M (2007) Charles Darwin. München.
Ernst P (1890) F. N. Seine Philosophie. In: Freie Bühne 1, 516–520.
Etter A (1987) N. und das Gesetzbuch des Manu. In: N.-Studien 16, 340–352.
Fabre F (2006) N. Musicien. La musique et son ombre. Rennes.
Falkenberg H-J (1934) N. und die politische Wissenschaft. In: Volk im Werden 2, 455–460.
Fambrini A (1997) Ola Hansson und Georg Brandes: Einige Bemerkungen über die erste Rezeption N.s. In: N.-Studien 26, 421–440.
Fambrini A (2004) Georg Brandes og F. N.: oversættelser og fortrængninger. In: Harsløf O (Hg.) Georg Brandes og Europa. Kopenhagen, 193–202.
Fazio D M (2005) Paul Rée. Philosoph, Arzt, Philanthrop. München.
Feldhoff H (2008) N.s Freund. Die Lebensgeschichte des Paul Deussen. Köln, Weimar.
Felken D (1988) Oswald Spengler. Konservativer Denker zwischen Kaiserreich und Diktatur. München.
Féré C (1888) Dégénérescence et Criminalité. Essai physiologique. Paris.
Ferrari Zumbini M (1976) Untergänge und Morgenröten. Über Spengler und N. In: N.-Studien 5, 194–254.
Ferrari Zumbini M (1990) N. in Bayreuth: N.s Herausforderung, die Wagnerianer und die Gegenoffensive. In: N.-Studien 19, 246–291.
Ferrari Zumbini M (1993) „Ich lasse eben alle Antisemiten erschießen". Anmerkungen zum Thema: N. und der real existierende Antisemitismus. In: Gockel / Neumann / Wimmer (Hg.), 123–140.
Ferrari Zumbini M (1999) Einleitung: N. – Spengler – Antisemitismus. In: Ders.: Untergänge und Morgenröten. N. – Spengler – Antisemitismus. Würzburg 1999, 9–24.
Ferrari Zumbini M (2003) Die Wurzeln des Bösen. Gründerjahre des Antisemitismus: Von der Bismarckzeit bis zu Hitler. Frankfurt/M.
Feuerbach L (1846) Wider den Dualismus von Leib und Seele, Fleisch und Geist. Werke, Bd. 4. Frankfurt/M. 1975, 165–195.
Feuerbach L (1857) Theogonie nach den Quellen des classischen, hebräischen und christlichen Alterthums. Sämtliche Werke. Bd. IX. Stuttgart-Bad Cannstatt.
Fietz R (1992) Medienphilosophie. Musik, Sprache und Schrift bei F. N. Würzburg.
Fietz R (1994) Am Anfang ist Musik. Zur Musik- und Sprachsemiotik des frühen N. In: Borsche / Gerratana / Venturelli (Hg.), 144–166.
Figal G (1995) Sokrates. München.
Figal G (1999) N. Eine philosophische Einführung. Stuttgart.
Figal G (2008) N.s Dionysos. In: N.-Studien 37, 51–60.
Figl J (1982) Interpretation als philosophisches Prinzip. F. N.s universale Theorie der Auslegung im späten Nachlaß. Berlin, New York.
Figl J (1984) Dialektik der Gewalt. N.s hermeneutische Religionsphilosophie. Düsseldorf.
Figl J (2000a) Edition der Jugendschriften F. N.s. Die frühen nachgelassenen Aufzeichnungen des Philosophen. In: Sichtungen 3, Wien, 168–178.
Figl J (2000b) Die „Ausbildung der Seele erkennen". Die Bedeutung der frühen Texte N.s innerhalb seiner Philosophie im ganzen. In: N.forschung 5/6, 433–442.
Figl J (2003) Gottesverständnis und Totengedächtnis. Zur Religiosität des Kindes N. In: Willers (Hg.), 59–68.
Figl J (2004) N. und die Religionsstifter. In: N.forschung 11, 87–96.
Figl J (2007) N. und die Religionen. Transkulturelle Perspektiven seines Bildungs- und Denkweges. Berlin, New York.
Fink E (1960) N.s Philosophie. Stuttgart.
Fink E (1978) Grundfragen der systematischen Pädagogik. Freiburg i. Br.
Fischer E P (2001) Die andere Bildung. Berlin.
Fischer K R (1981/82) N., Freud und die Humanistische Psychologie. In: N.-Studien 10/11, 482–499.

Flaig E (2003) Kultur und Krieg. Antihumanismus bei Jacob Burckhardt und F. N. In: Faber R (Hg.) Streit um den Humanismus, Würzburg 2003, 137–156.
Flasch K (2003) Und er war doch ein Zerstörer der Vernunft. In: Frankfurter Allgemeine Zeitung v. 21. 2., Nr. 44, 42.
Fleischer M (1993) Der „Sinn der Erde" und die Entzauberung des Übermenschen. Eine Auseinandersetzung mit N. Darmstadt.
Fleischer M (1996) Hume – Auch eine Quelle für N.s Lehre der ewigen Wiederkunft des Gleichen? In: N.-Studien 25, 255–260.
Fleischmann E (1964) De Weber à N. In: Archives Européennes de Sociologie 5, 190–238.
Fornari M C (2000) Nachlaß 1885–1888. In: Ottmann (Hg.), 143–149.
Fornari M C (2009) Die Entwicklung der Herdenmoral. N. liest Spencer und Mill. Wiesbaden.
Forsbach R (2001) Heinrich von Treitschke (1834–1896). In: Fröhlich M (Hg.) Das Kaiserreich. Darmstadt, 131–141.
Förster B (1886) Deutsche Colonien im oberen Laplata-Gebiete mit besonderer Berücksichtigung von Paraguay. Ergebnisse eingehender Prüfungen, praktischer Arbeiten und Reisen 1883–1885. Naumburg.
Förster-Nietzsche E (1895/1897/1904) Das Leben F. N.s. Erster Band (1895). Zweiter Band. Erste Abtheilung (1897). Zweiter Band. Zweite Abtheilung (1904). Leipzig.
Förster-Nietzsche E (1898) N.s Ahnen. In: Die Zukunft 23, 576–581.
Förster-Nietzsche E (1900) Die Krankheit F. N.s. In: Gilman (Hg.), 620–639.
Förster-Nietzsche E (1907) Das N.-Archiv, seine Freunde und Feinde. Berlin.
Förster-Nietzsche E (1912) Der junge N. Leipzig.
Förster-Nietzsche E (1914) Der einsame N. Leipzig.
Förster-Nietzsche E (1915) Wagner und N. zur Zeit ihrer Freundschaft. München.
Förster-Nietzsche E (1935) F. N. und die Frauen seiner Zeit. München.
Förster-Nietzsche E (Hg.) (1916) Gedichte und Sprüche von F. N. Stuttgart.
Förster-Nietzsche E (Hg.) (1918) Also sprach Zarathustra. Kriegsausgabe. 180.–204. Tausend. Leipzig.
Förster-Nietzsche E (Hg.) (1922) N.s prophetische Worte über Staaten und Völker. Leipzig 1927.
Förster-Nietzsche E (Hg.) (1924) Der werdende N. Autobiographische Aufzeichnungen. München.
Forth C E (1993) N., Decadence, and Regeneration in France, 1891–95. In: J. of the History of Ideas 54.1, 97–117.
Foucault M (1969) Was ist ein Autor? In: Ders.: Schriften zur Literatur. Frankfurt/M. 2003, 234–270.
Foucault M (1971) N., die Genealogie, die Historie. In: Guzzoni (Hg.), 108–125.
Foucault M (1974) Die Ordnung der Dinge. Eine Archäologie der Humanwissenschaften. Frankfurt/M.
Foucault M (2001a) Über verschiedene Arten, Geschichte zu schreiben. In: Schriften in vier Bänden. Bd. I. Frankfurt/M., 750–769.
Foucault M (2001b) Die Ordnung des Diskurses. 8. Aufl. Frankfurt/M.
Foucault M (2001c) In Verteidigung der Gesellschaft. Frankfurt/M.
Foucault M (2002) Gespräch über das Gefängnis; das Buch und seine Methode. Schriften. Bd. II, 913–932.
Foucault M (2005a) Die Rückkehr der Moral. Schriften. Bd. IV, 859–873.
Foucault M (2005b) Strukturalismus und Poststrukturalismus. Schriften. Bd. IV, 521–555.
Foucault M (2005c) Zur Genealogie der Ethik. Ein Überblick über laufende Arbeiten. Schriften. Bd. IV, 747–758.
François A (2008) Bergson, Schopenhauer, N. Volonté et réalité. Paris.
Frank H (1953) Im Angesicht des Galgens. Deutung Hitlers und seiner Zeit auf Grund eigener Erlebnisse und Erkenntnisse. München, Gräfling.
Frank K D (1997) „Gott ist tot!" – Und was nun? In: Scheidewege 27, 87–105.
Freschl R (1914) Vorbemerkungen zu einer Individualpsychologie der Persönlichkeit F. N.s. In: Int. Z. Individualpsychologie, Bd. I, H. 4/5, 110–115.
 Freud E L (Hg.) (1968) Freud, Sigmund / Zweig, Arnold: Briefwechsel. Frankfurt/M.

Freud S (1895) Studien über Hysterie. Gesammelte Werke (GW). Bd. I. Frankfurt/M. 1999, 75–312.
Freud S (1901) Zur Psychopathologie des Alltagslebens. GW IV.
Freud S (1909) Bemerkungen über einen Fall von Zwangsneurose. GW VII, 379–463.
Freud S (1910) Über „wilde" Psychoanalyse. GW VIII, 118–125.
Freud S (1913) Das Interesse an der Psychoanalyse. GW VIII, 389–420.
Freud S (1914a) Zur Geschichte der psychoanalytischen Bewegung. GW X, 43–113.
Freud S (1914b) Zur Einführung des Narzißmus. GW X, 137–170.
Freud S (1917) Vorlesungen zur Einführung in die Psychoanalyse. GW XI.
Freud S (1923) Das Ich und das Es. GW XIII, 237–289.
Freud S (1925) „Selbstdarstellung". GW XIV, 33–96.
Freud S (1926) Hemmung, Symptom und Angst. GW XIV, 111–205.
Freud S (1930) Das Unbehagen in der Kultur. GW XIV, 419–513.
Freud S (1933a) Warum Krieg? GW XVI, 11–34.
Freud S (1933b) Neue Folge der Vorlesungen zur Einführung in die Psychoanalyse. GW XV.
Frey-Rohn L (1984) Jenseits der Werte seiner Zeit. F. N. im Spiegel seiner Werke. Zürich.
Fricke H (1984) Aphorismus. Stuttgart.
Friedman M (1999) Begegnung auf dem schmalen Grad. Martin Buber – ein Leben. Münster.
Frischmann B (2001) Und vergeßt mir auch das gute Lachen nicht. In: Reschke (Hg.), 207–210.
Froese K (2006) N., Heidegger and Daoist Thought. New York.
Fromm E (1932) Über Methode und Aufgaben einer Analytischen Sozialpsychologie. In: Gesamtausgabe (GA), hg. v. R. Funk. Bd. I. Stuttgart 1980, 11–30.
Fromm E (1941) Die Furcht vor der Freiheit. GA. Bd. I, 217–392.
Fromm E (1947) Psychoanalyse und Ethik. GA. Bd. II, 1–157.
Fromm E (1950) Psychoanalyse und Religion, GA. Bd. IV, 227–292.
Fromm E (1961) Das Menschenbild bei Marx. GA. Bd. V, 335–393.
Fröschle U / Kuzias Th (2008) Alfred Baeumler und Ernst Jünger. Dresden
Frowen I (1987) N.s Bedeutung für Rilkes frühe Kunstauffassung. In: Blätter der Rilke-Gesellschaft 14, 21–34.
Fuchs C (1890) Thematikon zu Peters Gast's komischer Oper *Die heimliche Ehe*. Leipzig.
Fuchs D (1997) *Der Wille zur Macht*. Die Geburt des „Hauptwerks" aus dem Geiste des N.-Archivs. In: N.-Studien 26, 384–404.
Gabel G U / Jagenberg C H (Hg.) (1994) Der entmündigte Philosoph. Briefe von Franziska N. an Adalbert Oehler von 1889–1897. Hürth.
Gabriel N (1992) Studien zur Geschichte der deutschen Hymne. München.
Gadamer H-G (1974) Die Aktualtität des Schönen. Kunst als Spiel, Symbol und Fest. In: Gesammelte Werke. Bd. 8. Tübingen 1993, 94–142.
Gadamer H-G (1986) Das Drama Zarathustras. In: N.-Studien 15, 1–15.
Gadamer H-G (1999) Zwischen Wort und Begriff. N. und die Metaphysik. In: Riedel (Hg.), 63–67.
Galton F (1883) Inquiries into Human Faculty and its Development. London.
Gamm H-J (1993) Standhalten im Dasein. N.s Botschaft für die Gegenwart. München, Leipzig.
Gamm H-J (1998) F. N. und Walter Flex. Bildung im nationalistischen Gefälle. In: Niemeyer / Drerup / Oelkers / v. Pogrell (Hg.), 120–131.
Gander H-H (Hg.) (1994) „Verwechselt mich vor allem nicht!" Heidegger und N. Frankfurt/M.
Gassen K / Landmann M (1958) Buch des Dankes an Georg Simmel. Berlin.
Gasser P (1993) Rhetorische Philosophie. Leseversuche zum metaphorischen Diskurs in N.s „Also sprach Zarathustra". Bern.
Gasser R (1997) N. und Freud. Berlin, New York.
Gauger H-M (1984) N.s Stil am Beispiel von „Ecce Homo". In: N.-Studien 13, 332–355.
Gauger H-M (1986) N.s Auffassung vom Stil. In: Gumbrecht H-U / Pfeiffer L (Hg.) Stil. Frankfurt/M., 200–214.
Gebauer G / Caysa V (2008b) Der *common body* als Grund und Norm humaner Körperkultur. In: Sommer (Hg.), 363–380.

Gehlen A (1940) Der Mensch. Seine Natur und seine Stellung in der Welt. Teilband 1. Frankfurt/M.
Gehring H (Hg.) (1943) Schulpforta und das deutsche Geistesleben. Darmstadt.
Georg-Lauer J (2008) Ästhetik existenzieller Selbstentäußerung. In: Sommer (Hg.), 391–400.
Georgsson P (2004) N.'s Hammer Again. In: N.-Studien 33, 342–350.
Gebhard W (1980) Zur Gleichnissprache N.s. Probleme der Bildlichkeit und Wissenschaftlichkeit. In: N.-Studien 9, 61–90.
Gebhard W (1982) Strukturen der Scham bei F. N. In: Ders. (Hg.) F. N. Perspektivität und Tiefe. Frankfurt/M., Bern, 177–206.
Gebhard W (1989) Vom Ende des Wissenswillens. Wahrheitsdestruktive Parallelen zwischen dem philosophischen Diskurs der „Postmodernen" und N.s „Perspektivismus". In: Neohelicon XVI, 1, 45–86.
Gebhard W (1991) Von der Thanatologie des Tones zur Zwitschermaschine? Zum Verhältnis von Avantgarde und Postmoderne. In: Fischer-Lichte E (Hg.) Avantgarde und Postmoderne. Tübingen, 45–96.
Gerhardt V (1983/1996) Vom Willen zur Macht. Anthropologie und Metaphysik der Macht am exemplarischen Fall F. N.s. Berlin, New York.
Gerhardt V (1984a) Artisten-Metaphysik. Zu N.s frühem Programm einer ästhetischen Rechtfertigung der Welt. In: Ders. (1988), 46–71.
Gerhardt V (1984b) Leben und Geschichte. Menschliches Handeln und historischer Sinn in N.s zweiter „Unzeitgemäßer Betrachtung". In: Ders. (1988), 133–162.
Gerhardt V (1984c) Von der ästhetischen Metaphysik zur Physiologie der Kunst. In: N.-Studien 13, 374–393.
Gerhardt V (1986) „Experimental-Philosophie". Versuch einer Rekonstruktion. In: Ders. (1988), 163–187.
Gerhardt V (1988) Pathos und Distanz. Studien zur Philosophie F. N.s. Stuttgart.
Gerhardt V (1989a) Die Moral des Immoralismus. N.s Beitrag zu einer Grundlage der Ethik. In: Abel / Salaquarda (Hg.), 417–447.
Gerhardt V (1989b) Die Renaissance im Denken N.s. In: Il Rinascimento nell'Ottocento in Italia e Germania. Jb. des Istituto Storico Italo-Germanico, Beiträge 3. Trento, Berlin, 93–116.
Gerhardt V (1989c) Die Perspektive des Perspektivismus. In: N.-Studien 18, 260–281.
Gerhardt V (1992) F. N. München.
Gerhardt V (1996) Die Tugend des freien Geistes. N. auf dem Weg zum individuellen Gesetz der Moral. In: Dietz / Hastedt / Keil / Thyen (Hg.) Sich im Denken orientieren. Frankfurt/M., 198–213.
Gerhardt V (1998) Die Moderne beginnt mit Sokrates. In: Grunert F / Vollhardt F (Hg.) Aufklärung als praktische Philosophie. Tübingen, 3–20.
Gerhardt V (2000a) Wille zur Macht. In: Ottmann (Hg.), 351–355.
Gerhardt V (2000b) Die „grosse Vernunft" des Leibes. Ein Versuch über Zarathustras vierte Rede. In: Ders. (Hg.), 123–163.
Gerhardt V (Hg.) (2000c) F. N. *Also sprach Zarathustra*. Berlin.
Gerlach H-M (2000a) Politik (Faschismus, Nationalsozialismus, Sozialdemokratie, Marxismus). In: Ottmann (Hg.), 499–509.
Gerlach H-M (2000b) Philosophie. In: Ottmann (Hg.), 489–499.
Gerlach H-M (2006) „Etwas über N. und uns Sozialisten". In: Ders. / Caysa (Hg.), 9–27.
Gerlach H-M (2007) „Diese Aufklärung haben wir jetzt weiterzuführen …" F. N. und die europäische Aufklärung. In: N.forschung 14, 35–44.
Gerlach H-M / Caysa V (Hg.) (2006) N. und die Linke. Leipzig.
Gigon O (1947) Sokrates: Sein Bild in Dichtung und Geschichte. Tübingen, Basel.
Gilbert G M (1947) Nürnberger Tagebuch. Gespräche der Angeklagten mit dem Gerichtspsychologen. Frankfurt/M. 1977.
Gillespie M (1995) Nihilism Before N. Chicago.
Gillespie M A (2005) „Slouching Toward Bethlehem to Be Born": On the Nature and Meaning of N.'s Superman. In: J. of N. St. 30, 49–69.

Gilman S L (1976) Nietzschean Parody: An Introduction to Reading N. Bonn.
Gilman S L (1993) Freud, Identität und Geschlecht. Frankfurt/M. 1994.
Gilman S L (1997) Heine, N. und die Vorstellung vom Juden. In: Golomb (Hg.), 87–111.
Gilman S L (Hg.) (1981) Begegnungen mit N. Bonn.
Glatzeder B (2000) Perspektiven der Wünschbarkeit. N.s frühe Metaphysikkritik. Berlin.
Glum F (1954) Philosophen im Spiegel und Zerrspiegel. Deutschlands Weg in den Nationalismus und Nationalsozialismus. München.
Goebel B / Müller F S (Hg.) (2007) Kritik der postmodernen Vernunft. Über Derrida, Foucault und andere zeitgenössische Denker. Darmstadt.
Goch K (1985) Elisabeth Förster-N. Ein biographisches Porträt. In: Pusch L F (Hg.) Schwestern berühmter Männer. Frankfurt/M., 361–413.
Goch K (1994) Franziska N. Eine Biographie. Frankfurt/M., Leipzig.
Goch K (2000) N.s Vater oder die Katastrophe des deutschen Protestantismus: eine Biographie. Berlin.
Goch K (2007) Erweckungsphilologie. Martin Pernets seltsame Präsentation eines N.-Familiendokuments. In: N.forschung 14, 213–236.
Gockel H / Neumann M / Wimmer R (Hg.) (1993) Wagner – N. – Thomas Mann. Frankfurt/M.
Gödde G (1996) N. und Freud. Übereinstimmungen und Differenzen zwischen „Entlarvungs-" und „Tiefenpsychologie". In: Figl J (Hg.) Von N. zu Freud. Wien, 19–43.
Gödde G (1999) Traditionslinien des Unbewussten. Schopenhauer, N., Freud. Tübingen.
Gödde G (2000) Die Öffnung zur Denkwelt N.s – eine Aufgabe für Psychoanalyse und Psychotherapie. In: Psychoanalyse. Texte zur Sozialforschung 4, H. 7, 91–122.
Gödde G (2002) N.s Perspektivierung des Unbewussten. In: N.-Studien 31, 154–194.
Gödde G (2003) Die antike Therapeutik als gemeinsamer Bezugspunkt für N. und Freud. In: N.-Studien 32, 206–225.
Gödde G (2009) Therapeutik und Ästhetik – Verbindungen zwischen Breuers und Freuds kathartischer Therapie und der Katharsis-Konzeption von Jacob Bernays. In: Vöhler / Linck (Hg.), 63–91.
Goedert G (1977) N. critique des valeurs chrétiennes. Souffrance et compassion. Paris.
Goedert G (1978) N. und Schopenhauer. In: N.-Studien 7, 1–15.
Goedert G (1985) The Dionysian Theodicy. In: O'Flaherty / Sellner / Helm (Hg.), 319–340.
Goedert G (1988) N., der Überwinder Schopenhauers und des Mitleids. Würzburg, Amsterdam.
Goedert G (1994) N.s Kritik des Subjektbegriffs. In: Berlinger R / Fink E / Imamichi T / Schrader W (Hg.) Perspektiven der Philosophie 30. Amsterdam, New York, 301–322.
Goedert G (2002) Egalitarismus und Kultur – Zu N.s Kritik der demokratischen Gleichheitsnorm. In: Ders. / Nussbaumer-Benz (Hg.), 124–139.
Goedert G (2005) N., disciple de Dionysos. Une introduction à son œuvre. Paris.
Goedert G / Nussbaumer-Benz (Hg.) (2002) N. und die Kultur – ein Beitrag zu Europa? Hildesheim, Zürich, New York.
Goethe J W v (1827) Nachlese zu Aristoteles' Poetik. In: Gedenkausgabe. Bd. XIV. Hrsg. v. E. Beutler. Zürich 1964, 709–712.
Goldmann S (2003) Via regia zum Unbewussten. Freud und die Traumforschung im 19. Jahrhundert. Gießen.
Goldmann S (Hg.) (2005) Traumarbeit vor Freud. Quellentexte zur Traumpsychologie im späten 19. Jahrhundert. Gießen.
Golomb J (Hg.) (1998) N. und die jüdische Kultur. Wien.
Golomb J / Wistrich R S (Hg.) (2002) N., Godfather of Fascism? On the Uses and Abuses of a Philosophy. Princeton, Oxford.
Gooding-Williams R (2001) Zarathustra's Descent: incipit tragoedia, incipit parodia. In: J. of N. Studies 9/10, 50–76.
Gordon H (1980) N.s Zarathustra as Educator. In: J. of Philosophy of Education 14, 181–192.
Görner R (2004) Musik. In: Engel, M (Hg.) Rilke-Handbuch. Leben – Werk – Wirkung. Stuttgart, 151–154.

Görner R (2008) Richard Wagner in Bayreuth. In: Sorgner / Birx / Knoeppfler (Hg.), 428–435.
Görner R / Large D (Hg.) (2003) Ecce Opus. N.-Revisionen im 20. Jahrhundert. London, Göttingen.
Gossman L (2000) Basel in the Age of Burckhardt. A Study in Unseasonable Ideas. Chicago.
Goth J (1970) N. und die Rhetorik. Tübingen.
Grau G-G (1958) Christlicher Glaube und intellektuelle Redlichkeit. Eine religionsphilosophische Studie über N. Frankfurt/M.
Grau G-G (1984) Ideologie und Wille zur Macht. Zeitgemäße Betrachtungen. Berlin, New York.
Grau G-G (1989) Wille zur Macht oder Wille zur Wahrheit. In: Abel / Salaquarda (Hg.), 215–257.
Grau G-G (2004) Die „Selbstaufhebung aller grossen Dinge". Philosophieren mit N. Würzburg.
Greaney P (2001) The richest poverty: The encounter between Zarathustra and truth in the *Dionysos-Dithyramben*. In: N.-Studien 30, 187–199.
Green M S (2002) N. and the Transcendental Tradition. Urbana, Chicago.
Gregor-Dellin M (1980) Richard Wagner. Sein Leben. Sein Werk. Sein Jahrhundert. Berlin 1984.
Greisch J (1998) „Versprechen dürfen": unterwegs zu einer phänomenologischen Hermeneutik des Versprechens. In: Schenk R (Hg.) Kontinuität der Person. Stuttgart, 241–270.
Grimal P (1979) Dictionnaire de la mythologie grecque et romaine. Paris.
Grimm R H (1977) N.'s Theory of Knowledge. Berlin, New York.
Groddeck G (1921) Der Seelensucher. Ein psychoanalytischer Roman. Frankfurt/M., Basel 1998.
Groddeck G (1923) Das Buch vom Es. Psychoanalytische Briefe an eine Freundin. Wiesbaden, München 1978.
Groddeck W (1984) „Die Geburt der Tragödie" in „Ecce homo", Hinweise zu einer strukturellen Lektüre von N.s „Ecce homo". In: N.-Studien 13, 325–351
Groddeck W (1989) „Oh Himmel über mir". Zur kosmischen Wendung in N.s Poetologie. In: N.-Studien 18, 490–508.
Groddeck W (1991a,b) F. N.s „Dionysos-Dithyramben". Bd. 1 (1991a). Bd. 2 (1991b). Berlin, New York.
Groddeck W (1991c) „Vorstufe" und „Fragment". Zur Problematik einer traditionellen textkritischen Unterscheidung in der N.-Philologie. In: Stern M (Hg.) Textkonstitution bei schriftlicher und mündlicher Überlieferung. Tübingen, 165–175.
Groddeck W (1997) Die „Neue Ausgabe" der „Fröhlichen Wissenschaft". Überlegungen zu Paratextualität und Werkkomposition in N.s Schriften nach „Zarathustra". In: N.-Studien 26, 184–198.
Groddeck W / Morgenthaler W (1994) N.s Begegnung mit Gottfried Keller. Dokumente und Lektüren. In: Hoffmann (Hg.), 102–121.
Groff P S (2003) Amor Fati and Züchtung: The Paradox of N.s Nomothetic Naturalism. In: International Studies in Philosophy XXXV/3, 29–52.
Groff P S (2004) Al-Kindi and N. on the Stoic Art of Banishing Sorrow. In: J. of N. Studies 28, 139–173.
Groos A (1960) N. und die „Antisemitische Korrespondenz". In: Deutsche Rundschau 86, 333–337.
Gründer K (1968) Jacob Bernays und der Streit um die Katharsis. In: Luserke (Hg.), 352–385.
Gründer K (1971) Bildungsphilister. In: Ritter (Hg.) 1, 937 f.
Gründer K (Hg.) (1989) Der Streit um N.s „Geburt der Tragödie". Hildesheim, Zürich, New York.
Grundlehner P (1986) The Poetry of F. N. Oxford.
Grützmacher R H (1931) Spengler und N. In: Preußische Jb. 224(1), 29–52.
Gschwend G (2000) Pathogramm von N aus neurologischer Sicht. In: Schweizerische Ärztezeitung 81 (1), 45–48.
Gschwend L (1999) N. und die Kriminalwissenschaften. Eine rechtshistorische Untersuchung der strafrechtsphilosophischen und kriminologischen Aspekte in N.s Werk unter besonderer Berücksichtigung der N.-Rezeption in der deutschen Rechtswissenschaft. Zürich.
Guay R (2007) How to be an Immoralist. In: v. Tevenar (Hg.), 55–87.
Gumbrecht H U / Pfeiffer K L (Hg.) (1995) Materialität der Kommunikation. Frankfurt/M.
Günther F / Holzer A / Müller E (Hg.) (2009) Zur Genealogie des Zivilisationsprozesses. F. N. und Norbert Elias (i. E.).

Günther-Gournia H (1976) Ariadne. Darmstadt.
Günzel S / Schmidt-Grépaly R (Hg) (2002) F. N. Schreibmaschinentexte. Weimar.
Günzel St (1997) N. – Heidegger – Gadamer – Derrida. In: Salehi D / Schmidt R (Hg.) N. Texte und Kontexte. Weimar, 20–40.
Günzel St (2001) Geophilosophie. N.s philosophische Geographie. Berlin.
Günzel St (2004) F. N.: Von Wille und Macht. Frankfurt/M.
Günzel St (2006) Der Raumbegriff bei Schopenhauer, N. und danach. In: Kopij M / Kunicki W (Hg.) N. und Schopenhauer. Leipzig, 335–344.
Gurlitt C (1927) Langbehn, der Rembrandtdeutsche. Berlin.
Guth A (1986) Rudolf Pannwitz avant la *Charon*: les premiers contacts avec N. et George. In: Bandet J-L (éd.) Mélanges offerts à Claude David pour son 70e anniversaire. Bern, Frankfurt/M., New York, 217–229.
Gutmann Th (1998) N.s „Wille zur Macht“ im Werk Michel Foucaults. In: N.-Studien 27, 377–419.
Gutzwiller H (1951) F. N.s Lehrtätigkeit am Basler Pädagogium 1869–1876. In: Beiträge zu F. N. 5 (2002). Basel, 174–224.
Guzzoni A (Hg.) (1991) 100 Jahre philosophische N.-Rezeption. Frankfurt/M.
Haar M (1999) N. und die Sprache. In: Riedel (Hg.), 63–67.
Haase M-L (1984) Der Übermensch in *Also sprach Zarathustra* und im Zarathustra-Nachlaß 1882–1885. In: N.-Studien 13, 228–244.
Haase M-L (1989) F. N. liest Francis Galton. In: N.-Studien 18, 633–658.
Haase M-L (1994) Zarathustra auf den Spuren des Empedokles. In: Borsche / Gerratana / Venturelli (Hg.), 503–523.
Haase M-L (2007) Exkursion in das Reich der Tinten-Fische und Feder-Füchse. Ein Werkstattbericht zur Edition von KGW IX. In: N.-Studien 36, 41–47.
Haase M-L / Salaquarda J (1980) Konkordanz. Der Wille zur Macht. In: N.-Studien 9, 446–490.
Haberkamp G (2000) Triebgeschehen und Wille zur Macht: N. zwischen Philosophie und Psychologie. Würzburg.
Habermas J (1968) Nachwort. In: Ders. (Hg.) N., F.: Erkenntnistheoretische Schriften. Frankfurt/M., 237–261.
Habermas J (1985) Der philosophische Diskurs der Moderne. 12 Vorlesungen. Frankfurt/M.
Hadot P (1982) Zur Idee der Naturgeheimnisse. Wiesbaden.
Hahn K-H (1989) Das N.-Archiv. In: N.-Studien 19, 1–19.
Hahn K-H / Montinari M (1985) „Kommentar“ zur Faksimileausgabe der Handschrift. Wiesbaden.
Hales S D / Welshon R (2000) N.'s Perspectivism. Urbana, Chicago.
Halévy D (1944) N. 5. Ausg. Paris.
Ham J (2004) Circe's Truth: On the Way to Animals and Women. In: Acampora / Acampora (Hg.), 193–210.
Hamacher W (Hg.) (1986) N. aus Frankreich. Frankfurt/M., Berlin.
Hamburger K (1996) Das Mitleid. Stuttgart.
Hamilton W / Altizer T (1966) Radical Theology and the Death of God. Indianapolis.
Hammer F (1974) Leib und Geschlecht. Philosophische Perspektiven von N. bis Merleau-Ponty und phänomenologisch-systematischer Aufriß. Bonn.
Hammer W (1914) N. als Erzieher. Leipzig.
Hansen H (1998) Die kopernikanische Wende in der Ästhetik: Ernst Bloch und der Geist seiner Zeit. Würzburg.
Hansson O (1889/90) F. N. Seine Persönlichkeit und sein System. In: Ders.: N. o. O. 1997, 7–53.
Harich W (1987) „Revision des marxistischen Nietzschebildes?“ In: Sinn und Form 39, 1018–1053.
Hart-Nibbrig C L (1983) N.s Lachen. In: Merkur 37, 84–87.
Hartmann E v. (1890) Philosophie des Unbewussten. Speculative Resultate nach inductiv-naturwissenschaftlicher Methode. 3 Bde. Leipzig.
Hartmann E v. (1891) N.s „neue Moral“. In: Preussische Jahrbücher 67, 504–521.
Hartmann N ($^4$1926) Ethik. Gründzüge einer personalen Wertethik. Berlin.

Hart-Nibbrig C L (1983) N.s Lachen. In: Merkur 37, 84–87.
Hartwich W-D (1996) Die Erfindung des Judentums. Antisemitismus, Rassenlehre und Bibelkritik in F. N.s Theorie der Kultur. In: Trumah 5, 179–200.
Haslinger R (1993) N. und die Anfänge der Tiefenpsychologie. Regensburg.
Hauff R v (1939) N.s Stellung zur christlichen Demut. Berlin.
Hauff W v (Hg.) (⁵1941) N. Worte für werdende Menschen. Eine Einführung in seine Werke. Stuttgart.
Hausmann F J (1974) Studien zu einer Linguistik des Wortspiels: Das Wortspiel im „Canard enchaîné". Tübingen.
Havemann D (2002) Der Apostel der Rache. N.s Paulusdeutung. Berlin, New York.
Hayden D (2003) Pox Genius, madness and the mysteries of syphilis. New York.
Hayoun M-R (1997) N.s „Zarathustra" und die Bibel. In: Stegmaier / Krochmalnik (Hg.), 327–344.
Heftrich E (1962) N.s Philosophie. Identität von Welt und Nichts. Frankfurt/M.
Heftrich E (1964) Die Grenzen der psychologischen N.-Erklärung. In: Salaquarda (Hg.), 169–184.
Heftrich E (1985) N.s „Tristan". In: N.-Studien 14, 22–34.
Heftrich E (1987) N.s Goethe. Eine Annäherung. In: N.-Studien 16, 1–20.
Heftrich E (1989) Die Geburt der Tragödie: Eine Präfiguration von N.s Philosophie? In: N.-Studien 18, 103–126.
Heftrich U (1993) N.s Analyse des Mitleids. In: Gockel / Neumann / Wimmer (Hg.), 123–140.
Heidegger M (1950) N.s Wort „Gott ist tot". In: Holzwege, Frankfurt/M. 1972, 193–247.
Heidegger M (1954) Was heißt Denken? Tübingen.
Heidegger M (1961a,b) N. Erster Band (1961a). Zweiter Band (1961b). Pfullingen.
Heidegger M (1985) N.: Der Wille zur Macht als Kunst. Gesamtausgabe (GA). II. Abteilung, Bd. 43. Frankfurt/M.
Heidegger M (1989) N.s Lehre vom Willen zur Macht als Erkenntnis. GA II, Bd. 47.
Heimsoeth H (1943) Zur Anthropologie F. N.s. In: Blätter für deutsche Philosophie 17, 205–239.
Heimsoeth H (1961) Des jungen N. Weg zur Philosophie. In: Ders.: Studien zur Philosophiegeschichte (= Kantstudien, Ergänzungshefte 82), 152–179.
Hein A (1996) „Es ist viel ‚Hitler' in Wagner". Rassismus und antisemitische Deutschtumsideologie in den „Bayreuther Blättern" (1878–1938). Tübingen.
Hein P U (1996) Völkische Kunstkritik. In: Puschner / Schmitz / Ulbricht (Hg.), 613–633.
Heine H (1834) Zur Geschichte der Religion und Philosophie in Deutschland. In: Werke. Bd. 8/1. Hamburg 1979, 9–120.
Heinrich E (2001) Religionskritik in der Neuzeit. Hume, Feuerbach, N. Freiburg i. Br., München.
Heinz M / Kisiel T (1996) Heideggers Beziehungen zum N.-Archiv im Dritten Reich. In: Schäfer H (Hg.) Annäherungen an Martin Heidegger. Frankfurt/M., New York, 103–136.
Heit H (2005) Wozu Wissenschaft? N.s Wissenschaftskritik als Radikalisierung Kants. In: Himmelmann (Hg.), 47–56.
Heller E (1952) Rilke und N. In: Ders.: N. Drei Essays. Frankfurt/M. 1964, 71–125.
Heller E (1973) Zarathustras drei Verwandlungen. N.s innere Biographie und die Apotheose der Unschuld. In: Hüppauf B / Sternberger D (Hg.) Über Literatur und Geschichte. Frankfurt/M., 299–315.
Heller P (1972a) Von den ersten und letzten Dingen. Berlin, New York.
Heller P (1972b) „Chemie der Begriffe und Empfindungen". Studie zum 1. Aphorismus von „Menschliches, Allzumenschliches I". In: N.-Studien 1, 210–233.
Heller P (1998) Why translate all of N.? In: N.-Studien 27, 13–27.
Helms H G (1966) Die Ideologie der anonymen Gesellschaft. Köln.
Hemelsoet D / Hemelsoet K / Devreese D (2008) The neurological illness of F. N. In: Acta Neurologica Belgica 108, 9–16.
Henckmann W (1992) Materiale Werthethik. In: Pieper A (Hg.) Geschichte der neueren Ethik. Bd. 2. Tübingen, 82–102.
Hennis W (1987) Die Spuren N.s im Werk Max Webers. In: Ders.: Max Webers Fragestellung. Tübingen, 167–191.

Henrichs A (1986) The Last of the Detractors. F. N.'s Condemnation of Euripides. In: Greek, Roman and Byzantine Studies 27, 369–397.
Herder J G (1960) Ideen zur Philosophie der Geschichte der Menschheit. In: Ders.: Sprachphilosophische Schriften. Hamburg, 161–179.
Herfurth Th (1986/87) Zarathustras Adler im Wandervogelnest. Formen und Phasen der N.-Rezeption in der deutschen Jugendbewegung. In: Jb. d. Arch. d. dt. Jugendbewegung 16, 63–110.
Hering E (1870) Über das Gedächtniss als eine allgemeine Function der organisirten Materie. Wien $^{2}$1876.
Herrmann E (1935) N.s Gedanken über die Schulerziehung. In: Der deutsche Erzieher 3, 551–553.
Herrmann L (2008) Begegnung im Kanon? Die „Kulturen" Heinses und N.s. In: Sommer (Hg.), 103–112.
Hershbell J P / Nimis S A (1979) N. and Heraclitus. In: N.-Studien 8, 17–38.
Hesse H (1919) Zarathustras Wiederkehr. Ein Wort an die deutsche Jugend. Von einem Deutschen. Bern.
Higgins K M (1987) N.'s Zarathustra. Philadelphia.
Higgins K M (1988) *Zarathustra* IV and Apuleius: Who is *Zarathustra's* ass? In: International Studies in Philosophy 20, No. 3, 29–53.
Higgins K M (1996) The Whip Recalled. In: J. of N. Studies 12, 1–18.
Higgins K M (2000) Comic Relief. N.s Gay Science. New York, Oxford.
Higgins K M (2004) N. and the Mystery of the Ass. In: Acampora / Acampora (Hg.), 100–118.
Hildebrandt F W (1875) Der Traum und seine Verwerthung für's Leben. In: Goldmann (Hg.), 241–289.
Hildebrandt K (1924) Wagner und N. Ihr Kampf gegen das Neunzehnte Jahrhundert. Breslau.
Hildebrandt K (1936) Über Deutung und Einordnung von N.s „System". In: Kant-Studien 41, 221–293.
Hill R K (2003) N.s Critiques. The Kantian Foundations of his Thought. Oxford.
Hillebrand B (1966) Artistik und Auftrag. Zur Kunsttheorie von Benn und N. München.
Hillebrand B (1984) Literarische Aspekte des Nihilismus. In: N.-Studien 13, 80–100.
Hillebrand B (Hg.) (1978a,b) N. und die deutsche Literatur. Bd. I (1978a). Bd. II (1978b). München, Tübingen.
Himmelmann B (1996) Freiheit und Selbstbestimmung. Zu N.s Philosophie der Subjektivität. Freiburg i. Br., München.
Himmelmann B (2001) Gleichheit und Differenz: N.s Gerechtigkeitsbegriff im Licht einer aktuellen Debatte. In: Seelmann (Hg.), 85–92.
Himmelmann B (2005) Kant, N. und die Auklärung. In: Dies. (Hg.), 29–46.
Himmelmann B (2007) Heideggers Weg mit N. In: Barbera / Müller-Buck (Hg.), 287–307.
Himmelmann B (Hg.) (2005) Kant und N. im Widerstreit. Berlin, New York.
Hirsch E (1986) Luther und N. [1920/21]. Mit einem Nachwort von J. Salaquarda. In: N.-Studien 15, 398–439.
Hirschberger J ($^{11}$1980) Geschichte der Philosophie. Band II: Neuzeit und Gegenwart. Freiburg i. Br.
His E (1941) F. N.s Heimatlosigkeit. In: Beiträge zu F. N. 5 (2002). Basel, 159–186.
Hitler A ($^{26}$1933) Mein Kampf. München.
Hödl H G (1994) Dichtung oder Wahrheit? Einige vorbereitende Anmerkungen zu N.s erster Autobiographie und ihrer Analyse von H. J. Schmidt. In: N.-Studien 23, 285–306.
Hödl H G (1997) N.s frühe Sprachkritik. Lektüren zu „Ueber Wahrheit und Lüge im aussermoralischen Sinne" (1873). Wien.
Hödl H G (2003) N., Jesus und der Vater. Entwurf einer biographischen Rekonstruktion. In: Willers (Hg.), 69–86.
Hödl H G (2008) Vom Zweck der Geschichtsschreibung: Religionsgeschichte als kritische Historie bei N. Eine Skizze. In: N.forschung 15, 59–65.
Hofbauer J (2007) How to do things with N. N. als Methode – Eine Versuchsanordnung mit drei Opern Richard Wagners. München.

Hoff K (2004) „… ein angenehmer Wind von Norden“. N. und Strindberg im Dialog. In: Arcadia, 55–69.
Höffe O (Hg.) (2004) F. N. Zur Genealogie der Moral. Berlin.
Hoffmann D M (1991) Zur Geschichte des N.-Archivs. Elisabeth Förster-N., Fritz Koegel, Rudolf Steiner, Gustav Naumann, Josef Hofmiller. Chronik, Studien und Dokumente. Berlin, New York.
Hoffmann D M (1993a) Das Basler N.-Archiv. Basel.
Hoffmann D M (1993b) Rudolf Steiner und das N.-Archiv. Dornach.
Hoffmann D M (2000) N.-Kult. In: Ottmann H (Hg.), 485 f.
Hoffmann D M (Hg.) (1994) N. und die Schweiz. Zürich.
Hoffmann D M / Peter N / Salfinger Th (Hg.) (1998) Franz Overbeck, Heinrich Köselitz [Peter Gast]: Briefwechsel. Berlin, New York.
Hofmann J (1940) Der junge N. und die Leipziger Bibliotheken. In: Leipziger Jb. 1949, 52–54.
Hofmann J N (1994) Wahrheit, Perspektive, Interpretation. N. und die philosophische Hermeneutik. Berlin, New York.
Hofmann P (2008) Christentum. In: Sorgner / Birx / Knoeppfler (Hg.), 323–342.
Hofmannsthal H v (1979) Gesammelte Werke in zehn Einzelbänden. Hrsg. v. B. Schöller, Frankfurt/M.
Hofmiller J (1931a) N. bei Reclam. In: Süddeutsche Monatshefte 28, 758–760.
Hofmiller J (1931b) N. In: Süddeutsche Monatshefte 29, 73–131.
Höhn G (1997) „Farceur“ und „Fanatiker des Ausdrucks“: N., ein verkappter Heineaner? In: Heine-Jb. 36, 134–152.
Holland H W (1883) Heredity. In: The Atlantic Monthly 52, 447–452.
Hollier D (Hg.) (1979) Le Collège de Sociologie (1937–1939). Paris.
Hollingdale R J (1969) Introduction. In: F. N.: Thus Spoke Zarathustra. London, 11–35.
Hölscher U (1979) Die Wiedergewinnung des antiken Boden. N.s Rückgriff auf Heraklit. In: Neue Hefte für Philosophie 15/16, 156–182.
Holub R C (2002) The Elisabeth Legend: The Cleansing of N. and the Sullying of His Sister. In: Golomb / Wistrich (Hg.), 215–234.
Honegger M (Hg.) (1974) Sigmund Freud / Georg Groddeck: Briefe über das Es. Frankfurt/M.
Honneth A (2004) Das Paradox des Augenblicks. „Zarathustras Vorrede“ und N.s Theorem der „ewigen Wiederkehr des Gleichen“. Würzburg.
Horkheimer M (1937) Bemerkungen zu Jaspers' „N.“. In: Z. f. Sozialforschung VI/2, 407–414.
Horn A (1994) „Warum so hart! – sprach zum Diamanten einst die Küchen-Kohle, sind wir denn nicht Nah-Verwandte?“ N.s Argumente gegen den Populismus. In: Acta Germanica 22, 135–152.
Horn A (2000) N.s Begriff der *décadence*. Kritik und Analyse der Moderne. Frankfurt/M.
Horneffer E (1907) N.s letztes Schaffen. Eine kritische Studie. Jena.
Howald E (1920) F. N. und die klassische Philologie. Gotha.
Hoyer T (2002a) N. und die Pädagogik. Werk, Biografie und Rezeption. Würzburg.
Hoyer T (2002b) „[…] ich bedarf der Hände, die sich ausstrecken“. Zarathustras pädagogisches Scheitern. In: N.forschung 9, 219–231.
Hubbard S (1958) N. und Emerson. Basel.
Hudek F-P (1991) „N. contra Wagner“. Über N.s verpatzte Strategie seiner Wagner-Kritik. In: Steiert (Hg.), 33–48.
Hufnagel E (2000) N. als Provokation für die Bildungsphilosophie. Versuch, den Griechischen Staat zu lesen. In: N.forschung 7, 37–58.
Hufnagel H (2008) „Nun, Schifflein! Sieh' dich vor!“ – Meerfahrt mit N. Zu einem Motiv der *Fröhlichen Wissenschaft*. In: N.-Studien 37, 143–159.
Hulin M (1991) N. and the Suffering of the Indian Ascetic. In: Parkes G (Hg.) N. and Asian Thought. Chicago, London, 64–75.
Hunt L H (1991) N. and the Origin of Virtue. London, New York.
Huskinson L (2004) N. and Jung. The Whole Self in the Union of Opposites. Hove, New York.

Huyssen A (1986) Postmoderne – eine amerikanische Internationale? In: Ders. / Scherpe K R (Hg.) Postmoderne. Zeichen eines kulturellen Wandels. Reinbek, 13–44.
Ibáñez-Noé J (1999) World and Creation: On N.'s Perspectivism. In: N.-Studien 28, 42–79.
Ibáñez-Noé J (2005) Is N. a Common-Sense Realist? In: International Studies in Philosophy 37/3, 91–106.
Immel O (2004) Der Wanderer und der Eckensteher. Zum Verhältnis von freiem Geist und kultureller Gebundenheit bei F. N. In: Reschke (Hg.), 327–334.
Ingenkamp H G (2003) N.s Antike, N.s Christentum. In: Studia Humaniora Tartuensia 4, 14–20.
Invernizzi G (1994) Il pessimismo tedesco dell'Ottocento. Schopenhauer, Hartmann, Bahnsen e Mainländer e i loro avversari. Firenze.
Irigaray L (1980) Amante marine: de F. N. Paris.
Irion U (1992) Eros und Thanatos. N. und Freud als Vollender eines anti-christlichen Grundzugs im europäischen Denken. Würzburg.
Iwawaki-Riebel T (2004) N.s Philosophie des Wanderers. Interkulturelles Verstehen mit der Interpretation des Leibes. Würzburg.
Iwawaki-Riebel T (2008) N.s Wanderer als interkultureller Interpret der menschlichen Gemeinschaft. In: Sommer (Hg.), 401–411.
Jäckel E (1969) Hitlers Weltanschauung. Entwurf einer Herrschaft. Tübingen.
Jackson R (2007) N. and Islam. New York, London.
Jacoby K (1939) Die Erstausgaben F. N.s: eine bio-bibliographische Übersicht der von N. selbst veröffentlichten oder druckfertig hinterlassenen Schriften. In: Philobiblon 11, H. 1–2, 49–59.
Jacolliot L (1876) Les législateurs religieux. Manou. Moïse. Mahomet. Traditions religieuses comparées des lois de Manou, de la Bible, du Coran, du Rituel Egyptien, du Zend-Avesta des Parses et des traditions finnoises. Paris.
Jahn I (1990) Grundzüge der Biologiegeschichte. Jena.
Jähnig D (1989) „Der Ursprung des Kunstwerkes" und die moderne Kunst. In: Biemel W / v. Herrmann, F-W (Hg.) Kunst und Technik. Frankfurt/M., 219–254.
Janaway C (2007) Beyond Selflessness. Reading N.'s *Genealogy.* Oxford, New York.
Janssen J (1878) Geschichte des deutschen Volkes seit dem Ausgang des Mittelalters. Bd. 1: Die allgemeinen Zustände des deutschen Volkes beim Ausgang des Mittelalters. Freiburg i. Br.
Janssen J (1879) Geschichte des deutschen Volkes seit dem Ausgang des Mittelalters. Bd. 2: Zustände des deutschen Volkes seit dem Beginn der politisch-kirchlichen Revolution bis zum Ausgang der socialen Revolution von 1525. Freiburg i. Br.
Janz C P (1972) Die Briefe F. N.s. Textprobleme und ihre Bedeutung für Biographie und Doxographie. Basel.
Janz C P (1978a,b/1979) F. N. Biographie. Bd. 1 (1978a). Bd. 2 (1978b). Bd. 3 (1979). München.
Janz C P (1978c) N.s Verhältnis zur Musik seiner Zeit. In: N.-Studien 7, 308–338.
Janz C P (1994) F. N.s Lehrtätigkeit in Basel 1869–1879. In: Hoffmann (Hg.), 25–29.
Janz C P (1997) Die Musik im Leben N.s. In: N.-Studien 26, 72–86.
Jaspers K (1935) Vernunft und Existenz. Fünf Vorlesungen. Bremen 1947.
Jaspers K (1936) N. Einführung in das Verständnis seines Philosophierens. Berlin, New York.
Jaspers K ($^6$1958) Allgemeine Psychopathologie. Berlin, Göttingen, Heidelberg.
Jenkins K (1982) The Dogma of N.'s Zarathustra. In: J. of Philosophy of Education 16, 251–254.
Jensen A K (2006) The Rogue of All Rogues: N.'s Presentation of Eduard von Hartmann's *Philosophie des Unbewussten* and Hartmanns Response to N. In: J. of N. Studies 32, 41–61.
Joas H (1997) Die Entstehung der Werte. Frankfurt/M.
Johnson D (2001) N.'s Early Darwinism. The „David Strauss" Essay of 1873. In: N.-Studien 30, 62–79.
Joisten K (1994) Die Überwindung der Anthropozentrizität durch F. N. Würzburg.
Jordan W (2006) F. N.s Naturbegriff zwischen Neuromantik und positivistischer Entzauberung. Würzburg.
Jung C G (1912) Wandlungen und Symbole der Libido. Beiträge zur Entwicklungsgeschichte des Denkens. München 1991.

Jung C G (1916) Über die Psychologie des Unbewussten. In: Gesammelte Werke (GW) 7. Zürich 1964, 11–125.
Jung C G (1921) Psychologische Typen. GW 6.
Jung C G (1931) Sigmund Freud als kulturhistorische Erscheinung. In: Ders.: Wirklichkeit der Seele. München 1990, 59–66.
Jung C G (1961) Symbole und Traumdeutung. In: Ders.: Traum und Traumdeutung. München 1990, 7–87.
Jung C G (1934–39) N.'s Zarathustra. Notes of the Seminar given in 1934–1939. London 1989.
Jünger E (1978 ff.) Sämtliche Werke in 18 Bänden. Supplement-Bände. 4 Bde. Stuttgart.
Jüttemann G / Sonntag M / Wulf C (Hg.) (1991) Die Seele. Ihre Geschichte im Abendland. Weinheim.
Kaiser-El-Safti M (1987) Der Nachdenker. Die Entstehung der Metapsychologie Freuds in ihrer Abhängigkeit von Schopenhauer und N. Bonn.
Kant I (1781/1787) Kritik der reinen Vernunft. Werkausgabe (WA) III u. IV. Hrsg. v. W. Weischedel. Frankfurt/M. 1968.
Kant I (1784) Beantwortung der Frage: Was ist Aufklärung? WA XI, 53–61.
Kaßler K (1941) N. und das Recht. München.
Kaufmann W ([4]1974) N. Philosoph – Psychologe – Antichrist. Darmstadt 1982.
Kaufmann W (1978) N. als der erste große Psychologe. In: N.-Studien 7, 261–287.
Kaufmann W (Hg.) (1954) The Portable N. New York.
Kaulbach F (1979) N. und der monadologische Gedanke. In: N.-Studien 8, 127–156.
Kaulbach F (1980) N.s Idee einer Experimentalphilosophie. Köln, Wien.
Kaulbach F (1981/1982) N.s Interpretation der Natur. In: N.-Studien 10/11, 442–481.
Kaulbach F (1990a) Der Philosoph und seine Philosophie: Perspektive und Wahrheit bei N. In: Djurić (Hg.), 9–20.
Kaulbach F (1990b) Philosophie des Perspektivismus. 1. Teil: Wahrheit und Perspektive bei Kant, Hegel und N. Tübingen.
Keith T (2000) „Die Welt als ästhetisches Phänomen". Gottfried Benns N.-Rezeption. In: Z. f. Germanistik, Neue Folge X, 116–126.
Kemper W (1955) Der Traum und seine Be-Deutung. Hamburg.
Kerger H (1988) Autorität und Recht im Denken N.s. Berlin.
Kerger H (2001) Verhältnis von normativer Regel und Handlungsrationalität bei N. In: Seelmann (Hg.), 39–55.
Kershaw I (1998) Hitler 1889–1936. Stuttgart.
Kershaw I (2007) Soziale Motivation und Führer-Bindung im Staat Hitlers. In: Frei N (Hg.) Martin Broszat, der „Staat Hitlers" und die Historisierung des Nationalsozialismus. Göttingen, 76–84.
Kertscher H-J (2004) „... das Individuum der Zukunft". In: Reschke (Hg.), 213–219.
Kesselring M (1954) N. und sein Zarathustra in psychiatrischer Beleuchtung. Affoltern.
Keuls E G (1978) Plato and Greek Painting. Leiden.
Keuls E G (1985) The Reign of the Phallus: Sexual Politics in Ancient Athens. Berkeley 1993.
Kienzle U (2008) Buddhismus. In: Sorgner / Birx / Knoeppfler (Hg.), 122–142.
Kiesel H (2007) Bestrittener Wille zur Macht. N.-Rezeption bei Ernst und Friedrich Georg Jünger. In: Barbera / Müller-Buck (Hg.), 149–168.
Kirchhoff J (1977) Zum Problem der Erkenntnis bei N. In: N.-Studien 6, 16–44.
Kirchner C (2009) Das N.-Archiv und Italien. Der Plan zur Gründung eines N.-Instituts in Rom. Weimar.
Kiss E (1980) Brochs Stellung zu N. In: Thieberger R (Hg.) Hermann Broch und seine Zeit. Bern u. a., 88–96.
Kiss E (1991) Fortsetzung des Christentums. F. N.s Perspektiven zur Französischen Revolution. In: Geschichte und Gegenwart 2, 81–88.
Kiss E (1997) F. N. als Theoretiker der modernen Demokratie. In: Ders. (Hg.) N. und die globalen Probleme unserer Zeit. Cuxhaven, 249–263.

Kiss E (2003) Erkenntnis als mächtigster Affekt. Cuxhaven.
Kiss E (2005) F. N. evilági filozófiája. Életreform és kriticizmus között. Budapest.
Kittel G (1933a,b) Theologisches Wörterbuch zum Neuen Testament. Bd. II (1933a). Bd. V (1933b). Stuttgart.
Kittler F A (1980) Wie man abschafft, wovon man spricht: Der Autor von ‚*Ecce homo*'. In: Literaturmagazin 12, Reinbek b. Hamburg, 153–178.
Kittler F A (1985) N., der mechanisierte Philosoph. In: kultuRRevolution. H. 9, 25–29.
Kittsteiner H D (1994) Erinnern – Vergessen – Orientieren. N.s Begriff des „umhüllenden Wahns" als geschichtsphilosophische Kategorie. In: Borchmeyer (Hg.), 48–75.
Kittsteiner H D (1996) Vom Nutzen und Nachteil des Vergessens für die Geschichte. In: Smith G / Emrich H M (Hg.) Vom Nutzen des Vergessens. Berlin, 133–174.
Kjaer J (1990) Die Zerstörung der Humanität durch Mutterliebe. Opladen.
Kjaer J (1995) Zarathustras *Nachtlied* und der Dionysosdithyrambus *Von der Armut des Reichsten.* In: N.forschung 3, 127–146.
Klaf F S (1959) „Night song": N.'s Poetic Insight into the Psychotic Process. In: The Psychoanalytic Review 46, No. 4, 80–84.
Klages L (1920) Die psychologischen Errungenschaften F. N.s. Ein Selbstbericht. In: Guzzoni (Hg.), 29–33.
Klages L (1926) Die psychologischen Errungenschaften N.s. Leipzig.
Klass T N (2002) Das Versprechen. München.
Klass T N (2008a) Veredelnde Inoculation. N. und das Essen. In: Lemke H / Därmann I (Hg.) Die Tischgesellschaft. Bielefeld, 131–156.
Klass T N (2008b) Wie man wird, was man isst. N.s Diätetik. In: Sommer (Hg.), 411–421.
Klauck T (2000) Seele. In: Ottmann (Hg.), 321.
Kleist J (1992) N. in Turin. Karlsruhe.
Klingmann U (1997) Ein Dämon, welcher lacht. Lachen und Legitimation im Werk N.s. In: Acta Germanica. Bd. 25. Frankfurt/M., Berlin, 35–54.
Klose O / Jacoby E G / Fischer I (Hg.) (1961) Ferdinand Tönnies – Friedrich Paulsen. Briefwechsel 1876–1908. Kiel.
Klossowski P (1963) N., Polytheismus und Parodie. In: Hamacher (Hg.), 16–45.
Klossowski P (1969) N. und der Circulus vitiosus deus. München 1986.
Knoche M / Ulbricht J H / Weber J (Hg.) (2006) Zur unterirdischen Wirkung von Dynamit. Vom Umgang N.s mit Büchern zum Umgang mit N.s Büchern. Wiesbaden.
Knodt R (1999) Vom Schweigen und Vergessen. Die Sprache im Angesicht der Natur bei N. In: Riedel (Hg.), 227–236.
Knopf J ([4]1988) Friedrich Dürrenmatt. München.
Knudsen J (1994) Georg Brandes. Symbolet og manden 1883–1895. Kopenhagen, 327–377.
Koch H-J (1995) „Absoluter Ausschluß des Mechanismus": der Gedanke der ewigen Wiederkunft im 20. Jahrhundert und in der besonderen Deutung von Rudolf Pannwitz; ein Beitrag zur Wirkungsgeschichte F. N.s. Gladenbach-Sinkershausen.
Koch H-J (2001) N. tanzt. Hannover.
Koecke C (1994) Zeit des Ressentiments, Zeit der Erlösung. N.s Typologie temporaler Interpretation und ihre Aufhebung in der Zeit. Berlin, New York.
[Koegel F] (1892) Vox humana. Auch ein Beichtbuch. Stuttgart u. a.
Kofman S (1972) N. et la métaphore. Paris.
Kohlenbach M / Groddeck W (1995) Zwischenüberlegungen zur Edition von N.s Nachlaß. In: Text. Kritische Beiträge. H. 1. Basel, Frankfurt/M., 21–39.
Köhler J (1989) Zarathustras Geheimnis. F. N. und seine verschlüsselte Botschaft. Eine Biographie. Reinbek 1992.
Köhler J (1996) F. N. und Cosima Wagner. Die Schule der Unterwerfung. Berlin.
Köhler J (1997) Wagners Hitler. Der Prophet und sein Vollstrecker. München.
Köhler J (2001) N. München.

Koelb C (Hg.) (1990) N. as Postmodernist. Essays pro and contra. New York.
Koeppen C F (1857–59) Die Religion des Buddha und ihre Entstehung. 2 Bde. Berlin.
Koktanek A M (1968) Oswald Spengler in seiner Zeit. München.
Kopp H (1844) Geschichte der Chemie. Teil II. Braunschweig.
Koppen E (1973) Dekadenter Wagnerismus. Studien zur europäischen Literatur des Fin de siècle. Berlin, New York.
Kopperschmidt J (1994) N.s Entdeckung der Rhetorik. Rhetorik im Dienste der unreinen Vernunft. In: Kopperschmidt / Schanze (Hg.), 39–62.
Kopperschmidt J / Schanze H (Hg.) (1994) N. oder „Die Sprache ist Rhetorik". München.
Körber T (2006) N. nach 1945. Zu Werk und Biographie F. N.s in der deutschsprachigen Nachkriegsliteratur. Würzburg.
Kornberger M (1998) Zur Genealogie des „Ecce homo". In: N.-Studien 27, 319–338.
Kositzke B (1994) Rhetorik und Erotik bei N. In: Kopperschmidt / Schanze (Hg.), 183–195.
Köster P (1981/82) N.-Kritik und N.-Rezeption in der Theologie des 20. Jahrhunderts. In: N.-Studien 10/11, 615–685.
Köster P (1998) Der verbotene Philosoph. Studien zu den Anfängen der katholischen N.-Rezeption in Deutschland (1890–1918). Berlin, New York.
Köster P (2003) Kontroversen um N. Untersuchungen zur theologischen Rezeption. Zürich.
Kostka A (2000) Der Epigone als Vollender: Harry Graf Kessler. In: Schirmer / Schmidt (Hg.), 166–186.
Koszka C (2009) Friedrich N. (1844–1900): a classical case of mitochondrial encephalomyopathy with lactic acidosis and stroke-like episodes (MELAS) Syndrome? In: J. of Medical Biography 17, 161–164.
Kremer-Marietti A (1992) N. et la rhétorique. Paris.
Kremer-Marietti A (1997) Menschlisches-Allzumenschliches: N.s Positivismus? In: N.-Studien 26, 260–275.
Krochmalnik D (1997) Neue Tafeln. N. und die jüdische Counter-History. In: Stegmaier / Krochmalnik (Hg.), 53–89.
Krummel R F (1988) Josef Paneth über seine Begegnung mit N. in der Zarathustra-Zeit. In: N.-Studien 17, 478–495.
Kuhn E (1984) N.s Quelle des Nihilismus-Begriffs. In: N.-Studien 13, 253–278.
Kuhn E (1989) Cultur, Civilisation, die Zweideutigkeit des „Modernen". Ferdinand Brunetières dritte Reihe der kritischen Studien über die Geschichte der französischen Literatur als Quelle für N.s Charakterisierungen des 17., des 18. und des 19. Jahrhunderts. In: N.-Studien 18, 600–626.
Kuhn E (1992) F. N.s Philosophie des europäischen Nihilismus. Berlin, New York.
Kuhn E (1994a) N.s Quelle des „Assassinenspruchs". In: Borsche / Gerratana / Venturelli (Hg.), 268–275.
Kuhn E (1994b) F. N.s Egoismus-Begriff im Umriß. In: Heck T L (Hg.) Das Prinzip Egoismus. Tübingen, 292–299.
Kuhn E (1995) „Der Wille zur Macht". Vom „Hauptprosawerk" zu den „Nachgelassenen Fragmenten". Dokumente zur Editionsgeschichte. In: Prima philosophia 8, H. 1, 21–34.
Kuhn E (1999) „Der Wille zur Macht". Aspekte des Philosophems, des Projekts und der Editionsgeschichte. In: Schirmer / Schmidt (Hg.), 319–331.
Kuhn E (2002) Die Gefährten Zarathustras in N.s gutem Europa. In: Goedert / Nussbaumer-Benz (Hg.), 56–66.
Kühneweg U (1986) N. und Jesus – Jesus bei N. In: N.-Studien 15, 382–396.
Kuiper P C (1965) Diltheys Psychologie und ihre Beziehung zur Psychoanalyse. In: Psyche 19, 241–258.
Kunnas T (1982) N.s Lachen. Eine Studie über das Komische in N.s Werken. München.
Künzli R E (1976) N. und die Semiologie: Neue Ansätze in der französischen N.-Interpretation. In: N.-Studien 5, 263–288.
Kulawik B (1995) „… ich nehme, aus drei Gründen, Wagner's Siegfried-Idyll aus." In: N.forschung 2, 205–219.

Lacoue-Labarthe P (1971) Le Détour (N. et la Rhétorique). In: Poétique 5, 53–76.
Lagarde P de (1853/74) Über die gegenwärtigen Aufgaben der deutschen Politik. In: Ders. ([4]1903), 17–36.
Lagarde P de (1873) Über das Verhältnis des deutschen Staates zu Theologie, Kirche und Religion. In: Ders. ([4]1903), 37–76.
Lagarde P de (1875) Über die gegenwärtige Lage des deutschen Reiches. In: Ders. ([4]1903), 98–167.
Lagarde P de ([4]1903) Deutsche Schriften. Göttingen.
Lampert L (1979) Zarathustra and His Disciples. In: N.-Studien 8, 309–333.
Lampert L (1986) N.'s Teaching. An Interpretation of *Thus Spoke Zarathustra*. New Haven, London.
Lampert L (2001) N.'s Task. An Interpretation of *Beyond Good and Evil*. New Haven, London.
Lampl H E (1986) Ex oblivione: Das Féré-Palimpsest. In: N.-Studien 15, 225–264.
Landauer G (1891) Religiöse Erziehung. In: Freie Bühne 2, H. 6, 134–138.
Landauer G (1900) F. N. Helsingfors.
Landerer C (2003) N., Wagner und Hanslick. In: N.-Studien 32, 531–535.
Landerer C (2008) Hanslick. In: Sorgner / Birx / Knoeppfler (Hg.), 373–386.
Landerer C / Schuster M-O (2002) N.s Vorstudien zur *Geburt der Tragödie* in ihrer Beziehung zur Musikästhetik Eduard Hanslicks. In: N.-Studien 31, 114–133.
Landerer C / Schuster M-O (2005) „Begehrlich schrie der Geyer in das Thal". Zu einem Motiv früher Wagner-Entfremdung in N.s Nachlass. In: N.-Studien 34, 246–255.
Lanfranconi A (2000) N.s historische Philosophie. Stuttgart-Bad Cannstatt.
Lang D (1985) Georg Brandes und der Anfang der N.-Rezeption in Skandinavien. In: N. kontrovers 5, 87–104.
Langbehn C (2005) Metaphysik der Erfahrung. Zur Grundlegung einer Philosophie der Rechtfertigung beim frühen N. Würzburg.
[Langbehn, J.] ([32]1891) Rembrandt als Erzieher. Von einem Deutschen. Leipzig.
Lange F A (1866) Geschichte des Materialismus. Iserlohn.
Lange T (1989) Die Ordnung des Begehrens. Nietzscheanische Aspekte im philosophischen Werk von Gilles Deleuze. Bielefeld.
Lange-Eichbaum W / Kurth W (1986) Genie, Irrsinn und Ruhm. Bd. 7. München.
Langer D (2005) Wie man wird, was man schreibt. Sprache, Subjekt und Autobiographie bei N. und Barthes. München.
Large D (1995) N. and the Figure of Columbus. In: N.-Studien 24, 162–183.
Large D (2003) „Der Bauernaufstand des Geistes". N., Luther and the Reformation. In: Martin N (Hg.) N. and the German Tradition. Bern, Oxford u. a., 111–137.
Large D (2004) N.'s Conceptual Chemistry. In: Moore / Brobjer (Hg.), 189–196.
Large D (2008) Ernährung. In: Sorgner / Birx / Knoeppfler (Hg.), 288–296.
Larmore C (2004) Der Wille zur Wahrheit (III 23–28). In: Höffe (Hg.), 163–176.
Laska B A (1996) Ein dauerhafter Dissident. 150 Jahre Stirners „Einziger". Eine kurze Rezeptionsgeschichte. Nürnberg.
Laska B A (2002) N.s initiale Krise. Die Stirner-N.-Frage in neuem Licht. In: Germanic Notes and Reviews, Vol. 33, Nr. 2, 109–133.
Launay M de (2000) Le style de l'esprit libre. In: Crépon M (Hg.) N. Cahier de l'Herne. Paris, 99–106.
Lauret B (1977) Schulderfahrung und Gottesfrage bei N. und Freud. München.
Lauster J (2004) Aufgeklärtes Christentum? N.s Kritik der theologischen Aufklärungsrezeption. In: Reschke (Hg.), 359–365.
Lehmann H-T / Primavesi P (Hg.) (2003) Heiner Müller-Handbuch. Stuttgart.
Leis M (2000) Frauen um N. Reinbek b. Hamburg.
Leiter B (1994) Perspectivism in N.'s Genealogy of Morals. In: Schacht (Hg.), 334–357.

Leiter B (1995) Morality in the Pejorative Sense: On the Logic of N's Critique of Morality. In: British Journal of Philosophy 3, 113–145.
Leiter B (2001) The Paradox of Fatalism and Self-Creation in N. In: Richardson / Leiter (Hg.), 281–321.
Leiter B (2002) N. on Morality. London.
Lemke H (2000) Liebe. In: Ottmann (Hg.), 275 f.
Lemke H (2007) Ethik des Essens. Einführung in die Gastrosophie. Berlin.
Lemm V (2007) Animality, Creativity and Historicity: A Reading of F. N.s Vom Nutzen und Nachteil der Historie für das Leben. In: N.-Studien 36, 169–200.
Le Rider J (1997) N. in Frankreich. München.
Le Rider J (2001) Erinnern, Vergessen und Vergangenheitsbewältigung. Zur Aktualität der Zweiten Unzeitgemässen Betrachtung. In: Reschke (Hg.), 97–110.
Le Rider J (2004) F. N. et Malwida von Meysenbug. In: Barbera / D'Iorio / Ulbricht (Hg.), 7–31.
Le Rider J (2005) Malwida von Meysenbug. Une Européenne du XIXe siècle. Paris.
Lessing T (1906) Schopenhauer – Wagner – N. München.
Levinas E (1934) Quelques réflexions sur la philosophie de l'hitlérisme. In: Esprit 3, Nr. 26 (1. Nov.), 199–208.
Levinas E (1987) Totalität und Unendlichkeit. Versuch über die Exteriorität. Freiburg, München.
Levitt C (2009) Sigmund Freud's intensive reading of Ludwig Feuerbach. In: Canadian Journal of Psychoanalysis 17, 14–35.
Levy O (2005) N. verstehen. Essays aus dem Exil 1913–1937. Hrsg. v. S Dietzsch u. L Kais. Berlin.
Lewens T (2007) Darwin. London, New York.
Lichtblau K (1996) Kulturkrise und Soziologie um die Jahrhundertwende. Zur Genealogie der Kultursoziologie in Deutschland. Frankfurt/M.
Lichtblau K (2001) Ressentiment, negative Privilegierung, Parias. In: Kippenberg H G / Riesebrodt M (Hg.) Max Webers „Religionssystematik". Tübingen, 279–296.
Lichtenberg G C (1867) Georg Christoph Lichtenberg's Vermischte Schriften. Neue Original-Ausgabe. Mit dem Portrait, Facsimile und einer Ansicht des Geburtshauses des Verfassers. 8 Bde. Göttingen.
Liébert G (2004) N. and Music. Chicago, London.
Liebsch B (2006) Das Versprechen im Horizont der neuzeitlichen Sozialphilosophie. Zwischen Hobbes und N. In: Philosophisches Jb. 113/I, 143–166.
Liebsch B (2008) Gegebenes Wort oder Gelebtes Versprechen. Quellen und Brennpunkte der Sozialphilosophie, Freiburg i. Br., München.
Liebscher M (2001a) „Wotan" und „Puer Aeternus". Die zeithistorische Verstrickung von C. G. Jungs Zarathustrainterpretation. In: N.-Studien 30, 329–350.
Liebscher M (2001b) Jungs Abkehr von Freud im Lichte seiner N.-Rezeption. In: Reschke (Hg.), 255–260.
Liebscher M (2002) Zarathustra – Der Archetypus des Alten Weisen. In: N.forschung 9, 233–245.
Liebscher M (2003) Die „unheimliche Ähnlichkeit". N.s Hermeneutik der Macht und analytische Interpretation bei Carl Gustav Jung. In: Görner / Large (Hg.), 37–50.
Limmer E (1925) Vorklänge der Philosophie N.s bei dem jungen Friedrich Schlegel. Leipzig.
Link F (1994) Denkversuche. Montaigne und Pascal, Emerson und N. In: Literaturwissensch. Jb. 35, 343–386.
Lipperheide C (1999) Die Ästhetik des Erhabenen bei F. N. Die Verwindung der Metaphyik der Erhabenheit. Würzburg
Lippitt J / Urpeth J (Hg.) (2000) N. and the Divine. Manchester.
Lissmann C M (1996) Der Traum bei N. und Freud. In: Figl (Hg.) Von N. zu Freud. Wien, 97–112.
Lissmann C M (1999) Zarathustras Träume und Visionen. In: Schirmer / Schmidt (Hg.), 250–264.
Loeb P S (2004) Zarathustra's Laughing Lions. In: Acampora / Acampora (Hg.), 121–139.
Loeb P S (2009) The Death of N.'s Zarathustra. Cambridge.
Lohberger H (1969) F. N. und Resa v. Schirnhofer. In: Z. f. philosoph. Forschung 22, 248–260 u. 441–458.

Lombroso C (1876) L'uomo delinquente. In rapporto all'antropologia, alla giurisprudenza ed alle discipline carcercarie. Torino.
Longerich P (2008) Heinrich Himmler. Biographie. München.
Lonsbach R M (1939) F. N. und die Juden. Ein Versuch. Bonn 1985.
Löpelmann M (1933) N. Nationalsozialist? In: Nationalsoz. Erziehung 2, Nr. 28, 497 f.
Lorraine T (1994) N. and Feminism: Transvaluing Women in *Thus Spoke Zarathustra*. In: International Studies in Philosophy XXXVI, No. 3, 13–21.
Losurdo D (2009) N., der aristokratische Rebell. Intellektuelle Biographie und kritische Bilanz. Berlin.
Lotze R H (1852) Medizinische Psychologie oder Physiologie der Seele. Leipzig.
Lotze R H (1868) Geschichte der Ästhetik. Leipzig.
Love F R (1966) Young N. and the Wagnerian Experience. New York.
Love F R (1981) N.'s Saint Peter. Genesis and Cultivation of an Illusion. Berlin, New York.
Löw R (1984a) N. Sophist und Erzieher. Philosophische Untersuchungen zum systematischen Ort von F. N.s Denken. Weinheim..
Löw R (1984b) Die Aktualität von N.s Wissenschaftskritik. In: Merkur 38, 399–409.
Löwith K (1933) Kierkegaard und N. In: Dt. Vierteljahrsschrift f. Literaturwiss. u. Geistesgeschichte XI, 43–66.
Löwith K (1935) Nietzsches Philosophie der ewigen Wiederkehr des Gleichen. Berlin.
Löwith K (1958) Zu Schlechtas neuer N.-Legende. In: Sämtliche Schriften (SäS), Bd. 6. Stuttgart 1987.
Löwith K (1987) N. In: SäS 6.
Löwith K (Hg.) (1956) N. Zeitgemässes und Unzeitgemässes. Frankfurt/M., Hamburg.
Löwith K (Hg.) (1959) F. N. Vorspiel einer Philosophie der Zukunft. Aus dem Nachlass. Briefe. Frankfurt/M.
Loy D (1988) Nonduality. A Study in Comparative Philosophy. New Haven.
Lublinski S (1901) Machiavelli und N. In: Die Zukunft 9, Bd. 34, 73–82.
Lüdemann H (1872) Die Anthropologie des Apostels Paulus und ihre Stellung innerhalb seiner Heilslehre. Nach den vier Hauptbriefen dargestellt. Kiel.
Luhmann N (1984) Soziale Systeme. Grundriß einer allgemeinen Theorie. Frankfurt/M.
Lukács G (1916) Die Theorie des Romans. Ein geschichtsphilosophischer Versuch über die Formen der großen Epik In: Z. f. Ästhetik und allgemeine Kunstwissenschaft, 225–271 u. 390–431.
Lukács G (1933) Wie ist die faschistische Philosophie in Deutschland entstanden? Budapest 1982.
Lukács G (1935) N. als Vorläufer der faschistischen Ästhetik. In: Internationale Literatur 5, Nr. 8, 76–92.
Lukács G (1943) Der deutsche Faschismus und N. In: Guzzoni (Hg.), 191–208.
Lukács G (1962) Die Zerstörung der Vernunft. Neuwied, Berlin.
Lukács G (1966) Von N. zu Hitler oder: Der Irrationalismus und die deutsche Politik. Frankfurt/M.
Lunn E (1973) Prophet of Community. The Romantic Socialism of Gustav Landauer. Berkeley.
Luserke M (Hg.) (1991) Die Aristotelische Katharsis. Dokumente ihrer Deutung im 19. und 20. Jh. Hildesheim, Zürich, New York.
Lütkehaus L (1999) Nichts. Abschied vom Sein, Ende der Angst. Frankfurt/M.
Lütkehaus L (2001) Ein heiliger Immoralist. Paul Rée (1849–1901). Marburg.
Lyotard J-F (1973) Notes sur le retour et le Kapital. In: N. aujourd'hui?, 1. Intensités, 10/18, Paris, 141–157.
Lyotard J-F (1987) Postmoderne für Kinder. Wien.
Lyotard J-F (1994) Die Analytik des Erhabenen – Kant-Lektionen. München
Mach E (1886) Beiträge zur Analyse der Empfindungen. Jena.
MacGrath W J (1974) Dionysian Art and Populist Politics in Austria. New Haven, London.
MacIntyre A (1981) After Virtue. A Study in Moral Theory. London.
MacIntyre A (1997) The Souvereignty of Joy. N.'s Vision of Grand Politics. Toronto, Buffalo, London.
Maffeis S (2007) Zwischen Wissenschaft und Politik. Transformationen der DDR-Philosophie 1945–1993. Frankfurt/M.

Magnus B (1980) N.'s Mitigated Skepticism. In: N.-Studien 9, 260–267.
Magnus B (1985) The End of „The End of Philosophy". In: Silverman H J / Ihde D (Hg.) Hermeneutics and Deconstruction. Albany, 2–10.
Maier Th (2002) Von deutschen Schlafwandlungen. Jean Paul via N. und zurück. In: Ders. (Hg.) Das Lachen des Dionysos: N. und die literarische Moderne. Essen, 61–84.
Mandel S (1998) N. and the Jews. Amherst, New York.
Mann, Th (1918) Betrachtungen eines Unpolitischen. In: Gesammelte Werke (GW). Bd. XII, Frankfurt/M. 1974, 9–593.
Mann Th (1926) Pariser Rechenschaft. GW XI, 9–97.
Mann Th (1933) Leiden und Größe Richard Wagners. GW IX, 363–426.
Mann Th (1933/34) Leiden an Deutschland. GW XII, 684–765.
Mann Th (1947a) Doktor Faustus. GW VI.
Mann Th (1947b) N.s Philosophie im Lichte unserer Erfahrung. Berlin.
Marchand L (1996) Down from Olympus: Archeaology and Philhellenism in Germany: 1750–1970. Chicago.
Marcuse L (1944a) Ist N. ein Nazi? In: Aufbau 10, Nr. 41, 6.
Marcuse L (1944b) Ist N. ein Anti-Nazi? In: Aufbau 10, Nr. 42, 10.
Margreiter R (1978) Ontologie und Gottesbegriffe bei N. Zur Frage einer „Neuentdeckung Gottes" im Spätwerk. Meisenheim am Glan.
Marsal E (2002) Wen löst Dionysos ab? Der „Gekreuzigte" im Facettenreichtum der männlichen N.-Dynastie: Friedrich August Ludwig N., Carl Ludwig N. und F. N. In: N.forschung 9, 131–146.
Märtens G (2001) „Mein N.": N.s Präsenz im Denken von José Ortega y Gasset. In: Reschke (Hg.), 171–176.
Martens G (1978) N.s Wirkung im Expressionismus. In: Hillebrand (Hg.) (1978b), 35–82.
Martens G (1996) „Was wüßte deutsches Hornvieh mit den délicatesses einer solchen Natur anzufangen!" N. über Heinrich Heine. In: Koebner Th / Weigel S (Hg.) Nachmärz: der Ursprung der ästhetischen Moderne in einer nachrevolutionären Konstellation. Opladen, 246–255.
Marti U (1987) Ludwig Steins N.-Kritik. In: N.-Studien 16, 353–381.
Marti U (1990) N.s Kritik der Französischen Revolution. In: N.-Studien 19, 312–335.
Marti U (1993) „Der grosse Pöbel- und Sklavenaufstand". N.s Auseinandersetzung mit Revolution und Demokratie. Stuttgart, Weimar.
Marti U (1994) Motive des romantischen Antikapitalismus bei N. In: Borsche / Gerratana / Venturelli (Hg.), 489–502.
Marti U (2000) Große Politik. In: Ottmann (Hg.), 248–250.
Martin A v. (1940) N. und Burckhardt. Zwei geistige Welten im Dialog. München.
Martinsen R (1990) Der Wille zum Helden: Formen des Heroismus in Texten des 20. Jahrhunderts. Wiesbaden.
Marquard O (1971) Anthropologie. In: Ritter (Hg.) 1, 362–374.
Marx K (1867) Das Kapital. Kritik der politischen Ökonomie. Erster Band. MEW 23. Berlin 1962, 3–802.
Marx K / Engels F (1848) Das Manifest der Kommunistischen Partei. MEW 4. Berlin 1962, 461–493.
Masini F (1967) Alchimia degli estremi: studi su Jean Paul e N. Parma.
Masson M (Hg.) (1986) Sigmund Freud: Briefe an Wilhelm Fließ 1887–1904. Frankfurt/M.
Mattenklott G (2008) Der „werdende Europäer" als Nomade. Völker, Vaterländer und Europa. In: Sommer (Hg.), 125–148.
Maudsley H (1875) Die Zurechnungsfähigkeit der Geisteskranken. Leipzig.
Maurer R (1983) N. harmonisch [Rez.]. In: N.-Studien 12, 497–506.
Maurer R (1990) Der andere Nietzsche. In: Dt. Z. f. Philosophie 38, 1019–1026.
Mauthner F (1901/02) Beiträge zu einer Kritik der Sprache. 3 Bde. Stuttgart, Berlin.
May S (2004) N.'s Ethics and his War on Morality. Oxford, New York.
Mayer M (Hg.) (2006) Also wie sprach Zarathustra? West-östliche Spiegelungen im kulturgeschichtlichen Vergleich. Würzburg.

Mayer R (1874) Mechanik der Wärme. Stuttgart.
Mayor V V (2004) Zweideutigkeit der Aufklärung: N. und Adorno. In: Reschke (Hg.), 305–311.
Mayreder-Obermayer R (1895) Der Klub der Übermenschen. In: Neue Deutsche Rundschau 6, 1212–1228.
Meadows D F (1972) Hermann Hesse and N. Diss. University of California. Berkeley.
Mehring F (1891) Zur Philosophie des Kapitalismus (N.). In: Bergner (Hg.), 188–198.
Mehring F (1896/97) N. gegen den Sozialismus. In: Bergner (Hg.), 213–220.
Mehring R (2008b) F. N., Thomas Mann und die Unterscheidung von Kultur und Politik. In: Sommer (Hg.), 183–200.
Meijers A (1988) Gustav Gerber und F. N. Zum historischen Hintergrund der sprachphilosophischen Auffassungen des frühen N. In: N.-Studien 17, 369–390.
Meijers A / Stingelin M (1988) Konkordanz zu den wörtlichen Abschriften und Übernahmen von Beispielen und Zitaten aus Gustav Gerber: *Die Sprache als Kunst* (Bromberg 1871) in N.s Rhetorik-Vorlesung und in „Ueber Wahrheit und Lüge im aussermoralischen Sinne". In: N.-Studien 17, 350–368.
Mendes-Flohr P (1978) Von der Mystik zum Dialog. Martin Bubers geistige Entwicklung bis hin zu „Ich und Du". Königstein.
Mendt A (Hg.) (1923/24) Die Briefe Peter Gasts an F. N. 2 Bde. München.
Menke C (1993) N. und die praktische Philosophie. In: Dt. Z. f. Philosophie 41, 828–845.
Merle J-C (2004) N.s Straftheorie (II 8–15). In: Höffe (Hg.), 97–114.
Mertens V (2008) Mittelalter und Renaissance. In: Sorgner / Birx / Knoeppfler (Hg.), 79–105.
Merz-Benz P-U (1995) Tiefsinn und Scharfsinn. Ferdinand Tönnies' begriffliche Konstitution der Sozialwelt. Frankfurt/M.
Messer A (Hg.) (1930a,b) F. N.s Werke in zwei Bänden. Erster Band (1930a). Zweiter Band (1930b). Leipzig.
Meyer H (1963) Zarte Empirie. Studien zur Literaturgeschichte. Stuttgart.
Meyer K (1998) Ästhetik der Historie. F. N.s „Vom Nutzen und Nachtheil der Historie für das Leben". Würzburg.
Meyer K (2000) Geschichte der N.-Editionen. In: Ottmann, H (Hg.), 437–440.
Meyer K / Reibnitz B v. (Hg.) (2000) F. N. / Franz und Ida Overbeck. Briefwechsel. Stuttgart, Weimar.
Meyer M (2002) The Tragic Nature of Zarathustra. In: N.forschung 9, 209–218.
Meyer M (2003) Menschliches-Allzumenschliches und der musiktreibende Sokrates. In: N.forschung 10, 129–137.
Meyer M (2004a) Die Einheit der Gegensätze als tragisches Prinzip. In: N.forschung 11, 205–212.
Meyer M H (2004b) Die drei Verwandlungen der Aufklärung von *Menschliches, Allzumenschliches* bis zur *Fröhlichen Wissenschaft*. In: Reschke (Hg.), 239–246.
Meyer T (1991) N. Kunstauffassung und Lebensbegriff. Tübingen.
Meyer T (1993) N. und die Kunst. Tübingen, Basel.
Meyer T (2002) N. und Europa – Kritik und Utopie. In: Goedert / Nussbaumer-Benz (Hg.), 11–34.
Michaels A (2004) Die Kunst des einfachen Lebens: Eine Kulturgeschichte der Askese. München.
Midgley D (2003) Experiments of a *Free Spirit*: Musil's Explorations of Creative Morality in *Der Mann ohne Eigenschaften*. In: Görner / Large (Hg.), 111–124.
Mileck J (1977) Hermann Hesse. Biography and Bibliography. Bde. 1–2. Berkeley, Los Angeles, London.
Miller A (1988) Der gemiedene Schlüssel. Frankfurt/M.
Miller C A (1973) „N.'s ‚Discovery' of Dostoevsky." In: N.-Studien 2, 202–257.
Millington B (Hg.) (1992) The Wagner Compendium: A Guide to Wagner's Life and Music. New York, Oxford, Singapore.
Misch G (1952) Dilthey versus N. Eine Stimme aus den Niederlanden. In: Die Sammlung 7, 378–395.
Mistry F (1981) N. and Buddhism. Prolegomenon to a Comparative Study. Berlin, New York.
Mittasch A (1944) F. N.s Stellung zur Chemie. Berlin.
Mittasch A (1952) N. als Naturphilosoph. Stuttgart.

Mittmann T (2001) F. N. Judengegner und Antisemitenfeind. Erfurt.
Mittmann T (2006) Vom „Günstling" zum „Urfeind" der Juden. Die antisemitische N.-Rezeption in Deutschland bis zum Ende des Nationalsozialismus. Würzburg.
Möbius PJ ($^{3}$1909) N. (= Ausgewählte Werke. Bd. V). Leipzig.
Mohler A ($^{3}$1989) Die Konservative Revolution in Deutschland 1918–1932. Ein Handbuch. Darmstadt.
Molfes A (1990) N.'s philosophy of nature and cosmology. New York.
Molner D (1993) The Influence of Montaigne on N. A Raison d'Etre in the Sun. In: N.-Studien 22, 80–93.
Mommsen W J (1965) Universalgeschichtliches und politisches Denken. In: Ders.: Max Weber. Gesellschaft, Politik u. Geschichte. Frankfurt/M. 1974, 97–143.
Montebello P (2003) L'autre métaphysique. Essai sur Ravaisson, Tarde, N. et Bergson. Paris.
Montinari M (1969) N.s Philosophie als „Leidenschaft der Erkenntnis". In: Ders. (1982), 64–78.
Montinari M (1972) Ein neuer Abschnitt in N.s „Ecce homo". In: N.-Studien 1, 380–418.
Montinari M (1976) N.s Nachlass von 1885 bis 1888 oder Textkritik und Wille zur Macht. In: Salaquarda (Hg.) (1996b), 323–350.
Montinari M (1977) Die geschwärzten Stellen in C. A. Bernoulli: F. N. und Franz Overbeck. Eine Freundschaft. In: N.-Studien 6, 300–328.
Montinari M (1978) N. und Wagner vor hundert Jahren. In: N.-Studien 7, 288–302.
Montinari M (1979) N. zwischen Alfred Bäumler und Georg Lukács. In: Grimm R / Hermand J (Hg.) Basis. Jb. für deutsche Gegenwartsliteratur, Bd. 9. Frankfurt/M., 188–223.
Montinari M (1980a) Vorwort. In: KSA 14, 7–17.
Montinari M (1980b) Die neue kritische Gesamtausgabe von N.s Werken. In: Literaturmagazin 12, Reinbek b. Hamburg, 317–328.
Montinari M (1981) Su N. Roma.
Montinari M (1982) N. lesen. Berlin, New York.
Montinari M (1984) N. lesen. Die Götzen-Dämmerung. In: N.-Studien 13, 69–79.
Montinari M (1985) N. – Wagner im Sommer 1878. In: N.-Studien 14, 13–21.
Montinari M (1988) Die spröde Art, N. zu lesen. Die Niederschrift von *Also sprach Zarathustra* am Beispiel des Kapitels „Auf den glückseligen Inseln". In: Weber G W (Hg.) Idee – Gestalt – Geschichte. Odense, 481–511.
Montinari M (1991) F. N. Eine Einführung. Berlin, New York.
Montinari M: N. mit Goethe in Italien. www.hypernietzsche.org/static/mmontinari-11/1/.
Moore G (2001) Hysteria and Histronics. N., Wagner and the Pathology of Genius. In: N.-Studien 30, 246–266.
Moore G (2002a) N., Biology and Metaphor. Cambridge.
Moore G (2002b) N., Spencer and the Ethics of Evolution. In: J. of N. Studies 23, 1–20.
Moore G (2008) Krankheit. In: Sorgner / Birx / Knoeppfler (Hg.), 309–322.
Moore G / Brobjer T (Hg.) (2004) N. and Science. Aldershot.
Morillas A (2006) Estado actual de la edición Colli-Montinari. In: Estudios N. 6, 149–163.
Mork A (1990) Richard Wagner als politischer Schriftsteller. Weltanschauung und Wirkungsgeschichte. Frankfurt/M., New York.
Morrison R G (1997) N. and Buddhism. A Study in Nihilism and Ironic Affinities. Oxford.
Moser von Filseck, K (1990) Kairos und Eros. Zwei Wege zu einem Neuverständnis griechischer Bildwerke. Bonn.
Most G W (2008) Die Geburt der Tragödie. In: Sorgner / Birx / Knoeppfler (Hg.), 420–427.
Most G W (2009) N. gegen Aristoteles mit Aristoteles. In: Vöhler / Linck (Hg.), 51–62.
Mourkojannis D / Schmidt-Grépály R (Hg.) (2004) N. im Christentum. Theologische Perspektiven nach N.s Proklamation des Todes Gottes. Basel.
Müller E (2002) „Ästhetische Lust" und „Dionysische Weisheit". N.s Deutung der griechischen Tragödie. In: N.-Studien 31, 134–153.

Müller E (2005) Die Griechen im Denken N.s. Berlin, New York.
Müller G (1946) N. und die deutsche Katastrophe. Gütersloh.
Müller H (1996) Gesammelte Irrtümer. Frankfurt/M.
Müller H v. (2002) N.s Vorfahren. Hrsg. v. E. u. R. Krummel. In: N.-Studien 31, 253–275.
Müller K O (1841) Geschichte der griechischen Literatur bis auf das Zeitalter Alexanders. Nach der Handschrift des Verfassers hrsg. v. E. Müller. Bde. 1–2. Breslau.
Müller M (1869) Essays. 2 Bde. Leipzig.
Müller U / Wapnewski P (1986) Richard Wagner Handbuch. Stuttgart.
Müller-Buck R (1986) Heine oder Goethe? Zu F. N.s Auseinandersetzung mit der antisemitischen Literaturkritik des „Kunstwart". In: N.-Studien 15, 265–288.
Müller-Buck R (1998) „Naumburger Tugend" oder „Tugend der Redlichkeit". Elisabeth Förster-N. und das N.-Archiv. In: N.forschung 4, 319–335.
Müller-Buck R (2000a) Briefe. In: Ottmann (Hg.), 169–178.
Müller-Buck R (2000b) Psychologie. In: Ottmann (Hg.), 509–514.
Müller-Lauter W (1971) N. Seine Philosophie der Gegensätze und die Gegensätze seiner Philosophie. Berlin, New York.
Müller-Lauter W (1974/1995) N.s. Lehre vom Willen zur Macht. In: Ders. (1999a), 25–95.
Müller-Lauter W (1978) Der Organismus als innerer Kampf. Der Einfluss von Wilhelm Roux auf F. N. In: N.-Studien 7, 189–235.
Müller-Lauter W (1981/82) Das Willenswesen und der Übermensch. Ein Beitrag zu Heideggers N.-Interpretationen. In: N.-Studien 10/11, 132–177.
Müller-Lauter W (1989) Ständige Herausforderung. Über Mazzino Montinaris Verhältnis zu N. In: N.-Studien 18, 32–82.
Müller-Lauter W (1994) Zwischenbilanz. Zur Weiterführung der von Montinari mitbegründeten N.-Editionen nach 1986. In: N.-Studien 23, 307–316.
Müller-Lauter W (1995) Der „Wille zur Macht" als Buch der „Krisis" philosophischer N.-Interpretation. In: N.-Studien 24, 223–260.
Müller-Lauter W (1996/1999) Über das Werden, das Urteilen, das Ja-sagen. In: Ders. (1999a), 173–328.
Müller-Lauter W (1998) N. und Heidegger als nihilistische Denker. Zu Gianni Vattimos „postmodernistischer" Deutung. In: N.-Studien 27, 52–81.
Müller-Lauter W (1999a) Über Werden und Wille zur Macht. N.-Interpretationen I. Berlin, New York.
Müller-Lauter W (1999b) Über Freiheit und Chaos. N.-Interpretationen II. Berlin, New York.
Müller-Lauter W (2000) Heidegger und N. N.-Interpretationen III. Berlin, New York.
Müller-Nielaba D (1995) Wider die „Vernunft in der Sprache". Zum Verhältnis von Sprachkritik und Sprachpraxis im Schreiben N.s. Tübingen.
Münkler H (1982) Machiavelli. Die Begründung des politischen Denkens der Neuzeit aus der Krise der Republik Florenz. Frankfurt/M.
Murphy T (2001) N., Metaphor, Religion. Albany.
Murray P D (1999) N.'s Affirmative Morality. A Revaluation Based in the Dionysian World-View. Berlin, New York.
Naake E (2000) N. und Weimar. Werk und Wirkung im 20. Jahrhundert. Köln, Weimar, Wien.
Naegele V (1995) Parsifals Mission. Der Einfluß Richard Wagners auf Ludwig II. und seine Politik. Köln.
Naumann B (1985) N.s Sprache „Aus der Natur". Ansätze zu einer Sprachtheorie in den frühen Schriften und ihre metaphorische Einlösung in „Also sprach Zarathustra". In: N.-Studien 14, 126–163.
Naumann G (1899/1900/1901) Zarathustra-Kommentar. 1.–4. Tl. Leipzig.
Naumann G (1940a) Naumburger Tugend. In: Hoffmann (1991), 562–566.
Naumann G (1940b) Peter Gast und N.s Schwester. In: Hoffmann (1991), 567–578.
Naumann O (1899) F. N.s antichristliche Philosophie. In: Lutherthum 10, 582–602 u. 670–686.
Nehamas A (1985) N. Leben als Literatur. Göttingen 1991.

Nehamas A (1986) Will to Knowledge, Will to Ignorance, and Will to Power in *Beyond Good and Evil*. In: Yovel (Hg.), 90–108.

Nehamas A (2000) For whom the Sun shines: A Reading of *Also sprach Zarathustra*. In: Gerhardt (Hg.), 165–190.

Nelson E S (2008) Priestly Power and Damaged Life in N. and Adorno. In: Sommer (Hg.), 353–360.

Newman E (1946) The Life of Richard Wagner. Vol. Four, 1866–1883. New York.

Neymeyr B (2008) Das „größte Ausstrahlungsphänomen der Geistesgeschichte". Stationen der N.-Rezeption im Werk Gottfried Benns. In: Sommer (Hg.), 477–496.

Niehues-Pröbsting H (1980) Der „kurze Weg": N.s „Cynismus". In: Archiv f. Begriffsgeschichte 24, 103–122.

Niehues-Pröbsting H (1983) Anekdote als philosophiegeschichtliches Medium. In: N.-Studien 12, 255–286.

Nielsen C (2007) N. und Beuys. Marburger Forum 8, H. 5. http://www.philosophia-online.de/mafo/heft2007-5/Nie_Beu.htm

Niemeyer C (1995) Jenseits des Übermenschen. N.s späte Psychologisierung eines bildungsphilosophischen Konstrukts. In: Viertelj. f. Wiss. Pädagogik 71, 396–411.

Niemeyer C (1996a) Die Fabel von der Welt als Fabel oder N.s andere Vernunft. In: N.forschung 3, 233–245.

Niemeyer C (1996b) N.s Wechsel von der Philologie zur Philosophie. Ein Problem auch für Pädagogik und Psychologie. In: Viertelj. f. Wiss. Pädagogik 72, 59–86.

Niemeyer C (1996c) „Erziehung ist Umtaufen-lernen oder Anders-fühlen lernen". N.s pädagogische Erfahrung als Hintergrund seiner Muttersuche. In: Neue Sammlung 36, 223–243.

Niemeyer C (1997) N.s rhetorischer Antisemitismus. In: N.-Studien 26, 139–162.

Niemeyer C (1998a) N.s andere Vernunft. Psychologische Aspekte in Biographie und Werk. Darmstadt.

Niemeyer C (1998b) N. als Jugendverführer. Gefährdungslage und Pädagogisierungsoffensive zwischen 1890 und 1914. In: Ders. / Drerup / Oelkers / v. Pogrell (Hg.), 96–119.

Niemeyer C (1998c) „Nichts ist wahr, alles ist erlaubt". Die Wahrheitstheorie N.s in ihrer Bedeutung für seine späte Bildungsphilosophie. In: N.-Studien 27, 196–213.

Niemeyer C (1999a) N.s Vorträge „Über die Zukunft unserer Bildungsanstalten" im Kontext. Kritische Anmerkungen aus rezeptionsgeschichtlicher Perspektive mit Schwerpunkt auf Wagner, Lagarde und Langbehn. In: Hoffmann D (Hg.) Rekonstruktion und Revision des Bildungsbegriffs. Weinheim, 49–88.

Niemeyer C (1999b) Volkserziehung und Popularisierung. Zum merkwürdigen Verhältnis von Freude und Zorn des Pädagogen gegenüber dem Populären am Beispiel N.s und der N.rezeption. In: Drerup H / Keiner E (Hg.) Popularisierung wissenschaftlichen Wissens in pädagogischen Feldern. Weinheim, 215–230.

Niemeyer C (1999c) „Plündernde Soldaten". Die pädagogische N.-Rezeption im Ersten Weltkrieg. In: Z. f. Pädagogik 45, 209–229.

Niemeyer C (2001) N. als „Prophet der Jugendbewegung" – ein Mißverständnis? In: Reschke (Hg.), 181–187.

Niemeyer C (2002a) N., die Jugend und die Pädagogik. Eine Einführung. Weinheim, München.

Niemeyer C (2002b) „Schenkt mir erst Leben, dann will ich euch auch eine Cultur daraus schaffen." N. und die Jugend. In: Neue Sammlung 42, 75–87.

Niemeyer C (2003a) N., völkische Bewegung, Jugendbewegung. Über vergessene Zusammenhänge am Exempel der Briefe N.s an Theodor Fritsch vom März 1887. In: Viertelj. f. Wiss. Pädagogik 79, 292–331.

Niemeyer C (2003b) Das Böse und die Sozialpädagogik. In: Ders.: Sozialpädagogik als Wissenschaft und Profession. Weinheim u. München, 204–254.

Niemeyer C (2004a) N. im Schrifttum der deutschen Jugendbewegung? Ein kleiner Test auf eine große These anhand von drei Jugendbewegungszeitschriften. In: Jb. des Archivs der deutschen Jugendbewegung 19 (1999–2001), 119–145.

Niemeyer C (2004b) Auf die Schiffe, ihr Sozialpädagogen! Ein einführender Textkommentar zu N.s *Morgenröthe.* In: Z. f. Sozialpädagogik 2, 301–319.

Niemeyer C (2004c) N.s Zweite Unzeitgemäße Betrachtung *Vom Nutzen und Nachtheil der Historie für das Leben* im Kontext. Ein Deutungsversuch aus pädagogischer Sicht. In: Viertelj. f. Wiss. Pädagogik 80, 223–247.

Niemeyer C (2004d) N.s dritte Unzeitgemäße Betrachtung *Schopenhauer als Erzieher* im Kontext. Ein Deutungsversuch aus pädagogischer Sicht. In: Viertelj. f. Wiss. Pädagogik 80, 550–565.

Niemeyer C (2004e) N. – ein Züchtungstheoretiker? Kritische Anmerkungen zu Timo Hoyers Dissertation *Nietzsche als Erziehungstheoretiker* am Exempel seiner Deutung von Aphorismus Nr. 295 aus *Jenseits von Gut und Böse.* In: Päd. Rundschau 58, 297–321.

Niemeyer C (2004 f.) Kulturkritik, Kulturpädagogik, Sozialpädagogik. Traditionslinien eines Gegenwartsdiskurses. In: Hörster R / Küster E-U / Wolff S (Hg.) Orte der Verständigung. Freiburg i. Br., 35–55.

Niemeyer C (2004g) Hilfe. In: Krüger H-H / Grunert C (Hg.) Wörterbuch Erziehungswissenschaft. Wiesbaden, 233–239.

Niemeyer C ($^2$2005) Klassiker der Sozialpädagogik. Einführung in die Theoriegeschichte einer Wissenschaft. Weinheim, München.

Niemeyer C (2005a) Auf die Schiffe, ihr Pädagogen! Ein einführender Textkommentar zu N.s Aphorismensammlung *Die fröhliche Wissenschaft.* In: Z. f. Religions- und Geistesgeschichte 57, 97–122.

Niemeyer C (2005b) Jugendbewegung und Nationalsozialismus. In: Z. f. Religions- und Geistesgeschichte 57, 337–365.

Niemeyer C (2005c) N.s Bildungsvorträge von 1872– einige Deutungshinweise zu einem überaus fragwürdigen Text. In: N.forschung 12, 35–52.

Niemeyer C (2006) „Der wissenschaftliche Mensch ist die Weiterentwicklung des künstlerischen." Anmerkungen zu N.s Aphorismensammlung *Menschliches, Allzumenschliches* (1878) aus pädagogischer Perspektive. In: Lauermann K / Heimgartner A (Hg.) Soziale Arbeit und Kultur. Klagenfurt u. a., 75–96.

Niemeyer C (2007a) F. N.s „Also sprach Zarathustra". Darmstadt.

Niemeyer C (2007b) „Der Spießbürger führt das Wort." Zu einigen Merkwürdigkeiten (sozial-)pädagogischer (Jugendbewegungs-)Historiographie. In: Dollinger B / Müller C / Schröer W (Hg.) Die sozialpädagogische Erziehung des Bürgers. Wiesbaden, 245–256.

Niemeyer C (2007c) N.s Gerechtigkeitskritik. Anmerkungen aus sozialpädagogischer Perspektive. In: Z. f. Sozialpädagogik 5, 419–435.

Niemeyer C (2008a) „Meine Religion liegt in der Arbeit für die Erzeugung des Genius". N.s Abwendung von Wagner im Spiegel seiner Vierten Unzeitgemässen Betrachtung *Richard Wagner in Bayreuth* (1876). Anmerkungen aus pädagogischer und rezeptionsgeschichtlicher Sicht. In: Viertelj. f. Wiss. Pädagogik 84, 85–96.

Niemeyer C (2008b) „... feister und voller als ihr sind ja noch die Unterweltlichen!" N.s Paradigmenwechsel weg von alter deutscher Leitkultur hin zu neuer Forschungskultur. In: Sommer (Hg.), 149–159.

Niemeyer C (2009) „die Schwester! Schwester! 's klingt so fürchterlich!" Elisabeth Förster-N. als Verfälscherin der Briefe und Werke ihres Bruders – eine offenbar notwendige Rückerinnerung. In: N.forschung 16, 335–355.

Niemeyer C (2011) N. verstehen. Eine Gebrauchsanweisung. Darmstadt.

Niemeyer C / Drerup H / Oelkers J / v. Pogrell L (Hg.) (1998) N. in der Pädagogik? Beiträge zur Rezeption und Interpretation. Weinheim.

Niethammer F I (1808) Der Streit des Philanthropinismus und Humanismus in der Theorie des Erziehungsunterrichts unserer Zeit. Jena.

Nill P (1988) Die Versuchung der Psyche. Selbstwerdung als schöpferisches Prinzip bei N. und C. G. Jung. In: N.-Studien 17, 250–279.

Nishitani K (1990) The Self-Overcoming of Nihilism. Albany.
Nitzschke B (1983) Zur Herkunft des „Es“: Freud, Groddeck, N. – Schopenhauer und E. v. Hartmann. In: Psyche 37, 769–805.
Nitzschke B (1998) Zur Herkunft des „Es“. Freud, Groddeck, N., Schopenhauer und Eduard von Hartmann. Einsprüche gegen die Fortschreibung einer Legende. In: Ders.: Aufbruch nach Inner-Afrika. Göttingen, 109–174.
Nitzschke B (2006) Ich denke, also bin ich: Es. Kurze Beschreibung des langen Wegs von Descartes zu Freud. In: Tress W / Heinz R (Hg.) Willensfreiheit zwischen Philosophie, Psychoanalyse und Neurobiologie. Göttingen 2007, 15–46.
Nohl H (1913) Eine historische Quelle zu N.s Perspektivismus: G. Teichmüller, die wirkliche und die scheinbare Welt. In: Z. f. Philosophie u. philosophische Kritik 149, 106–115.
Nohl H (1920) Die neue deutsche Bildung. In: Ders.: Pädagogik aus dreißig Jahren. Frankfurt/M. ³1949, 9–20.
Nola R (1987) N.'s Theory of Truth and Belief. In: Philosophy and Phenomenological Research 47, 525–562.
Nola R (2003) Rescuing Reason. A Citique of Anti-Rationalist Views of Science and Knowledge. Dordrecht, London.
Noll B (1940) Das Wesen von N.s Idealismus. 4 Vorträge. Köln.
Nolte E (⁷1986) Der Faschismus in seiner Epoche. Action française, Italienischer Faschismus, Nationalsozialismus. München.
Nolte E (1990) N. und der Nietzscheanismus. Frankfurt/M., Berlin.
Nunberg H / Federn P (Hg.) (1976, 1977) Protokolle der Wiener Psychoanalytischen Vereinigung. Bd. 1 (1976). Bd. 2 (1977). Frankfurt/M.
Nürnberger Prozeß (1947) Der Prozeß gegen die Hauptkriegsverbrecher vor dem Internationalen Militärgerichtshof Nürnberg, 14. November 1945–1. Oktober 1946. Band 5. Nürnberg.
Nussbaumer-Benz U (2008) In Search of the Wellsprings of the Future and of New Origins. In: Luchte J (Hg.) N.'s Thus Spoke Zarathustra: Before Sunrise. London, New York, 151–164.
Obenauer K J (1936) N. und das Dritte Reich. In: Z. f. deutsche Bildung 12, 177–192.
Oduev S F (1971) Auf den Spuren Zarathustras. Köln 1977.
Oehler A (1940) N.s Mutter. München.
Oehler M (1925) N. und die Jugend. In: Arminius 8, Nr. 35, 4–6.
Oehler M (1930) Mussolini und N.: ein Beitrag zur Ethik des Faschismus. In: Rauch K (Hg.) N.s Wirkung und Erbe. Berlin, 33–35.
Oehler M (1932) F. N. und die Jugend. In: Nationalsoz. Erziehung 1, Nr. 9, 130–132; Nr. 10, 146 f.
Oehler M (1939) F. N.s Ahnentafel. Weimar.
Oehler M (1942) N.s Bibliothek. Weimar.
Oehler M (1943a) N. in Pforta. In: Gehring (Hg.), 94–104.
Oehler M (Hg.) (1921) Den Manen F. N.s. München.
Oehler M (Hg.) (1943b) F. N. Wir Furchtlosen. Berlin.
Oehler M (Hg.) (1944) F. N. Briefe. Leipzig.
Oehler R (1904) F. N. und die Vorsokratiker. Leipzig.
Oehler R (1921) Unsere Zeit im Spiegel von Nietzsches Kulturphilosophie. In: Oehler M (Hg.) (1921), 129–141.
Oehler R (1935) F. N. und die deutsche Zukunft. Leipzig.
Oehler R (1943) N. in Gegenwart und Zukunft. In: Gehring (Hg.), 105–113.
Oehler R (1944) N.-Register. Stuttgart 1965.
Oehler R (Hg.) (1911) N.s Briefe. Leipzig.
Oehler R (Hg.) (²1917) N.s Briefe. Leipzig.
Oehler R (Hg.) (1933) N.-Brevier. Leipzig.
Oehler R (Hg.) (1940) F. N. Freundesbriefe. Leipzig.
Oehler R (Hg.) (1944) N. Auswahl aus seinen Werken. Leipzig.
Oehler R / Bernoulli C A (Hg.) (1916) F. N.s Briefwechsel mit Franz Overbeck. Leipzig.

Oelkers J (1998) Einige Bemerkungen F. N.s über Erziehung und der Status eines Klassikers der Pädagogik. In: Niemeyer / Drerup / Oelkers / v. Pogrell (Hg.), 211–230.
Oelkers J (2001) Einführung in die Theorie der Erziehung. Weinheim.
Oelkers J (2005) F. N.s Basler Vorträge im Kontext der deutschen Gymnasialpädagogik. In: N.forschuung 12, 73–95.
O'Flaherty J C / Sellner T F / Helm R M (Hg.) (1985) Studies in N. and the Judaeo-Christian Tradition. Chapel Hill, London.
Oger E (1994) N.s Inszenierungen der Philosophie. In: Duhamel / Oger (Hg.), 9–36.
Ôkôchi R (1972) N.s Amor fati im Lichte von Karma des Buddhisus. In: N.-Studien 1, 36–94.
Ôkôchi R (1995) Wie man wird, was man ist. Gedanken zu N. aus östlicher Sicht. Darmstadt.
Oldenberg H (1881) Buddha. Sein Leben, seine Lehre, seine Gemeinde. Berlin.
Oldenberg H (1899) Aus Indien und Iran. Berlin.
Olivier A (2003) N. and Neurology. In: N.-Studien 32, 124–141.
Orsucci A (1996) Orient – Okzident. N.s Versuch einer Loslösung vom europäischen Weltbild. Berlin, New York.
Orth M / Trimbis M R (2006) F. N.s mental illness – general paralysis of the insane vs. frontotemporal dementia. In: Acta Psychiatrica Scandinavica 114, 438–444.
Otte R (1995) Der Vater, die Söhne, das Gesetz: Was N. und Freud mit Moses verbindet. In: N.forschung 1, 191–206.
Ottmann H (1985) N.s Stellung zur modernen und antiken Aufklärung. In: Simon (Hg.) (1985a), 9–34.
Ottmann H (1987) N.s Perspektivismus. In: Baumgartner W (Hg.) Gewißheit und Gewissen. Würzburg, 79–91.
Ottmann H ($^{2}$1999) Philosophie und Politik bei N. Berlin, New York.
Ottmann H (2000) Renaissance/Renaissancismus. In: Ders. (Hg.), 311 f.
Ottmann H (Hg.) (2000) N.-Handbuch. Stuttgart, Weimar.
Otto D (1994) Die Version der Metapher zwischen Musik und Begriff. In: Borsche / Gerratana / Venturelli (Hg.), 167–190.
Otto E (2002) Max Webers Studien des Antiken Judentums. Historische Grundlegung einer Theorie der Moderne. Tübingen.
Otto W F (1963) Mythos und Welt. Stuttgart.
Otto W F ($^{6}$1996) Dionysos. Mythos und Kultus, Frankfurt/M.
Overbeck F (1999) Autobiographisches. „Meine Freunde Treitschke, N. und Rohde." Hrsg. v. B. v. Reibnitz u. M. Stauffacher-Schaub (= Werke und Nachlass, Bd. 7/2). Stuttgart, Weimar.
Owen C M / Schaller C / Binder D K (2007) The madness of Dionysos: a neurosurgical perspective on F. N. In: Neurosurgery 61 (3), 626–631.
Owen D (2007) N.s *Genealogy of Morality.* Stocksfield.
Owen D / Ridley A (2003) On Fate. In: International Studies in Philosophy XXXV/3, 63–78.
Paneth J (2007) Vita Nuova. Ein Gelehrtenleben zwischen N. und Freud. Autobiographie – Essays – Briefe. Hrsg. u. komm. v. W. Hemecker. Graz.
Pangle T L (1986) The „Warrior Spirit" as an Inlet to the Political Philosophy of N.'s Zarathustra. In: N.-Studien 15, 140–179.
Pannwitz R (1919) Die Religion F. N.s. In: Weimarer Blätter 1, H. 19/20, 602–606.
Panofsky E (1964) Grabplastik. Vier Vorlesungen über ihren Bedeutungswandel von Alt-Ägypten bis Bernini. Köln.
Parkes G (1994) Composing the soul: reaches of N.s psychology. Chicago, London.
Parkes G (2000) Nature and the human „redivinised": Mahayana Buddhist themes in *Thus spoke Zarathustra.* In: Lippitt / Urpeth (Hg.), 181–199.
Parkes G (Hg.) (1991) N. and Asian Thought. Chicago, London.
Pascal B (1865) Pascals Gedanken, Fragmente und Briefe. Deutsch von D. F. Schwartz, in zwei Theilen. Leipzig.
Pasley M (1979) N.'s use of medical terms. In: Ders. (Hg.) N.: Imagery and Thought. London, 123–158.
Patt W (1997) Formen des Anti-Platonismus bei Kant, N. und Heidegger. Frankfurt/M.

Patzer A (Hg.) (1990) Franz Overbeck – Erwin Rohde. Briefwechsel. Berlin, New York.
Pauen M (1997) Pessimismus. Geschichtsphilosophie, Metaphysik und Moderne von N. bis Spengler. Berlin.
Paul I U (1996) Paul Anton de Lagarde. In: Puschner / Schmitz / Ulbricht (Hg.), 45–93.
Paulsen F (o. J.) Zum N.-Kultus. In: Ders.: Zur Ethik und Politik. Gesammelte Vorträge und Aufsätze. Bd. 1. Berlin 1903, 54–58.
Paulsen F (1909) Aus meinem Leben. Jugenderinnerungen. Jena.
Paulsen F (1911) Pädagogik. Stuttgart, Berlin.
Paulsen F (1921) System der Ethik mit einem Umriß der Staats- und Gesellschaftslehre. 2 Bde. Stuttgart, Berlin.
Paulys Realenzyklopädie der klassischen Altertumswissenschaft. Bd. I. Stuttgart 1903.
Pautrat B (1971) Versions du soleil. Figures et système de N. Paris.
Peña Aguado M I (1994) Ästhetik des Erhabenen. Burke, Kant, Adorno, Lyotard. Wien.
Penzo G ($^2$1992) Der Mythos vom Übermenschen. N. und der Nationalsozialismus. Frankfurt/M.
Pepperle H (1986) Revision des marxistischen Nietzschebildes? Vom inneren Zusammenhang einer fragmentarischen Philosophie. In: Sinn und Form 38, 934–969.
Pernet M (1989) Das Christentum im Leben des jungen F. N. Opladen.
Pernet M (1990) F. N. über Gustav Krug, seinen „ältesten Freund und Bruder in arte musica". In: N.-Studien 19, 488–518.
Pernet M (2000) Religion und Bildung. Eine Untersuchung zur Geschichte von Schulpforta. Würzburg.
Pernet M (2004) Eine Quelle für N.s christliche Herkunft. Der Briefwechsel seines Vaters mit Emil Julius Schenk. In: N.forschung 11, 279–296.
Pestalozzi K (1970) Die Entstehung des lyrischen Ich. Studien zum Motiv der Erhebung in der Lyrik. Berlin.
Pestalozzi K (1978) N.s Baudelaire-Rezeption. In: N.-Studien 7, 158–188.
Pestalozzi K (2001) Zarathustras prophetisches Reden im Kontext der Epoche. In: Villwock (Hg.), 189 – 206.
Pestalozzi K (2007) N.s Wiederkunft. In: N.-Studien 36, 1–21.
Peter N (1992) Im Schatten der Modernität. Franz Overbecks Weg zur „Christlichkeit unserer heutigen Theologie". Stuttgart, Weimar.
Peter N / Sommer A U (Hg.) (1996) Franz Overbecks Briefwechsel mit Paul de Lagarde. In: Z. f. Neuere Theologiegeschichte 3, 127–172.
Peters H F (1962) Lou Andreas Salomé. Das Leben einer außergewöhnlichen Frau. München 1983.
Peters H F (1977) Zarathustras Schwester. Fritz und Lieschen N. – ein deutsches Trauerspiel. München.
Peters M / Marshall J / Smeyers P (Hg.) (2001) N.s Legacy for Education. Past and Present Values. Westport, London.
Petersdorff D v. (2004) N. und die romantische Ironie. In: N.forschung 11, 29–43.
Petersen J (2008) N.s Genialität der Gerechtigkeit. Berlin, New York.
Peukert D J K (1989) Max Webers Diagnose der Moderne. Göttingen.
Pfaff P (1987) Was kann man wissen? In: Schirrmacher (Hg.) Verteidigung der Schrift. Kafkas „Prozeß". Frankfurt/M., 88–137.
Pfeiffer E (Hg.) (1970) F. N., Paul Rée, Lou von Salomé. Die Dokumente ihrer Begegnung. Frankfurt/M.
Pfeiffer T (1998) N. in Nizza. In: N.-Studien 27, 517–526.
Pfeuffer S (2008) Die Entgrenzung der Verantwortung. N. – Dostojewskij – Levinas. Berlin, New York.
Pfister O (1952/53) Jaspers als Freuds Widersacher. In: Psyche 6, 249–261.
Pfotenhauer H (1980) Mythos, Natur und historische Hermeneutik. N.s Stellung zu Dilthey und einigen „lebensphilosophischen" Konzepten um die Jahrhundertwende. In: Literaturmagazin 12, Reinbek b. Hamburg, 329–372.

Pfotenhauer H (1985a) Die Kunst als Physiologie. N.s ästhetische Theorie und literarische Produktion. Stuttgart.
Pfotenhauer H (1985b) Benjamin und N. In: Lindner B (Hg.) Walter Benjamin im Kontext. Königstein, 100–126.
Phelps R H (1961) Theodor Fritsch und der Antisemitismus. In: Deutsche Rundschau 87, 442–449.
Picht G (1988) N. Stuttgart.
Pick D (1989) Faces of Degeneration. A European Disorder, c. 1848– c. 1918. Cambridge.
Piecha D (1998) „N. und der Nationalsozialismus". Zu Alfred Baeumlers N.-Rezeption. In: Niemeyer / Drerup / Oelkers / v. Pogrell (Hg.), 132–194.
Pieck W (1946) „Um die Erneuerung der deutschen Kultur". In: Institut f. Marxismus-Leninismus (Hg.) Um die Erneuerung der deutschen Kultur. Berlin 1983, 101–121.
Pieper A (1990) „Ein Seil geknüpft zwischen Tier und Übermensch". Philosophische Erläuterung zu N.s erstem „Zarathustra". Stuttgart.
Pieper A (1991) Camus und N. In: Schlette H R / Klehr F J (Hg.) Helenas Exil. Albert Camus als Anwalt des Griechischen in der Moderne. Stuttgart, 63–78.
Pieper A (2001) Zarathustras Botschaft – hundert Jahre später. In: Reschke (Hg.), 145–158.
Pinker S (2002) The Blank Slate. The Modern Denial of Human Nature. New York u. a.
Piper E (2005) Alfred Rosenberg. Hitlers Chefideologe. München.
Pippin R B (2009) How to Overcome Oneself: N. on Freedom. In: Gemes / May (Hg.) N. on Freedom and Autonomy. Oxford, 69–87.
Pirro M (2007) Anmerkungen zum N.-Bild im George-Kreis. In: Barbera / Müller-Buck (Hg.), 7–36.
Planckh M (1998) Scham als Thema im Denken F. N.s. In: N.-Studien 27, 214–237.
Pleger W H (1998) Sokrates: Der Beginn des philosophischen Dialogs. Reinbek.
Plessner H (1928) Die Stufen des Organischen und der Mensch. Einleitung in die philosophische Anthropologie. Berlin.
Podach E F (1930) N.s Zusammenbruch. Beiträge zu einer Biographie auf Grund unveröffentlichter Dokumente. Heidelberg.
Podach E F (1932) Gestalten um N. Mit unveröffentlichten Dokumenten zur Geschichte seines Lebens und seines Werkes. Weimar.
Podach E F (1935) Frau Förster-N. contra Basel. In: National-Zeitung (Basel) Nr. 282 v. 23.6.1935.
Podach E F (1938) F. N. und Lou Salomé. Ihre Begegnung 1882. Zürich, Leipzig.
Podach E F (1961) F. N.s Werke des Zusammenbruchs. Heidelberg.
Podach E F (1963) Ein Blick in Notizbücher N.s. Ewige Wiederkunft. Wille zur Macht. Ariadne. Eine schaffensanalytische Studie. Heidelberg.
Podach E F (Hg.) (1937) Der kranke N. Briefe seiner Mutter an Franz Overbeck. Wien.
Poellner P (1995) N. and Metaphysics. Oxford.
Pogrell L v. (1998) „Erziehung" im historischen Kontext. 2 Bde. Berlin, Bern.
Politycki M (1989) Umwertung aller Werte? Deutsche Literatur im Urteil N.s. Berlin, New York.
Pöpperl C (2007) Auf der Schwelle: Ästhetik des Erhabenen und negative Theologie: Pseudo-Dionysos Areopagita, Immanuel Kant und Jean-Francois Lyotard. Würzburg.
Porter J I (2000) N. and the Philology of the Future. Stanford.
Porter J I (2002) The Invention of Dionysus. An Essay on *The Birth of Tragedy*. Stanford.
Prange M (2006a) The Symbolization of Culture: N. in the Footsteps of Goethe, Schiller, Schopenhauer, and Wagner. In: Bishop P / Stephenson R H (Hg.) Cultural Studies and the Symbolic 2. Leeds, 70–91.
Prange M (2006b) Valuation and Revaluation of the Idyll, Schillerian Traces in N.'s Early Musical Aesthetics. In: N.forschung 13, 269–278.
Prange M (2007a) N.'s Artistic Ideal of Europe: The *Birth of Tragedy* in the Spirit of Wagner's Centenary *Beethoven*-essay. In: N.forschung 14, 91–117.
Prange M (2007b) N.'s Ideal Europe. Aestheticization and Dynamic Interculturalism from The Birth of Tragedy to The Gay Science. Groningen (Diss.).
Pries C (Hg.) (1989) Das Erhabene. Zwischen Grenzerfahrung und Größenwahn. Weinheim.

Prinzhorn H (1928) N.s Begründung einer neuen Psychologie. In: Ders.: N. und das XX. Jahrhundert. Heidelberg, 79–137.
Pross H (Hg.) (1959) Die Zerstörung der deutschen Politik. Dokumente 1871–1933. Frankfurt/M.
Proß W / Priesner C (1985) Lichtenberg, Georg Christoph. In: Neue Deutsche Biographie XIV. Berlin, 449–464.
Prossliner J (Hg.) (1999) Lexikon der N.-Zitate. München.
Przybyszewski S (1892) Chopin und N. Berlin.
Puschner U (2001) Die völkische Bewegung im wilhelminischen Kaiserreich. Sprache – Rasse – Religion. Darmstadt.
Puschner U / Schmitz W / Ulbricht J H (Hg.) (1996) Handbuch zur Völkischen Bewegung 1871–1918. München u. a.
Pütz P (1967) F. N. Stuttgart.
Pütz P (1971) Der Mythos bei N. In: Koopmann H (Hg.) Mythos und Mythologie in der Literatur des 19. Jh.s, Frankfurt/M., 251–262.
Pütz P (2001) N. und der Antisemitismus. In: N.-Studien 30, 295–304.
Rabbow P (1954) Seelenführung. Methodik der Exerzitien in der Antike. München.
Radkau J (2005) Max Weber. Die Leidenschaft des Denkens. München, Wien.
Raffay A v (1995) Die Macht der Liebe – Die Liebe zur Macht. Psychoanalytische Studien zu Liebe/Macht-Verhältnissen in Dramen Wagners und Ibsens. Frankfurt/M. u. a.
Raffnsøe S (2007) N. „Genealogie der Moral". Paderborn.
Rahden W v (1984) Eduard von Hartmann „und" N. Zur Strategie der verzögerten Konterkritik Hartmanns an N. In: N.-Studien 13, 481–502.
Rahden W v (2000) Der Grund des Abgrunds. In: Paragrana 9/1, 34–45.
Rahden W v (2003) Individual Law. On Some Aspects of N.s Juridical and Aesthetic Discourse. In: Cardozo Law Review 24/2, 723–737.
Rahden W v (2005a) „Si hortum cum bibliotheca habes, nihil deerit". Lektüren des späten N. In: Jacob D / Krefeld Th / Oesterreicher W (Hg.) Bewußtsein, Sprache, Stil. Tübingen, 283–303.
Rahden W v (2005b) „Ächte Weimaraner": Zur Genealogie eines Genealogen. In: Berner E / Böhm M / Voeste A (Hg.) Ein grofs vnnd narhafft haffen. Potsdam, 43–54.
Rahden W v (2007) „Nie wirklich satt und froh …". N.s Herder. In: Groß S / Sauder G (Hg.) Der frühe und der späte Herder: Kontinuität und/oder Korrektur. Heidelberg, 459–477.
Rahden W v (2008) „Einen tanzenden Stern gebären …" N.s ewige Niederkunft des Neuen. In: Sohst (Hg.) Die Figur des Neuen. Berlin, 271–304.
Rahden W v / Gessinger J (Hg.) (1989) Theorien vom Ursprung der Sprache. 2 Bde. Berlin, New York.
Rasch W (1986) Die literarische Décadence um 1900. München.
Raschel H (1984) Das N.-Bild im George-Kreis. Ein Beitrag zur Geschichte der deutschen Mythologeme. Berlin u. a.
Rath N (1987) Zur N.-Rezeption Horkheimers und Adornos. In: Reijen W van / Schmid Noerr G (Hg.) Vierzig Jahre Flaschenpost: „Dialektik der Aufklärung" 1947–1987, Frankfurt/M., 73–110.
Rath N (2008a) Adornos N.-Bild. In: Ders. (2008c), 46–55.
Rath N (2008b) Thomas Manns N.-Bilder. In: Ders. (2008c), 56–70.
Rath N (2008c) Negative: Glück und seine Gegenbilder bei Adorno. Würzburg.
Rauh M (1969) Die Einsamkeit Zarathustras. In: Z. f. Religions- und Geistesgeschichte 21, 55–72.
Rayman J (2007) N., Truth and Reference. In: N.-Studien 36, 155–168.
Reckermann A (2003) Lesarten der Philosophie N.s. Ihre Rezeption und Diskussion in Frankreich, Italien und der angelsächsischen Welt 1960–2000. Berlin, New York.
Rée P (2004) Gesammelte Werke 1875–1885. Hrsg. v. H. Treiber. Berlin, New York.
Reginster B (2001) The Paradox of Perspectivism. In: Philosophy and Phenomenological Research 62, No. 1 (Jan. 2001), 217–233.

Reibnitz B v. (1987) N.s „Griechischer Staat" und das Deutsche Kaiserreich. In: Der Altsprachliche Unterricht 32,3 (1987), 76–89.
Reibnitz B v. (1992) Ein Kommentar zu F. N., „Die Geburt der Tragödie aus dem Geiste der Musik" (Kap. 1–12). Stuttgart, Weimar.
Reibnitz B v. (1994a) „Ich verdanke Dir soviel, lieber Freund …". N.s Freundschaft mit Franz Overbeck. In: Hoffmann (Hg.), 46–54.
Reibnitz B v. (1994b) Vom „Sprechkunstwerk" zur „Leselitteratur". N.s Blick auf die griechische Literaturgeschichte als Gegenentwurf zur aristotelischen Poetik. In: Borsche / Gerratana / Venturelli (Hg.), 42–66.
Reich H (2004) N.-Zeitgenossenlexikon. Verwandte und Vorfahren, Freunde und Feinde, Verehrer und Kritiker von F. N. Basel.
Reichel N (1994) Der Traum vom höheren Leben. N.s Übermensch und die Conditio humana europäischer Intellektueller von 1890 bis 1945. Darmstadt.
Reichert H W (1972) The Impact of N. on Hermann Hesse. Mt. Pleasant, Michigan.
Reifenrath B H (1980) Die N.-Rezeption der nationalsozialistischen Pädagogik. In: Viertelj. f. Wiss. Pädagogik 56, 245–269.
Reinhardt K (1948) N.s Klage der Ariadne. In: Ders.: Von Werken und Formen. Godesberg, 458–487.
Renan E (1863) Vie de Jésus. Paris.
Renan E (1867) Vie de Jésus. 13ème édition, revue et augmentée. Paris.
Reniers-Servranckx A (1972) Robert Musil. Konstanz und Entwicklung von Themen, Motiven und Strukturen in den Dichtungen. Bonn.
Reschke R (1992a) „Korruption". Ein kulturkritischer Begriff F. N.s zwischen Geschichtsphilosophie und Ästhetik. In: N.-Studien 21, 137–162.
Reschke R (1992b) „Pöbel-Mischmasch" oder Vom notwendigen Niedergang aller Kultur. F. N.s Ansätze einer Kritik der Masse. In: Dies. (2000e), 47–69.
Reschke R (1992/1999) Barbaren, Kult und Katastrophen. N. bei Benjamin. Unzusammenhängendes im Zusammenhang gelesen. In: Dies. (2000e), 88–107.
Reschke R (2000a) Die Kunst und nichts als die Kunst. F. N.s frühe Skizze zu einer Ästhetik der Moderne. In: Dies. (2000e), 149–170.
Reschke R (2000b) Künstler sind Advokaten der Leidenschaft … Zum Bild des Künstlers bei F. N. In: Dies. (2000e), 234–245.
Reschke R (2000c) Die andere Perspektive: Ein Gott, der zu tanzen verstünde. Eine Skizze zur Ästhetik des Dionysischen im *Zarathustra*. In: Gerhardt (Hg.), 257–284.
Reschke R (2000d) Die Landschaft der Gaya Scienza. In: Dies. (2000e), 382–386.
Reschke R (2000e) Denkumbrüche mit N. Zur anspornenden Verachtung der Zeit. Berlin.
Reschke R (2008) „[…] dass die Weisen aller Zeiten unhistorisch gedacht haben." F. N. über Weisheit, Historie und Medien. In: N.forschung 15, 21–40.
Reschke R (2010) Höfische Kultur. Der kulturkritische und der soziologische Blick. Zur Differenz von Norbert Elias und F. N. In: Günther / Holzer / Müller (Hg.) Zur Genealogie des Zivilisationsprozesses. Berlin, New York, 63–90.
Reschke R (Hg.) (2001) Zeitenwende – Wertewende (= N.forschung, Sonderband 1). Berlin.
Reschke R (Hg.) (2004) N. Radikalaufklärer oder radikaler Gegenaufklärer? (= N.forschung, Sonderband 2). Berlin.
Rethy R A (1997) „From Tacitus to N.: Thoughts and Opinions from Two Millennia". In: N.-Studien 26, 107–138.
Reuter D (2008) Der Weimar-Jena-Plan. Die Beziehungen des N.-Archivs zur Universität Jena 1930–1935. Weimar.
Reuter M (1988) N.s Seele in acht Teilen. In: Kamper D / Wulf C (Hg.) Die erloschene Seele. Disziplin, Kunst, Mythos, Historische Anthropologie. Bd. I. Berlin, 195–218.
Reuter R (1895) Ein Besuch bei dem jungen N. In: Gilman (Hg.), 276–283.
Reuter S (2003) Logik, Metaphysik, Täuschung. Zur Motivkonstellation der frühen N.-Rezeption in Afrikan Spirs Denken und Wirklichkeit. In: N.forschung 10, 245–268.

Rey J-M (1971) L'enjeu des signes. Lectures de N. Paris.
Ribbeck O (1879, 1881) Friedrich Wilhelm Ritschl. Ein Beitrag zur Geschichte der Philologie. Erster Band (1879). Zweiter Band (1881). Leipzig.
Ribot Th (1882) Das Gedächtnis und seine Störungen (1881). Hamburg, Leipzig.
Ribot Th ($^{14}$1900) Les Maladies de la volonté. Paris.
Richards W W (1990) The Bible and Christian Traditions. Keys to Understanding the Allegorical Subplot of N.'s „Zarathustra". New York, Bern, Frankfurt/M.
Richardson J (1996) N.'s System. New York, Oxford.
Richardson J (2004) N.'s New Darwinism. Oxford.
Richardson J / Leiter B (Hg.) (2001) N. Oxford.
Richet C (1884) L'homme et l'intelligence. Fragments de physiologie et de psychologie. Paris.
Richter R (1908) Einleitung. In: F. N.: Ecce homo. Leipzig 1977, 9–33.
Richter R ($^{2}$1909) F. N. Sein Leben und sein Werk. Leipzig.
Rickert H (1920) Die Philosophie des Lebens – Darstellung und Kritik der philosophischen Modeströmungen unserer Zeit. Tübingen.
Ricoeur P (1974) Die Interpretation. Ein Versuch über Freud. Frankfurt/M.
Ridgway B S (1971) The Setting of Greek Sculpture. In: Hesperia XL, Nr. 3, 336–356.
Riedel M (1989) Präludium zu einer Ontologie: N. und Parmenides. In: Abel / Salaquarda (Hg.), 307–328.
Riedel M (1997) N. in Weimar. Ein deutsches Drama. Leipzig.
Riedel M (1998) Freilichtgedanken. N.s dichterische Welterfahrung. Stuttgart.
Riedel M (2000) Das Lenzerheide-Fragment über den europäischen Nihilismus. In: N.-Studien 29, 70–81.
Riedel M (Hg.) (1999) „Jedes Wort ist ein Vorurteil". Philologie und Philosophie in N.s Denken. Köln, Weimar, Wien.
Riehl A (1897) F. N., der Künstler und der Denker. Stuttgart.
Ries W (1977) Transzendenz als Terror. Eine religionsphilosophische Studie über Franz Kafka. Heidelberg.
Ries W (1995) N.s Beiträge zu einer „Phänomenologie der Liebe". In: N.forschung 3, 221–232.
Ries W (2004) Tragische Welterfahrung contra wissenschaftliche Weltbetrachtung: N.s Beitrag zum Dilemma der Modernität. In: Reschke (Hg.), 103–111.
Ries W (2007) N./Kafka. Zur ästhetischen Wahrnehmung der Moderne. Freiburg, München.
Ries W (2008) N.s Werke. Die großen Texte im Überblick. Darmstadt.
Ries W / Kiesow K-F (2000) Von *Menschliches, Allzumenschliches* bis zur *Fröhlichen Wissenschaft*. In: Ottmann (Hg.), 91–119.
Ritter J (Hg.) (1971/72) Historisches Wörterbuch der Philosophie. 1, 2. Basel, Stuttgart.
Rode S (1991) Wagner und die Folgen: Zur N.-Wagner-Rezeption bei Alban Berg und Anton von Webern. In: Steiert (Hg.), 265–291.
Rohde E (1872) Afterphilologie. In: Gründer (Hg.), 65–111.
Rölli M / Trzaskalik T (Hg.) (2007) Heinrich Heine und die Philosophie. Wien.
Röllin B / Stockmar R (2007) „Aber ich notire mich, für mich." Die IX. Abteilung der Kritischen Gesamtausgabe von N.s Werken. In: N.-Studien 36, 22–40.
Rorty R (1989) Contingency, Irony and Solidarity. Cambridge.
Rose J (2000) The Image of Zoroaster. The Persian Mage through European Eyes. New York.
Rose P L (1999) Richard Wagner und der Antisemitismus. Zürich, München.
Rosen S (1987) N.s „Platonismus". In: Allgem. Z. f. Philosophie 12, 1–15.
Rosen S (1995) The Mask of Enlightenment. N.'s Zarathustra. Cambridge.
Rosenberg A (1931) Rez. zu Baeumlers „N. der Philosoph und Politiker". In: NS-Monatshefte 2, H. 13, 47/191–48/192.
Rosenberg A (1955) Letzte Aufzeichnungen. Ideale und Idole der Nationalsozialistischen Revolution. Göttingen.

Rosenberg A (1956) Das politische Tagebuch Alfred Rosenbergs aus den Jahren 1934/35 und 1939/40. Göttingen, Berlin, Frankfurt/M.
Rosenow E (1973) What is Free Education? The Educational Significance of N.s Thought. In: Educational Theory 23, 354–370.
Rosenow E (1992) N. und das Autoritätsproblem. In: Z. f. Päd. 38, 3–16.
Rosenthal B (1977) Die Idee des Absurden. F. N. und A. Camus. Bonn.
Ross S D (2007) The world as aesthetic phenomenon. Binghamton, New York.
Ross W (1984) Der ängstliche Adler. F. N.s Leben. München.
Rosset C (1983) La Force majeure. Paris.
Roth F (1993) N.s Wahrheitsbegriff in seiner selbstwidersprüchlichen Problematik. In: N.-Studien 22, 94–114.
Roth G (2001) Max Webers deutsch-englische Familiengeschichte 1800–1950. Tübingen.
Roth-Bodmer E (1975) Schlüssel zu N.s Zarathustra. Ein interpretierender Kommentar zu N.s Werk „Also sprach Zarathustra". Diss. Univ. Zürich. Meilen (Selbstverlag).
Röttges H (1972) N. und die Dialektik der Aufklärung. Berlin, New York.
Roux W (1881) Der Kampf der Teile im Organismus. Ein Beitrag zur Vervollständigung der mechanischen Zweckmäßigkeitslehre. Leipzig.
Ruehl M (2004) „Politeia" 1871: Young N. and the Greek State. In: Bishop P (Hg.) N. and Antiquity: His Reaction and Response to the Classical Tradition. Rochester, New York, 79–97.
Ruckenbauer H-W (2002) Moralist zwischen Evolution und Normen. Eine Kritik biologistischer Ansätze in der Ethik. Würzburg.
Ruckenbauer H-W (2004) Aufklärung und Tragik – Der Freigeist Paul Rée. In: Reschke (Hg.), 351–358.
Rudolph E (2007) N.s Europa. In: N.forschung 14, 45–52.
Saar M (2003) Genealogie und Subjektivität. In: Honneth A / Saar M (Hg.) Michel Foucault. Frankfurt/M., 157–177.
Saar M (2007) Genealogie als Kritik. Geschichte und Theorie des Subjekts nach N. und Foucault. Frankfurt/M.
Safranski R (2000) N. Biographie seines Denkens. München, Wien.
Salaquarda J (1973a) Zarathustra und der Esel. Eine Untersuchung der Rolle des *Esel* im Vierten Teil von N.s „Also sprach Zarathustra". In: Theologia Viatorum XI, 181–213.
Salaquarda J (1973b) Der Antichrist. In: N.-Studien 2, 91–136.
Salaquarda J (1974) Dionysos gegen den Gekreuzigten. N.s Verständnis des Apostels Paulus. In: Ders. (Hg.) (1996b), 288–322.
Salaquarda J (1978a) N. und Lange. In: N.-Studien 7, 236–253.
Salaquarda J (1978b) Umwertung aller Werte. In: Archiv für Begriffsgeschichte. Bd. 22. Bonn, 154–174.
Salaquarda J (1979) Mythos bei N. In: Poser H (Hg.) Philosophie und Mythos. Berlin, New York, 174–198.
Salaquarda J (1984a) Zur gegenseitigen Verdrängung von Schopenhauer und N. In: Schopenhauer-Jb. 65, 13–30.
Salaquarda J (1984b) Studien zur Zweiten Unzeitgemässen Betrachtung. In: N.-Studien 13, 1–45.
Salaquarda J (1989) Der ungeheure Augenblick. In: N.-Studien 18, 317–337.
Salaquarda J (1996a) N. and the Judaeo-Christian tradition. In: The Cambridge Companion to N. Cambridge, 90–118.
Salaquarda J (1996b) Noch einmal *Ariadne*. Die Rolle Cosima Wagners in N.s literarischem Rollenspiel. In: N.-Studien 25, 99–125.
Salaquarda J (2000a) Christentum. In: Ottmann (Hg.), 381–385.
Salaquarda J (2000b) F. N. und die Bibel. Unter besonderer Berücksichtigung von „Also sprach Zarathustra". In: N.forschung 7, 323–333.
Salaquarda J (2003) N.s Kritik des Christentums. In: Willers (Hg.), 105–119.
Salaquarda J (Hg.) (1996b) N. 2. Aufl. Darmstadt.

Salaquarda J (Hg.) (1997) Die fröhliche Wissenschaft [Beiträge des N.-Kolloquiums Sils-Maria 1995]. In: N.-Studien 26, 163–259.
Salehi D (2001) Zur Moral des Immoralisten. In: Reschke (Hg.), 317–323.
Salehi D / Günzel S (2002) N.s „konstruktive“ Ethik in der Diskussion. In: N.-Studien 31, 368–381.
Salis A v. (1930) Theseus und Ariadne. Berlin, Leipzig.
Sandvoss E (1969) Hitler und N. Göttingen.
Santaniello W (1997) N. und die Juden im Hinblick auf Christentum und Nazismus – nach dem Holocaust. In: Golomb (Hg.), 31–66.
Santaniello W (2005) Zarathustra's Last Supper. N.'s Eight Higher Men. Hampshire/UK, Burlington/USA.
Santaniello W (Hg.) (2001) N. and the Gods. New York.
Satlow U (1950) Die Bedeutung des Lachens und Tanzens in N.s Zarathustra. Leipzig (Diss.).
Sauerland K (2004) Zucht und Aufklärung. In: Reschke (Hg.), 93–101.
Sax L (2003) What was the cause of N.s dementia? In: J. of medical biography 11 (1), 47–54.
Scaff L A (1989) Fleeing the Iron Cage. Culture, Politics, and Modernity in the Thought of Max Weber. Berkeley, Los Angeles, London.
Schaberg W H (2002) N.s Werke. Eine Publikationsgeschichte und kommentierte Bibliographie. Basel.
Schacht R (2000) Nietzschean Cognitivism. In: N.-Studien 29, 12–40.
Schacht R (2005) Kant, N. und „der Mensch“. Die Idee und Aufgabe einer philosophischen Anthropologie. In: Himmelmann (Hg.), 277–294.
Schacht R (Hg.) (1994) N., Genealogy, Morality: Essays on N.s *On the Genealogy of Morals*. Berkeley, Los Angeles, London.
Schaffner O (1959) Christliche Demut. Des Hl. Augustinus Lehre von der Humilitias. Würzburg.
Schain R (2001) The legend of N.'s syphilis. Westport.
Schank G (2000) Rasse und Züchtung bei N. Berlin, New York.
Schank G (2004) N.'s „Blond Beast“: On the Recuperation of a Nietzschean Metaphor. In: Acampora / Acampora (Hg.), 140–155.
Schank G / van Tongeren P (1999) Freunde und Gegner. N.s Schreibmoral in seinen Briefen und seine philosophische ‚Kriegs-Praxis‘. Würzburg.
Schärf C (2003) N.s Schreiben. Eine medienphilosophische Skizze. In: Ernst / Gropp / Sprengard (Hg.) Perspektiven interdisziplinärer Medienphilosophie. Bielefeld, 139–153.
Scheib A (2008) N.s Carmen. Anmerkungen zu einer Verirrung. In: N.-Studien 37, 249–254.
Scheier C-A (1990) Einleitung. In: N. F. Ecce auctor. Die Vorreden von 1886. Hamburg 1990, VII–CXXV.
Scheiner E (Hg.) (1934) N.s politisches Vermächtnis in Selbstzeugnissen. Berlin.
Scheler M (1913) Versuche einer Philosophie des Lebens. In: GW 3. Bern 1955, 313–339.
Scheler M (1926) Erkenntnis und Arbeit. Eine Studie über Wert und Grenzen des pragmatischen Motivs in der Erkenntnis der Welt. In: GW 8. Bern 1960, 191–382.
Scheler M (1928) Die Stellung des Menschen im Kosmos. Darmstadt.
Scheler M (1966) Der Formalismus in der Ethik und die materiale Wertethik. GW 2. Bern 1954.
Schemann L (1919) Paul de Lagarde. Ein Lebens- und Erinnerungsbuch. Leipzig.
Scherpner H (1962) Theorie der Fürsorge. Göttingen.
Schipperges H (1975) Am Leitfaden des Leibes. Zur Anthropologie und Therapeutik F. N.s. Stuttgart.
Schirmer A / Schmidt R (Hg.) (1999) Entdecken und Verraten. Zu Leben und Werk F. N.s. Weimar.
Schirmer A / Schmidt R (Hg.) (2000) Widersprüche. Zur frühen N.-Rezeption. Weimar.
Schlaffer H (2007) Das entfesselte Wort. N.s Stil und seine Folgen. München.
Schlechta K (1939) Der junge N. und Schopenhauer. In: Jb. der Schopenhauer-Gesellschaft 26, 289–300.
Schlechta K (1948) Der junge N. und das Altertum. Mainz.
Schlechta K (1954) N.s Grosser Mittag. Frankfurt/M.

Schlechta K (1957) Die Legende und ihre Freunde. In: Ders.: Der Fall N. Aufsätze und Vorträge. München 1958, 86–98.
Schlechta K (1959) Offener Brief an Karl Löwith. In: Salaquarda (Hg.) (1996b), 96–105.
Schlechta K (1965) N.-Index zu den Werken in drei Bänden. München.
Schlechta K (1972) N. über den Glauben an die Grammatik. In: N.-Studien 1, 353–358.
Schlechta K / Anders A (1962) F. N. Von den verborgenen Anfängen seines Philosophierens. Stuttgart-Bad Cannstatt.
Schlegel W (1937) N.s Geschichtsauffassung. Würzburg.
Schlimgen E (1999) N.s Theorie des Bewusstseins. Berlin, New York.
Schlimgen E (2000) Bewußtsein. In: Ottmann (Hg.), 203–205.
Schloßberger M (1998) Über N. und die Philosophische Anthropologie. In: N.forschung 4, 147–167.
Schluchter W (Hg.) (1981) Max Webers Studie über das antike Judentum. Interpretation und Kritik. Frankfurt/M.
Schluchter W (1996) Zeitgemäße Unzeitgemäße. Von F. N. über Georg Simmel zu Max Weber. In: Ders.: Unversöhnte Moderne. Frankfurt/M., 166–185.
Schmid H (1984) N.s Gedanke der tragischen Erkenntnis. Würzburg.
Schmid H (2000) Von der *Geburt der Tragödie* bis *Richard Wagner in Bayreuth* (1871–1878). In: Ottmann (Hg.), 74–86.
Schmid J (2001) Der Triumph des Glücks der Herde – Gedanken zu N.s Ideen über Politik und Geschichte zur hundertsten Wiederkehr seines Todestages. In: Reschke (Hg.), 267–272.
Schmidbauer W (1977) Die hilflosen Helfer. Reinbek.
Schmidt Ch (1997) Ehrfurcht und Erbarmen. Thomas Manns N.-Rezeption 1914 bis 1947. Trier.
Schmidt H J (1983) F. N.: Philosophie als Tragödie. In: Speck J (Hg.) Grundprobleme der großen Philosophen. Philosophie der Neuzeit III. Göttingen, 198–241.
Schmidt H J (1985) N.s Briefwechsel im Kontext. Ein kritischer Zwischenbericht. In: Philosophischer Literaturanzeiger 38, 359–378.
Schmidt H J (1990a,b/1993/1994) N. absconditus oder Spurenlesen bei N. Kindheit (1990a,b). Jugend. 1. Teilband (1993). Jugend. 2. Teilband (1994). Aschaffenburg.
Schmidt H J (1995) F. N. aus Röcken. In: N.forschung 2, 369–380.
Schmidt R (2008) Macht, Schuld, Schuldfähigkeit und Freiheit. Eine individualpsychologische Studie. Göttingen
Schmidt R / Spreckelsen C (1995) N. für Anfänger. Also sprach Zarathustra. München.
Schmidt-Grépaly R / Dietzsch S (Hg.) (2001) N. im Exil. Übergänge in gegenwärtiges Denken. Weimar.
Schmitt G (1998) Zyklus und Kompensation. Zur Denkfigur bei N. und Jung. Frankfurt/M.
Schmitz H-G (1998) Zeichenrede. Überlegungen zu Fundierung und Reichweite von N.s skeptischem Perspektivismus. In: Neues Jb. 24, 275–301.
Schmücker P D (2000) „Krämpfe eines unbekannten Glücks". N. und die Epilepsie. In: Engelhardt D v. (Hg.) „Das ist eine alte Krankheit". Stuttgart, 157–168.
Schmücker P D (2001) Wider den „Geist der Schwere". In: Schweiz. Rundschau f. Medizin 29/30, 1245–1256.
Schneeberger G (1962) Nachlese zu Heidegger. Dokumente zu seinem Leben und Denken. Bern.
Schnehen W v. (1929) Eduard von Hartmann. Stuttgart.
Schneider U (1983) Grundzüge einer Philosophie des Glücks bei N. Berlin, New York.
Schnitzler M H (1926) Die Lehre vom Willen bei Schopenhauer und N. und ihre pädagogische Auswirkung. In: Viertelj. f. Wiss. Pädagogik 2, 47–96.
Schoeller D (1998) Die Demut Zarathustras. Ein Versuch zu N. mit Meister Eckhart. In: N.-Studien 27, 420–439.
Schoeller D (1999) Enthöhter Gott – vertiefter Mensch. Zur Bedeutung der Demut, ausgehend von Meister Eckhart und Jakob Böhme. Freiburg i. Br.
Schollenberger H (1934) Hundert Jahre Museumsgesellschaft Zürich, 1883–1934. Zürich.
Scholz D D (1993) Richard Wagners Antisemitismus. Würzburg.

Schönblum S (1936) N. und die Vorsokratiker. Wien.
Schopenhauer A (1851a,b) Parerga und Paralipomena. Bd. I (1851a). Bd. II (1851b). In: Sämtliche Werke (SW). Hrsg. v. L. Lütkehaus. Bd. IV u. V. Zürich 1988.
Schopenhauer A (1859a,b) Die Welt als Wille und Vorstellung. Bd. I (1859a). Bd. II (1859b). SW I u. II.
Schopenhauer A (1860) Die beiden Grundprobleme der Ethik. Zweite, verb. u. verm. Aufl. SW III, 323–631.
Schott C (1981) Das Böse bei N.: Fragment zur Individualität der Moral. Heidelberg (Diss.).
Schöttker D (1999) Konstruktiver Fragmentarismus. Form und Rezeption der Schriften Walter Benjamins. Frankfurt/M.
Schöttker D (2005) „Kapitalismus als Religion" und seine Folgen. Benjamins Deutung der kapitalistischen Moderne zwischen Weber, N. und Blanqui. In: Witte B / Ponzi M (Hg.) Theologie und Politik. Berlin, 70–81.
Schrift A D (1987) Between Perspectivism and Philology: Genealogy as Hermeneutic. In: N.-Studien 16, 91–111.
Schüler W (1971) Der Bayreuther Kreis von seiner Entstehung bis zum Ausgang der Wilhelminischen Ära. Wagnerkult und Kulturreform im Geiste völkischer Weltanschauung. Münster.
Schulz P (1939) F. N. In: Erzieher im Braunhemd. Gaublatt des NSLB 7, 246–251.
Schuster G (Hg.) (1993) Hugo von Hofmannsthal – Rudolf Pannwitz: Briefwechsel. Frankfurt/M.
Schütz O (1929) F. N. als Prophet der deutschen Jugendbewegung. In: Neue Jb. f. Wissensch. u. Jugendbildung. Bd. 5, 64–80.
Schütz W (1971) Demut. In: Ritter (Hg.) 1, 57–59.
Schwarz A (2003) Bilden, überzeugen, unterhalten: Wissenschaftspopularisierung und Wissenskultur im 19. Jahrhundert. In: Kretschmann C (Hg.) Wissenspopularisierung. Berlin, 221–234.
Schwarzwald K (2008) Über Körper im Rausch. N. und das Problem der Veränderung der Rauschkultur. In: Sommer (Hg.), 381–390.
Schweppenhäuser G (1988) N.s Überwindung der Moral. Zur Dialektik der Moralkritik in *Jenseits von Gut und Böse* und in der *Genealogie der Moral*. Würzburg.
Schweppenhäuser G (2001) Ein Wort für die Moral. Horkheimer und Adorno lesen N. In: Schmidt-Grépaly / Dietzsch (Hg.), 93–102.
Sedgwick P R (2009) N. The Key Concepts. New York.
Seelmann K (Hg.) (2001) N. und das Recht (= Archiv für Rechts- und Sozialphilosophie, Beiheft 77). Stuttgart.
Seggern H-G v. (2005a) N.s Zwiegespräch mit Goethe. In: Ders. (2005c), 95–110.
Seggern H-G v. (2005b) Die Spur von Spinozas Affektenlehre. In: Ders. (2005c), 127–147.
Seggern H-G v. (2005c) N. und die Weimarer Klassik. Freiburg i. Br., Basel.
Seidler I (1965) Das N.-Bild Robert Musils. In: Deutsche Vierteljahresschrift 39, 329–349.
Seidmann P (1976) Die perspektivische Psychologie N.s. In: Balmer H (Hg.) Die Psychologie des 20. Jahrhunderts. Bd. I. Zürich, 382–445.
Seigfried H (1989) N.s radical experimentalism. In: Man and World 4, 485–501.
Seillière E (1911) N.s Waffenbruder Erwin Rohde. Berlin.
Seitschek H O (2008) Der Fall Wagner. In: Sorgner / Birx / Knoeppfler (Hg.), 435–440.
Selung B (1926) Mitleid, Demut und Reue in der Machtethik Spinozas und N.s. Bonn.
Serres M (Hg.) (1994) Elemente einer Geschichte der Wissenschaften. Frankfurt/M.
Seubert H (2000) Zwischen erstem und anderem Anfang. Heideggers Auseinandersetzung mit N. und die Sache seines Denkens. Köln.
Shang G L (2006) Liberation as Affirmation. The Religiosity of Zhuangzi and N. Albany.
Shapiro G (1982) N. contra Renan. In: History and Theory. Studies in the Philosophy of History 21, 193–222.
Shapiro G (1988) The Writing on the Wall: *The Antichrist* and the Semiotics of History. In: Solomon R C / Higgins K M (Hg.) Reading N. New York, Oxford, 192–217.
Shapiro G (1989) Nietzschean Narratives. Bloomington.

Shapiro G (2003) Archaeologies of Vision: Foucault and Nietzsche on Seeing and Saying. Chicago.
Shapiro G (2006) N. on Geophilosophy and Geoaesthetics. In: Ansell-Pearson (Hg.), 477–494.
Sieg U (2007) Deutschlands Prophet. Paul de Lagarde und die Ursprünge des modernen Antisemitismus. München.
Siemens H (2008) N. and the Temporality of (Self-)Legislation. In: Dries (Hg) N. on Time and History. Berlin, 191–212.
Siemens H (2009) Umwertung: N.'s ‚War-Praxis' and the Problem of Yes-Saying and No-Saying in Ecce Homo. In: N.-Studien 38, 182–206.
Siemens H / Roodt V (Hg.) (2008) N., Power and Politics. Rethinking N.s Legacy for Political Thought. Berlin, New York.
Simmel G (1907) Schopenhauer und N. In: Gesamtausgabe. Bd. 10. Frankfurt/M. 1995, 167–408.
Simon J (1972) Grammatik und Wahrheit. Über das Verhältnis N.s zur spekulativen Satzgrammatik der metaphysischen Tradition. In: N.-Studien 1, 1–26.
Simon J (1984) Das Problem des Bewußtseins bei N. und der traditionelle Bewußtseinsbegriff. In: Djurić / Simon (Hg.) (1984), 17–33.
Simon J (1985) Sprache und Sprachkritik bei N. In: Lutz-Bachmann M (Hg.) Über F. N. Eine Einführung in seine Philosophie. Frankfurt/M., 63–97.
Simon J (1986) Der gewollte Schein. Zu N.s Begriff der Interpretation. In: Djurić / Simon (Hg.) (1986), 62–74.
Simon J (1987) Philosophie des Zeichens. Berlin, New York.
Simon J (1992a) Der Philosoph als Gesetzgeber. Kant und N. In: Gerhardt V / Herold N (Hg.) Perspektiven des Perspektivismus. Würzburg, 203–218.
Simon J (1992b) Bestimmte Negation. Ein Traktat zur philosophischen Methode. In: Djurić / Simon (Hg.) (1992), 65–78.
Simon J (1995) Verstehen ohne Interpretation? Zeichen und Verstehen bei Hegel und N. In: Ders. (Hg.), 72–104.
Simon J (1998) Das Judentum und Europa bei N. In: Golomb (Hg.), 113–125.
Simon J (1999) Der Name „Wahrheit". Zu N.s früher Schrift „Über Wahrheit und Lüge im aussermoralischen Sinne". In: Riedel (Hg.), 77–94.
Simon J (2000) Zeichen. In: Ottmann (Hg.), 356–358.
Simon J (2002) Natur und Leben, Form und Kunst. Zur philosophischen Aktualität N.s. In: Seubert H (Hg.) Natur und Kunst in N.s Denken. Köln, Weimar, Wien, 75–89.
Simon J (Hg.) (1985) N. und die philosophische Tradition I. Würzburg.
Simon J (Hg.) (1995) Distanz im Verstehen: Zeichen und Interpretation II. Frankfurt/M.
Simonis L (2002) Der Stil als Verführer. N. und die Sprache des Performativen. In: N.-Studien 31, 57–74.
Simonyi K (1995) Kulturgeschichte der Physik. Frankfurt/M.
Skinner Q (2001) Machiavelli zur Einführung. Hamburg.
Skirl M (2000a) Ewige Wiederkunft. In: Ottmann (Hg.), 222–230.
Skirl M (2000b) Lachen. In: Ottmann (Hg.), 268 f.
Skirl M (2002) Europas Widersprüche in N.s Widersprüchen. Geopolitik einmal anders. In: Goedert / Nussbaumer-Benz (Hg.), 35–55.
Skowron M (1987) N. und Heidegger. Das Problem der Metaphysik. Frankfurt/M., Bern, New York.
Skowron M (2002) N.s weltliche Religiosität und ihre Paradoxien. In: N.-Studien 31, 1–39.
Skowron M (2004) Zarathustra-Lehren. Übermensch, Wille zur Macht, ewige Wiederkunft. In: N.-Studien 36, 68–89.
Skowron M (2006) N. – Buddha – Zarathustra. Eine West-Ost Konfiguration. Daegu.
Skowron M (2007a) Dionysische Perspektiven. Eine philosophische Interpretation der Dionysos-Dithyramben. In: N.-Studien 36, 296–315.
Skowron M (2007b) Neuerscheinungen zu N.s Philosophie der Religion und der Religion seiner Philosophie. In: N.-Studien 36, 425–439.
Skowron M (2008) N.s „Anti-Darwinismus". In: N.-Studien 37, 160–194.

Sloterdijk P (1993) Weltfremdheit. Frankfurt/M.
Sloterdijk P (1999) Regeln für den Menschenpark. Frankfurt/M.
Sloterdijk P (2001) Über die Verbesserung der guten Nachricht. N.s fünftes „Evangelium". Frankfurt/M.
Small R (2001) N. in Context. Burlington.
Small R (2005) N. and Rée. A Star Friendship. Oxford.
Small R (2006) Peter Gast. In: J. of N. Studies 31, 62–67.
Smelik E L (1943) Vergelden en vergeven: Een theologisch-ethische studie naar aanleiding van F. N.'s denkbeelden over schuld en straf. 'S-Gravenhage.
Smend R (2006) Julius Wellhausen. Ein Bahnbrecher in drei Disziplinen. München.
Smidt I / Streitfeld E (1988) Gottfried Keller – Emil Kuh. Briefwechsel. Stäfa.
Smith D (2005/2006) N.'s Hinduism, N.'s India. In: New N. Studies 6/7, 131–154.
Smitmans-Vajda B (2000) Melancholie, Eros, Muße. Das Frauenbild in N.s Philosophie. Würzburg.
Soderholm J (1993) Byron, N. and the Mystery of Forgetting. In: CLIO, Vol. 23, 51–62.
Solies D (2000) „Mit den besseren Mitteln die schlechtere Sache verteidigen". Georg Simmels Rezeption von N.s Lebensbegriff. In: N.forschung 7, 177–180.
Solies D (2004) Naturwissenschaften als Aufklärung? Am Beispiel von N.s Physiologierezeption. In: Reschke (Hg.), 247–253.
Solies D (2005) Das Organische und der Zweck. Zwei Grundkategorien bei N. und ihre ideengeschichtlichen Voraussetzungen. In: Himmelmann (Hg.), 324–334.
Soll I (1986) The Hopelessness of Hedonism and the Will to Power. In: International Studies in Philosophy XVIII/2, 97–112.
Soll I (1994) N. on Cruelty, Asceticism and the Failure of Hedonism. In: Schacht (Hg.), 168–192.
Solms-Laubach F Graf zu (2007) N. and Early German and Austrian Sociology. Berlin, New York.
Solomon R C (1986) A More Severe Morality: N.'s Affirmative Ethics. In: Yovel (Hg.), 69–89.
Solomon R C (1990) N., Postmodernism, and Resentment: A Genealogical Hypothesis. In: Koelb (Hg.), 267–293.
Solomon R C (2001) N.'s Virtues: A Personal Inquiry. In: Schacht R (Hg.) N.'s Postmoralism. Cambridge, 123–148.
Solomon R C (2002) N. on Fatalism and „Free Will". In: J. of N. Studies 23, 63–87.
Solomon R C (2003) Living with N. What the Great ‚Immoralist' Has to Teach Us. Oxford.
Solzbacher C (1993) Literarische Schulkritik des frühen 20. Jahrhunderts. Ihre Beziehung zur zeitgenössischen Philosophie und Pädagogik. Frankfurt/M.
Sommer A U (1997) Der Geist der Historie und das Ende des Christentums. Zur „Waffengenossenschaft" von F. N. und Franz Overbeck. Berlin.
Sommer A U (1998) Zwischen Agitation, Religionsstiftung und „Hoher Politik". F. N. und Paul de Lagarde. In: N.forschung 4, 169–194.
Sommer A U (1999) Ex oriente lux? Zur vermeintlichen „Ostorientierung" in N.s *Antichrist*. In: N.-Studien 28, 194–214.
Sommer A U (2000a) F. N.s „Der Antichrist". Ein philosophisch-historischer Kommentar. Basel.
Sommer A U (2000b) Weltentsagung, Skepsis und Modernitätskritik. Arthur Schopenhauer und Franz Overbeck. In: Philosophisches Jb. 107, 192–206.
Sommer A U (2000c) Umwertung der Werte. In: Ottmann (Hg.), 345 f.
Sommer A U (2001) „Wisset ihr nicht, dass wir über die Engel richten werden?". N.s antichristlicher Schauprozess. In: Seelmann (Hg.), 93–106.
Sommer A U (2003a) On the Genealogy of the Genealogical Method. Overbeck, N., and the Search for Origins. In: Gildenhard I / Ruehl M (Hg.) Out of Arcadia. London, 87–103.
Sommer A U (2003b) Theologie nach N.s *Antichrist*? In: Willers (Hg.), 179–189.
Sommer A U (2004) Jesus gegen seine Interpreten oder Die Hermeneutik der Urteilsenthaltung. Pilatus und der „Typus des Erlösers". In: N.forschung 11, 75–86.

Sommer A U (2006) Nihilism and Skepticism in N. In: Ansell-Pearson (Hg.), 250–269.

Sommer A U (2007) Skeptisches Europa? Einige Bemerkungen zum Sechsten Hauptstück: wir Gelehrten (F. N, *Jenseits von Gut und Böse*, Aphorismen 204–213). In: N.forschung 14, 67–78.
Sommer A U (2008a) N. contra Wagner. In: Sorgner / Birx / Knoeppfler (Hg.), 441–446.
Sommer A U (2008b) N. und die Bibel. Forschungen und Desiderate. In: Jb. f. Internationale Germanistik 40, 49–64.
Sommer A U (2008c) Rez.: Heinz Schlaffer: Das entfesselte Wort. In: Arbitrium. Z. f. Rez. zur germanistischen Literaturwiss. 1, 98–103.
Sommer A U (Hg.) (2008d) N. – Philosoph der Kulturen. Berlin, New York.
Sonderegger S (1973) F. N. und die Sprache. Eine sprachwissenschaftliche Skizze. In: N.-Studien 2, 1–30.
Sontag S (1977) Illness as Metaphor. New York.
Sorgner S L (2003) N. In: Ders. / Fürbeth O (Hg.) Musik in der deutschen Philosophie. Weimar, 115–134.
Sorgner S L / Birx H J / Knoepffler N (Hg.) (2008) Wagner und N. Kultur – Werk – Wirkung. Ein Handbuch, Reinbek b. Hamburg.
Söring J (1990) N.s Empedokles-Plan. In: N.-Studien 19, 176–211.
Souladié Y (2008) Dostojewskis Antichrist. In: Sommer (Hg.), 325–334.
Sowinski B (2007) Art. Stil. In: Ueding G (Hg.) Historisches Wörterbuch der Rhetorik. Bd. 8. Tübingen, Sp. 1393–1419.
Spengler O ($^{33}$1923, $^{31}$1922) Der Untergang des Abendlandes. Umrisse einer Morphologie der Weltgeschichte. Bd. I. Gestalt und Wirklichkeit ($^{33}$1923). Bd. II. Welthistorische Perspektiven ($^{31}$1922). München.
Spengler O (1924) N. und sein Jahrhundert. In: Ders.: Reden und Aufsätze. München 1937, 110–125.
Spiekermann K (1988) N.s Beweise für die Ewige Wiederkehr. In: N.-Studien 17, 496–538.
Spiekermann K (1991) Naturwissenschaft als subjektlose Macht? N.s Kritik physikalischer Grundkonzepte. Berlin, New York.
Spir A (1873) Denken und Wirklichkeit. Versuch einer Erneuerung der kritischen Philosophie. 2 Bde. Leipzig.
Spranger E (1936) Die Wirklichkeit der Geschichte. In: Gesammelte Schriften (GS). Bd. VIII. Tübingen 1970, 232–259.
Spranger E (1939) Wege und Ziele der Völkercharakterologie. GS IV, 305–327.
Stack G J (1983) Lange and N. Berlin, New York.
Stack G (1992) N. and Emerson. An Elective Affinity. Athen.
Stauffacher W (1994) Carl Spitteler und F. N. Ein Ferngespräch. In: Hoffmann (Hg.), 133–149.
Stausberg M (1998) Faszination Zarathushtra. Zoroaster und die Europäische Religionsgeschichte der Frühen Neuzeit. Berlin, New York.
Stausberg M (2006) Zarathus(h)tra-Zoroaster. Ost-westliche Spiegelungen von den Anfängen bis N. In: Mayer M (Hg.) Also wie sprach Zarathustra? Würzburg, 11–29.
Stausberg M (2007) A name for all and no one. Zoroaster as a figure of authorization and a screen of ascription. In: Lewis J R / Hammer O (Hg.) The Invention of Sacred Tradition. Cambridge, 177–198.
Steffen H (1974) Schopenhauer, N. und die Dichtung Hofmannsthals. In: Ders. (Hg.) N. Werk und Wirkungen. Göttingen, 65–90.
Stegmaier W (1985a) Ontologie und N. In: Simon (Hg.), 46–61.
Stegmaier W (1985b) N.s Neubestimmung der Wahrheit. In: N.-Studien 14, 69–95.
Stegmaier W (1987) Darwin, Darwinismus, N. Zum Problem der Evolution. In: N.-Studien 16, 264–287.
Stegmaier W (1990) N.s Neubestimmung der Philosophie. In: Djurić (Hg.), 21–36.
Stegmaier W (1992a) Philosophie der Fluktuanz. Dilthey und N. Göttingen.
Stegmaier W (1992b) Hegel, N. und Heraklit, in: Djurić M (Hg.) N. und Hegel. Würzburg, 110–129.
Stegmaier W (1992c) N.s Kritik der Vernunft seines Lebens. Zur Deutung von *Der Antichrist* und *Ecce homo*. In: N.-Studien 21, 163–183.

Stegmaier W (1994) N.s „Genealogie der Moral". Darmstadt.
Stegmaier W (1995) Philosophieren als Vermeiden einer Lehre. Inter-individuelle Orientierung bei Sokrates und Platon, N. und Derrida. In: Simon J (Hg.) Distanz im Verstehen. Frankfurt/M., 213–238.
Stegmaier W (2000a) N.s Zeichen. In: N.-Studien 29, 41–69.
Stegmaier W (2000b) Anti-Lehren. Szene und Lehre in N.s *Also sprach Zarathustra*. In: Gerhardt (Hg.), 191–224.
Stegmaier W (2001) N.s Lehren, N.s Zeichen. In: Reschke (Hg.), 77–96.
Stegmaier W (2003) [Heideggers] Auseinandersetzung mit N. – Metaphysische Interpretation eines Anti-Metaphysikers. In: Thomä D (Hg.) Heidegger-Handbuch. Stuttgart, Weimar, 202–210.
Stegmaier W (2004a) „Philosophischer Idealismus" und die „Musik des Lebens". Zu N.s Umgang mit Paradoxien. In: N.-Studien 33, 90–128.
Stegmaier W (2004b) N.s Theologie. Perspektiven für Gott, Glaube und Gerechtigkeit. In: Mourkojannis / Schmidt-Grépàly (Hg.), 1–21.
Stegmaier W (2004c) Die Bedeutung des Priesters für das asketische Ideal. N.s „Theorie" der Kultur Europas. In: Höffe (Hg.), 149–162.
Stegmaier W (2004d) N. und Luhmanns Aufklärung der Aufklärung: Der Verzicht auf ‚die Vernunft'. In: Reschke (Hg.) (2004), 167–178.
Stegmaier W (2005a) N.s Philosophie der Kunst und seine Kunst der Philosophie. Zur aktuellen Forschung und Forschungsmethodik. In: N.-Studien 34, 348–374.
Stegmaier W (2005b) F. N. (1844–1900). In: Majetschak S (Hg.) Klassiker der Kunstphilosophie. Von Platon bis Lyotard. München, 199–222.
Stegmaier W (2007) Nach Montinari. Zur N.-Philologie. In: N.-Studien 36, 80–94.
Stegmaier W (2008) Gaia scienza, arte della filosofia (Fröhliche Wissenschaft als Kunst der Philosophie), trad. di C. Danani. In: Totaro F (Hg.) Verità e prospettiva in N. Roma, 77–93.
Stegmaier W (2009) N.s Philosophie der Orientierung. Das V. Buch der Fröhlichen Wissenschaft. Berlin, New York.
Stegmaier W / Krochmalnik D (Hg.) (1997) Jüdischer Nietzscheanismus. Berlin, New York.
Steiert T (Hg.) (1991) „Der Fall Wagner": Ursprünge und Folgen von N.s Wagner-Kritik. Laaber.
Steilberg H A (1996) Die amerikanische N.-Rezeption von 1896 bis 1950. Berlin, New York.
Steiner R (1895) F. N., ein Kämpfer gegen seine Zeit. Weimar (erw. Neuauflage. Dornach 2000).
Steiner R (1900) Die Persönlichkeit F. N.s. Eine Gedächtnisrede. Dornach 2000.
Steinmann M (2000) Die Ethik F. N.s. Berlin, New York.
Stekel W (1917/18) N. und Wagner. Eine sexualpsychologische Studie zur Psychogenese des Freundschaftsgefühles und des Freundschaftsverrates. In: Z. f. Sexualwissenschaft IV, 22–28 u. 58–65.
Stell H-D (1987) Machiavelli und N.: eine strukturelle Gegenüberstelung ihrer Philosophie und Politik. München (Diss.).
Stellino P (2007) Jesus als Idiot. Ein Vergleich zwischen N.s *Der Antichrist* und Dostojewskis *Der Idiot*. In: N.forschung 14, 203–210.
Stellino P (2008) Affekte, Gerechtigkeit und Rache in N.s *Zur Genealogie der Moral*. In: N.forschung 15, 247–255.
Stemmer K (Hg.) (1995) Standorte. Kontext und Funktion antiker Skulptur. Kat. Ausst. Berlin.
Stenger U (1996) „Die Welt als ein sich selbst gebärendes Kunstwerk". N.s Phänomen des Schöpferischen. Freiburg i. Br.
Stern J P (1978) N. and the Idea of Metaphor. In: Pasley M (Hg.) N.: Imagery and Thought. London, 64–82.
Stern W ($^{2}$1950) Allgemeine Psychologie auf personalistischer Grundlage. Haag.
Stiftung Weimarer Klassik (Hg.) (1995) Völker und Vaterländer. Weimar.
Stiftung Weimarer Klassik (Hg.) (2000) Das N.-Archiv in Weimar. München.
Stingelin M (1988a) N.s Wortspiel als Reflexion auf poet(olog)ische Verfahren. In: N.-Studien 17, 336–349.
Stingelin M (1988b) Kugeläußerungen. N.s Spiel auf der Schreibmaschine. In: Gumbrecht / Pfeiffer (Hg.), 326–341.

Stingelin M (1992) „Moral und Physiologie". N.s Grenzverkehr zwischen den Diskursen. In: Dotzler B J (Hg.) Technopathologien. München, 41–57.
Stingelin M (1993) Historie als „Versuch das Heraklitische Werden [...] in Zeichen abzukürzen". Zeichen und Geschichte in N.s Spätwerk. In: N.-Studien 22, 28–41.
Stingelin M (1994a) Der Verbrecher ohnegleichen. Die Konstruktion „anschaulicher Evidenz" in der Criminal-Psychologie, der forensischen Physiognomik, der Kriminalanthropometrie und der Kriminalanthropologie. In: Groddeck W / Stadler U (Hg.) Physiognomie und Pathognomie. Berlin, New York, 113–133.
Stingelin M (1994b) Geschichte, Historie und Rhetorik. Eine Hinführung zu N.s Begriff der „Abkürzung". In: Kopperschmidt / Schanze (Hg.), 85–92.
Stingelin M (1996) „Unsere ganze Philosophie ist *Berichtigung des Sprachgebrauchs*". N.s Lichtenberg-Rezeption im Spannungsgeld zwischen Sprachkritik (Rhetorik) und historischer Kritik (Genealogie). München.
Stingelin M (1999a) F. N.s Psychophysiologie der Philosophie. In: Dierig S / Schmidgen H (Hg.) Physiologie und physiologische Praktiken im 19. Jahrhundert. Berlin, 33–43.
Stingelin M (1999b) Verbrechen als Lebenskunst. Das Problem der Identität, die Identifizierung von Verbrechern und die Identifikation mit Verbrechern bei F. N. In: Linder J / Ort C-M (Hg.) Verbrechen – Justiz – Medien. Tübingen, 135–154.
Stingelin M (1999c) „Au quai?" – „Okay." Zur stilistischen Leistung des Wortspiels (ein Forschungsbericht). In: Oesterreich P L / Sloane T O (Hg.) Rhetorica movet. Leiden, Boston, Köln, 447–470.
Stingelin M (2000a) Überstürztes und träges Sehen: Zum historischen Spannungsverhältnis zwischen aktuellen und virtuellen Verbrecherbildern in ihrer satirischen Brechung durch Georg Christoph Lichtenberg, F. N., Karl Kraus und Friedrich Glauser (1782–1936). In: Barsch A / Hejl P M (Hg.) Menschenbilder. Frankfurt/M., 423–453.
Stingelin M (2000b) „UNSER SCHREIBZEUG ARBEITET MIT AN UNSEREN GEDANKEN". Die poetologische Reflexion der Schreibwerkzeuge bei Georg Christoph Lichtenberg und F. N. In: Lichtenberg-Jahrbuch 1999, 81–98.
Stingelin M (2002) „er war im Grunde der eigentliche Schriftsteller, während ich bloss der Autor war". F. N.s Poetologie der Autorschaft als Paradigma des französischen Poststrukturalismus (Roland Barthes, Gilles Deleuze, Michel Foucault). In: Detering (Hg.) Autorschaft: Positionen und Revisionen. Stuttgart, 80–106.
Stingelin M (2004a) N.s Rhetorik. Figuration und Performanz. In: Fohrmann J (Hg.) Rhetorik. Figuration und Performanz. Stuttgart, 295–312.
Stingelin M (2004b) ‚Schreiben'. Einleitung. In: Ders. (Hg.) „Mir ekelt vor diesem tintenklecksenden Säkulum". Schreibszenen im Zeitalter der Manuskripte. München, 7–21.
Stingelin M (2008) Telephon für F. N. In: Roesler / Stiegler (Hg.) Philosophie in der Medientheorie. Von Adorno bis Žižek. München, 199–216.
Stone D (2001) An „Entirely Tactless Nietzschean Jew". Oscar Levy's Critique of Western Civilization. In: J. of Contemporary History 36, 271–292.
Stone D (2002) Breeding Superman: N., Race and Eugenics in Edwardian and Interwar Britain. Liverpool.
Strätz (1968) Die studentische „Aktion wider den undeutschen Geist" im Frühjahr 1933. In: Vierteljahreshefte f. Zeitgeschichte 16, 347–372.
Strauß D F (1835/36) Das Leben Jesu, kritisch bearbeitet. 2 Bde. Tübingen.
Strauß D F (1864) Das Leben Jesu für das deutsche Volk bearbeitet. 2. Aufl. Leipzig.
Striet M (1998) Das Ich im Sturz der Realität. Philosophisch-theologische Studien zu einer Theorie des Subjekts in Auseinandersetzung mit der Spätphilosophie N.s. Regensburg.
Striet M (2003) N.s Anti-Theodizee. Oder: Wie hielte ich's aus, ein Ich zu sein? In: Willers (Hg.), 191–208.
Strobel E (1998) Das „Pathos der Distanz": N.s Entscheidung für den Aphorismenstil. Würzburg.

Strobel E (2000) N.s Philosophie der Bejahung. Tübingen.
Strobel E (2007) N.s Nihilismuskritik im Licht seiner Philosophie der Bejahung. In: N.-Studien 36, 417–424.
Strong T B (1985) Texts and Pretexts: Reflections on Perspectivism in N. In: Political Theory 13, No. 2, 164–182.
Strong T B ($^{2}$1988) F. N. and the Politics of Transfiguration. Berkeley.
Strong T B (2005) Tyranny and Tragedy in N.: From the Ancient to the Modern. In: Koivukoski T / Tabachnick D E (Hg.) Confronting Tyranny. Lanham, 103–121.
Strong T B (2008) N. and the Political. Tyranny, Tragedy, Culture Revolution, and Democracy. In: J. of N. Studies 35/36, 48–66.
Stroux J (1925) N.s Professur in Basel. Jena.
Struve W (1948) Die neuzeitliche Philosophie als Metaphysik der Subjektivität: Interpretationen zu Kierkegaard und N. Freiburg i. Br.
Stummann-Bowert R (1998) Malwida von Meysenbug – Paul Rée. Briefe an einen Freund. Würzburg.
Sünderhauf S (2004) Griechensehnsucht und Kulturkritik. Die deutsche Rezeption von Winckelmanns Antikenideal 1840–1945. Berlin.
Swanton C (2003) Virtue Ethics. A Pluralistic View. Oxford.
Szabó L V (2006): „…eine so gespannte Seele wie N.“. Zu Hugo von Hofmannsthals N.-Rezeption. In: Jb d. ungarischen Germanistik, 69–93.
Szabó L V (2007) Der Einfluss F. N.s auf Hermann Hesse. Formen des Nihilismus und seiner Überwindung bei N. und Hesse. Veszprém, Wien.
Tas B (2008) Vom Wächter zum Übermenschen: Das Individuum als vernünftiges und konfliktlösendes Wesen in der Gesellschaft bei Platon, Mill und N. Fribourg.
Taubes J (1993) Die Politische Theologie des Paulus. München.
Taureck B (1989) N. und der Faschismus. Eine Studie über N.s politische Philosophie und deren Folgen. Hamburg.
Taureck B (1999) N.-ABC. Leipzig.
Taureck B (2000) N. und der Faschismus. Ein Politikum. Verbesserte, überarb. und erheblich erw. Aufl. Leipzig.
Tebartz-van Elst A (1994) Ästhetik der Metapher: zum Streit zwischen Philosophie und Rhetorik bei F. N. Freiburg i. Br.
Tevenar G v (2007) N.'s Objections to Pity and Compassion. In: Dies. (Hg.), 263–281.
Tevenar G v (Hg.) (2007) N. and Ethics. Bern.
Thalken M (1999) Ein bewegliches Heer von Metaphern: sprachkritisches Sprechen bei F. N., Gustav Gerber, Fritz Mauthner und Karl Kraus. Frankfurt/M.
Thatcher D S (1974) N. and Byron. In: N.-Studien 3, 130–151.
Thatcher D S (1977) Eagle and Serpent in *Zarathustra*. In: N.-Studien 6, 240–260.
Thatcher D S (1985) A Diagnosis of Idols. Percussions and Repercussions of a Distant Hammer. In: N.-Studien 14, 250–268.
Thiersch H (1995) Lebenswelt und Moral. Beiträge zur moralischen Orientierung Sozialer Arbeit. Weinheim, München.
Thönges B (1993) Das Genie des Herzens. Über das Verhältnis von aphoristischem Stil und dionysischer Philosophie in N.s Werken. Stuttgart.
Thorgeirsdottir S (1996) Vis creativa. Kunst und Wahrheit in der Philosophie N.s. Würzburg.
Thumfart S (1995) Der *Leib* in N.s Zarathustra. Frankfurt/M. u. a.
Thüring H (2001) Geschichte des Gedächtnisses. F. N. und das 19. Jahrhundert. München.
Tietz U (2000) Phänomenologie des Scheins. N.s sprachkritischer Perspektivismus. In: N.forschung 7, 215–241.
Tilitzki C (2002) Die deutsche Universitätsphilosophie in der Weimarer Republik und im Dritten Reich. Teil 1. Berlin.
Tille A (1895) Von Darwin bis N. Leipzig.

Tongeren P van (1989) Die Moral von N.s Moralkritik. Studie zu „Jenseits von Gut und Böse". Bonn.
Tongeren P van (1999) N.'s Symptomatology of Skepticism. In: Babich (Hg.) (1999b), 61–71.
Tongeren P van (2000) Reinterpreting Modern Culture: An Introduction to F. N.'s Philosophy. West Lafayette.
Tongeren P van (2008) N. as ‚Über-Politischer Denker'. In: Siemens / Roodt (Hg.), 69–83.
Tongeren P van (2008) Vom „Arzt der Cultur" zum „Arzt und Kranken in einer Person". Eine Hypothese zur Entwicklung N.s als Philosoph der Kultur(en). In: Sommer (Hg.), 11–30.
Tongeren P van (2009) Measure and *Bildung*. In: Hart (Hg.) N., Culture and Education. Burlington, 97–112.
Tönnies F (1893) N.-Narren. In: Ders.: Der N.-Kultus. Berlin 1990, 98–104.
Tönnies F (1897) Der N.-Kultus. Eine Kritik. Leipzig.
Trawny P (2000/01) George dichtet N. Überlegungen zur N.-Rezeption Stefan Georges und seines Kreises. In: George-Jb. 3, 34–68.
Treiber H (1989) N.s „Kloster für freiere Geister". Zu einer höchst zeitgemäßen Vision eines Unzeitgemäßen. In: Faber R / Holste Ch (Hg.) Kreise. Gruppen. Bünde. Würzburg 2000, 329–351.
Treiber H (1992) Wahlverwandtschaften zwischen N.s Idee eines „Klosters für freiere Geister" und Webers Idealtypus der puritanischen Sekte. In: N.-Studien 21, 326–362.
Treiber H (1994) Zur „Logik des Traumes" bei N. Anmerkungen zu den Traumaphorismen aus *Menschliches, Allzumenschliches*. In: N.-Studien 23, 1–41.
Treiber H (1999) Zur Genese des Askesekonzepts bei Max Weber. In: Saeculum 50, 247–297.
Tugendhat E (1993) Vorlesungen über Ethik. Frankfurt/M.
Türck H (1891) F. N. und seine philosophischen Irrwege. Dresden.
Türcke C (1989a) Der tolle Mensch. N und der Wahnsinn der Vernunft. Frankfurt/M
Türcke C (1989b) Hölzernes Eisen. N. als der Stachel in der sozialistischen Utopie. In: Konkret 33, H. 10, 102–106.
Tyrell H (1990) Worum geht es in der „Protestantischen Ethik"? In: Saeculum 41, 130–177.
Tyrell H (1991) Religion und „Intellektuelle Redlichkeit". Zur Tragödie der Religion bei Max Weber und F. N. In: Sociologia Internationalis 29, 159–177.
Uecker H (1982) Ein guter dänischer Europäer. Georg Brandes und F. N. In: Arcadia 17, 245–257.
Ugolini G (2003) „Philologus inter philologos": F. N., die Klassische Philologie und die griechische Tragödie. In: Philologus 147, 316–342.
Uhlhorn G (1894) Die Stellung der evangelisch-lutherischen Kirche zur sozialen Frage der Gegenwart. In: Ders.: Schriften zur Sozialethik und Diakonie. Hannover 1990, 351–376.
Uhle R (1998) Der N.-Kultus in der Wahrnehmung philosophischer Pädagogik – das Beispiel Friedrich Paulsens. In: Niemeyer / Drerup / Oelkers / v. Pogrell (Hg.), 80–95.
Ulbricht J H (2004) „Zarathustrawerk" und „große Politik". Das Weimarer N.-Archiv im „Zeitalter der Extreme". In: Barbera / D'Iorio / Ulbricht (Hg.), 217–257.
Ulbricht J H (2006) N. als „Prophet der Jugendbewegung"? Befunde und Überlegungen zu einem Rezeptionsproblem. In: Herrmann U (Hg.) „Mit uns zieht die neue Zeit ...". Weinheim, München, 80–114.
Ulfers F (2002) F. N. as Bridge from Nineteenth-Century Atomistic Science to Process Philosophy in Twentieth-Century Physics, Literature and Ethics. West Virginia University Philological Papers.
Ungefehr-Kortus C (2001) Art. „Nietzsche-Wilamowitz-Kontroverse". In: Der Neue Pauly. Bd. 15/1. Stuttgart, Weimar, Sp. 1062–1070.
Ungeheuer G (1983) N. über Sprache und Sprechen, über Wahrheit und Traum. In: N.-Studien 12, 134–213.
Vaihinger H ($^2$1902) N. als Philosoph. Berlin.
Vaihinger H (1911) Die Philosophie des Als Ob. Leipzig.
Vartzbed E (2005) Quleques considérations cliniques sur la folie de N. In: Psychotherapies 25 (1), 21–27.
Vattimo G (1986) N., Heidegger und die Hermeneutik. Graz.

Vattimo G (1990) Das Ende der Moderne. Stuttgart.
Vattimo G (1992) N. Eine Einführung. Stuttgart.
Vattimo G (2005a) Nihilism, Ethics and Emancipation. New York.
Vattimo G (2005b) Jenseits vom Subjekt. N., Heidegger und die Hermeneutik. Wien.
Venturelli A (1986) Asketismus und Wille zur Macht. N.s Auseinandersetzung mit Eugen Dühring. In: N.-Studien 15, 107–139.
Venturelli A (1998) Das Grablied. Zur Entwicklung des jungen N. In: N.-Studien 27, 29–51.
Venturelli A (2003) Kunst, Wissenschaft und Geschichte bei N. Quellenkritische Untersuchungen. Berlin, New York.
Vermeil E (1948) Décadence et Régéneration chez Goethe et N. In: Études Germaniques (Avril-Septembre), 275–283.
Verrecchia A (1986) Zarathustras Ende. Die Katastrophe N.s in Turin. Wien.
Vierle A (2004) Die Wahrheit des Poetisch-Erhabenen: Studien zum dichterischen Denken von der Antike bis zur Postmoderne. Würzburg.
Villwock P (Hg.) (2001) N.s „Also sprach Zarathustra". Basel.
Vinzens A (1999) F. N.s Instinktverwandlung. Basel.
Visser G (2001) Zum Problem des Nihilismus. N. und Martin Heidegger. In: Ester H / Evers M (Hg.) Zur Wirkung N.s. Würzburg, 33–54.
Visser G (2005) Erlebnisdruck. Philosophie und Kunst im Bereich eines Übergangs und Untergangs. Würzburg.
Vivarelli V (1984) Das N.-Bild in der Presse der deutschen Sozialdemokratie um die Jahrhundertwende. In: N.-Studien 13, 521–569.
Vivarelli V (1987) N. und Emerson: Über einige Pfade in Zarathustras metaphorischer Landschaft. In: N.-Studien 16, 227–263.
Vivarelli V (1989) Empedokles und Zarathustra: Verschwendeter Reichtum und Wollust am Untergang. In: N.-Studien 18, 509–536.
Vivarelli V (1991) „Vorschule des Sehens" und „stilisierte Natur" in der Morgenröthe und der Fröhlichen Wissenschaft. In: N.-Studien 20, 134–151.
Vivarelli V (1996) Mazzino Montinari: zwischen Philologie und Philosophie. In: Grüning H-G (Hg.) Geschichte der Germanistik in Italien. Ancona, 179–190.
Vivarelli V (1998) N. und die Masken des freien Geistes. Montaigne, Pascal und Sterne. Würzburg.
Vivarelli V (2000) Umkehr und Wiederkehr. Zarathustra in seinen Bildern. In: Gerhardt (Hg.), 323–350.
Vivarelli V (2002) N. als guter Europäer und die „barbarischen Avantagen". In: Goedert / Nussbaumer-Benz (Hg.), 112–123.
Vivarelli V (2004) N. als Verkünder einer neuen Aufklärung. In: Reschke (Hg.), 55–65.
Voegelin E (1938) Die politischen Religionen. München 1993.
Voegelin E (1996) N. und Pascal. In: N.-Studien 25, 128–171.
Vogel M (1966) Apollinisch-Dionysisch. Geschichte eines genialen Irrtums. Regensburg.
Vogel M (1984) N. und Wagner. Ein deutsches Lesebuch. Bonn.
Vogt E (1962) N. und der Wettkampf Homers. In: Antike und Abendland 11, 103–113.
Vogt J G (1878) Die Kraft. Eine real-monistische Weltanschauung. Bd. I: Kontraktionsenergie, die letztursächliche einheitliche mechanische Wirkungsform des Weltsubstrates. Leipzig.
Vöhler M (2009) Reinigung in der griechischen Kultur. In: Malinar / Vöhler (Hg.) Un/Reinheit. Konzepte und Praktiken im Kulturvergleich. München, 169–185.
Vöhler M / Linck D (Hg.) (2009) Grenzen der Katharsis in den modernen Künsten. Transformationen des aristotelischen Modells seit Bernays, N. und Freud. Berlin.
Völkerling H (2001) Im Schatten von Georg Brandes. Der Däne Konrad Simonsen in seinem Briefwechsel mit Elisabeth Förster-Nietzsche. In: N.forschung 8, 267–274.
Volkelt J (1877) Rezension zu H. Siebeck, Das Traumleben der Seele. Berlin 1877. In: Jenaer Literaturzeitung 4, Nr. 47, 719–720.

Volkmann-Schluck K-H (1958) N.s Gedicht ‚Die Wüste wächst, weh dem, der Wüsten birgt…'. In: Ders.: Leben und Denken. Frankfurt/M. 1968, 115–150.
Volkmann-Schluck K-H (1991) Die Philosophie N.s. Der Untergang der abendländischen Metaphysik. Würzburg.
Volpi F (2005) Le nihilisme comme logique de la décadence: N. lecteur de Bourget. In: Mattéi J-F [dir.]: N. et le temps des nihilismes. Paris, 97–119.
Volz P D (1990) N. im Labyrinth seiner Krankheit. Eine medizinisch-biographische Untersuchung. Würzburg.
Volz P D (2002) Der Begriff des Dionysos noch einmal. Psychologische Betrachtungen zum Dionysischen als Herkunftsmythos. In: N.forschung 9, 189–205.
Volz P D (2003) Ekel und Ekel-Überwindung bei N. In: Kick H A (Hg.) Ekel. Hürtgenwald.
Volz P D (2004) Wahrsinn oder Wahnsinn? N. als Objekt belletristischer Begierde. In: N.forschung 11, 175–191.
Wachter, D / Seubold G (2008) Rezeption in der Philosophiegeschichte. In: Sorgner / Birx / Knoepffler (Hg.), 462–474.
Wackernagel J (1876) Ueber den Ursprung des Brahmanismus. Basel.
Wagenknecht C (1965) Das Wortspiel bei Karl Kraus. Göttingen.
Wagenknecht C (2003) Wortspiel. In: Reallexikon der deutschen Literaturwissenschaft. Band III. Berlin, New York, 864–867.
Wagner C (1976a,b) Die Tagebücher. Bd. 1 u. 2 (1976a). Bd. 3 u. 4 (1976b). München, Zürich.
Wagner C (1980) Das zweite Leben. Briefe und Aufzeichnungen 1883–1930. München, Zürich.
Wagner F (1945) Nacht über Bayreuth. Köln 1994.
Wagner R (1849) Die Kunst und die Revolution. In: Gesammelte Schriften und Dichtungen (GSD). Bd. III. Leipzig [4]1907, 8–41.
Wagner R (1865/78) Was ist deutsch? GSD X, 36–53.
Wagner R (1867) Deutsche Kunst und Deutsche Politik. GSD VIII, 30–124.
Wagner R (1869) Aufklärungen über das Judenthum in der Musik. GSD VIII, 238–260.
Wagner R (1870) Beethoven. GSD IX, 61–126.
Wagner R (1871) Über die Bestimmung der Oper. GSD IX, 127–156.
Wagner R (1880) Zur Einführung in das Jahr 1880. GSD X, 27–31.
Wagner R (1881a) „Erkenne dich selbst" (= Ausführungen zu „Religion und Kunst" 1). GSD X, 263–274.
Wagner R (1881b) Heldenthum und Christenthum (= Ausführungen zu „Religion und Kunst" 2). GSD X, 275–285.
Wagner R (1911) Mein Leben. Erster Band. Zweiter Band. München.
Wagner R (1975) Das Braune Buch. Tagebuchaufzeichnungen 1865 bis 1882. Vorg. u. komm. v. J. Bergfeld. Zürich, Freiburg i. Br.
Wahrig-Schmidt B (1988) „Irgendwie, jedenfalls physiologisch". F. N., Alexandre Herzen (fils) und Charles Féré 1888. In: N.-Studien 17, 434–464.
Waibel V L (2004) Hölderlin und N. über Philistertum und wahre Bildung. In: N.forschung 11, 45–62.
Waibl E (1989) Ökonomie und Ethik II. Die Kapitalismusdebatte von N. bis Reaganomics. Stuttgart-Bad Cannstatt.
Wallner F (1984) Sehnsucht nach Verweigerung. Musil und N. In: Strutz J / Strutz J (Hg.) Robert Musil – Literatur, Philosophie und Psychologie. Musil Studien 12, 91–109.
Walter G (Hg.) (1989) F. N. – Willen zur Macht und Mythen des Narziss. Frankfurt/M., Bern.
Wapneswki P (1989) N. und Wagner. Stationen einer Beziehung. In: N.-Studien 18, 401–423.
Warin F (1994) N. et Bataille. La parodie à l'infini. Paris.
Weber F (1989) Die Bedeutung N.s für Stefan George und seinen Kreis. Frankfurt/M. u. a.
Weber M (1920) Max Weber. Werk und Person. Tübingen 1964.
Weber M ([4]1973) Gesammelte Aufsätze zur Wissenschaftslehre. Tübingen.
Weber M (1989) Die Wirtschaftsethik der Weltreligionen. Gesamtausgabe (GA). Bd. I/19. Tübingen.

Weber M (1992) Wissenschaft als Beruf 1917/1919– Politik als Beruf 1919. GA I/17.
Weber M (2001) Wirtschaft und Gesellschaft. GA I/22–2.
Weber M (2005a,b) Die Wirtschaftsethik der Weltreligionen. Bd. 1. GA I/21–1 (2005a). Bd. 2. GA I/21–2 (2005b).
Wegener M (2005) Unbewußt/das Unbewußte. In: Barck K / Fontius M / Schlenstedt D u. a. (Hg.) Historisches Wörterbuch ästhetischer Grundbegriffe, Bd. 6. Stuttgart, Weimar, 202–240.
Wehr G (1987) F. N. als Tiefenpsychologe. Oberwil b. Zug.
Weichelt H (1922) Zarathustra-Kommentar. Zweite, neubearbeitete Auflage. Leipzig.
Weigand H (1973) N.'s Dionysus-Ariadne Fixation. In: The Germanic Review XLVIII, 99–116.
Weigand W (1893) F. N. Ein psychologischer Versuch. München.
Weiler I (1974) Der Agon im Mythos. Zur Einstellung der Griechen zum Wettkampf. Darmstadt.
Weiner M A (1995) Antisemitische Fantasien. Die Musikdramen Richard Wagners. Berlin 2000.
Weinrich H (1997) Lethe. Kunst und Kritik des Vergessens. München.
Weisberg R H (1990) De Man Missing N.: Hinzugedichtet *Revisited.* In: Koelb (Hg.), 111–141.
Weiß E (1998) N. und seine pädagogikhistorische Problematik. Theoretische und rezeptionsgeschichtliche Bemerkungen zu einer provokanten Bildungsreflexion. In: Niemeyer / Drerup / Oelkers / v. Pogrell (Hg.), 241–279.
Weiß E (1999) Friedrich Paulsen und seine volksmonarchistisch-organizistische Pädagogik im zeitgenössischen Kontext. Studien zu seiner Wirkungsgeschichte. Frankfurt/M.
Weiß J (2001) N., Weber, Heidegger: Denken im Zeichen des Nihilismus. In: Kulturwissensch. Studien 7, 16–23.
Weiß J (2004) Webers N. und der N.-Kult. In: Barbera / D'Iorio / Ulbricht (Hg.), 301–312.
Wellhausen J (1883) Prolegomena zur Geschichte Israels. Zweite Ausgabe der Geschichte Israels. Band I. Berlin.
Wellhausen J (1884) Skizzen und Vorarbeiten. Erstes Heft: 1. Abriss der Geschichte Israels und Juda's. 2. Lieder der Hudhailiten, arabisch und deutsch. Berlin.
Wellhausen J (1887) Skizzen und Vorarbeiten. Drittes Heft: Reste arabischen Heidentums. Berlin.
Wellner K (1988) Methode und Einheit im Philosophieren Kants und N.s. In: Albertz J (Hg.) Kant und N. – Vorspiel einer künftigen Weltauslegung? Hofheim, 9–45.
Wellner K (2002) Allgemeinheit und Individualität – N.s Kritik am metaphysischen Denken Europas. In: Goedert / Nussbaumer-Benz (Hg.), 155–178.
Wellner K (2005) N.s Masken in *Ecce homo.* In: N.forschung 12, 143–150.
Welsch W (2002) Unsere postmoderne Moderne. Berlin.
Welshon R (2009) Saying Yes to Reality. Skepticism, Antirealism, and Perspectivism in N.'s Epistemology. In: J. of N. Studies 37, 23–43.
Weniger E (1938) Wehrmachtserziehung und Kriegserfahrung [Auszüge]. In: Ders.: Lehrerbildung, Sozialpädagogik, Militärpädagogik. Weinheim, Basel 1990, 202–269.
Wenzler L (2003) Der Begriff der Liebe bei N. und Solov'ev. In: Heftrich U / Ressel G (Hg.) Vladimir Solov'ev und F. N. Eine deutsch-russische kulturelle Jahrhundertbilanz. Frankfurt/M., 555–573.
Werle J M (2003) N.s Projekt „Philosoph des Lebens". Würzburg.
Westphal K (1984) Was N. a Cognitivist? In: The Journal of the History of Philosophy 26/3, 343–363.
Weyembergh M (1993) Camus und N. In: Sinn und Form 45, 654–664.
White H (1991) Metahistorie. Die historische Einbildungskraft im 19. Jahrhundert in Europa. Frankfurt/M.
Whitlock G (1996) Roger Boscovich, Benedict de Spinoza and F. N.: The Untold Story. In: N.-Studien 25, 200–220.
Widmann J V (1886) N.s gefährliches Buch. In: Der Bund, Bern 16./17.09.1886.
Wiehl R (1998) N.s Anti-Platonismus und Spinoza. In: Ders.: Zeitwelten: Philosophisches Denken an den Rändern von Natur und Geschichte, Frankfurt/M., 129–149.
Wiesner-Bangard M / Welsch U (2008) Lou Andreas-Salomé. Stuttgart.
Wiggershaus R (1988) Die Frankfurter Schule. München.
Wilamowitz-Moellendorff E v. (2006) Philologisches, Allzuphilologisches – zum editorischen Um-

gang mit N.s *Menschliches, Allzumenschliches* durch Peter Gast (d. i. Heinrich Köselitz). In: Knoche / Ulbricht / Weber (Hg.), 155–173.
Wilamowitz-Moellendorff U v. (1872) Zukunftsphilologie! In: Gründer (Hg.), 27–55.
Wilamowitz-Moellendorff U v. (1927) Geschichte der Philologie. Leipzig.
Wilcox J T (1998) That Exegesis of an Aphorism in *Genealogy III*: Reflections on the Scholarship. In: N.-Studien 27, 448–462.
Wilczek R (1999) Nihilistische Lektüre des Zeitalters. Ernst Jüngers N.-Rezeption. Trier.
Wildermuth A (Hg.) (2008) N. und Wagner: Geschichte und Aktualität eines Kulturkonflikts.
Wilhelm J (1939) F. N. und der französische Geist. Hamburg.
Wilkes J (1997) Gott ist tot – F. N.s Ödipuskomplex. In: Praxis d. Kinderpsychologie u. Kinderpsychiatrie 46, 268–277.
Will H (1987) Georg Groddeck. Die Geburt der Psychosomatik. München.
Willers U (1988) F. N.s antichristliche Christologie. Eine theologische Rekonstruktion. Innsbruck.
Willers U (2003a) Das Theodizeeproblem – christlich-allzuchristlich? In: Ders. (Hg.), 211–238.
Willers U (2003b) Distanz aus Nähe – N.s Vorliebe für Pascal. In: Ders. (Hg.), 121–130.
Willers U (Hg.) (2003) Theodizee im Zeichen des Dionysos. N.s Fragen jenseits von Moral und Religion, Münster, Hamburg, London.
Williamson G S (2004) The Longing for Myth in Germany. Chicago.
Wilm M-Ch (2009) Die Grenzen tragischer Katharsis. Jacob Bernays' *Grundzüge der verlorenen Abhandlung des Aristoteles* (1857) im Kontext zeitgenössischer Tragödientheorie. In: Vöhler / Linck (Hg.), 21–50.
Wils J-P (1994) Art. Ethik. In: Ueding G (Hg.) Historisches Wörterbuch der Rhetorik. Bd. 2. Tübingen, Sp. 1468–1506.
Wilson J (2007) N. and Equality. In: v. Tevenar (Hg.), 221–240.
Wilson J E (1996) Schelling und N. Zur Auslegung der frühen Werke F. N.s. Berlin, New York.
Windgätter Ch (2005) „Jetzt ergötze und erhole ich mich an der kältesten Vernunft-Kritik". Kants zentrale Frage und ihre Ver/Wendung durch N. In: Himmelmann (Hg.), 78–90.
Windgätter Ch (2006a) Medienwechsel. Vom Nutzen und Nachteil der Sprache für die Schrift. Berlin.
Windgätter Ch (2006b) N.s Schreibpraktiken. In: N.-Studien 35, 407–421.
Windgätter Ch (2007) KraftRäume. Aufstieg und Fall der Dynamometrie. In: Brandstetter / Windgätter (Hg.) Zeichen der Kraft. Wissensformationen 1800–1900. Berlin, 119–142.
Windham M E (1992) N.s Philosopher of the Future as an Ethicist. Experimentalism in Ethics. In: Intern. Studies in Philosophy 24 (2), 115–124.
Wirth J M (2004) N.s Fröhlichkeit. Gibt es etwas, über das absolut nicht mehr gelacht werden darf? In: N.forschung 11, 143–151.
Wischke M (1994a) Die Geburt der Ethik. Schopenhauer, N. und Adorno. Berlin.
Wischke M (1994b) N.s Bekanntschaft mit der Romantik in Pforta und ihr widersprüchlicher Einfluß auf sein ethisches Denken. In: N.forschung 1, 383–393.
Wißkirchen H (1991) Thomas Manns „Fall Wagner". Zu den Spuren von N.s Wagner-Kritik bei Thomas Mann. In: Steiert (Hg.), 293–322.
Wittelsbacher Ausgleichs-Fonds / Wagner W (Hg.) (1936a–d) König Ludwig II. und Richard Wagner. Briefwechsel. Bd. I–IV. Karlsruhe.
Wittgenstein L (1921) Tractatus logico-philosophicus. In: Werkausgabe (WA) in 8 Bänden. Bd. 1. Frankfurt/M 1984, 7–85.
Wittgenstein L (1953) Philosophische Untersuchungen. WA 1, 225–580.
Wittgenstein L (1970) Über Gewissheit. WA 8, 3–257.
Wittgenstein L (1984) Vermischte Bemerkungen. WA 8, 445–573.
Wohlfart G (1991a) „Also sprach Herakleitos". Heraklits Fragment B 52 und N.s Heraklit-Rezeption. Freiburg i. Br., München.
Wohlfart G (1991b) Artisten-Metaphysik. Ein N.-Brevier. Würzburg.
Wohlfart G (1997) Wer ist N.s Zarathustra? In: N.-Studien 26, 319–330.

Wohlfart G (2004) „Die Aufklärung haben wir jetzt weiterzuführen […]". In: Reschke (Hg.), 123–132.
Wolf M A (1995) Philosophie, psychiatrie et psychoanalyse. Le cas N. In: Ann. Méd. Psychol. 153 (3), 170–183.
Wolf J-C (2001) N.s Begrif der Macht. In: Seelmann (Hg.), 203–218.
Wolf J-C (2006a) Eduard von Hartmann. Ein Philosoph der Gründerzeit. Würzburg.
Wolf J-C (2006b) N.s Wille zur Macht. In: Internationale Z. f. Philosophie 15, H. 1, 71–84.
Wolf J-C (2007a) Egoismus und Moral. Fribourg.
Wolf J-C (2007b) Egoismus von unten gegen Bevormundung von oben. Leipzig.
Wolf J-C (Hg.) (2006c) Eduard von Hartmann. Zeitgenosse und Gegenspieler N.s. Würzburg.
Wollek C (2004) N. und das Problem des Sokrates. In: N.forschung 11, 241–248.
Wollkopf R (1991) Die Gremien des N.-Archivs und ihre Beziehungen zum Faschismus bis 1933. In: Hahn K-H (Hg.) Im Vorfeld der Literatur. Weimar, 227–241.
Wotling P (1997) „Der Weg zu den Grundproblemen". Statut et structure de la psychologie dans la pensée de N. In: N.-Studien 26, 1–33.
Wulf C (1999) Das Böse im Denken N.s. In: Schirmer / Schmidt (Hg.), 353–360.
Wundt W ($^{9}$1909) Grundriss der Psychologie. Leipzig.
Wuthenow R-R (1989) Die große Inversion. Jean-Jacques Rousseau im Denken N.s. In: Neue Hefte f. Philosophie 29, 60–79.
Wuthenow R-R (1994) N. als Leser. Drei Essays. Hamburg.
Yorck von Wartenburg P (1866) Die Katharsis des Aristoteles und der Oedipus Coloneus des Sophokles. Berlin.
Young J (1992) N.'s Philosophy of Art. Cambridge.
Young J (2006) N.'s Philosophy of Religion. Cambridge.
Yovel Y (1997) N. und die Juden. Die Struktur einer Ambivalenz. In: Golomb (Hg.), 126–142.
Yovel Y (2002) N. contra Wagner on the Jews. In: Golomb / Wistrich (Hg.), 126–143.
Yovel Y (Hg.) (1986) N. as affirmative thinker. Dordrecht, Boston.
Zachriat W (2000) N.s Entwurf einer geistig-leiblichen Aristokratie. In: N.forschung 5/6, 177–191.
Zachriat W (2001) Die Ambivalenz des Fortschritts. Berlin.
Zammito J H (2004) A nice Derangement of Epistemes. Post-Positivism in the Study of Science from Quine to Latour. Chicago.
Zander J (1981) Ferdinand Tönnies und F. N. In: Clausen L / Pappi F U (Hg.) Ankunft bei Tönnies. Kiel, 185–228.
Zapata Galindo M (1995) Triumph des Willens zur Macht. Zur N.-Rezeption im NS-Staat. Hamburg.
Zavatta B (2006) N., Emerson und das Selbstvertrauen. In: N.-Studien 35, 274–297.
Zedler J H (1741) Großes vollständiges Universal-Lexikon. Bd. 29. Leipzig, Halle, Graz.
Zibis A-M (2007) Die Tugend des Mutes. N.s Lehre von der Tapferkeit. Würzburg.
Zimmermann R (1968) Bibliographische Notizen über das Werk F. N.s. In: Librarium 11, H. 3, 207–227.
Zittel C (1995) Selbstaufhebungsfiguren bei N. Würzburg.
Zittel C (1996) Abschied von der Romantik im Gedicht. F. N.s *Es geht ein Wandrer durch die Nacht*. In: N.forschung 3, 193–206.
Zittel C (1998) F. N.s Konzeption einer Tragödie des Staates. Ästhetische und relationstheoretische Betrachtungen zum Verhältnis von Kunst und Politik bei N. In: N.forschung 4, 195–216.
Zittel C (2000a) Das ästhetische Kalkül von F. N.s *Also sprach Zarathustra*. Würzburg.
Zittel C (2000b) Die Aufhebung der Anschauung im Spiel der Metapher. N.s relationale Semantik. In: N.forschung 7, 273–285.
Zittel C (2002) Sprüche, Brüche, Widersprüche. Irritationen und Deutungsprobleme am Erzählverhalten und an der Erzählperspektive in N.s *Also sprach Zarathustra*. In: N.forschung 9, 289–300.
Zittel C (2003) Ästhetisch fundierte Ethiken und N.s Philosophie. In: N.-Studien 32, 103–123.
Zittel C (2008) Neuerscheinungen zu *Also sprach Zarathustra*. In: N.-Studien 37, 378–383.

Zok N (2008) Der öffentliche Glanz des Philosophen. N.s Philosophie der Kultur und ihre esoterisch-exoterische Textualität. In: Sommer (Hg.), 453–466.
Zöllner F (2002) Paul Klee, F. N. und die androzentrische Konstruktion asketischen Schöpfertums. In: Keazor H (Hg.) Psychische Energien bildender Kunst. Köln, 217–256.
Zunjic S (1987) Begrifflichkeit und Metapher. Einige Bemerkungen zu N.s Kritik an der philosophischen Sprache. In: N.-Studien 16, 149–163.
Zupančič A (2003) The Shortest Shadow. Cambridge.
Zusi P A (2006) Toward a Genealogy of Modernism: Herder, N., History. In: Modern Language Quarterly 67/4, 505–525.
Zweig S (1925) Der Kampf mit dem Dämon. Hölderlin, Kleist, N. Frankfurt/M.

# Autorenregister

1. Prof. Babette E. Babich, Fordham University, New York (US): Ontologie/Skulptur [Bildhauerkunst]
2. Dr. Andreas Becke, Bildungsverein Hannover (DE): Askese / Sokrates
3. Ass. Prof. Dr. Christian Benne, Syddansk Universitet Odense (DK): Parodie
4. Prof. Dr. Anke Bennholdt-Thomsen, a. D., Freie Universität Berlin (DE): Jean Paul
5. Prof. Dr. Benjamin Biebuyck, Universiteit Gent (BE): Gleichnis / Metapher / Pole(n) / Zeichen
6. Bernard Bischoff, Vancouver (CA): neu, das Neue
7. Prof. Dr. Peter André Bloch, Université de Haute Alsace, Mulhouse (Académie de Strasbourg) (FR): Poesie / Sils-Maria
8. Prof. Dr. Dr. Dieter Borchmeyer, Universität Heidelberg (DE): Décadence
9. Prof. Dr. Peter Bornedal, American University of Beirut (LB): Mittelmäßigkeit / Sklave
10. Prof. Dr. Wolfgang Braungart, Universität Bielefeld (DE): George, Stefan
11. Dr. Thomas H. Brobjer, Uppsala Universitet (SE): Atheismus / blond; die blonde Bestie / Naumburger Domgymnasium / Platon / Politik / Schulpforta
12. Dr. Almuth Bruder-Bezzel, Berlin (DE): Adler, Alfred
13. Prof. Dr. Micha Brumlik, Universität Frankfurt / M. (DE): Anti-Antisemitismus / Judain / Philosemitismus
14. Prof. Dr. Marco Brusotti, Lecce (IT) / Technische Universität Berlin (DE): *JGB: Jenseits von Gut und Böse* / Leidenschaft / Rache / Ressentiment
15. Prof. Dr. Giuliano Campioni, Università di Pisa (IT): Bourget, Paul / Byron, George Gordon Lord / Montinari, Mazzino / Schlechta, Karl
16. Prof. emer. Dr. Dr. h. c. Hubert Cancik, Tübingen / Berlin (DE): Agon / Altertum (Antike) / Altphilologie (Philologie) / *Die Pflugschar* / *Wir Philologen (WPh)* (zus. m. H. Cancik-Lindemaier)
17. Dr. Dr. h. c. Hildegard Cancik-Lindemaier, Berlin (DE): *Wir Philologen (WPh)* (zus. m. H. Cancik)
18. Dr. Nicoletta Capozza, Verona (IT): Bonhoeffer, Dietrich
19. Prof. Dr. Volker Caysa, Universität Lodz (PL): Machiavelli, Niccolò / Macht
20. Ass. Prof. Michael Cowan, McGill University, Montreal (CA): Wille
21. Prof. Dr. Luca Crescenzi, Università di Pisa (IT): *IM: Idyllen aus Messina* / *Lieder des Prinzen Vogelfrei*
22. Prof. Dr. Iris Därmann, Humboldt-Universität zu Berlin (DE): Rausch
23. Per Dahl, Universitet Aarhus (DK): Brandes, Georg
24. Dr. Tobias Dahlkvist, Uppsala Universitet (SE): Dasein / Ekel / Pessimismus
25. Dr. Adrian Del Caro, University of Alberta, Edmonton (CA): Dostojewski, Fedor M. / Idiot
26. Dr. Hanna Delf von Wolzogen, Theodor-Fontane-Archiv, Potsdam (DE): Buber, Martin / Landauer, Gustav
27. Dr. Heike Delitz, Universität Bamberg (DE): Bergson, Henri
28. Mag. Jakob Dellinger, Wien (AT): Erkenntnis / Gesetz / Idealismus / Perspektivismus / Tugend / Tyrann
29. Prof. Dr. Heinrich Detering, Universität Göttingen (DE): Strindberg, (Johann) August
30. Dr. Carol Diethe, Fortrose Academy (UK): Ehe / Förster, Bernhard / Förster-Nietzsche, Elisabeth / Frauen

31. Prof. Dr. Steffen Dietzsch, Humboldt Universität zu Berlin (DE): Ariadne / Levy, Oscar
32. Prof. Dr. Heiner Drerup, Dresden (DE): Popularisieren
33. Dr. Knut Ebeling, Humboldt-Universität zu Berlin (DE): Bataille, Georges
34. Dr. Ralf Eichberg, Naumburg (DE): Röcken
35. Prof. Dr. Johann-Christoph Emmelius, Uetze (DE): Rohde, Erwin
36. Prof. Dr. Johann Figl, Universität Wien (AT): Frühe Schriften / Judentum
37. apl. Prof. Dr. Ernst Peter Fischer, Universität Konstanz (DE): Naturwissenschaften
38. Dr. Maria Cristina Fornari, Università del Salento, Lecce (IT): Spencer, Herbert
39. PD Dr. Hartwig Frank, Universität Greifswald (DE): Phänomen / Systematik / Tatsachen
40. Prof. Dr. Bärbel Frischmann, Universität Erfurt (DE): „Gefährlich leben!" / Heroismus / Inspiration / Lachen
41. Prof. Dr. Gunter Gebauer, Freie Universität Berlin (DE): Wittgenstein, Ludwig
42. Prof. emer. Dr. Walter Gebhard, Bayreuth (DE): Postmoderne / Scham
43. Prof. emer. Dr. Hans-Martin Gerlach †: Gelehrte / Klugheit / Prophet / Schwache, Schwäche / Staat / Starke, Stärke
44. Dr. Günter Gödde, Berlin (DE): Katharsis / Seele / Trieb / unbewusst/das Unbewusste
45. Prof. Dr. Georges Goedert, Luxemburg (LU): Demokratie / Heraklit / Schopenhauer, Arthur / Subjekt / Theodizee / Tragische, das / Tragödie
46. PD Dr. Stefan Goldmann, Universität Potsdam (DE): Traum
47. Prof. emer. Dr. Dr. Gerd-Günther Grau, Leibniz Universität Hannover (DE): Kierkegaard, Sören / vornehm
48. Prof. Dr. Wolfgang Groddeck, Universität Zürich (CH): *DD: Dionysos-Dithyramben* / Keller, Gottfried
49. Ass.-Prof. Peter S. Groff, Bucknell University, Lewisburg (US): Amor fati / Züchtung
50. Prof. Dr. Arne Grøn, University of Copenhagen (DK): Jenseits
51. Daniel Grummt, Dresden (DE): Korruption
52. Dr. Stephan Günzel, Universität Potsdam (DE): Derrida, Jacques / Landschaft / Raum / Wille zur Macht
53. Dr. Daniel Havemann, Jördenstorf (DE): „Gott ist tot" / Paulus / Priester / Tschandala / Typus
54. Dr. Helmut Heit, Technische Universität Berlin (DE): Experimentalphilosophie / Interpretation / Kapitalismus / Marxismus / Reichtum / Sozialismus / Wahrheit
55. Dr. Leonhard Herrmann, Universität Leipzig (DE): Heinse, (Johann Jakob) Wilhelm
56. Prof. Dr. Kathleen Marie Higgins, University of Texas at Austin (US): Esel
57. PD Dr. Hans Gerald Hödl, Universität Wien (AT): Dämon / „Geist der Schwere" / Kamel / Mutter / Rom / Tautenburg / Venedig
58. Dr. David Marc Hoffmann, Basel (CH): Basel / Basler Tradition / Weimarer Tradition / Colli / Montinari-Ausgabe / Koegel-Exzerpte / Köselitz, Heinrich / Nietzsche-Archiv / Podach, Erich Friedrich / Steiner, Rudolf / Stirner, Max / Verleger
59. Prof. Dr. Anette Horn, University of the Witwatersrand (ZA): Degeneration / Gesundheit / Krankheit / Musil, Robert Edler von
60. Prof. emer. Dr. Erwin Hufnagel, Mainz (DE): apollinisch / dionysisch / Dionysos / Mythos / Mythologie / Werden
61. Dr. Roy Ahmad Jackson, University of Gloucestershire (UK): Islam
62. apl. Prof. Dr. Karen Joisten, Universität Mainz (DE): Körper / Leib / rein, Reinheit, Reinlichkeit / Sitte, Sittlichkeit
63. Dr. Wolfgang Jordan, Frankfurt / M. (DE): Natur
64. Prof. Dr. Hans-Joachim Kertscher, Universität Halle-Wittenberg (DE): Prometheus
65. Univ.-Doz. Dr. Endre Kiss, Budapest (HU): Voltaire
66. Dr. Johannes Christian Koecke, Konrad Adenauer Stiftung, Bonn (DE): Himmel / Jesus / Teufel / Zeit

67. Dr. Thomas Körber, Osnabrück (DE): Benn, Gottfried / Dürrenmatt, Friedrich / Jünger, Ernst / Müller, Heiner
68. Dr. Elisabeth Kuhn, Münchenstein (CH): Egoismus / Modernität / Redlichkeit
69. Prof. Dr. Laura Laiseca, Universidad Nacional del Sur, CONICET, Bahía Blanca (AR): Adler / Schlange
70. Dr. Christoph Landerer, Universität Salzburg (AT): Bayreuth / Musik / *NW: Nietzsche contra Wagner* / Tribschen / *WA: Der Fall Wagner*
71. Prof. Dr. Jacques Le Rider, Ecole pratique des Hautes Etudes, Paris (FR): Meysenbug, Malwida von
72. PD Dr. Harald Lemke, Universität Lüneburg (DE): Ernährung
73. Prof. Dr. Burkhard Liebsch, Ruhr-Universität Bochum (DE): Versprechen
74. Dr. Martin Liebscher, University of London (UK): Jung, Carl Gustav
75. Dr. Christian Lipperheide, Berlin (DE): Erhabene, das
76. Cornelius Lüttke, Berlin (DE): Koegel, Fritz
77. apl. Prof. Dr. Eva Marsal, Pädagogische Hochschule Karlsruhe (DE): Nietzsche, Carl Ludwig
78. Roberto Sanchinio Martinez, Freie Universität Berlin (DE): Aberration / Glaube / Sünde
79. Dr. Jean-Christophe Merle, Universität des Saarlandes, Saarbrücken (DE): Strafe
80. Dr. Matthew Meyer, Boston University (US): Chemie / *MA: Menschliches, Allzumenschliches* / *PHG: Die Philosophie im tragischen Zeitalter der Griechen* / Philhellenismus / Physik / Wanderer
81. PD Dr. Enrico Müller, Universität Greifswald (DE): Burckhardt, Jacob (Christoph) / *DW: Die dionysische Weltanschauung* / *CV: Fünf Vorreden zu fünf ungeschriebenen Büchern* / Elias, Norbert / *Homer und die klassische Philologie* / Lust / Moral / *SGT: Sokrates und die griechische Tragoedie* / *ST: Socrates und die Tragoedie* / Vernunft
82. Marek Naumann, Technische Universität Dresden (DE): Foucault, Michel / Genealogie / Masse (gem. mit M. Rautenberg) / „Umwerthung aller Werthe“ (gem. mit M. Rautenberg)
83. Prof. Dr. Sebastian Neumeister, Freie Universität Berlin (DE): Baudelaire, Charles
84. Prof. Dr. Christian Niemeyer, Technische Universität Dresden (DE): Antisemitismus / Aufklärung / *BA: Über die Zukunft unserer Bildungsanstalten* / böse, das Böse / Brieffälschungen / deutsch, das Deutsche, die Deutschen / *DS: David Strauss der Bekenner und der Schriftsteller* / Erziehung [Selbsterziehung; Erzieher] / ewige Wiederkunft / Fritsch, Theodor / Gerechtigkeit / Gleichheit / Gobineau, Arthur Comte de / *GT: Die Geburt der Tragödie* / „guter Europäer“ / Heidegger, Martin / Hilfe / *HL: Vom Nutzen und Nachtheil der Historie für das Leben* / Jugendbewegung / Kant, Immanuel / Krieg / Kultur / Lagarde, Paul de / Langbehn, Julius / „Lou-Erlebnis“ / *M: Morgenröthe* / *MA* II: Menschliches, Allzumenschliches II / „Nichts ist wahr, alles ist erlaubt“ / Nietzsche, Franziska / Nietzsche, Friedrich (Wilhelm) / Nietzsche, der frühe [mittlere; späte] / Nietzsche-Kult / Peitsche / Psychologie / „Psychologie der Philosophen“ / *SE: Schopenhauer als Erzieher* / Treitschke, Heinrich von / Übermensch / Vater / Vaterübertragung / *WB: Richard Wagner in Bayreuth* / Werkfälschungen / *WM: Der Wille zur Macht* / *Za: Also sprach Zarathustra*
85. Dr. Bernd Nitzschke, Düsseldorf (DE): Es
86. Dr. Johannes Oberthür, Westerstede (DE): Eros / Ich / Verantwortung / Verstehen
87. Dr. Rainer Otte, Bad Sachsa (DE): Freud, Sigmund / Fromm, Erich / Groddeck, Georg / Hartmann, Eduard von / Tafel / Werte / Wertschätzung
88. Dr. Silke Pasewalck, Universität Leipzig (DE): Rilke, Rainer Maria
89. Prof. Paul Patton, University of New South Wales, Sydney (AU): Deleuze, Gilles / Hobbes, Thomas
90. Prof. Dr. Michael Pauen, Humboldt-Universität zu Berlin (DE): Spengler, Oswald
91. Dr. Martin Pernet, Sent (CH): Krug, Gustav / Naumburg / Pinder, Wilhelm / Ritschl, Friedrich Wilhelm
92. Thomas Pfeiffer, Berlin (DE): Nizza / Salomé, Lou von

93. Detlev Piecha, Fern-Universität Hagen (DE): Baeumler, Alfred Albin / Nationalsozialismus
94. apl. Prof. Dr. Andreas Poenitsch, Pädagogische Hochschule Freiburg i. Br. (DE): Bildung / Einsamkeit / Freundschaft / Mut / Schatten / Schweigen / Sprache / Zufall
95. Dr. Martine Prange, Universiteit van Amsterdam (NL): Reisen / Wagner, Cosima / Wagner, (Wilhelm) Richard
96. Wolfert von Rahden, Berlin-Brandenburgische Akademie der Wissenschaften Berlin (DE): Deussen, Paul / Herder, Johann Gottfried von / Nachlass in differenzierter Transkription
97. Prof. Dr. Norbert Rath, Fachhochschule Münster (DE): Adorno, Theodor W. / Mann, Thomas
98. Michael Rautenberg, Technische Universität Dresden (DE): Bildungsphilister / Masse (gem. mit M. Naumann) / „Umwerthung aller Werthe" (gem. mit M. Naumann)
99. Prof. Dr. Renate Reschke, Humboldt-Universität zu Berlin (DE): Artistenmetaphysik / Ästhetik / Chaos / Hof, höfisch / Tanz / Troubadour
100. Dr. Sören Reuter, Humboldt-Universität zu Berlin (DE): Logik
101. Prof. Dr. Wiebrecht Ries, Leibniz Universität Hannover (DE): *EH: Ecce homo* / Kafka, Franz
102. Dr. Marc Rölli, Technische Universität Darmstadt (DE): Heine, Heinrich / Metaphysik
103. Dr. Djavid Salehi, München (DE): Ethik / gut, das Gute / Immoralismus / schlecht, das Schlechte
104. Prof. emer. Dr. Richard Schacht, University of Illinois, Urbana (US): Gewissen / Mensch
105. Dr. Matthias Schloßberger, Universität Potsdam (DE): Anthropologie
106. Prof. emer. Dr. Josef Schmid, Universität Bamberg (DE): Arbeit / Große Politik / Herde, Hirte / Pöbel / Volk
107. Dr. Pia Daniela Schmücker, Universität Ulm (DE): Affekt / Krankheit Nietzsches / Prostitution / Sterben / Turin / Vererbung / Wahnsinn
108. Dr. Donata Schoeller-Reisch, Universität Zürich (CH): Demut
109. apl. Prof. Dr. Detlev Schöttker, Technische Universität Dresden (DE): Benjamin, Walter
110. Dr. Hans-Gerd von Seggern, Berlin (DE): Goethe, Johann Wolfgang von / Pantheismus / Rhetorik / Spinoza, Baruch de / *WL: Über Wahrheit und Lüge im aussermoralischen Sinne*
111. Sasan Seyfi, Düsseldorf (DE): Meer
112. Prof. Dr. Gary Shapiro, University of Richmond, Virginia (US): Erde / glückselige Inseln / Großer Mittag / Jünger [Gefährte]
113. Prof. Dr. Dr. h. c. Josef Simon, Universität Bonn (DE): Bewusstsein
114. Prof. Dr. Linda Simonis, Ruhr-Universität Bochum (DE): Stil
115. Dr. Michael Skowron, Daegu (KR): Buddhismus / Darwinismus / edel und gemein / Glück / Götze / hässlich, hässlichster Mensch / Herrschen, Herrschsucht / Hinduismus / Höhe / Kausalität / klein, Verkleinerung / Löwe / Menschheit / Müdigkeit / Philosophie / Rangordnung / Religion / Selbstüberwindung / tausend / Tiefe / Vernichten / „Werdet hart!" / Wüste / Zwerg
116. PD Dr. Dirk Solies, Johannes Gutenberg-Universität Mainz (DE): Leben / Simmel, Georg / Tod / Zweck
117. Prof. Dr. Ivan Soll, University of Wisconsin, Madison (US): Grausamkeit
118. PD Dr. Andreas Urs Sommer, Universität Freiburg i. Br. (DE): *AC: Der Antichrist* / Antichrist / Bibel / Christentum / *GD: Götzen-Dämmerung* / Kirche / Luther, Martin / Overbeck, Franz / Renan, Ernest / Wellhausen, Julius
119. Prof. Dr. Werner Stauffacher, Lausanne (CH): Spitteler, Carl
120. Prof. Dr. Michael Stausberg, Universität Bergen (NO): Zoroaster
121. Prof. Dr. Werner Stegmaier, Universität Greifswald (DE): *Der europäische Nihilismus* / *FW: Die fröhliche Wissenschaft* / *FW V: Die fröhliche Wissenschaft V* / *GM: Zur Genealogie der Moral* / Paradoxie
122. PD Dr. Georg Stenger, Universität Würzburg (DE): Kind / Schaffen / Spiel (alle zus. m. U. Stenger)
123. Prof. Dr. Ursula Stenger, Pädagogische Hochschule Ludwigsburg (DE): Kind / Schaffen / Spiel (alle zus. m. G. Stenger)

124. Prof. Dr. Martin Stingelin, Universität Dortmund (DE): Abkürzung / Autorschaft / Galton, Francis / Lichtenberg, Georg Christoph / Schreiben / Verbrecher / Wortspiel
125. Dr. Sigmar Stopinski, Berlin (DE): Krummel I–IV
126. Dr. Eva Strobel, Tübingen (DE): Aphorismus / Bejahung / „Pathos der Distanz“
127. Dr. László V. Szabó, Pannonische Universität Veszprém (HU): Broch, Hermann / Hesse, Hermann / Hofmannsthal, Hugo von / Pannwitz, Rudolf
128. Prof. Dr. Mario Sznajder, The Hebrew University of Jerusalem (IL): Mussolini, Benito
129. Dr. Peter Thompson, University of Sheffield (UK): Bloch, Ernst
130. Dr. Hubert Thüring, Universität Basel (CH): Gedächtnis / Schuld / Vergessen
131. Prof. Dr. Hubert Treiber, Leibniz Universität Hannover (DE): Rée, Paul / Tönnies, Ferdinand / Weber, Max
132. Prof. Dr. Reinhard Uhle, Universität Lüneburg (DE): Paulsen, Friedrich
133. Prof. Dr. Aldo Venturelli, Università degli Studi di Urbino „Carlo Bo“ (IT): Dühring, Eugen / Schiller, Friedrich
134. Dr. Albert Vinzens, Rudolf Steiner Institut, Kassel (DE): Instinkt
135. Dr. Gerard Visser, Universität Leiden (NL): Dilthey, Wilhelm / Erlebnis / Nihilismus
136. Prof. Dr. Vivetta Vivarelli, Università di Pisa (IT): Abgrund / Emerson, Ralph Waldo / Freigeister / Der freie Geist / Hölderlin, Johann Christian Friedrich / Montaigne, Michel Eyquem de / Pascal, Blaise / Renaissance
137. Dr. Klaus Wellner, Bollschweil (DE): Individualismus / Maske, Schauspieler
138. Prof. Dr. Ludwig Wenzler, Universität Freiburg i. Br. (DE): Liebe
139. Sven Werner, TU Dresden (DE): Mitleid
140. Prof. Dr. Maurice Weyembergh, Vrije Universiteit Brüssel (BE): Camus, Albert
141. Erdmann von Wilamowitz-Moellendorff, Weimar (DE): Bibliothek Nietzsches / Bibliothek des ehemaligen Nietzsche-Archivs in Weimar / Bibliotheken, Nietzsche als Nutzer von ... / Weimar / Weimarer Nietzsche-Bibliographie (WNB)
142. Dr. Christof Windgätter, Max-Planck-Institut für Wissenschaftsgeschichte Berlin (DE): Begierde / Physiologie
143. PD Dr. Mirko Wischke, Universität Halle-Wittenberg (DE): Denken / Hegel, Georg Wilhelm Friedrich / Kunst / Romantik
144. Prof. emer. Dr. Ralph-Rainer Wuthenow, Frankfurt / M. (DE): Lesen / Rousseau, Jean-Jacques
145. Dr. Wolf Zachriat, Berlin (DE): Aristokratie (Adel) / Fortschritt